Weitz / Antonio Roselli

KONZILIENGESCHICHTE

Herausgegeben von
WALTER BRANDMÜLLER

Reihe B: Untersuchungen

THOMAS A. WEITZ

Der Traktat des Antonio Roselli „De Conciliis ac Synodis Generalibus“

Historisch-kanonistische Darstellung und Bewertung

2002

FERDINAND SCHÖNINGH
PADERBORN · MÜNCHEN · WIEN · ZÜRICH

Die Deutsche Bibliothek – CIP-Einheitsaufnahme

Weitz, Thomas A.:
Der Traktat des Antonio Roselli „De Conciliis ac Synodis Generalibus“:
Historisch-kanonistische Darstellung und Bewertung / Thomas A. Weitz. –
Paderborn; München; Wien; Zürich: Schöningh, 2002
(Konziliengeschichte: Reihe B, Untersuchungen)
ISBN 3-506-74728-2

Gedruckt auf umweltfreundlichem, chlorfrei gebleichtem
und alterungsbeständigem Papier ∞ ISO 9706

(Verlag Ferdinand Schöningh GmbH, Jühenplatz 1, D-33098 Paderborn)

Internet: www.schoeningh.de

Printed in Germany. Herstellung: Ferdinand Schöningh, Paderborn

ISBN 3-506-74728-2

Inhaltsverzeichnis

Vorwort

Die vorliegende Arbeit wurde im Januar 1998 von der Kanonistischen Fakultät der Pontificia Università Gregoriana als Dissertation angenommen.

Für den Druck war noch eine formale Überarbeitung notwendig, die allerdings verzögert wurde durch meine inzwischen aufgenommene Tätigkeit in der Seelsorge, sei es in den Pfarreien oder im Erzbischöflichen Offizialat Köln.

Da die Arbeit nun im Druck vorgelegt werden kann, ergreife ich gerne die Gelegenheit, vielfältigen Dank zu sagen.

Meinem Heimatbischof, seiner Eminenz Joachim Kardinal Meisner, danke ich für die Freistellung zum Weiterstudium im Kirchenrecht. Professor Brian Ferme schulde ich Dank für vielfache Anregung und Förderung, die ich von seiner Seite als Lehrer und Doktorvater erfahren durfte. Mein aufrichtiger Dank gilt ferner den übrigen Professoren der Fakultät, die meinen Weg in Rom begleiteten.

Für die Unterstützung und verständnisvolle Hilfe, die ich in den von mir konsultierten Bibliotheken des In- und Auslands gefunden habe, danke ich den Leitern samt ihren Mitarbeiterinnen und Mitarbeitern. Ich danke weiter den vielen, die als Freunde und zuverlässige Helfer einen wichtigen Anteil am Entstehen dieser Studie haben. Es würde den gebotenen Rahmen sprengen, wenn ich sie alle hier nennen würde.

Für die lehrreiche Zeit, die ich im Anima-Kolleg in Rom verbringen durfte, sage ich dem damaligen Rektor, Prälat Dr. Johannes Nedbal, den Studiengefährten und den Schwestern des Hauses meinen herzlichen Dank.

Schließlich danke ich Prälat Professor Walter Brandmüller für die Aufnahme meines Manuskripts in die von ihm herausgegebene Reihe der „Konziliengeschichte".

Meinen Eltern, den Geschwistern und ihren Familien soll das nun vollendete Buch gewidmet sein.

Köln, im September 2001 Thomas A. Weitz

Abkürzungsverzeichnis

Für die hier nicht aufgeführten Abkürzungen sei auf SCHWERTNER, S. M., *Theologische Realenzyklopädie – Abkürzungsverzeichnis*, Berlin – New York 1994[2] verwiesen.

1Kor	1. Korintherbrief
1Makk	1. Buch der Makkabäer
1Sam	1. Buch Samuel
2Kor	2. Korintherbrief
2Tim	2. Timotheusbrief
A.	Corpus Iuris Civilis, Authentica
a.a.O.	am angegebenen Ort
Abt.	Abteilung
Anm.	Anmerkung
Apg	Apostelgeschichte
Apk	Apokalypse
auth.	Corpus Iuris Civilis, Authentica
B. Caepollae, Consilia criminalia	B. Caepollae, Consilia criminalia ... recognita et ampliata, Venetiis 1555.
Bd.	Band
Bdd.	Bände
bes.	besonders
betr.	betreffend
bzgl.	bezüglich
bzw.	beziehungsweise
C.	Corpus Iuris Civilis, Codex Iustinianus
c.	capitulum
C.	Decretum Gratiani, causa ...
ca.	circa
cap.	capitulum
cc.	capitula
cf.	confer
Clem.	Corpus Iuris Canonici, Clementinae
Cod. (cod.)	Codex, codice
COD[3]	Conciliorum oecumenicorum decreta, curantibus G. Alberigo et al., consultante H. Jedin, Bologna [3]1973.
Comm.	Commentaria
Consilia in causis criminalibus I	Consiliorum seu responsorum ad causas criminales, Vol. I, ed. I. B. Ziletti, Venetiis 1572.

Consiliorum matrimonialium	Consiliorum matrimonialium diligentia I. B. Ziletti collectorum volumen primum, Venetiis 1572.
D.	Decretum Gratiani, distinctio ...
d. Gr.	der Große
D.C.	District of Columbia
d.h.	das heißt
de cons.	Corpus Iuris Canonici, Decretum Gratiani, de consecratione
de poen.	Corpus Iuris Canonici, Decretum Gratiani, de poenitentia
ders.	derselbe
Dez.	Dezember
Dr.	Doktor
Dtn	Deuteronomium
ebd.	ebenda
ed.	edidit, editio
Eph	Epheserbrief
et al.	et alii
etc.	et cetera
Ex	Exodus
f.	folgende, folgender, folgendes, folio
ff.	folgende, Digestum (Corpus Iuris Civilis), folii
Fs.	Festschrift, Mélanges, Scritti in honore di ...
Gal	Galaterbrief
ggf.	gegebenenfalls
Goldast, Monarchia I	Melchior Goldast, Monarchia S. Romani Imperii sive Tractatus de iurisdictione imperiali seu regia et pontificia seu sacerdotali ... tomus I, Hanoviae 1611 (photomechanischer Nachdruck Graz 1960).
Gra	Dictum Gratiani ante
Grp	Dictum Gratiani post
Hab	Habakuk
Hebr	Hebräerbrief
hg.	herausgegeben von, ed. ...
Hl.	Heiliger, heilig ...
i.	id est
i.e.	id est
i.e.S.	im engeren Sinn
ibid.	ibidem
Inst.	Corpus Iuris Civilis, Institutiones
Jer	Jeremia
Jh.	Jahrhundert
Joh	Evangelium nach Johannes
Jo. An.	Joannes Andreae
lat.	lateinisch, latin, ...
lib.	liber
Lk	Evangelium nach Lukas

MK	Kritische Ausgabe des Corpus Iuris Civilis von T. Mommsen, P. Krueger und anderen
Ms.	Manuskript
Mss	Manuskripte
Mt	Evangelium nach Matthäus
N.	Corpus Iuris Civilis, Novellae
n°	numero
Nov.	Corpus Iuris Civilis, Novellae
nr.	numero
Num	Numeri
o.ä.	oder ähnlich
o.J.	ohne Jahr
o.O.	ohne Ort
OP (o.p.)	Ordo Praedicatorum
parr.	Parallelstellen
Phil	Philipperbrief
pp.	Seiten
Proceedings 1972	Proceedings of the 4th International Congress ... of Medieval Canon Law, Toronto, 21 - 25 august 1972, ed. S. Kuttner, Monumenta Iuris Canonici, Series C: Subsidia 5, Città del Vaticano 1976.#
Proceedings 1980	Proceedings of the 6th International Congress ... of Medieval Canon Law, Berkeley/California, 28 july - 2 august 1980, ed. S. Kuttner and K. Pennington, Monumenta Iuris Canonici, Series C: Subsidia 7, Città del Vaticano 1985.
Proceedings 1984	Proceedings of the 7th International Congress ... of Medieval Canon Law, Cambridge, 23 - 27 july 1984, ed. P. Linehan, Monumenta Iuris Canonici, Series C: Subsidia 8, Città del Vaticano 1988.
Proceedings 1988	Proceedings of the 8th International Congress ... of Medieval Canon Law, San Diego/University of California at la Jolla, 21 - 27 august 1988, ed. S. Chodorow, Monumenta Iuris Canonici, Series C: Subsidia 9, Città del Vaticano 1992.
Ps	Psalm
q.	quaestio
Rep.	Repetitiones, repetitio
Repet. in iure canonico	Repetitiones in universas fere iuris canonici partes materiasque sane frequentiores, volumina sex, Venetiis 1587.
Repet. in iure canonico (Coloniae Agrippinae)	Repetitiones in universas fere iuris canonici partes materiasque sane frequentiores, volumina sex, Coloniae Agrippinae 1618.
Röm	Römerbrief
S.	Saint, Sanctus
sc.	scilicet
Ser.	Series

sog.	sogenannter, sogenannte ...
SS.	Sancti
St.	Sankt
t.	tomus
tit.	titulus
Tractatus ex variis iuris interpretibus	Primum – decimoseptimum volumen tractatuum ex variis iuris interpretibus collectorum, Lugduni 1549.
trad.	traducido
u.a.	und andere
u.ä.	und ähnliche
u.ö.	und öfter
u.s.w.	und so weiter
v.	ad verbum
v.a.	vor allem
vgl.	vergleiche
VI°.	Corpus Iuris Canonici, Liber Sextus
Vol.	Volumen
X.	Corpus Iuris Canonici, Liber Extra (Decretales Gregorii IX)
z.B.	zum Beispiel
z.T.	zum Teil

Bibliographie

A. Quellenverzeichnis:

Handschriften:
Arezzo, Accademia Petrarca di Scienza e Arti, L II 173 (FPE. 4).
Bologna, Biblioteca Universitaria, Misc. 2948.
Città del Vaticano, Bibliotheca Apostolica Vaticana, Ottobon. lat. 1759; Pal. lat. 598; Vat. lat. 1377; 2280; 4039; 4129; 4134; 5304; 13019.
Firenze, Biblioteca Laurenziana, Fiesol. 122; Plut. XVI, Cod. XIII.
Forlì, Biblioteca Comunale, Ms. VII/1.
Milano, Bibliotheca Ambrosiana, C. 145 inf.
München, Bayerische Staatsbibliothek, Clm 3879; 6584; 6661; 7438.
Padova, Biblioteca Capitolare, B 10; B 11.
Roma, Bibliotheca Angelica, Ms. 118.
Bibliotheca Casanatense, Ms. 1406; 2397.
Sevilla, Biblioteca Colombina, 5.7.8.
Trento, Biblioteca Comunale, Wien Archiv 611.
Biblioteca Capitolare, Ms. 140.
Venezia, Biblioteca Nazionale Marciana, lat. IV 4 (2480).
Wien, Österreichische Nationalbibliothek, Cvp 5129.

A. 1. Manuskripte mit Texten des Antonio Roselli

ANTONIO ROSELLI, *Allegationes*, Firenze, Biblioteca Laurenziana, Plut. XVI, Cod. XIII, ff. 299r - 305v. (ANTONIO ROSELLI, *Allegationes ...*)
ANTONIO ROSELLI, *Allegationes in facto concilii Basiliensis (Orsini)*, Firenze, Biblioteca Laurenziana, Plut. XVI, Cod. XIII, ff. 228r - 240r.
ANTONIO ROSELLI, *Allegationes (Schlick, i. e. Freisinger Bischofsstreit)*, München, Bayerische Staatsbibliothek, Clm 6573, ff. 193r - 202v.
ANTONIO ROSELLI, *Commentarii in Decretum*, Sevilla, Biblioteca Colombina 5.7.8.
ANTONIO ROSELLI, *Consilium ... pro responsione ... ad primum oratorem*, Firenze, Biblioteca Laurenziana, Plut. XVI, Cod. XIII, ff. 208r - 210v.
ANTONIO ROSELLI, *De iureiurando*, Città del Vaticano, Bibliotheca Apostolica Vaticana, Vat. lat. 5304, ff. 1r - 123v.
ANTONIO ROSELLI, *Epistola directa Pape super facto presidentie ...*, Firenze, Biblioteca Laurenziana, Plut. XVI, Cod. XIII, ff. 128r - 129v.
ANTONIO ROSELLI, *Epistola ... missa imperatori pro facto scismatis*, Milano, Biblioteca Ambrosiana, C. 145 inf., ff. 230r – 232r.
ANTONIO ROSELLI, *Epistola ... transmissa ad Summum Pontificem Eugenium*, Milano, Biblioteca Ambrosiana, C. 145 inf., ff. 226v – 230r.

ANTONIO ROSELLI, *Expositio super Gratiani Decreto*, Padova, Biblioteca Capitolare, B 10.

ANTONIO ROSELLI, *Lectura in librum II decretalium Gregorii IX*, München, Bayerische Staatsbibliothek, Clm 6584.

ANTONIO ROSELLI, *Monarchia*, Città del Vaticano, Bibliotheca Apostolica Vaticana, Vat. lat. 13019, ff. 2r - 109r.

ANTONIO ROSELLI, *Monarchia*, Padova, Biblioteca Capitolare, B 11, ff. 1r - 186v.

ANTONIO ROSELLI, *Monarchia*, Trento, Biblioteca Comunale, Wien Archiv 611, ff. 1r – 200r.

ANTONIO ROSELLI, *Monarchia*, Wien, Österreichische Nationalbibliothek, Codex Vindobonensis Palatinus 5129, ff. 1r - 32v und ff. 83r - 283r. (Cvp)

ANTONIO ROSELLI, *Responsio ... ad petitas indulgentias pro facto Grecorum*, Firenze, Biblioteca Laurenziana, Plut. XVI, Cod. XIII, ff. 204r - 207r.

ANTONIO ROSELLI, *Tractatus conciliorum generalium ...*, München, Bayerische Staatsbibliothek, Clm 7438, ff. 16v - 69r. (MI)

ANTONIO ROSELLI, *Tractatus conciliorum generalium ...*, München, Bayerische Staatsbibliothek, Clm 6661, ff. 259r - 313r. (MII; weitgehend unpaginiert)

ANTONIO ROSELLI, *Tractatus conciliorum*, Trento, Biblioteca Capitolare Ms. 140, ff. 72r - 111r. (T)

ANTONIO ROSELLI, *Tractatus conciliorum*, Venezia, Biblioteca Nazionale Marciana, lat. IV 4 (2480), ff. 1r - 55r. (Marc; nicht paginiert; Seite mit dem Incipit vom Verfasser als f. 1r gezählt).

A. 2. Gedruckte Texte des Antonio Roselli

ANTONIO ROSELLI, *Monarchia*, sive Tractatus de potestate Imperatoris et Papae, tempore Sigismundi Imperatoris et Eugenii Papae IV. scriptus, et sub Friderico III. Imperatore recensitus atque auctus, Goldast, M., Monarchia S. Romani Imperii sive Tractatus de iurisdictione imperiali seu regia et pontificia seu sacerdotali, Volumen I, Hanoviae 1611 (Nachdruck Graz 1960) 252 - 556.

ANTONIO ROSELLI, *Tractatus copiosissimus de Conciliis ac Synodis generalibus*, Tractatuum ex variis iuris interpretibus collectorum volumen secundum, Lugduni 1549, ff. 14v - 70v. (*Monarchia* ed. 1549).

ANTONIO ROSELLI, *Tractatus de potestate imperatoris ac pape*. Et an apud papam sit potestas utriusque gladii. Et de materia conciliorum qui appellatur monarchia. Papie 1517 – Exemplar expurgatus in der Biblioteca Nazionale zu Rom. (*Monarchia* ed. 1517)

ANTONIO ROSELLI, *Tractatus de potestate imperatoris ac pape*. Et an apud papam sit potestas utriusque gladii. Et de materia conciliorum qui appellatur monarchia. Venetiis 1487. (*Monarchia* ed. 1487)

ANTONIO ROSELLI, PERTICONE, G. (ed.), *Antonio Roselli, Monarchia seu tractatus de potestate imperatoris et papae* – a cura di G. Perticone, Bologna 1944. (PERTICONE, *Monarchia*)

A. 3. Verwendete handschriftliche Quellen anderer Autoren

ABBAS, *Lectura decretalium*, Firenze, Biblioteca Laurenziana, Fiesol. 122 (verfügbar als Microfilm in der Biblioteca Nazionale Roma, Centrale Microfilm, pos. 27194).

ANONYMUS, *Allegationes*, Firenze, Biblioteca Laurenziana, Plut. XVI., Cod. XIII, ff. 216r - 223v. (ANONYMUS, *Allegationes* ...)

ANONYMUS, *Prooemium* zur Sammelhandschrift, Roma, Bibliotheca Casanatense, Ms. 1406, f. 6r.

ANONYMUS, *Quaestio est utrum papa subsit iudicio Concilii generalis*, Roma, Bibliotheca Angelica, Ms. 118, ff. 19 - 26. (ANONYMUS, *Quaestio* ...)

ANONYMUS (i.e. Johannes Berardi da Tagliacozzo), *Scriptum pro Sanctissimi Eugenii IV. intentione ad Concilium Basileense*, Firenze, Biblioteca Laurenziana, Plut. XVI, Cod. XIII, ff. 291r - 296v. (ANONYMUS, *Scriptum* ...)

ANTONIUS DE BUTRIO, *Ad dubia* ..., Città del Vaticano, Bibliotheca Apostolica Vaticana, Vat. lat. 4039, ff. 37r - 39v. (ANTONIUS DE BUTRIO, *Ad dubia* ...; von Petrus de Ancharano als Appendix an seine Ausführungen, ebd. ff. 19r - 37r, wiedergegeben)

ANTONIUS DE BUTRIO, *Tractatus de scismate*, Città del Vaticano, Bibliotheca Apostolica Vaticana, Vat. lat. 4039, ff. 92v - 100r. (ANTONIUS DE BUTRIO, *Tractatus* ...)

ANTONIUS DE CARMARIO, *De potestate pape supra concilium generale contra errores basilienses tractatus*, Roma, Biblioteca Casanatense, Ms. 2397, ff. 67r - 166v; ff. 175r - 191v. (ANTONIUS DE CARMARIO, *Tractatus* ...)

DOMINICUS DE SANCTO GEMINIANO, *Tractatus concilii*, Città del Vaticano, Bibliotheca Apostolica Vaticana, Vat. lat. 4039, ff. 243r - 246r. (DOMINICUS DE S. GEMINIANO, *Tractatus* ...)

FRANCISCUS CONTARENUS, *Oratio*, Città del Vaticano, Bibliotheca Apostolica Vaticana, Pal. lat. 598, ff. 123r - 126v. (FRANCESCO CONTARENO, *Oratio* ...)

GALGANUS BURGESIUS, *De potestate Summi Pontificis ... Liber*, Città del Vaticano, Bibliotheca Apostolica Vaticana, Vat. lat. 4129, ff, 1r - 35v. (GALGANO BORGHESE, *Tractatus* ...)

GUILELMUS DE CUNIO, *Lectura super Digestum Vetus*, Biblioteca Comunale di Forlì, Ms. VII/1 (verfügbar als Microfilm in der Biblioteca Nazionale Roma, Centrale Microfilm, pos. 11577).

HUGUCCIO, *Summa*, Città del Vaticano, Bibliotheca Apostolica Vaticana, Vat. lat. 2280.

JOHANNES ARCHIDIACONUS ECCLESIE TYRASENSIS, *Tractatus*, Wien, Österreichische Staatsbibliothek, Cvp 5129, ff. 306r - 321v. (JOHANNES ARCHIDIACONUS, *Tractatus* ...)

JOHANNES DE MILIIS, *Concilium* ..., Città del Vaticano, Bibliotheca Apostolica Vaticana, Vat. lat. 4039, ff. 156r - 158r. (JOHANNES DE MILIIS, *Responsum* ...)

JOHANNES DE MILIIS, *Responsum ad quinque dubia occasione capituli „Frequens" concilii Constantiensis in Basiliensi exorta etc.*, Wien, Österreichische Staatsbibliothek, Cvp 5129, ff. 64v - 68r. (JOHANNES DE MILIIS, *Responsum* ...)

JOHANNES GUNDISSALIM (sc. Juan González), *Tractatus*, Città del Vaticano, Bibliotheca Apostolica Vaticana, Vat. lat. 4039, ff. 120v - 132v. (JUAN GONZÁLEZ, *Tractatus* ...)

JULIANUS TALLADA, *Utrum papa lapsus in heresim eo facto desinat esse papa*, Città del Vaticano, Bibliotheca Apostolica Vaticana, Vat. lat. 4129, ff. 74v - 85v. (JULIANUS TALLADA, *Tractatus* ...)

Manoscritti Perelli, Volumen II, Arezzo, Accademia Petrarca di Scienza e Arti, L II 173 (FPE. 4), ff. 231v - 233r.

MATTHAEUS DE MATTESILLANI, *Tractatus de scismate* (ad supplendum tractatum Antonii de Butrio), Città del Vaticano, Bibliotheca Apostolica Vaticana, Ottobon. lat. 1759, ff. 133r - 153r. (MATTHÄUS DE MATTESILLANI, *Tractatus* ...)

PETRUS ANTONIUS TIOLI, *Miscellanea erudita* 18, 317 f., Bologna, Biblioteca Universitaria Misc. 2948.

PETRUS DE ANCHARANO, *Tractatus*, Città del Vaticano, Bibliotheca Apostolica Vaticana, Vat. lat. 4039, ff. 19r - 37r. (PETRUS DE ANCHARANO, *Tractatus* ...)

PETRUS DE MONTE, *Monarchia*, Città del Vaticano, Bibliotheca Apostolica Vaticana, Vat. lat. 4134, ff. 21r - 67v. (PETRUS DE MONTE, Monarchia ...)

(RAPHAEL DE PORNAXIO), *De potestate pape et Concilii*, Città del Vaticano, Bibliotheca Apostolica Vaticana, Vat. lat. 4129, ff. 39r - 74r.

RAPHAEL DE PORNAXIO, *Liber de potestate Concilii*, Roma, Biblioteca Casanatense, Ms. 2397, ff. 2r - 37v. (RAPHAEL DE PORNAXIO, *Liber* ...)

TANCREDUS, *Apparatus zur Compilatio II*, Città del Vaticano, Bibliotheca Apostolica Vaticana, Vat. lat. 1377, ff. 101 - 145.

TANCREDUS, *Apparatus zur Compilatio II*, München, Bayerische Staatsbibliothek, Clm 3879, ff. 99 - 149.

THOMAS DE BIRAGO, *De auctoritate et potestate concilii universalis*, Wien, Österreichische Staatsbibliothek, Cvp 5129, ff. 72r - 78v. (THOMAS DE BIRAGO, *Tractatus* ...)

A. 4. Andere gedruckte Quellentexte

A. 4. 1. Konzilien (in chronologischer Reihenfolge)

CALCIDONENSIS SYNODUS, in: Hinschius, P., Decretales Pseudo-Isidorianae et Capitula Angilramni, Leipzig 1863, 282 - 291.

CONCILIUM AFRICANUM, *Breviarium Hipponense*. Incipit Brevis Statutorum, in: CChR.SL CCLIX (lies CXLIX). Concilia Africae A. 343 - A. 525, ed. C. Munier, Turnholti 1974, 33 - 44. (CONCILIUM AFRICANUM, *Breviarium Hipponense*)

CONCILIUM PISANUM, *Copia litterae convocationis concilii Pisani, quae dirigitur domino Benedicto XIII*, in: Mansi XXVI, Venetiis 1784, 1135 - 1136. (PISANUM, *Copia*)

CONCILIUM OECUMENICUM CONSTANTIENSE, sessio 39 (9.10.1417), *Frequens*, in: COD^3 438 f.

CONCILIUM OECUMENICUM CONSTANTIENSE, sessio 5 (6.4.1415), *Haec sancta synodus*, in: COD^3 409 f.

CONCILIUM BASILIENSE, *Responsio de auctoritate cuiuslibet generalis concilii supra papam et quoslibet, quodque sine consensu concilii eiusdem non potuit dissolvere Basiliense dominus Eugenius papa quartus* (Cogitanti, vom 3. September 1432), in: Johannes de Segovia, Historia gestorum generalis synodi Basiliensis, Volu-

men I, Liber I - XII (= MCG Concilium Basiliense. Scriptores. Tomus II), ed. E. Birk, Vindobonae 1873, 243 - 258. (CONCILIUM BASILIENSE, *Cogitanti*)
CONCILIUM BASILIENSE, *De veritate Fidei per tres veritates* (Sessio XXXIII, 16. Mai 1439), in: Mansi XXIX, Venetiis 1788, 178 - 179. (CONCILIUM BASILIENSE, *Tres veritates*)
CONCILIUM OECUMENICUM VATICANUM II, *Constitutio pastoralis de Ecclesia in mundo huius temporis* „Gaudium et spes", in: Enchiridion Vaticanum I, Bologna 1985[13], 772 - 965. (VATICANUM II, *Constitutio pastoralis*)

A. 4. 2. Päpste

INNOZENZ IV., *Commentaria*, siehe unter A. 4. 3.
MARTIN V., Bulle *„Apostolice servitutis officium"* (12. März 1424), in: BRANDMÜLLER, W., *Konzil von Pavia II* 76 - 78. (unter Nr. 43).
EUGEN IV., Bulle *„In qualibet monarchia"* (2. März 1431), in: AECN XXVIII, Parisiis et al. 1880, 88 - 90. (EUGEN IV., *In qualibet monarchia*)
EUGEN IV., Bulla revocata *„Deus novit"* (13. September 1433), in: Mansi XXIX, Venetiis 1788, 82 - 89. ([EUGEN IV.], *Deus novit*)
EUGEN IV., *Epistola* (Ende September oder Anfang Oktober 1433), in: DRTA unter Kaiser Sigmund. Fünfte Abteilung. 1433 - 1435, ed. G. Beckmann, DRTA XI, Göttingen 1957[2] (photomechanischer Nachdruck), 67 - 69. (EUGEN IV., *Epistola*)
EUGEN IV., *Libellus Apologeticus* (Juni 1436), in: Annales ecclesiastici ... auctore Odorico Raynaldo tomus XVIII ab anno M.CCCC.XVII usque ad annum M.CCCC.LVIII. Haec secunda editione pluribus ab auctore correctus ..., Coloniae Agrippinae 1694, 147 - 160. (EUGEN IV., *Libellus Apologeticus*)
EUGEN IV., *Confirmatio privileg. universitatis Patavinae ad instar Parisiensis „Dum intra Arcana nostrae mentis"*, in: C. E. Bulaeus, Historia Universitatis Parisiensis, tomus V (ab anno 1400 ad annum 1500), Parisiis 1670, 447 f. (EUGENIUS IV., *Confirmatio*)
PIUS II., *De viris illustribus*, siehe unter: A. 4. 3.

A. 4. 3. Andere Quellentexte

ABBAS ANTIQUUS, *In libros decretalium aurei commentarii*, Perillustrium doctorum ... in libros decretalium aurei commentarii videlicet Abbatis Antiqui ... Bernardi Compostellani ... Guidonis Papae ... Ioannis a Capestrano ... tomus I, Venetiis 1588. (ABBAS, *Commentaria* zu ...)
ACTA GRADUUM, siehe unter: GHEZZO bzw. PENGO bzw. ZONTA.
AEGIDIUS BELLAMERA, *Primus ... Tomus Commentariorum in Gratiani Decreta*, Lugduni 1550. (AEGIDIUS BELLAMERA, *Commentaria* zu ...)
ALBERICUS DE ROSATE, *Dictionarium iuris tam civilis quam canonici*, Venetiis 1581. (ALBERICUS DE ROSATE, *Dictionarium*)
ANTONIUS DE BUTRIO, *Super prima primi decretalium commentarii tomus primus*, Venetiis 1578.
ANTONIUS DE BUTRIO, *Super secunda primi decretalium commentarii tomus secundus*, Venetiis 1578.
ANTONIUS DE BUTRIO, *Super prima secundi decretalium commentarii tomus tertius*, Venetiis 1578.

ANTONIUS DE BUTRIO, *In secundam secundi decretalium partem commentaria tomus quartus*, Venetiis 1578.
ANTONIUS DE BUTRIO, *In librum tertium decretalium commentarii quintus tomus*, Venetiis 1578.
ANTONIUS DE BUTRIO, *In librum quartum decretalium commentarii sextus tomus*, Venetiis 1578.
ANTONIUS DE BUTRIO, *In librum quintum decretalium commentarii septimus tomus*, Venetiis 1578.
ANTONIUS DE BUTRIO, *In sextum decretalium volumen commentaria*, Venetiis 1575. (jeweils: ANTONIUS DE BUTRIO, *Commentaria* zu ...)
ANTONIUS DE BUTRIO, *Consilium CCCCXIX*, in: Annalium Ecclesiasticorum post ... Baronium. Tomus XV rerum in orbe christiano ab anno Domini 1378 usque ad annum Domini 1431 gestarum narrationem complectens. Authore A. Bzovio, Coloniae 1622, 268 - 270. (ANTONIUS DE BUTRIO, *Consilium*)
ANTONIUS DE BUTRIO, *Fragmentum Script. Antonii de Butrio I. V. D. ad Cardinales Pisanum Concilium habentes*, in: Mansi XXVII, Venetiis 1784, 313 - 330. (ANTONIUS DE BUTRIO, *Fragmentum*)
ARCHIDIACONUS, siehe unter: Guido de Baysio
AUGUSTINUS TRIUMPHUS, *Summa de potestate ecclesiastica*, Romae 1584. (AUGUSTINUS TRIUMPHUS, *Summa*)
AZO, *Summa locuples iuris civilis thesaurus*, Venetiis 1596. (AZO, *Summa* zu ...)
BALDUS DE PERUSIO, *Prima et secunda pars consiliorum*, recensuit M. Antonianus, Lugduni 1559. (BALDUS, *Consilia*)
BALDUS UBALDUS PERUSINUS, *In primam Digesti veteris partem commentaria*, Venetiis 1599.
BALDUS UBALDUS PERUSINUS, *Commentaria in primum, secundum et tertium Codicis libros*, Venetiis 1572.
BALDUS UBALDUS PERUSINUS, *In IV et V Codicis libros commentaria*, Venetiis 1599.
BALDUS UBALDUS PERUSINUS, *In VII, VIII, IX, X, et XI Codicis libros commentaria*, Venetiis 1599. (Jeweils: BALDUS, *Commentaria* zu ...)
BARROCIUS, P., *In funere Antonii Roicelli, Aretini, iurisconsulti doctissimi, et in Patavino Gymnasio publici Ecclesiasticarum Legum interpretis oratio*, in: A. Valerio, De cautione adhibenda in edendis libris .... accessere Petri Barrocii Episcopi Patavini orationes tres e MSS. nunc primum erutae. nonnullae item aliae ..., Patavii 1719, 163 - 182. (BARROCIUS, *In funere*)
BARTHOLOMAEUS DE SALICETO, *In primum et secundum Codicis libros pars prima*, Venetiis 1574. (BARTHOLOMAEUS DE SALICETO, *Commentaria* zu ...)
BARTOLUS A SAXOFERRATO, *In primam ff. veteris partem commentaria*, Augustae Taurinorum 1574.
BARTOLUS A SAXOFERRATO, *In secundam ff. veteris partem commentaria*, Augustae Taurinorum 1574.
BARTOLUS A SAXOFERRATO, *In primam Infortiati partem commentaria*, Augustae Taurinorum 1573.
BARTOLUS A SAXOFERRATO, *In secundam Infortiati partem commentaria*, Augustae Taurinorum 1574.
BARTOLUS A SAXOFERRATO, *In primam Digesti novi partem commentaria*, Augustae Taurinorum 1574.

Bartolus a Saxoferrato, *In secundam Digesti novi partem commentaria*, Augustae Taurinorum 1574.
Bartolus a Saxoferrato, *In primam Codicis partem commentaria*, Augustae Taurinorum 1574.
Bartolus a Saxoferrato, *In secundam Codicis partem commentaria*, Augustae Taurinorum 1574. (Jeweils: Bartolus, *Commentaria* zu ...)
Bernardus Abbas, *De consideratione ad Eugenium Papam*, in: Sancti Bernardi opera III (Tractatus et opuscula), ed. J. Leclercq / H. M. Rochais, Romae 1963, 393 - 493. (Bernhard von Clairvaux, *De consideratione* ...)
Bertachini, J., *Tractatus de episcopo*, Vincentius de Portonariis de Tridino de Monte Ferrato 1533. (Bertachini, *Tractatus de episcopo*)
Bliemetzrieder, F. (ed.), *Ein kanonistischer Traktat für das Pisaner Konzil (1409)*. Text und Untersuchungen. Dissertation der theologischen Fakultät an der Universität Freiburg in der Schweiz zur Erlangung des Doktorgrades, Graz 1902. (Bliemetzrieder, *Traktat*)
Boethius, A. M. S., *Philosophiae consolatio*, CChr.SL 94, ed. L. Bieler, Turnholti 1957. (Boethius, *Philosophiae consolatio* ...)
Bossuet, J. B., *Defensio declarationis celeberrimae, quam de potestate ecclesiastica sanxit clerus gallicanus* XIX. Martii MDCLXXXII, tomus I, Luxemburgi 1730. (Bossuet, *Defensio*)
Cassiodor - Epiphanius, *Historia ecclesiastica tripartita* ..., recensuit W. Jacob, editionem curavit R. Hanslik, CSEL 71, Vindobonae 1952. (Cassiodor, *Historia tripartita*)
Cataldinus de Boncampagnis, *Tractatus*, in: Mansi XXVII, Venetiis 1784, 449 - 488. (Cataldinus de Boncompagnis, *Tractatus I*)
Cataldinus de Boncampagnis, *Tractatus solemnis et aureus de translatione S. Concilii Basileae*, in: J. T. de Rocaberti, Bibliotheca Maxima Pontificia VI, Romae 1697 (reprint Graz 1969), 2 - 28. (Cataldinus de Boncompagnis, *Tractatus II*)
Cicero, M. T., *De officiis* - Dei doveri. Testo latino, traduzione e note di D. Arfelli, Bologna 1969. (M. T. Cicero, *De officiis* ...)
Corpus Iuris Canonici, editio Lipsiensis secunda ... Friedberg, A., Pars I (Decretum Magistri Gratiani) et II (Decretalium Collectiones), Graz 1959² (photomechanischer Nachdruck der Ausgabe Leipzig 1879). (Friedberg I bzw. II)
Corpus Iuris Canonici (Glosse), *Decretum Gratiani*, emendatum et notationibus illustratum, una cum glossis, Gregorii XIII Pont. Max. editum, ad exemplar Romanum diligenter recognitum. Editio ultima. Lugduni sumptibus Ioannis Pillehotte 1613.
Corpus Iuris Canonici (Glosse), *Decretales Domini Gregorii Papae IX.* suae integritati una cum glossis restitutae ad exemplar Romanum diligenter recognitae, Venetiis 1604.
Corpus Iuris Canonici (Glosse), *Liber Sextus Decretalium Domini Bonifacii Papae VIII. Clementis Papae V Constitutiones. Extravagantes tum viginti Domini Joannis Papae XXII. tum communes.* Haec omnia cum suis glossis suae integritati restituta, et ad exemplar Romanum diligenter recognita. Editio ultima. Lugduni sumptibus Ioannis Pillehotte 1613.
Corpus Iuris Civilis, Volumen I (complectens: Institutiones, recognovit Krueger, P. - Digesta, recognovit Mommsen, T. / retractavit Krueger, P.), Berolini 1928¹⁵;

Volumen II (complectens Codex Iustinianus, recognovit et retractavit Krueger, P.), Berolini 1929[10]; Volumen III (complectens Novellae, recognovit Schoell, R., absolvit Kroll, G.), Berolini 1928[5]. (MK I bzw. II bzw. III)

CORPUS IURIS CIVILIS (GLOSSE), *Digestum Novum* seu Pandectarum Iuris Civilis tomus tertius cum lectionum ... varietatibus ... appositis, post sane Accursii commentarios ... adnotationibus illustratus, Venetiis 1598.

CORPUS IURIS CIVILIS (GLOSSE), *Codicis Domini Iustiniani sacratissimi principis ... libri IX priores* cum lectionum varietatibus ... appositis, post Accursii commentarios ... adnotationibus illustrati, tomus quartus, Venetiis 1598.

CORPUS IURIS CIVILIS (GLOSSE), *Volumen legum tam posteriores tres libros Codicis, Authenticasque seu Novellas Constitutiones Domini Iustiniani* ... cum lectionum varietatibus ... appositis, post Accursii commentarios ... adnotationibus illustratum, tomus quintus, Venetiis 1598.

CYNUS PISTORIENSIS, *Super Codice et Digesto veteri lectura*, Lugduni 1547. (CYNUS, *Lectura* zu ...)

DANTE ALIGHIERI, *Monarchia*. Lateinisch / deutsch. Studienausgabe. Einleitung, Übersetzung und Kommentar von R. Imbach und C. Flüeler, Stuttgart 1989. (DANTE, *Monarchia* ...)

DIONYSIUS AREOPAGITA, *De divinis nominibus*, in: PG III, 585 - 996. (DIONYSIUS AREOPAGITA, *De divinis nominibus* ...)

DIONYSIUS AREOPAGITA, *De ecclesiastica hierarchia*, in: PG III, 369 - 584. (DIONYSIUS AREOPAGITA, *De ecclesiastica hierarchia* ...)

DOCTOR PARISIENSIS, *Tractatus ... pro Synodo Basileensi, contra eiusdem translationem*, in: C. E. Bulaeus, Historia Universitatis Parisiensis, tomus V (ab anno 1400 ad annum 1500), Parisiis 1670, 450 - 460. (DOCTOR PARISIENSIS, *Tractatus*)

DOMINICUS A SANCTO GEMINIANO, *Lectura in sextum librum decretalium*, Lugduni 1535. (DOMINICUS A SANCTO GEMINIANO, *Lectura in sextum* zu ...)

DOMINICUS A SANCTO GEMINIANO, *Super decretorum volumine commentaria*, Venetiis 1578. (DOMINICUS A SANCTO GEMINIANO, *Commentaria* zu ...)

EPISCOPUS CAMERACENSIS (i. e. Pierre d'Ailly), ... *Aliquae propositiones utiles ad exterminationem praesentis schismatis per viam consilii*, in: E. Martène – U. Durand, Thesaurus novus anecdotorum tomus II ..., Lutetiae Parisiorum 1717 (republished 1968), 1409 - 1411. (EPISCOPUS CAMERACENSIS, *Aliquae propositiones*)

FRANCISCUS ZABARELLA, *Super primo decretalium subtilissima commentaria*, Venetiis 1602.

FRANCISCUS ZABARELLA, *Commentaria in Clementinas*, Lugduni 1551. (jeweils: ZABARELLA, *Commentaria* zu ...)

FRANCISCUS ZABARELLA, *Tractatus de schismate*, in: Schardius, De Iurisdictione ... Imperiali ac Potestate Ecclesiastica, Basileae 1566, 688 - 711. (ZABARELLA, *Tractatus*)

GHEZZO, M. P. (ed.), *Acta Graduum Academicorum gymnasii Patavini (ab anno 1451 ad annum 1460)*, Vol. II/1, a cura di M. P. Ghezzo, Fonti per la storia dell'università di Padova 12, Padova 1990. (GHEZZO, *Acta graduum* II/1)

GOFFREDUS DE TRANO, *Summa ... in titulos decretalium*, Venetiis 1586. (GOFFREDUS DE TRANO, *Summa* zu ...)

GUIDO DE BAYSIO (i. e. Archidiaconus), *Rosarium seu in decretorum volumine commentaria*, Venetiis 1577. (ARCHIDIACONUS, *Rosarium* zu ...)

GUILELMUS DURANDUS, *Speculum iuris pars prima et secunda*, Francofurti 1612. (GUILELMUS DURANDUS, *Speculum* ...)

GUILELMUS DE MONTE LAUDUNO, *Apparatus ... super Clementinas*, Parisiis 1517. (GUILELMUS DE MONTE LAUDUNO, *Apparatus* zu ...)

HENRICUS DE SEGUSIO CARDINALIS HOSTIENSIS, *In primum decretalium librum commentaria*, Venetiis 1581, ristampa Torino 1965.

HENRICUS DE SEGUSIO CARDINALIS HOSTIENSIS, *In secundum decretalium librum commentaria*, Venetiis 1581, ristampa Torino 1965.

HENRICUS DE SEGUSIO CARDINALIS HOSTIENSIS, *In tertium decretalium librum commentaria*, Venetiis 1581, ristampa Torino 1965.

HENRICUS DE SEGUSIO CARDINALIS HOSTIENSIS, *In quartum decretalium librum commentaria*, Venetiis 1581, ristampa Torino 1965.

HENRICUS DE SEGUSIO CARDINALIS HOSTIENSIS, *In quintum decretalium librum commentaria*, Venetiis 1581, ristampa Torino 1965.

HENRICUS DE SEGUSIO CARDINALIS HOSTIENSIS, *In sextum decretalium librum commentaria*, Venetiis 1581. (jeweils: HOSTIENSIS, *Commentaria* zu ...)

HENRICUS DE SEGUSIO CARDINALIS HOSTIENSIS, *Summa aurea*, Venetiis 1574, ristampa Torino 1963. (HOSTIENSIS, *Summa* ...)

HENRICUS INSTITORIS, *Opusculum in errores Monarchie*, Bayerische Staatsbibliothek Inc. c. a. 3770.I. (HENRICUS INSTITORIS, *Opusculum* Inc. c. a. 3770.I)

HINSCHIUS, P. (ed.), *Decretales Pseudo-Isidorianae et Capitula Angilramni* ad fidem librorum manuscriptorum recensuit, fontes indicavit, commentationem de collecto Pseudo-Isidori praemisit, Lipsiae 1863.

HOSTIENSIS, siehe unter: Henricus de Segusio

INNOCENTIUS IV., *In quinque libros decretalium commentaria*, Venetiis 1570. (INNOZENZ, *Commentaria* zu ...)

ISIDORO DE SEVILLA, *Etimologías* vol. I, trad. dal lat. por J. Oroz Reta, Madrid 1982. (ISIDOR, *Etimologías*)

JAROSCHKA, W., *Thomas Ebendorfers Traktat über die Bulle „Deus novit" (Basel 1434)*, Dissertation (maschinenschriftlich) zur Erlangung des Doktorgrades an der philosophischen Fakultät der Universität Wien, Wien 1957. (JAROSCHKA, *Ebendorfers Traktat*)

JEAN MAUROUX, siehe unter: Joannes Patriarcha Antiochenus

JOANNES, siehe auch unter: Johannes

JOANNES ANDREAE, *In quinque decretalium libros novella commentaria*, Venetiis 1581, ristampa Torino 1963. (JO. AN., *Comm.* zu ...)

JOANNES ANDREAE, *In sextum decretalium librum novella commentaria*, Venetiis 1581. (JO. AN., *Commentaria* zu VI° ...)

JOANNES ANDREAE, *In titulum de regulis iuris novella commentaria* ... (vulgo Mercuriales), Venetiis 1581. (JO. AN., *Mercuriales* zu ...)

JOANNES DE LIGNANO, *De censura ecclesiastica*, in: Volumen XVI Tractatuum ex variis iuris interpretibus collectorum ... Lugduni 1549, ff. 227r - 244v. (JOANNES DE LIGNANO, *Tractatus*)

JOANNES DE SEGOVIA, *Historia gestorum generalis synodi basiliensis* ..., Vol. I - liber I - XII (= MCG Concilium Basileense. Scriptores. Tomus II), ed. E. Birk, Vindobonae 1873. (JOANNES DE SEGOVIA, *Historia* [MCG II])

JOANNES DE SEGOVIA, *Historia gestorum generalis synodi basiliensis* ..., Vol. II - liber XIII - XIX (= MCG Concilium Basileense. Scriptores. Tomus III), ed. E. Birk et alii, Vindobonae 1886 et ss., Basileae 1932. (JOANNES DE SEGOVIA, *Historia* [MCG III])

JOANNES DE SEGOVIA, *Liber de magna auctoritate episcoporum in concilio generali*, ed. R. de Kegel, SpicFri 34, Freiburg / Schweiz 1995. (JOANNES DE SEGOVIA, *De magna*)

JOANNES DE TURRECREMATA, *De potestate Papae et Concilii generali tractatus notabilis*, ed. J. Friedrich, Oeniponte 1871. ([TORQUEMADA], *De potestate*)

JOANNES DE TURRECREMATA, *Responsio ad blasphemam et sacrilegam invhectivam (sic!) ad sanctissimum canonem justissimae condemnationis damnatissimae congregationis Basileensium*, in: Mansi XXXI, Venetiis 1798, 63 - 126. (TORQUEMADA, *Responsio*)

JOANNES DE TURRECREMATA, *Summa de Ecclesia*, Venetiis 1561. (TORQUEMADA, *Summa*)

JOANNES MONACHUS, *In sextum librum decretalium dilucida commentaria* glossa aurea nuncupata ..., Venetiis 1585. (JOHANNES MONACHUS, *Commentaria* zu ...)

JOANNES PATRIARCHA ANTIOCHENUS (i.e. Jean Mauroux), *Opusculum de superioritate inter concilium et papam*, in: Mansi XXIV, Venetiis 1788, 512 - 533. (JOANNES PATRIARCHA ANTIOCHENUS, *Opusculum*)

JOHANNES DE IMOLA, *Tractatus ... super schismate Occidentis*, ed. D. Staffa, in: RSCI 7 (1953) 181 - 224. (JOHANNES DE IMOLA, *Tractatus*)

JOHANNES DE RAGUSA, *Tractatus de ecclesia* (Teilveröffentlichung - ff. 302v - 309v - nach dem Cod. bibl. univ. Basiliensis A I 29, ff. 302v - 432r), in: KRÄMER, *Konsens* 369 - 383.

JULIANUS CESARINI, *Epistola ... ad papam contra concilii dissolucionem, tangens mentes et viscera pungens*, in: Joannes de Segovia, Historia gestorum generalis synodi Basiliensis, Volumen I, Liber I - XII (MCG II), ed. E. Birk, Vindobonae 1873, 95 - 107 (entsprechend liber II, caput XV des Werkes von Segovia; JULIANUS CESARINI, *Epistola contra dissolucionem*).

JULIANUS CESARINI, *Tercia ... epistola doctrinalis*, quod licuit vocare ad disputacionem Bohemos, quamvis in generalibus conciliis convictos, in: Joannes de Segovia, *Historia gestorum generalis synodi Basiliensis*, Volumen I, Liber I - XII (MCG II), ed. E. Birk, Vindobonae 1873, 108 - 117. (entsprechend liber II, caput XVII des Werkes von Segovia; JULIANUS CESARINI, *Epistola doctrinalis*)

LUCANUS, M. A., *Belli civilis libri decem*, tertium edidit C. Hosius, Lipsiae 1913. (M. ANNAEUS LUCANUS, *Belli civilis libri decem* ...)

MARTINUS OPPAVIENSIS, *Chronicon Pontificum et Imperatorum*, ed. L. Weiland, in: MGH.SS XXII, ed. G. H. Pertz, Hannoverae 1879, 377 - 482. (MARTINUS OPPAVIENSIS, *Chronicon*)

NICOLAUS FRANCUS, *Constitutiones editae anno 1491* per reverendissimum in Christo et Dom. D. Nicolaum Francum episcopum Tarvisinum, et Legatum Apostolicum, in: Mansi XXXV, Parisiis 1902 (reprint), 1543 - 1547; 1550 - 1559; 1562. (NICOLAUS FRANCUS, *Constitutiones editae anno 1491*)

OCKHAM, siehe unter: Wilhelm von Ockham

PAPIAS VOCABULISTA, *Vocabularium*, Venetiis 1491 (ristampa anastatica 1966) (PAPIAS, *Vocabularium*).

PAULUS DE CASTRO, *In primam Digesti veteris partem commentaria*, Venetiis 1582.

PAULUS DE CASTRO, *In primam Codicis partem commentaria*, Venetiis 1582. (jeweils: PAULUS DE CASTRO, *Commentaria* zu ...)

PENGO, G. (ed.)., *Acta Graduum Academicorum gymnasii Patavini (ab anno 1461 ad annum 1470)*, Vol. II/2, a cura di G. Pengo, Fonti per la storia dell'università di Padova 13, Padova 1992. (PENGO, *Acta graduum* II/2)

PETRUS DE ANCHARANO, *Christus. Declaratio cuiusdam dubii, an cardinales possint mandare subiectis pape, quod ab eius obedientia se subtrahant*, in: J. Vincke, Schriftstücke zum Pisaner Konzil. Ein Kampf um die öffentliche Meinung, BKRG III, Bonn 1942, 119 - 121. (PETRUS DE ANCHARANO, *Declaratio*)

PETRUS DE ANCHARANO, *Consilium an subtrahentes se ab obedientia dicantur papam spoliare*, in: J. Vincke, Schriftstücke zum Pisaner Konzil. Ein Kampf um die öffentliche Meinung, BKRG III, Bonn 1942, 112 - 118 (PETRUS DE ANCHARANO, *Consilium*)

PETRUS DE ANCHARANO, *In quinque decretalium libros facundissima* (sic!) commentaria, Bononiae 1581. (PETRUS DE ANCHARANO, *Commentaria* zu ...)

PETRUS DE ANCHARANO, *Responsio in eodem sacro Concilio (sc. Pisano) ... facta, omnia exprobando quae dixit Episcopus Verdensis*, in: Mansi XXVII, Venetiis 1784, 367 - 394 (PETRUS DE ANCHARANO, *Responsio*)

PETRUS DE MONTE, *Tractatus Conciliorum Generalium* in quo de Primatu Pape, et Maiestate Imperatoris agitur, et quem Monarchiam nominavit, in: J. T. de Rocaberti, Bibliotheca Maxima Pontificia XVIII, Romae 1698 (Reprint 1970), 100 - 137. (PETRUS DE MONTE, *Tractatus*)

PETRUS LOMBARDUS, *Sententiae in IV libris distinctae* ... tomus I, pars II (Liber I et II), editio tertia, SpicBon IV, Grottaferrata 1971. (PETRUS LOMBARDUS, *Sententiae* ...)

PETRUS TENORIUS, *Acta Domini Toletani super facto schismatis ad Dominum sancti Eustachii Cardinalem de necessitate et utilitate concilii generalis concludens*, in: E. Martène – U. Durand, Thesaurus novus anecdotorum tomus II ..., Lutetiae Parisiorum 1717 (republished 1968) 1099 - 1120. (PETRUS TENORIUS, *Super facto schismatis*)

PIERRE D'AILLY, siehe unter: Episcopus Cameracensis

PHILIPPUS DECIUS, *Sermo de eadem materia (sc. pro ecclesiae auctoritate) ... pro justificatione Concilii Pisani, nunc Mediolani residentis*, in: M. Goldast, Monarchia S. Romani Imperii sive Tractatus de iurisdictione imperiali seu regia et pontificia seu sacerdotali, tomus II, Francofordiae 1614, 1777 - 1782 (lege: 1677 - 1682). (PHILIPPUS DECIUS, *Sermo*)

PIUS II., *Enee Silvii Piccolominei postea Pii Pp. II „De viris illustribus"*, ed. A. van Heck, StT 341, Città del Vaticano 1991. (PIUS II, *De viris illustribus*)

SORBELLI, A. (ed.), *Il „Liber Secretus Iuris Caesarei"* dell'Università di Bologna I. 1378 - 1420, ed. A. Sorbelli, Universitatis Bononiensis Monumenta II, Bologna 1938. (SORBELLI, *Liber Secretus*)

THOMAS AQUINAS, *Catena aurea* (in Matthaei evangelium, in Marci evangelium), Doctoris Angelici divi Thomae Aquinatis ... opera omnia XVI studio ac labore S. E. Fretté, Parisiis 1876. (THOMAS VON AQUIN, *Catena aurea* [I] ...)

THOMAS AQUINAS, *Catena aurea* (in Lucae evangelium, in Ioannis evangelium), Doctoris Angelici divi Thomae Aquinatis ... opera omnia XVII, studio ac labore S. E. Fretté, Parisiis 1876. (THOMAS VON AQUIN, *Catena aurea* [II] ...)

THOMAS AQUINAS, *Contra errores Graecorum*, Sancti Thomae de Aquina opera omnia. Tomus XL, pars A, cura et studio fratrum praedicatorum, Romae 1967. (THOMAS VON AQUIN, *Contra errores Graecorum* ...)

THOMAS AQUINAS, *Secunda Secundae Summae Theologiae* (a quaestione i ad quaestionem LVI), Sancti Thomae Aquinatis ... opera omnia. Tomus VIII, cura et studio fratrum OP, Romae 1895. (THOMAS VON AQUIN, *Summa* ...)

UNIVERSITAS STUDII CRACOVIENSIS, *Tractatus inclytae Universitatis Studij Cracoviensis super auctoritate Sacrorum Conciliorum editus et super iustificatione Sacri Concilii Basileensis et depositione quondam Eugenij Papae IV.* (1440/41), in: C. E. Bulaeus, Historia Universitatis Parisiensis, tomus V (ab anno 1400 ad annum 1500), Parisiis 1670, 479 - 517. (UNIVERSITAS STUDII CRACOVIENSIS, *Tractatus*)

VALERIUS MAXIMUS, *Factorum et dictorum memorabilium libri novem*, cum J. Paridis et J. Nepotiani epitomis iterum recensuit C. Kempf, Lipsiae 1888. (VALERIUS MAXIMUS, *Factorum*)

VINCENTIUS BELLOVACENSIS, *Bibliotheca mundi seu speculi maioris .... tomus quartus qui „speculum historiale" inscribitur ...*, Duaci 1624. (VINCENTIUS BELLOVACENSIS, *Speculum*)

WOLKAN, R. (ed.), *Der Briefwechsel des Eneas Silvius Piccolomini*, 1. Abteilung. Briefe aus der Laienzeit (1431 - 1445). 1. Band: Privatbriefe, FRA II. Abteilung 61. Bd., Wien 1909. (WOLKAN, *Briefwechsel*)

ZABARELLA, siehe unter: Franciscus Zabarella

ZONTA, C. / BROTTO, J (ed.)., *Acta Graduum Academicorum gymnasii Patavini (ab anno 1406 ad annum 1450)* cum aliis antiquioribus in appendice additis iudicio historico collecta ac digesta, a cura di C. Zonta e J. Brotto, Padova 1922. (ZONTA - BROTTO, *Acta graduum*)

B. Sekundärliteratur

ABATE, G. - LUISETTO, G. (ed.), *Codici e Manoscritti della Biblioteca Antoniana* col catalogo delle miniature ...., Fonti e studi per la storia del santo a Padova. Fonti I, Vicenza 1975. (ABATE - LUISETTO, *Codici*)

ALBERIGO, G., „La problematica ecclesiologica tra XIV e XV secolo", *Ambrogio Traversari nel VI centenario della nascita.* Convegno internazionale di studi, Camaldoli - Firenze, 15 - 18 settembre 1986, Firenze 1988, 3 - 25. (ALBERIGO, Problematica)

ALBERIGO, G., *Cardinalato e Collegialità*. Studi sull'ecclesiologia tra l'XI e il XIV secolo, Testi e ricerche di Scienze Religiose pubblicati a cura dell'Istituto per le Scienze religiose di Bologna 5, Firenze 1969. (ALBERIGO, *Cardinalato*)

AMANN, É., „Roselli, (Antoine de)", *DThC* XIII.2, Paris 1937, 2916 - 2917. (AMANN, Roselli)

ARMAND, A., *Les médailleurs italiens des quinzième et seizième siècles.* Tome I, Bologna 1883[2] (ristampa anastatica). (ARMAND, *Médailleurs*)

ASCHERI, M. - BRAZIO, E. (ed.), *Index repetitionum iuris canonici et civilis*, Quaderni di „Informatica e Beni Culturali" 8, Siena 1985. (ASCHERI, *Index repetitionum*)

BANDINIUS, A. M. (ed.), *Catalogus Codicum Latinorum Bibliothecae Mediceae Laurentianae* ... tomus I (Florentiae 1774). (BANDINIUS, *Catalogus* I)

BARONIUS, Bernardinus, *Catalogus antiquae bibliothecae ... Maioris Lucanae Ecclesiae Canonicorum*, Lucca 1757. (BARONIUS, *Catalogus*)

BÄUMER, R., „Annaten", *LMA* I, 662. (BÄUMER, Annaten)

BÄUMER, R., „Eugen IV. und der Plan eines ‚Dritten Konzils' zur Beilegung des Basler Schismas'", *Reformata Reformanda*. FS Hubert Jedin zum 17. Juni 1965, Bd. I, Reformationsgeschichtliche Studien und Texte. Supplementband I, Teil 1, Münster / Westfalen 1965, 87 - 128. (BÄUMER, Eugen IV.)

BÄUMER, R., „Konziliarismus", *LMA* V, 1431 - 1432. (BÄUMER, Konziliarismus)

BÄUMER, R., *Nachwirkungen des konziliaren Gedankens in der Theologie und Kanonistik des frühen 16. Jahrhunderts*, RGST Texte Heft 100, Münster 1971. (BÄUMER, *Nachwirkungen*)

BAVAUD, G., „Un thème augustinien repris par le Conciliarisme", *REAug* 10 (1964) 45 - 49. (BAVAUD, Thème)

BELLONI, A., „Neue Erkenntnisse über den Rechtsunterricht in Padua im fünfzehnten Jahrhundert", *Ius commune* 13 (1985) 1 - 12. (BELLONI, Erkenntnisse)

BELLONI, A., *Professori giuristi a Padova nel secolo XV*. Profili bio - bibliografici e cattedre, Ius Commune. Veröffentlichungen des Max-Planck-Instituts für Europäische Rechtsgeschichte Sonderheft 28, Frankfurt am Main 1986. (BELLONI, *Professori*)

BELLLONI, A., „Quaestiones et consilia. Agli inizi della prassi consiliare", *Consilia im späten Mittelalter*. Zum historischen Aussagewert einer Quellengattung, ed. I. Baumgärtner, SCTSV 13, Sigmaringen 1995, 19 - 32. (BELLONI, Quaestiones)

BERRA, F. L., „Roselli Antonio", *Novissimo Digesto Italiano*, diretto da A. Azara e E. Eula, vol. 16, Torino 1976, 265 - 267. (BERRA, Roselli)

BESTA, E., *Storia del diritto italiano* I/2. Fonti: Legislazione e scienza giuridica della caduta dell'Impero Romano al secolo decimo sesto, Milano 1925. (BESTA, *Storia*)

BIBLIOTHECA AMBROSIANA (ed.), *Inventario Ceruti dei Manoscritti della Biblioteca Ambrosiana* (I A inf - E inf) – Fontes Ambrosiani in lucem editi cura et studio Bibliothecae Ambrosianae L, Trezzano 1973. (*Inventario Ceruti*)

BILDERBACK, L., „Eugene IV and the First Dissolution of the Council of Basle", *ChH* 36 (1967) 243 - 253. (BILDERBACK, Eugene IV)

BILDERBACK, L., „Proctorial Representation and Conciliar Support at the Council of Basle", *AHC* 1 (1969) 140 - 152. (BILDERBACK, Representation)

BINDER, K., *Konzilsgedanken bei Kardinal Juan de Torquemada o. p.*, WBTh 49, Wien 1976. (BINDER, *Konzilsgedanken*)

BINDER, K., *Wesen und Eigenschaften der Kirche bei Kardinal Juan de Torquemada O.P.*, Innsbruck 1955. (BINDER, *Wesen und Eigenschaften*)

BLACK, A., *Council and Commune*. The Conciliar Movement and the Fifteenth - Century Heritage, London - Shepherdstown 1979. (BLACK, *Council*)

BLACK, A., „Diplomacy, Doctrine and the Disintegration of an Idea into Politics", *Studien zum 15. Jahrhundert*, Fs. E. Meuthen, ed. J. Helmrath et al., Band I, München 1994, 77 – 85. (BLACK, Diplomacy)

BLACK, A., „Heimericus de Campo: The Council and History", *AHC* 2 (1970) 78 - 86. (BLACK, Heimericus)

BLACK, A., *Monarchy and Community*. Political Ideas in the Later Conciliar Controversy 1430 - 1450, CSMLT. III series Vol. 2, Cambridge 1970. (BLACK, *Monarchy*)

BLACK, A., „Politische Grundgedanken des Konziliarismus und des Papalismus zwischen 1430 und 1450", *Die Entwicklung des Konziliarismus*. Werden und Nachwirken der konziliaren Idee, hg. R. Bäumer, WdF 279, Darmstadt 1976, 295 - 328. (BLACK, Politische Grundgedanken)

BLACK, A., „The Universities and the Council of Basle: Collegium and Concilium“, *Les Universités a la fin du Moyen Âge*. Actes du Congrès internationale Louvain, 26 - 30 mai 1975, Université Catholique de Louvain. Publications de l'Institut d'Études Médiévales, 2e série, vol. 2, Louvain 1978, 511 - 523. (BLACK, Universities and the Council)

BLACK, A., „The Universities and the Council of Basle: Ecclesiology and Tactics“, *AHC* 6 (1974) 341 - 351. (BLACK, Universities)

BLACK, R., *Benedetto Accolti and the Florentine Renaissance*, Cambridge 1985. (BLACK, *Benedetto Accolti*)

BLEIENSTEIN, F., *Johannes Quidort von Paris*. Über königliche und päpstliche Gewalt (De regia potestate et papali). Textkritische Edition mit deutscher Übersetzung, Frankfurter Studien zur Wissenschaft von der Politik 4, Stuttgart 1969. (JOHANNES QUIDORT, *Über königliche und päpstliche Gewalt* [ed. Bleienstein])

BLIEMETZRIEDER, F., *Das Generalkonzil im Grossen Abendländischen Schisma*, Paderborn 1904. (BLIEMETZRIEDER, *Generalkonzil*)

BLIEMETZRIEDER, F. (ed.), *Ein kanonistischer Traktat für das Pisaner Konzil (1409)*. Text und Untersuchungen. Dissertation der theologischen Fakultät an der Universität Freiburg in der Schweiz zur Erlangung des Doktorgrades, Graz 1902. (BLIEMETZRIEDER, *Traktat*)

BLUMENTHAL, U. - R., „Rom in der Kanonistik“, *Rom im hohen Mittelalter.* Studien zu den Romvorstellungen und zur Rompolitik vom 10. bis zum 12. Jahrhundert, Fs. R. Elze, Sigmaringen 1992, 29 - 39. (BLUMENTHAL, Rom)

BOEREN, P. C. (ed.), *Bibliotheca Universitatis Leidensis*. Codices Manuscripti - XII - Catalogue des Manuscrits des collections D'Ablaing et Meijers, Leiden 1970. (BOEREN, *Bibliotheca*)

BORGOLTE, M., „„Selbstverständnis‘ und ‚Mentalitäten‘. Bewußtsein, Verhalten und Handeln mittelalterlicher Menschen im Verständnis moderner Historiker“, *AKG* 79 (1997) 189 - 210. (BORGOLTE, Selbstverständnis)

BRAND, H. G., *Die Grabmonumente Pietro Lombardos. Studien zum venezianischen Wandgrabmal des späten Quattrocento.* Inaugural-Dissertation im Fachbereich Philosophie, Geschichte und Sozialwissenschaften der Friedrich-Alexander-Universität Erlangen-Nürnberg 1977. (BRAND, *Grabmonumente*)

BRANDMÜLLER, W., „Das Konzil, demokratisches Kontrollorgan über den Papst? Zum Verständnis des Konstanzer Dekrets ‚Frequens‘ vom 9. Oktober 1417“, *AHC* 16 (1984) 328 - 347. (BRANDMÜLLER, Konzil)

BRANDMÜLLER, W., „Das Konzil, demokratisches Kontrollorgan über den Papst? Zum Verständnis des Konstanzer Dekrets ‚Frequens‘ vom 9. Oktober 1417“, *Papst und Konzil im Großen Schisma* (1378 – 1431). Studien und Quellen, Paderborn u.a. 1990, 243 - 263. (BRANDMÜLLER, Konzil 1990)

BRANDMÜLLER, W., *Das Konzil von Konstanz*, Band I (bis zur Abreise Sigismunds nach Narbonne), Paderborn u.a. 1991. (BRANDMÜLLER, *Konzil von Konstanz* I)

BRANDMÜLLER, W., *Das Konzil von Konstanz*, Band II (bis zum Konzilsende), Paderborn u.a. 1997. (BRANDMÜLLER, *Konzil von Konstanz* II)

BRANDMÜLLER, W., *Das Konzil von Pavia - Siena 1423 - 1424*, Band I (Darstellung) und Band II (Quellen), VRF 16/1 und 16/2, Münster 1968 (I) bzw. 1974 (II). (BRANDMÜLLER, *Konzil von Pavia* I bzw. II)

BRANDMÜLLER, W., „Konstanz, Konzil von“, *TRE* 19, 529 - 535. (BRANDMÜLLER, Konstanz)

BRANDMÜLLER, W., „Simon de Lellis de Teramo. Ein Konsistorialadvokat auf den Konzilien von Konstanz und Basel“, *AHC* 12 (1980) 229 – 268. (BRANDMÜLLER, Simon)

BRYS, J., *De dispensatione in iure canonico praesertim apud decretistas et decretalistas ad medium saeculi XVI*, Universitas Catholica Lovaniensis Dissertationes Series II, 14, Brugis 1925. (BRYS, *De dispensatione*)

BUBENHEIMER, U., „Rezension ‚Remigius Bäumer, Nachwirkungen des konziliaren Gedankens in der Theologie und Kanonistik des frühen 16. Jahrhunderts'“, *ZSRG.K* 59 (1973) 455 - 465. (BUBENHEIMER, Rezension)

BUISSON, L., *Potestas und Caritas*. Die päpstliche Gewalt im Spätmittelalter, FKRG II, Köln - Graz 1958. (BUISSON, *Potestas*)

BURNS, J. H., Lordship, Kingship and Empire. The Idea of Monarchy 1400 – 1525, Oxford 1992. (BURNS, *Lordship*)

BURNS, J. H., „The ‚Monarchia‘ of Antonio Roselli (1380 - 1466): Text, Context and Controversy“, *Proceedings* 1988, 321 - 351. (BURNS, Monarchia)

CAPITANI, O., „Episcopato ed ecclesiologia nell'etá gregoriana“, *Le istituzioni ecclesiastiche della ‚Societas Christiana‘ dei secoli XI - XII*. Papato, Cardinalato ed episcopato. Atti della quinta Settimana internazionale di studio. Mendola, 26 - 31 agosto 1971, Milano 1974. (CAPITANI, Episcopato)

CARAVALE, M., „Bertachini (Bertacchini), Giovanni“, *DBI* IX, 441 - 442. (CARAVALE, Bertachini)

CASAGRANDE MAZZOLI, M. A. – DAL POZ, L. (et alii), *I manoscritti datati della provincia di Trento*, Manoscritti datati d'Italia I, Firenze 1996. (CASAGRANDE MAZZOLI, *I manoscritti datati*)

Catalogue of Manuscripts in the British Museum. New Series. Vol. I. Printed by order of the Trustees 1834. (*Catalogue of Manuscripts*)

CATHARIUS, C., *Advocatorum Sacri Consistorii syllabum* ..., Romae 1656. (CATHARIUS, *Advocatorum*)

CHENEVAL, F., *Die Rezeption der Monarchia Dantes bis zur Editio Princeps im Jahre 1559*. Metamorphosen eines philosophischen Werkes. Mit einer kritischen Edition von Guido Vernanis Tractatus de potestate summi pontificis, Humanistische Bibliothek Reihe I (Abhandlungen) Bd. 47, München 1995. (CHENEVAL, *Rezeption*)

CHRISTIANSON, G., *Cesarini: The Conciliar Cardinal*. The Basel Years, 1431 - 1438, KGQS 10, Sankt Ottilien 1979. (CHRISTIANSON, *Cesarini*)

COMNENUS PAPADOPOLUS, N., *Historia gymnasii patavini* ... Tomus I, Venetiis 1726. (COMNENUS PAPADOPOLUS, *Historia*)

CONGAR, Y., „Incidence ecclésiologique d'un thème de dévotion mariale“, *MSR* 7 (1950) 277 - 292. (CONGAR, Incidence)

CONGAR, Y., „Quod omnes tangit, ab omnibus tractari et approbari debet“, *RHDF* 36 (1958) 210 - 259. (CONGAR, Quod omnes tangit)

CONGAR, Y., „Status Ecclesiae“, *StGra* 15 (1972) 1 - 31. (CONGAR, Status Ecclesiae)

CREYTENS, R., „Raphael de Pornassio O.P. (+1467). Vie et oeuvres“, *AFP* 49 (1979) 145 - 192. (CREYTENS, Raphael de Pornassio O.P.)

CREYTENS, R., „Raphael de Pornaxio O.P. Auteur du ‚De potestate papae et concilii generalis‘ faussement attribué à Jean de Torquemada O. P.“, *AFP* 13 (1943) 108 - 137. (CREYTENS, Raphael de Pornaxio)

DA MARETO, F., „Zeno, Jacopo“, *EC* 12, 1791. (DA MARETO, Zeno)
DE MATTEIS, M. C., „Aristotele“, *Enciclopedia dantesca* I, Roma 1970, 372 - 377. (DE MATTEIS, Aristotele)
DE WITTE, C. - M., „Les bulles pontificales et l'expansion portugaise au XVe siècle“, *RHE* 48 (1953) 683 - 718. (DE WITTE, Bulles pontificales)
DECKER, W., „Die Politik der Kardinäle auf dem Basler Konzil (bis zum Herbst 1434)“, *AHC* 9 (1977) 315 - 400. (DECKER, Politik)
DELAROUELLE, F. - OURLIAC, P. - LABANDE, E. - R., *Storia della Chiesa delle origini fino ai nostri giorni.* Vol. XIV/1, ed. A. Fliche, V. Martin et alii (ed. italiana a cura di G. Alberigo), Torino 1967. (OURLIAC, *Storia* XIV/1)
DELAROUELLE, F. - OURLIAC, P. - LABANDE, E. - R., *Storia della Chiesa delle origini fino ai nostri giorni.* Vol. XIV/2, ed. A. Fliche, V. Martin et al. (ed. italiana a cura di G. Alberigo), Torino 1971. (OURLIAC, *Storia* XIV/2)
DELFOS, L., „Alte Rechtsformen des Widerstandes gegen Willkürherrschaft“, *Widerstandsrecht*, hg. A. Kaufmann u. a., WdF 173, Darmstadt 1972, 59 - 86. (DELFOS, *Alte Rechtsformen*)
DEMPF, A., *Sacrum Imperium.* Geschichts- und Staatsphilosophie des Mittelalters und der politischen Renaissance, Darmstadt 1954. (DEMPF, *Sacrum Imperium*)
DIPLOVATACIUS, T., *Liber de claris iuris consultis* - pars posterior, curantibus F. Schulz, H. Kantorowicz, G. Rabotti, StGra 10 (1968). (DIPLOVATACIUS, *Liber*)
DUMAS, A., „Possession en droit canonique“, *DDC* VII, 44 - 58. (DUMAS, Possession)
ECKERMANN, K., *Studien zur Geschichte des monarchischen Gedankens im 15. Jahrhundert*, Abhandlungen zur Mittleren und Neueren Geschichte, Heft 73, Berlin 1933. (ECKERMANN, *Studien*)
ENGELS, O., „Geschichte / Geschichtsschreibung / Geschichtsphilosophie. VI. Von Augustin bis zum Humanismus“, *TRE* 12, 608 - 630. (ENGELS, Geschichte)
ESTRADA, J. A., „La configuración monárquica del primado papal“, *Estudios Eclesiásticos* 63 (1988) 165 - 188. (ESTRADA, Configuración)
FABRICIUS, J. A., *Bibliotheca latina mediae et infimae aetatis* cum supplemento ... Tomus I, Florentiae 1858. (FABRICIUS, *Bibliotheca* I)
FACCIOLATI, J., *Fasti Gymnasii Patavini*, Vol. II (ab anno MCCCCVI. Venetae dominationis primo ad Justitium anni MDIX), Patavii 1757. (FACCIOLATI, *Fasti*)
FERNÁNDEZ - RÍOS, M., „El primado del Romano Pontífice en el pensamiento de Huguccio de Pisa decretista“, *Comp.* 6 (1961) 47 - 97. (FERNÁNDEZ - RÍOS, Primado)
FERNÁNDEZ – RÍOS, M., „El primado del Romano Pontífice en el pensamiento de Huguccio de Pisa decretista“, *Comp.* 11 (1966), 29 - 67. (FERNÁNDEZ - RÍOS, Primado [pars quarta])
FINK, K. A., „Eugen IV. Konzil von Basel - Ferrara - Florenz“, *HKG(J)* III / 2, 572 - 588. (FINK, Eugen IV.)
FLAMINI, F., *La lirica toscana del rinascimento anteriore ai tempi del Magnifico*, Firenze ohne Jahr (ristampa anastatica). (FLAMINI, *Lirica toscana*)
FRANK, I. W., „Thomas Ebendorfers Obödienzansprache am 11. September 1447 in der Wiener Stephanskirche. Ein Beitrag zum ‚Konziliarismus‘ des Wiener Theologen“, *AHC* 7 (1975) 314 - 353. (FRANKL, Obödienzansprache)
FRENKEN, A., *Die Erforschung des Konstanzer Konzils (1414 - 1418) in den letzten 100 Jahren*, AHC 25 (Heft 1 / 2) 1993. (FRENKEN, *Erforschung*)

FRIEDLAENDER, J., *Die italienischen Schaumünzen des fünfzehnten Jahrhunderts (1430 - 1530).* Ein Beitrag zur Kunstgeschichte, Berlin 1880. (FRIEDLAENDER, *Schaumünzen*)

FROMHERZ, U., *Johannes von Segovia als Geschichtsschreiber des Konzils von Basel*, BBGW 81, Basel - Stuttgart 1960. (FROMHERZ, *Johannes von Segovia*)

FRUGONI, A., „Roma", *Enciclopedia dantesca* IV, Roma 1973, 1012 - 1014. (FRUGONI, Roma)

FUHRMANN, H., „Ecclesia Romana - Ecclesia universalis", *Rom im hohen Mittelalter.* Studien zu den Romvorstellungen und zur Rompolitik vom 10. bis zum 12. Jahrhundert, Fs. R. Elze, Sigmaringen 1992, 41 - 45. (FUHRMANN, Ecclesia Romana)

FUNDER, A., *Reichsidee und Kirchenrecht.* Dietrich von Nieheim als Beispiel spätmittelalterlicher Rechtsauffassung, RQ.S 48, Freiburg et al. 1993. (FUNDER, *Reichsidee*)

GAETA, F., „Pietro Barozzi", *DBI* 6, 510 – 512. (GAETA, Barozzi)

GIERKE, O. VON, *Das deutsche Genossenschaftsrecht.* Dritter Band (Die Staats- und Korporationslehre des Albertus und des Mittelalters und ihre Aufnahme in Deutschland), Breslau 1881 (Neudruck Graz 1954). (GIERKE, *Genossenschaftsrecht* III)

GILL, J., *Eugenius IV Pope of Christian Union*, PTH I, London 1961 (GILL, *Eugenius IV*)

GILLMANN, F., „Zur scholastischen Auslegung von Mt 16, 18", *AKathKR* 104 (1924) 41 - 53. (GILLMANN, Zur scholastischen Auslegung)

GIRGENSOHN, D., „Ein Schisma ist nicht zu beenden ohne die Zustimmung der konkurrierenden Päpste. Die juristische Argumentation Benedikts XIII. Pedro de Luna)", *AHP* 27 (1989) 197 - 247. (GIRGENSOHN, Schisma)

GIRGENSOHN, D., *Kirche, Politik und adelige Regierung in der Republik Venedig zu Beginn des 15. Jahrhunderts*, Teilband 1 und 2, Veröffentlichungen des Max-Planck-Instituts für Geschichte 118, Göttingen 1996. (GIRGENSOHN, *Kirche*)

GIRGENSOHN, D., „Wie wird man Kardinal? Kuriale und außerkuriale Karrieren an der Wende des 14. zum 15. Jahrhundert", *QFIAB* 57 (1977) 138 - 162. (GIRGENSOHN, Kardinal)

GOETZ, H. - W., „Geschichte als Argument. Historische Beweisführung und Geschichtsbewußtsein in den Streitschriften des Investitutstreites", *HZ* 245 (1987) 31 - 69. (GOETZ, Geschichte als Argument)

GOEZ, W., „Imperator advocatus Romanae ecclesiae", *Aus Kirche und Reich.* Studien zu Theologie, Politik und Recht im Mittelalter. Fs. W. Kempf zu seinem 75. Geburtstag und 50-jährigen Doktorjubiläum, Sigmaringen 1983, 315 - 328. (GOEZ, Imperator)

GOEZ, W., *Translatio imperii.* Ein Beitrag zur Geschichte des Geschichtsdenkens und der politischen Theorie im Mittelalter und in der frühen Neuzeit, Tübingen 1958. (GOEZ, *Translatio Imperii*)

GRABMANN, M., *Studien über den Einfluß der aristotelischen Philosophie auf die mittelalterlichen Theorien über das Verhältnis von Kirche und Staat*, Sitzungsberichte der Bayerischen Akademie der Wissenschaften. Philosophisch - historische Abteilung. Jahrgang 1934. Heft 2, München 1934. (GRABMANN, *Studien*)

GRAUS, F., „Funktionen der spätmittelalterlichen Geschichtsschreibung", *Geschichtsschreibung und Geschichtsbewusstsein im späten Mittelalter*, VKAMAG 31, Sigmaringen 1987, 11 - 55. (GRAUS, Funktionen)

GRILLMEIER, A., „Konzil und Rezeption. Methodische Bemerkungen zu einem Thema der ökumenischen Diskussion der Gegenwart", *ThPh* 45 (1970) 321 - 352. (GRILLMEIER, Konzil und Rezeption)

GRISON, P., „Il problema del cardinalato nell'Ostiense", *AHP* 30 (1992) 125 - 157. (GRISON, Problema)

HACKETT, J. H., „State of the Church: A Concept of the Medieval Canonists", *Jurist* 23 (1963) 259 - 290. (HACKETT, State)

HAENEL, G. (ed.), *Catalogi Librorum Manuscriptorum qui in Bibliothecis Galliae, Helvetiae, Belgii, Britanniae maioris, Hispaniae, Lusitaniae asservantur*, Lipsiae 1830 (Reprint 1976). (HAENEL, *Catalogi*)

HALLER, J.(ed.), *Piero da Monte*. Ein Gelehrter und päpstlicher Beamter des 15. Jahrhunderts. Seine Briefesammlung, herausgegeben und erläutert von J. Haller, BDHIR 19, Rom 1941. (HALLER, *Piero da Monte*)

HAMESSE, J., *Les auctoritates Aristotelis*. Un florilège médiéval. Étude historique et édition critique, PhMed 17, Louvain - Paris 1974. (HAMESSE, *Les auctoritates*; die Verweise auf Aristoteles beziehen sich - wie üblich - auf die durch die Accademia Regia Borussica besorgte Ausgabe durch August Immanuel Becker)

HEFELE, J., „Ansichten über Kirche, Papst, Conzil u.s.w. aus dem fünfzehnten Jahrhundert", *JTCP* 6 (1836) 359 - 374. (HEFELE, Ansichten)

HEFELE, J., „Blicke in's fünfzehnte Jahrhundert und seine Konzilien, mit besonderer Berücksichtigung der Basler Synode", *JTCP* 4 (1835) 49 - 108. (HEFELE, Blicke)

HEFELE, C. - J. - LECLERCQ, H., *Histoire des conciles d'après les documents originaux* VII/2, Paris 1916. (HEFELE, *Histoire*)

HELMHOLZ, R. H., „,Si quis suadente' (C. 17 q. 4 c. 29): Theory and Practice", *Proceedings* 1984, 425 - 438. (HELMHOLZ, Si quis suadente)

HELMRATH, J., *Das Basler Konzil 1431 - 1449*. Forschungsstand und Probleme, KHAb 32, Köln - Wien 1987. (HELMRATH, *Basler Konzil*)

HELMRATH, J., „Eugen IV.", *LMA* IV, 80 - 82. (HELMRATH, Eugen IV.)

HELMRATH, J., „Selbstverständnis und Interpretation des Basler Konzils. Rezension von Krämer, Konsens und Rezeption", *AKG* 66 (1984) 215 - 229. (HELMRATH, Selbstverständnis)

HENDRIX, S. H., „In Quest of the Vera Ecclesia: The Crisis of the Late Medieval Ecclesiology", *Viator* 7 (1976) 347 - 378. (HENDRIX, In Quest)

HERRE, H. (ed.), *Deutsche Reichstagsakten unter Kaiser Sigismund*. Vierte Abteilung 1431 - 1433, DRTA X, Gotha 1906. (HERRE, *Deutsche Reichstagsakten* X)

HEUMANN - SECKEL, E., *Heumanns Handlexikon zu den Quellen des römischen Rechts, in neunter Auflage neu bearbeitet von Dr. E. Seckel*, Jena 1907[9]. (HEUMANN, *Handlexikon*)

HOFMANN, G., „Die Konzilsarbeit in Ferrara", *OCP* III, no. 1 - 2, Roma 1928. (HOFMANN, Konzilsarbeit)

HOFMANN, H., *Repräsentation*. Studien zur Wort- und Begriffsgeschichte von der Antike bis ins 19. Jahrhundert, Schriften zur Verfassungsgeschichte 22, Berlin 1974. (HOFMANN, *Repräsentation*)

HORST, U., *Autorität und Immunität des Papstes. Raphael de Pornassio OP und Julianus Tallada OP in der Auseinandersetzung mit dem Basler Konziliarismus*, VGI Neue Folge 36, Paderborn et al. 1991. (HORST, *Autorität*)

HORST, U., „Grenzen der päpstlichen Autorität. Konziliare Elemente in der Ekklesiologie des Johannes Torquemada", *FZPhTh* 19 (1972) 361 - 388. (HORST, Grenzen)

HORST, U., „Papst und Konzil nach Raphael de Pornaxio O. P.", *FZThPh* 15 (1968) 367 - 402. (HORST, Papst)

HURTER, H., *Nomenclator literarius theologiae catholicae theologos exhibens aetate, natione, disciplinis distinctos.* Tomus II (aetas media - ab anno 1109 - 1563), Oeniponte 1906². (HURTER, *Nomenclator*)

IBOUNIG, J., *Sponsus vice Christi.* Der Bischof als Darsteller des Christus - Bräutigams und die Konsequenzen für seine Rechtsstellung von der apostolischen Zeit bis Gratian, Dissertatio ad lauream in Facultate Iuris Canonici Pontifciae Universitatis Gregorianae, Roma 1994. (IBOUNIG, *Sponsus vice Christi*)

IMBACH, R. - FLÜELER, C., *Dante Alighieri*, Monarchia. Lateinisch / deutsch. Studienausgabe. Einleitung, Übersetzung und Kommentar, Stuttgart 1989. (IMBACH - FLÜELER, *Dante*)

INVENTARIO CERUTI, siehe unter: BIBLIOTHECA AMBROSIANA.

ISENMANN, E., „Reichsrecht und Reichsverfassung in Konsilien reichsstädtischer Juristen (15. – 17. Jh.)", in: *Die Rolle der Juristen bei der Entstehung des modernen Staates*, hg. R. Schnur, Berlin 1986, 545 – 628. (ISENMANN, Reichsrecht)

IZBICKI, T. M., *Juan de Torquemada.* A Disputation on the Authority of Pope and Council. Translated by Thomas M. Izbicki, Dominican Sources 4, Oxford 1988. (IZBICKI, *Juan*)

IZBICKI, T. M., „Problems of Attribution in the Tractatus universi iuris (Venice 1584)", *Studi Senesi* XCII, III serie 29 (1980) 479 - 493. (IZBICKI, Problems)

IZBICKI, T. M., *Protector of the Faith.* Cardinal Johannes de Turrecremata and the Defense of the Institutional Church, Washington/D. C. 1981. (IZBICKI, *Protector*)

JAROSCHKA, W., *Thomas Ebendorfers Traktat über die Bulle „Deus novit" (Basel 1434)*, Dissertation (maschinenschriftlich) zur Erlangung des Doktorgrades an der philosophischen Fakultät der Universität Wien, Wien 1957. (JAROSCHKA, *Ebendorfers Traktat*)

JEDIN, H., „Giovanni Gozzadini, ein Konziliarist am Hofe Julius' II", in: Jedin, H., *Kirche des Glaubens - Kirche der Geschichte.* Ausgewählte Aufsätze und Vorträge Bd. II (Konzil und Kirchenreform), Freiburg et al. 1966, 17 - 74. (JEDIN, Giovanni Gozzadini)

JÖCHER, C. G., „de Rosellis", *AGL.* Dritter Theil (M - R), 2225. (JÖCHER, de Rosellis)

JOHANNES QUIDORT, siehe unter: BLEIENSTEIN.

KANTOROWICZ, E. H., *The King's Two Bodies.* A Study in Medieval Political Theology, Princeton/New Jersey 1957. (KANTOROWICZ, *Two Bodies*)

KANTOROWICZ, H. - DENHOLM-YOUNG, N., „De ornatu mulierum. A Consilium of Antonius de Rosellis with an Introduction on Fifteenth Century Sumptuary Legislation", in: *Kantorowicz, H., Rechtshistorische Schriften*, hg. H. Coing - G. Immel, Freiburger Rechts- und staatswissenschaftliche Abhandlungen 30, Karlsruhe 1970, 341 - 376. (KANTOROWICZ, De ornatu)

KANTOROWICZ, H., *La vita di Tommaso Diplovataccio,* StGra 10 (1968) 1* - 140*. (KANTOROWICZ, *Vita*)

KANTOROWICZ, H., „Studien zum altitalienischen Strafprozeß", *Zeitschrift für die gesamte Strafrechtswissenschaft* 44 (1924) 97 – 130. (KANTOROWICZ, Studien)

KAULEN, F., „Antonius von Roselli“, *WWKL* I, Freiburg/Breisgau 1882², 996. (KAULEN, Antonius von Roselli)

KAY, R., „The Mentalité of Dante's Monarchia“, *Res publica litterarum* 9 (1986) 183 - 191. (KAY, Mentalité)

KENNEDY, L. A., „The Fifteenth Century and Divine Absolute Power“, *Vivarium* 27 (1989) 125 - 152. (KENNEDY, Fifteenth Century)

KLOTZNER, J., *Kardinal Dominikus Jacobazzi und sein Konzilswerk*. Ein Beitrag zur Geschichte der konziliaren Idee, AnGr 45. SFHE Sectio B. n. 6, Roma 1948. (KLOTZNER, *Kardinal*)

KRÄMER, W., „Die ekklesiologische Auseinandersetzung um die wahre Repräsentation auf dem Basler Konzil“, *Der Begriff der repraesentatio im Mittelalter*. Stellvertretung, Symbol, Zeichen, Bild, hg. A. Zimmermann, MM 8, Berlin - New York 1971, 202 - 237. (KRÄMER, Auseinandersetzung)

KRÄMER, W., *Konsens und Rezeption*. Verfassungsprinzipien der Kirche im Basler Konziliarismus, BGPhMA. Neue Folge 19, Münster 1980. (KRÄMER, *Konsens*)

KRISTELLER, P. O., *Iter italicum*. ... I, Leiden et al. 1963 (KRISTELLER, *Iter italicum* I).

KRISTELLER, P. O., *Iter italicum* ... II, Leiden et al. 1967 (KRISTELLER, *Iter italicum* II).

KRISTELLER, P. O., *Iter italicum*. Accedunt alia itinera ... III (Alia itinera I), Leiden et al. 1983. (KRISTELLER, *Iter italicum* III)

KRISTELLER, P. O., *Iter italicum*. Accedunt alia itinera ... IV (Alia itinera II), Leiden et al. 1989. (KRISTELLER, *Iter italicum* IV)

KRISTELLER, P. O., *Iter italicum*. Accedunt alia itinera ... V (Alia itinera III and Italy II), Leiden et al. 1990. (KRISTELLER, *Iter italicum* V)

KRISTELLER, P. O., *Iter italicum*. Accedunt alia itinera ... VI (Italy III and alia itinera IV), Leiden et al. 1992. (KRISTELLER, *Iter italicum* VI)

KUTTNER, S., „Pope Lucius III and the Bigamous Archbishop of Palermo“, *Medieval Studies*, Fs. A. Gwynn, Dublin 1961, 409 - 453. (KUTTNER, Pope Lucius)

LADNER, P., „Der Ablass-Traktat des Heymericus de Campo. Ein Beitrag zur Geschichte des Basler Konzils“, *ZSKG* 71 (1977) 83 – 140. (LADNER, Ablass-Traktat)

LAEHR, G., „Die Konstantinische Schenkung in der Abendländischen Literatur des ausgehenden Mittelalters“, *QFIAB* 23 (1931 - 32) 120 - 181. (LAEHR, Konstantinische Schenkung)

LAZARUS, P., *Das Basler Konzil*. Seine Berufung und Leitung, seine Gliederung und seine Behördenorganisation, HS Heft 100, Berlin 1912 (Neudruck Vaduz 1965). (LAZARUS, *Basler Konzil*)

LAZZARINI, V., „Crisi nello studio di Padova a mezzo il quattrocento“, *Atti dell'Istituto Veneto di scienze lettere ed arti* anno accademico 1950 - 1951, tomo CIX. Classe di scienze morali e lettere, 201 - 211. (LAZZARINI, Crisi)

LECLER, J., „Pars corporis papae ... Le sacré collège dans l'ecclésiologie médiévale“, *L'homme davant Dieu*. Mélanges offerts au père Henri de Lubac (Fs.) Vol. II (Du moyen âge au siècle des lumières), Aubier - Lyon 1964, 183 - 198. (LECLER, Pars corporis papae)

LEFF, G., *Heresy in the Later Middle Ages*. The Relation of Heterodoxy to Dissent c. 1250 - c. 1450, Vol. I, Manchester/New York 1967. (LEFF, *Heresy* I)

LEITSCHUH, F. – FISCHER, H., *Katalog der Handschriften der Königlichen Bibliothek Bamberg*. Erster Band. Zweite Abteilung, Bamberg 1895 – 1906. (LEITSCHUH – FISCHER, *Katalog*)

LESCA, G., *I commentarii rerum memorabilium, quae temporibus suis contigerunt d'Enea Silvio de' Piccolomini (Pio II)*, Pisa 1893. (LESCA, *Commentarii*)

LÖWE, H., „Dante und das Kaisertum", *HZ* 190 (1960) 517 - 552. (LÖWE, Dante)

MACCARRONE, M., „Dante e i teologi del XIV - XV secolo", *StRo* 5 (1957) 20 - 28. (MACCARRONE, Dante)

MACCARRONE, M., „Il terzo libro della ‚Monarchia'", *Studi danteschi* 33 (1985) 5 - 141.

MACCARRONE, M., „Ubi est papa, ibi est Roma", *Aus Kirche und Reich*. Studien zu Theologie, Politik und Recht im Mittelalter, Fs. F. Kempf, Sigmaringen 1983, 371 - 382. (MACCARRONE, Ubi est papa, ibi est Roma)

MACCARRONE, M., *Vicarius Christi*. Storia del titolo papale, Lateranum Nova Series 18, 1-4, Roma 1952. (MACCARRONE, *Vicarius Christi*)

MAFFEI, D., *La donazione di Costantino nei giuristi medievali di Graziano a Bartolo*, Milano 1969 (ristampa inalterata dell'edizione originale 1964). (MAFFEI, *Donazione*)

MAFFEI, D. et al. (ed.), *I Codici del Collegio di Spagna di Bologna*, studiati e descritti ..., Orbis Academicus. Saggi e documenti di storia della Università. Raccolti da D. Maffei, Milano 1992. (MAFFEI, *Codici*)

MALDURA, F. C. (ed.), *Index Codicum Manuscriptorum qui in Bibliotheca Reverenedissimi Capituli Cathedralis Ecclesiae Patavinae asservantur* atque eruditis adnotationibus et scholiis illustrati fuerunt ..., (Kopie eines handschriftlichen Verzeichnisses in der Bibliothek des Domkapitels von Padua). (MALDURA, *Index Codicum Manuscriptorum*)

MANSELLI, R., „Decretali", *Enciclopedia dantesca* II, Roma 1970, 332 - 333. (MANSELLI, Decretali)

MANTUA, M., *Epitome virorum illustrum,* Guidi Panziroli ... Claris legum interpretibus libri quattuor accessere ... Marci Mantuae, Patavini, Epitome virorum illustrium ..., cura D. C. G. Hoffmanni, Lipsiae 1721, 435 - 498. (MARCUS MANTUA, *Epitome virorum illustrum*)

MARCUS MANTUA, siehe unter: MANTUA.

MAY, G., *Ego N. N. Catholicae Ecclesiae Episcopus*. Entstehung, Entwicklung und Bedeutung einer Unterschriftsformel im Hinblick auf den Universalepiskopat des Papstes, KStT 43, Berlin 1995. (MAY, *Ego*)

MAZZETTI, S., *Repertorio di tutti i professori antichi e moderni della famosa università, e del celebre istituto delle scienze di Bologna* ..., Athenaeum N. 29, Bologna 1847 (ristampa 1988). (MAZZETTI, *Repertorio*)

MCKAY, G., *Counsel and Consent*. The Governance of the Diocesan Church according to the Commentaria in quinque libros Decretalium of Sinibaldo de' Fieschi (Pope Innocent IV), Ex. dissertatione Gregoriana. Facultas Iuris Canonici 3091, Glasgow 1982. (MCKAY, *Counsel*)

MCCREADY, W., „Papalists and Antipapalists: Aspects of the Church / State Controversy in the Later Middle Ages", *Viator* 6 (1975) 241 - 273. (McCready, Papalists)

MENHARDT, H. (ed.), *Handschriftenverzeichnisse österreichischer Bibliotheken*. Kärnten. Bd. I (Klagenfurt, Maria Saal, Friesach), Wien 1927. (MENHARDT, *Handschriftenverzeichnisse* I)

MENNITI, A., „Franco, Nicolò", DBI 50, 197 – 202. (MENNITI, Franco)

MERZBACHER, F., „Die ekklesiologische Konzeption des Kardinals Francesco Zabarella (1360 - 1417)“, *Fs. K. Pivec*, IBKW 12, Innsbruck 1966, 279 - 287. (MERZBACHER, Ekklesiologische Konzeption)

MERZBACHER, F., „Wandlungen des Kirchenbegriffs im Spätmittelalter. Grundzüge der Ekklesiologie des ausgehenden 13., des 14. und 15. Jahrhunderts“, *ZSRG.K* 39 (1953) 274 - 361. (MERZBACHER, Wandlungen)

MEUTHEN, E., „Antonio Rosellis Gutachten für Heinrich Schlick im Freisinger Bistumsstreit (1444)“, *Aus Kirche und Reich*, Fs. F. Kempf zum 75. Geburtstag, Sigmaringen 1983, 461 - 480. (MEUTHEN, Gutachten)

MEUTHEN, E., *Das Basler Konzil als Forschungsproblem der europäischen Geschichte*, RhWAW.G 274, Opladen 1985. (MEUTHEN, *Basler Konzil als Forschungsproblem*)

MEUTHEN, E., „Das Basler Konzil in römisch - katholischer Sicht“, *ThZ* 38 (1982) 274 - 308. (MEUTHEN, Basler Konzil)

MEUTHEN, E., „Eine bisher unbekannte Stellungnahme Cesarinis (Anfang November 1436) zur Papstgewalt“, *QFIAB* 62 (1982) 143 – 179. (MEUTHEN, Stellungnahme)

MEUTHEN, E., *Das 15. Jahrhundert*, Oldenbourg Grundriß der Geschichte 9, München - Wien 1980. (MEUTHEN, *Das 15. Jahrhundert*)

MEUTHEN, E., „Gab es ein spätes Mittelalter?“, *Spätzeit*. Studien zu den Problemen eines historischen Epochenbegriffs, ed. J. Kunisch, Historische Forschungen 42, Berlin 1990, 91 - 135. (MEUTHEN, Gab es ein spätes Mittelalter?)

MEUTHEN, E., „Juan González, Bischof von Cádiz, auf dem Basler Konzil“, *AHC* 8 (1976) 250 - 293. (MEUTHEN, Juan González)

MICHAUD - QUANTIN, P., *Universitas*. Expressions du mouvement communautaire dans le Moyen - Âge latin, L'Église au Moyen Âge 13, Paris 1970. (MICHAUD - QUANTIN, *Universitas*)

MIRUS, J. A., „On the Deposition of the Pope for Heresy“, *AHP* 13 (1975) 231 - 248. (MIRUS, Deposition)

MODIGLIANI, A., „Il ‚De potestate summi pontificis‘ di Galgano Borghese“, *Apoll.* 50 (1977) 449 - 483. (MODIGLIANI, De potestate)

MORENI, D., *Bibliografia storico-ragionata della Toscana* o sia catalogo degli scrittori che hanno illustrata la storia delle città, luoghi, e persone della medesima, tomo I - II, Firenze 1805. (MORENI, *Bibliografia* I bzw. II)

MORRISEY, T. E., *Franciscus de Zabarellis (1360 - 1417) and the Conciliarist Traditions*, Dissertation Cornell University, Ithaka/New York, Dissertation Abstracts international A. 34 (1973) 1198 - 1199. (MORRISEY, *Franciscus de Zabarellis*)

MOSCHETTI, A., „Bellano (oder Vellano), Bartolomeo“, *ALBK* 3, 233 – 236. (MOSCHETTI, Bellano)

MOSCHETTI, A., „Un quadriennio di Piero Lombardo a Padova (1464 - 67) con una appendice sulla data di nascita e di morte di Bartolomeo Bellano“, *Bollettino del Museo Civico di Padova* anno 16 (1913) (Padova 1915), 1 - 99. (MOSCHETTI, Quadriennio)

MOYNIHAN, J. M., *Papal Immunity and Liability in the Writings of the Medieval Canonists*, Dissertatio ad Lauream in Facultate Iuris Canonici Pontificiae Universitatis Gregorianae, AnGr 120, SFJC Sectio B, 9, Roma 1961. (MOYNIHAN, *Papal Immunity*)

MULDOON, J., „A Fifteenth-Century Application of the Canonistic Theory of the Just War“, *Proceedings* 1972, 467 - 480. (MULDOON, Application)

MÜLLER, H., *Die Franzosen, Frankreich und das Basler Konzil (1431 - 1449)*. Teil I und II, KonGe.U, Paderborn et al. 1990. (MÜLLER, *Franzosen*)

MÜLLER, H., „Die Kirche des Spätmittelalters in der Krise: Konziliarismus, Großes Schisma und Basler Konzil", *Geschichte in Köln* 11 (1982) 20 - 57. (MÜLLER, Kirche)

MÜLLER, H., „Verfassungsprinzipien der Kirche im Basler Konziliarismus. Bemerkungen zu einer Neuerscheinung / Rezension von Krämer, Konsens und Rezeption", *AHC* 12 (1980) 412 - 426. (MÜLLER, Verfassungsprinzipien).

NARDI, B., *Nel mondo di Dante*, Storia e letteratura. Raccolta di studi e testi 5, Roma 1944. (NARDI, *Mondo di Dante*)

NARDI, B., *Mariano Sozzini.* Giureconsulto senese del quattrocento, Quaderni di „Studi Senesi" 32, Milano 1974. (NARDI, *Sozzini*)

NAZ, R., „Propriété (droit de)", *DDC* VII, 364 - 367. (NAZ, Propriété)

NESKE, J. (ed.), *Die Handschriften der Stadtbibliothek Nürnberg*. Bd. III (Die lateinischen mittelalterlichen Handschriften. Juristische Handschriften), Wiesbaden 1991. (NESKE, *Juristische Handschriften*)

NOGARA, B. (ed.), *Bibliothecae Apostolicae Vaticanae Codices manu scripti recensiti iussu Pii X ... Codices Vaticani Latini*, tomus III, Romae 1912. (NOGARA, *Bibliothecae Apostolicae Vaticanae Codices* III)

NÖRR, K. W., „Die kanonistische Literatur", *Handbuch der Quellen und Literatur der neueren europäischen Privatrechtsgeschichte* I. Mittelalter (1100 - 1500), ed. H. Coing, München 1973, 365 - 382. (NÖRR, Literatur)

NÖRR, K. W., *Kirche und Konzil bei Nicolaus de Tudeschis (Panormitanus)*, FKRG 4, Köln - Graz 1964. (NÖRR, *Kirche*)

O'DALY, G., „Dionysius Areopagita", *TRE* VIII, 772 - 780. (O'DALY, Dionysius Areopagita)

OAKLEY, F., *Council over Pope?* Towards a Provisional Ecclesiology, New York 1969. (OAKLEY, *Council over Pope?*)

OAKLEY, F., *The Political Thought of Pierre d'Ailly*. The Voluntarist Tradition, Yale Historical Publications Miscellany 81, New Haven and London 1964. (OAKLEY, *Political Thought*)

OLSEN, G., „The Idea of the Ecclesia Primitiva in the Writings of the Twelfth - Century Canonists", *Tr.* 25 (1969) 61 - 86. (OLSEN, Idea)

OUDIN, C., *Commentarius de scriptoribus ecclesiae antiquae illorumque scriptis* ... tomus III, Lipsiae 1722 (Reprint 1970). (OUDIN, *Commentarius* III)

OURLIAC, P., „Das Schisma und die Konzilien", *Die Geschichte des Christentums* VI (Die Zeit der Zerreißproben [1274 - 1449]), ed. (deutsche Ausgabe) N. Brox et al., Freiburg - Basel - Wien 1991, 75 - 131. (OURLIAC, Schisma)

OURLIAC, P., „Le gouvernement pontifical au XIVe et XVe siècles (1)", *RDC* 22 (1972) 115 - 126. (OURLIAC, Gouvernement)

OURLIAC, P., „Science politique et droit canonique au XVe siècle", *La storia del diritto nel quadro delle scienze storiche.* Atti del Primo Congresso Internazionale della Società italiana di storia del diritto, Firenze 1966, 497 - 519. (OURLIAC, Science politique)

OURLIAC, *Storia*, siehe unter: DELAROUELLE ...

OURLIAC, P. - GILLES, H., *Histoire du droit et des institutions de l'Église en Occident.* Tome XIII. La période post - classique (1378 - 1500). I. La problématique de l'époque. Les sources, o. O. 1971) (OURLIAC - GILLES, *Histoire*)

PANZIROLI, G., *De claris legum interpretibus libri quattuor* O. Panziroli autoris ex fratre nepotis opera ac diligentia in lucem edita ... a cura D. C. G. Hoffmanni, Lipsiae 1721, 1 - 396 (republished 1968). (PANZIROLI, *De claris*)

PERARNAU, J., „Raphael de Pornaxio, Joan de Casanova o Julià Tallada? Noves dades sobre l'autor del ‚De potestate papae et concilii generalis' (i obres complementàries), publicat a nom de Juan de Torquemada", *GAKGS* I. Reihe, 29. Bd., Münster 1978, 457 - 482. (PERARNAU, Raphael)

PENNINGTON, K., „An Earlier Recension of Hostiensis's ‚Lectura' on the Decretales", *BMCL* 17 (1987) 77 - 90. (PENNINGTON, Earlier Recension)

PERTICONE, G., *Antonio Roselli.* Monarchia seu tractatus de potestate imperatoris et papae - a cura di G. Perticone, Bologna 1944. (PERTICONE, *Roselli*)

PETERSOHN, J., *Ein Diplomat des Quattrocento.* Angelo Geraldini (1422 - 1486), BDHIR 62, Tübingen 1985. (PETERSOHN, *Diplomat*)

PETERSOHN, J., „Konziliaristen und Hexen. Ein unbekannter Brief des Inquisitors Heinrich Institoris an Papst Sixtus IV. aus dem Jahre 1484", *DA* 44/1 (1988) 120 - 157. (PETERSOHN, Konziliaristen und Hexen)

POSCH, A., „Savonarola, Girolamo", *LThK* 9 (1. Aufl. Freiburg/Breisgau 1937) 200 – 204. (POSCH, Savonarola)

POZZI, G. - CIAPPONI, L. A., „La cultura figurativa di Francesco Colonna e l'arte veneta", *LeIt* 14 (1962) 151 - 169. (POZZI - CIAPPONI, Cultura)

PŘEROVSKÝ, O., „Pietro Bohier, difensore della dignità episcopale all'inizio dello scisma d'occidente", *Sal.* 28 (1966) 626 - 671. (PŘEROVSKÝ, Pietro Bohier)

PRETO, P., „Contarini, Francesco", *DBI* XXVIII, 160 - 161. (PRETO, Contarini)

PRÜGL, T., *Antonio da Cannara, De potestate pape supra Concilium Generale contra errores Basiliensium'. Einleitung, Kommentar und Edition ausgewählter Abschnitte*, VGI N.F. 41, Paderborn u.a. 1996. (PRÜGL, *Antonio*)

PRÜGL, T., *Die Ekklesiologie Heinrich Kalteisens OP in der Auseinandersetzung mit dem Basler Konziliarismus. Mit einem Textanhang*, VGI N.F. 40, Paderborn u.a. 1995. (PRÜGL, *Ekklesiologie*)

QUAGLIONI, D., *Pietro del Monte a Roma.* La tradizione del „repertorium utriusque iuris" (c.1453). Genesi e diffusione della letteratura giuridico-politica in età umanistica, Studi e Fonti per la storia dell'Università di Roma 3, Roma 1984. (QUAGLIONI, *Pietro del Monte*)

QUETIF, J. - ECHARD, J., *Scriptores Ordinis Praedicatorum recensiti notisque historicis et criticis illustrati* ... Tomus I, Lutetiae Parisiorum 1719. (QUETIF - ECHARD, *Scriptores*)

RENAZZI, F. M., *Storia dell'università degli studi di Roma detta comunemente la Sapienza* ... Volume I, Roma 1803. (RENAZZI, *Storia* I)

REUSCH, F. H., *Der Index der verbotenen Bücher.* Ein Beitrag zur Kirchen- und Literaturgeschichte. Bd. I, Bonn 1883. (REUSCH, *Index* I)

RICCI, P. G., „Monarchia", *Enciclopedia dantesca* III, Roma 1971, 993 - 1004. (RICCI, Monarchia)

ROBERTI, M., „Il Corpus Mysticum di S. Paolo nella storia della persona giuridica", *Studi di storia e diritto* in onore di E. Besta per il XL anno del suo insegnamento Vol. IV (Fs.), Milano 1939, 35 - 82. (ROBERTI, Corpus Mysticum)

ROBLES, L., „El catalán Juan de Casanova, autor de una obra atribuída a Juan de Torquemada", *Studium* 6 (1966) 309 - 321. (ROBLES, El catalán)

ROMANELLO, M., „Barbo, Ludovico", *LMA* 1, 1446. (ROMANELLO, Barbo, Ludovico)

RONCONI, A., „Cicerone“, *Enciclopedia dantesca* I, Roma 1970, 991 - 997. (RONCONI, Cicerone)

SALITTA, G., *Il pensiero italiano nell'umanesimo e nel rinascimento*. I. L'umanismo, Firenze 1961². (SALITTA, *Pensiero*)

SARTINI, F., „Roselli“, *Enciclopedia storico-nobiliare italiana* V, Bologna 1981 (ristampa), 797. (SARTINI, Roselli)

SCHNEIDER, H. - P., „Das ‚ius resistendi‘ als rechtstheologisches Problem in Geschichte und Gegenwart“, *ZSRG.K* 59 (1973) 383 - 416. (SCHNEIDER, ius resistendi)

SCHOFIELD, A. N. E. D., „Das Konzil von Basel“, *TRE* 5, 284 - 289. (SCHOFIELD, Konzil von Basel)

SCHÜSSLER, H., *Der Primat der Heiligen Schrift als theologisches und kanonistisches Problem im Spätmittelalter*, VIEG 86 / Abteilung für Abendländische Religionsgeschichte, Wiesbaden 1977. (SCHÜSSLER, *Primat*)

SCHULTE, J. F. VON, *Die Geschichte der Quellen und Literatur des Canonischen Rechts von Gratian bis auf die Gegenwart* II (... von Papst Gregor IX bis zum Concil von Trient), Stuttgart 1877. (SCHULTE, *Geschichte*)

SCHULTE, J. F. VON, *Die Stellung der Concilien, Päpste und Bischöfe vom historischen und canonistischen Standpunkte und die päpstliche Constitution vom 18. Juli 1870*. Mit den Quellenbelegen, Prag 1871. (SCHULTE, *Concilien*)

SCHULZE, H. K., „Mediävistik und Begriffsgeschichte“, FS Walter Beumann zum 65. Geburtstag, Sigmaringen 1977, 388 - 405. (SCHULZE, Mediävistik)

SCHWAIGER, G., „Suprema potestas. Päpstlicher Primat und Autorität der Allgemeinen Konzilien im Spiegel der Geschichte“, *Konzil und Papst*. Historische Beiträge zur Frage der höchsten Gewalt in der Kirche. Fs. H. Tüchle, München u.a. 1975, 610 - 678. (SCHWAIGER, Suprema potestas)

SEGL, P., „Heinrich Institoris. Persönlichkeit und literarisches Werk“, *Der Hexenhammer*. Entstehung und Umfeld des Malleus maleficarum von 1487, hg. P. Segl, Bayreuther Historische Kolloquien Bd. II, Köln - Wien 1988, 103 - 127. (SEGL, Heinrich Institoris)

SEIDLMAYER, M., *Die Anfänge des Großen Abendländischen Schismas*. Studien zur Kirchenpolitik insbesondere der spanischen Staaten und zu den geistigen Kämpfen der Zeit, SFGG, II. Reihe Bd. 5, Münster / Westfalen 1940. (SEIDLMAYER, *Anfänge*)

SIEBEN, H. J., *Die Konzilsidee der Alten Kirche*, KonGe.U, Paderborn et al. 1979. (SIEBEN, *Konzilsidee der Alten Kirche*)

SIEBEN, H. J., *Die Konzilsidee des lateinischen Mittelalters (847 - 1378)*, KonGe.U, Paderborn et al. 1984. (SIEBEN, *Konzilsidee*)

SIEBEN, H. J., *Traktate und Theorien zum Konzil*. Vom Beginn des großen Schismas bis zum Vorabend der Reformation, FTS 30, Frankfurt / Main 1983. (SIEBEN, *Traktate*)

SIEBEN, H. J., *Vom Apostelkonzil zum Ersten Vatikanum*. Studien zur Geschichte der Konzilsidee, KonGe.U, Paderborn et al. 1996. (SIEBEN, *Vom Apostelkonzil*)

SKINNER, Q., *The Foundations of Modern Political Thought* II (The Age of reformation), Cambridge et al. 1978. (SKINNER, *Foundations*)

SORBELLI, A., *Inventari dei manoscritti delle biblioteche d'Italia*. Vol. LXXIV. Trento (Vol. II), Firenze 1942. (Sorbelli, *Inventari*)

SOUCHON, M., *Die Papstwahlen in der Zeit des großen Schismas*. Entwicklung und Verfassungskämpfe des Kardinalates von 1378 - 1417. Bd. II (1408 - 1417), Braunschweig 1899. (SOUCHON, *Papstwahlen*)

STABILE, G., „Pitagora", *Enciclopedia dantesca* IV, Roma 1973, 538 - 541. (STABILE, Pitagora)

STASIEWSKI, B., „Martin von Troppau", *LThK* VII², 119. (STASIEWSKI, Martin von Troppau)

STICKLER, A. M., „Die Ekklesiologie des Dekretisten Huguccio von Pisa", *Proceedings* 1980, 333 - 349. (STICKLER, Ekklesiologie)

STICKLER, A. M., „Papal Infallibility - A Thirteenth - Century Invention? Reflections on a recent Book", *CHR* 60 (1974) 427 - 441. (STICKLER, Papal Infallibility)

STIEBER, J. W., „Amédée VIII - Félix V et le concile de Bâle", *Amédée VIII - Félix V: Premier duc de Savoie et pape (1383 - 1451). Colloque internationale*, Ripaille - Lausanne, 23 - 26 octobre 1990, Bibliothèque historique vaudoise 103, Lausanne 1992, 339 - 362.

STIEBER, J. W., „Christian Unity from the Perspective of the Council Fathers at Basel and that of Eugenius IV", *Christian Unity.* The Council of Ferrara - Florence 1438/39 - 1989. BEThL 97, Leuven 1991, 57 - 73. (STIEBER, Christian Unity)

STIEBER, J. W., *Pope Eugenius IV, the Council of Basel and the Secular and Ecclesiastical Authorities in the Empire.* The Conflict over Supreme Authority and Power in the Church, SHCT 13, Leiden 1978. (STIEBER, *Pope*)

STOECKLIN, A., „Das Ende der mittelalterlichen Konzilsbewegung", *ZSKG* 37 (1943) 8 - 30. (STOECKLIN, Ende)

STRNAD, A. A., „Capranica (Crapanica), Domenico", *DBI* XIX, 147 - 153. (STRNAD, Capranica)

STRNAD, A. A., „Studia piccolomineana. Vorarbeiten zu einer Geschichte der Bibliothek der Päpste Pius II. und Pius III.", *Enea Silvio Piccolomini - Papa Pio II.* Atti del Convegno per il quinto centenario della morte e altri scritti raccolti da Domenico Maffei, Siena 1968, 295 - 390. (STRNAD, Studia)

STUMP, P. H., *The Reforms of the Council of Constance (1414 - 1418)*, SHCT 53, Leiden et al. 1994. (STUMP, *Reforms*)

TATEO, F., „Boezio", *Enciclopedia dantesca* I, Roma 1970, 654 - 658. (TATEO, Boezio)

THOMSON, J. A. F., „Papalism and Conciliarism in Antonio Roselli's Monarchia", *MS* 37 (1975) 445 - 458. (THOMSON, Papalism)

THURN, H. (ed.), *Die Handschriften der Universitätsbibliothek Würzburg.* Dritter Band, zweite Hälfte (Die Papierhandschriften der ehemaligen Dombibliothek), Wiesbaden 1981. (THURN, *Handschriften*)

TIERNEY, B., „'Divided Sovereignty' at Constance: A Problem of Medieval and Early Modern Political Theory", *AHC* 7 (1975) 238 - 256. (TIERNEY, Divided Sovereignty)

TIERNEY, B., *Foundations of the Conciliar Theory.* The Contribution of the Medieval Canonists from Gratian to the Great Schism, Cambridge 1955 (reprinted 1968). (TIERNEY, *Foundations*)

TIERNEY, B., „Hermeneutics and History: The Problem of Haec Sancta", in: TIERNEY, B., *Church Law and Constitutional Thought in the Middle Ages*, Variorum Reprints, London 1979, 354 - 370. (TIERNEY, Hermeneutics and History)

TIERNEY, B., „'Only the Truth has Authority': The Problem of 'Reception' in the Decretists and in Johannes de Turrecremata", *Law, Church and Society.* Essays in Honor of Stephan Kuttner (Fs.), o.O. (University of Pennsylvania) 1977, 69 - 96. (TIERNEY, Only the Truth)

TIERNEY, B., *Origins of Papal Infallibility 1150 - 1350*. A Study on the Concepts of Infallibility, Sovereignty and Tradition in the Middle Ages, Studies in the History of Christian Thought 6, Leiden 1972. (TIERNEY, *Origins of Papal Infallibility*)

TIERNEY, B., „The Continuity of Papal Political Theory in the Thirteenth Century. Some Methodological Considerations", *Medieval Studies* 27 (1965) 228 - 245. (TIERNEY, Continuity)

TIRABOSCHI, G., *Storia della letteratura italiana* ... VI/ I, Roma 1783. (TIRABOSCHI, *Storia*)

TRAME, R. H., *Rodrigo Sánchez de Arévalo 1404 - 1470*. Spanish Diplomat and Champion of the Papacy, SMH. New Series 15, Washington / D. C. 1958. (TRAME, *Arévalo*)

TRITHEMIUS, J., *De scriptoribus ecclesiasticis* ... liber unus, Coloniae 1546. (TRITHEMIUS, *De scriptoribus*)

ULLMANN, W., „Dante's ‚Monarchia' as an Illustration of a Politico - Religious ‚renovatio'", *Traditio - Krisis - Renovatio aus theologischer Sicht*, Fs. W. Zeller zum 65. Geburtstag, Marburg 1976, 101 - 113. (ULLMANN, Monarchia)

ULLMANN, W., „De Bartoli sententia: Concilium repraesentat mentem populi", *Bartolo da Sassoferrato*. Studi e documenti per il VI centenario. Volume II, Milano 1962, 705 - 733. (ULLMANN, Bartoli sententia)

ULLMANN, W., *Law and Politics in the Middle Ages*, London 1975. (ULLMANN, *Law*)

ULLMANN, W., *Principi di governo e politica nel medioevo*, Imola 1972. (ULLMANN, *Principi*)

ULLMANN, W., *The Individual and Society in the Middle Ages*, London 1967. (ULLMANN, *Individual*)

ULLMANN, W., *The Origins of the Great Schism*. A Study in Fourteenth - Century Ecclesiastical History, London 1948. (ULLMANN, *Origins*)

VACCA, S., *Prima sedes a nemine iudicatur*. Genesi e sviluppo storico dell'assioma fino al Decreto di Graziano, MHP 61, Roma 1993. (VACCA, *Prima sedes*)

VAGEDES, A., *Das Konzil über dem Papst?* Die Stellungnahmen des Nikolaus von Kues und des Panormitanus zum Streit zwischen dem Konzil von Basel und Eugen IV. (Teil 1 Text; Teil 2 Anmerkungen), PaThSt 11, Paderborn et al. 1981. (VAGEDES, *Konzil*)

VALOIS, N., *La crise religieuse du XVe siècle*. Le Pape et le Concile (1418 - 1450). Tome I, Paris 1909. (VALOIS, *Pape* I)

VAN DEN BAAR, P. A., *Die kirchliche Lehre der Translatio imperii Romani bis zur Mitte des 13. Jahrhunderts*, AnGr 78, Rom 1956. (VAN DEN BAAR, *Kirchliche Lehre*)

VAN WERVEKE, N. (ed.), *Catalogue descriptif des Manuscrits de la Bibliothèque de Luxembourg*, Luxembourg 1894. (VAN WERVEKE, *Catalogue descriptif*)

VAN WIJNBERGEN, C. - ZAPP, H. (ed.), *Verzeichnis kanonistischer Handschriften in den Niederlanden*, FKRW III, Würzburg 1988. (VAN WIJNBERGEN, *Verzeichnis*)

VAUCHEZ, A., „Konzeptionen von Kirche - I. Der Kirchenbegriff im lateinischen Abendland", *Die Geschichte des Christentums* VI (Die Zeit der Zerreißproben [1274 - 1449]), ed. (deutsche Ausgabe) N. Brox et al., Freiburg - Basel - Wien 1991, 264 - 294. (VAUCHEZ, Konzeptionen)

VERRUA, P., „Antonio Roselli e l'opera sua ‚Monarchia sive Tractatus de Potestate Imperatoris et Papae'", *Il giornale dantesco* 29 (1926) 313 - 332. (VERRUA, Antonio Roselli)

VON DEN BRINCKEN, A. - D., „Geschichtsbetrachtung bei Vincenz von Beauvais. Die Apologia Actoris zu Speculum Maius", *DA* 34 (1978) 410 - 499. (VON DEN BRINCKEN, Geschichtsbetrachtung)

VON DEN BRINCKEN, A. - D., „Martin von Troppau", *Geschichtsschreibung und Geschichtsbewusstsein im späten Mittelalter*, Vorträge und Forschungen 31, Sigmaringen 1987, 155 - 193. (VON DEN BRINCKEN, Martin)

WALTHER, H. G., „Die Rezeption Paduaner Rechtswissenschaft durch die Aufnahme Paduaner Konsilien in die Nürnberger Ratschlagbücher", *Consilia im späten Mittelalter.* Zum historischen Aussagewert einer Quellengattung, ed. I. Baumgärtner, SCTSV 13, Sigmaringen 1995, 207 - 224. (WALTHER, Rezeption)

WALTHER, H. G., *Imperiales Königtum, Konziliarismus und Volkssouveränität.* Studien zu den Grenzen des mittelalterlichen Souveränitätsgedankens, München 1976. (WALTHER, *Imperiales Königtum*)

WALTHER, H. G., „Regnum magis assimilatur dominio quam simplici regimini. Zur Attraktivität der Monarchie in der politischen Theorie gelehrter Juristen des 15. Jahrhunderts", *Sozialer Wandel im Mittelalter. Wahrnehmungsformen, Erklärungsmuster, Regelungsmechanismen*, hg. J. Miethke und K. Schreiner, Sigmaringen 1994, 383 – 399. (WALTHER, Regnum)

WALTHER, H. G., „Verbis Aristotelis non utar, quia ea iuristae non saperent.' Legistische und aristotelische Herrschaftstheorie bei Bartolus und Baldus", *Das Publikum politischer Theorie im 14. Jahrhundert*, hg. J. Miethke unter Mitarbeit von A. Bühler, Schriften des Historischen Kollegs – Kolloquien 21, München 1992, 111 – 126. (WALTHER, Verbis Aristotelis)

WATANABE, M., „Authority and Consent in Church Government: Panormitanus, Aeneas Sylvius, Cusanus", *JHI* 33 (1972) 217 - 236. (WATANABE, Authority)

WATT, J. A., „Hostiensis on ‚Per venerabilem': The Role of the College of Cardinals", *Authority and Power.* Studies on Medieval Law and Government presented to W. Ullmann on his Seventieth Birthday (Fs.), Cambridge 1980, 99 - 113. (WATT, Hostiensis)

WATT, J. A., „Spiritual and Temporal Power", *The Cambridge History of Medieval Political Thought c. 350 - c. 1450*, ed. J. H. Burns, Cambridge et al. 1991, 367 - 423. (WATT, Spiritual)

WATT, J. A., „The Constitutional Law of the College of Cardinals: Hostiensis to Joannes Andreae", *MS* 33 (1971) 127 - 157. (WATT, Constitutional Law)

WEINHARDT, J., „Savonarola, Girolamo", *TRE* 30, 60 – 62. (Weinhardt, Savonarola)

WELBER, M., „Manoscritti trentini e attività letteraria di Johannes Hinderbach", *Il principe vescovo Johannes Hinderbach (1465-1486) fra tardo Medioevo e Umanesimo.* Atti del Convegno promosso della Biblioteca Comunale di Trento 2 - 6 ottobre 1989, a cura di I. Rogger e M. Bellabarba, Istituto Trentino di Cultura – Istituto di scienze religiose in Trento – series maior III, Trento 1992, 65 – 94. (WELBER, Manoscritti)

WHARTON, H., *Appendix ad historiam literariam clarissimi viri Guilelmi Cave, in qua de scriptoribus ecclesiasticis ab anno MCCC. ad annum MDXVII. pari methodo agitur*; ex duabus in Unam conflata; altera nempe Henrici Wharton, altera Roberti Gerii ..., Oxonii 1743. (WHARTON, *Appendix*)

WILKS, M., *The Problem of Sovereignty in the Later Middle Ages.* The Papal Monarchy with Augustinus Triumphus and the Publicists, Cambridge 1963. (WILKS, *Problem*)

WINKLEHNER, B., „Originalität und geschichtliche Gebundenheit im politischen Denken Dantes", *Deutsches Dante - Jahrbuch* 64 (1989) 111 - 134. (WINKLEHNER, Originalität)

WOHLMUTH, J., „Le concile de Constance (1414 - 1418) et le concile de Bâle (1431 - 1449)", *Les conciles oecumeniques.* Texte original établi par G. Alberigo et al., traduction par J. Mignon, Tome I (L'histoire), Paris 1994, 203 - 255. (WOHLMUTH, Le concile de Constance)

WOHLMUTH, J., *Verständigung in der Kirche untersucht an der Sprache des Konzils von Basel,* TTS 19, Mainz 1983. (WOHLMUTH, *Verständigung*)

WÜNSCH, T., *Konziliarismus und Polen. Personen, Politik und Programme aus Polen zur Verfassungsfrage der Kirche in der Zeit der mittelalterlichen Reformkonzilien,* KonGe.U, Paderborn et al. 1998. (WÜNSCH, *Konziliarismus*)

WÜRDTWEIN, S. A., *Subsidia diplomatica* VIII, Bamberg 1726. (WÜRDTWEIN, *Subsidia diplomatica*)

WYDUCKEL, D., *Princeps legibus solutus.* Eine Untersuchung zur frühmodernen Rechts- und Staatslehre, Schriften zur Verfassungsgeschichte 30, Berlin 1979. (WYDUCKEL, *Princeps legibus solutus*)

ZDEKAUER, L., *Lo studio di Siena nel Rinascimento,* Milano 1894. (ZDEKAUER, *Studio*)

ZIMMERMANN, H., *Papstabsetzungen des Mittelalters,* Graz u.a. 1968. (ZIMMERMANN, *Papstabsetzungen*)

C. Hilfsmittel

MOONEY, G. W., *Index to the Pharsalia of Lucan,* Dublin / London 1927, Hermathena No. 44, First Supplemental Volume.

OCHOA, X. / DIEZ, L., *Indices titulorum et legum Corporis iuris civilis,* Universa Bibliotheca iuris. Subsidia. Opera et studio instituti iuridici claretiani. Index canonum et legum totius corporis iuris canonici et civilis II, Roma 1965.

REUTER, T. - SILAGI, G., *Wortkonkordanz zum Decretum Gratiani,* Teile 1 - 5, MGH.H 10, 1 - 5, München 1990.

VAN DEN DAELE, A., *Indices Pseudo - Dionysiani,* Louvain 1941. (VAN DEN DAELE, Indices)

Einleitung

Meuthen warnt zu Recht, *das 15. Jahrhundert als bloße Randepoche zu behandeln. Es müßte gerade in seiner Vielschichtigkeit als Mitte mannigfacher Entwicklungen, das heißt, als im weitesten Sinne ‚vermittelnde' Zeit sichergestellt werden.*[1]

Um diesem Ziel zu entsprechen, kommen gewiß mehrere Möglichkeiten in Frage. Ein Weg zum Verständnis soll mit dieser Arbeit versucht werden. Mit Antonio Roselli wird ein Autor in den Blick genommen, der – als einer neben vielen anderen – das Konzil zum Thema seiner Ausführungen machte.

Eines ist unbestreitbar: Auch bei größtem Mühen um Annäherung werden wir dennoch nie seine Zeitgenossen. So resultiert das Fehlen plakativer Thesen auf den folgenden Seiten zum einen aus der zu behandelnden Materie, die ein solches Vorgehen verbietet, zum anderen aus der Weigerung, die Komplexität der Gedanken eines Autors dem Postulat einer Einheitlichkeit zu opfern.[2]

Die vorliegende Studie will nicht mehr als ein Beitrag sein, ein Mosaikstein.[3] Dankbar konnte ich auf Vorarbeiten zurückgreifen, die sich für das

---

1 So MEUTHEN, Das 15. Jahrhundert 117. Vgl. auch die Ausführungen ebd. 110. HEFELE, Blicke 49: Das 15. Jahrhundert *bildet den Wendepunkt zweier Welten. Sie trägt in ihrem Schooße den Abend des Mittelalters und die Morgenröthe einer neuen bedeutungsvollen Zukunft; beide Zeitalter ... schmelzen hier in einander. Das fünfzehnte Jahrhundert ist eine Periode mannichfacher Gährung, mannichfacher neuer Gestaltung im Gebiete der Kirche, wie im Gebite der Wissenschaft.* (sic!)

2 BORGOLTE, Selbstverständnis 209 f. schreibt: *Es scheint mir evident zu sein, daß die moderne Forschung zuletzt zu sehr der Einheit von Wahrnehmen, Fühlen, Denken und Handeln verpflichtet war und die Brüche im menschlichen Verhalten eher unterschätzt hat. Im Ensemble der Wissenschaften ist es aber die unverwechselbare Aufgabe der Historie, Vielfalt und Widersprüchlichkeit des menschlichen Lebens zu würdigen. ... Zwar darf das Einzelne niemals einer prätendierten Einheit und Ganzheit preisgegeben werden, aber wie alles Lebendige hat es doch stets im Dialog und Widerstreit, ja auch in der Wechselwirkung mit Anderem gestanden und muß deshalb auch in diesen Beziehungen beobachtet werden.* Vgl. der allgemeine Hinweis bei TIERNEY, Continuity 227: *... there is a constant danger of distorting medieval concepts by defining them in language that is overloaden with specifically modern connotations.* Vgl. auch MEUTHEN, Gab es ein spätes Mittelater? 134: *Wir kennen bloß einen Teil. Und doch tun viele immer so, als hätten sie – in der Gleichzeitigkeit wie in der Geschichtsfolge – trotzdem das Ganze.*

3 CHENEVAL, *Rezeption* 288 merkt an, daß nach der Arbeit von Eckermann *die Roselli-Forschung ... nur in einzelnen kleineren Arbeiten vorwärts gekommen ist und daß eine Neudarstellung sich aufdrängt.*

Verständnis des zeit- und geistesgeschichtlichen Rahmens als anregend und hilfreich erwiesen.[4]

In dem Traktat, der im allgemeinen *De conciliis ac synodis generalibus* tituliert wird, präsentiert Roselli seine Vorstellungen und sucht sie mit einer Fülle von Rechtstexten zu belegen.[5] In dieser Untersuchung folgen wir weitgehend seiner Argumentation. Dabei soll die Konzeption nicht nur, wie sie vorliegt, referiert werden, sondern auch strukturiert werden. Für ein Verständnis des Anliegens von Roselli ist dies zuweilen sogar geboten.[6] Eine Aufgabe besteht darin, Quellen des Autors zu verifizieren bzw. Bürgen seiner Anschauung auszumachen. Manches von dem, was zunächst als Eigengut des Roselli erscheint, basiert letztlich auf gängigen Vorstellungen seiner Zeit.

Als Ausgangspunkt der vorliegenden Arbeit diente die Handschrift Cod. Marc. Lat. IV, 4 (=2480) der Bibliotheca Marciana, Venedig. Recht bald zeigte sich, daß dieses Manuskript inhaltlich gesehen nicht die beste Textfassung bietet. Es wurde daher auf andere Textzeugen Bezug genommen. Insgesamt geht es bei dieser Arbeit, die sich als kanonistischer Beitrag versteht, nicht um eine streng wissenschaftlichen Maßstäben genügende Edition der behandelten Texte.[7]

---

4 Für die Geschichte des Konzils von Konstanz sei beispielhaft die Arbeit von BRANDMÜLLER, *Konzil von Konstanz I und II* (mit Literatur) genannt; zum Basler Konzil die Arbeit von HELMRATH, *Basler Konzil* (mit Literatur). Eigens erwähnen möchte ich noch Prof. Sieben, dem ich auch die Anregung verdanke, mich mit Roselli und seinem Konzilsdenken näher zu befassen. Den Rahmen, in dem die Arbeit Rosellis zu verstehen ist, habe ich umfassender dargestellt in den *Excerpta ex dissertatione ad Doctoratum*, Romae 1998. Verweisen möchte ich noch – für eine erste Orientierung – auf SMOLINSKY, „Konziliarismus", *TRE* 19, 579 – 586. Zu Konstanz FRENKEN, *Erforschung*.

5 Cf. KRÄMER, *Konsens* 59 zur Praxis in der Basler Diskussion: *In ungeheurer Fleißarbeit wurden über Sekundärliteratur oder aus dem Gedächtnis Gesetzestexte zusammengestellt und Auslegungstraditionen den einzelnen Stellen beigefügt. Hauptaufgabe der technisch geschulten Juristen war der Aufbau einer stringenten Zitatenreihe.*

6 Es ist daran zu erinnern, daß das Werk Rosellis in späteren Zeiten – zumindest in Teilen – aufgrund mangelnder Klarheit in seinen Aussagen kritisiert wurde. Vgl. BÄUMER, *Nachwirkungen* 58 und 104.

7 In diesem Zusammenhang einige technische Vorbemerkungen: In der Regel wird bei der Transkription der Vorlagen deren Eigenart respektiert, soweit diese selbst konsequent durchgehalten ist bzw. etwas zum spezifischen Verständnis des Textes beiträgt. Kalligraphisch bedingte Groß- und Kleinschreibung wird nicht beachtet. Diese ist, wie auch die Zeichensetzung, behutsam modernisiert. Konsonantisch benutztes „u" wird als „v" wiedergegeben. Das „&" – Zeichen wird durch „et" aufgelöst. Hauptanliegen der vorliegenden Studie ist der Versuch, die inhaltliche Auseinandersetzung der Kanonisten des 15. Jahrhunderts ansatzweise darzustellen bzw. einen Beitrag dazu zu liefern. Aufgrund der Masse der damals verfaßten Traktatliteratur kann nicht behauptet werden, daß die Auswahl repräsentativ ist. Es handelt sich *in gar keiner Weise um den Versuch einer umfassen-*

Daß Antonio Roselli in gewisser Weise zwischen den Zeiten steht, zeigt sich nicht nur, wenn man auf die Beurteilung seiner Person in unseren Tagen schaut. Der Eindruck verstärkt sich, wenn seine Auffassung mit der anderer Autoren seines Jahrhunderts zusammen gesehen wird. Entsprechend sind die gegen Ende der Untersuchung vorgestellten Positionen mehrerer Verfasser zum Verhältnis „Papst und Konzil" zu verstehen.[8]

Diese Verhältnisbestimmung ist nicht das ausschließliche Thema des Konzilientraktats. Allerdings würde man ihm gewiß nicht gerecht, wenn man die besondere Bedeutung dieses Aspekts vernachlässigen würde. Soweit von „Konziliarismus" und „Papalismus" gesprochen wird, gilt es freilich jeweils zu klären, was darunter verstanden wird.[9] Daß unser Interesse weitgehend einem Autor gilt, darf nicht zur Annahme verleiten, bei ihm ein in sich geschlossenes, bruchloses System vorzufinden.[10] Schwankungen und Unsicherheiten bei Antonio Roselli sollen durchaus zur Kenntnis genommen werden. Demnach ist sorgsam darauf zu achten, die Konzepte ohne ideologische Vorbehalte zu untersuchen und der Versuchung zu widerstehen, Auseinandersetzungen der Gegenwart in die Vergangenheit zu projezieren.[11]

Das zeitliche Umfeld prägt die Vorstellungen, die den Konzilientraktat durchziehen. Im Gefolge des Großen Schismas, nach 1378, wurde recht bald das Konzil als ein Weg aus der Krise empfohlen, zunächst nur vereinzelt. Für diese Zeit galt: *Das Konzil war nicht Selbstzweck, sondern*

---

den Darstellung des Konziliarismus, wie SIEBEN, *Traktate* 11 mit Blick auf seine instruktive und hilfreiche Arbeit schreibt.

[8] Vgl. auch Bibliotheca Casanatense, Ms. 1406, f. 6r (Vorwort des Herausgebers dieser Sammlung von Texten, die sich mit Schisma- und Konzilsproblematik befassen): *non amiretur lector, si circa unam et eandem veritatem contrarias in hoc volumine inveniat opiniones, et quod unus tractatus probat per alium inprobatur. Sed ut prudens et catholicus caveat, ne simul cum tritico zyzaniam metat nec cum zyzania pariter eradicet triticum.* Die Wahrheit wird nie besser erkannt, *quam si dentibus sibi invicem impugnantium disputacione fuerit masticata.*

[9] Vgl. BURNS, *Lordship* 126 zur Gefahr beim Gebrauch der Etiketten „Papalist" bzw. „Konziliarist". Zum Terminus „Konziliarismus" jüngst WÜNSCH, *Konziliarismus* 30 f.

[10] Vgl. zu den Autoren der Zeit mit ihren Umorientierungen auch WATANABE, Authority 233: ... *the ideas and concepts expressed in their speeches and writings were molded and changed by what they witnessed at the council.*

[11] Vgl. die Hinweise bei MÜLLER, Kirche 28 f. MEUTHEN, *Basler Konzil als Forschungsproblem* 26 kritisch gegen Versuche, *die spätmittelalterlichen Konzilien als Steinbruch für Argumentationen des 20. Jahrhunderts zu benutzen.* – Vgl. noch OAKLEY, *Council over Pope?* 68: *Around this shared pattern of belief the various Conciliar thinkers wove theories of differing dimensions and texture. The differences involved reflect the differing temperaments of their authors. They also reflect the different vocations – theologian, curial official, canonist – which had helped shape them. They reflect, again, the differing circumstances under which these men wrote.*

Mittel zum Zweck.[12] In Konstanz wurden mit „Haec Sancta" und „Frequens" zwei Dekrete verabschiedet, die für die nächste Zukunft hochbedeutsam sein sollten.[13] In Martin V., danach in Eugen IV., hatte die Kirche Gottes zwar wieder einen Papst. Die Frage nach Geltung und Interpretation der genannten Dokumente jedoch führte – nach dem Konzil von Pavia-Siena – auf dem Konzil von Basel zu heftigen Kontroversen.[14] Wenngleich das Konzil von Konstanz und jenes von Basel in engstem Zusammenhang stehen, war es doch aufgrund der veränderten Zeitumstände gut möglich, Basel zu verwerfen und Konstanz zu akzeptieren.[15] In Basel galt die Aufmerksamkeit nicht mehr rivalisierenden Päpsten, sondern konzentrierte sich – im Laufe der Zeit in bedenklicher Weise – auf die Rivalität zwischen Papsttum und Generalkonzil.[16] Anders als das Konstanzer Konzil, das der Kirche die Einheit wiedergeschenkt hatte, wurde das Konzil von Basel *zum polarisierenden Faktor par excellence.*[17] Dabei erwies sich Eugen IV. als unbeugsamer Wahrer der Rechte der päpstlichen *dignitas* und der Autorität der *sedes apostolica.*[18] Ihm gegen-

---

[12] So SEIDLMAYER, *Anfänge* 175. Cf. ebd. 174: *Nicht einem revolutionären Grundsatz zu Ehren ist das Konzil gefordert worden, sondern einfach aus der Überzeugung heraus, daß dasselbe der einzige oder jedenfalls der sicherste Weg zur Wiederherstellung der notwendigen Einheit der Kirche sei.*

[13] Für den Text des „Superioritätsdekrets" – „Haec Sancta" – cf. COD³ 409 f.; für „Frequens" cf. COD³ 438 f. Cf. BRANDMÜLLER, *Konzil* 1990. – Es ist zureichend bekannt, daß sich die Diskussion um „Haec Sancta" bis in unsere Tage fortsetzt.

[14] Vgl. WOHLMUTH, Le concile 221: *Bâle est sans nul doute une conséquence de Constance; sans le ‚Frequens' il n'aurait pas en lieu. Mais il est aussi – – surtout en ce qui concerne son obstination – une conséquence du concile manqué de Pavie – Sienne.*

[15] Cf. TIERNEY, Hermeneutics and History 369 Anm. 23: ... *it was entirely possible to reject Basle and accept Constance.* Ebd. 367: *The claim of the members to over-ride a legitimate head was of course put forward at Basle, but it is a radically different claim from that of ‚Haec Sancta'.*

[16] Cf. MEUTHEN, *Basler Konzil als Forschungsproblem* 8. HEFELE, Blicke 108 zum Basler Konzil in seiner späten Zeit, *als die frühere Kraft in eitle Rechthaberei und kleinlichte Halsstarrigkeit umgewandelt nur mehr in Widersetzlichkeit gegen alle – selbst die ersprießlichsten und für die Kirche heilsamsten Maaßregeln des Pabstes sich äußern zu müssen glaubte.* (sic!)

[17] Zitat bei HELMRATH, *Basler Konzil* 188. Ebd. 427 spricht Helmrath für die Spätphase von Basel von einer *konfessionsähnlichen Zementierung der kirchentheoretischen Überzeugung.* Vgl. dazu auch MEUTHEN, *Basler Konzil als Forschungsproblem* 17: *Der Konziliarist ist ... eo ipso keineswegs tolerant. Mit immer festerer Verbissenheit verbarrikadierten sich die in Basel Verbleibenden im Laufe der Jahre in der Burg ihrer ‚veritas', um so dogmatischer, als sie in der Christenheit zur Minorität werden.* Für die „Tres veritates" vom 16.05.1439 cf. CONCILIUM BASILIENSE, *Tres veritates* 178 f.

[18] Vgl. der Papst 1433 im Brief an den Dogen – EUGEN IV., *Epistola* 67 f.: *potius enim hanc apostolicam dignitatem et vitam insuper posuissemus quam voluissemus esse causa et initium, ut pontificalis dignitas et sedis apostolice auctoritas submitteretur concilio contra omnes canonicas sanctiones.* Für die Bewertung Eugen IV. vgl. auch HELMRATH, Eugen IV. 81: *Züge von Härte und Starrheit zeigen sich v.a. im ebenso eisernen wie skrupulösen Beharren*

über trat das Basiliense *als erstes Konzil der Geschichte mit dem theologisch begründeten Machtanspruch auf, in Konkurrenz zu Papst und Kurie in Rom nicht nur in Glaubensfragen zu urteilen (also in übertragenem Sinne die höchste Legislative auszuüben), sondern auch in Exekutive und Jurisdiktion die universale Leitung der Kirche an sich zu ziehen.*[19]

Vertreter der „eugenistischen Partei“ konnten das Selbstverständnis des Basler Konzils, zumindest in der Spätphase, nicht nachvollziehen.[20] Mit der Wahl des Gegenpapstes Felix V. drohte sich das Drama des Schismas zu wiederholen. Das „Basler Abenteuer“ ließ viele desillusioniert zurück. Ideen mit prägender Kraft wurden gesucht und wiederentdeckt.[21] Friede und Ruhe wurden neu zu Schlagworten, die sich von der propäpstlichen Partei bzw. von den im Dienst des Papstes stehenden Kurialen und Diplomaten trefflich verwenden ließen, um die Monarchie als Weg der effektiven Krisenbewältigung argumentativ aufzuwerten.[22]

Will man das Werk des Antonio Roselli zumindest im Ansatz verstehen, kommt man nicht umhin, die schemenhaft angezeigten Linien als Horizont der Interpretation miteinzubeziehen. Gerade da den Schriften der Restauration des monarchischen Papats das *Odium der Unoriginalität* anhaftet,[23] geht es nicht an, die *origines* aus den Augen zu verlieren. Wie bei manchen anderen werden wir bei dem seinerzeit berühmten Rechtslehrer keine *traditionslose Urzeugung* vorfinden.[24] Ebensowenig ist anzunehmen, daß wir in ihm einen reinen Plagiator treffen werden.

---

auf der ‚plenitudo potestatis‘ des Papstamts, die er mit allen Mitteln verteidigte. Cf. ferner STIEBER, *Christian Unity* 73. Wohlwollend GILL, *Eugenius IV.* Ebd. 209: *Eugenius‘ successful opposition to the Council of Basel checked the impetus for reform within the Church and silenced the voices, not certainly of all reformers ... but of those who would have reformed others (sc. not themselves) by conciliar action.*

19 HELMRATH, *Basler Konzil* 37. LAZARUS, *Basler Konzil* 16.

20 Vgl. SCHÜSSLER, *Primat* 198 f.

21 Vgl. OURLIAC, Science politique 498. – ECKERMANN, *Studien* 10 spricht von einer *Generation von ernüchterten, resignierten Revolutionären.*

22 Vgl. HELMRATH, *Basler Konzil* 187 f. – OURLIAC, Gouvernement 124: *La monarchie est un principe simple qui, par la simplicité même, convient aux périodes de crise: tous ceux qui avaient souffert dans leur foi des divisions de l'Église mettent tout leur espoir dans la papauté.* Bezüglich der *ideology of monarchical peace* als *argument with a great future* vgl. BLACK, *Monarchy* 69. DEMPF, *Sacrum Imperium* 556: *Die aufsteigende Monarchie ist nun wieder das Vorbild, nach dem auch die Kirchenverfassung gedacht wird.* Ebd. 555 spricht er für diese Zeit von *Monarchieoptanten.*

23 So ECKERMANN, *Studien* 2. Vgl. auch NÖRR, Literatur 380.

24 Der Ausdruck findet sich bei HELMRATH, Selbstverständnis 222 mit kritischer Bezugnahme auf KRÄMER, *Konsens.*

I. Kapitel

Allgemeines zu Leben und Werken des Antonio Roselli

1. Biographische Daten

Antonio Roselli wurde um 1381 geboren.[1] Einige Autoren setzen sein Geburtsjahr allerdings später an.[2] Mit Burns wird man feststellen müssen, daß letzte Klarheit derzeit nicht zu erreichen ist.[3]

Roselli entstammte einer adligen aretinischen Familie,[4] deren Name in verschiedenen Fassungen auftaucht.[5] Ob Arezzo, die für ihre *ghibellinische Gesinnung* bekannte Stadt,[6] der Geburtsort ist oder vielleicht Florenz, das mag dahingestellt bleiben.[7] Gewiß ist, daß er nicht der erste Jurist in seiner Familie ist. Sein Vater, Messer Rosello di Ser Fino Roselli,[8]

---

1 So VERRUA, Antonio Roselli 313 und BELLONI, *Professori* 143. BURNS, Monarchia 330 gibt *1380 or 1381* an. SARTINI, Roselli 797 und BERRA, Roselli 265 nennen 1380. SCHULTE, *Geschichte* II 303 umgeht die Frage des Geburtsjahres.

2 Vgl. KAULEN, Antonius von Roselli 996: *um 1400.* Ebenso MORENI, *Bibliografia* II 171 und HURTER, *Nomenclator* 955. ECKERMANN, *Studien* 29 mit 32 Anm. 3 meint, 1386 als Geburtsdatum vertreten zu können.

3 BURNS, Monarchia 330 Anm. 32: *Unluckily, this evidence (sc. as it is given in the Florentine fiscal records) is not entirely consistent. It does on the whole, however, support 1380 or 1381 as the likiest date.*

4 CATHARIUS, *Advocatorum* XXXIII: *Antonius Rosellus Patria Aretinus: secundum aliquos (sed male) Patavinus dicitur.* SARTINI, Roselli 797: *Famiglia aretina, ammessa agli onori civici ab antiquissimis temporibus, quorum initii nulla extat memoria.* Für das Wappen vgl. SARTINI, Roselli 797: *D'oro a 6 rose fogliate e bottonate di rosso, poste in cinta.*

5 Cf. VERRUA, Antonio Roselli 314: *Rusilli, o Roicelli, o Roccelli, o Rocelli, o Roycelli, o Roxelli, o Ruselli.*

6 ECKERMANN, *Studien* 29.

7 BURNS, Monarchia 331 hält auch die Arnostadt für möglich. Arezzo geben an u.a. BERRA, Roselli 265, MORENI, *Bibliografia* I 89, SCHULTE, *Geschichte* II 303, BELLONI, *Professori* 143.

8 BURNS, Monarchia 330 f. VERRUA, Antonio Roselli 313 gibt einen Stammbaum, *che abbiamo tentato per sottoporlo alle rettifiche di ricercatori più profondi o più fortunati.* Schon Panciroli hatte einen ähnlichen Versuch unternommen, der aber von TIRABOSCHI, *Storia* 519 f. stark kritisiert wird.

war Rechtsanwalt und Notar,[9] Schüler des Bartolus und durchaus bedeutender Rechtsgelehrter, der seine Kenntnis des Römischen Rechts in den Dienst der Kirche stellte.[10] Manche verwiesen seinerzeit gar darauf, daß ein Ahn Schüler des Accursius gewesen sei.[11] Kantorowicz merkt darüber hinaus an, daß zwei der Vorfahren sich unter den Professoren befanden, welche die Statuten der Universität von Arezzo aus dem Jahre 1255 erstellten.[12] In jedem Fall steht Antonius Roselli als Rechtslehrer in einer längeren Tradition, so sehr, daß Eckermann die These vertreten konnte, es scheine, daß in der Familie *der Juristenberuf erblich* gewesen sei.[13] Antonio Roselli nimmt auch durchaus auf die Arbeit seines Vaters Bezug.[14]

Es soll nicht verschwiegen werden, daß der Verfasser der *Monarchia* sich nicht nur im Bereich der Jurisprudenz, sondern auch auf dem Feld der Dichtkunst betätigt hat – wenngleich er auf diesem Terrain nie größeren Ruhm erlangte.[15] Von ihm soll u.a. auch ein Gedicht gegen den schlechten Klerus und die Korruption der zeitgenössischen Kirche geschrieben worden sein.[16] Im Gegensatz aber zu anderen Vertretern seiner

---

[9] ECKERMANN, *Studien* 31 verweist darauf, daß er 1386 in Florenz in die *Zunft der Richter und Notare eingetragen ist.* BURNS, Monarchia 330 f.: *practised as a lawyer and notary.* Vgl. ebd. 331 Anm. 33 f.

[10] Vgl. KANTOROWICZ, De ornatu 344. DIPLOVATACIUS, *Liber* 361 spricht von Antonius als *filius domini Roselli eximii iuris consulti.*

[11] Cf BARROCIUS, *In funere* 168: *Fuit hic (sc. abavus Roicelli) ... Accursii in perdiscutendo civili jure discipulus.* Cf. auch PANZIROLI, *De claris* 361. Vgl. aber TIRABOSCHI, *Storia* 519 dazu: *Il Panciroli ... ciò ch'ei dice del primo di essa (sc. famiglia), non è che un tessuto di favole e di errori, i quali però in parte son tratti dall'Orazion (sic!) funebre.* Vgl. auch KANTOROWICZ, De ornatu 344: *... most authors are dependent, generally without knowing or confessing it, on the ridiculous fables and exaggerations in the funeral oration of Pietro Barozzi.*

[12] Vgl. KANTOROWICZ, De ornatu 344 mit Anm. 13.

[13] ECKERMANN, *Studien* 31. – Für Juristen in der Verwandtschaft cf. auch BLACK, *Benedetto Accolti* 42.

[14] Cf. ANTONIO ROSELLI, *Commentarii in Decretum*, ad C. 9, q. 3, c. 8 (*Conquestus*), Sevilla, Bibl. Colombina 5.7.8., f. 178v: Roselli verweist auf den *genitor meus de rosellis qui reperiit illum § et ego sum consuetus tenere sententiam genitoris.*

[15] Vgl. VERRUA, Antonio Roselli 313: *... ha fama anch'esso nella repubblica delle Lettere.* – Cf. auch BLACK, *Benedetto Accolti* 44: *... as vernacular poets Antonio and Bernardo were outshone by their nephew, Rosello di Giovanni Roselli.*

[16] Cf. ECKERMANN, *Studien* 31 mit der Anm. 3, die allerdings deutliche Zweifel anmeldet. VERRUA, Antonio Roselli 313 hält die Autorenschaft des Juristen – von seiner *Monarchia* her – für durchaus denkbar. – BLACK, *Benedetto Accolti* 44 mit Anm. 25 bejaht die Autorenschaft Rosellis. Ebd. 221: Zur Zeit der Abfassung der *Monarchia ... probably ... he wrote his vehemently anti-clerical and anti-papal poem, ‚Quelli or' veggiam'.* – Vgl. auch FLAMINI, *Lirica toscana* 572 f.: Das Gedicht, ... *fatto a confusione de' cattivi clerici e prelati assunti alla degnità de' gradi per propria simonia, tutti diformi ai primi loro buoni e santi anticessori e alla volontà di Dio, che occorre isolato ne' mss ..., ma non è che un capitulo d'un poema o poemetto in terzine, nel quale il poeta, imitando la Commedia, fingeva d'ab-

Verwandtschaft hat er auf die toskanische Dichtkunst keinen nachhaltigen Einfluß ausgeübt. *Es war die Karriere des Antonio Roselli als Jurist, die der Familie das beachtlichste Wiederaufblühen im Quattrocento bescherte.*[17]

Schulte konnte nicht mit Sicherheit die Orte seines Studiums ausmachen.[18] Vermutlich war er aber bereits in Florenz unter den Hörern seines Vaters. Dieser war dort 1363 Professor für römisches Recht geworden.[19] Sicher ist, daß Antonio Roselli im Oktober 1406 in Bologna die *privata examinatio* ablegte.[20] Dort wird er auch Antonius de Butrio im Kanonischen Recht gehört haben. Ihn bezeichnet er später immer wieder als *dominus*.[21] Auch auf Petrus de Ancharano und Franciscus Zabarella nimmt er des öfteren Bezug.[22]

Im Mai 1407 wird seitens des *collegium doctorum* der Universität dem Antrag des Antonio Roselli entsprochen, daß die Verleihung der Doktorwürde nicht in der öffentlichen Form in S. Peter erfolgen müsse, er aber gleichwohl überall als Doktor des Zivilrechts anzusehen und zu würdigen sei.[23] Am 31. Mai empfängt er die Insignien seines neuen Titels, in der alten Sakristei von S. Peter. Er erhält sie aus den Händen des Bartolomeo de Saliceto, in dessen eigenem Namen wie im Namen der beiden Doktoren, welche

---

battersi in varie specie di damnati, laici ed ecclesiastici. Era costui, secondo la più attendibile testimonianza, il famoso Messer Antonio de' Roselli da Arezzo. Zur Zuschreibung an Roselli – und nicht an Accolti – vgl. ebd. 724 f. Anm. 6, wo Flamini u.a. darauf hinweist, daß das Lied des Accolti, *meritamente lodata, d'analogo argomento, ... è di gran lunga più elegante.*

17 Vgl. BURNS, Monarchia 331: *It was ... Antonio Roselli's career as a jurist that brought the family the greatest renown in the Quattrocento.*

18 Cf. SCHULTE, *Geschichte* II 303.

19 Vgl. dazu KANTOROWICZ, De ornatu 344 f. Darauf bezugnehmend mit Kritik an BELLONI, *Professori* 143 jüngst BURNS, Monarchia 331 mit Anm. 38.

20 So BELLONI, *Professori* 143 und KANTOROWICZ, De ornatu 345: Beide nennen den 1. Oktober. – Vgl. aber SORBELLI, *Liber Secretus* 178: *1406. ‚Dominus Antonius domini Roxelli de Roxellis de Aretio, die teriadecima mensis Otubris (sic!), fuit presentatus privato examini per dominum Bartolomeum de Saliceto, dominum Johannem de Canitulo et dominum Florianum de Santo Petro; et fuit approbatus ab omnibus, nemine discrepante.* DIPLOVATACIUS, *Liber* 361 bezieht sich darauf, gibt also auch – wohl richtig – den 13.10.1406 an.

21 Cf. KANTOROWICZ, De ornatu 345 mit Anm. 27.

22 Vgl. BURNS, Monarchia 331 f. und Anm. 40.

23 Hingewiesen sei auf den Text bei SORBELLI, *Liber Secretus* 180: *1407 ... , die Lune XVI Maii. Congregato solempniter ... collegio dictorum doctorum ... annuerunt dicti doctores et collegium precibus domini Anthonii ... licentiati Bononiae in iure civili ... videlicet quod a dicto domino Anthonio, prestita ydonea fideiussione, secundum formam constitucionum michi ... de libris centum bononinorum, solvendis michi ...ego ... ex parte collegii, dicerem et consentirem, eximio ... Petro de Ancarano ... quod non obstante quod ipse dominus Anthonius ... non receperit publicam suam in Sancto Petro, in iure civili, nichilominus posset et deberet domino Anthonio prefato privilegium doctoratus facere seu fieri facere in autentica et solempni forma, ita quod ut doctor possit ubilibet haberi et reputari.*

die Prüfung mit abgenommen hatten. In seiner Funktion als Archidiakon verkündet und erklärt Petrus de Ancharano Antonio Roselli zum Doktor im Zivilrecht, ihm dabei *potestatem legendi, interpretandi et glosandi sacratissimas leges Bononiae et ubique locorum* übertragend.[24] Bei der Zeremonie waren 17 Doktoren des Collegiums anwesend. Die Ausnahmeregelung für Roselli wurde mit seiner Armut begründet und als eine *specialis gratia* bezeichnet.[25] Schon vorher las er im *studium* der berühmten Universität zum *Volumen*. 1407 hielt er Vorlesungen über das *Infortiatum* als *lectura extraordinaria*.[26] Zu dieser Zeit hatte er den Titel eines *doctor legum* inne.[27] Großen Ruhm erwarb er sich durch seinen Traktat *De legitimatione*, den er in eben diesem Jahre 1407 abschloß,[28] also im Alter von 26 oder 27 Jahren.[29] Mit dieser Arbeit versuchte er, der Lösung einer damals heftig umstrittenen Frage näherzukommen. Tatsächlich erfreute sich das Werk einer solchen Beliebtheit, daß es noch zu Lebzeiten des Autoren im Unterricht Verwendung fand.[30] Zuvor, wohl um 1404,[31] hatte er bereits *De ieiuniis* verfaßt.[32]

---

[24] SORBELLI, *Liber Secretus* 181: ... *dominus Petrus de Ancarano ... pronumpciavit ... et declaravit ipsum doctorem in iure civili, deditque ei potestatem legendi, interpretandi et glosandi sacratissimas leges Bononiae et ubique locorum*. Auch bei DIPLOVATACIUS, *Liber* 361.

[25] Vgl. SORBELLI, *Liber Secretus* 181 f.: ... *et hec fuerunt facta solum in presencia doctorum dicti collegii, numero tunc XVII, propter paupertatem dicti domini Anthonii et de gratia speciali, ita quod aliis non trahatur in exemplum.* – Vgl. KANTOROWICZ, De ornatu 345: ... *so he saved the heavy expenses of the public ‚conventus'.* Mißverständlich ebd.: *in the presence of only 17 members of the faculty.*

[26] Vgl. BELLONI, *Professori* 143 und VERRUA, Antonio Roselli 316: ... *nel 1407 era lettore straordinario di Inforziato a Bologna.* Vgl. auch MAZZETTI, *Repertorio* 270 (unter Nr. 2694) mit Blick auf Widersprüche bei P. Alidosi: ... *noi colla scorta degli atti autentici del Collegio di Gius civile, e de' Libri del Comune, possiamo assicurare che nel giorno 31 Maggio del 1407 venne in Leggi laureato un Antonio figlio di Rosello Roselli di Arezzo, il quale nel precedente anno 1406 era stato come Scolare per l'Università a Lettore de' Volumi, essendo nel seguente anno 1407 passato a leggere l'Inforziato come Professore laureato.*

[27] Vgl. KANTOROWICZ, De ornatu 345.

[28] So BELLONI, *Professori* 143.

[29] Vgl. dazu BURNS, Monarchia 332 Anm. 44.

[30] Vgl. VERRUA, Antonio Roselli 316: ... *trattato ... steso perchè intorno a tal materia di legittimare i figliuoli scarsa appare la trattazione del Digesto, e quel poco che ivi si trova sarebbe stato reso oscuro particolarmente dalle dispute dei giuristi. Tal trattato del Roselli fu fortunatissimo, e fece testo, e leggevasi nelle scuole, vivente l'autore.* – Vgl. auch BARROCIUS, *In funere* 171: *Quomodo autem superaverit (sc. Antonius maiores suos), quid ornamenti reddiderit, quantum partae ab illis gloriae per ipsum accesserit, ex hoc intueri liceat, quod vix dum ex ephoebis excesserat, cum protinus ad scribendum se contulit, et legitimationem (sic!) libellum ... edidit, utilitate atque elegantia pari; quem sic optimus quisque jurisconsultorum probavit, ut, quod rari post mortem assecuti sunt, eo etiam vivente legeretur.*

[31] So KANTOROWICZ, De ornatu 348. BELLONI, *Professori* 147 nennt 1410. BURNS, Monarchia 332 mit Anm. 43 legt sich nicht fest.

[32] Abwegig SCHULTE, *Geschichte* II 304: *Paul II. gewidmet, geschrieben 1470.* – Vgl. KANTOROWICZ, De ornatu 344: ... *the article in the best known reference book, Schulte, is as*

Roselli blieb nicht lange in Bologna. Er unterrichtete in der Folgezeit *ius civile* in Florenz.[33] 1421 gehört er dem dortigen Lehrkörper an.[34] Eine von ihm dort gehaltene Rede *pro studii principio* – so Eckermann – *erschöpft sich in allgemeinen und abgegriffenen Redewendungen zum Lobe des studium und der sapientia.* Es ist noch nicht die neue Zeit des Humanismus, welche sein Denken bestimmt. Er erweist sich vielmehr auch hier als ein Mensch der Zeitenwende.[35] In den späten 20er-Jahren lehrte er in Siena.[36] Dort zählte der spätere Papst Pius II., Enea Silvio Piccolomini, zu seinen Schülern.[37] Der bezeichnete ihn in seinen Vorlesungsmitschriften einmal als *clarissimus iuris utriusque doctor*[38] und betont, daß eventuell zu findende Unklarheiten, Fehler oder Absurditäten in seinem Manuskript nicht diesem, sondern ihm selbst anzurechnen seien.[39] Für Watanabe ist es keine Frage, daß der Einfluß Rosellis auf die Schrift des späteren Papstes *De ortu et auctoritate imperii Romani* beachtlich gewesen ist.[40] Zu den

usual crowded with errors. Cf. – in anderem Kontext – kritischer als Schulte PANZIROLI, *De claris* 363: *Sunt, qui illum a secretis Pauli II. Pontificis fuisse scribunt, sed pro Paulo II. Martinum V. scribendum puto.*

33 Cf. KANTOROWICZ, De ornatu 345.

34 Nach VERRUA, Antonio Roselli 316 las er in dem genannten Jahr in Konkurrenz zu Buonaccorso da Montemagno. – Vgl. auch FLAMINI, *Lirica toscana* 276 mit Anm. 3.

35 Vgl. ECKERMANN, *Studien* 40 das angeführte Zitat. Ebd.: *Von humanistischer Eloquenz und humanistischem Geist ist in ihr nichts zu spüren.*

36 So BURNS, Monarchia 332 ohne genauere Festlegung der Jahre. TIRABOSCHI, *Storia* 521: ... *il Roselli fu ivi Professore per qualche tempo tra l'1425 e l'1430.* So auch PERTICONE, *Roselli* XXVIII.

37 Vgl. ENEA SILVIO PICCOLOMINI, *De viris illustribus* – Bibl. Apost. Vat., Vat. lat. 3887, f. 59r – abgedruckt bei NARDI, *Sozzini* Appendice I 148: *Ex extraneis Salustius Perusinus quem audivi et Benedictus Barsius ac Rosellus Antonius et Florianus Bononiensis.* Vgl. auch den Text bei WOLKAN, *Briefwechsel* 1 Anm. b: *Antonius de Rosellis ..., qui preceptor meus Senis fuit, nam sub eo jus civile audivi.* – Cf. auch ZDEKAUER, *Studio* 73 f. und LESCA, *Commentarii* 45 mit Anm. 3.

38 Interessant der Text bei WOLKAN, *Briefwechsel* 1 f. unter 1*, wohl vom Ende des Jahres 1431: ... *nudius tertius, cum audivissem vecordiam nostram atque minimam studendi voluntatem a magistro Antonio vehementer reprehendi, domum confestim reversurus vocansque me ad me, quis, cepi, animus in praesentiorum accidit tibi morbo, que voluntas, quod desiderium? nunquid studiis semper operam dare statuisti? nunquid Palladem tibi nubere decrevisti? nunquid Venerem contra te sevientem ejusdem Palladis clipeo sepius fugavisti?*

39 Der Text – Bibl. Apost. Vat., Chigi I VII 252, f. 1r – wiedergegeben bei STRNAD, Studia 305 Anm. 40, auch bei BELLONI, *Professori* 146: *Si quid ... minus luculentum minus rectum aut absurdum compertum fuit exaratum, volo non illi sed michi tribuendum contra, qui aut male perceperim aut non recte scripturis dicta consignaverim.*

40 Cf. WATANABE, Authority 232. Vgl. auch WALTHER, Regnum 383 f. mit Anm. 3. Ebd. 383: *Speziell Lehrmeinungen seines Lehrers Antonio Roselli, dessen Vorlesungsmitschriften von 1426 und 1427 in Siena Enea offensichtlich auch sorgfältig aufbewahrte, prägten in hohem Maße die politischen Ansichten des Humanisten, zumal in der Zeit, als er sich allmählich von Basel abwandte.*

Schülern des Doktors beider Rechte[41] gehörten ferner in dem zu jener Zeit hochangesehenen Sieneser *studium* wohl auch der Diplomat Angelo Geraldini[42] und Mariano Sozzini, für den Roselli wahrscheinlich vor allem mit Blick auf seine Tätigkeit als Rechtsberater, also von der Praxis her, bedeutsam war.[43] Selten findet man dagegen bei ihm Werke Rosellis als Belege angeführt.[44]

1434 findet man Roselli wieder in Florenz. Ein Jahr darauf liest er im *studium* der Stadt kanonisches Recht.[45] Aus den florentinischen Büchern kann man ersehen, daß er in der Zeit um 1420 bereits Angela (bzw. Agiola) di Guidaccio Pecori geheiratet hatte. In diesem Zeitraum war er schon vielmals Vater geworden.[46]

Eine entscheidende Wende in seinem Leben wird häufig für das Jahr 1430 angesetzt, oder zumindest in den dreißiger Jahren des Jahrhunderts, *zusammenfallend mit dem neuen Aufstieg der zeitlichen Gewalt der Päpste.*[47] Ob er von Martin V. nach Rom gerufen wurde, ist nicht unumstritten.[48] Eine Mehrzahl der Autoren bejaht dies freilich.[49] Zumindest ist be-

---

[41] Zu dem Titel des *doctor utriusque iuris* cf. KANTOROWICZ, De ornatu 345. Vgl. auch CHENEVAL, *Rezeption* 327 und oben, Anm. 36.

[42] Vgl. PETERSOHN, *Diplomat* 25.

[43] Cf. NARDI, *Sozzini* 9 f.: *Nonostante si sentisse (sc. Sozzini) sopratutto attratto dagli studi canonistici, il Sozzini non abbandonò, tuttavia, quelli civilistici: negli stessi anni seguì, infatti, i corsi di Antonio Roselli, che fu suo maestro piuttosto nella prattica che nella teoria, e che tenne, nell'anno academico 1424 - 25, in qualità di scolaro, le sue primi lezioni, delle quali abbiamo notizia, appunto in diritto civile.* – Cf. auch ebd. 10 Anm. 39, wonach Roselli 1423 in Siena *lector* war.

[44] Cf. ebd. 10 Anm. 40: *Significativa ci sembra ... questa reminiscenza del suo insegnante: ‚Et ... recordor audiuisse d. Ant. Rosellum, tunc doct. in legibus: Vis tu quod ego doceam te capere aduersarium ...‘*

[45] Vgl. NARDI, *Sozzini* 38 Anm. 27: *Il Roselli ... nel 1434 si trovava a Firenze (ASF, Deliberazioni dei Signori e Collegi fatte in forza di ordinaria autorità 46, f. 12r). L'anno seguente fu condotto a leggere nello Studio cittadino in diritto canonico.*

[46] Vgl. BURNS, Monarchia 332 mit Anm. 46.

[47] So KANTOROWICZ, De ornatu 346: *It is now that the important part of his career begins, coinciding with the new rise of the temporal power of the popes.* – Vgl. auch BURNS, Monarchia 332: *in 1430, his career took a new turn.*

[48] Vgl. KANTOROWICZ, De ornatu 346: *There is no proof for the frequent assertion that Roselli was called to Rome by pope Martin V (1417 – 1431).*

[49] So BARROCIUS, *In funere* 175: ... *cum ingens apud omnes, eos paecipue qui de ingeniis aliquid iudicare valebant, Antonii Roicelli fama esset, magnum nomen, opinio grandis; Martinus eum Pontifex Maximus, qui difficillimo rei ecclesiasticae tempore pontificatum administrandum susceperat ... ad se maximis propositis praemiis accersivit, ut esset quicum, ubi difficilius aliquid incidisset, curarum suarum pondus divideret, consilia iniret, graviora omnia partiretur.* – Vgl. auch PANCIROLI, *De claris* 362: *Duas uxores habuit, et ultima defuncta, jam clarior factus a Martino V. Romam accitus est.* – BERRA, Roselli 265; SCHULTE, *Geschichte* II 303; AMANN, Roselli 2916; VERRUA, Antonio Roselli 317; ECKERMANN, *Studien* 33; BELLONI, *Professori* 143; COMNENUS PAPADOPOLUS, *Historia* I 221.

legbar, daß er 1430 in Rom ein Haus mietete.[50] 1433 bis 1434 hielt er die Vorlesung der *lectura ordinaria* der Dekretalen im Rahmen des päpstlichen *studium generale*, welches von Eugen IV. (1431-1447) in seinem ersten Pontifikatsjahr wiederhergestellt worden war.[51] Glaubt man dem überschwenglichen Bericht des Barozzi auch nur teilweise, so kommt man nicht umhin, ihn für einen Juristen mit hohem Ansehen zu halten.[52]

Im Bereich der Diplomatie vertrat er als Rechtsberater am römischen Hof die Sache Ladislaus' von Polen.[53] Antonio Roselli spricht selbst in seinem Kommentar zum Dekret davon, daß er unter dem Pontifikat Eugens diese Aufgabe wahrgenommen hat.[54] Auch andere Fürsten bedienten

---

50 Vgl. den Hinweis – gegen Kantorowicz – bei BURNS, Monarchia 332 f. Anm. 47.

51 So ECKERMANN, *Studien* 346. – Cf. RENAZZI, *Storia* I 116 f. Ebd. 128 f.: ... *i Riformatori dello Studio lo scelsero per Professore ordinario di Gius (sic!) canonico nel mattino. ... Egli v'insegnava nel 1433 e 1434.* Hingewisen sei noch auf das Dokument XXXIV, ebd. 271 f. *De Studiis generalibus Urbis Romae* betr. der Bedeutung der Rechtsgelehrten für die *honor Reipublicae.*

52 Vgl. BARROCIUS, *In funere* 175: *Quo postquam pervenit, tantum sibi brevi tempore benivolentiae conciliavit, tantum honoris atque ornamenti adeptus est, tantum apud singulos quosque auctoritatis promuerit, ut in urbe cum alias, tum eo in primis tempore doctissimorum virorum plena, paucissimos pares, majorem habuerit neminem.*

53 So zumindest nach BARROCIUS, *In funere* 175: ... *in ea caussa (sic!) quae potentissimo Poloniae regi Ladislao adversus Romanum Imperatorem Sigismundum fuit, in qua, quoniam major toto orbe nullus non erat, a Pontifice Maximo sententiam ferri oportebat, in multis ac innumerabilibus viris doctissimis solus Antonius Roicellus inventus est cujus fidei suas fortunas, suum regnum, suam postremo vitam Ladislaus committeret.* – Vgl. aber PANZIROLI, *De claris* 362: ... *apud quem (sc. Martinum V.) Sigismundi Caesaris in gravi causa, quam cum Ladislao Polonorum Rege habebat, patronum egit.* Dazu TIRABOSCHI, *Storia* 521: *Avea allor Ladislao Re di Polonia una contesa coll'Imperador Sigismondo, cioè, com'io congetturo, pel Ducato di Lituania, di cui questi volea disporre ergendolo in Regno malgrado di Ladislao. Essa fu devoluta al Pontefice, e il Roselli destinato a difender la causa non già di Sigismondo, come si dice dal Panciroli, e da altri, ma di Ladislao, come afferma il Barozzi.* Vgl. auch HURTER, *Nomenclator* 955. – Gegen KANTOROWICZ, De ornatu 346, der von einer Gesandtschaft zu Wladislaw VI. spricht, nennt auch BURNS, Monarchia 333 Ladislas II Jagiello, *though the matter remains obscure.* Beachte auch den Hinweis von ECKERMANN, *Studien* 40 Anm. 1, die auf den Neffen Antonius', Rosellus de Rosellis, hinweist, der ebenfalls zur selben Zeit an der Kurie arbeitete. Vgl. dazu PANZIROLI, *De claris* 363: *ROSELLUM ex fratre nepotem habuit, qui et ipse semel ad Ladislaum, et Carolum Galliae Regem a Martino V v. Legatus missus est.*

54 Vgl. die interessante Passage ANTONIO ROSELLI, *Commentarii in Decretum*, ad C. 9, q. 3, c. 10 (*Patet*), Sevilla, Bibl. Colombina 5.7.8., ff. 180v – 181r. Wer die *facta apostolice sedis* richten will, wird des *crimen sacrilegii* schuldig. Dies gilt auch für den, *qui de principali iudicio disputat.* Vgl. dazu C. 17, q. 4, c. 29 Grp (*Qui autem de ecclesia*): Friedberg I, 822 f.: *§. 1. Conmittunt etiam sacrilegium qui contra diuinae legis sanctitatem aut nesciendo conmittunt, aut negligendo uiolant et offendunt; aut qui de principali iudicio disputant, dubitantes, an is dignus sit, quem princeps elegerit ... lib. 9. Codicis titulo de crimine sacrilegii. [sc. C. 9, 29, 1-3: MK II 385] § 2. Similiter de iudicio summi Pontificis alicui disputare non licet.* Roselli weiß, nach seinem Bekunden, um die Gefahr. Als daher Sigismund im Rahmen eines öffentlichen Konsistoriums in Anwesenheit Eugens IV. *pro parte sua multa cri-*

sich seiner Fähigkeiten, so der König von Neapel.[55] Sicher ist wohl, daß er unter Eugen IV. die bedeutenderen Aufträge erhielt.[56] Dieser schickte ihn zu Sigismund, um – so zumindest Barozzi – das gespannte Verhältnis wieder in Ordnung zu bringen.[57] 1433 war ein Jahr, in dem er als Botschafter des Papstes beim Kaiser fungierte. Möglicherweise aber nahm er diese Aufgabe auch in anderen Jahren wahr.[58] Burns hält es für durchaus wahrscheinlich, daß es Roselli gelang, zum einen in der Frage von Papst und Konzil die Sache des Papstes zu vertreten, zum anderen – zur gleichen Zeit – sich bei Sigismund in ein gutes Licht zu setzen.[59]

In der Leichenrede hebt Barozzi hervor, Roselli sei vom Kaiser zum *comes Palatii* ernannt und ihm seien so zahlreiche Privilegien zuerkannt worden.[60] Francesco Contareno scheint das in seiner *Oratio* zu Ehren

---

mina et delicta contra serenissimum regem ut landislaum regem pollonie (sic!) vortragen läßt, beginnt Roselli mit der Absicht, den König zu entschuldigen, in folgender Weise: *Non quod inficiari velim beatissime pater que proponuntur pro parte Cesaree maiestatis quia hoc non iudicarem longevum a crimine sacrillegii (sic!) sed recurram ad iurium remedia, ad sanctitatem videlicet vestram et maiestatem suam male informatam et melius informandam. Et cum ipse met cesar respondisset quod erat plene informatus Ego replicavi: Decet invictissime cesar piissimum principem audire decies et vigesies ne falsis criminacionibus dampnentur insontes. et sic conatus sum refellere omnia per suam maiestatem proposita. alias qui reprehendunt facta principis vel arguunt non vera sunt a propria sede seu dignitate deponendi xviiii.di. nulli.* Cf. D. 19, c. 5 (*Nulli*): Friedberg I 61. Vgl. zum Gedanken des Roselli auch ANTONIO ROSELLI, *Commentarii in Decretum*, ad C. 9, q. 3, c. 16 (*Ipsa sunt*), Sevilla, Bibl. Colombina 5.7.8., f. 182r – 182v: *nota quod a sententia pape non appellatur sed si aliquis vellet querelare de sententia pape et debet dicere Ego recurro ad sanctitatem tuam male informatam ad melius informandam et tunc papa potest suam sententiam revocare si sic erit.*

55 Cf. BERRA, Roselli 265 Vgl. auch HURTER, *Nomenclator* 955.

56 Vgl. KANTOROWICZ, De ornatu 346: *... all the important affairs in which Roselli is now involved belong to the epoch of ... Eugenius IV.* Cf. auch BURNS, Monarchia 333.

57 Cf. BAROCCIUS, *In funere* 176 f. – Knapper: PANZIROLI, *De claris* 362.

58 Cf. KANTOROWICZ, De ornatu 346. – Vgl. auch HERRE, *Deutsche Reichstagsakten* X 308 mit Anm. 6 über eine u.a. aus Roselli und Ludovico Pontano bestehende päpstliche Gesandtschaft an Kaiser Sigismund, Ende September 1432. Diese waren beauftragt, *mit K. Sigmund über die Konzilsfrage und eventuell auch über einen geeigneten Ort zur Abhaltung eines allgemeinen Konzils zu verhandeln.* Vg. noch ebd. 310 mit Anm. 2 und 5. Vgl. auch ebd. 715 mit Anm. 3 bzgl. zweier Anweisungen vom 7.4. bzw. 28.4.1433 zur Auszahlung von 25 bzw. 20 Goldgulden Reisekosten an Roselli, der unterwegs war *pro certis negotiis domini nostri pape*, bzw. *quando ivit ad serenissimum regem Romanorum.*

59 Cf. BURNS, Monarchia 333. Roselli sagt von sich, daß er den Krönungseid des Sigismund Eugen IV. gegenüber *totum ego solus composui et dictavi.* Cf. G I, 64, 290 (49 – 51) [15v]. Es soll darauf hingewiesen werden, daß der entsprechende Satz in Cvp f. 115v fehlt. Vgl. zur Sache noch HERRE, *Deutsche Reichstagsakten* X 822 mit Anm. 3 und ebd. 714-715. Erläuternd ECKERMANN, *Studien* 37 f.

60 Vgl. BARROCIUS, *In funere* 177: *Quem (sc. Antonium) cum Pontifex denuo ... ad Imperatorem misisset, ille ab se se non prius demisit quam et Palatii comitem, qui apud Germanos honor est magnus, crearet, et equitum atque tabellionum creandorum, nothorum perinde ac*

Rosellis zu bestätigen.[61] Schulte hält – neben anderen – dafür, daß der Titel des *comes palatinus* vom Papst und nicht vom Imperator verliehen wurde.[62] In den *Acta graduum* von Padua wird er 1442 als *comes palatinus* angeführt, 1452 taucht er auch als *comes sacri Lateranensis palatii* auf.[63]

Sicher ist, daß er nicht nur beim Kaiser, sondern auch – im Jahre 1433 – bei Karl VII. von Frankreich für den Hl. Stuhl tätig war.[64] Renato von Anjou, der spätere König von Neapel, ehrte ihn, indem er ihm die Insignien des Ritters, Sporen und Schwert, verlieh bzw. anlegte.[65] Möglicherweise, so Kantorowicz, hatte er auch eine Mission am Hof Albrechts II. zu erfüllen.[66]

Roselli war Konsistorialadvokat und schließlich *advocatus pauperum*.[67] Brandmüller bemerkt zur Bedeutung des erstgenannten, mit Blick auf ei-

---

legitime nati si forent, ad hereditatem patris admittendorum ei facultatem daret, ac liberorum emancipationibus quas judice auctore fieri leges jubent, auctorem esse permitteret.

61 Cf. FRANCESCUS CONTARENUS, *Oratio* – Pal. lat. 598, f. 125v: *Ab imperatore nostro Sigismundo ad quem pro pontifice tunc legatus accessit ... ipse cum omni sua posterioritate comes designatus fuerit.*

62 Vgl. BURNS, Roselli 333 f. mit Anm. 50. – PANZIROLI, *De claris* 362: *Rursus ad eundem (sc. Sigismundum) a Pontifice cum Comitis Palatini titulo est ablegatus (sc. Antonius), qua dignitate natalibus restituendorum spuriorum, tabulariorum, Equitumque creandorum, et mancipandorum liberorum auctoritatem obtinuit.* Daß Roselli vom Papst und nicht vom Kaiser den Titel erhielt, meint neben SCHULTE, *Geschichte* II 304 auch TIRABOSCHI, *Storia* 521. Dazu Roselli G IV, XL, 525 (5 – 6) [99v]: *Item facit (sc. papa) solus tabelliones ... Comites Palatinos cum simili potestate creando, sicut ego sum et filii mei.*

63 Vgl. ZONTA – BROTTO, *Acta graduum* 333 (unter no. 1626) und GHEZZO, *Acta graduum* II/1 44 (unter no. 103).

64 Vgl. KANTOROWICZ, De ornatu 346. BURNS, Monarchia 334 Anm. 50 meint, sich auf Valois beziehend: *Roselli's knighthood seems to have been conferred by Charles VII of France, at whose court he represented the pope in the autumn of 1433.* Vgl. schon BARROCIUS, *In funere* 178: *... a rege ... fortitudinis ac sapientiae merito simul eques crearetur, simul in optimatum quos in omnibus negotiis gravioribus sententiam rogari mos est, numero conscriberetur.* PANZIROLI, *De claris* 362: *... qui (sc. Carolus VII) eum Patritium factum etiam Equestri dignitate honestavit.*

65 Cf. BARROCIUS, *In funere* 178 f. Ebd. 178: Roselli wurde quasi Anteil an der Herrschaft gegeben (*in partem regni vocari*). – Cf. FRANCESCUS CONTARENUS, *Oratio* – Pal. lat. 598, f. 125v: *... legacione et functus est ad Francorum regem: a quo renato barensi duce ministrante scigmate militari ornatus est: et in consilium regis cooptatus.*

66 Vgl. KANTOROWICZ, De ornatu 346.

67 Cf. BARROCIUS, *In funere* 179: *... tum (sc. zur Zeit Eugens IV.) consistorii Cardinalium, postremo etiam pauperum, quae suprema in eo ordine dignitas est, advocatus eligitur.* Ihm folgend TIRABOSCHI, *Storia* 522. Nach PANZIROLI, *De claris* 362 bereits unter Martin V. erfolgt. So auch ECKERMANN, *Studien* 33: *Unter Martin V. und Eugen IV. finden wir Roselli als Konsistorialadvokaten an der Kurie.* Bei DIPLOVATACIUS, *Liber* 361 lesen wir: *Vidi subscriptionem manu proprio ipsius in uno consilio istius tenoris, videlicet: ‚et ego Antonius ... iuris utriusque doctor et advocatus sacri consistorii domini papae regensque cathedram ordinariam iuris canonici in Urbe.* FRANCESCUS CONTARENUS, *Oratio* – Pal. lat. 598, f. 125v: *In Florentina ... re p. inter patricios adscitus nonnullos magistratus et quidem egregios gessit in quibis caste integre quasi versatus nonnon vulgarem a Florentino populo laudem est*

nen Vertreter der genannten Gruppe in Konstanz: Er gehörte zu einer *exklusiven kurialen Beamtengruppe von nur 10-12 Mitgliedern, die im Rang mit den päpstlichen Sekretären wetteiferten und hohes Prestige genossen. In ihren Reihen gab es auch schon früh verheiratete Kleriker, während in anderen Bereichen der Kurie die Heirat zum Amtsverlust führte.*[68]

Als Mitarbeiter der päpstlichen Kurie folgte Roselli derselben 1434 nach Florenz. Schon 1433 hatte er eine wichtige Aufgabe in der Auseinandersetzung Eugens IV. mit dem Konzil von Basel übernommen. Dieser hatte mit *Quoniam alto* (Ende 1431) das Konzil formell aufgelöst und war in der Folge von dessen Teilnehmern kraft Dekrets im Juli 1433 aufgefordert worden, innerhalb einer Frist von 60 Tagen die Entscheidung zu widerrufen. Für den Fall, daß er der Weisung des Konzils nicht folgen sollte, wurde ihm die Suspension angedroht.[69] Gegen die Drohungen aus Basel erschien am 13.09.1433[70] die berühmt-berüchtigte Bulle *Deus novit*. In ihr wurde, so Burns, in aller Deutlichkeit die konziliare Lehre von der Kirche in ihrer Gesamtheit verurteilt.[71] Adressat dieses Schreibens waren die Fürsten, die aufgefordert wurden, Partei für den Papst zu ergreifen. Geistiger Vater aber war niemand anders als Antonio Roselli selbst.[72] Das ist heute unbestritten, zumal der Hinweis auf die Autorenschaft nicht nur von Johannes von Segovia referiert wird, sondern auch Roselli diese bejaht.[73] Gleichwohl ist zu sagen: Wenngleich *Deus novit* nicht von Eugen IV. selbst verfaßt wurde, so ist die Bulle doch, so Eckermann, *vom Papst ausgegangen, und Roselli hat sie im Sinne der päpstlichen Auffassung und*

consecutus. Adeo insuper bonarum arcium disciplina hunc evexit ut a Martino V. pontifici maximo sacri concistorii advocatus pauperum crearetur.

[68] So BRANDMÜLLER, Simon 234.

[69] Vgl. BURNS, Monarchia 334.

[70] Dieses Datum bei VALOIS, *Pape* I 252; ebenso bei BURNS, Monarchia 334; THOMSON, Papalism 446. STIEBER, *Pope* 20 nennt den 13.09.1432 (Druckfehler?).

[71] Cf. BURNS, Monarchia 334: *... a fortright condemnation of the whole conciliar doctrine of the Church.* KANTOROWICZ, De ornatu 346 spricht von einer *vigorous encyclical.* VALOIS, *Pape* I 252: *... une encyclique, d'une portée beaucoup plus générale, la fameuse bulle ‚Deus novit', qui a donné lieu à de nombreux et très violents commentaires.* Vgl. ebd. 252-260 zum Ganzen. Für den Text der Bulle cf. (EUGENIUS IV.), *Deus novit* 82 – 89. Auch Milano, Ambrosiana, C 145 inf., ff. 220r – 226v: *Epistola eiusdem D. Antonii Roselli confecta in favorem sanctissimi Eugenii pape quarti contra Concilium Basiliense.*

[72] Darüber herrscht allgemein Übereinstimmung. Cf. ECKERMANN, *Studien* 33; STIEBER, *Pope* 20 mit Anm. 24 u.ö.

[73] Vgl. für den Text des Johannes von Segovia JOANNES DE SEGOVIA, *Historia* liber XIX, caput XXVIII (MCG III) 1341: *In fine autem huiusmodi allegacionum asserciones ille sunt, que pro magna parte continentur in bulla ‚Deus novit', ut multi asseruerunt, per ipsum Antonium de Rosellis edita.* – Für Roselli vgl. VALOIS, *Pape* I 254 Anm. 1 mit 289 Anm. 2. – Auch der Zeitgenosse Lodovico Pontano nannte Roselli als Autor, cf. VALOIS, *Pape* I 254 Anm. 1 unter Verweis auf Bibl. Apostolica Vaticana, Vat. lat. 4189, f. 170.

mit Wissen Eugens abgefaßt.[74] Die Auffassung, wie sie sich im Verhalten einiger in Basel kundtut, ist – so *Deus novit* – nicht weit von Häresie entfernt.[75] Roselli war im Auftrag des Papstes in Frankreich, um dessen Sache zu vertreten. Er führte dabei die angeführte Bulle mit sich, benutzte sie als exzellente Waffe und kommentierte sie.[76] Als das Schreiben bei den Baslern bekannt wurde, gab es heftigen Protest. Die päpstlichen Gesandten wichen aus, indem sie das Schreiben als Fälschung deklarierten. Roselli beklagte sich in einem Brief an Eugen über deren Schwäche und Unfähigkeit; er behauptete, daß er – wenn er in Basel und nicht in Frankreich gewesen wäre – den Inhalt der Bulle und damit den Rechtsstandpunkt des Papstes aus göttlichem Recht, Naturrecht und von den Vätern her hätte bestätigen können.[77]

---

[74] ECKERMANN, *Studien* 35. Vgl. auch STIEBER, *Pope* 20 Anm. 24: *While this bull may in fact represent a personal initiation of Antonio Roselli, there is little doubt that Eugenius IV shared its views and would have acknowledged it publicly if the political circumstances would have made it possible.*

[75] Cf. (EUGENIUS IV.), *Deus novit* 84 f.: *Nam hoc de jure notissimum est, quod possumus quaecumque statuta, decreta, declarata sive sancita per quoscumque praedecessores nostros, vel per quaecumque Concilia dummodo in ipsis Fidei fundamenta non existant sive ex hoc universalis Ecclesiae bonum principaliter non turbetur, ut Vicarius Christi et irreprehensibiliter pro nostro (ratione) amovere et corripere libitu voluntatis: et contra sentire non esset longaevum ab haeresi.* Beachtenswert ist das *dummodo*: Es verbietet, *Deus novit* als völlig undifferenziertes, antikonziliares Pamphlet zu deuten. Zu dem Häresievorwurf gegen die Basler vgl. die zynische Bemerkung Leclercqs in HEFELE, *Histoire* 827 Anm. 1: *Toujours l'argument favori: celui qui ne pense pas comme moi est hérétique; et le plaisant de l'affaire, c'est que l'orthodoxe intraitable qui menace d'anathème est ce Roselli qui finira matérialiste avéré, ayant rompu avec l'Église romaine et avec le christianisme. Dieu nous épargne les inquisiteurs surnuméraires! (H.L.)* Leclercq übernimmt hier vorschnell, ohne weitere Prüfung, das von Bertachini tradierte Gerücht als Faktum.

[76] Cf. VALOIS, *Pape* I 260 mit Anm. 2: *Le 14 settembre 1433, payement de 50 florins à Antoine de Roselli, ‚eunti ad serenissimum regem Francie et ad alios principes et ad nonnulla alia loca pro negociis domini nostri Pape sancteque Romane Ecclesie'.* – Vgl. auch für die Tätigkeit Rosellis in Frankreich MÜLLER, *Franzosen* 238 f. – JOANNES DE SEGOVIA, *Historia* liber XIII, caput XXIII (MCG III) 85: ... *de bulla erronea, ‚Deus novit', mandata per papam ad reges et principes per Anthonium de Rosellis, oratorem suum, et plures alios per illius publicacione per varias mundi partes.*

[77] Vgl. den Text bei VALOIS, *Pape* I 289 Anm. 2 (nach Firenze, Bibl. Medicea Laurentiana, Plut. XVI, cod. XIII, f. 128r): ... *cum Basilee epistola a me confecta recitaretur que incipit Deus novit, que rei hujus manifestissime ostendebat omnem veritatem et seriem, et adversariorum vestrorum errores limpide detegebat, et vestram justiciam confirmabat, adeo quod profundissime vestri adversarii tangebantur, et ideo contra illam tam acriter clamaverunt quod ipsi legati vestri, rumoribus territi ac contenta in ipsa epistola jure defendere nescientes, adversariorum argumentis acquieverunt ac ad miserorum refugium confugerunt, me videlicet, non alium ipsius fuisse epistolae auctorem. Ecce, beatissime pater, defensiones, ecce jura, ecce sanctorum Patrum auctoritates quas in medium pro vera tutanda justicia produxerunt! Sed o utinam, pater sanctissime, sicut in Gallia tunc aberam, ita in Concilio interfuissem! Nam qui se ultra debitum doctissimos existimant obmutuissent, quoniam justiciam vestre sanctitatis adeo jure divino et naturali ac sanctorum Patrum auctoritates*

Aufgrund der widrigen Zeitumstände mußte der Papst durch die Bulle *Dudum sacrum*, die Dezember 1433 in Basel in öffentlicher Sitzung verlesen wurde, *Deus novit* widerrufen.[78] Letztgenannte erweist Antonio Roselli als *Wortführer der kurialen Partei in den dreißiger Jahren des 15. Jahrhunderts*.[79] Denkt man daran, daß er auch unter die Protestation des Kardinals Orsini, mit der dieser gegen Basels Vorgehen mit Blick auf Eugen Einspruch erhob, als Konsistorialadvokat seinen Namen setzte, wird dieses Urteil bestätigt.[80]

In diese frühen dreißiger Jahre des 15. Jahrhunderts fällt auch – nach Burns – eine Erstfassung des *Tractatus de potestate imperatoris ac pape*.[81] Ein gleichfalls aus Arezzo stammender Autor, Laurentius Aretinus, weist darauf hin, daß Roselli auch nach Fertigstellung der *Monarchia*, über die noch eigens zu sprechen sein wird, als Advokat an der päpstlichen Kurie tätig war.[82] Sie scheint also nicht, zumindest in dieser frühen Fassung und unter den damaligen Umständen, seine Position von Grund auf in Frage gestellt zu haben. Im Jahre 1444 wiederholte er im Freisinger Bistums-

roborassem, quod ora indebite latrantium compescuissem et verba illius epistole in omnibus suis partibus confirmassem. – Der entsprechende Text auch Milano, Biblioteca Ambrosiana, C. 145 inf., ff. 229r – 229v. (*Epistola ... transmissa ad Summum Pontificem Eugenium*)

78 Cf. BURNS, Monarchia 335: *Any modern political journalist will surely recognise the technique of the ballon d'essai, the ‚inspired leak' subsequently disowned when political convenience makes it advisable ... it suffices to say that the document was ... certainly more papalist than Eugenius found it convenient to be as circumstances forced him into an acceptance, however reluctant, of the council of Basel as valid.* Vgl. die Bemerkungen bei JOANNES DE SEGOVIA, *Historia* liber VI, caput XLVIII (MCG II) 561 f.: *De tertia autem bulla (sc. Deus novit) attestabatur, quod papa ueraciter assereret nunquam se fecisse illam, neque de uoluntate, intencione et consciencia sua factam extitisse, quinymo quando Ceruensis et ipse (sc. Tarentinus) ad pedes sanctitatis sue murmurauerant, quomodo ex ea magna scandala fuissent orta et multorum indignaciones, asseruerat papa nunquam ab eo exiuisse, quodque pater reuerendus omni plenus sanctimonia, abbas sancte Justine, de mandato pape inhibuerat auctori, quem pro honestate, ne reprehenderetur, tacebat, nullibi amplius publicare illam copiam, ipsique testimonium perhibebant papam immunem fuisse super dicte bulle confeccione, sed forsam confici potuerat fraude ac malignandi proposito.* Zum Abt von S. Justina zu Padua, Ludovico Barbo, cf. ROMANELLO, Barbo, Ludovico 1446. Vgl. auch HELMRATH, *Basler Konzil* 258 Anm. 301: *Als weiterer ‚semioffizieller' (Niero) Repräsentant (sc. Venedigs) kann Ludovico Barbo ..., seit 1434 einer der päpstlichen Präsidenten, betrachtet werden.*

79 So – auch mit Bezug auf die *Monarchia* – ECKERMANN, *Studien* 36. Ebd. 37: *einer der eifrigsten Verfechter der Rechte des Papstes.* Vgl. VALOIS, *Pape* I 260 zur Bulle: *Ce n'est qu' une de ces élucubrations telles qu'en ont produites, à toutes les époques, les juristes de la cour de Rome. Quelque accueil qu'elle ait, au premier moment, rencontré près du pape, elle mérite d'etre utilisée surtout comme spécimen de l'éloquence et du savoir-faire de l'avocat consistorial.*

80 Vgl. ECKERMANN, *Studien* 33 mit Anm. 2. Cf. auch BURNS, Monarchia 335: *he was certainly active in the curia ... in drafting documents to meet the conciliar challenge.*

81 Cf. BURNS, Monarchia 327.

82 Vgl. ECKERMANN, *Studien* 26.

streit die von ihm schon in diesen frühen Jahren vorgelegte Argumentation.[83]

Die Phase seines Lebens jedoch, die in herausragender Weise von seinem Dienst an der Kurie bestimmt wurde, war bereits einige Jahre vorher zu Ende gegangen. 1438 erfolgte seine *endgültige Rückkehr in das akademische Leben.*[84] Seinen Abschied als diplomatische Vertretung des Papstes gab er möglicherweise mit der Erfüllung einer Mission bei Kaiser Albrecht II. Wie andere zuvor stand wohl auch diese im Zusammenhang der Kontroversen um Basel.[85] Ohne jenes Konzil, welches in vielerlei Weise auf sein Leben ein- und rückwirkte,[86] ist dieses gewiß nicht in zureichendem Maße zu verstehen.

Die Gründe für den Wechsel vom päpstlichen Hof an die Universität von Padua sind umstritten. Die Zeit Rosellis im diplomatisch-kurialen Dienst war zwar nicht sehr lang, die Bedeutung seiner Tätigkeit sollte aber nicht unterschätzt werden.[87]

Barozzi meinte in seiner Trauerrede, Eugen IV. habe Roselli für seinen Dienst *in der ganzen christlichen Welt* Dank sagen wollen. Er habe dafür gesorgt, daß Roselli vom Senat seiner Vaterstadt Venedig zum *studium* von Padua gerufen worden sei, um dort das *ius ecclesiasticum* zu lesen. Damit habe er zugleich seiner Heimat, die ihm stets am Herzen gelegen habe, ein Zeichen seiner Liebe setzen wollen. Mit dieser Maßnahme wäre

---

[83] Vgl. MEUTHEN, Gutachten 466; ebd. 472: *Roselli hat 1444 indessen erst gar nicht mehr versucht, dasselbe noch einmal mit nicht genau denselben Worten zu sagen; er hat einfach ein Stück aus einem älteren Traktat herausgeschnitten.* – Vgl. auch VALOIS, *Pape* I 259 mit Anm. 1.

[84] So BURNS, Monarchia 336.

[85] Vgl. KANTOROWICZ, De ornatu 347 und BURNS, Monarchia 336. PANCIROLI, *De claris* 362.

[86] KAULEN, Antonius von Roselli 996 schreibt, daß er von Eugen IV. *als päpstlicher Consultor auf das Basler Concil gesandt* wurde. Bertachini, zitiert in VERRUA, Antonio Roselli 324 Anm. 1, sagt: *ab Eugenio pontifice, quem dominus Antonius defendit in concilio basiliensi.* Cf. auch WHARTON, *Appendix* 166 und OUDIN, *Commentarius* III 2338. Für die Anwesenheit als Konsistorialadvokat am 14.2.1438 in Ferrara HOFMANN, Konzilsarbeit 133. Cf. dazu *Actus notarilis de sexta sessione conciliari die 11 febr. 1438* und *Actus notarilis de sexta sessione conciliari die 14 febr. 1438* in CFl series A III, 2, 21. – Vgl. weiter – hinsichtlich Florenz – CATHARIUS, *Advocatorum* XXXIII: *Interfuit conditionibus pacis Florentiae firmatis die 17. Ianuarij 1436 ... In Florentino Concilio una cum alijs Consistorialibus Aduocatis praesens fuit.* Vgl. auch ANTONIO ROSELLI, *Expositio super Gratiani Decreto*, ad C. 3, q. 6, c. 9 (*Dudum*), Padova, Biblioteca Capitolare B 10, bezugnehmend auf die Unionsgespräche von Ferrara – Florenz: *... meis diebus ultima reconsiliatio facta fuit in ferrarensi concilio et ego fui advocatus concilii sub eugenio pp. quarto ibidem ...* (sic!) Siehe aber TIRABOSCHI, *Storia* 523.

[87] Vgl. BURNS, Monarchia 333: *It was no easy or secure career that Roselli had embarked on, and indeed it was to account for only a brief though crucial, part of his long life. ... Roselli was to be near the centre of public affairs, and if the part that he played was not a major one it was by no means negligible.*

zum einen für das Alter Rosellis Vorsorge getroffen worden, zum anderen habe man Padua damit über den großen Zuzug von Studenten einen Dienst erwiesen. Roselli habe – so weiter Barozzi – das Angebot angenommen, ermüdet von seiner umfangreichen Gesandtschaftstätigkeit, darüber froh, nun durch Disputationen, schriftstellerische und Lehrtätigkeit möglichst viele Studenten im Recht vorbereiten zu können. Tatsächlich habe er 28 Jahre lang an der Schule das päpstliche Recht mit einer *incredibilis auditorum frequentia* gelesen.[88] Jahr um Jahr habe er schwierigste Materien in seinen Disputationen behandelt, sei Berater, Helfer und Verteidiger des Senats in brisanten und hochgefährlichen Geschäften gewesen, habe glänzende Bücher geschrieben. Auch als er schon alt geworden sei, habe man ihn zu Hause nur in der Bibliothek finden können.[89]

Nach Verrua war die Entscheidung für Padua eine sehr glückliche Wahl. Roselli hatte schon vorher einen beachtlichen Reichtum erworben.[90] Padua nun besaß ein berühmtes *studium*.[91] Darüber hinaus erfreute sich die Familie der Roselli dort eines hohen Ansehens, ja, war teilweise bereits dem Stadtadel zuzuzählen.[92] Was sein Privatleben anbetrifft, so war die erste Frau Rosellis, Angela di Guidaccio Pecori, möglicherweise bereits in den frühen dreißiger Jahren gestorben. Sicher ist, daß er 1446 schon mindestens vier Jahre mit einer anderen Frau, Madonna Valenziana genannt, verheiratet war. Ist diese Frau die Witwe des paduanischen Rechtslehrers Prosdocimo Conti, wie Enea Silvio Piccolomini behauptet, kann diese zweite Ehe nicht vor 1439 erfolgt sein.[93] Vor diesem Hintergrund aber wird ein anderes bisweilen angegebenes Motiv für den Wechsel vom Diplomatendienst an den Katheder fragwürdig.

Es ist Bertachini (1448-1500), ein Schüler Rosellis,[94] auf den sich mehrere Autoren berufen, die in einer Roselli seitens Eugen IV. verweigerten

---

88 Vgl. zum bisher Gesagten BAROZZI, *In funere* 180.

89 Vgl. ebd. 180 f. Dafür spricht, daß er noch nach 1462 dem Dogen Cristoforo Moro ein Werk widmet. Cf. *Commentarii super Decretum*, Sevilla, Biblioteca Colombina 5.7.8, f. 1r.

90 Cf. VERRUA, Antonio Roselli 318 f.

91 Hier sei hingewiesen auf EUGEN IV., *Confirmatio* privileg. universitatis Patavinae ad instar Parisiensis *Dum intra Arcana nostrae mentis* 447 f. aus dem Jahre 1439, die ein Zeichen der Hochschätzung der Universität seitens Eugen IV. ist. Ebd. 448 – abgesehen von der Bestätigung bestehender Privilegien -: *Et nihilominus quo studium ipsum aliquod singulare nostrae liberalitatis dono consequamur munus, ut omnes et singuli nunc et pro tempore in eodem studio existentes Doctores et Scholastici, ac ipsorum familiares et Officiales omnibus et singulis privilegiis ... gaudeant et utantur, quibus Romanae Ecclesiae, Parisiensis, Oxoniensis, Bononiensis, Salmaticensis Studiorum Doctores et Magistri ... gaudent; et utuntur, gaudere et uti possunt, ac poterunt in futurum.*

92 Cf. VERRUA, Antonio Roselli 319.

93 Vgl. BURNS, Monarchia 337 mit Anm. 61.

94 Vgl. zu Bertachini den Artikel von CARAVALE, Bertachini 441 f.

Kardinalswürde den Ursprung der folgenden Entwicklung des *monarcha iuris*[95] entdecken. Diesem sei vom Papst für den Fall der erfolgreichen Beendigung einer Frankreichmission *spes purpurei galeri* gemacht worden.[96] Als der Diplomat jedoch voller Erwartung zurückgekehrt sei, habe er einen Nachfolger Petri vorgefunden, der das Versprechen unter dem Vorwand nicht eingehalten habe, daß er einem *bigamus*[97] nicht die Kardinalswürde verleihen könne. Roselli habe betont, daß der Papst dispensieren könne – unter Verweis auf die Glossen und die Autorität anderer Rechtsinterpreten –, dieser aber habe ihm den Speculator entgegengehalten. Enttäuscht habe Antonio Roselli daraufhin die *Monarchia* verfaßt, gewissermaßen aus Rache und aus gekränkter Ehre.[98] Eckermann und andere Autoren sind bei der Übernahme dieser Thesen eher vorsichtig.[99] Burns, der den Sachverhalt vielleicht am ausgewogensten darstellt, hebt hervor, daß die sich auf Bertachini berufende Hypothese, nach der Roselli die *Monarchia* einer papstfeindlichen Überarbeitung unterzogen habe und daraufhin habe flüchten müssen, kaum gehalten werden kann.[100]

---

[95] Wenig schmeichelhaft JOANNES DE SEGOVIA, *Historia* liber XIX, caput XXVIII (MCG III/5), 1339: ... *allegaciones ... facte per Anthonium de Rosellis se ipsum appellantem utriusque juris monarcham.*

[96] Vgl. GIRGENSOHN, Wie wird man Kardinal? passim. Vgl. bes. 151 f., wo als Grund für die Aufnahme in den kardinalizischen Rang die *Erfahrung in den Geschäften der Kurie* besprochen wird.

[97] BURNS, Monarchia 337: Warum war Roselli *bigamus* – vom kanonischen Recht her gesehen? ... *either because he had married twice or because he had married a widow.* – Cf. auch VERRUA, Antonio Roselli 325 und VALOIS, *Pape* I 257 mit Anm. 3, der darauf hinweist, daß Roselli in seiner *Monarchia*, wo er die Frage der Dispensen durch den Papst erörtert, seinen eigenen Fall noch nicht einmal andeutet.

[98] Cf. VERRUA, Antonio Roselli 324 mit Anm. 1: In einem von ihm verfaßten Traktat bestreitet Bertachini, daß ein *bigamus* zum Bischof auserwählt werden könne, und fährt dann fort: *idem dic et in cardinali: qui bigamus, esse non potest, nisi pape cum eo dispenset ... Antonius rosellus monarcha nostri temporis non potuit obtinere cardinalatum sibi promissum ab Eugenio pontifice, quem dominus Antonius defendit in concilio basiliensi; Eugenius enim nolens servare fidem excusabat se quia dominus Antonius fuerat bigamus et cum requisitus esset de dispensatione respondit dicto Antonio allegante pro se dictum glo. et doctrinam Bal. ubi supra se nolle dispensare ex quo specu. negabat posse. sic quod fuit delusus propter quod dominus Antonius indignatus composuit pulchrum libellum contra praelatos et ex curia aufugit ad studium paduanum.* Vgl. jedoch die den Sachverhalt verzeichnende Darstellung bei PANZIROLI, *De claris* 362 f.: ... *indignatus Rosellus adversus Praelatos librum Monarchiam nuncupatum composuit, ac Roma fugiens Pataviam se contulit.* Vgl., dem folgend, TIRABOSCHI, *Storia* 522 und SCHULTE, *Geschichte* II 304. Vgl. dagegen HURTER, *Nomenclator* 956: *Spe delusus obtinendi cardinalatus honorem, ut ferunt, Patavium secessit cathedramque juris a. 28 rexit.*

[99] Vgl. ECKERMANN, *Studien* 36 f. Anm. 5 zu Bertachini: *Dieser ist nicht zuverlässig.* Vgl. auch AMANN, Roselli 2917: *On raconta qu'il (sc. Roselli) avait écrit la Monarchia pour se venger du Saint Siège qui lui avait refusé le chapeau cardinalice, qu'il était mort en incroyant complet ... Beaucoup d'indignation pour peu de chose!*

[100] Vgl. BURNS, Monarchia 337. Nach der Verweigerung der kardinalizischen dignitas ... *Roselli not only left the papal service but resentfully revised the Monarchia in an anti-papal*

Es ist darauf aufmerksam zu machen, daß zumindest in der Druckfassung von 1533 des *Tractatus de episcopo* von Bertachini dieser nicht von der *Monarchia* spricht, welche der Aretiner aus Rache verfaßt habe, sondern vielmehr schreibt:

> ... *do. Anto. indignatus composuit pulchrum libellum contra prelatos et ex curia aufugit ad studium paduanum ubi multos annos legit me audiente et tandem obiit non credens aliquid esse supra tecta domorum.*[101]

Die immer wieder anzutreffende Verknüpfung der „Flucht aus Rom" mit der *Monarchia* hat sich höchstwahrscheinlich erst sekundär entwickelt. Bertachini spricht nicht davon.[102]

Allerdings wird man auch nicht annehmen können, daß es sich bei dem Wechsel nach Padua um einen rein altersbedingten Rückzug handelte.[103] In einer jüngeren Arbeit wird die Meinung vertreten, daß es möglicherweise keine radikale Entfremdung zwischen Papst und Rechtsgelehrtem gab; gleichwohl habe in der Lehrtätigkeit des Aretiners die streng päpstliche Tendenz spürbar nachgelassen. Eine Widerspiegelung dieser, zumindest ansatzweise, geänderten Grundhaltung mag sich – bei aller Ausschmückung – noch in den Ausführungen finden, die sich auf Bertachini stützen.[104] Es gilt auch zu beachten, daß eine Entfremdung ebenso von einer Weiterentwicklung oder Umformung päpstlicher Ansprüche herrühren kann.

Padua war bereits mehr als 30 Jahre vor der freudig begrüßten Ankunft Rosellis in die Republik Venedig aufgenommen worden. Im August 1437 war in feierlicher Form seitens des Kaisers der Festlanderwerb der Lagunenstadt anerkannt worden.[105] Diese hatte unmittelbar nach der Über-

---

sense. The last hypothesis has little if anything to support it, and least of all in the extreme version which portrays the revised Monarchia as an ‚act of vengeance' against Eugenius. – Cf. BERRA, Roselli 265: *(Sc.Roselli) prese a scrivere e dire cose ostili ai pontefici con tale abbondanza e scandalo, che comprese ben presto non essergli più propizia l'aria di Roma.*

101 So BERTACHINI, *Tractatus de episcopo* f. XXIv.

102 In diesem Zusammenhang aufschlußreich VERRUA, Antonio Roselli 324 mit Anm. 1, der im Text den Bezug zur *Monarchia* herstellt, obwohl er in der Fußnote Bertachini richtig zitiert. Vgl. ebd. 325, wo die – zweifelhafte – Konsequenz aus dieser unsauberen Arbeitsweise gezogen wird: ... *sarebbe a chiedersi col Bertachini se la partenza da Roma non fu proprio una fuga dopo il pericoloso manifestatosi per lui per qualche indiscrezione sul reale contenuto del suo trattato de Potestate Imperatoris et Papae.*

103 Vgl. PERTICONE, *Roselli* XXVIII f.: ... *se è difficile ammettere che il trattato possa aver soddisfatto i circoli vaticani, è facile constatare che la sua permanenza di ventotto anni a Padova ... esclude trattarsi di un ritiro per stanchezza e vecchiaia.* Zum ersten Teil vgl. aber ECKERMANN, *Studien* 27.

104 Vgl. dazu BURNS, Monarchia 337.

105 Vgl. BURNS, Monarchia 338: *It was thus a framework of interdependent Venetian and imperial authority that Roselli was to spend the latter part of his life.*

nahme Paduas allein das *studium* bestehen lassen. Alle anderen Ausbildungsstätten waren aufgehoben worden, um Kraft und Mittel ganz der Universität zukommen zu lassen.[106] Mit der Berufung berühmter Lehrer von außerhalb nach Padua erreichte man, daß diese in der ersten Hälfte des *Quattrocento* eine regelrecht internationale Universität wurde. Besonders berühmt war die kanonistische Fakultät.[107]

Antonio Roselli gehörte mit zu den hochangesehenen Juristen, die für die Stadt – wie auch immer – gewonnen wurden. [108] Barozzi preist das herausragende Gedächtnis Rosellis hinsichtlich seines Faches.[109] Das mag auch ein Grund dafür gewesen sein, daß er in den *Acta graduum* der Universität immer wieder mit ehrenden Titeln bedacht wird. Der bekannteste darunter ist wohl der des *monarcha iuris*.[110]

Roselli scheint sich ganz für seine neue Aufgabe eingesetzt zu haben, ohne große Sehnsucht nach vergangenen Zeiten.[111] Immer wieder taucht er als *promotor* in den Examina auf,[112] so für Bartolomeo Ci-

---

[106] Vgl. MORRISEY, *Franciscus de Zabarellis* 36 f. – Cf. auch ebd. 31 mit Anm. 2

[107] Vgl. LAZZARINI, Crisi 202 f. Ebd. 203: *V'erano vescovi e grandi prelati, nobili e ricchi signori, conducenti seco numeroso seguito di familiari e servi, i più scolari di diritto canonico, di quella Facoltà ch'era considerata la principale dello studio.* Vgl. dazu auch BARROCIUS, *In funere* 180: *... quoniam tanti viri (sc. Roselli) famam secuturi plurimi forent, urbi simul publice, simul private honoris atque emolumenti non parum accederet.* Dies wird als Motiv für Eugens Entscheidung, Roselli nach Padua zu schicken, angeführt.

[108] Cf. für die Bewertung DIPLOVATACIUS, *Liber* 360 f.: *... eximius quidem doctor in utroque iure et monarcha ... eiusdem (sc. Ioannes de Anania) in Patavino gymnasio insignissimus fuit. Qui cum apud Paduam legendo et scribendo et disputando clarissimus habitus esset, in iure canonico plura composuit.*

[109] Cf. BARROCIUS, *In funere* 174: *... qui (sc. Roselli) in tanta civilis, ac pontificii juris librorum, glossarum, interpretum multitudine, similitudine, varietate, nullum jureconsulti, Imperatoris, Pontificis, glossatoris, interpretis librum, nullam legem, nullam interpretationem, nullam sententiam, nullum postremo ... verbum non in memoria tamquam in thesauro quodam reconditum habuit.* Cf. auch HURTER, *Nomenclator* 956.

[110] Cf. GHEZZO, *Acta graduum* II/1 44 (unter no. 103); PENGO, *Acta graduum* II/2 143 (unter no. 379) u.ö. Verwiesen sei auf die jeweiligen Indices der Acta graduum: ZONTA – BROTTO, *Acta graduum* 554; GHEZZO, *Acta graduum* II/1 239; PENGO, *Acta graduum* II/2 475 f. – KANTOROWICZ, De ornatu 348: *The distinction (sc. Monarcha iuris) was probably won through his excellence as a teacher as well in Roman as in Canon Law, which was unusual.* – Vgl. aber BURNS, Monarchia 330: *self-styled monarcha utriusque juris* und VALOIS, *Pape* I 256 f.

[111] Vgl. PERTICONE, *Roselli* XXIX: *... apassionato attaccamento agli studi giuridici, senz'alcuna nostalgia dell'attività politica.*

[112] Als Beispiel sei angeführt ZONTA – BROTTO, *Acta graduum* 335 f. (unter no. 1645), betreffend die *publica doctoratus* des Barbonus: *Nos – etsi celebris eius fama diu iam per omnium ora volitarer, ut tamen clarius resplenderet, convocatis solempniter collegialiterque in ep. pal. (sc. i.e. episcopali palatio) doctoribus huius patavini gymnasii tota Italia celebratissimi – rigide aspereque hesterna die fecimus examinari.* – Cf. auch ebd. 371 f. betr. Giacomo Condulmer. Vgl. auch noch am 22.12.1464 den Eintrag bei PENGO, *Acta graduum* II/2 143 (unter no. 379). BELLONI, *Professori* 143 schreibt allerdings: *Si trasferì ... a Padova do-*

polla,[113] Benedetto Sala,[114] Lauro Palazzolo.[115] Er hielt nachweislich Vorlesungen in der Zeit von 1438 bis 1460 bzw. 1461, d.h. bis in das hohe Alter von fast 80 Jahren.[116] Im Jahre 1452 war er es, der Johannes Hinderbach, dem Sekretär des *rex Romanorum*, die Insignien überreichte, in Anwesenheit des letztgenannten und zahlreicher anderer hochgestellter Persönlichkeiten.[117]

Aber Padua war für Roselli nicht nur Ort des Triumphes und unumstrittener Anerkennung. Gerade wegen seines großen Renommees war das *studium* von Padua um die Aufrechterhaltung von Qualität und Anspruch der Vorlesungen bemüht. Belloni schreibt, ausgehend von ihren Untersuchungen: *Padua war für Gelehrte und Studierende kein beschauliches Pflaster.*[118] Das bekam auch der *monarcha iuris* zu spüren. Um die Mitte des Jahrhunderts, 1457, war die Zahl der Studenten im *studium* auf 300 zurückgegangen. Man führte das auf die Nachlässigkeit der Professoren zurück, die sich nicht ausreichend um die Lektionen kümmerten. Soweit es sich um Juristen und Kanonisten handelte, sah man den Grund darin, daß sie zu viel an Rechtsberatung wahrnahmen. Soweit es sich um Mediziner handelte, erkannte man die Wurzel des Übels darin, daß sie mehr an den Krankenbetten zu finden waren, als es der Universität zuträglich war.[119] Unzufriedenheit der Studenten aber war nicht nur gefährlich für das Ansehen der Schule, sondern auch, insofern diese das *studium* zu verlassen drohten, für die Ökonomie der Stadt. Bereits 1444 mußte sich aus diesem Grund der Rat der Kommune mit dem „Fall Roselli“ befassen. Die Deputierten Paduas *ad utilia* mußten mit süßen Worten und

---

ve risulta promotore ad esami tra la fine del 1438 e il 1450, quando si interrompono gli Acta graduum. – Vgl. weiter VERRUA, Antonio Roselli 323: *... tanto numerosi (sc. erano i suoi scolari) che nei soli anni dal 1438 al 1450 negli atti della Università per esami e per lauree il nome di lui figura circa duecento volte ... per lo più come promotore e solo talvolta come testimonio.*

113 Vgl. BELLONI, *Professori* 153.

114 Cf. ebd. 177.

115 Cf. ebd. 270. – Andere berühmte Schüler bei VERRUA, Antonio Roselli 323.

116 Vgl. dazu KANTOROWICZ, De ornatu 347 und BELLONI, *Professori* 143. – BELLONI, *Professori* Tavola VI: *I docenti delle lettere fondamentali di diritto canonico*, gibt eine gute Übersicht. – CATHARIUS, *Advocatorum* XXXIV: *Ab Angelo Porthenario in historia Patavina lib. 7. cap. 5. Antonio de i Roselli ha letto il canonico con gran sua lode lungo tempo.*

117 Cf. die interessante Schilderung bei GHEZZO, *Acta graduum* II/1 43 f. (unter no. 103). Zu Johannes Hinderbach und seinem Hintergrund cf. *Il Principe Vescovo Johannes Hinderbach (1465 – 1486) fra tardo Medioevo e Umanesimo.* Atti del Convegno promosso dalla Biblioteca Comunale di Trento. 2-6 ottobre 1989, a cura di I. Rogger e M. Bellabarba, Trento 1992.

118 Cf. BELLONI, Erkenntnisse 12.

119 Cf. LAZZARINI, Crisi 206 f.

Überredungskunst versuchen, Roselli zu bewegen, einem ihm genehmen Konkurrenten zuzustimmen.[120]

Prinzipiell war das dortige Studium auf konkurrierende Vorlesungen hin angelegt, um die Dozenten zu überzeugenden Leistungen anzuspornen und damit auch den Studenten entgegenzukommen.[121] Dabei war zugegebenermaßen die kanonistische Fakultät weniger konsequent als die zivilrechtliche, so daß es dort nur recht selten zu wirklich scharfen Auseinandersetzungen unter den Professoren kam.[122] Roselli hatte 1438 mit dem sehr hohen Gehalt von 500 venezianischen Golddukaten seine Vorlesungstätigkeit begonnen.[123] Schon 1454 wollte der venezianische Senat diesen Betrag auf 240 zurückschrauben, auch angesichts des schon fortgeschrittenen Alters des Dozenten. Aber bei der Abstimmung darüber konnte nicht die nötige Mehrheit erzielt werden.[124] Erstaunen muß, daß *de facto* im Jahre 1457, also nur drei Jahre später, das Gehalt Rosellis nicht reduziert wurde, diesem vielmehr noch das Gehalt des zur Zeit abwesenden Angelo da Castro zugerechnet wurde.[125] Belloni vermutet, man habe bei der Rückkehr des Angelo da Castro vorgehabt, diesen für die Kathedra *de sero, locus primus*, zu bestimmen, d.h. für den Lehrstuhl, den nicht lange zuvor Roselli erhalten hatte.[126] Allerdings ging die Rechnung nicht auf. Es mußte vielmehr am 15.10.1457 dekretiert werden, daß Roselli seinen Lehrstuhl beibehalten durfte. Die verzwickte Situation klärte sich erst für eine gewisse Zeit durch den Tod des Giacomo Zocchi di Giovanni am 11.11.1457, welcher eine Rückkehr des da Castro auf die Kathedra *de ma-*

---

120 Cf. ebd. 207. Ebd. die Hypothese: *Forse il mal contento degli ecclesiastici suoi discepoli dipendeva dalle dottrine antipapiste enunciate dalla cattedra, diffuse cogli scritti dal grande maestro.* Quod est demonstrandum. – Den aus den Akten des Rates der Stadt entnommenen Text bei VERRUA, Antonio Roselli 322 f. Ebd. 323: *Quae res quantum iacture et incomodi huic studio ac toti civitati nostre sit alatura nemo est qui iam dubitet.* 40 stimmten für eine solche Anfrage bei Roselli, nur 9 dagegen.

121 Vgl. bei BELLONI, Erkenntnisse 6 und 10 f. – BELLONI, *Professori* 80 – 83 zur *concorrenza*; ebd. 53, zu lesen in Verbindung mit 56: *De electione doctorum ... Quoniam nichil est quod magis augeat condictionem ... studiorum quam doctorum excelentia, et quoniam doctorum formam et scientias melius noscunt scolares quam aliud humanum genus .... Idem adicimus penam imponentem doctoribus querentibus legere in Studio Paduano sine concurrentia, scilicet quod ipso iure incurrant penam infamie et centum ducatorum.*

122 Cf. BELLONI, *Professori* 101.

123 Vgl. PANZIROLI, *De claris* 363: ... *a Venetis quingentis in singulos annos aureis nummis acceptis.* SCHULTE, *Geschichte* II 304 spricht von *500 arg.*

124 Vgl. – auch zu den folgenden Ausführungen – BELLONI, *Professori* 144.

125 Cf. FACCIOLATI, *Fasti* II 38.

126 Vgl. BELLONI, *Professori* 120. Cf. auch ebd. 77 – 79 über die *letture ‚ordinarie' e ‚straordinarie'.*

ne ermöglichte. Roselli konnte daher an seinem erst jüngst zugewiesenen Platz verbleiben.[127]

1460, Roselli war bereits etwa 79 Jahre alt, erhielt er, nachdem er zwei dem Dogen gewidmete Bücher verfaßt hatte, als außerordentliches Privileg[128] die Möglichkeit, sich jeweils die Schule auszusuchen und nach eigenem Gutdünken zu entscheiden, wann und wie lange er lesen wollte.[129]

Im Jahr 1460 hielt er eine *Repetitio in Infortiatum*, aber wohl nicht auf einem der Hauptlehrstühle.[130] Hatte er Ende der 30er Jahre mit der *lectura* des päpstlichen Rechts *de mane* begonnen – und zwar wohl im Rahmen der konkurrierenden Vorlesungen als Auswärtiger am *locus primus*,[131] so las Roselli mit Sicherheit im Akademischen Jahr 1452/53 *de sero*, wahrscheinlich aber schon 1447.[132] Dabei war es *in Padua eine Frage des Prestiges, am Vormittag zu lesen.*[133] Sein Wirken als Professor er-

---

[127] Vgl. BELLONI, *Professori* 120 f.; ferner – für den Zusammenhang – ebd. 154 (betr. Bartolomeo Cipolla), 218 (betr. Zocchi) und die *Tavola VI*. Ebd. 102: *Subito dopo la morte dello Zocchi ... e in seguito ai tentativi del Senato veneto di servirsi del da Castro, ... per strappare la cattedra pomeridiana ad Antonio Roselli ... il medesimo da Castro potè continuare a leggere ‚de mane'; ma solo dopo che ... ebbe insegnato brevemente in concorrenza con Antonio Roselli sulla lettura pomeridiana, e collega di Bartolomeo Cipolla.*

[128] KANTOROWICZ, De ornatu 347 f. spricht von *extraordinary privileges by the Venetian Senate.*

[129] Vgl. FACCIOLATI, *Fasti* II 38: *... ut scholam sibi pro arbitrio eligeret ... Anno MCCCCLX. v. Kal. oct. indulsit illi Senatus, ut cum vellet et quamdiu vellet, arbitratu suo doceret.* Vgl. auch ANTONIO ROSELLI, *Commentarii super Decretum*, Sevilla, Biblioteca Colombina, 5.7.8., f. 1v: *Cum igitur ego temporibus foelicissime recordacionis et memorie ... Francisci Foscari et demum ... Paschali Maxipetri immediate tuis (sc. Cristoforo Moro) predecessoribus tamquam divinorum mandatorum humilis exequutor iam ipsi vestro dominio callendissimo ipsius commenti duo magna volumina exhibuerim nunc per magnificum patavinum de tuo mandato Potestatem et Presidem clarissimum Zachariam Tervisanum militem generosum ac iurisutriusque et arcium doctorem acutissimum octo causas dicti voluminis solempniter revisas et descriptas vobis et vestro dominio reverenter exhibeo.* Cristoforo Moro war Doge in den Jahren 1462 – 1471.

[130] Cf. BELLONI, *Professori* 145.

[131] Cf. BELLONI, *Professori* 78: *... nell'insegnamento di diritto canonico il docente più importante dello Studio continuava a leggere ‚de mane' anche alla fine del secolo XV e all'inizio del successivo.* Betreffend *locus I* und *locus II* ebd. 80: *Durante l'epoca della dominazione veneziana ... risulta essere un istituto, che, sulle cattedre fondamentali, mirava a contrapporre ad un lettore padovano, generalmente al secondo posto, un dottore forestiero, quasi sempre eletto sul primo.*

[132] Cf. BELLONI, *Professori* 144. Vgl. auch WELBER, Manoscritti 76: *Iacopo Zocchi e Antonio Roselli furono concurrentes sulla lettura mattutina (ordinaria, dedicata ai libri I – II delle Decretali) di diritto canonico negli anni 1444 – 1447; Zocchi resse la lettura pomeridiana (extraordinaria, dedicata ai libri III – V delle Decretali) fino al 1444, e poi si trasferì sulla mattutina, mentre Roselli resse la lettura ordinaria fino al 1447, e poi si trasferì alla pomeridiana.*

[133] Vgl. BELLONI, Erkenntnisse 9 f.: *Ein Professor ‚de mane' war höher geachtet als ein Professor ‚de sero'.... um die Mitte des Jahrhunderts mußte ... ein alt gewordener, nicht mehr*

weist sich so durchaus nicht als reine Erfolgsgeschichte. Bis in die letzten Jahre seines Lebens hinein bezeugt er allerdings in seinen Schriften die enge Verbundenheit mit Venedig.[134]

Die Tätigkeit Rosellis als Rechtsberater ist eine Konstante seines Lebens. 1461 bezeichnete er sich selbst in einem *consilium* noch mit dem Titel *sacri consistorii domini pape advocatus pauperum comes et miles*. Verständlicherweise ist in den letzten *consilia*, die er unterschreibt, seine Handschrift zitternd und unleserlich.[135] Aber es steht außer Frage, daß er sich als *iurisconsultus* eines glänzenden Rufes erfreute, der – vielleicht einfach deshalb – noch bis ins Greisenalter um Rat angegangen wurde.[136] Einige der Gutachten Rosellis haben auch in jüngster Vergangenheit die Aufmerksamkeit der Forschung auf sich gezogen, so eines bezüglich der Frage des gerechten Krieges gegen die Ungläubigen aus dem Jahre 1436,[137] das *consilium* für Heinrich Schlick aus dem Jahre 1444,[138] das Gutachten *de ornatu mulierum* von 1447.[139] Walther verweist noch auf ein Gutachten, das Roselli, die Grenzen überschreitend, von Seiten Paduas für den Rat der Stadt Nürnberg um 1443 erstellte.[140]

---

zugkräftiger Professor, nämlich Antonius Rosellus, zugunsten moderner Berühmtheiten den Unterricht am Vormittag aufgeben und sich auf den Nachmittag verlegen lassen.

134 Vgl. ANTONIO ROSELLI, *Commentarii super Decretum*, Sevilla, Biblioteca Colombina, 5.7.8., f. 1r: ... *gracia pneumatis almi cordi meo influit ut ipsa commenta devotissima que multis sancte fidei prefate documentis sunt refecta cum aliqua composuissem vestre celsitudini et ipsi catholico vestro dominio Veneciarum orthodoxo pre ceteris cunctis cristicolis principibus insinuarem cum priscis dudum in temporibus ipsius sanctissime christiane fidei religiosissimum vestrum dominium semper ultra alios deffensor et protector extiterit.* (Aus dem Widmungsschreiben an den Dogen Cristoforo Moro)

135 Vgl. BELLONI, *Professori* 145.

136 Vgl. MORENI, *Bibliografia* I 89: *(sc. Roselli) per essere stato nella Giurisprudenza il più dotto, ed eloquente Soggetto de' tempi suoi, ottenne il fastoso titolo di Monarca della Sapienza, e fu dichiarato un nuovo Licurgo, ed un nuovo Solone.* – Cf. auch die bei CATHARIUS, *Advocatorum* XXXIII – referierend – aufgezählten Ehrenbezeichnungen, u.a. *amplissimus iurisconsultus, Legum Interpres fidissimus, Iurisconsultus famosissimus* etc.

137 Cf. MULDOON, Application passim; DE WITTE, Bulles pontificales 700 f.

138 Cf. MEUTHEN, Gutachten passim.

139 Cf. KANTOROWICZ, De ornatu bes. 350 – 362. Ebd. 350: ... *all of his books prove ... that he had an original mind and liked to raise new problems or at least to give new answers to old questions ... the consilium is important for the history of jurisprudence upon the eve of modern times.* – Vgl. auch zur Literaturgattung von *Quaestiones* und *Consilia* BELLONI, Quaestiones passim.

140 Vgl. WALTHER, Rezeption 214 - 217. Ebd 214: *Diese besondere Beziehung des Paduaners (sc. Roselli) zu Bartolus gewinnt über die Beziehung der Reichsstadt Nürnberg zu den Juristen der Universität Padua verfassungsrechtliche Bedeutung im Reich. An Konsilien Rosellis und seiner Paduaner Kollegen, die noch heute im Original im Nürnberger Staatsarchiv erhalten sind, läßt sich dies beispielhaft zeigen.* – Es geht um die Auseinandersetzung der Stadt Nürnberg mit Friedrich III., der das Privileg der Aufbewahrung der Reichsheiltümer in der Stadt, gewährt durch König Siegmund, nicht bestätigen wollte. Gegen an-

Um sein Gedächtnis zu ehren, wurde sogar eine Münze geprägt. Auf der einen Seite trägt sie die Aufschrift: *Antonius de Royzellis Monarcha sapientiae*, auf der anderen *Celitum Benivolentia. – C.V.*[141] Nach Eckermann, die auf Vasari hinweist, war sie eine Arbeit des Villano da Padova.[142]

Schon lange vor seinem späten Tod, am 15.6.1456, ließ Antonio Roselli über seinen Sohn Francesco bei den Fratres der Basilika des Santo und den Zuständigen bitten, es möge ihm gestattet werden, an dem ihm schon zuvor in der Kirche zugebilligten Platz ein an die Wand anschließendes Grabmonument zu errichten. Er bekam die Erlaubnis.[143] Ein differenzierter Plan für das Mausoleum wird 1464 vorgelegen haben.[144] Ein Werk des Pietro Lombardo[145], war es noch nicht vollendet, als Roselli starb.[146]

derslautende Ansichten schreibt Roselli – vgl. WALTHER, Regnum 393 f. -: *Da der ‚princeps legibus solutus' sei, ‚par in parem' aber kein* imperium *habe, könne Friedrich III. also durchaus ohne Zustimmung der Kurfürsten neu über den Verbleib der Reichsheiltümer befinden. Doch handle es sich bei ihnen – und hier kommt der papstfreundliche Kanonist Roselli zum Durchbruch – um eine Sakralangelegenheit, bei der der Papst der ‚superior' sei, der gehört werden müsse. Ohne Konsens mit dem Papst sei das Depositionsprivileg durch Friedrich III. also nicht zu widerrufen.* – Vgl. auch ISENMANN, Reichsrecht 597 – 600.

141 Vgl. VERRUA, Antonio Roselli 313. Unter Anm. 1 der Hinweis auf den *Catalogus numismatum viris doctrina praestantibus, praecipue Italis, cusorum, quae servantur Brixiae apud N. N., in ‚Raccolta Calogerà' Venezia, Occhi, 1746, T. XXXV, pag.39.* Vgl. auch die Hinweise bei ECKERMANN, *Studien* 41 Anm. 6. – Nach BRAND, *Grabmonumente* 55 – 57 ließ der *Humanist* Roselli in der Gestaltung des Grabmals einen *zweiten Wahlspruch Gestalt werden.* Statuetten, Delphin und Schildkröte verweisen auf den Wahlspruch des Augustus *Semper festina tarde!*

142 Cf. ECKERMANN, *Studien* 41. Vgl. auch FRIEDLAENDER, *Schaumünzen* 81 f. Ebd. 82 Beschreibung der Münze. Weiter ARMAND, *Médailleurs* I 46 f., der die Münze zeitlich dem Pontifikat Pauls II. zuordnet. Cf. MOSCHETTI, Bellano 234: *‚Ferner schuf er' – so erzählt Vasari weiterhin – ‚für den genannten Papst (sc. Paul II.) und für andere viele kleinere Marmor- und Bronzearbeiten ... und viele Medaillen, von denen namentlich diejenigen des Papstes, des Aretiners Antonio Rosello und des Platina noch jetzt im Umlauf sind.' ... Von den bei Vasari erwähnten Medaillen B's ist diejenige des Rosello noch jetzt vorhanden.*

143 Cf. MOSCHETTI, Quadriennio 31. Vgl. auch BRAND, *Grabmonumente* 37.

144 Vgl. BRAND, *Grabmonumente* 37 – 38.

145 So MOSCHETTI, Quadriennio 31 und 38. Ihm folgt – bzgl. des Künstlers – POZZI – CIAPPONI, Cultura 156 (*eretto da Pietro Lombardi nel 1467*). Vgl. auch BRAND, *Grabmonumente* 9 – 10 und 39. Ebd. 25: Ein Bauvertrag vom 13.05.1466 beweist, daß Pietro Lombardo bei Roselli *aufgenommen ist und sich offiziell als ‚lapicida Roselli' versteht.* Ebd. 280: Roselli hatte den Auftrag an Pietro Lombardo *vergeben, weil er ihn wegen seiner offensichtlich detaillierten Kenntnisse der Florentiner Humanistengrabmäler Leonardo Bruni und Carlo Marsuppini für fähig gehalten hatte, seinem Wunsch nach einem ebensolchen Grabmal nachzukommen.*

146 So MOSCHETTI, Quadriennio 40. Vgl. in jüngerer Zeit BRAND, *Grabmonumente* 39 – 40. – Zum Ganzen MOSCHETTI, Quadriennio das Kapitel III *Pietro Lombardo a Padova: il monumento Roselli*, 28 – 50, und das Kapitel IV *Caratteri e importanza del monumento*

Auf dem Epitaph wird noch einmal verwiesen auf den *monarcha sapientiae*, als den Roselli sich wohl auch gerne selber sah.[147] Große Folianten, aus Stein geformt, befinden sich unterhalb des Sarkophags. Damit wird nicht nur an die von Roselli verfaßten Werke erinnert. Die Bücher sollen auch *auf die Unvergänglichkeit seiner geistigen Bestrebungen hinweisen.*[148]

Der Betrachter nimmt wahr, wie sich beim Grabmal Christliches und Antik-Paganes auf vielfache Weise vermischen. Dabei ist in der Gesamtkonzeption ein wohldurchdachtes ikonologisches Programm zu erkennen.[149]

Das Grabmal ist zudem in seiner prachtvollen Gestaltung – so Kantorowicz – *a convincing proof of the wealth of a man who at the beginning of his career had been too poor to afford a regular ‚conventus'.*[150]

Der Tag seines Todes wird meist mit dem 16.12.1466 angegeben.[151] Ei-

---

Roselli, 50 - 67. Ferner die Tafeln III - VI. (Tav. VI. *La statua del defunto*) – In jüngerer Zeit BRAND, *Grabmonumente* 35 – 67.

147 PANZIROLI, *De claris* 363. Cf. auch DIPLOVATACIUS, *Liber* 363 mit Anm. 17: *Obiit tamen Padue cum maxima sui nominis fama et in ecclesia divi Antonii sepultus est cuius hoc exstat epitaphium: ‚Hoc tumulo situs est Antonius ille Rosellus Caesaris atque Iovis iura sepultura simul.'* Vgl. VERRUA, Antonio Roselli 322: ... *il quale ultimo (sc. titolo di ‚monarcha sapientiae') costituí poi da solo tutto l'epitaffio apposto al suo mausoleo.* Zum Gesamteindruck des Grabmals vgl. BRAND, *Grabmonumente* 43 – 44: *Der durch seinen Stand und seinen Beruf privilegisierte Antonio Roselli will auch als Verstorbener der Allgemeinheit entrückt sein. Er wird in Ehrfurcht gebietender Entfernung dem tief darunter Verweilenden gezeigt, gleichsam in einen geheiligten Bereich versetzt.*

148 Cf. BRAND, *Grabmonumente* 49 – 50. Ebd. 49: *das erste plastische Bücherstilleben der italienischen Renaissance* (Gerstenberg).

149 Cf. BRAND, *Grabmonumente* 66 – 67. Vgl. auch ebd. 63 - 64: *Der Olymp der Antike wird zum christlichen ‚Himmel' ... Die ... Heiligen Katharina und Barbara treten als Fürsprecherinnen des Verstorbenen auf. Die hl. Katharina versinnbildlicht in ihrem selbstbewußten Stolz seine Verdienste als Gelehrter: Seine Werke sollen dazu beitragen, ihm den Zugang zum ewigen Ruhm zu öffnen. Auf der anderen Seite steht die Demut der hl. Barbara, die mit dem Hinweis auf sein Leben in christlichem Glauben und den Empfang der Sterbesakramente für ihn eintritt. Die Bitte gilt nicht der Madonna ..., sondern dem Christusknaben. Und der zeigt durch sein Lächeln und seine segnende Hand, daß er die Bitte annimmt: Antonio Rosellis Aufnahme in den ‚Himmel' erfährt ihre Bestätigung.*

150 So KANTOROWICZ, De ornatu 348. BRAND, *Grabmonumente* 67 nimmt nicht an, daß Pietro Lombardo, *der zudem am Anfang seiner Laufbahn stand, dieses intellektuelle Programm selbständig konzipiert hat. Unseres Erachtens muß hier Antonio Roselli, sein theologisches und humanistisches Wissen ausbreitend, an dem Entwurf maßgebend mitgearbeitet haben.* Vgl. auch ebd. 124 und 281. – Cf. VERRUA, Antonio Roselli 319: *A Padova ... i Roselli si moltiplicarono e per circa un secolo la famiglia continuò in condizione agiata.*

151 Vgl. u.a. KANTOROWICZ, De ornatu 348 mit Anm. 56 *according to the tombstone.* Ebenso BELLONI, *Professori* 143. So auch VERRUA, Antonio Roselli 313. – Vgl. dagegen MORENI, *Bibliografia* I 89, der 1467 angibt; ebenso KAULEN, Antonius von Roselli 996 und DIPLO-

ne Begräbnisrede wurde von Pietro Barozzi verfaßt.[152]

Auch nach seinem Tode findet er im *studium* selbst noch lobende Erwähnung. Francesco Negri verweist in einer Ansprache anläßlich der Promotion von Gerolamo Reguardati auf Antonio als *sol clarus inter caetera sidera*.[153] Ob man Bertachini glauben darf, daß Roselli gestorben ist, ohne daran zu glauben, daß es über den Häuserdächern noch etwas gebe, d.h. in Unglauben oder Materialismus, kann bezweifelt werden.[154]

Gleichwohl: Auch wenn Jahrzehnte später in seinem Traktat *De concilio* Kardinal Jacobazzi *für Roselli sehr eingenommen ist*, bleibt doch der Eindruck, daß *er sich ... zu seinem Leidwesen seinen Ideen nicht immer anschließen kann*.[155] An dieser Stelle soll nun, bevor in einem ersten Überblick die Hauptschrift Rosellis, die *Monarchia*, ins Auge gefaßt wird, eine provisorische Übersicht über die Werke des Aretiners gegeben werden.

VATACIUS, *Liber* 362 unter Verweis auf Matthias Palmerius Pisanus. OUDIN, *Commentarius* III 2339: *Obiit ... anno 1467. de quo loquitur Joannes Trithemius, qui cum 1467. vixisse asserit, quo mortuus est.* Ebenso WHARTON, *Appendix* 166. Das Todesjahr 1466 wird auch in Frage gestellt durch PENGO, *Acta graduum* II, 2 267 f. (unter no. 660): *[1467] iun. 6. In sacristia maiori cathedralis eccl. Pad. D. Enrici Geringer ... Publica doctoratus in i. can. ... Prom. ad dictum examen et licentiam existentibus dominis: Antonio Rosello, Angelo de Castro ...* – Vgl. noch CATHARIUS, *Advocatorum* XXXIII, der gar schreibt: *Inter mortales esse desijt anno 1483.* TRITHEMIUS, *De scriptoribus* 347.

[152] Zu Barozzi vgl. GAETA, Barozzi 510 – 512. Ebd. 512: *Delle sue opere, tre orazioni, ‚Pro Francisco Sceldo', ‚Pro Christophoro Mauro', ‚In funere Antonii Roicelli', composte durante lo studentato padovano, furono edite in appendice ad A. Valier, ‚De cautione ...'* Ebd. 510 findet sich der Hinweis, daß Barozzi 1471 Bischof von Belluno, erst 1487 Bischof von Padua wurde. So ist BELLONI, *Professori* 145 mißverständlich, wenn sie schreibt: *Ai suoi funerali tenne un'orazione il vescovo di Padova Pietro Barozzi.* Vgl. auch BRAND, *Grabmonumente* 39.

[153] Cf. VERRUA, Antonio Roselli 322: *alter vero (sc. Antonio Roselli), tamquam sol clarus inter caetera sidera, Iuris Utriusque Consultus in omnium oculis emicat.* Vgl. auch Gambino d'Arezzo, der über ihn schreibt – cf. ECKERMANN, *Studien* 31:
Quell'altro in cui alberga ogni virtute
egli è chiamato el magno Anton Rozello
el qual non tiene le sue scienze mute.

[154] Cf. AMANN, Roselli 2917. – VALOIS, *Pape* I 257 ohne Wertung. TIRABOSCHI, *Storia* 523 mit Bezug auf Bertachini: *Bertacchini racconta cosa poco al Roselli onorevole, cioè ch'ei morì da empio e da incredulo.*

[155] Cf. KLOTZNER, *Kardinal* 190.

2. Überblick über die Werke des Antonio Roselli

Die hiermit vorgelegte Liste der Opera des behandelten Autors erhebt, ausgehend von der kürzlich präsentierten Bestandsaufnahme bei Belloni,[1] keinen Anspruch auf Vollständigkeit. Gerade hinsichtlich der *repetitiones* und der *consilia* wäre noch manche Präzisierung wünschenswert. Aufgrund der Schwierigkeit, alle Angaben zu verifizieren, ergibt sich leider nur allzu oft eine Tradition der Fehlinformation. Entsprechende Fehler können nur für die selbst eingesehenen Manuskripte, d.h. vor allem für die Mehrzahl der Manuskripte *De conciliis* und *Monarchia*, ausgeschlossen werden.

a) Exegetische Werke zum Corpus Iuris Civilis:

* Zum Digestum novum: In D. 42. 1.:
Manuskript: Lucca, Fel. 183 (?).[2]

* Zum Infortiatum: In primam partem: Lectura in ff. soluto matrimonio (D. 24. 3.) et in librum vigesimum octavum Digestorum (D. 28.).
Manuskript: Città del Vaticano, Bibliotheca Apostolica Vaticana, Chig. J VII 252.[3]

– Repetitio in ff. soluto matrimonio dos. Si vero § De viro (D. 24. 3, 64, 9).
Manuskripte: Città del Vaticano, Bibl. Apostolica Vaticana, Ross. 1038, ff. 471a – 489a;
Leipzig, Universitätsbibliothek, Hänel 11;
London, British Library, Arundel 467, n° 1.[4]

[1] Cf. BELLONI, *Professori* 145 - 149. – Wird im Folgenden kein eigener Fundort angegeben, beziehen sich die Angaben auf die dort vorgefundenen Hinweise.

[2] So KANTOROWICZ, De ornatu 349 mit Anm. 74. Vgl. aber ebd.: *Of this lectures only those on the VI. book of the Codex and the II. and III. books of the Decretals are traceable, and perhaps those on the II. book of the Digest.* BARONIUS, *Catalogus* 119 gibt an zu Lucca, Fel. 183: *Codex chartaceus ms. in folio magno scripture elegantii saeculi XV, et continet Antonii de Rosellis super Decreto Gratiani Expositiones, quibus adiunctas Lectura in materia Leg. ff. de re iudicat.* Ich vermochte die Angabe nicht vor Ort zu verifizieren.

[3] Vgl. auch KANTOROWICZ, De ornatu 349 Anm. 73.

[4] Cf. *Catalogue of Manuscripts* 129: *Ad calcem, ‚Repetita Patavii per excellentissimum juris utriusque monarcham, D. Antonium de Rosellis, anno 1460 ...‘* – KANTOROWICZ, De ornatu 349 Anm. 81 führt noch hinsichtlich des II. Buches des Digestum Bologna, Collegio di

* Zum Codex: In primam partem: Repetitio in C. de episcopali audientia. Si clericus.
Manuskript: Bologna, Collegio di Spagna, 83 (?).[5]

* Authentica: Repetitio auth. Ingressi, de sacrosanctis ecclesiis (Authentica 1, 2, 13, entspricht Nov. 5, 5).[6]
Ausgabe: Repet. in iure canonico, t. VII, ff. 53rb – 56ra.[7]

b) Exegetische Werke zum Corpus Iuris Canonici:

* Zum Decretum Gratiani:
– Expositio super Gratiani Decreto (Distinctiones 1 - 14; Causa 3, quaestiones 1-11):
Manuskript: Padova, Biblioteca Capitolare, B 10.[8]

Spagna (Bol. Alb.) 177, an, was wiederum bei MAFFEI, *Codici* 512 f., nicht zu verifizieren ist. Ebd. 512 (unter Nr. 2): *<ff. 5r – 152r> Antoninus <de Alexandro>, Recoll. super Digesto Veteri.* Darüber hinaus verweist Kantorowicz auf München, Bayerische Staatsbibliothek, Clm 6594.

5 Cf. KANTOROWICZ, De ornatu 349 Anm. 75: *C. 1, 2: Lucca Fel. 349. ... C. 1, 4, 2: Bologna Alborn. 83 ...* MAFFEI, *Codici* 199 ist unter Nr. 24 f. 55 rab *Super l. Si clericus (C. 1.4.2)* nicht Antonio Roselli zugeordnet. Ebd.: *Inc. (sotto De episcopali audientia Rubrica l. iia). Si clericus: ante diffinitam sententiam ... des. et ibi plenissime per dominum Rosellum. Deo gratias amen. Segue un passo di 11 righe: item nota in lege .... mage. per Bar.* Mit Blick auf Lucca: BARONIUS, *Catalogus* führt im alphabetischen Register an: de ROSELLIS (Antonius), ... *Repetit. super C. de Sacrosancta Ecclesia in Cod. 349.* Es handelt sich dabei um ein Inkunabel. Vgl. Anm. 7. – KANTOROWICZ, De ornatu 349, Anm. 78 noch ein Verweis auf Bologna, Collegio di Spagna 236 bezüglich des 6. Buches des Codex, der sich aber bei MAFFEI, *Codici* 651 nicht verifizieren läßt. Ebd. bzgl. der angegebenen Handschrift unter Nr. 1 (ff 4r – 96v): *<Joannes Baptista Rosellus?>, Lect. super quibusdam titulis lib. VI Codicis.*

6 Vgl. MK II 510.

7 Angegeben bei ASCHERI, *Index* 15. Vgl. auch *Repetiones et tractatus diversorum auctorum.* Venezia, Giovanni e Gregorio de' Gregori, 2 dicembre 1496 (Inkunabel), in Lucca, Biblioteca Capitolare, 349 [4], ff. 292r – 295r. Ebd. f. 295r: *Repetita per dominum Rosellum de Rosellis de Aretio eximium legum doctorem. In civitate Firmana ubi tenebatur curia generalis Marchie Anchonitan. Millesimo trecentesimo (sic!) septuagesimo. die xix mensis Octobris. Anno septimo lecture eiusdem ordinarie.* Dazu KANTOROWICZ, De ornatu 349 Anm. 75.

8 Cf. MALDURA, *Index Codicum Manuscriptorum* 61: *Expositio super Gratiani Decreto (quae Distinctiones XIV. priores, necnon III. tantum Decreti causam complectitus). Absoluta expositione penultimae quaestionis, quae Causae III. est decima, extremus Auctoris dies, scriptione haud interrupta, sic notatur: Antonius Ro: qui obiit 1466. XV. Decembri.* – Incipit: *Ista rubrica habetur duobus modis ...* Floreales Beiwerk, unten Wappen, von zwei Putten getragen: *Episcopus Paduanus Jacobus Zeno.* Zu Jacopo Zeno cf. DA MARETO, Zeno 1791: *Umanista, vescovo di Belluno e Feltre e poi di Padova, n. a Venezia nel 1418, m. nell'apr. 1481. Trascorse la giovinezza nell'intimità di Pietro Barbo, il futuro Paolo II, e stu-*

- Super Decreto Gratiani Expositiones (D. 1 – D. 14; C. 2, q. 1 – C. 2, q. 6, c. 39 Grp):
  Manuskript: Lucca, Biblioteca Feliniana 183.[9]
- Lectura Decreti (Causa 4, q. 1 - Causa 5, q. 3, c. 1):
  Manuskript: Bologna, Collegio di Spagna, 90, n° 2, ff. 154r - 198r.[10]
- Commentarii super Decretum (Causa 4, q. 1 – Causa 12, q. 1, c. 5):
  Manuskript: Sevilla, Biblioteca Colombina, 5.7.8 (früher: AA. 143. 20).[11]
- Repetitio in c. Quidam episcopus (C. 2, q. 1, c. 1):
  Ausgabe: Repet. in iure canonico, I, ff. 37r - 47v.[12]
- Repetitio in c. Manifesta (C. 2, q. 1, c. 15):
  Ausgabe: Repet. in iure canonico, I, ff. 53r - 64r.[13]
- Repetitio in c. Interrogatum (C. 2, q. 5, c. 24):
  Ausgabe: Repet. in iure canonico, I, ff. 64r - 71r.[14]
- Repetitio in c. Si autem (C. 2, q. 6, c. 39):
  Ausgabe: Repet. in iure canonico, I, ff. 71r - 76v.[15]

---

diò a Padova, ove si addottorò in utroque (1440). Fu indi a Venezia, presso la famiglia Giustiniani, e a Firenze, ove nelle grandi assemblee del Concilio avvicinò alte personalità e mostrò la sua cultura. ... nel 1447 da Niccolò V fu eletto vescovo di Belluno e Feltre, ... il 26 marzo 1460 fu trasferito a Padova; ma dal 30 ag. 1464 (eletto Paolo II) fino alla primavera del 1469 risiedette nuovamente a Roma. Aus den angegebenen Umständen ist zu ersehen, daß Roselli und seine Arbeit in den 60er-Jahren des 15. Jahrhunderts durchaus Reputation hatte. Der Kommentar ist sehr sorgfältig und schön geschrieben.

9 Vgl. BARONIUS, *Catalogus* 119. Lucca, Fel. 183, ff. 0r – 0v die Widmung an Francesco Foscari.

10 Vgl. MAFFEI, *Codici* 300.

11 Dem Text vorangestellt, f. 1r, ist eine Miniatur italienischer Schule. Die prächtige Illustration zeigt Antonio Roselli, vor dem Dogen Cristoforo Moro (1462 – 1471) kniend, dem er das Werk dediziert. Incipit f. 1r: *Postquam princeps gloriosissime.* f. 1v liest man: *Antonii Roselli Aretini Divini Humanique Iuris Interpretis Acutissimi ad Christophorum Maurum Venetiarum Ducem Inclytum In Decretorum Codicem Lucubrati Labores. Cuius Imago vera non solum in hiis commentariis elucescit sed etiam superiori pictura se ipsum decorari vivens curavit ... Haec ego Paulus Ramusius Arimi* [ensis]. ff. 1r – 1v die Widmung. f. 2r beginnt der Text des Kommentars, der f. 307v endet. Das Werk gehört zum Nachlaß des Fernando Colon, Sohn des Cristóbal Colon. – Vgl. HAENEL, *Catalogi* 981. – KANTOROWICZ, De ornatu 349 Anm. 76 führt noch an: *Rubrica: Oxf. Bodl. Canon. Misc. 444 no. 3.*

12 BELLONI, *Professori* 146; vgl. auch ASCHERI, *Index* 14, der auf eine Ausgabe in Repet. in iure canonico (Coloniae Agrippinae) t. I, pp. 75b – 98b hinweist.

13 Cf. BELLONI, a.a.O.; vgl. auch ASCHERI, *Index* 14, der auf den Abdruck in Repet. in iure canonico (Coloniae Agrippinae) t. I, pp. 108b – 132a verweist.

14 Cf. BELLONI, a.a.O.; vgl. auch ASCHERI, *Index* 14, der auf eine Ausgabe in Repet. in iure canonico (Coloniae Agrippinae) t. I, pp. 132a - 146a hinweist.

15 Cf. BELLONI, *Professori* 146; vgl. auch ASCHERI, *Index* 14 mit Verweis auf den Druck in Repet. in iure canonico (Coloniae Agrippinae) t. I, pp. 146a - 157b.

* Zu den Dekretalen:[16]

- Repetitio in c. Quod translationem, tit. de officio legati (X. 1, 30, 4):
  Manuskript: München, Bayerische Staatsbibliothek, Clm 6524.
- Repetitio in c. Quod autem, tit. de poenitentiis et remissionibus (X. 5, 38, 4):
  Manuskript: Lucca, Bibl. Feliniana 184, ff. 37v – 54r.[17]
- Repetitio in Prooemium Gregorianum de summa Trinitate et fide catholica (?):
  Manuskript: London, British Library, Arundel, 498, n° 1, f. 1.[18]
- Repetitio in rubricam de summa Trinitate et fide catholica; scilicet lib. i. tit. i. Decretalium Gregorii IX:
  Manuskript: London, British Library, Arundel, 498, n° 2, f. 7b.[19]
- Super c. Vestra duxit, tit. de cohabitatione (X. 3, 2, 7.):
  Manuskripte: Bologna, Collegio di Spagna, 74, n° 38, ff. 373r - 384v;[20]
  Klagenfurt, Bischöfliche Bibliothek, XXX b 9, 132r - 148r, 150v - 155v;[21]
  Leiden, Universitätsbibliothek, D'Ablaing, 16, ff. 238r - 259v.[22]
- Repetitio super c. Tuae fraternitati, tit. de sponsalibus (X. 4, 1, 25):
  Ausgabe: Repet. in iure canonico (Coloniae Agrippinae), IV, ff. 707a - 711a.[23]
- Lectura in I librum (X. Prooemium; X. 1, 2, 1 - X. 1, 21, 5):
  Manuskript: München, Bayerische Staatsbibliothek, Clm 6594;[24]

[16] Neben den angeführten Stücken vgl. noch KANTOROWICZ, De ornatu 349 Anm. 77. Der beruft sich dabei u.a. auf Schulte, der nicht sonderlich zuverlässig ist, wie er selbst an anderer Stelle, a.a.O. 344, anmerkt.

[17] Ebd. f. 37v: *Hec est quedam sollepnis repetitio famosissimi Iuriste utriusque doctoris d. antonii de rosellis legentis ... decreti padue anno domini m°iiii°lxi in c. quod autem de pen. et remiss.* Links oben am Rand der handschriftliche Hinweis: *Bona.* – BARONIUS, *Catalogus* 119 f. zu Feliniana Cod. 184: *Codex in fol. charta ordinaria scripture XV seculi, et continet Antonii de Rosellis Repetitiones Canonum. Item additiones diversorum, et precipue Petri de Perusio Super Decretalibus et glossis.*

[18] Cf. *Catalogue of Manuscripts* 140: *Anonymi, fortassis Antonii de Rosellis ... Incip. ‚Istud prohemium duobus modis'.*

[19] Cf. *Catalogue of Manuscripts* 140.

[20] Vgl. MAFFEI, *Codici* 158 zu Ms 74 (unter Nr. 38).

[21] Vgl. MENHARDT, *Handschriftenverzeichnisse* 33. Die Repetitio dort aus dem Jahre 1453.

[22] Vgl. VAN WIJNBERGEN, *Verzeichnis* 120 und 304.

[23] Hinweis bei ASCHERI, *Index* 15.

[24] BELLONI, *Professori* 145 folgt der irrigen Angabe bei SCHULTE, *Geschichte* II 305 mit Anm. 12: *Recollectio super lib. II. Digestorum.* – Tatsächlich beginnt f. 2r ein Kommentar zum Proöm des Liber Extra; f. 185r beginnt ein anderer Kommentar mit X. 1. 29 (Rubrica de officio et potestate iudicis delegati), der bis f. 370r geht. Ebd.: *Et sic est finis harum recollectarum d. Pauli de Arecio utriusque iuris doctoris tunc sacrorum canonum alme universitatis paduane lectoris ordinarii ... sacro Basiliense concilio durante.* Clm 6594 bietet in keinem Fall einen Kommentar zu den Digesten.

- Prelectiones in libros Decretalium (X. Prooemium – X. 1, 6, 41; X. 4, 17, 13):
  Manuskript: Trento, Biblioteca Comunale 1589 Fb 10;[25]
- Lectura super secunda parte primi libri Decretalium (X. 1, 17 ff.):
  Manuskript: Trento, Biblioteca Comunale 1592, ff. 75 – 292;[26]
- Lectura in II librum (X. 2, 1 - 27):
  Manuskript: München, Bayerische Staatsbibliothek, Clm 6584;
- Lectura super Decretalibus (X. 2, 24 – 26):
  Manuskript: Trento, Biblioteca Comunale 1560 Fb 14;[27]
- Lectura super quibusdam titulis libri II, IV, V decretalium:
  Manuskript: Bologna, Collegio di Spagna, 97, 1.[28]
- Commentarium ad librum quartum Libri Extra:
  Manuskript: Leiden, Universitätsbibliothek, D'Ablaing, 16, ff. 14r - 164r.[29]
- Lectura super libro V Decretalium:
  Manuskript: Bologna, Collegio di Spagna, 72, n° 5, ff. 223ra - 314vb.[30]

---

25 Vgl. SORBELLI, *Inventari* 48: *Antonii de Rosellis Prelectiones in libros Decretalium a Johan. Hinderbachio scripte.* Trento, Biblioteca Comunale 1589 Fb 10, ff. 5 - 270 findet sich ein Kommentar zum ersten Drittel des *Liber Extra.* Ebd., ff. 299 – 345 befaßt sich Roselli ausführlich mit *Per venerabilem* (X. 4, 17, 13). Vorgeschaltet sind verschiedene andere Texte (u.a. der Text von *Unam sanctam* Bonifaz' VIII.).

26 Cf. CASAGRANDE MAZZOLI, *I manoscritti datati* 44: Der Text ist zeitlich dem August 1442 zugeordnet. Vgl. SORBELLI, *Inventari* 49: *Repetitiones Antonii de Rosellis in primum librum Decretalium incipiendo a titulo de Filiis Presbyterorum usque ad finem ejusdem libri. In principio: ‚Incepta die XXVI octobr. anno XII° in studio paduano p. d. Antho. de Rosellis ord. in jure canonico ibidem.' In fine: ‚Et est finis. Deo Laus mense Augusti 1442.'*

27 Vgl. SORBELLI, *Inventari* 41 f.: *Commentarii in Decretales partim Antonii de Rosellis partim alterius patavini professoris nomine Prosdocimi [de Comitibus?] a Johanne Hinderbachio Episcopo Tridentino scripti Patavii anno 1442. È scrittura originale dell'Hinderbach come dalla nota posta in principio del codice: ‚In Christi nomine. Incipio reportare aliqua per famosissimum et nostri studij monarcham Doctorem utriusque Iuris Dominum Anthonium de Rosellis de Aretio ordinarium lectorem in jure canonico in florentissimo studio paduano super II. libro Decretalium. Iohannes Hinderbach anno Domini 1442 initio studij de mense octobris.'* Blatt 13 von Trento, Biblioteca Comunale 1560 Fb 14 beginnt mit der *Rubrica de Juditijs* (sc. X. 2,1). Blatt 91 – *Rubrica de Libelli oblatione* (sc. X. 2, 3) – ist rechts oben das Jahr 1443 angegeben. Der Text Trento, Biblioteca Comunale 1560 Fb 14, ff. 499 – 581 ist datiert auf den 28. Juli 1444 (Blatt 499: *Rubrica de Iureiurando*, sc. X. 2, 24). – Vgl. auch CASAGRANDE MAZZOLI, *I manoscritti datati* 40 f.

28 Vgl. dazu die Hinweise bei MAFFEI, *Codici* 308: *Antonius de Rosellis et Cosmas Contarenus, Fragm. lect. super quibusdam titulis ... (con addizioni, non siglate e altre tratte da Pietro d'Ancarano). ... Di Antonio Roselli almeno fino a f. 61rb ... Da f. 94vb, circa, a f. 149vb ... certamente di Cosma Contarini. Da f. 167vb di nuovo opera di Roselli ... Da f. 181 v il commento del Roselli sul tit. de usuris (X.5.19.), diverso tuttavia dal suo trattato ...*

29 Vgl. VAN WIJNBERGEN, *Verzeichnis* 119.

30 Dazu MAFFEI, *Codici* 142. Es handelt sich um Ausführungen zu X. 5, 15.

c) Andere Werke und opuscula:

Allegationes (verschiedenen Inhalts):
Manuskripte: Salamanca, Biblioteca Universitaria, cod. 2504, f. 234r – 253r;[31]
Firenze, Bibliotheca Laurentiana, Plut. XVI, Cod. XIII, ff. 228r - 240r;[32]
Firenze, Bibliotheca Laurentiana, Plut. XVI, Cod. XIII, ff. 299r - 305v.[33]

Carmina:
Manuskripte: Milano, Bibliotheca Ambrosiana, Trotti 373, 47v - 48 (?).[34]

Consilia:
Manuskripte: Bologna, Collegio di Spagna, 83;[35]
Eichstätt, Universitätsbibliothek, 266;
Eichstätt, Universitätsbibliothek, 484 (f. 70r);
Firenze, Bibliotheca Laurentiana, Plut. XVI, Cod. XIII, ff. 208r - 210v;[36]
Firenze, Biblioteca Nazionale Centrale, Fondo Magliabechiano XXIX, 117 (im Katalog unter Nr. 21);[37]
Firenze, Biblioteca Nazionale Centrale, Fondo Magliabechiano XXIX, 172, ab f. 133;
Firenze, Biblioteca Nazionale Centrale, Fondo Magliabechiano XXIX, 193 (im Katalog unter Nr. 21; von Roselli als *professor ordinarius in civitate Florentie* verfaßt);

[31] Vgl. KRISTELLER, *Iter* IV 606. Cf. MEUTHEN, Gutachten 464: *Allegationes Anthonii de Roselis (sic!) appellantis se utriusque iuris monarcham in favorem papalis auctoritatis.* Ebd.: *Wie die Lektüre dieses Textes sehr rasch ergab, handelt es sich hier um ... jenes Gutachten zum Freisinger Bistumsstreit.* Ebd. 465 - 467 eine kurze Bestandsaufnahme. Die Handschrift 2504 stammt aus dem Nachlaß von Juan de Segovia.

[32] Cf. BANDINIUS, *Catalogus* I 226 (unter CXVI), f. 228r: *D. Antonii de Rosellis allegationes in facto Concilii Basiliensis*, gerichtet an den Kardinal Orsini.

[33] Cf. BANDINIUS, *Catalogus* I 228 (unter CXXXI), ab f. 299 (dort fälschlich angegeben *pag. 229*). Die *allegationes*, an Papst Eugen IV. gerichtet, befassen sich mit dem Basler Konzil.

[34] Vgl. KRISTELLER, *Iter* I 350: *Carmina lasciva cuiusdam Antonii Ro., inc. O spes firma mihi* ... Vgl. auch FLAMINI, *Lirica toscana* 724 mit Anm. 1 zu dem Gedicht *Quelli or veggiam, che si dierono in sorte*, das er Antonio Roselli zuschreibt. Ebd. auch Verweis auf verschiedene Handschriften.

[35] Vgl. MAFFEI, *Codici* 206 (unter Nr. 73): *(ff. 94r – 95v) Rosellus <de Rosellis>, Cons. de testamento*; ebd. 207 (unter Nr. 74): *(ff. 95v – 97r) Rosellus de Rosellis, Cons. de testamento*; ebd. 259 (unter Nr. 400d): *(f. 303v) Rosellus de Rosellis, Cons. de substitutione hereditaria*; ebd. 259 (unter Nr. 402b): *(f. 305rv) Cons. de dote*; ebd. 273 (unter Nr. 488): *(f. 373v) Cons. de legatis.*

[36] Vgl. BANDINIUS, *Catalogus* I 226 (unter CXIII), ab f. 208r: *Consilium D. Antonii de Rosellis pro responsione ad primum oratorem.*

[37] Hinsichtlich der folgenden Angaben zu Werken des Antonius in der Nationalbibliothek sei ausdrücklich für die freundliche Hilfe der dort Beschäftigten gedankt. – Im Katalog erscheint unter Nr. 21 des Codex 117 eine Schrift eines *Rosellus de Royzellis de Aretio.*

Firenze, Biblioteca Nazionale Centrale, Fondo Nazionale II, IV, 434;
Firenze, Biblioteca Nazionale Centrale, Fondo Panciatichiani CXXXIX, X. 1, ff. 274r - 278r;[38]
Firenze, Biblioteca Nazionale Centrale, Fondo Panciatichiani CXXXIX, X. 1, ff. 356r - 357r;[39]
Maria Saal, Archiv der Dechantei, 29, n° 16.[40]
München, Bayerische Staatsbibliothek, Clm 6573, f. 43v; f. 44r; ff. 151v - 152v; ff. 193r - 202v (zum Freisinger Bischofsstreit);
München, Bayerische Staatsbibliothek, Clm 6661 (zum Freisinger Bischofsstreit);[41]
Oxford, Bodl. Library, Canon. misc. 6 (zur Frage des Schmucks der Frauen);[42]
Padova, Biblioteca Universitaria, n° provv. 275;
Ravenna, Bibliotheca Classense, 484;
Ravenna, Bibliotheca Classense, 485, Volumina I, III, IV, V, VII, IX;
Città del Vaticano, Bibliotheca Apostolica Vaticana, Vat. lat. 1932;[43]
Città del Vaticano, Bibliotheca Apostolica Vaticana, Vat. lat. 8069;[44]
Città del Vaticano, Bibliotheca Apostolica Vaticana, Urb. lat. 1132, ff. 170r - 171v;
Città del Vaticano, Bibliotheca Apostolica Vaticana, Fondo Cappiano 290;[45]
Città del Vaticano, Bibliotheca Apostolica Vaticana, Fondo Cappiano 291/I;[46]
Città del Vaticano, Bibliotheca Apostolica Vaticana, Reg. lat. 377 (*subscriptio autographa ad consilium Ioannis de Prato et sigillum*);[47]

---

[38] Ein im Jahre 1417 mit anderen verfaßtes *commentarium legale Contra potestatem Aretii propter combustionem cuiusdam capannae.*

[39] Neben anderen Rechtslehrern widmet sich Roselli der Frage: *An mater curatrix filii in monasterium ingressi vendere possit domum pro parte dicti filii in preiudicium dicti monasterii.*

[40] Vgl. MENHARDT, *Handschriftenverzeichnisse* 281.

[41] Vgl. BELLONI, *Professori* 147. Cf. MEUTHEN, Gutachten passim.

[42] Cf. KANTOROWICZ, De ornatu. Vgl. dazu die Angaben weiter unten unter diesem Titel.

[43] Cf. DE WITTE, Bulles pontificales 700 - 702.

[44] Ebd. – nach neuer Seitenzählung – ff. 376v - 368r (mit anderen Autoren); ff. 368r - 370v (mit anderen Autoren); ff. 153v - 154r (dort f. 154r: *Et ita ut supra consultum est per praefatos doc. Iuris esse et ut per me supra scriptum est. Ego Anthonius olim domini Roselli de rocellis de aretio Iuris utriusque doc. Igitur me propria manu subscripsi ...*); f. 371v.

[45] Cf. KRISTELLER, *Iter* VI 384: *Confused. Collection of legal consilia.* Capp. 290, ff. 5v - 6r; 41v - 42v; 93v - 95r; 107v - 108r; 252v - 253r *consilia* von Antonio de Roselli.

[46] Vgl. KRISTELLER, *Iter* VI 384. Consilium ff. 94r - 95r (neue Seitennumerierung). Ebd. f. 95r Unterschrift und Siegel.

[47] Ebd. f. 94v Zustimmung zu dem *consilium* des Johannes de Prato: *Et ita ut supra elegantissime consultum est per acutissimum et famosissimum legum doctorem dominum Johan-*

Venezia, Biblioteca Nazionale Marciana, lat. V 2 (2324).

Ausgaben: B. Caepollae Consilia criminalia numeri 46, 49; Consilia in causis criminalibus, I, numeri 82, 86; Consiliorum matrimonialium ..., I, n° 43.

De bello (iusto vel iniusto):

Manuskripte: Trento, Biblioteca Capitolare, 140, ff. 120r - 121v;[48]

Città del Vaticano, Bibliotheca Apostolica Vaticana, Vat. lat. 1932, ff. 114 - 122;[49]

Trier, Stadtbibliothek, 913, ab f. 132.[50]

De conciliis ac synodis generalibus:

Manuskripte: Firenze, Bibliotheca Laurentiana, Plut. XVI, Cod. XIII, ff. 194r – 200v (Fragment);

München, Bayerische Staatsbibliothek, Clm 6661, 259r - 313v; in der Arbeit als MII angeführt (313v: *Et sic est finis tractatus conciliorum generalium editum per famosissimum utriusque iuris monarcham d. Anthonium de Rosellis de Arecio ordinarius iuris canonici alme universitatis patavine*);[51]

München, Bayerische Staatsbibliothek, Clm 7438, ff. 16v - 69r; in der Arbeit als MI angeführt (16v: *Incipit tractatus conciliorum generalium compositus per famosissimum utriusque iuris monarcham d. Antonium de rosellis de aretio patrem et preceptorem meum*);[52]

Nürnberg, Stadtbibliothek, Cent. IV, 97, ff. 343ra - 427r;[53]

Trento, Biblioteca Capitolare, 140, ff. 72r - 111r; in der Arbeit als T angeführt (f. 111r: *Explicit tractatus conciliorum editus per utriusque iuris monarcham dominum Anthonium de rosellis de Arecio*);

---

nem de prato ... Idem censeo Iuris esse ... cum in hac materia et ego plenissime consuluerim Ego Antonius Rosellus Iuris utriusque doctor ... de arecio ... Et ideo aliena manu me subscripsi cum essem scribere impeditus et sigillo meo consueto feci sigillare. Laus deo. Das Siegel zeigt als Hauptmotiv einen Vogel (Adler?).

48 Cf. KRISTELLER, *Iter* II 190.

49 Vgl. NOGARA, *Bibliothecae Apostolicae Vaticanae Codices* III 361: *Antonii Roselli responsio ad eandem quaestionem ut supra (sc. utrum liceat bellum infidelibus inferre).* Zum Thema vgl. MULDOON, Application passim. ECKERMANN, *Studien* 51 Anm. 2 (von Seite 51) bezweifelt die Urheberschaft des Roselli, gibt allerdings auch im selben Manuskript andere Seitenangaben an, nämlich ff. 100 - 112.

50 Cf. KANTOROWICZ, De ornatu 350 Anm. 84. BELLONI, *Professori* 147 schreibt: *913/1112.*

51 BELLONI, *Professori* 147 verweist auf f. 259r. Dort liest man aber: *Tractatus conciliorum generalium domini Anthonii Rosellis de Arecio utriusque iuris doctoris.*

52 BELLONI, *Professori* 147 folgt bei der Angabe Clm 7428 dem irrigen Hinweis bei SCHULTE, *Geschichte* II 305 Anm. 7.

53 Vgl. NESKE, *Juristische Handschriften* 106 (unter Nr. 7).

Città del Vaticano, Bibliotheca Apostolica Vaticana, Barb. lat. 843, ff. 274r - 278r (Fragment);
Venezia, Biblioteca Nazionale Marciana, lat. IV 4 (2480), ff. 1r - 55r; in der Arbeit angeführt als Marc (f. 55r: *Finitus est hic solemnissimus tractatus Conciliorum. m°cccc°xliiii. xxviii. decembris editus per iuris utriusque monarcham. d. Antonium Rosellis de Arecio.*);
Würzburg, Universitätsbibliothek, M. ch. f. 61, ff. 287v - 351v;[54]
Ausgabe: Tractatus ex variis iur. inter., II, 14v - 35v.[55]

De ieiuniis:[56]
Manuskripte: Città del Vaticano, Bibliotheca Apostolica Vaticana, Ross. 1058, ff. 88r - 89v;[57]
Leiden, Universitätsbibliothek, D'Ablaing, 16, 268v - 271r;[58]
München, Bayerische Staatsbibliothek, Clm 7659, ff. 186 - 195;[59]
Nürnberg, Stadtbibliothek, Cent. IV. 97, 293va - 299ra;[60]
Ravenna, Bibliotheca Classense, 485, Volumen I;
London, British Library, Arundel 458 n° 27, ff. 233 ff. (Ad calcem: *Compositus per me, Anthonium Dominum Roselli de Rosellis de Aretio, legum doctorem, fuit libellus iste, anno m°. cccc°. iv° tempore vacacionum Natalis Domini ...*);[61]
Pesaro;[62]

---

54 Vgl. THURN, *Handschriften* 38. KRISTELLER, *Iter* III 742 mißverständlich.

55 BELLONI, *Professori* 147 gibt an ff. 14v - 70v. Sie folgt damit der Vorgabe des Drucks, der das Gesamte als *Tractatus copiosissimus de Conciliis ac Synodis generalibus editus per D. Anto. de Roselli. de Aretio* deklariert, tatsächlich aber darunter das Werk der *Monarchia*, beginnend mit Buch III nach Goldast, wiedergibt. ff. 35v - 63v entspricht Buch IV nach Goldast, ff. 63v - 70v Buch V nach Goldast.

56 BELLONI, a.a.O gibt als Abfassungszeit 1410 an, ohne dies näher zu belegen. Vgl. aber KANTOROWICZ, De ornatu 348: *written probably in 1404.* Dazu DERS., De ornatu 345: *although the Leyden manuscript reads 1410.*

57 IZBICKI, Problems of Attribution 481 gibt an ebd. ff. bis 92r. ff. 89v - 92r handelt es sich aber um den *Tractatus de usuris* (*per eundem*; cf. Index f. IIIr). f. 88r: *Tractatus de Ieiuniis per d. Anthonium de rosellis de arecio scriptum prime Julium anno ccccxi dm. in ebdomada sancta.* Incipit f. 88r: *Omnes homines.* Explicit f. 89v: *... ut dominus sit in retribucione vobiscum. Amen.*

58 Vgl. KRISTELLER, *Iter* IV 360: *Ad calcem* der Handschrift: *compositus per me Anthonium domini Roselli de Rosellis de Aretio legum doctorem fuit libellus iste in anno MCCCCX tempore vacationum nativitatis domini.* – Vgl. auch VAN WIJNBERGEN, *Verzeichnis* 120. Weiter BOEREN, *Bibliotheca* 69 mit einer Diskussion des Kolophon der Handschrift.

59 Vgl. auch KANTOROWICZ, De ornatu 348 Anm. 63. BELLONI, *Professori* 147 führt an *Clm 6572 (in Angeli de Castro Commentario in X.3).*

60 Vgl. NESKE, *Juristische Handschriften* 106 (unter Nr. 4).

61 Cf. *Catalogue of Manuscripts* 127. KANTOROWICZ, De ornatu 344 f. mit seiner Argumentation für das Jahr 1404, gegen die Leydener Fassung, die 1410 angibt.

62 KANTOROWICZ, De ornatu 348 Anm. 62: *the Pesaro ms. has the date ‚141'(!).*

Bologna, Collegio di Spagna, 74, n° 35, ff. 343r - 346v;[63]
Trento, Biblioteca Capitolare, 140, 379v - 381v;
Würzburg, Universitätsbibliothek, M. ch. f. 61, ff. 352r - 355v;[64]
Ausgaben: u.a. Coloniae Agrippinae 1497 (Hain 13980).[65]

De indiciis et tortura (wohl fälschlich zugeschrieben):[66]
Ausgaben: u.a. Tractatus ex variis iuris interpretibus, X, ff. 83v - 84v.

De indulgentiis, paenitentiis et remissionibus:
Manuskript: Basel, Universitätsbibliothek, A VII 24, ff. 47 - 87v;[67]
Ausgaben: u.a. Tractatus ex variis iur. interpretibus, XVI, ff. 170v - 177v.[68]

De iure iurando:
Città del Vaticano, Bibliotheca Apostolica Vaticana, Vat. lat. 5304, ff. 1r - 123v.[69]

De legitimatione:[70]
Manuskripte: München, Bayerische Staatsbibliothek, Clm 6524, ff. 164r - 187v;

---

63 Cf. MAFFEI, *Codici* 157.

64 So THURN, *Handschriften* 38.

65 Weitere bei BELLONI, *Professori* 147; vgl. KANTOROWICZ, De ornatu 348 Anm. 63.

66 Vgl. dazu KANTOROWICZ, De ornatu 349. Dort u.a.: *The treatise ‚de indiciis et tormentis' which has been printed under his name, is the work of an unknown author who wrote it about 1270; it has been ascribed to 11 or 12 different jurists.* Dazu ebd. Anm. 68 der Verweis auf eine Abhandlung Kantorowiczs, Der ‚tractatus de tormentis': Zeitschrift für die gesamte Strafrechtswissenschaft 44 (1924), 116 ff. Cf. KANTOROWICZ, Studien 128: *Da das Buch schon 1286 vorlag, scheiden als zu jung aus ... Antonius de Rosellis ...* – NESKE, *Juristische Handschriften* 102 verweist – mit Fragezeichen – auf einen *Tractatus de quaestionibus et tormentis*, Stadtbibliothek Nürnberg, Cent. IV, 95, ff. 257r – 265v.

67 Cf. KRISTELLER, *Iter* V 61. Vgl. HAENEL, *Catalogi* 647.

68 Vgl. BELLONI, *Professori* 147, welche angibt: *explic. die XVI augusti 1451, ‚in scholis suis consuetis'.* Die Seitenangaben müssen im genannten Sinn korrigiert werden. – Vgl. noch KANTOROWICZ, De ornatu 349.

69 Der Hinweis auf diese Schrift bei ECKERMANN, *Studien* 37 Anm. 5: *Aus seinen späteren Jahren existiert noch ein Traktat von ihm ‚de jure jurando', in dem es am Schluß heißt: er unterwerfe sich determinationi sanctae matris esclesiae (sic!) et Sanctissimi Domini mei Nicolai Pape si in aliquo contra se per me dicta sentiret. Cod. Vat. Lat. 5304, f. 123v.* Bei Francesco Contareni, dem er das Werk widmete – cf. ECKERMANN, *Studien* 40 und Vat. lat. 5304, f. 1r – , findet sich überschwengliches Lob für dasselbe. Vgl. Pal. lat. 598, ff. 126r – 126v. Cf. auch ebd. 123v: *Antonius siquidem rosellus: qui in omni prestancie genere: ac virtutis cum antiquitate merito contendere posset: et cum priscis illis iurisconsultis haud indigne comprobandus: in hoc optime gesto codice omne pene iurisiurandi celebrantissimum locum attingit.* Vat. lat. 5304, f. 1v ist das Werk ausgewiesen als eine *Repetitio c. cum contingat de Iureiur. D. Ant. de Rosellis*, d.h. zu X. 2, 24, 28.

70 Vgl. dazu das Lob bei FRANCESCUS CONTARENUS, *Oratio* – Pal. lat. 598, f. 125r: ... *quibus nihil perfectius ... inueniri facile dixerimus conscripsisti.* Es geht in der Arbeit des Roselli

München, Bayerische Staatsbibliothek, Clm 24147;
Ravenna, Bibliotheca Classense, 485, Volumen I;
Città del Vaticano, Bibliotheca Apostolica Vaticana, Vat. lat. 2641[71];
London, British Library, Arundel 452 n° 7 (ad calcem: *Compositus fuit iste liber sub anno altissimi Creatoris Domini nostri Jhesu Christi ab incarnatione sumendo m. cccc. xii°. per celebrem jurisutriusque doctorem, D. Ant. de Rosell. de Aretio natum condam Domini Roselli de Aretio insignis doctoris*);[72]
Trento, Biblioteca Capitolare, 140, ff. 352r - 374v;[73]
Padova, Biblioteca Antoniana, M. S. 30 Scaff. I. II.[74]
Ausgaben: u.a. Papiae 1494 (Hain 13976).[75]

De ornatu mulierum[76]:
Manuskripte: Eichstätt, Staats- und Seminarbibliothek, 266, ff. 109 - 111v;[77]
Oxford, Bodleian Library, Canonicianus misc. 6, 84v - 89r;[78]

---

um die *legitimatio spuriorum*, nicht, wie es bei ECKERMANN, *Studien* 50 Anm. 2, mit Bezug auf MANOSCRITTI PERELLI II f. 233r, heißt, um *de legitimatione superiorum*.

[71] KRISTELLER, *Iter* II 313 gibt als Titel an: *De legatione*. Vat. lat. 2641, f. 239r das Explicit: *Compositus iste libellus per me Anthonium olim domini Roselli de Arecio fuit in Anno creatoris domini nostri iesu xristi Ab incarnatione ... M°. IIII°. VII°. ... 2° Anno doctoratus mei ... me legente extraordinarie infortiati et in XXVI° anno etatis mei.*

[72] Cf. *Catalogue of Manuscripts* 125 (unter nr. 7). Andere Handschriften – vgl. BELLONI, *Professori* 148 – geben 1407 als Abfassungsdatum an. Dieser Auffassung schließt sich KANTOROWICZ, De ornatu 348 mit Anm. 61 an.

[73] Trento, Biblioteca Capitolare, 140, f. 374v: *Explicit libellus legittimationis compilatus per excellentissimum utriusque Monarcham Dominum Anthonium Rosellum de Aretio Iuris canonici padue cathedram ... regentem Anno domini Millesimo quadringentesimoseptimo Et per eundem publicatus ... Anno Millesimo quadringentesimotrigesimonono.* – KANTOROWICZ, De ornatu 348 Anm. 61 gibt noch ein Manuskript Lucca, Biblioteca Feliniana 224 an. SCHULTE, *Geschichte* II 305 führt unter derselben Position allerdings *De ieiuniis* an. Lucca, Fel. 244 (!) bietet einen Druck von *De legitimatione*. Im alphabetischen Register des BARONIUS, *Catalogus* wird dies jedoch nicht erwähnt.

[74] Vgl. ABATE – LUISETTO, *Codici* 35: *Tractatus de legitimationibus. Il Codice non ha titolo. L'opera è divisa in tre libri, è dedicata al padre di Pandolfo Malatesta, signore di Pesaro. ... Compositus iste libellus per me Anthonium ... in anno ... MCDVII in civitate Bononiensi in primo anno doctoratus mei. Ibidem me legente extraordinariam lectionem Infortiati et in XXVI anno aetatis meae.* Cf. VERRUA, Antonio Roselli 315 f. mit Anm. 2 für die Angabe der einzelnen Titel der Kapitel.

[75] Vgl. BELLONI, *Professori* 148; KANTOROWICZ, De ornatu 348 Anm. 61.

[76] Dazu KANTOROWICZ, De ornatu passim, besonders 341 – 343 und 350 - 362. Ebd. 342: ... *it is not a tractatus in the technical sense of this word as applied to a legal work, as it does not deal with a general problem but with an individual one.*

[77] Cf. KRISTELLER, *Iter* III 525. Ebd. *dated Padua, 1447*. – BELLONI, *Professori* 148 vermerkt *pronunciatus in Studio Paduano anno 1441*. KANTOROWICZ, De ornatu erwähnt diese Handschrift nicht.

[78] Nach KANTOROWICZ, De ornatu 351 *the only preserved copy*. Vgl. auch ebd. 342. Eine andere Kopie, vgl. ebd. 352 mit Anm. 93, ist nicht mehr auffindbar.

London, British Library, Arundel 498 n° 8, ff. 109r - 113v;[79]
Lambach, Bibliothek des Benediktinerstiftes, 128, ff. 290v - 295v;[80]
Ausgabe: Kantorowicz, De ornatu 362 ff.[81]

De successione ab intestato (X. 3, 27):
Manuskripte: London, British Library, Arundel, 498 n° 24;[82]
Maria Saal, Archiv der Dechantei, 29, 89r - 112r;[83]
Città del Vaticano, Bibliotheca Apostolica Vaticana, Ottobon. lat. 1719, ff. 35r - 57v.[84]
Ausgaben: u.a. Tractatus ex variis iur. inter. VII, ff. 240v - 253v.[85]

De statutis:
Manuskript: Leipzig, Universitätsbibliothek, Hänel 11.[86]

De usuris (X. 5. 19.):[87]
Manuskript: Città del Vaticano, Bibliotheca Apostolica Vaticana, Ross. 1058, ff. 89v - 92r.

---

[79] Nach KANTOROWICZ, De ornatu 342 das Original. Vgl. *Catalogue of Manuscripts* 140. Ebd. *Ad calcem, ‚Laus Deo, Amen. 1447, die ii. mensis Julii in domo compatris mei Domini Joannis Vitaliani in camino scripsi, Antonio pronuntiante.'* KANTOROWICZ, De ornatu 362 ff. liefert – in seiner Sicht – den Text des Originals.

[80] Vgl. KRISTELLER, *Iter* III 25.

[81] KANTOROWICZ, De ornatu nimmt als Basis nicht – wie BELLONI, *Professori* 148 behauptet – den *Codex Oxoniensis*, sondern den von London. Cf. KANTOROWICZ, a.a.O. 362. Ebd. 351: *The original has happily been preserved, but the fair copy ... is apparently lost. The only preserved copy, the Oxford manuscript, depends on the original, not on the fair copy. ... the present edition ... rests ... on the Arundel original.*

[82] Cf. *Catalogue of Manuscripts* 141: *Ad calcem, ‚Hic finitur mirabile atque singulare opus de successionibus ab intestato, conditum per dominum meum Dominum Antonium de Rosellis de Arecio, utriusque iuris monarcham et Padue legentem, anno vero Domini 1450, die lune, ultimo Novembris, per me, Andream, ejus scolarem in jure canonico, in domo Domini Francisci Alvaroti.'* KANTOROWICZ, De ornatu 343 sieht in Andreas (Anastasius de Drivasto) den *reportator, i. e. a favourite student who took down the lecture and afterwards published it.* Der Hinweis – in Latein – bei BELLONI, *Professori* 148 fußt auf Kantorowicz und ist nicht klar.

[83] Cf. MENHARDT, *Handschriftenverzeichnisse* I 280.

[84] Vgl. aber KANTOROWICZ, De ornatu 349 Anm. 70, welcher der falschen Angabe bei SCHULTE, *Geschichte* II 305 Anm. 11 folgt (Ottob. lat. 29). – Das Explicit f. 57v: *Finit singulare et laudabile opus de successionibus ab intestato conditum per dominum Antonium Rosellum de Rosellis de Aretio Anno domini M. CCCC. XLIX°.*

[85] Cf. BELLONI, *Professori* 148 für weitere Ausgaben. Cf. BESTA, *Storia* 895.

[86] BELLONI, *Professori* 148 verweist hier auf die *Repetitio in D. 24, 3.* Dazu vgl. *Catalogue of Manuscripts* 129 unter n°1 (London, British Library, Arundel 467).

[87] Vgl. IZBICKI, Problems of Attribution 481: *Although no manuscript copies of this tract (sc. de usuris) have yet been found in the Vatican Library, another work on this subject ... can be found in: Ross. 1058 fol. 89vb - 92ra. That work, with a proceeding Tractatus de ieiuniis (fol. 88ra - 89vb), is attributed to Roselli in the table at IIIr.*

Ausgaben: u.a. Tractatus ex variis iur. interpretibus, XVI, ff. 80v - 83v.[88]

Epistolae:
- Epistola ... ad Eugenium IV et ad imperatorem:
Manuskript: Milano, Ambrosiana C 145 inf., ff. 220r – 232r.[89]
- Quedam Epistola directa Papae super facto presidentie per D. Antonium de Rosellis:
Manuskript: Firenze, Bibliotheca Laurentiana, Plut. XVI, Cod. XIII, ff. 128r - 129v.[90]

Epitaphum pro Nicoleo Estensi Marchione:
Manuskript (verlorengegangen): Leuven, Bibliotheek der Katholieke Universiteit, cod. 179, f. 64v.[91]

Excerpta ex operibus:
Manuskript: Luxemburg, Bibliothéque Nationale, 228.[92]

Monarchia:
Manuskripte: Padova, Biblioteca Capitolare, B 11, ff. 1r - 186v;
Trento, Biblioteca Comunale, Wien, Archiv, 611, ff. 1r - 200r;[93]

---

88 Vgl. weitere bei BELLONI, *Professori* 148.

89 Vgl. auch KRISTELLER, *Iter* I 320. Nach dem Verzeichnis der Ambrosianabestände (INVENTARIO CERUTI dei Manoscritti della Bibliotheca Ambrosiana – Fontes Ambrosiani in lucem editi cura et studio Bibliothecae Ambrosianae – [I A inf. – E inf.], Trezzano 1973, 281) müßte noch weiter unterschieden werden. Erst nach Abgabe der Doktorarbeit – wegen der damals in der Ambrosiana noch andauernden Baumaßnahmen – konnten die Angaben wie folgt, über Microfilm, präzisiert werden: ff. 220r – 226v: *Epistola ... D. Antonii Roselli confecta in favorem sanctissimi Eugenii pape quarti contra Concilium Basiliense* (tatsächlich handelt es sich um den Text der Bulle *Deus novit*); ff. 226v – 230r: *Epistola eiusdem d. Antonii Roselli transmissa ad summum pontificem Eugenium* (vgl. die folgende Anmerkung); ff. 230r – 232r: *Epistola eiusdem d. Antonii Roselli missa imperatori pro facto scismatis.*

90 Cf. BANDINIUS, *Catalogus* I 225. VALOIS, *Pape* I 289 Anm. 2 zitiert aus dem Text. Dem Text der Laurenziana korrespondiert – nach erster Übersicht – der Text Milano, Ambrosiana C 145 inf., ff. 226v – 230r. Der von Valois angeführte Text ebd. ff. 129r – 129v.

91 Vgl. KRISTELLER, *Iter* III 133.

92 Vgl. VAN WERVEKE, *Catalogue descriptif* 428 (unter Nr. XXIII): *Fol. 16 - 187 Excommunicatio (En marge: Ex c. post cessionem Anthonii de Rosel de probacionibus). Constitutio procuratoris excommunicati nulla est ipso iure.* Ebd. (unter Nr. XXVI): *Fol. 216 - 270: Reconventio. (En marge: Ex lectura Anthonii de Rosellis) Quando fieri debet reconvencio ... – Extraits du même auteur Antoine de Rosellis.*

93 KRISTELLER, *Iter* II 192. BURNS, Monarchia 323 Anm. 12 gibt an, weder das Manuskript von Trento noch das von Padova gesehen zu haben. Das Manuskript der Vaticana, vgl. in der Folge, ist weder bei Belloni noch bei Burns angeführt. Die als Vienna A und Vienna B besprochenen Manuskripte bei Burns, a.a.O., gehören meines Erachtens zusammen.

Paris, Bibliothéque Nationale, MS lat. 4237;
Wien, Österreichische Nationalbibliothek, Cvp 5129, ff. 1r - 32v und ebd. ff. 83r - 283r;[94]
Città del Vaticano, Bibliotheca Apostolica Vaticana, Vat. lat. 13019, ff. 2r - 109r.[95]
Ausgaben: u.a. Venetiis 1487; Goldast, Monarchia I, 252 - 556.[96]

Notabilia:
Manuskript: Bologna, Collegio di Spagna, 82.[97]

Oratio pro principio studii in civitate Florentie:
Manuskripte: Milano, Ambrosiana, C 145 inf., ff. 141r – 146r;[98]
München, Bayerische Staatsbibliothek, Clm 404, nach f. 311;[99]
München, Bayerische Staatsbibliothek, Clm 7423, ff. 159 - 162.[100]

Oratio pro doctoratu Francisci Contareni:
Manuskript: Milano, Ambrosiana, C 145 inf., ff. 195v - 199v.[101]

Oratio:
Manuskript: Milano, Ambrosiana, C 145 inf., ff. 291r – 296v.[102]

---

94 Bei BURNS, Monarchia 323 Anm. 12 als eigenständige Manuskripte, Vienna A und Vienna B, aufgeführt und getrennt besprochen. Gleichwohl läßt sich wohl die Ansicht vertreten, daß die beiden Teile ursprünglich zusammengehörten, dann aber bei dem Binden des Volumen auseinandergerissen wurden. Die Handschrift von A und B ähnelt sich sehr, wobei bei Vienna A, f. 161r und folgende, die Handschrift sich ändert, gedrungener wird, weniger akkurat und stilvoll. In Cvp 5129 fehlt der Teil, der bei Goldast die Pars IV ausmacht.

95 Den Hinweis verdanke ich KRISTELLER, *Iter* VI 327. Der Codex stammt *ex bibliotheca Raphaelis Mecenate*. f. 1v: *Antonii de Rosellis. Aretini Tractatus de Potestate Imperatoris, et Pape, et Conciliis, donec expurgetur. Index Librorum Prohibitorum 1744.*

96 Vgl. BELLONI, *Professori* 149. Zu Goldast fehlen die Seitenangaben; die Ausgabe von Perticone beschränkt sich auf die ersten beiden Teile der Monarchia; der Hinweis auf das Institor'sche Opusculum *In errores Monarchiae* ist in einem Werkeverzeichnis fragwürdig. Vgl. aber schon ebd. 148 die Nennung von *Epistulae ad Antonium de Rosellis.*

97 So BELLONI, *Professori* 149. Vgl. aber jüngstens MAFFEI, *Codici* 178 - 195 zu n° 82. Ebd. 195 kritisch zu Belloni: *con ripetizione di erronee attribuzioni.* Zu n° 82, 1 ebd. 178: *(ff. 1r - 130v) Repertorium Bartoli ... Il testo e le addizioni marg. sono di diverse mani ... a f. 128 v in fine all'addiz. riguardante l'usura: Ista sunt extracta de quodam tractatu domini Antonii de Rosellis.*

98 Cf. KRISTELLER, *Iter* I 320.

99 Cf. KANTOROWICZ, De ornatu 345 Anm. 32.

100 ECKERMANN, *Studien* 40 mit Anm. 3 und 4. Die Autorin führt allerdings – unter Anm. 3 – an: *München ms. lat. Clm 7433 f., 159r – 160v.*

101 Cf. KRISTELLER, *Iter* I 320. In der Beschreibung der Ambrosianabestände: *in traditione insigniorum dom. Francisco Contareno veneto patricio.*

102 Cf. KRISTELLER, *Iter* I 320: *short speech.* (*Antonii Roselli gratiarum actiones nonnullae*, wie es in der Beschreibung der Ambrosiana heißt, cf. INVENTARIO CERUTI [I A inf – E

Responsio ... ad petitas indulgentias pro facto Grecorum:
Manuskript: Firenze, Biblioteca Laurentiana, Plut. XVI, Cod. XIII, ff. 204r - 207r.[103]

Responsio ... ad primum oratorem:
Manuskript: Firenze, Bibliotheca Laurentiana, Plut. XVI, Cod. XIII, ff. 208r - 210v.[104]

Sermo ad Martinum V:
Manuskript: Milano, Ambrosiana, C 145 inf., ff. 232r – 233r.[105]

Tractatus de arte campsoria si licita sit vel non et de materia usurarum:[106]
Manuskript: Città del Vaticano, Bibliotheca Apostolica Vaticana, Chigi B V 86, ff. 46v - 56v.

Tractatus de societate:
Manuskript: Leiden, Universitätsbibliothek, D'Ablaing, 16, ff. 262r - 268r.[107]

Tractatus super arbore consanguinitatis:
Manuskripte: München, Bayerische Staatsbibliothek, Clm 6573, ff. 1r - 31r;
London, British Library, Arundel, 498, n° 26 (ad calcem: *Et est finis arboris affinitatis secundum juris utriusque interpretem, Dominum Antonium de Rosellis, necnon unicam monarcham istis temporibus, in scolis suis sic per me Andream Anestaxium a sua propria voce collectum, 1450, Paduae sub Potestate Domino Ursato Justiniano, xvii. mensis Decembris*);[108]

---

inf.] 281). Ambrosiana, C. 145 inf., f. 291r: *Gratiarum actio pro militari dignitate adepta per clarissimum monarcham D. Antonium Rosellum.*

103 Vgl. BANDINIUS, *Catalogus* I 226. Incipit – f. 204r -: *Eugenius Episcopus etc. Dei filius Iesus Christus ascensurus post redentionem ad patrem ut sanctam ecclesiam suam in debita unitate conservaret et unitatis eiusdem originem ab uno inciperet ... ipsius curam beato petro apostolo ut sue stabilitate fidei ceteros in christiana religione firmaret eorumque mentes ut omnes essent unum corpus in christo sue accenderet devotionis ardore commisit.*

104 Cf. BANDINIUS, *Catalogus* I 226. Incipit – f. 208r -: *Si divine imperscrutabilis immenseque providentie altitudo universalis ecclesie disposicioni nos petri successorem quamvis inmeritum preesse disposuit.*

105 KRISTELLER, *Iter* I 320. In der Beschreibung der Ambrosiana (INVENTARIO CERUTI [I A inf. – E inf.], 281): *sermo cum petit a Ss. Martino papa comitem Arminiaci de haeresi et schismate damnatum conciliari.*

106 Der Zusammenhang mit dem oben angeführten Text *de usuris* wäre zu untersuchen.

107 Vgl. KRISTELLER, *Iter* IV 360. Ferner VAN WIJNBERGEN, *Verzeichnis* 120 und 304.

108 Cf. *Catalogue of Manuscripts* 141. Vgl. auch KANTOROWICZ, De ornatu 349 mit Anm. 70.

Maria Saal, Archiv der Dechantei, 29, n° 3, ff. 112r - 119v;[109]
Nürnberg, Stadtbibliothek, Cent. IV, 95, ff. 377r - 436v.[110]

d) Antonio de Roselli betreffende Handschriften:

Epistulae ad Antonium de Rosellis:
Manuskripte: Città del Vaticano, Bibliotheca Apostolica Vaticana, Barb. lat. 1809.[111]

Franciscus Contarenus, Oratio:
Manuskript: Città del Vaticano, Bibliotheca Apostolica Vaticana, Pal. lat. 598, 123r - 126v.[112]

Oratio in laudem Rosellae Familiae, et operis Roselliani:
Manuskript: Milano, Ambrosiana, C 145 inf., ff. 262v – 271r.

Belloni gibt des weiteren noch an:
Bologna, Biblioteca Universitaria, 2948 (Petrus Antonius Tioli, Miscellanea erudita [18]), 317 f.[113]
Hingewiesen sei noch auf die bei Eckermann erwähnte Handschrift:[114]
Arezzo, Accademia Petrarca di Scienza e Arti, Manoscritti Perelli Volumen II, L II 173 (FPE. 4), ff. 231v - 233r. In der Tat liefert sie allerdings keine erwähnenswert neuen, zuverlässigen Nachrichten.
Kristeller gibt ferner für Venedig, Biblioteca Marciana, den Fondo Malvezzi 126, ff. 1 - 31v, an, wo sich u.a. auch Verse zu Antonio Roselli

---

109 Vgl. MENHARDT, *Handschriftenverzeichnisse* 280. Dieser Text in der genannten Handschrift im unmittelbaren Anschluß an den Kommentar zu *De successionibus ab intestato.*

110 NESKE, *Juristische Handschriften* 103 (unter Nr. 8): *Tractatus super arbore consanguinitatis cum annexa materia de successionibus.* Vgl. die oben zu *de successione ab intestato* angeführten Handschriften.

111 Vgl. KRISTELLER, *Iter* II 460: *Most of these letters carry only the monograms of the senders and addresses, and hence cannot be easily identified.* Brief 348 (nach neuer Zählung) ist gerichtet *Ad celeberrimum monarcham d. An. de Rosellis.*

112 Der Hinweis bei KRISTELLER, *Iter* VI 363. Cf. PRETO, Contarini.

113 BELLONI, *Professori* 149. Das *Materiale*, das hier vorliegt, ist wenig beachtenswert. Es referiert einige allgemeine Informationen zur Vita des Antonio, bezieht sich auf Facciolati und Tiraboschi, fragt an, ob er identisch ist mit einem in einem Brief des Lionardo Giustiniani vom 31.5.1439 genannten, der sich durch sein poetisches Talent hervortat. Zu den Miscellanea cf. KRISTELLER, *Iter* I 18: *consists of copies of letters, documents and other short pieces, taken in the eighteenth century by or for Mons. Tioli.*

114 Cf. ECKERMANN, *Studien* 38 Anm. 4.

finden sollen.[115] In Bamberg findet sich noch eine Schrift des Michael Savonarola, *De aqua ardenti*, die an Roselli gerichtet ist.[116]

[115] Cf. KRISTELLER, *Iter* II 290. Nach Auskunft von Dr. Susy Marcon vom 12.03.2001 befindet sich das Manuskript heute mit der angegebenen Signatur in der Biblioteca del Museo Civico Correr.

[116] Cf. KRISTELLER, *Iter* III 462: Bamberg, Staatliche Bibliothek, Class. 91, ff. 257 - 269v. Dazu LEITSCHUH – FISCHER, *Katalog* 102 (unter Nr. 9): *Savonarolae (J. Mich. medici): Tractatus de aqua ardenti.* Rothe Ueberschr.: *Ad iuris utriusque iubar ac insignem militem dominum Antonium de Rofellis (sic!) tractatus magistri Micaelis Sauonarolla de aqua ardenti incipit feliciter.* Beg.: *Optassem mi pater optime eam scribendi facultatem in me esse.* Schl.: *valeasque in deo jesu nostro cui pro hijs et alijs gratias referamus infinitas Amen.* Zu Michael Savonarola cf. M. RIPPA BONATI, Savonarola, Giovanni Michele: *LMA* 7, 1413 f.

II. Kapitel

Die Monarchia des Antonio Roselli

1. Allgemeine Hinweise zu Text und Textgeschichte

Bevor die Haltung des Antonio Roselli zu den Konzilien näher untersucht werden soll, ist sein Werk *Monarchia sive tractatus de potestate Imperatoris et Papae* als ganzes in den Blick zu nehmen,[1] zumal dessen dritter Teil – nach der Goldast'schen Ausgabe – eigens diesem Thema gewidmet ist.[2]

Die *Monarchia* ist zweifellos die Schrift, durch die der *Monarcha utriusque iuris* in besonderer Weise bekannt, und zum Teil auch berühmt-berüchtigt, wurde. Der geläufige Kurztitel bereits läßt sie als Ausdruck einer Tendenzwende verstehen. Für Karla Eckermann, die 1933 ihre *Studien zur Geschichte des monarchischen Gedankens im 15. Jahrhundert* vorlegte, scheint der Titel *geradezu programmatischen Charakter zu tragen.*[3] Burns, der jüngst eine Untersuchung vorgelegt hat, hebt freilich angesichts des großen Umfangs des Werkes und seiner Weitschweifigkeit hervor, daß, ungeachtet der Bedeutung der *Monarchia* als Zeugnis für das Rechtsdenken der Zeit, eine kritische Edition wohl kaum zumutbar ist.[4]

---

1 In der Regel unter dem Kurztitel *Monarchia* angeführt. Cf. BURNS, Monarchia 322 Anm. 5. – KÖLMEL, *Regimen christianum* 12 f. schreibt – mit Blick auf die Schrift des Jakob von Viterbo *De regimine christiano* -: *Daß ... die Ekklesiologie gerade, und wie andere Beispiele zeigen, nicht zufällig in Verbindung mit der Gewaltenlehre in Gang kommt, erweist, wie entscheidend die Gewaltenlehre für die Ausbildung der Auffassung von der Kirche ist und wie zwischen beiden eine aufschlußreiche Verbindung zu erwarten ist.* Auch dies mag eine vorgängige Behandlung der *Monarchia* als ganze, und zwar als ein markanter Punkt einer lange andauernden Geschichte, rechtfertigen.

2 Cf. GOLDAST, Monarchia Band I, 379 – 446. Im folgenden beziehen sich die römischen Ziffern nach G – für Goldast –, soweit die *Monarchia* des Roselli besprochen wird, auf die *partes* bzw. *libri* des genannten Werkes. Es folgt die Angabe des *capitulum*, die Seitenangaben nach Goldast und ggf. – falls hilfreich – die Zeilenangaben in Klammern.

3 ECKERMANN, *Studien* 44. – THOMSON, Papalism 446 kritisiert bei grundsätzlicher Würdigung, daß die Arbeit *does not discuss the way in which the historical circumstances of the time created problems for a man whose sympathies lay firmly with the Papacy in its attempts to recover its power.* BLACK, *Monarchy* IX spricht von einem *brilliant and too little-known work.*

4 Vgl. BURNS, Monarchia 330. – THOMSON, Papalism 446: *It is lengthy and verbose ... the style is inelegant and there is much reiteration of argument.* BURNS, *Lordship* 101: *Roselli*

Der Text, wie er gedruckt vorliegt, ist Ergebnis einer langen und teilweise schwer rekonstruierbaren Textgeschichte. Die Häufigkeit der Drucklegung aber läßt darauf schließen, daß das Werk sich einer für die damalige Zeit beachtlichen Wertschätzung und Verbreitung erfreute. Eckermann verweist auf Venedig 1458, 1469, 1483, 1484, 1487, Pavia 1517, Lyon 1544 und schließlich – nach einer längeren Pause – Hannover 1611.[5] Neuestens wird allerdings die erste gedruckte Ausgabe später angesetzt, nämlich Venedig 1487.[6] Die am einfachsten zugängliche Fassung ist die von Melchior Goldast besorgte.[7] Schon vor mehreren Jahrzehnten wurde die Auffassung vertreten, daß die *Monarchia*, wie sie bei letztgenanntem vorliegt, in den Handschriften so nicht zu belegen ist.[8] Der Text, wie er sich bei Goldast findet, hält sich an die venezianische Ausgabe von 1487. Goldast strukturierte den Text der – nach Burns – *editio princeps* deutlich. Er gliederte ihn in Teile und Kapitel und setzte zudem Zwischenüberschriften. Die Fassung von 1487 gibt zu Beginn eine *Tabula*, die dem Leser helfen soll, sich im umfassenden Text zurechtzufinden.[9] Deren Wert ist allerdings bisweilen zweifelhaft.[10] Im Druckbild findet sich im ersten Drittel und am Ende eine deutliche Einteilung in Kapitel, die aber im zentralen Teil gänzlich fehlt.[11] Wurde dieser Mangel einer fehlenden Gliede-

did not produce a single, systematic, organized treatise on the subject of universal monarchy. What was printed for the first time in 1487 ... was what Jeremy Bentham would have called a ‚pasticcio'.

[5] Cf. ECKERMANN, *Studien* 50, oftmals allerdings ohne genaueren Beleg.

[6] Vgl. BURNS, Monarchia 321 mit Anm. 1. Vgl. auch NARDI, *Mondo di Dante* 192 (Anm.), der noch andere Editionen angibt (Venedig 1482; Pavia 1498; Mailand 1516). Vgl. noch KANTOROWICZ, De ornatu 348 Anm. 65, der nur die Ausgaben 1483, 1487, 1517 und 1611 anführt. CHENEVAL, *Rezeption* 292 f. gibt als frühesten Druck Venedig 1483 an.

[7] Zur Herausgabe im Rahmen der Goldast'schen Sammlung cf. VERRUA, Antonio Roselli 328 f. mit Anm. 1. Vgl. auch TIRABOSCHI, *Storia* 522: *... a dir vero, chi mai può persuaderci, che Eugenio IV. potesse approvare il suddetto Trattato, di cui basti il dire, che dal Goldast è stato creduto degno d'essere inserito nella sua Raccolta di Trattati contro l'autorità Pontificia?*

[8] Cf. ECKERMANN, *Studien* 50.

[9] Vgl. *Monarchia* ed.1487, Tabula: *ut longe inquisitionis labor absit ordinare sequentem voluimus tabulam: in qua omnia summatim sunt posita cum suis dubiis praecipuis.*

[10] So auch die Meinung von BURNS, Monarchia 329. Es handelt sich um 75 Abschnitte, die in der Ausgabe 1487 mit einer kurzen thematischen Bestimmung angegeben werden.

[11] Kapiteleinteilungen in *Monarchia* ed. 1487, ff. 2r - 27v (entspricht der Einteilung bei Goldast pars I, I – pars II, IX); die nächste deutliche Markierung erst *Monarchia* ed. 1487, f. 38v (entspricht bei Goldast dem Beginn des Anfangs von pars II, XX); die folgende erst zu Beginn von Pars III nach Goldast; cf. *Monarchia* ed. 1487, f. 47r. In *Monarchia* ed. 1487 die nächste Lücke für eine Initiale f. 72r (entspricht bei Goldast pars IV, I); weiter f. 73r (Goldast pars IV, II). Dann fehlen wieder Einteilungen bis *Monarchia* ed. 1487, f. 99r (entspricht Goldast pars IV, XL). Der nächste Einschnitt *Monarchia* ed. 1487, f. 103r (Goldast pars V, I). Von da an bis zum Ende deckt sich wieder die Kapiteleinteilung mit der Fassung nach Goldast (pars V, II - XXX). – Es sei hier darauf hingewiesen, daß sich diese Eintei-

rung bei Goldast behoben – wenn auch keineswegs immer ganz überzeugend –,[12] kommt man doch nicht umhin, bisweilen hinsichtlich der Treue zum Text von 1487 Defizite festzustellen.[13]

Roselli selbst scheint bei seiner Arbeit das damals allgemein verbreitete scholastische Schema von *quaestiones* und *argumenta* vor Augen gehabt zu haben, welches aber im Druck nicht erkennbar ist.[14] Der Text, wie er sich uns in der Ausgabe von 1487 präsentiert, ist so recht unübersichtlich. Was aber schwerer wiegt: Er stellt zudem den Leser hinsichtlich seiner Struktur vor beachtliche Probleme. Man entdeckt ohne Schwierigkeiten, daß es sich bei dem Gesamt nicht um eine in sich geschlossene, als Einheit konzipierte und verfaßte Abhandlung handelt, vielmehr um eine in unzureichender Art und Weise zusammengefügte Kompilation verschiedener Materialien.[15] Besonders deutlich erkennbar ist dies dadurch, daß derselbe Text, und zwar über Seiten hinweg, als Dublette wiederkehrt.[16] Zudem werden in dem Teil, wo das Material zum zweiten Mal geboten wird, Verweise auf eine *Monarchia* gegeben, die augenscheinlich nicht mit jenem dem Autor vorliegenden Werk identisch ist.[17] Burns, der fünf Handschriften untersucht hat,[18] kommt zu dem Ergebnis, daß keine der von ihm untersuchten Fassungen den gesamten, in der Ausgabe von 1487 vorliegenden Text bietet. *Comparison ‚en gros' ... shows that neither of these*

---

lung der Ausgabe von 1487 exakt in Vat. lat. 13019 findet. Dasselbe läßt sich bezüglich der Manuskripts Padova, Bibl. Capitolare, B 11 sagen. Auch Trento, Bibl. comunale, Hs. 611 könnte als Vorbild gedient haben.

12 In der Lyoner Ausgabe der *Monarchia* von 1549 findet sich, abgesehen davon, daß das Werk auf zwei *Tractatus* verteilt ist, auch sonst eine andere Einteilung. Cf. BURNS, Monarchia 322 und 323 Anm. 10.

13 Vgl. BURNS, Monarchia 330 mit einem Beispiel.

14 Vgl. ebd. 329 mit Anm. 28 als Beispiel. Vgl. immer wieder die Hinweise auf *rationes, roborationes, dubia*, u.s.w. Als Beispiel sei angeführt G I, XXXIX, 273 f.: *Refellenda nunc puto ipsa obiecta in parte prima inducta (sc. Cap. I - XXXVIII) ab his, qui adusti flammis invidiae plus sacrosanctae Romanae sedi compatiuntur. Quoniam ... Vel responde ... Sed cum infertur: ergo ... consequentia non est bona, quia assumptum seu praedicatum est de parte aliqua, et consequentia infert ad totum.* – Für Querverweise im Werk vgl. etwa G III, I, 379: *Assumo secundam q. (sc. quaestionem) et quia de hac dico inferius in 5. quaestione ubi tracto quia ad concilium sint vocandi ...* Auch ebd. G IV, XIII, 465: *... et quod disponat (sc. papa) contra concilia dixi late in quaestione quae sit maior an sententia papae vel concilii.*

15 Vgl. BURNS, Monarchia 322 f. Ebd. 323: *... a compilation imperfectly stitched together.*

16 Vgl. etwa G II, XX, 355 bis XXX, 378 (Zeile 65) mit G III, II, 380 (ab Zeile 11) bis VI, 402 (bis Zeile 42). Bei BURNS, Monarchia 329 Anm. 27 wird irrtümlich die Seite 422 angegeben. Von daher auch falsch der Hinweis ebd. 323, daß *a very substantial part of the text – amounting to some forty (sic!) of Goldast's copious pages – is repeated verbatim ... in two separate places.*

17 Vgl. BURNS, Monarchia 323 mit Anm. 11.

18 Vgl. ebd. Anm. 12.

manuscripts can have been the basis – or at least the sole basis – for what was printed in 1487.[19] Ja, es gibt in der gedruckten Fassung Passagen, die sich in keiner der von Burns untersuchten Handschriften finden.[20] So vermutet er als Basis für die Drucklegung ein nicht mehr vorhandenes oder noch nicht identifiziertes Manuskript.[21] Es sei aber jetzt schon darauf hingewiesen, daß drei Handschriften der *Monarchia* von Burns nicht untersucht wurden. Berücksichtigt man diese mit, kann man – wie zu sehen sein wird – seine These nicht uneingeschränkt aufrechterhalten.[22]

Die *Monarchia*-Handschrift aus Paris (Bibliothèque Nationale MS lat. 4237) ist zwar die umfassendste, gleichwohl fehlt in ihr der gesamte Teil V der Goldast'schen Ausgabe. Kaiser Sigismund gewidmet, ist der Text – aufgrund innerer Kriterien – zwischen Juni 1433 und Dezember 1437 (Tod des Kaisers) abgefaßt worden. Beachtenswert sind die zahlreichen, oft die Substanz betreffenden Randbemerkungen, die in dem Wiener Manuskript A (Codex Vindobonensis Palatinus 5129, fols. 83r – 283r, in der Folge einfach als Cvp angeführt) integriert wurden, und nach Burns die Vermutung nahelegen, daß es sich bei dem von ihm so genannten Wiener Manuskript A um eine wesentlich kürzere – ganz fehlen die Teile IV und V der Ausgabe von Goldast – und überarbeitete Fassung des Pariser Textes handelt.[23] Die Diskussion über die Autorität der Konzilien im Teil III des Textes bei Goldast findet sich zwar auch in den genannten beiden Manuskripten, aber in einer, wie Burns meint, nicht zu vernachlässigenden, abweichenden Form.[24]

Fragt man nach der Basis der Teile III und V (nach der von Goldast vorgenommenen Einteilung), kommt man nicht umhin, die Manuskripte aus München (Clm 7438),[25] Venedig (Marc. Lat. IV, 4 [=2480]) und Wien

---

[19] Vgl. ebd. 323 und 325.

[20] Vgl. Burns, Monarchia 325 f.

[21] Cf. ebd. 326. Beachten muß man freilich die Bemerkung Burns' a.a.O. 323 Anm. 12: *What is said above in the remainder of the paragraph is thus subject to modification in the light of these manuscripts, not yet seen.* Es handelt sich dabei um fünf Textzeugen, zwei davon Fassungen der *Monarchia*: Man wird also in der Tat gut daran tun, die vorgebrachten Ergebnisse mit einer gewissen Zurückhaltung zur Kenntnis zu nehmen.

[22] So auch das Ergebnis von Cheneval, *Rezeption* 294 (mit Bezugnahme auf Eckermann): Die *Befürchtung, die Goldastausgabe hätte kein ‚fundamentum in manuscripto', kann aufgrund des Handschriftenbefundes als unbegründet betrachtet werden.* Ebd. 291 f. die Aufzählung der berücksichtigten *Monarchia*-Manuskripte. Die vatikanische Handschrift ist nicht aufgeführt.

[23] Vgl. Burns, Monarchia 323 - 325. M.E. muß man jedoch Wien A und Wien B als Einheit sehen, die lediglich beim Binden des Konvoluts auseinandergerissen wurden. – Das Incipit der Pariser Fassung ist abgebildet in Valois, *Pape* I (gegenüber) 256. Beschreibung ebd. 255 Anm. 5.

[24] Vgl. Burns, Monarchia 325.

[25] Cheneval, *Rezeption* 292 Anm. 40 gibt ein falsches Explicit an, das zu einem auf den Konziliantraktat folgenden Text gehört.

(Cvp 5129, foll. 1r - 32v) hinzuzuziehen. Venedig und München enthalten einen Traktat über die Konzilien und damit zusammenhängende Fragen, Wien B – so nach Burns bezeichnet – eine Abhandlung über die Grundlage der Autorität des römischen Imperiums und der Legitimität von ihrer Ausübung seitens der deutschen Kaiser.[26] Burns, der vor Cheneval zuletzt die Handschriften untersucht hat,[27] vertritt die Meinung, daß die jeweiligen Darlegungen ursprünglich nicht als Teile der großen *Monarchia* konzipiert wurden, als die sie in der Druckfassung erscheinen, sondern als selbständige Traktate.[28] Die *Dissertatio, qua probatur Romanum Imperium iuste esse apud Germanos* – der Titel findet sich nur im Manuskript Wien B – wurde wohl in den frühen Jahren der 30er Jahre des 15. Jh. abgefaßt. Sie liegt dem Druck von 1487 zugrunde – aber nicht ausschließlich. Die These zumindest einer weiteren Vorlage wird von Burns auch hier vertreten.[29] Der genannte Autor hält es für denkbar, daß Roselli seinen bereits früher abgefaßten Traktat um die Mitte der vierziger Jahre revidiert hat, sei es, um ihn dem *Tractatus de potestate Imperatoris et Papae* einzufügen, sei es, um den revidierten Text als eigenständigen Text dem neuen König der Römer, Friedrich III., zu überreichen.[30] Eckermann meint, daß mindestens ein Kapitel des V. Teils der Goldast-Ausgabe bereits vor der Einigung in Konstanz abgefaßt wurde. Zeitlich wird dies von ihr nicht näher bestimmt.[31]

Neben diesem Text wurde möglicherweise auch der Teil III, der *verhältnismäßig in sich geschlossen ist*, an den Kern der *Monarchia*, den Eckermann im Teil I der Goldast'schen Ausgabe erkennt, *a posteriori* angefügt.[32] Er geht auf den Text eines Traktats zurück, der von Roselli im

---

[26] CHENEVAL, *Rezeption* 292 schreibt: *Weiter hinten in der Handschrift (sc. Wien) ist dann noch der 5. Teil separat überliefert.* Tatsächlich befindet sich, wie Cheneval selbst belegt, der Text von Teil V vor dem anderen Text. – Zum Thema vgl. die – mir leider nicht zugängliche – Arbeit von F. ANDRAE, *Das Kaisertum in der juristischen Staatslehre des 15. Jahrhunderts.* Ein Beitrag zur Geschichte der Kaiseridee im späteren Mittelalter, Phil. diss. maschinenschriftlich, Göttingen 1951.

[27] Cf. CHENEVAL, *Rezeption* 293 - 295: *Redaktionsgeschichtliche Klärungen.*

[28] Vgl. BURNS, Monarchia 327. Irrtümlich wird dort – wohl ein Druckfehler – auf das Manuskript Vienna A hingewiesen. Cf. aber ebd. 324: *The Vienna B manuscript is the only basis ... for Goldast's part V.*

[29] Cf. ebd. 327 f.

[30] Cf. ebd. 339. Ebd. aber: *Whether the revision was indeed undertaken at that time must remain doubtful.* CHENEVAL, *Rezeption* 296 plädiert für 1440 – 1444 als Zeitpunkt für die von Roselli vorgenommene Überarbeitung der *Monarchia.*

[31] Vgl. ECKERMANN, *Studien* 50 und 98 in Verbindung mit Anm. 3. Ebd.: *Es ist nicht ausgeschlossen, daß Roselli diesen 5. Teil als einzelnen Traktat vor Konstanz für Sigismund schrieb.* Insgesamt handelt es sich aber eben auch hier nur um eine Spekulation.

[32] Cf. ebd. 52.

Herbst 1444 dem damaligen Dogen von Venedig, Francesco Foscari, gewidmet wurde.[33] 1439 war es durch die Wahl Felix' V. zum Gegenpapst zu einem neuen Schisma gekommen. In den daraufhin einsetzenden diplomatischen Bemühungen um dessen Beendigung kam Friedrich III., als dem *emperor ... ,in being'*, eine Schlüsselrolle zu. Dieser hoffte eine Zeit lang mit einem neuen Konzil das Dilemma zu bewältigen.[34] In diesem Kontext ist dann – nach Burns – die Neubehandlung der in einer früheren *Monarchia*-Fassung bereits in anderer Form gegebenen Konzilsthematik in Form einer dem venezianischen Dogen dedizierten eigenen Schrift erfolgt.[35] Der Text, wie er in Clm 7438 vorliegt, wurde möglicherweise fünf oder sechs Jahre nach dem genannten Traktat hergestellt.[36] Burns stellt – mit aller Zurückhaltung – die These auf, daß eher der Text, wie er sich in Venedig findet, die Grundlage der Druckfassung von 1487 war.[37]

Angesichts der beachtlichen Schwierigkeiten, die sich bei der Deutung der im Druck von 1487 vorliegenden Textgestalt ergeben, betont Burns, alle Spekulationen beiseite schiebend: *All that can be said with certainty is that elements from which the text of Antonio Roselli's ,Tractatus' ... was constructed were all, so far as we can tell, the product of circumstances and controversies in the 1430s and 1440s.*[38] Oudin gab zwar im 18. Jh. an, daß die *Monarchia* in zwei Versionen zu Lebzeiten Rosellis bekannt geworden sei, wovon die revidierte nach dem Jahre 1457 geschrieben wurde. Aber auch hieran sind Zweifel begründet.[39] Burns hält es zwar für denkbar, daß Roselli selbst eine erweiterte Ausgabe der *Monarchia* in dieser Zeit besorgte, gleichsam als paduanischen *appropriate coping-stone to the edifice of his long career*, plädiert aber aufgrund der von ihm entdeckten Unstimmigkeiten eher für die Eingriffe anderer, noch zu identifizierender

[33] Vgl. BURNS, Monarchia 328.

[34] Vgl. ebd. 337 - 339.

[35] Vgl. BURNS, Monarchia 339 f. Für das Widmungsschreiben vgl. Marc. f. 1r. Das Widmungsblatt ist beschrieben bei ECKERMANN, *Studien* 49 f.

[36] Vgl. BURNS, Monarchia 328.

[37] Cf. ebd. 329 mit Anm. 26.

[38] BURNS, Monarchia 341.

[39] Cf. OUDIN, *Commentarius* III 2338 f. Ebd. 2339 der Hinweis auf die überarbeitete Fassung *post annum 1457*. Bei VALOIS, *Pape* I 255 Anm. 6 fälschlich als *en 1457* gedeutet. Von dieser scheint auch HALLER, *Piero da Monte* *31 Anm. 69 auszugehen, wenn er schreibt: *Das Gerücht, er habe seine Monarchia geschrieben, um sich am Papst ... zu rächen ..., kann sich ... nur auf die beträchtlich vermehrte zweite Ausgabe beziehen. K. Eckermann hat das ungeprüft gelassen.* ECKERMANN, *Studien* 49 identifiziert die *zweite, beträchtlich erweiterte Fassung* mit dem Text bei Goldast. Die erste Fassung, Sigismund gewidmet, erkennt sie im Text der Pariser Staatsbibliothek (Ms 4237).

Redaktoren, die die Schlußfassung besorgt hätten.[40] Verrua hingegen verweist auf das Zeugnis des späteren Papstes Pius II., eines früheren Schülers des Roselli, der behauptet, daß zum Zeitpunkt, als er sein Werk *De viris illustribus* verfaßte, also nach 1450, Roselli die *Monarchia* noch nicht veröffentlicht hatte.[41] Verrua hält es für möglich, daß Roselli entweder zwei unterschiedliche, ja geradezu einander widersprechende Versionen seines Opus angefertigt, oder – was er als wahrscheinlicher annimmt – während seines Aufenthalts in Rom einzig die rechtgläubigen Teile, welche die "päpstlichen" Argumente referierten, verbreitet habe, und nicht jene, in welchen er selbst eine deutlich „imperiale" Position bezogen hatte. Diese seien dann möglicherweise durch Indiskretionen bekannt geworden und hätten in der Folge seine Flucht aus Rom notwendig gemacht. Auch hier handelt es sich im wesentlichen um Spekulationen, die erst zu verifizieren wären. Der Autor selbst bleibt einen Beweis hierfür schuldig.[42] Panziroli gibt an, Roselli selbst sei es gewesen, der später einer von ihm *Monarchia Summi Pontificis* genannten Schrift ein Buch *De Conciliis* beigefügt habe.[43] In diese Richtung weist ebenfalls die Handschrift 2504 der Universitätsbibliothek von Salamanca, in der Rosellis Gutachten für Heinrich Schlick im Freisinger Bistumsstreit zu finden ist.[44] Ein Hinweis auf die wohl kaum in diesem Zusammenhang endgültig entwirrbare Redaktionsgeschichte mag es auch sein, daß Fabricius eine Ausgabe Venedig 1485 angibt, in der die *Monarchia* aus drei Büchern bestand.[45]

---

[40] Vgl. BURNS, Monarchia 341. Ebd. das Zitat. Burns bringt als Schlußeditoren Giovanni Battista Roselli, einen Cousin oder Neffen des Antonio, oder seine Söhne Giovanni und Guidantonio in die Diskussion.

[41] Cf. VERRUA, Antonio Roselli 322 zitiert Piccolomini: *Antonius de Rosellis ... qui praeceptor meus Senis fuit ... Is nunc senex est: opus edidit de Monarchia, quod adhuc non publicavit.* – Cf. PIUS II., *De viris illustribus* 30 (Vat. lat. 3887, f. 52r): ... *is nunc senex est magnoque euo plenus; opus edidit ‚De Monarchia', quod adhuc non publicauit.* Ebd. IX f. gibt der Herausgeber van Heck als *terminus ante quem* der Schrift Piccolominis die Kalenden des Januar 1450, als *terminus post quem* 1445 an.

[42] Vgl. VERRUA, Antonio Roselli 325.

[43] Vgl. PANZIROLI, *De claris* 363: *Edidit librum ... quem ‚Monarchiam Summi Ponificis' inscripsit, et ‚Friderico Caesari' dedicavit, ubi de Pontificis, et Caesaris potestate disserit, ei alium ‚de Conciliis' addidit.*

[44] Vgl. MEUTHEN, Gutachten 466: *Wir besäßen im Freisinger Gutachten ... einen Vortext zur Monarchia. Die beiden Kapitel (sc. G III, XXVI f.) bilden in der Monarchia aber zugleich den Schluß jenes dritten Teils, der insgesamt als ‚Tractatus conciliorum generalium' auch außerhalb der Monarchia überliefert ist, und ein Hinweis f. 250v: ‚quod dixi supra in principio istius ‚Tractatus conciliorum', qui est in ‚Monarchia' insertus' sowie dessen Kürzung um die letzten fünf Wörter bei Goldast, S. 445 Z. 38 lassen kaum einen Zweifel zu, daß Rosellis Gutachten nicht doch nur das wiederholte Teilstück aus einem schon vorliegenden längeren Traktat ist.* CHENEVAL, *Rezeption* 295 stützt sich u.a. auf diese wertvolle Information Meuthens.

[45] Cf. FABRICIUS, *Bibliotheca* I 123: ... *scripsitque Monarchiam Mundi libris III ... Venetiis 1485.* Auch der Titel ist hier also wieder leicht verschieden. – JÖCHER, de Rosellis 2225

Eckermann legte mit ihrer Arbeit aus der ersten Hälfte unseres Jahrhunderts einen Versuch vor, die *Monarchia* im Zusammenhang des wiedererstarkenden monarchischen Gedankens zu verstehen.[46] Die Brüche in der *Monarchia* wohl erkennend, sie aber nicht weiter untersuchend und deshalb auch nicht näher analysierend,[47] hebt die Autorin dennoch eine Einheitlichkeit des Gesamtwerkes hervor. *Ein Gedanke ist es, der ihm zugrunde liegt, und der alles zusammenhält: die Welt, die Menschheit wird noch einmal als ein Ganzes gesehen, in das sich Imperium und Sacerdotium harmonisch einfügen. Und diese beiden sind in ihrem Aufbau zentralistisch – absolutistisch.*[48] Roselli wird – gerade auch mit Blick auf die *Monarchia*, sein wohl bekanntestes Werk – hin und wieder als "Publizist" tituliert;[49] damit ist er als Vertreter des *ius publicum* charakterisiert. "Publizistische" Tätigkeit im heute oft üblichen Sinn des Wortes ist dadurch nicht angezeigt.[50]

Die Arbeit Rosellis spiegelt vielmehr ein oft subtiles, für den heutigen Leser auch anstrengendes Mühen um eine sorgfältige Entkräftung der gegnerischen Argumente im Dienst an der von ihm verfochtenen These. Die *Monarchia* ist nicht als leichte Propagandaschrift für ein breites Publikum zu verstehen. Dafür ist das gesamte Procedere zu schwerfällig und akademisch. Es handelt sich nicht um ein Pamphlet, sondern um eine Arbeit mit wissenschaftlichem Anspruch, die freilich nicht unberührt bleibt von den Kontroversen der Zeit.[51]

---

schreibt: Roselli gab *empfindliche Schrifften (sic!) wider den Pabst heraus, schrieb Monarchiam mundi ... in drey Büchern, welches Werk in Goldasti ... Tom. I anzutreffen.* DIPLOVATACIUS, *Liber* 361 schreibt: *De Monarchia etiam potestateque pape plurimos edidit libros.*

46 Cf. ECKERMANN, *Studien* passim. Ebd. 42: *Eine auffallende Erscheinung in der Geistesgeschichte des 15. Jahrhunderts ist die erneuerte Zuwendung zum monarchischen Gedanken.* Zum Begriff der „Monarchie" im Mittelalter vgl. die Anmerkungen von SCHULZE, Mediävistik 390.

47 Ein Aspekt, der von HALLER, *Piero da Monte* *31 Anm. 69 kritisiert wird.

48 ECKERMANN, *Studien* 52.

49 Vgl. GIERKE, *Genossenschaftsrecht* III 509, wo Roselli mit der *Monarchia* im § 11 *Die publicistischen Lehren des Mittelalters* genannt wird. Auch ULLMANN, *Law* 302: *a publicist of a very considerable calibre.*

50 Dieses Mißverständnis findet sich wohl bei BURNS, Monarchia 342 f. Vgl. auch BURNS, *Lordship* 12.

51 Vgl. ECKERMANN, *Studien* 52: *Bepackt mit so viel Gelehrsamkeit, hätte es eine Wirkung auf weite Kreise schwerlich haben können.* KAULEN, Antonius von Roselli 996 spricht von *großem Aufwand von Gelehrsamkeit.* AMANN, Roselli 2917 betont die *subtilité juridique* Rosellis in seinem Hauptwerk. THOMSON, Papalism 446: *The ideas ... are put forward with subtlety and precision, which reveal the acuteness of the author's mind and his concern to make his position absolutely clear.* Vgl. auch STOECKLIN, Ende 24 mit besonderem Bezug auf Teil II und III der Goldast'schen Fassung: ... *nicht nur bloße Polemik, sondern ein mit viel juristischem Scharfsinn unternommener Versuch, die Gewalt des Papstes und die Befugnisse eines allfälligen Generalkonzils sorgfältig gegenseitig abzugrenzen.*

Roselli wurde – je nach Blickwinkel – als Papalist oder maßvoller Konziliarist beschrieben.[52] Gierke meinte gar, daß die Verfassungslehre des Kanonisten *durch und durch von der Idee der Volkssouveränität in der Kirche durchweht* sei.[53] Diese Meinung wird man allerdings schwerlich aufrechterhalten können. Ein näheres Studium des Textes läßt es geboten erscheinen, diese Aussage zumindest zu relativieren.

Burns, der sich vor Cheneval als letzter intensiver mit der *Monarchia* befaßte, identifiziert als „Herzstück" der Rosellischen Ausführungen einen absoluten Dualismus, dem er dann noch – um die Position des besprochenen Autors präziser zu umschreiben – den Terminus des *dualen Absolutismus* beiordnet.[54] Was der Papst im Bereich der *spiritualia* ist, das ist der Kaiser für Roselli im Bereich der *temporalia.* Beide sind jeweils *in regno suo* absolute und nicht voneinander abhängige Herrscher.[55] Eckermann sucht die Konstruktion, wie sie uns im Hauptwerk des Paduaner Professors entgegentritt, von der Annahme her zu erklären, daß der *Schlüssel zum Verständnis der Monarchie Rosellis* in der *Frontstellung gegen die demokratischen Ideen der Konziliaristen* gegeben ist.[56]

52 Vgl. STOECKLIN, Ende 23 f. OURLIAC – GILLES, *Histoire* 49 Anm. 41: *auteur du ‚De Monarchia' ... qui contient un exposé très modéré des thèses conciliaires.* SIEBEN, *Traktate* 116 bezeichnet ihn als *päpstlichen Theologen* (so auch ebd. 120; 171 ...), betont aber auch, daß in der neueren Forschung die „konziliaristischen" Züge Rosellis deutlicher wahrgenommen wurden. Ebd. 37. PIAIA, *Marsilio* 80 Anm. 3 spricht von der *Monarchia di Antonio Roselli, un'opera antipapale.* CHENEVAL, *Rezeption* 301: *Was ... die Diskussion um die innerkirchlichen Herrschaftsstrukturen betrifft, so war Roselli eindeutig der Meinung, daß der Papst über dem Konzil steht. In diesem Sinne nimmt er gegen den frühen Cusanus eine antikonziliaristische Position ein.* Ein solches Urteil scheint zu harmonisch, als daß es der Vielschichtigkeit des Werkes von Roselli in seiner Geschichtsbedingtheit gerecht würde. Cf. auch ebd. 319: *Bei Roselli wird das ‚immediate a Deo' zu einem Argumentationselement zur Ausschaltung der Autorität des Konzils und anderer konstitutioneller Instanzen.* Ebd. 326: *Antonio Roselli war ein Gegner des Konziliarismus.* Mit Blick auf *De conciliis* kann man, scheint es, eine solche Sicht nur sehr bedingt teilen.

53 Vgl. GIERKE, *Genossenschaftsrecht* III 591 f. – Vgl. aber z.B. ECKERMANN, *Studien* 104: *Rosellis Stellung zur Volkssouveränität ist durch ein unentschiedenes Schwanken charakterisiert.* Vgl. ferner BURNS, Monarchia 351, der daran erinnert, *that our usual conceptions of both ‚absolute monarchy' and ‚constitutionalism' need a good deal of refinement if they are to make sense in the real world of late-medieval and early-modern Europe.*

54 Cf. BURNS, Monarchia 346 f.

55 Cf. CHENEVAL, *Rezeption* 315: Roselli *konstruiert eine vollkommene Parallele der monarchischen Herrschaftsstrukturen von Kirche und Reich.* Cheneval sieht die Arbeit Rosellis in eine politische Strategie eingebunden. Ebd. 299 sieht Cheneval in dem Traktat des Petrus de Monte, *Monarchia* (1433) einen weiteren *Zeugen dafür, daß die Monarchia Rosellis Teil eines theoretischen Unternehmens der päpstlichen Seite war, das darauf abzielte, auf das gemeinsame politische Interesse und auf die gemeinsame ideologische Fundierung der weltlichen und der geistlichen Monarchie hinzuweisen.*

56 Cf. ECKERMANN, *Studien* 46. Vgl. ebd. 24 f.: *... er (sc. Roselli) kämpft ... für vollständige Unabhängigkeit der weltlichen von der geistlichen Gewalt und tritt zugleich mit großer Energie für ein absolutes zentralistisches Papsttum ein.*

Dies erklärt sich gewiß zum einen aus der imperialistischen Auffassung, die man bei dem Verfasser der *Monarchia* leicht ausmachen kann. Roselli, mit der Ghibellinenstadt Arezzo eng verbunden,[57] steht in der Tradition jener, die im Kaiser den Protektor alles Wahren und Guten sehen – oder ihn zumindest in dieser Rolle sehen wollen. So wurde zu Recht hervorgehoben, daß in den Teilen des Werks, die für den Kaiser eine unmittelbar von Gott, das heißt: nicht über den Papst vermittelte, Gewalt beanspruchen, der Einfluß der *Monarchia* Dantes[58] nicht zu leugnen ist. Ja, Roselli erweist sich über ganze Textpassagen hinweg als Plagiator.[59] Man wird aber, um der Gerechtigkeit willen, unterstreichen müssen, daß Roselli dabei nicht unkritisch vorgegangen ist.[60] Ähnlich wie bei Dante wäre es unangemessen, würde man den *doctor utriusque iuris* als jemanden charakterisieren, der um einer größeren Akzeptanz beim Publikum willen eine in sich komplexe Fragestellung konsequent vergröbert, um leichter zu einer *a priori* feststehenden Lösung zu gelangen,[61] wenn dies auch durchaus in

[57] Zu Arezzo vgl. ECKERMANN, *Studien* 29 f.

[58] Vgl. zu diesem Werk des großen italienischen Dichters RICCI, Monarchia passim. Ebd. 994: *D. (sc. Dante) riafferma ... la piena uguaglianza dell'imperatore e del papa per quanto riguarda l'origine del loro potere e la funzione che essi assolvono: ... il potere dell'imperatore viene direttamente da Dio, al pari di quello del papa ...* Neben der ebd. 1003 f. angegebenen Bibliographie cf. auch KAY, Mentalité; LÖWE, Dante; WINKLEHNER, Originalität. Ferner KÖLMEL, *Regimen christianum* 508 – 516.

[59] Vgl. die Hinweise bei NARDI, *Mondo di Dante* 191 - 205 (La Monarchia e Antonio de' Roselli). Ebd. 204: *E anche quando egli plagia Dante non arriva a capirlo.* Ebd. 202: *Ci si può ben vestire delle penne del pavone, ma la voce della cornacchia tradisce l'improntitudine.* Vgl. auch RICCI, Monarchia 1002 der Hinweis auf die Rezeption durch Roselli. – Jüngst CHENEVAL, *Rezeption* 287 – 327. Für eine detaillierte Untersuchung sei nachdrücklich auf diese Arbeit verwiesen. Ebd. 308 (mit Blick auf Buch I der *Monarchia* des Roselli): ... *zum Teil wörtliche Übernahme von Passagen des Dante-Textes ... obschon er seine imitatio immer wieder hinter Hinweisen auf juristische Quellen, die jeweils mit dem Argument nichts zu tun haben, zu verstecken sucht.* Vgl. ebd. 312: ... *Lektüre im ersten Teil seiner Schrift dokumentiert, wie günstig die Rezeptionsbedingungen für die Schrift Dantes seitens der papalistischen Monarchisten in der Zeit nach der Kaiserkrönung von Sigismund und während des Konzils von Basel waren. Angesichts der konziliaristischen Herausforderung wird Dante als Monarchist bei der Kurie salonfähig.* Cheneval geht, wie sich hier wieder zeigt, sehr stark (zu stark?) von einem antikonziliaristisch-papalistischen Roselli aus.

[60] Cf. BURNS, Monarchia 344, kritisierend, daß Nardi das übersehen habe: *Roselli is at all events not an uncritical plagiarist.* Vgl. aber NARDI, *Mondo di Dante* 195, wo dieser auf die Reserve Rosellis gegenüber Dantes Argumentation hinweist. Vgl. auch CHENEVAL, *Rezeption* 305: *Auffallend ist, daß Roselli trotz seiner grundsätzlichen Übereinstimmung mit den Positionen des Alighieri immer wieder Wert darauf legt, sich von gewissen Thesen des von ihm nie genannten Dante zu distanzieren.* – Vgl. auch, in anderem Zusammenhang, ECKERMANN, *Studien* 51 Anm. 2 (der Seite 50): *So sklavisch hat sich ... Roselli nie an seine Vorlagen gehalten.*

[61] Vgl. RICCI, Monarchia 994, der ebd. die Meinung einer bestimmten Danteinterpretation referiert: *Un D. (sc. Dante) nemico ... della ‚potestas directa in temporalibus', ma non di un rapporto fondato sul principio della superiorità del fine spirituale dell'uomo nei confronti del suo fine temporale.* Cf. BURNS, Monarchia 345.

einzelnen Punkten vorkommen kann. Gleich Dante sieht mancher Roselli, mit Blick auf seine *Monarchia*, als Vertreter einer nicht mehr in die Realität umzusetzenden Konzeption, als Repräsentanten einer Weltschau, die keine Zukunft mehr hatte, als reinen Theoretiker.[62]

[62] Für Dante cf. WINKLEHNER, Originalität 132: *Dantes Reichslehre ist eine Auseinandersetzung mit der Vergangenheit, die zwar noch tief in die Gegenwart hineinwirkt, aber keine Aussicht mehr auf Zukunft zu haben scheint.* Auch KÖLMEL, *Regimen christianum* 516 spricht von *triumphalistischem Utopismus*. Vgl. noch WATT, Spiritual 412 zu den *faults* der *Monarchia* Dantes. – Zu Roselli vgl. die Bemerkungen von THOMSON, Papalism 447: *Roselli spends much time in purely academic consideration of matters which were no longer live issues in the sphere of practical politics ... His attitudes to secular power are totally theoretical.* Cf. auch PERTICONE, *Roselli* XXVII: *... uno degli ultimi pubblicisti – tarda retroguardia dei grandi scrittori del Trecento – che mantengono ancora principi e metodi evidentemente anacronistici.* Dazu SALITTA, *Pensiero* 400.

2. Kurze Darstellung der Argumentation

Ohne eine nähere Analyse der *Monarchia* zu unternehmen – dies würde auch eine Vertiefung der von Burns ansatzweise getanen Arbeit voraussetzen, die hier nicht zu leisten ist – soll gleichwohl vor diesem Bewertungshintergrund ein knappes Resümee des umfangreichen Werkes gegeben werden.[1]

Den fünf Büchern vorangestellt ist zunächst ein *prohaemium generale*, das eine Widmung des Werks an Friedrich III. enthält. Roselli will die *iura orthodoxa Monarchiae*, die von manchen außer acht gelassen, ja in Abrede gestellt werden, klar und deutlich hervortreten lassen, dabei nicht geleitet von Gewinnstreben oder Ehrgeiz, nicht handelnd als Schmeichler der Fürsten, sondern unter dem Zeichen der Wahrheit und mit dem Bestreben, dem Irrtum, der aus der Dummheit erwächst, den Boden zu entziehen.[2] Im folgenden *prohaemium speciale* verweist er bereits darauf, daß die *irdische Wirklichkeit* (*mundus sensibilis*) nach göttlichem Willen *uno principio et motore* geleitet und regiert werden soll. Bei denen, welche die Bedeutung des römischen Kaisers ignorieren, präsumiert Roselli einen Mangel an wahrer Vernunft, ja sogar Streben nach einer Form von Tyrannei. Er dagegen will dem Kaiser die ihm nach göttlichem Willen zustehende Ehre geben.[3]

Es folgt das erste Buch, bei Goldast unterteilt in 71 Kapitel.[4] Zunächst referiert Roselli die Argumente der Gegner, welche die Meinung vertreten, der Papst als Stellvertreter Christi und Nachfolger des Petrus besitze

---

1 Wie schon früher angemerkt, bezieht sich bei der Angabe der Textstellen Kapitel- und Bucheinteilung auf die Goldast-Ausgabe (G), von der auch zunächst die entsprechenden Seiten – bzw. – wenn erforderlich – im Anschluß daran die jeweils entsprechenden Zeilenzahlen in runden Klammern angegeben werden. In eckigen Klammern erfolgt dann der Verweis auf die Druckausgabe von 1487.

2 Vgl. G Prohaemium generale, 252 [nicht numeriert]: ... *nec spe quaestus, vel ut magistratum sacerdotiumve ambitu consequar ... venio ad scribendum: nec ut Principibus aduler (nam ipsam horreo publicam Regum pestem:) quin potius ut temeratorum arrogantiam rusticam veritatis freno compescam, et ut grassantis stultitiae error amplius non aspiret.* Vgl. ECKERMANN, *Studien* 48 f., die hier ganz die Selbsteinschätzung Rosellis übernimmt.

3 Cf. G Prohaemium speciale, 252 f. [nicht numeriert].

4 Cf. G I, I - LXXI [2r - 19r]: Im Druck von 1487 findet sich die der Goldast-Ausgabe entsprechende, wenn auch nicht numerierte Kapiteleinteilung bis Kap. 68 einschließlich (- das *Monarchia* ed. 1487, f. 16r beginnt). Kap. 69 und 70 bei Goldast sind in der *Monarchia* ed. 1487 vereint, beginnend f. 16r. Kap. 71 bei Goldast findet sich *Monarchia* ed. 1487 wieder f. 18v. – Der gesamte Text des ersten Buchs auch bei PERTICONE, *Roselli* 1 - 169.

die *potestas utriusque gladii*. Der römische Kaiser hänge, was seine Herrschaft bezüglich der *temporalia* angehe, vom Papst und der Kirche ab. Der Papst dagegen erfreue sich des umfassendsten Prinzipats. Die Beweisführung der anderen Partei umfaßt 19 Punkte.[5] Roselli faßt zunächst das Ergebnis all dieser Thesen zusammen, wobei er anführt, daß in dieser Auffassung nicht nur Doktoren der heiligen Theologie, sondern auch *decreta* und, was für den Autor wohl besonderer Erwähnung wert ist, Bartolus, der *vir maximae sapientiae*, zusammenkommen.[6]

Roselli streitet nicht ab, daß Christus, Gottes Sohn, alle Gewalt und göttliche Herrschaft (*divinum dominium*) im Himmel und auf Erden gehabt habe, auch nicht, daß der Erlöser eine Kirche gestiftet habe und daß er die Sorge für seine Herde einem einzigen, nämlich seinem Stellvertreter, anvertraut habe. Was er aber verneint, das ist, daß die weltliche Herrschaft (*seculare seu civile dominium*), die weltliche Vollzugsgewalt (*potestas et coercitio*) Christus als Mensch zu eigen gewesen sei. Vielmehr behauptet Roselli, daß Christus *illa ... abnegasse et noluisse: nec exercitori alicui navicule sue per ipsum fuisse commissa.*[7] Hinsichtlich der weltlichen Gewalten betont Roselli, daß sie, vom ewigen Gott kommend, über die Kaiser dieser Zeit dem Menschengeschlecht zugewiesen, in ihm verteilt werden.[8] Er führt dann in den Kapiteln XXI bis XXXVIII seine Konzeption vor.[9] Besonders unterstreicht er, daß das Reich Christi geistlich und göttlich (*spirituale et divinum*) gewesen sei. Wie der Erlöser in die Welt gesandt worden sei, entsprechend seien auch Petrus und seine Nachfolger gesandt worden, nicht weltliche und bürgerliche Herrschaft auszuüben.[10] Unter Bezug auf die Hl.

---

[5] Vgl. G I, I - XIX, 253 - 263 [2r - 5v]. G I, (vor) I, 253 liefert ein Summarium der genannten Kapitel. Dort auch der Hinweis auf die 19 *roborationes*. *Monarchia* ed. 1487, Tabula [nicht numeriert] gibt dagegen 20 *roborationes* an.

[6] Cf. G I, XX, 263 f. [5v - 6r]. Bzgl. Bartolus ebd. 264 (1 - 3) [5v]. G II, X, 334 (25) [31r] bezeichnet ihn Roselli als *summae scientiae vir*. – Zu Kaiser Heinrich und seiner Bedeutung bei Roselli cf. die Notizen bei ECKERMANN, *Studien* 30.

[7] Cf. G I, XX, 264 [5v - 6r] – KÖLMEL, *Regimen christianum* 415 zu Alvarus Pelagius als Vertreter der Armutslehre, der aber – anders als Roselli – noch mühevoll versucht, die *spiritual-temporale Vollgewalt des Papstes* zu verteidigen. Die *Spannung von Weltführung und Weltverzicht* – ebd. 420 – ist bei Roselli bezüglich des Papstes einseitig aufgelöst, um sein Konzept des Imperium beibehalten zu können.

[8] Cf. G I, XX, 264 (14 - 17) [6r].

[9] Cf. G I, XX - XXXVIII, 263 - 273 [5v - 9v].

[10] Cf. G I, XXI, 264 (50 - 52) [6v]: ... *sicut ipse Deus in mundum missus: ita in mundum misit discipulos. Sed tamen Christus missus fuerit ut haberet divinum regnum: non mundanum et seculare seu civile dominium: ita et Petrus et successores similiter missi sunt: ut habeant divinum dominium, non humanum*. Vgl. auch G I, XXVI, 267 (8 f.) [7r]: ... *oportet intelligi Christi regnum fuisse spirituale, non temporale, quod non est perpetuum*. Zum Gedanken der spiritualen Kirche cf. ECKERMANN, *Studien* 46 f. Ebd. 47: *In jenen dreißiger*

Schrift, auf die Väter (Chrysostomus, Ambrosius, Augustinus), die Korrespondenz Bernhards von Claivaux mit Papst Eugen III., Beda Venerabilis, das kanonische und das weltliche Recht entfaltet der Autor ein Spektrum von *auctoritates* vor den Augen der Leser, um deutlich zu machen, daß die kaiserliche Gewalt in ihrem Bereich unmittelbar (*immediate*) von Gott stamme und daß sie entsprechend diesbezüglich von niemandem abhänge.[11] Gott habe zwar dem Petrus die Schlüssel des Himmelreiches (*claves regni coelorum*) übergeben; die Schlüsselgewalt aber erstrecke sich nicht auf zeitliche Herrschaft (*dominium temporale*).[12] Das *ius imperii pro temporalibus* wurde dem *princeps* über das Volk von Gott her übertragen. Dem Papst komme dabei keine Bedeutung zu. Auch aus der Tatsache, daß für das Wohlgeordnetsein der Welt (*bene esse mundi*) es nötig sei, daß es eine Monarchie gebe, die – in Nachahmung der *monarchia celestis* – möglichst vollkommen sein solle, schließt Roselli, daß dies eher gegeben sei, wenn diese *monarchia* direkt in Gott ihren Ursprung habe und nicht ihr Sein von irgendeinem Menschen, der sein Stellvertreter sei, empfange. Für Roselli ist dies ein unwiderlegbarer Beweis (*ratio invincibilis*) für seine Auffassung.[13] Schließlich ist es ein Gebot für die *ecclesia militans*, sich der *ecclesia celestis triumphans* anzugleichen. Roselli, der sich hier wieder, wie auch an anderen Stellen, auf Pseudo-Dionysius Areopagita beruft, hebt hervor, daß es in der Monarchie des Himmels keinen Gebrauch zeitlicher Dinge gebe, gesteht allerdings ein, daß diesbezüglich eine völlige Ähnlichkeit der beiden Welten nicht zu erreichen sei aufgrund der menschlichen Schwachheit (*infirmitas humana*).[14] Im 36. Kapitel des ersten Buches referiert der *monarcha utriusque* die Auffasung Dantes über die Antezedenz des Imperium vor

Jahren häufen sich die Stimmen derer, die sich gegen die weltliche Herrschaft der Kirche aussprechen. ... Der Gedanke lag damals gleichsam in der Luft.

11 Cf. G I, XXVIII, 267 (41 f.) [7r]: ... *concluditur, imperium habere a Deo immediate suas iurisdictiones et pro ipsis a nemine dependere.* CHENEVAL, *Rezeption* 297: *Im Gegensatz zu anderen monarchischen Theorien seiner Zeit, unternimmt Roselli eine theokratische Fundierung der Monarchie.* Ebd. 301: *Roselli und die päpstliche monarchische Theorie eines Petrus de Monte oder Johannes Turrecremata ... vertreten eine absolutistische Begründung des monarchischen Prinzips, während Cusanus in der ‚Concordantia catholica' die theoretische Vorstufe zu einer konstitutionell legitimierten Wahlmonarchie liefert. Rosellis Monarchietheorie setzt sich in ihrer Zeit von einem konsens- und vertragstheoretischen Modell der Monarchie ab.*

12 Cf. G I, XXXI, 268 (38 - 42) [7v].

13 Cf. G I, XXXII, 269 (3 - 9) [7v]. Ebd.: *Cum ... ad bene esse mundi sit opus una Monarchia (sc. Monarchia ed. 1487: uno monarcha) ... et haec Monarchia esse debeat perfecta, quanto melior est possibile secundum perfectionem humanam: cum per hoc magis equamur Monarchiae coelesti .... sequitur ut sit perfectior et melior propter esse immediate a deo quam ab aliquo homine eius vicario.*

14 Cf. G I, XXXV, 269 (47 f.) [8r].

Kirche und Papsttum, woraus dieser schließt, daß ersteres nicht von letztgenannten abgeleitet werden könne. Roselli bezeichnet allerdings diese Auffassung, deren Urheber bzw. früheren Vertreter er nicht nennt, als *etsi subtilis ... non tamen ... necessario vera sive concludens* und lehnt sie persönlich ab.[15] Wohlwollender referiert er einen anderen Gedankengang, der sich ebenfalls bei Dante findet.[16] Grundlegend ist die Auffassung von dem doppelten Ziel des Menschen: das eine ist die irdische Glückseligkeit (*beatitudo terrena*), das andere ist das ewige Leben (*vita eterna*). Diesen zwei Zielen entsprechen zwei Wegweiser, nämlich der Kaiser und der Papst. Der Papst kann und darf nicht die Ehre der Leitung des spekulativen und kontemplativen Lebens durch ihm nicht geziemende Eingriffe in den Weisungsbereich Abbruch tun, der dem Kaiser zukommt.[17] Ja, Roselli wird in seiner Meinung noch deutlicher. Die Zuwendung zu den *temporalia* im Sinne eines Strebens des Papstes nach einer universalen Verwaltung der irdischen Dinge bringt die Gefahr eines Niedergangs mit sich. Tatsächlich wäre eine solche Rückwendung als Häresie zu beurteilen, da sie einem Abfall vom Glauben (*a fide exorbitare*)[18] und dem Tatbestand, andere durch Beispiel oder Wort vom Glauben abzubringen (*a fide deicere*), gleichzusetzen wäre. Roselli schreibt abschließend: *concludo, haereticum et insanum esse dicere quod univeralis administratio temporalium sit vel esse possit apud summum pontificem.*[19] Für ihn steht zweifelsfrei fest, daß eine solche Auffassung mit der Natur der Kirche nicht in Einklang zu bringen ist.[20]

---

15 Cf. G I, XXXVI, 269 - 271 [8r -8v]. Ebd. 270 (39 f.) [8r]: *Haec tamen argumentatio, etsi subtilis sit. non tamen est necessario vera sive concludens, nec mihi placet.* Vgl. BURNS, Monarchia 344, der hieran festmacht, daß Roselli kein *uncritical plagiarist* ist. Vgl. auch CHENEVAL, *Rezeption* 310.

16 Cf. die Zusammenfassung bei RICCI, Monarchia 1000 zu Dante. Vgl. auch NARDI, *Mondo di Dante* 195 f.

17 Cf. G I, XXXVII, 271 f. [8v]. Ebd. 272 (11 - 13): *Ex quibus infertur conclusive Caesarem a Deo immediate dependere, non per summi pontificis medium, qui directioni vitae speculativae et contemplativae dedecus non potest nec debet actionibus istis mundialibus turbari.*

18 FUNDER, *Reichsidee* 92 umschreibt *exorbitare* mit *aus-dem-Rahmen-Fallen.*

19 Cf. G I, XXXVIII, 272 f. [8v - 9r]. Ebd. 273 (3 - 22) [9r]: *Dico quod etsi summus pontifex ... vellet in se assumere universam administrationem temporalium ... essetque potius se manum ad aratrum apponere et retrocedere quod electis dei minime conveniens est contingere: cum obliti sint eorum quae retro sunt, id est temporalium ... pessimum esset si post exordia boni operis ad priora mala redirent temporalia ... Profecto factum tale pro haeresi iudicarem, cum par sit a fide exorbitare, et alios exemplo vel verbo a fide deiicere ... Si enim subversor ecclesiae et status sancti clericalis et boni communis eius, debet censeri non solum scismaticus sed plus quam scismaticus, multo magis esset in eo qui habet primo rationem capitis et pastoris ... concludo, haereticum et insanum esse dicere quod universalis administratio temporalium sit vel esse possit apud summum pontificem.*

20 Vgl. G I, XXXVIII, 273, 41 (9v): ... *administratio temporalium universalis est contra naturam ecclesiae.* Ebd. 273 weist er auch den Vorschlag zurück, der dem Papst *in habitu* eine

Roselli müht sich nun, in den Kapiteln XXXIX – LV die 19 Argumente der Gegner, die für die *potestas universalis in temporalibus* angeführt wurden, zu widerlegen.[21] Bei der Entkräftung der Gedanken der anderen, die sich auf die Beziehung von Sonne und Mond als *duo luminaria magna*, gründen,[22] nimmt Roselli wiederum kritisch auf Dante Bezug, ohne diesen freilich zu nennen.[23] Wenn auch das Imperium das Licht des Glaubens von der Kirche empfängt, wie Roselli anerkennt, ist doch daran festzuhalten, daß, wie der Mond in seinem Tun nicht von dem von der Sonne empfangenen Licht abhängt, so auch nicht der Kaiser (*Caesar*) bei der Verwaltung der *temporalia* von der Kirche.[24]

Geistliche und irdische Jurisdiktion (*spiritualis et temporalis iurisdictio*) sind nicht aufeinander zurückführbar. Gott selbst ist es, in dem sowohl Papsttum wie Kaisertum ihren Ursprung haben. Er ist der Einheitspunkt aller Wirklichkeit.[25] Von daher bestreitet auch Roselli den Häresievorwurf, der ihn – nach Meinung mancher – treffen könnte, da er zwei Stellvertreter des einen Gottes postuliert: als *vicarius in spiritualibus* den Papst, dessen Vikariat zwar *in mundo*, aber nicht *de mundo* ist, und den Kaiser als *vicarius in temporalibus*.[26] Für Maccarrone ist es gerade das Thema des *vicarius Christi*, das der Kanonist in Anlehnung an Dante und

---

solche Gewalt zuschreibt, wenn er auch *in actu* nur über das Medium des Kaisers diese Herrschaft ausübe.

21 Vgl. G I, XXXIX - LV, 273 - 282 [9v - 13v]. Das Summarium bei G I, (vor) XXXIX, 273 (50 f.): *Confutationes roborationum decem et novem superius memoratarum de potestate Papae universali in temporalibus. Monarchia* ed. 1487, Tabula spricht wieder von 20 *roborationes.*

22 Cf. G I, II, 254 [2r].

23 Cf. NARDI, *Mondo di Dante* 197 - 199. Vgl. auch CHENEVAL, *Rezeption* 309: *Dantes Argument der Unmöglichkeit der Priorität der Akzidenzien vor der Substanz wird ... als unzutreffende Ontologisierung einer semiotischen Beziehung zwischen Sonne – Mond und den beiden Gewalten widerlegt.* Ebd. 310 spricht Cheneval bei Roselli von einem *kreativen Umgang mit dem Argument Dantes und seine Kritik ist ein Beispiel für philosophische Bildung eines Juristen des 15. Jahrhundert.* Roselli bewege *sich durchaus auf demselben Diskussionsniveau wie Dante.*

24 Vgl. G I, XL, 274 [9v]. Vgl. ebd. bes. Zeilen 52 - 62. Zu Rosellis Auseinandersetzung mit Dante in diesem Zusammenhang cf. ECKERMANN, *Studien* 76 - 78.

25 Cf. G I, XLI, 273 (sic! lies: 275) (9 - 13) [10r]: ... *spiritualis et temporalis iurisdictio non sunt eiusdem rationis: igitur una ad aliam non est reducibilis. Et quae distincta sunt in se et ad distinctos fines ordinantur, unum non est ab altero, ut est papatus et imperium distincta in fines diversos ... et ideo unum non debet ab alio ordinari, immo immediate reducuntur ad aliquod certum. Et hic Deus est, a quo immediate sunt papatus et imperium.*

26 Cf. G I, XLI, 273 (14 - 16) [10r]: *Deus aeternus duos constituit vicarios, unum in spiritualibus, alium in temporalibus. Et cum dicis: ergo praesupponis in terris duos vicarios, et sic duo principia, et hoc est haereticum, sit praecedens responsio: quod licet vicariatus papae sit in mundo, non tamen censendus est de mundo ...* Zu *in mundo* und *de mundo* cf. die Hinweise mit Blick auf Augustinus Triumphus bei ECKERMANN, *Studien* 63 Anm. 1.

die antipäpstlichen Publizisten Ludwigs des Bayern weiter entfaltet.[27] Dieser Titel kommt dem Papst zu Recht zu, insofern es sein Anliegen sein muß, die Seelen zur ewigen Glückseligkeit zu führen. Er hat aber keine Relevanz bezüglich der *temporalia*. Der Papst hat hinsichtlich des Kaisers, dem als vornehmstes Ziel die Schaffung und Sicherung der *pax* zukommt, eine Regel- und Ordnungskompetenz nur dann, wenn es mit Blick auf den Glauben als nötig erscheint – eben *quatenus fidelis esse debet Imperator*.[28] Auch die Bedeutung derer, die den Kaiser wählen, wird merklich eng umschrieben. Das *ius eligendi* haben sie letztlich vom römischen Volk.[29] Roselli respektiert den Gedanken der *lex regia*, aber in eigenwilliger Form. Wiederholt hatten die römischen Legisten betont, das römische Volk habe die in ihm ruhende *potestas* auf den Herrscher als *concessio usus* übertragen. Bei Roselli ist von dem Volk selbst diese ihm ursprünglich inhärente Gewalt, nach der erfolgten Übertragung auf den Kaiser, endgültig gewichen. Sie ist ganz auf den Imperator übergegangen.[30] Die Wähler sind Organe, Instrumente, die nicht ihnen selbst eigene *potestas* übertragen. Diese kommt vielmehr direkt von Gott. In seinem Mühen, *das Imperium nach Fundament und Aufbau in vollkommener Parallelität mit dem Sacerdotium darzustellen* ist das *Kaisertum ... kein Amt von Volkes, sondern von Gottes Gnaden*.[31] Nach Eckermann ist es das *Gottesgnadentum des Absolutismus, dem er das Wort redet*.[32]

Bei dem Bemühen, als Kanonist wie Legist die von den jeweiligen Bereichen gelieferten *auctoritates* in seine Argumentation einzubauen und

---

27 Vgl. MACCARRONE, *Vicarius Christi* 267.

28 Cf. G I, XLVIII, 279 (23 - 25) [11v]: *Cum ... Papa non possit eligere, nec eligat Imperatorem, nec ipsum instituat vel confirmet, nec in potestate ipsum regulet, vel ordinet, nisi quantum pro fide indiget, vel quatenus fidelis esse debet Imperator ...* Zur Haltung Rosellis bzgl. Approbation, Konfirmation und Krönung des Kaisers durch den Papst vgl. ECKERMANN, *Studien* 86 f.

29 Cf. G I, XLVIII, 279 (32 - 34) [11v]: *... electores imperii habent (sc. ius eligendi) ab Ecclesia ... i. (sc. id est) ab universali collegio fidelium, et sic a populo Romano.* Dazu ECKERMANN, *Studien* 81 f. zu der *sehr gewagten Interpretation*, die Roselli – auch hier – einsetzt, um die Lehre der Dekretalen formal zu respektieren.

30 Cf. G II, II, 305 (63 - 65) [20v]: *... Romanus populus post omnem iurisdictionem translatam in principem amplius iurisdictionem non habet.* Vgl. auch G III, XIX, 416 (44 f.) [60v]: *... princeps Caesar habet iurisdictionem a iure, quod erat principaliter radicatum in personam Romani populi, qui condidit legem regiam et ius radicatum in personam ipsius populi transtulit in principem.*

31 Vgl. ECKERMANN, *Studien* 104. – Cf. auch G I, XLVIII, 278 f. [11r - 11v]. Ebd. 279 (12 - 18): *Cum ergo iurisdictio, quae confertur principi, concedatur a lege regia, est principaliter in ipso iurisdictio per se, non per electores, quia per eos est sicut per quoddam instrumentum. Et similiter iurisdictio Papae est a Deo immediate, licet per organa eligentium: Nec tamen organa talia sunt conferentia ipsam potestatem, sed Deus seu Romanus populus.*

32 Vgl. ECKERMANN, *Studien* 103.

sie gegebenenfalls mit Blick auf seine Aussageabsicht zu „bereinigen“, bereitet Roselli die Bulle *Unam sanctam* Bonifaz' VIII. erhebliche Schwierigkeiten.[33] Wenngleich in diesem päpstlichen Schreiben nichts wesentlich Neues gesagt wurde, stellte es doch als Ausdruck einer extrem hierokratischen Schau, die dem Nachfolger Petri eine absolute Prädominanz zuschreibt,[34] ein Hindernis dar für Roselli, der nicht die Absicht hat, sie bei der Betrachtung des Verhältnisses von Staat und Kirche außer acht zu lassen. Schon am Anfang seines Werkes hatte er hervorgehoben, daß er zwar der Meinung sei, die Hl. Schrift sei den *canones* der Päpste vorzuziehen; dennoch wolle er bei seiner Diskussion die *sacrae constitutiones* nicht ausschließen. Letztendlich wäre es nämlich frevelhaft, anzunehmen, der Papst könne bei lange fortdauernder Unterstützung durch die Universalkirche irren.[35] Mit seiner grundsätzlich positiven Haltung zu den Dekretalen steht er wohl ganz im geistigen Umkreis der Restauration seiner Zeit, die den Wert dieser Texte unterstrich.[36] Aber *Unam sanctam* konnte schlecht als Kronzeuge für die These Rosellis herhalten. Er hilft sich, indem er – etwa bei der Frage nach der Interpretation der „Zwei-Schwerter-Lehre“ –[37] heraushebt, daß er die Bulle vor Fertigstellung der *Monarchia* nicht gelesen habe. Da er wohl die Schwäche seiner Argumentation empfand, macht er weiter darauf aufmerksam, daß die Bulle nicht in die

---

[33] ECKERMANN, *Studien* 74: *Nur mit einer einzigen (sc. Dekretale) will es ihm nicht gelingen, sie in sein System einzubauen: das ist die Bulle ‚Unam Sanctam'. An ihr müssen selbst seine sonst so haarspalterischen Deutungsversuche scheitern.*

[34] Vgl. PERTICONE, *Roselli* XVI, der aber von *idee di assoluto predominio curialistico* als Grundlage von *Unam sanctam* spricht. FUNDER, *Reichsidee* 269: Bonifaz hat hier *alle Ansprüche und Prätentionen seines Amtes auf einen neuen Höhepunkt getrieben und in der berühmten Bulle ... seine Auffassung vom Papstamt und dessen Stellung in Kirche und Welt zusammengefaßt.* Cf. auch ebd. 275. Ferner sei hingewiesen auf ULLMANN, Monarchia 113, wo dieser über das Verhältnis von Bonifaz und Dante schreibt: *The intellectual and religious crisis of the early 14th century was epitomized in Dante and Boniface: The former postulated consent based on freedom of choice: the pursuit of eternal beatitude was in no way thereby affected – it was facilitated. The latter represented the traditional view for whom salvation resulting from faith alone mattered. His unipolarity looked backwards, whereas Dante's bipolarity looked forward.*

[35] Cf. G I, I, 253 (40 - 43) [2r]: ... *Ipse vero, etsi hoc ipsum nempe affirmem, fundamentalem divinam scripturam pontificum canonibus praeferendam; tamen venerandas ipsas sacras constitutiones non excludo, quia arbitrari pontificem errare, universali ecclesia diu supportante, nephas iudico.*

[36] Vgl. ECKERMANN, *Studien* 75 f. mit ebd. 76 Anm.1. – Zur Haltung Dantes in dieser Frage vgl. MANSELLI, decretali 333 mit den dort hinsichtlich der *Monarchia* gemachten bibliographischen Hinweisen. Ebd. 333: *D. (sc. Dante) condivide ... questa condanna dello spirito ‚giuridico' e lo identifica ... nell'abuso delle d. (sc.decretali) e nella tacita loro sostituzione alla Sacra Scrittura, come binario della vita cristiana, pur non rifiutando, in linea di principio, la ‚ragione canonica', cioè il diritto canonico.*

[37] Cf. G I, XLIX, 279 f. [11v – 12r], bezugnehmend auf ebd. I, XI, 257 [3r - 3v].

anerkannten Sammlungen aufgenommen worden sei.[38] Nur so ist es ihm möglich, zu behaupten, daß es dem Papst verboten sei, das *gladius temporalis* zu führen, sei es selbst oder durch einen anderen.[39]

Nun hatten manche versucht, die Verweigerung der päpstlichen Zugriffsmöglichkeit auf die *temporalia* dadurch zu umgehen, daß sie diese *temporalia* als auf geistliche Ziele ausgerichtet bezeichnet hatten: In diesem Fall konnte man ja wieder die Intervention des *vicarius Christi* legitimieren. Roselli, ansonsten noch weitgehend in seinen Auffassungen dem Mittelalter verhaftet, erweist sich neu als Grenzgänger einer kommenden Zeit, wenn er – als Mann der Kirche – die Meinung vertritt, daß es auch eine Eigenberechtigung der irdischen Dinge ohne eine direkte Einbindung in einen Bezug auf ein Höheres gibt.[40] Der Kanonist gesteht allerdings zu, daß dies die Grundausrichtung allen Seins auf das Geistliche hin nicht tangiert.[41] Grundsätzlich galt freilich – und hier ging Roselli eben einen Schritt weiter -: *Solange man den irdischen Dingen ihre Eigenberechtigung nicht zubilligte, ... konnte man die Autonomie der weltlichen Gewalt*

---

[38] Cf. G I, XLIX, 279 (57 - 61) [11v]: ... *si intelligimus, quod duo gladii intelligantur pro iurisdictione spirituali et temporali, quae erant apud Christum habitu, ut postea vidi expleto hoc opere quod approbando dixit aliquando Papa in decretali, unam sanctam: quae tamen non est cum aliis in voluminibus incorporata, sed extravagans. et profecto quod non sit incorporata, hoc non est sine ministerio (sc.* PERTICONE, Roselli 98 *liest ‚sine misterio'), quia factae fuerunt postea Clementinae.* Vgl. dazu ECKERMANN, *Studien* 75 mit Anm. 1. Vgl. auch G I, XI, 257, 30 f. [3v] und G I, XIX, 263 (48 - 50) [5v].

[39] Cf. G I, XLIX, 280 (53 - 55) [12r]. Dort aber auch wieder der Hinweis auf die Kompetenz des Papstes hinsichtlich der die *fides* tangierenden Sachverhalte. KÖLMEL, *Regimen christianum* 407: *‚Unam sanctam' zeigt die spirituale Grundtendenz des in der Hand der Kirche befindlichen Verfügens über den ‚gladius materialis' zugleich mit der autoritativen Betonung dieses Anspruchs. So macht sie in der Machtbehauptung zugleich eine Linie sichtbar, die den Anspruch auf die Welt an das Wesen der Kirche bindet.* – Mit Blick auf Dante vgl. WINKLEHNER, Originalität 128: *Die Trennung der beiden Schwerter ... in der Herrschaft über einen diesseitigen und einen jenseitigen Bereich ist für Dante die notwendige Grundlage des irdischen Gottesreichs mit seinem höchsten Ziel: dem Frieden auf Erden.* CHENEVAL, *Rezeption* 310 macht deutlich, daß Roselli auch in diesem Zusammenhang versucht, *sich von seiner ungenannten Quelle zu distanzieren* und eine Interpretation vorlegt, *die aber gleich wie bei Dante darauf abzielt, dem Papst die weltliche Gewalt abzusprechen.* – Hinsichtlich der Literatur bezüglich des Problems der zwei Schwerter mag ein Hinweis auf die bei FUNDER, *Reichsidee* 273 f. Anm. 29 genannte genügen. Für die Auffassung der Zuordnung der beiden *gladii* im 12./13. Jh. cf. das knappe Resümee bei KÖLMEL, *Regimen christianum* 22 f.

[40] Cf. G I, LXIII, 290 (7 f.) [15r]: ... *non omnia temporalia sunt ad finem spiritualium, sed illa tantum, quantum divinus cultus non deseratur inopia.* ECKERMANN, *Studien* 68 f.

[41] Cf. G I, L, 281 (39 - 41) [12r]: *Non ... universa temporalia in operatione sunt semper propter spiritualia, licet in habitu sic.* – Vgl. KÖLMEL, *Regimen christianum* 514 zu Dante, von dem ja Roselli maßgeblich beeinflußt ist: *Der naturale Aristotelismus des Dante, eingerechnet der averroistische Einschlag, hat sozusagen ‚unter sich' die christlich verstandene Weltordnung, die in die Ordnung des Heils eingebettet ist und bleibt.*

nicht proklamieren.[42] Roselli ist das möglich. Der Papst ist wohl der *divinus monarcha*, der *pontifex*, der sozusagen die Brücke zum anderen Leben schlägt, aber der Kaiser ist der *supremus monarcha* bezüglich der irdischen Dinge. Ein Papst, der sich das Amt des Kaisers anmaßt, würde aufhören, Papst zu sein. Dies ergibt sich aus der Bestimmung der Aufgabe des Brückenbauers unter Achtung der unterschiedlichen Ziele.[43]

Voller Schmerz registriert freilich der Verfasser der *Monarchia*, daß es in Italien nur wenige gibt, die dem *sacrum imperium* in wahrer, fester Treue zur Seite stehen.[44]

Was seine Person angeht, scheint ihm, daß er in ausreichendem Maße über die Rechte des Kaisers gehandelt hat. Er will daher nun langsam zu einem anderen Punkt übergehen, dessen Behandlung, wie er meint, dem Kaiser und der Welt nützlich sein könnte. Es geht ihm um die Frage der Zuordnung, im Sinne von Über- und Unterordnung, der beiden Monarchen, des Papstes und des Kaisers.[45]

Zunächst behandelt er die von manchen vorgebrachten Gründe, die für einen Vorrang des Papstes vor dem Kaiser sprechen.[46] Zunächst wehrt er sich dabei gegen den Vorwurf, der ihn von Seiten der nicht-kaiserlichen Partei, der *Romani Imperii detractatores*, treffen könnte. Diese wagen es, ihn als häretisch zu bezeichnen. Er ziehe in Zweifel, was von der Kirche, gestützt auf heilige Autoritäten und durch umfangreiche Vernunftgründe bekräftigt, entschieden worden sei. Roselli hält dagegen, daß bei der Interpretation eines Schrifttextes dieser nicht jüdisch-buchstäblich zu deuten sei, sondern von der *mens Dei* her verstanden werden

---

[42] So ECKERMANN, *Studien* 68.

[43] Cf. G I, LVI, 283 [12v - 13r]. Ebd. 283 (43 f.) [13r]: *papa non debet nec potest assumere assumere officium principis imperatoris, quia desineret esse Papa.* – Vgl. schon das bei KÖLMEL, *Regimen christianum* 249 angeführte Zitat Innozenz' IV. (Apparatus zu X, 4, 17, 13 [*Per venerabilem*]): *Unus iudex non habet se intromittere de pertinentibus ad alium, licet se ad invicem adiuvare debent.* Ebd. (Apparatus zu X, 1, 38, 100 [*De procuratoribus*]): *Non est similitudo inter bona temporalia et ecclesiastica, quae sunt diversi iuris et diversi fori principalis; quia temporalia sunt de foro Imperatoris vel saeculari, et spiritualia sunt de foro Papae vel spirituali vel Ecclesiae.* BLEIENSTEIN, *Johannes* 41.

[44] Cf. G I, LVI, 283 [13r]. Dort auch der lobende Hinweis auf den Grafen Antonio von Urbino und Montefeltre, der - ebd. 284 – der *caesareae unitati* immer angehangen hat und nicht *viperio more versa est in viscera genitricis.* Zur Beziehung Rosellis zu dieser Familie cf. ECKERMANN, *Studien* 38 f.

[45] Cf. G I, LVI, 284 (5 - 12) [13r].

[46] Cf. G I, LVII - LX, 284 - 287 [13r - 14r]. Am Schluß, ebd. 287 (5 - 7) [14r] schreibt er: *Possent ad hanc sententiam (sc. pontificalem potestatem praecedere imperialem) roborandam adduci omnia iura, quae in primis primae quaestionis deduxi, sed hic prolixitatem evitando dimitto.* Gründe für den Vorrang des Papstes u.a.: *ratione ordinis, ratione potestatis, ratione antiquitatis, ratione auctoritatis, ratione obiecti et finis, ratione auctoritatum canonicarum et sanctorum patrum.*

müsse.[47] Wir begegnen hier an der Schwelle zur Renaissance dem von den Humanisten verfochtenen *Prinzip, daß die Intention des Urhebers entscheidend für die Auffassung seiner Worte sein soll.*[48]

Nachdem er die Gründe dieser Partei referiert hat, dokumentiert er die Meinung der anderen (*aliorum sententia*).[49] Diese weisen u.a. auf Fälle hin, bei denen eine Papstabsetzung durch den Kaiser erfolgte. Die Konsequenz davon sei, daß der Kaiser über dem Papst stehe, sein Richter sei. Denn der Niedrigergestellte oder der im gleichen Rang Stehende habe keine Gewalt hinsichtlich des im Vergleich zu ihm Höher- oder Gleichgestellten (*inferior vel par non habet in superiorem vel parem imperium*).[50] Auch mit Bezugnahme auf die Hl. Schrift – auf die Bereitschaft Christi qua sterblicher Mensch, Steuern zu zahlen,[51] auf das Urteil des Pilatus, der ordentliche Jurisdiktionsgewalt hinsichtlich des Herrn gehabt habe, sowie auf die Appellation des Paulus an den Kaiser – wird die These belegt, daß der Papst ein Untergebener des *caesar* sei. Nachdem Roselli so die beiden widersprechenden Auffassungen präsentiert hat, will er nun dem Leser kundtun, was er für die Wahrheit hält.[52] In diesem Zusammenhang wiederholt er die für ihn grundlegende Konzeption: Der Papst ist der *unicus monarcha divinus* mit Blick auf die *spiritualia*, der *temporaliter vel spiritualiter* von niemandem gerichtet werden kann, *nisi pro heresi* oder wenn er sich aus freien Stücken einer anderen Gewalt unterwirft. Der Kaiser dagegen ist *supremus monarcha* hinsichtlich der *temporalia*. Mit Blick auf diese stehe er *actu vel habitu* allen vor. Er könne diesbezüglich von niemandem gerichtet werden. Ausgenommen sei der Fall, daß er sich selbst dem Urteil eines anderen unterwerfe.[53] Soweit die *temporalia* auf *spiritualia* hingeordnet sind, als *praeparamenta vel instrumenta ad finem spiritualium*, gilt der Vorrang des Papstes.[54] Bei der geradezu spiegelhaften Gegenüberstellung der beiden

---

[47] Cf. G I, LVII, 284 (18 - 24) [13r]. Ebd. Zeilen 23 f.: *non sunt Iudaice ad litteram considerandae, sed secundum mentem Dei intelligendae.*

[48] Vgl. ECKERMANN, *Studien* 79.

[49] Cf. G I, LXI f., 287 f. [14r - 14v].

[50] Cf. G I, LXI, 287 [14r] Verweis auf Papst Gregor, der durch Kaiser Heinrich abgesetzt wurde und auf Johannes XII., der durch Kaiser Otto abgesetzt wurde. Vgl. zum ersten Fall ZIMMERMANN, *Papstabsetzungen* 122 - 135; zum zweiten Fall ebd. 78 - 93.

[51] Cf. zu diesem und dem folgenden G I, LXII, 287 f. [14v] Betreffend der Steuerverpflichtung vgl. FUNDER, *Reichsidee* 291 mit Anm. 87.

[52] Cf. G I, LXIII, 288 (24 f.) [14v]: *Leonum ut ora concludam, et latrantium (sc.* PERTICONE, *Roselli 126 verbessert: clamantium) linguas compescam, opus est. Et ideo per conclusiones, quam veritatem sentiam, infra subiiciam.*

[53] Cf. G I, LXIII, 288 f. [14v - 15r].

[54] Cf. G I, LXIII, 289 [15r].

Machthaber[55] ist es ein Grundgedanke der Arbeit Rosellis, hervorzuheben, daß im gleichen Moment *diversis respectibus unus maior et minor altero* ist.[56] Will der Papst seine Superiorität behaupten, ist es entscheidend, daß er in dem Bereich bleibt, der ihm zukommt, d. h. im Bereich der *spiritualia*. Mischt er sich in *temporalia* betreffende Fragen ein, ist er *minor atque inferior* im Vergleich mit dem Kaiser.[57] Roselli hebt ausdrücklich hervor, daß er nicht behaupten möchte, der Papst sei dem Urteil des *princeps* unterworfen. Es geht ihm primär um die Respektierung der sozusagen in der Wesensbestimmung des Amtes mitgegebenen Grenzen. Er erläutert sein Anliegen durch einen Vergleich Papst/Kaiser, *intellectus/sensus*.[58] In den Augen Rosellis geht es im letzten um die Freiheit, die der Nachfolger Petri verliert, wenn er sich zu sehr an die Dinge dieser Weltzeit hängt. Freilich gilt für Roselli auch: Im Fall eines Streites zwischen Papst und Kaiser ist dann, wenn die Streitmaterie in die Kompetenz der Kirche fällt, bei *spiritualia* betreffenden Fragen, bei Materie, die in den Bereich des *peccatum* fällt (*ratione peccati*)[59] etc., der zuständige Richter immer der Papst oder ein von diesem Beauftragter.[60]

Anschließend behandelt Roselli – sozusagen als konkreten Fall für eine Diskussion der Kompetenzen – die Frage des Eides und der Verbindlichkeit der Schenkung Konstantins für die ihm nachfolgenden Kaiser. Zunächst legt er wiederum die Argumente derer vor, die die Ungültigkeit

---

[55] Cf. etwa G I, LXIII, 288 (35 - 40) [14v]: *ipse vero Pontifex pro ipsis spiritualibus est unicus monarcha divinus, qui omnibus praesit, et a nemine iudicetur temporaliter vel spiritualiter ... Pontificis persona, prout obligari quaeretur, personaliter nulli mortalium est submissa iudicio, nisi pro haeresi ... quo casu est iudex concilium talis causae ... vel ipse, si vult suae causae*. Ebd. 289 (38 - 40) [14v]: ... *ubi non veniunt (sc temporalia) ut praeparamenta ... ad finem spiritualium ... tunc concludo quod Imperator supremus est monarcha, princeps et iudex omnibus superior, qui a nemine iudicetur, nisi alteri se sponte submittat.*

[56] Cf. G I, LXIII, 289 (51 - 55) [15r]: ... *nec est absonum, ut diversis respectibus unus maior et minor altero esse dicatur. ... Non est igitur absonum, ut pro temporalibus Caesar aliquando sit maior pontifice, quem (sc.* PERTICONE, *Roselli 131: qui) tamen omni alio respectu ipsi noscitur esse minor.*

[57] Cf. G I, LXIII, 290 (11 f.) [15r].

[58] Cf. ebd. Zeilen 9 - 18 [15r]. Ebd. Zeilen 12 - 18: ... *quemadmodum enim cum intellectus praevenitur a sensu, et captivatur ab eo, et ipsi applaudet, non regulans et dirigens sensum, sed se permittens regi et regulari a sensu, est minor sensu: sic est cum Papa, qui pro intellectu et anima capitur, sed permittit se captivari ab istis terrenis et mundanis, et ipsis applaudet, quoniam tunc ipse Papa est quemadmodum intellectus qui captivetur et praeveniatur a sensu, qui est tunc sensu minor, et sic ipse Papa tunc imperatore minor est: qui si staret in sua libertate non immiscendo se temporalibus, esset maior, et dominaretur principi, quemadmodum intellectus dum ratione vincit sensum, ipsi dominatur atque praeeminet.*

[59] Zu *ratione peccati* vgl. KÖLMEL, *Regimen christianum* 236.

[60] Cf. G I, LXIV, 290 [15r].

der konstantinischen Schenkung behaupten,[61] um dann in neun Punkten die Sicht derer zu referieren, die die fortdauernde Gültigkeit der Schenkung vertreten.[62] Diese Sicht abschließend, referiert er seinen eigenen Standpunkt. Er ist der Auffassung, daß all jene Gebiete, die stets dem Imperium unterstanden und nicht der Kirche, rechtlich ganz und gar des Kaisers und des Imperiums sind: *de donatione illarum non sit amplius disputandum*, sagt Roselli kategorisch.[63] Anders verhält es sich mit den Ansprüchen der Kirche bezüglich der Gebiete, die sich aktuell in ihrem Besitz befinden, d.h. bezüglich des Kirchenstaates. Hier betont der Kanonist, daß der Papst im *patrimonium Petri* die Gewalt hat, aber nur die *potestas utilis*, für den Kaiser, ohne damit dessen oberste, unmittelbare Gewalt, die *potestas directa*, in den *temporalia* zu präjudizieren.[64] Rosellis Interesse gilt insgesamt weniger, wie Burns betont, der Authentizität als vielmehr der Gültigkeit und den Folgen der angenommenen Übertragung.[65] Was die Diskussion um die Echtheit der Konstantinischen Schenkung angeht, war man – so Laehr – an der Kurie schon *seit Jahrhunderten dem Gedankenkreis* derselben entfremdet und *ertrug die Angriffe ... mit Gelassenheit.*[66] Für Maffei zeigt sich Roselli, wo er die bereits klassische Problematik präsentiert, als noch völlig in den Denkkategorien des Mittelalters gefangen.[67] Burns will allerdings berücksichtigt wissen, daß die erste Fassung der *Monarchia* vor der humanistischen Widerlegung der Gültigkeit der Konstantinischen Schenkung durch Lorenzo Valla geschrieben wurde. Setz dagegen ist der Auffassung, daß Roselli dessen Ausführungen bereits kannte.[68] Bezeichnend ist, wie Roselli an der Stelle,

---

[61] Cf. G I, LXIV - LXIX, 290 - 293 [15r - 16r]. Das Summarium ist bei Goldast auf Seite 292 zu früh eingefügt. Vgl. zu diesem Thema u.a. LAEHR, Konstantinische Schenkung passim und MAFFEI, *Donazione* passim. Ebd. 304 f.: *Il legista e canonista aretino dedica al nostro tema una trattazione quantitativamente cospicua come poche, ma non sorretta da un pensiero vigoroso.*

[62] Cf. G I, LXIX, 293 - 296 [16r - 17r].

[63] Cf. G I, LXIX, 296 [17v]. Ebd. Zeilen 60 - 62: *Teneo ergo quod in rebus illis quas ad praesens ecclesia non retinet sed imperium semper tenuit de donatione illarum non sit amplius disputandum sed fuit pleno iuris caesaris et imperii.*

[64] Cf. G I, LXX, 297 - 299 [17v - 18v].

[65] Vgl. BURNS, Monarchia 345: *Roselli's concern is not, in any case, with the authenticity but the validity and results of the supposed transaction.*

[66] So LAEHR, Konstantinische Schenkung 167. Vgl. auch CHENEVAL, *Rezeption* 334. SETZ, *Lorenzo Vallas Schrift* 125 f.: *Rosellis Argumentation geht von den bestehenden Machtverhältnissen aus ... Die Konstantinische Schenkung ... ist deshalb für ihn nicht von besonderer Bedeutung.*

[67] Vgl. MAFFEI, *Donazione* 304 - 310. Ebd. 310: *Del carattere sostanzialmente accademico della sua trattazione si è già detto. Egli non intende il problema che nei suoi termini nettamente medievali.*

[68] Vgl. BURNS, Monarchia 345: *Lorenzo Valla was Roselli's junior by a quarter of a century, and his attack on the authenticity of the Donation was half a dozen years in the future*

wo er das Referat der Gründe und Gegengründe beendet und seine Position vermittelt, schreibt: *Quid igitur dicam? sententiam hanc infra scriptam pro verissima submitto, me tamen determinationi sanctae matris ecclesiae subiiciens, cuius correptioni me suppono, et ab eius decisione discedere non intendo. Et si huic meae decisioni contraria foret, illam amplector, hanc vero reiicio.*[69]

Auch bei der Diskussion der Frage des Eides, den der Kaiser dem Papst schwört, spürt man das Bestreben Rosellis, die Eigenständigkeit der kaiserlichen Würde mit Nachdruck zu wahren. Gegen Andersdenkende unterstreicht der Kanonist, daß der Papst den Kaiser nicht zu einem *fidelitatis iuramentum* zwingen dürfe. Der *princeps* hat nach Roselli eine natürliche Pflicht, der *ecclesia Romana* helfend zur Seite zu stehen. Wo er die Zusage macht, zu erfüllen, wozu er schon ohne Eid verpflichtet ist, scheint ein Eid überflüssig.[70] Der *doctor utriusque* plädiert dafür, eher von einem *iuramentum reverentiae* und nicht von einem *iuramentum fidelitatis* des Imperators zu sprechen. Entsprechend könne auch der Papst nicht den, der mit Blick auf die *temporalia* keinen Oberen hat, zum Eid verpflichten. Wolle man den Terminus „Treueeid" beibehalten, gelte es, ihn recht zu verstehen. Keinesfalls dürfe man den Kaiser deshalb, weil er diesen Eid ablege, als Vasall des Papstes interpretieren, als seinen Untergebenen. *Iuramentum fidelitatis* gelte es vielmehr mit Blick darauf zu deuten, daß es bei diesem Eid besonders auf die *bona fides* ankommt, beziehungsweise ankommen muß.[71]

Ungeachtet der Betonung der Superiorität des Kaisers in seinem Bereich unterläßt Roselli es jedoch nicht, darauf hinzuweisen, daß es auch ein Widerstandsrecht gegen einen König gibt, wenn er *contra salutem regni universalem* handelt. Ein Fürst, der den *status universalis imperii* in Gefahr bringt, ist *inutilis*. So haben die Römer in früheren Zeiten rechtmäßig

---

when the first version of the ‚Monarchia' was written. In neuester Zeit noch CHENEVAL, *Rezeption* 296 mit Anm. 55, der einen Zusammenhang zur *Concordantia* des Cusanus postuliert. – Vgl. dagegen SETZ, *Lorenzo Vallas Schrift* 126: *Daß er Vallas Ausführungen kannte, ist durch eine Anspielung wahrscheinlich: Für Roselli ist die förmliche ‚traditio' nicht notwendiger Bestandteil einer Herrschaftsantretung, ‚licet quidam iuvenis praesumptuose ...' Es ist nicht auszuschließen, daß dieser ‚iuvenis' Lorenzo Valla ist.* Cf. dazu G I, LXIX, 295 (Zeilen 56 - 58). Auch MAFFEI, *Donazione* 305 meinte schon: *... d'altro canto, ove solo si richiami alla mente che un Valla aveva già dimostrato il falso, l'intera esposizione sembra non avere senso, sembra appartenere al più irrevocabile passato.* Vgl. auch ebd. 306 f.

[69] G I, LXIX, 296 (16 - 18) [17v].

[70] Cf. G I, LXXI, 300 (28 f.) [18v]: *... ubi princeps fatetur adimplere velle, ad quae tenetur sine iuramento, supervacuum videtur iuramentum.*

[71] Cf. G I, LXXI, 300 [18v - 19r]. Zur Frage des Eides bei Roselli vgl. ECKERMANN, *Studien* 82 - 85.

gehandelt, als sie ungerechte Könige (*reges iniqui*) vertrieben haben. Es ist erwähnenswert, daß Roselli auch an dieser Stelle ein solches Vorgehen nicht nur durch den Hinweis auf das römische Recht, sondern auch auf das kanonische Recht rechtfertigt. Dabei parallelisiert er wieder die beiden Bereiche.[72] Das geschieht ebenfalls im zweiten Buch der *Monarchia*, wo der *doctor utriusque* die Problematik des häretischen Papstes erörtert. Er führt aus, daß es erlaubt ist, einem ungerecht gegenüber einem Untergebenen handelnden Richter mit Gewalt entgegenzutreten.[73] Ja, er sagt, daß es notfalls erlaubt ist, ihn zu töten, freilich nicht als Richter, sondern als Privatperson. Das Recht auf Verteidigung gegen das ungerechte Vorgehen der Höhergestellten liegt Roselli zweifelsohne am Herzen. Eine Tyrannei kann keinen Gehorsam einfordern.[74]

Das zweite Buch der *Monarchia* befaßt sich ausführlich mit der Vollmacht des Papstes.[75] Roselli unterstreicht zum einen, daß die *potestas* sowohl des Papstes wie der Gesamtkirche (*universalis ecclesia*) unmittelbar von Gott kommt. Er versäumt aber auch nicht, darauf zu insistieren, daß der Papst, insoweit er Mensch ist und bleibt, sündigen kann. Die *potestas* des Papstes als solchem wird von Gott selbst verliehen, die Bestimmung der Person aber, welche die Vollmacht ausübt, – durch den Wahlvorgang – geschieht durch Menschen (*homines dei ministri*). Der Mißbrauch der *potestas* ist nicht Gott anzulasten, der handelnd niemals das Böse tut, sondern ist Sache des Papstes selbst, d.h. ist letzlich auf die *materia imperfecta* zurückzuführen.[76] Vollkommen ist immer die Kirche als *ecclesia bonorum fidelium*. Sie ist *sine macula et sine ruga*. So wie sie sich im Papst findet als Haupt der Kirche, gilt es zu bedenken, daß dort ein Mensch ist, der irren und sündigen kann. Ihm ist die Kirche nicht schlechthin unterworfen, da sie sonst, sich der *crudelitas papae* oder seiner *opinio incerta* unterwerfend, sich nicht gegen die Häresie verteidigen könnte.[77]

---

[72] Cf. G I, LXIX, 294 (54 - 64) [17r]. BURNS, Monarchia 348: *plainly not a theory of non-resistance.*

[73] Cf. G II, XXIII, 366 (53 - 58) [42v].

[74] Cf. G II, XXIII, 366 (38 - 41) [42v] (mit Bezug auf das Widerstandsrecht gegen einen häretischen Papst): ... *quando papa erat (sc. lies mit Monarchia ed. 1487 ‚errat') in fide, si statueret, quod non redargueretur de haeresi, tolleret suis subditis naturalem defensionem, quam etiam princeps non tollere potest.* – Vgl. auch wieder den Parallelismus ebd. 366 f. (61 - 1) [43r]: *dixi supra in quaestione an valuit donatio Constantini, quod populi subditi possunt deponere Dominum effectum tyrannum, nec tenentur ei in malis suis praeceptis oboedire ... Et ideo non debent pati populi papam haereticum.*

[75] Cf. G II, I - XXX, 301 - 379 [19r - 47r]: *De Pontifice Romano, eius potestate et iurisdictione.*

[76] Cf. G II, I, 302 f. [19v].

[77] Cf. G II, I, 302 (52 - 63) [19v].

Diese Vorbehalte hindern Roselli nicht, in Erinnerung zu rufen, daß Christus selbst den Petrus zum *princeps apostolorum* gemacht hat.[78] *Maior omnibus est cathedra Petri. et sic Petrus fuit maior omnibus episcopis, et per consequens apostolis, in quorum loco hodie sunt episcopi.*[79]

Vor seiner Passion erwählte Jesus den Petrus bzw. versprach ihm den *principatus*. Solange er selbst als Hirte unter den Menschen lebte, konnte allerdings kein anderer *pastor universalis* eingesetzt werden. Dies hätte gegen den Glaubenssatz *et in unam sanctam catholicam ecclesiam* – dem der *unus pastor ecclesiae* entspricht – verstoßen. Nach der Auferstehung aber bekräftigte Christus den Vorrang des Petrus. Ihm allein wurde die Vollmacht verliehen, die zunächst in Christus war.[80] Roselli wendet sich so gegen die Auffassung derjenigen, die meinen, Christus hätte die *potestas* den Aposteln allen in gleicher Weise verliehen, und entsprechend hätte Petrus nur eine Art „Ehrenvorrang" gehabt.[81] Für Roselli ist Petrus kein *quasi princeps*,[82] sondern wahrer *princeps*. Er ist das Haupt der Kirche und der Apostel, oder – Roselli verweist wieder einmal auf Pseudodionysius – *capitaneus* bzw. *discipulorum verticalis*.[83] Petrus ist der *praelatus aliis Apostolis et toti ecclesiae militanti, tamquam princeps et praelatus.*[84]

Er ist es, der alle Menschen der verschiedenen Riten in seiner Person der Gesamtkirche „inkorporiert", wie der Autor ausführt, indem er die Hl. Schrift entsprechend interpretiert.[85] Freilich gesteht Roselli leichten Herzens zu, daß Petrus den anderen Aposteln *ratione ordinis vel consecrationis* gleichrangig ist. Anders verhält es sich aber mit der *potestas administrationis vel iurisdictionis*. Hier ist Petrus allen anderen Aposteln übergeordnet.[86] Entsprechendes gilt für den Papst.[87]

---

[78] Cf. G II, II, 304 (22 - 24) [20r]: ... *his non obstantibus, veritas est in contrarium, videlicet quod Christus fecit Petrum Apostolorum principem ... et totius ecclesiae militantis.*

[79] G II, II, 304 (29 f.) [20r].

[80] Cf. G II, II, 304 f. [20r - v].

[81] Eine derartige Konzeption eignete sich freilich vorzüglich, eine *parlamentarisch regierte Kirche zu rechtfertigen.* So ECKERMANN, *Studien* 111. Zu der Auffassung cf. etwa G II, II, 303 f. (23 - 22).

[82] Cf. G II, II, 304 (11 f.) [20r] – die Gegner: *ideo textus in § fi. ad fi. 21. di. quod Petrus quasi princeps factus est. notanda est dictio quasi, quae impropritatem significat, ut non vere princeps fuerit, sed quasi princeps.* Dazu Roselli ebd. 306 (51) [21r]: ... *quando dictio quasi addicitur veritati, est eius veritatis expressiva non fictionis inductiva vel veritatis diminutiva* mit Verweisen auf das römische Recht.

[83] Cf. G II, II, 305 (5 - 7) [20v].

[84] Cf. ebd. Zeilen 15 - 17 [20v].

[85] Cf. G II, II, 305 (11 - 15) [20v]. Ebd. Zeile 15: *eos (sc. homines) in sua persona toti ecclesiae incorporare.*

[86] Cf. G ebd. Zeilen 24 - 27 [20v].

[87] Cf. ebd. Zeilen 45 - 47 [20v].

Vor allem mit Berufung auf Augustinus wurde immer wieder der Gedanke geäußert, Petrus sei *pro ecclesia et nomine ecclesiae* die Vollmacht vom Herrn verliehen worden. Auch dafür weiß Roselli eine Lösung anzubieten. Der Kirchenvater wie auch andere Heilige wollten mit ihrer Interpretation betonen, daß die *potestas* nicht persönlich dem Petrus übertragen wurde, denn dann würde sie ja auch nicht mehr den Nachfolgern zukommen. Nein, die *potestas* wurde der *dignitas*, der Würde, verliehen, die zwar dem Amtsinhaber zukommt, aber nicht mit ihm stirbt. Im letzten ist die *dignitas* die *ecclesia universalis*. Die Kirche selbst aber als *corpus mysticum et persona repraesentata* kann *per se* nicht die Vollmacht des Lösens und Bindens ausüben. Sie bedarf dazu ihrer Diener. Der *primus minister* aber nach Christus war Petrus. Er empfing als einziger (*solus*) diese der *dignitas* der Kirche zukommende *potestas universalis*. Diese Übertragung *non fuit personalis, ita quod non transiret in successores, sed fuit data dignitati, id est ecclesiae universali.*[88]

Der Verfasser der *Monarchia* scheut sich auch nicht, die Diskussion über das *fundamentum ecclesiae* aufzunehmen. *In jener Zeit ..., in der man Symbolen einen viel größeren Wert beimaß, spielte sie in den Kämpfen um die Gestalt der Kirchenverfassung eine große Rolle.*[89]

Roselli verweist auf die Ansicht derer, die sagen, Christus sei das *fundamentum ecclesiae* in der Vergangenheit gewesen und sei es auch heute.[90] Er selbst hebt zweierlei hervor: Zum einen will er den Unterschied zwischen dem *primum fundamentum unicum* und den *plura fundamenta* gewahrt wissen. Als *primum fundamentum unicum* kann man nur Christus selbst gelten lassen.[91] Zum zweiten könne man, so der Kanonist, *fundamentum* selbst in verschiedener Weise verstehen. Eine erste Möglichkeit besteht darin, das *fundamentum* mit Blick auf die geistlichen Tugenden als die *fides catholica* zu identifizieren. Weiter kann man darunter auch das Sakrament, die Taufe, verstehen. Als dritte Möglichkeit bietet er die Deutung an, bei der das Fundament mit den Aposteln gleichgesetzt wird. Viertens verweist er auf das Fundament, das Christus selbst ist, fünftens auf Gott. *proprie tamen fidei, et Ecclesiae fundamentum est Christus ...*

---

88 Cf. G II, II, 305 (52 - 63) [20v]. Vgl. auch ECKERMANN, *Studien* 127, die aber meint, Roselli halte hier *für die konziliaren Lehren doch noch eine Tür offen.* Zur „Kirche, die nicht stirbt“ vgl. die Ausführungen bei KANTOROWICZ, *Two Bodies* 437 f. hinsichtlich der Unterscheidung von „man and his Dignity“.

89 So ECKERMANN, *Studien* 117. Zur Interpretation von Mt. 16, 18 vgl. GILLMANN, Zur scholastischen Auslegung passim.

90 Cf. G II, I, 301 f. [19r].

91 Cf. G II, I, 302 (35 - 37) [19v].

fundamenta vero denotant Apostolos: qui post primum fundamentum Ecclesiae secundaria sunt fundamenta.[92]

Es ist Roselli ein zentrales Anliegen, aufzuweisen, daß für das Wohlgeordnetsein der Welt es auch in der Kirche nötig ist, daß es eine *potestas* gibt, von der alle anderen abgeleitet werden.[93] Zunächst referiert er die Argumente seiner Gegner, die u.a. davon ausgehen, *quod omnis potestas sit principaliter in tota ecclesia et in concilio universali ipsam repraesentante*, und nicht im Papst. Christus habe die *potestates* allen Aposteln und nicht nur dem Petrus verliehen.[94] Dann aber führt Roselli in großer Breite aus, daß das Gegenteil wahr ist.[95] Bereits das Beispiel von Romulus und Remus aus der römischen Frühzeit zeigt, daß in einem Reich normalerweise nicht Platz für zwei ist. Roselli verweist den Leser darüber hinaus auf die Hl. Schrift und auf den *philosophus*, Aristoteles. Alles spricht dafür, daß es besser ist, wenn das ganze Menschengeschlecht *per unum* reguliert und gelenkt wird.[96] So wird *pax, unitas et tranquillitas* erreicht.[97] Im Mikrokosmos des Individuum ist es bereits so, daß es umso besser um dieses Individuum steht, wenn alles *ad unum* zurückgeführt werden kann.[98] Aber auch für alle *corpora mystica universitatum* gilt, daß es besser um sie steht, wenn sie durch einen regiert werden.[99] Argumentativ *a*

---

[92] Cf. G II, I, 302 (37 - 45) [19v]. Das Zitat ebd. Zeilen 43 - 45. Vgl. GILLMANN, Zur scholastischen Auslegung 43 Anm. 5 betr. der Summa Parisiensis und ebd. 45 Anm. 1 betr. der Interpretation durch Huguccio.

[93] Die Diskussion bei G II, IV - VII, 308 - 319 [21v - 25v].

[94] Cf. G II, IV - V, 308 - 310 (39 - 62) [21v - 22v]. Ebd. II, V, 310 (56 - 61): *Infertur ... quod omnis ecclesia sive potestates non videntur a Papali potestate habere dependentiam. Item quod ad bene mundi vivere non est opus esse unam summam potestatem, a quo caeterae oriantur vel dependentiam habeant. Et ex his videtur inferri, quod omnis potestas sit principaliter in tota ecclesia et in concilio universali ipsam repraesentante, quam in solo Papa, cum potestates eas Christus concessisse videatur omnibus Apostolis et non soli Petro.*

[95] Cf. G II, II, 304 [20r – 20v] mit zeitgeschichtlichem Bezug: ... *oportet ... quod unus tantum ecclesiae foret pastor, et sic ordinavit Deus Petrum ... Et contra hanc ordinationem non potest papa vel tota universalis ecclesia et concilium disponere, ut duo simul de pontificatu contendentes ambo ut pontifices summi in sua sede stetissent, licet secus foret in alio episcopatu inferiori.*

[96] CHENEVAL, *Rezeption* 312 urteilt hinsichtlich der Diskussion des „An ad bene esse mundi ...“: *eine geschickte Übertragung von Dantes Frage nach der Notwendigkeit der ‚temporalis Monarchia super omnes ...‘ auf die innerkirchliche Machtstruktur.* Vgl. auch ebd. 305: *Roselli fügt im zweiten Teil ... die Argumente Dantes aus dem ersten Buch der Monarchia zwecks Legitimation der innerkirchlichen päpstlichen Monarchie ein.*

[97] Cf. – mit Blick auf den Einzelmenschen – G II, V, 311 (54 - 59) [23r]. Mit Blick auf Gesellschaftsverbände, ebd. II, VI, 312 (35 - 38) [23r].

[98] Cf. G II, V - VII, 311 - 319 [22v - 25v]. Zum zuletzt Angeführten cf. ebd. II, V, 311 f. (1 - 2) [22v - 23r]. GRABMANN, *Studien* 113f.

[99] Cf. G II, VI, 312 (12 f.) [23r] – nach mehreren Beispielen -: *Et idem est in aliis misticis corporibus universitatum, quia melius se habent cum per unum reguntur.* – Anschließend ver-

minore ad maiorem fortschreitend meint Roselli, man müsse für die ganze Welt dasselbe postulieren.[100] Heute ist dieser eine hinsichtlich der *temporalia* der *Caesar Romanorum Rex*, hinsichtlich der *spiritualia* der *Pontifex Romanus Christi vicarius.*[101] Christus selbst nämlich, um des hohen Gutes der Einheit willen, *unicam constituit universalem ecclesiam militantem et non plures: cui, ut conservaretur unitas, non omnes Apostolos universaliter praefecit, sed Petrum prae omnibus principaliter principem constituit.*[102]

Die Kirche als *unum corpus mysticum* muß ein Haupt haben, den Papst, dem als Nachfolger Petri die *unica suprema potestas* zukommt. Wegen des Schatzes der *unitas* müssen alle *potestates* von einem Punkt ausgehen, wie die vielen Strahlen von der einen Sonne. Wer abstreiten würde, daß die oberste Gewalt beim Papst ist, der sei häresieverdächtig, da er den Glaubenssatz der einen, heiligen, katholischen und apostolischen Kirche leugne.[103] Jede Vollmacht nach der *potestas* des Papstes ist von diesem *dependens, et ab ipso debet instrui et regi mediate, si vult, vel immediate.*[104] Jede Vollmacht eines Ordinarius steht entsprechend in Abhängigkeit zur Vollmacht des Nachfolgers Petri.[105] Das heißt allerdings nicht notwendig, daß alle Einzelentscheidungen selbst der kleinsten Stadt jeweils von dem getroffen werden müßten, der die *suprema potestas* innehat. Dieser muß vielmehr *secundum regionum diversitates* die Leitungsvollmacht durch andere wahrnehmen lassen.[106] Er aber bezeichnet, insofern er Bischof der *ecclesia Romana* ist, *caput et cor ecclesiae.*[107] Der Papst hat ein Episkopat,

---

weist Roselli auf Aristoteles, der von *quinque communitates* weiß, denen der Kanonist – jeweils parallel *spiritualiter* und *temporaliter* – reale gesellschaftliche Verbände zuordnet. Vgl. auch CHENEVAL, *Rezeption* 314: Roselli *übernimmt ... Dantes Ausweitung der aristotelischen Stufung natürlicher Herrschaft und konstruiert parallel dazu die Stufung kirchlicher Herrschaft, mit jeweiliger Rückführung jeder Stufe auf die Herrschaft des Einen. ... Das besondere Moment an der Übernahme dieses Stufenmodells aus der ‚Monarchia' Dantes ist dessen Anwendung zur Legitimation einer bestimmten kirchlichen Herrschaftsstruktur.*

100 Cf. G II, VI, 312 (35 - 39) [23r].

101 Cf. G II, VI, 312 (41 - 46) [23r].

102 G II, VII, 314 (44 - 47) [24r].

103 Cf. G II, VII, 314 (51 - 60) [24r].

104 G II, VII, 315 (57 - 59) [24v].

105 Cf. G II, VII, 316 (2) [24v]: *omnis potestas ordinariorum pendet a potestate pontificis.*

106 Cf. G II, VII, 315 (4 - 8) [24r], wo der Bezug hergestellt wird zwischen der *Monarchia inferior* und der *hierarchia supercaelestis.*

107 Cf. G II, III, 308 (4) [21v]. Zur Bedeutung des Herzens vgl. auch die sich auf Aristoteles beziehenden Ausführungen ebd. II, V, 311 (18 - 24) [22v]: *Nam sive consideres partem corporalem et corruptibilem variis membris distinctam ... omnia ipsa membra et totum corpus et eius partes vivificantur a corde, et ab ipso ortum et principium habent, et membra a corpore separata vel cordi non corrispondentia putrescunt, arescunt ... Nam secundum philosophum ... in corde principaliter est sedes animae, quae anima corpus vivificat.*

nämlich das der *ecclesia universalis*. Er ist der *pontifex* der Gesamtkirche. Die *sedes Petri* wird dabei von Roselli nachdrücklich mit Rom verbunden.[108] Es verdient hervorgehoben zu werden, daß die Auseinandersetzung mit dieser Frage von Eckermann im Kontext der angestrebten *Restauration der Primatsansprüche* gesehen wird. Sie war *mit der Grundlage des Glaubens an den Primat Petri eng verbunden*.[109] Nach Roselli erhielt die heilige römische Kirche von Christus selbst den Primat über die anderen Kirchen. Alle anderen *ecclesiae* und *dignitates* haben von dieser Kirche ihren Ursprung. Sie ist *fidei mater*, *caput et cardo*, *aliarum ecclesiarum mater et magistra*. Sie ist *non a conciliis, non ab Apostolis, sed a Deo* als Sitz des Petrus bestimmt worden. Roselli bemüht sich, dies aufzuweisen.[110] Der Papst ist zwar *universalis pastor*, aber aus der praktischen Unmöglichkeit, der Gesamtkirche in der Administration vorzustehen, war es erforderlich, daß der Stellvertreter Christi Diözesen teilte und Dienste verteilte. Es gilt: Hinsichtlich der unmittelbaren Administration ist der Papst Bischof der *ecclesia Romana*.[111] Er muß sich selbst Bischof der Universalkirche nennen, und zwar, um die Einheit zu bezeichnen (*ad designandum unitatem*). Bezüglich der Administration aber darf er sich nur, einzig und allein, Bischof der Kirche von Rom nennen, die nach göttlichem Willensentscheid *caput et principium* der Universalkirche ist.[112] *Dei iudicio* ist der Sitz des Papstes Rom. Daraus folgt, daß die *sedes* von Rom *sine Dei iudicio removeri non potest*.[113]

> *Si Papa et concilium vellet duas esse ecclesias, non posset hoc constituere. ... Idem si assereret, quod extra Catholicam ecclesiam esse posset salus et se extra ecclesiam ponere vellet, quia tunc similiter esset nedum scismaticus sed haereticus ... ut puta si diceret apud alios esse debere sedem Apostolicam, ut puta apud Machameti sacerdotes, vel alibi illam vellet constituere: quia cum apud Romanam ecclesiam iure divino constituta sit sine Dei voluntate commutari non potest ... et multo magis esset haereticus, si diceret, esse posse ecclesiam apud alios quam apud successores Christi.*[114]

---

[108] Vgl. seine Diskussion in G II, III, 307 f. [21r - v]. Vgl. auch ECKERMANN, *Studien* 120 - 122. Hingewiesen sei noch auf FUHRMANN, Ecclesia Romana bes. 44 f.; BLUMENTHAL, Rom in der Kanonistik passim; MACCARRONE, Ubi est papa, ibi est Roma passim.

[109] So ECKERMANN, *Studien* 121.

[110] Cf. G II, III, 307 (38 - 56) [21v]. Ebd. Zeilen 53 f.: *In quibus iuribus probatur, quod non a conciliis, non ab Apostolis, sed a Deo ecclesia Romana constituta est Petri sedes.*

[111] Cf. G II, III, 307 f. (58 - 6) [21v].

[112] Cf. G II, III, 308 (4 - 11) [21v]. Vgl. auch G III, XXVI, 435 f.

[113] Cf. G II, III, 308 (27 – 28) [21v]. ECKERMANN, *Studien* 122 relativiert die Bedeutung Roms bei Roselli, wenn sie schreibt: *Roselli bindet den Papst ... doch nicht so stark an den Bischofssitz Rom, da er ja zugibt, daß er auch an andern Orten Papst bleibt.*

[114] Cf. G II, XVIII, 352 f. (60 – 2) [37v].

Wie sieht Roselli aber die anderen Bischöfe? Könnte der Papst in der Konsequenz des Gesagten nicht bewirken, daß alle Bischöfe aufhören, Bischöfe zu sein, wenn alle bischöfliche Gewalt ihren Ursprung im Papst hat? Der Verfasser der *Monarchia* legt zunächst dar, daß der *ordo sacerdotalis* zwar zu Lebzeiten Jesu im Abendmahlssaal seinen Anfang nahm, daß er aber nach Christus (*post Christum*) von Petrus als *summus pontifex* ausging. Der *ordo episcopalis* aber wurde erst eingesetzt nach der Auferstehung des Herrn, als dieser dem Petrus den Auftrag gab: *Weide meine Schafe!* und ihn damit – und zwar ihn allein (*solus ipse*) – zum Bischof bestellte.[115] Auch dies geschah wieder, wie der Kanonist unterstreicht – gewissermaßen ein Leitmotiv seiner Abhandlung –, um die Einheit zu bezeichnen und die eine *potestas*, von der alle anderen ihren Ursprung nehmen. In diesem Zusammenhang weist Roselli auf die Hl. Schrift hin, die sagt, daß Gott zunächst einen Menschen geschaffen hat, von dem dann alle anderen abstammen. Dies fügt sich bruchlos in den Argumentationsstrang ein, der die *unitas* als fundamentale Ordnungskategorie ins Licht hebt.[116] Die anderen Apostel hätten erst später von Petrus den *ordo episcopalis* empfangen.[117] Man könne zwar sagen, Christus selbst hätte alle zu Bischöfen gemacht. Das sei aber nur zutreffend unter der Bedingung, daß man akzeptiere, daß Christus sie über Petrus (*mediante Petro / per Petrum*) dazu gemacht habe. Und was einer durch einen anderen macht, scheint von ihm selbst gemacht worden zu sein.[118] *Vel si velles tenere aliam opinionem, quod Christus fecit per se immediate alios Apostolos episcopos, tunc debes dicere, quod primo Petrum fecit summum et cum ampliori potestate, a quo omnes alii dependerent.*[119] Die Bischöfe sind für Roselli hinsichtlich ihrer Jurisdiktionsgewalt gänzlich von dem Nachfolger Petri abhängig, erscheinen geradezu in gewisser Weise als *Unterbeamte des Papstes*.[120] Der *doctor utriusque* erweist sich hier als Vertreter einer streng hierarchischen Auffassung. In der Konsequenz ist es nur folgerichtig, zu unterstreichen, daß der Papst einem Bischof gut (*bene*) die *potestas iurisdictionis* entziehen kann. Anders verhält es sich mit dem *character episcopalis*, insoweit der unmittelbar von Gott stammt. Dieser kann seitens des Papstes nicht entzogen werden.[121]

---

115 Cf. G II, VII, 316 (19 - 38) [24v]. Zum *ordo sacerdotalis* cf. ebd. Zeilen 34 - 36.

116 Cf. G II, VII, 317 (39 - 42) [25r]: *... potius ratio et auctoritas est, quod solum Petrum episcopum fecerit (sc. Christus), ut designaret unitatem et unam potestatem a qua omnes aliae proficerentur ...: cum solum unum creavit hominem, a quo omnes alii orirentur.*

117 Cf. G II, VII, 318 (10 - 12) [25r].

118 Cf. G II, VII, 319 (1 - 4) [25v] mit Bezug auf Augustinus; vgl. G II, V, 310 (45 - 47) [22v].

119 Cf. G II, VII, 319 (33 - 35) [25v].

120 So ECKERMANN, *Studien* 113.

121 Cf. G II, VII, 318 (16 - 23) [25r].

Was das Verhältnis von *ecclesia universalis* und Papst im Regelfall anbetrifft, so parallelisiert Roselli römisches Reich und Kirche. Das römische Volk besitze nach der Übertragung der gesamten Jurisdiktionsvollmacht auf den *princeps* diese nicht mehr, sondern sie werde seitdem allein (*solus*) vom Imperator ausgeübt. Ebenso verfüge auch die *ecclesia universalis* bei gegebenem Papst nicht über die Jurisdiktionsvollmacht, weil Christus die *potestas* der Kirche dem Petrus und seinen Nachfolgern gewährt habe.[122]

Nachdem Roselli mit Nachdruck in den Vordergrund gerückt hat, daß der Papst als *vicarius Christi* Bischof der Gesamtkirche ist, wendet er sich zunächst der Frage zu, wer die Person des Papstes früher und zu seiner Zeit bestimmte und wählte bzw. bestimmt und wählt.[123] Er weist darauf hin, daß in früheren Zeiten Wahlen in verschiedener Weise vorgenommen worden sind. Er zeigt, wie sich im Laufe der Geschichte die Kardinäle als Wahlgremium herauskristallisiert haben. Dann stellt er die hypothetische Frage, wem die Wahl zukäme, wenn kein Kardinal mehr übrig wäre, der das Recht hierzu besäße.[124] Er selbst vertritt die Ansicht, daß dieses Recht dann in herausragender Weise dem Konzil zustehen würde. Denn der Papst ist eben nicht nur *episcopus urbis Romae*, sondern *episcopus universalis ecclesiae*. Entsprechend kommt der *ecclesia universalis* ein Vorrang zu.[125] Wenn aber ein solches Konzil nicht kurzfristig zusammengerufen werden könne, solle man der gemeinhin von den Kanonisten vertretenen Meinung folgen, die in einem solchen Fall, wo Gefahr im Verzug ist, den Klerus von Rom als Wahlgremium annimmt.[126]

Auch die Frage, ob der Papst seinen Nachfolger bestimmen kann, wird von Roselli diskutiert und negativ entschieden,[127] zumal heute *non*

---

[122] Cf. Goldast II, II, 305 f. (63 - 2) [20v]: ... *sicut Romanus populus post omnem iurisdictionem translatam in principem amplius iurisdictionem non habet, sed illam solus exercet Imperator ... sic ecclesia universalis non disponit existente papa ... quia Christus concessit potestatem ecclesiae Petro, et sic etiam successoribus*. Vgl. ECKERMANN, *Studien* 127 f. Anzufragen bleibt, ob man so einfach „Volk" und „ecclesia universalis" gleichsetzen kann.

[123] Cf. G II, VIII, 319 - 324 [25v - 27r]. Summarium bei Goldast ebd. 319.

[124] Cf. G II, VIII, 320 f. [25v - 26r].

[125] Cf. G II, VIII, 321 (17 – 24) [26r – 26v]: *Ego ... credo, quod si casus vocationis papatus contingeret, hoc casu concilio iam congregato existente vel convocato, ita quod certissima esset fienda congregatio, tunc electio pertineret ad concilium: quia Papa non est solum episcopus urbis Romae, sed episcopus est universali ecclesiae, et ideo ad ecclesiam universalem debet electio spectare ... praesertim quia talis universalis ecclesia errare non potest ... et factam (ed. 1487: facta) per ecclesiam universalem electione, sublatus esset omnis timor scismatis aut scandali, quod oriri posset ex ambiguitate, quae esse posset quod ad Romanum clerum non pertineret electio.* Bezug zu Konstanz?

[126] Cf. G II, VIII, 321 (18 - 27) [26r - v].

[127] Cf. G II, VIII, 321 f. [26v - 27r]. Er belegt dies u.a. mit dem gelobten Beispiel des Clemens, der, von Petrus zu seinem Nachfolger erwählt, auf das Amt verzichtete. Cf. ebd. 320 (1 - 11) [26r]; ferner ebd. 322 (18 - 25) [26v].

conferatur hoc officium homini sanctae vitae, sed potius sanguini et consanguinitati, si in Papa solo spectaret electio.[128] Wohl aber kann der Papst einem anderen als den Kardinälen das Recht der Papstwahl übertragen und dieses Recht den Kardinälen entziehen, auch ohne den *consensus fratrum*, nämlich kraft seiner *absoluta potestas* bzw. der *plenitudo potestatis*.[129] Ähnlich wie an anderen Stellen zeigt sich auch hier, daß Roselli die Betonung der Rechte des Kardinalats kein sonderliches Anliegen ist.[130]

Nachdem der Autor die Frage nach dem Wahlkörper erörtert hat, widmet er sich dem Problemkreis, der mit der Wahlform zusammenhängt und möglichen Einwänden nach einer erfolgten Wahl.[131] Auch hier erwägt er wieder die verschiedensten Fälle. Dabei spielt er auf geschichtliche Erfahrungen an.[132] Hinsichtlich der möglichen *exceptiones* lenkt er den Blick auf die *causa agens*, nämlich die wählenden Kardinäle, die *causa materialis*, den Gewählten, und die *causa formalis*, die Wahl selbst. Dabei kommt er auch auf die Wahl Urbans VI. zu sprechen, die angefochten wurde, da sie *per impressionem vel metum, qui caderet in constantem* erfolgt sei, und

---

128 Cf. G II, VIII, 322 (23 - 28) [26v]: *Illud secundum beati Petri ... nec est in argumentum assumendum, nisi ab illis, qui talem sibi substituerunt, qualem sibi successorem Beatus Petrus quaesivit ... cum hodie non conferatur hoc officium homini sanctae vitae, sed potius sanguini et consanguinitati, si in Papa solo spectaret electio.*

129 Cf. G II, VIII, 322 (53 - 62) [27r]. Hingewiesen sei auf die wichtige Einschränkung ebd. Zeilen 56 - 59: ... *dummodo evitetur fraus, quod non faceret (sc. papa) constitutionem alteri tribuendo hanc facultatem, qui eligeret secundum velle suum: quia si sibi directe non liceret successorem eligere, nec per indirectum in fraudem legis, l. hoc modo, de condi. et demon.* Vgl. dazu den ähnlichen Grundgedanken G III, XXV, 430 (Zeilen 9 - 13) und ebd. 431 (Zeilen 37 - 41) hinsichtlich der Konzilsauflösung.

130 Vgl. ECKERMANN, *Studien* 118 f.

131 Cf. G II, IX f., 324 - 337 [27v - 32r].

132 Cf. G II, IX, 326 f. (49 - 4) [28r - 28v] zum Kasus des – nicht namentlich genannten – Kardinals Domenico Capranica. U.a. schreibt Roselli: ... *credo si papa mandasset aliquem Cardinalem recipi in electione, alias declararet electionem nullam: sicut facebat constitutio Martini, de qua supra mentionem feci: quia cum papa possit disponere de forma electionis futuri papae .... talis papae electio esset nulla. Sed hic dubium occurrit quod facto vidi papa pronunciaverat aliquos cardinales; ipsis tantum nondum miserat capellum, nec iuxta consuetudinem Romanae curiae eis os aperuerat, et interim papa mortuus est: isti Cardinales praesentes quaerebant admitti ad electionem papae: fuit dubitatum, an admitti deberent. Ego dixi, quod sic: quia praelato ex sola collatione beneficii vel dignitatis quiritur (sic!) ius administrandi, etiam si de consuetudine in tali beneficio requireretur installatio .... si ... solum fuissent pronunciati, idem credo: quia talis collatio sive, ut ita dicam, provisio tribuit ius administrandi ... etiam si non habuissent capellum vel os apertum, poterant administrare, quando alia non essent (sic!) Romanae Ecclesiae consuetudo, quam non esse novi.* Daß Roselli ein *eifriger Verfechter der päpstlichen Rechte* ist – so ECKERMANN, *Studien* 141 –, *hindert ihn ... nicht, in seinem Gerechtigkeitsgefühl auch einmal gegen den Papst Partei zu nehmen, wenn er ihn im Unrecht glaubt.* Vgl. zum Fall Capranica u.a. auch DECKER, Politik 320 f. und an anderen Stellen; STRNAD, Capranica passim.

die im letzten das unselige Schisma zur Folge hatte.[133] Gegen viele, die anderer Meinung sind, sagt er, *electio facta per metum vel vim non valeat ipso iure*. Er schränkt dann aber ein, daß in dem Fall, wenn der Druck für einen geschähe und dann ein anderer als dieser gewählt würde, die Wahl gültig wäre.[134] Exzeptionen gegen den Gewählten, die nur positiven Rechts sind, läßt Roselli im allgemeinen nicht zu. Drei Ausnahmen läßt er jedoch gelten. Wohl akzeptiert er Einreden, die natürlichen und göttlichen Rechts sind.[135] So kann eine Frau aufgrund göttlichen Rechts, da nicht *capax ordinis*, nicht zum Papst gewählt werden. Auch der *furiosus*, *mentecaptus* und – ganz allgemein – der, der den *intellectus* nicht besitzt, kann nicht gewählt werden.[136] Daß aber der Gewählte eine Frau hat, ist nicht gegen die *substantia papatus* und kann entsprechend nicht als Einwand vorgebracht werden. *licet uxor possit eum vindicare in virum, quando non est de matrimonio dubium: et uxor non potest ad continentiam induci, tamen propter hoc non deseret papatum, et erit papa uxorem habens ... Nec est contra substantiam papatus.*[137] Es ist vertretbar, an dieser Stelle auch eine Rückwirkung der Unionsbemühungen mit den Griechen anzunehmen, zumal Roselli eigens auf die griechischen Priester hinweist, die heiraten.[138]

In einem dritten großen Fragenkomplex geht es darum, ob die einmal erworbene *dignitas* des Papsttums durch den, der sie besitzt, wieder verloren werden kann. Zunächst behandelt Roselli die Abdankung des Papstes.[139] Es ist bezeichnend, daß er die Diskussion der Frage in einen zeitgeschichtlichen Zusammenhang stellt:

> *... primo dubitatur, si perdi possit (sc. dignitas) renunciatione. et licet de hoc dubitare non videatur longaevum ab haeresi Ecclesia hoc hodie determinante*

---

[133] Cf. G II, X, 333 - 335 [31r - 31v]. Vgl. auch schon die Bezugnahme G II, IX, 324 (48 – 51) [27v] und G II, IX, 329 (46 – 53) [29v].

[134] Cf. G II, X, 334 f. (64 - 5) [31v]: *... istam partem teneo quod electio et renunciatio per metum facta sit nulla ipso iuris, quicquid nonnulli alii magistri dixerint. Si tamen impressio fieret pro uno, et eligeretur alter, valeret electio ... Et quod dixi de metu et impressione, ut electio papae sic facta sic (sc. Monarchia ed. 1487 liest ‚sit‘) nulla, idem credo quando per praesumptionem, seditionem seu quodlibet malum ingenium ... ut similiter nulla sit. et intelligitur secundum Hosti. seditio pro violentia sive metu ... Unde electio facta per metum vel vim non valeat ipso iure.* Zu den Ausführungen Rosellis vgl. die Wiedergabe bei THOMSON, Papalism 455 f.

[135] Cf. G II, X, 335 (11 - 17) [31v].

[136] Cf. G II, X, 335 (17 - 43) [31v].

[137] Cf. G II, X, 336 (17 - 21) [32r]. Zeilen 18 f.: *... uxor non potest ad continentiam induci, tamen propter hoc non deseret papatum, et erit papa uxorem habens.*

[138] Cf. G II, X, 336 (20 f.) [32r]: *... et Petrus uxorem habuit, et Graeci presbyteri coniugunt. unde tenebitur (sc. electus) reddere debitum uxori, et erit papa.* In anderem Zusammenhang THOMSON, Papalism 448 mit Anm. 11.

[139] Cf. G II, XI, 337 - 340 [32r - 33v].

et statuente, ut in cap. 1. de renunc. li. 6 ubi est expressum, quod possit: tamen quia Gregorius XII. qui fuit apud nos Italos papa, et in assumptione sui iuraverat et voverat renunciare papatui propter inducere in Ecclesia unionem, revocabat demum in dubium, an papa apostolatui posset renunciare, dicens, fore haereticum et insanum, quod papa renunciare possit.[140]

Wieder referiert er zunächst in 12 Punkten die Argumente derer, die sich gegen eine solche Möglichkeit aussprechen. Die Gegengründe werden dann in vier Ansätzen geliefert. Zunächst richtet sich der Blick auf den Papst selbst, der abdanken will.

Roselli setzt beim *officium papae* an. Mit Blick auf das Heil der anderen und der Universalkirche, das von ihm wie von einem Haupt abhängt, hat er eine größere Freiheit als die anderen *pontifices* der Kirche, die ihres und der anderen Heiles willen abdanken können.[141] Schon der Fall des Papstes Cölestin V., der abgedankt hat und später von der Kirche kanonisiert wurde und dessen Taten von ihr gebilligt wurden, ist für Roselli ein klares Beispiel für die Erlaubtheit der *renuntiatio*, etwa bei *debilitas corporis* oder *defectus scientiae*.[142] Aber Roselli geht noch weiter: Bisweilen muß der Papst abdanken. Dies ist beispielsweise von ihm gefordert, wenn anders ein Schisma nicht beizulegen ist. Die leidvollen Erfahrungen der Zeit des Großen Schismas, als die jeweiligen „Päpste" um ihrer Rechte willen die Kirche immer tiefer in die gottwidrige Spaltung verstrickten, zeigt sich neu als Motiv bei Roselli. Als Nachfolger Christi steht es, so der Kanonist, dem Papst gut an, für das Heil der *grex dominicus* nicht nur den zivilen Tod, sondern, wenn es not tut, auch den körperlichen Tod zu erdulden. Er solle eher die ewige Ehre suchen als die zeitliche.[143]

In einem zweiten Schritt argumentiert Roselli vom Papsttum selbst aus. Wenn das Papsttum (*papatus*) nicht *nomen ordinis, sed dignitatis vel offi-*

---

140 So G II, XI, 337 (26 – 31) [32r].

141 Cf. G II, XI, 339 (23 - 31) [33r]. Ebd. Zeilen 27 – 29: *non est data maior (sic!) libertas papae in his quae pertinent ad salutem, et in his per quae potest evitare detrimentum salutis, quam cuicumque alii (sic!) sacerdoti; immo plus, inquantum ab ipso ut a capite salus aliorum et ecclesiae universalis, ut in membris, dependet, 21. di. in novo. et 40. di. si papa.* – Im Anschluß die Erörterung der sechs *casus*.

142 Cf. G II, XI, 339 (52 - 55) [33r]. Zur Begründung verweist Roselli – ebd. Zeilen 50 – 52 - auch an dieser Stelle auf D. 40, c. 6 (*Si papa*): *si papa est inutilis, negligens, vel remissus in suis operibus, non solum se sed innumerabiles populos catervatim mancipio gehenne secum ducit, 40. di. si papa. ut ergo evitetur hoc damnum sive periculum, ridiculum est dicere, papam non posse aut debere cedere sive renunciare.*

143 Cf. G II, XI, 339 f. (besonders 60 - 8) [33r]. Vgl. Ebd. G II, XI, 340 (4 – 8) [33r]: *dixi tempore sacrilegi schismatis, quod meo tempore fuit, quod nedum propter tollere schisma de Dei ecclesia papa poterat renunciare papatui, sed si aliter tolli non poterat, tenebatur renunciare et mortem civilem pati ... quia etiam deberet pro redemptione suae gregis, quando alia via non esset, se morti subiicere naturali.*

cii ist, dann ist es klar, daß der Papst *papatui potest et licet renuntiare. quia iurisdictio est res quae augeri et minui potest.*[144] Drittens spricht auch das Konzept der Abdankung selbst für die Möglichkeit derselben. Wenn nämlich auch die *papalis potestas* von Gott stammt, so doch über den Dienst (*ministerium*) der Kardinäle, die die Person näher bestimmen, und unter Vorbehalt des Konsenses des Gewählten. Entsprechend könne das Papstamt über den *dissensus* des Gewählten wieder genommen werden.[145] Zuletzt wird die Möglichkeit der *renuntiatio* unter der Perspektive des *finis* beleuchtet. Roselli unterstreicht, daß es beim *spirituale coniugium*[146] zwischen *praelatus* und Kirche in erster Linie um das *bonum publicum et commune* geht. Würde man aber abstreiten, daß ein Unzureichender oder Ungeeigneter zurücktreten könnte, brächte das Schaden für das Gemeinwesen (*respublica*) mit sich. *quod ex caritate est institutum, contra caritatem militaret, si in papatu praesidens inutiliter ad malum et confusionem ecclesiae et sui ipsius papae animae detrimentum renunciare non posset.*[147]

Für Roselli, der das Wohl des Ganzen in den Blick nimmt, ist es augenscheinlich, daß das *matrimonium spirituale* von Gott aufgehoben werden kann. Entsprechendes gilt dann aber auch vom Papst *qui loco Dei est.* Dieser kann in diesem Fall in eigener Sache vorgehen, weil es sich um eine Regelung des positiven Rechts handelt, an das der Papst nicht gebunden ist.[148] Weil Roselli aber nicht den Papst isoliert sieht, sondern hingeordnet auf das *bonum commune*, unterläßt er es nicht, zu unterstreichen, daß ein Rücktritt seitens des Nachfolgers Petri nur begründet geschehen darf. *nulla causa subsistente papa renunciare non posset, quia peccatum gravissimum committeret.*[149] Für Willkür ist also kein Platz.

Nachdem Roselli so seine grundsätzliche Haltung klargemacht hat, geht er noch auf die einzelnen Gegenargumente ein.[150] Dann wendet er sich der Frage zu, ob der Papst sich dem Urteil eines anderen unterstellen

---

144 Cf. G II, XI, 340 (9 - 25) [33r]. Ebd. Zeilen 22 - 25: *si ergo papatus non imprimit ordinem vel characterem in anima, sed tantum superaddat officium atque dignitatem, clarum est quod papatui potest et licet renunciare. quia iurisdictio est res quae augeri et minui potest. ergo tolli et amoveri.*

145 Cf. G II, XI, 340 (29 - 32) [33r - v].

146 Zum *connubium spirituale*, wie es bis zur Zeit Gratians verstanden wurde, vgl. die Arbeit von Ibounig, *Sponsus vice Christi* passim. Eine kurze Zusammenfassung ebd. 218 - 220.

147 Cf. G II, XI, 340 (37 - 43) [33v]. Das angeführte Zitat ebd. Zeilen 41 - 43.

148 Cf. G II, XI, 340 (51 - 55) [33v].

149 Cf. G II, XI, 340 (57 - 64) [33v]. Das Zitat ebd. Zeilen 63 f. - Cf. auch G II, XII, 343 (18) [34r]: *Concluditur ergo, quod papa ex causa potest renunciare papatui: sine causa autem, nullo modo.*

150 Cf. G II, XII, 341 - 343 [33v - 34r]. Das bei Goldast ebd. 341 angegebene Summarium ist irreführend, da es nur einen Aspekt betrifft, nämlich die Diskussion über die Zuordnung von *ordo episcopalis* und *ordo presbyteralis*. Dem entspricht ebd. 341 f. (6 - 27).

darf, um abgesetzt zu werden. Auf das *crimen haeresis* will Roselli später eigens eingehen. Er antwortet affirmativ.[151] Im gegebenen Falle nämlich urteilt ein anderer *mandato ipsius papae qui Deus est.* Und wie dieser sich selbst absetzen kann durch einen Rücktritt, so kann er diese Absetzung auch – einen triftigen Grund vorausgesetzt – einem anderen anbefehlen.[152]

Die zweite große Frage lautet für Roselli, ob der Papst aus irgendeinem Grund seine *dignitas* verliert. Hier richtet er seinen Blick zunächst auf den Fall der Häresie. Nach dem Anführen der Gründe, die dagegen sprechen, daß der häretische Papst *ipso iure* seine *dignitas* verliert,[153] kommt Roselli auf seine Auffassung zu sprechen, die dazu im Gegensatz steht. Er führt dabei eindringlich vor Augen, welches Verhängnis ein vom Glauben abgeirrter Papst für die Kirche darstellt. Der Nachfolger Petri, insofern *a fide devius*, ist tot. In einem solchen Fall kann das Haupt der Kirche nicht Haupt des lebendigen Körpers, der die Kirche ist, sein.[154] *papa praeest Ecclesiae per potestatem clavium Petro concessarum ... sed existens extra Ecclesiam, prout haereticus, non habet claves istas: ergo non est papa, postquam est haereticus.*[155]

Der häretische Papst ist *ipso iure* exkommuniziert. Als Häretiker ist er *minor quolibet catholico.* Der Kanonist betont allerdings, daß sich diese Aussagen nur auf den beziehen, der *scienter* häretisch ist. Denn es ist nicht die Unwissenheit, die jemanden zum Häretiker macht, sondern die Halsstarrigkeit (*pertinacia*), d.h. die *voluntas pertinaciter dissentiens his quae determinat esse de fide sancta mater Ecclesia.*[156]

Roselli hält es der Mühe wert, den Begriff der „Häresie" näher zu erklären und darauf hinzuweisen, daß man ihn als Terminus *largo modo*, *largissimo modo* und *stricto modo* verstehen kann. Im weitesten Sinn sind Juden und Heiden Häretiker, ohne allerdings – und da sieht Roselli eine Ausnahme von der Regel – zugleich exkommuniziert zu sein.[157] Im strengen Sinn ist ein Häretiker der, der hinsichtlich des Glaubens hartnäckig

---

[151] Cf. G II, XIII, 343 f. [34r - v]. Ebd. 344 (6 f.) [34v]: *Concludo igitur, quod papa potest se submittere alieno iudicio etiam ut deponi possit: et idem in quolibet alio superiorem non recognoscente.*

[152] Cf. G II, XIII, 343 (57 - 64) [34v]. Ebd. Zeilen 63 f.: ... *papam iudicat alius mandato ipsius papae qui Deus est. et sicut potest se ipsum deponere renunciando ita, licet committendo: semper loquor cum causa.*

[153] Cf. G II, XIV, 344 (15 - 40) [34v].

[154] Cf. G II, XIV, 344 (60 - 63) [35r].

[155] So G II, XIV, 345 (7 - 9) [35r].

[156] Cf. G II, XIV, 345 (33 - 35) [35r].

[157] Zum Ganzen cf. Goldast II, XIV, 345 f. (42 - 24) [35r - v].

eine andere Meinung vertritt, als die Universalkirche lehrt.[158] Wenn entsprechend ein Papst *pertinaciter* vertreten würde, was gegen die Lehre und die Entscheidungen der *ecclesia* wäre, wäre er Häretiker – *stricto modo* –, in der Konsequenz *ipso iure* exkommuniziert und von einem Konzil abzusetzen. *quia confiteri illa, quae sunt fidei, est de necessitate salutis; et potissime ad hoc tenetur papa, et alii superiores de Ecclesia, quorum confessione alii fideles audaciores fient.* Roselli hält das, was er zum Problem der Häresie ausführte, für den Schlüssel zur Beantwortung vieler Fragen.[159]

Konkret widmet er sich dann in der Folge der Diskussion, ob ein Papst, der *notorius simoniacus* ist, abgesetzt werden kann. Zunächst stellt er klar, daß der Papst wohl Simonie begeht, wenn er ohne Grund Geld annimmt für den Hl. Geist oder für die Sakramente, nicht aber, wenn er es annimmt für die Übertragung eines kirchlichen Benefiziums, weil er nicht an das positive Recht gebunden ist.[160] Der Verfasser der *Monarchia* untersucht dann, ob der Papst für ein solches Delikt abgesetzt werden kann. Er kommt zu dem Ergebnis, daß er nur dann unter Anklage gestellt und gegebenenfalls abgesetzt werden könnte, wenn er – das wäre eine Häresie im strengen Sinn – verstockt daran festhalten würde, zu behaupten, daß das, was von der Kirche als solches verurteilt worden ist, kein Verbrechen oder Delikt sei.[161] Immer wieder taucht so bei Roselli der Gedanke von

---

[158] Cf. G II, XIV, 345 (62 f.) [35r]: *stricto (sc. modo) dicitur haereticus, ut arbitror, qui pertinaciter aliter de fide sentit quam universalis Ecclesia doceat.* Dasselbe ebd. 346 (16 f.) [35r]. – Vgl. auch G II, XIV, 345 (34 – 39) [35r]: *non enim haereticum facit ignorantia, sed pertinacia, hoc est voluntas pertinaciter dissentiens his quae determinat esse de fide sancta mater Ecclesia ... et hoc quando ignorat illum articulum fidei, contra quem errat: et contrarium credit esse de forma fidei habens propositum, quod si sibi innotesceret veritas fidei, illi adhaereret, hic utique haereticus non est censendus ... et hoc est de mente Inno. in capit. 1. de summa tri.* Daß auch an dieser Stelle Roselli auf die Notsituation des Schismas Bezug nimmt, wird an anderer Stelle deutlich. Vgl. G II XVI, 351 (16 – 21) [37r] bei der Diskussion zu zwei Papstprätendenten: *ego allegavi nota. Inno. in capit. 1. de summa trini. ubi vult quod si aliquis motus naturali ratione arbitretur patrem filio antiquiorem, vel patrem filium tempore praecessisse, si tamen hoc pertinaciter non asseveret, sed se determinationi sanctae matris ecclesiae referat, talis haereticus censendus non est: sic duo probabiliter de papatu contendentes scismatici non sunt dicendi, si ad ea se referunt, quae sancta determinabit ecclesia.*

[159] Cf. G II, XIV, 346 (21 - 24) [35v]: *... conclusive pertinaciter asserens contra ea, quae Ecclesia disponit, proprie haereticus est. Et ideo in istorum aliquo papa pertinaciter erraret, esset haereticus, et ipso iure anathemizatus, et a concilio deponendus esset: quia confiteri illa, quae sunt fidei, est de necessitate salutis; et potissime ad hoc tenetur papa, et alii superiores de Ecclesia, quorum confessione alii fideles audaciores fient, et dicit Apostolus ‚ad Philippen. primo'. haec igitur bene notanda sunt, qui (sc. Monarchia ed. 1487 liest ‚quia') ex his verbis multae quaestiones decidi possunt.*

[160] Cf. G II, XV, 346 f. [35v]: *an papa possit dici Simoniacus sive committere Simoniam.*

[161] Cf. G II, XV, 347 (22 - 61) [35v - 36r]. Ebd. Zeilen 47 - 52 [36r]: *Stat ergo conclusio, quod pro Simonia papa non possit accusari, deponi ... nisi forte Papa assereret pertinaciter illa non*

der Superiorität der Kirche hinsichtlich jedes ihrer Glieder, und so auch des Papstes, auf. Der Papst besitzt keineswegs Narrenfreiheit. Auch für ihn ist der Orientierungspunkt das, was die Kirche sagt.

Von daher ist seine Antwort auf die Frage, ob der Nachfolger Petri für ein anderes notorisches Verbrechen, das der Kirche Ärgernis bereitet und an dem er *pertinaciter* festhält, verurteilt werden kann, vorauszusehen.[162] Die *contumacia*, die sich darin zeigt, daß einer, mehrfach ermahnt, sich nicht bessern will, ist schon eine Form von Häresie. Wenn nun der Papst nach Art eines Empörers lebt – d.h. vielleicht: die gottwohlgefällige, bestehende Ordnung störend –, und weder bereit ist, zu lernen, noch das Gute zu tun, dann erweist er sich als Ungläubiger oder Häretiker und muß als abgesetzt erklärt bzw. angeklagt und verurteilt werden, *non pro peccato, sed pro obstinatione et haeresi.*[163]

Die Sünde in sich ist noch keine Häresie. Wenn der *vicarius Christi* aber verteidigen würde, was durch göttliches oder natürliches Recht verurteilt ist, dann verhielte sich die Sache anders. Die Verleugnung der Tatsache, daß die betreffende Sünde ein Delikt ist, geschieht dabei nach Roselli nicht nur mit Worten, sondern auch durch das Tun – vor allem, wenn der Papst stets neu in dieselbe Sünde zurückfällt und an ihr festhält. Von seiner besonderen Stellung her gefährdet er mit einem solchen Verhalten ganze Völker, die er derart vom Glauben abfallen läßt. Ja, der Papst stellt dann eine akute Gefahr für die ganze Welt (*totus mundus*) dar, nicht nur für seine eigene Person. Besonders ist er eine Bedrohung für die einfachen Menschen (*idiotae et simplices*), die nur zu leicht einen so Irrenden und Sündigenden nachahmen würden.[164] Tritt er nicht selbst zurück, ist er als

---

esse crimina vel delicta, quae ab Ecclesia damnata forent ... vel nisi sit crimen haeresis ipsa heresi districte sumpta ... et hoc in Papa vivente.

162 Cf. G II, XV, 347 - 349 [36r - v] bzgl. des *tertium dubium, an pro alio crimine scandalizante ecclesiam, de quo Papa monitus non curavit, vel non curat se corrigere, sed in sua obstinatione stetit, aut remanet vel persistit, an pro tali ipse Papa accusari vel deponi possit?* Vgl. ebd. 347 (62 - 64) [36r].

163 Cf. G II, XV, 348 (23 - 30) [36r]. Ebd. Zeilen 27 - 30: ... *concluditur, quod papa persistente in crimine notorio scandalizante ecclesiam, et se non emendante, quod ipse infidelis sive haereticus dici debeat, et non pro peccato sed pro obstinatione et haeresi dici debeat depositus, sive etiam condemnandus, aut etiam accusandus.*

164 Cf. G II, XV, 348 (33 - 47) [36r]. Vgl. BUISSON, *Potestas* 30 betr. *exemplum* bei Augustinus: *Die Liebe ist steigerungsfähig und besitzt in Christus ihre Vollendung. So ist es auch in der Kirche Gottes auf Erden: wer vorsteht, wird denen, die ihm folgen, zum beispielgebenden Vorbild (exemplum); denn sie schauen auf ihn in ihrer ganzen Hoffnung. Die Höhergestellten (meliores) aber, denen niemand vorsteht, folgen selbst wieder Christus. Die Hierarchie der Kirche ist also eine Stufenordnung solcher exempla mit Christus als ihrem vollendetsten exemplum.*

einer zu betrachten, der ernstlich das *bonum universalis ecclesiae*, den *status universalis ecclesiae* gefährdet.[165]

> *ideo tempore sacrilegi schismatis papa, qui iuraverat et voverat renunciare papatui propter sanctam unionem inducere, quia monitus implere iuramenta non curavit, sed sprevit, et diu in sua obstinatione stetit, a consilio Constantiensi et prius in Pisano consilio, pro haeretico est damnatus. et ratio, quia monitionibus factis sibi de ipso adimplendo ipse in peccato persistente de haeresi suspectus erat, tanquam non crederet id esse peccatum quod erat: ideo merito extitit depositus et damnatus.*[166]

Roselli sieht sich nun in der Lage, den nächsten Fragenkomplex zu behandeln. Was ist mit Blick auf ein Schisma zu sagen?[167] In einem ersten Schritt erklärt der Autor der *Monarchia*, welche Argumente dafür sprechen, daß ein Papst wegen Schismas abgesetzt werden kann. Er erläutert das Wesen des Schismas, um dann auch das Problem verschiedener das Papsttum für sich beanspruchender Konkurrenten kurz anzureißen.[168] Nach einer möglichen Auffassung handelt es sich beim Schisma um eine Häresie im strengen Sinn, was dann zur Folge hat, daß – auch – der Papst abgesetzt werden kann.[169] Wer die Kirche spaltet, ist unbestreitbar *a fide devius* und daher im gegebenen Fall abzusetzen.[170] Einer nämlich ist Christus, eines auch nur das *corpus mysticum* seiner Kirche, die nur einen *rector* hat oder haben muß.[171] In Sprache und Aussage spiegeln sich bei Roselli wieder einmal die Kontroversen der Zeit des Konziliarismus.

In einem zweiten Schritt präsentiert er die andere Konzeption. Diese besagt, daß Schisma wohl von Häresie zu unterscheiden ist.[172] Auf die

[165] Cf. G II, XV, 348 f. (55 - 6) (36r - v]. Vgl. ebd. 349 (4 - 6) [36v]: *diceretur ei velle ecclesiam destruere, quod Papae non licet, ‚2. ad Corinth. 13'. dum dicitur ibi, ‚secundum potestatem quae mihi data est in aedificationem non in destructionem.'*

[166] So G II, XV, 348 (49 – 54) [36r]. Vgl. auch zum Problem der Selbstverpflichtung des Papstes durch Eid G IV, XXVII, 494 f. (62 – 2) [88v]: *si papa iurasset et vovisset renunciare papatui propter unire forte ecclesiam, et tollere schisma quod ingeret vel propter aliud bonum quod concerneret statum ecclesiae universalis si iurasset aliquo loco celebrare generale concilium propter tollere aliquas haereses quae in Dei ecclesia puta ingerent: tunc si vellet se absolvere vel alteri suam absolutionem commisisset, posset concilium animadvertere si causa esset legitima.*

[167] Dem Themenkomplex „Schisma" sind die Kapitel XVI - XIX des zweiten Buches der *Monarchia* gewidmet. Cf. G II, XVI - XIX, 349 - 355 [36v - 38v].

[168] Cf. G II, XVI, 349 f. (14 - 19) [36v].

[169] Cf. G II, XVI, 349 f. Ebd. 349 (63 f.) [36v]: ... *hi de papatu contendentes ecclesiam scindunt, et in haeresim stricto modo sumptam incidere videntur*. Ebd. Zeilen 25 - 28: *scismaticus est qui ab unitate sanctae Romanae ecclesiae se separat atque scindit, a qua qui scissi sunt non videntur Christo fidem exhibere debitam ... veniunt enim ... contra articulum fidei dicentis.'Et in unam sanctam Catholicam etc.'*

[170] Cf. G II, XVI, 350 (14 - 16) [36v].

[171] Cf. G II, XVI, 349 (55 - 57) [36v].

[172] Cf. G II, XVI, 350 f. (19 - 21) [36v - 37r].

großen und lange andauernden Auseinandersetzungen des Schismas rekurrierend und seine bereits vorgestellten Kriterien wiederaufnehmend stellt Roselli fest, daß zwei, die sich um das Papstamt streiten, nicht als Häretiker bezeichnet werden können, wenn sie nicht hartnäckig an ihrem vorgeblichen Titel festhalten, sondern sich dem Urteil der *sancta ecclesia* unterwerfen.[173]

Die ganze Komplexität des Problemkreises wird allerdings ersichtlich, wenn der *doctor utriusque* in der Folge bestimmt, wer als Schismatiker im eigentlichen Sinn zu betrachten ist und wie die Tatbestände von Schisma und Häresie sich zueinander verhalten.[174] Zu jener Zeit konnte man leicht diese Begriffe zur Verfolgung eigener Ziele mißbrauchen, indem man andere disqualifizierte. Es ist keine Frage, daß das Mühen um Differenzierung in diesem Bereich eine Notwendigkeit darstellte für jemanden, der sich in redlicher Weise um die Wahrheit mühte.

Zunächst unterscheidet Roselli, daß es Schismatiker im weitesten Sinn (*largissime*) gibt. Zu ihnen gehören die, die im Stand der Todsünde leben: Sie sind *getrennt und geschieden von Gott* (*separatus et scissus a Deo*). Als Schismatiker im weiten Sinne (*large*) kann man die bezeichnen, die exkommuniziert sind. Sie sind in der Regel nicht allein von Gott, sondern *von der Kirche und von jedweder Gemeinschaft von Gläubigen getrennt und geschieden* (*ab Ecclesia et omni coetu fidelium divisi et separati*).[175] Schismatiker im strengen Sinn (*stricte*) sind all jene, *die sich von den eigenen Bischöfen trennen* (*qui se a propriis episcopis dividunt*). Dabei gibt es die eine Unterkategorie, zu der alle zu zählen sind, die *de facto* dem eigenen Bischof nicht gehorchen, wohl aber die *Romana ecclesia* und deren

---

173 Cf. G II, XVI, 351 (17 - 21) [37r] mit Bezug auf INNOZENZ IV., *Commentaria* zu X. 1, 1, 1 (*Firmiter*), ed., 2: *valet implicita fides, ut dicunt quidam, quod si aliquis eam habet, scilicet quod credit quicquid ecclesia credit, sed falso opinatur ratione naturali motus, quod pater maior vel prior sit filio, vel tres personae sunt tres res a se invicem distinctae, quod non est haereticus nec peccat, dummodo hunc errorem suum non defendat, et hoc ipsum credit, quia credit ecclesiam sic credere, et suam opinionem fidei ecclesiae supponit; quia licet male opinetur, tamen non est fides sua, immo fides sua fides est ecclesiae.* Cf. auch G II, XVI, 351 (3 - 7) [37r]: *... ideo tempore sacrilegi scismatis nonnulli dixerunt, quod cum pro utroque de papatu litigante essent prudentum consilia diversa, et aliqui excellentissimi Doctores unum sequebantur, et aliqui alium: quod nullus scismaticus erat iudicandus, quia Doctorum opiniones reddebant rem dubiam. unde qualibet (sc. Monarchia ed. 1487 liest ‚quilibet') excusabatur, etiam si demum eius sententia reprobata fuisset, dummodo crediderit in eo, quod sancta determinasset ecclesia.*

174 Cf. G II, XVII, 351 f. [37r - v].

175 Cf. G II, XVII, 351 (38 - 51) [37r]. Beachte ebd. Zeilen 47 - 49 für eine wichtige Einschränkung: *sed quando profertur (sc. excommunicatio) sine peccato excommunicatus est divisus quoad ecclesiam militantem, sed non quoad Deum et ad ecclesiam triumphantem: quia ligatus in terris censetur ligatus in coelis, clave tamen non errante.*

Einheit anerkennen. Sie sind präziser als *acephali* zu bezeichnen. Der andere Typos – Schismatiker im eigentlichen Sinn (*proprie*) – umfaßt jene, die darüber hinaus für sich selbst vom Bischofsamt Besitz ergreifen, Priester bestellen und zudem Konstitutionen erstellen (*constitutiones facere*), d.h. einer eigenen Gegen-Ordnung Gestalt geben.[176]

Als *schismatici* im ganz strengen Sinn (*strictissime*) sind die zu verstehen, *qui sunt divisi ab universalis ecclesiae unitate, et illi qui quaerunt sibi episcopos et sacerdotes et constitutiones facere*.[177] Hier geht es um die, die eine regelrechte Kopie der einen, von Christus gestifteten Kirche in die Welt setzen.

Nachdem diese Unterscheidungen vorgenommen sind, setzt Roselli diese vier Kategorien mit den vier möglichen Konzeptionen der Häresie in Beziehung, die er früher präsentiert hatte.[178] Schließlich fragt er, ob der, der als Schismatiker *proprie et stricte* zu charakterisieren ist, auch ein Häretiker *proprie et stricte* ist. Er kommt zu dem Ergebnis, daß der, der sich von dem Papst und der Kirche trennt, sich nicht notwendigerweise als jemand erweist, der gegen einen Glaubensartikel verstößt oder ein *perversum dogma* verbreitet. Mit der Zeit aber wandelt sich auch ein zunächst häresiefreies Schisma zur Häresie, weil der, der sich in diesem Zustand befindet *non potest suam scissuram verbis aut factis defendere, nisi vel quia dicat quod salus extra ecclesiam possit esse, quae conclusio ab ecclesia est pro haeretico iam damnata ... vel quia asseverat duas esse posse universales ecclesias*, was gegen den Glaubensartikel *in unam sanctam catholicam* verstößt.[179]

Letztlich bestimmt Roselli das Verhältnis von Schisma und Häresie als das von Genus und Spezies oder von *dispositio* und *habitus*. Dabei greift er auf die Glosse zurück. Der richtige Satz: „Jeder Häretiker ist ein Schismatiker!“ ist nicht einfach umkehrbar. Wer sich jedoch von der Kirche trennt, ist Schismatiker und als solcher häresieverdächtig, d.h. auch zur

[176] Cf. G II, XVII, 351 (52 - 57) [37r - v].

[177] Cf. G II, XVII, 351 (58 f.) [37v].

[178] Cf. G II, XVII, 351 f. (60 - 37) [37v]. Ebd. 351 (60): *Modo per ista deciditur aliud, an scismaticus sit haereticus?* Zur Häresie cf. G II, XIV, 345 f. (42 - 21) [35r - 35v].

[179] Cf. G II, XVII, 352 (12 - 27) [37v]. Ebd. Zeilen 24 - 27. - Vgl. auch G II, XVII, 352 (33 f.) [37v]. Interessant – mit Blick auf die Unionsbemühungen – der Hinweis Rosellis, daß der Papst Häretiker wäre, *si diceret, esse posse ecclesiam apud alios quam apud successores Christi et ista est ratio, quare Graeci scismatici sunt, et hodie haeretici: quia sedem primam dicunt esse apud Bisantium sive Constantinopolim, et patriarcham Constantinopolitanum summum esse sacerdotem, quod scisma fuit alias, sed fuit facta reconciliatio, et sedes Constantinopolitana, quae erat quarta patriarchalis, facta fuit secunda .... demum iterum tanquam canes et sues ad vomitos pristinos et voluptabra redierunt, et in errore persistunt.* G II, XVIII, 353 (1 – 7) [37v].

Häresie im eigentlichen Sinn disponiert. Im Laufe der Zeit wird diese *dispositio* dann in der Konsequenz des Rechtfertigungsdrucks zum *habitus* der Häresie.[180]

Kann nun der Papst Schismatiker sein? Im weitesten Sinn zweifelsohne, denn er ist Mensch und somit möglicher Sünder. Im weiten Sinn nur für den Fall, daß er wegen Häresie exkommuniziert ist, denn die Exkommunikation an sich gehört zum positiven Recht, das den Papst – als *princeps* – nicht bindet. Aber auch im strengen Sinn kann der Nachfolger Petri zum Schismatiker werden. Daran hat Roselli keinen Zweifel.[181]

So kann er nun all jene Fragen behandeln, die sich aus der Tatsache ergeben, daß ein Papst in diesem Sinne schuldig werden kann. Man spürt bei der folgenden Diskussion, wie sehr sie unter dem Zeichen der die Christenheit aufwühlenden Erfahrungen des Großen Schismas steht. Es wird deutlich, wie leidvoll die Unfähigkeit oder der fehlende Wille der „Päpste" empfunden wurde, einen Weg zur Einheit zu zeigen.[182] Roselli verschließt die Augen nicht davor, daß sich bisweilen nicht zweifelsfrei bestimmen läßt, wer den wahren *titulus* innehat (*probabilis error* oder *iustus error*). Vor diesem Hintergrund entfaltet er die These, daß auch der wahre Papst, wenn er sich als nachlässig erweist (*negligens*), verstoßen werden kann. Wer in solcher Weise der Kirche zum Ärgernis wird, in *contumacia* verharrt und das *bonum ecclesiae* auf das Spiel setzt, ist als Häretiker zu erachten und abzusetzen.[183] Dabei kommt dem Konzil eine besondere Rolle zu, die noch eigens zu erwägen sein wird. Roselli ist sich

---

[180] Cf. G II, XVII, 352 (27 - 37) [37v]. Ebd. Zeilen 32 – 37: *scisma est dispositio, quia disponit hominem ad haeresim, et postquam est inveterata transit in habitum, id est, in haeresim: quia scindendo se est suspectus de haeresi, non dico haereticus, sed cum suae divisionis excusationes profert, tunc dicit haeresim, et idem persistendo. et hoc ultimum est notandum, quod diu persistendo quis in delicto de haeresi suspecto ille talis postea vere haereticus dici potest. et hoc est notandum pro his quae dixi de Papa peccante et scandalizante ecclesiam, et monito pertinaciter persistente, ut sit haereticus.*

[181] Cf. G II, XVIII, 352 f. [37v].

[182] Cf. G II, XIX, 353 f. (42 - 59) [38r - v]. Ebd. 354 (8 - 13) [38r]: *Si ... in cathedra Petri vera vel praetensa residentes haec ipsa non implent ... omnem viam reintegrationis et reconciliationis inveniendo, dici possunt utique a fide alieni ... et fallunt fraternitatem, et veritatem fidei perfida praevaricatione corrumpunt ... quia iusta causa litigandi eos excusat, ut litigando scismatici non sunt censendi, sed non relevat eos quin via unionis quaerere teneantur.* Das Mühen um die Einheit ist nämlich kein Spezifikum des Papstes, sondern jedem Christen aufgegeben, wenn auch diesem diese Pflicht besonders zukommt. Cf. ebd. 353 (49 - 53) [38r]. Roselli erinnert an die Möglichkeit zweier Papstprätendenten, bei denen *quilibet partem non modicam Christicolarum ad se traheret, et in parte Christianorum scissa et sibi quaesita diu quilibet staret et gauderet.* G II, XVI, 349 (37 – 38) [36v].

[183] Cf. G II, XIX, 353 (53 - 55) [38r]. Auch ebd. 354 (24 - 30) [38r]. Die *causa scandali extirpandi* erscheint als eine Generalbevollmächtigung des Konzils, auch einen *verus Papa* abzusetzen.

der Problematik eines solchen Entwurfs durchaus bewußt. Nach Kräften versucht er, auf die Gegenreden kurz zu antworten. Dabei argumentiert er u.a. auch wieder damit, daß das Volk in bestimmten Extremsituationen, welche die Gesamtheit betreffen (*propter maximam totius populi utilitatem et necessitatem*), den König absetzen kann. Dies wie auch der Hinweis auf die *utilitas publica*, die dem Eigenwohl in der Art vorzuziehen ist, daß jemand gegen seinen Willen seines Eigenen beraubt werden kann, wenn es erforderlich ist, stützt sich auf römisches Recht. Es macht deutlich, wie Roselli aus den beiden für ihn wertvollen Quellen schöpft.[184]

Allein aus der Tatsache, daß jemand, der sich in einem *iustus error* befindet, die *cathedra Petri* besetzt und für seinen Anspruch auf das Papstamt kämpft, kann er noch nicht als Schismatiker verurteilt werden. Auch wenn er zwar schuldhaft, aber nicht arglistig (*in sola culpa, sed non in dolo*) so handelt, trifft ihn dieser Urteilsspruch noch nicht. Wenn allerdings der wahre und der vorgebliche Papst – so Roselli – *ipsi scisma nutriunt nolentes adhibere remedia, et non volentes vel fingentes et procrastinantes unionem, et ad finem non producentes, tunc hos scismaticos iudico, etiam verum papam, ... et si contingat in tali scismate ipsos inveterari, haereticos censeo*. Der Kanonist beschließt diese Anwendung seiner Lehre mit dem beachtenswerten Satz: *sic intelligo istam materiam, quae non fuit ita plene et vere dilucidata, cum de facto primum occurrit, quamvis infiniti excellentissimi orbis Doctores utriusque facultatis in ea rescripserunt.*[185]

Zu dem *principale dubium* hat er damit eine Antwort gefunden: Ein Papst muß wegen Schismas abgesetzt werden – soweit er als Schismatiker in die Häresie im engen Sinn verfällt. Die Strafe für das Schisma wäre folgerichtig dieselbe wie für die Häresie.[186]

Nachdem er sich mit aller Vorsicht durch derart viele Unsicherheiten laviert hat, kommt er noch mit einem Satz auf eine weitere Möglichkeit zu sprechen, wie das Papstamt verloren wird: durch den biologischen Tod.[187]

Die folgenden Kapitel XX – XXX, d.h. der ganze restliche Teil, decken sich inhaltlich – wie bereits oben ausgeführt – mit den Kapiteln II (2. Teil)

---

[184] Cf. G II, XIX, 354 (38 - 40) [38r]: ... *propter publicam utilitatem potest quis propria re privari invitus, l. lucius. ff. de euic. Et quia populus potest propter maximam totius populi utilitatem et necessitatem regem deponere, ut notatur in l. non ambigitur. ff. de legi.*

[185] So G II, XIX, 354 (53 - 59) [38v].

[186] Cf. G II, XIX, 354 (60 - 64) [38v]. Ebd. Zeilen 62 - 64: ... *si esset scismaticus, ita quod eius scisma prolaberetur in haeresim stricto modo sumptam, ... tunc deponendus esset, et esset eadem poena scismatis (sc. Monarchia ed. 1487 liest ‚et') haeresis, quia haereticus est.*

[187] Cf. G II, XIX, 355 (15 f.) [38v]: *illud autem certissimum est, quod naturali morte perditur pontificatus: quia mors omnia solvit.* Man spürt etwas von der Erleichterung des Autors in diesem Satz.

– VI des dritten Buches der *Monarchia*, das *De conciliis* überschrieben ist.[188] Roselli behandelt in diesem Abschnitt die Frage, wer der Richter ist, wenn von einem Papst behauptet wird, er habe sein Amt verloren oder besäße es nicht rechtmäßig, oder auch, wenn es mehrere gibt, die um diese *dignitas* miteinander streiten. Damit in Verbindung steht dann auch die Problematik der Konzilseinberufung, des nötigen oder möglichen Verhaltens von Kaiser, Fürsten, Kardinälen, Christgläubigen etc.

Nachdem Roselli nun das Konzil als Richter ausgemacht hat für die angeführten *causae*, möchte er im Anschluß daran allgemeiner, aber zugleich sorgfältiger dieses Thema behandeln. Mit dieser Bemerkung leitet er zum dritten Buch der *Monarchia* über.[189] Das dort Ausgeführte soll an dieser Stelle nicht besprochen werden. Es soll im Zusammenhang mit dem anderen, eigens den Konzilien gewidmeten Traktat, in Erwägung gezogen werden.

Das vierte Buch der *Monarchia* behandelt wiederum das Papstamt, allerdings unter einer anderen Perspektive. Es geht um die Vollmacht des Papstes als *vicarius Christi* im geistlichen Bereich (*in spiritualibus*). Dieser Teil des umfassenden Werkes besteht in der Goldast'schen Druckfassung aus 40 Kapiteln.[190] Roselli nimmt auf andere Teile der *Monarchia* Bezug;[191]

---

188 Cf. G II, XX - XXX, 355 - 378 (30 - 64) [38v - 47r] und G III, II - VI, 380 - 402 (11 - 42) [47v -56r].

189 Cf. G II, XXX, 379 (1 - 3) [47r].

190 Cf. G IV, I - XL, 446 - 535 [72r - 103r]. Das Summar bei G IV, vor I, 446: *De vicario Christi in spiritualibus, et eius potestate universali. Monarchia* ed. 1487 hat hier wiederum weder Buchtitel noch Kapiteleinteilung. Damit unterscheidet sich dieser Teil vom Pars III, der – *Monarchia* ed. 1487, f. 47r – eine eigene Überschrift *de conciliis* aufweist und insofern unter diesem Aspekt eine Ausnahme darstellt.

191 Verweis auf *pars I* (nach Goldast) G IV, XL, 530 (45 – 46) [101v]: *ut dixi in prima quaestione istius operis in 9. et 10. argumento et in responsionibus ad illa.* Auch G IV, XL, 535 (1 – 2) [103r]: *solus habet (sc. papa) utrumque gladium: sed hoc dixi in prima quaestione huius operis super illo verbo ecclesiae duo gladii.* –Verweis auf *pars II* (nach Goldast) G IV, XXX, 496 (60) [89v]: *dixi supra in quaestione an papa potest esse simoniacus vel an simonia cadat in papam.* Auch G IV, XXXIV, 509 (13 – 16) [93v]: *qualiter ista probantur dixi plene in hac Monarchia mea in q. 3. quae incipit an dignitas papalis per habentem perdi possit, ubi late dixi de renunciatione, de haeresi, de simonia et de omni delicto sive peccato scandalizante ecclesiam, ubi ista sunt subtilius percunctanda.* – Ein Verweis auf den Teil über die Konzilien als Bestandteil der *Monarchia*, zu dem die *pars IV* gehört, etwa G IV, XVIII, 472 (25) [81r]: *faciunt illa quae dixi supra in materia conciliorum in 7. q.* Auch G IV, XXVII, 495 (2 f.) [88v]: *ut dixi supra in quaestione quae sit maior: an sententia papae vel concilii*; G IV, XXXIII, 501 (37 – 38) [91r]: *ego plenissime posui in titulo conciliorum in quaestione quae sit maior: an sententia papae vel concilii*; auch G IV, XL, 528 (29 – 30) [100v] und G IV, XL, 532 (6 – 7) [102r]: *ut dixi supra in tractatu conciliorum, praesertim in illa q. quae sententia sit maior an papae an concilii.* – Auf *pars II* und *pars III* verweist G IV; XL, 535 (15 – 17) [103r]: *Sed ista omnia ita in genere dicta sunt sane intelligenda secundum illa quae supra per me dicta sunt primo in quaestione, quae sit maior an sententia papae an concilii, et supra in toto isto opere, dum tracto de papae potestate atque potentia.*

auch wird der Leser von ihm auf sein *opus legitimationum* und auf den *tractatus usurarum* hingewiesen.[192]

Nachdem Roselli *in genere* behandelt hat, was der Papst kraft seiner päpstlichen Amtsgewalt tun kann, will er *ad speciem* gehen und die Fragen nach den Adressaten der vom Nachfolger Petri ausgeübten *potestas* und dem Feld, auf dem sie zum Tragen kommt, zu beantworten suchen.[193] Grundsätzlich legt der Kanonist Wert darauf, *ecclesia militans* und *ecclesia triumphans* hinsichtlich der Binde- und Lösegewalt des Papstes auseinanderzuhalten. Gegen andere Auffassungen hält er fest, daß die *potestas papae* einzig und allein für die *ecclesia militans* gilt. Sie bezieht sich auf die auf der Erde lebenden Menschen.[194] Dann aber widmet er sich der Frage der Indulgenzen. Nachdem er zunächst die Einwände gegen die Gewährung derselben referiert hat,[195] folgt er seinem Gewährsmann Dominus Gasparus auch darin, diejenigen zu widerlegen, welche diesbezüglich kritische Einwürfe vorbringen. Als Hauptgrund für die Gültigkeit der Gewährung führt er das theologische Motiv der *unitas ecclesiae corporis mystici* an.[196] Christus hat die Zurechnung der Verdienste der Heiligen, kraft derer wir von Sündenstrafen befreit werden können, dem Petrus und seinen Nachfolgern anvertraut. Diese haben sie wiederum den Bischöfen, die an der Hirtensorge mittragen, anvertraut.[197] Der Papst er-

– Ein Hinweis darauf, daß einige (!) Teile der jetzigen *pars IV* (nach Goldast) erst später in eine bereits vorhandene *Monarchia* eingebaut wurden G V, XXXIII, 499 (33 – 34) [90r]: *ut plene dixi in Monarchia in tractatu an disponat contra ius divinum.*

192 G IV, III, 451 (12) [73v]: *dixi in meo tractatu usurarum*; G IV, IX, 436 (35 f.) [78r]: *dixi in meo libello legitimationum in causa finali in quaestione quae incipit sed stat dubium;* G IV, XXXIII, 503 (25 – 26) [91v]: *ego late dixi in secundo libro Legitimationum in causa finali in quaestione: an sint vere vel ficte legitimi*; G IV, XXXIII, 503 (58 - 59) [92r]; G IV, XXXIV, 506 (25 – 26) [92v]. – Verweis auf andere Arbeiten etwa G IV, XXXIII, 498 (61 – 63) [90r]: *Diximus quae possit papa per potestatem pontificalem, nunc stat inscribere quae sint tantum suae beatitudini reservata. alias hoc in cap. translationem de offi. dele. latissime retuli. Et adde ibi scriptis, quia etiam ...* – G IV, XL, 525 (34 – 35) [99v]: *ut plene scripsi in c. quanto. de consue. et supra in hoc opere.* Cf. G IV, XL, 528 (2 – 6) [100v]: *dixi de iureiur. cum contingat ... ibi vide.* G IV, XL, 528 (39 – 40) [100v]: *plenius hoc scripsi in c. cum venissent. de iudici.*

193 Cf. G IV, I, 446 (29 - 31) [72r].

194 Cf. G IV, I, 446 (31 - 65) [72r]. Ebd. Zeile 63 - 65: *... concluditur quod potestas papae est solum in ecclesia militante, et super homines in terra existentes, et in corpore ecclesiae mystico quantum ad excommunicandi actum: quia spiritualiter excommunicando non iudicat de his quae foris sunt.*

195 Cf. G IV, I, 447 f. (1 - 8) [72 r - v]. Ebd. 448 (6 - 8) [72v] das Summar.

196 Cf. G IV, I, 448 (9 - 37) [72v - 73r]. Ebd. Zeile 21 f. [72v] zur *unitas ecclesiae corporis mystici.*

197 Cf. G IV, I, 448 (32 - 37) [73r]. Ebd. Zeilen 35 - 37: *... dispensationem autem istorum meritorum (sc. sanctorum), quibus a poena peccatorum possumus liberari, Christus ... Petro commisit et successoribus, qui Episcopis in partem huius sollicitudinis commiserunt.*

scheint als der, der sich der höchsten Gewalt erfreut und zugleich als der, der die Kirche repräsentiert (*papa ... in quo repraesentatur ecclesia*). Er ist es, der in der Gewährung der *indulgentia* den übrigen Gliedern der *ecclesia militans* die Werke der Heiligen und der Passion Christi kommuniziert (*communicare*). Damit taucht implizit wieder das Bild des *corpus mysticum* auf.[198] Es sei darauf hingewiesen, daß Roselli für Eugen IV. bezüglich der Ablässe für die Wiedervereinigung mit der griechischen Kirche eine eigene *responsio* an die Basler verfaßte.[199]

Im Anschluß fragt Roselli, ob der Papst eine *lex generalis* gegen das göttliche Recht erlassen könnte. Er differenziert dabei wieder, ob das göttliche Recht präzise ist hinsichtlich seiner Bestimmungen oder nicht. Im letztgenannten Fall können Papst oder Kaiser (*papa vel Imperator*) bei Vorliegen eines Grundes (*cum causa*) gegen dieses nicht eindeutige *ius divinum* dispensieren bzw. verfügen.[200] Auch ist es Roselli ein Anliegen, zu unterscheiden, ob die vom Papst verfügte Anordnung vielleicht gegen das göttliche Recht direkt verstößt. Er unterstreicht, daß derselbe nicht *in totum*, d.h. ganz, das *ius divinum morale* beseitigen kann, *quia inferior non tollit legem superioris*, in diesem Fall das Gesetz Gottes.[201] Anders als andere Autoren wendet sich der Roselli gegen die These, das kanonische und das zivile Recht könnten einfach so das *ius divinum* wieder unterteilen (*subdistinguere*).[202] In dem Bemühen, die Frage zu systematisieren,

---

198 Cf. G IV, I, 448 (41 - 44) [73r].

199 Vgl. ANTONIO ROSELLI, *Responsio ad petitas indulgentias pro facto grecorum* – Firenze, Laurenziana, Plut. XVI, Cod. XIII, ff. 204r - 207r. Der Text beginnt f. 204r: *Dei filius yesus xristus ascensurus post redentionem ad patrem, ut sanctam ecclesiam suam in debita unitate conservaret et unitatis eiusdem originem ab uno inciperet, ac ne gregem sue pretio sanguinis gloriose redentum sine pastore desereret, ipsius curam beato petro appostolo, ut sue stabilitate fidei ceteros in xristiana religione firmaret, eorumque mentes, ut omnes essent unum corpus in xristo, sue accenderet devotionis ardore conmisit*. Petrus – und sein Nachfolger – sind die von Gott seiner Kirche geschenkten Hüter und Garanten der Einheit. Im Zeichen dieser verpflichtenden Einheit steht der Hirtendienst. Von Petrus gilt: Ihm – f. 205v – *ecclesie thesaurus est traditus dispensandus* und ihm hat Christus, obgleich er *omnibus disciplulis parem ligandi et solvendi potestatem* gegeben hat, *pro omnibus et pre omnibus claves regni celorum indulsit, a quibus hec universalis indulgentiarum concessio debet utique proficisci et sic a nobis qui claves illas petri hodie retinemus quamvis immeriti.*

200 Cf. G IV, II, 449 (25 - 28) [73r]. Als Beispiel behandelt Roselli den Fall des Homizides.

201 Cf. G IV, III, 450 (48 - 53) [73v]: *Si ... dispositio papae est praeter vel contra ius divinum, ita quod illud quaerat in totum tollere sive arrogare, et tunc ius divinum morale tollere non potest, quia illud immutabile ... papa non potest in totum tollere ius divinum morale: quia inferior non tollit legem superioris*. Als Beispiel behandelt Roselli die Kompetenz bzgl. der Konsekration, die er an anderer Stelle noch ausführlicher erörtert.

202 Cf. G IV, III, 451 (7 - 12) [73r]: *non est verum indistincte, quod ius canonicum vel civile possit subdistinguere ius divinum. non enim potest ius canonicum permittere aliquo casu usuras ... et tamen aliquo casu Deus usuras permisit Iudaeis, Deuteronom. 23 ... et notat*

unterscheidet Roselli vier Formen der *dispensatio* und vier Formen der *interpretatio*.[203] Eine *iuris relaxatio*, also eine Dispens im eigentlichen Sinn, kann der Papst beim göttlichen, respektive natürlichen, Recht nicht vornehmen, da dieses seinem Wesen nach unveränderlich ist (*immutabilis*) und entsprechend keine Beugung zuläßt.[204] Dem Papst steht aber bezüglich dieser Art des Rechts eine Dispens im uneigentlichen Sinn in der Form der Interpretation des Gesetzes zu. Dabei gilt die Einschränkung, daß diese Interpretation eine *causa* haben muß, die das *peccatum* wegnimmt oder aber ein größeres Gut erreichbar macht bzw. ein größeres Übel verhindert.[205] Mit Blick auf die *iura naturalia* widmet sich Roselli eigens der Frage, was denn unter *natura* zu verstehen sei, dabei u.a. wieder auf Glosse, die Legisten und den *philosophus* verweisend.[206] Wie beim göttlichen Recht unterscheidet Roselli wieder verschiedene Kategorien und kommt zum Schluß, daß es natürlichen Rechts ist, *quod ius naturale Papa non potest tollere, sed ex causa interpretari.*[207]

---

beatus Thomas .... dixi in meo tractatu usurarum. Ebd. Zeilen 16 – 18: *quia ista doctrina, quod ius divinum possit subdistingui sive interpretari seu modificari, non est generalis: ideo non est bona.*

203 Cf. G IV, III, 451 f. (48 - 37) [74r - v]. Hinsichtlich der *dispensatio* nennt Roselli: a) *iuris relaxatio*; b) *interpretatio sive iuris declaratio* (improprie); c) *iuris distributio*; d) *in uno in totum relaxatio sed in alio commutatio.* Bei der *interpretatio* kennt er: a) *correptiva sive arrogativa*; b) *expositiva sive declarativa*; c) *generalitatis restrictiva vel arctativa; d) extensiva.* – Die Problematik der Dispens scheint insgesamt für Roselli ein interessantes Thema gewesen zu sein, dem er sich in beachtenswerter Weise widmete. Ein Hinweis darauf ist gewiß, daß – nach WELBER, Manoscritti 76 – Johannes Hinderbach im Jahre 1447 eine *repetitio* vorlegte, über *la potestà del vescovo in dispensando secondo la dottrina di Roselli, e non va sottovalutato questo dettaglio.*

204 Cf. G IV, III, 451 (48 f.) in Verbindung mit (52 - 58) [74r].

205 Cf. G IV, III, 452 (36 f.) [74v]: ... *semper intelligo quod has interpretationes faciat (sc. papa) cum causa, quae tollat peccatum: vel quae maius bonum inducat, vel maius malum evitet, alias non.*

206 Cf. G IV, VII, 455 - 459 (28 - 41) [75r - 76v]. Ebd. 459 (40 f.) [76v]: *Modo constat quid est natura? quid ius naturale? et quot modis sumitur?* Vgl. SMOLINSKY, *Domenico* 341: *Ebenso wie Domenichi sieht auch er (sc. Roselli) in den ‚praecepta naturalia' d.h. dem Dekalog die Verbindungsstelle zwischen natürlichem und göttlichem Recht. Insofern das menschliche Recht vom Naturrecht abgeleitet sein muß, kann im weitesten Sinne kanonisches, ziviles und prätorisches Recht als ius naturale bezeichnet werden ... Selbstverständlich räumt Roselli beim ius naturale Dispens- und Interpretationsmöglichkeiten ein, wobei die verschiedenen Stufungen innerhalb der Dispens und dem Recht zu berücksichtigen sind.*

207 So G IV, VII, 460 (57 f.) [77r]. Roselli arbeitet mit dem Beispiel des *ius defensionis*, dabei u.a. auch auf die Notwendigkeit der *citatio* eingehend. Ebd. (13 - 16) [77r]: ... *processus principis etiam qui fieret ex eius absoluta potestate secundum quam est solutus legibus positivis ... non valet sine citatione, vel cum citatione ad locum ubi quis non posset se defendere ... Nam et Deus cum condemnavit parentes, primum dixit Adam Adam ubi es?* Vgl. auch G IV, VII, 459 (54 – 63) [77r]: *Ego ... dico quod in his habentibus a natura principia, Papa vel princeps non potest in totum tollere sicut nec alia naturalia iura quae sunt immutabilia ... Et hoc modo dicitur ius hoc naturale immutabile: Primum, quia non variatur ex*

Interessant ist seine Behandlung des Problems, ob der Nachfolger Petri gegen die *statuta* des Apostels disponieren, gegen sie dispensieren kann.[208] Zunächst betont Roselli, Hostiensis anführend, daß Papst und Gott dasselbe Konsistorium sind. Entsprechend könne der Papst wie Gott von den Bestimmungen der Apostel lösen (*Apostolorum dicta resolvere*).[209] Unmittelbar anschließend läßt der Kanonist aber wieder keinen Zweifel daran, daß das nur *causa subsistente* geschehen darf. Es wäre nicht angemessen (*non decens*), das, was die Apostel, vom Hl. Geist angetrieben, gesagt hätten, aufzuheben. Dies wäre dann keine *dispensatio*, sondern eine *dissipatio*. Auch hebt Roselli mit Nachdruck hervor, daß eine begründete Dispens, die aber *contra fidem* erfolgen würde, ungültig wäre.[210]

Was die Dispens oder Aufhebung von *statuta positiva generalia* angeht, weicht Roselli von anderen Autoren ab. Er ist der Ansicht, daß der Papst hier handeln kann, da es sich bei Setzung wie Aufhebung bzw. Dispens um dieselbe *potestas* handelt. Aber auch hier schiebt der Kanonist sofort eine Einschränkung nach: Die Kirche darf durch ein solches Vorgehen nicht skandalisiert werden. Ihr *status* darf nicht zersetzt werden.[211] Roselli befaßt sich auch mit den *quattuor prima concilia*. Er macht deutlich, daß der Papst gegen die von diesen erlassenen Bestimmungen – wie bei denen

---

tempore. nam semper animalia ... ex naturali instinctu propulsaverunt et propulsabunt: quia principio generi animantium hoc est attributum, ut se naturamque suam tueatur ... Item ab homine in totum tolli non potest etiam dispensatione ... Ex causa tamen potest princeps ipsum interpretari, sicut dixi de iure divino, dando ipsi omnes tres interpretationes antedictas, declarativam, restrictivam, et ampliativam. Abrogativam autem i. correctivam facere non potest, ut dixi: quia non potest in totum abrogare ius naturale.

208 Cf. G IV, XI, 464 [78r].

209 Cf. G IV, XI, 464 (24 - 28) [78r].

210 Cf. G IV, XI, 464 (30 - 41) [78r]. Vgl. ebd. (Zeilen 54 f.): *... est advertendum, quando papa contra dicta Apostoli dispensat, quis sit iudex an fecerit cum causa vel sine causa: vel si causa est legitima vel non?* Das Problem bleibt, daß sich für alles – auch für Unrecht – Gründe finden und anführen lassen. Was aber soll geschehen, wenn der, der die „Gründe" hat, auch die Macht hat?

211 Cf. G IV, XII, 465 (13 - 16) [78v]. Ebd. Zeilen 15 f.: *Sed quando scandalizatur ex hoc ecclesia, vel discoloratur status eius, vel turbatur, talis mutatio non est papae permittenda.* Hingewiesen sei an dieser Stelle auf POST, Copyists' Errors passim. Vgl. ebd. 367: *The preservation of the status Ecclesiae or of the faith (‚ne pereat', the legists would have said; ‚ne decoloratur', the decretists said) was the highest necessity, and the pope commanded the means to the end. ... a pope can sometimes dispense ‚contra statutum generale', but never ‚contra statum generale Ecclesiae'; and when he dispenses ‚contra statutum generale', he must do so ‚for' the maintenance, never to the injury, of the ‚status generalis' of the Church.* Dort wird auch die Auffassung des Johannes Teutonicus und des ihn kritisierenden Bartholomäus von Brescia besprochen, die Roselli als Belege anführt, cf. G IV, XII, 464 f. (65 - 3) [78v]. Beachte auch den einschlägigen Artikel KUTTNER, Pope Lucius passim.

der Apostel – verfügen kann. Auch hier hat er allerdings nur soweit Handlungsspielraum, wie die *fides* nicht betroffen ist.[212]

In weiteren Kapiteln befaßt sich der Autor mit verschiedenen Problemen, an denen er seine Sicht der Dinge deutlich macht. Dabei bemüht er sich um eine eigene, sorgfältig abgewogene Sichtweise, die ihn auch schon einmal dem hl. Thomas den Vorzug vor der Lehre der Kanonisten geben läßt.[213] Nach der exemplarischen Behandlung eherechtlicher Fragen[214] kommt er auch auf den Fall des *bigamus* zu sprechen, ohne aber irgendwo darauf anzuspielen, daß er selbst in dieser Frage ein Betroffener ist.[215] Freilich weist er darauf hin, daß der *Doc. Nicolaus furiosus* abgestritten habe, daß der Papst einen Bigamisten oder einen sonst mit einer Irregularität Behafteten dispensieren könne mit dem Effekt, daß dieser zu Priester- und Bischofsweihe zugelassen werden könne.[216] Auf den Einwand eines aus der hl. Schrift abgeleiteten paulinischen Verbotes entgegnet Roselli: *dato quod Paulus prohibuisset, papa posset contra prohibitionem Pauli cum causa dispensare: quia papa est maior populo* (lies: paulo?) *et caeteris Apostolis in administratione, praeterquam Petro cui in administratione est par, cum sit eius loco*. Auch sei das Verbot nicht unmittelbar von Gott, im Gegensatz zur *potestas papae*, die daher an dieser Stelle intervenieren könne.[217]

---

212 Cf. G IV, XIII, 465 [78v - 79r]. Vgl. BRYS, *De dispensatione* 197 bezüglich der Kontroverse: *HOSTIENSIS controversiam dirimit, distinguendo decreta, alia quae ad fidem spectant, alia quae disciplinam: priora, quae articulos fidei continent, absolute sunt indispensabilia; disciplinaria autem decreta eo ipso quod constituunt ius positivum seu humanum, ut dicit, dispensabilia sunt saltem a R. Pontifice.*

213 Cf. G IV, XVI, 469 (55 - 57) [80r]. Vgl. auch G IV, XVIII, 471 (36 f.) [81r]: *Ego vero in aliquibus sentio cum beato Thom. et in aliquibus discrepo et sentio cum canonistis.*

214 Cf. G IV, XXII, 475 - 477 [82r - 83r] zur Frage, welche Ehe absolut unauflöslich ist; ebd. IV, XXIII, 477 (53 f.) [83r] zur Frage *an papa potest cum filio regis monacho dispensare ut contrahat matrimonium saltem ad tempus, valeat donec masculum procreet.* Er behandelt den Fall in allen Einzelheiten in den Kapiteln G IV, XXIII - XXV, 477 - 492 [83r - 88r]. Vgl. auch G IV, XXVIII, 495 [88v - 89r] zur Frage *an Pontifex possit dispensare in casibus lege divina prohibitis in matrimonio.*

215 Cf. G IV, XXVI, 493 f. [88r - v]. Vgl. auch SMOLINSKY, *Domenico* 374 f.: *Paulus Wladimiri, Bernhard de Roserigo, Petrus de Monte und insbesondere A. Roselli, welcher am ausführlichsten das Thema behandelt, plädierten in gleicher Weise für eine Dispens. Im 15. Jh. dürfte diese Frage kaum mehr strittig gewesen sein.*

216 Cf. G IV, XXVI, 493 (7 - 11) [88r]. - Vgl. aber KUTTNER, Pope Lucius 428 f.: *Laurentius in the ‚Glossa Palatina' named as author of the ‚sicut nec asinus' doctrine the legist Nicolaus Furiosus who is elsewhere known as the ‚reportator' of Johannes Bassianus.* Vgl. ebd. 415: *... tempers must have grown hot if at certain points of dissent we find the masters abusing each other as madmen, fools, and dumb beasts; if some ridiculed the ordination of bigamous clerks by comparing it to that of a jackass, and called the author of the canon ‚Lector' contemptuously ‚Martin the Goat'.*

217 Cf. G IV, XXVI, 493 (29 - 36) [88r]. Zitat cf. ebd. Zeilen 32 - 34. Auch in dieser Frage orientiert sich Roselli sonst wieder an Thomas von Aquin.

Für Roselli handelt es sich bei der Frage des *bigamus* um eine Irregularität. Insofern es sich um eine Angelegenheit des positiven Rechts handelt, kann der Papst dagegen mit seiner *potestas ordinata* disponieren. Die *potestas absoluta* ist dazu nicht erforderlich, was auch immer andere meinen.[218]

Im vierten Buch seiner *Monarchia* führt er immer neue und vielfältige *quaestiones* an, angesichts derer er der *potestas pontificalis* Konturen verleiht. In einer davon geht es auch um die Möglichkeit, einen Bischof von seinem Bischofssitz zu versetzen. Dies darf der Papst wohl mit einer *causa legitima*, nicht aber ohne Grund. Wenn der Nachfolger Petri dennoch in dieser Weise handelt, könnte er gleichwohl von niemandem zur Rechenschaft gezogen werden. Aber auch hier gilt die Ausnahme für den Fall, daß durch eine derartige *mutatio* der *status universalis ecclesiae* in Mitleidenschaft gezogen würde. Roselli liegt daran, deutlich zu machen, daß die *causa* eine zentrale Rolle beim Ausüben der päpstlichen Gewalt spielen muß. Der Papst, der eben bisweilen „vice puri Dei" und nicht allein „vice hominis" handelt, muß wie Gott selbst die Gerechtigkeit als Grundkategorie seines Vorgehens annehmen.[219]

Die geradezu ermüdende Aufzählung der dem Papst zukommenden Vorrechte, eingeleitet mit einem stereotypen *solus papa*,[220] sollte und kann nicht vergessen machen, daß Roselli im *vicarius Christi* nicht einen durch kein Recht und Gesetz gebundenen absoluten Herrscher sieht.[221] Zwar wird dadurch einerseits gewiß – wie Burns anmerkt – der Papst als *imperator in regno suo* herausgestellt;[222] andererseits ist es Roselli selbst, der immer wieder einmal seine Reserven deutlich macht und – das zeigt sich gerade im letzten Kapitel seines vierten Buches – auf seinen Einwänden gegen eine falsch verstandene *potestas absoluta* beharrt.[223] Der Papst

---

218 Cf. G IV, XXVI, 494 (5 - 11) [88v]. Ebd. Zeilen 7 - 10: *... si est vera sententia beati Thomae quam sequitur Innoc. ... quod omnes istae irregularitates sunt de iure positivo: tunc papa de ordinata potestate potest contra illud disponere, cum sit supra ius positivum.* Vgl. auch G IV, XXIX, 496 [89r] zur Frage der Dispens für einen *homicida.*

219 Cf. G IV, XXXIII, 498 f. (63 - 35) [90r]. Für die Redaktionsgeschichte der *Monarchia* noch ein anderer interessanter Hinweis bei CHENEVAL, *Rezeption* 294: *Die Stelle im Kapitel 33 (sc. dort wird auf die ‚Monarchia' als ein anderes Werk verwiesen, wobei die Pariser Handschrift nur bis Kapitel 32 geht) muß ... nach der ersten Redaktion und vor der Endredaktion in einer von der ‚Monarchia' und dem Konzilientraktat unabhängigen Schrift Rosellis gestanden haben.*

220 Er führt dabei auch ein konkretes Beispiel an. Cf. G IV, XXXIII, 502 (31 – 32) [91v]: *solus (sc. papa) facit sedium mutationes, ut quod sedes, quae erat Episcopalis Monteflasconis sit hodie Conventana: ut fecit modernus papa Eugenius.*

221 Cf. etwa G IV, XXXIII, 502 - 505 [91r - 92v]; G IV, XL, 524 - 535 [99r - 103r].

222 Vgl. BURNS, Monarchia 346 f.

223 Cf. G IV, XL, 524 (54 f.) [99v]: *Non potest ... ipse etiam cum concilio revocare privilegia ecclesiae Romanae*; ebd. 525 (44 f.); ebd. 526 (46 - 49) [100r]; 530 (59 - 61) [101v]: *... soli-*

bleibt an das Recht, soweit es nicht rein positives Recht ist, gebunden.[224] All die großen, von den Dekretalisten vorgetragenen Titel und Vorrechte des Papstes als Nachfolger des Petrus und Stellvertreter Christi werden von Roselli nicht einfachhin verleugnet, aber er beharrt darauf, daß diese Versatzelemente der Argumentation einer streng päpstlichen Linie in richtiger Weise verstanden werden müssen (*sunt sane intelligenda*). Das heißt für ihn: Sie sind in der Art und Weise zu verstehen, wie er sie versteht und in seinen Ausführungen dargelegt hat.[225]

Nachdem er nun, wie er denkt, ausreichend über den *vicarius Christi in spiritualibus* gehandelt hat, schließt er in gewisser Weise den Kreis. In einem eigenen Teil, dem fünften der *Monarchia*, will er sich mit dem römischen Kaiserreich und dem *vicarius Christi in temporalibus* beschäftigen.[226]

Der Teil V der *Monarchia* besteht in der Goldast'schen Druckfassung aus 30 Kapiteln.[227] Insgesamt handelt es sich um den kürzesten Teil der *Monarchia*. Roselli beginnt diese Abhandlung, indem er sich an den König der Römer, in der frühen Textfassung an Sigismund, wendet.[228] Er weist darauf hin, daß bereits viel ins Licht gehoben wurde, aus dem abzulesen sei, wie groß die Gewalt des römischen Reiches sei. Nun will er sich den Einwänden derer zuwenden, die irrigerweise annehmen, daß der An-

---

us (sc. Monarchia ed. 1487 liest ‚solus') legibus solutus est ..., licet de honestate leges servare debeat ... quod est verum de legibus positivis: sed legi divinae et naturae est suppositus, velit nolit.

[224] Aufschlußreich – mit zeitgeschichtlichem Bezug - G IV, XL, 526 (43 – 46) [100r]: *papa in bonis patrimonialibus cleri non potest sententiare vel statuere ipso non vocato: et ideo demum propriam Clerici vel quorundam Pizochiarum non potuit papa motu proprio declarare publicam, illis non vocatis: De quo fuit magna quaestio Florentiae pro hospitale de Vespuciis.* Dazu G IV, VIII, 462 (50 – 63) [78r].

[225] Cf. G IV, XL, 535 (3 - 17) [103r]. Ebd. Zeilen 15 - 17: *... ista omnia in genere dicta sunt sane intelligenda secundum illa quae supra per me dicta sunt primo in quaestione, ‚quae sit maior an sententia papae an concilii': et supra in toto isto opere, dum tracto de papae potestate atque potentia.* – Vgl. auch G IV, VI, 454 (Zeilen 59 f.) [75r]: *Caveat ... sibi papa, ... quia tanto gravius peccat, quanto magis praeest. sic debent intelligi illa quae referunt Doc. in c. proposuit. de conces. praeben.*

[226] Cf. G IV, XL, 535 (22f.) [103r].

[227] Cf. G V, I - XXX, 535 - 556 [103r - 111v]. In *Monarchia* ed. 1487 fehlt die Durchnumerierung der Kapitel; gleichwohl sind sie in diesem Teil der *Monarchia* im Druck wieder deutlich abgesetzt, und zwar in Entsprechung zur Goldast'schen Druckfassung. Goldast führt allerdings ein Kapitel XIV und ein Kapitel XIIII an, um dann mit XV fortzufahren. – Im Buch V nach Goldast – so CHENEVAL, *Rezeption* 305 – liegt wieder ein Fall vor, *wo sich der Aretiner Jurist auf das zweite Buch der ‚Monarchia' Dantes stützt, um die Legitimität des Römischen Reiches zu beweisen.*

[228] Vgl. BURNS, Monarchia 327, der darauf hinweist, daß im Manuskript dieser Adressat angegeben ist, der dann in der Druckfassung – cf. G V, I, 535 (36 f.) [103r] – durch die Nennung von Kaiser Friedrich III. ersetzt wurde.

fang dieses Reiches ungerecht oder gewaltsam gewesen sei. Er setzt sich mit denen auseinander, die meinen, daß die *universa iura imperii* eigentlich den Babyloniern zukommen müßten, die nach göttlichem Ratschluß diese Rechte ursprünglich nach dem Sündenfall besessen hätten.[229]

In den Kapiteln II – XIII werden die Argumente derer vorgeführt, die davon ausgehen, daß das Imperium sich zu Unrecht in der Hand der derzeitigen Machthaber befindet.[230] In den restlichen Abschnitten werden diese Anfragen und Angriffe widerlegt.[231] So rechtfertigt Roselli, mit Hinweis auf Augustinus als Gewährsmann, die Kriege der Römer, welche jene *principaliter* – so meint er wenigstens – zum Schutz der *respublica* geführt hätten.[232] Für ihn war die eigentliche Intention der kriegsführenden Römer ein Gut, nämlich die Herbeiführung der *pax universalis, quae non nisi sub uno imperio haberi potest.*[233] Nicht gegen den Willen Gottes, sondern diesem gemäß hätten die Römer gehandelt und deshalb gerecht.[234] Roselli befaßt sich dann eigens mit den verschiedenen Arten, wie diese *Dei voluntas* erschlossen werden kann, da sie ja wie die menschliche *per se* unsichtbar ist.[235]

Beim Erwägen der Frage zeigt er, daß es für ihn nicht zu bezweifeln ist, daß bereits die *consuetudo* Gottes dafür spricht, daß die irdische Welt gleich der oberen durch einen regiert werden soll.[236] Man dürfe aber nicht annehmen, daß Gott zwar ein Ziel vorgegeben, aber nicht die Mittel dafür bereitgestellt habe. Das würde im letzten bedeuten, dem Herrn der Geschichte ein *opus imperfectum* zuzuschreiben.[237]

---

229 Cf. G V, I, 535 [103r]. Ebd. Zeilen 50 - 52: ... *videtur concludi, iussu et permissu Dei apud Babylones fuisse universa iura imperii: et sic hodie etiam, si haec in iudiciali calculo ponerentur, videtur forte dicendum, cum olim dominus et hodie dominus praesumendus sit.*

230 Cf. G V, II - XIII, 535 - 543 [103r - 106r].

231 Cf. G V, XIV - XXX, 543 - 556 [106r - 111v].

232 Cf. G V, XIV, 543 f. [106r].

233 Cf. G V, XV, 544 (22 - 25) [106r]: ... *movebant bella Romani, ut universum orbem terrarum in unam societatem iusticiae et pietatis inducerent: et in unam Monarchiam et foederationem, unde pax sequeretur universalis quae non nisi sub uno imperio haberi potest. Quod vero belligerendo non alia fuit Romanorum intentio, insinuat Augu. (sc. Augustinus).*

234 Cf. G V, XV, 544 (44 f.) [106v]: ... *cum ... Romani bellando bonum intenderent, ergo Dei volente intendebant, et propter hoc iuste.*

235 Cf. G V, XVI, 544 f. [106v] als Einleitung zu diesen Überlegungen. CHENEVAL, *Rezeption* 322 betont, daß Roselli die Argumentation Dantes hier anreichert, *was weniger zu größerer Stringenz, als zu einer schwer überschaubaren Hypertrophie der Argumentation führt.*

236 Cf. G V, XVII, 545 (13 - 23) [106v]. Ebd. Zeilen 13 f.: *Ex consuetudine ipsius Dei argui potest, quod voluit ipsam Monarchiam esse apud Romanos: et per consequens iuste fuit Deus aeternus: sicut unus solus regit superiorem orbem, ita vult inferiorem orbem per unum regi.*

237 Cf. G V, XXI, 548 (59 - 61) [108r]: *Deus frustra Monarchiam inferiorum ad instar superiorum intenderet ..., si ad ipsa organa non intendisset. dicendum est ergo, Deum adhuc ad hanc Monarchiam Romanos praelegisse, ut organa et ministros, et sic iuste fecerunt.*

Rom selbst wurde von Gott zum Haupt der Welt (*caput orbis*) bestellt, insbesondere durch das Blut der Märtyrer. Speziell sind dabei Petrus und Paulus zu nennen, die mit ihrem Blut die *gloriosissima civitas* Gott weihten. Das römische Volk aber ist für Roselli dazu bestimmt, das erwählte Volk zu sein.[238] Der Kanonist weist zustimmend in seiner Argumentation, die im allgemeinen sehr eng an Dante anschließt,[239] auf die Meinung des Bartolus hin. Dieser hatte die Auffassung vertreten, daß jeder, der leugne, der Kaiser besitze die universale Herrschaft über die Welt, ein Häretiker sei.[240] Auch mit Blick auf die Liebe (*ratione caritatis*), die Gott der *respublica Romana* erwiesen habe, ist für den Autor der *Monarchia* der Wille des Herrn ableitbar. Habe Gott in Rom seine *monarchia divina* konstituiert, dann müsse man das doch noch mehr von der *monarchia mundana* annehmen. Die von Gott gewirkten Wunder, die dazu dienten, die Römer die Herrschaft über die Welt erlangen zu lassen, stützen nach Roselli seine These.[241] Er scheut sich auch nicht, das Sortileg als Offenbarung des göttlichen Willens in die Diskussion zu bringen.[242] Roselli ist der Auffassung, daß der Losentscheid hinsichtlich der *temporalia* auch zu seiner Zeit unter bestimmten Bedingungen erlaubt sei und dies ungeachtet der Tatsache, daß diese Form der Wahrheitsfindung prinzipiell nach dem Evangelium verboten ist.[243] Auch mit Blick auf das Duell als Mittel, den

238 Cf. G V, XVII, 545 (23 - 28) [106v]. Vgl. auch G V, XX, 547 (17 - 19) [107v]. ECKERMANN, *Studien* 94 f. meint, man spüre *nichts von innerer Anteilnahme bei dem Begriff Rom.* – Ein überreiches Lob auf die Römer und ihre *dignitas* findet sich G V, XIX, 546 f. [107 r - v]. Ebd. 547 (11 f.) [107v]: *Hoc tamen conclusive sufficiat, quod populus ipse Romanus sanctus, prius (sc. Monarchia ed. 1487: pius), felix atque devotus eius virtutibus et dignitate meruit aliis anteponi nationibus.*

239 Vgl. ECKERMANN, *Studien* 94 - 103, wo die Autorin die – z.T. kritische – Rezeption des Gedankenguts Dantes bei Roselli referiert. Zum Verständnis Roms bei Dante vgl. FRUGONI, Roma 1013 f. mit bibliographischen Hinweisen.

240 Cf. G V, XVIII, 545 (50 - 53) [106v - 107r]: *dicit Bar. (sc. Bartolus) ... cuius sententiam in hoc approbo, quod si quis negaret Caesarem orbis non esse universalem Dominum, esset haereticus: quia peccatum est ariolandi repugnare, id est, non obedire, et quasi scelus idolatriae nolle acquiescere ... cum Christus ipse comprobaverit, et ecclesia demum sequens.* – Auch G V, XXIX, 554 (28 - 34) [110v]. Roselli steht hier ganz in der Legistentradition, cf. ECKERMANN, *Studien* 56. Vgl. auch KALLEN, *Aeneas Silvius Piccolomini* 32 f.: *Bartolus steht unter den kaiserlich gesinnten Postglossatoren in vorderster Linie. Antonio von Rosellis ist von ihm abhängig.* Vgl. auch CHENEVAL, *Rezeption* 154: *Bartolus nahm Abstand vom geistlichen Kirchenideal Dantes und sah die Möglichkeit des Friedens für Italien in einer Konsolidierung der beiden Institutionen, Kirche und Reich, und in einer gegenseitigen Respektierung der bestehenden Machtbereiche.*

241 Cf. G V, XX, 547 f. [107v].

242 Cf. G V, XXII, 548 - 549 (63 - 12) [108r]. Ebd. 548 (63 f.): *Per sortes etiam positas a Romanis, cum aemulis ipsorum de imperio decertantibus, divina voluntas patefacta est.*

243 Cf. G V, XXII, 549 (5 - 12) [108r]: *... ante Evangelicam (sc. doctrinam) non erant inhibitae, quinimmo in dubiis iudiciis et causis, et ubi iudicis alicuius mundani scientia non potest*

verborgenen Willen Gottes kundzutun, hat Roselli keine großen Probleme.[244] Er sieht in ihm wie im Losentscheid gar eine Methode, wie man das Schisma hätte beenden können.[245] Gott ist für den *doctor utriusque* der Richter nicht allein im Zweikampf, sondern erst recht im *bellum universale*.[246] Alle Siege der Römer, alle Unterwerfung der anderen Völker, die sich im Rahmen des Kampfes dem göttlichen Urteil unterworfen haben, alle diese geschichtlichen Fakten sprechen eine deutliche Sprache. Und war nicht die Art, wie Gott selbst in der Heilsgeschichte aufscheinen ließ, daß er das Imperium anerkannte, unübersehbar?[247] Dante ist es, der mit der Adamsspekulation für Roselli ein weiteres Argument liefert.[248] Christus wollte von Pilatus, dem Statthalter des *princeps universi* Tiberius, verurteilt werden, nicht von den Juden oder Herodes. Nur so konnte vom Herrscher der ganzen Welt die Sünde des Stammvaters Adam, welche die ganze Welt betraf, getilgt und bestraft werden. Das *dominium* über die ganze Welt war erstmals bei den Römern, weshalb Christus gerade in dieser Zeit Mensch wurde. *Taceant ergo, qui non intelligunt Dei ista mysteria tam secreta, et approbent Romanum imperium cum profundissimis Dei iudiciis comprobatum.*[249] An solchen Stellen des Werkes spürt man deutlich, wie das Ziel der Argumentation diese selbst bestimmend prägt. Der Leser vermißt – trotz oder wegen der Verweise auf die Heilsökonomie und die unerforschlichen Pläne Gottes – Neutralität und Objektivität. Gleich ob

---

attigere, vel forte ubi iudicis etiam copia haberi non potest pro temporalibus credo adhuc sortes licitae fore.

244 Cf. G V, XXII, 549 (11 - 61) [108r - v]. Ebd. Zeilen 58 - 61 [108v]: ... *duellantibus ingredientibus zelo iusticiae pro erudienda Dei voluntate occulta, et sub ipsius Dei iudicio, quis diceret aut crederet ut Deum non habeant tunc iuste iudicantem, et parti iustiorem causam habenti adhaerentem? cum scriptum sit, ‚si duo plures ne convenerunt in nomine meo, ego in medio eorum sum.'* Vgl. ECKERMANN, *Studien* 97 f., die darauf hinweist, wie auch hier wieder Roselli seinem ungenannten Meister Dante folgt.

245 Cf. G V, XXII, 549 f. (61 - 63) [108v]: *credo quod in hoc sacrilego schismate, ubi non poterat per viam iusticiae haberi cognitio veritatis, et vertebatur tamen summum totius Christianitatis periculum, quod licuisset per sortes aut duello inter pares dirimere.* Anscheinend spricht Roselli hier – gegen ECKERMANN, *Studien* 98 – von einem schon vergangenen Schisma, nicht von einem „gegenwärtigen". Man kann wohl von dieser Stelle nicht mit der wünschenswerten Sicherheit auf eine Abfassung des Buches V *vor der Einigung in Konstanz* schließen.

246 Cf. G V, XXII, 550 (12 - 15) [108v]: ... *cum in duello et pugna singulari Deus esse credatur duellantibus et plurimum suscipientibus amore iusticiae et veritatis occultae propalandae recte iudex et arbiter, quanto magis credendum est Deum iudicem esse si bello dimicatur universali.* Ebd. 549 (30) [108v], wo das Imperium beschrieben wird als *totum universale mixtum corpus generis humani.*

247 Cf. G V, XVIII, 545 f. (45 - 1) [106v - 107r].

248 Vgl. ECKERMANN, *Studien* 101 f. Dazu G V, XXII, 550 (43 - 57) [109r]. Zu Adam auch die Ausführungen G I, XXXVI, 270 [9r].

249 Cf. G V, XXII, 550 (57 f.) [109r].

man das göttliche Recht, das Naturrecht, das Völkerrecht oder das Zivilrecht betrachtet: Alle Wege führen für Roselli zur Anerkennung der rechtmäßigen Herrschaft der Römer.[250] Das aber bedeutet für ihn: Alle Beweise begründen und legitimieren schließlich die Herrschaft des *gloriosissimus Federicus* (sic!),[251] der in einer Linie mit Julius Cäsar und Augustus gesehen wird.[252]

Um das erste Buch, wie Roselli eigenartigerweise zum Ende des fünften Teiles der *Monarchia* schreibt, abzuschließen – wohl ein weiterer Hinweis auf die hier nicht zu klärende, eigenartige Textgeschichte des Gesamtwerks-, widmet er sich der Frage, ob die Rechte des Imperium jemals bei den Byzantinern gewesen sind oder je sein könnten, oder ob sie den *invictissimi Germanici* zuzugestehen sind.[253] Es ist nicht verwunderlich, daß der Autor alle Ansprüche der Griechen mit dem Hinweis auf die rechtmäßige Übertragung des Imperium durch Papst Stephan II. auf die Germanen zurückweist.[254] Freilich finden wir bei ihm keine *kuriale Translationstheorie*, sondern eher eine *imperial kolorierte*.[255] Die *electores* des Kaisers haben die *potestas eligendi* nicht unmittelbar vom Papst, dem es nicht zukommt, derart über ein solches Recht zu verfügen. Entsprechend kann der Nachfolger

---

250 Cf. G V, XXVII, 553 (30 f.) [110r].

251 Es ist zu vermuten, daß an dieser Stelle – G V, XXIX, 554 (58) [110v] – wieder in der Handschrift *Sigismundus* zu lesen ist. Auffällig die unsaubere Überarbeitung des Textes G V, XXX, 556 (1 - 10) [111r], wo von der Einberufung des Konstanzer Konzils in Verbindung mit Friedrich gesprochen wird.

252 Cf. G V, XXIX, 554 (56 - 58) [110v]: *Concludamus igitur orbis imperium iuste fuisse divino iudicio apud Romanos, et apud Iulium Caesarem, et Gaium Octavium, et reliquos successores usque in nostrum gloriosissimum Federicum.* Interessant das Lob auf Cäsar – G V, XXV, 551 (53 - 65) [109v] – gegen die früher angeführten Vorhaltungen der Gegner, cf. G V, XIII, 542 (40 - 53) [105v]. Vgl. auch G V, XXIX, 554 (20 - 22) [110v]: ... *cum invasores fuerunt (sc. Romani), iusti erant offensores, maxime Iulius Caesar, quem suis pluribus epistolis invenio fuisse pacis patriae optimum zelatorem. Nec refert, quid Cicero senserit de Caesare, cum perraro de hoste bene sentiat hostis eius.*

253 Cf. G V, XXX, 554 f. (64 - 2) [110v]: *Elucidavit satis, ut arbitrorum (sc. Monarchia ed. 1487 liest ‚arbitror'), per me Deus Romanorum de orbis imperio iura manifestissima, praeterquam his, qui offuscari cupiunt invidiae nebulis. Nunc autem ut finem huic primo libello, sicut pollicitus sum, concludam, discutiendum censeo, si apud Bisantinos sacra haec unquam iura fuerunt, aut hodie sunt vel esse possunt; sive potius invictissimos Germanicos esse dicendum est.*

254 Cf. G V, XXX, 555 (24 - 32) [111r]. ECKERMANN, *Studien* 60: *Rosellis Streben, die Griechen aus ihrer kaiserlichen Stellung zu verdrängen, entspringt ... dem Zwang, das Einheitsprinzip konsequent durchzuführen und dem Wunsch, die Stellung des Kaisers zu erhöhen, ihn wirklich zum Monarcha Mundi zu machen.*

255 Vgl. zur Translationstheorie FUNDER, *Reichsidee* 282 - 286. Ebd. 285 Anm. 69 zur imperial kolorierten Translationstheorie des Dietrich von Niem. Roselli - G V, XXX, 555 (30 f.) [111r] – datiert die Translation auf 755 oder 756. Vgl. dazu GOEZ, *Translatio Imperii* 234, der von der Autorität der Glosse bis in das 16. Jh. berichtet und als Beispiel Roselli anführt. Ebd. 188 - 198 zur *kurialen Translationstheorie in der kanonistischen Literatur*.

Petri auch keinesfalls die Wähler dieses Rechtes berauben, um selbst den Kaiser zu wählen. Das Wahlrecht für den Kaiser leitet Roselli vielmehr von der *ecclesia*, die er im weiten Sinn als *universalis collectio fidelium* versteht, ab. Damit legt er auch die einschlägige Dekretale Innozenz' III. *Venerabilem* in seinem Sinne aus.[256] Daß die Translation rechtmäßig erfolgte, ergibt sich für ihn aus dem Verhalten des griechischen Kaisers, der trotz seiner Verpflichtung zum Schutz und zur Verteidigung der Kirche dieser in ihrer Not nicht zu Hilfe eilte. Ja, auch bei mehrfacher Mahnung (*monitio*) verblieb er bei seiner Haltung der strafbaren und schwer sündhaften Nachlässigkeit (*negligentia*), auf diese Weise in Häresieverdacht geratend und absetzbar.[257] Interessant ist an dieser Stelle die sich bei Roselli wieder findende Parallelisierung von *pontifex* und *princeps*. Beide können abgesetzt, „entfernt" (*removeri*) werden, falls sie so in Sünde verharren, daß es der Kirche zum Ärgernis gereicht (*scandalum*). Die Kirche ist der kritische Bezugspunkt für beide Größen.[258] Verfällt der Kaiser in Häresie, ist der Papst ihm übergeordnet, sonst allerdings nicht.[259] *quia Papa imperium tollere non potest, nec imperatorem amovere, nisi quando deviaret a fide, patet*

---

256 Cf. G V, XXX, 555 (31 - 41) [111r]. Vgl. ECKERMANN, *Studien* 57 f.: Für Roselli *ist ... ecclesia universalis gleichbedeutend mit Staat, Imperium, Weltvolk, populus Romanus. Häufig setzt er ecclesia universalis id est collectio fidelium für populus Romanus.* Als Beleg cf. G I, XLVIII, 279 (32 f.) [11v]: *... similiter electores imperii habent (sc. potestas eligendi) ab Ecclesia: ut de elec. venerabilem. id est ab universali collegio fidelium, et sic a populo Romano.* Bei Roselli findet sich also nicht der von der *translatio* abgeleitete Gedanke, der Papst habe das *Recht sich in Fragen des Imperiums einzumischen.* So VAN DEN BAAR, *Kirchliche Lehre* VII bei der Aufzählung der Elemente der Translationstheorie. Zur Translationslehre Innozenz' III. cf. VAN DEN BAAR, *Kirchliche Lehre* 99 - 111.

257 Cf. G V, XXX, 555 (41 - 47) [111r]. Cf. VAN DEN BAAR, *Kirchliche Lehre* 109 (betr. Innozenz' III. Lehre): *Die Translatio ist ... keine Äußerung eines Besitzrechtes des Papstes auf das Imperium, sondern ein Notrecht: wenn die Sicherheit der Christenheit und ihre Interessen gefährdet werden, kann der Papst, weil das jetzige Kaiservolk seine Pflicht nicht erfüllt, ein anderes Volk als Träger des Imperiums auswählen.* Genau das wollte Roselli nicht unterstreichen. Ihm ging es nur darum, das Jetzt zu legitimieren – und zwar in kaiserfreundlicher Manier.

258 Cf. G V, XXX, 555 (45 - 49) [111r]. – Vgl. KÖLMEL, *Regimen christianum* 67: *Die Promotion durch den Papst gibt Kaiser und Reich eine die Königsherrschaft übersteigende Aufgabe, die Defensorschaft der Kirche, die Sorge für das Wohl des ‚orbis christianus'. Höhepunkte der kaiserlichen Herrschaft unter den Ottonen zeigen besonders deutlich, wie das Imperium als Verantwortung für ein größeres Ganze empfunden wird, der ‚status imperii' deckt sich mit dem Wohl der Christenheit ... Hier wird die geistig-geistliche Struktur des Imperium sichtbar, seine Existenz ist verbunden mit dieser Funktion in der Kirche und an der Kirche.*

259 Cf. G I, XLVIII, 279 (23 - 26) [11v]: *Cum igitur Papa non possit eligere, nec eligat Imperatorem, nec ipsum instituat vel confirmet, nec in potestate ipsum regulet, vel ordinet, nisi quantum pro fide indiget, vel quatenus fidelis esse debet Imperator: et idem ipsum examinat et idoneum denunciat: sed si delueret aliter, quam speculativam vitam impediendo, ipsum non corrigit: patet, quod ab eo Pontifice potestatem non habet.* – Bei Roselli werden –

quia Imperator et imperium ab ipso non dependet: quia quae non possunt ab homine amoveri, a Deo immediate sunt.[260]

Schaut man auf das Gesamt des Roselli'schen Werkes, erkennt man, daß dieser – wie andere vor ihm – einerseits in der Tradition steht. Er müht sich auch immer wieder, das zu betonen. Andererseits kann er diese Tradition angesichts veränderter Mächtekonstellationen und geschichtlich-konkreter Erfahrungen nicht vorbehaltlos übernehmen. Er versucht sie fruchtbar zu machen mit Blick auf eine neue Ordnung. Diese neue Ordnung ist für ihn eigentlich die „gute, alte Ordnung“, in der *temporalia* und *spiritualia* verschiedenen Sphären und Kompetenzen zugewiesen sind, in der die Gewalten gemäß dem göttlichen Plan harmonieren und so *pax et tranquillitas* für alle gesichert werden können. Mit Blick auf den Papst bedeutet das für Roselli, daß dieser wohl viele Vorrechte hat, die ihm eigen sind und sogar unmittelbar von Gott her zukommen, daß dies aber keinen Totalanspruch auf die ganze Welt, Irdisches und Ewiges, impliziert.[261] Auch der Papst muß eine Ordnung wahren, die ihm vorausliegt und an die er – nicht minder als der Kaiser – gebunden bleibt.[262]

Daß solche Gedanken – auch wenn sie nicht mit revolutionärer Gesinnung vorgebracht wurden – auf Widerstand stoßen konnten, vor allem in einer Zeit, in der Roselli selbst nicht mehr lebte, ist wenig verwunderlich. Das erklärt möglicherweise das Schicksal, welches dem Hauptwerk des *excellentissimus utriusque iuris doctor dominus Antonius de Rosellis*[263] beschieden sein sollte.

---

so ECKERMANN, *Studien* 92 – *die päpstlichen Jurisdiktionsansprüche ... ganz bedeutend eingeschränkt und die kaiserlichen Rechte und vor allem auch das kaiserliche Ansehen in vollem Umfang wieder hergestellt.* Cf. dazu u.a. ebd. 91 - 93.

260 Cf. G I, LVI, 283 (49 - 51) [13r].

261 Bzgl. der Kategorisierung in „monistisch – dualistisch“ schreibt KÖLMEL, *Regimen christianum* 28: *Er (sc. der Monismus) kann sich ... beziehen auf die Gewalt selbst oder nur auf den Inhaber der Gewalten. Im letzteren Fall einer monistischen Inhaberschaft – bei getrennten Gewalten – hätten wir die mit der ‚potestas directa‘ gegebene Lösung: Der Papst als Inhaber der höchsten geistlichen und der höchsten weltlichen Gewalt. Im Falle einer monistischen Gewalt hätten wir eine Absorption der geistlichen durch die weltliche Gewalt oder eine Absorption der weltlichen durch die geistliche Gewalt.*

262 Vgl. FUNDER, *Reichsidee* 92: *Am Beispiel Dietrichs (sc. von Niem) zeigt sich, daß die letztlich von römischen Rechtsgrundsätzen inspirierte Doktrin von der ‚plenitudo potestatis‘, welche die kirchliche Herrschaft parallel zur weltlichen Herrschaftsausübung konzipierte, nun konsequent auch auf die Maximen der notwendigen Beschränkung und sinnvollen Zielrichtung eben dieser Herrschaft aus dem Arsenal des weltlichen Rechtes verpflichtet wurde: Die Kirche, die ihr ‚imperium‘ als Regierung über Kirche und Welt verstand, die sich im Besitz der zwei Schwerter glaubte, wurde von dem Instrumentarium, das sie selbst zur Ausweitung ihrer Herrschaft herangezogen hatte, nun selber gezügelt, korrigiert und auf die Frage nach ihrem Wesen zurückgeführt.*

263 Cf. G nach V, 556 [111v].

3. Das Schicksal der Monarchia

Wie die *Monarchia* Dantes erfuhr auch die *Monarchia* Rosellis eine Widerlegung durch einen Dominikaner. Dies geschah jeweils nach dem Tod der Autoren. Ebenso wurden beide Werke auf den Index gesetzt, womit sich die Ähnlichkeit ihres Schicksals fortsetzt.[1]

Maccarrone, der sich mit der *Monarchia* Dantes, vor allem mit deren drittem Buch, intensiver beschäftigt hat,[2] unterstreicht mit Nachdruck, daß die explizite Polemik gegen dessen Werk und den darin über das Verhältnis von Papst und Kaiser vertretenen Thesen erst mit Guido Vernani OP einsetzte. Dieser aber habe Dante nicht der Häresie angeklagt, sondern vielmehr das Ziel gehabt, Dante der in dem Werk enthaltenen Irrtümer zu überführen.[3] Für Maccarrone selbst ist der große italienische Dichter eher ein Vertreter einer gemäßigten Linie denn ein Revolutionär.[4] Die Schrift des Predigerbruders mag aber für den Kardinallegaten Bertrand de Pouget in Bologna Anlaß gewesen sein, die Verbrennung des Werks – wohl ohne vorhergehende Untersuchung und ohne Informieren des Papstes – anzuordnen und das Studium desselben zu verbieten.[5] Gleichwohl erfreute es sich auch in den darauffolgenden Jahren, d.h. nach 1329/30, und Jahrzehnten einer beachtlichen Bekanntheit, erfuhr Zustimmung und vehemente Ablehnung.[6]

Die *Monarchia* des Roselli, der sich als ghibellinisch Gesinnter in maßgeblicher Weise von Dante inspirieren ließ, blieb wie dessen Werk nicht

---

1 ECKERMANN, *Studien* 157 betont die Parallelität des Schicksals.

2 Vgl. MACCARRONE, *Il terzo libro della ‚Monarchia': Studi danteschi* 33 (1955) 5 - 141.

3 Vgl. MACCARRONE, Dante 23 f.

4 Vgl. ebd. 22.

5 Vgl. ebd. 20 f. und 24. Ebd. 20 – mit Verweis auf Boccaccio – der Hinweis: ... *avrebbe anche fatto bruciare le ossa di Dante, se non fossero intervenuti a difesa dell'altissimo poeta l'ambasciatore dei Fiorentini ... ed il signorotto locale*. Vgl. CHENEVAL, *Rezeption* 161: *Bertrand de Pouget war nicht irgendein Lokalpolemiker, sondern er verkörperte kraft seines Amtes die weltliche Macht des Papstes, der sich mit dem Kaiser in einer grundsätzlichen überregionalen Auseinandersetzung befunden hatte.* Ebd. 148 – 150: *Versuch einer Gesamtwürdigung der Dante-Kritik Vernanis*; ebd. 151 – 162: *Die Verurteilung der ‚Monarchia' durch Bertrand der Pouget.*

6 MACCARRONE, Dante 24 - 27. Freilich wurde oft Name des Autors wie Titel des Werks – zum Schutz – getilgt. Cf. das von MACCARRONE, ebd. 20, gebrachte Beispiel. RICCI, Monarchia 1002: *L'acuto contrasto allora determinatosi tra i due poteri, la furia della polemica che accanita divampò, gli eccessi cui ambo le parti si abbondarono, provocarono per un verso il rapido diffondersi del trattato, e per l'altro la rapida distruzione di molte copie, bandite dai conventi, bruciate sulla piazza, ovunque braccate.*

von Angriffen verschont. Nach seinem Tod, im Jahre 1491, wurde sie von Nicolò Franco, Bischof von Treviso und päpstlicher Legat für das Territorium der Republik Venedig, in einer Konstitution unter Strafe der dem apostolischen Stuhl reservierten Exkommunikation verboten.[7] Auch der Patriarch der *Serenissima* verurteilte die *Monarchia*.[8] Nichtsdestotrotz scheint Rosellis Arbeit weiter im Umlauf gewesen zu sein. Davon zeugt, daß acht Jahre später, 1499, eine Gegenschrift gedruckt wurde, die kein geringerer als Henricus Institoris[9] auf Veranlassung eines venezianischen Edelmannes, Antonio Pizomanni, gegen die *Monarchia* verfaßt hatte.[10] Dieser *Tractatulus* oder dieses *Opusculum in errores Monarchiae*,[11] von

---

[7] Vgl. MENNITI, Franco 199: *Tra i suoi (sc. di Nicolò Franco) interventi occorre specialmente segnalare le ,Constitutiones cleri Veneti', da lui emanate il 10 apr. 1491, contenenti norme sulla disciplina ecclesiastica ... e sul controllo dell'editoria. A questo proposito veniva prescritto l'obbligo per gli stampatori di non pubblicare libri che trattassero materia di fede o di autorità della Chiesa senza l'autorizzazione del vescovo o del vicario generale diocesano. Contemporaneamente il F. proscrisse – e il provvedimento viene considerato la prima misura censoria su opere a stampa –, insieme col patriarca veneziano Tommaso Donà, il trattato di Antonio Roselli, ,De Monarchia ...' e le ,Conclusiones ...' di Giovanni Pico della Mirandola.* Interessant ist möglicherweise, daß Nicolò Franco dem Pietro Barozzi als Bischof von Treviso vorgezogen wurde. Dazu ebd. 198 und GAETA, Barozzi 510.

[8] Vgl. REUSCH, *Index* I 58. Ebd.: *Die eben erwähnte Constitution ... ist auch darum bemerkenswerth (sic!), weil sie das älteste Verbot von gedruckten Büchern enthält.* Vgl. auch SEGL, Heinrich Institoris 122. - Cf. NICOLAUS FRANCUS, *Constitutiones editae anno 1491*, ed., 1553 f.: *Quoniam, ut frequenter nostris est auribus intimatum, librorum impressores nonnullos libros haeresim sapientes non absque maximo animarum Christifidelium periculo imprimunt; volentes igitur ex nostrae legationis officio huic morbo, quantum cum Deo possumus, medelam adhibere, hac perpetua valitura constitutione praecipimus, ne de caetero aliquos libros de fide catholica, aut rebus ecclesiasticis tractantes (praeter quam libros, qui imprimi soliti sunt) absque expressa episcoporum locorum aut eorum officialium generalium licentia quoquomodo imprimat, seu imprimere faciat. Qui autem contrarium facere praesumpserit, excommunicatus erit ipso facto. Eos quoque qui Monarchiae librum per Antonium Rosellum juris doctorem compositum, ac etiam qui conclusiones, et tractatus Domini Mirandulae impresserunt, aut imprimere fecerunt, vel emerunt, seu quovis modo habuerunt, praesenti constitutione sub eadem excommunicationis poena, monemus, quatenus illos, infra terminum XV dierum post harum publicationem factam in cathedrali ecclesiae civitatis, seu dioecesis, in qua habitant, computandorum, comburant, ita quod non sint amplius in rerum natura, nec illos de coetero aliquis imprimat seu imprimere faciat, aut emat, seu quovis modo accipiat, aut apud se retineat. Si quis autem contra hujus nostrae Constitutionis tenorem quicquam temere attentare praesumpserit, excommunicationem incurrere volumus ipso facto, cujus absolutionem sedi apostolicae, et nobis tantummodo reservamus.*

[9] Zu Henricus Institoris cf. SEGL, Heinrich Institoris passim (Persönlichkeit und literarisches Werk).

[10] Vgl. QUETIF - ECHARD, *Scriptores* 897. CHENEVAL, *Rezeption* 328 – 342: *Die Verurteilung und Bekämpfung der Monarchia Rosellis: Henricus Institoris*. Ebd. 331: *Theologieprofessor Antonius Pizzomanis.*

[11] QUETIF - ECHARD, *Scriptores* 897 spricht vom *Tractatulus adversus errores D. Antonii Roselli Patavini J. U. C. de plenaria potestate pontificis ac Monarchiae*. VERRUA, Antonio Roselli 327 nennt als Titel: *Opusculum in errores Monarchiae*. So ist auch die Inkunabel der

Heinrich Krämer bereits 1496 erstellt,[12] wendet sich gegen die *perversa dogmata* des Roselli. Man hielt wohl den Inquisitor, der sich bereits 1482 mit einer Streitschrift gegen den Erzbischof Andreas Jamometic hervorgetan hatte,[13] für den geeigneten Mann, die durchaus für gefährlich gehaltene *Monarchia* zu widerlegen. Für Krämer war seine Aufgabe klar: die Verteidigung der *fides*, wie sie von der römischen Kirche vorgelegt wurde, und der Autorität des Hl. Stuhles.[14]

Im Vorwort seiner Replik meint der Inquisitor, er sei von dem Doktor der Theologie Pizomanni gebeten worden, gegen die von dem Bischof von Treviso und dem venezianischen Patriarchen seinerzeit verurteilten Lehren eine solide, mit dem Glauben übereinstimmende Klarstellung der Lehre niederzuschreiben. Dies sei höchst notwendig, da die Gegner (*adversarii*), d.h. die Anhänger der Lehre des Roselli, behaupteten, damals sei eher *de facto* als *de iure* vorgegangen worden.[15] Heinrich Krämer sieht

---

Bayerischen Staatsbibliothek München, Inc. c. a. 3770.I, katalogisiert. Vgl. auch derselbe Titel in *Inkunabelkatalog der Erzbischöflichen Diözesan- und Dombibliothek Köln*, hg. J. A. Cervelló-Margalef, bearbeitet von R. F. Lenz, Köln 1997, unter Nr. 30 auf Seite 22 (in einem Sammelband, der auch die *Monarchia* ed. 1487 einschließt). Nach CHENEVAL, *Rezeption* 331 ist das Opusculum zu bewerten als *wichtigste Etappe der katholischen Rezeptionsgeschichte der ‚Monarchia' Rosellis.*

[12] Cf. München, Bayerische Staatsbibliothek, Inc. c. a. 3770.I am Ende des *Proemium auctoris*: *Datum Venetiis vicesima tertia mensi Augusti: Anno domini 1496. pontificatus sanctissimi domini nostri pape Alexandri anno 7.* ECKERMANN, *Studien* 158: *Die Abfassung der Gegenschrift gegen Dantes ‚Monarchia' (sic!) fiel in das Jahr 1496.* BURNS, Monarchia 321 Anm. 4 schreibt: *Henricus Institoris, Opusculum in errores Monarchiae (Venice 1499).* Dazu München, Bayerische Staatsbibliothek, Inc. c. a. 3770.I.: *Explicit replica inquisitoris Germaniae fratris Henrici institoris adversus dogmata perversa Roselli. Impressa Venetiis arte et ingenio Jacobi de Leucho: expensis tamen domini Petri Liechtensteyn. Anno domini 1499. die vero Julii. 27.* CHENEVAL, *Rezeption* 331 argumentiert, vom Pontifikatsbeginn Alexanders her, auch für 1499 als Abfassungszeit.

[13] Vgl. SEGL, Heinrich Institoris 107: Eine Streitschrift, *in der er als entschiedener Kurialist die päpstliche Allgewalt sowohl innerkirchlich gegenüber dem Konzil, als auch dem Kaiser gegenüber mit extremen Formulierungen verteidigte.* – Ebd. 103 verweist auf eine Gefängnisstrafe im Jahre 1473, die der Verfasser des berüchtigten Hexenhammers (*Malleus maleficarum*) verbüßte wegen einer Predigt, *in der er es Kaiser Friedrich III. gegenüber offenbar an Respekt hatte fehlen lassen.*

[14] Vgl. PETERSOHN, Konziliaristen und Hexen 155 - 157. Ebd. 155 f.: Es muß *das Wort ‚fides' geradezu als Schlüsselbegriff seiner Vorstellungen und seines Handelns erscheinen. Es ging ihm nicht ... monoman um Hexerei und Hexen, sondern, wie es sein Amt erforderte, in umfassender Weise um die Zurückweisung jeglicher Angriffe auf den ‚Glauben'.*

[15] Cf. München, Bayerische Staatsbibliothek, Inc. c. a. 3770.I.: *Petitis a me pauperculo equidem ingenio: ut adversus Anthonii roselli Aretini dogmata: dudum ... condemnata et incinerata. aliquam solidam: fideique consonam doctrinam conscriberem. Allegando hoc pernecessarium fore. cum ipsi adversarii fautores videlicet doctrine roselli insultandi occasionem sumunt: asserentes de facto potius quam de iure fuisse in tali condemnatione processum: cum nulla doctrina sit sine opposita replica abiicienda aut refutanda ... asserentes minus iuste contra ipsum rosellum fuisse processum ...*

nur einen Weg: *Ideo ne simplicium corda callidis persuasionibus roselli etiam per germanie partes ad quas se nostra extendit inquisitionis auctoritas peramplius inficiantur*, befiehlt Krämer beim heiligen Gehorsam und unter Androhung von Strafen, daß man fortan von der Lektüre und der Disputation zugunsten der rosellianischen Dogmata ablassen und die Codices verbrennen solle. Ständen dem Schwierigkeiten entgegen oder wäre ein solches Vorgehen gar als gefährlich einzustufen, so solle man sich des von ihm verfaßten kleinen Werks, eines *Correctoriums*, bedienen, um auf diese Weise, durch die Gegenüberstellung, die Wahrheit besser zu erkennen.[16] Falls allerdings jemand diese Anweisungen oder besser apostolischen Befehle nicht beherzige (*monitorum ac preceptorum immo verius apostolicorum immemor*), so solle dieser wissen, daß er als dem Inquisitor und der heiligen Kirche Gottes gegenüber verstockter und ungehorsamer Rebell exkommuniziert sei. Wer dieser Strafe verfällt, dem wird in Aussicht gestellt, daß gegen ihn mit anderen, schwereren Strafen vorgegangen wird und daß diese nach Recht und Gerechtigkeit verhängt werden.[17]

Der *Replica* vorangestellt wird eine *Tabula*, welche einen Überblick über die zwei Teile gibt, aus denen das *Opusculum* besteht.[18] Der erste Teil besteht aus der Darlegung der 20 katholischen Argumente, die von Roselli als falsch angefochten werden, tatsächlich aber wahr sind. Der zweite Teil ist zusammengesetzt aus 11 Kapiteln gegen 11 falsche Fundamente des Roselli. Der *prima pars* wiederum ist eine *quaestio introductoria* vorgelagert, die sich damit befaßt, ob es eher Theologen oder Kanonisten zukommt, *de papali potestate diffinire*.[19] Der Inquisitor verweist mit

---

[16] Cf. ebd. (Proemium auctoris): *Nos omnes et singulos qui perversa dogmata roselli penes se retinent: et in usu et exercitio legendi et disputandi non obstante predicta condemnatione reverendissimorum patrum habere voluerint: requirimus et monemus. ac monendo in virtute sancte obedientie et sub penis in iure contentis precipimus ac mandamus: quatenus deinceps a tali exercitio legendi et disputandi in favorem et defensionem dogmatum roselli abstineant et codices igni tradant. Quod si difficile et damnosum hoc eis videretur ex tunc presens opusculum et correctorium ex adverso collectum penes se retineant: ut sic oppositis iuxta se positis diligentique studio perlustratis veritas ipsa amplius innotescat.*

[17] Ebd.: *Si autem quod deus avertat nostrorum monitorum ac preceptorum immo verius apostolicorum. immemor aliquis extiterit et rebellis: sciat se sic rebellem contumacem et inobedientem nobis: immo revera ecclesie sancte dei excommunicationis sententia innodatum. Quam excommunicationis sententiam in talem ... in hiis (sic!) scriptis sententialiter promulgamus. Notificantes quod siquis permiserit se prefata sententia innodari procedamus contra ipsum ad penas alias graviores: et ad incursionem earundem prout ius et iustitia suadebunt.*

[18] CHENEVAL, *Rezeption* 333 sagt zur Tabula: *griffiges Arbeitsinstrument für überlastete Inquisitoren ... sehr praktisch.* Ebd. 342 auch das – recht persönliche – Urteil über Institoris: *Er inszeniert wie ein großer Teil seiner papalistischen Vorgänger die nicht ewige, aber lange währende Wiederkehr der gleichen Argumente.*

[19] Cf. die *Tabula super duas partes opusculi fratris henrici adversus dogmata perversa. d. Antonii roselli et permittitur quaestio introductoria* in Inc. c. a. 3770.I. – Bei der Frage, ob eher

Nachdruck auf die Heranziehung bestimmter *canones* seitens des Roselli für die Verteidigung von dessen irriger Meinung.[20] Gegen alle Rechtsverdrehung ist für ihn daran festzuhalten, *quod imperialis potestas derivatur a papa sicut lumen a solis lumine er hoc quo ad temporalium administrationem.*[21]

Im zweiten Teil stellt Henricus die Grundlagen dar, von denen nach seiner Meinung alle Irrtümer des Roselli ihren Ursprung nehmen.[22] U.a. geht er dabei auch auf die Deutung der Lehre von den zwei Schwertern ein. In diesem Zusammenhang erörtert er die Kompetenz des *doctor privatus.*[23] Für ihn ist es indiskutabel, daß irgendein Privatgelehrter *sanctorum doctorum dicta vel sententia etiam in sacris canonibus comprehensas posset ... sua privata auctoritate corrigere et emendare in opinionum varietate.* Genau das aber kreidet er Roselli an.[24] Im Zentrum seiner Kritik stehen bei dem *inquisitor haereticae pravitatis* die Argumente, welche die weltliche Jurisdiktion des Papstes in Frage stellen und die dem Kaiser gegenüber höhere Stellung des Nachfolgers Petri bestreiten.[25] *Merkwürdi-*

---

ein Theologe oder ein Kanonist zum Papst gewählt werden soll, folgt Heinrich Krämer Ockham. Vgl. ECKERMANN, *Studien* 159; SEGL, Heinrich Institoris 122.

20 Cf. München, Bayerische Staatsbibliothek, Inc. c. a. 3770.I.: ... *certa avisamenta super quasdam frivolas exceptiones quas Rosellus facit in canonum allegationibus. Consuevit enim subscriptos canones plurimum in sui erroris defensionem allegare: quos etiam scire non est inutile pro argumentorum solutionibus: XXIII. q. IIII. quesitus ... notare potes quod semper verba simplicia ad suum sensum retorquere nittitur (sic!).* Besonders aufgefallen ist Institoris auch das Übergehen von *Unam sanctam.*

21 Ebd. (zum Sonne - Mond - Gleichnis).

22 Ebd.: *Sequitur secunda pars opusculi in quo tractatur de novem (sic!) fundamentis ex quibus cuncti errores processerunt roselli.* Tätsächlich behandelt er – wie auch in der Tabula angeführt – 11 *fundamenta* in 11 Kapiteln.

23 Cf. ebd.: ... *sepe occurrit disputatio: An sanctorum doctorum dicta vel sententia. etiam in sacris canonibus comprehensas posset aliquis privatus doctor sua privata auctoritate corrigere et emendare in opinionum varietate. Et hec discussio est hic pernecessaria cum rosellus sepe in sui defensionem nititur communes sanctorum sententias et sacros canones ad alium quam verba sonare videntur intellectum retorquere ... Et illam decretalem Bonifacii; unam sanctam ... hanc decretalem adversarius sepe allegat et male exponit.*

24 Ebd.: *Notandum ... quod doctores sancti non refutaverunt concrectiones (recte: correctiones) fieri in eorum sententias quando rationabiliter fit ... vel cum determinatione ecclesie. vel aliqua inconcussa ratione. vel sacre scripture confirmatione ... patet quod nullus privatus doctor potest propria et privata auctoritate doctorum sanctorum dicta impugnare vel corrigere. Quod rosellus hic minime observat ut patebit ... – Rosellus cum sit privatus doctor et vult uti privata auctoritate etiam contra caput ecclesie omnino seipsum condemnat dum aliam ponit auctoritatem in ecclesiam. et aliam in papam: dicens duas potestates esse in ecclesia. non autem a papa derivari.* CHENEVAL *Rezeption* 336 spricht – mit Blick auf die Frage nach dem *privatus doctor* – von einem *formalistischen Autoritätsargument.*

25 HENRICUS INSTITORIS, *Opusculum* - München, Bayerische Staatsbibliothek, Inc. c. a. 3770.I.: *Secundus error roselli quod dominium pape in spiritualibus et temporalibus non fuerit designatus per duos gladios quos christus dixit sufficere in ecclesia ... Capitulum terti-*

gerweise wird ... keiner der konziliaren Sätze Rosellis widerlegt, wie Eckermann zu Recht betont.[26] Daß diese bei dem Dominikaner nicht im Mittelpunkt seines Kampfes für die *fides* standen, läßt sich auch an dem expurgierten Exemplar ablesen, das sich heute in der Biblioteca Nazionale zu Rom findet.[27] Die getilgten Stellen korrespondieren dem Antwerpener Expurgationsindex und dem Expurgationsindex des Quiroga.[28] Es sind vier an der Zahl.[29] Sie betreffen primär das Verhältnis von Papst und Kaiser und damit zusammenhängende Fragen, wie die *potestas* des Papstes bezüglich der *temporalia* und die Bewertung der Konstantinischen Schenkung.[30] Der *anticurialistische* Traktat, wie Reusch die *Monarchia* versteht, *steht in allen römischen Indices, seit Trient mit ‚donec corrigetur'*.[31]

---

um. Contra tertium dogma perversum questio ... An dominium pape in temporalibus sit solum spirituale .... Capitulum. VIII. de prioritate papatus ad imperium ... Capitulum IX. destruens perversum dogma in quo asseritur papam solummodo habere dominium super temporalia inquantum divinis famulantur. alias non ... Capitulum. X. destruens fundamentum roselli in eo quod imperator secundum eum non tenetur prestare pape iuramentum fidelitatis ... Capitulum. XI. destruens fundamentum roselli super donatione constantini.

26 ECKERMANN, *Studien* 160. – Eine kurze Zusammenfassung der Thesen Institoris' bei SEGL, Heinrich Institoris 123. Auch ECKERMANN, *Studien* 159. DIPLOVATACIUS, *Liber* 362: *Cui (sc. tractatu) frater Henricus ... adversus dogmata perversa dicti domini Antonii multa composuit ... et hoc, quia multum favebat partibus imperatoris.* Vgl. auch CHENEVAL, *Rezeption* 332 f.: *Die wichtigen und juristisch komplizierten Fragen der innerkirchlichen Macht des Papstes im Verhältnis zum Kardinalskollegium und zum Konzil werden von Institoris ausgeblendet.* Ebd. 327: Roselli ist *am Ende des 15. Jahrhunderts wegen Argumenten angefeindet und verurteilt worden ..., die er Dante abgeschrieben hat.*

27 Gedruckt zu Pavia 1517.

28 So ECKERMANN, *Studien* 160, die allerdings den Antwerpener Expurgationsindex – als *Anhang zum Trienter Kodex* – auf das Jahr 1540 datiert. Ihr folgt THOMSON, Papalism 457. Richtig müßte es heißen: 1571. Vgl. REUSCH, *Index* I 423. Der Index Pius' IV. wurde erst im Jahr 1564 promulgiert. Vgl. REUSCH, *Index* I 321 f. – Die Bestimmungen des Antwerpener *Index expurgatorius* wurden – so REUSCH, *Index* I 59 Anm. 1 *von Q. (sc. Index des spanischen Generalinquisitors Quiroga von 1584) und anderen spanischen Indices, aber nicht von Bras. (sc.: Index expurgatorius des J. M. Brasichellensis aus dem Jahre 1607: der einzige Römische Index expurgatorius, den es gibt* – so REUSCH, a.a.O. 549) aufgenommen.

29 1) G I, XXIX, 267 (45) [7r]. *Monarchia* ed. 1517, f. 7r: *corporales*; 2) G I, XXXVIII, 273 (12 - 27) [8v - 9r]. *Monarchia* ed. 1517, f. 9r: *Profecto factum tale pro haeresi iudicarem ... non possit eligi Imperator:* Es handelt sich um einen Abschnitt, in dem – u.a. – Roselli es als häretisch erklärt, dem Papst die *universalis administratio temporalium* zuzuschreiben; 3) G I, XLVIII, 278 (27 - 41) [10v]. *Monarchia* ed. 1517, f. 11r: *Ex quo sequitur quod Papa non habet potestatem eligendi et coronandi imperatorem ... sacramentalia et temporalia quodammodo sunt.* Es geht u.a. um die Zuordnung von Papst und Kaiser; 4) G I, LXIX, 297 - 299 (11 - 57) [17v - 18v]. *Monarchia* ed. 1517, ff. 17r - 18r: *Et ad primum firmiter teneo ... sic intelligi hanc arduam materiam.* Hier handelt Roselli über die Geltung der *donatio constantini* bzgl. der Gebiete, die de facto der Kirche unterstehen.

30 Vgl. BURNS, Monarchia 322 Anm. 6.

31 Vgl. REUSCH, *Index* I 59. Ist das Urteil von KAULEN, Antonius von Roselli 996 angemessen, wenn er schreibt: In der *Monarchia werden ... die Grenzen der päpstlichen Gewalt im*

Die scharfe Reaktion auf die Arbeit Rosellis erklärt sich zu einem gewiß großen Teil aus den veränderten Zeitumständen. Auch darin ist er in einer ähnlichen Lage wie Dante.[32] Burns schreibt: *It seems quite clear that the condemnation of the Monarchia in the 1490s was based, not of course on what Roselli claimed, but on what he failed to claim for the papacy.*[33] Der Autor akzentuiert die imperialistische Grundposition als Motiv für die Verurteilung. Er verweist auf eine These des Peter von Andlau, der in einer Schrift über das römisch-germanische Imperium hervorgehoben hatte, es sei nicht weit von einer Häresie, hartnäckig zu leugnen, daß die Jurisdiktion des Kaisers *in temporalibus* vom Papst abgeleitet sei.[34]

Freilich fand der Traktat auch Bewunderer.[35] 1511 verfaßte Philippus Decius eine Abhandlung zur Verteidigung der gegen Julius II. zusammengetretenen Versammlung in Pisa, in der er auch – neben Torquemada, dem *acerrimus defensor Papae* – Rosellis Werk billigend anführt.[36] Auf die Rezeption bei Kardinal Jacobazzi war schon hingewiesen worden.[37] Noch später wird seine *Monarchia* bei Bossuet, im Rahmen von dessen gallikanischem Engagement, angeführt.[38] Die Aufnahme des Hauptwerks in die

---

Sinne der damaligen schismatischen Partei festgestellt. Der Papst habe in zeitlichen Dingen weder Gewalt noch Vorrang, und seine geistliche Vollmacht sei nicht größer, als die aller übrigen Bischöfe. Letztere (sic!) Behauptung brachte das Buch auf den Index? So auch HURTER, *Nomenclator* 956.

32 Vgl. MACCARRONE, Dante 28: ‚*Habent sua fata libelli!*' *Forse non si può applicare meglio che alla Monarchia dantesca il sapiente detto di un oscuro poeta latino! La storia della contrastata fortuna tra i teologi del trattato politico del sommo poeta, che tocca i delicati rapporti tra Chiesa e Stato, si inserisce, e si può valutare, alla luce e nel quadro delle vicende storiche in cui fu coinvolto. E rappresenta un caratteristico esempio delle intime relazioni e corrispondenza tra la storia ecclesiastica e le vicine discipline della filologia, della teologia e del diritto canonico, la cui indagine porta oggi nuovi frutti.*

33 BURNS, Monarchia 343. – THOMSON, Papalism 456: *In the latter half of the fifteenth century papalist theory became increasingly rigorous, and nothing is more indicative of this than the treatment meted out to Roselli's work.*

34 Vgl. BURNS, Monarchia 343 f. mit Anm. 87: *Petri de Andlo de Imperio Romano – Germanico Libri duo* in *Repraesentatio Reipub. (sc. Reipublicae) Germanicae sive Tractatus varii de Sacri Romano-Germanici Imperii Regimine (Norembergae 1657) 84: ‚... non longe foret ab haeresi pertinaciter negare temporalem Caesaris jurisdictionem a summo Pontifice derivari.'*

35 MARCUS MANTUA, *Epitome virorum illustrum* 444 schreibt zu Roselli: ... *scripsitque multa, quibus tamen temporum injuria caremus, et si quid est quod passim legi possit est inquam mirabilis ille tractatus, de potestate Papae, quem vulgo Monarchiam vocant omnes.*

36 Cf. PHILIPPUS DECIUS, *Sermo* 1778 (lies: 1678) (Zeilen 32 - 39) sowie ebd. 1782 (lies: 1682) (Zeilen) 7 - 9.

37 Vgl. Kapitel I.1, Anm. 155.

38 Vgl. REUSCH, *Index* I 59 Anm. 1. BOSSUET, *Defensio* (liber II, cap. 3) 44: *Florebat per eandem aetatem (sc. Turrecrematae) Antonius de Rosellis, Aretinus consiliarius Pontificius ac Caesarius, ejusdem Canonista nobilis, Eugeniarum partium, qui tamen in Libro de Monarchia haec habet: .... Haec scribebant sub Eugenio IV. flagrantibus dissidiis, qui ei erant addictissimi, ab eoque opibus ac dignitatibus augerentur.*

Goldast'sche Sammlung ist wohl aus seinem imperialistischem Grundcharakter zu erklären.[39]

Amann bemüht sich, spätere Urteile nicht mit der zeitgenössischen Würdigung und Bewertung des Roselli zu vermischen. Am Schluß seines Artikels weist er auf die Notwendigkeit hin, den Traktat des Kanonisten aufmerksam zu studieren, um so möglicherweise eine *théologie du pape* nach dem Großen Schisma zu entdecken.[40] In eingeschränkter Weise, nämlich mit Blick auf die Konzilien, soll diesem Anliegen in den folgenden Ausführungen ansatzweise Rechnung getragen werden.

[39] Vgl. TIRABOSCHI, *Storia* 522. Vgl. auch VERRUA, Antonio Roselli 328 f.

[40] Vgl. AMANN, Roselli 2917: *La doctrine de Roselli, à la vérité, n'est pas favorable au pouvoir direct du souverain pontife sur le temporel, et, pour ce qui est des rapports entre le pape et le concile, elle se situe assez près de celle de Jean Gerson. Mais ceci parut abomination dans l'Italie de la fin du XVe siècle. ... Une étude attentive de son gros traité parait s'imposer à qui voudrait tirer au clair la ‚théologie du pape' après le Grand Schisme.*

III. Kapitel

Der Traktat „De Conciliis ac synodis generalibus"

1. Zum handschriftlichen Befund

Eine Untersuchung der uns bekannten Handschriften führt zu der sicheren Erkenntnis, daß es sich bei der venezianischen nicht um das Original handeln kann. Obwohl diese zweifelsohne vom ästhetischen Standpunkt aus einen herausragenden Platz einnimmt – was nicht Wunder nimmt, da sie dem Dogen gewidmet wurde –, weist sie vom Textbestand her beachtliche Mängel auf, die zuweilen den Eindruck entstehen lassen, daß mit der Lektüre seitens des Adressaten nicht ernsthaft gerechnet wurde. Eine Ausnahme mag hier die *epistula dedicatoria* darstellen, von der weiter unten zu sprechen sein wird.

Einige Beispiele mögen genügen:[1] Hin und wieder sind Worte nicht ausgeschrieben, bzw. nicht in angemessener Weise abgekürzt.[2] Manchmal fehlt auch ein Wort ganz,[3] manchmal werden Worte dupliziert.[4] Ab und an ist der Text schwer verständlich.[5] Eine spätere Hand hat fehlende Textstücke am Seitenrand des öfteren nachgetragen,[6] auch den Text korrigiert.[7]

Es ist nicht anzunehmen, daß sich derartige textliche Mängel in einem Original finden.[8] Als *presentation copy* ist die Handschrift freilich akzeptabel.[9]

---

1 Weitere Belege werden sich im Laufe der Besprechung des Textes ergeben.

2 Cf. Marc. f. 3v: *vel ipsius congregationis partem poci (sc. pociorem) ut inquit Philosophus.*

3 Cf. Marc. f. 20v: *et de (sc. accu.) sicut olim.* Weiter Marc. f. 27v: *sunt (sc. de) foro ecclesie.*

4 Cf. Marc. f. 45r: *Si ergo discrepat papa papa et maior pars concilii*; Marc. f. 54r: *illibata. i. illibata fidetinus. i. fidetinus manet.*

5 Cf. Marc. f. 6r: *Si autem incidit in heresim non voluntarie sed coacte et tunc si coactione precisa ut quia per vim imponitur sibi thus siue turribile thuris et luris in manibus et violenter ducitur ad ara ydolorum et per vim apperiunt ipsi manus et faciunt cadere reclausa thuram manibus super ignem et tunc nullam penam meretur quia nullus fuit consensus ...* Vgl. dazu T f. 75r.

6 Vgl. etwa Marc. f. 9r; Marc. f. 15r; Marc. f. 31v; Marc. f. 43r; Marc. f. 47v; Marc. f. 50r; u.ö.

7 Vgl. etwa Marc. f. 30v; Marc. f. 37v.

8 Vgl. CHENEVAL, *Rezeption* 296, der schreibt, *daß der Konzilstraktat schon vor dem 28. Dez. 1444 existiert hat und nur die Francesco Foscari gewidmete Fassung diesen Datums ist.*

9 SCHULTE, *Geschichte* II 304 f. mit Anm. 7 schreibt mit Bezug auf ein venezianisches Manuskript: *Vielleicht das Original.* BURNS, Monarchia 328 mit Anm. 25 führt aus: *doubtless*

Nimmt man die übrigen Handschriften hinzu, muß man konstatieren, daß auch keine von diesen als Original gelten kann, vielmehr ebenfalls z.T. erhebliche Defizite, was den Textbestand angeht, aufweisen. Essentielle Unterschiede zum venezianischen Text können aber nicht festgestellt werden. Entsprechend scheint auch eine kritische Edition des Traktats über die Konzilien nicht sehr hilfreich.[10]

In MI (München, Bayerische Staatsbibliothek, Clm 7438) fehlt ein ganzes Textstück.[11] Sowohl T (Trento, Biblioteca Capitolare, 140), wie MI eine schöne Handschrift, als auch MII (München, Bayerische Staatsbibliothek, Clm 6661) weisen Fehler, Auslassungen wie Dubletten, auf.[12] In der Zusammenschau der vier uns vorliegenden Handschriften kann man sich aber wohl – unter Vorbehalt – der Textgestalt des Originals annähern.

Wie bereits ausgeführt und von Burns hervorgehoben, wird ein großer Teil des Textes der *Monarchia* in der Druckfassung von Goldast fast wörtlich wiederholt.[13] Der Text, der quasi als Dublette vorliegt, ist zugleich wesentlicher Bestandteil des *Tractatus conciliorum*.[14] In der Systematik von diesem handelt es sich um jenen Part, welcher der Frage gewidmet ist, wann ein Konzil abgehalten werden muß und aus welchen Gründen.[15] In der *Monarchia* steht er dagegen im unmittelbaren Anschluß an die Diskussion, auf welche Arten der Papst seine Würde und Amtsgewalt verlieren kann. Hier ist der Teil nicht die Beantwortung der dritten Frage eines Traktats, sondern steht im Kontext der Frage nach dem Richter über den Verlust oder Nichtverlust der päpstlichen *dignitas*. Rückverweise auf schon Gesagtes werden hier ohne näheren Hinweis auf die *Monarchia* gegeben; in der Dublette wird dagegen an den entsprechenden Stellen z.T. ausdrücklich auf diese verwiesen.[16] Die Rückverweise auf die *Monarchia*

---

the presentation copy und etwas weiter unten *may ... be regarded as the definitive text of Roselli's work on conciliar authority as such.*

[10] Die Erwartung BURNS', Monarchia 330 Anm. 30 - *a ... undertaking ... which might throw useful light on the development of Roselli's ideas* – scheint zu hoch gespannt. Es wäre allerdings noch zu prüfen, ob die bei ihm nicht angeführten Handschriften aus Nürnberg und Würzburg diese These rechtfertigen könnten. Die Handschriften MI, MII, T und Marc. können es nicht.

[11] Cf. MI f. 37v. Vgl. dazu Marc. f. 20r.

[12] Für MII sei nur – als Beispiel – verwiesen auf ff. 284v - 285r.

[13] Vgl. BURNS, Monarchia 329 mit Anm. 27.

[14] G II, XX - XXX, 355 - 378 entspricht weitestgehend G III, II - VI, 380 - 402. Dem entspricht Marc. ff. 2r - 20v.

[15] Vgl. Marc. f. 1r: *Tertio. Quando sit faciendum Concilium generale et ex quibus causis.* Vgl. dazu Marc. f. 2r: *Tertiam igitur questionem assumamus quando Concilium sit faciendum et ex quibus causis.*

[16] Vgl. G II, XX, 355 (Zeile 43): *... faciunt illa quae infra dicam in quaestione, quae sit maior sententia papae vel concilii.* Dem entspricht G III, II, 380 (Zeilen 24 f.): *... quae dicam in*

finden sich auch verschiedentlich in den vorliegenden Handschriften des *Tractatus*.[17] Es finden sich allerdings auch Stellen, an denen der Hinweis auf die *Monarchia* von späterer Hand – aus Notwendigkeit – nachgetragen wurde.[18]

Aus all dem könnte man schließen, daß es eine Gesamthandschrift der *Monarchia* gab, aus der später der Teil, der sich mit den Konzilien befaßt, ausgeklammert und als eigene Schrift, als Traktat, verbreitet wurde.

---

penultima quaest. cum dico, quae sit maior sententia papae vel concilii. – G II, XX, 356 (Zeilen 13 f.): ... *dixi supra in quaestione, an papa possit renunciare papatui.* Dazu G III, II, 380 (Zeilen 58 f.): ... *plenissime dixi in quaestione, an papa possit renunciare papatui in* Monarchia. – G II, XX, 356 (Zeile29): ... *dicam infra quaestio 1.* Dazu G III, II, 381, 12: ... *dicam infra in penultima quaestione.* – G II, XX, 356 (Zeile 43): ... *dicam infra in pe. quaestione.* Dazu G III, II, 381 (Zeilen 25 f.) idem. – G II, XX, 358 (Zeilen 7 f.): ... *dixi in primo argumento primae quaestionis* huius operis. Dazu fehlt das Gegenstück G III, II, 382 (Zeile 50). – G II, XX, 358 (Zeile 28): ... *dixi* supra *in quaestione an papa possit renunciare.* Dazu G III, II, 383 (Zeile 6): ... *quia dixi* in opere Monarchiae *in quaestione, an papa possit renunciare.* – G II, XXI, 359 (Zeile 5): ... supra *in quaestione an aliqua exceptio contra ipsum proponi possit.* Dazu G III, II, 383 (Zeilen 39 f.): *de quibus dixi* in tractatu Monarchiae *in quaestione: an aliqua exceptio contra Papam opponi possit.* – G II, XXI, 360 (Zeile 13): ... *dixi* supra *in quaestione an propter haeresim perdat papatum.* Dazu G III, II, 384 (Zeilen 43 f.): ... *quae dixi* in tractatu Monarchiae *in quaestione: an propter haeresim pontifex papatum perdat.* – G II, XXI, 360 (Zeilen 36 f.): ... *dixi* supra *in quaestione quis papam eligit.* Dazu G III, II, 385 (Zeile 7): ... *dixi* in opere Monarchiae *in quaestione: quis papam eligit.* – G II, XXI, 361 (Zeile 9) (Marc. f. 40v): ... de hoc dicam infra in prima quaestione. Dazu G III, II, 385 (Zeilen 45 f.): ... *de quo tamen dicam infra in penultima quaestione.* – G II, XXI, 361 (Zeilen 14 f.): ... *dicam in proxima quaestione quis tunc debet convocare concilium.* Dazu G III, II, 385 (Zeilen 50 f.): ... *dicam in proxima quaestione: quis tunc debet concilium convocare.* – G II, XXIII, 362 (Zeilen 61 f.): ... *explicabitur quarta quaestio* ... Dazu G III, III, 387 (Zeilen 34 f.): ... *explicabitur quarta quaestio, videlicet quis interponat auctoritatem concilio? et quis habet convocandi auctoritatem?* – Cf. auch G II, XXIII, 363 (Zeile 44) und G III, III, 388 (Zeile 15). – G II, XXIII, 366 (Zeile 61): ... *dixi* supra *in quaestione an valuit donatio Constantini* ... Dazu G III, III, 391 (Zeile 19 f.): ... *dixi iam* super illa q. *an valuit donatio Constantini.* – Cf. G II, XXIV, 367 (Zeile 56) und G III, III, 392 (Zeile 6). – G II, XXIV, 370 (Zeile 29) und G III, III, 394 (Zeile 36). – G II, XXIV, 371 (Zeilen 29 f.): ... *dixi* supra *in quaestione an aliqua exceptio contra cardinales opponi possit* ... Dazu G III, III, 395 (Zeilen 33 f.): ... *dixi* in Monarchia *in quaestione an aliqua exceptio* ... – G II, XXIV, 371 (Zeilen 48 f.): ... *dixi* supra *in quaestione: an duobus de papatu contendentibus, aliquis eorum vel ambo scismatici sint.* Dazu G III, III, 395 (Zeilen 51 f.): ... *dixi* in Monarchia *in quaestione an duobus* ... – Cf. auch G II, XXVII, 376 (Zeilen 54 - 57) und G III, IV, 400 (Zeilen 34 f.) – G II, XXVIII, 377 (Zeile 46): ... supra *in quaestione an papa possit schismaticus effici.* So auch G III, V, 401 (Zeile 27). – G II, XXX, 378 (Zeilen 62 f.): ... *ut infra dicam in quaestione, quando vult concilium dissolvere rebus non perfectis.* G III, VI, 402 (Zeile 39) fehlt dieser Abschnitt. Die Hervorhebungen in dieser Anmerkung sind vom Autor.

17 So Marc. f. 2r; f. 2v; f. 4v; f. 5v; f. 6v; f. 14v u.ö. - T f. 72v; f. 74r; f. 74v; f. 75r; f. 75v; f. 81v u.ö.; MI f. 17r; f. 18r; f. 20r; f. 20v; f. 21r; f. 21v; f. 31v; f. 32r u.ö.; MII f. 260r; f. 262r; f. 262v; f. 263r; f. 263v; f. 272r u.ö.

18 Vgl. Marc. f. 34r; Marc. f. 35v: ... *dico infra in questione an papa dispenseret contra ius naturale.* (Der Hinweis auf die *Monarchia* fehlt auch T f. 97r; MI f. 54v; MII f. 293v.) Marc. f. 37v: ... *et ipsi omnes predicti Cesari Augusto subditi sunt* ... *et dixi supra in decissione (sic!) prime questionis huius operis.* So auch T f. 98v; MI f. 54v; MII f. 295v.

Wir finden die Abhandlung über die Konzilien in den *Monarchia*-Handschriften von Padua,[19] Trient,[20] Vatikan,[21] Wien[22] und Paris.[23] Burns vertritt die Meinung, Roselli habe gegen Ende des Jahres 1444 das für die Konzilsthematik relevante Material aus der *Monarchia* extrahiert, es revidiert und mit einen neuen Rahmen versehen.[24]

Aus einem Vergleich der *Monarchia*-Handschrift aus Wien und den Handschriften des *Tractatus* ergibt sich, daß erstere über weite Teile des Textes inhaltlich den letztgenannten voll entspricht. Auch der Text als solcher korrespondiert in der Regel vollständig. Freilich gibt es einige Wortumstellungen; ab und an sind auch größere Textpassagen ausgelassen. Dies muß vor allem bei den Kapiteln gesagt werden, die im Text nach Goldast unter XXVI und XXVII zu finden sind, d.h. in dem Teil, wo es um die Frage nach dem Verhältnis von Papst und Konzil geht.[25] Insgesamt betrachtet bietet sich diese Handschrift aus Wien allerdings an, den venezianischen Text besser zu verstehen. Oft deckt sich seine – bessere – Version mit denen der anderen drei näher untersuchten Handschriften des *Tractatus*.

Die Wiener Handschrift weist den Vorzug auf, daß sich bei ihr keine Doppelung des Materials findet. f. 200r beginnt, mit einer großen Initiale angeführt, der Text, der G II, XX entspricht. Der Text der Handschrift folgt dann, mit einigen Auslassungen, dem Text bei Goldast bis f. 232r. Dort steht: *Quoniam autem diximus harum causarum iudicem esse concilium et satis supra retulerimus (sic!) a quo debeat convocari et cuius auctoritate subsistat placet nunc diligentius inquirere quot sunt genera conciliorum.*[26]

In den Handschriften *De conciliis* folgt nach einer das Thema angebenden, einleitenden Bemerkung die Gliederung des Traktates in 18 *quaestio-*

[19] Padova, Biblioteca Capitolare, B 11, ff. 85r - 126v.

[20] Trento, Biblioteca Comunale, Wien, Archiv, 611, ff. 84v - 129v.

[21] Città del Vaticano, Bibliotheca Apostolica Vaticana, Vat. lat. 13019, ff. 46v - 70v.

[22] Wien, Österreichische Nationalbibliothek, Cvp 5129, ff. 232r - 283r.

[23] Vgl. BURNS, Monarchia 323 f.: *The Paris manuscript is the most extensive comprising as it does the substance of Goldast's parts I and II, a proportion of what appears in his part III, and three-fifths of his part IV.*

[24] Vgl. BURNS, Monarchia 339 f.: *By the last days of December 1444 he had extracted and revised the relevant material from the Monarchia and set in in a new framework.*

[25] Es sei nur beispielhaft hingewiesen auf Cvp f. 239r; Cvp f. 245v; Cvp f. 247v; Cvp f. 250v; Cvp f. 271r; Cvp f. 273v u.ö. – Kleine Textauslassungen mit den zugehörigen Lücken etwa Cvp f. 215r; Cvp f. 218r; Cvp f. 225r; Cvp f. 231v; u.ö. Für den G III, XXVI f., 432 - 446 abgedruckten Text cf. Cvp ff. 269v - 283r und Marc. ff. 43r - 55r.

[26] Cf. Cvp f. 232r. Vgl. dazu G II, XXX, 379 (Zeilen 1 - 3): *Quoniam autem diximus harum causarum iudicem esse concilium, et satis supra retulimus a quo debeat convocari, et cuius auctoritate suscitat: Placet nunc diligentius inquirere et magis generaliter.*

nes. Im Anschluß wird eine Konzilsdefinition vorgelegt, dann folgt eine Ethymologie des Wortes. Die Behandlung der *quaestio secunda* (*quotuplex sit concilium*) soll im Rahmen der *quaestio V* erfolgen.[27] An dieser Stelle bereits erscheint das Programm des Autors fragwürdig. Was für einen Wert hat eine Ordnung, wenn sie sofort – praktisch – wieder umgestoßen wird?

In der Wiener Handschrift ergibt sich kein Bruch. Vielmehr erfolgt unmitttelbar die Unterscheidung des Konzils in *provinciale*, *synodale* und *generale*. Der letztgenannte Typos wird dann zum Thema der Untersuchung gemacht. Wie nicht anders anzunehmen wiederholt die Handschrift nicht die schon gemachten Ausführungen, die G III, I – VI abdruckt sind, sondern fährt sogleich mit G III, VII fort.[28] Entgegen der von Burns vertretenen Annahme wird man so behaupten dürfen, daß im Cvp 5129 zumindest eine Basis für das zu finden ist, was bei Goldast als *pars* III gedruckt werden wird.[29]

Anders als in der Wiener Handschrift findet sich sowohl bei der Trienter, wie auch bei der vatikanischen und der Paduaner Handschrift der *Monarchia* eine beachtliche Wiederholung von Material, welches sich später im Druck bei Goldast in den *partes* II und III wiederfindet.[30] Es ist weiter hervorzuheben, daß sich im Unterschied zu der Wiener und der Pariser Handschrift, welche Burns allein untersucht hat, in den drei letztgenannten alle fünf Teile der Ausgabe von 1487, bzw. später von Goldast, finden.[31]

---

[27] Cf. Marc. ff. 1r - 2r.

[28] Cf. Cvp ff. 232r - v.

[29] Vgl. BURNS, Monarchia 327: *Neither of these manuscripts, however, (sc. Paris, Bibliothèque Nationale MS lat. 4237; Wien, Österreichische Nationalbibliothek, Codex Vindob. Pal. 5129 - bei Burns Vienna A, in dieser Arbeit einfach Cvp) provides the basis for what, in Goldast's edition, appear as parts III and V.* Vgl. aber auch ebd. 325: ... *the discussion of conciliar authority which became Goldast's part III, while it does indeed figure in both the Paris and the Vienna A manuscript, appears there in a significantly different form, and it does not, in that form, constitute a distinct or separate part of the discussion.* Die beiden referierten Aussagen stehen in einer gewissen Spannung zueinander.

[30] Vgl. Trento, Biblioteca Comunale, Ms. 611, ff. 68v - 84v entspricht G II, XX - XXX; ff. 85r - 100v entspricht G III, II - VI. Vat. lat. 13019, ff. 38v - 46v entspricht G II, XX - XXX; ebd. ff. 46v und folgende wird Material wiederholt. Padova, Biblioteca Capitolare, B 11, ff. 68v - 85r entspricht G II, XX - XXX; ff. 85r und folgende wird Material wiederholt.

[31] Trento, Biblioteca Comunale, Ms. 611, f. 130r beginnt Pars IV nach Goldast; der Text geht dann weiter bis f. 185v. Dort findet sich dann *ad calcem* ein Hinweis, daß der Rest des Textes am Schluß nachgetragen ist. Tatsächlich schließt Pars IV f. 200r. f. 186r bis f. 199v findet sich Pars V nach Goldast. – Bibliotheca Apostolica Vaticana, Vat. lat. 13019, f. 70v - 101r entspricht Pars IV; f. 101r - 109r entspricht Pars V. – Padova, Biblioteca Capitolare, B 11, f. 126v - 173v entspricht Pars IV; f. 173v - 186v entspricht Pars V. – BURNS, Monarchia 325, Anm. 16 hinsichtlich der Pars IV: *There is at least one reference to the ‚Monarchia' as a different work (Goldast 499).*

Als Hypothese läßt sich die Auffassung vertreten, daß in einer frühen Phase eine Handschrift der *Monarchia* existierte, in der die Konzilsthematik bereits behandelt wurde. Dies geschah dort im Anschluß an die Frage nach der päpstlichen *potestas*. Einer solchen Textfassung dürfte die Wiener Handschrift nahekommen.[32] Diese frühe Fassung erfuhr dann noch eine Erweiterung in den Teilen bzw. um die Teile, die bei Goldast als *partes* IV und V erscheinen.[33]

In der Folge wurde, von Roselli selbst, der *Tractatus de conciliis* als eigenständiges Stück in Umlauf gebracht, wobei *materialiter* mit Blick auf die *Monarchia* keine wesentlichen Änderungen erfolgten. Nur im Kontext der Diskussion, welche das Verhältnis von päpstlicher und konziliarer Gewalt behandelt, wurde der Text von der Substanz her in einer beachtenswerten Weise erweitert. Ansonsten war es lediglich erforderlich, das zugrundeliegende Fragegerüst zu modifizieren. Die Teile, die vorher noch im Zusammmenhang mit der Frage nach der Würde und Gewalt des Nachfolgers Petri zur Debatte standen, wurden nun in die Konzilsthematik unmittelbar integriert.[34]

In einer späteren Phase wiederum wurde der in der Zwischenzeit selbständig gewordene Konzilientraktat an der passend erscheinenden Stelle eingeschoben. Dies geschah dort, wo Roselli in der *Monarchia* auf die Konzilien zu sprechen kommt. Das heißt: Der dort vorfindliche Text wurde durch den Konzilientraktat ersetzt. Dabei wurde von dem Schreiber nicht beachtet, daß die Materie, die beim Konzilientraktat den *quaestiones* vier und fünf entspricht, bereits vorher – wie ausgeführt – in der *Monarchia* diskutiert wurde. In den nachfolgenden Handschriften der *Monarchia* (Manuskripte aus Padua, Trient, Vatikan) findet sich dann verständlicherweise jeweils ein großer Teil des Textes als Dublette.[35]

Da der *doctor utriusque* sich in der kurzen Fassung der *Monarchia*, die sich in Wien befindet, ausdrücklich beim Leser für Wiederholungen ent-

---

[32] Vgl. Cvp f. 232r die Angabe von 10 Fragen als Leitfaden (nach der Behandlung der Frage, von wem das Konzil einberufen wird und seine Autorität erhält).

[33] Nehmen wir an dieser Stelle an, der Text Cvp 5129, ff. 1r - 32v, der Pars V nach Goldast entspricht, sei zeitlich unabhängig von dem Text a.a.O., ff. 83r - 283r entstanden.

[34] Vgl. Marc. ff. 1r - 1v und Cvp f. 232 r.

[35] Daß es sich um eine recht unbedachte Ersetzung des Textes durch den „moderneren“ Konzilientraktat handelt, läßt sich auch daraus ableiten, daß etwa Padova, Biblioteca Capitolare, B 11, f. 86r - in dem *Monarchia*-Text – zu lesen ist: ... *et plenissime dixi in questione an papa possit renunciare papatui in monarchia.* G III, II, 381 - 383 (Zeilen 50 bzw. 13) fehlt a.a.O., ff. 86v - 87r. Ebd. f. 87r: ... *de quibus dixi in tractatu monarchie in questione* ... Vgl. auch a.a.O., f. 87v u.ö. entsprechende Verweise, wie sie dann später auch in der Goldast'schen Druckfassung auftauchen. Cvp f. 201r; 204r; 222r ... fehlen derartige Verweise auf die *Monarchia*.

schuldigt, die bei weitem nicht so ausufernd sind wie die in den späteren *Monarchia*-Manuskripten,[36] ist es erstaunlich, daß er dennoch wahrscheinlich für diese die Verantwortung zu übernehmen hat.[37]

Man mag es in diesem Zusammenhang als signifikant betrachten, daß in der Druckfassung von 1487, die wie die späteren *Monarchia*-Handschriften die Dublette aufweist,[38] eine eigene Überschrift *De conciliis* eingeschoben ist.[39] Bei den anderen Teilen findet sich ein derartiger Zwischentitel nicht.[40] Freilich ist dies nur ein schwaches Indiz für die an dieser Stelle vorgebrachte Hypothese.

Es sei an dieser Stelle auch noch erwähnt, daß in der Zeit zwischen der Herstellung der Wiener Handschrift und der von Padua, Trient und Vatikan eine andere Handschrift existiert haben wird, in der sich Textpassagen aus *pars* II und III nach Goldast finden, die in dem erstgenannten Text vermißt werden, in den zuletzt genannten Manuskripten aber integriert sind.[41] Wenn man manche Beobachtungen von Burns auch legitimerweise hinterfragen darf, behält doch so seine Annahme eines weiteren, noch nicht ausgemachten oder nicht mehr existierenden Manuskripts X ihre Rechtmäßigkeit.[42]

---

[36] Vgl. Cvp f. 269v: *Nunc utilem ultimam questionem attingo que sententia potius attendenda sit ... Et quia hec questio concernit fundamentum ecclesie militantis erit opus ut multa ex dictis supra in hoc opere iterum repilogem. sed habeat me lector excusatum utrum (?) in hac questione repeto plurima que supra dixi quod facio ut hanc questionem eludicem quia multi nescirent ad hanc questionem supra narrata deducere. ideo non curo si supradicta in hac questione bis repetam.* Marc. f. 43r fehlt dieser Einschub. Vieles von dem, was in Marc. ff. 43r - 55r geschrieben ist, fehlt in der Wiener Handschrift, da Roselli sich wohl in der Tat mühte, die Wiederholungen zu beschränken, in dem eigenständigen Konzilstraktat aber einiges aus den vorangehenden Teilen der *Monarchia* zum Verständnis nachgetragen werden mußte. Anderes aus der venezianischen Handschrift - cf. Marc. ff. 54r - 55r - fehlt in der frühen *Monarchia*-Fassung von Wien, da es sich um eine eigenständige Entwicklung von Gedanken handelt, die dort noch nicht auftauchen.

[37] Cf. Padova, Bibl. Capitolare, B 11, f. 85r die Einleitungsbemerkung mit dem *ego decrevi.*

[38] Vgl. *Monarchia* ed. 1487, ff. 38v - 47r und 47v - 56r.

[39] Vgl. *Monarchia* ed. 1487, f. 47r.

[40] Vgl. *Monarchia* ed. 1487, f. 2r (Pars I); f. 19r (Pars II); f. 72r (Pars IV); f. 103r (Pars V).

[41] Vgl. G I, XXX - LXIII, 268 - 290. Cvp f. 115r folgt nicht der korrepondierende Text. Ebd. ff. 114v - 115r findet sich allerdings noch ein Texteinschub, der sich, mit Verweis auf das Verhältnis *intellectus – sensus*, nachdrücklich gegen die Einmischung des Papstes in die *temporalia* ausspricht. Vgl. aber Padova, Biblioteca Capitolare, B 11, ff. 11v - 26r; Trento, Biblioteca Comunale , Hs. 611, ff. 10r - 23v; Bibliotheca Apostolica Vaticana, Vat. lat. 13019, ff. 7v - 15v zu den bei Goldast abgedruckten Kapiteln. – Vgl. auch G II, VI - VII, 312 - 319. Dazu Cvp f. 151r; im Gegensatz dazu Padova, a.a.O. ff. 40r - 45r; Trento, a.a.O. ff. 40v - 44v; Bibliotheca Apostolica Vaticana, Vat. lat. 13019, ff. 23r - 26r.

[42] Vgl. BURNS, Monarchia 326. Es bleibt aber darauf hinzuweisen, daß möglicherweise manche der von Burns vermißten Textfragmente und -passagen in den von ihm nicht untersuchten *Monarchia*-Manuskripten von Padova, Trento und Vatikan zu finden wären. Gleichwohl fehlt das Original der „Neuauflage" Rosellis von seiner *Monarchia.*

Im Laufe der Untersuchung wird zuweilen auf die Wiener Handschrift Bezug genommen werden. Grundlage der folgenden Textuntersuchung wird allerdings der venezianische Text der Marciana sein, unter notwendiger Berücksichtigung anderer erhaltener Handschriften, da – wie bereits erwähnt – die venezianische Fassung bei weitem nicht als die beste anzusehen ist.

2. Die „Epistula dedicatoria" an den Dogen Francesco Foscari

Dem Traktat des Antonio de Roselli über die Konzilien ist in dem Manuskript, das sich heute in der Bibliotheca Marciana zu Venedig findet, ein Widmungsschreiben vorgestellt.[1] In diesem dediziert der Kanonist sein Werk dem Dogen von Venedig, Francesco Foscari.[2] Nach einem Verweis auf dessen politische Erfolge hebt er die Verpflichtung der Staatslenker seitens Gottes hervor, die ihnen anvertrauten Völker zum *heilbringenden Gottesdienst* (*salubris divinus cultus*) zu leiten und sie in der wahren Religion zu erhalten. Darin nämlich sieht er – auf lange Zeit – eine Garantie für Ruhe und Stabilität der Herrschaft.[3] Das Stichwort der religiösen Aufgabe des Regierenden leitet über zum eigentlichen Thema und damit zum wesentlichen Grund für die Abfassung der so übergebenen Schrift. Mit einem Ausruf des Schmerzes ruft Roselli dem *dux religiosissimus* in Erinnerung, daß wiederum in der Kirche, der Braut Christi, ein sakrilegisches Schisma ausgebrochen ist. Mit dem *iterum* spielt er bereits an auf das Große Schisma, das *tandem in sancta constantiensi synodo fuerit feliciter extirpatum*.[4]

Bereits in diesen ersten Zeilen wird die mit Blick auf die Beseitigung der Kirchenspaltung durchweg positive Bewertung der Rolle von Konstanz deutlich. Ebenso klar tritt das Erschrecken über den „Rückfall" in die frühere, unselige Situation hervor. Dieser Rückfall ist erst vor kurzem geschehen. Neulich sind Kleriker wie Laien, solche von höchstem Stand,

> *tanquam canes et sues ad vomitus pristinos et voluptabra reddierunt et contra christi ecclesiam adversa altaria erigunt et a christiana veritate ac unica catholica fede que toto orbe terrarum diffunditur execrando se scismate se separant scin-*

---

1 Vgl. Marc. 1r.

2 Vgl. CESSI, Foscari 759 f. Foscari war 1423 - 1457 Doge der Serenissima. Vgl. auch GIRGENSOHN, *Kirche* II 765 - 774 zu Foscari; DERS., *Kirche* I 189 - 194 zu Eugen IV. - Der Text der *epistula dedicatoria* ist auszugsweise abgedruckt bei BURNS, Monarchia 340 Anm. 68.

3 Marc. f. 1r: ... *potestates eminentissimas ac potentatus maximos uti nunc vester est plerunque principibus concedit Altissimus ut populos eis commissos ad salubrem divinum cultum dirigant ac in vera religione conservent. Nam hec sunt que .... Imperia firmant ac ipsa quieta reddunt in tempora longiora.*

4 Ebd.: *Sane prodolor Dux religiosissime in sponsa christi columba perfecta recidivavit iterum Scisma sacrilegum. ... tandem in sancta constantiensi synodo fuerit feliciter extirpatum.*

duntque, sic domini corpus idest sanctam eius matrem ecclesiam populos una secum trahentes ad gehennam eorum dictioni commissos.[5]

Nach diesem entsetzten Blick auf jene, die derart schmählich angesichts der ihnen zukommenden Verantwortung versagen, wendet sich der *doctor utriusque* erneut an den Dogen, den er nun als *dux christianissime* anspricht. Ihm als dem *christi membrum validissimum* kommt es in dieser Stunde mit den anderen rechtgläubigen Fürsten – gesondert wird noch der Kaiser erwähnt – zu, für die Feier eines heiligen ökumenischen Konzils zu sorgen. Dies erscheint Roselli in der gegebenen Situation als das Heilmittel *par excellence*.[6]

Nam cum in agro dominico ac christi vinea heresum vepres pullulant aut scisma pestiferum choalescit illa per generalis concilii sarculum expedit extirpare ut christi tunicha inconsutilis, integra, sine scissura permaneat.[7]

Es ist auffällig, wie der Autor die verschiedensten Bilder miteinander verbindet. Dabei geht es ihm weniger um die Präsentation eines harmonisch in sich geschlossenen Konzepts als vielmehr um eine eindringliche Aufforderung an den Adressaten, auf diese Notsituation mit allen gutgesinnten Kräften in angemessener Weise zu reagieren. Für Roselli heißt das: durch die Feier eines Konzils. Seine Aufgabe sieht der Lehrer des Rechts nun darin, dem Praktiker und Machthaber mit seiner kleinen Schrift eine Handreichung zu liefern, welche das heilige Unternehmen bequemer ins Werk zu setzen hilft. Er hat, wie er betont, zusammengestellt, was die heiligen Väter über die hochheiligen Synoden an verschiedenen Stellen bis dahin als ihre Auffassung geäußert haben. Sein *libellus* ist gedacht als Lob auf den *höchst glorreichen* Namen des Dogen. Er übermittelt ihn der *religiosissima tua Serenitas*, damit dieser Autor wie Werk annehme.[8] Mit dieser Empfehlung schließt die Widmung.

---

[5] Ebd. Eine Anspielung auf D. 40, c. 6 (Si papa): Friedberg I 146? Die Stichwörter *populi* und *gehenna* lassen zumindest eine entsprechende Vermutung zu.

[6] Ebd.: *Eya igitur Dux christianissime cum sitis eminentissimo viro (Burns: vestro) cum domini christi membrum validissimum summopere ac diligentia studio agire una cum invictissimo (Burns: iustissimo) Cesare aliisque christianis primariis principibus orthodoxis iam ad tam salubre opus optimum peragendum pronis ut sacrum Echumenicum Concilium celebretur.*

[7] Ebd. Evident sind die Assoziationen mit dem Dekret *Frequens* des Konzils von Konstanz. Zu der Bildsprache von *Frequens* als *imagery of correction* cf. STUMP, *Reforms* 108 und – besonders – ebd. 226.- BURNS, Monarchia 340 Anm. 68 faßt seinen Eindruck so zusammen: *Roselli's language here manifests his unwavering hostility to the pretensions of Basel.*

[8] Marc. f. 1r: *Ut autem sacre rei tante commodius exordium prestare possitis que de sanctissimis synodis sancti patres variis in locis hactenus senserunt hoc in libello conlegi ad laudem gloriosissimi tui nominis compillato quem religiosissime tue Serenitati transmitto ut autorem et opus suscipias recomissum.*

Es beginnt der eigentliche Traktat, der sich in allen dem Verfasser vorliegenden vier Handschriften findet. Er bildet den ersten Teil der im Jahre 1549 zu Lyon gedruckten Fassung, die zwar *Tractatus copiosissimus de Conciliis ac Synodis generalibus* überschrieben ist, tatsächlich aber die Bücher III, IV und V der *Monarchia* nach der Goldast'schen Fassung umfaßt.[9]

Roselli spricht sofort zu Beginn hinsichtlich der Thematik der Konzilien von einer *alta materia et quottidiana Conciliorum generalium.*[10] Ihm ist hier wohl eher – in der damaligen Zeit – zuzustimmen als Perticone, der im Rahmen seiner Einleitung zur *Monarchia* sein Hauptaugenmerk dem Verhältnis von *imperium* und *sacerdotium* widmet.[11]

Anschließend liefert er eine Art Inhaltsverzeichnis des Traktats, indem er seine Struktur von der Beantwortung 18 aufgeführter Fragen her ableitet. Diese entsprechen inhaltlich im großen und ganzen, die erste Frage ausgenommen, 10 Fragen, die Roselli in der Wiener *Monarchia*-Handschrift präsentiert.

Quaestio 1: Was ist ein Konzil und woher kommt der Name (Cvp: -)?[12]

Quaestio 2: Wieviele Formen von Konzilien gibt es? (Cvp: 1)

Quaestio 3: Wann muß ein Generalkonzil abgehalten werde und aus welchen Gründen? (Cvp: 1)

Quaestio 4: Wer hat Autorität, ein Konzil einzuberufen oder ein bereits zusammengerufenes zu autorisieren? (Cvp: vor 1)

Quaestio 5: Wer ist besonders zum Konzil einzuberufen? (Cvp: 1)

---

[9] *Monarchia* ed. 1549, ff. 14v - 35v findet sich der eigentliche *Tractatus* über die Konzilien. f. 14v findet sich die eigene Überschrift *De Conciliis*. f. 35v beginnt Pars IV nach Goldast mit einem Summarium – f. 36r beginnt das Kapitel 1 der Pars IV nach Goldast; f. 63v nimmt Pars V nach Goldast seinen Anfang (bis f. 70v). Interessanterweise liest man f. 70v: *Finit Tractatus de potestate imperatoris ac pape, et an apud papam sit potestas utriusque gladii, et de materia conciliorum qui appellatur monarchia: editus per excellentissimum utriusque iuris doctorem dominum Antonium de Rosellis de Aretio.* Vgl. dazu den Hinweis bei Burns, Monarchia 322 mit Anm. 7, der darauf schließen läßt, daß die übrigen Teile der *Monarchia* des Roselli separat abgedruckt wurden im Volumen XIIII Tractatuum ..., Lugduni 1549, ff. 307 - 346.

[10] Cf. Marc. f. 1r: *Altam materiam et quottidianam conciliorum generalium tractaturus.* – So auch in den anderen Handschriften. MI f. 16v hat statt der *epistula dedicatoria* das *Incipit tractatus conciliorum generalium compositus per famosissimum utriusque iuris monarcham d. Antonium de rosellis de aretio patrem et preceptorem meum.* MII f. 259r: *Tractatus conciliorum generalium domini Anthonii Rosellis de Aretio utriusque iuris doctoris.*

[11] Vgl. Perticone, *Roselli* XXIX: *Dall'ampio trattato del Roselli pubblichiamo qui la prima parte ... in cui si può dire compiuto lo svolgimento dell'opera, che, nel seguito, si diffonde su problemi non più vitali, specialmente quello dei concilii.*

[12] Die *quaestiones* finden sich Marc. ff. 1r - v (ab *quaestio* 11 f. 1v). In Klammern ist jeweils die korrespondierende Zählweise angegeben, wie sie sich im einleitenden Teil des Wiener Textes findet (cf. Cvp f. 232r).

Quaestio 6: Welches ist die Form der Einberufung des Konzils? (Cvp: 2)
Quaestio 7: Wer von den zum Konzil Einberufenen hat eine Stimme, insbesondere *in iudicando sive statuendo*? (Cvp: 2)
Quaestio 8: Können die zum Konzil Einberufenen durch einen Prokurator erscheinen? (Cvp: 3)
Quaestio 9: Wie muß die Person des Prokurators beschaffen sein? (Cvp: 3)
Quaestio 10: Was ist zu bedenken hinsichtlich jener, die ausdrücklich gehalten sind, zu erscheinen, aber die Einladung zum Konzil mißachten? (Cvp: 3)
Quaestio 11: Müssen zwei Drittel der zum Konzil Geladenen anwesend sein, damit man von „Konzil" sprechen kann? (Cvp: 4)
Quaestio 12: Welche Fragen können im Generalkonzil abschließend behandelt werden? (Cvp: 5)
Quaestio 13: Hat das Konzil *potestas ordinaria* oder *potestas delegata*? (Cvp: 6)
Quaestio 14: Wie ist dessen Vorgehensweise zu beschreiben? (Cvp: 7)
Quaestio 15: Müssen die Einzelnen zu dem ihnen im Konzil Vorgeworfenen Stellung nehmen oder können sie das Konzil als befangen zurückweisen bzw. das *ius revocandi domum* einfordern? (Cvp: 8)
Quaestio 16: Wie lange muß ein Konzil dauern, wann wird es aufgelöst und wer hat ggf. die Autorität, es zu beenden? (Cvp: 9)
Quaestio 17: Welches Urteil hat mehr Gewicht: jenes des Papstes allein bzw. des Apostolischen Stuhles oder das der Mehrheit des Konzils mit eventueller gegenteiliger Auffassung des Erstgenannten? (Cvp: 10)
Quaestio 18: Welches ist die Strafe für jene, die die zum Konzil Eingeladenen am Kommen hindern? (Cvp: -)

Die zuletzt angeführte Frage 18 wird allerdings auch von Roselli nicht an dem für sie vorgesehenen Platz erörtert. Die venezianische, die Trienter und die beiden Münchner Handschriften des Konzilstraktates schließen jeweils mit der Behandlung der entscheidenden Frage 17, wie weiter unten noch zu sehen sein wird. Frage 18 wird dort jeweils im Anschluß an die Frage 7 beantwortet, und zwar als Einschub.[13]

In der vorliegenden Arbeit folgen wir im allgemeinen dem *modus procedendi* des Roselli. Dabei soll Art und Weise, aber auch Umfang der jeweiligen Erörterung Beachtung finden.

---

[13] Cf. Marc. ff. 37r - 37v; T f. 98v; MI ff. 54r - 54v; MII ff. 295r - 295v; G III, XXIII, 425 (Zeilen 31 - 46). Cvp f. 259v überspringt an der entsprechenden Stelle dieses Kapitel, das auch in den *Tractatus*-Handschriften nachträglich eingeschoben scheint. Cvp f. 37r leitet es ein: *Antequam questionem octavam assumam (sic!).*

3. Definition des Konzils und Erläuterung des Begriffs

Antonio de Roselli beginnt seinen Traktat mit einer Definition des Konzils. Diese Definition ist ihm sozusagen der Ausgangspunkt seiner weiteren Überlegungen, nicht Schlußpunkt seiner Reflexionen. Er schreibt:

> *Ego Concilium sic diffinio. Concilium est generalis venientium collectio fidelium presertim episcoporum, auctoritate summi pontificis regulariter convocatum sive etiam constitutum. Vel aliquando christi sive ipsius conciliimet auctoritate suffultum.*[1]

Roselli spezifiziert nicht näher das von ihm definierte Konzil als allgemeines Konzil der katholischen Kirche. Jedoch geht es ihm um dieses, wie die von ihm im Anschluß gebotenen Erläuterungen klar machen. Seine Vorgehensweise besteht darin, daß er die einzelnen Elemente, aus denen sich die Bestimmung aufbaut, in ihrem Gehalt näher erklärt.

Zunächst unterstreicht er, daß es für das Gegebensein eines Konzils nicht unbedingt nötig ist, daß alle Christgläubigen oder zumindest zwei Drittel der Berufenen erscheinen. Wie er diese Aussage versteht, führt er noch nicht weiter aus. Vielmehr verweist er auf die später von ihm behandelte Frage 11.[2]

Allgemein (*generalis*) fügt er bei, um das von ihm definierte Konzil von der Provinzial- und „Synodalsynode" zu unterscheiden.[3] Was er allerdings unter *synodalis synodus* versteht, ist an dieser Stelle bei ihm nicht zu ermitteln. Man wird darin die Bischofssynode zu sehen haben.[4]

Für Roselli besteht prinzipiell kein Zweifel, daß es sich bei der Versammlung um eine solche von Gläubigen (*fideles*) handelt. *Per se* scheint es ihm nicht notwendig, Ungläubige bzw. Häretiker zu berufen. Zu beachten ist allerdings, daß er diese These sofort wieder relativiert, indem er

---

[1] So Marc. f. 1v.

[2] Cf. Marc. f. 1v: ... *nota quod ideo dixi* generalis venientium *quia licet non omnes fideles veniant vel due partes vocatorum fidelium, tamen est Concilium ut dicam infra in XI questione.* Ebd.: *Undecimo (sc. quero) an sit opus ut intersint due partes vocandorum sicut in aliis universitatibus ut dicatur esse Concilium.* Hervorhebung vom Verfasser.

[3] Ebd.: ... *dixi* generalis *ad differentiam provincialis et sinodalis sinodi.* Hervorhebung vom Verfasser.

[4] TORQUEMADA, *Summa* III, 3, ed., f. 276r schreibt: *Tres communiter species apud doctores invenimus distinctas conciliorum ecclesiasticorum ... videlicet universale sive generale, provinciale, et episcopale.* WÜNSCH, *Konziliarismus* 257 Anm. 340: *Benedikt Hesse übernahm, ebenfalls von Isidor, die Einteilung der Konzilien in ‚episcopalis', ‚provincialis' und ‚universalis seu generalis' (Isidor, Etymologiae VI, 16).* Vgl. auch SIEBEN, *Konzilsidee* 252 f. zu den *Arten von Konzilien.*

zugesteht, daß manchmal (*aliquando*) auch diese erscheinen können. Das *intervenire* der genannten Gruppen läßt noch völlig offen, wie deren Teilnahme real gedacht ist. Der Verfasser der *Monarchia* vertröstet den Leser auch an dieser Stelle wieder auf später.[5]

Durch den Verweis auf die Autorität des Papstes hinsichtlich der Einberufung oder Konstitution des Konzils unterscheidet Roselli das allgemeine Konzil der Kirche von anderen Versammlungen, die zwar ebenfalls aus Christgläubigen bestehen, aber kraft anderer Autorität zusammengerufen werden. Als Beispiel führt er eine Versammlung an, die im Auftrag des Kaisers zusammentritt.[6]

Freilich kann Roselli auch hier nicht die Augen davor verschließen, daß es in der Regel (*regulariter*) zwar kein General- oder ökumenisches Konzil ohne die Autorität des Papstes oder eines von diesem eigens bevollmächtigten Legaten gibt. Der Hinweis auf den Normalfall läßt allerdings schon erkennen, daß es Ausnahmen gibt. Gerade diese Ausnahmen sind für Roselli – wie für andere Zeitgenossen – interessant.[7] Auch Torquemada betont bei seiner Beschreibung der Wirkursächlichkeit eines allgemeinen Konzils, daß es *regulariter* durch den Apostolischen Stuhl einberufen wird.[8] Roselli führt verschiedene Belege für die Regel an.[9]

Dann aber kommt er auf die Ausnahmen zu sprechen, die er in der Folge noch weiter analysieren möchte. Zunächst erwähnt er den Fall, daß im Falle einer Sedisvakanz wegen einer *necessitas imminens* für die Kirche ein Generalkonzil unabdingbar wäre, aber damit nicht bis zur Neubesetzung des päpstlichen Stuhls gewartet werden könnte. Ein zweiter Fall ist dann gegeben, wenn – wieder bei *necessitas imminens* – ein Konzil gefeiert werden müßte, wenn es nicht zu einem *scandalum* für die Universalkirche kommen sollte. Würde in diesem Fall der Papst oder der, der quasi-Papst ist, die Einberufung verweigern bzw. dem bereits versammelten Konzil die Autorisierung verweigern, dann könnte das Konzil auch von anderen

---

[5] Cf. Marc. f. 1v: ... *dixi* fidelium *quia non est opus convocare infideles vel hereticos licet aliquando in Conciliis intervenire possint. ut dicam infra in XV. questione.* Hervorhebung vom Verfasser.

[6] Ebd.: ... *dixi* auctoritate summi Pontificis *ad differentiam aliarum collectionum que fiunt de christifidelibus forte Imperatoris mandato.* Hervorhebung vom Verfasser.

[7] Ebd.: ... *dixi* regulariter *quia communiter generalia Concilia sive ycomenica sine auctoritate pape vel eius legati ad hoc speciale mandatum habentis fieri non possunt.* Hervorhebung vom Verfasser.

[8] Vgl. TORQUEMADA, *Summa* III, 5, ed., f. 278b. Dazu BINDER, *Konzilsgedanken* 79.

[9] Cf. Marc. f. 1v: *iii. di. §. porro. xvii. di. per totum.* T f. 72r: *iiii. di. § porro xvi. di. per totum.* MI f. 16v: *iii. di. § porro xvi et xvii di. per totum.* MII f. 259r: *iiii. di. § porro xvi. et xvii. di. per totum.* Der Text der Marciana scheint korrekt. D.h.: D. 3, c. 2 (Porro): Friedberg I 4 f.; D.17, cc. 1 - 7: Friedberg I 50 - 53.

zusammengerufen werden und von anderswoher (*aliunde*) seine Autorität beziehen. *Nam tunc Concilium sibimet auctoritatem interponit et Christus tunc est illius caput.*[10]

Der letztgenannte Fall ist der, welcher dem Kanonisten vor dem Hintergrund seiner zeitgeschichtlichen Erfahrung wesentlich näher liegt. Die deutliche Aussage am Ende der Erläuterung seiner Definition des allgemeinen Konzils läßt unschwer erkennen, daß die Betonung der regulären Autorität des Petrusnachfolgers angesichts der konkreten Not der Gesamtkirche in den Schatten tritt.

Die Versuche, den Begriff *concilium* zu deuten, wirken nach der Definition dieser Einrichtung etwas fehl am Platz. Es wäre logischer gewesen, damit zu beginnen und dann zur Definition überzuleiten.[11]

Roselli leitet *concilium* zunächst von der *etwas naiv anmutenden Zerlegung des Hauptwortes* ab.[12] Wie die Brauen (*cilia*) zusammenkommen, um die Augen zu schließen, in gleicher Weise kommen beim Konzil die Gläubigen zusammen, um sich zu einer Einheit zusammenzufinden.[13] Eine andere Erklärung leitet Roselli von *concio, concis* ab.[14] Eine dritte schließlich knüpft an den gemeinschaftlichen Aspekt des Konzils an. Denn die, die dort zusammenkommen, geben ihren Absichten eine gemeinsame Ausrichtung. Wo das Beisammensein vom Dissens geprägt ist, wird kein Konzil gefeiert. Die *communis intentio* erklärt für Roselli den Begriff des *concilium* weiter.[15]

---

10 Marc. f. 1v.

11 Vgl. BINDER, *Konzilsgedanken* 66 f. zu Torquemada, der augenscheinlich konsequenter vorgeht.

12 So BINDER, *Konzilsgedanken* 67 mit Blick auf Torquemada, der dieselbe Erklärung vorlegt. TORQUEMADA, *Summa* III, 1, ed., f. 274r: *Cilia enim secundum Papiam sunt velamina oculorum dicta a celando oculum. Concilium ergo dicitur a con et cilium quia omnes in concilio congregantur et in unum conveniant omnemque mentis intuitum dirigentes ad unum, scilicet ad utilitatem publicam.* PAPIAS, *Vocabularium* 73: *Concilium tractum ex hoc quod romani convenientes communi intentione tractabant. Nam cilia oculorum sunt. quorum similitudine concilium dicitur: id est conventus.*

13 Cf. Marc. f. 1v: ... *dicitur Concilium a con et cilium. Quia fideles ibi congregantur ut conveniant in unum sicut cilia conveniunt oculos claudendo.* So auch GUIDO DE BAYSIO, *Rosarium* ad D. 15, c. 1 (*Canones*), ed., f. 17v. Vgl. WÜNSCH, *Konziliarismus* 257 Anm. 340: *Hesse ... beruft sich bei dem Vergleich zwischen Augenbrauen und Konzil (mit der Schutzfunktion für ein größeres Ganzes als Tertium comparationis) auf Isidor, vgl. Isidor, Differentiae II 17, 55, PL 83, Sp. 78D sowie vor allem Etymologiae XVI 12.*

14 Marc. f. 1v: *Vel dicitur Concilium a concio, cis quia fideles plurimi conciuntur, id est convocantur et congregantur.* So auch GUIDO DE BAYSIO, *Rosarium* ad D. 15, c. 1, ed., f. 17v: ... *quia ibi plures conciuntur. i. convocantur et congregantur.*

15 Marc. f. 1v: ... *dicitur a communi eo quod convenientes in illo in unum dirigant mentis intuitum. Unde dissentientes inter se non agunt Concilium cum non conveniant in unum et dicitur quasi a communi intentione dictum.*

Fundament seiner Ausführungen ist – summarisch betrachtet – das Dekret Gratians.[16] Der Kanonist unterläßt es nicht, darauf hinzuweisen, daß diese Erklärungen sich beim Archidiaconus, i.e. Guido de Baysio, und den *doctores* ebenso finden. Dann stellt er noch den Begriff *synodus* als Synonym vor und erklärt ihn ethymologisch.[17]

Da Roselli die zweite Frage – die nach den verschiedenen Arten der Konzilien – in einem anderen Kontext zu erörtern beabsichtigt,[18] schließt sich bei ihm gleich die dritte an.

Gerade der Beginn des Konzilientraktats kann den Eindruck verstärken, daß er nachträglich eingeschoben wurde. Die Konzilsdefinition, die Roselli liefert, ist Schlußpunkt der Überlegungen, die erst im Anschluß präsentiert werden, gewissermaßen die Essenz seiner wissenschaftlichen Diskussion.

Die Herleitung des Begriffs beruht im wesentlichen auf den Vorgaben anderer Autoren. Es vermittelt sich der Eindruck, daß diese Textpassage ein Zugeständnis seines Verfassers ist, welche nur den Übergang zu den Fragen darstellt, um die es Roselli geht.

Im Gegensatz zu anderen *Monarchia*-Manuskripten fehlt in der Wiener *Monarchia* Konzilsdefinition wie Ethymologie.[19] Auch findet sich dort keine überleitende, isoliert – wie sie dasteht – etwas befremdende Floskel, welche dazu dient, die Existenz des Traktats in einem Werk über die Monarchie zu begründen. Eine solche erscheint erst in der Folge geboten, wo *de facto* ein eigener, in sich geschlossener Traktat in einen schon bestehenden Text ersatzweise eingebaut wird.[20]

---

[16] Cf. D. 15, c. 1 (§ 7): Friedberg I 35.

[17] Cf. Marc. f. 1v: ... *Et dicitur etiam Sinodus a sin. quod est con. et oda quod est via. quia ibidem fideles plures per diversas vias simul conveniunt. ut dicto c. 1. versu Sinodus.* D. 15, c. 1 (§ 7): Friedberg I 34: *Sinodus autem ex greco interpretatur comitatus vel cetus.* Ebenso Isidor, *Etimologías* (I) VI, 16, 11, ed., 594: *Synodum autem ex Graeco interpretari comitatum vel coetum.* Auch Papias, *Vocabularium* (Filii utique Charissimi) 324: *Synodus ex graeco in latinum interpretatur comitatus vel coetus id est conventus vel multitudo plurimorum in unum.* Die vorgelegte Ethymologie findet sich bei Guido de Baysio, *Rosarium* ad D. 15, der wiederum auf Huguccio verweist.

[18] Cf. Marc. ff. 1v - 2r: *Assumo secundam questionem. et quia de hac dico inferius in quinta questione. ubi tracto qui ad concilium sint vocandi ideo dicatis ut ibi.* Die zweite Frage ebd. f. 1r: *Secundo quotuplex sit concilium.*

[19] Vgl. Cvp f. 232r: *placet nunc diligentius inquirere quot sunt genera conciliorum.* Bei Cvp ist diese Phrase die Brücke zu der Frage nach dem Generalkonzil. Vgl. Padova, Biblioteca Capitolare, B 11, f. 85r: *placet nunc diligentius inquirere et magis generaliter.* Trento, Biblioteca Comunale, Ms. 611, f. 84v; Bibliotheca Apostolica Vaticana, Vat. lat. 13019, f. 46v.

[20] Vgl. Padova, Biblioteca Capitolare, B 11, f. 85r: *Quoniam opus fuit in hoc opere de generalibus synodis mentionem facere decrevi nunc quoniam et ipsa concilia de genere sunt monarchie ipsam altam materiam et cotidianam conciliorum generalium tractare. Et ideo primo queram* ... Marc. f. 1r beginnt: *Altam materiam et quottidianam conciliorum generalium*

tractaturus. Vgl. JOANNES DE SEGOVIA, *De magna*, ed., 99 - 102 die Ausführungen von DE KEGEL (Einleitung) zur von Segovia verfochtenen Verträglichkeit von Generalkonzil und monarchischer Kirchenverfassung. Cf. ebd. XI, 27, § 6, ed., 571 f.: ... *soli monarchie (sc. assimilatur concilium), que dicitur regnum, si illas accipiamus (sc. tyrannis, oligarchia, democracia) in contraferencia ... Racio huius existit, quoniam celebracio synodi generalis iuxta ea, que proximo explicanda sunt, non est altercacio policie ecclesiastice, quin pocius monarchici forma regiminis papali conveniens dignitati, tunc roboratur et confirmatur resplendetque multo quam primo clarius atque eminencius.* Vgl. ebd. XI, 27, § 10. ed., 573: *Ecclesie rursus policia iam determinata est. Est profecto ... monarchici principatus sicut ab inicio mundi fuit directus populus Dei. Et certe tempore legis gracie presertim policia hec magis et aptissime convenit populo christiano, qui sponte sua permaxime regnabilis est, pro eo quod in reverenciam Christi capitis ecclesie obsequiosissime veneratur vicarium suum, Petri successorem. Nec unquam synodus convenit ad transmutacionem monarchici ecclesie principatus in aristocraticum, eciam si intenderet ad deposicionem summi pontificis et alterius eleccionem, sicut nec alteratur policia ecclesie per mortem naturalem unius et creacionem alterius.* Bei Roselli finden sich keine auch nur annähernd präzisen und strukturierte Gedanken.

4. Causae der Einberufung eines Konzils

Roselli wendet sich nach diesen eher konventionellen Ausführungen hinsichtlich der Ethymologie von *concilium* einem Thema zu, das ihn eher fesselt und bei dem er entsprechend deutlicher zu Wort kommt. Er fragt nach dem Wann und dem Warum des Konzils.[1] In dem Manuskript der Marciana erstreckt sich die Behandlung dieses Themas von ff. 2r – 7v.[2]

Roselli beginnt mit der allgemeinen Auskunft: *in hoc dicendum est quod quotienscunque occurrit arduum dubium quod concernat totam universalem ecclesiam tunc est ad concilium recurrendum.*[3]

Für ihn müssen demnach zwei Elemente gegeben sein, um die Abhaltung eines (allgemeinen) Konzils zu rechtfertigen: das *arduum dubium* zum einen, zum zweiten die Notwendigkeit, daß dieser schwerwiegende, nicht auf konventionellem Wege auszuräumende Zweifel die gesamte, universale Kirche betrifft. Es geht demnach um die Bereinigung einer rechtlichen oder faktischen Krisensituation, welche den Horizont einer Ortskirche überschreitet.[4]

Der Kanonist bleibt nicht bei dieser kategorischen Feststellung stehen. Sie ist ihm lediglich Überleitung, auf das *arduum dubium par excellence* überzugehen: die *causa papatus*. Ja, die Frage nach dem rechtmäßigen Papst ist für ihn gar *arduissimum dubium*.[5]

Unter nachdrücklichem Verweis auf sein Großwerk *Monarchia* führt er Beispiele an: die von den Kardinälen behauptete Abdankung des Papstes, welche dieser abstreitet; die Anschuldigung, der Papst sei einer Häresie

---

[1] Cf. Marc. f. 2r: *Tertiam igitur questionem assumamus quando Concilium sit faciendum et ex quibus causis.* – Vgl. BINDER, *Konzilsgedanken* 102 - 120: *Ursachen und Nutzen allgemeiner Konzilien.*

[2] Cf. a.a.O. – MI ff. 17r -26r. – MII ff. 1r - 7v. – T ff. 72r - 76v.

[3] Marc. f. 2r.

[4] Bei Pedro de Luna (Gegenpapst Benedikt XIII.) findet sich in seinem Traktat über das Generalkonzil bei der Definition desselben noch keines der beiden Elemente: *Concilium generale est congregacio tocius cleri ad aliquid in ecclesia solempniter ordinandum speciali auctoritate pape facta ipso presidente vel alio loco sui.* (bei GIRGENSOHN, Schisma 217; Barcelona, Arxiu Capitular de la Catedral, còd. 134f. f. 91v) – Interessant, aber auch noch aus der frühen Zeit des Großen Schisma (1379) die Haltung des Petrus Bohier. Vgl. SIEBEN, *Traktate* 18: *... das Schisma ist seiner Auffassung nach keine Angelegenheit der ecclesia universalis, folglich ist für seine Behebung auch nicht die Generalsynode, sondern das römische Provinzialkonzil zuständig.* Vgl. PŘEROVSKÝ, Pietro Bohier passim. Cf. ebd. 627 f.: *La chiesa di Roma ... è anzitutto una chiesa locale, che fa parte uguale dell'insieme delle chiese locali sparse per il mondo cristiano.*

[5] Cf. Marc. f. 2r: *... et inter cetera arduissimum est dubium cum agitur causa papatus in qua de multis dubitari potest.*

verfallen; der Fall zweier Papstprätendenten, die sich jeweils als Apostat und *intrusus* bezeichnen.[6] Es sind all' jene Fälle, welche in der *Monarchia* schon ausführlich diskutiert wurden und dort in die Frage nach dem Richter in diesen zweifelhaften Fällen einmündeten.

Im Konzilstraktat steht der summarische Rückblick am Anfang einer Diskussion, welche zunächst die Problematik aufwirft, ob ein wahrer Papst oder ein „Papst", welcher sich in *quasi-possessio* des Papstamts befindet, überhaupt gerichtet werden kann.

Roselli argumentiert zu Beginn gegen eine derartige Möglichkeit. Verschiedene Gesichtspunkte scheinen die Nichtjudizierbarkeit des Papstes zu belegen.

Der Aretiner verweist anfangs auf einen *canon* des Lateranense III, welcher in den *Liber Extra* aufgenommen wurde, *Licet de vitanda*. Der Text in der Sammlung Gregors, der sich mit der Papstwahl befaßt, schließt mit dem nachdrücklichen Hinweis, daß die *Romana ecclesia* keinen Oberen hat, zu dessen Urteil im Zweifelsfall Rekurs genommen werden könnte.[7] Roselli paraphrasiert, daß es keinen kompetenten Richter gibt, der über die Kanonizität einer Papstwahl zu befinden vermag. Geht man davon aus, daß der Papst keinen Oberen hat, es sei denn Gott selbst, folgt, daß auch dieser allein, nicht etwa ein Mensch, *iudex competens* des Papstes ist.[8] Eine spezielle Bedeutung kommt in der Argumentation der *causa* des Papstes Symmachus zu, auf die noch im Rahmen der Gegenargumentation einzugehen sein wird. In C. 9, q. 3, c. 13 (*Nemo*) heißt es *expressis verbis*, und Roselli referiert die Passage: *Nemo iudicabit primam sedem ... Neque enim ab augusto, neque ab omni clero, neque a regibus, neque a populo iudex iudicabitur.*[9] Die Glosse zu C. 2, q. 5, c. 10 (*Mandastis*), welche auf diesen Text wie auf D. 17, c. 6, Grp Bezug nimmt, scheint den Beweisgang zu stützen. Dies gilt aber nur, solange sie nicht komplett betrachtet wird: Sie nennt nämlich ausdrücklich eine Ausnahme.[10] Auch die

[6] Vgl. ebd. abschließend: ... *vel sint alie cause ex quibus papa dicatur ammotus vel amovendus a sede petri.*

[7] Cf. X. 1, 6, 6: Friedberg II, 51: *In Romana ... ecclesia speciale aliquid constituitur, quia non poterit ad superiorem recursus haberi.*

[8] Roselli gibt mehrere Belegstellen an. C. 9, q. 3, c. 15 (*Facta*): Friedberg I 610 f: *Facta subditorum iudicantur a nobis: nostra vero a Domino iudicantur.* – C. 9, q. 3, c. 14 (*Aliorum*): Friedberg I 610: *Aliorum hominum causas Deus voluit terminare per homines, sedis istius presulem suo sine questione reservavit arbitrio.*

[9] Friedberg I 610. Cf. Marc. f. 2r. Zum Rechtssatz des *Prima sedes a nemine iudicatur*, cf. VACCA, *Prima sedes* passim.

[10] *Glosse* zu C. 2, q. 5, c. 10, v. *potuissem*, ed., 1644: *Quia Papa a nullo potest iudicari ... praeterquam in haeresi. 40. di. si Papa.*

Glosse zu D. 79, c. 9 (*Si quis pecunia*) wird angeführt, um das Gesagte zu untermauern.[11]

Prinzipiell gilt: *inferior superiorem non iudicat.*[12] Jeder Mensch aber und auch das Konzil, auf dem *omnium fidelium representatio* sich realisiert, das aber nur vom Papst her sich konstituiert, sind dem Papst unterstellt. So läßt es sich erklären, daß der Papst bisweilen Bestimmungen der Konzilien, *statuta Concilii*, außer Kraft setzt.[13] Da aber der größer ist, der die *auctoritas* vermittelt, als der, dem sie vermittelt wird, folgert, daß der Papst vom Konzil nicht gerichtet werden kann.[14]

An dieser Stelle greift Roselli bereits kurz das Thema des häretischen Papstes auf. Auch in diesem Fall ist der Papst *iudex cause proprie.*[15] Der Archidiaconus, Guido de Baysio, gibt gar die Formel des Urteilsspruchs an, den der Papst Marcellinus, der sich der Häresie schuldig befindet, zu verkünden hatte.[16]

Nicht nur das kanonische Recht wird von Roselli angeführt.[17] Er lenkt den Blick darüber hinaus ebenfalls auf das *ius Romanum.*[18] Alles scheint zu belegen, daß der Papst – *de absoluta potestate* – Richter in eigener Sa-

---

[11] *Glosse* zu D. 79, c. 9, v. *non Apostolicus*, ed., 380: ... *non est cogendus stare iudicio alicuius, immo excipere potest, Dominus est, qui me iudicat, 9. q. 3. aliorum.* Roselli schreibt Marc. f. 2r: ... *papa potest dicere Quis me iudicat ... quasi dicat nullus.* In dem Konzilientraktat folgt nun ein Textstück, das weitere Belege nennt, das aber Cvp f. 200r ausgelassen ist: Der Papst als *vicarius Christi* und *legatus dei* kann nur von dem, der ihn zum *vicarius* und *legatus* bestellt hat, gerichtet werden. D. 2 de poen., c. 39: Friedberg I 1224 trägt zur Argumentation nichts bei, weil es nicht um den Papst als Repräsentanten der Kirche geht, sondern generell um den die Lossprechung erteilenden Priester.

[12] Cf. Marc. f. 2r mit Verweis auf D. 21, c. 4 (*Inferior*). Cf. Friedberg I 70: Es kann keiner *qui minoris auctoritatis est, eum, qui maioris est potestatis, iudiciis suis addicere, aut propriis diffinitionibus subiugare.* Weiter verweist Roselli hier auf D. 4, 8, 4 (*Nam magistratus*): MK I 97, wo es aber heißt: ... *magistratus superiore aut pari imperio nullo modo possunt cogi.* Cvp f. 200r führt stattdessen als Zweitstelle an X. 1, 33, 16 (*Cum inferior*): Friedberg II 202, was besser paßt.

[13] Cf. Marc. ff. 2r - 2v.

[14] Cf. Marc. f. 2v: ... *maior est qui auctoritatem prestat quam ille cui prestatur ... Si igitur papa maior est sequitur quod a concilio nequeat iudicari.*

[15] Cf. Marc. f. 2v: ... *statutum est quod quotiens de papa vel eius actionibus humanum iudicium est exquirendum ipse solus tanquam deus sit iudex cause proprie etiam si esset de heresi redarguendus. textus est xxi. di. Nunc autem.* Das *tanquam deus* fehlt Cvp f. 200v.

[16] ARCHIDIACONUS, *Rosarium* zu D. 21, c. 7, ed., f. 26r: ... *et statim dictavit sententiam in se et deposuit se dicens. Ego marcellinus ob scelus idololatrie quod infelix commisi iudico me deponendum.* Cf. Marc. f. 2v: ... *debet dicere: Ego talis papa infelix commisi tale scelus. ideo me iudico deponendum.*

[17] *Glosse* zu X. 1, 2, 12 (*Cum venissent*), v. *iudicari*, ed., 598: ... *dic quod papa potest esse iudex in causa sua, sicut Imperator in causa fiscali.*

[18] Cf. Marc. f. 2v Hinweis auf D. 28, 5, 42 (41): MK I 422; weiter auf C. 3, 5, 1 (*Ne quis in sua causa iudicet vel sibi ius dicat*): MK II 125, wo aber eigentlich das Gegenteil behauptet wird.

che sein kann, wenn er auch, wie jeder andere, der keinen Oberen anerkennt, *de ordinata potestate* die *causa* einem anderen anvertrauen soll.[19]

So finden sich dann auch Belege, daß der *vicarius Christi* sich dem Urteil eines anderen unterstellt. Roselli weist hier wiederum auf seine Ausführungen in der *Monarchia* hin.[20]

Resümierend stellt er fest: Ein Urteil in einer *causa pape* steht allein Gott zu. Sofern ein menschlicher Schiedsspruch erforderlich ist, fällt er einzig in die Kompetenz des Papstes selbst oder – so die Wiener *Monarchia*-Handschrift – in die Kompetenz dessen, dem dieser die Sache anvertraut hat.[21]

Ein letztes Argument beruft sich auf die Toleranz, die Gott dem Papst gegenüber zeigt, der sich eines *crimen* schuldig gemacht hat. Wenn Gott so handelt, müssen sich andere erst recht so verhalten.[22] Die Geschichte liefert erneut Material, welches diese These belegen soll. Die *ecclesia militans* tolerierte sechs Jahre den häretischen Papst Liberius. Dann wurde *de facto* der katholische Papst Felix durch Kaiser Konstantius abgesetzt.[23] Roselli führt als Belege das *Chronicon* des Martin von Troppau[24] und das *Speculum historiale* des Vincent de Beauvais an.[25] Der Hinweis auf das

---

[19] Vgl. Marc. f. 2v; *Glosse* zu X. 1, 2, 12 (*Cum venissent*), v. *iudicari*, ed., 598 – auch mit dem Vergleichspunkt des kaiserlichen *procurator fisci* -: *Consultius tamen et honestius faciet si alij hoc commiserit.*

[20] Der entsprechende Hinweis fehlt Cvp f. 201r.

[21] Cf. Marc. f. 2v (mit Textlücke). Der bessere Text MI f. 18r; MII f. 260r; T f. 72v. Cvp f. 201r: *Ex quibus tum quia cause pape solo dei iudicio dimittende sunt tum quia si humano iudicio terminantur ipse debet cause sue iudex esse uel ille cui papa commissit videtur concludi quod nullus alius huius cause iudex esse possit.*

[22] Cf. Marc. f. 2v: ... *quia si in illo de quo papa criminatur et queritur iudicari ipse a deo tolleratur et non iudicatur quanto magis debet igitur ab aliis tollerari ut inquit Augustinus.*

[23] Marc. f. 2v gibt irrtümlich – wie auch MII f. 260r – den Kaiser *Constantinus* statt *Constantius* an.

[24] Vgl. Stasiewski, Martin von Troppau 119: *Sein bis 1277 reichendes Chronicon war das am stärksten verbreitete Geschichts-Handbuch des späten Mittelalters ... Seine für Theologen und Kanonisten bestimmte Kompilation, die mehr praktischen als wissenschaftlichen Zwecken diente, beeinflußte zahlreiche Chronisten. ... Martins unkritische Arbeitsweise senkte das Niveau der mittelalterlichen Geschichtsschreibung.* Vgl. auch Engels, Geschichte 621 und von den Brincken, Martin passim. Ebd. 191: *Geschichtsschreibung ist Martin nun einmal nicht Selbstzweck, vielmehr ist ihm die ‚historia ancilla theologiae' wie für viele mittelalterliche Gelehrte, zudem auch innerhalb dieses Rahmens ‚ancilla iuris canonici'.* Ebd. 178: ... *die Chronik ist Zeittafel zum Dekret, das Dekret Quelle von hoher Autorität für die Geschichte.* Zu Liberius cf. Martinus Oppaviensis, *Chronicon* 416: *Imperator (sc. Constancius) vero convocato concilio cum hereticis Arrianis et cum Ursacio et Valente Felicem de papatu, quia erat catholicus eiecit et Liberium, quia sibi et Arrianis consenserat, in sede reposuit et sic infelix Liberius basilicam sancti Petri et Pauli et sancti Laurencii vi tenuit 6 annis ...* Tatsächlich handelte es sich also nicht um Toleranz seitens der *ecclesia militans*, sondern um Notwendigkeit – nach Martin.

[25] Cf. Vincentius Bellovacensis, *Speculum historiale* 544. Martinus Oppaviensis, *Chronicon* 392 (Einleitung Weiland): *Cronica Vincentii Belvacensis i. e. Speculum historiale am-*

Beispiel des Petrus, der nach seiner Verleugnung des Herrn von niemandem verurteilt wurde, ausgenommen von diesem selbst, der ihn aber nach seiner Umkehr schonte, wird nachgeschoben: ein biblisches Versatzstück.[26]

Mit diesen Belegen schließt Roselli den Teil der Beweisführung ab, der für eine Nichtjudizierbarkeit des Papstes spricht. Es folgt die Argumentation *sed contra*.

Der Kanonist hebt zunächst hervor, daß hinsichtlich der Fragen des Glaubens und im Fall der Häresie das Konzil auch Richter des Papstes ist. Am Anfang steht hier die Erwähnung von D. 19, c. 9 (*Anastasius*). Ein weiterer Fall, bei dem das Urteil des Konzils dem des Stellvertreters Christi übergeordnet ist, liegt vor, wenn es um die *subversio status totius ecclesie* geht.[27] So ist es dem Papst nicht möglich, alle Bischöfe abzusetzen.[28]

Die Paraphrase eines Textes, in dem sich Papst Gregor I. als an die Beschlüsse der vier großen Konzilien der Alten Kirche gebunden erklärt, unterstützt die Argumentation, daß der Papst das, was ein Konzil als häretisch statuiert hat, nicht als nicht-häretisch deklarieren kann.[29]

Eine besondere Bedeutung kommt wiederum der Glosse zu, welche *circa articulos fidei* dem Papst keine Superiorität zuerkennt.[30] Der Grund für

---

plissimum praebuit Martino fundamentum, et multoties et cum et absque ratione ab eo exscriptum est. Vgl. auch VON DEN BRINCKEN, Martin 175: *War Vincenz' Werk ein Sammelbecken, eine ‚Summa Historica', so ist Martins Chronik eine Art ‚Margarita Speculi Historialis', eine Epitome mit der Garantie einer gesicherten Abfolge.* Zu Vincenz von Beauvais auch VON DEN BRINCKEN, Geschichtsbetrachtung passim. Ebd. 463: *Bei der Auswahl seiner Quellen läßt er sich in ausgeprägtem Maße von den Wertmaßstäben des kanonischen Rechts leiten; andererseits wagt er hinsichtlich der Apokryphen doch, im Einzelfall eigene Entscheidungen zu treffen.*

[26] Cf. Mk 14, 66 - 72 parr. Lk 22, 61 f. zeigt, daß erst die Zuwendung des Herrn kam, dann die Tränen des Petrus. – Der Abschnitt Marc. f. 2v (*Et quia si ... postquam reversus ploravit*) fehlt Cvp f. 201r.

[27] Marc. f. 2v. Vgl. D. 19, c. 9 (*Anastasius*): Friedberg I 64.- Marc. f. 3r zur *subversione status totius ecclesie*. Vgl. auch ebd., wo davon gesprochen wird, daß das Konzil Richter ist, *ubi turbatur bonum universalis ecclesiae*.

[28] Cf. C. 9, q. 3, c. 21 (*Per principalem*): Friedberg I 612. Der Text hat keinen direkten Bezug zur Frage der Absetzung der Bischöfe. Dafür ist es notwendig, die *Glosse* zum Wort *ad nos* – ed., 879 – zu berücksichtigen: *Item potest alicui (sc. papa) auferre ius praesentandi ... et Episcopum deponere. Sed nunquid omnes simul? Non, quia sic universalem Ecclesiam turbaret, quod esse non debet. 1. q. 7 et si illa.*

[29] Cf. Marc. f. 3r. Es wird verwiesen auf D. 15, c. 2 (*Sicut sancti*): Friedberg I 36. *Cunctas vero quos prefata veneranda (sc. quattuor) concilia personas respuunt, respuo; quas venerantur, amplector: quia dum universali sunt consensu constituta, se et non illa destruit, quisquis presumit aut absolvere quos religant, aut ligare, quos absolvunt.* – Die Anführung von C. 24, q. 2, c. 6 (*Sane profertur*): Friedberg I 986 scheint etwas gewollt.

[30] Cf. *Glosse* zu D. 15, c. 2, v. *praesumit*, ed., 55: *Videtur ergo, quod Papa non possit destruere statuta Concilij ... arg. contra 17. distin. §. hinc etiam. et extra. de electione. significasti ... et 35. q. 9. veniam. Sed intellige, quod hic dicitur, circa articulos fidei. 25. q. 1. sunt quidam.*

dieses Prinzip ist einsichtig (*et est ratio*): *papa est homo et contra fidem malesentire possit.*[31]

Genau das aber ist für die *ecclesia universalis* ausgeschlossen, die demzufolge in diesen Fällen als der kompetente Richter anzusehen ist. In diesem Argumentationsstrang kann selbstverständlich der beinahe klassische Hinweis auf D. 40, c. 6 (*Si papa*) nicht fehlen. Roselli führt die entscheidende Passage über die Nichtjudizierbarkeit des Papstes *nisi deprehendatur a fide devius* an.[32] Im Falle der im Rechtstext genannten Ausnahme, der *deviatio a fide*, ist aber für den Papst das Urteil dessen am ehesten zu begrüßen, der selbst nicht irren kann. An diesem Punkt referiert Roselli die Identifikation der *ecclesia universalis*, die er zuvor als infallibel bezeichnet hatte, mit dem Konzil, das alle Gläubigen einschließt.[33]

Von der *causa fidei*, in welcher der Papst dem Konzil untersteht, ist der Weg nicht weit, die Konzilshoheit auszudehnen auf die *causa papatus* als *connexa fidei*: Da nämlich zu den Glaubensartikeln der Satz des *unam sanctam catholicam ecclesiam* gehört, ist der Glaube selbst tangiert, wo die Kirche als *corpus mysticum* nicht ein Haupt, sondern – und damit eher ein *monstrum* – zwei Häupter hat.[34]

Entsprechend hatte bereits zur Zeit des Pisanum Matthäus de Mattesillani, das Werk Antonio de Butrios fortführend,[35] geschrieben:

> *quotienscumque est questio super articulis fidei vel super annexis vel dependentibus decisio huius spectat ad concilium generale ... Sed quando est quaestio quis eorum sit verus papa est quaestio articuli fidei, vel saltem de connexo nam de necessitate salutis est credere unam esse ... et intelligi debet de ecclesia militanti, que est collectio fidelium, et ista ecclesia ... debet regi per unum caput i. per unum hominem, qui sit vicarius iesu christi in terris, et subrogatus in locum sancti Petri ... sic ergo est dubium an hoc, an illud ... sit caput huius ecclesiae est dubium annexum articulo fidei, quia est impossibile quod revera habeat plura capita et expedit fidelibus non regi a falso capite.*[36]

---

31 Cf. Marc. f. 3r.

32 Ebd. cf. D. 40, c. 6: Friedberg I 146.

33 Marc. f. 3r: *Cum igitur a fide deviat (sc. papa) alieno iudicio subest. Sed nullius iudicio commodius subest quam illius qui errare non potest. Videlicet Concilii et ipsorum quorum interest principaliter videlicet omnium fidelium qui nihil aliud sunt quam Concilium.*

34 Marc. f. 3r - 3v: *Concilium ... etiam erit iudex in connexis fidei ideo est in causa papatus iudex quia de articulis fidei est unam esse sanctam catholicam ecclesiam ... Et quia ipsa est unum corpus misticum debet habere unum caput non plura ne foret quoddam monstrum ... si ... de capite est contentio de connexis fidei est questio (Cvp f. 202r contentio).*

35 Vgl. Matthäus de Mattesillani, *Tractatus* – Ottobon. lat. 1759, f. 132v und ff. 152v - 153r.

36 So Matthäus de Mattesillani, *Tractatus* – Ottobon. lat. 1759, ff. 136r - v.

Wo es um das *caput ecclesiae* geht, wie im Falle des Papstes Symmachus,[37] wie in der Situation, wenn zwei Prätendenten sich um die Papstwürde streiten,[38] geht es letztlich immer um das *bonum universalis ecclesiae*, um die Behebung einer *perturbatio status universalis ecclesiae*. In diesem Kontext ist entsprechend auch die Problematik des *papa apostaticus* oder die Schwierigkeit einer von den Kardinälen behaupteten, vom Papst aber bestrittenen Abdankung zu erörtern. Stets, wenn begründete Zweifel darüber bestehen, wem das *caput*-Sein in der Kirche zukommt, ist die Kirche nicht *plene et bene reformata*, sondern *quasi vacans*. In der Konsequenz ruht die *potestas* in der Gesamtkirche, welche gleichzusetzen ist mit der *fidelium congregatio*.[39]

An diese Ausführungen knüpft Roselli nun eine Argumentation an, welche dem Kardinalskollegium die Richterrolle zuweist. Dies trifft insbesondere zu, wenn der Papst der Häresie verfällt.[40] Ansatz der Darlegungen sind die Texte VI°. 1, 6, 3 (*Ubi periculum*) und Clem. 1, 3, 2 (*Ne Romani*), die Regelungen hinsichtlich der Papstwahl enthalten. Wenn den Kardinälen im Falle einer Gefahr eine besondere Kompetenz zugesprochen wird, dann gilt das *eo ipso* für den Fall des möglicherweise häretischen Papstes, der – insoweit *caput ecclesiae* – eine Gefahr für die Kirche darstellt. Wird dem heiligen Kollegium eine spezielle Befugnis zuerkannt, wo es um den Apostaten geht, dann – *mutatis mutandis* – auch im Fall des *papa haereticus*. Denn es gilt: *licet extendere legem ad casum similem*.[41] Weiter kommt den Kardinälen entsprechend eine herausragende Rolle zu, wo zwei miteinander um das Papsttum streiten. Denn in dieser Situation kann von einer Quasi-Vakanz gesprochen werden: Es ist kein großer Un-

---

[37] Cf. Marc. f. 3r verweist auf C. 2, q. 7, c. 41 Grp (*Item Simacus*): Friedberg I 497 f. in Verbindung mit D. 17, c. 6 Grp (*Hinc etiam*): Friedberg I 52 f.

[38] Cf. Marc. 3v: ... *ita debet esse iudex Concilium ad declarandum quis verus sit papa quando de hoc est dubium probabile inter duos forte legantes (Cvp f. 203r: litigantes) ... et hoc videtur determinatum in libro Conciliorum in fine Concilii Macedonensis.* Cvp f. 203r liest *calcedonensis.*

[39] Marc. f. 3v: ... *cum est contentio de Capite et est dubii probabilitas (Cvp f. 202v: non) potest dici ecclesia plene et bene reformata ... Sed potius dici potest quasi vacans ... Sed cum ecclesia vacat vel quasi vacat potestas ut (Cvp f. 202v: videtur) residere in ipsa totali ecclesia que est fidelium congregatio.* Die Angabe von X. 1, 21, 5 (*Debitum*): Friedberg II 147 f. belegt nichts. Auch VI°. 1, 6, 17 (*Fundamenta*): Friedberg II 957 - 959 hat kaum Beweiskraft. – Bezeichnend ist der folgende Hinweis auf den *philosophus*, Aristoteles, zur Stützung der These.

[40] Cf. Marc. ff. 3v - 4v.

[41] Marc. f. 4r. Als Beleg wird angeführt D. 1, 1, 12 (*Non possunt*): MK I 34: *Non possunt omnes articuli singillatim aut legibus aut senatus consultis comprehendi: sed cum in aliqua causa sententia eorum manifesta est, is qui iurisdictioni praeest ad similia procedere atque ita ius dicere debet.*

terschied, ob kein Papst da ist oder ob er aufgrund eines *probabile dubium* nicht auszumachen ist.[42]

Die Gedankenfolge wirkt zuweilen etwas ungeordnet. Sie nimmt Gedanken auf und läßt sie fallen, um sie dann wieder vor anderem Horizont aufzugreifen. Herzstück der Ausführungen ist jedoch eindeutig das Vorrecht, welches die Kardinäle bei der Wahl des Stellvertreters Christi wahrnehmen. Es handelt sich um die *quasi possessio iuris eligendi papam*, aus der sich Konsequenzen für alles ergeben, was notwendig ist mit Blick auf die Wahl und was der Wahl vorausgeht. Bei dem Wahlakt selbst repräsentiert das heilige Kollegium die Universalkirche und fungiert als deren Vertreter.[43] Dieser Gedanke findet sich u.a. bereits bei Zabarella in seinem Schismatraktat.[44] Wenn die Kardinäle aber einen zum Papst machen, können sie den Papst doch wohl auch – *causa subsistente* – der päpstlichen Würde wieder entkleiden.[45]

Wichtig ist weiter die These, daß die Kardinäle als *sacerdotes levitici generis* nach dem Papst die erste Stelle einnehmen. Entsprechend devolviert zuweilen die *iurisdictio* auf sie. Zudem sieht man auch in anderen Fällen, daß die Jurisdiktionsgewalt auf den übergeht, mit dessen *consilium* der Prälat im Normalfall die Amtsgeschäfte erledigen muß. Der Kreis aber, mit dem der Papst die *ardua* zu behandeln hat, ist das Kollegium der Kardinäle. In der Argumentation ist grundlegend die Übertragung des Modells Prälat – Kapitel (o.ä.) auf die Beziehung Papst – Kardinäle.[46]

---

[42] Cf. Marc. f. 4r. Ebd.: *sedes dici potest vacare cum paria sint non esse papam vel non apparere.* Interessant der Hinweis auf D. 18, 1, 77 (*In lege fundi*): MK I 268. - X. 5, 8, 1 (*Quod a praedecessore*): Friedberg II 790 ist in sich für die Argumentation unergiebig; vgl. aber die *Glosse* zu v. *firmitate*, ed., 1875: ... *Quia dum ecclesia habet pastorem haereticum, vel schismaticum, vacare intelligitur, sup. de prescrip. c. 1.* Von *quodam modo morte vacare* spricht die Glosse allerdings nicht; cf. auch die *Glosse* X. 2, 26, 1, v. *Si autem non fuerit*, ed., 957: ... *ita vacante ecclesia non currit ei praescriptio. Item si episcopus fuerit haereticus, non currit ecclesiae praescriptio.* Im Anschluß wird davon gesprochen, daß die Präskription „schläft" (*dormit*).

[43] Cf. Marc. f. 4r. Ebd.: ... *in his que concernunt electionem pape Collegium cardinalium representat universalem ecclesiam et eius vice fungitur. glossa est notabilis lxxix. di. c. nullus [D. 79, c. 7].* Cf. *Glosse* zur Stelle, v. *vivente*, ed., 379: *Sed nunquid mortuo Papa Ecclesia erit monstrum sine capite, vel nunquid universitas Cardinalium erit caput? ... Dic ... et ecclesiam tunc vivere, et tamen carere capite. Argumentum tamen est quod Cardinales suppleant defectum mortui Papae.* Die Glosse scheint nicht zu belegen, wozu sie angeführt ist.

[44] Vgl. ZABARELLA, *Tractatus* 690: ... *in iis quae concernunt electionem papae, collegium cardinalium repraesentat universalem ecclesiam, et eius vice funguntur.* Vgl. auch ebd. 698.

[45] Cf. Marc. f. 4v – mit Rückverweis auf die *Monarchia* als eigenes Werk, bei Cvp 204r *supra* – : ... *licet dignitas papalis sit a deo tamen quod unus magis quam alter sit papa est ab homine. Et ideo electus papa est Pontifex electione Cardinalium. ergo ipsi eum causa subsistente videntur posse amovere.* Der Beleg aus den *regulae iuris* des römischen Rechts ist so nicht zu verifizieren. Cf. D. 50, 17, 1 (*Regula est*): MK I 920.

[46] Cf. Marc. ff. 4r - 4v.

Roselli hat die beiden Grundpositionen referiert. Kommentar und jede Wertung hat er sorgfältig vermieden. Nun kommt er auf seine eigene Meinung in dieser Frage zu sprechen. Er beginnt mit seiner These, die er dann begründet. Dabei antwortet er auf die zuvor wiedergegebenen Argumente.

Prinzipiell gilt für ihn: In allen vorher angegebenen Zweifelsfällen, der *causa heresis* etc., ist das *concilium ycomenicum* der kompetente Richter, nicht etwa der Papst selbst *in causa propria* oder das Kardinalskollegium.[47] Auch damit steht er ganz in der Tradition seiner Vorgänger.

Die *causa papatus* ist die Materie, die dem Konzil schlechthin zukommt. In diesem Zusammenhang interpretiert der Kanonist *Si papa* (D. 40, c. 6) auf interessante Art und Weise. Nachdem dort betont wurde, daß der Papst von niemandem gerichtet werden kann, ausgenommen im Falle der Häresie, wird hinzugefügt: *pro cuius perpetuo statu universitas fidelium tanto instantius orat, quanto suam salutem post Deum ex illius incolumitate animadvertunt propensius pendere.*[48] Es sind zwei Gesichtspunkte grundlegend: Ein erster legt nahe, die *universitas fidelium*, von welcher der Text spricht, mit dem *concilium* zu identifizieren. Basis für diese These ist ein Verweis auf D. 1 de cons., c. 8 (*Ecclesia*). Dort aber steht: *Ecclesia, id est catholicorum collectio.*[49]

De facto bedeutet das, daß das, was bewiesen werden soll, als Ausgangspunkt genommen wird für das, was als Beweis dient. *Ecclesia* wird stillschweigend mit *concilium* identifiziert, *catholicorum collectio* mit *universitas fidelium*. Die Perspektive der *omnium fidelium salus* läßt es geboten erscheinen, daß dort, wo das Wohl und Wehe aller auf dem Spiel steht, auch alle – das heißt in der Übersetzung Rosellis in einem ersten Schritt: das Konzil – zuständig sind.[50]

Der zweite Aspekt ist eine eigenwillige Interpretation dessen, was unter *orare* zu verstehen ist. Für diese Deutung verweist Roselli auf die Glosse und – allgemein – auf die Gelehrten. Das Zitat aus der Glosse wird erweitert um einen für die Argumentation entscheidenden Zusatz. Dieser Zu-

---

[47] Marc. f. 4v: *Quid igitur sit in hac questione dicendum? Ego credo quod ... semper iudex sit Concilium ycomenicum.*

[48] Friedberg I 146. Roselli paraphrasiert, cf. Marc. f. 4v: ... *subdens quod universitas fidelium tanto perpensius orat pro eo quantum post deum salus fidelium ab ipso dependet.*

[49] Friedberg I 1296.

[50] Cf. Marc. f. 4v - 5r: ... *cum est de papatu contentio in hoc omnium fidelium salus dipendet (Cvp f. 205r: dependet) ... Igitur iudicare de hoc vel cognoscere ad ipsos omnes debet fideles pertinere.* Roselli verweist auf D. 96, c. 4 (*Ubinam*): Friedberg I 338, wo von dem Glauben gesprochen wird, *quae universalis est, quae omnium communis est, quae non solum ad clericos, verum etiam ad laicos et ad omnes omnino pertinet Christianos.*

satz macht deutlich, daß die *oratio*, die als *pius mentis affectus in deum* umschrieben wird, *non solum verborum expressione sed et sanctis et bonis operibus operando* geschieht.[51] Das Konzil aber, das den häretischen Papst absetzt oder ihn „hinauswirft" (*a papatu eicere*), verhindert, daß er so *infinitos secum trahit ad inferos.* Entsprechend verhindert das Konzil ein Anwachsen seiner Sünde – und betet so für ihn *bene operando.*[52]

Das Eingehen auf die Gegenargumente der beiden zuvor präsentierten Parteien liefert Roselli eine willkommene Gelegenheit, seiner eigenen Position ein klareres Profil zu verleihen. Zu *Licet de vitanda* merkt er an, daß die Unmöglichkeit, über die Gültigkeit einer Papstwahl als Richter zu befinden, nur gilt, wo dies nicht vom Recht ausdrücklich zugelassen wird.[53] Er unterläßt es an diesem Punkt seiner Argumentation nicht, erneut auf seine diesbezüglichen Ausführungen in der *Monarchia* hinzuweisen.[54] Aus diesen ergibt sich zweifelsfrei, daß in den *expresse* vorgesehenen Fällen, z.B. Häresie – nach D. 40, c. 6 –, das Konzil Kompetenz als Richter besitzt. Diese Ausnahmen bestätigen die Regel, die, im Gegensatz zu den Wahlen Niedriggestellter, bei der Wahl des *vicarius Christi* keine *exceptiones* gegen den Gewählten erlaubt. X. 1, 6, 6 verlangt eben – so Roselli – wegen dieser Sonderheit die Zweidrittelmehrheit der Kardinäle für die Gültigkeit der Wahl. Das Gesetz schließt aber nicht aus, daß zugelassene Einreden diskutiert werden.[55]

Roselli schränkt bewußt das Feld möglicher *exceptiones* ein. Er läßt sie z.B. nicht zu für den Fall, daß man einem Papst, der eine Zeit als solcher

---

[51] Cf. Marc. f. 4v. Dazu *Glosse* zu Clem. 3, 16, 1 (*Si Dominum*), v. *orationes*, ed., 246: ... *oratio secundum Augustinum lib. de verbis Domini, est quaedam petitio. Alibi dicit, quod est pius mentis affectus directus in Deum.*

[52] Marc. f. 4v: ... *potest Concilium operari ... vel removendo papam ab heresi vel ubi non possit removeri eum a papatu eiciendo quia sic extinuabitur eius peccatum ne sedens in cathedra petri infinitos secum trahat ad inferos, ut dicit tex. in dicto c. Si papa. Unde ibi est casus quod Concilium iudicat in causa heresis pape, quia sic bene operando orat vel orabit pro eo.*

[53] Cf. Marc. f. 5r: ... *videtur dicere quod electio pape non subest alicuius iudicio debet intelligi preterquam ubi a iure expresse cautum est controversia.* Cvp f. 205r hat stattdessen: ... *ubi a iure expresse cautum est quod de ipsa discutiatur.*

[54] Cf. Marc. f. 5r. Dazu vgl. G II, X. Cf. *Monarchia* ed. 1487, ff. 29v - 32r zu den *exceptiones que possunt obiici contra papam.* Ebd. f. 30r nimmt sich Roselli vor, diese Frage hinsichtlich der *causa agens*, der *causa materialis* und der *causa formalis* zu untersuchen. Zur *causa materialis* u.a. f. 31v: *Et ... contra hunc electum potest obici quod non est vir sed mulier que mulier non sit capax ordinis nec potest elegi in papam. similiter potest obici quod est furiosus mente captus vel intellectu carens. ratio quia comparatur bestie.*

[55] Cf. Marc. f. 5r. Wesentlich besser der Text Cvp f. 205r: ... *dicit (sc. X. 1, 6, 6) quod ideo requiruntur duae partes cardinalium licet in aliis electionibus sufficiat maior pars quia hec electio non habet superiorem qui iudicet de ea subaudi in exceptionibus que contra alias inferiorum electiones opponi possunt. sed non tollit quin exceptiones contra hanc electionem permissas opponi non discutiantur.*

toleriert wurde, später eine *exceptio dubia et occulta* vorhält, daß er etwa nicht mit der notwendigen Mehrheit gewählt wurde. Wohl aber betont der Verfasser der *Monarchia*:

> *nota quod dico quando contra papam tolleratum exciperetur de occulta exceptione sed si ageretur contra eum quod non esset papa puta propter heresim etiam occultam vel quia esset apostaticus et intrusus quod delictum habet instar heresis credo quod agi posset et esset iudex concilium.*[56]

Zu der Behauptung, allein Gott sei kompetenter Richter in der *causa papatus*, macht Roselli eine entscheidende Anmerkung.[57] Die Gesetze, welche das Urteil über den Papst dem obersten Richter aller Menschen vorbehalten, sind zunächst einmal unter der Voraussetzung zu interpretieren, daß eindeutig ist, wer der Papst ist. Besteht diesbezüglich ein *probabile dubium*, hat ein Konzil zu intervenieren.

Die Einwände derer, die von dem Fall des Papstes Symmachus her argumentieren, daß das Konzil die *causa Symmachi* dem göttlichen Urteil überlassen hat,[58] läßt Roselli nicht gelten. Trotz mangelnder Klarheit hält er daran fest – ausgehend von den *Chronica* –, daß es damals eine Auseinandersetzung um die Frage gab, wer der wahre Papst sei. Für den Kanonisten steht fest, daß im genannten Fall das Konzil zunächst ein Urteil bezüglich des *papa dubius* fällte. Nachdem der *verus papa*, nämlich Symmachus, feststand, waren die anderen diesem vorgeworfenen Vergehen (*crimina*) von ihm selbst zu richten. Die Aufforderung seitens der Konzilteilnehmer an Symmachus, die existierende Versammlung als Konzil zu autorisieren, beruht darauf, daß dieser sich *in quasi possessione pacifica papatus* befand. Er konnte entsprechend im konkreten Fall all das ausführen, was im Regelfall in die Kompetenz des Papstes fällt. Als Richter der *causa propria* aber ist der (Quasi-) Papst im Falle des Streits um die päpstliche Gewalt nicht geeignet, *quia in illa (sc. causa) merito potest suspectus dici et recusari quia agitur de totali sua iurisdictione in qua est pars et non iudex.*[59]

---

[56] Cvp 205 v. Der entsprechende Text Marc. f. 5r. Der Text der *Monarchia* in Cvp ist hier – auch in der vorhergehenden Erörterung – einfacher verständlich.

[57] Vgl. Marc. f. 5r. Gegen das *solus iudex sit deus* auch schon MATTHÄUS DE MATTESILLANI, *Tractatus* – Ottobon. lat. 1759, f. 139v. Dort u.a.: ... *si haec opinio tenetur esset (?) valde periculosa fidelibus. forte enim propter gravia peccata populi christiani de longo tempore cessaret (sc. deus) ostendere hoc miraculum iuxta illud quod legitur in evangelio: Scimus quod peccatores deus non audit. Io. ix.*

[58] Vgl. Marc. f. 5r. Vgl. auch Marc. f. 3r. D. 17, c. 6 Grp (*Hinc etiam*): Friedberg I 52 f.

[59] Cvp f. 206r. Marc. f. 5v hat *de dotali sua iurisdictione*. – Roselli weist noch darauf hin, daß ein Richter normalerweise wohl über Gegebensein oder Nichtgegebensein seiner Jurisdiktionsgewalt befinden kann. X. 1, 3, 20 (*Super litteris*): Friedberg II 25 trägt zur Argumentation nichts bei, cf. aber *Glosse* zur Stelle, v. *nullatenus*, ed., 60: *Opposita exceptione legi-*

Roselli weist auf die Verurteilung des Octavianus und des Guido als Schismatiker auf dem III. Laterankonzil (1179) hin.[60] Auch D. 79, c. 8 (*Si duo*) dient ihm als Beleg für die Rolle, die dem Konzil in der *causa papatus* zusteht.[61] Haben zwei Papstprätendenten eine jeweils entsprechend große Anhängerschaft unter den Christgläubigen, so ist – nach Roselli – das Fundament des Papsttums unsicher. Die geschichtliche Erfahrung, vor allem die Erfahrung des erst durch das Konstanzer Konzil beendeten Großen Schismas, hatte noch ein anderes gelehrt: Es besteht die Gefahr, daß beide Anwärter jeweils für sich beanspruchen würden, in *causa propria* ein Urteil zu fällen.[62] Die Folge wäre ein unaufhebbares Dilemma und ein Schisma ohne Ende.

Die *causa Marcellini*, welche in D. 21, c. 7 (*Nunc autem*) Thema ist[63] und als Argument für die Nichtjudizierbarkeit des Papstes Verwendung fand, entfaltete im Laufe der Geschichte eine beachtliche Wirkmacht.[64] Roselli führt zu dieser Stelle eine vom Archidiaconus referierte Meinung an. Die Tatsache, daß Marcellinus dort, wo es um die von ihm begangene Häresie ging, Richter in eigener Sache gewesen ist, sei auf eine ihm erteilte Dispens zurückzuführen.[65] Eine andere Schulmeinung behauptet, Marcellinus habe, da er *coactione condicionali* in Häresie gefallen sei, das Papsttum nicht verloren, sondern sei aufgrund dieser Tatsache entschuldbar gewesen. Huguccio endlich will, daß der Papst wegen Häresie abgesetzt

---

tima, suspensa est iurisdictio iudicis circa principalem causam: et si dubia est, de hoc prius cognoscat. Das gilt aber nicht, wenn die *exceptio excommunicationis vel infamiae* eingebracht wird. Dann muß vielmehr der Obere des Richters angegangen werden.

60 Vgl. Marc. f. 5v unter Bezugnahme auf X. 5, 8, 1 (*Quod a praedecessore*): Friedberg II 790.

61 Cf. Marc. f. 5v. *Si duo* in Friedberg I 278, wo davon die Rede ist, daß der auf dem Apostolischen Stuhl verbleiben soll, den *divinum iudicium et universitatis consensus* erwählen.

62 Marc. f. 5v: ... *presertim quando est (Cvp f. 206r: esset) contentio inter duos et quilibet habeat (Cvp f. 206v: haberet) christianorum partem non modicam. nam cum tunc sit fundamentum incertum in quo papatus consistat et quis sit vicarius iesu christi erit tunc iudex Concilium non autem aliquis ipsorum maxime quia quilibet dissentiret de alio et quilibet vellet esse ille talis qui se papam pretenderet (Cvp f. 206v: diceret) et de sua causa iudicaret.* Vgl. GIRGENSOHN, Schisma 232: *Hätte sich dagegen alle Welt an die Rechtsauffassung Benedikts (sc. XIII. i.e. Pedro de Luna) gehalten, könnte das damalige Schisma gut immer noch unbeendet fortbestehen.*

63 Vgl. Friedberg I 71.

64 Vgl. VACCA, *Prima sedes* 61 - 63 zu den *Sinuessanae Synodi Gesta de Marcellino*. Ebd. 62 f.: *Bisogna sottolineare che questa fonte, presentandoci il protocollo di un processo puramente inventato contro un papa, per ben 13 volte riferisce il principio che il pontefice non può essere giudicato da nessuno, che di fatto non è stato mai giudicato, e che deve essere giudicato solamente da se stesso. La pregnante affermazione dell'apocrifo ebbe, in seguito, enorme successo.*

65 Cf. Marc. f. 5v. ARCHIDIACONUS, *Rosarium* zu D. 21, c. 7, ed., f. 26r: ... *et quod cum isto factum est ex dispensatione processit. immo forte coactus dixit non imputabatur, quandoque enim ore quis negat Deum, tamen corde confitetur.*

werden kann, wenn er hartnäckig (*pertinaciter*) an dieser festhält, nicht aber, wenn er sich von ihr abwenden will.[66]

Der folgende Rekurs zum Thema der *pertinacia* beruht auf dem, was schon in einer Fassung der *Monarchia* ausgeführt wurde.[67] Er fehlt in der Wiener *Monarchia*-Handschrift und hat den Charakter einer kurzen Wiederholung. U.a. wird auf Judas verwiesen, der zwar den *character indelebilis* des Priesters nicht verlieren konnte, wohl aber das Apostelamt (*apostolatus*), *quia ... fuit pertinax et desperatus obiit in heresi.*[68]

Roselli kommt dann, wie üblich, auf seine Deutung zu sprechen. Er fragt zunächst, ob der Papst sich einer Häresie schuldig gemacht hat, welche bereits verurteilt wurde, und unterscheidet dann noch einmal in einem zweiten Schritt, ob dies *scienter et voluntarie* oder *coacte* geschah. Der letztgenannte Fall wird noch einmal spezifiziert.[69]

Verfällt der Stellvertreter Christi einer schon verurteilten Häresie, so verliert er *ipso iure* seine *dignitas*. Das Urteil ist in diesem Fall nicht erst zu fällen, da es vom Recht schon gesprochen ist (*sententia a iure lata*).[70] Bei einer Sentenz in diesem Fall kann es sich nur um eine deklaratorische handeln.[71] In jedem Fall ist der Papst dann nicht Richter in eigener Sache. Auch seine Bereitschaft, Buße zu tun, befreit ihn nicht von der Strafe.[72]

---

[66] Cf. Marc. f. 5v. Vgl. HUGUCCIO, *Summa* (zur Stelle, v. *non nostro iudicio*): *Sed quare iste non fuit condemnatus ab illis, cum commisit ydolatriam, quae est haeresis, vel major, et in haeresi papa licite condemnantur a subditis ut di. XL. si papa. ... Ego ... dico, quod non potuerunt, quia sponte et humiliter confessus est errorem suum. Tunc enim demum papa potest condemnari de haeresi, si pertinax fuerit, aliter non: arg. XXIV. q. 3. dixit apostolus.* (Nach Bayerische Staatsbibliothek, Clm 10247, alias Pal. M. 247, abgedruckt SCHULTE, *Konzilien* 259; ohne Wiedergabe der Hervorhebungen von Schulte). Cf. Vat. lat. 2280, f. 20r: *Ego ... dico quod non potuerunt nec debuerunt.*

[67] Cf. Marc. f. 5v: *hoc modo responderi potest ad ea que dixi in tractatu Monarchie in questione an propter heresim Pontifex papatum perdat.* Cvp f. 186r fehlen die entsprechenden Ausführungen an der genannten Stelle. Vgl. die folgende Anmerkung. Ein weiteres Indiz für eine noch unbekannte Fassung X der *Monarchia.*

[68] So Marc. f. 5v. Der fehlende Abschnitt ebd. ff. 5v - 6r. Vgl. Cvp f. 206v. – Vgl. *Monarchia* ed. 1487, ff. 34v - 35 v, wo Roselli sich mit der Frage des Verlusts der *dignitas* wegen Häresie befaßt. Ebd. 35v: ... *conclusive pertinaciter asserens contra ea que ecclesia disponit proprie hereticus est.* Der entsprechende Text Cvp ff. 186r - 187v weist zahlreiche Auslassungen auf. f. 186r fehlen alle Beispiele (Judas, Pharisäer und Anführer der Juden, Aaron, Kaiser Julian Apostata, Salomon) und der Hinweis auf das *matrimonium carnale.*

[69] Vgl. zum Folgenden Marc. f. 6r.

[70] Vgl. dazu TIERNEY, *Foundations* 62 mit Anm. 2 (bzgl. des 12. Jahrhunderts): *It was commonly held that the man who invented a new heresy retained his powers until he was formally condemned by the Church, but the follower of an old heresy was ipso facto excommunicated.*

[71] Marc. f. 6r: ... *non est opus alia sententia nisi declaratoria eum in talem esse penam pro hac heresi.* Der bessere Text bei MII f. 263v und Cvp f. 206v: ... *nisi declaratoria eum in talem heresim incidisse vel talem esse penam pro hac heresi.*

[72] Cf. Marc. f. 6r: ... *si vellet penitere non evitat propterea penas dispositionis nec erit iudex sue cause. Ratio quia dignitatem iam perdidit ipso iure nec ex pentitencia ipsam penam tem-*

Diese Strafe kann ihm auch – ein interessanter Gedanke – das Konzil nicht nachlassen. Dies würde nämlich faktisch bedeuten, dem Konzil die Kompetenz der Papstwahl zuzubilligen, die ihm, so Roselli, regulär nicht zukommt.[73]

Gesetzt aber den Fall, daß der Papst gezwungenermaßen (*coacte*) der Häresie verfällt? Augenscheinlich nimmt Roselli die *causa Marcellini* als Beispiel. In D. 21, c. 7 (*Nunc autem*) wird ausgeführt: *Siquidem tempore Diocletiani et Maximiani Augustorum Marcellinus episcopus urbis Romae ... adeo compulsus est a paganis, ut templum eorum ingressus grana thuris super prunas imponeret.*[74]

Roselli unterscheidet die *coactio precisa* von der *coactio conditionalis*. Die *coactio precisa* liegt vor, wenn kein Konsens vorliegt, die Handlung vielmehr gänzlich erzwungen wurde. In diesem Fall – die Glosse spricht klarer von *coactio absoluta*[75] – verdient die Person keine Strafe.[76]

Liegt aber eine *coactio conditionalis* vor infolge *metus cadens in constantem virum*, wird dadurch nicht der Wille selbst aufgehoben, *quia coacta voluntas est voluntas.*[77] Entsprechend sündigt der Betreffende und ist nicht zu entschuldigen, *quia quis potius debet omnia mala pati quam malo consentire.*[78] Das bedeutet aber nach Roselli nicht, daß der Papst, der aus Furcht der Häresie verfällt, seiner *dignitas* beraubt werden muß – so-

---

poralem tollit. Roselli verweist wieder auf römisches Recht. D. 47, 2, 66 [65] (*Qui ea mente*): MK I 822: *Qui ea mente alienum quid contrectavit, ut lucrifaceret, tametsi mutato consilio id domino postea reddidit, fur est: nemo enim tale peccato paenitentia sua nocens esse desinit.* Vgl. BARTOLUS, *Commentaria* zur Stelle, ed., f. 131r: ... *ex poenitentia purgatur vitium rei: quia desinit esse furtiva, si rediit in domini potestatem, non autem liberatur fur ab actione poenali furti.*

[73] Cf. Marc. f. 6r: *Nec Concilium posset ei penam remittere quia (Cvp f. 206v: ad) Concilium non spectat papam elligere ipso deposito ut dixi in opere monarchie (Cvp: supra) in questione quis papam eligit.* – Hingewiesen sei an dieser Stelle auf die differenzierten Ausführungen des Roselli in der *Monarchia* ed. 1487, f. 27r. (Vgl. G II, VIII, 323 f.)

[74] Vgl. Friedberg I 71.

[75] Vgl. *Glosse* zu D. 21, c. 7, v. *compulsus*, ed., 98: *Conditionali, non absoluta coactione. Si enim fuisset absoluta, non deliquisset, ut 50. di. Presbyteros.*

[76] Cf. Marc. f. 6r. Anders der Text bei T f. 75r; MI ff. 21v - 22r; MII f. 263v; Cvp f. 206v: ... *si coactione precisa ut quia per vim imponitur sibi thus sive thuribile thuris in manibus et violenter ducitur ad aram ydolorum et per vim aperiunt manus et faciunt cadere thura reclusa in manibus super ignem et tunc nullam penam meretur quia nullus fuit consensus.* Verweis auf X. 3, 42, 3 (*Maiores - § ille [!] vero*): Friedberg II 646: ... *nec ille notam alicuius reatus incurrit, qui contradicens penitus et reclamans thurificare idolis cogitur violenter.*

[77] Marc. f. 6r. Vgl. die bei Roselli angegebene Stelle D. 4, 2, 21 (*Si mulier*): MK I 82: *Si metu coactus adii hereditatem, puto me heredem effici, quia quamvis si liberum esset noluissem, tamen coactus volui.* Vgl. auch *Glosse* zu C. 15, q. 1, c. 1, v. *vult*, ed., 1065.

[78] Marc. f. 6r. Roselli verweist auf Mt 11 (lies: 10, 33), auf die Auslegung Augustinus' zu Röm 10, 9 und auf Phil 1, 12, wobei die letztgenannte Stelle in sich selbst nichts belegt.

weit er es bereut.[79] Einen klassischen Präzedenzfall erkennt der Kanonist in der Geschichte des Petrus, der Christus aus Furcht verleugnete, *sed penitentia revixit et apostolus (Cvp: apostolicus) et papa remansit.*[80]

Mutatis mutandis meint Roselli, dasselbe gelte für den Fall, daß der Papst häretisch wird, ohne darum zu wissen (*ignoranter*). Er verweist dazu auf C. 24, q. 3, c. 29 (*Dixit Apostolus*):

> *qui sentenciam suam, quamvis falsam atque perversam, nulla pertinaci animositate defendunt, presertim quam non audacia suae presumptionis pepererunt, sed a seductis atque in errorem lapsis parentibus acceperunt, querunt autem cauta sollicitudine veritatem, corrigi parati, cum invenerint, nequaquam sunt inter hereticos deputandi.*[81]

Entscheidend ist in den bisher genannten Fällen, daß derjenige, der einer häretischen Meinung folgt oder durch sein Handeln den begründeten Verdacht erweckt, er sei Häretiker, sich bereit findet, von seinem falschen Weg abzulassen.

Anders liegt der Fall, wenn etwas noch nicht als Häresie verurteilt wurde. Roselli nimmt hier zunächst an, daß der Papst in einer Weise sündigt, welche den *status ecclesie universalis* von Grund auf in Unordnung bringt (*perturbans*) und darüber hinaus durch sein hartnäckiges Verharren in dieser Haltung in Häresie fällt. Wenn er in der Folge von sich aus den Irrtum bekennt, von dem Begonnenen Abstand nimmt und nicht in der Fehlhaltung verbleibt, muß er geschont werden (*parcendum est*).[82] In diesen Darlegungen sieht der Verfasser der *Monarchia* eine Interpretation der Auffassung Huguccios.[83]

---

[79] Roselli führt hier wieder D. 21, c. 7 an, d.h. den Marcellinus-Fall. Marc. f. 6r: *Papa ... propter timorem in heresim incurrens (Cvp f. 207r: incidens) non (Cvp: evitat) peccatum sed non est privandus propterea pontificatu ut dicto c. Nunc autem.* Hinsichtlich der notwendigen *poenitentia* führt er an C. 23, q. 3, c. 29 (*Dixit apostolus*): Friedberg I 998; weiter C. 24, q. 3, c. 31 (*Qui in ecclesia*): Friedberg ebd. und C. 24, q. 1, c. 14 (*Hec est fides*): Friedberg I 970.

[80] Marc. f. 6r; Cvp f. 207r. Roselli verweist auf die Deutung des Augustinus zu Röm 8: *Augustinus ... dicit Petrus lacrimis diluit quod ore negaverit (Cvp: negaverat).*

[81] Cf. Marc. f. 6r. Der Text von *Dixit Apostolus* nach Friedberg I 998. Vgl. die *Glosse* zu C. 24, q. 3, c. 29, v. *pertinaci*, ed., 1429: *Licet ergo teneat aliquis ea, quae sunt contra fidem, dummodo paratus sit corrigi, non est habendus haereticus. Monarchia* ed. 1487, f. 35r: ... *non enim hereticum facit ignorantia sed pertinacia hoc est voluntas pertinaciter dissentiens his que determinat esse de fide sancta mater ecclesia* und das Folgende.

[82] Vgl. Marc. ff. 6r - 6v: *Si autem heresis non erat dampnata sed peccabat papa et erat quid perturbans statum ecclesie universalis et cadebat tandem ex obstinatione in heresim ... tunc si papa sponte confitetur errorem et retrahit se ab inceptis nec insistit in peccato pertinaciter tunc ipsi parcendum est.* Roselli verweist – ebd. f. 6v – wieder auf seine Ausführungen in der Monarchia. Der entsprechende Verweis fehlt Cvp f. 207r.

[83] Cf. Marc. f. 6v. Huguccio's *Glosse* zu D. 40, c. 6, abgedruckt bei Tierney, *Foundations* 248 - 250 als Appendix I. Ebd. 248 f.: *Sed si papa committit simoniam vel fornicationem vel furtum et huiusmodi sibi soli videtur nocere cum omnes sciant quod nulli licet fornicari vel*

Ausdrücklich unterstreicht Roselli allerdings die Bedeutung des *sponte*. Der Papst, der so handelt und nur *metu poenae* – etwa aus dem Bestreben heraus, des Papsttums nicht verlustig zu gehen – das Bekenntnis ablegt, ist nicht zu schonen, sondern zu verurteilen. In diesem Fall hat das Konzil nicht die Dispensmöglichkeit, ihn derart zu schonen, daß er im Papstamt verbleibt.[84] Diese *causa* ist dann vielmehr vom Konzil zu judizieren.

Für Roselli bleibt die Aufgabe, vor diesem Hintergrund die Frage der Kompetenz des Kardinalkollegiums zu diskutieren.[85] Diese war bereits im Umfeld des Pisanum Grundlage mancher Diskussionen und rechtlicher Gutachten gewesen.[86] Ja, die Frage wurde bereits lange zuvor, kurz nach Ausbruch des Schismas zwischen Urban VI. und (Gegenpapst) Clemens VII., erörtert.[87]

Roselli greift die Argumentation derer auf, die, von VI°. 1, 6, 3 (*Ubi periculum*) ausgehend, die Zuständigkeit des Heiligen Kollegiums möglichst weit fassen wollen. Es heißt dort im Zusammenhang mit der Regelung der Papstwahl:

> *Iidem ... cardinales accelerandae provisioni sic vacent attentius, quod se nequaquam de alio negotio intromittant, nisi forsan necessitas adeo urgens incideret, quod eos oporteret de terra ipsius ecclesiae defendenda vel eius parte aliqua providere, vel nisi aliquod tam grande et tam evidens periculum immineret, quod omnibus et singulis cardinalibus praesentibus concorditer videretur illi celeriter occurrendum.*[88]

Roselli hebt mit Nachdruck hervor, daß der Text über die Kompetenz des Kardinalskollegiums allein die Angelegenheiten im Blickfeld hat, die nicht mit der Bestellung des Papstes, mit dem, was ihn und seine *potestas* betrifft, in Verbindung stehen.[89] Die Ausnahme von der Regel der Nichtein-

---

furari vel simoniam committere et huiusmodi. Ego autem credo quod idem sit de quolibet crimine notorio quod papa possit accusari et condempnari si admonitus non vult cessare.

[84] Marc. f. 6v. Ebd.: *Dico igitur quod dampnaretur ... ut pontificatu privaretur licet in aliis hereticis ipsi debent reconciliari.* Es wird in dem Kontext C. 1, 5, 4 (*Manichaeos*): MK II 51 angeführt, was allerdings nur sehr weit zu verstehen ist: *... nec filios (sc. Manichaeorum) heredes existere aut adire permittimus, nisi a paterna pravitate discesserint: delicti enim veniam paenitentibus damus.* Marc. f. 6v: *Isto ... casu posset Concilium cum ipso dispensare ut in papatu resideret se retrahit ipse se sponte sed non si metu pene iam convictus.* Roselli verweist auf X. 5, 7, 9 (*Ad abolendam*): Friedberg II 781; dazu *Glosse* zur Stelle, vv. *sponte recurrere* und *arbitrium*, ed., 1860 f.

[85] Vgl. dazu Marc. ff. 6v - 7v.

[86] Hingewiesen sei nur auf SOUCHON, *Papstwahlen* 241 - 256 zu Petrus de Ancharano; ANTONIUS DE BUTRIO, *Fragmentum* passim. BLIEMETZRIEDER, *Generalkonzil* 221ff.

[87] Vgl. ALBERIGO, *Cardinalato* 165 - 168 zur Kontroverse zwischen Kardinal Flandrin und Erzbischof Tenorio von Toledo, dabei allerdings primär Flandrins Argumente referierend.

[88] Friedberg II 947.

[89] Cf. Marc. f. 6v. Vgl. dazu der Text Cvp ff. 207v - 208r: *... est notandum quod ille textus loquitur in aliis negotiis quam de provisione papatus vel de concernentibus papam vel eius*

mischung bezieht sich nicht auf die Vorkehrungen für die *provisio papatus*, die eigens vorher geordnet wurden.[90] Bei der *provisio papatus* kommt den Kardinälen einzig und allein zu, die Person des Papstes zu bestimmen. Irgendeine Kompetenz mit Blick auf den Papst, die darüber hinausginge, ist vom Recht nicht vorgesehen. Entsprechend kommt den Kardinälen nicht als solchen zu, über die Häresie oder Unschuld des Inhabers der päpstlichen Würde zu befinden bzw. den Papst zum Häretiker zu erklären und deshalb seiner *dignitas* verlustig. Ebenso sind sie als Richter auszuschließen, wenn über die Kanonizität der Wahl oder über einen vorgeblich apostatischen Papst bzw. im Streit zwischen zwei Papstprätendenten eine Entscheidung zu treffen wäre.[91] All diese Fragen sind für Roselli keine *preambule* bezüglich der Papstwahl, auch wenn es zutreffen kann, daß nach deren Klärung eine Wahl anstehen könnte.[92] *ad illa iura que dicunt quod in Collegiis vacante capite potestas devolvitur ad maiores post caput vel ad capitulum responditur quod fallit in Cardinalibus quibus est sublata potestas vacante sede presertim in dispositione papatus.*[93]

Petrus de Ancharano hatte noch angesichts der massiven Angriffe gegen das Vorgehen der Kardinäle im Vorfeld von Pisa versucht, *Ne Romani* (Clem. 1, 3, 2) abzuschwächen.[94] Roselli gehört dagegen wohl in die

---

personam (Marc.: potestatem) ut in illis aliis habeant Cardinales jurisdictionem quando est arduum periculum et eminens. et hoc vult textus ibi dum dicit de alio negocio se non intromittant *cum primum premisisset de electione pontificis summi subditur quod de alio negocio se non intromittant nisi aliquod grande periculum emergat.* (Hervorhebung vom Verfasser) Vgl. auch *Glosse* zu VI°. 5, 3, 1, v. *sede vacante*, ed., 649 f. – Restriktiv gegen eine Überbewertung der Bedeutung der Kardinäle PETRUS TENOLIUS (LIES: TENORIUS), *Super facto scismatis* 1114 f. Ebd. 1115: ... *quod cardinales possunt juridice definire, et quod stetur eorum definitioni, determinationi in praejudicium electi (sc. Urbani VI) ... hoc omnino nego, quia decretalis ne Romani ipsos cardinales privat omni potestate et jurisdictione sede vacante.*

90 Vgl. die Verweise auf D. 45, 1, 53 (*Stipulationes commodissimum*): MK I 773; D. 45, 1, 119 (*Doli clausula*): MK I 779; D. 48, 19, 41 (*Sanctio legum*): MK I 869: *Sanctio legum, quae novissime certam poenam irrogat his, qui praeceptis legis non obtemperaverint, ad eas species pertinere non videtur, quibus ipsa lege poena specialiter addita est. nec ambigitur in cetero omni iure speciem generi derogare.*

91 Gegen eine derartige Kompetenz sprechen nach Roselli D. 40, c. 6 (*Si papa*); D. 79, c. 9 (*Si quis pecunia*); D. 79, c. 8 (*Si duo*). Vgl. Cvp f. 208r. – Vgl. auch MATTHÄUS DE MATTESILLANI, *Tractatus* - Ottobon. lat. 1759, f. 141r.

92 Cf. Marc. f. 7r.

93 Marc. f. 7v unter Berufung auf *Ubi periculum* und *Ne Romani.*

94 Vgl. PETRUS DE ANCHARANO, *Responsio* 382 f. Ebd. 383: ... *istis casibus (sc. papa amens, furiosus, captus a paganis, haereticus ...) sustineri potest opinio Ostiensis, qui dixit in casu vacationis jurisdictionis papae transire ad dominos cardinales, cujus opinio reprobata est in vacatione modico tempore verosimiliter duratura, puta per Clem. ne Romani ...; sed in duratura diutius, ut per schisma antiquatum, ut in supradictis exemplis, aequa et rationabilis videtur opinio Ostiensis, ut illud quod provisum est in inferioribus ecclesiis in praedictis casibus ... habeat locum in sede apostolica, et nullo (sic! multo?) fortius per majus periculum.*

Reihe derer, die anerkannten, daß nach dieser Dekretale eine Interpretation der *potestas* der Kardinäle, wie sie von manchen mit Blick auf Hostiensis vertreten wurde, kaum akzeptabel war.[95]

Roselli hält seine Interpretation von *Ubi periculum* auch aus einem anderen Grund für sinnvoll. Es wäre nämlich seiner Meinung nach höchst gefährlich, die für die Kirche so bedeutsame Entscheidung über ihren obersten Hirten unter der Prämisse der Einmütigkeit (*concordes*)[96] in die Hände eines Gremiums zu legen, in dem sich wohl immer eine dem zu richtenden Papst hörige „Kreatur" befinden wird.[97]

Nicht unbeachtet bleibt bei Roselli das Problem des *papa demens* bzw. *inutilis* oder *infirmus*. Auch in diesem Fall sind nicht die Kardinäle diejenigen, die berufen sind, dem Papst einen Koadjutor an die Seite zu stellen, sondern das Konzil.[98] Roselli appliziert das, was VI°. 3, 5, 1 (*Pastoralis officii*) mit Blick auf den Bischof gesagt wird, auf den Papst. Vielleicht geht er dabei von der Schlußbemerkung des genannten *capitulum* aus: *quod de episcopis praemittitur ad superiores etiam praelatos esse volumus et intelligimus referendum.*[99]

---

[95] Vgl. zu Hostiensis bzgl. der Rolle der Kardinäle in jüngerer Zeit WATT, Hostiensis passim. Ebd. 113: ... *the Sacred College held a uniquely important advisory and coadiutory position in the government of the Church, without giving this body authority to limit papal authority. The College participated, with the pope, in the exercise of the plenitude of power, but the power itself belonged to him alone. It shared his governmental function but not his primacy. ... In practice, this was how the Church was ruled in the thirteenth century and Hostiensis was defending the status quo, not promoting some new concept of papal primacy.* Vgl. auch WATT, Constitutional Law 151. Mit Bezugnahme auf PENNINGTON, Earlier Recension kommt neuestens GRISON, Problema 157 zu einem gegenteiligen Ergebnis. – Zu den Kardinälen als *pars corporis papae* cf. LECLER, Pars corporis papae passim.

[96] Vgl. *Glosse* zu VI°. 1, 6, 3, v. *singulis*, ed., 78: *Licet alias dicere consueverimus, quod fit a maiori parte dic factum fuisse concorditer ... tamen per hanc litteram, quae hoc hic exprimit, dico omnes debere esse concordes.*

[97] Cf. Marc. f. 6v: ... *est iusta hec constitutio (Cvp f. 208r: dispositio) quia etiam potestas attributa cardinalibus in periculo maximo est quando omnibus videtur nemine discrepante (*Cvp: *videretur ... data). Unde grave esset quod omnes forent concordes ad deponendum papam in heresim prolapsum cum raro sit quod papa non creet aliquos attinentes Cardinales.*

[98] Das Argument für die Kardinäle cf. Marc. f. 4v; die Antwort Rosellis ebd. ff. 6v - 7r. – Dasselbe Diskussionsthema bei MATTHÄUS DE MATTESILLANI, *Tractatus* – Ottobon. lat 1759, ff. 140r - v, der zum selben Ergebnis kommt. Ebd. 140r: ... *ponamus enim quod esset unus verus, et indubitatus papa, et quod postea casualiter efficitur demens quomodo interesse provideretur statui ecclesiae. non enim deberet occidi, nec privari dignitate papali, quia non est addenda afflictio afflicto. Item durum esset quod expectaretur mors naturalis eius, quia posset sic demens vivere longo tempore, et esset absurdum quod nullus illo tempore posset exercere spectantia ad officium solius papae, et ideo videtur dici quod potestas summi pontificis devolvitur tunc ad collegium card. vel ad illum coadiutorem, qui fuit ab eis datus papae.* f. 140v die vom Autor vertretene Gegenthese.

[99] Cf. Friedberg II 1034. Die Interpretation dieses Textes mit Blick auf den obersten Hirten ist freilich eigenwillig. Weder der Papst noch das Kardinalskollegium stehen *loco citato* zur Debatte, und auch das Konzil findet keine Erwähnung.

Nachdem der Kanonist derart alle wirklich wichtigen *causae* dem Zugriff kardinalizischer Kompetenzsucht entwunden hat, gesteht er mit Vorbehalten ein, daß in den *alii casus* die Kardinäle bei Sedisvakanz die päpstliche Jurisdiktionsgewalt ausüben könnten. Aber selbst für diese Fälle stellt er weitere Schranken auf, indem er hervorhebt, daß ein *grave periculum* und eine notwendige oder gebotene Schnelligkeit (*celeritas*) im Handeln zusammenkommen müssen.[100]

Eine Übertragung der Vollmachten, wie sie bei *alia collegia* im Falle einer Sedisvakanz gegeben ist, erkennt Roselli hinsichtlich des Kardinalskollegiums nicht an. Die Bestimmung von *Ubi periculum* derogiert die Norm, daß die Kardinäle keine *potestas* oder *iurisdictio* des Papstes haben, nur für die beiden im Rechtstext ausdrücklich genannten Fälle. Der Autor der *Monarchia* streitet ab, daß die derogierende Wirkung des genannten Rechtstextes auf andere Fälle, die auf dem gleichen Vernunftsgrund basieren, ausgedehnt werden könnte.[101] Folglich ist es nicht zutreffend, daß die Kardinäle bei einem Streit um das Papstamt, insoweit ein *maximum periculum* vorliegt, über die *causa papatus* befinden könnten. Roselli ruft in Erinnerung, *quod leges derogatorie non possunt ampliari ad casum similem quando sunt taxative sicut in casu nostro quia in solis casibus expressis in lege est derogatio permissa.*[102]

Ausgenommen von diesem Grundsatz ist der Fall, in dem es sich um eine *materia omnino favorabilis* handelt, sowie der Fall, daß die Ausweitung der taxativ angelegten Rechtsvorschrift – hier *Ubi periculum* – durch ein anderes Gesetz – z.B. *Ne Romani* – erfolgt.[103] So könnte wohl auch

[100] Vgl. Marc. f. 7r. Vollständiger der Text MII f. 264v; cf. Cvp f. 208v: ... *et est textus bene notandus quia etiam si casus esset periculosus, celeritas tamen multa non esset necessaria vel opportuna tunc adhuc non haberent hanc jurisdictionem. Et ideo si posset haberi copia concilii in tali negocio sicut in facto dubitacionis papatus et non immineret celeritas potius jurisdictio esset concilii.*

[101] Marc. f. 7r: ... *ideo cum sit derogativa (sc. dispositio) in illis duobus casibus videtur posse extendi ad alios casus rationis ydenptitatem habentes* ... – Als Argumente für diese These wird angeführt D. 1, 3, 12 (*Non possunt*): MK I 34: *Non possunt omnes articuli singillatim aut legibus aut senatus consulti comprehendi: sed cum in aliqua causa sententia eorum manifesta sit, is qui iurisdictioni praeest ad similia procedere atque ita ius dicere debet.* Weiter Bartolus, *Commentaria* zu D. 24, 3, 24 (9° quaestio), f. 20r. Als praktisches Beispiel wird hingewiesen auf die Bestimmungen von Clem. 1, 3, 2 (*Ne Romani*): Friedberg II 1135 - 1136.

[102] Cf. Marc. f. 7r. Roselli unterscheidet dann noch die Frage nach Ausweitung der Rechtsvorschrift in *materia odiosa* (cf. C. 4, 43, 2: MK II 179), in *materia nec favorabilis nec odiosa* (cf. C. 6, 49, 6: MK II 279).

[103] Cf. Marc. f. 7r. Roselli verweist auf C. 5, 71, 12 (*Ob aes*): MK II 235. Als Argument Clem. 1, 3, 2: Friedberg II 1135 f.: *Eo tamen proviso, quod, si eiusdem ecclesie camerarium, aut maiorem vel aliquos alios ex poenitentiariis ... per mortem vel alias deficere quovis modo contingat, valeat idem coetus ad tempus vacationis huiusmodi pro numero deficientium,*

ein Papst durch sein Gesetz für andere Fälle in der Situation der (Quasi-) Sedisvakanz den Kardinälen Jurisdiktionsvollmacht zugestehen. Dies ist aber nicht möglich durch eine Interpretation oder Extension, welche durch einen Tieferstehenden vorgenommen wird.[104]

Sollte allerdings die Abdankung oder Absetzung oder die unrechtmäßige Aneignung der Gewalt (*intrusio*) notorisch sein, darüber hinaus derjenige, der den Anspruch auf die *potestas* erhebt, sich nicht in deren *quasipossessio* befinden, könnten die Kardinäle zur Wahl schreiten.[105]

Zum Schluß entkräftet Roselli noch die Ansprüche der kardinalizischen Partei, indem er auf zwei Einwände, die deren Position stützen sollen, Bezug nimmt.[106] Einerseits fungieren seines Erachtens die Kardinäle bei der Wahl des Papstes in der Kraft des Rechts des Metropoliten nur *large et improprie*. Eine entsprechende Deutung findet sich bereits bei Matthäus de Mattesillani einige Jahrzehnte zuvor.[107] Die respektiven Bestimmungen von *In nomine Domini* (D. 23, c. 1)[108] beziehen sich darauf, daß die von den Kardinälen vorgenommene Wahl die bei den Wahlen der Tiefergestellten geforderte *vis electionis et confirmationis* in sich verbindet.

Die Behauptung, die Kardinäle könnten, weil sie den Papst „machen", ihn auch absetzen, wird bestritten unter Verweis auf D. 79, c. 11 (*Eiectionem*).[109] Besonders hebt Roselli hervor, daß die *potestas* des Papstes nicht von den Kardinälen stammt, d.h. von den Wählern, sondern von Gott selbst. Darüberhinaus bedarf es für das Papst-Sein auch noch der Zustim-

---

vel ampliori etiam, quantum ad poenitentiarios, si hoc eidem coetui concorditer expedire videbitur, alios subrogare.

104 Marc. f. 7r: ... *papa posset lege sua in aliis casibus vacante sede vel quasi dare iurisdictionem principalem (Cvp f. 209r fehlt principalem) Cardinalibus, sed non hominis inferioris interpretatio vel extensio (*Cvp: *quia ultra casus permissos non fiet extensio).*

105 Cf. Marc. ff. 7r - 7v. In diesem Zusammenhang spricht Roselli auch die Problematik des *papa manifestus haereticus* an, auf die er aber später zurückkommen wird. – Hinsichtlich der *causa* Urbans VI. hatte bereits Erzbischof Tenorio bzgl. *Si quis pecuniam* angemerkt - Petrus Tenolius (lies: Tenorius), *Super facto schismatis* 1116 - : *In quo casu dubio etiam non credo habere locum c. Si quis pecuniam, sed in casu manifesto et notorio in jure et in facto.*

106 Cf. Marc. ff. 4r - 4v mit Marc. f. 7v.

107 Cf. Ottobon. lat. 1759, f. 140v. – Vgl. auch Petrus Tenolius (lies: Tenorius), *Super facto schismatis* 1115.

108 Vgl. hier Friedberg I 77 f.: *Quia sedes apostolica cunctis in orbe terrarum prefertur ecclesiis atque ideo super se metropolitanum habere non potest, cardinales episcopi proculdubio metropolitani vice funguntur, qui videlicet electum antistitem ad apostolici culminis apicem provehant.*

109 Cf. Marc. f. 7v. Friedberg I 279 (*Eiectionem*): *Eiectionem summorum sacerdotum sibi Dominus reservavit, licet electionem eorum bonis sacerdotibus et spiritualibus populis concessisset.* Vgl. auch *Glosse* zur Stelle, v. *eiectionem*, ed., 381: *Et ita fallit regula, ad quem spectat institutio, et destitutio. 16. q. 2. visis.* Cvp f. 210r ein Hinweis auf diese Ausnahme.

mung des Gewählten. Eine einseitige Aktion seitens der Kardinäle qua Wahlgremium ist damit *eo ipso* ausgeschlossen.[110]

Zum zweiten Punkt: Die Identifikation der Mitglieder des Heiligen Kollegiums mit den X. 4, 17, 13 (*Per venerabilem*) erwähnten *sacerdotes levitici generis* (Dtn 17, 8 f.)[111] gilt nur für die Fälle, wo der Papst mit den Kardinälen zusammen ein Urteil hinsichtlich der *ardua negotia* fällt. Sobald aber der Papst in einer bestimmten Materie, und das ist für Roselli hier wieder die *causa papatus*, nicht urteilsbefugt ist, sind unter den Priestern des levitischen Geschlechts nicht die eben Genannten zu verstehen, sondern *omnes episcopi et Concilium religiosorum clericorum*. Der Aretiner belegt seine These mit einem geschichtlichen Rückblick auf die Vorgehensweise der *ecclesia primitiva*,[112] welche immer die Gesamtkirche betraf. Die Retrospektive soll zeigen: *ardua concernentia statum (MII f. 265r: statutum) ecclesie universalis vel fidem semper sunt per Concilia terminanda.*[113]

Anders als im venezianischen Text findet sich bei MII und auch bei Cvp ein expliziter Verweis auf das Handeln des Petrus in der Urkirche. Der erste Papst nämlich agierte *cum concilio*, soweit das *bonum universalis ecclesie* zur Debatte stand.[114]

---

110 Cf. Marc. f. 7v. Cvp f. 210r ist vollständiger: ... *errant quidam qui dicunt quod si ecclesia non statuisset hoc prohibens cardinales quod ipsi papam deponere potuissent quia non est verum ... quia papa habet a deo ... potestatem et quamvis habeat facto hominis non est facto ipsorum cardinalium solum sed et ipsius ... etiam consentientis electi.* – Vgl. auch MATTHÄUS DE MATTESILLANI, *Tractatus* - Ottobon. lat. 1759, f. 140v: ... *non est bonum argumentum de depositione imperatoris ad depositionem papae (sc. cf. ibidem f. 140r) cuius potestas non traxit originem ab hominibus, sed a solo deo.*

111 Cf. Friedberg II 716. – WATT, Hostiensis 100 sieht die *extended exegesis of Deuteronomy 17.8-12* als *the very heart of Per venerabilem* und die Dekretale selbst als *a primary locus for canonist discussion of many types of authority*. Bzgl. der Kardinäle gewann der Text besonders durch Hostiensis herausragende Bedeutung. Ebd. 101: ... *he (sc. Hostiensis) was never more individual than when he came to discuss the ‚priests of the Levitical race‘.*

112 Vgl. OLSEN, Idea 86: *The term ‚ecclesia primitiva‘ most commonly referred to the apostolic Church of the New Testament, but sometimes was extended to cover either the pre-Constantinian Church or the whole patristic period.* Olsen arbeitete über die Kanonisten des 12. Jh. – Vgl. auch bzgl. des Konzepts der *ecclesia primitiva* HENDRIX, In Quest 347 Anm. 1 für Literatur.

113 Marc. f. 7v. Roselli führt hinsichtlich der Bischöfe an, daß *in ordine omnes episcopi sunt pares in potentia cum papa et ipsi sunt fratres pape*, verweisend auf X. 5, 20, 6 (*Quam gravi*): Friedberg II 820.

114 Cvp f. 209v: ... *quia actus illi qui fiebant in primitiva ecclesia concernebant bonum universalis ecclesie ideo petrus non determinabat solus sed cum concilio. unde clarum videtur quod cause fidei et ubi tractatur de bono universalis ecclesie ibi cause ille debeant per concilia terminari.* Vgl. dazu MII f. 265r und Marc. f. 7v.

Auch ein Kanon eines *Concilium africanum* wird als Zeuge für die Praxis der ehrwürdigen alten Kirche angeführt. Dieser legt fest, *ut in omni ecclesie periculo convocaretur Concilium.*[115]

[115] Roselli bestimmt das Konzil nicht näher, weist nur darauf hin, daß es sich um das *capitulum* 62 handelt. Im Breviarium Hipponense findet sich unter Nr. 5 – CONCILIUM AFRICANUM, *Breviarium Hipponense* 34 -: *Ut propter causas ecclesiasticas, quae ad perniciem plebium saepe veterescunt, singulis quibusque annis concilium convocetur.* Ob dieser Text gemeint ist, bleibt allerdings fraglich. Er wäre dann sehr frei wiedergegeben.

5. Die Einberufung des Konzils

Nachdem Roselli die Gründe, die eine Konzilseinberufung nahelegen, dargestellt hat – und zwar, wie sich aus der Geschichte des Textes nahelegt, fast gänzlich aus dem Blickwinkel der *causa papatus* heraus –, geht er nun auf die vierte Frage des Konzilstraktats ein. Der entsprechende Text schließt sich nahtlos an den vorhergehenden an. Im Wiener *Monarchia*-Manuskript fehlt verständlicherweise der Hinweis auf die *quarta quaestio*. Die Erörterungen dort stehen ganz unter dem Vorzeichen der *causa papatus*. Gerade in diesem Falle nämlich wird die Konzilseinberufung ja als Problem akut.

> *ex predictis videtur insurgere perplexitas quedam indissolubilis et aliud maius dubium in quo explicabitur quarta questio videlicet quis interponat auctoritatem Concilio et habet convocandi auctoritatem.*[1]

Roselli zögert nicht lange, das Dilemma, das im Kontext des Großen Schismas nur allzu evident geworden war, den Lesern vor Augen zu führen. Als Prinzip gilt: Kein allgemeines Konzil kann ohne päpstliche Autorität einberufen oder zusammengerufen werden. Roselli verweist auf C. 2, q. 5, c. 10 (*Mandastis*), in dem es um den Fall des Papstes Sixtus III. geht,[2] ferner auf C. 2, q. 6, c. 10 (*Ideo huic*),[3] auf die *distinctiones* XVI und XVII, bei der letzteren wieder namentlich auf c. 5 (*Multis*) und c. 6 Grp (*Hinc etiam*).[4]

Liegt nun aber die Situation vor, daß der Papst befürchten muß, durch das versammelte Konzil in seiner Ehre (*honor*) beschnitten oder gar des Papsttums beraubt zu werden, ist es wohl denkbar, daß dieser die Versammlung nicht einberufen will.[5] Würden andere aber die *convocatio* vornehmen, so scheint es, wäre es kein *concilium*, sondern ein *conciliabulum*,[6]

---

[1] Marc. f. 7v. Cf. Cvp f. 210r. Dort fehlt: *in quo explicabitur ... convocandi auctoritatem.* MII f. 265v schreibt statt *et habet convocandi auctoritatem* das *et tercia questio quis habeat auctoritatem convocandi auctoritatem (sic!).*

[2] Cf. Friedberg I 458: ... *Scitote me (sc. Sixtum) criminari a quodam Basso, et iniuste persequi: Quod audiens Valentinianus Augustus* nostra auctoritate *sinodum congregare iussit.* Hervorhebung vom Verfasser. Paraphrasiert auch bei Marc. f. 8r. MII f. 265v fehlt *Valentinianus Augustus concilium convocavit.*

[3] Cf. Friedberg I 468: *Ideo huic sanctae sedi prefata privilegia specialiter sunt concessa tam de congregandis conciliis ...*

[4] Vgl. Marc. f. 8r. Zu den letztgenannten Stellen cf. Friedberg I 51 - 53.

[5] Cf. Marc. f. 8r: ... *non est verisimile quod papa in sui honoris vilipendium velit Concilium accersire (Cvp f. 210r: congregare) maxime ut privetur.*

[6] Cf. D. 17, c. 5 (*Multis*): Friedberg I 52, wo auch der Terminus des *conventiculum* benutzt wird.

da ihm die Autorität des Apostolischen Stuhls fehlen würde. Die Regel der Autorisierung durch den Apostolischen Stuhl ist auch dann einzuhalten, wenn es um die *causa ipsius pape* geht, wie *Hinc etiam* deutlich macht.[7] In der *causa Symmachi* nämlich war der Papst vom bereits zusammengekommenen Konzil aufgefordert worden, es mit Autorität zu versehen, wobei es eben um die *causa papatus* selbst ging.[8]

So wird der Eindruck vermittelt, durch *canones*, *hystoria ecclesiastica* und *mos et ritus antiquus*,[9] daß es eine exklusive Kompetenz des Papstes gibt, welche nicht einmal der *legatus de latere* besitzt, soweit sie ihm nicht eigens vom Papst übertragen wurde (*specialis commissio*).[10] Daß sich Roselli, wie auch sonst oft, bei der Darstellung der gegnerischen Argumente an seinen großen Lehrer Antonius de Butrio anlehnt, ist nicht zu verwundern.[11]

Der Verfasser knüpft an dessen Ausführungen ohne große Bedenken an, wenn er sagt: *convocatio debet fieri per maiorem de universitate.*[12]

Mit Blick auf die Gesamtheit der Gläubigen, betrachtet als *universitas*, ist aber niemand größer als der Papst, der hinsichtlich der Prälaten und Gläubigen *superioritas et imperium* innehat.[13] Der Beleg dafür findet sich

---

[7] Der Text ist unzureichend bei Padova, Biblioteca Capitolare B 11, f. 89v. Diesem ähnlich *Monarchia* ed. 1487, f. 50r (noch schlechter Goldast III, III, 387 [Zeile 40]). Auch Marc. f. 8r: ... *quod Concilium debeat habere auctoritatem a papa expressum est* ... – Die Argumentation aber ist die von T f. 76v: ... *debeat habere auctoritatem a papa etiam ubi causa ipsius pape tractanda est. expressum est* ... Vgl. auch MI f. 24r; MII f. 265v; Cvp f. 210r.

[8] Cf. Friedberg I 52. Vgl. auch C. 2, q. 5, c. 10 (*Mandastis*): Friedberg I 458.

[9] ANTONIUS DE BUTRIO, *Fragmentum* 320 scheint hier – bei der Wiedergabe der gegnerischen Argumente – erneut vielfach Pate gestanden zu haben: *Haec auctoritas testatur canonica, haec historia ecclesiastica roborat, haec SS. Patres confirmant.*

[10] Cf. Marc. f. 8r. Verweis u.a. auf *textus ysidori in quodam capitulo canonum dicens nec ullam Synodum generalem ratam esse legimus que eius non fuerit auctoritate congregata vel fulta.* Cf. dazu die Fußnoten bei Friedberg I 51 f. zu D. 17, c. 2 (*Regula*). – D. 3, c. 2 Grp (*Porro*): Friedberg I 4 f. belegt nicht die Notwendigkeit eines besonderen Mandats des *legatus.*

[11] So findet sich bei diesem - ANTONIUS DE BUTRIO, *Fragmentum* 322 – der entsprechende Verweis bzgl. des *legatus a latere* mit der Angabe *ad hoc de elec. significasti. notat Glossa 3. di. §. porro, et quod notat Glossa et Archidiaconus 2. q. 6. ideoque*. Vgl. *Glosse* zu D. 3, c. 2 Grp, v. *legato*, ed., 9 und die vorhergehende Anmerkung.

[12] Marc. f. 8r. Dazu angeführt u.a. D. 43, c. 5 (*A subdiacono*): Friedberg I 321 (Cvp f. 210v und *Monarchia* ed. 1487, f. 17v geben falsche Stellen an), wo es aber lediglich um den den Oberen geschuldeten Gehorsam geht. Vgl. auch INNOZENZ, *Commentaria* zu X. 1, 33, 1, v. *prior*, ed., 681 (lies: 189). JO. AN., *Commentaria* zu X. 1, 6, 30, v. *campanam*, ed., 103 hinsichtlich des *presidens universitatis*. – Insgesamt ist zuverlässiger ANTONIUS DE BUTRIO, *Fragmentum* 321, wo auch die durchaus relevante Stelle D. 93, c. 5 (*A subdiacono*): Friedberg I 321 angegeben ist.

[13] Marc. f. 8r. Roselli verweist auf römisches Recht. D. 5, 1, 5 (*Si quis ex aliena*): MK I 103: *Si quis ex aliena iurisdictione ad praetorem vocetur, debet venire ...: praetoris est enim aestimare, an sua sit iurisdictio, vocati autem non contemnere auctoritatem praetoris.* Weiter D.

C. 9, q. 3, c. 17 (*Cuncta per mundum*).[14] Die Einberufung eines Konzils ist Sache dessen, der entsprechende Jurisdiktionsgewalt hat. Die Einberufung eines allgemeinen Konzils ist Sache dessen, der umfassende Gewalt hat.

Ein weiteres Argument für das bis dahin Vorgetragene nimmt seinen Ausgang von der Überzeugung, daß der Papst zu verstehen ist als *omnium christianorum et ecclesie militantis ... caput et pater.*[15]

Erfolgt entsprechend eine Konzilseinberufung ohne den Papst, wird dieses ein *concilium acephalum, quodam monstrum*. Betrachtet man nämlich die Natur der übrigen Konzile, stellt man leicht fest, daß diese aus dem Haupt und dann aus den Gliedern bestehen. In verblüffendem Maße zeigt sich Roselli durchgehend als treuer Schüler seines *dominus.* Antonius de Butrio hatte diese These der Gegner einer Konzilseinberufung durch die Kardinäle ebenso zur Sprache gebracht.[16] Die Monstrosität eines derartigen Konzils erklärt sich für die Kanonisten eben aus der Diskrepanz zu der hergebrachten, geschichtlich verifizierbaren Norm. Auch aus der fragwürdigen Gleichsetzung von Konzil mit der *collectio omnium fidelium* folgt ja zwingend, daß der Papst, als *caput fidelium*, eingeschlossen ist. Wie aber ist es dann möglich, daß das Konzil ein Urteil über den Papst fällt?[17]

In diesem Zusammenhang kommt Roselli noch einmal auf eines seiner Lieblingsthemen zurück. Der immer wieder angeführte Aristoteles erscheint als Gewährsmann: Bei einem ohne päpstliche Autorität einberufenen Konzil fehlt der, der die anderen leitet und regiert (*regulare et regere*).

2, 5, 2 (*Ex quacunque*): MK I 49. Diese Angaben auch bei ANTONIUS DE BUTRIO, *Fragmentum* 321. Der Hinweis auf die *Glosse* zu D. 17, c. 6, v. *praecepisset*, ed., 71, fehlt bei Antonius, belegt aber auch eher die Nichtzuständigkeit des Königs bei einer *citatio*.

[14] Cf. Friedberg I 611: *Cuncta per mundum novit ecclesia, quod sacrosancta Romana ecclesia fas de omnibus habet iudicandi, neque cuiquam de eius liceat iudicare iudicio.* – Vgl. ANTONIUS DE BUTRIO, *Fragmentum* 321.

[15] So Marc. f. 8r mit besonderer Hervorhebung von C. 24, q. 1, c. 15 (*Rogamus*): Friedberg I 970, wo von Petrus als dem *caput totius ecclesiae* her argumentiert wird.

[16] Vgl. Marc. f. 8r: *... si sine pape licentia convocatur Concilium erit acephalum i. sine capite et erit quodam monstrum contra naturam aliorum conciliorum que constant primum ex capite, demum ex aliis membris.* Roselli verweist auf D. 21, c. 8 (*Submittitur*): Friedberg I 72, D. 3, c. 1, Grp (*Porro*): a.a.O. 4; C. 18, c. 7 (*Quoniam*): a.a.O. 55 f.; D. 18, cc. 13 (*Si episcopus*) und 14 (*Si quis episcoporum*): a.a.O. 57, wobei die letztgenannten Stellen kaum etwas zum Thema beitragen. Vgl. ANTONIUS DE BUTRIO, *Fragmentum* 321 mit Varianten. – Der folgende Satz mit dem Hinweis auf die Gefahr eines Schismas fehlt in Cvp f. 211r.

[17] Cf. Marc. ff. 8r – 8v unter Bezugnahme auf D. 1, de cons., c. 8 (*Ecclesia*): Friedberg I 1296: *Ecclesia, id est catholicorum collectio.*

Damit ist die *conditio sine qua non* einer *iusta congregatio* nicht erfüllt.[18] Es kann kein „rechtes Konzil“ stattfinden.

Wollte ein anderer als der Papst das Konzil einberufen, würde damit faktisch dessen Jurisdiktionsgewalt und Autorität über den Papst postuliert. Das verstößt gegen C. 9, q. 3, c. 15 (*Facta*).[19]

Die ausweglose Situation im Fall der notwendigen Klärung einer *causa papatus* ist nicht zu ignorieren. Der Papst könnte die *convocatio* vornehmen, aber er will nicht. Andere würden gerne, aber sie können nicht. Die rechtliche Regelung würde sich als unzureichend erweisen.[20]

Dominicus de S. Geminiano hatte entsprechend bereits zur Zeit des Pisaner Konzils, im Zusammenhang mit der Frage nach dem häretischen Papst, klargestellt:

> *Pone ... papam hereticum et denegantem prestare auctoritatem concilio et eius congregacioni. remanebit ergo ecclesia sine pastore nec poterit provideri et sic posset sequi periculum animarum et destitutio fidei christianae. certum absurdissimum esset dicere quod concilium etiam ipso invito non posset congregari et providere fidei christianae. Iura ergo que dicunt congregandum concilium de auctoritate pape .... intelliguntur et procedunt quando fieret congregacio per aliam causam quam heresis appostolici et quando appostolicus inquisitus pro heresi non denegaret, sed si denegaret tunc secus esset alias frustratoria fuisset provisio iuris isto casu ... nam frustra esset condere iura nisi eis asssignaretur minister et executor.*[21]

In der Tat war es ja diese Notsituation des Großen Schismas gewesen, welche die Kanonisten und andere Männer der Kirche genötigt hatte, Geltung und Verbindlichkeit des Rechts neu in den Blick zu nehmen, um seinen dienenden Charakter konkret unter Beweis zu stellen.

Die folgenden Ausführungen des Roselli spiegeln noch die Erfahrungen jener Zeit. Zunächst analysiert er, ausgehend von der Regel der Einberufung durch den Papst, die Einberufung durch einen, der sich allein in *quasi possessio papatus* befindet. Dieser Fall ergibt sich etwa, wenn dem Papst vorgeworfen wird, er habe die *dignitas* verloren, z.B. durch Häresie. In diesem Fall müßte der genannte (Quasi-) Papst das Konzil einberufen, denn *etiam ille qui est in sola quasi possessione videtur habere ius faciendi illa que pertinent ad papam*.[22] Daß dieser aber wirklich eine derartige Ver-

---

[18] Cf. Marc. f. 8r: *Nam ut dixi pluries supra (!) in omni iusta plurium congregatione privata (Cvp f. 211r: quantumcumque parva; MII f. 266r: parva) vel magna necesse est unum regulare et regere, alios vero regulari et regi secundum philosophum in politicis.*

[19] Cf. Friedberg I 610 f.

[20] Cf. Marc. f. 8v: ... *et inanis videtur provisio quod Concilium sit iudex in causis antedictis.* Cvp f. 211r liest: ... *et sic vana videtur talis iuris provisio.*

[21] Vat. lat. 4039, f. 243v. Ebd.: *magna absurditas que a iure reprobatur.*

[22] Marc. f. 8v. Mit Verweis auf X. 3, 38, 19 (*Consultationibus*): Friedberg II 615.

sammlung zulassen würde, die über sein Recht befinden könnte, erscheint unwahrscheinlich. Die Erfahrung lehrt, wie groß die Wahrscheinlichkeit ist, daß aus persönlichem Interesse das Recht gebeugt wird.[23]

Nach diesem Fallbeispiel untersucht Roselli ein anderes Problem. Was ist zu sagen, wenn es mehrere Papstprätendenten gibt, von denen sich aber keiner in der *quasi possessio* befindet? Für die Gültigkeit eines jurisdiktionellen Aktes reicht es – und ist notwendig –, *probare quod qui gessit actum erat in quasi possessione iurisdictionis et publice pro tali reputabatur iudice*.[24]

Die Meinung eines „Papstes“, er sei kanonisch gewählt, oder die öffentliche Meinung, die ihn für „eher“ kanonisch (*magis canonice*) gewählt betrachtet, befähigt ihn nicht, kraft eigener Autorität die *possessio pontificatus* zu ergreifen. Solch ein Vorgehen ist nur erlaubt, falls es keinen rechtmäßigen Widerpart (*legitimus contradictor*) gibt, d.h.: Es darf keinen begründeten Zweifel geben. Mit diesem Einwurf entkräftet Roselli Argumentationen, die man zwar bei *doctores* findet, die aber davon ausgehen, daß kein *legitimus contradictor* vorhanden ist[25]. Entsprechendes gilt logischerweise für eine Konzilseinberufung, die ja als Ausdruck päpstlicher Jurisdiktionsgewalt zu verstehen ist.[26]

Erhebt jemand Anspruch auf das Papstamt, der zwar die *proprietas papatus* für sich beanspruchen kann, nicht aber die *possessio papatus*, kann er keine *convocatio* vornehmen, solange es einen anderen gibt, der die *possessio* reklamiert bzw. der als *legitimus contradictor* zu gelten hat.[27]

---

[23] Cf. Marc. f. 8v. Roselli sieht in dieser Erfahrung die *ratio quare iura statuerunt quod quis non esset iudex in causa propria*. Als Belege nennt er aus dem römischen Recht z.B. C. 3, 5, 1 (*Ne quis*): MK II 125: *Generali lege decernimus neminem sibi esse iudicem vel ius sibi dicere debere. in re enim propria iniquum admodum est alicui licentiam tribuere sententiare.*

[24] So MII f. 8r und Cvp f. 211v. Vgl. dazu Marc. f. 8v. Wichtig der Verweis auf den Text D. 1, 14, 3 (*Barbarius*): MK I 42.

[25] Cf. INNOZENZ, *Commentaria* zu X. 1, 6, 15 (*Transmissam*), ed., 57: ... *potes dicere ... quod isti sic electi et confirmati per se omnia bona ecclesiarum suarum, vel dignitatum, vel praebendarum suarum, si non habeant contradictores, possunt sua authoritate occupare. Si vero non habeant contradictores, non tenentur aliquid probare aliquid de iusticia confirmacionis, nec tenentur probare aliquid de iusticia electionis.* – Vgl. auch JO. AN., *Commentaria* zu X. 1, 6, 15, v. *confirmationem*, ed., 82. – Der Hinweis auf D. 41, 2, 23 (*Cum heredes*): MK I 700 scheint zur Argumentation wenig beizutragen.

[26] Vgl. auch zum Folgenden Marc. ff. 8v - 9r.

[27] Vgl. Marc. f. 9r: ... *alio existente in possessione vel etiam non existente dummodo esset legitimus contradictor tunc qui in veritate habet (Cvp f. 212r: haberet) proprietatem papatus sine possessione non posset convocare concilium cum non posset tunc possessionem nancisci.* – Cf. INNOZENZ, *Commentaria* zu X. 1, 6, 50, v. *protestatione*, ed., 94: ... *commodum electionis, et omnis alius fructus est veri domini etiam si non possidet, si nullus alius est in possessione vel si sit quis in possessione sed mala fide ... iste enim hoc utitur commodo, non ut*

In einem dritten Angang untersucht Roselli den Fall zweier Papstprätendenten, die beide auf ihre *quasi possessio* verweisen. Der Kanonist nimmt hier explizit auf den Konflikt zwischen Urban VI. und (Gegenpapst) Clemens VII. Bezug. Für eine Konzilseinberufung erwies sich diese historische Konstellation als schier ausweglos. Denn die Einberufung durch den einen galt wohl für dessen Anhängerschaft. Für die *subditi* des Gegners handelte es sich dagegen um einen Akt eines Apostaten und Exkommunizierten, der jeder Vollmacht ermangelt, eines Schismatikers, der *ipso iure* keine jurisdiktionellen Akte vornehmen kann.[28] Wie sollten in einer derartigen Situation beide Teile zusammenkommen können? Und selbst bei einer Zusammenkunft wäre die *perplexitas* nicht aufgehoben, da jeder der beiden „Päpste" beanspruchen würde, das Konzil zu autorisieren. Es kann aber nur einen Papst geben.[29] Doch ein Konzil, das entscheiden könnte, wer der Papst ist, müßte zunächst von einem Papst autorisiert werden, der nicht da ist. Es ist ein Teufelskreis. Roselli verweist auf das römische Recht, um die Absurdität der Lage vor Augen zu führen.[30]

---

possidens, sed ut dominus. Vgl. KAMINSKY, *Simon* 8: Eine typisch-spätmittelalterliche Denkweise *consisted in the apprehension of all possessed things, no matter how diverse, in terms of the homogeneous category of property right.* Ebd. 9 – mit Blick auf die Zeit des Großen Schismas -: *The question of who was the true pope was conceived of as the question of which contender had the right to the papacy – or rather* in *the papacy – habere* ius in papatu, *this being understood as a special case of* ius in re, *the formula for a real benefice right. But this right was treated as simply an individual's property right in a thing, as the formula implies.* Cf. DUMAS, Possession 44: *Suivant la doctrine du droit romain, la possession est l'usage* (usus) *d'une chose dont on se considère comme propriétaire. Elle se manifeste par la détention corporelle de l'objet* (corpore) *et l'intention d'agir en maître* (animo) *... Le droit canonique a étendu la notion de possession aux bénéfices, parce qu'ils sont détenus par des personnes, qui, à tort on à raison, s'en prétendent titulaires.* Vgl. noch NAZ, Propriété 364.

28 Vgl. Marc. f. 9r. Vgl. dazu Cvp f. 212 v. Der letztgenannte Text ist vollständiger. U.a.: ... *quia citans esset apud subditos alterius apostaticus non apostolicus et excommunicatus tanquam secundum eos se intruserit in cathedram petri non vocatus canonice ... et sic tanquam ad eos sibi non subditos iurisdictionem non habet, ut de offic. vic. c. romana li. vi de re iudi. c. ad probandum et in c. presidentes de hereticis in vi. Item ipse vocans apud non sibi subditos est scismaticus et sic omni iurisdictione caret tanquam a iurisdictionalibus ipso iure suspensus.* Vgl. auch MII f. 266v. – Hingewiesen sei noch auf ANTONIUS DE BUTRIO, *Fragmentum* 319 f.

29 Marc. f. 9r und *Monarchia* ed. 1487, f. 17v sind textlich unvollständig. Vgl. aber Cvp f. 212v; MI f. 25v; MII f. 266v. Cvp a.a.O.: ... *perplexitas quia quilibet tanquam pontifex vellet auctorari concilio quod videtur impossibile cum tantum unus esse debeat pontifex et non plures.* Verweis auf C. 7, q. 1, c. 5 (*Factus est Cornelius*): Friedberg I 568: ... *quisquis post unum, qui solus esse debet, factus est iam non secundus ille, sed nullus est.*

30 D. 28, 7, 16: MK I 433: *‚Si Titius heres erit, Seius heres esto: si Seius heres erit, Titius heres esto.' Iulianus inutile esse institutionem scribit, cum condicio existere non possit.* Vgl. auch die *Glosse* zum Infortiatum zur Stelle, ed., 395. U.a.: *Impossibilitas ratione perplexitatis vitiat institutionem. Bartolus.*

Möglicherweise will auch keiner der beiden Kandidaten mit ihrer *pars christicolarum non modica* ein Konzil einberufen, um den *status quo* der Macht nicht zu gefährden. Schon 1409 war zuweilen der Verdacht aufgetaucht, die beiden Anwärter wären keine *contendentes*, eher *colludentes*.[31] Diese geschichtlichen, schmerzhaften Erfahrungen werden sich tief in das Bewußtsein eingegraben haben. Wo Roselli ihnen Ausdruck verleiht, spiegeln sie freilich nicht mehr die unmittelbare Not wider, unter denen sie erlitten wurden.

Daß aber die Untergebenen keine *convocatio* vornehmen können, ergibt sich aus verschiedenen Gründen. Zum einen gilt es zu beachten, daß wegen eines Mangels an Vollmacht (*ex carentia potestatis*) der Untergebene nicht das für sich beanspruchen kann, was dem Fürsten vorbehalten ist.[32] Zum anderen würden die, die sich vom (vermeintlichen) Papst trennen würden, sogleich Schismatiker und *ipso iure* von allen *iurisdictionalia*, eingeschlossen den Akt der *convocatio*, suspendiert. Denn die Konzilseinberufung *est requisitio sive citatio ... que citatio est actus iudiciarius*.[33]

Weiter muß hervorgehoben werden, daß bei einer Zusammenkunft der beiden Anhängerschaften auch die *pars vera* dem Schisma verfällt, *quia qui communicat scismaticis non communicat unitati.*

Als Belege werden Stellen aus der Heiligen Schrift und aus dem Leben des Polykarp angeführt. Sie sind jeweils dem Fundus des kanonischen Rechts entnommen.[34] In der ganzen Argumentation folgt Roselli, annähernd plagiatorisch, Antonius de Butrio, der wie er selbst die bei einer Doppeleinberufung implizierte *incompossibilis, et impossibilis multiplicatio papatus* verwirft.[35]

Mehr noch: *commixtio inhabilium cum habilibus videtur reddere actum nullum lx. (sc.: di. ad sacras. xxiiii.) di. quorundam*.[36]

---

31 Vgl. Bliemetzrieder, *Traktat* 47 (Bibliothek Cistercienserstift Rein, Manuskript Kodex 63, f. 285a). Ebd. 67 zum anonymen Verfasser des Traktats (Gerhard de Vischbeck? Heinrich Fleckel?).

32 Vgl. Marc. f. 9r: ... *ex carentia potestatis quia nullus inferior potest usurpare que tantum sunt Principi reservata.* Roselli belegt u.a. mit D. 17, c. 3 (*Huic sedi*): Friedberg I 51: *Huic sedi concessa nullus usurpare sine eius consultu presumat, qui non vult honore ecclesiastico indignus aut contemptor iudicari.* – Der Vorwurf der *carentia potestatis* bzgl. der Einberufung durch die Kardinäle bei Antonius de Butrio, *Fragmentum* 320.

33 So der Text bei Cvp f. 213r. Vgl. Marc. ff. 9r - v.

34 Cf. Cvp f. 213v. Auch Marc. f. 9v.

35 Vgl. Antonius de Butrio, *Fragmentum* 320 und Marc. f. 9v.

36 Marc. f. 9v. Der bessere Text Cvp f. 213v; auch T f. 78r; MI f. 26r; MII f. 267r. - Dasselbe bei Antonius de Butrio, *Fragmentum* 320 unter Angabe der gleichen Belege. Vgl. u.a. Bartolus, *Commentaria* zu D. 43, 20, 1 (*Ait praetor*), ed., f. 160r: *Utile per inutile vitiatur si est inseparabile: secus si est separabile, hoc dicit cum §. seq.*

Eine andere Möglichkeit, nämlich die, daß jeder der „Päpste" ein Konzil einberuft, wird ebenfalls verworfen. In diesem Fall käme kein wahres Konzil zustande, da die ganze Aktion nicht unter dem Vorzeichen der geistgewirkten Einheit durchgeführt würde.[37] Es wäre entsprechend möglich, daß die verschiedenen „Konzile" unterschiedliche Richtsprüche erließen. Diese Richtsprüche wären jeweils für einen Teil bindend und könnten *salva conscientia* nicht zugunsten des anderen Teils aufgegeben werden.[38] Für die Sinnlosigkeit eines derartigen Unterfangens verweist Roselli erneut auf ein Beispiel aus der Geschichte, das er der *Historia tripartita* entnommen hat.[39]

Könnten denn nicht beide „Päpste" ein Konzil einberufen, welches dann kraft der Vollmacht dessen seine Autorität erhielte, der vom Konzil als Papst anerkannt würde? Das scheint aus zwei Gründen unmöglich: Zum einen käme dies einer Anerkennung des Zweifels bezüglich des Hauptes gleich, was von keiner der Parteien – *salva conscientia* – akzeptiert werden könnte.[40] Zum anderen hieße das, zu behaupten, daß die *cau-*

---

[37] Vgl. Marc. f. 9v: ... *qui sibimet dissentiunt non agunt Concilium quia non consentiunt in unum ... nec cum eis spiritus sanctus est vel ipsi non sunt cum spiritu sancto congregati legitime quoniam spiritus sanctus tantum descendit inter congregatos in unum.* Ähnlich die Ausführungen bei ANTONIUS DE BUTRIO, *Fragmentum* 320.- Vgl. auch DOMINICUS DE S. GEMINIANO, *Tractatus* – Vat. lat. 4039, ff. 243v - 244r, wo der Kanonist mit Bezug auf die Gesetze betont: *que dicunt gregandum (sic!) concilium de auctoritate apostolica vel sedis apostolicae et loquitur in singularis ... Sed si congregeretur quelibet pars auctoritate illius cui credit apparet quod non fieret congregatio universalis auctoritate apostolica vel sedis apostolice sed apostolorum eodem tempore quod est contrarium et verba et mentem illorum iurium.*

[38] Die Stelle D. 4, 8, 17 (*Item si unus*): MK I 98 behandelt – natürlich in anderem Zusammenhang (*compromissum*) – die *naturalis hominum ad dissentiendum facilitas*, die schon gegeben ist bei einer Versammlung. Um wieviel mehr dann bei mehreren!

[39] Vgl. CASSIODOR, *Historia tripartita*, liber V, 16 (!), ed., 236 f.: *Igitur imperator illos quidem mittit exilium. Generale vero concilium fieri cogitabat, quatenus omnes orientales episcopos venientes ad occidentem, si posset, concordes efficeret. Quod cum propter itineris spatia difficile videretur, duplicem tractavit synodum celebrari: ut in Arimino quidam Itali, qui tunc aderant, convenirent, orientales autem in Nicomedia Bithyniae civitate. Hoc ergo imperatore tractante effectus non evenit, ut voluit. Neutrum enim concilium sibimet concordavit, sed utrumque divisum est. Nam neque Arimino convenientes alterutris inter se consonare potuerint, et orientales in Seleucia Isauriae congregati aliud schisma sunt passi.* Cf. auch JOANNES DE SEGOVIA, *De magna* XII, 3 § 12, ed., 628: ... *nulla fuit universalis, ex quo duo erant simul existentes, et qui ad unum erant vocati, ad alteram accessuri non erant.* – Früher als Argument bereits in anderem Zusammenhang – als Beleg für die mögliche Einberufung durch den Kaiser – bei ANTONIUS DE BUTRIO, *Fragmentum* 323.

[40] Cf. Marc. f. 10r. Ebd. die Begründung: ... *quia omnis dubius hereticus est censendus de hereticis c. 1 et nulla partium salva conscientia potest se sub dubietate ad aliam determinare.* Beachtenswert – auch hier wieder – die Hervorhebung der Bedeutung des Gewissens. Die angegebene Stelle des Liber Extra – vgl. Friedberg II 778 – kann nur in weitem Sinn zur Argumentation herangezogen werden: *Dubius in fide infidelis est ....*

sa formata et causata der *causa formans et causans* vorangestellt wäre, was kaum zu vertreten sei.[41] In der Ablehnung einer solchen Lösung steht Roselli wieder in der Tradition seines großen Meisters Antonius de Butrio, der seinerzeit bereits hervorgehoben hatte: *Et si dicatur quod ambo vocent non est admittendum ne concilium sit monstruosum ad duo capita contra fidem ... et ne concilium possit notari de vicio quod agit tollere.*[42]

Roselli hat die unterschiedlichen *perplexitates et pericula* präsentiert. Nun gibt er sich daran, einen Ausweg aus dieser scheinbar völlig verfahrenen Situation aufzuzeigen. Er hat ein Grundanliegen. Er will verhindern, daß die vom Recht her vorgesehenen Mittel zur Wirkungslosigkeit verurteilt werden. Antonius de Butrio hatte in diesem Sinn bereits Jahrzehnte zuvor hinsichtlich der Gesetzesinterpretation, mit Bezug auf das Dekret, gemahnt:

> *non sic in foliis intelligenda sunt jura, quae dicunt papam convocare debere Concilium; non sic in cortice; sed temperandi sunt in radice rationis, et ex illa regulandi; non enim in verbis scripturarum est Evangelium, sed in sensu; non in superficie, sed in medulla; non in sermonum foliis, sed in radice rationis.*[43]

So stellt Roselli sein Vorhaben vor: *primum discurrens singulos casus illos, secundum quod iuris esse credo determinans.*[44]

Zunächst betrachtet der Kanonist den Fall, daß einer, der sich in der *quasi possessio papatus* befindet, angegangen wird hinsichtlich einer Sache, in der die Einberufung eines Konzils erforderlich ist. Über diese *causae* hatte Roselli ja bereits vorher Erörterungen angestellt. In dieser Situation muß der Papst selbst oder einer, der von ihm ein besonderes Mandat hat, das Konzil einberufen und sich dann dessen Urteil unterstellen. Eine *convocatio* seitens eines Rangniederen wird in einem ersten Schritt von Roselli ausgeschlossen. Dann gesteht er allerdings ein, daß der Fall vorliegen kann, daß ein Konzil ohne oder mit einer unrechtmäßigen Einberufung zusammentritt. Dieses muß dann *a posteriori* vom Papst autorisiert werden. Eine solche Autorisierung liegt implizit auch vor, wenn ein Papst zuläßt (*patitur*), daß in seiner *causa* durch ein Konzil ein Urteil gefällt wird.

Auf diese Art deutet Roselli die bei (Pseudo-) Isidor angedeutete Alternative. Bei diesem wurde angeführt, *quod nulla Synodus rata fuit que auc-*

---

41 Vgl. T f. 78r; MI f. 26v; MII f. 267v; *Monarchia* ed. 1487, f. 51r. – Der Text Marc. f. 10r ist schlechter als Cvp f. 214r – v.

42 ANTONIUS DE BUTRIO, *Tractatus* – Vat. lat. 4039, f. 99v. Vgl. auch ebd. f. 98v: ... *non possunt ambo auctorizari concilio cum ex hoc ecclesia corrigens se determinaret ad divisionem et sic duo capita contra fidem et caritatem.*

43 So ANTONIUS DE BUTRIO, *Fragmentum* 322.

44 Cf. Marc. f. 10r.

toritate pape congregata vel suffulta non sit.[45] In gleicher Weise hatte sich u.a. bereits Antonius de Butrio in einem Schreiben an die Kardinäle des Pisaner Konzils geäußert.[46]

Was aber ist – und das stellt das eigentliche Problem dar –, wenn der Papst weder einberufen noch dem bereits versammelten Konzil Autorität verleihen will? Wie ist es, wenn er das Konzil, das sich mit seiner *causa* befaßt, auflösen will, bevor dieses zu einem Ergebnis kommt?[47] Nur einer, dem an der Kirche nichts liegt, würde behaupten, daß für diesen Fall keine Vorsorge zu treffen wäre.[48]

Die Grundthese des Roselli lautet, *quod papa non potest legem facere ex quo si est prolapsus in heresim quod de ipsa non redarguatur.*[49] Fundament dieser Anschauung ist die Glosse zu D. 40, c. 6 (*Si papa*), die er als *notabilis et singularis*, darüber hinaus auch als *verissima* bezeichnet.[50] Eine gegenteilige Auffassung würde bedeuten, entgegen der paulinischen Weisung zu vertreten, daß die von Gott gegebene *potestas* zur Vernichtung statt zum Aufbau der Kirche eingesetzt werden könnte.[51] *Si papa*, tatsächlich beruhend auf zwei durch Gratian miteinander verbundene Rechtstraditionen,[52]

---

[45] So Cvp f. 215r. Vgl. auch MII f. 268r. Bei Marc. f. 10v unzureichender Text. Ebenso bei G III, III, 390 (Zeile 28 f.) und *Monarchia* ed. 1549, f. 18r. Auch *Monarchia* ed. 1487, ff. 51r - v. – Cf. SIEBEN, *Konzilsidee* 61 - 74: *Pseudoisidor und die römische Konzilsidee*. Ebd. 71 Anm. 232: *Das in der älteren Literatur ... zitierte Pelagiusfragment JK 954 (Synodorum ... quae eius non fuerit auctoritate congregata vel fulta) ist unecht* (mit Angabe von Literatur).

[46] Vgl. ANTONIUS DE BUTRIO, *Fragmentum* 327: *Pondera illam alternativam, positam inter verbum* congregata *et* fulta*. Sufficit ergo alterutrum: ... concludo, convocationem, ut facti, quod fiat a papa, non esse de substantia; sed sufficiat, quod ante congregationem, vel postea ejus auctoritate firmetur, vel fulciatur.* Hervorhebung vom Verfasser.

[47] Cvp f. 215r: ... *eritne iuris dispositio elusoria. certe non.* Für den Text vgl. Marc. f. 10v mit T f. 78v; MI f. 27r; MII f. 268r.

[48] Vgl. ANTONIUS DE BUTRIO, *Fragmentum* 322: *Quid enim si nollet Concilium congregare? quid si de facto non posset? quid si ostenderet se congregare, et malitiose dispergeret? aut sibi tantum propitios accersiret in iniquitate? aut alia occulte interponerentur impedimenta ne congregaretur, aut non debito modo? quis saperet tunc Concilium non posse ab aliis congregari, nisi qui vellet ecclesiam ponere in manibus unius, qui fidem Christianam, et statum ecclesiae libere posset absque remedio ullo illam funditus annihilare?*

[49] Marc. f. 10v.

[50] Cf. Marc. f. 10v. Vgl. *Glosse* zu D. 40, c. 6, v. *a fide devius*, ed., 194 f.: *Item nunquid Papa posset statuere, quod non posset accusari de haeresi? Respond. quod non, quia ex hoc periclitaretur tota Ecclesia: quod non licet. infra. 25. q. 1. sunt quidam. quia hoc fit in eo casu, quo desinit esse caput Ecclesiae, et ita non tenet constitutio.*

[51] Vgl. PISANUM, *Copia*, ed., 1135: ... *cum ad veritatem contra falsitatem fuerit collata potestas, et ad aedificationem, non autem ad destructionem. Et si quod absit, vellet sanctitas vestra impedimenta praestare, cum nihil sit per quod fiendae unitati ... posset per potestatem aliquam juste fieri, cum in hoc prosequamur voluntatem Divinam; ecclesia, cujus unitati claves a Christo concessae sunt, talia non pateretur sub dissimulatione transire.*

[52] Cf. ALBERIGO, *Cardinalato* 27 mit Anm. 25; TIERNEY, *Foundations* 57 mit Anm. 3. Ebd.: *This text was attributed by Gratian to St Boniface. In fact the old principle of papal immu-*

ist zudem für Roselli – und das ist für ihn wichtig hinsichtlich der Ausnahme *nisi ... devius* – nicht schlicht eine *dispositio papalis*, die dann einen Nachfolger auf dem Stuhl Petri nicht binden würde. Vielmehr unterstreicht er: Bei *Si papa* handelt es sich um *pars gestorum Bonifacii Martiris et habet fundamentum in iure divino a quo ligatur papa.*[53]

In diesem Zusammenhang kommt der Verfasser der *Monarchia* ausdrücklich auf das Widerstandsrecht der Gläubigen zu sprechen. Schon zuvor hatte er – über das *Decretum Gratiani* – auf eine solche in der Offenbarung verankerte Möglichkeit hingewiesen.[54] Nun stützt er sich darüberhinaus auf die These, daß der Häretiker, auch der Papst, *minor omni catholico* ist.[55] Das Anführen von Joh 15, 6 mit dem gleichzeitigen Hinweis, daß diese Stelle der Hl. Schrift den *doctores* dazu dient, die Todesstrafe durch Verbrennen für Häretiker zu begründen,[56] legt zumindest den Verdacht nahe, daß Roselli dies auch für einen häretischen Papst nicht ausschließt. Es kommt Roselli augenscheinlich darauf an, den Papst in be-

---

nity was first formulated in this precise form by Cardinal Humbert. – Vgl. neuerdings VACCA, *Prima sedes* 253 f.: *Graziano ... raccoglie ... nel suo Decreto le due tradizioni giuridiche contrastanti che sono state compresenti nella Chiesa: la prima, sostenuta dagli apocrifi simmachiani, afferma che il papa non può essere mai giudicato da nessuno; l'altra ritiene che, in caso di eresis il papa può essere ripreso.* Zur unterschiedlichen Interpretation des „Fragmentum A“ vgl. a.a.O. 175 - 180. Literatur ebd. 175 Anm. 25. Vgl. besonders die interessanten Ausführungen bei CAPITANI, Episcopato 360 - 365. Ebd. 360: Das Fragment A *non presenta seri elementi interni per essere senz'altro attribuito ad Umberto.*

53 Marc. f. 10v. – Vgl. auch schon MATTHÄUS DE MATTESILLANI, *Tractatus* - Ottobon. lat. 1759, f. 141v: *Item confirmatur sic ista potestas, quam reperitur ... habere concilium generale in deponendo papam, non est sibi attributa per tex. in dicto c. si papa. nam ille canon non fuit editus a papa. nec a concilio generali. sed solum narratur ibi pars gestorum bonifacii martiris ... illa potestas descendit ex lege divina, quae immutabilis est, et cui bene subiacet papa ... et ideo hoc constitutum quod papa possit deponi immutari non potest ut no. glo. iii. dicto c. si papa.*

54 Vgl. Marc. f. 10v. Der bessere Text Cvp f. 215r. - Cf. C. 23, q. 5, c. 32 (*Si audieris*): Friedberg I 939. Der Text fußt auf Cyprian, der wiederum Dtn 13, 13 - 19 als Grundlage hat. Ebd. auch der Hinweis auf das Beispiel des Mattathias (1Makk 2, 23f.).

55 Marc. f. 10v hat einen Text, in dem durch beachtliche Textauslassung die Zitation fehlerhaft wird. Im Folgenden in Klammern der Text von T f. 78v: *canon Anastasius xix. di. qui dicit quod (papa hereticus est depositione dignus. ligat successorem papam xxiiii. q. i. achacius et incidit papa propter heresim in excommunicationem predecessoris ipso iure quia) papa hereticus est minori omni catholico Et quia iuri divino contradicit deviat a fide recta et sancta ipsi obviando. Ideo potest a fidelibus redargui ut dicto c. si papa.*

56 Vgl. HOSTIENSIS, *Commentaria* zu X. 5, 7, 9, v. *debitam*, ed., ff. 36 - 36A: *Ultio debita est ignis crematio, sicut probatur ex verbis domini dicentis. Joan. XV. ... Si quis in me non manserit per fidem firmam et simplicem ... sed ab ea exorbitaverit, mittetur foras. i. extra communionem ecclesiae ... Sicut palmes. i. homo infidelis, et inutilis, ac mortuus, cum in eo omnino Dei gratia sit extincta ... Et nisi poenituerit, arescet, ... Et ardet, i. ad literam tradetur ignorantia conburetur. ... non solum secundum legem evangelicam, sed et secundum humanam. necnon et generalem consuetudinem omnibus haereticis debita est hec pena.*

stimmten Situationen aus einem quasi-sakralen Raum der Unantastbarkeit herauszunehmen.

Die Zurechtweisung des Petrus durch Paulus stellt einen Prototypen der *redargutio* dar, wie sie auch dem Nachfolger Petri gegenüber angebracht sein kann. Hervorgehoben wird, daß die Anfechtung der Haltung des Petrus sich nicht auf dessen *administratio* bezog. Sie bezog sich auf dessen Stellungnahme in Glaubensdingen, in denen er – im Fall der Frage nach der Verbindlichkeit des mosaischen Gesetzes – durchaus *inferior Paulo* sein konnte.[57] Konsequenterweise muß es dem Papst verwehrt sein, festzulegen, daß er nicht der Häresie bezichtigt werden könnte.[58] Dadurch nämlich würde er die Untergebenen der *naturalis defensio* berauben, die auch der *princeps* nicht entziehen darf.[59] Mit Nachdruck unterstreicht Roselli, daß auch der Papst dem Naturrecht und dem göttlichen Recht unterstellt ist.[60] Der häretische Papst aber stellt eine Lebens- und Heilsgefahr für alle seine *subditi* dar. Entsprechend ist eine Nichtbefolgung seiner Anweisung oder ein Handeln gegen dieselbe rechtens.[61] Ja, in gewisser Weise kann gesagt werden, daß ein solches Aufstehen gegen einen Papst, der im Glauben irrt, von Gott geboten ist.[62] Roselli greift im Kontext auf das Bild des guten Hirten zurück, wie es sich Joh 10, 11-16

---

[57] Cf. Marc. f. 10v: ... *potest (sc. papa) a fidelibus (Cvp f. 215v: de heresi) redargui ... probatur hoc exemplo Pauli qui de fide redarguit Petrum apostolorum principem ad galatas. secundo capitulo. et ii. q. vii. c. Paulus. et tamen Paulus erat inferior Petro in administratione. Sed quia redarguit eum de fide in qua Petrus male sentiendo erat inferior Paulo iusta fuit redargutio.* Vgl. Gal 2, 11 - 16.

[58] Vgl. auch Marc. f. 12v: ... *cum papa his casibus (sc. heresis, causa papatus dubia ...) debeat subesse iudicio concilii invitus etiam iudicium suscipiet. l. inter stipulantem. C. i. ff. de verbo. obli. nec debet esse in eius arbitrio an conveniatur. l. non utique. ff. de eo. quod cer. lo.* Zu den angegebenen Stellen D. 45, 1, 83: MK I 775 und D. 13, 4, 2, 3: MK I 208.

[59] Vgl. Marc. f. 10v. Roselli verweist hier auf C. 10, 1, 7 (*Defensionis facultas*): MK II 395 f. Weiter auf Clem. 2, 11, 2 (*Pastoralis cura*): Friedberg II 1151 - 1153. Ebd. 1153: *Nec praedicta suppletio circa subditum etiam ad ea potuisset de ratione referri, per quae de crimine, praesertim sic gravi delato defensionis, (quae a iure provenit naturali,) facultas adimi valuisset, quum illa imperatori tollere non licuerit, quae iuris naturalis exsistunt.*

[60] Selbst dem *princeps* ist es nicht erlaubt, den *subditi* das Recht der *defensio* zu entziehen. Marc. f. 10v: ... *quia naturalis (Cvp f. 215v: naturalia) sunt immutabilia.* Dort der Verweis auf Inst. 1, 1, 2, 11: MK I 2. Vgl. BARTOLUS, *Commentaria* zur Stelle, ed., f. 65r: *Dicas immutabilia sunt iura naturalia, i. immutabilia vel difficulter mutabilia.*

[61] Marc. f. 10v: ... *quando papa in heresim labitur ipse intendit (MII f. 268v: tendit) ad necem et damnationem omnium sibi subditorum ... Igitur iuste populi possunt contra eius mandatum resilire et contra ipsum mandatum insurgere.* Die angegebenen Stellen beziehen sich auf das Widerstandsrecht gegen Befehle weltlicher Machthaber mit Blick auf einen Konflikt zur Weisung Gottes.

[62] Vgl. Marc. f. 10v – nach Verweis auf das Beispiel des Mattathias: ... *possunt insurgere catholici adversus papam hereticum ex precepto divine legis quia etiam papa legi naturali et divine subiectus est.*

findet. Er vermischt dabei allerdings in wenig glücklicher Weise die verschiedenen Ebenen: *Non ... tenentur populi cum pastor efficitur lupus rapax exaudire vocem eius qui est effectus mercenarius et non pastor.*[63]

Dieses Element ist auch in der Fortsetzung des *Tractatus de schismate* des Antonio de Butrio zu entdecken, den Matthäus de Mattesillani verfaßte. Freilich macht Matthäus darüber hinaus auf eine andere Gefahr aufmerksam. Es kann sein, daß tagtäglich die Schafe sich gegen ihre Hirten erheben und sich in Wölfe verwandeln.[64]

Auch das römische Recht wird wieder als Beleg für Rosellis These angeführt. U.a. verweist er auf D. 1, 6, 2 (*Si dominus*). Dort geht es darum, daß – unbeschadet der herausragenden Rechtsstellung des Herrn gegenüber den Sklaven – der Sklave doch sein Recht angesichts einer maßlos unwürdigen Behandlung seitens des Herrn einfordern darf und gegebenenfalls der *potestas* des bisherigen *dominus* entzogen wird.[65]

sic et subditi papa contra fidem agente possunt iudicem contra ipsum etiam invitum constituere quamvis alias cum eo nullum possunt habere iudicium.[66] Ähnlich gilt: Einem Untergebenen ist es erlaubt, sich gegen den Richter, der ihn als Privatmann ungerechterweise angreift, zu schützen. Notfalls kann er ihn töten. Das ist, *mutatis mutandis*, entsprechend auch zulässig, wo es sich um einen häretischen Papst handelt, der, als solcher nicht mehr im Amt, also *extra iudicium*, den Untergebenen Gewalt antut.[67]

---

[63] T f. 79r; vgl. Marc. ff. 10v - 11r. Das Bildwort des Evangeliums stellt gegenüber Hirt – Dieb/Räuber; guter Hirt – Mietling (mit Bezugnahme auf den Wolf, der die Schafe bedroht).

[64] Ottobon. lat. 1759, f. 141v. Dort u.a.: *Sed quotiens cumque pastor ovium efficit lupus rapax ipse tendit ad vocem ovium, quo licitum est ovibus se defendere contra, et quaerere alium bonum pastorem ... deceptores gregis qui falsi sunt pastores tollerandi non sunt ... non obstat premissis id quod hosti. not. in c. proposuit ... quia potest responderi quod illud dictum hosti. non est simpliciter verum ... vel potest illud dictum salvari restringendo ad crimina ex quibus non multum scandalizatur ecclesia. utile est enim ecclesiae quod oboediat papae etiam malo, et notorie delinquenti, et perseveranti in crimine quando ex hoc facto non sequitur multum scandalum in ecclesia, et hec ut tolletur materia quod quotidie ovibus insurgendis contra pastorem, et convertendis se in lupos.*

[65] Cf. Marc. f. 11r. Dazu MK I 36 (aus einem Reskript des Kaisers Antoninus Pius): *Dominorum quidem potestatem in suos servos illibatam esse oportet nec cuiquam hominum ius suum detrahi: sed dominorum interest, ne auxilium contra saevitiam vel famem vel intolerabilem iniuriam denegetur his qui iuste deprecantur. ideoque cognosce de querellis eorum ... et si vel durius habitos quam aequum est vel infami iniuria affectos cognoveris, veniri iube ita, ut in potestate domini non revertantur.* Weiter führt Roselli an das Verhältnis *pater – filius*, wo es auch zuweilen eine Exemption *a patria potestate* gibt.

[66] Marc. f. 11r. Vgl. Cvp f. 216r und MII f. 268v: *... possunt iudicium contra ipsum ... instituere.*

[67] Vgl. Marc. f. 11r. – Vgl. dazu BARTOLUS, *Commentaria* zu D. 1, 1, 3 (*Ut vim*), ed., f. 6v: *Quaerit hic an mihi liceat me defendere? dicitur quod sic ... Et ratio est, quia illud est lici-*

Die *vis in subditos* ist immer dann gegeben, wenn der Papst durch sein Handeln in Wort oder Tat den *status universalis ecclesiae* in Verwirrung bringt und wenn daraus eine Gefahr für den *populus christianus totus* erwächst, d.h. stets, wenn eine Situation eintritt, in der ein Konzil abzuhalten wäre. In all diesen Fällen kann von den Völkern keine Toleranz erwartet werden; eine passive Haltung ist dann nicht angebracht, bei allem grundsätzlichen Respekt vor der Stellung des Nachfolgers Petri.

Dementsprechend darf der Papst diese auch nicht selbst herbeiführen können mittels einer Nichteinberufung, einer Verschleppung der Einberufung oder einer Nichtautorisierung eines Konzils.[68] An einer Stelle vertritt Roselli sogar die Auffassung, daß das Konzil unter bestimmten Umständen den Papst zwingen kann, es zu autorisieren. Dies trifft dann zu, wenn es als *iudex* zuständig ist.[69]

Es muß gesichert sein, daß auch im Falle der *negligentia* dessen, der sich auf seine *quasi possessio papatus* beruft, das Konzil gleichwohl zusammentreten kann. Roselli nimmt hier zu einer Rechtsfiktion seine Zuflucht. Tritt, so der Kanonist, eine derartige Situation ein, liegt gleichsam eine stillschweigende Anordnung des Papstes vor, daß nicht gegen ihn wegen Häresie oder einem der anderen kritischen Fälle vorgegangen wird, *quo casu potest dici a fide devius et sic subiacet dispositioni (Cvp f. 217r: deposicioni) concilii.*[70]

Ist der „Papst" notorischer Häretiker oder Apostat, so ist er nicht Papst. Dann kann sich das Konzil ohne seine Autorität versammeln. Es

---

tum, cuius contrarium est illicitum ... opp. ad hanc l. quod lex dicit, quod non licet alicui se defendere, imo debet quod sibi infertur, aequo animo tolerare ... Sol. interdum infertur violentia a privato, interdum a publica persona, ut est executor. Primo casu loquitur haec lex. Si a publica persona: tunc loquitur contraria ... opponitur, et videtur haec solutio non possit stare: quia videtur etiam quod a privato illata iniuria non posset repelli ... Sol. et no. quia aut infertur vis a privato licite, aut illicite. Si licite, et tunc dico quod non liceat vim inferre, et ita loquuntur contraria. Si vero infertur illicite: tunc licet defendere, ut hic. l. i. C. unde vi.

68 Cf. Marc. f. 11r: ... *sicut papa non potest facere legem expressam quod de heresi non redarguatur ... ita hoc ipsum facere non potest non convocando vel procrastinando concilium vel ipsi (Cvp f. 216v: ipso) convocato auctoritatem non interponendo.* – Vgl. auch ANTONIUS DE BUTRIO, *Fragmentum* 327 vor dem Hintergrund der Erfahrungen des Großen Schismas.

69 Vgl. Marc. f. 12v: *Et concilio convocato si ipse (sc. papa) nolet (Cvp f. 219r: volet) auctoritatem illi interponere poterit ut dicto §. hinc etiam. Similiter autem concilium quod est iudex in his causis poterit ad auctoritatem prestandam cogere ipsum. ar. ff. de lega. i. l. huiusmodi. §. fi.* Cvp f. 219r hat auch im zweiten Teil den besseren Text.

70 Vgl. Marc. ff. 11r - v: ... *existens in quasi possessione papatus obligatur ex debito convocare concilium vel ipsi convocato atque congregato auctoritatem interponere ... Et si non facit vel negliget eius non (Cvp f. 216v / MII f. 269r: est amplius) auctoritas expectanda tanquam tacite statuat quod de heresi non arguatur ... quo casu ...* etc. – Cvp f. 216v hat statt *convocato atque congregato* das sinnigere *quomodocunque congregato.*

gilt: Ist die Häresie, welcher der Papst verfällt, eine bereits verurteilte, braucht nicht über diese Häresie ein Urteil gefällt zu werden. Es ist lediglich die für diese Häresie schon durch *canones* festgelegte Strafe zu verkünden. Eine Eigenart des Papstes ist, daß er ein Konzil, welches sich mit seinem Fall befaßt, autorisieren kann.[71] Beruft aber der Papst nicht unmittelbar nach seinem *lapsus in heresim* ein Konzil ein, wird seine *negligentia* notorisch, er selbst in der Folge notorischer Häretiker. *tunc cum ecclesia vacet potestas ipsa papalis remanet in ecclesia universali et ipsa coadunata potest interponere sibi ipsi auctoritatem et decernere congregationem de se ipsis factam fore legitimam.*[72]

Der Grundgedanke ist einfach: Die päpstliche Gewalt verbleibt im Falle einer – etwa durch Häresie gegebenen – Vakanz in der Universalkirche. Alle *potestas*, welche die Kirche von Christus her besitzt, bleibt in ihr letztlich „zu Hause“. In diesem Sinn hatte sich zur Zeit des Pisanum etwa der Bischof von Cambrai geäußert.[73] Diese Universalkirche versammelt sich im Generalkonzil, bei dem die Berufenen die Universalkirche repräsentieren.[74] Ein derartiges Konzil ist sich selbst Quelle der Autorität und bedarf nicht mehr weiterer *convocatio* oder *auctorisatio*.Wie der Papst ein Konzil, das *minus rite vocatum* ist, autorisieren kann, so kann sich analog das Konzil selbst autorisieren.[75] Die parallele Argumentation Papst-Konzil ist hier besonders deutlich.

Neben dem Papst sind es die Kardinäle, die ein Konzil unter bestimmten Umständen einberufen können. Diese Auffassung war gerade im Fall

---

[71] Cf. Marc. f. 11v: ... *et est speciale in papa ut auctoretur in facto suo sicut etiam est speciale quod in facto suo nonnumquam sit iudex.* Vgl. dazu ANTONIUS DE BUTRIO, *Fragmentum* 327: *Est enim speciale in papa ut auctoretur in facto proprio; sicut in eo est speciale ut seipsum judicat.*

[72] Marc. f. 11v.

[73] Vgl. EPISCOPUS CAMERACENSIS (sc. Pierre d'Ailly), *Aliquae propositiones* 1409 f. Ebd. 1409 zum Widerstandsrecht: ... *quia quodlibet corpus naturale naturaliter resistit suae divisioni et destructioni, et sicut corpus animatum naturaliter congregat omnia membra, omnesque vires suas ad conservandum suam unitatem, et repellandum suam divisionem: simili quoque modo et quodlibet corpus civile ... ideoque corpus spirituale seu mysticum Ecclesiae christianae quod ordinatissime compositum est ... simili jure poterit ad suam unitatem conservandam.* Vgl. auch OAKLEY, *Political Thought* 123 zu d'Ailly: ... *his conviction that the authority inherent in the Church is not exclusively concentrated ... in the hands of its papal monarch, but remains latent in the body of the whole Church, and can in cases of necessity be called into play.*

[74] Cf. Marc. f. 11v: ... *quicumque ipsos vocasset ipsi vocati talem vocationem autorare possent cum in eis representantibus universalem ecclesiam hoc casu sit omnis potestas pape.*

[75] Vgl. Cvp f. 216v: *Sic et concilium etiam minus solenniter convocatum potest sibi autoritatem interponere papa non volente ei auctoritatem interponere vel non valente sicut et autoravit concilium minus rite vocatum Simacus papa dicto xvii. di. §. hinc etiam.*

der *convocatio* des Pisanum praktisch relevant geworden.[76] Roselli unterscheidet vom Ansatz her zwei Möglichkeiten. Die erste Möglichkeit liegt dann vor, wenn die Bedingungen von VI°. 1, 6, 3 (*Ubi periculum*) vor dem Hintergrund des häretischen oder apostatischen Papstes erfüllt sind. Schon Petrus de Ancharano hatte neben anderen der Auffassung Ausdruck verliehen, daß die durch das Schisma eingetretene Situation jener der Vakanz des Apostolischen Stuhles durch den Tod des Papstes analog sei.

> *Plus dico, quod etiam non vacante, si papa nollet vel non posset convocare Concilium in casibus, in quibus urget necessitas convocandi, ut in casu extirpationis fidei vel erroris alicujus in articulis fidei, ad sacrum collegium cardinalium pertineret convocatio.*[77]

Entscheidend ist, daß die päpstliche Gewalt nur devolviert, wenn alle Kardinäle einer Meinung sind.[78] Für Roselli ist die Einberufung oder Autorisierung des Konzils nicht zur *causa papatus* selbst gehörig, was ein Handeln des Kardinalskollegiums im genannten Sinn ausschließen würde.[79]

Die zweite Möglichkeit ist die, daß es zu keiner Einigung aller Kardinäle kommt. Die Mehrheit derselben könnte für die Einberufung des Konzils keine *citatio* vornehmen, da eine derartige Mehrheit in diesem Fall nicht kraft *auctoritas* zu handeln vermag. Ein anderer Modus allerdings ist nicht ausgeschlossen. *hec vocatio fieri potest ... per viam denunciationis vel monitionis sive requisitionis et hec tunc quando non est superior qui possit vel velit facere vocationem cum citatione et imminet necessitas faciendi.*[80]

---

[76] Vgl. ANTONIUS DE BUTRIO, *Fragmentum* 322-330 über die Möglichkeit einer *convocatio* durch die Kardinäle; vgl. auch PETRUS TENOLIUS (LIES: TENORIUS), *Super facto schismatis* 1117; JOHANNES AB IMOLA, *Tractatus* 205 f.; SOUCHON, *Papstwahlen* 256 mit Blick auf Petrus de Ancharano: *Die Not der Zeiten, der Mangel an gesetzlichen Bestimmungen für die Beseitigung von Kirchenspaltungen kommt der Interessenpolitik der Kardinäle aufs wirksamste zu Hilfe.*

[77] PETRUS DE ANCHARANO, *Responsio* 382.

[78] Zur Devolution cf. PETRUS DE ANCHARANO, *Responsio* 382 f. Ebd. 382: *... et in multis ... juribus habetur, quod propter difficultatem vel exclusionem ejus, ad quem pertinet actum gerere, devolvitur ad sequentem; et similiter in casu negligentiae primi gradus.* Vgl. auch SOUCHON, *Papstwahlen* 250 f. Anm. 5. – JOHANNES AB IMOLA, *Tractatus* 206: *In negligentiam ... unius devolvitur potestas gradatim ad alios.* Dazu Marc. f. 11v.

[79] Cf. Marc. f. 11v. Neben der *concordia* der Kardinäle ist ein *dubium arduum celeritatem requirens* gefordert. Ebd.: *... tanquam habentes iurisdictionem pape hoc casu possent omnes concordes concilium convocare citando et auctoricando concilium.* – Vgl. auch ZABARELLA, *Tractatus* 690 und – im Gefolge – PETRUS DE MONTE, *Tractatus* 106 zum Verständnis von Clem. I. 3, 2 (*Ne Romani*): *... caeterum de spectantibus ad electionem Pape, sicut esset isto casu congregatio Concilii generalis, bene possunt (sc. Cardinales) se intromittere.*

[80] Marc. f. 11v. MII f. 269v liest statt *vocatio citatio*, was unzutreffend ist.

Roselli nennt als Gewährsmann ausdrücklich Innozenz IV., auf den sich neben anderen bereits Antonius de Butrio berufen hatte.[81] Die *denunciatio* oder *monitio* kann, anders als die *citatio*, auch durch einen Rangniederen oder Ranggleichen erfolgen.[82] Sie erfolgt nicht aus dem Bestreben, den anderen zu unterwerfen (*subicere*) und muß deshalb nicht durch den *maior de universitate* vorgenommen werden.[83]

Zunächst steht es allerdings doch dem Heiligen Kolleg zu, die *convocatio* vorzunehmen, da die Kardinäle in der Rangordnung (*ordo*) hinsichtlich der *honor* auf den Papst folgen.[84] Roselli verweist auf D. 50, 3, 1 (*Decuriones in albo*), um diese These zu belegen.[85] Es geht es um eine notwendige *suppletio negligentiae papae*.[86]

---

[81] Vgl. INNOZENZ, *Commentaria* zu X. 1, 6, 19, v. *revocare*, ed., 60: ... *quod non sunt citationes istae, quae fiunt cum canonicis, sed sunt denunciationes, vel monitiones, quas possunt facere non solum iudices, sed etiam pares, vel minores.* Vgl. auch JO. AN., *Commentaria* zur Stelle, v. *et ibi, statuto*, ed., f. 85A: *et poterunt hoc facere, non obstante eo, quod par in parem non habet imperium ... quia secundum Inno. Hosti. Comp. et Abb. non proprie citant, sed monent, et denunciant. s. quod tali die fiet electio, et has denunciationes faciunt et pares, et minores.* – Hingewiesen sei auf ANTONIUS DE BUTRIO, *Fragmentum* 325.

[82] Roselli führt hier u.a. an die *Glosse* zu X. 1, 29, 22, v. *ab illis*, ed., 394: *Item qualiter possunt duo citare tertium, cum sit par in illis, et par in parem non habet imperium ... Ad hoc dicas quod citare non possunt ut veniat, sed admonere possunt ut veniat, et rogare: et si non veniret usque ad tertiam admonitionem, vel rogationem, nec aliquid rescripserit: vel si dixerit se velle interesse, et non venerit: tunc possunt alii procedere, quia presumitur nolle venire, vel non posse interesse, et talis presumptio habebitur pro responsione illius, scilicet quod non velit vel non possit venire.* – Der Vergleich mit den *emptores* – *venditores* ist traditionell in diesem Zusammenhang. Cf. JO. AN., *Commentaria* zu X. 1, 6, 19, v. *et ibi, statuto*, ed., f. 85A: ... *dicebat autem Innoc. quod de his denunciationibus similes sunt, quas faciunt emptores venditoribus. ff. de evic. si rem, §. fi. ... interdum fiunt intimationes tantum, de quibus in Clemen. de elec. c. causam.*

[83] Vgl. Marc. f. 13v.

[84] Vgl. ANTONIUS DE BUTRIO, *Fragmentum* 325 f.: ... *convocationes universitatum pertinent ad dignores (sic!) de universitate. Data impotentia, vel inhabilitate papae in convocando, post papam non sunt personae majores, et ad quas proprius spectet provisio, quam ad cardinales, qui papae assistunt, et sine quibus non debet, immo secundum aliquos non potest ardua agere ...; ad quos, vacante ecclesia, vel quasi vacante, spectat providere statui, et periculis arduis ecclesiae.*

[85] Cf. Marc. f. 11v. Lies MK I 897: ... *dignitates erunt spectandae, ut scribantur (sc. decuriones in albo) eo ordine, quo quisque eorum maximo honore in municipio functus est ...* – Vgl. auch – mit demselben Beleg – ANTONIUS DE BUTRIO, *Consilium* 270: ... *convocationem autem concilii nulli dubium Papa non convocante spectare ad Cardinales ... Digniores enim et superiores sunt, qui post Papam primum locum obtinent.* Vgl. auch Marc. f. 4r. Roselli beruft sich hinsichtlich der Rolle der Kardinäle auch auf Kommentare zum römischen Recht. Vgl. dazu u.a. BARTOLUS, *Commentaria* zu C. 10, 32, 2 (*Observare*), ed., ff. 15v - 16r. Ebd. f. 15v: ... *nota, quod consilium debet convocari authoritate superioris, nam hic magistratus convocat.*

[86] Cvp ff. 217v - 218r: ... *etiam inferiores suplent negligentiam pape. xii. q. ii. c. non liceat. ii. q. vii. c. qua propter.* So auch MII f. 269v. Marc. ff. 11v - 12r hat eine Auslassung - wie auch G III, III, 392 (Zeile 22). Die Stellen belegen so nicht das Gesagte (cf. C. 12, q. 2, c. 48

Erweisen sich die Kardinäle als *negligentes*[87] – davor hatte Antonius de Butrio zu seiner Zeit nachdrücklich gewarnt –,[88] steht es dem Kaiser zu, das Konzil einzuberufen. Roselli argumentiert hier wiederum von einer Korrelation her: Wie der Papst zuweilen einschreitet, wenn sich der Kaiser als unfähig erweist, so kann der Kaiser intervenieren, wenn beim Papst *defectus vel impotentia* vorliegt.[89] Neben dieser Zuordnung der beiden obersten Gewalten auf Erden beruft sich der Kanonist hinsichtlich der Kompetenz des Kaisers für die Einberufung des Konzils auch auf die Geschichte. Dabei schließt er sich wieder eng an die Ausführungen seiner Vorgänger an. Im Umfeld von Pisa und besonders Konstanz werden sich die entsprechenden Belege zu regelrechten Argumentationstopoi entwickelt haben.[90] Beginnend mit Konstantin führt er die Reihe fort bis zu Karl dem Großen. Dem Kaiser kommt diese Aufgabe im Notfall – *necessitate subsistente* – zu, weil er nicht nur dafür zu sorgen hat, daß der Frieden in der Stadt Rom (*urbs*) gesichert ist, sondern in der ganzen Welt. Man muß aber sagen: *propter dissentionem papatus scandalicatur non solum urbs sed orbis.*[91] Dieser Aspekt war bereits vor dem Hintergrund des Großen Schismas, etwa von Zabarella, herausgestellt worden.[92]

und C. 2, q. 7, c. 47). Sie finden sich aber bereits so bei ANTONIUS DE BUTRIO, *Tractatus* – Vat. lat. 4039, f. 98r: ... *quod inferiores suppleant negligentiam superioris in tangentibus statum ecclesiae et periculum patet eciam in papa.*

87 Deren *negligentia* steht fest, wenn sie nicht sofort (*statim*), nachdem der *defectus papae* notorisch ist, ein Konzil einberufen. Vgl. Marc. f. 12r. Auch hier beruft sich – für die Bestimmung des *notorius* – Roselli wieder auf VI°. 3, 20, 1 (*Romana*): Friedberg II 1057: *Notoria vero crimina, quae examinatione non egeant.*

88 Vgl. ANTONIUS DE BUTRIO, *Consilium* 270: ... *caveant ... Cardinales ne causam alienam faciant propriam, et ne poenis praedictis et delictis involvantur. Nam et contra eos, ubi negligerent fortius posset congregare Concilium per Patriarchas, qui primates sunt post Cardinales.* – Vgl. auch ebd. 269: ... *Card. qui sunt cardines, quibus tota machina mundi, et Ecclesiae Sanctae sustentatur, et ad quos post poenam spectat, providere animabus populi Christiani* ... etc.

89 Cf. Marc. f. 12r.

90 Vgl. Marc. f. 14r und ANTONIUS DE BUTRIO, *Fragmentum* 323, der argumentiert: Wenn eine Berufung durch den Kaiser erfolgen kann, dann erst recht durch die Kardinäle, *tam honorabilia membra ecclesiae.*

91 Marc. f. 12r. Vgl. auch Marc. f. 14r zur These: *convocatio ipsa poterit fieri etiam a principibus secularibus.*

92 Vgl. ZABARELLA, *Tractatus* 689: *Quando autem sunt plures qui contendunt de papatu ... debet congregari Concilium ad sollicitudinem Imperatoris ... Interest enim ipsius Imperatoris, ut sit pax in Romana civitate ... et sic fortius interest, quod sit pax in toto orbe, in quo esse non potest stante in contentione papatu, quia ut in Evangelio dicitur: Omne regnum in se divisum desolabitur. Et quod ad Imperatorem spectet talis sollicitudo, ratio est, quia est advocatus et defensor Ecclesiae.* Zum *advocatus ecclesiae* vgl. GOEZ, Imperator 327 f. Ebd. 328: *Nicht als schützende Herrschaft über den Apostolischen Stuhl und seine Gerechtsame hat die Folgezeit (sc. nach Friedrich II.) die kaiserliche ‚advocatio' verstanden, sondern als*

Aber Roselli schränkt diese Möglichkeit der *convocatio* nicht ein. Er betont: *quilibet posset convocare concilium.*[93] Diese Auffassung findet ihren markanten Ausdruck bereits bei Rosellis Lehrer, Antonius de Butrio, von dem sich derselbe oftmals abhängig zeigt. Dieser hatte, um die Geltung der Einberufung des Pisanum durch die Kardinäle deutlich zu machen, angemerkt:

> *Certe praelati vocati a DD. cardinalibus si homines sunt, si rationis habent capacitatem aut usum, si non sunt omni pietate privati, si totaliter Deum et ecclesiam suam non postergarunt, nedum vocati a tam notabili coetu, sed ex se, nullatenus vocati, aut ad vocem cujuslibet mulierculae velut divinitus inspiratae, relictis retibus hanc insequi debent convocationem.*[94]

Entscheidend ist, daß die Einberufung durch einen Ranghöheren *non est de substantia*. Folglich kann sich ein Konzil auch ohne Einberufung durch einen *superior* versammeln. Nach Roselli lehrt das bereits die Apostelgeschichte.[95] Gibt es entsprechend keinen Papst – und das Gesagte gilt entsprechend bei Gegebensein eines häresieverdächtigen Papstes, der kein Konzil einberufen will –, so ist eine Synode, die sich *de facto* versammelt oder auf irgendeine Art einberufen wird, im Besitz der *potestas papae*, *nec erit acephala vel concilium acephalum quia eius caput tunc est christus.*[96]

An dieser Stelle findet sich im venezianischen Manuskript sowie in den übrigen untersuchten Handschriften des Konzilientraktats ein Exkurs unter Bezugnahme auf *Frequens*, der in der Wiener *Monarchia*-Handschrift fehlt. Es geht dabei um das *Caput*-Sein des Papstes bzw. Christi auf dem Generalkonzil.[97]

---

einen verpflichtenden Dienst, der dem Nachfolger Karls d. Gr. statt vermehrter Macht ausschließlich eine einzigartige Würde verleiht. – Vgl. auch PETRUS DE MONTE, *Tractatus* 106.

[93] Marc. f. 12r. Verwiesen wird auf D. 65, c. 9 (*Si forte*): Friedberg I 252.

[94] So ANTONIUS DE BUTRIO, *Fragmentum* 325. Er fährt fort: *Et secus agendo ecclesiam Dei, et fidem Christi jaciunt in profundum, et iterato Christum in membris suis crucifigunt.* Gerade bei Antonius spiegelt sich oft eine wahrhaftige Anteilnahme an den Leiden der von ihm geliebten Kirche. – Vgl. noch DERS., *Tractatus* – Vat. lat. 4039, f. 100r: ... *convocant domini Card. ... nec aliquam sibi assumant preeminentiam super concilium. sed ut intiment prelatis et universali ecclesiae necessitatem imminentem ecclesiae et viam providendi et ut incitent concilium ad congregandum ut ex debito tenentur quia denunciationem et requisitionem nedum ipsi qui sunt tam nobile membrum ecclesiae facere possunt tenentur et debent de iure sed quilibet minimus fidelchristianus.*

[95] Vgl. Marc. f. 12r. Dazu Apg 6, 2: *Da riefen die Zwölf die Schar der Jünger zusammen.* – Auch hier ist die Bezugnahme Rosellis auf den *dominus meus* evident. Cf. ANTONIUS DE BUTRIO, *Fragmentum* 324: ... *convocationes universitatum a superioribus non sunt de substantia; ipsa enim met universitas se potest congregare. Nam multoties se congregabant apostoli vocatione Spiritus S. absque alio capite vocante, ut patet actuum VI. in principio.*

[96] Marc. f. 12r. Gegen die Anfechtung durch D. 17, c. 5 (*Multis*): Friedberg I 51 f.

[97] Cf. Marc. ff. 12r - v; T f. 80r; MI f. 29r; MII 270r. Dagegen Cvp f. 218v. – Vgl. auch ANTONIUS DE BUTRIO, *Tractatus* – Vat. lat. 4039, f. 98v über den Rekurs auf Christus: *ad ve-*

Der Hinweis auf den Hl. Geist, der unter den zuvor erwähnten Umständen ebenfalls als Haupt des Konzils anzusehen ist, befremdet, wenn es auch einsichtig ist, daß auf diese Art und Weise jeder Vorwurf, dem Konzil könnte es an Autorität mangeln, entkräftet werden soll.[98]

Kommt der Papst der Aufforderung, das Konzil zu autorisieren nicht nach, so ist es die Versammlung selbst, die *interveniet loco ipsius pape et supplebit eius vicem.*[99] Gegebenenfalls kann das versammelte Konzil sogar den Papst, der sich sträubt, es zu autorisieren, dazu zwingen. Wie dies freilich zu geschehen hätte, präzisiert Roselli nicht. Er nimmt auf das *ius Romanum* Bezug.[100] Der Papst, soweit häresieverdächtig, weicht als Autoritätsquelle dann dem – wie auch immer – versammelten Konzil. Die *praestatio auctoritatis*, die das Konzil *in causa propria* mit Blick auf sich selbst vornimmt, ähnelt für Roselli derjenigen, welche im römischen Recht der Richter anstelle des Vaters für dessen Tochter praktiziert, sofern der Vater *sine iusta causa* die Einwilligung verweigert.[101] Interessant ist, daß hier dem Konzil das sonst dem Papst eingeräumte Privileg zugestanden wird, in eigener Sache ein Urteil zu fällen, indem es sich selbst au-

---

rum caput ad solidissimum non vacillans fundamentum Christum dominum nostrum redemptorem qui nobiscum est in tribulacionibus nostris. ipse est caput corporis ecclesiae ... et sic non erit ecclesia sine capite ymmo cum vero capite sine quo nullum caput.

98 Cf. Marc. f. 12v. Ebenso Cvp f. 218v: *Item erit caput eorum spiritus sanctus qui descendit super eos congregatos in unum ad tam salubre opus peragendum xxiiii. q. alienus in fi.* C. 24, q. 1, c. 19 (*Alienus*): Friedberg I 972 f. wird in dem Cyprian entnommenen Text christologisch, nicht pneumatologisch argumentiert. Cf. aber WÜNSCH, *Konziliarismus* 255: *Der Grundgedanke, daß das Konzil auf den Heiligen Geist gegründet sei, die Konzilsväter vom Heiligen Geist inspiriert und somit die Konzilsbeschlüsse mit Sprüchen Gottes gleichzusetzen seien, ist quellenmäßig seit dem Nicaenum greifbar. Seiner Tradierung in der Patristik und in der theologischen Literatur von Hinkmar von Reims bis Wilhelm von Ockham folgte eine Weiterführung und Aktualisierung auf dem Konstanzer Konzil.*

99 So Cvp f. 219r; vgl. Marc. f. 12v. U.a. der Hinweis auf C. 5, 4, 1 (*Cum de nuptiis*): MK II 195: *Cum de nuptiis puellae quaeritur nec inter tutorem et matrem et propinquos de eligendo futuro marito convenit, arbitrium praesidis provinciae necessarium est.* Auch hier wieder interessant die Parallelisierung von dem *praesides provinciae* und dem *concilium.*

100 Cf. Marc. f. 12v. Besser der Text Cvp f. 219r: *... si non volet auctoritatem concilio interponere congregato tunc concilium quod est iudex in hiis causis poterit ad auctoritatem prestandam ipsum cogere.* Roselli verweist auf D. 30, 1, 84, 13 (*Huiusmodi; § Si is cui*): MK I 465. Vgl. BARTOLUS, *Commentaria* zur Stelle, ed., f. 22r: *Tu dic, quando plures habentes idem ius discordant, si quidem aliquo iure potest perpendi, quod aliquis praeferatur, ille praeferatur. ... Si vero non potest perpendi, tunc, aut discordant in praeiudicium tertii, et tunc coguntur concordare per iudicem ad petitionem partis, quae laeditur, ut hic* etc. – Vgl. auch – Marc. f. 12v – der Hinweis: *cum papa his casibus debeat subesse iudicio concilii invitus etiam iudicium suscipiet.* Dabei der Hinweis auf D. 45, 1, 83 (*Inter stipulantem*): MK I 775. BARTOLUS, *Commentaria* zur Stelle, ed., f. 34r.

101 Cf. Marc. f. 12v. Roselli verweist auf Kommentare zu D. 24, 3, 22, 5: MK I 358, ohne Autoren zu nennen. Vgl. etwa BARTOLUS, *Commentaria* zur Stelle, ed., ff. 14r - v, besonders f. 14r.

torisiert. *ideo cum ministerio textus in c.i. xvii. di. dixit quod concilium non poterat sine pape auctoritate regulariter fieri; quasi velit quod aliquando fieri possit et recedatur a regula.*[102]

Bisher behandelte Roselli den Fall, daß ein Papst sich sträubt, ein Konzil einzuberufen. Im Anschluß daran diskutiert er ein anderes Problem. Es geht darum, daß zwei Männer um das Papsttum miteinander im Streit liegen. Eine entsprechend differenzierende Diskussion hatte auch schon Antonius de Butrio präsentiert.[103]

Zunächst untersucht Roselli den Fall, daß *unus solus* sich zunächst auf die *totalis quasi possessio* berufen kann. Als Beispiel für eine *a posteriori*-Autorisation in diesem Sinne dient ihm der schon wiederholt erwähnte Fall des Laurentius und Symmachus, bei dem Symmachus, der sich auf die *quasi possessio* stützte, das Konzil autorisierte. Die eventuell im Laufe der Zeit erfolgte *spoliatio* steht nicht dagegen, macht aber erforderlich, daß der *papa spoliatus* zunächst in seinen Besitz wiedereingesetzt werden muß.[104] Gilt das aber dann nicht auch, wenn ein notorisch (*notorius*) oder unerweislich (*occultus*) häretischer oder apostatischer Papst dies von einem Konzil fordert?[105]

Roselli legt dar, daß der notorisch häretische oder apostatische Papst keine Einwendung gegen Besitzentziehung vorbringen kann, da er infolge dieses Sachverhalts nicht mehr Papst ist und die *potestas papalis* sich dann in der *ecclesia universalis* findet (*residere*). Die Rückgabe des Besitzes wird freilich nur legitim verweigert, wenn die Gemeinkundigkeit herrührt *ex veris probationibus aut factis*. Präsumptionen sind unzureichend.[106] Beim *haereticus* bzw. *apostaticus occultus* ist ebenfalls keine Bitte um Wiedereinsetzung in den Besitzstand möglich, da dann bei der Einberufung des Konzils im Fall der *negligentia* des Papstes die Besitzentziehung *iuris auctoritate* erfolgt, somit der *petitio restitutionis* nicht entsprochen wird. Als Regel gilt: *ubi est notorium et nutritur peccatum ibi non datur restitu-*

---

102 Marc. f. 12v. Vgl. D. 17, c. 1 (*Sinodum*): Friedberg I 50: *Sinodum episcoporum absque huius sanctae sedis auctoritate ... non potestis regulariter facere.* Auch Thomas Ebendorfer nimmt in seinem Traktat zur Bulle *Deus novit* auf das *regulariter* Bezug – wohl ein zentraler Terminus für das konziliare Anliegen. Cf. JAROSCHKA, *Ebendorfers Traktat* 3: *Dico: regulariter, quia in casibus fallit.* (Entspricht Cvp 4701, f. 293r)

103 Cf. ANTONIUS DE BUTRIO, *Fragmentum* 327 f.

104 Vgl. Marc. f. 13r. Roselli geht an dieser Stelle auf C. 2, q. 7, c. 41 Grp (*Item Simacus*): Friedberg I 497 f. ein.

105 Cf. Cvp f. 219v - 220r: ... *poterit ipse (sc. papa) dicere: ‚Si concilium facit ea que tantum ad me papam pertinent concilium spoliat me papam quasi possessione papatus in qua sum' et petet se restitui et irritabit omnia supradicta remedia.* Der Text Marc. f. 13r weist wieder beachtliche Auslassungen auf. Vgl. dagegen T f. 80v; MI f. 30r; MII f. 270v.

106 Vgl. Cvp f. 220r.

tio.[107] Der *intrusus*, der sich des Papsttums bemächtigt hat, ist somit nicht wieder in seinen Besitzstand einzusetzen.[108] Die unrechtmäßig erfolgte Besitzerlangung berechtigt nicht zu einem Besitzstreit.[109]

Die Situation stellt sich allerdings anders da, wenn mehrere „Päpste“ sich gleichzeitig auf eine *quasi possessio* des Papsttums berufen können und nicht einer von diesen anfangs *universaliter* auf diese verweisen konnte.[110] Dann nämlich kann keiner der beiden (oder drei ...) die *convocatio* vornehmen. In diesem Falle der *ecclesia quasi vacans* aber kann – wie vorher ausgeführt wurde – jedermann, wenn es nottut, ein Konzil einberufen *per viam intimationis*, d.h. nicht *per viam citationis*.[111]

Ein Schlüsseltext für Roselli ist in diesem Zusammenhang D. 79, c. 9 (*Si quis pecunia*). Der Text spricht davon, daß es erlaubt ist *cardinalibus et aliis clericis timentibus Deum et laicis invasorem anathemizare et humano auxilio a sede apostolica pellere*.[112]

Für Roselli nun sind Kardinäle, andere Kleriker und Laien zusammen gesehen nichts anderes als eine Umschreibung für „Konzil“. Sie können

---

107 Zum Vorhergehenden vgl. Marc. f. 13r. Roselli argumentiert von X. 3, 2, 7 (*Vestra*): Friedberg II 455 f. und D. 32, c. 6 (*Preter hoc*): Friedberg I 117 - 119 her.

108 Roselli verweist auf D. 79, c. 9 (*Si quis pecunia*): Friedberg I 278 f.; D. 79, c. 8 (*Si duo*): ebd. 278; D. 23, c. 1 (*In nomine Domini*): ebd. 78 (§ 7). Ergiebiger ist der Hinweis auf die *Glosse* zu C. 3, q. 1,c. 1 Gra, v. *quidam Episcopus*, ed., 714: *Hic primum agitur, an spoliatus sit restituendus ... Est autem regulare, quod spoliatus ab alio, quam a iudice, vel etiam si a iudice est spoliatus sine ordine iuris, semper statim est restituendus non obstante exceptione alicuius criminis, vel non canonicae institutionis ... Fallit casibus hic notatis. Intrusio, scilicet quando aliquis occupavit Sedem Apostolicam violenter ... Sed hoc est speciale in Papa ... Scandalum ... Fornicatio notoria ... Item secundum quosdam cum incontinenti spoliatur vult probare exceptionem extra de rest. spol. literas.* Weiter *Glosse* zu C. 3, q. 1, c. 6 Grp, v. *patet ergo*, ed., 717.

109 Cf. Marc. f. 13r: ... *iniusta possessio non causat possessorium.* Als Beleg dafür wird wiederum Innozenz IV. angeführt. Vgl. auch Jo. An., *Commentaria* zu X. 2, 12, 3, ed., 65.

110 Vgl. der Text bei Antonius de Butrio, *Fragmentum* 328: *Si autem non est unicus indubitatus, a tota congregatione, sicut in proposito ... tunc, si consideretur quilibet de per se, neuter habet facultatem totam ecclesiam universalem utriusque obedientiae congregandi de facto nec de jure; quia neuter est in quasi possessione universale totius ecclesiae.* Zur Auseinandersetzung um Gregor XII. cf. Johannes ab Imola, *Tractatus* 207 f., wo betont wird, daß Urban VI. als Erstgewählter *fuit in quasi possessione veri papatus et successores sui consequenter.* – Vgl. Marc. f. 13v. Ebd. der Hinweis: ... *paria sunt non esse vel non apparere* unter Bezugnahme auf das Problem des Schismas. Dazu vgl. Bartolus, *Commentaria* zu D. 26, 2, 30 (*Duo sunt*), ed., f. 48v und Bartolus, Commentaria zu D. 18, 1, 77 (*In lege*), ed., f. 122r.

111 Vgl. Antonius de Butrio, *Fragmentum* 325: ... *necessitate ... imminente, ut ad praesens, nedum per DD. cardd. sed per minimum de universitate fieri potest vocatio, et incitatio, ut Concilium congregetur. Et Concilium vertere debet plus oculum ad causam convocandi, quam ad convocantem, quamquam minimus, quia ille major est quis maxime in tanta re Dei agit voluntatem.*

112 Cf. für den Text Friedberg I 278 f. Hier 278.

zusammenkommen, wann und wo sie wollen, wenn es keinen Papst gibt.[113] An anderer Stelle nimmt er den angeführten Text als Beleg, daß die *potestas papalis* in einer Krisensituation wie der des notorisch häretischen Papstes in der *tota universalis ecclesia* zu finden ist. Damit ist wiederum die Gleichsetzung von Gesamtkirche und Konzil durchgeführt.[114] Bei Sedisvakanz liegt die Jurisdiktionsgewalt bei der *ecclesia*.

sede vacante imminente necessitate ecclesia universalis habet omnem potestatem pape.[115]

Hat die *ecclesia* – hier reduziert Roselli wieder den Begriffsgehalt unvermittelt – nicht die Möglichkeit, eine anstehende *convocatio* bzw. *congregatio* zu realisieren, kommt diese Pflicht den *principes seculares* zu, wie es in der Geschichte bereits praktiziert wurde,[116] auch wenn eine solche Möglichkeit, wie Petrus de Monte anmerkt,

> *non multum bene sonet in auribus Ecclesiasticorum, qui male libenter audiunt, quod laici de suis negotiis se impediant, tamen boni clerici, qui zelo fidei, aut spiritus fervore ducuntur, potius hoc amplectendum putant, quam patiendum fidem Catholicam per schismata, et haereses Romanorum Pontificum labefactari.*[117]

Sie ist aber auch für den Verfasser der *Monarchia* im Recht der Kirche selbst begründet.[118]

---

113 Cf. Marc. f. 13v. Zu *Si quis pecunia* wird gesagt: *textus dicit quod Cardinales et alii clerici et layci deum timentes qui omnes non sunt aliud quam concilium possunt talem apostaticum anemathecare (Cvp f. 220v: anathemizare) et si non possunt intra urbem facit* (Cvp: *faciant) extra in loco prout eis placuerit. Nota quod non dicitur ut illi apostatico videbitur et placuerit, sed ut ipsis placuit. Unde ibi est textus quod tunc concilium convocatur quando non est papa prout videbitur Cardinalibus et aliis.* – Cf. auch Marc. f. 6v die Deutung von *si quis pecunia* mit einem antikardinalizischen Akzent.

114 Cf. Marc. f. 14r: *... quando est notorius solus apostaticus vel papa notorie prolapsus in heresim vacat sedes et quod tunc indigeamus concilio et non sit qui convocet vel ipsi auctoritatem prestet est ridiculum dicere quia saltem papalis potestas residet in tota ipsa universali ecclesia ut probat tex. in dicto c. Si quis pecunia qui tex. prebet iurisdictionem ecclesie contra intrusum.*

115 So Marc. f. 14r. Zu beachten ist die Hervorhebung des *subsistente necessitate*. Eine generelle Überordnung des Konzils (der *ecclesia*) mit Blick auf den Papst ist nicht anvisiert. Vgl. ebd.: *... non subsistente necessitate non credo quod imponant (Cvp f. 221v: imponat; sc. ecclesia universalis) manus ad ea que competunt tantum pape statuendo presertim contra statuta per papam.*

116 Roselli verweist Marc. f. 14r wiederum auf die *Historia tripartita*. Weiter zitiert er CALCIDONENSIS SYNODUS, ed., 282 f. und – bei HINSCHIUS darunter aufgeführt – das *Edictum Martiani imperatoris in confirmatione concilii Chalcedonensis*, ed., 288.

117 So PETRUS DE MONTE, *Tractatus* 107.

118 Vgl. die Angaben Marc. ff. 13v - 14r. Roselli stützt sich u.a. auf C. 23, q. 5, c. 20 (*Principes seculi*): Friedberg I 936 f. Die *Glosse* zur Stelle, v. *intra ecclesiam*, ed., 1344 f.: *Laici habent iurisdictionem multipliciter intra Ecclesiam. ... cum fidem volunt subvertere ... Item et ubicumque Ecclesiastica potestas deficit, ut hic.* Vgl. auch D. 16, c. 6 (*Habeo librum*): Friedberg I 43 f. und D. 16, c. 7 (*Quoniam*): a.a.O. 44 f.

Es ist ebenfalls möglich, daß die Spitzen (*principaliores*) der beiden Parteien zusammenkommen und das Konzil einberufen *in aliquo loco illis de utraque parte non suspecto.*[119]

Vor dem Hintergrund der für Roselli jüngsten Vergangenheit scheint es ihm augenscheinlich angebracht, bei der Diskussion der Problematik mehrerer „Päpste" die damals von vielen schmerzlich erlebte Frage nach der Möglichkeit einer Trennung (*discessus*) der Untergebenen von dem als rechtmäßig betrachteten „Papst" zu erörtern.[120] In diesem Zusammenhang war selbstverständlich auch die Thematik der tatsächlichen Gültigkeit der Strafandrohungen des Papstes / der „Päpste" bzw. des Rechts selbst für die nicht vom Papst vorgenommene Konzilseinberufung zu behandeln.[121]

Roselli will den Sachverhalt in drei Schritten explizieren. Zunächst will er fragen, ob die *subditi* sich von „ihrem" Papst *sine discrimine et peccato* trennen können. Sodann will er diskutieren, ob der, der ein Konzil im gegebenen Fall einberuft oder an ihm teilnimmt, *schismaticus vel peccator* zu nennen ist. Schließlich ist zu klären, ob der Untergebene den Befehlen seines Oberen Folge zu leisten hat bzw. ob er *excommunicationes vel censuras* zu fürchten hat.[122] *De facto* gelingt es Roselli wieder nicht, in seinen Ausführungen der Struktur, die er vorgibt, kategorisch zu folgen. Vielmehr finden sich erneut Wiederholungen und weitschweifige Exkurse.[123] Diese sind zwar in das Gesamt integriert, erschweren aber die Lektüre.

Die erste und zweite Frage behandelt er, wie es naheliegt, zusammen.[124] Die Beantwortung der dritten Frage ergibt sich dann daraus. Auch hier

---

119 So Cvp f. 222v. Vgl. auch Marc. f. 14v. MII f. 272r hat einen schlechteren Text. – Zum heftig umstrittenen Problem, ob die Kardinäle des einen „Papstes" mit jenen des anderen ohne Strafe zusammenkommen können, merkt Roselli – Marc. f. 14v – an: *Cum ... hec communicatio fiat hoc casu cum scismaticis iure permittente non incurritur aliqua pena.* Vgl. BARTOLUS, *Commentaria* zu C. 9, 9, 4 (*Gracchus*), ed., f. 119v: *Nota quod legitime factum est, poenam non meretur.*

120 Zum Thema der *subtractio oboedientiae* vgl. KAMINSKY, *Simon.* Ebd. 146 f. (mit Bezug auf die Zeit des Großen Schismas): *Obedience ... meant not the act of obeying in relation to the subject's inner virtue of obedience, but the act of obeying in relation to the material things and the particular rights over which papal authority claimed the right to dispose. It was also used very commonly to designate the objects and rights themselves within this same context. ... we can guess that it (sc. the tendence to reification) corresponded to the realities of Old Europe, when governmental rights and powers were still associated with property rights and had not yet become public abstractions.*

121 Das Thema taucht bereits Marc. ff. 14r – v auf, wird dann aber ff. 14v - 20v in aller Ausführlichkeit erörtert.

122 Vgl. Marc. f. 14v.

123 Vgl. die Erörterung der Frage *an Cardinales possint ante sententiam concilii ... ad electionem alterius pape procedere*, cf. Marc. f. 17v - 18r.

geht Roselli von der Alternative *unus papa* und *duo de papatu contendentes* aus.[125] In der üblichen Weise referiert er zunächst die Argumente, die dagegen sprechen, daß eine Trennung von dem einen existierenden Papst legitim ist, *praesertim quando causa heresis est dubia vel renunciationis aut similis*. In diesem Fall müßte erst ein Urteilsspruch abgewartet werden.[126] Es war u.a. Johannes von Imola, der eine entsprechende Meinung 1408/9 in seinem Traktat über das Schisma vertreten hatte. Die Möglichkeit eines *discessus* war allerdings auf den Fall der Häresie beschränkt. Dort heißt es: *potest dici quod ubi certum est papam esse hereticum licitum sit recedere ante sententiam ..., secus ubi est dubium.*[127]

Roselli verweist für die Argumentation auf die Auslegung von X. 3, 2, 7 (*Vestra*) durch Innozenz IV. und andere *doctores*.[128] Diesen zufolge darf ein *praelatus* auch wegen solch schwerer Vergehen wie Mord oder Simonie nicht gemieden werden, soweit die *crimina* unerweislich sind. Das gilt zumal dann, wenn ein solches Verhalten der *vitatio*, etwa beim Sakramentenempfang, ein Ärgernis (*scandalum*) hervorrufen würde.[129] Auch der Hinweis auf D. 17, c. 6 Grp (*Hinc etiam*) fehlt nicht. Dieser Text war schon zur Zeit des Pisaner Konzils gegen einen *discessus* angeführt worden.[130] Ähnlich wurde bereits in der damaligen Kontroverse der Blick auf

---

[124] Cf. Marc. f.15r: *Ad primam questionem sunt multi (Cvp f. 223r: omnes) casus discurrendi.* Tatsächlich findet sich kein Hinweis mehr auf die *secunda questio*. Vielmehr liest man erst wieder Marc. f. 19v: *Ex istis deciditur tertium dubium quod posset contingere ipsis subditis.*

[125] Selbst bei dieser Vorgabe wiederholt sich Roselli. Vgl. Marc. f. 15r.

[126] Marc. f. 15r.

[127] JOHANNES AB IMOLA, *Tractatus* 196. Vgl. die Anmerkungen zu dem von ihm edierten Traktat bei Staffa ebd. 180 - 184.

[128] Marc. f. 15r. Für *Vestra* cf. Friedberg II 455 f. INNOZENZ, *Commentaria* (zur Stelle), v. *pene occultum*, ed., 418. Vgl. auch JO. AN., *Commentaria* (zur Stelle), ed., f. 8a.

[129] Roselli verweist auf X. 1, 11, 5 (*Ad aures*): Friedberg II 119. Dazu *Glosse* (zur Stelle), v. *scandalo*, ed., 288: *Arg. nihil cum scandalo faciendum esse.* Vgl. auch HOSTIENSIS, *Commentaria* zu X. 3, 2, 7, v. *officiis*, ed., f. 6A: *sic abstinere licet a proprio sacerdote, etiam si occulta sit fornicatio, vel aliud crimen in his officiis, quae ab ipso non cogitur quis audire. et in his sacramentis, quae non cogitur ab eo recipere ... dummodo scandalum ex hoc non generetur, alias autem non licet abstinere. Nam et dominus dedit Iudae corpus suum.* Der Hinweis auf Judas – cf. Marc. f. 15r – auch bei INNOZENZ, *Commentaria* zu X. 5, 7, 4 (*Fraternitatis*), v. *damnatur*, ed., 604. Vgl. auch C. 1, q. 1, c. 46 (*Dedit*): Friedberg I 376 und C. 1, q. 1, c. 88 (*Christus*): a.a.O. 390. *Glosse* zu C. 1, q. 1, c. 88, v. *Christus quid fecit*, ed., 538: *Probatur in hoc cap. quod mali Sacerdotes sunt tolerandi, et quod sacramenta sunt ab eis recipienda, hoc probatur exemplo Domini, qui Iudam tolerauit, et eum cum aliis Discipulis ad praedicandum misit.*

[130] Vgl. JOHANNES VON IMOLA, *Tractatus* 196, der an der Stelle auf die *Glosse* zu Di. 17, c. 6 Grp (*Hinc etiam*), v. *ante tempus*, ed., 72 hinweist, wo sich wiederum der Hinweis auf C. 8, q. 4, c. 1 (*Nonne*): Friedberg I 599 f. findet. – Als Gegenargument angeführt bei PETRUS DE ANCHARANO, *Declaratio* 119.

VI°. 5, 2, 19 (*Quum secundum leges*) gelenkt. Die Notwendigkeit einer Sentenz des Richters mit Blick auf einen Häretiker vor der Konfiskation von dessen Gütern unterstreicht in dieser Argumentation das Erfordernis, daß es vor einer Verurteilung des Papstes durch ein Konzil bzw. vor dessen Selbstverurteilung keine *licita separatio* der Untergebenen geben kann.[131] Der *privatus* kann auch dann, wenn eine *sententia ab homine vel a iure lata* bereits vorliegt, nicht als *privatus* den Urteilsvollzug durchführen.[132] Doch selbst im Fall der notorischen Häresie – also nicht nur bei der *heresis occulta* – wurde vor einem *discessus* zuweilen ein Urteilsspruch und ein Mandat des Richters postuliert.[133] Die Sentenz müßte allerdings nicht schriftlich abgefaßt bzw. mit *sollemnitates* verkündet werden.[134]

Nachdem Roselli derart die gegnerischen Argumente präsentiert hat, geht er nun wieder daran, diese zu entkräften. Als Belegstelle führt er zunächst D. 19, c. 9 (*Anastasius*) an, wo davon die Rede ist, daß viele Anastasius verlassen haben, *et iuste quia occulte communicaverat in crimine heresis.*[135]

Wie beim Tatbestand der Häresie, so ist ebenso bei dem der Apostasie die Tatstrafe der Exkommunikation gegeben. Das trifft auch für den Papst zu. Mit anderen Worten: Er verliert *ipso iure absque aliquo iudicis alteri-*

---

131 Marc. f. 15r verweist auf VI°. 5, 2, 19 (*Quum secundum leges*): Friedberg II 1077. Cvp f. 223v fehlt das *vel ipse (sc papa) se suo ore damnaverit*. Ebenso MII f. 272v. – Der Hinweis auf *Quum per leges* auch bei PETRUS DE ANCHARANO, *Responsio* 375. Ebd. auch mehrere der übrigen Stellen.

132 Cvp f. 223v: ... *et quod privatus non possit ipse de se exequi sententiam sine iudice ab homine vel a iure latam videtur* etc. Ein schlechterer Text Marc. f. 15r; MII 272v. Eine gute Textfassung MI f. 32v. Es findet sich der Verweis auf das römische Recht D. 42, 1, 6 (*Miles*): MK I 712: *Qui iudicati bona auctoritate sua distraxit, furti actione et vi bonorum raptorum ei tenetur.* Vgl. dazu BARTOLUS, *Commentaria* zur Stelle, ed., ff. 118r - v.

133 Marc. f. 15r: ... *videtur dicendum quod etiam quando heresis sua (sc. pape) vel renuntiatio aut peccatum turbans ecclesiam esset notorium ipse deserendus absque iudicis mandato non sit quia ubi etiam est notorium in eo exigitur sententia.* Vgl. *Glosse* zu X. 1, 3, 41 (*Ab excommunicato*), v. *de facto suo certus esse*, ed., 92: *argu. est hic, quod in notoriis nullae sunt partes iudicis, nisi quantum ad sententiam. Glosse* zu X. 5, 34, 15 (*Quum dilectis filiis*), v. *cum dilectis filiis*, ed., 2048. Vgl. auch BARTOLUS, *Commentaria* zu D. 19, 1, 11, 12 (*Emptorem*), ed., f. 126r: ... *requiritur sententia etiam in notoriis.* Vgl. auch BARTOLUS, *Commentaria* zu A. 2, 2, 9 (*Ut iudicis*), ed., f. 14r. *Glosse* zu Auth. 2, 2, 9, v. *ex non scripto*, ed., 511.

134 Vgl. *Glosse* zu Nov. 2, 2, 8, v. *ex non scripto*, ed., 511; ARCHIDIACONUS, *Rosarium* zu C. 2, q. 1, c. 16 (*Lotharius*), ed., f. 135v führt diesen Text an: ... *dic quod non requiritur sententia. s. in scriptis et solenniter proferenda. sic no. in Auth. ut iudi. sine quoquo suffra. §. necessitatem.* Ders. a.a.O.: ... *verbum precipimus vim habet sententie. extra. de verbo. sign. in his.* Vgl. X. 5, 40, 15 (*In his*): Friedberg II 915 f.

135 Marc. f. 15v. Die Stelle Friedberg I 64. – Vgl. JOHANNES AB IMOLA, *Tractatus* 197, der gegen den Wert des Textes bzgl. einer *separatio licita* argumentiert.

us viventis ministerio seine *dignitas*.[136] So ist es das Recht selbst, das in diesen Fällen die Trennung vom Papst zuläßt.[137]

In der Erörterung der Frage zeigt sich Roselli von neuem als Kanonist auf den Spuren seiner großen Vorgänger, etwa des Petrus von Ancharano. Es war diese Generation von *doctores* gewesen, die angesichts der realen Notsituation gegen eine Vielzahl gegnerischer Anfechtungen die Legitimität des Pisaner Konzils zu vertreten hatte.[138] Manche der von Roselli ins Feld geführten Belege finden sich bereits bei Petrus, wie sich immer wieder zeigen wird.[139] So beruft er sich auf das Beispiel des Mose, das C. 24, q. 1, c. 31 (*Didicimus*) angeführt wird. Mose fordert die Israeliten auf, sich von der Gruppe der Aufrührer Korach, Datan und Abiram zu trennen, um nicht mit ihnen dem Untergang geweiht zu werden.[140] Auch der Hinweis auf Polykarp, der sogleich das Bad verließ, als er sah, daß dort ebenfalls der *inimicus veritatis* Cerinthus war, ist in diesem Zusammenhang nicht neu.[141]

Hinsichtlich der Erlaubtheit des Empfangs der Sakramente durch Häretiker korrigiert er zuvor referierte Ansichten. Einzig im Fall des

---

136 Marc. f. 15v, wo auch der Hinweis auf JO. AN., *Commentaria* zu VI°. 5, 2, 12 (*Ut commissi*), ed., f. 139r zu finden ist, von dem her schon PETRUS DE ANCHARANO, *Responsio* 376 argumentierte: ... *videtur quod propter haeresim supervenientem, etiamsi fuisset papa indubitatus, resolutus fuerit ipso jure titulus praelaturae juxta notata in simili per Joannem Andream.*

137 Roselli verweist auf römisches Recht. Cf. C. 10, 15, 1 (*Nemo in posterum*): MK II 401: ... *ut superfluum sit hoc precibus postulare, quod iam lege permissum est.*

138 Vgl. PETRUS DE ANCHARANO, *Responsio* 378 zu C. 10, 15, 1: *Ex istis canonibus apparet data licentia, immo mandatum omnibus recedendi ab eis; et per consequens non requiritur alia sententia vel licentia iudicis l. qui sub condicione §. fin. ff. de condi. insti. Hinc dicitur frustra a principibus impetrari quod jure conceditur.* – Vgl. auch die *Responsio ad obiecta contra d. Card.* des Antonius de Butrio: in ANTONIUS DE BUTRIO, *Tractatus* – Vat. lat. 4039, ff. 98v - 100r.

139 PETRUS DE ANCHARANO, *Responsio* 378 findet sich auch der bei Roselli gegebene Hinweis auf C. 3, 27, 1 (*Liberam resistendi*): MK II 132. – Die Diskussion zu VI°. 3, 4, 28 (*Licet episcopus*) – Marc. f. 15r und 15v als Argument im Sinne des Roselli – erscheint fragwürdig.

140 Cf. Marc. f. 16r. Dazu C. 24, q. 1, c. 31: Friedberg I 978. Der biblische Text Num 16, 26. – Roselli führte die Stelle bereits Marc. f. 9v an: ... *dicente domino per Moysen: Separamini a tabernaculis hominum istorum durissimorum et nolite tangere de omnibus, que eorum sunt.*

141 Cf. PETRUS DE ANCHARANO, *Responsio* 378, der beide Beispiele, Mose wie Polykarp, anführt. Vgl. C. 24, q. 1, c. 24 (*Omnis*): Friedberg I 975: ... *sanctissimus et martir fortissimus Policarpus ... quia tempore quodam, cum apud Ephesum balneas lavandi gratia fuisset ingressus, et vidisset ibi Cherinthum, exiliret continuo, et discessit non lotus, dicens: Fugiamus hinc, ne et balneae ipsae corruant, in quibus Cherinthus lavatur inimicus veritatis.* – Auch das Beispiel des Polykarp bereits bei ZABARELLA, *Tractatus* 699, der irrtümlich die Geschichte auf den Evangelisten bezieht. Hinsichtlich des Mose vgl. auch ANTONIUS DE BUTRIO, *Tractatus* - Vat. lat. 4039, f. 99r.

sacramentum baptismatis gesteht er im Notfall zu, daß es vom Häretiker empfangen werden darf.[142] Er stützt sich in seiner Beweisführung auf eine Vielzahl verschiedener Rechtstexte, die – wie bei anderen Gelegenheiten – in der Rechtstradition miteinander verwoben worden sind.[143]

Insgesamt steht für Roselli fest: *a prelato excommunicato sicut est hereticus vel apostaticus licet recedere sine alia sententia.*[144]

Der „Juristenpapst" Sinibaldus Fliscus ist ihm ein wertvoller Gewährsmann. Dieser hatte deutlich den Fall des Häretikers, aber auch des *notorius fornicator* und des *simoniacus*, von anderen Situationen unterschieden, in denen es nicht zulässig ist, den Sakramentenempfang zu verweigern. Die *ratio diversitatis* ist für Innozenz, daß ein derartiger Ausdruck von Gemeinschaft mit Häretikern etc. nicht *sine periculo* ist.[145] Die *doctores* hatten betont, daß von den auch nicht gemeinhin bekannten Sündern die Sakramente nicht empfangen werden dürfen – mit Ausnahme von Eucharistie und Taufe; es wurde jedoch gesagt, daß dieselben wohl den Betreffenden zu spenden wären, wenn sie *in publico* darum bäten.[146] Im zweiten Fall käme eine Verweigerung ja einer öffentlichen Kundmachung eines *factum occultum* gleich.

---

142 Vgl. Marc. f 16r. Roselli verweist zunächst auf D. 32, c. 6 Grp (*Verum*): Friedberg I 118 f. Die richtige Angabe findet sich Cvp f. 224v. MII f. 273r findet sich wie in Marc. die Distinctio 22 angegeben. – Vgl. auch die *Glossen* zur Stelle, v. *sed agentibus*, ed., 159 und ebd., v. *in baptismo*, ed., 160.

143 Vgl. a.a.O. Roselli verweist z.B. auf Anmerkungen zu X. 2, 26, 12 (*Cum non liceat*). Vgl. *Glosse* zur Stelle, v. *recedere*, ed., 965. Vgl. auch Jo. An., *Commentaria* (zur Stelle), ed., f. 219A der Verweis auf C. 2, q. 7, c. 8 (*Sacerdotes*).

144 Cf. X. 2, 28, 53: Friedberg II 432; weiter C. 11, q. 3, c. 17 (*Excommunicatos*): Friedberg I 647 f. Die letztgenannte Stelle ist Marc. f. 16r; MI f. 33r; MII f. 273v jeweils falsch angeführt als C. 9, q. 3 ... Cvp f. 224v gibt sie richtig an. Der Fehler, wohl entstanden bei der Abschrift aus der *Monarchia*, wurde getreu tradiert.

145 Vgl. Innozenz, *Commentaria* zu X. 5, 8, 1 (*Quod a praedecessore nostro*), v. *irritas*, ed., 606: *... plus est in excommunicatis, quod etiam si tolerentur, dummodo probari possit, si vocent aliquem ad ordines vel alia sacramenta, potest ei dici* non recipiam hoc a te, quia es excommunicatus, unde tibi participandum non est, *et de hac causa legitima est appellatio, secus autem esset in aliis, puta irregularibus, infamibus, et aliis praedictis ... Ratio autem huius diversitatis est, quia huiusmodi excommunicatis communicari non potest sine periculo, sed in aliis secus. Idem quod de excommunicatis diximus, dicendum est de notorio fornicatore, et simoniaco; et hoc est ea ratione, quia ab eorum obedientia sua authoritate recedere licet.* Hervorhebung vom Verfasser.

146 Vgl. aber Innozenz, *Commentaria* zu X. 5, 7, 4 (*Fraternitatis*), v. *damnatur*, ed., 604: *... quod conceditur his duobus suspensis (sc. notorio fornicatori et simoniaco qui in articulo mortis corpus Christi et baptismum conferunt), idem intelligo in omnibus suspensis. et forte idem in depositis ... sed secus in haeretico vel excommunicato, a quibus corpus Christi in articulo mortis recipiendum non est. ... baptismum autem possunt ab eis recipere.* Rosellis Argumentation cf. Marc. f. 16r. Der Text ist hier dem von Cvp f. 225r weitgehend gleich. MII f. 273v hat – durch Textauslassung – wesentlich schlechteren Text. G III, III, 397 (Zeile 23) folgt mit *occulta sacramenta* der *Monarchia* ed. 1487, f. 54r.

Den von gegnerischer Seite angeführten Text C. 8, q. 4, c. 1 (*Nonne*), der sich auf die *causa Symmachi papae* beruft, läßt der Verfasser der *Monarchia* nicht gelten, da es dort um andere *crimina* als die relevanten der Häresie u.s.w. geht, wie ihm die Glosse belegt.[147] In diesen schweren Fällen aber scheint Roselli der *discessus* erlaubt.[148] Immer, wenn jemand *a iure* suspendiert ist, kann er gemieden werden, *dummodo evitatio fiat ut eum corrigat non ut publicet.*[149]

Der Schlüsseltext *Hinc etiam*, der von Klerikern spricht, die *ab episcopo suo ante tempus contra regulas discesserunt, et scisma fecerunt*,[150] wird als Gegenargument nicht akzeptiert. Dort nämlich geht es um einen Fall, bei dem nur ein Verdacht auf Häresie bei Papst Symmachus gegeben war. Der Verdacht allein aber rechtfertigt keine Trennung vom Papst, wie bereits Johannes von Imola einige Jahrzehnte zuvor angemerkt hatte [151] – wohl aber das beweisbare Wissen, auch wenn das Faktum anderen nicht offenkundig ist.[152]

Weiter unterstreicht Roselli, daß bestimmte Urteile *ipso iure* bestimmte Folgen nach sich ziehen, ohne daß es weiter eines *ministerium iudicis* bedürfte.[153] Bei der *executio fienda ab homine* eines Urteils, welches von

---

147 Vgl. Marc. f. 16r. Dort wieder wie auch MII f. 273v eine falsche Angabe. Richtig bei Cvp f. 225r: C. 8, q. 4, c. 1 (*Nonne*): Friedberg I 599 f. Dazu die *Glosse* in X. 2, 26, 12, v. *recedere*, ed., 965: *nisi ubi incidit in haeresim ... vel in schisma ... et in crimine notorio fornicationis, et in simoniaco in ordine, si possit probari ... In aliis autem criminibus etiam si sint notoria, expectanda est sententia*, die Roselli nur referiert.

148 Marc. f. 16r hebt Roselli eigens das *crimen notoriae fornicationis* als Ausnahme hervor. Er beruft sich auf *Glosse* zu C. 2, q. 7, c. 8 (*Sacerdotes*), v. *agant*, ed., 686, die er allerdings hinsichtlich der Prälaten, die *non servant canones* eigens eng interpretiert (auf den Fall hin, daß die Nichtbeachtung Ausdruck von Häresie ist).

149 Marc. f. 16r. T ff. 82v - 83r hat an der entsprechenden Stelle vorher eine Textauslassung. – Roselli führt das Thema der „Meidung“ noch weiter aus, dabei – u.a. – cf. Cvp f. 225v – der *mens eximii doctoris domini An. de butrio in c. vestra* folgend.

150 D. 17, c. 6 Grp: Friedberg I 53. Vgl. *Glosse* zur Stelle, v. *ante tempus*, ed., 72: *Quod fieri non debuit, ut 8. q. 4. nonne. §. illud.*

151 Cf. Johannes ab Imola, *Tractatus* 196 f. Ebd. 197.: *Ubi ... sola est suspicio et dubietas non potest dici (sc. papa) deprehensus (sc. a fide).* Vgl. dazu Marc. f. 16v: ... *ex sola suspitione heresis deseri non debet papa.*

152 Marc. f. 16v: ... *quando scitur in veritate deseri potest etiam si heresis aliis sit occulta dummodo probari possit.* – Vgl. aber, konkret mit Blick auf die Situation des Großen Schismas, Petrus de Ancharano, *Declaratio* 121 zur Deutung von *Item Symmachus* und *Hinc etiam.*

153 Cf. Marc. f. 16v, wo Roselli verschiedene Beispiele gibt, in denen es nur darum geht, daß die *pars adversa effectus iuris causati allegat vel dicit inducti.* Er schließt: *Pro istis effectibus ... a iure introductis vigore alicuius sententie late a lege vel ab homine non est opus alio iudicis ministerio vel sententia, immo iudex non posset sine cause cognitione facere quod isti effectus a iure introducti non imprimentur.* Er führt dann fälschlich – wie auch Cvp f. 226r; T f. 83r; MI f. 34r; MII f. 274r – *l. non potest iudex* an statt *l. non poterit praeses* (D. 47, 2, 64 [63]). Die korrekte Angabe dagegen *Monarchia* ed. 1487, f. 54r; *Monarchia* ed. 1549, f. 20v und G III, III, 398 (Zeile 5).

Rechts wegen oder vom Richter gefällt wurde, muß allerdings differenziert werden. So können die Untergebenen bei einem wegen Häresie Verurteilten ohne eine weitere richterliche Erklärung sich von diesem trennen, was als *executio* des *ipso iure* erfolgten Urteils zu verstehen ist. Dies gilt, weil bei dieser Vollstreckung die *pars adversa ... nichil requirat a victo nisi pacientiam sive pati vel ei solum quid deneget non aliquid auferat.*[154] Roselli belegt seine These mit dem „Naturrecht", wie es sich in der Offenbarung kundtut. Nach dem Sündenfall nämlich wären alle Elemente den Menschen feindlich gewesen und alle Tiere, die ihm *in dominio* anvertraut worden wären, hätten den Gehorsam aufgekündigt.[155]

Anders verhält es sich, wenn von dem Verurteilten mehr als *patientia* verlangt wird, nämlich *datio*, *traditio* oder *ablatio*.[156] Dann wiederum muß unterschieden werden, ob die Vollstreckung des Urteils gegen dessen Willen geschehen darf – *ex iuris dispositione* – oder nicht. So ist, wenn jemand seines Besitzstandes entkleidet werden soll, vorher das *ministerium iudicis* erforderlich.[157] Die *pars* kann in diesem Fall nicht eigenmächtig, *contra victum invitum*, vorgehen. Vielmehr muß zuvor vom Recht her, sei es durch eine *sententia legis* oder eine *sententia hominis*, eine Handhabe gegeben sein. Der Privatmann kann dem Verurteilten nicht gegen dessen Willen aus eigener Vollmacht die *possessio* wegnehmen (*auferre*).

Was aber ist zu sagen, wenn es keinen Richter gibt, der die für die Urteilsvollstreckung notwendige Sentenz erlassen kann, oder wenn wegen einer verspäteten Sentenz dieselbe nutzlos und fruchtlos zu werden droht? *tunc pars sua auctoritate posset executionem facere.*[158]

---

154 Marc. f. 17r. Als Beispiel führt er an: ... *vir statim quod mulier est adultera etiam occulta potest ipsi denegare debitum absque alia iudicis declaratione quod sit adultera.* Er verweist auf X. 5, 16, 7 (*Tua fraternitas*): Friedberg II 807. Cf. *Glosse* zur Stelle, v. *fornicationis*, ed., 1913 f.

155 Cf. Marc. f. 17r.

156 Cvp f. 226v faßt Roselli so zusammen: ... *concluditur quod lata sententia a lege vel ab homine si queritur fieri executio contra victum a vincente vel parte, quod si fit solum in eo iure in quo a victo non requiritur nisi quod patiatur, quod ista potest fieri a parte sine aliquo iudicis ministerio. Sed si fit in eo in quo a victo requiritur datio vel traditio aut ablatio, ita quod victus debeat prestare aliud quam patientia et tunc si potest a parte fieri contra victum invitum vel etiam renitentem, et hoc potest fieri a parte sine iudicis ministerio.* – In Marc. f. 17r fehlt der Text (Restauration der Handschrift) ab *a vincente vel parte*. Vgl. aber T f. 83v; MI f. 34v; MII f. 274v mit ähnlichem Text wie Cvp.

157 So die Interpretation Rosellis von VI°. 5, 2, 19 (*Cum secundum leges*), VI°. 3, 4, 28 (*Licet*) und VI°. 1, 16, 3 (*Ordinari*): Friedberg II 986 f. Vgl. Marc. f. 15r und 17r. Marc. f. 17r ist der letzte Verweis fehlerhaft angegeben. Resümierend: ... *collatio beneficii fieri possit sine alio iudicis ministerio, sed ablatio possessionis non.*

158 Vgl. die Ausführungen Rosellis Marc. f. 17r.

Roselli verweist an dieser Stelle wiederum auf Belege aus dem römischen Recht.[159] Vor allem aber nennt er ein Beispiel aus der römischen Geschichte, das bereits bei Petrus de Ancharano Verwendung fand: Dem Leser wird die Gestalt des Scipio Nasica vor Augen gestellt.[160] Valerius Maximus überliefert die Episode, aus der klar aufscheint – und das ist die Absicht Rosellis –, daß bisweilen aus der getreuen Befolgung einer vorgegebenen gesetzlichen Ordnung nicht das Heil, sondern die Zerstörung dessen resultiert, wofür die Gesetze eigentlich gegeben sind.[161]

Der Autor der *Monarchia* sieht nun zwei Punkte geklärt: Zum einen kann der Papst im Fall von Häresie oder Apostasie – *etiam occultum dummodo probari possit* – von den Untergebenen verlassen werden, ohne daß eine weitere Erklärung nötig wäre. Der Belegtext, C. 2, q. 7, c. 13 (*Oves*), spricht freilich eher davon, daß die „Schafe“ ihren „Hirten“ nur im Ausnahmefall, nämlich wenn er *a recta fide exorbitat*, zurechtweisen (*reprehendere*) können. Es geht nicht um den *discessus*.

Zum zweiten schließt diese Möglichkeit nach dem zuvor Gesagten in der Regel nicht ein, daß die Untergebenen den Papst *a possessione papatus* vertreiben können.[162] Die Ausnahme ist, wie so oft, das Bemerkenswerte. Sie nämlich führt – über eine Diskussion der Möglichkeit der Kardinäle, vor einem Urteilsspruch des Konzils mit Blick auf den häretischen Papst einen anderen zum Papst zu wählen,[163] – zum Konzilsthema zurück. Die Grundthese des Roselli ist die folgende: Bei Papst und Kaiser können die Wähler nicht zu der Wahl eines anderen schreiten, auch wenn einer der Erstgenannten *ipso iure* die *dignitas* verloren hätte, bevor nicht eine *sen-*

---

159 Marc. f. 17r verweist er auf C. 1, 9, 14 (*Nullus*): MK II 62 und D. 42, 8, 10 (*Ait praetor*): MK I 726. Der erste Text ist allerdings wenig überzeugend, da er eher plädiert, *ne quisquam sibi ipse permittere valeat ultionem.*

160 Vgl. Marc. ff. 17r - v. Dazu PETRUS DE ANCHARANO, *Responsio* 378. Der Text von Marc. ist geradezu eine Kopie.

161 Cf. VALERIUS MAXIMUS, *Factorum* III, c. 17, ed., 118 f. Der Konsul Scaevola lehnt ab, mit Waffengewalt die Republik gegen die Umtriebe des Tiberius Gracchus zu schützen. Dagegen hielt Scipio: *Quoniam ... consul, dum iuris ordinem sequitur, id agit, ut cum omnibus legibus Romanum Imperium corruat, egomet me privatus voluntati vestrae ducem offero.* Marc. folgt eher Petrus de Ancharano oder der diesem vorliegenden Tradition als Valerius selbst. – Mit Blick auf die spätmittelalterliche Geschichtsschreibung schreibt GRAUS, Funktionen 20: Man *neigte ... meist dazu, in den Herrschern und den Mächtigen dieser Welt Beispiele der Tugend und Laster zu sehen. Vor allem waren die Gestalten der antiken Geschichte die großen Vorbilder oder die abschreckenden Exempel ruchlosen Verhaltens. Zwangsläufig wurde Valerius Maximus zu einer überaus beliebten Lektüre und zum anerkannten Vorbild bis in die Neuzeit hinein.*

162 Vgl. Marc. f. 17v. – Die Stelle C. 2, q. 7, c. 13: Friedberg I 485. Sie findet sich allerdings auch bei JOHANNES AB IMOLA, *Tractatus* 196 im Kontext des erlaubten *recessus*.

163 Zu den Kardinälen cf. Marc. ff. 17v - 18r.

tentia declaratoria diesbezüglich vorläge.[164] Das ergibt sich folgerichtig daraus, daß bei einer Wahl die Kardinäle in einem derart gelagerten Fall den häretischen „Papst" seiner *quasi possessio administrandi* berauben würden. Denn mit der Wahl des neuen Papstes käme diesem – *statim*[165] – das *ius administrandi* zu. *Unde non solum se a papa seperarent quod eis licet ..., sed quasi possessionem quam haberet papa in eos in alium transferrent electum et istud non licet possidente non citato.*[166]

Aus all dem schließt Roselli, daß zunächst, vor der Wahl eines anderen Papstes, ein Konzil den Vorgängerpapst als Häretiker oder Apostaten erklären muß, soweit dieser sich auf eine *quasi possessio* berufen kann. Dies trifft freilich nur zu, *quando concilii copia haberi posset.*[167]

Wenn aber kein Konzil – das dann als Richter fungiert – abgehalten werden kann, oder zumindest nicht in einer zumutbaren Zeit, ist es gleichwohl erlaubt, den Delinquenten zu vertreiben. Die Belege für Rosellis Meinung stammen wiederum aus dem römischen Recht, richtiger gesagt, aus den zu diesem verfaßten Kommentaren.[168] Es scheint allerdings wahrscheinlicher, daß auch Rosellis Berufung darauf aus zweiter Hand stammt. Der Einfluß der Arbeiten Petrus' de Ancharano ist durchaus zu vertreten. Davon abgesehen stützt sich Roselli, wie auch sonst öfters, auf bereits Gesagtes, was er einfach wiederholt.[169] Hinsichtlich der Textverweise zeigt sich erneut, daß es zuweilen angebracht ist, auf die Fassung der *Monarchia* (nach Cvp) zurückzugreifen.[170]

---

164 Vgl. Marc. f. 17v.

165 Eine Besonderheit der Papstwahl mit Blick auf andere Wahlen, wie Roselli unter Verweis auf D. 23, c. 1 (*In nomine Domini*): Friedberg I 78 (§6) betont. Cf. *Glosse* zur Stelle, v. *et disponendi*, ed., 106. – Cf. dazu auch Marc. f. 18r.

166 Cvp f. 227v. Marc. f. 17v fehlt der Text. Auch zuvor ist der Text von Cvp dem von Marc. vorzuziehen. Roselli verweist hier wieder auf einen seiner Schlüsseltexte, VI°. 3, 4, 28 (*Licet*). Cf. schon Marc. f. 17r. Das Thema auch Cvp f. 227v: Die Kardinäle *non solum causant provisionem papatus in papam electum, sed eo ipso se a priore subtrahunt et novo electo saltem in sua possessione ius tribuunt. Unde a quasi possessione primum spoliant alteri conferendo, quod non licet.*

167 Cf. Marc. f. 18r.

168 Marc. f. 18r: ... *quod quando copia concilii (Cvp f. 228r: et) sic iudicis haberi non possit, liceat hereticum vel apostaticum expellere. probatur (Cvp: ex no.) in l. nullus. C. de iudeis. et in l. ait pretor. §. si debitorem ... et que notantur in l. i. C. quando li. sine iudi. se vindi.* Vgl. auch die Belege Marc. f. 15v. Zu C. 3, 27, 1 (*Liberam resistendi*): MK II 132 cf. BARTOLUS, *Commentaria* zur Stelle, ed., f. 109r: *De nocturno depopulatore agrorum, et de robatore stratorum potest quis sua authoritate vindictam assumere.*

169 Cf. Marc. ff. 18r - v und f. 15v. Dazu PETRUS DE ANCHARANO, *Responsio* 378. Bei Petrus findet sich im Kontext die gegenüber Roselli andere Angabe *c. etsi Judaeos. de Judaeis* [C. 1, 9, 11 (?) *Iudaeos*: MK II 61]: ... *dicit textus verendum esse fidelibus ne divinam indignationem incurrant, cum ea perpetrari patiuntur injuste, quae fidei nostrae confusionem inducunt.*

170 Vgl. Marc. ff. 18r - v mit Cvp f. 228v, wo sich die vollständige Angabe findet: *l. i. et ii. quando liceat ... (sc. MK II 132) et l. iii. §. transfugas. de sicariis (sc. MK I 853).* T f. 84v folgt Marc.; ebenso MI f. 35v; MII f. 275v. Auch *Monarchia* ed. 1487, f. 55r.

Der Aretiner sieht im häretischen Papst den *destructor ecclesie militantis* oder den *desertor militie celestis*, der auf Grund dieser Tatsache schlimmer zu beurteilen und entsprechend zu bestrafen ist als der *patrie desolator* bzw. der *hostis patrie* und *desertor militie mundane* im römischen Recht. Roselli hängt, selbst in der Abfolge der Argumente, gänzlich von Petrus de Ancharano ab.[171] Sein Hinweis auf D. 40, c. 6 (*Si Papa*), mit dem er an der Stelle über Petrus hinausgeht, beweist nicht, wofür er angeführt wird. Er ist auch wohl nur als Topos angeführt, der gerade im Umfeld von Basel zuweilen ein Signal setzte, ohne noch viel kritisch diskutiert zu werden.[172] Nach diesem kurzen Eigenbeitrag verläßt sich Roselli allerdings wieder weitestgehend, ohne seinen Gewährsmann zu nennen, auf den berühmten Vorgänger oder dessen Vordenker, um die wichtige Rolle der weltlichen Gewalt, der *reges et principes seculares* zu beleuchten.[173] Eine eigene Leistung liegt hier nicht vor. Vielmehr spiegeln diese Ausführungen noch deutlich den Konflikt des Großen Schismas, vor dessen Hintergrund sie ja auch – wohl erstmals in dieser Form – entwickelt wurden.

Mit Blick auf die Möglichkeit, den Papst zu vertreiben, falls kein Konzil stattfinden kann, ist das ebenfalls bereits früher verwendete Beispiel des Mattathias aus dem Alten Testament zu beachten: In ihm sah bereits Petrus von Ancharano ein klassisches Beispiel für jemanden, der das Recht in die eigene Hand nimmt, weil niemand *ex officio* Zuständiger sich findet. Mattathias agierte ohne Richter, aber er handelte recht. Durch die Befolgung des Rechts darf nicht das Recht selbst ausgehöhlt und wertlos gemacht werden.[174] Das Widerstandsrecht, das immer wieder einmal thematisiert wird, findet eine weitere Basis in der – etwas eigenwilligen – Interpretation von C. 2, q. 7, c. 41 Grp (*Item cum Balaam*), die im Text Gratians selbst keine Grundlage hat. Dieser schreibt nämlich zu Num 22:

---

[171] Vgl. Marc. f. 18v und PETRUS DE ANCHARANO, *Responsio* 378. Dort u.a.: *Si ergo occupati in delenda patria tam exosi sunt humanis legibus; quanto fortius isti duo (sc. ‚papae‘) occupati in delenda et confundenda catholica ecclesia per eorum praesidentia majore supplicio digni sunt?*

[172] Marc. f. 18v: *... cum talis papa sit destructio (lies: destructor; cf. Cvp f. 228v) ecclesie militantis, ut in c. si papa. xl. di. potest dici plus quam patrie desolator.* Dazu Friedberg I 146.

[173] Vgl. Marc. f. 18v und PETRUS DE ANCHARANO, *Responsio* 379. Vgl. auch DERS., *Consilium* 113 f. – Der Einschub bei Roselli, der die *prophete* bei Jer 2, 8 im Gefolge von D. 43, c. 1 (*Sit rector*): Friedberg I 153 als *doctores* interpretiert, mag aus einer anderen Quelle stammen, wirkt allerdings in der Argumentation an dieser Stelle auch deplaziert.

[174] Cf. Marc. ff. 18v - 19r. Dazu PETRUS DE ANCHARANO, *Responsio* 378. Ebd. 390: *Ex quo exemplo et aliis concludendum videtur, quod ubi totius christianitatis strages jacet, et pericula animarum imminent, et jura jam fere sepulta jacent, non sint (sic!) ita omnimodo juris exacta diligentia servanda.*

Verum est, quod per asinam subditi significantur, et per Balaam prelati; non tamen hoc exemplo probantur praelati accusandi a subditis, sed subditis tantum forma datur humiliter renitendi prelatis, si forte eos ad malum cogere voluerint.[175] Für Roselli hingegen belegt die biblische Erzählung, *ut subditi prelatum a fide deviantem redarguere possunt redargutionibus supradictis, se primum ab obedientia subtrahendo et denique eo declarato a fide devio vel iudicis defectu subsistente a prelatura amovendo.*[176]

Zur Forderung eines Urteilsspruchs auch bei einem notorischen Delikt merkt der Verfasser der *Monarchia* an, daß bisweilen das notorische Vergehen, wie manchmal auch das nicht offenkundige (*occultum*), den Urteilsspruch bezüglich der daraus resultierenden Rechtsfolgen *in se inclusa* hat. Diese quasi automatisch gegebene *sententia iuris* macht eine weitere *sententia hominis* überflüssig. Die *notorietas criminis* prägt gewissermaßen, etwa bei dem Häretiker, die Folgen von Irregularität und Suspension *ipso iure* ein. Das legitimiert einen *recessus* der Untergebenen.[177] Diese Trennung vom Häretiker ist eine *executio facti*, bei der – wie zuvor breit dargelegt – von dem Schuldigen nur das *pati* verlangt wird.[178]

So kehrt Roselli von neuem, mit Blick auf einen Papst, der seine zuvor vorgenommene Abdankung praktisch widerruft, zu seiner alten These zurück. Diese These stützt sich auf D. 79, c. 9 (*Si quis pecunia*) und D. 23, c. 1 (*In nomine Domini*). Falls keine *iudicis id est concilii copia* zu finden ist, kann der häretische Papst *a possessione papatus* vertrieben werden bzw. – und das ist eine beachtenswerte Akzentsetzung – auch getötet werden.[179]

Nachdem Roselli den Fall des *unus papa* derart ausführlich erörtert hat, kommt er recht knapp auf die Frage der *duo de papatu contendentes* zu sprechen. In der Tat hatte Roselli ja bereits in seiner *Monarchia* ausführlich die Möglichkeit des *papa schismaticus* diskutiert.[180] Er verweist in sei-

---

175 Friedberg I 496. Gratian argumentiert gegen die Auffassung, daß die Untergebenen *possunt accusare prelatos suos.* – WÜNSCH, *Konziliarismus* 246 meint, Num 22,28 sei *eher dazu angetan, das Konzil als defensiv angelegtes Korrektiv gegenüber einem pflichtvergessenen Papst zu installieren denn als eigentliche Spitze der Hierarchie.*

176 Cvp ff. 229r - v. Der Text Marc. f. 19r ist schlechter. – Bei Roselli auch der Hinweis auf C. 2, q. 7, c. 46 (*Sicut*): Friedberg I 499 und C. 2, q. 7, c. 57 (*Ammonendi*): ebd. 502.

177 Vgl. Marc. f. 19r. Dazu auch Cvp f. 229v.

178 Cf. Marc. f. 19r. T f. 85r: ... *si aliquid debet ab heretico requiri aliud quam pati vel notorium non habet inclusam sententiam iuris, tunc est opus sententia hominis.*

179 Vgl. Marc. ff. 19r - v. Ebd.: *Tunc (sc. si iudicis ... copia haberi non poterit) poterit tanquam antichristus ... a possessione expelli et si opus est occidi.* – Auch an dieser Stelle wieder der Hinweis auf Mattathias und die Rolle der *principes seculares.*

180 Vgl. G II, XVI - XIX, 349 - 355.

nem Konzilientraktat mit dem Wort *supra* darauf, was sich wiederum nur aus der Textgeschichte erklären läßt.[181]

Ist einer der beiden Papstanwärter Schismatiker, *tunc liceret subditis a tali scismatico recedere.*[182] Für den Fall jedoch, daß keiner der beiden Schismatiker ist, gilt es, ein Konzil einzuberufen. Ist dazu keiner der Prätendenten bereit, *tunc licite subditi ab ipsis recedunt, ut convocent concilium vel ad concilium vadant vel alios provocent, nec ex hoc peccant vel scismatici dici debent, quia hoc lege permittente faciunt ... et sic penam non merentur.*[183]

In dieser knappen Auskunft scheint bereits die Antwort auf die Frage auf, ob die Untergebenen die Weisungen „ihres“ Papstes einhalten müssen und ggf. die von „ihrem“ Papst für den Fall einer Konzilseinberufung angedrohten Strafen fürchten müssen.[184]

Für den Fall, daß der Papst Häretiker oder – was möglich ist – Schismatiker wird, ist er *ipso iure* exkommuniziert und hat keinerlei Fähigkeit, *iurisdictionalia*, welcher Art auch immer, auszuüben.[185] So kann er auch nicht exkommunizieren.[186] Entsprechende Strafandrohungen sind nicht zu fürchten.[187]

Anders verhält es sich dem ersten Anschein nach, wenn der Papst keines der beiden *crimina* schuldig wäre, und die Exkommunikation denen androhen würde, die gegen seinen Willen ein Konzil einberufen wollten bzw. von ihm sich trennten.[188] Roselli aber betont: *Ego ... dico, quod non sunt formidande (sc. tales sententie), quia quando iudex precipit aperte illicitum vel quando est malum non est ipsi parendum, etiam si ipsi prelato iustum videatur.*[189]

---

181 Cf. Marc. f. 19v; T f. 85r; MI f. 37r; MII f. 276v. Dazu Cvp f. 230r: ... *ut dixi supra in questione an papa possit scismaticus effici.*

182 Marc. f. 19v. Der Verweis auf X. 1, 6, 5 (*Quia diligentia*): Friedberg II 50 f. ist wenig tauglich. Vgl. auch *Glosse* zu X. 2, 26, 12 (*Cum non liceat*), v. *recedere*, ed., 965 und HOSTIENSIS, *Commentaria* zu X. 2, 26, 12, v. *a capite membra recedere*, ed., f. 150A.

183 Marc. f. 19v mit Verweis auf C. 9, 9, 4 (*Gracchus*): MK II 374.

184 Eine aktuelle Frage im Kontext des Großen Schismas. Cf. u.a. GIRGENSOHN, Schisma 231 zur Haltung Benedikts XIII.

185 Cf. Marc. ff. 19v - 20r. Vgl. auch Glosse zu C. 24, q. 1, c. 1 (*Quod autem*), v. *qui vero*, ed., 1382.

186 Vgl. *Glosse* zu VI°. 5, 2, 6 (*Praesidentes*), v. *praesupponendum*, ed., 618: *Praesupponendum est ..., quod excommunicatus non potest esse iudex: et si iudex incidet in excommunicationem, pendente tempore, quo est excommunicatus, non habet exercitium iurisdictionis.*

187 Vgl. auch ANTONIUS DE BUTRIO, *Tractatus* – Vat. lat. 4039, ff. 99r - v.

188 Vgl. Marc. f. 20r mit der Anführung einer Vielzahl von Belegen aus dem kanonischen und römischen Recht.

189 Marc. f. 20r. Bei Cvp ff. 231r – v findet sich an dieser Stelle eine Dublette. MI f. 37v fehlt ein großer Textteil. – Als Beleg scheint die *Glosse* zu X. 1, 11, 5 (*Ad aures*), v. *obedien-*

Er unterscheidet dann zwischen einer Weisung, die *iudicialiter* ergeht, gegen die Berufung eingelegt werden kann, und einer Weisung, die *extra-iudicialiter* erfolgt, bei der nur der Weg des Widerspruchs – *contradictio absque alia appellatione* – offensteht. Nachdrücklich hebt er bei all dem die zentrale Rolle des Gewissens hervor. Dessen Spruch gilt es auch dann zu folgen, wenn daraus Strafmaßnahmen resultieren würden.

> *debet inherere proprie conscientie et precepta spernere ... et tolleret pacienter sententiam, donec ab ipsa per concilium vel futurum papam relevetur.*[190]

Eine Schlüsselposition hat bei der Argumentation Rosellis vielleicht der Kommentar Innozenz' IV. zu X. 5, 39, 44 (*Inquisitioni*). Der relevante Text soll daher hier angeführt werden:

> *quid si papa iniustum praecipiat qui superiorem non habet cum quo agi possit? potest dici quod si de spiritualibus vel ecclesiasticis personis aliquid praecipit, et iniustum, illud servandum est; quia nemini licet de eius factis iudicare ... nisi mandatum haeresim contineret; quia tunc esset peccatum, vel etiam forte alia mala ventura esse; quia tunc peccatur obediendo, cum debeat futura mala praecavere, non iuvare.*[191]

Der Papst kann kein Gesetz erlassen, das im Krisenfall ein Vorgehen gegen ihn auf rechtlichem Weg unmöglich macht. Ebenso kann er auch nicht indirekt, durch die Behinderung der Zusammenkunft eines Konzils, den Selbstschutz der Kirche umgehen. Wer einer, auch vom wahren Papst erlassenen, Weisung gegen die Zusammenkunft eines Konzils zuwiderhandelt, sündigt deshalb nach Rosellis Ansicht nicht.[192] Der zeitgeschichtliche Bezug seiner Darlegungen bestätigt sich in seinem Kommentar zum Dekret, in den Ausführungen zu C. 3, q. 7, c. 7 (*Sacerdos* und – Grp – *Item*).[193] Roselli schreibt:

> *per istos tex. probatur quod etiam postquam prelati et reges prolapsi sunt in heresim tamen dum tollerantur iurisdictionem retinent et hic dicitur de salomone. Sed hodie cum prelati et reges prolabunt in heresim statim dignitatem perdunt et sentenciam excommunicationis incurrunt ut in c. cum secundum leges de here. in vi. ... quod procedit etiam in papa xxiiii. q. i. accatius et possunt a suis subditis deseri et ideo bene fecerunt cardinales quando recesserunt a Gregorio xii° et fecerunt pisanum concilium in quo fuit creatus papa alexander quem iniquus vir*

---

tiam, ed., 287 f. zu dienen, die wiederum auf X. 2, 13, 13 (*Litteras*) hinweist. Der letztgenannte Beleg bei Roselli.

190 Marc. f. 20r.

191 INNOZENZ, *Commentaria* zu X. 5, 39, 44, v. *mortale*, ed., 662. Marc. f. 20v verweist darüber hinaus auf ein *predictum ex quo scandalicatur ecclesia*, was so bei Innozenz IV. nicht steht.

192 Vgl. Marc. f. 20v.

193 Vgl. Friedberg I, 528.

balthesar cossa neapolitanus postea papa johannes xxiii fecit ut obtineret papatum alexandrum fecit veneno interemi et ipse benonie papa creatus fuit. Sed demum iusto dei iudicio depositus fuit a papatu in sacratissimo consilio constantiensi et creatus fuit sanctissimus martinus papa quintus de illustri domo de calunna romana.[194]

Roselli hat so die Frage nach der Einberufung des Konzils und der dazu nötigen Autorität beantwortet. Zugleich ist damit der Teil abgeschlossen, der in den späteren *Monarchia*-Fassungen, wie oben ausgeführt, als Dublette auftaucht. In Cvp f. 232r erfolgt nun eine Überleitung zu dem Teil, in dem es allgemeiner um die Konzilien geht.

In den Handschriften des Konzilientraktats offenbart sich an dieser Stelle eine Abweichung hinsichtlich der Numerierung der Fragen, wie sie zu Beginn in Aussicht gestellt wurde.[195] Die Druckfassung der *Monarchia* bei Goldast hilft ebensowenig weiter wie die frühe Fassung von 1487.[196] Die Fassung des *Tractatus copiosissimus* von 1549 dagegen stellt eine erfreuliche Ausnahme dar, da sie die Zählung an der Inhaltsangabe der venezianischen Handschrift orientiert und deshalb den Fehler derselben an dieser Stelle korrigiert hat.[197] Möglicherweise wollte der Schreiber des Manuskripts von Venedig einen vermeintlichen Fehler seiner Vorlage verbessern, wodurch er letztendlich die Verwirrung vergrößerte.[198]

---

194 Vgl. ANTONIO ROSELLI, *Expositio super Gratiani Decreto*, ad C. 3, q. 7, c. 7 (*Sacerdos*), Padova, Biblioteca Capitolare, B 10 (sic!).

195 Marc. f. 20v: *Ex istis ergo determinate sunt due questiones. Primum, secunda questio, quando sit fiendum concilium generale et ex quibus causis. Item et tertia, quis habet auctoritatem ipsum convocandi vel convocato auctoritatem prestandi. Nunc assumamus quartam in primo ordine, qui videlicet ad concilium sunt vocandi.* Vgl. auch T f. 85v; MI f. 38r; MII f. 277v. – Dazu Marc. f. 1r bezüglich der Numerierung, wie sie eigentlich konzipiert war.

196 Vielmehr machen auch die dortigen Angaben wenig Sinn. Cf. *Monarchia* ed. 1487, f. 56r: *Ex istis ergo determinate sunt due questiones. Prima questio, quando sit fiendum concilium generale et ex quibus causis. Item secunda questio, quis habet auctoritatem in ipsum convocandi vel convocato auctoritatem prestandi. Nunc assumamus quartum (sic!) in primo ordine*. G III, VII, 402 (Zeilen 48 - 50) ebenso. Vgl. auch Padova, Biblioteca Capitolare, B 11, f. 100r (als Vertreter einer *Monarchia*-Handschrift mit Doppelung, an denen sich ja die genannten gedruckten Fassungen orientierten).

197 Cf. *Monarchia* ed. 1549, ff. 21v - 22r. Ebd. f. 22r: *Nunc assumamus quintum in primo ordine*. Die „Inhaltsangabe“ cf. ebd. f. 14v. Vgl. auch Marc. f. 1r.

198 Es ist denkbar, daß er die rein internen Ordnungszahlen – *prima/secunda quaestio* –, die sich nicht auf die gesamte Ordnung des Traktats beziehen, als ebensolche las und deshalb „korrigierte“: daher das sowohl sprachlich wie semantisch unglückliche *primum secunda questio* (von einer *prima questio* war zuvor nicht in entsprechender Weise die Rede). Gleichwohl bleibt die Frage nach dem *quartam in primo ordine*, da es – zumindest nach Marc. f. 1r – doch wohl eher *quintam in primo ordine* heißen sollte. Vgl. auch Marc. ff. 1v - 2r: *Assumo secundam questionem et quia de hac dico inferius in quinta (sic!) questione,*

Im Rückblick auf das bisher Ausgeführte erhärtet sich die These, daß die Behandlung der Thematik von Konzilseinberufung und – vor allem – deren *causae* auf einem Text basiert, der ursprünglich gar nicht die gesamte Bandbreite der diesbezüglichen Auseinandersetzungen im Blick hatte, sondern sich wesentlich auf die *causa papatus* bezog. Die Vielzahl der *Ursachen für die Einberufung allgemeiner Konzilien*, wie sie etwas später – aber noch im zeitlichen Umfeld – bei Torquemada Erwähnung findet,[199] ist bei Roselli hier nicht auszumachen.

Ein Vergleich des *Monarchia*-Textes vor und nach dem Einbau des in der Zwischenzeit als selbständiges Werk verbreiteten Konzilientraktats mag diese Auffassung untermauern. Cvp f. 232r heißt es: *Quoniam autem diximus harum causarum iudicem esse concilium et satis supra retulerimus a quo debeat convocari et cuius auctoritate subsistat placet nunc diligentius inquirere quot sunt genera conciliorum.* Nach einer – sehr knappen – Präsentierung der *genera* (*provinciale*, *synodale*, *generale*) wird bezüglich des Generalkonzils angemerkt: *in hoc est videndum quando debet fieri concilium generale et qui ad concilium sunt vocandi.*

Es folgt die Aufzählung der Fragen, wie sie sich dann auch im Konzilientrakat finden. Im Anschluß wird kurz rekapituliert, wann ein Konzil abzuhalten ist, um dann unmittelbar mit der Frage nach den Konzilsteilnehmern fortzufahren.[200]

In dem Manuskript aus der Biblioteca Capitolare Padova, B 11, f. 85r heißt es dagegen an der entsprechenden Schnittstelle:

> *Quoniam autem diximus harum causarum iudicem esse concilium et satis supra retulerimus a quo debeat convocari et cuius auctoritate suscitat (sic!) placet nunc diligentius inquirere et magis generaliter. Quoniam opus fuit in hoc opere de generalibus sinodis mentionem facere decrevi nunc quoniam et ipsa concilia de genere sunt monarchie ipsam altam materiam et cotidianam conciliorum generalium tractare. Et ideo primo queram quid sit concilium et unde dicatur.*

Der Text bei Goldast folgt dieser Version, die schon rein sprachlich – etwa durch das wiederholte *quoniam* – unschön ist, aber auch inhaltlich nicht überzeugt. Wie nämlich soll begründet werden, daß die Konzilien

---

ubi tracto qui ad concilium sint vocandi, ideo dicatis ut ibi. Es bleibt hier nur die Spekulation, solange nicht die Textgeschichte durch neue Textzeugen exakt oder zumindest sicherer rekonstruiert werden kann.

199 Vgl. die Besprechung bei BINDER, *Konzilsgedanken* 102 - 112. Binder listet 12 Punkte auf, u.a. etwa Erörterung von Glaubensfragen, Zurückweisung von Häretikern, Rückführung von Irrlehrern und Schismatikern, Abwehr von Feinden etc. A.a.O. 112 - 118: *Der Nutzen allgemeiner Konzilien*. Ähnliches sucht man bei Roselli vergeblich.

200 Vgl. zum Gesagten Cvp ff. 232r - v.

„von ihrer Art her" Monarchien sind? Roselli erklärt sich nicht. Wurde nur ein damals gängiges Topos aufgenommen? Wurde lediglich eine Verbindung geschaffen zu dem inzwischen unabhängig gewordenen, zu integrierenden Konzilientraktat, der gänzlich übernommen wird, ohne darauf zu achten, daß ein Teil desselben ja bereits vorliegt?[201]

[201] Vgl. Vat. lat. 13019, f. 46v. Dazu G II, XXX und III, I, 379. Vgl. auch *Monarchia* ed. 1487, f. 47r (jeweils auch *suscitat*). – Marc. f. 1r: *Altam materiam et quottidianam Conciliorum generalium tractaturus.* Ein Erklärungsversuch bei BURNS, *Lordship* 108: *In the original text of the mid-1430s he (sc. Roselli) had cited a well-known passage from Book III of Aristotle's ‚Politics', which argued, in the medieval Latin version, that the ‚regimen civitatis' must be lodged either in the whole body of citizens or in its weightier part; and the citation was, naturally enough, retained when the passage was used in the 1444 treatise. Taken together with the remark about the integral part played by ‚general councils' in monarchical systems, this makes it clear that monarchy is indeed, for Roselli, to be understood properly only in what we may call its corporate matrix.*

6. Teilnehmerkreis und Stimmrecht auf Generalkonzilien

Die Frage nach dem Teilnehmerkreis bei allgemeinen Konzilien behandelt Roselli in Marc. ff. 20v - 21v. Besonders angesichts des Basler Konzils war diese Frage neu akut geworden.[1] Helmrath schreibt:

> *Das vor dem Hintergrund eines egalitären Kirchenbildes und eines distributiven Repräsentationsbegriffs eingeführte Prinzip der Stimmengleichheit (ohne Ansehen des Rangs der Teilnehmer) und der reinen Majoritätsentscheidung waren ... in den Augen sehr vieler Zeitgenossen ein so großes Skandalum, daß man es nicht ohne weiteres verdauen konnte.*[2]

Der Verfasser der *Monarchia* freilich behandelt das Problem eher nebenbei, ohne eine Petrus de Monte vergleichbare und insgesamt befriedigende Schau bieten zu können.[3] Für Nörr ist ohnehin Panormitanus der *erste Kanonist, der eine abgewogene Lehre von der Zusammensetzung des allgemeinen Konzils gibt.*[4] Wie er erweist sich auch in der Folgezeit Torquemada, mit Blick auf die etwas ungeordnet kreisenden Ausführungen Rosellis, als diesem wesentlich überlegen.[5]

Rosellis Argumentationsbasis ist die bereits als Beantwortung der zweiten Frage angekündigte Unterscheidung dreier verschiedener Konzilstypen:[6] *concilium synodale*, *provinciale* und *generale*, wobei er bei dem letzteren differenziert zwischen dem Generalkonzil im strengen Sinn und dem Konzil, das der Papst mit dem Volk und Klerus von Rom abhält. Letzteres ist dann auch nur im uneigentlichen Sinn als Generalkonzil zu betrachten. *De facto* ist es eine römische Synode unter dem Vorsitz des *patriarcha urbis*, des Papstes als Bischof von Rom. Im Kontext der Frage

---

1 TORQUEMADA, *Summa* III, XV, ed., f. 292v zur Beurteilung von Basel: ... *scandalosum: quod maxime evenerit ex ... indiscreta admissione multorum ad voces diffinitivas in concilio: non est habendum in memoria alicuius auctoritatis.* – Vgl. in dem für Eugen IV. verfaßten Text auch ANTONIUS ROSELLI, *Consilium* – Firenze, Laurenziana, Plut. XVI, Cod. XIII, f. 210v, wo davon gesprochen wird, daß sehr viele *in fraudem* sich in Basel hätten inkorporieren lassen, *non tam generali concilio interessendi quam iusticie evadende sive eciam fugiende.* Zuvor war das Problem der „Doppelherrschaft" bzgl. der angängigen Prozesse angesprochen worden (Konflikt römische Kurie – Konzil).

2 HELMRATH, *Basler Konzil* 78.

3 Vgl. PETRUS DE MONTE, *Tractatus* 109 - 112.

4 So NÖRR, *Kirche* 159. Vgl. zum Thema das ganze 8. Kapitel, ebd. 159 - 170.

5 Vgl. die Besprechung bei BINDER, *Konzilsgedanken* 121 - 129. Bei TORQUEMADA, *Summa* III, XI - XV, ed., ff. 286v - 293r.

6 Cf. Marc. f. 1r in Verbindung mit ff. 1v - 2r. Vgl. auch bei der Besprechung seiner anfangs gegebenen Konzilsdefinition, f. 1v: ... *dixi generalis ad differentiam provincialis et sinodalis sinodi.*

nach dem Verhältnis päpstlicher und konziliarer Entscheidungen will er darauf näher eingehen.[7]

In der Wiener Fassung der *Monarchia* findet sich als Unterscheidungskriterium der diversen Typen das der Häufigkeit: während die beiden erstgenannten Genera des Konzils *singulis annis* stattfinden, ist bei dem Generalkonzil nicht die Zeit, sondern – *regulariter* – die Notwendigkeit der Entscheidung wichtiger Angelegenheiten bzw. eine kirchliche Krisensituation das Kriterium.[8] Im Konzilientraktat fehlt dieses Moment. Dort dient die Spezifikation vor allem dazu, den Teilnehmerkreis zu bestimmen.

Bezüglich des *concilium synodale*, welches von den Bischöfen abgehalten wird, legt er dar: *Abbates debent et possunt citari et totus clerus et ire tenentur.*[9] Sein wiederholtes Eingehen auf die Problematik der Äbte ist wohl u.a. durch die Textvorlagen, auf die Roselli sich stützt, bedingt.[10]

Beim Provinzialkonzil, welches vom Erzbischof oder Metropolit abgehalten wird, brauchen die, die in der Hierarchie den Bischöfen untergeordnet sind, nicht berufen zu werden, um eine richtende Funktion (*iudicare*) wahrzunehmen, – *quia soli episcopi vocem habent in iudicando in conciliis provincialibus* –, wohl aber, um beratend (*consulere*) tätig zu

---

[7] Cf. Marc. f. 20v. Die entsprechenden Hinweise auf die *penultima quaestio* fehlen Cvp f. 232v. – Der Konsistorialadvokat Thomas de Birago nimmt ebenfalls als Ausgangspunkt: *tria sunt genera conciliorum, universale, provinciale et episcopale.* THOMAS DE BIRAGO, *Tractatus* - Cvp 5129, f. 72r.

[8] Cf. Cvp f. 232r.

[9] Marc. ff. 20v - 21r. Unter Bezugnahme auf X. 1, 33, 9 (*Quod super*): Friedberg II 200.

[10] Vgl. HOSTIENSIS, *Commentaria* zu X. 1, 33, 9, v. *abbates*, ed., f. 172a. *Glosse* zur Stelle, v. *casus* und v. *dioecesana*, ed., 484. ANTONIUS DE BUTRIO, *Commentaria* zur Stelle, f. 88r, der die Problematik der *abbates* in extenso diskutiert. U.a.: *(sc. abbates) habentes populum indistincte venire tenentur, etiam non citati specialiter: si vero non habent populum, tunc ex iusta causa, et rationabili possunt citari ... In dubio tamen cautius est, ut accedant ad synodum, ex quo sunt subditi episcopo ...* – Vgl. aber auch die Diskussion im Zusammenhang der ersten Konzilsauflösung ANONYMUS, *Allegationes* – Firenze, Laurenziana, Plut. XVI., Cod. XIII, f. 218r: *... dicitur quod ymo in termino inceptum fuit concilium generale. quoniam comparuit ibi unus abbas qui protestatus est ut dicit coram capitulo Basiliense quod venerat causa Concilii celebrandi. et ibi intendebat expectare alios. fuerunt etiam ibi certi magistri de Universiate Parisiense. Unde dicitur quod etiam illi pauci potuerunt incipere et alios vocare etiam maiores quoniam virtus Concilii debite convocati remanet in venientibus quamquam paucis ... respondetur quod longa est differentia inter concilia generalia et aliae universitates ... quia (sc. concilium generale) a papa recipit fundamentum qui convocat non a se.* Ebd. f. 218v: *Abbates de Iure communi non habent voces in concilio generali iuxta notata de preben. c. grave. solus enim Episcopi habent vocem ... Et ille qui dicitur ibi comparuisse fuit unus Abbas. Nec obstat quod in causis fidei, omnes possunt interesse etiam layci ... quia est verum quo ad consulendum non quo ad iudicandum ... Non fuit ergo ille Abbas talis persona, non illi etiam de Universitate Parisiense quod in eorum humeris residere potuerit virtus Concilii generalis.*

sein.[11] Wir finden so die auch bei dem Verfasser der *Summa de Ecclesia*, Juan de Torquemada, grundlegende Distinktion zwischen *vox consultoria sive consultiva* und *vox decisiva sive diffinitoria*; diese wird allerdings nicht weiter ausgearbeitet.[12]

Anfangs hatte der Autor der *Monarchia* schon die Auffassung einiger (*nonnulli*) referiert, welche von der Zusammensetzung der Provinzialkonzilien auf die der Generalkonzilien geschlossen hatten, daß nur die höheren Prälaten als *iudices concilii* zu berufen seien, hatte dann aber sogleich Gegengründe geltend gemacht.[13]

Nun greift er diese Gegengründe auf. So gesteht er zu, daß bei den Provinzialkonzilien Äbte, wenn sie wollen, teilnehmen können. Geht es aber nicht um eine Sache, die sie selbst betrifft, müssen sie nicht zum Konzil geladen werden.[14] Teilnahme bedeutet aber noch keinesfalls automatisch eine *vox decisiva* für die *inferiores ab episcopis*. Roselli nimmt als Ausgangspunkt die drei Genera der Konzilien. So legt er dar: *Si ... in conciliis ... synodalibus abbates solum sunt vocandi ... non autem in provincialibus conciliis abbates vocem habent, quanto magis non habebunt abbates ... inferiores ab episcopis in iudicando vel statuendo vocem in conciliis generalibus.*[15]

Im Sinne von Teilnahme *sunt citandi omnes quorum aguntur cause.*[16] *Ad finem consulendi* sind so auch die Kathedralkapitel einzuladen.[17] Als

---

11 Marc. f. 21r.

12 Vgl. TORQUEMADA, *Summa* III, XIV, ed., f. 289r: ... *prima vox (sc. consultoria) est proprie eorum qui prudentia praecellunt ... Secunda vox (sc. decisiva) est eorum qui potestate clavium auctoritatem in ecclesia superiorem tenent.*

13 Cf. Marc. f. 20v. Roselli verweist auf die Kommentare der *doctores* zu X. 3, 5, 29 (*Grave*). Vgl. etwa ANTONIUS DE BUTRIO, *Commentaria* zur Stelle, ed., f. 41v: ... *dic, quod vocandi sunt ad concilium provinciale episcopi tantum, et non alii de necessitate.* Der Schluß vom Provinzialkonzil auf das Generalkonzil etwa bei MATTHÄUS DE MATTESILLANI, *Tractatus* – Ottobon. lat. 1759, ff. 148v - 149r.

14 Vgl. Marc. f. 20v mit einem sehr verstümmelten Text. Dagegen MII f. 277v: ... *et quod clerici inferiores intersint videtur textus in c. in nomine domini xxiii di et i. q. vii convenientibus de accus. sicut olim de causa pos. et proprie. c. fi. ubi videtur tex. quod abbates conveniant in conciliis et dicto c. convenientibus ubi tex. dicit quod monachi conveniunt et glo. exponens in verbo monachi dicit i. de abbatibus.* Als Antwort darauf Marc. f. 21r: ... *etiam abbates interveniunt ... et hoc cum volunt pro eorum interesse intervenire alias si non agitur eorum causa non est opus quod citentur et eorum diocessani (sic!) eis intimabunt que in provincialibus conciliis facta sunt.* Der relevante Gedanke fehlt Cvp f. 232v, wird aber Cvp f. 242r im Zusammenhang mit der Frage nach dem Stimmrecht nachgetragen.

15 Marc. f. 21v. Der Text findet sich Cvp f. 242r im anderen Kontext, und zwar angemessener dort, wo es um das Stimmrecht geht. In Marc. wirkt das Textstück geradezu verloren.

16 Marc. f. 21r unter Verweis auf D. 18, c. 4 (*Propter ecclesiasticas*): Friedberg I 54: *In ipsis autem conciliis et presbiteros et diaconos presentes esse oportet, et omnes, quotquot se lesos existimant, et sinodicam exspectare sententiam.* Oder D. 18, c. 15: Friedberg I 57 f.

17 Vgl. Marc. f. 21r: *Stat igitur conclusio quod vocatio in (sic!) finem statuendi vel iudicandi sit de solis episcopis in conciliis provincialibus et generalibus sed ad finem consulendi debet*

Regel kann gelten, daß jeder, der unmittelbar durch eine zu verhandelnde *causa* betroffen ist, eingeladen werden soll. *sunt citandi omnes quos causa tangit et quorum consilium debet exquiri.*[18]

Daraus resultiert, daß – allgemein gesagt – bei einer *causa universalis ecclesiastica* alle Kleriker zu laden wären. Tatsächlich würde es allerdings ausreichen, wenn diesen durch ihre Bischöfe bzw. Metropoliten das auf dem Konzil Behandelte mitgeteilt würde. Roselli verweist zur Begründung auf D. 18, c. 17 (*Decernimus*) und X. 5, 1, 25 (*Sicut olim*).[19]

Einen gewissen Raum nimmt bei ihm die Stellungnahme zur Teilnahme der Laien am Konzil ein. Ähnliches kann man bei Petrus de Monte feststellen.[20] Gerade diese Frage erhitzte die Gemüter ja zur Zeit des Basler Konzils, wobei der Tadel an der Partizipation derselben *nicht prinzipiell die Laien treffen* sollte, sondern in der Polemik wurde *mit dem ‚Laien' die letzte Stufe des hierarchischen und bildungsmäßigen Verfalls angezielt, wie er sich für Konzilskritiker in Basel offenbarte.*[21]

Wie Petrus de Monte bezieht sich Roselli u.a. auf D. 96, c. 4 (*Ubinam*). Dort wird die Teilnahme von Laien – wozu auch der Kaiser gehört – als Ausnahme für den Fall zugebilligt, daß die *fides* zur Diskussion steht, *que universalis est, que omnium communis est, que non solum ad clericos, verum etiam ad laicos et ad omnes omnino pertinet christianos.*[22] Die Konzil-

---

etiam fieri de capituli (sic!) cathedralibus. Cf. Cvp f. 233r. Roselli verweist auf X. 3, 10, 10 (*Etsi membra*): Friedberg II 505 f., *ubi videtur casus quod etiam capitula ecclesiastica cathedralium sunt vocanda sive requirenda et hoc videntur ibi tenere doc.* – so Marc. f. 20v. Vgl. ANTONIUS DE BUTRIO, *Commentaria* zur Stelle, ed., f. 65v: *Quaero an super huiusmodi capitula sunt vocanda ad concilia. Aliqui dicunt quod sunt vocanda quando tangitur ipsorum factum, ideo exponunt, maxime, pro tantum. Alii dicunt, quod ad omnia generaliter sunt vacanda (sic!), et maxime ad tangentia ipsorum facta, ut sic intersint omnibus. Et si iuri suo viderint aliquid detrahi, possunt appellare.*

18 Marc. f. 21r unter Anklang an VI°. Regula iuris 29. Vgl. auch *Glosse* zu X. 3, 10, 10, v. *contingere*, ed., 1229 der Verweis auf die *regula*. – Roselli sieht in der Ladung des unmittelbar Betroffenen ein Gebot des Naturrechts *que non potest vel debet pretermitti etiam a concilio vel principe.* Interessant wiederum die Parallelisierung von *princeps* und *concilium*.

19 Vgl. Friedberg I 58 und Friedberg II 747. – Vgl. auch TORQUEMADA, *Summa* III, XIV, ed., f. 290v zur Geltung des „Quod omnes tangit“-Prinzips: *Respondetur dupliciter. Primo quod ab omnibus intelligitur approbatum quod a potioribus sive maioribus in universitate approbatur. Secundo respondetur quod illa regula non facit ad propositum cum non habeat locum nisi ubi iura aliquorum tangerentur cum aliquo praeiudicio ... hoc autem non est in conciliis universalibus ubi regulae vivendi, et doctrinae nemini praeiudiciales sed salutares instituuntur.*

20 Cf. PETRUS DE MONTE, *Tractatus* 110 f.

21 HELMRATH, Basler Konzil 83 f. Ebd. 87 zum tatsächlichen Zustand: *Nur eine verschwindend geringe Zahl von Laien war auf dem Basler Konzil inkorporiert. ... Auch das Basiliense blieb eine Klerikersynode!*

22 Friedberg I 338. Cf. auch *Glosse* zur Stelle, v. *pertinet*, ed., 465: *Ar. quod omnes tangit, ab omnibus debere tractari et approbari.* Zum Thema cf. CONGAR, Quod omnes tangit.

teilnahme der Laien steht allerdings unter dem klaren Vorbehalt, daß sie teilnehmen, *non ut iudicent sed ut assistant.*[23] Auch sonst hebt Roselli mit Nachdruck hervor, daß, von der Ausnahme der *causa fidei* abgesehen, die Laien keinesfalls geladen werden müssen, da es ihnen *a priori* nicht zukommt, kirchliche Angelegenheiten zu behandeln.[24] Die gesamte Tendenz geht bei ihm dahin, die Notwendigkeit einer Teilnahme von Laien prinzipiell einzuschränken. Nur dann, wenn *per viam litigii* auf dem Konzil deren ureigene Sache, *specialiter*, behandelt wird, müssen sie geladen werden, um das Recht auf Verteidigung zu gewährleisten. Geht es dagegen um eine *causa*, welche sie *generaliter* betrifft, ist die *vocatio* oder *admissio* lediglich *de honestate*, nicht *de necessitate.*[25] So liegt es ganz im Ermessen des Papstes, Laien zur Teilnahme am Konzil zuzulassen oder nicht zuzulassen – auch in den *causae fidei* und den *causae matrimoniales*, die nach Auffassung mancher Autoren, ausgehend von der Glosse zu X. 3, 10, 10, eine Teilnahme der Laien für geboten erscheinen ließen.[26] Für Roselli gilt: *in causis fidei vel matrimonialibus, si statuatur per papam vel per viam legis generalis sive eis non citatis et non auditis, valebit quod erit statutum et ipsi tenentur inviti acceptare quia sacrilegii instar esset de facto pontificis dubitare.*[27]

Der Papst kann allerdings den Laien, soweit sie zugelassen werden, auch die *potestas statuendi* gewähren, und das auch hinsichtlich der *spiri-*

---

[23] So T f. 86r. Der entsprechende Textabschnitt fehlt Marc. f. 21r. Der Gedanke findet sich gleichwohl noch mit etwas anderen Worten Marc. f. 21r. Vgl. auch PETRUS DE MONTE, *Tractatus* 111: *... fides potest remanere etiam apud simplicem laicum, et in omnibus aliis perire, sicut accidit in personam beatae Mariae in passione Christi, quando apostoli, et alii credentes defecerunt in fide. Hoc tamen casu puto eos admittendos, non solum ut audiant, sed ut consulant, et dicant opinionem suam, non autem decidant ... Docendus est enim populus ... non sequendus.* – Vgl. DOMINICUS A S. GEMINIANO, *Tractatus* – Vat. lat. 4039, f. 244v zur Laienteilnahme.

[24] Roselli verweist Marc. f. 21r auf X. 1, 6, 51 (*Sacrosancta*) und X. 1, 6, 56 (*Massana*): Als klassische Stellen auch bei PETRUS DE MONTE, *Tractatus* 111.

[25] Vgl. Marc. f. 21r: *Adverte tamen quia ubi dixi quod in causa fidei vel que tangit laycos ipsi sunt citandi, hoc debet sane intelligi quando per viam litigii eorum causa ageretur spiritualis ut sint citandi quia citatio ... (T f. 86v: est) de iure naturali. Sed si non ageretur tunc specialiter aliquorum causa, essent de honestate citandi si in generale (T: genere) tangit eos.*

[26] Vgl. die Diskussion bei PETRUS DE MONTE, *Tractatus* 110 f. Vgl. *Glosse* zu X. 3, 10, 10, v. *contingere*, ed., 1229 f.

[27] Cf. Marc. ff. 21r - v mit Verweis auf D. 19, c. 3 (*In memoriam*): Friedberg I 60 f. und D. 19, c. 5 (*Nulli fas*): a.a.O. 61, die allerdings nicht direkt das Gesagte belegen. Vgl. auch JO. AN., *Commentaria* zu X. 3, 10, 10, v. *tangant*, ed., 66. – GIRGENSOHN, Schisma 219 zu Pedro de Luna: Es *liegt ... in der Machtvollkommenheit des Papstes, nach eigenem Gutdünken bestimmte Gruppen oder einzelne Personen auszuschließen. Diese Entscheidung muß ohne Widerspruch akzeptiert werden, ‚quia instar sacrilegii est de facto pape disputare, scilicet vertendo in dubium, an iustum vel iniustum debeat repputari'.*

tualia.[28] Ihm kommt es auch zu, bestimmte Bischöfe zum Konzil zu laden und andere nicht. Soweit die Bischöfe nicht geladen sind, müssen sie nicht teilnehmen.

Nach diesen Ausführungen, welche sehr deutlich die Bedeutung herausstreichen, welche Roselli dem Papst zugesteht,[29] kommt allerdings nicht weniger deutlich der bezeichnende Nachsatz: *ista sunt vera nisi papa faceret in fraudem scandalicando ecclesiam.*[30]

Insgesamt gesehen finden wir nichts, was in irgendeiner Weise das klassische Modell eines klerikal-hierarchischen Konzils, wie es etwa schon im Umfeld von Pisa, bei Dominicus a Sancto Geminiano, anzutreffen ist, in Frage stellen würde. Dieser merkte an:

> *Excluduntur eciam imperator et per consequens omnes alii seculares principes inferiores vel layci ..... quod intellige nisi specialiter invocarentur ... vel quando tractaretur questio fidei ... vel ageretur de prohibicione graduum in matrimonio comprehendorum ... Et ratio est quia cum tales cause eos tangant possunt interesse ... ut audiant vel possint venire pro petenda vel defendenda iusticia.*[31]

Cvp f. 233r fehlt ein größerer Abschnitt, der Marc. ff. 21r-v vorliegt.[32] Es ist allerdings im folgenden zu beachten, daß die Wiener Handschrift falsch gebunden ist. Textlich folgen dort aufeinander: ff. 233r - 233v - 242r - 242v - 234r .... 241v - 243r ....

Die Handschrift der Marciana bietet dann f. 21v irrigerweise in äußerst knapper Form die Beantwortung der Frage nach der *forma vocationis*, die später – *plenius* – Marc. f. 22r aufgegriffen wird. Die Ordnung (*quinto*)

---

[28] Vgl. Marc. f. 21r. Roselli interpretiert so D. 63, c. 2 (*Adrianus*): Friedberg I 235. Vgl. die *Glosse* zur Stelle, v. *invitatur*, ed., 314. - Vgl. auch PETRUS DE MONTE, *Tractatus* 111: *Papa ... congregans Concilium potest eos facere capaces vocis dandae. ... hoc modo debent intelligi omnia iura, in quibus legitur, laicos fuisse in Concilio, videlicet, quod fuerunt ex invitatione Ecclesiae.*

[29] Vgl. TORQUEMADA, Summa III, XV, ed., f. 292r: *Notandum quod de modo celebrandi concilia universalia quo ad personas maxime vocandas vel admittendas praeter episcopos nulla certa forma data est, cuius ratio esse videtur: quia forma et modus celebrationis universalium conciliorum pendet omnino ex dispositione papae qui auctoritate, et potestate est supra concilia.*

[30] Marc. f. 21v. Vgl. auch der Schluß bei PETRUS DE MONTE, *Tractatus* 112.

[31] DOMINICUS DE S. GEMINIANO, *Tractatus* – Vat. lat. 4039, f. 244v. – Vgl. auch die Ausführungen von JOHANNES AB IMOLA, *Tractatus* 208 - 210 zum Teilnehmerkreis Ebd. 210: ... *fateor quod in potestate pape congregantis Concilium est congregare etiam abbates et alios praedictos si vult ... sed non necessitatur si non vult ... certum est hodie quod non tenetur necessario vocare principes vel imperatorem ... potest tamen si vult.* Zentral ist bei ihm wieder – *regulariter* – die Entscheidungskompetenz des Papstes. Siehe ferner GIRGENSOHN, Schisma 218 f.

[32] Es fehlt – neben anderen kleineren Passagen – das Stück *Adverte tamen ... videndum est de vocationis forma.* Vgl. auch Padova, Bibl. capitolare B 11, f. 100v.

korrespondiert wiederum nicht dem Index der Materien, welcher der Handschrift vorangestellt ist (*sexto*).[33] Cvp f. 233r findet sich derselbe Text, allerdings ohne die Vorgabe, der entsprechenden Frage des Inhaltsverzeichnisses zugeordnet zu sein. Tatsächlich erfolgt die Beantwortung der Frage später; die korrespondierenden Ausführungen beginnen Cvp f. 234r.[34]

Nach diesem kurzen Exkurs, welcher ohnehin – bereits in Cvp – den Argumentationsfluß eher stört, kehrt Roselli in gewisser Weise zu der Diskussion des Teilnehmerkreises zurück. Nun erörtert er nämlich die damit zusammenhängende *questio* oder *dubitatio*, welches Stimmrecht den das Konzil Feiernden zusteht. Diese Frage war schon zuvor – wie zu sehen war – angeschnitten worden.[35] Wir finden hier eine Vertiefung der von Roselli verfochtenen These, daß das Generalkonzil wesentlich ein Bischofskonzil ist.[36] Er steht damit ganz in der Tradition und setzt sich ab von Basel.[37]

Bezüglich der *vox iudicandi vel statuendi* gilt nach Roselli: *soli episcopi in provincialibus et generalibus conciliis vocem habent.*[38] Hinsichtlich des Generalkonzils verweist Roselli zum Beleg auf mehrere *capitula* verschiedener Distinktionen. In diesen wird – oft in allgemeinerem Sinn – von der Teilnahme der Bischöfe gesprochen.[39]

---

[33] Vgl. Marc. f. 21v: *Quinto videndum est de vocationis forma* ... Ebenso T f. 86v. Auch MII f. 278v. – MI f. 39r schreibt – korrespondierend dem Index Marc. f. 1r / MI f. 16v -: *Sexto videndum est* ... – G III, VIII, 404 (Zeile 2) folgt, wie *Monarchia* ed. 1487, f. 56v – der Marc.-Fassung. *Monarchia* ed. 1549, f. 22r folgt der MI-Fassung.

[34] Cvp f. 234r: *Que autem sit vocandi forma et qui ad concilium debent ire*. Sinnvollerweise findet sich hier kein Hinweis auf das *plenius*!

[35] Marc. f. 21v: *Et ex istis deciditur sexta dubitatio qua queritur qui vocem habeant in conciliis. nam debet animadverti* ... – Cvp f. 233v, bezugnehmend auf f. 232r korrekt: *Et ex istis deciditur secunda dubitatio quia si queritur qui vocem habeant in conciliis debet adverti* .... Marc. entspricht wiederum nicht dem Index Marc. f. 1r (*septimo*). Möglicherweise wurde *secunda* von dem Schreiber falsch gelesen? MI f. 39r: *Et ex istis deciditur vii dubitatio.*

[36] Vgl. auch de Kegel zum Werk des Spaniers. JOANNES DE SEGOVIA, *De magna*, ed. de Kegel, 104: *Die wohl wichtigste Konsequenz (sc. aus Segovias Konzilserfahrung) ist die Absage an den Egalitarismus ... Im LMA (sc. Liber de magna auctoritate episcoporum in concilio generali) wird ... die konziliäre Entscheidungsgewalt fast ausschließlich auf den Stand der Bischöfe beschränkt.*

[37] Vgl. HELMRATH, *Basler Konzil* 90: *Es (sc. das Basler Konzil) verstand sich zwar gerade nicht mehr als ‚collegium episcoporum', aber doch immer noch exklusiv als ‚collegium sacerdotum'.*

[38] Marc. f. 21v.

[39] Cf. Marc. f. 21v der Hinweis auf D. 15, c. 1 (*Canones*): Friedberg I 34: Vor der Zeit Konstantins *non erat episcopis licentia conveniendi in unum*. D. 16, c. 12 (lies: *Septuaginta*): Friedberg I 49 ist schon eher stichhaltig: ... *visum est CCCXVIII. episcopis Spiritu sancto repletis* ... D. 21, c. 2 (*In novo*): Friedberg I 69 f. handelt von der apostolischen Sukzession, nicht aber unmittelbar von den Konzilien.

Interessant ist die Argumentation mittels D. 16, c. 6 (*Habeo librum*), wo sich – was nicht die Regel ist – ein kritischer Sinn für den Umgang mit Quellen kundtut. Manche Versionen des Textes nämlich erlauben, die die *canones* des Konzils promulgierenden *episcopi* und *patres* zu identifizieren. Andere allerdings variieren die Nomina nicht, sondern gebrauchen durchgängig „patres“, *et tunc non facit.*[40] Roselli läßt damit freilich nicht das letzte Wort gesprochen sein. Soweit D. 17, c. 6 (*Concilia*) von „concilia sacerdotum“ redet, muß seines Erachtens für „sacerdotum“ das Wort „episcoporum“ gelesen werden.[41] Basis seiner These ist auch dieses Mal die Geschichte, insbesondere das Beispiel der frühen Konzilien. Die Autorität, die es ihm ermöglicht, seine Meinung zu begründen, ist zum einen die Zusammenschau divergierender Texttraditionen, zum anderen, mit Blick auf Nicäa, die Glosse zum Dekret, welche die Gleichsetzung von *patres* und *episcopi* vertritt.[42] Ähnliches läßt sich hinsichtlich des I. Constantinopolitanum und des Ephesinum sagen.[43]

Alii vero inferiores prelati possunt proponere et consulere, statuere vel iudicare autem non.[44] Dem entspricht, daß etwa D. 17, c. 1 (*Sinodum*) von *synodum episcoporum* die Rede ist.[45] Ein *Dictum Gratiani* nach D. 17, c. 6 – es geht um die *causa Symmachi* – beweist *expresse* das in verschiedenen Anläufen Dargelegte: *quod in iudicando et statuendo episcopi soli vocem habent.*[46]

Dem steht nach Rosellis Meinung D. 19, c. 9 (*Anastasius*) keineswegs entgegen. Dort handelt es sich um die *causa fidei*, in der alle Gläubigen,

---

40 Vgl. Marc. f. 21v. – D. 16, c. 6: Friedberg I 43. Der Text nach Friedberg stützt die Argumentation nicht. Friedberg gibt aber den Hinweis auf die *Editio Romana*, welche für *iidem ipsi* liest: *ipsi episcopi*, also „Bischöfe“ und „Väter“ als beschlußfassende Konzilsteilnehmer identifiziert.

41 Marc. f. 21v mit Verweis auf die genannte Stelle, Friedberg I 52.

42 Vgl. Marc. f. 21v. D. 16 (!), c. 10 (*Prima*): Friedberg I 45: *Prima autem sinodus in Nicea, CCCXVIII. Patrum.* Dazu *Glosse* zu D. 15, c. 1, § 2 (*Harum prior*), v. *CCCXVIII*, ed., 53: *Alibi dicitur de CCC. Episcopis. ut 10. q. 1. hanc. Sed dic, quod minor numerus non excludit maiorem.* Roselli geht in der Argumentation nicht über die Glosse hinaus.

43 Vgl. D. 15, c. 1, § 3 (*Secunda sinodus*): Friedberg I 34 in Verbindung mit D. 16, c. 9 (*Sexta sinodus*): Friedberg I 45. – Zu Ephesus wird verwiesen auf D. 15, c. 1, § 4 (*Tertia*): Friedberg I 34 – wo allerdings von 200, nicht von 300 Bischöfen die Rede ist –, in Verbindung mit D. 16, c. 10, § 2 (*Tertia*): Friedberg I 46. Vgl. auch C. 1, 1, 7: MK II 9. Sowohl Marc. f. 22r wie Cvp f. 233v referieren fälschlich *episcoporum* statt *patrum*.

44 Marc. f. 22r. Cvp f. 242 r ist an dieser Stelle der Text eingeschoben, der sich mit dem Stimmrecht der *abbates* befaßt; der entsprechende Text ist Marc. f. 21v vorgezogen.

45 Vgl. Friedberg I 50. Dazu T f. 87r: *Nota quod non vocat concilium nisi episcoporum.* Ebenso MI f. 39v und MII f. 279r. – Marc. f. 22r hat – verbessert -: *Nota quod vocat synodum episcoporum.* G III, IX, 404 (Zeile 50) hat unverbessert: ... *quod non vocat concilium episcoporum.* So auch *Monarchia* ed. 1549, f. 22v und *Monarchia* ed. 1487, f. 56v. – Cvp f. 242r fehlt der korrespondierende Text.

46 Marc. f. 22r. Dazu Friedberg I 52.

also nicht nur Bischöfe, betroffen sind. Konzilsteilnehmer aber, die nicht Bischöfe sind, haben im genannten Fall dann zwar eine Kompetenz des *consulere* oder *proponere*, nicht aber *eo ipso* eine des *iudicare*. In die gleiche Richtung interpretiert Roselli den Text D. 96, c. 4 (*Ubinam*).

Seine Thesen weichen in all' dem nicht wesentlich von denen eines Matthäus de Mattesillani ab, der Jahrzehnte früher Antonio de Butrios Schismatraktat zu Ende geführt hatte.[47]

Die *potestas iudicandi* kann allerdings ausgeweitet werden. Sie kann jenen zukommen, *quibus concilium vel papa tribueret potestatem quia concilium potest statuere ut alii quam episcopi habeant potestatem statuendi et iudicandi, et idem credo de solo papa quando hoc statueret concilio non contradicente.*[48]

Es scheint wichtig, auf zwei Punkte hinzuweisen. Zum einen erfolgt die Aussage an dieser Stelle im Kontext der *causa fidei.* Zum anderen postuliert Roselli gewissermaßen zwei Quellen der *potestas.* Eine lokalisiert er im Papst (*papa solus*), die zweite im Konzil, verstanden als Konzil gegen Papst. Die erste ist, im angegebenen Rahmen, beschränkt (*concilio non contradicente*), die andere nicht. Für eine Beurteilung des Verfassers der *Monarchia* bezüglich des Konziliarismus wird es entscheidend sein, noch weiter seine Erörterung des Konfliktfalles, der *contradictio*, zu untersuchen.

In jedem Fall ist Roselli im allgemeinen weit entfernt von einer eigenen, akzentuierten Hervorhebung jener Schicht, welche das Basler Konzil maßgeblich prägte, nämlich der Mitglieder aus den *oberen Rängen der Universitätsgelehrten und der Angehörigen des nicht universitären ‚collegiate element', einer Schicht, die man einmal mit sozialgeschichtlichen Termini als ‚upper middle class cléricale' bezeichnet hat.*[49]

Aufschlußreich ist in diesem Zusammenhang etwa die Aussage des Thomas Ebendorfer, eines *Mannes, der im Konzil seinen ‚Papst' gefunden hat.*[50] Er schreibt in seinem frühen Traktat gegen die Bulle *Deus novit*, von der bereits die Rede war: *videtur modo consultum, quod hoc sacrum*

[47] Vgl. MATTHÄUS DE MATTESILLANI, *Tractatus* – Ottobon. lat. 1759, ff. 148v - 149r. Matthäus unterstreicht zunächst, daß – wie beim Provinzialkonzil die Prokuratoren der Kathedralkapitel nur als *consultores* teilnähmen, Erzbischof und Suffragane als *iudices* –, beim Generalkonzil *iudices solum episcopi catholici* seien. Er diskutiert anschließend das *patres/episcopi* – Problem, dabei eigens eingehend auf D. 19, c. 9 und D. 96, c. 4. Zu D. 31, c. 12 (*Nicaena*): ... *ibi dicitur quod sint iudices laici, et clerici, immo decisio, et determinatio spectabat solum ad episcopos.*

[48] Marc. f. 22r.

[49] So HELMRATH, *Basler Konzil* 83.

[50] JAROSCHKA, *Ebendorfers Traktat* XLIII.

concilium, in cuius potestate hec sunt, dilatet voces diffinitivas presertim ad magistros in theologica facultate, qui dati sunt pro instructione episcoporum. Hoc enim conforme videtur racioni, quia in lege dei eruditi sunt pre ceteri.[51]

Bei Roselli spiegelt sich direkt nichts von einer derartigen Sichtweise. Gleichwohl steht er, wie sein Hinweis auf die mögliche Ausweitung des Stimmrechts seitens des Konzils erkennen läßt, einer derartigen Konzeption nicht feindlich oder gar polemisch gegenüber.[52]

---

[51] JAROSCHKA, *Ebendorfers Traktat* 12 (Cvp 4701, f. 294v).

[52] Vgl. JOANNES DE SEGOVIA, *De magna* II, 22, §6, ed., 199 zur Frage der Zulassung zum Konzil – zusammenfassend -: *... vix aut nulla certa regula assignari potest qui sunt illi, qui preter supradictos gradus ab Apostolo nominatis generalibus conciliis interesse possunt aut debent ... Cum enim sit supremum tribunal in ecclesia Dei nec astringitur lege aliqua positiva, ipsi concilio quemadmodum summo pontifici epikeya inauferibilis est, quin iuxta necessitates et alias temporaneas circumstancias legibus et sua potestate utatur nunc istos nunc illos vocando et ad istos vel illos actus admittendo, prout necessarium aut condecens videtur vel expediens vel opportunum.*

7. Die Form der Konzilseinberufung und die Strafe für Säumige

Roselli behandelt diese Fragen im Kontext der Diskussion über Teilnahmepflicht am Konzil und Möglichkeit der Prokuratur. Sein Ausgangspunkt ist, hinsichtlich der Form der Einberufung, die Bestimmung der „persona vocantis“. Prinzipiell unterscheidet er, auf seine Ausführungen zumindest inhaltlich zurückgreifend, zwei Möglichkeiten: Entweder erfolgt die Konzilseinberufung durch den Papst, dessen *legatus a latere* oder einen anderen apostolischen Delegaten mit besonderer Bevollmächtigung oder sie erfolgt *per inferiores a papa et sine eius mandato*.[1]

Der erste Fall erweist sich als relativ problemlos. Bei der vom Papst selbst oder in dessen Auftrag durch andere vorgenommenen Einberufung nämlich können diese *per viam citationis et recepti mandare omnibus patriarchis, archiepiscopis et episcopis, ut veniant ad concilium in tali loco et tempore iniciandum*.[2]

Entgegen der Meinung mancher, daß noch eigens ein bestimmter Termin angegeben werden müßte,[3] vertritt Roselli die Auffassung, daß es ausreicht, den Konzilsbeginn selbst mitzuteilen, soweit die dadurch gegebene Zeit genügt, der Aufforderung nachzukommen und zum Konzil zu erscheinen.[4] Die Festlegung einer Frist ist nicht Gültigkeitsbedingung einer Zitation, wie ihm ein Blick auf das kanonische Recht zeigt. Bei einer solchen Ladung ohne weitere Determination ist impliziert, *quod citatus veniat cum primum potest*.[5] Auch hier dient dem *doctor utriusque* das römische Recht als Beleg.[6] Das ändert nichts daran, daß in der Regel *citatio ... debet habere tempus*.[7]

---

1 So Marc. f. 22v.

2 Marc. f. 22r.

3 Vgl. etwa CYNUS, *Lectura* zu C. 3, 12, 9 (11) (*Dies festos*), ed., f. 103r: ... *quia si citetur sine die, non valet. ut ff. de verb. obli. l. ita stipulatus. in prin.* – Cf. auch BARTOLUS, *Commentaria* zu D. 45, 1, 118 (*Liber homo; §. Decem hodie*), ed., f. 48v.

4 Cf. Marc. ff. 22r - v. Ebd. f. 22v mit Verweis auf C. 8, 37 (38), 12 (*Magnam*): MK II 350. Gegen rechtliche Unklarheit, die zu langwierigen Händeln Anlaß bot, wird bestimmt, *ut, si quis certo tempore facturum se aliquid vel daturum se stipuletur vel quae stipulator voluit promiserit et addiderit, quod, si statuto tempore minime haec perfecta fuerint, certam poenam dabit, sciat minime posse ad evitandam poenam adicere, quod nullus eum admonuit.* Für Roselli ein Beleg, daß *tempus concilii interpellat*. Vgl. auch den Hinweis auf GUILELMUS DURANDUS, *Speculum* II, 1 (*De citatione*), ed., 88 (unter Nr. 20).

5 Marc. f. 22v. Dort der Hinweis auf X. 2, 14, 6 (*Quum dilecti*): Friedberg II 293 f. und VI°. 5, 11, 22 (*Eos*): Friedberg II 1105.

6 Vgl. D. 35, 1, 29 (*Haec condicio*): MK I 541.

7 Marc. f. 22v. Roselli behauptet, so geklärt zu haben, was Johannes Andreä *sub dubio relinquit*. Tatsächlich finden sich JO. AN., *Commentaria* zu X. 2, 28, 19, v. *repraesentes*, ed., 256,

Die *citatio* durch den Papst soll mittels *litterae apostolicae* erfolgen. Nimmt diese der Legat vor, hält Roselli es für angebracht, daß jener im Ladungsschreiben den Tenor des päpstlichen Schriftstücks mitteilt, um die ihm gewährte Vollmacht zu dokumentieren.[8]

Aufgrund der faktischen Schwierigkeiten, alle Bischöfe einzeln zu laden, stehen mehrere Alternativen zur Verfügung. Eine Möglichkeit besteht darin, daß die einzelnen Metropoliten benachrichtigt werden, mit dem Auftrag, ihrerseits ihre Suffraganbischöfe *secundum mandatum pape* zur Teilnahme aufzufordern.[9] Eine andere Möglichkeit – Roselli beruft sich auf Johannes Andreä – besteht darin, daß die *citatio* im apostolischen Palast in öffentlicher Weise erfolgt, und zwar *papa specialiter et ex certa scientia hoc mandante et demum affigatur ianuis maioris ecclesie romane curie et tunc artabit (sic!) citatos.*[10]

Interessanter sind freilich die anderen Darlegungen. Sie beziehen sich auf die *citatio*, die nicht seitens des Papstes selbst oder durch einen von ihm Ermächtigten vorgenommen wird. In gewisser Weise greift Roselli in diesem Kontext auf die Ausführungen bezüglich der *convocatio* zurück. Grundsätzlich differenziert Roselli zwischen einer *citatio* durch das Kardinalskollegium ohne Gegenstimme, *quo casu ipsi habent iurisdictionem pape*,[11] und einer *citatio* durch einen Teil desselben bzw. durch irgendeinen anderen Untergebenen.

Im erstgenannten Fall handelt es sich um ein *mandatum*, ein *praeceptum*, eine *citatio* im eigentlichen Sinn, im zweiten Fall um eine *requisitio*,

---

viele der von Roselli angeführten Stellen (Speculator; Innozenz IV., Cynus). Vgl. INNOZENZ, *Commentaria* zu X. 4, 18,6 (*Quum in tua*), v. *banni*, ed., 575. HOSTIENSIS, *Commentaria* zur Stelle, v. *repellendus*, ed., f. 42A.

8 Cf. Marc. f. 22v unter Verweis auf die *plene notata* zu X. 2, 8, 2 (*Praeterea*): Friedberg II 269 und X. 1, 29, 31 (*Quum in iure*): Friedberg II 175. Für die letztgenannte Stelle cf. Cvp f. 234v. - Vgl. z.B. HOSTIENSIS, *Commentaria* zu X. 1, 19, 31, v. *certus extiris*, ed., f. 148A. DERS. zu X. 2, 8, 2, v. *non sunt ulterius*, ed., f. 32.

9 Cf. Marc. f. 22v. Der entsprechende Gedanke bereits – an wenig passender Stelle – Marc. f. 21v. – Vgl. auch PETRUS DE MONTE, *Tractatus* 108: *... per literas Superiorum citandi sunt (sc. Praelati), et monendi, possuntque suffraganeos Metropolitani citare, et monere, ac invitari ad Concilium generale.*

10 Marc. f. 22v. Vgl. JO. AN., *Commentaria* zu X. 2, 6, 5 (*Quoniam*), v. *domicilium*, ed., f. 44A: *immo in hoc casu, vel cum domicilium, vel locus citandi libere et tute non potest adiri, sufficit, quod citatio fienda auctoritate Apostolica fiat in Palatio Papali, vel in audientia literarum publice, ipso tamen Papa specialiter et ex certa scientia hoc mandante, et postea figatur ianuis maioris ecclesiae ipsius loci, ubi degit Papa cum curia. et tunc sic arctat citatum, ac si ad ipsum personaliter provenisset, etiam si fiat extra dies solennes.* Johannes Andreä verweist auf eine Extravagante Bonifaz' VIII., nämlich VI°. 2, 3, 1 (*Rem non novam*): Friedberg II 1255 f., die augenscheinlich als Quelle diente, und auf Clem. 2, 1, 1 (*Dudum Bonifacius*): Friedberg II 1143, wo durch Clemens V. auf dem Konzil von Vienne dieselbe gemildert wurde.

11 Marc. f. 22v. Cvp f. 234v hat hier einen schlechteren Text: *et in casu in quo.*

eine *monitio* oder *intimatio*, die dann seitens des *inferior* vorgenommen werden kann, wenn der *superior* nicht will oder nicht kann. Unter den letztgenannten Umständen ist die *intimatio* so vorzunehmen, wie es *in certis causis* gemacht zu werden pflegt.[12] Das heißt: Es muß unterschieden werden, ob es sich bei dem Tatbestand, der eine Konzilseinberufung erforderlich macht, um eine *causa notoria* oder um eine *causa occulta* handelt.[13]

In dem zuerst erwähnten Fall ist die *causa* anzuführen. Roselli nennt als Beispiele die schon diskutierten Fälle eines Schismas bei Vorhandensein zweier Papstprätendenten und des Papstes, der auf seine *quasi possessio* verweisen kann und auf verschiedene Weise versucht, eine *correctio* durch das Konzil zu hintertreiben. Die Notorietät macht es überflüssig, das, was bei der *intimatio* mitgeteilt wird, abzusichern (*certiorare*), *quia postea sufficiet hec in concilio probare, quia ista intimatio fit in defectum iudicis non facientis debitum, quo casu non est opus, quod aliter illis quibus fit intimatio probetur.*[14]

Handelt es sich allerdings um ein *crimen occultum* – hingewiesen wird beispielhaft auf den Fall eines häretischen oder apostatischen Papstes –, so muß ebenfalls die *causa* bei der *intimatio* angeführt werden und der Papst selbst ist aufzufordern (*requirere*) und zu mahnen (*monere*), ein Konzil einzuberufen.[15] Reagiert dieser nicht auf die auch schriftlich (*per litteras*)

---

[12] Cf. Marc. f. 22v schreibt: *Et tunc ista intimatio debet fieri in certis causis ...* Besser *Monarchia* ed. 1549, f. 22v: *et tunc ista intimatio debet fieri sicut fieri solet in certis causis.* Roselli verweist dann auf D. 48, 5, 18 (19): MK I 847; C. 3, 32, 17: MK II 139; C. 7, 67, 2: MK II 328, wobei er den letzten Text hinsichtlich des *metus iudicis* auf die Konzilsfrage appliziert. Vgl. BARTOLUS, *Commentaria* zu D. 39, 1, 5, ed., ff. 10v - 11r unter der 4. und 5. Frage.

[13] Vgl. ANTONIUS DE BUTRIO, *Commentaria* zu X. 3, 2, 7 (*Vestra*), ed., f. 10v: *Dico ... quod notorium facti est finita, et communiter indubitata probatio, non mediata natura facti, vel rei essentie interpolatim aut momentaneae oculis omnium, aut maioris partis se exhibens, quod nulla tergiversatione negari potest, utpote cuius universus populus, vel maior pars eius testis esse potest.* Ebd. f. 11r: *Dico ... quod notorium iuris est probatio finita per medium in iure facta, aut ex facto iudicialiter discusso, sive alias notorio a iure sumpta approbata, ficta, vel praesumpta.* Ebd. f. 11v: *Dico ... quod manifestum est publica, seu famosa insinuatio, vel proclamatio communis ex certa scientia, et certis authoribus proveniens. ... Dico a certis authoribus ... Quot autem exigantur, non posset dari certa doctrina ... dummodo non excedant maiorem partem populi, vel viciniae: quia sic esset notorium ... Haec vero sunt, sumendo manifestum prout distinguitur contra notorium pene occultum. prout autem distinguitur contra omnino occultum, manifestum dici posset omnino probabile, quod duo testes scirent.*

[14] Vgl. Marc. ff. 22v - 23r. Das Zitat ebd. f. 23r. – Die Argumentation von den *incestae nuptiae* auf die *christicole in schismate*, die vorangeht, scheint nur zu greifen, wenn man mit dem Einsatz derartiger Versatzstücke des römischen Rechts durch (Lehr-) Traditionen vertrauter ist. Roselli verweist noch auf die *notata* zu X. 2, 28, 73 (*Si iustus metus*). Cf. HOSTIENSIS, *Commentaria* zur Stelle, ed., f. 206A.

[15] Vgl. die Kritik am Vorgehen der Kardinäle bei JOHANNES AB IMOLA, *Tractatus* 207: ... *in proposito funerunt (sic!) duo electi ab eisdem sed successive, unus post alium, debuerunt er-*

vorgenommenen Vorhaltungen, so ist eine Abschrift jener *monitiones* denen zu übermitteln, denen das Konzil angekündigt wird. Zumindest muß, wenn die Angst (*timor*) vor dem Papst zu groß ist, als daß man ihn mahnen könnte oder wollte, dies mitgeteilt werden.[16]

Auch besteht die Pflicht, die *causa occulta*, etwa Häresie, durch Schreiben anderer *honeste persone*, die es verdienen, daß man ihnen Glauben schenkt, mitteilen zu lassen. Gewährsmann ist für Roselli wiederum Bartolus.[17]

Er betont mit Nachdruck, daß es genügt, den Metropoliten die *citatio* zukommen zu lassen mit der Aufforderung, diese dann nach dem Schneeballprinzip über die Suffraganbischöfe in den verschiedenen Diözesen publik zu machen.[18]

Muß man nun dem, der die *intimatio* vornimmt, Folge leisten? In einem ersten Schritt macht Roselli das davon abhängig, ob überhaupt die *causa* angegeben wird bzw. ob diese *causa efficax*, *legitima et vera seu verisimilis* ist. Treffen diese Kriterien nicht zu, muß man der Aufforderung nicht entsprechen. Aber auch für den Fall, daß sie in Anwendung zu bringen sind, bindet die *intimatio* nicht die Angemahnten, *si non velint credere, quasi ad credendum plusquam velint non artentur.*[19]

Roselli setzt dann allerdings dagegen, daß im konkret diskutierten Fall, nämlich etwa dem des Papstes, der als *iudex* seiner Pflicht zur Konzilseinberufung nicht nachkommt, eine *probatio cause* in der *intimatio* nicht erforderlich ist. Vielmehr genügt die Angabe einer *causa vera et verisimilis* unter den dann gegebenen Umständen (*coniecturae*), *quod merito ille*

---

go Cardinales qui recesserunt ab Urbano ipsum interpellare ad congregationem Concilii Generalis et si ipse non congregasset procedere ad congregationem.

[16] Cf. Marc. f. 23r. Verwiesen wird u.a. auf Clem. 1, 3, 3 (*Causam electionis*): Friedberg II 1136 f. und C. 8, 16 (17), 4 (*Nomen quoque*): MK II 342. Vgl. auch – mit entsprechender Angabe der Belege – BARTOLUS, *Commentaria* zu D. 50, 17, 42 (*Qui in alterius*), ed., f. 251v: *Recorderis ... quod quando quis nunciat alteri, debet sic nunciare, ut sibi credatur: ut puta, si volo protestari debitori debitoris mei, quod sim creditor eius, et quod eius nomen est mihi pignori obligatum, habeo ostendere sibi instrumentum mei debiti, et legere, et dare sibi copiam, et postea protestari, quod hoc modo debeat fieri: casus est hic ...* Interessant ist das wiederholte Eingehen auf *metus* bzw. *timor*, wieder mit Rückgriff auf X. 2, 28, 73 (*Si iustus metus*): Friedberg II 443.

[17] Cf. BARTOLUS, *Commentaria* zu D. 39, 1, 8 (*Non solum*), ed., f. 17v (zu *tertio principaliter*).

[18] Vgl. Marc. f. 23r zu den *generalia proclamata* mit Verweis auf X. 5, 18, 6; C. 8. 25, 6: MK II 345; C. 2, 39 (38), 1 (= N. 119, 6): MK III 575. Cf. BARTOLUS, *Commentaria* zu C. 8, 25, 6, ed., f. 104r: *Quaero et revoco in dubium, utrum citatio generalis sufficiat per edicta, vel proclamata, ut dicas: quicunque putat sua interesse, veniat ad defendendum talem rem. Respon. si quidem est aliquis, cuius intersit, prius debet citari ille nominatim ... Sed quando fit aliquis actus, qui principaliter contra aliquem non dirigitur ... tunc potest citari per proclama.* Vgl. auch DERS., *Commentaria* zu C. 2, 39, 1, ed., f. 87v.

[19] Cf. Marc. f. 23r.

cui intimatur debuit credere vel investigare de veritate, quia paria sunt scire debere et scire posse. Unter diesen Umständen haben die Benachrichtigten der *intimatio* Folge zu leisten.[20]

Roselli diskutiert im Anschluß an diese Klärung detaillierter, wer zum Konzil gehen muß. Erfolgt die Ladung durch eine *proclamatio generalis*, muß unterschieden werden, ob das Kommen in das Ermessen der Geladenen gestellt wird oder nicht. Im erstgenannten Fall steht es frei, zu kommen oder nicht.[21] Im anderen Fall ist weiter zu differenzieren, ob es sich bei den Geladenen um Bischöfe handelt oder nicht.

Der geladene Bischof unterliegt der Teilnahmepflicht. *citati vel vocati episcopi venire debent personaliter, si non sunt gravi necessitate detenti.*[22] Als Beispiel einer *legitima causa*, die vom persönlichen Kommen entschuldigt, wird die *gravis corporis infirmitas* angeführt. Alle Möglichkeiten, die ein Fernbleiben rechtfertigen, werden – darauf weist Roselli deutlich hin – nicht im Recht aufgeführt. Gegebenenfalls muß der Richter darüber befinden.[23] Der verhinderte Bischof hat die Pflicht, sich für sein Fernbleiben zu entschuldigen. Das kann durch ein eigenes Schreiben erfolgen oder durch einen eigenen Boten, dem Glauben geschenkt wird, durch einen Prokuratoren oder durch einen Eid.[24] Geladene Bischöfe sind ja auch, wollen sie nicht meineidig werden, durch den Eid, den sie gemeinhin ablegen, zur Teilnahme streng verpflichtet.[25] Anders liegt der Fall, wenn sie nicht eigens geladen sind. *si non essent vocati vel citati, quamvis foret indictum concilium, qui vocati non sunt, accedere non debent.*[26] Ist der Bischof aber geladen, gilt, daß er persönlich zu erschei-

---

20 T f. 88r; cf. auch Marc. f. 23r (*scire scire debere et scire posse*).

21 Vgl. Marc. f. 23r unter Verweis auf INNOZENZ, *Commentaria* zu X. 2, 25, 8 (*Dilecti*), v. *electioni*, ed., 353.

22 Marc. f. 23v. Vgl. auch die Wiederholung des Gedankens in der Zusammenfassung ebd.

23 Cf. Marc. f. 23v, wo Roselli u.a. auf *Glosse* zu D. 18, c. 10 (*Placuit*), v. *neque aegritudine*, ed., 77 und *Glosse* zu VI°. 1, 6, 46 (*Si quis iusto*), v. *iusto*, ed., 192 – die wiederum auf D. 2, 11, 2 (*Non exigimus*) verweist – die Aufmerksamkeit lenkt. Vgl. auch BARTOLUS, *Commentaria* zu D. 42, 1, 60 (*Quaesitum*), ed., f. 129v: ... *qualiter probabit ipsum infirmum fuisse? Respondeo. constabit per medicos ... et poterit ipse, qui fuit infirmus, docere proprio iuramento cum aliis indiciis, puta, quia facies eius est extenuata, quasi hominis surgentis ab infirmitate ... Poterit etiam probare per alios astantes, sibi etiam familiares hoc casu.*

24 Vgl. Marc. f. 24r. Cf. *Glosse* zu D. 18, c. 10 (*Placuit*), v. *literatorie*, ed., 77 zum *certus nuntius* mit Angabe der dann auch von Roselli wiedergegebenen Stellen. – Der Hinweis auf das *iuramentum* fehlt Cvp f. 237r. Dazu *Glosse* zu C. 4, q. 5, c. 1 (*Quisquis*), v. *probaverit*, ed., 781.

25 Vgl. X. 2, 24, 4 (*Ego*): Friedberg II 360.

26 Marc. f. 23v. Vgl. auch JO. AN., *Commentaria* zu X. 2, 24, 4, v. *vocatus*, ed., f. 184, wo sich auch der Verweis auf *Vin.* findet (Vincentius): ... *quia licet episcopus videat omnes alios episcopos ire ad synodum, non tenetur ire, nisi fuerit vocatus.* Vgl. auch PETRUS DE MONTE, *Tractatus* 109 mit Verweis auf Johannes Andreä.

nen hat. Denn bei der *vocatio* der Bischöfe, die auf dem Konzil als Richter (*iudices*) fungieren, ist anzunehmen, daß sie aufgrund dieser Tatsache geladen wurden – wegen der *industria persone*.[27]

Was aber ist zu sagen, wenn andere Kleriker oder die Domkapitel oder auch Laien zum Konzil gerufen werden? Roselli kommt in diesem Zusammenhang deutlicher auf das Institut der Prokuratur zu sprechen. Nach Helmrath zeigt sich hier *die Wechselwirkung zwischen Verfassungsdenken (nämlich einem technischen Repräsentationsbegriff) und den sachlichen Notwendigkeiten einer sich zunehmend aus Korporationen konstituierenden weltlichen und kirchlichen Gesellschaft*.[28]

Dieses Institut der Prokuratur kann – so Roselli – beispielsweise von einem Domkapitel, aber auch von jedem anderen Kollegium von Klerikern oder Laien oder einer Bürgerschaft (*civitas*) in Anspruch genommen werden, um zum einen der Ladung zum Konzil Folge zu leisten, zum anderen zu verhindern, daß alle von ihrem Arbeitsgebiet abgezogen werden. Eigens wird auf die Fürsten hingewiesen, insofern sie Laien sind; sie werden entweder selbst oder *per nuncios* auf dem Konzil zugelassen.[29] *Non ... est credendum quod omnes layci et clerici sint compellendi dimittere proprias familias et ecclesias et venire ad concilium.*[30]

Nachdem Roselli derart das geltende Prinzip möglicher Prokuratur vor Augen gestellt hat, kommt er auf die nicht weniger wichtigen Ausnahmen zu sprechen. Denn außer der allgemein gehaltenen *citatio*, welche den Einsatz des Prokurators zuläßt,[31] gibt es eine *specialiter* vorgenommene *citatio*. Grund dafür kann sein, daß die Betreffenden unmittelbar durch die zu verhandelnde *causa* tangiert sind oder *quia esset aliquis inferior ab episcopo clericus aut laycus multe excellentie aut litterature, ita quod eius*

---

[27] Cf. Marc. ff. 23v - 24r.

[28] HELMRATH, *Basler Konzil* 73. Ebd. betont er, daß die Bedeutung der Prokuraturen nach Ansicht der Forschung *in Basel unbestritten – und letztmalig! – einen Gipfel* erreichte.

[29] Cf. Marc. f. 23v. MII f. 280v liest statt *principibus laycis* ein *principalibus laicis*, was weniger Sinn macht. Verwiesen wird auf VI°. 2, 14, 2 (*Ad apostolicae*): Friedberg II 1008: *... parati eramus vocare reges, praelatos et principes ... ad aliquem tutum locum, ubi per se vel per solennes nuncios convenirent.*

[30] So Marc. f. 23v. Ebd. bezüglich des Domkapitels: *... hoc esset spoliare ecclesias servitoribus et ministris*. Vgl. viel früher MATTHÄUS DE MATTESILLANI, *Tractatus* – Ottob. lat. 1759, f. 149r: *Nam ecclesiae cathedrales remanerent quasi desertae, et destitutae servitoribus, et ministris.*

[31] Cf. Marc. f. 23v: *Alii ... inferiores ab episcopis possunt per procuratores comparere, presertim colegia (sic!) et capitula cathedralium ecclesiasticarum et communitates ... Et idem credo de aliis clericis ab episcopis inferioribus et laycis generaliter citatis, quia in istis usus procuratorum non videtur interdictus.* Hingewiesen wird auf D. 3, 3, 1 (*Procurator est*): MK I 67: *Usus ... procuratoris perquam necessarius est, ut qui rebus suis ipsi superesse vel nolunt vel non possunt, per alios possint vel agere vel conveniri.*

concilium vel auxilium esset multum in concilio necessarium.[32] Auch in vielen Fällen einer eigens – auch vom Papst – erfolgenden *citatio* ist der Weg der Prokuratur nicht *a priori* versperrt, wenn nicht jemand *specialiter et singulariter* geladen wurde aufgrund der ihm eigenen *industria persone*. Die von Roselli genannten Beispiele erscheinen vor dem Hintergrund des Konzils zu Basel nicht zufällig. Er nennt neben dem *excellentissimus doctor* den *princeps valde metuendus qui faceret concilium venerari.* Sie sind dann verpflichtet, persönlich zu erscheinen, wenn aus den Indizien feststeht, daß gerade sie als solche geladen wurden.[33] Auch wenn ausdrücklich das persönliche Kommen gefordert wird oder die Natur der Sache es ausschließt, kann kein Prokurator gesandt werden.[34]

Es stellt sich die Frage, ob eine einmalige *citatio* bzw. *intimatio* zum Konzil genügt. Roselli bejaht dies für den Fall, daß sie kraft eines *edictum* erfolgt,[35] insofern es sich um eine Ladung zu einem außergerichtlichen Akt (*actus extraiudicialis*) handelt. Von Roselli wird als Beleg u.a. die Glosse angeführt.[36] Eine solche einmalige *citatio* konstituiert bereits gegebenenfalls den, der geladen wird und nicht erscheint, als Säumigen (*constitutio in mora*).

---

[32] Marc. f. 23v.

[33] Cf. Marc. f. 23v. Roselli verweist auf D. 46, 3, 31 (*Inter artifices*): MK I 798: *Inter artifices longa differentia est et ingenii et naturae et doctrinae et institutionis* ... etc., um das *propter industriam ... vocatus* zu veranschaulichen. Vgl. weiter INNOZENZ, *Commentaria* zu X. 1, 29, 43, v. *eligere*, ed., 174: ... *intelligitur ... quod certum ministerium delegari non potest; debet enim subintelligi de magnis ministeriis ... et hoc relinquendum est arbitrio iudicis, quae magna sunt, vel parva; in minoribus autem ministeriis bene fit subdelegatio, nisi in rescripto contineretur, quod ei committendo eligit fidem, vel industriam eius: quia in hoc casu non subdelegabitur.*

[34] Cf. Marc. f. 24r. Verwiesen wird auf X. 5, 1, 15 (*Veniens*): Friedberg II 737 bzgl. einer *causa criminalis*. Vgl. dazu *Glosse* zur Stelle, v. *criminali*, ed., 1758 f.: *Habes ergo expresse, quod in causa criminali non intervenit procurator, nec ad agendum, nec ad defendendum 5. quaest. 3. in criminalibus ... Fallit tamen in certis casibus* ... etc.

[35] Marc. f. 24r verweist auf die *Glosse* zu D. 5, 2, 8 (*Papinianus*): MK I 108 (§ Si quis post). Vgl. auch BARTOLUS, *Commentaria* zur Stelle, ed., f. 160r. Weiter wird angeführt die *Glosse* zu D. 18, c. 13 (*Si episcopus*), v. *regia praeceptione*, ed., 78: ... *in hac synodali citatione, unica citatio sufficit.*

[36] Cf. *Glosse* zu Clem. 5, 3, 1 (*Multorum querela*), v. *requisierint*, ed., 265: ... *puto sufficere unam requisitionem, et facit quod notatur 18. distinctio. si Episcopus. in ultima glossa et quod dixi de iureiurando, ego N. ... Joan. Andr.* Auch hier ist die Glosse wieder leicht verfügbare Quelle für die eigene Argumentation. Vgl. JO. AN., *Commentaria* zu X. 2, 24, 4, v. *vocatus*, ed., f. 184. – Für die Stellen des römischen Rechts cf. BARTOLUS, *Commentaria* zu D. 45, 1, 122 (Qui Romae), § Seia, f. 49v: Dort u.a.: *Quaero, utrum sufficiat semel interpellare ... et videtur quod saepius ... In contrarium habemus ... de ope. no. nun. l. cum procurator. §. 1 et istud puto verum. Fallit in l. si convenerit, de pig. act. Non obstat d. §. cohaeredes cum si. quia denotat facti accidentiam.* – Auch PETRUS DE MONTE, *Tractatus* 108 f.: *Dico unicam, et simplicem (sc. citationem) sufficere.*

Eigens geht Roselli, wenn auch in aller Kürze, auf Konstanz' Dekret *Frequens* ein, welches die Feier eines Konzils im Zehnjahresabstand vorsah. Er will wissen, ob infolge dieses Gesetzes (*lex*) die Bischöfe *ex solo adventu initii temporis* sich als Säumige erweisen. Prinzipiell bestreitet Roselli dies unter Berufung auf C. 12, q. 2, c. 21 (*Indigne*),[37] *nisi lex disponeret aliter*.[38]

Die knappe Diskussion zu *Frequens* fehlt in der Wiener *Monarchia*-Handschrift, wie auch der Vergleich der Bischöfe mit dem Vasallen, der *non privatur pheudo, si non defendit dominum, quem scit guerram pati, nisi postquam ter requisitus fuerit contumax*.[39]

Will das Konzil nicht nur Säumigkeit feststellen, sondern darüber hinaus eine Strafe wegen Hartnäckigkeit (*contumacia*) verhängen, so ist eine dreifache *monitio* vonnöten. Roselli unterscheidet dann aber doch, daß für die Verhängung einer leichten Strafe wegen *contumacia*, beispielsweise Suspension, die einmalige *citatio* genügt, nicht aber für die Exkommunikation.[40] Die Sanktionen gegen jene, welche der *vocatio*, die auch durchaus, wie bereits klar gemacht wurde, durch einen Fürsten oder einen anderen Tiefergestellten vorgenommen werden kann, nicht Folge leisten, sind auch ein Thema in Rosellis Traktat.

Que ... sit pena contempnentis venire ad Synodum vel comparere.[41] Der Verfasser der *Monarchia* gibt die Antwort auf die Frage nach dem Vorgehen gegen Säumige, bevor er präziser auf das Problem der Person des Prokurators eingeht. Hier ist ein weiterer Fall gegeben, daß das Inhaltsverzeichnis des Traktats nicht der faktischen Umsetzung von dessen Programm korrespondiert.[42]

Roselli befaßt sich verständlicherweise auch hier zunächst mit der Gestalt des Bischofs, dem Konzilsteilnehmer schlechthin. Ist dieser berufen, um der gerade ihm zukommenden Aufgabe des *iudicare et statuere* auf

---

37 Vgl. Friedberg I 693 f. – Marc. f. 24r schreibt *xii. di. in c. indigne*.

38 Cf. Marc. f. 24r. Beispiel für eine derartige abweichende *dispositio legis* ist ihm X. 3, 18, 4 (*Potuit*): Friedberg II 521, die wie C. 8, 37 (38), 12 (*Magnam*): MK II 350 zuvor als Gegenargument angeführt wurde. Vgl. Bartolus, *Commentaria* zur Stelle, ed., f. 106r: *Dies interpellat pro homine, et ubi est dies, et poena, non admittitur morae purgatio*.

39 Vgl. Marc. f. 24r und Cvp f. 237r. Verwiesen wird auf *c. i. in fine. de pace iuramento firmanda*.

40 Cf. Marc. f. 24r. Der entsprechende Text fehlt Cvp f. 237r. Die *Glosse* zu C. 4, q. 5, c. 1 (*Quisquis*), v. *occurrerit*, ed., 780, belegt nicht so eindeutig das, wofür sie Roselli anführt.

41 Vgl. Marc. f. 24v.

42 Vgl. Marc. ff. 1r – v unter *nono* und *decimo*. Zur *pena contempnentis venire ad Synodum vel comparere* cf. Marc. f. 24v. Im Anschluß daran (!) zum *dubium utrum debent esse episcopi (procuratores) quemadmodum, qui mittunt, sunt episcopi*. Die Teile entsprechen G III, XIII und XIV.

dem Konzil zu entsprechen, mißachtet aber die *vocatio*, *debet et potest excommunicari.*[43] Dasselbe gilt für den Bischof, der das Konzil ohne Erlaubnis verläßt, bevor dieses aufgelöst wird, *quia non dicitur venisse, qui non stetit.*[44]

Alle Maßnahmen, die gemeinhin gegen die *contumaces* zur Verfügung stehen, sind auch gegen die in Anwendung zu bringen, die der Ladung zum Konzil nicht Folge leisten. Für die *remedia* selbst verweist der Autor des Traktats auf die Glosse zu X. 2, 6, 3 (*Tuae fraternitatis*) und auf den Speculator, wobei diese Angabe möglicherweise wieder – wie es auch sonst bei Roselli vorkommt – auf Johannes Andreä fußt.[45] Dem Richter steht es frei, ob er mit einer Geldstrafe beginnt oder sofort die Exkommunikation verhängt, *licet honestius esset ab aliis remediis incipere.* Roselli folgt damit der Auffassung des Goffredus de Trano, die sich ebenfalls bei Johannes Andreä referiert findet.[46]

Er merkt dann an, daß bei *causae*, bei denen *absque advocatorum ac iudiciorum strepitu et figura* vorgegangen wird – Roselli nennt das Beispiel der Häresie –, auch vor einer *litis contestatio* ein rechtskräftiges Urteil ergehen kann.[47] Freilich erscheint der Übergang von der Inquisitionspraxis auf die Problematik säumiger Konzilsteilnehmer etwas gewollt. Doch Roselli unterstreicht noch mehr die wahrlich außerordentliche Rolle des Generalkonzils. *Plus credo quod in omni causa in concilio generali poterit ve-*

---

43 Marc. f. 24v. Cvp f. 237v erweitert: *vel alius est vocatus, ut consulat, et contempnit.* Roselli verweist auf *Glosse* zu D. 18, c. 5 (*Non oportet*), v. *accusare*, ed., 74, wo sich auch der Hinweis auf C. 2, q. 3, c. 19 (*Quisquis probatus*) findet. – Vgl. zum Problem der Strafe für nicht erscheinende Prälaten auch PETRUS DE MONTE, *Tractatus* 109, dessen Auffassung sich mit der des Roselli deckt.

44 Marc. f. 24v. Verwiesen wird u.a. auf D. 42, 1, 60 (*Quaesitum*): MK I 716. Vgl. auch INNOZENZ, *Commentaria* zu X. 5, 37, 4 (*Calumniam*), v. *adversus*, ed., 645. BARTOLUS, *Commentaria* zu D. 39, 2, 15 (*Si finita*), § Julianus, ed., f. 32v, unter Bezug auf Innozenz IV.

45 Cf. *Glosse* zu X. 2, 6, 3, v. *inducendus*, ed., 645 und ebd. unter v. *casus*, 644. – Der Hinweis auf den Speculator bei JO. AN., *Commentaria* zu X. 2, 6, 3, v. *quinque auxilia*, ed., f. 40. Cf. GUILELMUS DURANDUS, *Speculum* II, 1 (*de primo decreto*), ed., 12 f. (unter Nr. 16 und folgende).

46 Cf. Marc. f. 24v. Dazu JO. AN., *Commentaria* zu X. 2, 6, 3, v. *censuram ecclesiae*, ed., f. 40: *Gof. ... no. ex hoc contra contumacem non procedi ad excommunicationem, quamdiu extant alia remedia: quia excommunicatio odiosa ... unde dicebat Hosti. per tex. hic probari habentem bona excommunicari non posse; quod dicit falsum, licet sit honestum, quod iudex hoc attenderet. Potest tamen a quo vult incipere, quam scilicet credit plus timeri.*

47 Marc. f. 24v verweist auf VI°. 5, 2, 20 (*Statuta*): Friedberg II 1078, wo es um das *negotium inquisitionis haereticae pravitatis* geht. Vgl. dazu *Glosse* zur Stelle, v. *casus*, ed., 643: *Certum est, quod a iure communi est certus ordo iudiciarius introductus, qui debet observari in examinatione causarum tam civilium, quam criminalium ... Item quod quaedam sunt de substantia iudicii ordinarii, ita quod sine illis processus non valeret. Sed utrum ista sunt observanda in crimine haeresis, cum iudex procedit contra haereticum? Respondet, quod non: immo contra haereticum poterit iudex procedere sine figura, et strepitu iudicii.*

niri ad diffinitivam lite non contestata et contra absentem citatum, quando concilium de absoluta potestate sic statueret.[48]

Insgesamt betrachtet erweist sich der Kanonist einmal mehr als jemand, der hinsichtlich seiner persönlichen Auffassungen in einem außerordentlichen Spannungsfeld steht. Immer wieder wechseln Aussagen, die angemessen und ausgewogen versuchen, einer Realität gerecht zu werden, mit pointierten Formulierungen, die bisweilen fast Bekenntnischarakter haben.

Gerade auf diese Weise spiegelt er, wenngleich nur bruchstückhaft, eine Zeit, in der das Problem säumiger Konzilsteilnehmer oder solcher, die frühzeitig der Synode den Rücken kehren, sie zu einer Rumpfsynode werden lassen, akut war. Zumindest für das Basler Konzil war dies zudem eine Identitäts- und Überlebensfrage.

Auch das Prokuratorenwesen war eine Einrichtung, die für das Konzil von Basel und seine Zeit eine beachtliche Bedeutung hatte. Dieses Institut soll nun, Roselli folgend, etwas genauer beleuchtet werden.

[48] Dieser Satz findet sich nicht Marc. f. 24v, wohl aber Cvp f. 238r und T f. 89r; MI f. 42v; MII f. 281v. Ebenso *Monarchia* ed. 1549, f. 23v.

8. Das Institut der Prokuratur

Resümierend kann gesagt werden: *Der Prokurator ist ein bevollmächtigter Vertreter einer Person oder Institution, der unter Vorlage einer schriftlichen Legitimation mit gleichen Rechten dem Konzil inkorporiert wird.*[1] Roselli hebt hervor, daß jemand, der trotz Ladung und Fehlen eines *legitimum impedimentum* dem Konzil fernbleibt, keinen Prokurator schicken kann, *quia indignum se facit cum potest comparere.*[2]

Liegt allerdings ein rechtmäßiger Entschuldigungsgrund vor, kann der Betreffende einen Prokurator schicken. Er ist jedoch nicht unbedingt dazu verpflichtet. Papst oder Konzil – wiederum die interessante Parallelisierung – können aber anordnen (*mandare*), daß er einen solchen an seiner Stelle bestellt. *nec excusat eum arduitas cause ut notant doctores de vocato a papa in c. fi. de dilationibus. Et ego credo idem in vocato a concilio.*[3]

Roselli hält insgesamt dafür, daß ein *citatus* einen Prokurator schicken muß, um die Beschlüsse des Konzils entgegenzunehmen (*suscipere*). Der Bischof nämlich hat die Pflicht, das auf dem Konzil Verhandelte seinem Klerus und seinen Gläubigen bekanntzumachen.[4]

Für denjenigen, der *simpliciter citatus* ist, verweist Roselli schlicht auf die *doctrina doctorum.*[5] Ihn interessiert wesentlich mehr, wie der Prokurator selbst beschaffen sein muß.[6]

---

1 So HELMRATH, *Basler Konzil* 72.

2 Marc. f. 24r. Roselli verweist auf X. 1, 6, 42 (*Quia propter*): Friedberg II 89. Vgl. auch *Glosse* zur Stelle, v. *venire*, ed., 205: ... *ideo cum iusta causa sit impeditus, iure suo privari sine culpa sua non debet ... unde quod per se non potest, per alium exequatur.* – Vgl. auch MATTHÄUS DE MATTESILLANI, *Tractatus* – Ottob. lat. 1759, f. 149r: *Quando vero non sunt impedimento detenti tunc non possunt mittere procuratores, quia tunc non merentur habere vocem.*

3 Marc. f. 24v. Ebd. über das Konzil: *quod habet instar pape.* Vgl. *Glosse* zu X. 2, 8, 4 (*Exposuit*), v. *personaliter*, ed., 668.

4 Cf. Marc. f. 24v unter Bezug auf D. 18, c. 9 (*Episcopus*): Friedberg I 57 und D. 18, c. 17 (*Decernimus*): Friedberg I 58. – Wenn die Natur der Sache es zuläßt - cf. D. 3, 3, 43 (*Mutus*): MK I 70 –, kann ein Prokurator auch bestellt werden *in causis que moturus est vel suscepturus.*

5 Vgl. HOSTIENSIS, *Commentaria* zu X. 1, 38, 2 (*Querelam*), v. *infirmitate detentus*, ed., f. 183A: *Tu dicas, quod si quis citatur personaliter, non excusatur procuratorem mittendo ... Si vero citatur, quod veniat per se, vel per alium, sive simpliciter, quod veniat, et est gravis causa, non cogitur mittere procuratorem, et ideo si habet iustum impedimentum, excusatur, dummodo mittat excusatorem.* – Vgl. auch INNOZENZ, *Commentaria* zur Stelle, v. *procuratorem*, ed., 201. Weiter BARTOLUS, *Commentaria* zu D. 44, 3, 1 (*Quia tractatus*), ed., ff. 173v - 174r mit einer sorgfältigeren Unterscheidung zur Frage, *an quis teneatur mittere procuratorem.*

6 Vgl. Marc. f. 24v. Textlich scheint die Frage nach der *pena contempnentis* fehl am Platz.

Ein erstes Problem, das Roselli diskutiert, besteht darin, ob der Prokurator eines Bischofs nur ein Bischof sein kann. Zunächst referiert er, wie gewohnt, die Texte, die diese Meinung zu belegen scheinen. So könne bei einer Wahl ein Verhinderter seine Stimme nur jemandem übertragen, der selbst zum Kollegium gehöre. Auch wäre es nicht denkbar, daß ein Bischof einem, der *inferior ab episcopo* sei, beauftragen könne, Dinge auf einem Konzil zu behandeln, welche den *ordo episcopalis* beträfen. Zum dritten merkt er an, daß einer nicht das für einen anderen zu tun vermöge, was er *per se* nicht vermöge. *Sed inferior ab episcopo non potest per se in concilio statuere vel iudicare ... igitur nec pro alio.*[7]

Dann widerlegt er die vorgebrachten Argumente. So können bei der Wahl, die schon einen Sonderfall darstellt, auch die zugelassen werden, die nicht zum Kollegium gehören, soweit das Kapitel damit einverstanden ist.[8] Als Grundsatz gilt, daß als Prokurator jeder als *habilis* zu gelten hat, der nicht ausdrücklich ausgeschlossen wird.[9] Entsprechend scheint es, *quod etiam laycus esse potest ... in concilio procurator.*[10]

Diese Aussage erfährt allerdings bei Roselli eine weitere Klärung. Dies geschieht gerade vor dem Hintergrund der Frage einer Vollmacht des *iudicare et statuere*. Zuvor hatte er ja betont, daß dieses *ius statuendi et iudicandi* auf dem Konzil *per se* allein dem bischöflichen Rang zukommt. Derartige *iurisdictionalia* aber, die nur *adminiculo ordinis episcopalis* ausgeführt werden, können nicht übertragen werden an jene, die nicht Bischöfe sind, erst recht nicht an Laien. Der Autor der *Monarchia* belegt seine Auffassung mit der Glosse zu D. 95, c. 1 (*Pervenit*):

> *quaeritur, nunquid Episcopus demandare potest ea, quae sunt ordinis Episcopalis? Sic: sed ea non potest demandare nisi Episcopo ... Ea vera, quae iurisdictionis sunt, potest etiam demandare Presbytero ... Sed etiam inter ea, quae iurisdictionis sunt, quaedam non possunt demandari nisi eis, qui adminiculo ordinis illa exercere possunt ... Alia sunt, quae etiam Laicis demandari possunt ... Item dico,*

---

[7] Marc. ff. 24v - 25r. Das Zitat f. 25r. Insgesamt – vor allem davor – ein besserer Text T f. 89r; Cvp f. 238r.

[8] Cf. Marc. f. 25r unter Verweis auf VI°. 1, 6, 46 (*Si quis iusto*): Friedberg II 970: ... *nec ipso nolente capitulo extraneum valeat deputare*. Vgl. dazu *Glosse* zur Stelle, v. *nolente capitulo*, ed., 194: *Si enim capitulum vellet: bene tunc posset extraneum deputare.*

[9] Ebd. mit Bezug auf D. 3, 3, 43 (*Mutus*): MK I 70: *Cum quaeretur, an alicui procuratorem habere liceat, inspiciendum erit, an non prohibeatur procuratorem dare, quia hoc edictum prohibitorium est.* Weiter VI°. 1, 19, 1 (*Non indiscrete*): Friedberg II 991: ... *quum regulariter, qui non prohibetur expresse ad exercendum procurationis officium, idoneus debeat reputari.* Vgl. auch BALDUS, *Commentaria* zu D. 3, 3, 43, § Cum quaeritur, ed., f. 187r und BARTOLUS, *Commentaria* zur Stelle, ed., f. 110r: Es geht jeweils in erster Linie um die Möglichkeit, einen Prokurator zu bestellen, nicht um die, Prokurator zu sein.

[10] Marc. f. 25r.

> *quod Episcopus nihil habet hodie quod sit meri imperii, quod demandari non possit ... quia omnia alii Episcopo demandare potest nisi usum pallii.*[11]

Von Bedeutung ist, daß Roselli an dieser Stelle wiederum die besondere Kompetenz des Konzils unterstreicht. Damit stellt er *de facto* das bisher Gesagte in Frage. Sein Ausgangspunkt ist erneut die Position des Papstes, der dem Laien die *potestas tractandi quecunque spiritualia* gewähren kann.[12] Wenn das aber dem Papst allein möglich ist, dann erst recht ihm zusammen mit dem Konzil oder dem Konzil mit einem Beauftragten bei persönlicher Abwesenheit des Papstes.

> *Sed si non esset papa, quia non voluisset Synodum congregare vel ei auctoritatem interponere, tunc etiam poterit concilium, quia ... omnis potestas pape est tunc penes universalem ecclesiam et in concilio. Unde concilium laycum procuratorem posset admittere ad statuendum et iudicandum.*[13]

Kein Problem stellt es nach Roselli dar, wenn ein Prokurator, der sonst *inhabilis* ist, die Beschlüsse des Konzils für den Bischof in Empfang nimmt oder dessen *cause proprie* auf dem Konzil behandelt, soweit es sich um *temporalia* handelt. Anders verhält es sich bei den *spiritualia*: Ist ein Laie diesbezüglich auf dem Konzil tätig, so kann der wohl bei der Entscheidung disputieren *de effectu actus spiritualis an tenuerit et tunc ad talem causam etiam spiritualem possit laycus constitui procurator. Sed si ... haberet ipsum actum spiritualem gerere, tunc non posset constitui laycus procurator, quia spiritualia tractare non potest.*[14] Aber auch die letzte, scheinbar kategorische Feststellung erfährt eine Präzisierung, durch welche sie praktisch mit Blick auf die Prokuratur irrelevant wird. Roselli hebt nämlich mit Nachdruck hervor, daß diese Regel nur gilt, insoweit der Laie *proprio nomine* agiert und aus diesem Tun irgendein Recht oder eine *actio* erlangt.[15]

---

11 *Glosse* zu D. 95, c. 1, v. *concedimus*, ed., 455 f.

12 Roselli verweist auf D. 63, c. 22 (*Adrianus*) und D. 63, c. 23 (*In synodo*): Friedberg I 241. – Vgl. auch Jo. An., *Commentaria* zu X. 3, 5, 24, v. *alius*, ed., f. 31 zur Frage des *beneficium*, das durch einen Nichtkleriker angenommen wird: ... *si procurator datus est pure ad acceptandum certum beneficium vacans, quaestio non videtur dubia, cum tunc nudus minister sit declarans domini voluntatem.*

13 Marc. f. 25r.

14 Roselli verweist auf X. 2, 1, 2 (*Decernimus*). Die gesamten Ausführungen zu den *spiritualia*, Marc. f. 25r, fehlen Cvp ff. 239r - v. Vgl. auch *Glosse* zu X. 2, 1, 2, v. *non praesumant*, ed., 588: *Auctoritate sua: delegari tamen possunt saltem causae pecuniariae, sive huiusmodi mere civiles, ut hic colligitur ... Papa vero civiles, criminales, et spirituales causas potest laico delegare.*

15 Vgl. Marc. f. 25v. Roselli schließt die Diskussion dazu ab, indem er schreibt: *Et quando laycus ut procurator possit aliqua tractare spiritualia plene dixi in c. decernimus. de iudi.* – Für das Beispiel bzgl. des *beneficium* cf. Marc. f. 25r. Vgl. auch *Glosse* zu Regula iuris 67 in VI°, v. *quod alicui*, ed., 845.

Nachdem derart die Möglichkeit des Laienprokurators offengehalten wurde, befaßt sich der Traktat mit denen, die für eine Prokuratur *inhabiles* sind. Dabei wird der Diskussion des *excommunicatus* ein breiterer Raum eingeräumt.

Zu den *inhabiles* zählt Roselli zunächst den Exkommunizierten, *quia sicut excommunicatus non potest esse in iudicio pro se ... ita non potest agendo vel defendendo ut procurator pro alio intervenire.*[16] Weiter faßt er unter dem Begriff der Untauglichen die Frauen und die, bei denen ein *defectus intellectus* vorliegt. Schließlich erwähnt er die Unmündigen, da bei Streitfällen ein Mindestalter von 25 Jahren gefordert wird.[17] In allen anderen Fällen kann eine Person, *habilis*, als Prokurator zugelassen werden und in dieser Eigenschaft in einer Weise agieren oder einen Rechtsstreit führen, die ihr ansonsten nicht zukäme.

Das Thema des *procurator excommunicatus* hatte Roselli bereits kurz angeschnitten. Es ist ihm wert, vertieft zu werden. Er verweist auf die Glosse zu Clem. 1, 10, 3 (*Religiosus*) mit ihrer Unterscheidung verschiedener *species inhabilitatis.*[18] Dann merkt er an, daß jemand, der zur Zeit der Bestellung als Prokurator – auch seitens einer Person, die darum nicht wußte – exkommuniziert war, *ipso iure* als Prokurator untauglich ist. Die Ungültigkeit der von ihm vorgenommenen Akte ist unabhängig davon, ob eine *oppositio excommunicationis*, eine Prozeßeinrede, gemacht wird oder nicht.

Ausdrücklich kritisiert Roselli in diesem Zusammenhang den Archidiaconus, der ihm zufolge die Auffassung vertritt, daß die von einem *excommunicatus occultus* gesetzten Akte *propter eius tollerantiam* gelten. Die Toleranz läßt die Gültigkeit des Getanen nur zu, wenn dasselbe die *publica utilitas* betrifft. Bei dem Exkommunizierten aber, der Reskripte für den ihn sendenden Privatmann erbittet oder für diesen in dessen Namen agiert, geht es um das Eigenwohl, um die *privata utilitas.* In diesem Fall aber ist es unerheblich, ob der Exkommunizierte *occultus* oder *toleratus* ist.[19]

---

[16] Marc. f. 25v mit Verweis auf Kommentare zu X. 2, 19, 7 (*Post cessionem*).

[17] Verwiesen wird auf C. 3, q. 7, c. 1 Grp (*Tria*): Friedberg I 524: *Tria sunt, quibus aliqui inpediuntur ne iudices fiant: Natura, ut surdus, mutus et perpetuo furiosus, et inpubes, quia iudicio carent. Lege .... Moribus, feminae et servi, non quia non habent iudicium, sed quia receptum est ut civilibus non fungantur officiis.*

[18] Vgl. *Glosse* zur Stelle, v. *commissum*, ed., 78 unterscheidet: 1) *penitus, et ipso iure*; 2) *ad officium propter defectum auctoritatis*; 3) *per exceptionem*. Vgl. auch Jo. An., *Commentaria* zu X. 2, 19, 7 (*Post cessionem*), ed., ff. 114 - 114A.

[19] Cf. Marc. ff. 25v - 26r und Cvp f. 239v, welches oft besser verständlich ist. Ebd.: ... *excommunicatum procuratorem impetrare pro uno privato constituente rescripta vel iudicium eius nomine agitare concernit privatam utilitatem in qua quod quis tolleretur ut habilis tol-*

Auch Johannes Calderinus, der nach Roselli *in quadam disputatione que incipit ‚Excommunicatus qui communi opinione' etc.* die These vertrat, daß ohne Einrede (*oppositio*) gegen das Exkommuniziertsein die Akte gelten, findet seine Mißbilligung. Dazu steht er, obwohl auch Innozenz IV. eine derartige Auffassung nahelegen könnte.[20] Roselli wandelt hier wieder erkennbar auf den Spuren seines Meisters, Antonius de Butrio. Dessen Argumentation scheint allerdings klarer strukturiert und ist besser verständlich.[21]

Zunächst hebt Roselli hervor, daß gegen die Glosse zu X. 1, 38, 15 (*Consulti*) die Rechtsgelehrten gemeinhin die zur Untermauerung der dort vertretenen These angeführten Stellen als Gesetze verstehen, die gelten *in actibus publicis, non in privatis, in quibus communis error non suplet inhabilitatem persone.*[22] Im Anschluß geht er auf den Text VI°. 2, 12, 1 (*Pia*) ein, dabei Antonio de Butrio durchaus ähnlich. Er betont im Fall der Exkommunikation das *vicium in radice* beim Prokurator. Soweit dieses schon zur Zeit der Bestellung vorliegt, läßt es alle Akte, die der Prokurator für den *constituens* vornimmt, *ipso iure* ungültig sein. So sind die *acta cum tali procuratore ... nulla tanquam facta cum falso procuratore, sive*

---

lerantia nihil operatur. Verwiesen wird auf Kommentare der *doctores* zu X. 1, 6, 44 (*Nihil*), X. 1, 38, 15 (*Consulti sumus*) und X. 2, 14, 8 (*Veritatis*). Vgl. etwa Jo. An., *Commentaria* zu X. 1, 38, 5, v. *sententia*, ed., ff. 289 - 289a, der Innozenz und Hostiensis diskutiert.

20 Vgl. Marc. f. 26r. Vgl. Innozenz, *Commentaria* zu X 2, 14, 8, v. *excommunicationem*, ed., 289: *Dicunt tamen aliqui et forte non male, quod si aliqui praelati sunt excommunicati, et ratione sui officii facerent aliquid spirituale ... quod bene valet quod fit ab eis quamdiu tolerantur ... nisi forte esset notorium, vel alias probari posset quod essent publice excommunicati.* Cf. Antonius de Butrio, *Commentaria* zu VI°. 1, 3, 1 (*Ipso iure*), ed., f. 8r, der sich der Meinung des Johannes Monachus anschließt: *Joan. Monach. contra (sc. Archidiaconum), tenens nec occultum, nec publicum posse impetrare, nec rescriptum valere per hanc literam, que loquitur indistincte.* Vgl. VI°. 1, 3, 1: Friedberg II 938.

21 Vgl. etwa Antonius de Butrio, *Commentaria* zu X. 2, 19, 7 (*Post cessionem*), ed., f. 7r. Vgl. auch ders., *Commentaria* zu VI°. 1, 3, 1 (Ipso iure), ed., f. 9v das Resümee: *Opi. gl. et Jo. Mon. vera est, quam sequitur Jo. de Lig. per textum. qui indistincte rescriptum annullat. ergo sive impetraverit nomine proprio, sive alieno. Praeterea iste tex. facit excommunicatum indistincte inhabilem ad impetrandum: ergo ignorantia constituentis, vel concedentis eum non habilitat: quia procurator non potest constitui excommunicatus, ut in c. post cessionem, de prob. ergo literae pro alio impetratae non valent .... Item si excommunicatus non potest constituere alium procuratorem, sup. de procu. c. fi. ergo multofortius nec ipse constitui a non excommunicato: quia excommunicatio fortius repellit a recipiendo, quam a conferendo, de cle. excom. c. fi.* Cf. Clem. 5, 10, 4 (*Si summus*): Friedberg II 1192.

22 Vgl. Marc. f. 26r. Dazu *Glosse* zu X. 1, 38, 15, v. *iurati*, ed., 535 f. Ebd. 536: *Si ... vicecancellarius ignorat impetrantem excommunicatum, nec contra ipsum excipiatur, et literas obtinuerit, valebunt ...* Dagegen führt Roselli an X. 2, 19, 7 (*Post cessionem*): Friedberg II 310 und VI°. 1, 3, 1 (*Ipso iure*): Friedberg II 938. Vgl. *Glosse* zu VI°. 1, 3, 1, v. *processus*, ed., 16. – Vgl. auch die Auseinandersetzung mit dem Archidiaconus bei Antonius de Butrio, *Commentaria* zu VI°. 1, 3, 1 (*Ipso iure*), ed., f. 8r, der sich auf Johannes Andreä stützt.

cum illo, qui nunquam habuit mandatum, et sic non valent acta, etiam si nihil fuit oppositum.

Beim *principalis excommunicatus* dagegen, der nicht Prokurator ist, ist das Recht, zu handeln, nicht *in radice* zerstört, sondern nur *quo ad exercicium.* Wird keine Prozeßeinrede vorgebracht, besitzen dessen Akte Gültigkeit.[23]

Hinsichtlich der *substitutio*, die vom Prokurator vorgenommen wird, gilt: Insoweit die Bestellung eines Exkommunizierten zum Prokurator *ipso iure* nichtig ist, ist es auch die von ihm vorgenommene *substitutio.* Liegt eine Untauglichkeit *propter defectum auctoritatis* vor, wie im Fall des Mönchs, so kann eine *substitutio* nur vorgenommen werden *auctoritate interveniente.* Ist jemand nur *inhabilis*, wenn eine *exceptio* gegen ihn vorgebracht wurde, kann dieser bei Nichtvorliegen der *exceptio* die *substitutio* praktizieren.[24]

---

[23] Cf. Marc. f. 26r. Dazu ANTONIUS DE BUTRIO, *Commentaria* zu X. 2, 19, 7, ed., f. 7r: *Non obstat ratio Inn. quod debeant valere gesta: quia valent a constituente: quia vitium constituentis non est in radice, cum habilitatem habuerit, et potestatem agendi ante excommunicationem supervenientem. Ideo dato habitu agendi, inhabilitas superveniens non impedit validitatem gesti, nisi opponatur. Sed potestas procuratoris principium capit tempore mandati, et susceptionis mandati: vitium ergo est in radice, ex quo illo tempore se reperit excommunicatum. Ad hoc de rescrip. c. 1. lib. 6. Concluditur ergo, quod gesta non tenent superveniente absolutione: et hoc quia procuratorium fuit nullum a principio: non validitur ergo ex post facto.* Vgl. VI°. 2, 12, 1: Friedberg II 1004 f. – Vgl. JOANNES DE LIGNANO, *De censura ecclesiastica*, ed., f. 238r: *Ego crederem indistincte agitata per procuratorem excommunicatum tempore constitutionis nulla, etiam nulla opposita exceptione: et in hoc admiror de do. Inno. qui equiparat agentem nomine proprio. sibi competit ius agendi ex persona sua et habet personam legitimam standi in iudicio nisi repellatur ope exceptionis excommunicationis: sed procu. quia erat excommunicatus tempore constitutionis nullam recipit constitutionem alias potestatem a constituente propter inhabilitatem persone sue quia procuratorium fuit nullum, nec ex persona sua ius agendi procedit: et sic salva pace tanti patris dico opi. suam non procedere de iure.* ANTONIO ROSELLI, *Commentarii super Decretum*, Biblioteca Colombina, 5.7.8., f. 271v (zu C. 11, q. 3, c. 17): *... acta facta cum procuratore excommunicato non valent. etiam si de excommunicatione non sit oppositum. ratio quia si constitutio procuratoris est nulla. acta sunt facta cum procuratore nullo mandato habente. que exceptio reddit iuditium retro nullum. l. ita demum de procuratore et he sunt vera sive sit occultus excommunicatus sive non licet Io. Cald. in occulto tenuerit contrarium quem sequuntur alii moderni in c. 1. de restit. in VI°. sed veritas est id quod dixi et habilitas pocuratoris debet considerari tempore quo constituitur non in tempore quo acceptatur et ideo si fuisset excommunicatus quando fuit constitutus licet tempore assumptionis fuisset absolutus non valerent gesta per eum.*

[24] Cf. Marc. ff. 26r - v. Roselli verweist auf CYNUS, *Lectura* zu C. 2, 12 (13), 8 (*Quod quis*), ed., f. 56r und BARTOLUS, *Commentaria* zu D. 42, 2, 1 (*Possessio*), ed., f. 82v. – Vgl. auch ANTONIUS DE BUTRIO, *Commentaria* zu X. 2, 19, 7 (*Post cessionem*), ed., f. 7v, der meint: *... excommunicatus non est inhabilis ad contrahendum. potest ergo substituere. non enim actus substituentis aut substituti: aut uterque potest dici iudicialis. Igitur eius est capax excommunicatus.*

Mit diesen Ausführungen beschließt Roselli seine Diskussion über Teilnehmer und Stimmrecht bei dem Generalkonzil. Anders als Torquemada unterläßt es Roselli gänzlich, über die für die Konzilsteilnehmer erforderlichen Eigenschaften Kommentare abzugeben.[25] Er beschränkt sich auf die Darstellung der vom kanonischen und römischen Recht vorgegebenen Konzepte. Dabei nimmt er, wenn auch nicht explizit, die zeitgenössischen Erfahrungen und Praktiken als Hintergrund seiner Präsentation. Beachtenswert sind die zuweilen auftauchenden Hinweise eines Verständnisses, das dem Konzil eine dem Papst – im Ausnahmefall – von der *potestas* her ähnliche Rolle zuweist. Eine Entfaltung des Themas spart sich der Autor allerdings für später auf.

---

[25] Vgl. BINDER, *Konzilsgedanken* 130 - 133. Dazu TORQUEMADA, *Summa* III, XIX, ed., ff. 295v - 296v. Ebd. f. 296r: *Ostenso iam non omnes praelatos maiores ecclesiae necessario convocandos ad universalia concilia nec bene possibile fore omnes convocare, sed oportere saepenumero aliquos convocare aliis praetermissis, conveniens duximus, at de qualitate convocandorum capitulum hoc subiungeremus.*

9. Die Mindestteilnehmerzahl eines Konzils

Müssen 2/3 der Gerufenen anwesend sein, damit man – *sicut in aliis universitatibus* – von einem Konzil sprechen kann? Diese Frage ist die 11. Frage nach dem Inhaltsverzeichnis der venezianischen Handschrift. Roselli stellt sie sich, nachdem er untersucht hat, wer zur *universitas* des Generalkonzils gehört, vor allem, wer in ihr die *potestas iudicandi et statuendi* besitzt.[1]

In einem ersten Schritt führt Roselli wiederum Belege aus dem *ius Romanum* wie dem *ius canonicum* an, die eine affirmative Antwort auf die Frage nahelegen.[2] Die entsprechenden Gesetze besagen, *quod quando debent coadunari universitates sive collegia debent conveniri saltem due partes vocandorum ... et illud, quod deinde facit maior pars presentium, id videtur esse ratum et non alias.*[3] Die Glosse zu D. 50, 17, 160 vertritt dieselbe Meinung.[4]

Dagegen spricht aber bereits – nach Roselli – ein Blick auf alle bis dahin stattgefundenen Konzilien. Die Geschichte wird so bei ihm wieder als Zeuge aufgerufen. Nach seiner Kenntnis, die sich primär auf das *Decretum Gratiani* stützt, konnte das zahlenmäßig größte Konzil, das Chalcedonense IV, auf einen Teilnehmerkreis von 630 *patres* verweisen. Alle an-

---

1 Cf. Marc. ff. 26v - 27r. Ebd. f. 26v: *Veniamus nunc ad questionem an ut possit dici esse concilium sit opus quod ad minus sint presentes due partes illorum qui vocandi erant.* Marc. f. 1r: *Undecimo an sit opus ut intersint due partes vocandorum sicut in aliis universitatibus ut dicatur esse concilium.*

2 Marc. f. 26v unter Verweis auf *Glosse* zu X. 1, 5, 4 (*Bonae*), v. *temere*, ed., f. 119; Jo. An., *Commentaria* zu X. 3, 11, 1 (*Cum in cunctis*), ed., f. 67; *Glosse* zu X. 3, 11, 1, v. *constitutum*, ed., 1231: *Et ita capitulum potest constitutionem facere, dumtamen intersint omnes, quod constitution tangit ... alia praesentes in praeiudicium absentium nihil constiterit possunt ... Circa alia negotia ad minus duae partes debent esse presentes. ff. quod cuiusque univer. l. nulli. et l. plane. et ff. de decret. ab or. fac. l. 3.T.* Die letzten Stellen – D. 3, 4, 3; D. 3, 4, 4: MK I 72 – auch bei Roselli. D. 50, 9, 3 (*Lege autem*): MK I 904 fehlt.

3 Marc. f. 26v. Vgl. für einen besseren Text Cvp f. 241r; MII f. 283v. Cf. Bartolus, *Commentaria* zu D. 50, 1, 19 (*Quod maior*), ed., f. 232v: *... dico, quod omnes debent vocari, et debent esse praesentes duae partes: tunc quid facit maior pars, praesumuntur omnes facere, et omnes facere videntur.* Bartolus, *Commentaria* zu D. 1, 1, 9 (*Omnes populi*), ed., f. 10r: *Nec sufficit vocatos esse, nisi duae partes sint praesentes.* Für das letztgenannte verweist Roselli auf C. 10, 34 (33), 3: MK II 416.

4 *Glosse* zu D. 50, 17, 160 (*Aliud*), v. *refertur*, ed., 2186 (dort als *lex CXXI*): *si publice populus vocetur ... licet non omnes veniant, videntur omnes facere, quod faciunt, qui venerunt: si modo duae partes veniant, et maior pars illarum duarum partium consensit.* – G III, XIV, 411 (Zeile 5) liest *ff. de iureiur.* Ebenso *Monarchia* ed. 1549, f. 24v und *Monarchia* ed. 1487, f. 59r. – Vgl. Matthäus de Mattesillani, *Tractatus* – Ottob. lat. 1759, f. 149v: *... an requiratur quod duae partes vocandorum adsint pisis in concilio est probabile dubium et videtur prima facie quod sic.*

deren Konzilien waren kleiner. Es steht aber für Roselli fest, daß es mehr als 3000 Bischöfe weltweit gibt. Entsprechend waren nie 2/3 aller *vocandi* auf einem Konzil vertreten.[5] So kann man nicht behaupten, daß die oben gegebene Regel greift, wenn es sich um Generalkonzilien handelt bzw. wenn der ganze Erdkreis berufen wird.[6]

Stattdessen bietet der Autor der *Monarchia* eine *regula magis magistralis* an. Derzufolge liegt bei *imminens grave periculum vel necessitas* nach Einberufung der *universitas* an einen bestimmten Ort zu einem bestimmten Termin die *potestas* bei den Erscheinenden, auch wenn weniger als 2/3 anwesend sind. Ohne daß dies direkt mit der diskutierten Frage zusammenhängt, beruft sich Roselli zunächst auf Bartolus. Dieser hatte ausgeführt, daß es im Notfall den Vorstehern erlaubt ist, die gegebene Rechtsordnung um des *bonum publicum* willen zu brechen.[7] Die zuvor für die Gegenseite angeführte Glosse wird weitergelesen und scheint dann diese Auffassung zu untermauern.[8] *Mutatis mutandis* kommt Roselli auf die kirchlichen Wahlen zu sprechen, welche der Besetzung der Prälaturen vorausgehen. Insoweit bei diesen Verfahren Gefahr im Verzug ist, konstituiert derjenige, der zur gegebenen Zeit am gegebenen Ort erscheint, die übrigen als Säumige, *et ipse solus potest eligere.*[9]

---

5 Cf. Marc. f. 26v mit Verweis auf D. 15, c. 1 (*Canones*): Friedberg I 34; D. 16, c. 9 (*Sexta*): Friedberg I 45. Für die *sexta constantinopolitana synodus* mit den 150 *patres* wäre zu verweisen auf D. 16, c. 10 (*Prima*): Friedberg I 46. – D. 17, c. 6 Grp (*Hinc etiam*): ebd. 53 geht es um die *causa Symmachi*. D. 63, c. 22 (*Adrianus*): ebd. 241 um das Konzil unter Papst Hadrian und Karl dem Großen. – Das historische Argument auch bei MATTHÄUS DE MATTESILLANI, *Tractatus* – Ottob. lat. 1759, f. 149v. Ebd. u.a.: ... *si legantur cronice apparebit nunquam interfuisse duas partes omnium episcoporum catholicorum. ergo etc. minime enim sunt mutanda, que sepe (semper?) certam interpretationem habuerunt.*

6 Cf. Marc. f. 26v: ... *dico quod illa iura ... non habere (sic!) locum in conciliis generalibus vel ubi totus orbis vocandus est.* Cvp f. 241r fehlt der Text ab *vel*; MII f. 283v liest statt *orbis urbis*.

7 Cf. Marc. f. 26v und Cvp f. 241v: ... *probatur quia ubi imminet periculum et necessitas rei publice et bonum publicum eius, soli priores vel scabini sive decuriones civitatis, etiam sine concilio populi, possunt transgredi statuta et leges civitatis, ut singulariter notavit bar.* Vgl. BARTOLUS, *Commentaria* zu C. 11, 2 (1), 4 (6) (*Cum Navarchorum*), ed., ff. 28v – 29r. Ebd. f. 29r: ... *per adunationem erat datus certus modus in eligendis potestatibus, et compertum fuit, quod si ille ordo servaretur, civitas ista remaneret sine rectore, consuluimus, quod hoc casu emergente, priores possint providere, nec dicerentur facere contra ordinationem aduntiae generalis.*

8 *Glosse* zu D. 50, 17, 160 (*Aliud*), v. *refertur*, ed., 2186. Statt 2/3 der Gerufenen: *Item si faciat maior pars eorum, qui praesunt universitati, et deputati loco totius civitatis, ut decuriones.*

9 Vgl. Marc. f. 26v unter Bezugnahme auf X. 1, 6, 16 (*Quum inter*): Friedberg II 55 – 57 und D. 65, c. 9 (*Si forte*): Friedberg I 252. Marc. a.a.O. und Cvp f. 241v lesen beide fälschlich *xlv. di.* statt *lxv. di.* – Vgl. HOSTIENSIS, *Commentaria* zu X. 1, 6, 19 (*Quum nobis olim*), v. *revocare*, ed., f. 47 und *Glosse* zur Stelle, v. *revocare*, ed., 146 f. – Die Argumentation Rosellis scheint von MATTHÄUS DE MATTESILLANI, *Tractatus* – Ottob. lat. 1759, f. 149v stark

Roselli kritisiert an dieser Stelle ausdrücklich Abbas, wobei er wiederum seinem Lehrer folgt.[10] Es mag allerdings sein, daß diese Kritik eher Petrus de Sampsone treffen müßte. Abbas war dessen Schüler und referiert seine Auffassung.[11]

Für den Aretiner ist die Auseinandersetzung allerdings Anlaß, die Diskussion über den Aspekt der *contumacia* zu vertiefen. Ist die *pars maior contumax vel negligens*,[12] wenn es darum geht, einer Gefahr für die Kirche entgegenzuwirken, devolviert die *potestas* zur *pars non contumax*, die in diesem Fall eben deswegen als die *pars maior et sanior* zu gelten hat.[13]

---

beeinflußt. Ebd.: ... *illa subtilitas legis (sc. Notwendigkeit von 2/3 der vocandi) non habet locum in conciliis generalibus ... est ratio quia periculum est in mora ... sicut videmus quando imminet periculum ne collatio, vel electio devolvatur a canonicis seu capitulo ad superiorem potest unus, vel pauci eligere, vel conferre vice capituli aliis non imminentibus ... multo magis potest dici in casu nostro.*

[10] Vgl. Marc. ff. 26v - 27r. Dazu ANTONIUS DE BUTRIO, *Commentaria* zu X. 1, 6, 19 (*Quum nobis*), ed., f. 108r: ... *dico quod non potest (sc. die minor pars der zu Rufenden die anderen in negligentia konstituieren). subsistente causa ante terminum instantem trium mensium: quia potentiae capitulares non sunt in minori parte, nec prout capitulum est in congregando, nec prout est in congregatum. Si autem instet terminus, etiam unus solus posset in negligentiam constituere ... nex exigetur aliqua ab eo citatio, vel requisitio, ex quo terminus instat: quia dies interpellat pro homine ... Et hoc teneas, quicquid dixerit Abbas, qui tenuit, quod potestas maioris nunquam devolvebatur ad minorem, nisi ex delicto maior privaretur: ut in cap. gratum. supra titul. primo.*

[11] Cf. ZABARELLA, *Commentaria* zu X. 1, 6, 19, ed., f. 122v: *Septimo quaero, si omnes canonici sunt negligentes. excepto uno: an solum possit eligere. dicit Inno. ... Pet. ut refert Abb. dicebat ius maioris partis non recidere in minorem: nisi quando eligit scienter indignum. primum verius, quia quando labitur terminus iuris, unus solus potest uti iure sibi competenti, ex quo enim alii non eligunt, quoad hanc electionem habentur pro non existentibus.* PETRUS DE ANCHARANO, *Commentaria* zu X. 1, 6, 19, ed., 141 stellt wie Antonius de Butrio Innozenz und Compostellanus gegen Petrus und Abbas. – Vgl. ABBAS, *Commentaria* zu X. 1, 2, 5, ed., f. 12v und DERS., ebd. zu X. 1, 6, 19, v. *attigisset*, ed., f. 15v: *Item et illud scias, quod Inno. notavit hic, quod si unus vocavit fratres absentes, cum tantum esset praesens in ecclesia, si caeteri venire negligantur, circa finem trium mensium poterit eligere. Quod magister Petrus de Sam. non admittebat, cum non transferatur ad minorem partem eligendi potestas, nisi ubi minori (sic!) parte peccante, scienter eligendo indignum.* Dazu ABBAS, *Commentaria* zu X. 1, 5, 2 (Florenz, Bibliotheca Medicea Laurentiana Fiesol. 122 [Rom, Bibl. nazionale – Centrale Microfilm pos. 27194]): ... *qui personam indignam eligit, licet postulat, amittit potestatem eligendi et potestas ad alios licet pauciores devolvitur.* Ebd. zu X. 1, 6, 19: ... *solutio qui vocanti (vocati?) ad electionem nolunt venire eligendi potestatem amittunt et ad alios devolvitur.*

[12] Cf. Marc. f. 27r bezeichnet Roselli die *contumacia* als *delictum* mit Bezug auf D. 49, 16, 6 (*Omne delictum*): MK I 889, wo die *contumacia* als *crimen* bezeichnet wird; *negligentia* bekommt als Attribut *peccatum gravissimum*, verweisend auf C. 24, q. 1, c. 13: Friedberg I 970, wo es aber eher – cf. *Glosse* zur Stelle, v. *dissimulare / tacere*, ed., 1388 – um *taciturnitas* und *dissimulatio detestabilis* beim Papst geht. – Vgl. MATTHÄUS DE MATTESILLANI, *Tractatus* – Ottob. lat. 1759, f. 149v: ... *contumacia ... representat absentes i. facit eos haberi tamquam presentes ... nec malicia debet eis prodesse.*

[13] Cf. Cvp f. 241v für den besseren Text: ... *ex tali peccato decens est, quod subsistente periculo potestas devolvatur ad non contumaces, quia ista pars non contumax que curat occurrere*

Die Einberufung von Generalkonzilien allerdings – und mit dieser Äußerung zeigt sich Roselli erneut als Vertreter jener, für die das Konzil nicht ein allwirksames und überall einzusetzendes Heilmittel ist – hat nur zu erfolgen, *quando imminent gravissima pericula, heresis vel papatus contentio vel scisma.*[14] Das heißt aber: Das Stattfinden eines solchen Generalkonzils ist ihm zufolge oft schon in sich Indiz für eine der Kirche höchst bedrohliche Situation. In diesem Fall des *gravissimum periculum* freilich wäre es bedenklich, die Handlungsfähigkeit einer solchen Versammlung davon abhängig zu machen, daß 2/3 der zu Rufenden sich tatsächlich einfinden,

> *et ideo credo, quod potestas remaneat penes comparentes in termino, quotquot sint. sic limito l. nulli. et l. plane. ff. quod cuiusque universi. no. ut qui comparent, si non sunt due partes vocandorum, non habeant auctoritatem statuendi nec ius totius universitatis vocare, nisi quando imminet periculum grande vel gravissimum et vocati non veniunt. et tunc potestas universitatis sit et remaneat penes comparentes.*[15]

Interessant ist dann wieder die Anwendung der Regel auf die verschiedenen möglichen Konstellationen, die bei der Feier eines Konzils gegeben sein können.

Roselli veranschaulicht seine Sichtweise unter Bezugnahme auf den Strafprozeß gegen einen Bischof, bei dem im allgemeinen die Anwesenheit von 12 Bischöfen erforderlich ist.[16] Diese Norm bezüglich der *potestas cognoscendi* ist nicht notwendigerweise in Anwendung zu bringen, falls der Papst oder ein von ihm mit besonderen Mandat Ausgerüsteter auf dem Konzil anwesend ist. Dieser nämlich kann auch alleine in einer entsprechenden *causa* agieren. In der Konsequenz trifft das dann natür-

---

periculo ecclesie debet dici maior et sanior, ut in c. i. de his que fi. a maio. parte capituli. ubi probatur, quod debet attendi, quod obicit minor pars quando est iustius et utilius, quod ab ipsa obicitur. Vgl. auch MI f. 45r; T f. 90v mit gutem Text, den dann auch G III, XIV, 411 (Zeilen 35 - 38) bietet. Vgl. dagegen Marc. f. 27r und MII f. 284r. – Cf. *Glosse* zu X. 3, 11, 1 (*Quum in cunctis*), v. *rationabiliter*, ed., 1230 zur *pars maior et sanior*: *regulare est, ut semper stetur maiori parti, sed maior pars est illa, quae maiori ratione, et pietate nititur ... praesumitur pro pluralitate ... nisi contrarium probetur.*

14 So Cvp f. 243r (der textlich an f. 241v anschließt). Marc. f. 27r liest: ... *quae vocatio nunquam fieri debet nisi quando imminent gravissima pericula heresum vel papatus contentio aut scismatis.* Ebenso MII f. 284r; T f. 90v; MI f. 45r. Vgl. auch G III, XIV, 411 (Zeilen 42 – 44). Wichtig wiederum die vorgängige Argumentation mit Bezug auf die *res publica* – Cvp ff. 241r – 241v: *Posset ... dari regula magis magistralis quod quotiens imminet gravissimum periculum vel necessitas ... potestas sit apud comparentes etiam si non sint due partes vocandorum presentes. hoc probatur quia ubi imminet periculum et necessitas rei publice et bonum publicum eius soli priores vel scabini sive decuriones civitatis etiam sine concilio populi possunt transgredi statuta et leges civitatis.*

15 Cvp f. 243r; cf. Marc. f. 27r.

16 Cf. Marc. f. 27r unter Verweis auf C. 15, q. 7, c. 4 (*Felix*): Friedberg I 758 und C. 7, q. 7, c. ? (*Placuit*): ?.

lich auch zu, wenn zu Beginn des Konzils der Papst mit nur einem Bischof anwesend ist, ungeachtet der Abwesenheit aller übrigen. In diesem Fall ist der Papst mit dem Bischof das Konzil.[17]

Was ist aber zu sagen, wenn das Konzil versammelt ist ohne Papst? Daß dies vorkommen kann, ist einer der Grundgedanken des Konzilientraktats. Aufgrund der vorhergehenden Erörterterungen kommt Roselli zu dem Schluß, daß *de honestate* mindestens zwölf Bischöfe dasein müßten. Er selbst meint jedoch, daß auch bei einer geringeren Teilnehmerzahl von einem Generalkonzil gesprochen werden kann. *Quando ... non esset papa vel alius habens ab eo speciale mandatum ..., tunc si erunt saltem xii. episcopi, ita quod possint audire causas criminales aliorum episcoporum, tunc illi facient concilium generale, licet credam quod idem esset etiam si essent pauciores duodecim.*[18]

Erläuternd differenziert er allerdings. Ist die Abwesenheit der übrigen potentiellen Konzilsteilnehmer auf deren notorische Mißachtung der Weisung, zu erscheinen, zurückzuführen, devolviert die *potestas* auf die Anwesenden, die *obedientes*. Der *contemptus* der Erstgenannten nämlich stellt für Roselli ein *periculum gravissimum* dar, welches eine entsprechende Devolution rechtfertigt. Wenn aber nicht eindeutig feststeht, daß das Nichterscheinen im *contemptus* seine Wurzeln hat, sie vielmehr nicht erscheinen, weil ihnen die Versammlung nicht nützlich (*utilis*) erscheint,

---

17 Cf. Marc. f. 27r und Cvp ff. 243r - v. Cvp f. 243v: *... concludo, quod si in concilio est papa, quotquot conveniant episcopi etiam si unus, quod illi faciant concilium. Et idem quando est habens speciale mandatum a papa.* Vgl. auch hinsichtlich der Mindestteilnehmerzahl der die erste Konzilsauflösung durch Eugen IV. vehement verteidigende ANONYMUS, *Allegationes* – Firenze, Laurenziana, Plut. XVI, Cod. XIII, f. 218r: *Dato ... quod pauci qui compareant in Concilio generali possunt alios convocare et aliqua facere leviora, gravia tamen non possent quia repugnat ratio naturalis et esset actus contrarius institutioni sue, ideo videlicet vocantur generalia concilia ut propter multitudinem prelatorum et aliorum virorum notabilium iustior efficacior saniorque sententia oriatur et per consequens magis timeatur ... Si ergo sint ibi tres vel quatuor ridiculum esset quod isti procedere possent ad decisionem aliquorum articulorum gravium ...* Ebd. f. 218v: *... a papa recipit (sc. Concilium generale) fundamentum qui convocat non a se ... Si ergo papa recepit illam Synodum pro generali utique fieri potuit. Sed hic papa illam enormem paucitatem noluit pro generali recipere synodo. ... forte in Concilio tanto per illos xvi. ut habetur in dicto c. Sixta Synodus fuerunt tales viri quod eorum eximia virtus non minus praebuit auctoritatis quam praebuisset amplissimus numerus: non enim in numero personarum sed agentium probitate et elegantia recipitur auctoritas.*

18 Cvp f. 243v. Vgl. Marc. f. 27r. Hingewiesen sei auch auf JOHANNES DE MILIIS, *Responsum* – Vin. Pal. 5129, f. 66v: Die Notwendigkeit der Anwesenheit von 2/3 der zu Rufenden *est verum in universitatibus laicorum secus in collegiis et capitulis ecclesiarum ... Item secus in conciliis generalibus in quibus non requiritur quod due partes tocius mundi conveniant ymmo sufficit quod aliqui licet ymmo pauci assint aliis non venientibus in termino assignato et qui venerunt absentes representant.*

tunc qui comparuerunt pauciores duabus partibus non habebunt auctoritatem statuendi.[19]

So erscheint auch in dieser Frage Roselli als ein Autor, der einerseits die Autorität des Konzils – ggf. gegen den Papst – hervorhebt, der sich aber andererseits dabei stets gedrängt fühlt, auch diese Aussagen gegen Mißbrauch zu schützen. Diese Sicherung nach zwei Seiten macht es je neu schwierig, ihn einzuordnen.

Petrus de Monte diskutiert die Frage der Gültigkeit dessen, was durch eine *pars minor* vorgenommen wurde, ausdrücklich im Kontext eines Schismas in der Kirche. Was soll geschehen, wenn zwei Prätendenten sich um die päpstliche Würde streiten? In diesem Fall erweisen sich jene als *negligentes*, die der Aufforderung jener nicht Folge leisten, die das Konzil einberufen; den Anwesenden aber kommt dann die *potestas* zu. Auch bei Petrus de Monte findet sich, allerdings nur sehr knapp, ein Hinweis auf die Geschichte. Diese ist Beleg dafür, daß zuweilen eine sehr geringe Zahl am Konzil teilnahm (*magna paucitas*). Sein Kommentar zum Problem der Teilnehmerzahl, insgesamt wesentlich kürzer als der des Roselli, schließt mit der Meinung: *Credo ... consultius esse, quod pars minor congregata, aliis nolentibus accedere, pronunciet se constituere generale Concilium, et in se esse iurisdictionem, quod potest iudex facere.*[20] Seine Argumentation schließt ausgesprochen eng an die des Dominicus de Sancto Geminiano an, die vor dem Hintergrund des Pisanum entwickelt wurde.[21] Bei Johannes von Imola, dessen Zeitgenossen, wird hingegen die Mindestteilnehmerzahl höher, nämlich mit 150 (*forte sufficiet*), ange-

---

19 Marc. f. 27r. – Vgl. auch die Ausführungen bei MATTHÄUS DE MATTESILLANI, *Tractatus* – Ottob. lat. 1759, f. 149v: *... potest etiam dici quod sicut in numero universitatis ad hoc ut dicatur haberi duae partes de tribus partibus non computantur illi, qui sunt in tali loco, quod ipsi non sunt vocandi ... Item non computantur illi, qui sunt de universitate, sed non possunt dare vocem, nec sunt illi, de quibus habetur in cle. ut hii, qui de eta. et generali. Ita eodem modo non debeant computari illi episcopi in numero dictorum episcoporum, qui representant concilium generale, qui legitime vocati et sine iusta causa recusaverunt venire, nec etiam illi, qui iusto impedimento detenti recusaverunt mittere procuratores loco sui supposito quod constet quod notitia vocationis pervenerit ad eos.*

20 Vgl. zum Problem PETRUS DE MONTE, *Tractatus* 114 f. Das Zitat ebd. 115 mit Verweis auf BARTOLUS, *Commentaria* in D. 2, 5, 2 (*Ex quacunque*), ed., f. 58r. DERS., *Commentaria* zu D. 5, 1, 5 (*Si quis ex aliena*), ed., f. 153r: *Non est sua (sc. causa) quantum ad utilitatem, ideo potest super hoc pronunciare.*

21 Cf. DOMINICUS DE S. GEMINIANO, *Tractatus* – Vat. lat. 4039, ff. 245r - v als Beantwortung der achten Frage. Ebd. 245v: *... prius hoc tamen erit determinandum per patres presentes concilii in casu in quo non accidерent patres in numero condecenti. patet enim cum ipsi sint iudices pronunciare si esset dubium de numero an sua sit iurisdictio ... et per talem pronunciacionem facerent se iudices in principali eciam si alias iurisdictionem non haberent.* Auch bei ihm der Hinweis, ebd. f. 245r: *... ius universitatis potest eciam residere in uno ... nec debet nocere diligentibus malicia vel negligencia aliorum.*

geben.[22] Anders als er vertrat Matthäus de Mattesillani als ein Verteidiger des Pisanum eine eher minimalistische Haltung hinsichtlich der notwendigen Teilnehmerzahl. Es scheint möglich, daß Roselli auf ihn bei seiner Darstellung zurückgegriffen hat.[23] Thomas Ebendorfer, der das Basler Konzil gegen die Bulle *Deus novit* in Schutz nahm, merkt an: *Queritur eciam ab adversariis, quot prelati convenientes cum doctoribus legittime synodaliter representant ecclesiam et quot non. Et credo, quod racionabiliter numerus diffiniri precise non possit.*[24] Damit umschreibt er augenscheinlich das Klima, in welchem Rosellis Ausführungen rezipiert wurden.

---

[22] Cf. JOHANNES AB IMOLA, *Tractatus* 212.

[23] Cf. MATTHÄUS DE MATTESILLANI, *Tractatus* – Ottobon. lat. 1759, f. 149v. Vgl. die Hinweise in den vorhergehenden Anmerkungen.

[24] JAROSCHKA, *Ebendorfers Traktat* 16 (Cvp 4701, f. 295r). Ebd.: ... *non obstat personarum paucitas, ubi est plena auctoritas* ... Ebd. 18 (ebd. f. 295v): ... *Christo dicente: Ubi duo vel tres ... Non dicit: Ubi magna multitudo congregata est, que crebro confusionem parit. Duo ergo vel tres congregati in nomine Iesu sive salvatoris ipsius merentur presenciam indefectibilem, sicud (sic!) et merentur habere ecclesie representacionem* ... – Vgl. später, 1442, DOCTOR PARISIENSIS, *Tractatus* 455: ... *videtur verisimiliter quod ibi (sc. in Basileia) semper fuerit maior numerus suppositorum, quam in aliquo Concilio Apostolorum Hierosolymis celebrato, quae tamen Concilia ab omnibus Catholicis approbantur.*

10. Der Gegenstand der Verhandlungen eines Generalkonzils

In einem nächsten Schritt, der vom Inhaltsverzeichnis der Marciana-Handschrift her der *quaestio* 12 korrespondiert,[1] diskutiert Roselli die auf einem allgemeinen Konzil zu verhandelnden Gegenstände und – damit zusammenhängend – die Frage, wer vor einem solchen Konzil zur Rechenschaft gezogen werden kann.

Wieder beginnt er mit der Präsentation einer These, die er dann in der Folge widerlegt bzw. spezifiziert. Sein Ausgangspunkt ist die Auffassung, daß alle Streitsachen auf einem Generalkonzil entschieden werden können. Zur Begründung verweist er auf mehrere Texte, die er vor allem dem *Decretum Gratiani* entlehnt.[2] Querelen jeder Art, auch jene, die Laien betreffen, werden als Objekt der Konzilstätigkeit identifiziert.[3] Wenngleich einer der Belegtexte, D. 18, c. 2 (*De conciliis*), auf das Provinzialkonzil Bezug nimmt, unterstreicht Roselli: *fortius potest extendi ad generale concilium, cum eadem sit ratio in toto que in parte, immo maior.*[4] D. 18, c. 4 bestimmt: *Propter ecclesiasticas causas et que existunt controversias dissolvendas, sufficere visum est, bis in anno per singulas provincias episcoporum concilium fieri.*[5] Roselli beruft sich auf das römische Recht, wenn er das *et que* als erweiternd, nicht als restringierend, deutet. Daraus folgt, daß neben den kirchlichen Angelegenheiten auch andere, nichtkirchliche Angelegenheiten Thema des Generalkonzils sind. *cause seculares* sind demnach nicht auszuklammern.[6]

In einem letzten Punkt hebt der Verfasser des Traktats, mit Blick auf D. 15, c. 1 (*Canones*), hervor, daß die Konzilien ihre Wurzeln im Vorgehen

---

1 Cf. Marc. f. 1v: *Duodecimo. Que cause possint expedire (korrigiert in expediri) in Concilio generali.*

2 Cf. Marc. ff. 27r - v. Roselli verweist auf D. 17, c. 5 (*Multis*): Friedberg I 52 und D. 18, c. 2 (*De conciliis*): ebd. 54 zur Begründung seiner These: ... *videtur quod indiffinite omnes lites que in quacunque provincia orte fuerint, possint, si aliter non sunt sopite, in concilio generali determinari.*

3 Cf. Marc. a.a.O. mit Bezug – hinsichtlich D. 18, c. 2 – auf C. 12, q. 1, c. 7 (*Duo sunt genera*): Friedberg I 678, um zu belegen, daß der Text auch für Laien gilt, die *de ordine ecclesie* sind. Vgl. auch der Hinweis auf D. 18, c. 3 (*Habeatur*): Friedberg I 54, von wo abgeleitet wird, daß die Streitigkeiten auch der Laien, da diese die Quadragesima mitbegehen, durch das Konzil beigelegt werden müssen.

4 Marc. f. 27v.

5 Der Text – Friedberg I 54 – wird Marc. f. 27v angeführt und erläutert.

6 Cf. Marc. f. 27v mit Bezug auf D. 32, (1), 46 (*Ea tamen adiectio*): MK I 491. Vgl. dazu BARTOLUS, *Commentaria* zur Stelle, ed., ff. 59r - v. – Roselli führt als Belege weiter an D. 18, c. 5 (*Non oportet*): Friedberg I 55 und C. 6, q. 3, c. 2 (*Scitote*): Friedberg I 562.

der Heiden haben. Weil nun die Römer in ihrer vorchristlichen Zeit alles in den *concilia* klärten, gilt für das Heute Rosellis: *hodie similitudinarie omnia in concilio pape determinanda sunt.*[7]

Damit schließt er die Darstellung einer Position ab. Nun kommt er – *in contrarium* – auf die Gegengründe zu sprechen. Basis seiner Darlegungen ist die These, daß – von drei nicht unwichtigen Fällen abgesehen – die Gewalt des Konzils kleiner ist als die des Papstes. Der Papst hat außerhalb der kirchlichen Territorien, von einigen wenigen Ausnahmen abgesehen, keine *potestas* bezüglich rein weltlicher *causae*, bei denen die Interessen der Laien tangiert werden. Demzufolge kann das um so weniger von dem Konzil gesagt werden. Dies gilt auch dann, wenn der Papst an dem Konzil teilnimmt.[8]

Roselli läßt es nicht bei dieser rein negativen Auskunft bewenden. Er entfaltet die Frage, indem er drei Fälle unterscheidet. Zum einen gibt es das Generalkonzil, an dem der Papst, die Bischöfe, gegebenenfalls Kleriker und Laien, teilnehmen, auf dem aber – in der Regel – nur Dinge behandelt werden, die das *forum ecclesiasticum* betreffen.[9] *cause autem mere seculares* oder Fälle, welche Laien betreffen, die der kirchlichen Jurisdiktion nicht unterstellt sind, können auf einem solchen Konzil normalerweise nicht geklärt werden. Das kann höchstens *vi prorogate iurisdictionis* erfolgen. In diesem Fall sind wiederum zwei Möglichkeiten zu unterscheiden. Erkennen die betreffenden Personen einen Oberen an, dann erfolgt eine *prorogatio* nur unter der Bedingung der Erlaubnis des *superior*. Wird kein Oberer anerkannt, können sich die Personen selbst der Jurisdiktion eines derartigen Konzils unterwerfen. Rechtstexte, welche für die Provinzialkonzilien von einer Jurisdiktion mit Blick auf Laien oder Bürgerschaften ausgehen, sind nach Roselli von den angeführten Ausnahmesituationen her zu verstehen.[10]

Eine zweite Form ist das Generalkonzil, an dem neben den kirchlichen Vertretern auch *persone seculares* – Kaiser, Könige, Fürsten, Barone – teil-

[7] Marc. f. 27v. Vgl. D. 15, c. 1: Friedberg I 34 f.: *Concilii vero nomen tractum est ex more Romano. Tempore enim, quo causa agebatur, conveniebant omnes in unum.*

[8] Vgl. Marc. f. 27v. Die Thematik wird von Roselli im Traktat später noch aufgegriffen.

[9] Vgl. auch Marc. f. 37v: ... *concilium generale erit iudex omnium ecclesiasticarum causarum. Ideo etiam omnes causas episcoporum audiet concilium et ipsos puniet et, si opus est, deponet.* Ebd. auch der Hinweis bezüglich Konzil ohne Papst: ... *dico idem, quod concilium omnes clericos et causas fori ecclesiastici iudicabit, quia obtinet vicem pape et apostolice sedis ... quo casu possent etiam episcopi a tali concilio deponi, (Cvp f. 260r: quia episcopus potest deponi) ab uno solo, quando fit mandato vel auctoritate pape.* Interessant hier wieder die stillschweigende Parallelisierung von Papst und Konzil; vgl. der Hinweis auf INNOZENZ, *Commentaria* zu X. 3, 4, 11 (*Ex tuae*), v. *procedatur*, ed., 424. Dazu HOSTIENSIS, *Commentaria* zur Stelle, v. *degradationis sententiam*, ed., f. 13.

[10] Cf. Marc. f. 27v.

nehmen. Ein solches *concilium mixtum* ist für alle *causae* zuständig, für geistliche wie weltliche. In später folgenden Ausführungen bringt es Roselli in folgender Weise auf den Punkt: *si in concilio intervenit Papa et Imperator, tunc quilibet ibi potest conveniri, quia tales sunt iudices omnium viventium.*[11] Hinsichtlich der *cause seculares* ist es allerdings erforderlich, daß der Kaiser, der in diesem Bereich die oberste Stelle einnimmt – wie es Roselli ja in seinem Hauptwerk, der *Monarchia*, entschieden vertreten hat –, das Konzil autorisiert (*auctoritatem interponere*).[12]

Die dritte Grundform ist das Konzil, das stattfindet *ab ipso cesare solo, et eius auctoritate de secularibus tantum principibus.*[13] Auf einem solchen Konzil können einzig und allein *cause seculares*, nicht aber *cause ecclesie* entschieden werden.[14] Infolge der oft festzustellenden mangelnden Disziplin bei Roselli hinsichtlich seiner Gedankenfolge wundert es nicht, daß er etwas später noch einmal auf das Thema des *concilium seculare* rekurriert. Seiner Meinung nach kann es nur vom Kaiser einberufen werden und allein dieser kann es autorisieren. Der Papst hat *in temporalibus* nur Jurisdiktionsgewalt bezüglich der Laien, die im Gebiet des Kirchenstaates leben. Da die Möglichkeit, ein Konzil einzuberufen, an die Jurisdiktionsgewalt gebunden ist, kann er demnach mit Blick auf eine *causa mere temporalis* die *vocatio* im gegebenen Fall nicht vornehmen.[15]

Bei der Präsentation seiner Gedanken ist Roselli in dieser Frage der Auffassung treu geblieben, die der *Monarchia* zugrunde liegt. Sein Kon-

---

11 Marc. f. 37v. Hinsichtlich des Papstes präzisiert Roselli: *papa clericorum et laycorum in causis fori ecclesiastici ... et etiam gentilium et iudeorum, quando facerent contra precepta proprie legis.* Zum Kaiser: *imperator ... iudex omnium aliorum (sc. abgesehen von Bischöfen) in causis secularibus et non de foro ecclesie existentibus. dico omnium, etiam ipsi de facto non parentium, et etiam gentilium et iudeorum pro causis secularibus et non existentibus de foro ecclesie, et ipsi omnes predicti Cesari Augusto subditi sunt.* Vgl. *Glosse* zu X. 1, 6, 34 (*Venerabilem*), v. *in germanos*, ed., 189.

12 Cf. Marc. ff. 27v - 28r. Ebd. f. 28r: *ut dixi in questione prima huius operis monarchie.* Cvp f. 244v ebenso – aber dort ist es sinnvoll.

13 Cvp f. 244v bietet den besseren Text im Vergleich zu Marc. f. 28r. Vgl. auch ebd. für die folgende Aussage.

14 Vgl. auch Cvp f. 260r: *Quando ... concilium esset solum secularium et cesaris, cesare ibi existente, omnes cause seculares predicti et ... fori secularis inter quoscunque essent ibi tractande et tractari possent.*

15 Vgl. Marc. f. 29r. Vgl. auch Cvp f. 246r. – Hinsichtlich des von der Gegenseite angeführten VI°. 2, 14, 2 (*Ad apostolicae*): Friedberg II 1008 schreibt er (Cvp): *... loquitur quando vocabat (sc. papa) concilium mixtum de clericis et laycis quo casu ipse papa vocat. Credo tamen quod quo ad laycos debeat intervenire principis cesaris auctoritas, aliter ad veniendum artari non possent per dictam l. Si quis ex aliena. ff. de iudi.* – Interessant die Ausführungen zum *ius conveniendi* und zur Bedeutung Roms Marc. f. 38r: *Roma est communis patria ... et ibi omnes homines conveniri possunt ... quamvis Roma dicatur quo ad causas ecclesiasticas, ubi est papa, ... et quo ad seculares fori secularis, ubi est imperator. Ratio. quia ista conventio sive ius conveniendi surgit, quia isti sunt omnium gentium domini et totum mundum sub sua iurisdictione habent.*

zept konkretisiert sich weiter, wenn er danach fragt, welche Personen vor welches Konzil geladen werden können.

Roselli setzt ein bei der Frage nach dem Papst. Dieser ist in der Regel keinem der drei Konzilsformen unterstellt, auch nicht dem rein kirchlichen Generalkonzil. *Nam quemadmodum provinciale concilium non dicit sententiam contra archiepiscopum quia est ipsius concilii caput ... ita nec concilium generale dicit iudicium de papa.*[16] Ausdrücklich ausgenommen werden die drei Fälle, in denen das Konzil über dem Papst ist.[17]

Für den Kaiser gilt: Hinsichtlich der *causae*, welche den Glauben betreffen oder ähnlicher, bei denen jeder Laie dem kirchlichen Urteil untersteht (etwa *ratione peccati*), ist auch er dem rein kirchlichen Konzil und dem *concilium mixtum* unterworfen. Hinsichtlich der *cause mere seculares* allerdings ist er mit Blick auf keine der drei Konzilstypen als *subditus* zu verstehen. In diesen Fällen nämlich ist er selbst *iudex in causa sua.*

Das *concilium mere ecclesiasticum* ist nach Roselli von der Natur der Sache her in diesen Fragen nicht zuständig. Das *concilium seculare* aber *non est iudex cause cesaris qui est dicti concilii caput.*[18] Ähnlich den *tres casus* bezüglich des Papstes wird auch mit Blick auf den Kaiser eine wichtige Einschränkung vorgenommen: *nisi ipse conveniretur ut tyrannus et scandalicans universale bonum Imperii secularis quia tunc posset a suo concilio seculari iudicari sicut supra dixi de papa.*[19]

Hinsichtlich aller Übrigen differenziert Roselli: Mit Blick auf die *cause ecclesiastice / spirituales* und die *cause seculares*, für die der Papst Richter ist, sind sie dem *concilium mere ecclesiasticum* und dem *concilium mixtum* unterstellt. Für die anderen Fälle, in denen der Papst nicht *iudex* ist, unterstehen sie nur *vi prorogate iurisdictionis* dem rein kirchlichen Konzil. Das *concilium mixtum*, welches von Papst und Kaiser einberufen wird, ist

---

16 Cvp f. 245r. Marc. f. 28r liest statt *archiepiscopum episcopum*. *Monarchia* ed. 1549, f. 25r folgt Marc.

17 Cf. Marc. f. 28r: 1) *quando est papa a fide devius*; 2) *quando agitur bonum universalis ecclesie*; 3) *quando agitur causa papatus*. In Marc. findet sich dann ein Text, der Cvp f. 245r fehlt, in dem kurz zusamengefaßt wird, warum der Papst in der Regel nicht dem Konzil untersteht.

18 Marc. f. 28r. Es fällt wieder die Parallelisierung zur Darstellung der Position des Papstes auf. Dieser Eindruck wird noch dadurch verstärkt, daß auch hier als Beleg X. 3, 5, 29 (*Grave*): Friedberg II 478 angegeben wird.

19 Cvp ff. 245r - v. Marc. ff. 28r - v hat einen schlechteren Text, wie auch MII f. 286r belegt. Roselli verweist auf *argumento legis ii. §. dominorum. ff. origi. iuris*. In D. 1, 2, 2 (*Necessarium*): MK I 30 - 33 ist ein entsprechender § *dominorum* nicht zu verifizieren. Vgl. aber D. 1, 6, 2 (*Si dominus*): MK I 36. – Die Parallelität der Argumentation bezüglich Kaiser und Papst wird auch evident Marc. f. 38r: ... *si concilium fieret sine Augusto, quod credo fieri posse in casibus, in quibus dixi pape concilium sine papa fieri posse, tunc similiter concilium illud esset iudex omnium hominum in causis secularibus.*

gewissermaßen die Hochform des Konzils. Hier agieren die Spitzen der beiden Ordnungen zusammen. Diese Form des Konzils ist für *omnes persone mundi* zuständig. Das *concilium mere seculare* hingegen hat ausschließlich Kompetenz für die *cause seculares et prophane*. Und auch dies trifft allein mit Blick auf die Untertanen des *Imperium Romanum* zu. Kleriker sind *in omni regno liberi ... nec potestatibus secularibus ... subiecti*.[20]

Der folgende Abschnitt des Traktats, der in Cvp fehlt, thematisiert die Problematik, ob das Konzil in den Fällen dispensieren kann, die dem Papst reserviert sind. Dabei wird auf noch folgende Ausführungen verwiesen. In der Tat scheint diese Diskussion hier deplaziert, da es sich eher prinzipiell um eine Gewaltenfrage zwischen Papst und Konzil handelt.[21]

Aufgrund der Ausnahmestellung von Papst und Kaiser in den jeweiligen Ordnungen ist in der Regel eine Berufung von Papst und Kaiser an das Konzil nicht möglich, *quia appellatio est provocatio a minori iudice ad maiorem*.[22] In den Fällen, wo das Konzil über dem Papst steht, kann gegen dessen Satzungen zwar keine Berufung eingelegt werden, wohl aber *poterit in talibus querellari (sic!) ad concilium et ad ipsum habere recursum cum sit tunc superius*.[23]

Diese Ausführungen mit der Unterscheidung dreier Konzil-Grundtypen, bei denen Roselli die Grenzen zum rein weltlichen Konzil überschreitet, scheinen eher der Vollständigkeit halber gemacht worden zu sein. Sie spiegeln aber möglicherweise auch das Bestreben des Autors, sich als *doctor utriusque* zu erweisen und dabei noch einmal sein großes Anliegen deutlich werden zu lassen: Geistliche und weltliche Ordnung werden unterschieden, ohne konfrontiert zu werden. Rosellis Bestreben ist es, die Eigenständigkeit der Ordnungen, die in Papst bzw. Kaiser ihre Spitzen haben, zu wahren und sie im Zueinander zu verstehen.

---

20 Marc. f. 28v mit Bezugnahme auf X. 2, 2, 12 (*Si diligenti*): Friedberg II 255 f.

21 Cf. Marc. f. 28v: *Sed tunc insurgit dubium an concilium possit dispensare in casibus presertim reservatis pape ... Et idem intelligo quando concilium esset celebratum sine auctoritate pape ipso vivente in casu quo possit concilium subsistere secundum illa que supra dixi.* Das Textstück fehlt Cvp f. 245v. *Monarchia* ed. 1549, ff. 25r - v liefert den Text, wie auch die späteren *Monarchia*-Fassungen.

22 MII f. 286v. Marc. f. 28v liest statt *a minori iudice* an dieser Stelle *minoris iudicis*. So auch *Monarchia* ed. 1549, f. 25v. – Roselli verweist auf GOFFREDUS DE TRANO, *Summa*, ed., f. 111v: *... secundum canones ... appellatio sic diffinitur. Appellatio est a minore ad maiorem iudicem provocatio*. Vgl. auch AZO, *Summa* (in VII libro Codicis zu *Quorum appellationes non recipiuntur*) 784. Ebd. (zu *De appellationibus et consultationibus*) 778: *Appellatio debet fieri ad superiorem, id est ad eum, qui est in gradu proximo superiori eo, qui tulit sententiam.*

23 Marc. f. 29r.

11. Die Vollmacht (potestas) des Konzils

Die Frage nach der *potestas* des Generalkonzils wird von Roselli erst jetzt diskutiert. Handelt es sich um eine *potestas ordinaria* oder um eine *potestas delegata*?[1]

Nach Ansicht einiger *moderni* gilt: *ille videtur habere ordinariam qui habet a lege vel a principe iurisdictionem cum territorio*. Ausdrücklich wird an dieser Stelle Baldus angeführt.[2] Dieser Definition zufolge, welche die ordentliche Gewalt an das Territorium bindet,[3] könnte das Konzil sich auf keine *potestas ordinaria* berufen, da es kein Territorium besitzt.

Auch ein zweites Argument scheint gegen die Annahme einer *potestas ordinaria* zu sprechen: Wenn nämlich die als Delegaten tituliert werden, welche eine Jurisdiktion, *principaliter radicata in alterius personam*, ausüben, müßte man dem Konzil eine *potestas delegata* zuordnen, da *iurisdictio concilii videtur esse penes papam.*[4] Dieser Auffassung zufolge haben die Bischöfe im Konzil einzig *ex dependentia pape* Jurisdiktionsgewalt, können also nur als Delegaten verstanden werden. Der Papst ist es, der die Beschlüsse verkündet.[5]

Im Anschluß an diese Konzeption skizziert Roselli seine Lösung des Problems, wobei er der Auseinandersetzung mit Baldus einen beachtlichen Raum einräumt. Zunächst unterscheidet er allerdings wiederum verschiedene mögliche Situationen.

In einem ersten Schritt identifiziert er die *potestas* des Konzils, mit Papst und Bischöfen, *integraliter consideratum cum persona pape vel alterius eius specialis legati* als *potestas ordinaria*. Unter diesen Umständen hat das Konzil seine Vollmacht von Gesetzes wegen und vom Papst, der

---

1 Cf. Marc. ff. 29r - 30v. Ebd. f. 29r: *Nunc restat ut dicam (Cvp f. 246r: discutiamus) quam potestatem habet concilium, an ordinariam, an delegatam.* Das entspricht Marc. f. 1v: *Tertiodecimo. Quam potestatem habet concilium, an ordinariam, an delegatam.*

2 Marc. f. 29r. Cvp f. 246r liest statt *videtur habere* hier *habet*. Roselli verweist auf BALDUS, *Commentaria* zu D. 2, 1, 5 (*More maiorum*), ed., f. 72v und DERS., *Commentaria* zu D. 2, 1, 6 (*Et quia*), ed., f. 73r.

3 Verwiesen wird auf C. 2, 46 (47), 3 (*Cum scimus*): MK II 115 und D. 1, 12, 1 (*Omnia omnino*): MK I 41: ... *quidquid ... intra urbem admittitur, ad praefectum urbi videtur pertinere.*

4 Marc. f. 29r mit Bezug auf D. 1, 21, 1 (*Quaecumque specialiter*): MK I 45: *Qui mandatam iurisdictionem suscepit, proprium nihil habet, sed eius qui mandavit iurisdictione utitur.*

5 Roselli verweist auf VI°. 2, 14, 2 (*Ad apostolicae*): Friedberg II 1011: *Nos (sc. Innocentius IV.) ... cum fratribus nostris et sancto concilio deliberatione praehabita diligenti ...* etc. und auf VI°. 1, 6, 3 (*Ubi periculum*): Friedberg II 946: *Hoc sacro concilio approbante statuimus (sc. Gregorius X.) ...* etc.

es autorisiert. Sie wurzelt dann nicht in der Person eines anderen, sondern *in propria concilii persona*.

Im ersten Teil des Traktats hatte Roselli ja bereits von einem weiteren möglichen Fall gesprochen. Danach kommt die *potestas ordinaria* bisweilen einem Konzil ohne Papst zu, soweit es *de iure* zusammenkommt. *tunc concilium habet potestatem ordinariam, quia habet iurisdictionem a lege in mistica persona concilii principaliter radicatam*.[6]

In einem zweiten Schritt ist zu klären, welche *potestas* dem Konzil zukommt, wenn man Bischöfe und Papst jeweils für sich betrachtet. Im Regelfall ist die *potestas* des Papstes eine *potestas ordinaria*. Die Bischöfe sind *assessores sive conciliarii*. Entsprechend *valeret ... quod fieret a papa ... sine eorum consilio, quia maior est sententia pape quam omnium aliorum episcoporum mundi*.[7]

Wichtiger ist aber wiederum die Ausnahme. Dabei geht es konkret um die Frage, wie es mit Blick auf die drei *causae* aussieht, in denen das Konzil über dem Papst steht. In diesen Fällen nämlich erfreut sich das Konzil auch ohne Papst der *potestas ordinaria*, und zwar *a lege*. Der Papst kann dann nicht etwas gegen das Konzil verfügen. Ein Urteil des Konzils würde dem Urteil des Papstes übergeordnet sein. Roselli wird auf diese Frage noch ausführlich zurückkommen.[8]

Betrachtet man das zeitliche Umfeld des Aretiners, stößt man bei Juan González, dem späteren Bischof von Cádiz, auf einen *Tractatus*, in dem dieser sich ebenfalls mit der Frage nach der *potestas ordinaria* und *delegata* auseinandersetzt.[9] Nachdem er die Positionen Antonio de Butrios, Matthäus de Mattesillanis[10] und Zabarellas[11] referiert hat, geht er noch

---

[6] Marc. f. 29r. Cvp f. 246v liest statt *mistica* hier *mixta*. Roselli verweist für diese These sehr allgemein auf D. 16 und D. 17 des *Decretum Gratiani*.

[7] Marc. f. 29v unter Verweis auf D. 4, c. 3 (*In istis*): Friedberg I 5 f. – diese Stelle allerdings belegt nicht, wofür sie angeführt wird – und auf X. 1, 6, 4 (*Significasti*): Friedberg II 50: ... *in eorum statutis (sc. conciliorum) Romani Pontificis patenter excipiatur auctoritas*. – Ebd. auch die Unterscheidung zum Provinzialkonzil, wo der Erzbischof, wenngleich als *caput* zu sehen, *non potest aliquid disponere sine concilio episcoporum vel eis irrequisitis*.

[8] Vgl. Marc. f. 29v.

[9] Cf. JUAN GONZÁLEZ, *Tractatus* – Vat. lat. 4039, ff. 123r - 126r. – Vgl. MEUTHEN, Juan González 257, der die mit diesem *Tractatus* identischen *Responsiones super quatuor quaestionibus propositis ab archiepiscopo Hispalensi circa concilium et papam* in die Zeit 1421 / Anfang 1422 datiert. Umfassende Zitate ebd. 262 - 265.

[10] Ebd. f. 124r. Nachdem González die Fälle aufgezählt hat, in denen das Konzil – gemäß diesen Autoren – dem Papst übergeordnet ist, schreibt er: ... *nec ... expresse dicunt an predictis casibus ... concilium generale dicitur habere iurisdictionem delegatam vel ordinariam, dicunt tamen quod potestas ista quam reperitur habere concilium generale in deponendo papam non est sibi attributa per tex. in dicto c. si papa ... Sed illa potestas descendit ex lege divina que immutabilis est*. – Zu Matthäus vgl. DIPLOVATACIUS, *Liber* 337.

[11] JUAN GONZÁLEZ, *Tractatus* – Vat. lat. 4039, ff. 124r - v.

näher auf Dominicus de Sancto Geminiano und dessen Konzilstraktat ein.[12] Wenngleich auch Dominicus nicht explizit die Frage nach der Art der konziliaren *potestas* stellte, lieferte er doch einen Beitrag zur Klärung, der durchaus Motive der Lösung Rosellis vorwegnimmt.

Dominicus unterschied:

> *Credo quod si concilium generale congregetur per Romanum pontificem non pro facto suo, sed pro aliquibus negociis ecclesie providendis, quod papa sit ille qui est iudex et episcopi intersunt pocius tanquam assessores et consultores. Et est racio, quia ipse est ille qui habet auctoritatem in concilio et ipse est ille qui dat robur gestis in concilio.*

In diesem Fall wird die Sentenz vom Papst vorgetragen.

> *Si autem congregetur pro heresi romani pontificis, tunc cum ipsi (sc. patres de concilio) habeant iudicare ... isto casu profertur sententia per illum cui alii presentes committant et imponent.*[13]

Juan González faßt die Haltung des Dominicus deutend zusammen:

> *licet ... ipse clare non ostendit quam iurisdictionem habeat concilium generale ... tamen michi videtur quod satis in materia ista possit haberi locum distinctio supradicta. scilicet in casu ubi papa concilium congregat et preest in concilio, quod tunc solus papa habeat iurisdictionem ordinariam et non concilium generale. ... Sed in casu ubi papa mortuo vel deiecto vel eciam contra papam existentem congregatur concilium generale propter heresim vel scisma, quod tunc habeat concilium iurisdictionem ordinariam duplici ratione. Primo quia non est ibi principalis presidens. Secundo quia in isto casu videtur plena potestas esse penes concilium generale ... Sed ut dixi ... hoc non bene probatur expresse per verba canonum, nisi dicamus quod saltem probetur secundum mentem Iuris divini ac eciam canonici.*[14]

Juan González selbst – auch er wesentlich klarer und stringenter in seiner Gedankenführung als Roselli – legt dar, daß die Beantwortung der Frage nach *potestas ordinaria* oder *delegata* von den Kriterien abhängig zu machen ist, die auch sonst diesbezüglich in Anwendung zu bringen sind. Konkret muß gefragt werden: Wieviel *potestas* hat das Generalkonzil? In welchen Fällen? Von wem?

---

[12] Ebd. ff. 124v - 125r. Ebd. 124v: *Videtur ... quod Dominicus de sancto geminiano in quodam brevi tractatu quem fecit de congregacione concilii in ista materia nostra michi quod (sic!) satis subtiliter distinguit in ultimo quesito ubi querit an omnes de concilio sint iudices.* – Vgl. DOMINICUS DE S. GEMINIANO, *Tractatus* – Vat. lat. 4039, f. 245v. Es handelt sich um die vorletzte, nämlich 10. Frage.

[13] DOMINICUS DE S. GEMINIANO, *Tractatus* – Vat. lat. 4039, f. 245v. Dominicus betont noch, daß eigentlich in diesem Fall die iurisdictio *penes universitatem, non penes singulos* liegt, daß aber durch die Bischöfe *verba resonancia actui iudicandi* gesprochen werden, daß gilt: *... istam (sc. heresim) Patres de concilio coniudicant, sicut electio est penes capitulum et non singulos et tamen singuli eligunt.*

[14] JUAN GONZÁLEZ, *Tractatus* – Vat. lat. 4039, f. 125r.

Ist das Konzil einberufen kraft der Autorität des Papstes, der dem Konzil als *principalis* vorsteht, *non in servicio suo, sed pro aliquibus negociis*, die zum Wohl der Kirche zu behandeln sind, so hat allein der Papst die *potestas ordinaria*. Die übrigen Konzilsteilnehmer haben, da lediglich *assessores*, im eigentlichen Sinn (*proprie*) weder *potestas ordinaria* noch *delegata*.[15] *tunc potestas concilii est a papa ... cum potestas tunc sit in ipso papa tanquam in principali ministro.*[16]

Gibt es keinen Papst – sei es, daß er tot ist oder abgesetzt (*mortuo vel deiecto*) –, ruht bei dem Generalkonzil die *plenitudo potestatis*. Wird das Konzil versammelt *contra papam* wegen Häresie oder Schisma, müssen zwei Möglichkeiten unterschieden werden. Geschieht eine solche Versammlung, bevor der Papst als Häretiker erklärt und abgesetzt ist, hat das Konzil eine *potestas quantum ad illam causam*, entsprechend eher eine *potestas delegata* als *ordinaria*. Ist der Papst aber schon abgesetzt, gilt das, was zum Fall des *papa non existente* gesagt wurde: Das Konzil hat *plenitudo potestatis*.[17]

> *Si ... loquimur (sic!) in casu ubi papa mortuo vel deiecto concilium ... congregatur ... tunc potestas concilii sit a deo ... Si ... loquamur in casu ubi congregatur concilium contra papam propter heresim vel scisma et tunc ... ista potestas sit a deo.*[18]

Summarisch betrachtet muß man feststellen, daß Roselli bei seiner These auf beachtlich frühere Darlegungen zurückgreift. Diese erhielten wiederum Impulse – zumindest *in radice* – vom *magister* Antonius de Butrio, der auch Lehrer des Domenico de S. Gimigniano war.[19] Der Einfluß des Pisanum steht im Hintergrund.

Auch die eher grundsätzliche Diskussion Rosellis bezüglich der *potestas ordinaria* und *delegata* mag so Anregungen erhalten haben. Inwieweit

---

15 Cf. ebd. f. 125v.

16 Ebd. f. 126r.

17 Cf. ebd. ff. 125v - 126r.

18 Ebd. f. 126r. Juan González ist sich der Bandbreite der Auffassungen hinsichtlich der *potestas concilii* wohl bewußt. Ebd., zur Frage, wieviel Gewalt das Konzil hat: *Ad hoc respondeo, quod, si nos loquimur secundum tex. expressos iuris canonici, michi videtur quod valde modicam et restrictam potestatem habet concilium generale. Si autem nos loquimur secundum glo. superius alle., tunc videtur quod concilium generale habeat potestatem limitatam in certis casibus, alias non. Si autem nos loquimur secundum aliquos doc. post glo. allegatas, et tunc ad idem videtur, quod concilium non habeat potestatem, nisi in certis casibus. Si vero loquimur secundum istos doc. novissimos et modernos, et tunc videtur, quod penes concilium generale sit plenitudo potestatis tanquam in fundamento et doc. Theologie videtur michi, quod hanc opi. nitantur probare dicentes, quod hoc probatur magis expresse per sacram scripturam quam per tex. iuris canonici.*

19 Vgl. MEUTHEN, Juan González 252 f. Anm. 11 zur Beziehung Antonius de Butrio – Dominicus de S. Geminiano – Juan González.

die heftige Kritik an Baldus, der als *nimis magnus verborum involutor* tituliert wird,[20] von der Nähe zu seinem Lehrer Antonius herrührt, mag dahingestellt bleiben.[21] Sicher ist, daß Roselli an diesem Punkt besonders deutlich Stellung bezieht.

Zunächst widerlegt er die These, daß der Besitz der *potestas ordinaria* an den von Territorium gebunden ist. Er verweist zu Beginn auf das Beispiel des Bischofs, der – gemäß dem *Codex Iustinianus* – *iudex ordinarius* war, aber – in demselben *Codex* – als jemand ohne Territorium verstanden wurde.[22] Für die letzte Aussage gibt er keinen Beleg an. Um zu zeigen, *quod doctrina baldi non sit vera*, macht er dann auf den Fall des *doctor* aufmerksam, *qui habet iurisdictionem ordinariam in scolares et tamen non habet territorium.*[23]

Nach Ansicht Rosellis will Baldus sich retten, indem er unterscheidet zwischen einer *ordinaria iurisdictio universalis*, für die das Territorium Bedingung ist, und einer *ordinaria iurisdictio certarum personarum*, für deren Vorhandensein dasselbe nicht notwendig ist.[24] Dem entgegen hält der Aretiner das Beispiel der *iudices cartularii*, die zum einen *iudices ordinarii* sind, zum zweiten kein Territorium vorweisen können. Gleichwohl können sie eine *universalis iurisdictio* für sich beanspruchen.[25]

Roselli ruft Bartolus als Zeuge auf. Er resümiert: *de esse iurisdictionis ordinarie non est quod cohereat territorio.*[26] Es gilt mit Bartolus zu unter-

---

[20] Marc. f. 29v.

[21] Vgl. DIPLOVATACIUS, *Liber* 320: Baldus nannte Antonius de Butrio eine *humana bestia*.

[22] Vgl. – auch zum Folgenden – Marc. f. 29v. Roselli verweist hier – wohl bezüglich des *iudex ordinarius* – auf C. 1, 4, 8: MK II 40. Hinsichtlich des *hodie* cf. JO. AN., *Commentaria* zu X. 2, 2, 13 (*Cum contingat*), v. *non valeat*, ed., f. 24: ... *episcopus autem habet forum, sive territorium, scilicet totam dioecesim suam.*

[23] MII f. 287v liest für *territorium* an dieser Stelle *ordinariam*. Roselli verweist auf die Authentica * C. 4, 13, 5 (*Habita*): MK II 511 und die *Glosse* zum Codex zur Stelle, v. *dedimus*, ed., 891 f.: ... *cum dederit in hoc iurisdictionem praedictis (sc. domino, magistro, episcopo): nunquid poterunt delegare? videtur quod non ... Sed dic, quod sic potest: quia non conceditur alicui, eo quod de maioribus sit: sed cuilibet etiam grammatico: unde competit iure magistratus, nam pro eo, quod regimen iuris potest delegari ... Sed olim non: cum tantum legum professoribus erat concessum: ideo quia de maioribus sunt.*

[24] Vgl. BALDUS, *Commentaria* zu C. 4, 13, 5 (*Habita*), ed., f. 28r: *Incidit hic quaestio an docto. habeant ordinariam iurisdictionem, cum non habeant territorium? et dic quod sic quia territorium est de esse ordinariae iurisdictionis universalis ... non tamen est de esse ordinariae iurisdictionis certarum personarum ... de hoc est gl. ord. hic, quae dicit, quod Docto. possunt delegare, ergo ordinarius.*

[25] Roselli verweist auf C. 2, 46 (47), 3 (*Cum scimus*): MK II 115. Tatsächlich müßte man wohl eher in den Kommentaren zu diesem Rechtstext nachschauen. Cf. BARTOLUS, *Commentaria* zu D. 2, 1, 1 (*Ius dicentis*), ed., f. 47r: ... *non est de necessitate, quod iurisdictio cohaereat territorio. Potest enim esse iurisdictio sine territorio, ut in iudicibus chartularis, ut no. infra de iud. l. i. C. ubi et apud quem. l. fin.*

[26] Cf. BARTOLUS, *Commentaria* zu D. 2, 1, 1 (*Ius dicentis*), ed., f. 47r, der schließt: ... *personis inhaeret iurisdictio et personarum est.*

scheiden. Ist die Jurisdiktionsgewalt an ein Territorium gebunden oder für ein bestimmtes Territorium gegeben, handelt es sich um eine *iurisdictio ordinaria*. Wird Jurisdiktionsgewalt ohne Territorium verliehen, hat man zwischen zwei Möglichkeiten zu unterscheiden: Im ersten Fall, *quando fit indefinite et indeterminate, non respectu territorii vel certarum personarum, et tunc isti quibus non est data iurisdictio in certas personas, sed indeterminate et indefinite, sunt ordinarii.*[27] So ist auch der Archidiakon als *iudex ordinarius* zu betrachten.[28] Ebenso sind jene *vicarii episcoporum universales*, die ein Tribunal mit dem Bischof bilden, als *ordinarii* anzusehen hinsichtlich dessen, was durch das *mandatum generale* abgedeckt ist. Für das allerdings, was ein besonderes Mandat erfordert, etwa die Übertragung von Benefizien, wären auch sie als *delegati* einzustufen.[29] Die in Cvp fehlenden Auslassungen stützen sich u.a. auf Guido de Baysio und die bei diesem angeführten Belege.[30] Man muß sagen, daß sie eher den Gedankengang unterbrechen, als daß sie dem Leser zum Verständnis helfen. Möglicherweise sollen sie nur die Kompetenz des Autors – leider auf Ko-

---

27 Cvp f. 247r, wo sich auch wieder der Hinweis auf die *iudices cartularii* und die *doctores* findet. Vgl. Marc. f. 29v.

28 Vgl. Jo. An., *Commentaria* zu X. 2, 2, 13 (*Cum contingat*), v. *non valeat*, ed., f. 24.

29 Vgl. Marc. ff. 29v - 30r. Der entsprechende Text fehlt Cvp f. 247v. Roselli verweist wieder auf Bartolus, *Commentaria* zu D. 49, 3, 1 (*Quod dicitur*), ed., f. 215r: *Sed quaero, quomodo cognoscam, utrum sit vicarius, vel delegatus? Respondeo, vicarium intelligi eum, qui gerit vices ordinarii in eodem loco, et eodem tribunali, quo consuevit ipse ordinarius, et tunc vere dicitur idem auditorium. Ratio: quia de uno non appellatur ad alium. Sed quando committeret alicui universitatem causarum exercendarum in alio loco, ut puta in aliquo castro sui territorii, licet diceret, facimus vos nostrum vicarium, non diceretur vicarius, sed delegatus, nec appellaretur ad superiorem, sed ad ipsum, qui eum vicarium fecit. Quod apparet: quia non est idem auditorium utriusque.* Zum *vicarius foraneus* cf. Hostiensis, *Commentaria* zu VI°. 1, 16, 1 (*Romana*), ed., f. 9r: ... *ad quem appellabitur ab huiusmodi officiali foraneo? Dicas, quod ad illum, qui ipsum constituit, quia talis non intelligitur ordinarius ... sed delegatus, et ideo appellandum est ad delegantem.* Vgl. auch Dominicus de S. Geminiano, *Lectura in sextum* zur Stelle, ed., f. 100v. – Marc. f. 30v bzw. Cvp ff. 248r - v greift Roselli noch einmal das Thema der *vicarii* differenzierend auf, u.a. verweisend auf Hostiensis, *Summa* zu de officio vicarii, ed., f. 276: *Quid sit de officialibus episcoporum? Dicas, quod delegati sunt eo quod non eliguntur. nec ad certum tempus instituuntur, sed sicut et quantum episcopi volunt.*

30 Cf. Marc. f. 30r und Cvp f. 247v. Vgl. Archidiaconus, *Rosarium* zu C. 11, q. 1, c. 15 (*Experientiae*), v. *vel collegio*, ed., f. 208v: ... *ad hoc ut habeat iurisdictionem ordinariam, electus ab universitate oportet, ut eligatur in prelatum. nam si eligeretur ad aliquam dignitatem in ecclesia, puta, primiceriatum ...: non habet ordinariam iurisdictionem ... nisi consuetudo tribuat eis iurisdictionem ... vel dic quod hi habeant etiam ordinariam iurisdictionem ex electione in eo loco, cui preponuntur ... teneas ergo quod habet iurisdictionem archidiaconus, et alii prelati, qui sic eliguntur ab episcopis vel a lege: quia censentur vicarii ... et lex dat iurisdictionem vicariis.* Cf. Innozenz, *Commentaria* zu X. 1, 31, 3 (*Cum ab ecclesiarum*), v. *praelatis*, ed., 179. – Bezüglich der *arbitri* cf. *Glosse* zu X. 1, 29, 39, v. *ad quos omnia*, ed., 432.

sten der Klarheit – unter Beweis stellen. Die Wiener Handschrift der *Monarchia* setzt wieder ein, wo es um die Applikation der Regel auf das Konzil geht. Marc. f. 30r hat, auf das vorher Gesagte zurückgreifend, einen umfassenderen Text: *Concilium ... generale, etsi careat territorio, cum habeat iurisdictionem a lege mortua vel a papa, qui dat iurisdictionem sicut imperator, cum ipsi sint lex animata in terris ... et habeat ... iurisdictionem in omnes indefinite, dicitur profecto habere ordinariam.*[31]

Unmittelbar im Anschluß an dieses wichtige Ergebnis referiert Roselli den zweiten Fall, in dem Jurisdiktion ohne Territorium verliehen wird.

> *si concessio iurisdictionis fieret inter certas et determinatas personas vel in certis et determinatis causis sine territorio, tunc indubitanter iurisdictio esset delegata, quia committitur modo causa, non territorium.*[32]

Von den zwei Möglichkeiten ausgehend zeigt sich der Verfasser des Konzilientraktats überzeugt, daß die Inquisitoren ordentliche Gewalt haben, da sie *indefinite habent iurisdictionem in omnes hereticos.*[33]

Im Anschluß an die Diskussion des Territorium-Arguments wendet sich Roselli einem anderen Argument zu. Demzufolge ist der, dessen Jurisdiktionsgewalt *principaliter in persona alterius* ihre Wurzel hat, nur *delegatus.*[34] Der Kaiser aber, dessen Jurisdiktionsgewalt ursprünglich vom Volk herrührt (*principaliter*), das ihm dieselbe mit der *lex regia* übertrug, hat gleichwohl *potestas ordinaria.* So ist auch die Jurisdiktionsgewalt des kirchlichen Ordinarius, obwohl Ordinarius, *principaliter* in der Person des Papstes verankert. Ähnliches läßt sich für weltliche Ordinarien mit Blick auf den Cäsar sagen.[35]

Roselli plädoyiert für eine andere Lösung. Wer Vollmacht von jemandem bekommt, der selbst keine *potestas ordinaria* gewähren kann, ist immer nur *delegatus.* Erhält er sie aber von Gesetzes wegen, unmittelbar

---

[31] Marc. f. 30r mit Verweis auf N. 105 = A. 4, 3: MK III 507.

[32] Marc. f. 30r. Roselli fährt fort: ... *hoc modo potest salvari ... quod iurisdictio ordinaria non potest esse sine territorio, ut intelligatur, quando committitur certa causa, et in certis et determinatis personis vel causis sine territorio.* Cvp f. 247v liest statt *vel* ... etc. hier *ut hec concessio iurisdictionis non possit dici ordinaria, nisi et territorium concedatur.*

[33] Cvp f. 247v. Bei Marc. f. 30r findet sich der entsprechende Text nicht.

[34] Cf. Marc. ff. 30r - v. Hier kritisiert Roselli – ausnahmsweise – BARTOLUS, *Commentaria* zu D. 2, 1, 5 (*More*), ed., f. 49v, der eben diese Redeweise gebraucht: *Dic ergo secundum doc. quod tex. vult dicere, quod ille habet iurisdictio suo iure, qui non habet eam ex iure quod principaliter fundatur et radicatur in persona sua (sic!), et hoc habet quilibet ordinarius, non ergo cohaeret territorio ... ille vero habet alterius beneficio, qui habet eam a iure, quod principaliter radicatur in persona alterius.* Verwiesen wird auf D. 1, 21, 1 (*Quaecumque specialiter*): MK I 45.

[35] Vgl. Marc. f. 30v mit ausdrücklichem Verweis auf die Monarchia. Beachtenswert wieder das Bemühen, beide Ordnungen zu parallelisieren.

vom *princeps* oder von anderer Stelle, die befähigt ist, *potestas ordinaria* zu verleihen, *tunc si valens ordinariam concedere confert in aliquem, ut radicet proprie in personam ipsius iurisdictionem, cui confert, tunc ipsi confert ordinariam, non delegatam.*[36]

Die folgenden Darlegungen Rosellis unterscheiden sich nicht von denen eines Bartolus, der auch sonst immer wieder einmal als Quelle angegeben wird.[37] So mündet die Erörterung des zweiten Arguments hinsichtlich der Wurzeln der *potestas* in einer leicht nuancierten Wiederholung dessen, was Roselli schon vor der Widerlegung der Gegenthesen als seine Auffassung präsentiert hatte. Dabei hatte er sich allerdings auf den Fall des *concilium integraliter consideratum* beschränkt. Dieses Konzil hat als Ganzes *potestas ordinaria*. Die Sonderstellung des Papstes, die beim normalen Generalkonzil von Roselli völlig respektiert wird, bringt es mit sich, daß er auch ohne die teilnehmenden Bischöfe (*sine concilio / consilio*) die anstehenden Fragen zu entscheiden vermag. Als *consultores* bzw. *assessores* verfügen diese wohl *in procedendo* über die *potestas ordinaria; in pronunciando* hingegen haben sie *per se* keinerlei Jurisdiktionsgewalt (*nulla iurisdictio*). Allein *de honestate*, nicht aber *de necessitate*, sollte der Papst mit ihnen die Beschlüsse fassen.[38]

Der Autor der *Monarchia* steht so noch ganz – für den Regelfall des Generalkonzils – auf dem Boden der traditionellen Konzeptionen. Das fällt auf, wenn man sich Thomas Ebendorfers Aussage, im Kontext des Präsidentschaftsstreits, vor Augen hält: *patet, quod in synodo rite congregata auctoritas non sic dependet a papa vel eius legatis, quod, nisi in quacumque diffinicione consenciant, quod ob hoc illa constitucio sit nulla, quia sic iudicium non esset synodi, sed unius tantum, quod implicat.*[39] Einer derartigen kritischen Schau, die insgesamt, nicht nur in Ausnahmefällen, da-

---

36 Marc. f. 30v.

37 Cf. Marc. f. 30v mit BARTOLUS, *Commentaria* zu D. 2, 1, 5 (*More*), ed., f. 49v: ... *quaero, quando princeps vel populus, qui possunt dare iurisdictionem ordinariam, concedunt iurisdictionem, utrum videntur concedere ordinariam, vel delegatam? Breviter sic dico, aut in concessione sic exprimitur, quod hoc faciat authoritate concedentis, et tunc non videtur concedere ordinariam, ut in prooem. Insti. §. cunqu. hoc. ibi, auctoritate nostra, et. c. et C. de vet. iure enuc. l. i. §. omnia enim. Probatur infra eo. l. solet expressius extra de cle. egro. c. i. lib. 6. et ibi gl. Si vero hoc non exprimitur, tunc aut committit unum negotium, vel plura particularia, et non videtur concedi ordinaria iurisdictio. arg. l. certarum. infra. de test. tu. et extra de rescr. c. cum aliquibus. lib. 6. et c. ne aliqui. cum ibi no. per Io. And. de haer. in 6. Aut committitur universitas quaedam negotiorum, et tunc in dubio videtur concedi ordinaria iurisdictio. ut l. i. §. cum urbem. supra. de off. praefe. urba. et C. ubi et apud quem. l. fi.* Marc. gibt fälschlich *bar. in dicta l. et quia* an.

38 Vgl. Marc. f. 30v. Vgl. dazu Marc. ff. 29r - v.

39 JAROSCHKA, *Ebendorfers Traktat* 26 (Cvp 4701, f. 296v). Vgl. dazu ANTONIO ROSELLI, *Epistula super facto presidentie* – Laurenziana, Plut. XVI, Cod. XIII, f. 128v.

zu neigt, im möglichen Konfliktfall von Papst und dem (Rest-) Konzil für das letztere Partei zu ergreifen, steht Roselli scheinbar fremd gegenüber.

Es ist allerdings zu beachten, daß ein Urteil über sein Verständnis wesentlich davon abhängig zu machen sein wird, wie er die Ausnahmefälle interpretiert, in denen das Konzil, verstanden als Konzil ohne oder gegen Papst, diesem übergeordnet ist.

12. Das Prozeßverfahren auf dem Konzil

Nachdem er das Problem der *potestas ordinaria* oder *delegata* des Konzils behandelt hat, stellt sich Roselli eine weitere Aufgabe. Er erörtert, wie die Verfahrensordnung (*forma processus*) des Konzils auszusehen hat.[1] Auch in diesem Zusammenhang referiert er anfangs zwei Auffassungen, um dann – gewissermaßen als Synthese – seine Sichtweise zu präsentieren. Bezeichnend ist, daß Roselli wiederum bei der Diskussion der Stellung des Papstes bzw. des *princeps* ansetzt, um zu einer Stellungnahme mit Blick auf das Konzil zu gelangen.

Eine erste Meinung hebt hervor, *quod iuris ordo servandus sit etiam in processu coram papa fiendo.*[2] Zunächst wird das hinsichtlich der Ladung der Prozeßpartei verdeutlicht. Einerseits kann man die Aussage in X. 2, 12, 1 (*Susceptis*), daß der Papst *contra inauditam partem* kein Urteil fällen kann, als die naturrechtlich begründete Forderung nach *citatio* verstehen, *quia citatio est de iure naturali per quam conservatur defensio.* Nach dieser ersten Auffassung sind aber *papa vel princeps* durchaus an Natur- bzw. Völkerrecht gebunden.[3]

Begreift man dagegen das *contra inauditam partem* als Umschreibung dafür, daß der Papst nicht *lite non contestata* vorgehen kann, belegt der Brief Gregor I., daß der Stellvertreter Christi *de ordinata potestate* auch die rein positive Rechtsordnung zu achten hat.[4] Diese Meinung mag auch durch Clem. 2, 11, 2 (*Pastoralis*) gedeckt werden, wo scheinbar betont wird, daß, *ut valeat principis sententia sine processu etiam introducto a iure positivo est opus, quod princeps suppleat defectum de absoluta potestate vel de certa scientia.*[5] Wenn aber schon der *princeps* gehalten ist, sich an

---

1 Vgl. Marc. f. 30v führt diese Frage als 13. an, was nachträglich in 14. verbessert wurde. Marc. f. 1v schreibt: *Quartodecimo. Qualis esse debeat eorum forma et processus.* T f. 93v; MI f. 48v; MII f. 288v schreiben *tredecimam.* Cvp f. 248v bezieht sich – *septimam* – auf die eigene Ordnung. Ebd.: ... *qualis in causis debet esse forma processus ipsius concilii aut ipsorum dominorum vel alicuius eorum in concilio presidencium.*

2 Marc. f. 30v. Er zitiert Jo. An., *Commentaria* zu X. 2, 27, 19 (*In causis*), v. *casus*, ed., f. 239A: *Papa in sententiis, quas profert, ordinem iuris servat.*

3 Vgl. Marc. ff. 30v - 31r. Roselli verweist auf die Aussage Gregors I. in X. 2, 12, 1 (*Susceptis*): Friedberg II 276: ... *nec nos contra inauditam partem aliquid possumus diffinire.* Marc. a.a.O.: ... *prout intelligitur de inaudita i. non citata, hoc est clarissimum, quia non est papa vel princeps solutus aliquo modo legibus naturalibus vel iurisgentium.*

4 Vgl. Marc. f. 31r. Cvp f. 248v: ... *prout ... intelligitur ... inaudita ... i. lite non contestata, tunc est ibi casus quod ordinata potestate papa debet servare ordinem iuris etiam positivi.*

5 Marc. f. 31r. Vgl. dazu Clem. 2, 11, 2 (*Pastoralis*): Friedberg II 1151 zu dem *omnem supplendo defectum.* Daß der *princeps* die *forma processus a iure introducta* zu respektieren

die *forma processus* zu halten, dann muß das erst recht – *multo magis* – für die Konzilien gelten.[6]

Die zweite Gruppe hält dafür, *quod possit papa vel cesar vel concilium procedere, prout cuilibet ipsorum placet.* Diese Meinung stellt die drei auf eine Ebene, ausgestattet jeweils mit der *libera statuendi facultas.*[7] Aus dem römischen Recht abgeleitet, steht im Hintergrund die Vorstellung des *princeps legibus solutus.*[8] Seine Verfahren sind stets als *sine macula et ruga*, als *solenniter acta*, zu präsumieren.[9] Kritik an den entsprechenden Entscheidungen scheint ausgeschlossen,[10] *cum non sit, qui de sententia concilii vel pape aut imperatoris possit recensere, ... quia inferior non apponit manus, ubi princeps apposuit, quod etiam lata per eos sententia sine ulla iuris solennitate subsistat, quia pro eius rectitudine et processus presumitur.*[11]

Nachdem Roselli in dieser Weise dem Leser die beiden Modelle vor Augen gestellt hat, kommt er auf seine Lösung zu sprechen. Er unterscheidet wiederum verschiedene Möglichkeiten. Zunächst betont er, auf das zweite Modell zurückgehend, daß über die Nichtigkeit einer Sentenz, die von Papst, Konzil oder Kaiser gefällt wird, kein Untergebener zu befinden hat. Das schließt aber nicht aus, daß der, der den Urteilsspruch vorgenommen hat, hinsichtlich der Nichtigkeit desselben noch einmal an-

---

hat, scheint auch aus C. 1, 14, 4 (*Digna vox*): MK II 68 ableitbar zu sein: *Digna vox maiestate regnantis legibus alligatum se principem profiteri.*

6 Cvp f. 249r hat den besseren Text im Vergleich mit Marc. f. 31r. Cvp liest: *Si ... observantia est in papa, qui est supremus omnium et super omnia concilia, ... et in cesare ... multo magis est in conciliis, in quocunque alio inferiore iudicante.*

7 Cf. Marc. f. 31r. Roselli verweist auf Inst. 1, 2, 6 (*Ius naturale*): MK I 1: ... *quod principi placuit, legis habet vigorem* ... etc. und D. 1, 4, 1 (*Quod principi*): MK I 35.

8 Vgl. D. 1, 3, 31 (*Princeps legibus*): MK I 34 und X. 3, 8, 4 (*Proposuit*): Friedberg II 489: ... *qui secundum plenitudinem potestatis de iure possumus supra ius dispensare.*

9 Vgl. Cvp f. 249v: *Supplere ... videtur potentia pape, que est in concilio, vel cesaris, omnem defectum solennitatis ... quia semper pro omni actu principis presumitur, ut notat cy. in l. Rescripta. C. si contra ius vel utili. publi.* Der Verweis auf Cynus fehlt Marc. f. 31r. Die richtige Angabe wäre CYNUS, *Lectura* zu C. 1, 19, 7 (*Rescripta*), ed., f. 26r. Ebd. f. 26v der Hinweis auf C. 1, 22, 6 (*Omnes*).

10 Cf. Marc. f. 31r. Dort u.a.: ... *error principis facit ius.* Unter Verweis auf D. 33, 10, 3 (*Suppellectili legata*): MK I 518. Vgl. aber dazu BARTOLUS, *Commentaria* zur Stelle, ed., f. 85v. WYDUCKEL, *Princeps legibus solutus* 81: *Baldus ... verhilft im ausgehenden 14. Jahrhundert dem neuen Rechtsverständnis vollends zum Durchbruch, indem er ... dem Herrscher über seine gewöhnliche Gewalt (*potestas ordinaria*) hinaus eine höchste, absolute Gewalt (*suprema et absoluta potestas*) zuerkannte. Die so umschriebene Herrschaftsgewalt unterliege ... keiner Regel (*nulli subiacet regulae*) mit der Folge, daß der Herrscher einer speziellen Begründung seiner Rechtsakte* contra ius *enthoben wurde. Baldus bemerkt demnach durchaus folgerichtig, die herrscherliche Macht sei jeglicher Kritik entzogen; niemand könne daher dem Herrscher die Frage nach dem Warum (*Cur ita facis?*) vorlegen.*

11 Marc. f. 31r. Verwiesen wird auf C. 1, 14, 12 (*Si imperialis*): MK II 68.

gegangen werden kann, *quia ipse idem iudex, qui tulit sententiam, potest super nullitate adiri, maxime ut iterum pronunciet.*[12] Unter Vorlage entsprechender Akten und Aufweis des *defectus processus* würde die Präsumption für die Korrektheit des Prozesses widerlegt. Dies kann geschehen, da es sich nicht um eine *praesumptio iuris et de iure* handelt.[13] Dies trifft freilich zu, *nisi papa vel concilium vel cesar ex certa scientia aliter statuisset procedendum.*[14] Dasselbe ist zu sagen, wenn einer der drei *de plenitudine potestatis* vorgeht oder überhaupt von *solemnitates positivae processus* dispensiert.[15] Allerdings muß beachtet werden, daß im Zweifelsfall anzunehmen ist, daß von diesen Möglichkeiten nicht Gebrauch gemacht wurde. Logischerweise müßte – so Roselli – die Ungültigkeit von Prozeß oder Urteil präsumiert werden, wenn augenscheinlich nicht gemäß dem *ordo iuris etiam positivi* gehandelt und gleichwohl nicht dispensiert wurde.[16] Das Argument, das von der *consuetudo romane curie* her, wie sie bei Hostiensis dokumentiert ist, dagegen angeführt wird und was sich auf den Papst mit den Kardinälen bezieht, läßt der Autor der *Monarchia* nicht

---

[12] Marc. f. 31v. Als Belege werden angeführt: C. 9, 2, 4 (*Si accusatoribus*): MK II 369; C. 9, 2, 6 (*Absentem*): MK II 369; C. 7, 43 4 (*Si ut proponis*): MK II 314; C. 7, 43, 6 (*Si praeses*): MK II 314; D. 49, 1, 19 (*Si expressim*): MK I 874. Vgl. BARTOLUS, *Commentaria* zu D. 49, 1, 19 (*Si expressim*), ed., f. 213r: *Aut sententia est lata a iudice delegato, et de nullitate superior cognoscet, non ipse ... Aut a iudice ordinario, et tunc gl. ... dicit, quod potest agi coram eodem iudice, vel superiore.*

[13] Vgl. Cvp f. 249v: ... *enervabitur presumptio rectitudinis processus ... quia ista non est presumptio iuris et de iure quod non admittatur probatio in contrarium, sed irritabitur sententia pape, concilii vel cesaris ex processu debito a iure etiam positivo non servato, et multo magis, si erat iuris naturalis vel gentium processus non servatus.* Marc. f. 31v hat den Text am Rand verbessert.

[14] Cvp f 250r. Marc. f. 31v läßt *vel concilium* aus. Interessant ist, daß Roselli hier zur Begründung auf eine Extravagante, *Ad reprimendam*, verweist. Möglicherweise handelt es sich um die „Extravagante" *Ad reprimendum* (!) Heinrichs VII., die von Bartolus eigens kommentiert wurde. Cf. BARTOLUS A SAXOFERRATO, *Tractatus ... super Constitutione Extravaganti Ad reprimendum.* Quomodo in crimine laesae maiestatis procedatur, in: ders., Opera omnia tomus X. Consilia, quaestiones et tractatus, Venetiis, 1602, ff. 94v – 103v.

[15] Marc. f. 31v: ... *predicti dispensative vel ex plenitudine potestatis vel de certa scientia possunt solennitates processus positivas omittere ... Racio, quia ex certa scientia predicti possunt facere validum, quod est invalidum. ... Et idem cum facit de plenitudine potestatis.* Vgl. u.a. INNOZENZ, *Commentaria* zu X, 2, 16, 5 (*Dilectus filius*), v. *contendunt*, ed., 306.

[16] Vgl. Marc. f. 31v. Roselli verweist auf *Glosse* zu Clem. 1, 2, 2 (*Etsi principalis*), v. *observari*, ed., 19 und auf HOSTIENSIS, *Commentaria* zu X. 1, 17, 5 (*Veniens*), v. *restitutas*, ed., f. 115: ... *dicendum est, quod non intelligitur dispensatum, nisi de hoc probatur ... Si igitur vis intelligere, quod episcopus cum isto dispensaverit, dicas, quod hoc expressit, et scienter etiam ex causa hoc fecit* und ebd. v. *et in pace*, ed., f. 115. Weiter INNOZENZ, *Commentaria* zu X. 1, 17, 5 (*Veniens*), v. *spoliasti*, ed., 130 f.: *Alii dicunt et securius, et sic fieri consulo, quod ad hoc quod intelligatur dispensare, oportet quod praecedant ea quae hunc praescium faciant, scilicet quod praecesserit cognitio summaria super causis dispensationis, puta an sit necessitas, vel utilitas, vel alia iusta causa.*

gelten. *que consuetudo non est amplianda, unde non esset extendenda ad concilium sine papa vel ad cesarem vel quando papa cum concilio procederet ... quia consuetudo, que loquitur de papa cum cardinalibus non debet extendi ad gesta per papam cum concilio, cum sit contra ius commune.*[17]

Zusammenfassend kann gesagt werden, daß Roselli bestrebt ist, auch diejenigen, die für ihn gleichsam das Dreigestirn hinsichtlich der Fülle der Gewalt darstellen, an die bestehende Rechtsordnung positiven Rechts zu binden. Mit einer Diskussion bezüglich des Naturrechts oder des *ius gentium* hält er sich erst gar nicht auf. Vielleicht ist dies darin begründet, daß der Verpflichtungsgrad dieser Ordnung weniger in Frage gestellt und für die Praxis kaum akut war.

Mit Blick auf die *forma sententie* sind die Ausführungen Rosellis eher knapp gehalten. Bereits bei der Diskussion der *potestas* war ja deutlich geworden, daß der Papst die Entscheidung verkündet, *sacro approbante concilio* o.ä. Prinzipiell gilt: *verba sunt concipienda in persona pape concilio consulente sive etiam approbante.*[18] Findet das Konzil ohne Papst oder Kaiser statt bzw. ohne deren spezielle Legaten, ist das Majoritätsprinzip ausschlaggebend. Die Entscheidung wird allerdings im Namen aller Väter verkündet.[19]

Mehr Beachtung verdient die Position, die Roselli angesichts einer anderen Frage bezieht. Es handelt sich um das Problem, wer über die Nichtigkeit eines Urteils von Papst, Kaiser oder Konzil zu befinden vermag. Roselli stellt fest: *papa de sua sententia cognoscere potest, an sit nulla, et ita concilium de sententia lata per concilium, et imperator de nullitate sue sententie, quia ... idem iudex adiri potest.*[20]

---

[17] Cf. Marc. f. 31v. Vgl. HOSTIENSIS, *Commentaria* zu X. 2, 27, 19 (*In causis*), v. *et ordo*, ed., f. 166: *quo ad processum ... de consuetudine tamen curiae per narrationem facti, et petitionem verbalem et contradictionem, sive responsionem coram Papa, et fratribus habitam inter partes maxime in electionibus, intelligitur lis contestari et si nullus libellus oblatus fuerit ... Habet et alia quaedam specialia, quae nec sunt in exemplis trahenda.*

[18] Vgl. Marc. f. 32r. Cvp f. 250v fehlt an dieser Stelle wiederum ein Textstück: *Et idem probatur ... nec episcopi. de tempo. ordi.* Der Einschub bei Marc., der sich vor allem mit dem Provinzialkonzil befaßt, bei dem im Fall der Diskrepanz zwischen Erzbischof und Suffraganbischöfen die *maior pars* entscheidet, verwirrt allerdings auch eher, zumal dann folgt: *Et idem quando pronunciaret cesar in suo seculari concilio.* Bei MII f. 290r findet sich zuvor die – bei Marc. fehlende – Überleitung: *... sed quando papa discrepat et concilium dic ut dicam in questione que sit maior, sententia pape vel concilii, et idem quando ...* etc. Vor dem Hintergrund der Gesamtschau Rosellis scheint MII wahrscheinlicher. Cvp f. 250v schließt Kaiser und Konzil unmittelbar an Papst und Konzil an. Auch dies eine dem Denken Rosellis eher entsprechende Lösung.

[19] Vgl. Marc. f. 32r: *... si concilium esset sine papa vel imperatore vel eorum legato speciali, tunc debet sententia sic dictari, quod simul sedentes sancti patres de concilio, habita matura deliberatione, maior pars sic statuit vel pronunciavit.*

[20] Marc. f. 32r. Mit Bezug auf C. 9, 2, 4 und 6: MK II 369. Vgl. Marc. f. 31v.

Wie verhält es sich aber mit der Kompetenz der drei Großen im Verhältnis zueinander? Roselli entfaltet das Problem in mehreren Schritten. In einem ersten Angang fragt er, ob der Papst über die *nullitas sententie concilii* befinden kann. Im Regelfall, in dem das Urteil des Papstes den Vorrang vor dem des Konzils hat, trifft das wohl zu. Dann ist der Papst der *superior* hinsichtlich des Konzils. Es handelt sich um ein Thema, das Roselli später noch weiter erörtern will. So interpretiert der *vicarius Christi* auch bisweilen die *facta concilii* oder widerruft dessen Beschlüsse (*statuta*). Wie er nämlich als *princeps legibus solutus* seine eigenen Urteile aufheben kann,[21] so ebenso jene der Untergebenen.[22]

Eigenartig scheint freilich in diesem Kontext eine – bei Cvp fehlende – Parallelisierung von Konzil, auch Konzil ohne Papst, mit dem Senat, *a quorum senatorum sententia non appellatur, ita nec a sententia concilii, etiam si in illo non sit papa*. Der Text aus dem Dekret Gratians, der nicht die Konzilien zum Thema hat, setzt zwar zum einen mit Blick auf die Beratungssituation den Senat der Römer mit dem *cetus presbyterorum* in Verbindung. Es geht jedoch nicht um die Gewichtung des Urteils dieses Kreises, erst recht nicht über die Unmöglichkeit, gegen diesen *senatus* Berufung einzulegen. Die Interpretation Rosellis kann in dem Sinn als *originell* bezeichnet werden, als er weit über das hinausgeht, was der Text sagen möchte, der sich nicht mit einer Berufung von Papst an Konzil befaßt.[23]

In einem zweiten Schritt thematisiert der Kanonist die Frage, ob das Konzil über die Nichtigkeit eines päpstlichen Urteils befinden kann. Wie schon oft vorher, gilt es auch in diesem Fall die beiden grundsätzlichen Möglichkeiten auseinanderzuhalten. Ist der Papst oder sein Delegat mit besonderem Mandat anwesend, handelt es sich um ein *concilium integra-*

---

[21] Vgl. BARTOLUS, *Commentaria* zu C. 7, 44, 2 (*Hac lege*), ed., f. 66r: ... *q. d. isti maiores iudices possunt istam suam sententiam corrigere. Hoc non est verum, non enim permittitur, nisi principi, ut l. i. §. de qua. de postu. et l. i. in fi. ff. de quaestio.* Der Hinweis Marc. f. 32r - *licet aliqui ut bar. dixerint, quod idem erat in omni illustri, ut possint suam sententiam revocare* – war nicht zu verifizieren. BALDUS, *Commentaria* zur Stelle, ed., f. 47r: ... *quaero, nunquid possit revocare sententiam suam diffinitivam? et videtur quod sic, quia Deus revocat, ergo et papa. Sed certe quando Deus revocat, prima sententia resolvitur in comminatoriam. In contrarium videtur nam Papa potest imponere sibi legem derogatoriam ... puto quod revocare possit de plenitudine potestatis cum causa.*

[22] Vgl. Marc. f. 32r, wo er diese Möglichkeit der *revocatio* – gegen Bartolus – auf den *princeps* beschränkt.

[23] Marc. f. 32r und Cvp f. 250v. Vgl. C. 16, q. 1, c. 7 (*Ecclesia habet*): Friedberg I 762 f.: *Senatum quoque Romani habebant, quorum consilio cuncta agebant, et nos habemus senatum nostrum cetum presbiterorum.* Vgl. SIEBEN, *Traktate* 37 Anm. 177: *Antonius de Rosellis ist ein origineller Kopf. Dies zeigt sich u.a. darin, daß er die Konzilien ausdrücklich als Senat des Papstes konzipiert und sie historisch aus dem römischen Senat ableitet.*

liter consideratum. Dann kann das Konzil über eine Sentenz des Papstes – *eo volente* – befinden. Im letzten ist es nämlich er, der auch dieses Urteil verkündet.[24] Oder es findet ein Generalkonzil ohne Papst statt.

Roselli differenziert: *si papa contentatur, quod tunc ... erit iudex concilium, immo quilibet alter inferior, etiam laycus.*[25]

Ergeht dagegen ein Urteil des unbestrittenen Papstes in einer Sache, hinsichtlich derer das Konzil über dem Papst steht, kann dieses – nach dem zuvor Gesagten verständlich – als *superior* den Spruch des Papstes für nichtig erklären. Für die Ausnahmefälle ist zu sagen: *cum concilium hoc casu sit supra papam et sic supremus princeps, poterit adiri pro nullitate sententie inferioris.*[26]

Roselli verweist als Beleg für seine bereits vorher referierte Auffassung wieder auf Bartolus, sowie auf die Glosse.[27] Er hebt allerdings hervor, daß in den Fällen, in denen es sich nur um Obere handelt, die den Untergebenen *simpliciter maiores* sind, d. h. um Obere, die die Jurisdiktionsgewalt der *inferiores* nicht in sich tragen, diese *superiores* nur dann über die *nullitas* angegangen werden können, wenn *turpitudo vel iniuria inferioris iudicis* vorliegt.[28] Anders verhält es sich, wenn der Obere die Jurisdiktionsgewalt der Untergebenen quasi in sich trägt. Der *superior* kann dann seines Erachtens nicht nur bezüglich der Nichtigkeit angegangen werden, sondern auch, damit er *super principali negotio pronunciet, quia causa nullitatis trahit ad se principalem causam.*[29]

[24] Cf. Marc. ff. 32r - v: *Ratio, quia ipse papa est, qui pronunciaret de hoc diffiniendo statuit (Cvp f. 251r: pronunciat et de hoc diffiniendo statuit) ..., quia episcopi et alii ... in concilio ... sunt conciliarii in pronunciando, et ideo cum ipsemet papa pronunciet super suam sententiam concilium habebit cum eo cognitionem.*

[25] Marc. f. 32v mit Verweis auf C. 2, q. 7, c. 41 (*Nos si incompetenter*).

[26] Marc. f. 32v. Roselli führt an die *causa heresis*, die *contentio de papatu*, die Gefahr für das *bonum universalis ecclesie*. Bereits hier auch eine diskrete Stellungnahme zu *Frequens*: *... papa non posset hoc statutum et hanc sententiam tollere, quia esset bonum universalis ecclesie submittere et in contentione rixa ponere.*

[27] Vgl. *Glosse* zu C. 9, 2, 4 (*Si accusatoribus*), v. *eundem*, ed., 2556: *quod dicit eundem, subaudi vel superiorem ut inf. eo. l. absentem.* BARTOLUS, *Commentaria* zu D. 49, 1, 19 (*Si expressim*), ed., f. 213r und DERS., *Commentaria* zu C. 7, 43, 4 (*Si ut proponis*), ed., ff. 62r - v.

[28] Vgl. Marc. f. 32v.

[29] Marc. f. 32v. Roselli führt die entsprechenden Kommentare des Bartolus schon Marc. f. 32r einmal an. Vgl. BARTOLUS, *Commentaria* zu D. 42, 1, 55 (*Iudex postea*), ed., ff. 128r - v, wo dieser die Möglichkeit des Gangs zum *superior* für das *pronunciare super eisdem actis* auf die *turpitudo pronunciantis* beschränkt hatte. Dazu DERS., *Commentaria* zu D. 49, 1, 19 (*Si expressim*), ed., f. 213r: *... dico, quod iudex nullitatis non solum poterit super nullitate pronunciare, sed etiam poterit super causa principali sententiare ... In eo, quod dicit, quod sententiam reformat, expressum est ... Ex quibus legibus habes, quod sicut causa appellationis devolvit totam causam ad superiorem, ut possit sententiam reformare, etiam ex nova causa ... ita causa nullitatis devolvit totam causam ad superiorem, ut possit primam causam reformare, quod est multum notandum. Hoc etiam videtur sentire Inn. licet leges non alleg.*

Papst und Kaiser sind für Roselli mit Blick auf das Konzil und seine Gewalt entscheidende Bezugspunkte. Er stellt fest, daß zu ihnen hinsichtlich der Nichtigkeit oder für eine *retractatio* des Urteils eines Untergebenen *per viam simplicis querele* Zuflucht genommen werden kann, da sie die *iurisdictiones inferiorum* quasi in sich tragen (*habent inclusae*). Von daher kann das Konzil,

> *quod habet supra papam in casibus predictis inclusam omnem iurisdictionem pape, ... super nullitate sententie pape adiri per viam simplicis querele, et annullat sententiam pape, immo, quod plus est, ut sententiam pape aliquando revocet ex certa scientia, si melius videtur concilium et iustius ... et tunc admittitur appellatio ad concilium.*[30]

Wenig später plädoyiert Roselli, sich auf seine streng monarchischen Grundsätze besinnend, dafür, nicht von einer *appellatio* im eigentlichen Sinn (*proprie*) zu sprechen, da diese mit Blick auf Kaiser und Papst ausgeschlossen ist, sondern eher von einer *supplicatio*.[31]

Nachdem er derart die beiden kirchlichen Eckpunkte seiner Gewaltlehre im Zueinander diskutiert hat, befaßt er sich mit dem Problem, ob das Urteil des Kaisers von Papst oder Konzil als nichtig erklärt werden kann.[32] Mit anderen Worten: Die oberste Gewalt *in temporalibus* wird erörtert. Es geht Roselli um eine Prinzipienfrage, in der er gedanklich – wie nicht anders zu erwarten ist – eng an die Ausführungen der *Monarchia* anknüpft.

Das Konzil freilich erscheint in diesem Textgefüge eher am Rande. Der Papst ist es, der scheinbar, wie Roselli zunächst ausführt, bezüglich des Spruchs des Kaisers die *nullitas* feststellen kann. Ausgangspunkt dieser These ist Clem. 2, 11, 2 (*Pastoralis*).[33] Weiter werden X. 2, 2, 5 (*Si cleri-*

in c. cum contingat. extra. de offi. deleg. Ferner – sehr interessant – DERS., *Commentaria* zu C. 7, 43, 4 (*Si ut proponis*), ed., ff. 62r - v. Ebd. f. 62v: ... *si vellem, quod pronuntietur sententia nulla, et iterum iudicetur, debeo facere coram eodem iudice ... Quae verba quandoque mihi placuerunt: modo cum diligenter inspexerim, non videtur mihi forte verum, et puto, quod indistincte possit adiri superior, ut pronuntiet sententiam nullam, et iterum iudicet ... quod nota et tene menti, quia nunquam audivisti a me tale verbum.* Roselli fußt hier ganz auf dem „späten" Bartolus.

30 Cvp f. 252r. Vgl. dazu Marc. f. 32v; T f. 95r; MI f. 50v; MII f. 290v.

31 Cf. Marc. f. 33r: ... *sed est potius quedam supplicatio. C. de preci. Impa. offe.* Auch MII f. 291r gibt nur die ungenaue Angabe C. 1, 19. T f. 95v ergänzt *l. si quis adversus*, was *lex 5* entspricht, MI f. 50v liest *l. si quis ad nostra*, *Monarchia* ed. 1549, f. 27r *l. i* (sc. Licet servilis); G III, XXI, 420 (Zeile 5) *l.i.* Cvp f. 252v hat die überzeugendere Fassung *argumento auth. que supplicatio C. de preci. impe. offe.* Das entspricht nach MK II 510 der Nov. 119, 5. Vgl. BARTOLUS, *Commentaria* zu C. 1, 19, (Auth. post) 5, ed., f. 33v (mit der Additio a.): *Ale. ... in appellatione continetur iniquitas summa, sed per supplicationem potius quamdam misericordiam imploratur.*

32 Es handelt sich um Marc. ff. 33r - 37r.

33 Cf. Friedberg II 1151 - 1153. Vgl. ebd. bes. 1153: ... *sententiam et processus omnes praedictos ... de fratrum nostrorum consilio declaramus fuisse ac esse omnino irritos et inanes.*

cus), 6 (*Ex transmissa*), 10 (*Licet*) und 11 (*Ex tenore*), sowie X. 2, 28, 7 (*Si duobus*) und Kommentare dazu als Belege für die Fälle angegeben, bei denen der *iudex ecclesiasticus* angegangen werden kann. Es handelt sich bei diesem ersten Schritt um eine Aufzählung der Texte, die im Kontext dieser Problematik immer wieder angeführt wurden. Den Schwerpunkt legt Roselli auf deren Widerlegung. Für ihn steht fest,

> *quod papa regulariter sententiam principis cesaris vel alterius iudicis secularis in temporalibus pape non subiecti non anullat nec nullam declarat nec se de ipsa intromittat seu potest intromittere, nisi cesar ipse (lies: ipsi) vel alteri etiam inferiori tribueret cognoscendi potestatem.*[34]

Freilich macht das Stichwort *regulariter* deutlich, daß es Ausnahmen gibt. Weil aber die *doctores canonistae multum quesiverunt ampliare iurisdictionem ecclesiasticam preter et contra mentem iuris*, will der Verfasser der *Monarchia* die entsprechenden Fälle einer sorgfältigeren Untersuchung unterziehen.[35] Wie schon in seinem großen Hauptwerk merkt man, daß Roselli, der *doctor utriusque*, zuweilen einen Standpunkt bezieht, der von anderen Kanonisten nicht geteilt wird. Dies ist vor allem dann der Fall, wenn es um die Zuordnung der Gewalten geht. Einige Kanonisten nehmen die Glosse Innozenz' IV. zu *Licet ex suscepto* (X. 2, 2, 10) zum Ausgangspunkt ihrer Argumentation. Roselli referiert den Text des Sinibaldus Fliscus. Der Papst sei zumindest *in habitu* hinsichtlich der zeitlichen Dinge der *princeps supremus*, der im Fall der *iniusticia* oder der *negligentia* eines weltlichen Richters auch von Laien angegangen werden könne.[36] Mit Hostiensis, der für einen stets möglichen Rekurs zum Papst eintrat, betont Roselli allerdings, daß Innozenz IV. *in se varius* sei.[37] Neben diesen beiden großen Kanonisten führt Roselli noch seinen Lehrer – *dominus meus* – Antonius de Butrio an, demzufolge *papa potest adiri quociens*

---

[34] Marc. ff. 33r - v. Roselli verweist auf C. 2, q. 7, c. 41 (*Nos si incompetenter*); VI°. 2, 14, 2 (*Ad apostolicae*) hinsichtlich des Papstes und N. 22, Praefatio (= A. 4, 1): MK III 147: *Non enim erubescimus, si quid melius etiam horum quae ipis prius diximus adinveniamus, hoc sancire et competentem prioribus imponere correctionem nec ab aliis expectare corrigi legem* hinsichtlich des Kaisers.

[35] Marc. f. 33v. Cvp f. 253v hat den besseren Text und nennt die vier Fälle: ... *quod papa cognoscat inter laycos propter iniusticiam illatam vel propter negligentiam vel defectum commissum in iusticia ministranda vel ob defectum subiectorum.* Vgl. auch MII f. 291v.

[36] Vgl. INNOZENZ, *Commentaria* zu X. 2, 2, 10, ed., 239. Marc. f. 33v verweist wieder auf die erste Frage *operis huius*, womit die *Monarchia* (!) gemeint ist (cf. G I, XIII, 260). Der Bezug auf Isidor von Sevilla stammt wohl aus D. 21, c. 1 (*Cleros*): Friedberg I 68. - Cvp ff. 253v - 254r hat einen etwas anderen, aber besser verständlichen Text. Vgl. auch zu der These *Glosse* zu X. 2, 2, 10, v. *vacante imperio*, ed., 616 f.: ... *casus, in quo iudex ecclesiasticus potest se immiscere seculari iurisdictioni ... cum iudex secularis negligit facere iustitiam.*

[37] Vgl. Marc. f. 33v. Dazu HOSTIENSIS, *Commentaria* zu X. 2, 2, 10, v. *imperio*, ed., f. 12A.

iudex superiorem non recognoscens iniusticiam facit vel negligit. Er referiert dessen Anschauungen. So spricht er sowohl von den *civitates libere*, für die Antonius beispielhaft Florenz angibt, als auch von dem Fall, daß nach dem durch den Vorsteher der Provinz ergangenen Urteil der Zugang zum Kaiser aufgrund der großen Entfernung schwierig wäre. Bei dem Richter dagegen, der einen Oberen anerkennt, wird der Papst nur zuständig, soweit es sich bei der Partei um eine *miserabilis persona* oder um einen Kleriker handelt, der für seine Kirche den Prozeß führt.[38]

Roselli vertritt – *salva reverentia istorum doctorum* – eine gegenteilige Auffassung, was nicht verwundert. *Novit* (X. 2, 1, 13) dient ihm mit dem Hinweis auf das *ratione peccati* dafür, nachzuweisen, daß in dem solches *peccatum* nicht einschließenden Fall der Papst keine Jurisdiktion hinsichtlich jener hat, die ihm *temporaliter* nicht untertan sind.[39] Hinzu kommt, daß eine Berufung stets die Frage nach der *iniquitas iudicis* bzw. der *nullitas sententie* einschließt. Wenn eine Berufung gegen ein kaiserliches Urteil aber ausgeschlossen ist, dann in der Konsequenz auch die *appellatio* an den Papst in den Fällen, wo der Richter diesem nicht *temporaliter* unterstellt ist.[40] Gegen den Kommentar Innozenz' verweist er knapp auf die *prima questio huius operis*, d.h. die *Monarchia*.[41]

Mit Blick auf *Licet ex suscepto*, von der aus mit A. 9, 10, 1 (*Propterea igitur*) die gegnerische These belegt werden sollte, unterstreicht Roselli, daß der letztgenannte Text nicht aufweist, daß der Bischof oder Erzbischof angegangen werden kann, um die *negligentia* des weltlichen Richters zu supplieren. Er kann nur angegangen werden um diesen zu zwingen, das Urteil zu sprechen, *quod si coactus non facit, debet rescribi imperatori, ut ipsum negligentem puniat.*[42]

---

[38] Marc. f. 33v. Vgl. ANTONIUS DE BUTRIO, *Commentaria* zu X. 2, 2, 10 (*Licet*), ed., f. 39r. Ebd.: *Credo, quod Papa succedat iudici de iure, vel de facto non recognoscenti superiorem: alteri autem iudici non ... ne contingat turbatio aliorum iudicum in iurisdictione.*

[39] Vgl. Marc. f. 34r. Vgl. X. 2, 1, 13: Friedberg II 242 - 244.

[40] Vgl. Cvp f. 254v: ... *quod de iniusticia sententie cesaris non possit cognoscere (sc. papa) patet, quia ab eius sententia non appellatur ... et tamen in appellatione non recensetur nisi iniquitas iudicis a quo vel eius sententie nullitas.*

[41] Vgl. Marc. f. 34r. Ebd. – ein anderes Mal – am Rand nachgetragen *monarchie*. Dann: ... *et ... probant ibi scripta quod papa non possit se impedire de istis temporalibus iurisdictionibus etiam imperio vacante quicquid dicant canoniste, quia ista (T f. 96r u. a.: istam) iurisdictionem non habet.*

[42] Marc. f. 34r. Vgl. N. 86 (= A. 9, 10, 1): MK III 419 f. Anders als bei Marc. sind die Verweise in Cvp f. 254v komplett: *et ita not. bar. in l. quod iussit. ff. de re iudi. in fine questionis que incipit querit dynus. Et not. ipse bar. in l. a divo pio. § sententiam* ... Cf. BARTOLUS, *Commentaria* zu D. 42, 1, 14 (*Quod iussit*), ed., f. 120r: ... *si iudex nil pronunciat, sed negligit, in casu speciali poterit cogi per superiorem: ut in auth. ut diff. iud. §. 1.* Ebd. zu D. 42, 1, 15 (*A divo pio*), ed., f. 121v: ... *pone, quod iudex cui scribitur, vel cuius auxilium implo-*

Diese Regel, daß die *cognitio cause* niemals zum kirchlichen Richter devolviert, ist nur außer Kraft gesetzt, wenn vom Gewohnheitsrecht her (*de consuetudine*) ein Vertreter der Kirche als *superior* zuständig ist.[43] Roselli betont gleichwohl, daß im Fall von *Licet* das Bittschreiben, das von einem durch die *consuetudo* untergebenen *secularis* an den kirchlichen Richter gerichtet ist, solange *in pendenti* ist, bis die Ungerechtigkeit des *iudex secularis* feststeht. Erst dann wird die in der Regel gebundene Jurisdiktion (*exercitium ligatum*) freigesetzt. *Mutatis mutandis* gilt das von der *miserabilis persona layca*. Auch deren Bittschreiben *non subsistente negligentia nec oppressione ... sunt in pendenti, ut secuta negligentia convalescunt secundum communem intellectum ... quando sine surreptione sunt impetrate ...*[44]

Hinsichtlich eines Bürgers aber, der weder *miserabilis persona* ist noch auf irgendeine Art dem kirchlichen Vertreter untersteht, hat der Papst *nec habitu nec actu* irgendeine Jurisdiktionsvollmacht.[45] Entsprechend ist bei

---

ratur, non vult exequi, vel auxilium praebere? Responsio. poterit per superiorem, vel episcopum cogi, et puniri de hoc: arg. in auth. ut diffi. iudi. §. 1. Hinsichtlich der Exkommunikation als Zwangsmittel verweist Roselli auf *Glosse* zu X. 5, 7, 13 (*Excommunicamus*), v. *neglexerit*, ed., 1869. Cvp gibt fälschlich *de sent. exco.* an. – Vgl. auch ANTONIUS DE ROSELLI, *Commentaria* zu X. 2, 2, 10 - Clm 6584, f. 79v.

43 Vgl. Marc. f. 34v mit Bezug auf X. 2, 2, 10: *Suplet ... superior negligentiam, quia ibi ecclesiasticus iudex erat appellationum secularium secundum consuetudinem.* Vorher unterscheidet Roselli, daß im *Ius civile* allein wegen *negligentia* keine Berufung eingelegt werden kann, wohl aber im *Ius canonicum*, bei dem *ab omni gravamine posset adiri superior appellatione.* Cf. G. DE CUNEO, Forlì VII 1, f. 60r.

44 Vgl. zum Gesagten Marc. f. 34r, wo Roselli besonders gegen Innozenz Stellung bezieht. Cf. INNOZENZ, *Commentaria* zu X. 2, 2, 10, v. *irriras* (sic!), ed., 238: *... cum enim papa in eis iurisdictionem non habet, iurisdictio vel literae datae contra eos non valent, nec quod per eas fit ... et videtur mirum quod post subiungit, dummodo etc. quia si irritae sunt, quomodo per negligentiam convalescunt? ... respondeo, quod literae huiusmodi nullae sunt, sicut hic dicit textus, nec tractu temporis convalescunt, quia quando quaeritur de viribus rescripti, tempus datae inspiciendum est ... et ideo si tempore datae non erat negligens iudex saecularis, quantumcumque postea fiat negligens, non ideo convalescunt literae. Clausula autem quae hic adducitur, s. dummodo etc. non contradicit, quia non est is sensus eius literae, ut literae prius impetratae valeant, si contingit iudicem saecularem fieri negligentem; sed hoc vult dicere, quia cum fuerit negligens, quod ab eo possit appellari ad papam, et super appellatione licite aliae literae impetrari.* DERS., *Commentaria* zu X. 2, 2, 11 (*Ex tenore*), v. *terminetis*, ed., 239: Im Gegensatz zu X. 2, 2, 10 *dicimus ... quod literae valent, et quod tractu temporis procedatur per eas; sed illud est ea ratione, quia ibi papa nullam habet iurisdictionem, nisi per appellationem ad eum causa deferantur; hic autem secus est, quia papa iurisdictionem habet super viduas, sed de gratia defert iudicibus saecularibus, ut non procedat iudex ecclesiasticus, nisi propter negligentiam laici iudicis.*

45 Vgl. Cvp f. 255v zu X. 2, 2, 10 (*Licet*): *... ibi per viam appellationis erant sub protectione pape, sicut est miserabilis persona, quando opprimitur vel iudex negligit et debent litere pendere, licet si fieret impetratio litterarum a seculari nullo modo subdito, impetratio esset ipso iure nulla nec starent in pendenti, quia ... nec habitu nec actu habet papa iurisdictionem in tales laycos.* Anschließend der lobende Verweis auf Johannes von Lignano *licet a non intelligentibus reprehendatur.* Vgl. JOHANNES VON LIGNANO, *Commentaria* zu X. 2, 2, 11 (!) –

den *civitates libere* und anderen, welche den Kaiser nicht als *superior* anerkennen, im Fall von *negligentia* oder *iniusticia* nie der Papst, der nicht zuständig ist, anzugehen, sondern – ungeachtet der Nichtanerkennung – der Kaiser. Wo dieser Zutritt zum Imperator sich als beschwerlich erweist, plädoyiert Roselli eher dafür, sich zunächst an den Bischof, nicht an den Papst zu wenden, *et tunc poterit rescribi cesari, licet etiam si rescribi non possit et pars opprimeretur in suo iure, posset adiri papa, sicut cum vacat imperium ..., aliter non.*

Das wiederholt betonte Prinzip des *papa in nullo casu est adeundus* wird einzig gemildert, wo es sich um die *miserabilis persona in iusticia sua oppressa* handelt, um den Kleriker, der mit einem Laien *pro causa ecclesie sue* gerichtlich zu tun hat, oder wo jemand mittelbar Lehnsmann der Kirche ist.[46] Der Autor der *Monarchia* setzt sich aber hinsichtlich der *miserabilis persona* dafür ein, daß – soweit nicht *iniusticia* und *negligentia* zusammen gegeben sind – nicht sofort der Papst angegangen werden soll, sondern der *proximus superior iudicis, qui pronunciavit.*[47]

Clm 8786, ff. 140v - 141r. Vgl. auch ANTONIO ROSELLI, *Commentaria* zu X. 2, 2, 10 - Clm 6584, ff. 80v - 81r: ... *que sit racio quare quando est persona miserabilis non oppressa littere statim in pendenti, secus in alia persona non miserabili seculari, quia ut dixi, omnino non valent. dicit Jo. de lign. quod in eo, qui nullatenus est subditus, papa deficit in habitu et exercicio iurisdictio, sed in miserabili est datum habitum, sed ligatum. Et istud ergo respondeo verum. licet d. meus et alii omnes contraria teneant ... michi videtur quod responsio Jo. de ligna. sit vera, quod non habeat habitum vel exercicium iurisdictionis nisi quando laicus iudex est negligens et superior non existens. ultra (?) hunc casum autem nulla est iurisdictio pape. Ideo non valet dacio litterarum, sed in miserabilibus personis habet habitum iurisdictionis, sed ligatum. Et ideo valent littere ... et tamen ante negligenciam non habet exercicium iurisdictionis ... vel si vis tenere, quod habet in omnes papa habitum iurisdictionis, eciam inter non miserabiles, habet tamen interdictum exercicium a christo, unde antequam competat sibi non potest illo uti ... sed in miserabilibus habet ligatum habitum, et eo potest uti existente condicione dissolute ligaminis, quod non competit in aliis inferioribus.*

46 Vgl. Marc. f. 35r. Dort auch wieder der Hinweis auf die *miserabilis persona*, den *clericus* (der allerdings beim Vorgehen *pro causa propria* den *iudex secularis* angehen muß) – vgl. ARCHIDIACONUS, *Rosarium* zu C. 2, q. 6, c. 18 (*Non ita*), ed., f. 146r – und den *mediatus pheudatarius ecclesie*. Diesbezüglich vgl. auch Cvp f. 253r (cf. Marc. f. 33r) zu X. 2, 2, 6 (*Ex transmissa*) mit Bezug auf Tankred, der sagt, *quod ecclesia ... erat domina illius agentis R.o de casulis, qui erat imfeudatus ab episcopo et milites ibi erant infeudati ab illo R. de casulis. Unde erant milites feudatarii ecclesie mediante persona illius R.* Vgl. TANKRED, *Apparatus* ad Compilationem antiquam II zu *Ex transmissa* – Clm 3879, f. 109r: *immediate. scilicet episcopus erat dominus isto medio.* Ebenso Vat. lat. 1377, f. 109v. – Vgl. auch Cvp f. 256r: ... *si pronunciasset ... iudex ab imperatore inferior inique inter predictos clericos, vasallos, vel miserabiles, statim posset adiri papa, quia per iniusticiam potest dici talis persona opprimi.*

47 Vgl. Marc. f. 35r. Verwiesen wird auf INNOZENZ, *Commentaria* zu X. 1, 29, 38 (*Significantibus*), v. *iurisdictionem*, ed., 172. Vgl. auch ANTONIO ROSELLI, *Commentaria* zu X. 2, 2, 10 – Clm 6584, ff. 79r - v: ... *quod quando persona est miserabilis pro iniusticia statim possit adiri papa non videtur verum, quia si fertur sententia iniusta contra viduam vel pupillum in foro seculari debet appellari superior iudex secularis et non ecclesiasticus ... si foret miserabilis, tunc si leditur a iudice seculari negligendo iusticiam facere, tunc statim potest adiri pa-*

Gerade mit Blick auf die eben genannten Fälle macht Roselli wiederum eine Einschränkung. Sein pro-imperiales Denkschema wird dadurch in eindrucksvoller Weise dokumentiert. Ist nämlich die Person, durch die sich einer der Genannten *ratione illate iniusticie* oder *ratione negligentie* geschädigt fühlt, der Kaiser – oder ein von diesem Delegierter –, kann auch der Papst nicht dagegen angerufen werden. *Ratio. Quia in suis gestis imperator non presumitur aliter iudicare quam deus.*[48] Dann bleibt nur die Möglichkeit, den Richter, der das nichtige Urteil fällte, also den Kaiser, neu diesbezüglich anzugehen.[49]

Clem. 2, 11, 2 (*Pastoralis*) kann als Argument nach Auffassung von Roselli nicht gegen seine These ins Feld geführt werden.[50] Die *superioritas*, welche Clemens V. bezüglich des Römischen Reiches postulierte, und kraft derer er das Urteil Kaiser Heinrichs als nichtig erklärte, ist von dem Eid her zu verstehen (*ratione iuramenti*), durch den sich derselbe gebunden und den er durch sein Vorgehen gegen Robert von Anjou verletzt hatte. Letztlich ist so das Handeln des Papstes *ratione peccati* motiviert. Daß diesem generell die Rechtsnachfolge des Kaisers zusteht, bestreitet Roselli mit Nachdruck; ebenso bestreitet er, daß *imperio vacante* stets der Rekurs zum Papst möglich ist. *papa succedit in iurisdictione imperiali ... quando vacat imperium et layci nequeunt recurrere ad iudicem secularem et in sua iusticia opprimuntur. His casibus concurrentibus licet ad papam recurrere imperio vacante et non alias.*

---

pa. Ratio. quia statim constat de oppressione. si vero leditur a seculari iudice talis persona cum sententia iniusta de qua tamen iniusticia non constat manifeste, tunc non aditur statim ecclesiasticus iudex, sed superior secularis, quia non constat de iniusticia cum oppressione. – Nachdem Roselli kurz davor, ausgehend vom besonderen Schutz, unter dem der *pauper* und der *miserabilis* bei der Kirche stehen, die Möglichkeit der *via querele* bezüglich eines Urteils des Kaisers offengehalten hatte, schreibt er dann – in Cvp f. 256r am Rand nachgetragen -: *... credam, quod quando est cesaris sententia nullo modo papa adiri potest.*

48 Marc. f. 35r. X. 2, 28, 43 (*Novit*): Friedberg II 425 scheint als Beleg mit Blick auf den Kaiser wenig zu taugen. Weiter wird angegeben D. 1, 11, 1 (*Breviter commemorare*): MK I 41 bezüglich des *praefectus praetorio: ... publice sententia principali lecta appellandi facultas interdicta est. credidit enim princeps eos ... non aliter iudicaturos esse pro sapientia ac luce dignitatis suae, quam ipse foret iudicaturus.* Ferner C. 3, 1, 16 (*Apertissimi*): MK II 122 zum Richter, der *ab imperiale maiestate ... delegatus* ist.

49 Vgl. auch ANTONIO ROSELLI, *Commentaria* zu X. 2, 2, 10 - Clm 6584, f. 79v: *... infertur, quod pro negligentia vel gravamine illato ab imperatore non potest adiri papa, quia imperator non presumitur aliter iudicare quam deus, etiam si imponeretur querela a miserabili persona, quia a sententia cesaris non appellatur ... sed debet adiri ipse cesar, qui sententiam tulit, ut eam reformaret.*

50 Vgl. dazu Marc. ff. 35v - 36r. Der Abschnitt *non est enim verum simpliciter ... an papa dispenset contra ius divinum* fehlt Cvp f. 256v, was aber den Gedankengang nicht stört. Der zweimalige Hinweis auf das *infra in questione* erklärt sich daher, daß der Traktat *de facto* nur eine Art Sonderhandschrift aus der *Monarchia* darstellt. – Zu *Pastoralis* cf. Friedberg II 1151 - 1153.

Nachdem Roselli so den Aspekt der *superioritas* und der *potestas imperio vacante* diskutiert hat, unterstreicht er in einer letzten Bemerkung zu *Pastoralis*, daß das Konzept der *plenitudo potestatis*, welches dort ebenfalls das Vorgehen des Papstes legitimiert, geistlich (*spiritualiter*) zu verstehen ist.

Roselli ist sichtlich bestrebt, die Möglichkeit eines Rekurses zum Papst nach vorgängig erfolgtem Urteil des Kaisers sehr eng zu umschreiben. Ausgenommen ist – verständlicherweise – der Fall, daß der Kaiser ein nichtiges Urteil gegen einen *subditus ecclesie* spricht. Dann kann der Papst, soweit der Untergebene in seinem Recht unterdrückt wird, die Sentenz aufheben.[51]

Nachdem Roselli derart die ersten drei Konstellationen erörtert hat, wo die Jurisdiktion des Papstes – vor allem – *inter laycos* angefragt wurde, merkt er noch kurz an, was im Fall des *defectus subditorum* zu sagen ist. Auch dann, wenn die Untertanen dem Kaiser oder dem weltlichen Richter gegenüber ungehorsam sind, gilt, *quod papa non succedet in iurisdictionem talis iudicis, sed debet imperatorem iuvare et domare rebellionem subditorum ... et ideo male dicunt qui ... dicunt devolvi iurisdictionem ad papam, immo papa ... debet imperatori auxilium impartiri.*[52]

Bei Wegfall eines *iudex inferior a principe*, auch wenn dieser nicht die Oberhoheit des Kaisers anerkennt, ist ebenfalls nicht der Papst, sondern der Kaiser anzugehen – es sei denn, daß dieser *iudex inferior* als *subditus ecclesie* anzusehen ist.[53] Denn: *nullus potest se ita eximere ab imperio, ut si negligat facere iusticiam, imperator supplere non potest.*[54]

Dafür, daß bei einem *iudex inferior* in einem Rechtsstreit allgemein der Papst oder ein anderer Vertreter der Kirche in Anspruch genommen werden kann (*potest*), findet Roselli lediglich zwei Beispiele.[55]

---

51 Vgl. Marc. ff. 35v - 36r. Das Zitat ebd. f. 35v.

52 Marc. f. 36r. Zur Begründung verweist Roselli auf D. 96, c. 7 (*Cum ad verum*): Friedberg I 339. – Vgl. auch ANTONIO ROSELLI, *Commentarium* zu X. 2, 2, 10 – Clm 6584, f. 77v: ... *tunc non est defectus ex carencia iurisdictionis, quia cesar ut dixi iurisdictionem habet, sed est propter maliciam subiectorum* ... mit f. 79v: ... *si de facto non parebunt imperatori, tunc cum istud contingat propter maliciam subiectorum, implorabit imperator brachium spirituale pape.*

53 Cf. Marc. f. 36r mit Bezug auf das Beispiel des Königs von Frankreich *qui superiorem non recognoscit* bzw. auf den König von Apulien als *subditus ecclesie*.

54 So ANTONIO ROSELLI, *Commentaria* zu X. 2, 2, 10 – Clm 6584, f. 79r mit Bezug auf den Marc. f. 36r angeführten Text X. 1, 31, 13 (*Irrefragabili*).

55 Vgl. Marc. f. 36r mit Bezug auf N. 86 (= A. 9, 10, 2 und 7): MK III 420 bzw. 422. Zum einen der Fall des Bischofs, der zwischen dem *praeses provinciae* und dessen von diesem geschädigten Untertan Recht spricht, zum anderen der Fall der *civitas*, die keine Richter hat, wo im Streitfall der *defensor* mit dem Bischof den Fall entscheiden kann. – Marc. f. 37r gibt noch zwei Fälle an, wo der *iudex ecclesiasticus* in Anspruch zu nehmen ist: Es handelt sich jeweils um Dinge, die mit der *ecclesia* bzw. deren *administracio* zu tun haben.

Freilich räumt er ein, daß *de consuetudine patrie* unter bestimmten Umständen der Papst Berufungsinstanz werden kann. Damit allerdings eine Berufung von Kaiser an Papst möglich wird, ist es notwendig, daß *tali consuetudini accederet sententia cesaris.*[56]

Kurz angeleuchtet werden andere Bereiche, in denen über ein nichtiges Urteil des Kaisers beim Papst befunden werden kann. Es geht um *causae*, deren Behandlung in erster Linie (*principaliter*) das kirchliche Forum tangieren, etwa Ehesachen, Wucher, Probleme, die gegebenenfalls mit der Vollstreckung eines letzten Willens zusammenhängen.[57] Daß der Kaiser als Richter dagegen als befangen (*suspectus*) zurückgewiesen werden und deshalb eine Sache im *forum ecclesiasticum* ihren Platz haben könnte, streitet Roselli nachdrücklich ab, *quia in eo non debet presumi vel in eius processu macula sive ruga, nec presumitur aliter iudicare quam deus.*[58]

Bezeichnend sind seine Ausführungen – mit Blick auf X. 2, 1, 13 (*Novit*) – zur *denunciatio evangelica.* Damit in einem solchen Fall der Papst befinden kann, fordert der Aretiner von neuem das Gegebensein mehrerer Bedingungen: Zum einen das Vorliegen des *peccatum publicum et probabile cesaris*, durch welches jemand wegen der Zulassung der Vollstreckung eines ungerechten Urteils zu leiden hat, zum anderen die Tasache, daß in dem ungerechten Urteil gegen Natur- bzw. Völkerrecht *sine causa* verstoßen wird. Und selbst wenn all diese Bedingungen erfüllt sind, hält Roselli dafür, daß der Papst nicht über den Kaiser *ut imperator*, sondern *ut homo peccator* befindet. Sein Handeln zielt nicht darauf, *de sententia imperatoris* ein Urteil abzugeben, vielmehr agiert der Papst mit Blick auf den Kaiser, *ut corrigat eum de peccato et hoc modo cognoscat.*[59]

Diese Ausführungen des Traktats fügen sich harmonisch ein in die Perspektive, welche die ganze *Monarchia* bestimmt und die sie trotz ihrer

---

[56] Vgl. Marc. ff. 36r - v zur Frage der *consuetudo*. Das Zitat ebd. f. 36v. – Die Argumentation stützt sich wieder auf BARTOLUS, *Commentaria* zu D. 1, 1, 9 (*Omnes populi*), ed., f. 11r, der verschiedene Fälle anführt. U.a.: ... *quaero, an valeat statutum factum a civitate, ne a sententiis eorum iudicum liceat appellari ... quaeris de iure canonico ... et tunc tale statutum prout impedit iurisdictionem superioris non valet. ut ex. de maio. et obe. c. ii.* Das Prinzip ist, daß nicht *ex tacito consensu* kraft *consuetudo* Recht *in preiudicium superioris* gesetzt werden kann.

[57] Vgl. Marc. f. 36v. Ebd. f. 37r führt Roselli noch an, daß der Papst oder ein anderer kirchlicher Richter *per viam reconventionis et incidenter* über die Nichtigkeit eines kaiserlichen Urteils befinden kann, weiter bei Dingen, die mit der ungebührlichen Einmischung von Laien in kirchlichen Besitz und Verwaltung zu tun haben bzw. *ratione connexionis.*

[58] Marc. f. 36v.

[59] Marc. f. 37r. Der Teil *loquor ut corrigat eum ... vi. q. i. c. si omnia* fehlt Cvp f. 259r. Vgl. ebd.: ... *si esset contra ius possitivum (sic!) et imperator contra illud pronunciasset, quia cum sit supra ius non fecisset peccatum. Idem si ex causa contra ius naturale vel gentium pronunciasset, quia etiam ex causa ab illo potest recedere ...* etc. zum Fall, daß der Papst nicht angegangen werden kann. Vgl. X. 2, 1, 13 (*Novit*): Friedberg II 242 - 244.

überladenen Gelehrsamkeit als Einheit erscheinen läßt. Es wurde bereits gesagt, daß in der Präsentation an dieser Stelle über Seiten hinweg der Bezug zum Konzil fehlt. Erst nachdem Roselli deutlich gemacht hat, was ihm wirklich wichtig ist, rekurriert er in einigen Sätzen auf diese Problematik, die für ihn eigentlich keine ist. Bei seiner Sichtweise des Verhältnisses der Gewalten resultiert geradezu zwangsläufig die Antwort auf die Frage nach der Gewichtung der Urteile von Papst, Kaiser und Konzil.

Ob der *vicarius Christi* über die Nichtigkeit eines kaiserlichen Urteils befinden kann, hat Roselli darzulegen versucht. Er ist zu einer Lösung gelangt, welche die beiden Bereiche nicht vollständig trennt, aber doch um des Proprium der Sphären und ihrer ihnen eigenen Würde willen separat betrachtet. Berücksichtigt man die Konzeption des rein kirchlichen *concilium integraliter consideratum*, ergibt sich: *Concilium ... cognoscet, si est concilium clericorum et pape, eo modo, quo potest cognoscere papa et non aliter.*[60]

Entsprechend kann das rein weltliche Konzil des Kaisers oder das *concilium mixtum*, bei dem der Kaiser als *principalis iudex* hinsichtlich der weltlichen Angelegenheiten anwesend ist, über die Nichtigkeit des kaiserlichen Spruchs befinden, soweit dieser damit einverstanden ist (*si vellet*). Ohne dessen Einverständnis ist dies in der Regel nicht möglich. Analog zum kirchlichen Konzil im Verhältnis zum Papst gibt es allerdings auch im weltlichen Bereich die Situation, daß ein weltliches Konzil ohne Kaiser stattfindet. In den Fällen, in denen das Urteil des Konzils – auch ohne Kaiser – mehr Gewicht hat als das Urteil des Kaisers, kann das Konzil logischerweise über den kaiserlichen Spruch befinden, ihn als nichtig erklären oder widerrufen. Ansonsten ist das ausgeschlossen.

So erweisen sich die Überlegungen Rosellis auch in diesem Kontext als Reflex einer Ordnung, die auf einer fast spiegelbildlich konstruierten, konziliar abgesicherten Doppelmonarchie – mit Kaiser und Papst an der Spitze – beruht.

> *si in dicto concilio seculari non esset ipse imperator, quod concilium dico fieri posse sine auctoritate cesaris in casibus, in quibus fit ecclesiasticum concilium sine papa ..., tunc, si queritur, an concilium cognoscat de sententiis cesaris, dico, in casibus, in quibus sententia concilii est supra cesarem, quod est in casibus, in quibus dixi sententiam concilii esse supra papam, tunc concilium potest talem sententiam anullare. In aliis non, quia est maior sententia cesaris quam sui secularis concilii, ut per omnia supra dixi de concilio pape et de eius persona.*[61]

[60] So Marc. f. 37r.
[61] Marc. f. 37r.

13. Die Strafe für Konzilsbehinderer

Wenngleich die Beantwortung der Frage nach der Strafe für jene, welche die Versammlung des Konzils verhindern, als *questio* 18, d.h. als letzter Punkt des Traktats, angekündigt worden ist, kommt Roselli in dem venezianischen Manuskript bereits jetzt darauf zu sprechen.[1] T, MI und MII folgen Venedig, ebenso die späteren Druckfassungen – wobei eigenartigerweise der Frage der Hinweis vorausgeht: *Antequam questionem octavam assumamus ....*[2]

Der Bezug auf die *questio octava* rührt aber augenscheinlich noch von der Zeit her, als der Traktat Bestandteil der frühen *Monarchia* war, wie sie in der Wiener Handschrift vorliegt. In dieser Handschrift ist der nachfolgende Teil der achten Frage zugeordnet.[3] Möglicherweise wurde bei der Bearbeitung des die Konzilien behandelnden Teils des Hauptwerks für die eigenständige Fassung als Traktat die respektive Thematik eingebaut, ohne daß dabei mit großer Sorgfalt vorgegangen worden wäre. Bei dem neuen Einbau des Traktats in die späten *Monarchia*-Fassungen, etwa Padua, wurde keine Korrektur vorgenommen.[4] Der Fehler tradierte sich in den Druckfassungen, welche die späte *Monarchia*-Fassung als Grundlage genommen haben.

Die Ausführungen Rosellis stützen sich weitgehend auf das römische Recht, von dem her er seine Schlußfolgerungen ableitet.[5] Er stellt zunächst jene, die zum Konzil gerufen werden (*vocati*), mit den in D. 48, 6, 7 genannten *legatos oratores comitesve* gleich. Diesen zur Seite gestellt werden alle, die – gemäß dem *ius civile* – nach Rom gehen, um dort ihre Angelegenheiten zu verhandeln. Ihnen entspricht wohl die Gruppe, die mit einer ähnlichen Absicht am Konzil teilnehmen wollen. Jene nun, welche einen der Genannten am Vorhaben hindern, fallen unter die Bestimmungen der *lex Iulia de vi publica*, auch dann, wenn sie selbst ein Amt bekleiden (*existens in magistratu*).[6]

---

1 Vgl. Marc. f. 1v: *Decimooctavo. Que sit pena impedientium venire vocatos ad concilium.* Dazu Marc. f. 37r: *Quero quid de impedientibus concilium generale coadunari, qua pena plectendi sunt.*

2 Vgl. T f. 98r; MI f. 54r; MII f. 295r; *Monarchia* ed. 1487, f. 64r; *Monarchia* ed. 1549, f. 29r; G III, XXIII, 425.

3 Vgl. Cvp f. 232r: *octavo an debent omnes respondere*. Dazu Cvp f. 259v: *Modo octavam questionem ...* etc. Die Diskussion der *impedientes* fehlt an der Marc. entsprechenden Stelle in Cvp.

4 Vgl. Padova, Bibl. capitolare B 11, ff. 114r - v.

5 Vgl. zum Folgenden Marc. ff. 37r – v.

6 Cf. D. 48, 6, 7 (*Lege Iulia de vi publica*): MK I 851 und D. 48, 6, 8 (*Lege Iulia de vi publica*): MK I 851. Vgl. BARTOLUS, *Commentaria* zu D. 48, 6, 7, ed., 176r: *Tene menti istud principium: quia isti tales officiales, qui non admittunt appellantes, tenentur hac lege, et condemnati erunt infames ...* u.s.w.

Der Schluß Rosellis folgt zunächst etwas unvermittelt, wird im Anschluß aber verständlich: *isti puniri possent a papa, quia in eum crimen lese maiestatis committunt.*[7] Für den Kanonisten ist der Papst, der ja – *regulariter* – dem Generalkonzil vorsteht, als *maiestas* der Garant für die Sicherheit der Teilnehmer. Wer entsprechend gegen diese mit der *maiestas* aufs engste verbundene *securitas* handelt, trifft im letzten die *maiestas* selbst. Das Recht selbst bezeugt: *Proximum sacrilegio crimen est, quod maiestatis dicitur. Maiestatis autem crimen illud est, quod adversus populum Romanum vel adversus securitatem eius committitur.*[8]

Von dieser Bestimmung her erscheint es einleuchtend, daß Roselli betont, daß jeder, der die Versammlung eines Konzils verhindert bzw. behindert (*impedire*), sich gegen die *res publica* vergeht. Es sind folglich zwei Aspekte, unter denen das *crimen lese maiestatis* betrachtet wird: Einerseits mit Blick auf den Papst, andererseits mit Blick auf die *res publica.* Beide Elemente dürfen wohl nicht zu schnell als Einheit betrachtet werden.

Interessant ist das Beispiel, das Roselli gibt. Damit wird zugleich klar, daß er bei der Diskussion der *causae convocationis* nicht alle dieser rechtmäßigen *causae* darstellte. Zu ihnen gehört nämlich auch die Rückführung der Häretiker zur Kirchengemeinschaft. Diese Aufgabe betrifft das Gemeinwohl der Kirche, welches die Einheit einschließt. Eine Strafe für Konzilsbehinderer ist erforderlich: *Cum enim ex hoc impediantur heretici, ne ad ecclesiam reducantur, crimen est lese maiestatis.*[9]

Torquemada, der das Thema in seiner *Summa* ebenfalls behandelt, und zwar sinnvollerweise nach der Diskussion der Strafe für Konzilssäumige, präsentiert in aller Kürze eigens die Fälle, bei denen das Konzil zur Beseitigung eines Schismas, zur Widerlegung von Häretikern oder *reformationis causa* zusammengetreten ist. Für ihn sind die christlichen Könige und Fürsten verpflichtet, gegen Konzilsbehinderer mit aller Strenge vorzugehen. Torquemada stellt fest: *non sufficit sermo noster explicare quanta pena digni sunt qui conciliorum celebrationi impedimenta moliuntur inferre.*

---

7 Marc. f. 37v.

8 D. 48, 4, 1 (*Proximum*): MK I 844. Vgl. auch – für die Parallelisierung von *princeps* und *res publica* – D. 48, 4, 11 (*Is qui in reatu*): MK I 845: ... *plane non quisque legis Iuliae maiestatis reus est, in eadem condicione est, sed qui perduellonis reus est, hostili animo adversus rem publicam vel principem animatus.*

9 Marc. f. 37v. Die interessante Basis für diese Auffassung findet Roselli wiederum im römischen Recht. Vgl. D. 48, 4, 4 (*Cuiusque*): MK I 844: *(sc. lege tenetur) ... cuiusve dolo malo factum erit, quo rex eterae nationis populo Romano minus obtemperet ...* etc.. *populus romanus* und *ecclesia* werden parallel gesetzt. Im Hintergrund steht der für beide zentrale Einheitsgedanke.

Isti in primis veluti tyranni, et reipublicae hostes habendi sunt, tot morte digni quot egregia bona per talia universalia concilia fienda sperabantur.[10]

Für die Strafe selbst wird bei Roselli zunächst auf das römische Recht verwiesen. Dieses sah die Todesstrafe für das entsprechende Delikt vor.[11] Dann wendet er sein Augenmerk dem kanonischen Recht zu, näherhin der Dekretale Innozenz IV. *Ad apostolicae* von 1245.[12] Gerade der letztgenannte Text dient dem Verfasser der *Monarchia* als Beleg, daß auch der Kaiser eines solchen *crimen* schuldig werden kann und dann, wenn er trotz Ermahnung nicht von den *turbationes* abläßt, vom Papst der Herrschaft entsetzt werden kann. Im Gegensatz zu ihm können andere Fürsten *ex sola turbatione* abgesetzt werden. Auf diese Art wahrt Roselli die Sonderstellung des Kaisers gegenüber den übrigen Herrschern.

Anzumerken bleibt, daß er in diesem Zusammenhang nicht explizit auf das Problem des Papstes eingeht, der die Konzilteilnahme hintertreibt. Es gilt jedoch zu bedenken, daß diese Frage verschiedentlich, etwa im Kontext der Konzilseinberufung, aufscheint.

Insgesamt läßt Roselli keinen Zweifel daran, daß, sobald das Wohl der *res publica* auf dem Spiel steht, die Vorrangstellung von Einzelnen, auch von den Spitzen der christlichen Gesellschaft, dem nicht im Weg stehen darf. Was vom Kaiser gesagt wird, nämlich daß er *a papa imperio privari potest*, müßte – *mutatis mutandis* – angesichts der Gesamtstruktur des Werkes von Roselli auch vom Papst gesagt werden.

---

[10] TORQUEMADA, *Summa* III, XXI, ed., f. 297v.

[11] Vgl. C. 9, 8, 5 (*Quisquis*): MK II 373: *Quisquis ... scelestam inierit factionem aut factionis ipsius susceperit sacramenta vel dederit, de nece etiam virorum illustrium ..., senatorum etiam ..., cuiuslibet postremo qui nobis militat cogitarit (eadem enim severitate voluntatem sceleris qua effectum puniri iura voluerunt), ipse quidem utpote maiestatis reus gladio feriatur, bonis eius omnibus fisco nostro addictis.* – Vgl. auch die Zusammenfassung des Inhalts bei BARTOLUS, *Commentaria* zur Stelle, ed., f. 119v: *Qui proditionem fecerint, vel tractaverint contra principem, vel eos, qui sibi assistunt, puniuntur morte, et publicatione bonorum.*

[12] Vgl. VI°. 2, 14, 2 (*Ad apostolicae*): Friedberg II 1011.

14. Gibt es eine Einrede der Befangenheit gegen das Konzil und ein „ius revocandi domum"?

Die nächste Frage, die sich Roselli – zumindest nach dem Verzeichnis, das dem Traktat vorangestellt ist – vorlegt, lautet: *an debeant singuli respondere sibi obiectis in concilio, vel an possint concilium ut suspectum revocare sive ius revocandi domum petere.*[1]

Tatsächlich besteht entsprechend die erste Hälfte des Textes, der unter der *questio octava* zu finden ist, aus der Wiederholung von Ausführungen, die Roselli bereits früher, im Kontext der Klassifizierung der Konzilien, gemacht hatte – ein weiterer Hinweis auf die nicht angemessen ausgereifte Systematik des Werkes.[2]

Erst im Anschluß daran kommt er auf die zwar bereits angeklungene, aber noch ungelöste Problematik der *recusatio concilii* zu sprechen. Zunächst referiert er in der üblichen Weise die Argumente, die für eine solche Möglichkeit der Befangenheitseinrede sprechen. Als erstes wird die Frage der Teilnehmerzahl problematisiert. Wenn schon die Partizipation von weniger als 12 Bischöfen für ein Konzil genügt, aber eine *universitas*, die mehr Vertreter zählt als das größte bis dahin stattgefundene Konzil, als *suspecta* zurückgewiesen werden kann, so müßte das auch für dieses kleine Konzil gelten.[3] Hinzu kommt, daß es ja möglich ist – so Roselli –, das Provinzialkonzil, das in der Regel mit dem Erzbischof abgehalten wird, ebenfalls als befangen zurückzuweisen.[4]

Roselli vertritt dagegen: *credo, quod concilium generale, quotquot sit episcoporum, recusari non possit, quia si in concilio ecclesiastico preest papa,*

---

[1] Marc. f. 1v unter *quintodecimo*. Vgl. Marc. f. 37v: *Modo (octavam: durchgestrichen) questionem assumamus.* Ein späterer Leser hat wohl den auf Cvp f. 232r (oder einer vergleichbaren Handschrift) in Verbindung mit Cvp f. 259v beruhenden Irrtum erkannt und verbessert. Cvp f. 232r heißt es: *octavo, an debent omnes respondere sibi subiectis in concilio.* – T f. 98v; MI f. 54v und MII f. 295v lesen *octavam.*

[2] Vgl. Marc. ff. 37v - 38r: *In qua dico, quod si in concilio intervenit papa et imperator, tunc quilibet ... xcvi. di. c. duo sunt. et c. si imperator.* Cf. dazu Marc. ff. 27v - 28v zur Frage *que possunt in concilio generali expediri et contra quos.*

[3] Vgl. Marc. f. 38r. Für das *et maior universitas ut suspecta recusatur* verweist Roselli auf Clem. 2, 11, 2 (*Pastoralis*): Friedberg II 1152: *Notorium quippe ac indubitatum exsistit, quod grandis exercitus ... regem ipsum ... prosequebatur odio capitali, Pisanaque civitas, in qua lata fuit ... sententia, regem capitali habebat odio notorio et antiquo.* Weiter auf X. 2, 2, 10 (*Licet*).

[4] Vgl. Marc. f. 38r. Roselli belegt dies eigenartigerweise mit der *Glosse* zu X. 3, 35, 7 (*In singulis*), v. *et appellatione remotis*, ed., 1449.

tunc non potest solus, nedum concilium recusari ratione suspitionis, quia non aliter quam deus presumitur iudicare.[5]

Was für das Konzil *integraliter consideratum* zutrifft, gilt auch – in den Ausnahmefällen, die der *doctor utriusque* je neu gleichsam als Stichwort anführt – für das Konzil ohne Papst, *quia amplius quam papa creditur concilium rite iudicare, cum errare non possit.*[6] Anders als das Provinzialkonzil, das als *suspectum* betrachtet werden kann,[7] kann das bei dem kirchlichen Generalkonzil nicht behauptet werden.[8] In dieser Weise deutet Roselli die Glosse zu X. 2, 1, 1 (*De Quodvultdeo*).[9]

---

[5] Marc. f. 38r. Wieder verweist Roselli auf X. 2, 1, 13 (*Novit*) und D. 1, 11, 1 (*Breviter*). – Vgl. auch ANTONIO ROSELLI, *Expositio super Gratiani Decreto*, ad C. 3, q. 5, c. 15 (*Quia suspecti*), Padova, Biblioteca Capitolare, B 10: *Ultimo nota quod consilium provinciale potest recusari tamquam suspectum, nam et maior universitas suspecta recusatur ut in cle. pastoralis § pisana quoque civitas et videtur tex. in c. licet ex suspecto in fi. de fo. compe. No. glo. de stat. monach. c. in singulis in v. appellatione, secus tamen in consilio in quo interveniat papa sive sit universale sive provinciale quia solus papa non potest recusari ratione suspicionis quia non aliter quam deus presumitur iudicare ... quod est verum etiam si iudicaret in causa propria. consilium etiam universale in quo non interveniret papa quod est possibile ut scripsi in monarchia in materia consiliorum non posset consilium recusari suspectus quia creditur quod non possit errare ... dixi ii q vi quotiens 1°.* Ebd. ad C. 3, q. 6, c. 9 (*Dudum*): *Nota quod consilia subaudi generalia non possunt nisi auctoritate Romani Pontificis celebrari ... Sed quid si papa esset prolapsus in heresim cuius causa debet a consilio recenseri generali ... si ipse non vellet tunc congregare concilium quod esset remedium dixi xii. di. c. i.*

[6] So Marc. f. 38r. Roselli läßt hier bereits das Problem der Inerranz der Konzilien anklingen. – Daß der Papst allein nicht als befangen zurückgewiesen werden kann, wird belegt mit *Glosse* zu D. 79, c. 9 (*Si quis pecunia*), v. *non apostolicus*, ed., 380: ... *quid si dum uxor tua creditur mortua, eligeris in Papam, et consecraris, et uxor tua te repetit, an ei reddendus es, vel si tu neges eam tuam uxorem esse, apud quem cognoscetur, cum Papa iudicari non possit, nisi de haeresi? Resp. si revocetur in dubium, non est cogendu stare iudicio alicuius, immo excipere potest, Dominus est, qui me iudicat ... Si autem certum est, tenetur ei reddere debitum.*

[7] Roselli gibt den Kasus – Marc. f. 38v -: ... *quando archiepiscopus vel maiores de concilio essent suspecti.*

[8] Roselli folgt damit der *opinio communis* der Kanonisten. Vgl. die spätere Kritik an einer solchen Auffassung der Unanfechtbarkeit des Generalkonzils, die von der Unfehlbarkeit abgeleitet wird, bei Ugonius. Cf. SIEBEN, *Traktate* 271: Das *Recht auf Selbstverteidigung kann ... nicht mit dem Hinweis auf die fragliche Unfehlbarkeit des Konzils zurückgewiesen werden. Ugoni weiß, daß er mit solchem Insistieren auf dem Recht des einzelnen gegenüber der Gemeinschaft Neuland betritt.*

[9] Vgl. Marc. f. 38r. Dazu *Glosse* zu X. 2, 1, 1, v. *interrogatus*, ed., 587. Die entsprechenden Textstellen diskutiert bei ANTONIUS DE BUTRIO, *Commentaria* zur Stelle, ed., f. 4v: *In quantum gl. dicit, concilium non posse recusari, glo. est huic contraria infra. de sta. mo. in singulis. in verbo. appellatione. Ista gl. procedit in concilio, cui praeest Papa, Papa iudicante: quia nulli suspectus est, nisi causa sua propria sit ... in concilio inferiori procedit gl. Ideo Doc. hic gl. damnant, ipsam intelligendo in inferiori concilio ... et dicunt concilium esse suspectum, eo quod maiores de concilio sunt suspecti, vel etima caput, ut Metropolitanus. 3. q. 5. quia suspecti. supra. de procur. consulti. secundum Vincen. et Host. quod bene not. Sed si principale caput, ut Metropolitanus, non esset suspectus, forent tamen alii suspecti maiores*

Entsprechendes gilt, gemäß dem Modell des Roselli, vom Kaiser und seinem Generalkonzil. Basis seiner These ist wiederum die Eigenheit dieser *universitates* gegenüber den *universitates minores*, die durchaus – unabhängig von der Größe – als befangen zurückgewiesen werden können.[10] Mit Blick auf den geistlichen Bereich scheint dies noch relativ verständlich, soweit es eine von der Tradition her gegebene Einsicht in die Proprietät der *universitas* Kirche gab; beim weltlichen Bereich ist dies nur zu akzeptieren, falls man Rosellis Ansatz folgt und die Fast-Sakralisierung (*non aliter quam deus*) der weltlichen Ordnung mit dem Kaiser vom römischen Recht her billigt.

Was die Frage des *ius revocandi domum* betrifft, d.h. *das Recht eines von seinem Wohnort Abwesenden, einen gegen ihn erhobenen Rechtsstreit vor das heimische Forum zu ziehen*,[11] beschränkt sich Roselli auf wenige Sätze. Ansonsten verweist er für die Beantwortung der Frage, da nicht zum Thema gehörend (*aliena a nostro proposito*), auf die *doctores*.[12] Beachtenswert scheint, daß in diesem Zusammenhang der Reformgedanke als Ziel des Konzils in den Vordergrund rückt. Roselli schreibt:

> *dico, quod si concilium convocatum est, ut corrigantur corrigenda vel ut mali mores ecclesie reformentur, tunc si (sic!) episcopus vel alius accusator ibi inventus non habet ius revocandi domum, licet hoc remedium competeret, quando ob aliam causam foret congregatum.*[13]

---

arbitrio iudicis, esset ut ponderaretur qualitas personae, an esset multum contrastans caput, quod de facili non moveretur ad dicta aliorum, et propter hoc non posset recusari: alias autem sic. Vgl. dazu DERS., *Commentaria* zu X. 3, 35, 7, ed., f. 156r: *Not. hoc dictum gloss. quod concilium potest recusari. Contrarium gloss. habet de iudi. c. i. dic, ut ibi. quia haec vera. de foro compete. licet.*

[10] Vgl. Marc. f. 38v: *Contraria ... loquuntur in aliis universitatibus inferioribus, que quantumcumque magne, suspecte recusari possunt ... quod est secus in generali concilio.*

[11] Vgl. HEUMANN, *Handlexikon* 159.

[12] Diese Selbstbescheidung – vor allem mit Blick auf das gestellte Thema – ist gerade als Ausnahme beachtenswert. Zu den *doctores*, cf. HOSTIENSIS, *Commentaria* zu X. 2, 2, 20 (*Licet*), v. *iusta et necessaria*, ed., ff. 17 – 17A. DERS., *Summa* zu de exceptionibus, ed., ff. 703 - 705. JO. AN., *Commentaria* zu X. 3, 5, 29 (*Grave*), v. *provinciali concilio*, ed., f. 37A: *... dicas, quod sive generale, sive particulare concilium pro aliquibus specialibus negociis emergentibus convocetur, quod in aliis, sive criminalia, sive civilia sint, competit ius revocandi domum ... Si vero non pro specialibus, sed indistincte et generaliter fieret convocatio, sive sit generale, sive provinciale vel synodale concilium, non habet locum ius revocandi domum, si agatur de civilibus ... In criminalibus autem competit: quia in illis non tenetur quis respondere, nisi ad hoc specialiter sit vocatus, expressis etiam criminibus, quibus accusatur ... secundum Inn. cuius est quasi haec tota gl. quam posuit Host.*

[13] Marc. f. 38v. Vgl. dazu T f. 99r; MI f. 55r; MII f. 296v. - Cvp f. 261r hat im Anschluß allein einen sinnvollen Text: *Ista est notabilis doctrina in c. i. de iudi., quia cum venisset ibi pro correctione morum non habet exceptionem domum revocandi, secus si conveniretur pro debito civili et quando esset ibi ut legatus vel orator vel venisset causa iudicandi et postea conveniretur pro debito civili.* Vgl. JO. AN., *Commentaria* zu X. 2, 1, 1 (*De Quodvultdeo*), v. *in gl. 2 ... in fine*, ed., f. 2A unter Anführung verschiedener Meinungen.

15. Die Dauer des Konzils und die Frage der Konzilsauflösung

Wie Roselli selbst zu Beginn seiner Darstellung ausführt, ist die *questio* nach der notwendigen Dauer eines Konzils und – damit zusammenhängend – nach der Möglichkeit, ein Konzil aufzulösen, *höchst nützlich* (*utilissima*).[1] Er stellt sie, bevor er im letzten Teil des Traktats in aller Ausführlichkeit die Problematik der Superiorität von Konzil bzw. Papst diskutiert. Tatsächlich geht er bei der Beantwortung der Frage nach der *potestas concilium dissolvendi* immer wieder einmal von dem aus, was er in der Folge erst ausdrücklich erarbeitet. Dies war allerdings als Denkhorizont bei den vorhergehenden Ausführungen schon je mitgegeben.

Was die Dauer eines Konzils angeht, stellt er zunächst fest: *tanto tempore debet durare concilium, donec cause propter quas concilii convocatio facta est vel pro quibus concilio fuit opus debitum finem suscipiant.*[2] Ob mit dem *vel* der Gedanke an die nicht *regulariter* vom Papst einberufene Kirchenversammlung angedeutet sein soll, sei dahingestellt. Roselli wendet sich in einem ersten Schritt einer Erläuterung des Terminus *debitus finis* zu. Diese Erläuterung basiert wiederum auf kanonischem und römischem Recht. Das römische Recht läßt Roselli in etwas rigoroser Weise sagen, daß bei dem, was *ex debito iusticie* eine umfassende Ausführung verlangt, das, was noch etwas zu tun übrig läßt, überhaupt nicht getan wurde.[3] Gerade auch beim obersten Pontifex und Gesetzgeber ist zu erwarten, daß er nichts, was er beginnt, unvollendet läßt. *Perfectum* ist aber nur zu bezeichnen, *quod ex omnibus suis partibus constat.* Was zwar angefangen, doch nicht zum Ende geführt wurde, wurde im strengen Sinne nicht getan.[4] Das Recht der Kirche scheint diese Schlußfolgerungen zu

---

1 Vgl. Marc. f. 38v: *Nunc hanc utilissimam questionem attingamus qua convenitur (Cvp f. 261r: queritur; G III, XXV, 427: continetur) quanto tempore debet durare concilium, et quis habet potestatem dissolvendi, et quando dissolvatur sive dissolvi possit.* Marc. f. 1v als 16. Frage gezählt.

2 Marc. f. 38v.

3 Vgl. Marc. f. 38v mit Verweis auf C. 6, 35, 11 (*Cum Silanianum*): MK II 268: *... nihil ... actum esse credimus, dum aliquid addendum superest.*

4 Cf. Marc. f. 38v mit Verweis auf C. De emendatione Codicis Iustiniani: MK II 4: *Cordi nobis est, patres conscripti, semper nostri animi curas rebus omnibus avidissime impendere, ut nihil a nobis coeptum imperfectum relinquatur.* – Zum *perfectum* vgl. D. 1, 2, 1 (*Facturus legum*): MK I 30 und D. 38, 2, 14 (*Qui cum maior*): MK I 613: *Accusasse ... eum dicimus, qui crimina obiecit et causam perorari usque ad sententiam effecit: ceterum si ante quievit, non accusavit.* Weiter D. 47, 10, 15 (*Item apud Labeonem*): MK I 833: *Abduxisse videtur ... non qui abducere comitem coepit, sed qui perfecit, ut comes cum eo non esset.*

stützen. So wird aus den *Moralia in Iob* von Gregor dem Großen zitiert: *frustra velociter currit qui prius, quam ad metas veniat, deficit.*[5] Das Motiv des Konzilsteilnehmers, der nicht vor Erledigung der *causa*, derentwegen er berufen wurde, das Konzil verlassen darf, taucht ebenfalls in diesem Kontext wieder auf.[6]

Insgesamt liegt es von dieser Argumentation her nahe, zu behaupten, daß ein Konzil, das *propter causas* einberufen wird, nicht aufgelöst werden soll, bevor das vorgenommene Werk als abgeschlossen betrachtet werden kann. Wie steht es aber nun hinsichtlich des Einzigen, dem die *potestas dissolvendi* zukommt? Welche Kompetenz hat der Papst, ein Konzil aufzulösen? Gerade das Konzil von Basel ließ diese Frage angesichts seiner Konfrontation mit Eugen IV. akut werden.[7]

Roselli geht das Problem in seiner schon bekannten Weise an. Er referiert zunächst die beiden grundlegenden, kontroversen Positionen, um dann dem Leser die eigene Meinung zu präsentieren.

Die erste Konzeption unterstreicht in unzweideutiger Weise die Vollmacht des Papstes. Sie setzt an bei einer Interpretation von D. 17, c. 2 (*Regula*): *Nec ullum ratum est, aut erit unquam concilium, quod fultum fuerit auctoritate eius (sc. Romanae ecclesiae).* Statt *eius*, das sich im Dekret auf die *Ecclesia Romana* bezieht, wird in der Zitation bei Roselli *pape* gesetzt. Es wird also bereits eine bestimmte Sichtweise zugrunde gelegt.[8] Ausgehend von einer am römischen Recht orientierten Exegese der Verba *est* und *erit*[9] betont diese Auffassung, daß für das Gegebensein eines Konzils die *auctoritas pape* nicht allein am Anfang gegeben sein muß, sondern auch in der Folge.

---

[5] Vgl. Marc. f. 38v, wo Roselli D. 3 de poen., c. 17 (*Incassum*): Friedberg I 1214 zitiert. *Glosse* zur Stelle, v. *frustra*, ed., 1757 findet sich auch der Hinweis auf X. 1, 9, 1 (*Literas*): Friedberg II 102. Dort spricht sich Alexander III. gegen die Abdankung eines Bischofs aus: ... *indecens omnino probatur, prius solvere militiae cingulum, quam cedat victori adversitas proeliorum. Glosse* zur Stelle, v. *militiae*, ed., 255, wo sich die verschiedenen Belege angegeben finden. Dort auch der Verweis auf D. 1, de cons., c. 57 (*Nullus episcopus*): Friedberg I 1310, der zu den von Roselli angegebenen Stellen – ebd. cc. 62 - 64 - zu ergänzen wäre: ... *qui inicium ponit, suppleat usque in finem.* Die Textfassung von Marc. ist bzgl. De cons. unzureichend; vgl. dagegen T f. 99v und MI f. 55v; MII f. 296v; Cvp f. 261v; G III, XXV, 427 (Zeile 16).

[6] Vgl. Marc. f. 38v; dazu Marc. f. 24v im Zusammenhang der Frage nach der Bestrafung eines Prälaten, der vor Auflösung des Konzils dieses verläßt.

[7] Vgl. etwa Bilderback, Eugene IV, zur Frage der ersten Konzilsauflösung durch Papst Eugen IV.

[8] Vgl. Marc. f. 39r und D. 17, c. 2: Friedberg I 51.

[9] Vgl. D. 50, 16, 123 (*Verbum erit*): MK I 914: ... *quemadmodum ... verbum ‚est' non solum praesens, sed et praeteritum tempus significat, ita et hoc verbum ‚erit' non solum futurum, sed interdum etiam praeteritum tempus demonstrat.*

non est ratum concilium, quod non est auctoritate pape firmatum. Vel si fuit auctoritate pape confectum, non erit scilicet in futurum, quando deficit vel incipit desinere auctoritas apostolica. Unde quando deficit assensus et auctoritas pape, desinit concilium.[10]

Entscheidende Bedeutung kommt der *voluntas* des Papstes zu, die gewissermaßen die *conditio sine qua non* der Existenz des Konzils ist.[11] Ein analoges Konzept zu dem der *voluntas* ist das der *presentia pape*. Ohne diese *presentia* verliert die Kirchenversammlung ihre Kraft, die sie mit dem Stellvertreter Christi ihr eigen nennen kann.[12] Diese These von der essentiellen Bedeutung des Papstes wird durch das *caput – membra* – Argument untermauert. Es ist besser, die Meinung zu vertreten, daß das Konzil durch den Weggang des Papstes aufgelöst ist, als zu sagen, daß ohne den Papst als Haupt die anderen quasi als *monstrum* zurückbleiben, als *acephali.*[13]

Auch von der behaupteten, exklusiven Vollmacht des *vicarius Christi*, ein Konzil gewissermaßen in das Sein zu rufen, läßt sich eine entsprechende reale, exklusive Vollmacht deduzieren, dem Sein des Konzils ein Ende zu setzen. *qui potuit concilium instituere, potest illud destituere.*[14] Diese Möglichkeit ist unabhängig von der Zustimmung des Konzils, um dessen Auflösung es geht. Ausgehend von Rechtstexten, welche die *sententia pape* jener des Konzils überordnen, scheint man den Schluß ziehen zu können, *quod papa possit ad nutum concilium dissolvere, etiam si contraria esset totius christiani populi sententia, quia quod principi pape placet, legis habet vigorem.*[15]

---

[10] So Cvp f. 262r. Für die Textgenese ist interessant der Vergleich der verschiedenen Fassungen. T f. 99v: ... *in futurum quando deficit vel incipit auctoritas pape desinit concilium*; so auch MII f. 296v; bei Marc. f. 39r korrigiert; MI f. 55v eine korrekte kurze Fassung: ... *quando defecit (sic!) auctoritas pape desinit esse concilium.*

[11] Vgl. Marc. f. 39r: ... *quando deficit voluntas pape, deficit concilium.* Roselli geht aus von D. 17, c. 5 (*Multis*): Friedberg I 51 f. und deutet eigenwillig das Nomen *sententia* dort als *voluntas.* Basis ist ihm D. 29, 1, 1 (*Militibus*): MK I 435.

[12] Cf. Marc. f. 39r, wo Roselli verweist auf D. 17, c. 6 (*Concilia*): Friedberg I 52.

[13] Vgl. Marc. f. 39r. Ebd.: *sanctius est dicere concilium dissolvi quam remanentes ibi esse acephalos et sine capite monstruosos.*

[14] Marc. f. 39r. Cvp f. 262v fehlt das *potest illud destituere. Monarchia* ed. 1549, f. 29v liest *destruere.* – Roselli verweist u.a. auf X. 5, 41, 1 (*Omnis res*): Friedberg II 927: *Omnis res, per quascunque causas nascitur, per easdem dissolvitur.* Vgl. auch C. 27, q. 2, c. 4 (*Omnis res*). Ferner D. 50, 17, 35 (*Nihil tam naturale*): MK I 921: *Nihil tam naturale est quam eo genere quidque dissolvere, quo colligatum est.* D. 2, 14, 58 (*Ab emptione*): MK I 61 f.

[15] Marc. f. 39v. Cvp f. 263r fehlt das *pape.* Verwiesen wird auf D. 1, 4, 1 (*Quod principi*): MK I 35. – Vgl. zum Papst als *princeps* auch (TORQUEMADA), *De potestate*, ed. Friedrich, 90: *Non enim actio papae convocantis concilium est actio praeconis, sed principis; praeconis enim non est convocatum concilium dissolvere, sed ejus legibus obedire, principis autem, qui illud per praeconem convocavit ad bonum publicum consulendum est id etiam pro libito vel saltem pro certa ratione dissolvere, praesertim ubi viderit illud in derogationem jurium erigi.*

Auch ist die *dissolutio* nicht an die Bedingung geknüpft, daß die Gegenstände, um derentwillen das Konzil zusammengetreten ist, erledigt wurden. Mit anderen Worten: Die Auflösung ist nicht an die *perfectio* des Vorhabens gebunden. Die für diese Meinung vorgetragene Begründung mag einleuchten: Der Papst vermag diese *causae* auch alleine, *sine concilio*, zu einem Ende zu bringen. Nicht einmal Fragen des Glaubens oder andere besonders ausgezeichnete Materien (*materie arduissime*) sind dem Zugriff des Papstes, der alles vermag, entzogen.[16] Als Kronzeuge einer derartigen Sicht wird Guillaume de Montlaudun mit seinem *Apparatus super Clementinas* angeführt.[17]

Es überrascht nicht, daß in dieser Perspektive der Papst für sein Vorgehen niemandem Rechenschaft schuldet. Er ist der *princeps*. Was ergibt sich daraus für das Verständnis der *constitutio que incipit frequens* des Konzils von Konstanz, *ubi est determinatum, quod papa non possit concilium dissolvere vel mutare locum sine voluntate concilii*?[18]

Akzeptiert man die Prinzipien, war es Martin V., welcher dem Konzil von Konstanz damals vorstand, nicht möglich (*non potuit*), einen an *auctoritas* und *potestas* gleichen Nachfolger – etwa Eugen IV. – auf ein derartiges Gesetz zu verpflichten.[19] Ja, es war Martin nicht einmal möglich, sich selbst an ein Gesetz zu binden, von dem er sich nicht hätte lösen

---

[16] Vgl. Marc. f. 39v. U.a.: ... *papa potest omnia, nam eius motus proprius est omnium optimus artifex, omnem habens virtutem, omnia prospiciens.*

[17] Vgl. GUILELMUS DE MONTE LAUDUNO, *Apparatus* zu Clem. 3, 2, 4 (*Si Romanus Pontifex*), ed., ff. 90v - 91r: ... *sacrilegium est disputare de illo quod princeps elegit an sit dignus nec ne ... motus proprius domini papae est omnium optimus artifex omnem habens virtutem omnia prospiciens. ut hic patet etiam s. de conces. preben. proposuit. est enim sermo eius penetrabilior omnio gladio anticipiti. nam decretum eius omnia interiora et occultissima afficit et astringit ... ea enim que sunt de iure naturali et etiam divino volvit et devolvit sicut patet in matrimonio et est de iure naturali et divino. s. de voto. et voti quod votum. li. vi ... in omnibus enim talibus et similibus latissime patet eius potestas.* Augenscheinlich ist Guillaume hier die Quelle für Roselli.

[18] Marc. f. 39v. Für die Unmöglichkeit, gegen eine päpstliche Auflösung anzugehen, wird angeführt C. 9, q. 3, c. 13 (*Nemo*): Friedberg I 610 *cum similibus*. Vgl. CONCILIUM CONSTANTIENSE, *Sessio XXXVIII* (28.7.1417), Decretum Frequens; der entsprechende Text abgedruckt COD[3] 439.

[19] Vgl. Cvp f. 263v, MII f. 297v und Marc. f. 39v, wo sich wieder eine verstümmelte Angabe findet. MII f. 297v: *textus est notabilis in c. innotuit. §. quinimmo autem. de electio. nam par in parem non habet imperium. l. nam nigrantes. (?) ff. de arbi.* Marc. f. 39v hat: ... *innotuit. §. de arbitris.* Vgl. X. 1, 6, 20 (*Innotuit*): Friedberg II 62: *Quamvis autem canon Lateranensis concilii, ab Alexandro praedecessore nostro editus, non legitime genitos adeo persequatur, quod electionem talium innuit nullam esse, nobis tamen per eum adempta non fuit dispensandi facultas, quum ea non fuerit prohibentis intentio, qui successoribus suis nullum potuit in hac parte praeiudicium generare, pari post eum, immo eadem potestate functuris, quum non habeat imperium par in parem.*

können.[20] Aber nicht nur der Vorgänger, sondern ebenfalls ein Konzil, das – in dieser Sicht – dem Papst unterstellt ist, kann den Papst mit seinem Gesetz nicht binden.[21]

In dem von Roselli angeführten Text D. 21, c. 4 (*Inferior*) heißt es – unter Bezugnahme auf den von ihm ebenfalls aus dieser Quelle wiedergegebenen Jesajatext, d.h. auf die Hl. Schrift als Autorität -: *sole clarius exhibuimus, non posse quemquam, qui minoris auctoritatis est, eum, qui maioris est potestatis, iudiciis suis addicere, aut propriis diffinitionibus subiugare.*[22] Auch die Kommentare des Johannes Andreä in den *Questiones mercuriales* werden als Beweis für die Richtigkeit dieser Auffassung in die Diskussion gebracht.[23] Die entsprechenden Passagen des römischen Rechts, die Roselli angibt, findet man in einschlägigen, dem Thema korrespondierenden Abhandlungen angegeben.[24]

Mit aller Entschiedenheit wird bei der ersten Konzeption, die Roselli referiert, die Ansicht vertreten, daß der Papst auch von einer Konstitution

---

[20] Vgl. Marc. f. 39v. Roselli verweist auf D. 32 (De legatis et fideicommissis III), 22 (*Si quis in principio testamenti*): MK I 485: ... *nemo enim eam sibi potest legem dicere, ut a priore ei recedere non liceat.* Vgl. auch der Hinweis auf die Kommentare der *doctores* zu C. 1, 14, 4 (*Digna vox*): MK II 68 und D. 1, 3, 31 (*Princeps legibus*): MK I 34. Weiter auf *l. penultima. ff. de arbitris*, was D. 4, 8, 51 (*Si de re sua*): MK I 101 entspricht: ... *neque autem imperare sibi neque se prohibere quisquam potest.* Vgl. Paulus de Castro, *Commentaria* zu C. 1, 14, 4, ed., f. 25v, der die einschlägigen Stellen auch nennt.

[21] Roselli verweist – Marc. f. 40r – auf X. 1, 33, 16 (*Quum inferior*): Friedberg II 202.

[22] So D. 21, c. 4: Friedberg I 70.

[23] Vgl. Jo. An., *Mercuriales* zu Regula iuris 53 (*Cui licet*), ed., ff. 7v - 9v (als Kommentar zu Regula 52). Ebd. f. 8r: *Haec regula facit ad quaestionem de episcopo faciente contra statutum suum, quod non incidat in eius poenam, cum enim possit in totum illud tollere, fortius licet ei contrafacere sine poena, vel in parte tollere, et sic tenui in quaestione, quam disputavi, quam ... hic integraliter inseram. et est talis. Bonon. episcopi statutum excommunicat ludentes ad azardum, ludit hic ipse episcopus, vel eius metropolitanus cum Titio, de praedictis tribus quaeritur, an sint excommunicati* ... etc. Vgl. ebd., wo die Argumente gegen eine derartige Exkommunikation angeführt werden; vgl. aber auch ebd. f. 9v: ... *dico, quod placet opinio Innocen. et Hostien. quae habent in decre. nuper. de senten. excommunica. quod per participium in crimine habitum, etiam cum excommunicato ab homine ligatur quis sententia iuris ... licet ergo, ut prius dixi, fateor episcopum et archiepiscopum non esse ligatos sententia statuti: ex participio tamen quod cum Titio faciunt in crimine damnato, cum illud sit participium criminis et criminosi, dico illos ligatos sententia iur.* – Zu der diskutierte Frage auch Paulus de Castro, *Commentaria* zu C. 1, 14, 4 (*Digna vox*), ed., f. 25v.

[24] Cf. Cynus, *Lectura* zu C. 1, 14, 4 (*Digna vox*), ed., f. 18v: *Ultimo sciendum, quod Guido de Suza formavit hanc quaestionem: utrum si Imperator ineat aliqua pacta cum aliqua civitate vel barone, teneatur ea observare: tam ipse quam eius successor. videtur quod non. ut l. Princeps. ff. eo. et ff. de lega. iii. si quis in princ. et quia par in parem non habet imperium: ut l. magistratus. ff. de arbi. et l. ille a quo §. tempestivum. ff. ad trebel. pro hac parte facit infra de lib. causa. cum affirmes. et infra. de transact. l. interpositas. et infra. de decur. l. evacuatis. lib. x. Econtra videtur quod sic* ... Vgl. auch Paulus de Castro, *Commentaria* zu D. 1, 3, 31 (*Princeps*), ed., f. 12v.

wie *Frequens*, insoweit positiven Rechts, *causa subsistente* dispensieren kann. Diese Möglichkeit erfährt keine Beeinträchtigung dadurch, daß die genannte Bestimmung für das Wohl der Universalkirche erlassen wurde, den *status universalis ecclesiae* tangiert.[25] Einzig die Tatsache, daß eine Dispens eine dem göttlichen Recht widerstreitende Sünde fördern würde, würde diese Dispens ausschließen.[26] Aber anklagen oder verurteilen kann man den Papst auch dann nicht. Man kann ihn nur ermahnen.[27]

In diesem Zusammenhang scheint einmal sehr deutlich der Zeitbezug der Diskussion auf: Es wird angespielt auf die von Eugen IV. beabsichtigte Änderung der Konzilsstadt,[28] die, da nicht *contra fidem*, aufgrund der umfassenden Dispensgewalt des *vicarius Christi* keine Bedenken hervorrufen dürfte.[29] Gegen die *lex positiva frequens* kann der Papst *dispensare et disponere pro libito voluntatis, etiam sine alia causa quia in his solus motus pape habetur pro causa.*[30]

---

[25] Cf. Marc. f. 40r. Roselli verweist auf die *Glosse* zu C. 25, q. 1, c. 6 (*Sunt quidam*), v. *apostoli*, ed., 1439 f., wo auch auf X. 4, 14, 8 (*Non debet*): Friedberg II 703 f. verwiesen wurde. Vgl. auch *Glosse* zur Stelle, v. *revocantes*, ed., 1686: *Gregorius tamen dicit: qui dissolvit haec genera affinitatis, negat verbum Dei in aeternum manere. ... qualiter ergo Innocentius dissolvit? hoc intellige sine causa, et ab alio quam a successore Gregorii.* – Der anschließende Verweis auf die gesamte D. 73 bleibt befremdlich. Vgl. aber ANTONIUS DE BUTRIO, *Commentaria* zu X. 3, 35, 6, ed., f. 155v: *Nunquid autem papa dispensat circa ea quae sunt circa statum ecclesie. dicit Inno. quosdam dicere quod non sine causa. 24. q. 1. memor. etc. ea. quod non est verum, ut dicit in his quae fiunt tantum contra ius positivum. 77. di. per totum.*

[26] Cf. Marc. f. 40r: ... *dum ... non foveat peccatum, et hoc quando istud peccatum procederet a lege divina, secus si veniret ex contraventione legis canonice vel humane, quia papa tales leges tollere posset, quia habet potestatem in omnibus que habent formam et originem a iure positivo.* JO. AN., *Commentaria* zu X. 3, 8, 4 (*Proposuit*), ed., f. 50A macht den Einfluß des Hostiensis an dieser Stelle deutlich. Vgl. auch BUISSON, *Potestas* 90 f. mit Anm. 36 f.

[27] Vgl. Marc. f. 40r. Roselli verweist auf die Kommentare der *doctores* zu X. 3, 8, 4 (*Proposuit*); X. 3, 35, 6 (*Cum ad monasterium*) und X. 1, 4, 4 (*Quanto*). Cf. HOSTIENSIS, *Commentaria* zu X. 3, 8, 4 (*Proposuit*), v. *supra ius*, ed., f. 35: ... *regulam tibi trado, quod Papa sui ipsius tantam potestatem habet, quod et si faciat, et dicat, quicquid placuerit, accusari non potest, neque damnari ab homine, dummodo non sit haereticus ... Potest tamen et debet moneri in secreto, et etiam palam, si palam peccet mortaliter. Nam velit, nolit, ipse subiacet Evangelicae veritati, quo ad monitionem faciendam ... caveat sibi, quia, et si anima sua in manibus suis, tamen eidem praeceteris, si quis decesserit, iudicium terribilius imminet, et intolerabilior crucitatus.*

[28] Vgl. SCHOFIELD, Konzil von Basel 284.

[29] Vgl. Cvp f. 264r, T f. 100v und MII f. 298r: ... *ideo, si papa infirmatur ita, quod sibi sit periculosum iter arripere, sicut ire de roma ad basileam, videtur, quod saltim in mutatione loci sibi liceat dispensare locum saltem commutando, quia papa potest in omnibus dispensare que non sunt contra fidem.* Marc. f. 40r hat einen verstümmelten Text. MI f. 56v hat eine Korrektur im Text. – Vgl. HOSTIENSIS, *Commentaria* zu X. 3, 8, 4 (*Proposuit*), v. *dispensare*, ed., f. 35.

[30] So Marc. f. 40r mit Verweis auf X. 3, 8, 6 (*Quum nostris*): Friedberg II 491 f.: *Nos vero ... vobis mandamus, quatenus, nisi praedictus Sedunensis episcopus sufficienter ostenderit,*

Eugen IV. hatte freilich in der Bulle *Deus novit* eigens hervorgehoben, daß die *translatio loci* von Basel nach Bologna, nüchtern betrachtet, keine *universalis ecclesie turbatio* mit sich bringen würde. Auch hatte er, neben anderen Gründen, seinen schlechten Gesundheitszustand für die Ortsverlegung geltend gemacht.[31] Eben diese *infirmitas* jedoch kann durchaus als *legitima causa* des Papstes betrachtet werden, will dieser als *concilii et ecclesie caput* teilnehmen und die Kirche, wenn nötig, reformieren.[32]

Insgesamt betrachtet scheint nach Darlegung dieser Argumente klar, daß Eugen IV. im Recht war, als er das Basler Konzil verlegen wollte. *videtur quod lege concilii constancienis non obstante papa potest concilium dissolvere in totum, si velit, etiam ... concilii contradictione non obstante, vel saltim possit mutare locum ... et ponere in alio loco concilium.*[33]

Gegen diese erste These jedoch stellt Roselli die Gegenthese, die in seine eigene Beurteilung der Frage – ohne Bruch – einmündet. Grundlegend ist in diesem Kontext die Rückbesinnung auf die *causae*, um derentwillen Konzilien einberufen werden, d.h. auf den Zweck, den sie verfolgen. Der Verfasser des Traktats entwickelt den Gedanken in zwei Schritten.

Zunächst gibt er zu bedenken, daß die Synoden meist abgehalten wurden, um gegen Häresien und Schismata vorzugehen. Roselli belegt dies mit geschichtlichen Beispielen, wie sie sich im Dekret finden.[34] In diesen Fällen allerdings ist das Urteil des Konzils über dem des Papstes. Das gilt – nach Meinung Rosellis – sowohl dann, wenn die zu behandelnde Sache sicher *contra fidem* ist, als auch, wenn Zweifel daran bestehen.[35]

---

quod vel ex indulgentia sedis apostolicae speciali, vel ex alia iusta causa et necessaria ... etc. Vgl. auch die Ausführungen von BUISSON, *Potestas* 81 - 86 zu Innozenz IV. und ebd. 88 - 93 Hostiensis hinsichtlich des Problems der Dispens vom positiven Recht. Ebd. 84: Durch seine Interpretation klammerte *Innozenz IV. die plenitudo potestatis aus den üblichen Dispensregeln positivem Recht gegenüber aus.*

31 Vgl. EUGEN IV., *Deus novit* 85: *... quaesumus, nobis dicant qui nobis detrahunt, quae haeresis, quae universalis Ecclesiae turbatio, ex hac translatione loci surgere poterat ...? Profecto nullus per iuris tramites ambulans, et non passione seductus, assereret quod Ecclesiae fecerimus perturbationem, sed salutem ... Fuit ... a Basileensi civitate legitima protunc nostra Concilii dissolutio, ac ipsius ad Bononiam justissima translatio, et asserentes contra sunt penitus ab omni veritate ac fide catholica alieni.* Interessant die Kritik an den Kardinälen ebd. 84: *Nescimus ... quomodo ipsam audent commutationem reprobare, cujus ipsi plurimi fuerunt auctores praecipui, damnant namque eorum gesta, non nostra, quia tunc eramus gravissima corporali infirmitate gravati, cum ipsi dissolutionem et translationem ipsam promovebant, suadebant, et efficere studuerant.*

32 Vgl. Marc. f. 40r, wo sehr allgemein auf D. 18 verwiesen wird. Als Argument können gelten D. 18, cc. 6, 10, 13 und 14 (explizit zur *infirmitas*).

33 Marc. f. 40r.

34 Vgl. Marc. f. 40v unter Verweis auf D. 16, c. 6 (*Habeo librum*): Friedberg I 43 *cum sequentibus.* Cvp f. 264v liest: *c. vi. §. prima autem. cum §. sequentibus.* Tatsächlich finden sich die von Roselli angeführten Belege D. 16, c. 10: Friedberg I 46.

35 Vgl. Marc. f. 40v.

Zum zweiten dienen Konzilien gewissermaßen präventiv dazu, durch ihre Unterweisung hinsichtlich *doctrinae et mores* das christliche Volk vor dem Abgleiten in Häresien zu bewahren.[36] Wenn nun aber die Feier des Konzils notwendig wäre *propter pullulantes hereses vel scandala in dei ecclesia insurgentia* – das Nebeneinander von Glaube und Sitte findet an dieser Stelle wieder seinen Ausdruck –, der Papst aber gleichwohl das Konzil auflösen würde, *re imperfecta existente, tunc papa perturbaret statum universalis ecclesie, concilio eidem ex causis legitimis dissolucioni contradicente.*[37] Ein solches Handeln steht dem Papst nicht zu. Bei allem Respekt vor seiner besonderen Stellung kann er nicht ein Konzil, das als Heilmittel für die Kirche, für ihren *status*, tagt, einfach kraft seines Willens auflösen. Denn dies würde *ipso facto* einen Verstoß gegen diesen *status*, eine *perturbatio*, darstellen. In diesem Fall ist die Sentenz des Konzils, die dem Wohl der Gesamtkirche dient, dem Entscheid des Papstes vorzuziehen. Angewandt auf das Dekret *Frequens* heißt das: Insoweit dieses Gesetz des Konzils *pro conservatione status universalis ecclesie*, *pro statu et utilitate universalis ecclesie* erlassen wurde, ist es dem Papst verwehrt, gegen dieses Dekret zu handeln.[38] Denn *in concernente statum universalis ecclesie ecclesia universali i. concilio contradicente disponere non potest.*[39]

Diese These läßt das Motiv des *quod omnes tangit* in eigener Weise anklingen. *omnes* wird gewissermaßen auf Papst und Konzil reduziert. Die These wird abgeleitet aus C. 25, q. 1, c. 6 (*Sunt quidam*). Dort ist von der Bindung des Papstes an die eindeutigen Entscheidungen des Herrn, der Apostel und – in deren Gefolge – der *sancti Patres* die Rede, welche seine Möglichkeit, neue Gesetze zu erlassen, beschränkt.[40] Die Maßgeblichkeit von *fides* und *generalis status ecclesiae* für das Handeln des Nachfolgers Petri wird in einigen Beispielen verdeutlicht. In der Diskussion

---

36 Roselli bezieht sich auf D. 15, c. 1 (*Canones generalium*): Friedberg I 34, wo der Zusammenhang zwischen *docere plebes* und *hereses* aufscheint.

37 Cvp f. 265r. So auch MII f. 298v. Vgl. auch Marc. f. 40v (*pullantes* statt *pullulantes*).

38 Vgl. Marc. f. 40v, wo Roselli bezüglich des *statutum constanciensis concilii* anmerkt: ... *quod est editum pro conservatione status universalis ecclesie, ut fiat de decennio in decennium concilium, ut evitentur hereses et scismata.* – Vgl. CONCILIUM CONSTANTIENSE, *Decretum Frequens*, abgedruckt COD^3 438 f.: *Frequens generalium conciliorum celebratio, agri dominici praecipua cultura est, quae vepres, spinas et tribulos haeresium, errorum et schismatum exstirpat, excessus corrigit, deformata reformat, et vineam Domini ad frugem uberrimae fertilitatis adducit, illorum vero neglectus praemissa disseminat atque fovet. ... Propter hoc edicto perpetuo sancimus ....*

39 Marc. f. 40v.

40 Vgl. C. 25, q. 1, c. 6: Friedberg I 1008: *Ubi ... aperte Dominus, vel eius Apostoli, et eos sequentes sancti Patres sententialiter aliquid diffinierunt, ibi non novam legem Romanus Pontifex dare, sed pocius quod predicatum est usque ad animam et sanguinem confirmare debet.*

tauchen dabei je neu anscheinend klassische Versatzstücke der Argumentation auf.[41] Nicht unwichtig ist dabei die Unterscheidung von *statutum* und *status*. So betont Roselli: *si solum lex pape concerneret statutum universalis ecclesie contra ipsum veniendo, non dico utilitatem vel statum aut bonum, sed simpliciter statutum et concilium, vel ecclesia contradiceret, tunc videtur preferenda sententia contradicentium quando allegarent causas legitimas.*[42]

Mit einer salvatorischen Klausel beginnt dann Roselli seine Darlegungen. Er setzt ein bei dem Problem der Häresie. Er greift schon im zweiten Teil geäußerte Gedanken auf. Es wird darauf hingewiesen, daß der Papst das Konzil nicht *ante rem expeditam* auflösen kann, da er in diesem Bereich, nämlich des Glaubens, dem schon versammelten Konzil unterstellt ist. Um dieses Verständnis zu erläutern, hebt er hervor, das Konzil sei *preambulum et necessarium ad fidei declarationem et extirpationem heresis.*[43]

Wie es dem Papst aber nicht erlaubt ist, die Erledigung der *causa principalis* direkt zu unterbinden, so kommt ihm dies auch nicht *per indirectum* zu, indem er – konkret – das Konzil daran hindert, zur Frage von Häresie oder Nichthäresie Stellung zu nehmen.[44] Diese Nichtzulässigkeit der vorzeitigen *dissolutio* bezieht sich allerdings nur auf eine *heresis dubia*. Bei einer *heresis iam damnata* würde der Papst das Konzil, das darüber noch einmal befinden wollte, trotz desssen Widerrede auflösen können.[45]

[41] Cf. Marc. ff. 40v - 41r wird u.a. darauf verwiesen, daß der Papst nicht alle Bischöfe absetzen kann, daß er nicht allgemein das Privileg von *si quis suadente* aufheben kann, daß er nicht seinen Nachfolger wählen kann, daß er nicht die Evangelien oder die vier Konzilien, soweit es Glauben und *generalis status ecclesie* betrifft, aufheben kann. Vgl. ANTONIUS DE BUTRIO, *Commentaria* zu X. 3, 35, 6, ed., f. 155v: *Dic si papa dispensat contra generale statum ecclesiae in his quae tangunt fidem, non potest. sic intelligo Ioan. 25. q. 1. quae ad perpetuam. si autem dispensare intendit contra statum universale ecclesiae: et per hoc decoloratur status ecclesiae, papa non dispensat. i. q. 7. et si illa, et idem dicit Arch. 25. q. 1. sunt quidam. Ideo tenetur communiter quod non possit tollere canones, in quibus disponitur ut percutiens clericum sit excommunicatus.* U.s.w.

[42] Cvp ff. 265v - 266r. Marc. f. 41r liest statt des ersten *statutum* hier *statum*. So auch MII f. 298v. – Zum Beispiel der *ecclesia orientalis* cf. ANTONIUS DE BUTRIO, *Commentaria* zu X. 3, 3, 6 (*Cum olim*), ed., f. 19r.

[43] Marc. f. 41r. Vgl. T f. 101r und Cvp f. 266r.

[44] Vgl. Marc. f. 41r. Roselli verweist auf D. 35, 1, 64 (*Hoc modo*): MK I 545; VI°. Regula iuris 84 (*Quum quid*): Friedberg II 1124: *Quum quid una via prohibetur alicui, ad id alia non debet admitti.* X. 5, 33, 26 (*Quanto*): Friedberg II 867 f. ANTONIUS DE BUTRIO, *Commentaria* zur Stelle, ed., f. 97v: *Nota quod prohibitum directe, intelligatur et indirecte non concessum.* Roselli schreibt: ... *ille debet iudicare de his que sunt ad finem, qui est iudex sive princeps finis.* Das Konzil aber ist *iudex* bezüglich der Häresiefrage.

[45] Vgl. Marc. f. 41v. U.a.: ... *sufficeret antiqua damnatio etiam quo ad noviter incidentes. tex. est xxiiii. q. i. Achacius in i. c. ii et iii. ... si contenderet concilium cum papa, ut non dissol-*

Roselli behandelt jedoch noch einen Sonderfall, der das zuletzt Gesagte relativiert. Es handelt sich um die Situation, daß Häretiker sich bereit finden, sich in exklusiver Weise dem Schiedsspruch des Konzils zu unterwerfen. Für diesen Fall gilt, daß *papa invitis patribus de concilio non posset ante hereticorum receptionem dissolvere concilium, quia si correcti volunt redire sunt admittendi.*[46] Eine ähnliche Auffassung vertritt Roselli für den Fall, daß die Häretiker mit dem Konzil disputieren wollen. Daß sie dies tun, um belehrt zu werden, wird zwar als Bedingung für ihre Aufnahme genannt, ist aber doch eher als Rechtfertigung des Vorschlags selbst zu werten. Der Hinweis auf die *publica disputatio de fide cum hereticis*, gegen welche die vom Papst vorgenommene Auflösung der Kirchenversammlung nicht statthaft ist, erweist sich als weitestgehend abhängig von dem *hussite letter* des Kardinals Julianus Cesarini. Der Brief wurde wohl verfaßt am 8.2.1432.[47] Roselli betont auch selbst, daß er die von ihm referierte Auffassung in dem Brief des *reverendissimi domini mei Juliani de cesarinis sancti Angeli dyaconi cardinalis presidentis in basiliense concilio* bekräftigt gefunden habe.[48] Tatsächlich geht es in X. 1, 1, 2 (*Damnamus*), nach dem Kommentar des Hostiensis, primär um die *confusio hereticorum*, nicht um ein *certamen*, oder ein *iterum atque iterum disputare*.[49] Roselli folgt getreu Cesarini, wenn er auf Beispiele der Kirchengeschichte hinweist, wie sie sich bei Vincent de Beauvais und im Isidor von Sevilla zugeschriebenen *Liber Conciliorum* finden.[50] Neben Papst Silvester, der

---

veret ad hoc ut iterum talis heresis damnaretur, talis contradictio non deberet impedire concilii dissolutionem, si papa dissolvere vellet. Roselli zitiert C. 24, q. 1, c. 2 (*Maiores*): Friedberg I 966.

46 Marc. f. 41v. Der sich an die Belege anschließende Text – *immo quod plus est ... iii. c. cum quibus* – fehlt Cvp f. 266v.

47 Vgl. Marc. ff. 41v - 42r. Der Hussitenbrief – bei CHRISTIANSON, *Cesarini* 45 so genannt – ist abgedruckt als *Tercia Juliani epistola doctrinalis, quod licuit vocare ad disputacionem Bohemos, quamvis in generalibus conciliis convictos* in der *Historia gestorum generalis synodi Basiliensis* des Joannes de Segovia, liber II, caput XVII. (MCG II 108 – 117). In der Folge abgekürzt als CESARINI, *Epistola doctrinalis.*

48 So Marc. f. 41v. Vgl. ebd. f. 42r: *Plurimaque alia retulit idem pater et reverendissimus dominus et scientie profundissime.*

49 Vgl. HOSTIENSIS, *Commentaria* zu X. 1, 1, 2, v. *defendere*, ed., f. 7: *Si autem ad confusionem haereticorum, vel ad veritatem fidei delucidandam, sicut et Silvester fecit, disputaret aliquis, non peccaret. secundum d. n. infra. de pur. ca. inter solicitudines. §. praecipias.* JO. AN., *Commentaria* zur Stelle, v. *defendere*, ed., f. 10A: *quod non licet. 24. q. 3. aliorum, immo, quod plus est., nec publice de fide licet disputare, nisi forte ad confusionem haereticorum, ut fecit Silvester, secundum Inno. et Comp. et Host. qui alleg. ad hoc infra de pur. can. inter § precipias, et facit de haere. c. 2. lib. 6. §. 1.*

50 Vgl. Marc. ff. 41v - 42r. Was CHRISTIANSON, *Cesarini* 50 Anm. 91 schreibt, gilt entsprechend auch von Roselli: *... the references to Vincent are correct in substance, but incorrect in regard to book and chapter, probably because his edition used a different system of numbering.* Es mögen auch Fehler beim Abschreiben dazukommen.

öffentlich mit 12 Schriftgelehrten über den Glauben disputierte,[51] wird u.a. auf den heiligen Athanasius verwiesen, der, obgleich Arius bereits in Nicäa verurteilt worden war, gleichwohl mit ihm stritt. Auch der Hinweis auf den Donatistenstreit im Rahmen der frühen Konzilien in Karthago fehlt nicht.[52]

Durch all das wird, nach Rosellis Meinung, seine These erhärtet: Unter entsprechenden Umständen wäre ebenfalls, da die *causa fidei* im Mittelpunkt steht, dem Urteil des Konzils zu folgen. Mit anderen Worten: Das Konzil dürfte trotz gegenteiliger Meinung des Papstes nicht aufgelöst werden, auch wenn die Häresie bereits verurteilt wurde.[53]

In einem zweiten Schritt führt Roselli andere Fälle an, in denen die *dissolutio concilii* unzulässig ist. Er stellt hier neben die *causa fidei vel fidem concernens* die Situation, in der das *bonum concernens statum universalis ecclesie et commodum* in das Zentrum der Aufmerksamkeit rückt. *tunc, si papa vellet dissolvere concilium, ut super tali bono concilium non provideret, tunc papa solus non potest concilium dissolvere, quia contra bonum universalis ecclesie papa solus non potest disponere.*[54]

---

[51] Vgl. Marc. f. 41v: *libro xiiii. c.i. ... eo. li. circa finem* – CESARINI, *Epistola doctrinalis* 115: *eodem libro (sc. xiv.) circa finem.* Dazu VINCENTIUS BELLOVACENSIS, *Speculum historiale* liber xiii, c. 51, ed., 522.

[52] Vgl. Marc. f. 41v: *in li. xvi. c. i.* – CESARINI, *Epistola doctrinalis* 115. Dazu VINCENTIUS BELLOVACENSIS, *Speculum historiale* liber xiv, c. 1, ed., 541. – Zu Chalcedon gibt Roselli an: *li. xxi. c. xxv.* Ebenso CESARINI, *Epistola* doctrinalis 115. Vgl. dazu VINCENTIUS BELLOVACENSIS, *Speculum historiale* liber xx, c. 35, ed., 792 f. – Zu der Angabe betreffend der Disputation mit den Donatisten vgl. CHRISTIANSON, *Cesarini* 51 mit Anm. 97. Ebd. 51: *Behind the proofs ... Cesarini finds a single precept which informs the rest: Christian love binds Catholic and Hussite. If ... African Christians could call condemned Donatists ‚brothers‘, so should the assembly at Basel attempt to reconcile the Bohemians. Thus, for the legate, the invitation represents ‚the salvation of a single soul‘ applied to a whole schismatic church. Although it may not have convinced the pope, the Cardinal's ‚Hussite letter‘ is a stunning document, perhaps without precedent in the later Middle Ages.* – Zu dem „Konzil“ mit den Donatisten, an dem auch Augustinus teilnahm, cf. SIEBEN, *Konzilsidee der Alten Kirche* 74: *Auf das große Religionsgespräch zwischen Katholiken und Donatisten ... brauchen wir nicht näher einzugehen, da es sich hier nicht um ein Konzil im eigentlichen Sinn des Wortes handelt.*

[53] Vgl. Marc. f. 42r. – Dazu vgl. CESARINI, *Epistola doctrinalis* 113 f. Ebd. 113: *Existimo, quod qui dictavit bullam dissolucionis, fundavit se in l. nemo C. de summa trinitate et fide catholica, quia utitur verbis illius legis. Expedit ponere verba ipsius, ut appareans pateat intellectus ... Ecce lex ista habet locum ex racione in ea expressa, quando quis disputat querens tumultus occasionem vel perfidie; quod nullatenus est presumendum in concilio generali. Utinam qui istam legem primo allegavit, bene masticasset verba textus.* CHRISTIANSON, *Cesarini* 49 Anm. 85: *Cesarini's exegese of this passage is a case study of his canonistic method in miniature.*

[54] So Cvp f. 276v. Vgl. auch T f. 101v; MI f. 58r; MII f. 300r lesen statt *disponere* hier *dissolvere*. Marc. f. 42r hat eine kürzere Textform (ohne *quia ... dissolvere*).

Entsprechend gilt, daß immer dann, wenn *status et bonum* der Universalkirche auf dem Spiel stehen, allein aufgrund des entgegengesetzten Willens des Papstes ein Konzil nicht aufgelöst werden kann.[55] Angewandt auf das *statutum* des Konstanzer Konzils über die regelmäßige Abhaltung von Generalkonzilien gilt dann:

> *Credo quod hoc statutum concernat bonum universalis ecclesie et quo non servato status ecclesie discoloratur, quia notorium est, quod in nonnullis partibus clerici incedunt in habitu seculari magis conveniente satrapis et militibus quam regularibus personis et intendunt venationibus et aucupationibus magis quam officiis divinis. Unde si non reformantur, discoloratur status universalis eccelsie.*[56]

Es ist auffällig, wie stark Roselli in diesem Zusammenhang *Frequens* mit der Frage der *mores* in Verbindung bringt.[57] Die Umsetzung des Reformgedankens, der – an dieser Stelle zumindest – ausgesprochen klar aufscheint, steht nach Roselli in direkter Beziehung mit der von Konstanz vorgesehenen periodischen Feier von Konzilien. Der *status universalis ecclesiae* ist in akuter Gefahr, wo notwendige Reform nicht angegangen wird. Entsprechend ist es auch dem Papst nicht erlaubt, ein Statut, welches direkt der Reform, damit aber dem *bonum* der Gesamtkirche dient, aufzuheben. Durch solches Handeln nämlich schadet er dieser Kirche und der *excellentia papatus*. Die *voluntas* des Papstes allein hat zurückzutreten hinter dem, was dem Ganzen zugute kommt.[58] Die Konzilsteilnehmer von Basel hatten in dem Schreiben *Cogitanti* vom 3.9.1432 sehr deutlich Stellung bezogen. Das *capitulum Frequens* ist für sie *ita ... in ecclesia necessarium sicut oculus in capite.*[59]

---

55 Vgl. Marc. f. 42r. Roselli führt als Beispiele wieder die *causae* an, die bereits im Zusammenhang der Einberufung sein besonderes Interesse fanden: das Problem des häretischen Papstes, das Problem der zwei Papstprätendenten etc.

56 So Cvp f. 268r. Marc. f. 42v hat einen schlechteren Text.

57 Zur *reform of the members* als Anliegen des Konzils von Konstanz cf. Stump, *Reforms* 139: *The council sermons were replete with reprovals of clerical worldliness, the attempt of clerics to live like laymen. Clothing was one of the prime symptoms. Ambitious persons sought to show that they had risen to a higher social position through their mode of dress. ... reformers attacked the clergy's pursuit of other lay status symbols – castles, horses, retainers, and hunting ... which they mentioned under the general label of pomp and luxury.* Konstanz ist für Roselli der Orientierungspunkt.

58 Vgl. Marc. f. 42v. – Interessant, im Umfeld des Großen Schismas, zur Frage des Wohls der Gesamtkirche Bliemetzrieder, *Traktat* 48 (Bibliothek Cistercienserstift Rein, Ms. Kodex 63, f. 285a): *Propter quod (sc. c. 3 X, de reg. iuris ...) eciam probabiliter dici posset, quod si hodie Greci vel Gentiles dimisso errore vellent converti ad fidem si removeretur presidens administracionis universalis Ecclesie pretendens aliquem colorem; quod Ecclesia universalis eundem presidentem si tale lucrum Ecclesie impedire vellet, ipsum invitum removere posset, cum Ecclesia hoc casu videatur habere plenitudinem potestatis.*

59 Concilium Basiliense, *Cogitanti* 257.

Nachdem das Prinzip hinsichtlich der *dissolutio* deutlich gemacht ist, präzisiert Roselli. Er erörtert die Möglichkeit päpstlicher Dispens mit Blick auf Dauer und Tagungsort des Konzils.[60]

Gerade an diesem Punkt zeigt sich neu sein Bemühen, in ausgewogener Weise eine Problemlösung zu skizzieren. Zunächst nämlich behauptet er, daß eine Dispens zulässig ist, obgleich sie den *status universalis ecclesiae* betrifft, soweit sie diesen nicht gefährdet. Entsprechendes wäre dann auch mit Blick auf *Frequens* zu sagen. Grundsätzlich stimmt Roselli dieser These zu. Er macht allerdings eine beachtenswerte Einschränkung. Dabei nimmt er auf das Konzil von Pavia-Siena als Negativbeispiel Bezug.[61] Eine solche Dispens seitens des *vicarius Christi*, die etwa den Konzilsort neu bestimmt, ist akzeptabel, *quando talis dispensatio non fieret in fraudem, ut per indirectum tolleret ipsum statutum in totum ... quia tunc, cum non liceret papae ipsum statutum ... directo tollere, nec per indirectum liceret.*[62]

Der zentrale Begriff ist hierbei jener der *fraus*, der List oder Täuschung. Erfolgt die Dispens mit unlauterer Gesinnung oder ist dem Konzil ersichtlich, daß aus dem Gewährenlassen des Papstes der Kirche und ihrem *status* schwerwiegende Übel drohen würden, darf das Konzil diese Dispenspraxis nicht dulden. Sein Urteil steht in diesem Fall wieder – verständlich nach dem schon Gesagten – über dem des Nachfolgers Petri.[63]

Die betrügerische Absicht selbst kann nicht im strengen Sinn bewiesen werden, sondern kann einzig aus Anhaltspunkten (*coniecturae*) abgeleitet

---

[60] Vgl. Cvp f. 268r: *... an possit super loco vel abbreviatione temporis dispensare.* Marc. f. 42v liest: *... an possit super loco vel in abbreviatione vel elongatione temporis dispensare.*

[61] Zum Konzil von Pavia – Siena cf. BRANDMÜLLER, *Konzil von Pavia* Bdd. I (Darstellung) und II (Quellen). Ebd. Bd. I, 251 - 253 zur „Dolchstoßlegende“, die sich zur Zeit von Basel mit Blick auf das Konzil von Siena bildete. – Vgl. auch die Erteilung der Vollmacht seitens Martin V. an die Konzilspräsidenten. Ebd. Bd. II, 35 f. (unter Nr. 5: *Nuper siquidem cupientes*): *Nos igitur attendentes, ut in bene gerendis rebus dicti concilii eo utilius et perfeccius proficere valeatis, quo ampliori fueritis per nos auctoritate muniti, et ne propter aliquem casum ... celebracio et continuacio eiusdem concilii retardetur, opportune providere volentes discrecioni vestre, ubi legitima causa subsistat, ipsum concilium ... transferendi illudque prorogandi, mutandi et dissolvendi ipsumque concilium.*

[62] Cvp f. 268v. So auch MII f. 300v. Vgl. auch Marc. f. 42v. CONCILIUM BASILIENSE, *Cogitanti* 250: *Nec pape fas est decretum illud Constanciense, quod incipit ‚frequens‘ abolere, vel taliter agere, quod disposicio sua reddatur inutilis, vel frustratoria; esset enim contra mentem ecclesie, que illud decretum edidit pro universali statu ecclesie conservando, circa quem papa non dispensat.* – Cf. MARTIN V., *Apostolice servitutis officium*, abgedruckt bei BRANDMÜLLER, *Konzil von Pavia – Siena* Bd. II (Quellen), 76 - 78 (unter Nr. 43. Mitteilung der Konzilsauflösung ...). Ebd. 78: *... ne ... quisquam existimet nos reformacionem ecclesie et Romane curie velle negligere aut differre, ad eius prosecucionem iuxta pastoralis officii debitum sumus ferventissime animati.*

[63] Vgl. Marc. f. 43r.

werden.[64] Dabei ist sowohl die Vorgeschichte zu berücksichtigen, als auch die Dispens selbst, etwa hinsichtlich der in ihr angegebenen Gründe. Selbst aus dem, was *post actum* geschieht, kann der *dolus* – an dieser Stelle synonym für *fraus* gebraucht – deduziert werden.[65] Mehrere Beispiele machen klar, was Roselli meint: die Wahl eines Ortes, an dem die Kleriker, Kardinäle und Papst, nicht zurechtgewiesen werden können; die Vornahme der Dispens, nachdem der Papst die Unmöglichkeit einer Auflösung *per directum* erkannt hat u.s.w.[66]

Insgesamt schließt Roselli nicht die Möglichkeit einer Konzilsauflösung gegen den Willen des Konzils aus. Aber er begrenzt die Möglichkeit eines Handelns *ad voluntatem et nutum* des Papstes auf die Fälle, bei denen nicht Gefahr für die *fides* droht oder – weiter gefaßt – eine *turbatio status* der Gesamtkirche zu befürchten ist. Ist nichts von dem anzunehmen, steht dem freien Handeln des Stellvertreters Christi auch nicht das *statutum quod incipit frequens* entgegen. Mit Blick auf die aktuelle Situation allerdings stellt Roselli fest – und wenige Sätze des Traktats lassen so deutlich die Gesamtsicht Rosellis und seine Bewertung der Lage aufscheinen:

> *Pone ... quod ecclesia in moribus fuisset congrue reformata in concilio papiensi aut senensi, ita quod modernis temporibus reformatione tam solemni et magna et universali non indigeret, sicut modo indiget. An posset hodie papa concilium dissolvere non obstante dicto statuto constanciensi. ... Credo quod sic ...*[67]

Interessant scheint ein kurzer Vergleich mit einer Handschrift der Laurenziana in Florenz, die – als *Allegationes* bei Bandinius aufgeführt –[68] u.a.

---

[64] Cf. Marc. f. 42v: ... *(sc. fraus) probatur presumptionibus quia vere probari non potest.* Roselli verweist auf C. 2, 20, 6 (*Dolum*): MK II 109 und die Kommentare der *doctores.* Vgl. BARTOLUS, *Commentaria* zur Stelle, ed., f. 82r: *Not. quod ea quae consistunt in animo, non possunt probari directo, sed probantur ex indiciis perspicuis. q. d. laevia indicia non sufficiant ad probationem.* CYNUS, *Lectura* zur Stelle, ed. f. 65v: *Dolus consistit in animo, quem solus Deus videt: sed tamen ex insidiis (sic!) probatur, quod exemplificat glo. in eo quod accidit: videtur ut hic habes. Licet autem ille, qui dolum dicit, probare debeat, praesumitur tamen quotiescunque omittitur, quod fieri debet, vel fit contra id, quod fieri debet* etc. Ausführlicher, mit einer sorgfältigen Differenzierung, BARTHOLOMAEUS DE SALICETO, *Commentaria* zur Stelle, ed., f. 123v. Vgl. auch PAULUS DE CASTRO, *Commentaria* zur Stelle, ed., f. 83r, der den *dolus verus*, der *ex indiciis* bewiesen werden muß, von dem *dolus praesumptus a iure*, der vorliegt, wenn einer etwa das nicht macht, was er machen muß, unterscheidet.

[65] Vgl. Marc. f. 42v: *Fraus ... posset probari a priori et a posteriori et a medio et ab omnibus simul iunctis ut notant doc. aliqui moderni in l. multum. C. si quis alteri vel sibi.* Vgl. BARTHOLOMAEUS DE SALICETO, *Commentaria* zu C. 4, 50, 6 (*Multum*), ed., f. 216r: ... *quaero qualiter probatur haec simulatio. respon. Bal. quod probatur a priori, et a posteriori, et ab utroque simul iuncto.* Vgl. BALDUS, *Commentaria* zur Stelle, ed., f. 124v.

[66] Vgl. Marc. ff. 42v - 43r.

[67] Cvp f. 269r. Vgl. Marc. f. 43r.

[68] Cf. BANDINIUS, *Catalogus* I 228: *Allegationes D. Antonii de Rosellis. Inc. Ad succidendas ... Des. ex quibus constat eorum citationes sunt frivole et inanes.* Der entsprechende Text Lau-

auch das im Traktat behandelte Thema der *dissolucio* behandelt.[69] In dem an Eugen IV. gerichteten Text werden zunächst die Argumente der *emuli sue sanctitatis* referiert. Über weite Strecken sind es dieselben Belege und Gedanken, wie wir sie vom Traktat her kennen.[70] Roselli schließt dann allerdings diesen Teil ab, indem er sagt:

> *Ita arbitror quod nonnulli volentes tuas manus ligare, sanctissime pater, subtilissime poterunt argumenta confingere. Sed prefatis non obstantibus ... dico quod tua sanctitas potuit et potest ipsum concilium dissolvere seu ... locum mutare ... prout est per tuam sanctitatem intimatum.*[71]

Es folgen die auch im Traktat referierten Belege, die dem Papst eine weitreichende Kompetenz der Konzilsauflösung zuschreiben.[72] Den Rechtstexten, die behaupten, der Papst könne nicht vor der Erledigung der *cause* das Konzil auflösen, hält Roselli in diesen *Allegationes* entgegen, daß *illa iura loquuntur de ordinata potestate non de absoluta de qua princeps papa a nemine redargui potest.*[73] Vor allem aber hebt er die offenkundige Absicht Eugens hervor, das Konzil nicht eigentlich (*non proprie*) aufzulösen, sondern es nur *ex causa in alio loco* feiern zu wollen. Bei den Gründen für die Verlegung des Konzils wird in erster Linie die *infirmitas notoria* des Papstes angeführt. Es werden freilich auch andere vorsichtig angedeutet,

> *ex quibus est honestissima Concilii prolacio et mutacio loci ... Si enim forte locus non esset tutus quia forte prelati ibi non starent liberi nec possent libere disponere et re perfecta libere recedere quis sani capitis diceret quod tunc loci mutacio pape non esset licita et permissa.*[74]

Hinsichtlich der Argumente, die von der *fides* her gegen eine Auflösung vorgebracht werden, merkt Roselli an, daß diese wohl wahr sind. Er fragt

---

renziana, Plut. XVI, Cod. XIII, ff. 299r - 305v. Vgl. auch ANONYMUS, *Allegationes* – Laurenziana, Plut. XVI, Cod. XIII, ff. 216r - 223v. Ebd. bes. f. 220v und folgende.

[69] ANTONIUS DE ROSELLI, *Allegationes* – Laurenziana, Plut. XVI, Cod. XIII, f. 299r - 304r behandelt die Frage nach *dissolucio* und damit zusammenhängenden Problemen (*mutacio loci* ...), ff. 304r - 305v die zweite Frage *an congregati in concilio habeant potestatem citandi papam.*

[70] Ebd. ff. 299r - 300v. f. 299v – im Kontext der Frage nach der Diskussion mit Häretikern – fehlen die auf Cesarini zurückgehenden Ausführungen, dafür wird konkret auf die *perfida heresis bohemorum* Bezug genommen: *Si igitur Concilium Basiliense fuit institutum tam auctoritate Senesis Concilii quam auctoritate martini et demum sanctissimi Eugenii ad extirpandam heresim perfidam bohemorum non dico ad ipsam dampnandam quia cum simul dampnata extitit de hoc non est amplius pronunciandum ... Sed ad ipsam extirpandam vel per viam subeunde disputacionis ...* etc.

[71] Ebd. f. 300v.

[72] Ebd. ff. 300v - 304r.

[73] Ebd. f. 303r.

[74] Ebd. f. 303v.

jedoch: *sed quis magis cupit heresum extirpacionem quam ipse sanctissimus dominus qui non destruit concilium sed in alium locum commutat et ex causa.* Er stellt fest: *manifeste constat quod hec loci commutacio est iusta et sancta et ex licita causa facta, ut ipse qui caput est ecclesie Concilio valeat interesse et ut evitentur alia scandala que oriri possent si in Basiliense Civitate Concilium celebretur.*

Für ihn ist die Verlegung des Konzils – weg von Basel – *iustissima.*[75] Es ist augenscheinlich, daß die Gesamttendenz dieses Textes eine andere ist als die des Traktats.[76] Das mag an den unterschiedlichen Adressaten bzw.

---

[75] Ebd. f. 304r. Es folgt die Behandlung der Frage, ob der Papst einer *citatio* durch die Basler zu folgen hat. In dem Kontext diskutiert Roselli das Problem eines Urteils gegen den Papst. Diejenigen, so ff. 304r - 304v, die sich auf dem Konzil darum mühen, *sibi subicere papam statim efficiuntur scismatici ... et est ratio quia cum separent se a papa eorum capite ... dividunt se ab unitate que representatur in papa ... et sic scismatici efficiuntur ... Unde scismatici eciam se aliter aliorum forent iudices sunt ab omni actu iudiciario suspensi ipso iure ... et sic non habent ius citandi quia citatio est actus iudiciarius.* Ebd. ff. 304v – 305r wird das Thema der Einheit aufgegriffen, die gewahrt werden muß. Roselli schließt - f. 305v -: *Ex quibus concluditur quod papa tanquam supremus monarcha nullius iudicio subest, omnes autem alios suo possit iudicio subiungare.* Diese Auffassung könnte wohl, so Roselli, noch unter Berücksichtigung anderer Aussagen von Theologen und Philosophen bestätigt werden; ihm selbst genügt das Gesagte, damit der Schluß gezogen werden kann, *papam a nemine ... iudicari posse nisi de heresi et est racio quia hereticus papa tunc est minor quolibet catholico ... et ipso iure dignitatem perdit ... loquor de heresi proprio modo sumpta quando erraret in articulis fidei vel in aliquam hersim incideret per iam concilia dampnatam. Tunc fateor quod subest iudicio concilii xl. di. si papa.* Der *sanctissimus dominus noster Eugenius* jedoch ist *ab omni labe heresis deo concedente immunis. ... Unde concluditur quod eius citatio est inefficax.*

[76] Vgl. auch – im Anschluß an den wohl von Roselli verfaßten Text des *Novit ille* (Plut. XVI, Cod. XIII, ff. 289r - 290v) ANONYMUS, *Scriptum* – Laurenziana, Plut. XVI, Cod. XIII, ff. 291r - 296v. Auffallend ist zuweilen die gedankliche Nähe zu Roselli (z.B. f. 292r die Verweise auf Aristoteles) Ebd. ff. 295r - v: *Duabus ergo tamen in rebus seu circumstanciis a Sanctitatis sue decreto dissentire videmus. Altera deputatum per Sanctitatem suam locum detestatur. Altera interpositi temporis dilacionem. Utrique pro pace et consolatione vestra et ne membra a capite separentur ex innata humanitate providere sua Sanctitas dignatur. Ad primam enim dissencionem tollendam quemcunque alium in ytalia ecclesie immediate subiectum locum offert cuius dominio pro tempore celebrandi Concilii sese expoliare decernit et sub Concilii potestate poneret sub conditione quod post finem Concilii ecclesie et sue Sanctitati restituatur.* Nachdem er auf die Frage der *dilacio* eingegangen ist, weist der unbekannte Autor – neben anderem – wie Roselli auf den schlechten Gesundheitszustand Eugens hin. Ebd. f. 295v: ... *an ultra ytalie ... sese propter notoriam invalitudinem conferri possit qui eciam quinquaginta passuum progressu lapsatur vos ipsi diiudicate.* Ebd. spricht er von der *orientalis ecclesie revocatio* als Gegenargument gegen die *hereticorum reductio.* f. 295r – *quoniam concilii desiderium sanctitati sue et vobis commune esse videtur* – zur positiven Haltung Eugens bzgl. der *reformacio: ... statuit ut in primis reformacio a persona sue sanctitatis incipet. non solum a tempore quo ad summum apostolatus apicem assumptus est.* Ebd. f. 296r die Mahnung an die *reverendissimi patres* von Basel: *Ea que summopere appetere videmini patres optimi profecto magna et ardua sunt et frontem pre se honesti et boni ferunt quarum tamen appetitus humilitatis freno continendus est ... gentilis tamen sed moralissimus cicero in officiis inquit ut appetitus racioni obedient.* Für die Beurteilung der Konzilsväter vgl. aber auch ebd. f. 293v: *Intimavit (sc. Eugenius IV.) eciam illis ex vobis pa-*

Auftraggebern liegen oder an der unterschiedlichen Situation, in der die Texte verfaßt wurden. Vielleicht ist es von Negativerfahrungen her zu erklären, die dem Traktat – und das heißt: der *Monarchia* – zeitlich vorausgingen. In den *Allegationes* erweist sich Roselli als treuer Parteigänger Eugen IV. In dem Traktat erörtert er zumindest die Möglichkeit der *fraus* und zeigt größere Nähe zu dem Anliegen der Konzilsfreunde, unter denen wir wohl, in dieser frühen Periode, Kardinal Cesarini nennen müssen.

Exkurs: Stellungnahme anderer Autoren zur Konzilsauflösung

In diesem Zusammenhang erscheint es interessant, die Position anderer Zeitgenossen zu betrachten. An erster Stelle soll Petrus de Monte, wie Roselli im Dienst Eugens IV., genannt werden. Er stellt die These auf: *Papa potest de plenitudine potestatis Concilium legitime congregatum, iusta causa tamen subsistente, dissolvere.*[77]

Zu beachten ist, daß auch er, wenngleich sozusagen nebenher, die Notwendigkeit des Vorhandenseins einer *iusta causa* für die Auflösung postuliert. Diese Betonung einer durchaus kritischen Haltung zur prinzipiell bejahten päpstlichen Vollgewalt mag ihre Wurzel im Bestreben haben, in den Augen der gegnerischen Partei oder zumindest in den Augen der unentschlossenen Zeitgenossen als Gesprächspartner ernstgenommen zu werden. Für die eigene Auffassung werden verschiedene Gründe angeführt, unterbrochen durch einen Exkurs über die Kardinäle, der in der Druckfassung nach Rocaberti – anders als im Manuskript – unmotiviert erscheint.[78] Vieles davon ist schon von Roselli her bekannt.[79] Für de Mon-

---

tres optimi qui pro tempore hic residebant, optima spe fretus, ne huiusmodi Sanctitatis sue mandatis orthodoxis quisquam vestrum contrairet. Sed heu Reverendissimi patres nedum mandata sanctitatis sue spreta sunt sed quidam ex vobis qui ante dissolucionem segues et ad veniendum remissi videbantur post dissolucionem solertissimi atque precipites facti sunt. quidam qui hic aderant cum aliquali displacentia post dissolucionem leti et immobiles permanserunt.

77 Petrus de Monte, *Tractatus* 125.

78 Vgl. ebd. 125 - 127 (unter *Quarta conclusio*). Cf. dazu Petrus de Monte, *Monarchia* - Vat. lat. 4134, ff. 52r - 55r. ff. 52r - 53r: ... *cum venissent, cum si. Item papa tollit ius divinum dispensando contra evangelium ... Item papa dispensat contra universalem statum ecclesie ... Item dispensat contra vetus testamentum ... Item in novo papa dispensat ... Item dispensat contra multa capitula quatuor conciliorum ... Item solus papa ex causa deponit Imperatorem licet de honestate requirat concilium ... Item deponit regem ... Item solus papa ex causa potest deponere Cardinalem nec habet necesse convocare concilium ... licet papa de honestate bene faciat in hiis arduis requirere concilium cardinalium ... Hinc sumpta occasione incidenter quero a quo tempore incepit dignitas cardinalatus.*

79 So der Hinweis auf das *eiusdem est dissolvere, et destruere, cuius est condere* und der Hinweis auf die Möglichkeit des Papstes, Konzilsbestimmungen aufzuheben. Besonders hebt

te gilt, daß, sofern eine *iusta causa* vorliegt, der Befehl des Papstes zur Konzilsauflösung *satis equum* erscheint und jeder, der den Gehorsam verweigert, eine Todsünde begeht.[80] Er begründet dies interessanterweise von einem X. 1, 33, 2 (*Si quis venerit*) angeführten Bibelzitat her: *Qui non obedierit principi, morte moriatur.*[81] Dem Einwand, daß durch eine Konzilsauflösung der *status ecclesiae* in Gefahr wäre, begegnet er mit einer differenzierten Antwort. Würde nämlich der Papst verbieten, daß jemals ein Generalkonzil gefeiert würde oder würde er mit allen seinen Kräften versuchen, ein Konzil schlechthin zu verhindern, dann würde dies wohl zutreffen. Wenn der Papst dies versuchen würde, *non esset ei obediendum, immo totis viribus resiscendum.*[82]

Anders liegt der Fall – und hier spielt Petrus recht deutlich auf die Kontroverse seiner Zeit an –, wenn ein bestimmtes Konzil einmal aufgelöst wird, noch dazu mit der Absicht, ein anderes zu anderer Zeit an anderem Ort mit gleichem Diskussionsstoff zu feiern. De Monte belegt seine These, daß ein Handeln, welches, durchgängig praktiziert, vom Recht her verboten ist, dann zu billigen ist, wenn es nur ein, zwei oder mehrere Fälle betrifft. Er führt drei Beispiele an. Eines soll genannt werden: Dem Papst ist es verwehrt, alle Bischöfe auf einmal abzusetzen. Wohl aber kann er, und *nemo sane mentis* zweifelt daran, einige absetzen.[83] Entsprechendes ist hinsichtlich einer *dissolucio concilii* zu sagen. Eine vom Papst vorgenommene, generelle Aufhebung von allgemeinen Konzilien würde ihn des *error* überführen, von dem in C. 25, q. 1, c. 6 (*Sunt quidam*) die Rede ist. Diese Handlungsweise wäre *de facto* eine *subversio status ecclesie*. Einmalig vorgenommen dagegen – *subsistente causa* – besteht kein Grund, so et-

---

Petrus die *Glosse* zu VI°. 1, 6, 3 (*Ubi periculum*) mit den dort angeführten *auctoritates* hervor. Vgl. Petrus de Monte, *Monarchia* - Vat. lat. 4134, ff. 53v - 54r: ... *ubi ... habemus glo. fulcitam auctoritatibus quibus supra certe temerarium videtur esse ab ea recedere nec videtur in tali materia quicquam posse melius reperiri quam accedere ad hos sanctos patres ac doctissimos viros qui tex. et glo. composuerunt. qui nec odio aut gracie seu alio animi morbo subiecti nobis veritatem tradiderunt.*

80 Vgl. Petrus de Monte, *Monarchia* – Vat. lat. 4134, f. 54r. Für die Gehorsamspflicht wird – als *multum singularis* – D. 9, c. 3 (*In memoriam*): Friedberg I 60 f. angeführt: ... *servanda est cum mansuetudine humilitas, et licet vix ferendum ab illa sancta sede imponatur iugum, tamen feramus et pia devotione toleremus.*

81 Petrus de Monte, *Monarchia* – Vat. lat. 4134, f. 54r. Dazu Friedberg II 196: *In libro Regum legitur: ...* Im Apparat zur Stelle: *Simile aliquid legitur: Deut. XVII, 12.* Weiter gibt Petrus an C. 11, q. 3, c. 97 (*Qui resistit*): Friedberg I 670: *Qui resistit potestati ordinationi Dei resistit.*

82 Petrus de Monte, *Monarchia* - Vat. lat. 4134, f. 54r.

83 Vgl. ebd. f. 54v. Die anderen Beispiele (*similia*) betreffen die Unmöglichkeit, daß der Papst alle Ehen für aufgelöst erklärt oder prinzipiell Eheschließung verbietet bzw. daß er allgemein die *obligacio prestandi decimas* aufhebt.

was anzunehmen. Noch weniger besteht ein solcher Grund, falls es sich nicht um eine Auflösung, sondern lediglich um eine Ortsveränderung handelt.[84] Der Ort nämlich ist nicht entscheidend, soweit die Kirche mit ihrem Haupt vereint und im Hl. Geist versammelt wird.[85] Der Versuch, sowohl den *status ecclesie* zu schützen als auch – und vor allem – die Stellung des Papstes zu konsolidieren, führt de Monte in diesem Kontext zu der eigenartigen Aussage: *neque debet ecclesia dei in spiritu sancto ... legittime tunc congregata propter hoc insurgere contra Romanum Pontificem aut eius sacratissimam sedem.*[86]

Nicht zufällig sind wohl die Anspielungen auf das Selbstverständnis des Generalkonzils, wie es in Konstanz seinen Ausdruck und in Basel seine Zuspitzung fand. Petrus de Monte bringt zum Ausdruck, daß er dieses Selbstverständnis respektiert. Dies gilt allerdings nur in dem Maße, als es nicht zu der besonderen Position des Stellvertreters Christi in Gegensatz tritt. Neben die rechtmäßige Versammlung im Hl. Geist muß die Einheit mit dem Haupt treten, welches augenscheinlich im Papst gesehen wird. Beachtung verdient, daß Petrus de Monte neben den Papst die *sacratissima sedes* stellt. Die Begriffe werden hier – wie das *aut* anzeigt – nicht als Synonyme gebraucht.

Daß die Universität Krakau mit ihrem Gutachten von 1442, das als *das profundeste Manifest der Basler Kirchentheorie außerhalb des Konzils* beurteilt wird,[87] sich klar gegen die *potestas dissolvendi* aussprach, scheint kaum der Rede wert zu sein.[88] Für die Theologen ist dem Papst weder durch *ius naturale*, noch durch *ius positivum* oder *lex evangelica* eine Möglichkeit zuzugestehen, die Kirchenversammlung aufzulösen.[89] Die Epikie, verstanden als *virtus interpretativia legum*, die dazu dient, neu auftretenden, im Recht nicht vorgesehenen Situationen gerecht zu wer-

---

84 Vgl. ebd. f. 54v.

85 Vgl. ebd. f. 55r, wo Petrus auf das Herrenwort *Wo zwei oder drei ...* rekurriert: *No. dictionem ubicunque ex qua tollitur quod non debet haberi consideracio magis istius loci quam illius dummodo ipsa ecclesia capiti suo uniatur et in spiritu sancto legittime congregetur.*

86 Ebd. f. 54v.

87 So ein verbreitetes Urteil zusammenfassend HELMRATH, *Basler Konzil* 143. – Vgl. BLACK, Universities 350: *The only thoroughly and explicitly pro-Basle university in the 1440's was Cracow ... The Cracow tract of 1442 ... proclaimed the unlimited sovereignty of the council ... It reproduced verbatim Segovia's statement that the Council realized the qualities of the mystical body of Christ on earth, and represented the church not by delegation but because it made possible, actualized, its collective power of decision making, which could not be actualized in any other way.*

88 Zu Krakau vgl. u.a. P. W. KNOLL, The University of Cracow in the Conciliar Movement, in: J. M. Kittelson / P. J. Transue, *Rebirth, Reform and Resilience*. Universities in Transition, 1300 - 1700, Columbus 1984, 190 - 212.

89 Vgl. UNIVERSITAS STUDII CRACOVIENSIS, *Tractatus* 510 f.

den, verbleibt zwar im *princeps*. Dies gilt aber nur, *nisi expresse sit ei prohibitum epikeisare per eum qui hoc potest. modo hic expresse prohibitum est per Concilium generale in Cap. Quoniam frequens.*[90]

Für die Krakauer Konziliaristen wäre es absurd, zu behaupten, der Papst könne kraft der Applikation der Epikie diese *Constitutio* aufheben. Damit nämlich wäre ein Präzedenzfall gegeben, der in der Konsequenz dem Papst die Möglichkeit gäbe, alle konziliaren Konstitutionen zu derogieren, *et omnem bonam Politiam evertere, quod est valde inconveniens, cum non habeat potestatem ad destructionem, sed ad aedificationem.*[91]

Ein zentrales Argument, um das Anliegen deutlich zu machen, ist für die Universität wiederum der Fall des häretischen Papstes. Krakau zufolge sind zwei Aussagen nicht in Einklang zu bringen: Die eine besagt, daß der Papst vom Konzil *in causa heresis* gerichtet werden kann, *quod Papa negare non potest*; die andere besagt, daß er nach Belieben (*ad libitum suum*) das Konzil auflösen kann. Die zweite Behauptung nämlich birgt die Gefahr in sich, die erste zu einer bloßen Denkmöglichkeit ohne Realisierungschancen verkommen zu lassen.[92] Anklänge an die Argumentation Rosellis, vor allem bezüglich der *convocatio*, sind nicht zu überhören. Freilich müßte für eine Wertung genau untersucht werden, was die Universität unter *haeresis* versteht. Unterschiedliche Konzepte diesbezüglich haben fraglos tiefgreifende Wirkungen hinsichtlich der Konsequenzen mit Blick auf eine mögliche *dissolutio*.

Zehn Jahre vor diesem Gutachten, im Jahre 1432, verfaßte Kardinal Cesarini eine *Epistola* gegen eine Konzilsauflösung.[93] In aller Eindringlichkeit und ohne Scheu wendet Cesarini sich gegen die *dissolucio* oder *translacio*.[94] Er unterstreicht nachdrücklich das *periculum fidei*, das eine Konzilsauflösung mit sich bringen würde, den großen Schaden, der dar-

---

90 Ebd. 511.

91 Vgl. ebd. 512 f. Das Zitat ebd. 513.

92 Vgl. ebd. 513: ... *ista ... non concordant, dicere posse Papam iudicari a Concilio in casu heresis, quod Papa negare non potest; et ex alia parte, dicere Papam posse dissolvere Concilium ad libitum suum. Aut enim aliquis Papa haereticus ante Concilium, vel tempore Concilii. Si ante Concilium, ipse nunquam congregabit Concilium, si haeresim pertinaciter defendere voluerit, alias iniiceret sibi laqueum. Si tempore Concilii erit haereticus et sciverit contra se ferendam sententiam ... statim dissolveret Concilium, si verum est dicere quod ad hoc passim potestatem habeat! Et ita nunquam sententia posset fieri contra Papam haereticum: Et ita ius quod dicit Papam in casu haeresis posse iudicari per Concilium, erit ludibrio et frustra.*

93 Vgl. CESARINI, *Epistola contra dissolucionem* 95 - 107.

94 Vgl. ebd. 95: *Nec parcam, si opus sit, verbis asperis, quia, ut inquit beatus Bernardus, vera amicicia obiurgacionem nonnumquam habet, adulacionem vero nunquam.* Ebd. 105: *Quando domus ardet, licet servis clamare et prestrepere, et dominum si forte dormiat, sine reverencia excitare.*

aus erwachsen würde, das *scandalum*, ein mögliches Schisma. Die Basler würden das Dekret von Konstanz anführen, das ein solches Vorgehen ausdrücklich verbieten würde. *visi sunt expresse protestari, quod procurare talia, est impedire extirpacionem heresum, reformacionem morum, et quietem populi christiani, et ergo consequenter fovere hereses, peccata, guerras et odia.*[95] Vor allem aber bringt er zum Ausdruck, daß das Ergreifen derartiger Maßnahmen auch an der *fides* des Papstes, was die Präsenz des Hl. Geistes auf dem Konzil angehe, Zweifel aufkommen lasse. Konzilien hätten doch von alters her den Glauben gestärkt und gefestigt, seien doch keine Bedrohung für diesen gewesen.[96] In jedem Satz seiner Ausführungen dringt bei Cesarini eine – wohl aufrichtige – Sorge um das Wohl der Kirche, verbunden mit der ehrlichen Sorge um das Ansehen des Papstes, durch. Seine Warnung vor der eher kontraproduktiven, befürchteten *dissolucio* basiert zum einen auf einer richtigen Einschätzung der Konzilsteilnehmer, in dieser Konzilsphase. Andererseits beruht sie auf einer gesunden Kritik an einer durch mangelnden Glauben bedingten, möglicherweise durch tendenziöse Informationen gestützten Haltung des Papstes.

Thomas Ebendorfers Traktat über die Bulle *Deus novit* behandelt ebenfalls das Problem der Konzilsauflösung.[97] Für ihn besteht keine Frage, daß es nicht erlaubt ist, ein Konzil aufzulösen, das einberufen wurde, um für die anstehenden Probleme – bezüglich Glaube, Sitte und Frieden – eine dringend notwendige Antwort zu finden.[98] Auch Ebendorfer nimmt zu dem richtigen Verständnis von *Frequens* Stellung. Auch bei ihm findet

---

[95] Ebd. 104. – Vgl. aber THOMAS DE BIRAGO, *Tractatus* – Cvp 5129, ff. 77r - v: *Secundo queritur an papa concilium auctoritate apostolica congregatum possit revocare et dissolvere ante negociorum expedicionem. Ex predictis patet quod sic eam robur ex auctoritate pape recipiat, deficiente ergo auctoritate remanet acephalum ... et clare patet quia et si concilium remaneret, nullum eorum statutum valeret absque pape auctoritate et quia ipse constitutus fuit capud christianorum et rector ... et ei parendum est. maxime quoniam principe (sic!) presumitur quod moveatur ex iusta causa ... Ex quibus etiam et fortius apparet quod si papa vellet transferre concilium de uno loco ad alium potest et sibi parendum est quia ex hac sola mutacione loci quocunque respectu non potest dici imminere periculum in universali statu ecclesie ... Scandalum et periculum in universali ecclesia* können aber wohl – so Thomas – aus dem Ungehorsam gegenüber dem Papst erstehen. *cum papa sit a deo deputatus pro capite huius universitatis christianitatis, debet hec universitas ei parere.*

[96] Vgl. CESARINI, *Epistola contra dissolucionem* 103: *Nec eciam fuit umquam aliquod legittime congregatum, in quo spiritus sanctus permiserit aliquid contra fidem determinari. Cur timendum est contrarium in hoc; diffidere est de spiritu sancto.*

[97] Vgl. JAROSCHKA, *Ebendorfers Traktat* 150 (Cvp 4701, f. 318v): *... superest pertractare ... an papa possit generale concilium sine ipsius assensu dissolvere pro libito sue voluntatis, quod fuit et est formentum huius presentis pericolisissime dissensionis pape cum sacro concilio.*

[98] Vgl. ebd. 151 f. (Cvp 4701, f. 318v). Ebd.: *... bene diffinivit spiritus sanctus (sic!) in prima huius concilii sessione ... quod procurans hoc concilium ... dissolvere ... severiter puniatur.*

sich die bereits im Umfeld des Pisanum bedeutsame Unterscheidung von *intencio* eines Rechtstextes und der *forma verborum*.

> *Sed intencio concilii fuit, quod papa non posset dissolvere concilium sine consensu concilii, quod patet, quia expresse prohibuit minus; ergo eciam intendit prohibere periculosius et mayus. Hoc patet, quia expresse prohibuit mutacionem loci, ne ad voluntatem papae concilium indirecte dissolveretur; ergo precipue per hoc intendebat prohibere dissolucionem, que est concilii totalis anichilacio.*[99]

Interessant sind die folgenden Ausführungen über den Zusammenhang von *potestas* und *dissolucio* des Konzils. In ihnen tritt sehr klar das theologische Selbstbewußtsein der Kirchenversammlung mit Blick auf das aktuelle Problem zutage. Hat das Konzil nämlich seine Gewalt unmittelbar von Christus, so kann kein Sterblicher, also auch nicht der Papst, über diese Gewalt verfügen. Dies würde in der Tat eine Vermittlung der *potestas* durch den Stellvertreter Christi implizieren. Die Auflösung des Konzils kommt aber faktisch einem Entzug der Gewalt gleich. *Sicud papa non potest plenitudinem potestatis et spiritum sanctum, eius rectorem, a concilio tollere, ita nec potest concilium sine ipsius consensu dissolvere.*[100]

Bevor mit Johannes von Segovia noch einer der Großen der Zeit, allerdings mit seinem Spätwerk, zu Wort kommt, soll der Blick auf einen der weniger Bekannten gerichtet werden. Es handelt sich um Johannes de Miliis,[101] der ein *Concilium ... super decreto frequens edito in concilio constantiense* verfaßte.[102] Bibliotheca Apostolica Vaticana, Vat. lat. 4039, liest man als Überschrift: *Concilium D. Jo. de Miliis de Brixia advocati consistorialis repertum post mortem suam inter libros suos. Sua manu propria scriptum.*[103] Derselbe Text liegt in Wien, Cvp 5129, ff. 64v - 68r, vor, allerdings ohne daß ein Verfasser genannt würde. Das Wiener Manuskript hat den Vorteil, daß das *Responsum* dort in der richtigen Ordnung vorliegt.

Bei der Beantwortung des ersten *dubium* geht es um das Problem, wie die Festlegung der zeitlichen Abstände zwischen den Generalkonzilien gemäß *Frequens* zu verstehen ist. Johannes, wie Roselli Konsistorialadvokat, kommt zu dem Resultat: *dico quod secundum concilium debuit in-*

---

99 Ebd. 153 f. (Cvp 4701, f. 319r). Vgl. CONCILIUM CONSTANTIENSE, *Decretum Frequens*, abgedruckt COD[3] 439.

100 JAROSCHKA, *Ebendorfers Traktat* 154 (Cvp 4701, f. 319r): ... *concilium habet immediate potestatem a Christo; ergo inter ipsum et Christum nullum est medium; ergo de eius potestate disponere vel eam anullare sine ipsius consensu et approbacione, que est opus spiritus sancti, nullus mortalis disponere potest. Sed concilium dissolvere est ipsius potestatem auferre et tollere.*

101 Vgl. SCHULTE, *Geschichte* II 299 f.

102 So zumindest nach dem Index von Vat. lat. 4039, f. VIr.

103 Vat. lat. 4039, f. 156r. Der Text umfaßt ff. 156r - 158r.

choari immediate post septennium completum computandum a fine primi concilii.[104]

Interessanter in diesem Zusammenhang ist die Behandlung der übrigen vier *dubia*, die deshalb hier teilweise bereits referiert werden soll. Der zweite Punkt fragt an, wie lange ein Konzil dauern muß bzw. wann es beendet werden kann. Da *Frequens* diese Frage nicht regelt, wird dies der Entscheidung eines „guten Mannes" (*bonus vir*) überlassen, *qui arbitrari debet tantum tempus infra quod secundum exigenciam causarum propter quas fuit concilium inchoatum possit ipsum concilium compleri.*[105]

Als drittes fragt der Verfasser, ob das Konzil, wenn es nicht zur festgesetzten Zeit begonnen wurde, einige Monate später begonnen werden kann.[106] Er unterstreicht, daß trotz der verspäteten Ankunft der Prälaten diese das Konzil ohne neue Autorisierung seitens des Papstes feiern können. Nach Johannes legt *Frequens* zweierlei fest: zum einen, daß diese ein Konzil feiern, zum anderen, daß sie es zu einer festgelegten Zeit feiern.[107] Er gibt zudem zu bedenken, daß die nicht zum Stichtag zum Konzil erschienenen Teilnehmer auf *iusta impedimenta et notoria* verweisen konnten.[108] Aber auch ohne diese könnte ihnen die Verzögerung entschuldigt

---

104 Vat. lat. 4039, f. 156r. Entsprechend Cvp 5129, f. 64v. Der Autor beruft sich auf Bartolus, Johannes Andreä und Antonius de Butrio. Er fährt dann fort: *Et hunc intellectum approbarunt papa et concilium celebracione primi concilii inchoati in civitate Papie et finito in civitate Senese quod inchoatum est post quinquennium completum a fine concilii Constanciensis, ergo talis intellectus est servandus quem papa facto approbavit.* – Vgl. BRANDMÜLLER, *Konzil von Pavia* I 2 zur Einberufung des Konzils durch Martin V. Vgl. ebd. 62: *Da auf Grund des Konstanzer Beschlusses ... Pavia nur das erste Glied einer sich in Zukunft fortsetzenden Kette von Konzilien sein sollte, war es geradezu lebensnotwendig für die Kirche, in Gestalt des Konzils von Pavia einen für die Zukunft gültigen Modellfall zu schaffen, an dem sich die konziliare Praxis fürderhin sollte orientieren können.*

105 Cvp 5129, f. 65v – entsprechend Vat. lat. 4039, f. 156v – mit der Begründung: *ubi quis tenetur ad aliquid faciendum quod non potest in momento expediri sed requiritur temporis intervallum intelligitur a Iure tantum tempus assignatum infra quod secundum qualitatem ipsius facti possit ipsum factum commode perfici.* Die These wird aus dem römischen Recht belegt. Zusammenfassend: ... *debet ergo tantum tempus censeri statutum ad dictum concilium faciendum quod arbitrio iudicis et boni viri necessarium videatur ad expediendum causas propter quas concilium fuit congregatum.*

106 Cvp 5129, f. 64v – vgl. Vat. lat. 4039, f. 156r -: *Tercio si non fuit inchoatum tempore statuto an postea per intervallum plurium mensium potuerit inchoari.*

107 Vgl. Vat. lat. 4039, ff. 156v - 157r: ... *duo sunt. s. quod praelati concilium celebrent et quod in tempore assignato celebrent. Cum enim mandatur aliquid fieri in tempus duo sunt mandata, unum quod fiat, aliud quod in tempore fiat ... sive concilium fuit celebratum in tempore assignato sive post tempus antequam papa mutavit voluntatem debet dici celebratum auctoritate pape et mandato eius. ut in c. cum dilecti quod proprie loquitur in mandato pape.*

108 Vgl. ebd. f. 157r und Cvp 5129, f. 66r. Hingewiesen wird u.a. auf die Kriege in Frankreich, Deutschland, Spanien und Italien.

werden, *quia debitor obligatus ad aliquid faciendum in favorem creditoris potest quandocunque volente creditore moram purgare.*

Da nun die Bestimmungen von *Frequens* hinsichtlich der Zeit *favore universalis ecclesie* erlassen wurden, diese aber durch die versammelten Prälaten repräsentiert wird, gilt: *ipsa universalis ecclesia potuit purgationem more cuiuslibet prelati admittere et concilium celebrare.*[109]

Hinsichtlich der *mutacio loci* betont Johannes de Miliis, für diese sei von Konstanz eine *evidens necessitas* gefordert worden. In Basel aber habe es – was durch die faktische Zusammenkunft der Prälaten bestätigt worden sei – weder einen Belagerungszustand noch Kriege gegeben, welche als Hinderungsgründe hätten geltend gemacht werden können. Auch die *reductio grecorum* läßt der Konsistorialadvokat als *iusta causa* nicht zu. Wenn auch Bologna den Griechen bequemer sei, reiche das nach *Frequens* nicht für eine Ortsverlegung des Konzils aus, *quia c. frequens requirit casum necessitatis non simplicis commoditatis, et quia si locus bononie est commodior grecis est incommodior gallicis et aliis ultramontanis.*[110] Im Anschluß erörtert er den schlechten Gesundheitszustand (*infirmitas*), der von päpstlicher Seite als Motiv für die Ortsänderung angeführt wurde. Auch dieses Argument läßt der Verfasser nicht als *iusta causa* gelten, da das Konzil ohne die physische Präsenz des Nachfolgers Petri gefeiert werden könne. So sei ja auch das Konzil von Pavia-Siena in Gegenwart nicht des Papstes, sondern von dessen Legaten gefeiert worden. Eugen IV. habe, als er gesund war, den durch Martin V. gesandten Legaten bestätigt und seinem Willen Ausdruck gegeben, das Konzil solle durch den Legaten gefeiert werden. Dann müsse, sofern er krank sei, nun dieser Wille eher stärker als schwächer sein. *Et licet utilissima foret presentia pape in concilio tamen non est necessaria et c. frequens ad mutationem loci requi-*

---

109 Vgl. Cvp 5129, ff. 66r - v. Ebd.: *Nec potest dici quod in hac purgatione more non affuerit consensus pape quia ymmo affuit per modum legati de latere ibi presentis et consentientis qui ad dictum concilium celebrandum fuit per papam Martinum missus et per papam modernum post lapsum dicti termini confirmatus ... Sed et si auctoritas pape non intervenisset tamen cum papa fuit ante requisitus ut consentire vellet quod eius auctoritate concilium fieret et consentire noluit et legitime cause assunt propter quas concilium celebrari debeat ... potuit concilium celebrari maxime instante Imperatoris sicut instat qui est advocatus et defensor ecclesie ... tunc quid in eodem concilio factum est et fiet valet et valebit tamquam in generali concilio factum ne alias in potestate summi pontificis sit impedire bonum et statum generale ecclesie et universi orbis.* Er verweist dann auf Zabarella und den Schismatraktat des Antonius de Butrio. – Vgl. Vat. lat. 4039, f. 157r. Nach dem *ex hiis que dicuntur in sequenti dubio* folgt Text, der ebd. ff. 157v - 158r – als Schluß – nachgetragen ist. Ebd. f. 158r schließt: ... *ut statim dicam in sequenti dubio.* Der entsprechende Text findet sich dann wieder f. 157r.

110 Cvp 5129, f. 66v.

rit causam necessitatis.[111] Wenn aber Eugen schon den Ort habe ändern wollen, so wäre es – den Konstanzer Bestimmungen folgend – erforderlich gewesen, nicht einen Ort *extra Alemaniam* auszuwählen oder höchstens *locum aptum viciniorem nacioni in qua erat locus prius deputatus.*[112]

Schwerpunkt der Ausführungen des Johannes ist aber die in diesem Kontext – der umstrittenen *mutacio loci* – vorgenommene Beantwortung eines weiteren *dubium*. Es befaßt sich mit der Frage der Superiorität von Papst und Konzil. Darauf soll später kurz eingegangen werden.[113]

In gewisser Weise stellen die *Allegationes* eines *Anonymus* aus der Biblioteca Laurenziana zu Florenz (Plut. XVI, Cod. XIII, ff. 216r – 223v) das Gegenstück zu der Argumentation des Johannes de Miliis dar.

Der Autor stellt die Thesen der Gegner der Konzilsauflösung vor, um sie dann zu entkräften. In deren Sicht ist es so, daß kraft *Frequens* ein allgemeines Konzil rechtmäßig versammelt wurde. Mit Blick auf die nicht eingehaltene 7-Jahres-Frist wird hervorgehoben:

> *dato ... quod nec in vii° anno a fine precedentis concilii Senis celebrati nec in principio octavi, ymo per plures et plures menses postea fuerit congregatum (sc. concilium), tamen si postea congregeretur sufficere videtur. quia Concilium non fuit ordinatum fieri propter terminum, sed terminus propter concilium.*[114]

Für den anonymen Autor ist dagegen die Frist von 7 Jahren ein *terminus extinctivus.*[115] Ausdrücklich wendet er sich dagegen, die Praxis Martins V. bei der Einberufung des Konzils von Siena als verbindliche Interpretation von Frequens zu betrachten.

> *non est ... dubium quod dominus Martinus in preiudicium successoris talem interpretationem facere non potuit. de elec. innotuit cum concor. Cum enim in illo C. frequens multa statuantur periculosa si in tempore non satisfiat eius decreto, grave esset si talis Martini interpretatio successorem ligasset. Si enim in ea interpretatione per multos pontifices statutum esset, tunc quia diutius recepta, standum esset illi.*[116]

Soweit man die Einberufung des Konzils durch *Frequens* als gegeben ansieht, kann man aus dem Nichterscheinen der Prälaten präsumieren, daß ein Grund vorlag, um dessentwillen die Feier eines Konzils nicht geboten schien. Ansonsten müßte jedem von ihnen Schuld zugewiesen werden. *Cum ergo omnes quasi in eadem opinione fuerunt non veniendi non po-*

111 Ebd. f. 66v.
112 Ebd. f. 67r. Vgl. Vat. lat. 4039, f. 158r.
113 Cf. Cvp 5129, ff. 67r - 68r.
114 ANONYMUS, *Allegationes* – Laurenziana, Plut. XVI, Cod. XIII, f. 216r.
115 Cf. ebd. f. 216v.
116 Ebd. f. 217r.

test dici verisimile Ecclesia universalis lesa. Nam est presumendum pro sententia plurimorum.[117] Aus seinen ganzen Ausführungen schließt der Autor, *quod elapso septennio expiraverit potestas congregandi Synodum in Basilea auctoritate c. frequens preallegati.*[118] Ausdrücklich betont er, daß Martin V. seiner Pflicht genügte, als er am Ende des Zeitraums von 7 Jahren den *Cardinalis Sancti Angeli* sandte, damit dieser in Basel dem Konzil präsidierte und dieses abhalten sollte. *Si autem Card. non venit, non potest sedi apostolice imputari. Et in hoc bene advertatur. quia non in sede apostolica sed in prelatis et in domino Cardinali fuit negligentia.*[119]

Die Verfechter eines rechtmäßig in Basel begonnenen Konzils verweisen, so der anonyme Autor, als Begründung ihrer Auffassung darauf, daß innerhalb der Frist *comparuit ibi unus abbas qui protestatus est ut dicitur coram Capitulo Basiliense, quod venerat causa Concilii celebrandi, et ibi intendebat expectare alios. fuerunt etiam ibi certi magistri de Universitate Parisiensi. Unde dicitur quod etiam illi pauci potuerunt incipere et alios vocare etiam maiores, quoniam virtus Concilii debite convocati remanet in venientibus quamquam paucis.*[120] Der Autor des Textes hebt dagegen mit Nachdruck den Unterschied zwischen *concilia generalia* und *alie universitates* hervor: *longa est differentia inter Concilia generalia et alias universitates, nam in aliis universitatibus ut videmus, est necessarium (?) ut conveniat maior pars ... Et tamen in concilio generali videmus quod etsi intersint xv. prelati sufficit. Et hoc quia a papa recipit fundamentum qui convocat non a se.* Könnte man den wenigen Erscheinenden vielleicht zu-

117 Ebd. f. 217r.

118 Ebd. f. 217v. Ebd. auch weitere Ausführungen gegen ein weites Verständnis der Frist. *dato quod in principio octavi anni fieri potuerit initium, quasi finis septenii cum principio octavi anni sit unum tempus. principium tamen non debet intelligi ultra vi. menses sicut esset in casu nostro si ita dicemus principium fuisse ...* Die *discretio naturalis* muß berücksichtigen, wieviel Zeit für das Kommen der Prälaten angemessen ist. Entschränkt man die Frist über Gebühr – gegen den klaren Wortlaut von Frequens, cf. f. 216v – *sequeretur quod post duos annos potuissent illuc ire prelati et concilium generale tenere quod tamen non caderet in mentem alicuius. Et ideo non sine causa voluit c. frequens ut terminus non posset prorogari, nam essemus in isto ambiguo, quo tempore elapso septennio incipere posset. Item si aliud diceretur maius etiam sequeretur absurdum. quoniam ubi Concilium posset incipere post septennium ex arbitrio venientium certo tempore non prefixo possent venire aliqui aliis hoc nescientibus et auctoritate Synodi aliquid facere quod periculosum esset admittere, et lex ad absurdum non est facienda ... Cum ergo tantum tempus transierit, quo principium potuit commode fieri in viii° anno consequenter potest dici concilium non fuisse in tempore debito incohatum.* – Vgl. auch ebd. f. 223v.

119 Cf. ebd. f. 218r. Dazu ebd. ff. 216r – v: Es wird gesagt, *non posse nec debere allegare pro parte domini mei propter lapsum termini dictam Synodum Basilee congregari non potuisse auctoritate dicti c. frequens, quoniam principalis diligentia debuit esse in eo et cardinalibus tanquam capitibus principalibus in Ecclesia* etc.

120 Cf. ebd. f. 218r.

gestehen, daß sie die anderen herbeirufen könnten und *aliqua levia* erledigen könnten, so trifft dies in keinem Fall auf die *gravia* zu. Der Anonymus begründet:

> *quia repugnat ratio naturalis, et esset actus contrarius institutioni sue, ideo videlicet vocantur generalia concilia, ut propter multitudinem prelatorum et aliorum virorum notabilium iustior efficacior saniorque sententia oriatur. et per consequens magis timeatur. ... Si ergo sint ibi tres vel quatuor ridiculum esset quod isti procedere possent ad decisionem aliqorum articulorum gravium ... non potest dici concilium generale fuisse initiatum per illos paucos postquam maxime per tot menses statutum fuit quod prelati aliqui non venirent. Et maxime quia illi pauci alios non requisiverunt, et sic nullum actum fecerunt.*[121]

Der Autor setzt sich noch mit D. 16, c. 9 (*Sexta sinodus*) auseinander.[122] Für ihn ist klar: *Non fuit ille Abbas talis persona, non illi der Universitate Parisiense, quod in eorum humeris residere potuerit virtus Concilii generalis.* Entscheidend ist in seiner Sicht, daß die Konzilien ihre Autorität vom Papst empfangen. Im konkreten Fall aber wollte der Papst *illa enormis paucitas* nicht als allgemeines Konzil annehmen (*recipere*). *Preterea si diceremus quod per adventum illorum paucorum perpetuata esset synodus Basilee, sequeretur quod si post duos annos venirent prelati, Concilium ibi fieri potuisset. quod est ridiculum dicere.* Insofern eine Ladung erfolgte, die Geladenen dieser aber nicht folgten, scheinen sie in offenkundiger Weise (*notorie*) zu erklären, daß sie nicht kommen wollen.[123]

Für den Autor des Textes ist die Einberufung kraft *Frequens* nicht gegeben. Gleichwohl scheint er einzugestehen, daß das Konzil *auctoritative* versammelt wurde; er hebt jedoch hervor, daß es *facultative* niemals in Basel versammelt worden sei.[124]

---

121 Cf. ebd. ff. 218r – v.

122 Cf. Friedberg I 45. Die Angabe von 16 Bischöfen als Konzilsteilnehmern sucht man allerdings vergeblich. VGL. ANONYMUS, *Allegationes* – Laurenziana, Plut. XVI, Cod. XIII, f. 218v: *Non obstat c. sexta Synodus, ubi xvi. Episcopi tenuerunt Concilium. quia ... inter xvi. et unum est maxima differentia.* Dazu ebd. f. 218r.

123 Vgl. ebd. f. 218v. Verwiesen wird auf VI°. 2, 6, 2 (*Eum, qui a tua*): Friedberg II 1000.

124 Vgl. ANONYMUS, *Allegationes* – Laurenziana, Plut. XVI, Cod. XIII, f. 218v – 219r: *Nunc ergo restat videre an saltem ibi fuerit congregata auctoritate domini Martini et d. n. moderni. Et videtur quod sic. quoniam Martinus dedit in mandatis domino Sancti Angeli, ut ibidem in termino comparet et presideat. et plus quia dedit sibi potestatem, ut terminus Concilii prorogaret. Item Eugenius dedit sibi potestatem eciam accepto quod nulli erant Basilee in termino ad tenendum ibi Concilium prout in eorum litteris apparet. Et sic ex certa scientia videtur dominus Eugenius decrevisse, quod quamquam prelatis ibidem in termino non existentibus circumducta fuerit vocatio ad talem Synodum, tamen quod Concilium teneri deberet ... potest dici Concilium inceptum, tum per presentiam suam (sc. Cardinalis Sancti Angeli), tum etiam per huiusmodi vocationem. ... Ad hoc breviter respondetur quod etsi auctoritative fuerit inceptum Concilium Basilee propter premissas, tamen facultative nunquam ibi fuerit congregatam. quoniam ut supra dictum est, non potest*

Dennoch befaßt er sich dann mit der Frage, ob Eugen IV. das Konzil, insoweit es eines gegeben habe, auflösen konnte. Zunächst referiert er wieder die Argumente, die dagegen sprechen.[125] Eigens wird dabei auch auf die angekündigte Verlegung nach Bologna Bezug genommen.[126] Der Konzilsort Basel – so die Gegner, mit denen sich der Autor auseinandersetzt – *fuit approbatus auctoritate pape et Senensis Concilii et receptus apud omnes principes* ... Für Bologna aber gilt:

---

dici actu generale, nisi ibi sit multitudo prelatorum et aliorum interesse debentium ut patet ad sensum. Nec etiam potest resultare effectus propter quem concilium est institutum nisi ibi sit copia prelatorum, quia illa requiritur, ut concilium magis timeatur et in maiori veneratione haberi possit sicut apparet in illis quatuor primis Conciliis, que inter cetera propter numerositatem prelatorum veluti sacra evangelia venerantur. Der Autor verweist dann noch darauf, daß es nicht den Anschein hatte, als ob in der Zukunft weitere Personen zum Konzil kommen wollten. *non solum ... non erat ibi numerus sufficiens tempore dissolucionis facte, sed nec sentiebatur apparatus in aliqua parte christianitatis ad eundem illuc. Videatur per Gallias per Germaniam per Angliam et per Ytaliam et alias partes si quis sonus exibat prelatorum ad Concilium venire volentium. Quomodo ergo poterat dici generale concilium ibi ceptum facto sicut erat opinio, quando non erat apparatus aliquis de adventu futureo.*

125 Vgl. ebd. ff. 219r – 219v. Eugen IV. konnte das Konzil nicht auflösen, *quia dissolvendo turbare videtur christianitatem et universalem bonam Ecclesiam (sic!). nam impedit media propter que hereses et bella inter principes christianos tolli possent ... Item tollere videtur viam ad reformacionem Ecclesie faciendam. ergo non est obediendum, quia per hoc discoloratur status Ecclesie, ut dixit Archy. in c. Sunt quidam. xxv. q. i et multa mala ventura ex his venire presumuntur. Unde non est obtemperandum ut dixit Ino. in c. Inquisitioni. de senten. exco. non enim ita late est intelligenda potestas pape, quod possit nocere Ecclesie. nam si ei non licet per suam alienationem uni Ecclesie preiudicare sine causa. xii. q. ii. non licet. multo magis non potest nocere Ecclesie universali. ... ymmo videtur quod tunc per tale iniustum decretum seu preceptum possit Concilium insurgere contra papam iuxta no. xl. dy. si papa. Et maxime quia decretum fuit in Constantia, quod in talibus casibus Concilium esset supra papam in causa scilicet fidei et in pertinentibus ad fidem et ad extirpationem scismatis et ad generalem reformationem Ecclesie in Capite et in membris. Et quod in dictis casibus et pertinentibus ad eos papa Concilio obedire tenetur. Sed in casu nostro concurrit materia fidei et reformationis generalis, ergo etc.*

126 Vgl. ebd. ff. 219v – 220r. U.a.: ... *in ea mutatione non videtur habere potestatem. per no. prima q. vii. etsi illa et c. sunt quidam preallegato ubi Archy. dicit quod papa non potest immutare factum per universalem Ecclesiam etiam cum consilio Cardinalium quando per hoc discoloratur status Ecclesie. Sed dicitur per hoc statum discolorari, quoniam ex tali mutatione datur impedimentum reformationi ex qua sanatur (?) et coloratur Ecclesia et fortificatur ratio in casu nostro, quoniam in electione loci Basilee concurrit duplex auctoritas, pape scilicet et Concilium Senensis. Unde non videtur quod ipse solus revocare potuerit.* Ein weiteres Argument: Der Ort Basel wurde ausgewählt *auctoritate Concilii Constantiensis* und das diesbezügliche Konstanzer Dekret ist in eine Art *quasi contractus* übergegangen, *quia papa promisit illud constitutum pro utilitate universalis Ecclesie servare. Et sic Ecclesie universali eo ipso fuit quesitum Ius.* Der Verweis auf D. 66, c. 9 (*Porro*): Friedberg I 253 belegt nicht die These, für die er angeführt wird: *Accedat etiam quod habetur in c. diversis fallaciis de cleri coniu. preterea tex. lxvi. di. §. porro optime faciens ad propositum dicit quod ordinata in concilio presumuntur rite et mature a deo facta, quod gratia et dono spiritus sancti intelliguntur celebrata.*

non constat an principes et prelati sint contenti. unde tollere locum certum propter incertum videtur esse causa ponendi statum Ecclesie in dubium. Et hoc papa facere non debet. quoniam omnis suus actus debet esse fundatus in caritate, nam sub ea conditione dedit christus principatum petro dum dixit: si diligis me, pasce oves meas. Jo ultimo.

Auch das *scandalum*, das die Vorgehensweise Eugens bewirkte, wird angesprochen. Dabei kommt noch einmal eigens die jüngste Vergangenheit, das Konzil von Pavia – Siena, in den Blick.[127]

Der Autor geht nun daran nachzuweisen, daß *dicta dissolutio nec de Jure nec de honestate vel ex predictis reprehendi potest*. Die heftige Ablehnung der Konzilsauflösung wäre berechtigt, wenn die angeführten Vernunftgründe stichhaltig wären (*colorem habere*). Dies ist nicht der Fall. Der Anonymus lenkt den Blick auf die einzelnen Punkte, um derentwillen das Konzil eingerichtet wurde.

primo enim fuit institutum propter heresum extirpationem. Ille ... Boemie iam damnate sunt. quo ad declarationem fidei ergo et errorum illorum non oportuit concilium Basilee congregari. Quo ad extirpationem vero facto procurandam similiter.[128]

Er gibt zu bedenken, daß in Deutschland viele Mächtige von der Häresie befallen sind (*potestates illa heresi infecti*). Waren da nicht Zweifel angebracht, ob die Häretiker nicht in Basel Förderer finden würden, die ihre Irrtümer unterstützen würden – *in preiudicium universalis Ecclesie*? Die Entscheidung des Papstes, das Konzil an einem anderen Ort und in einer anderen Provinz zu feiern, *in quo omnes ab iis fautores abstracti essent*, erscheint somit vernünftig. Zudem habe der Papst keine Gewißheit hinsichtlich der Absichten der Böhmen gehabt.[129] Mit Blick auf die angestrebte Einheit und den erwünschten Sieg ist das Bestreben des Papstes nachvollziehbar, am Konzil selbst teilzunehmen. Wäre nicht sonst zu befürchten,

---

[127] Cf. ANONYMUS, *Allegationes* – Laurenziana, Plut. XVI, Cod. XIII, f. 220r: *Item scandalizantur multi propter elusiones preteritas, quoniam in Papiensis et Senensis Conciliis taliter dicunt fuisse procuratum, quod reformatio facta non fuerit. Unde ex preteritis faciliter presumunt in futurum de delusione*. Der Papst muß nicht nur das Gute tun, sondern auch *evitare suspitionem mali ... et tollere omnem materiam scandali ut in c. si quis scandalizaverit de re. Ju.*

[128] Vgl. ebd. f. 220v. Der Autor verweist noch darauf, daß wegen des Neides die Irrtümer und die Feindschaften *inter Boemos et Alemanos* entstanden sind, *ut publice in sua damnatione extitit Jeronimus attestatus*. Er fragt danach, wie wahrscheinlich es ist, daß die Böhmen im Schoß ihrer Feinde (*in sinu inimicorum*) zusammenkommen wollen *inter quos etiam cum salvoconductu solet dici non esse securitatem ... Si ergo papa consideravit in Alamania locum talem non fuisse ydoneum, ob hanc rationem nonne iusta estimatione ductus est? Certe sic.*

[129] Cf. ebd. f. 220v.

quod non solum hereses non tollerentur instantes, sed novi cumularentur errores, cum videamus ex experientia quod ubi non est caput, facile membra dissident. ... Si ergo papa in Concilio esse volebat et participare cum aliis et stante infirmitate non poterat, nonne fuit iusta causa locum mutandi et tempus prorogandi, in quo interim sanaretur? Certe sic.[130]

Eine solche Änderung des Konzilsortes sei auch nicht gegen *Frequens*, da dieses in bestimmten dort genannten Fällen und ähnlichen eine *mutatio* zulasse. Zu den genannten Beispielen müsse *ad similitudinem* die Krankheit des Papstes gezählt werden. Wenn nun die Gegner anführen, daß gemäß *Frequens* ein Ort in derselben Provinz hätte gewählt werden müssen, so wäre dies wahr *papa existente sano et accedere valente. Frequens* gab diese Maßgaben vor,

quia noluit quod esset in libera voluntate pape mutare locum. Cum ergo papa propter infirmitatem ad talem locum ire non posset, non potest dici ipsum ex mera voluntate pro speciali affectione locum mutasse. Talem interpretationem omnes recipere debent, quia ita est verisimile sensisse illius decretalis conditores. Et plerique sunt in Curia qui interfuerunt in illa ordinatione, qui hoc attestantur.[131]

Für die von ihm vertretene Deutung von *Frequens* beruft sich der Autor noch auf andere Argumente:

non ... debet intelligi decretalis illa taliter quod Iuri romani pontificis ad quem spectat presidere in concilio ubi velit interesse derogetur, quia nemo contra se presumitur constituere. de militari testamento. l. iii. Item cum Concilium nisi in certo casu sit infra papam, non potest in preiudicium pape nec presumitur velle decernere seu statuere. de Iureiu. c. venientes. Quamquam ergo durum sit venire contra decretum concilii generalis de renun. post transla. in fi., tamen ex causa licite potest venire contra de elec. significasti. quoniam tunc non est principaliter contravenire, quia illam passivam interpretationem recipit (?) decretum Concilii auctoritate pape indicti in quantum iusta et honesta futura dispensatio pape non sequatur.[132]

Hält man sich vor Augen, so der Verfasser des Textes, daß die Dekretale für das allgemeine Wohl der Kirche erlassen wurde, ist anzunehmen, daß die Väter (*statuentes*) von *Frequens* gewiß ein Konzil *cum papa optime vite et amplissimorum meritorum ubi erit tota curia et totus favor apostolicus* einem Konzil *sine eo et Curia sua in partibus longinquis* vorgezogen

---

130 Cf. ebd. f. 221r. Zur Zeit der Auflösung des Konzils hätte der Papst *ob gravissimam egritudinem* keinesfalls in Basel am Konzil teilnehmen können.

131 Cf. ebd. ff. 221r – 221v.

132 Vgl. ebd. f. 221v. Es wird verwiesen auf *l. si quis in principio testamenti. de l' 3°*, d.h. D. 32, 22: MK I, 485: *nemo ... eam sibi potest legem dicere, ut a priore ei recedere non liceat.* D. 29, 1, 3 (*Si miles*): ... *nec credendus est quisquam genus testandi eligere ad impugnanda sua iudicia.* MK I 435. X. 2, 14, 19 (*Venientes*): Friedberg II 366: ... *quum praedictum iuramentum vos excusare non possit, in quo debet intelligi ius superioris exceptum.*

hätten. Eine Verlegung des Konzils widerspricht also nicht der Intention von *Frequens*.[133] Hinsichtlich der Frage eines *quasi contractus* weist der Anonymus darauf hin, daß, falls es einen solchen gegeben hat, dieser die stillschweigende Bedingung gehabt habe, daß die Prälaten zum Konzil kommen. Zudem stehe es dem Papst zu, bei auftauchenden Zweifeln die *obligationes* zu deuten.[134]

Ein weiterer Grund für die Feier eines Konzils ist die allgemeine Reform der Kirche.

> *Dicant mihi ... si papa non intersit et conveniant prelati sine eo et sua Curia, quomodo potest congrue ista reformatio fieri. nam quod omnes tangit etc. ... nonne cum tangantur status omnium et res per universitatem tractetur, oportet ut mutue sint conventiones et quod in unum conveniant cotidiani tractatus ut res habeat effectum. ... Item quando tractat de mutatione morum et status, adeo cum maiori gravitate Jura procedunt, quia ubi alias sufficeret consensus maioris partis universitatis ... tunc requiritur omnium consensus. ... Constat ergo quod quia de universali mutatione morum agi debet in concilio, maior numerositas et maior consensus prelatorum et aliorum requiritur quam in aliis. Ideo expedentissimum fuit locum mutare in quo propter presentiam pape multitudo posset intervenire.*[135]

Auch unter praktischen Gesichtspunkten ist die Anwesenheit des Papstes wünschenswert. Unterschiedliche Auffassungen können dann schneller, ohne Verzögerungen durch sonst notwendige diplomatische Vermittlungstätigkeiten, einer gemeinsamen Entscheidung zugeführt werden. Für die Reform gilt: *Quis ... sane mentis non dicat ad hanc rem conficiendam opus esse membra convenire cum capite.*[136]

Die zeitliche Verschiebung und der vorgesehene Ortswechsel zielt auf ein besseres Ergebnis. Der Papst ist folglich dafür nicht zurechtzuweisen.

---

133 Cf. ANONYMUS, *Allegationes* – Laurenziana, Plut. XVI, Cod. XIII, f. 221v. Ebd.: *Certe nemo talem interpretationem admiserit ut electum (?) putet locum non mutandum et Concilium sine papa faciendum. nam virtus unita plus operatur quam divisa.*

134 Cf. ebd. ff. 221v – 222r. Ebd. f. 222r: *Cum ... occurrit casus in quo erat aliter providendum de loco, non videtur papa recessisse a commissione.* Als Beleg wird angeführt X. 2, 1, 12 (Quum venissent): Friedberg II 242: *Quum .. super privilegiis sedis apostolicae causa vertatur, nolumus de ipsis per alios iudicari.*

135 Cf. ANONYMUS, *Allegationes* – Laurenziana, Plut. XVI, Cod. XIII, f. 222r. Verwiesen wird bezüglich eines umfassenden Konsenses auf VI°. 1, 6, 37 (*Si compromissarius*): Friedberg II 966.

136 Cf. ANONYMUS, *Allegationes* – Laurenziana, Plut. XVI, Cod. XIII, f. 222r. Ebd. f. 222v wird auch die Bedeutung der Anwesenheit der Kurie hervorgehoben, die gegeben ist, falls der Papst am Konzil teilnimmt: Die allgemeine Reform der Kirche ist eine *res gravissima*, welche die besten Kräfte fordert. ... *in romana ... Curia semper oculatissimi et expertissimi viri fuerunt, qui cum papa adesset similiter interessent et alias non. nonne plurimum interest eorum habere presentiam? Certe sic.* Verwiesen wird u.a. auf C. 1, 14, 8 (*Humanum*): MK II 68.

papa enim nemini est subiectus, sed omnibus preest ... et ideo omnem legem a quocumque editum mutare potest, si contra bonum universale non peccat ... bonum autem in melius commutare pium esse censetur.[137]

Die Anwesenheit des Papstes ist zudem Gewähr für einen reibungslosen Ablauf der Versammlung. Interessant ist bei der Argumentation die Bezugnahme auf die römischen Diktatoren, die in der Bürgerschaft höchste Vollmacht besaßen. Ihre Aufgabe wird als Dienst an der Gemeinschaft verstanden.[138]

Auch auf das Konzil als Weg zum Frieden zwischen den Fürsten geht der Autor ein. Die Verlegung der Synode seitens des Papstes dient dazu, für den Frieden wirksamer Sorge tragen zu können. Das Konzil wird nicht in Frage gestellt. Jedoch scheint die Anwesenheit des Papstes für das Erreichen des Ziels geboten. Immerhin kann es vorkommen, daß den Parteien Sicherheiten (*securitates*) gegeben werden müssen. Es kann auch erforderlich sein, die Beteiligten *allicere premiis et pollicitationibus et multis mediis*, die das Konzil ohne den Papst nicht machen könnte. Zudem würden Unterhändler sich zu vielem herablassen, wenn der Papst sie bittet (*papa rogante*), wozu sie sich ansonsten nicht bereitfinden würden, insofern sie die Interessen der Fürsten wahrzunehmen hätten.

Der Autor des Textes, der wohl mit den diplomatischen Gepflogenheiten seiner Zeit vertraut ist, versucht auch zu erläutern, weshalb Konzilien auch ohne Anwesenheit des Papstes abgehalten wurden. Dies geschah, *quia aut non fuit sua presentia forsitan necessaria, puta quia de articulis fidei erat forsitan disputandum in quo oportebat stari iudicio peritorum non pape, qui forte erat ignarus, vel quia noluit interesse, aut non potuit. et tamen locum mutare non curavit.* Er schließt jedoch: *non sunt isti casus trahendi in consequentiam.*[139]

---

137 Cf. ANONYMUS, *Allegationes* – Laurenziana, Plut. XVI, Cod. XIII, f. 222v.

138 Cf. ebd. f. 222v: ... *in congregationibus populosis faciliter de dissidiis et contentionibus est timendum quia ubi multitudo ibi confusio. et propterea oportunissimum est magistratum invenire qui ita timeatur, quod huiusmodi dissidia valeat prohibere ut facere solebat populus romanus cum pericula imminebant designando dictatores, qui in Civitate gerebant maximam potestatem ad cohibendos noxios appetitus. l. ii. § deinde de origine Jur. Sed magis tremendus magistratus inveniri non potest papa. Unde videtur necessarium quod ad hoc ut res transeat sine discrimine derisionis, ipse ... intersit et propter illud necessaria mutatio fuit.* Vgl. D. 1, 2,2 (§ *Populo deinde*): MK I 31: *Populo deinde aucto cum crebra orerentur bella et quaedam acriora a finitimis inferrentur, interdum re exigente placuit maioris potestatis magistratum constitui: itaque dictatores proditi sunt, a quibus nec provocandi ius fuit et quibus etiam capitis animadversio data est. hunc magistratum, quoniam summam potestatem habebat, non erat fas ultra sextum mensem retineri.*

139 Cf. ANONYMUS, *Allegationes* – Laurenziana, Plut. XVI, Cod. XIII, ff. 222v – 223r.

Wie jedoch steht es mit dem Einwand, daß der Papst das Konzil *in terris Ecclesie* abhalten will? Ist nicht die Sicherheit der Teilnehmer in Frage gestellt, da Eugen IV. dort das *dominium temporale* hat?

> *Huiusmodi allegatio valeret si papa tyrannus esset ... Sed cum in isto talis suspitio non cadat quoniam etiam a puero dilexit religionem et bonos mores et omnis avaritia in eo exulat, timendum non est, quin liberrime cuncta procedant, ymo exclusa tyrannide optimum est ubi de republica princeps habet disponere, quando locus in quo sunt actus celebrandi sit in sua potestate, ut sic venientes et stantes secure possit tenere.*[140]

Da der Papst *iuste rationes et colorate* für die Konzilsauflösung vorträgt, ist zu seinen Gunsten zu präsumieren.[141] Auch der Aspekt des *dolus* wird angesprochen: *non fuit in dolo si in eam sententiam inclinaverit in qua plerique inclinassent dato quod alia sententia melior fuisset.*[142]

Die Kritik daran, daß die erforderliche schnelle Behandlung der Konzilsthemata durch das päpstliche Agieren behindert wird, läßt der Autor nicht gelten, *nam melius est aliquantulum differre, quam nihil penitus agere vel non sufficienter agere ... Cito enim fit, quod bene fit, quia in mora modici temporis non est periculum.*[143] Der Verweis auf frühere Enttäuschungen ist nicht stichhaltig, da im gegebenen Fall der Papst sich tatsächlich nicht nach Basel begeben konnte. Es sei demnach ausreichend, falls er bereit sei, kurzfristig ein Konzil nach Bologna oder in eine andere italienische Stadt, die dem Kirchenstaat zugehöre, einzuberufen.[144]

Falls es ein Konzil in Basel gegeben hätte – was der Autor ja prinzipiell bestreitet –, so könnte man doch nicht sagen, daß die Auflösung des Kon-

---

140 Cf. ebd. f. 223r. Der Autor fährt fort: *Et cum pro principe et eius benignitate sit presumendum ff. de offi. prefec. pretorio. l. p^a lxxxxvii. di. nobilissimus. nullus talem suspitionem iuste poterit allegare.* Vgl. D. 97, c. 3 (Nobilissimus): Friedberg I 348. Eigens betont der Autor, daß Eugen IV. beabsichtigt, *se de dominio temporali durante Concilio exuere, et illud Concilio committere.*

141 Cf. ANONYMUS, *Allegationes* – Laurenziana, Plut. XVI, Cod. XIII, f. 223r: *Patet ... ex premissis quod ex dissolutione huiusmodi non potest dici turbata Ecclesia vel quod ex ea multa mala ventura. Et cum iuste rationes et colorate nominat papa pro eo est presumendum ut dicit Cy. in l. universa. C. de preci. impera. offer. sufficit enim ne possit ut turbator universalis boni convinci quando colorate suum factum possit excusare.*

142 Cf. ebd. f. 223r. Es wird verwiesen u.a. auf die Kommentare zu X. 1, 2, 5 (*Ne innitaris*): Friedberg II 8 und X. 1, 3, 41 (*Ab excommunicato*): Friedberg II 35.

143 Cf. ANONYMUS, *Allegationes* – Laurenziana, Plut. XVI, Cod. XIII, ff. 223r – 223v. Die Argumentation der Gegner ebd. f. 220r: ... *si locus papa mutare potuisset, dicitur quod eligere Bononiam cum termini prorogatione non potuit. quoniam omnis dilatio est periculosa quando prompta debet esse medicina. de elec. c. ubi periculum in prin. Unde videtur quod ubi est imminens periculum, Jura relapsant sollemnitates consuetas ut veniat ad effectum, ut dicit Archy. in c. p° de offi. delegati. li. vi ... et prestat argumentum quod no. Ino. in c. ut fame de sent. exco. ubi tenet quod est licitum layco capere clericum propter imminens fuge periculum.*

144 Cf. ebd. f. 223v.

zils seitens des Papstes wirklich ein *scandalum* sei. Die geringe Teilnehmerzahl sei nicht für die Aufgaben zureichend gewesen,

> *propter que erat Concilium congregatum. Nec etiam fecit scandalum dissolutio pro eo quia forte venissent. quia ut veritas se habet, non erat aliqua fama quod prelati ad veniendum et principes ad mittendum se pararent. adeo quod interrumpere talem adventum generasse scandalum et fecisse preiudicium prout solent facere impedientes venire prelatos.*[145]

Zu einer neuen *vocatio* sei der Papst nicht verpflichtet gewesen. Daß er jedoch ganz dazu bereit sei, sich für die *prosecutio universalis boni Ecclesie* einzusetzen, mache die Ankündigung eines Konzils in Bologna deutlich.[146]

Johannes von Segovia setzt sich in seinem Spätwerk *De magna auctoritate episcoporum* mit der Frage nach der Dauer eines Konzils auseinander. Mit Nachdruck spricht er sich gegen eine Permanenz des Generalkonzils aus.[147] Wohl unter dem Eindruck der späten Basler Erfahrung stellt er eindringlich die Gefahr einer Synode vor Augen, welche – da sie ständig tagt – eine Tendenz entwickelt, zu allem und jedem Stellung zu nehmen. *Formidandum ... esset intendere eam non posse ad perficienda magna opera, propter que congregata fuisset, quando se tam multiplicatissimis ac minimis immisceret.*[148] Johannes will, negativ abgrenzend, kein „ewiges Konzil". Wie lange soll aber, positiv gesehen, ein Konzil dauern? Von *Frequens* ausgehend kann – in der Regel – ausgeschlossen werden, daß es länger als 10 Jahre dauert, denn dies würde *de facto* ein *concilium permanens* zur Folge haben. Es stellt sich allerdings das Problem, welche Zeitbegrenzung konkret gegeben werden soll. Die *opera universalia* nämlich, welche primär dem allgemeinen Konzil zukommen – Glaube und Sitte –, hören niemals auf, aktuell zu sein.[149] Klar scheint, daß das Konzil nach

---

[145] Cf. ebd. f. 223v. Verwiesen wird für den letzten Vergleich u.a. auf D. 2, 7, 4 (*Sed eximendi*): MK I 50 und auf D. 2, 10, 1 (*Aequissimum*): MK I 52.

[146] Cf. ANONYMUS, *Allegationes* – Laurenziana, Plut. XVI, Cod. XIII, f. 223v.

[147] Vgl. JOANNES DE SEGOVIA, *De magna*, XI, cap. 36, ed., 601 - 604: *Ut continue permaneat synodus generalis, quod non compatitur forma eius.* Es werden als Gründe u.a. angeführt: die Inkompatibilität mit der Feier der Provinzialkonzilien, die Frage des Unterhalts der Konzilsteilnehmer, das Problem der Abwesenheit von den Bistümern etc., die Gefahr eines Doppelregiments der einen Kirche (... *inconveniencia* ..., *quando due actu sisterent curie generales ad universitatem negociorum atque causarum simul apponentes manus*), mit dem damit zuammenhängenden Problem des Aufbringens der Stipendien für die sprunghaft ansteigende Zahl der *officiales*.

[148] Ebd. 603. Als Beispiele werden die Benefizienfrage, das Problem der Dispensen, der Privilegien etc. angegeben.

[149] Vgl. ebd. XI, cap. 37, ed., 604 - 610: *Quamdiu permanere aut non debet synodus generalis insinuatur.* Ebd. 607: *Sic igitur, si concilium congregatur ad reformacionem seu edifica-*

Erledigung der Aufgabe, die es sich vorgenommen hat, *recte et magna cum laude* aufgelöst werden soll, und daß es nur dann noch andere in Angriff zu nehmen hat, wenn ein *gravissimum periculum* droht. Wurde, *Frequens* folgend, zwar der Ort für die nächste Konzilsfeier angegeben, aber nicht der Gegenstand, so ist dieser zu Anfang der neuen Synode festzulegen, *quia in omni operacione, si studiosa esse debet, necesse est presupponere finem.*[150] Das Maß für die Dauer des Konzils hängt dann verständlicherweise von der Eigenart des Werks ab, das die Synode sich vorgenommen hat.[151] Für den Spanier ist es keine Frage, daß es sich nicht ziemt, ein Konzil aufzulösen, bevor es mit der Behandlung der bereits festgelegten Materie beginnt.[152] Und auch die Auflösung des Konzils vor der Beendigung des begonnenen Werks scheint tadelnswert. *Minus utique malum esse videtur non inchoare, quam ab inceptis deficere.*[153]

So erscheint neben der wiederholt betonten Unmöglichkeit des Dauerkonzils *usque ad seculi consummacionem* das Konzil, das sehr selten oder nie mehr als 10 Jahre tagt. Letztlich ist es nie die Zeit als solche, durch welche das Ende des Konzils bestimmt werden kann, sondern allein die *consummacio operis*, um dessentwillen es zusammengetreten ist bzw. welches es nach der Zusammenkunft in Angriff genommen hat.[154]

Bei Johannes von Segovia gewinnt man so in seinem späten Schrifttum den Eindruck, daß er das Konzil, bei allem Respekt vor seiner *potestas*, doch stets teleologisch versteht, mit Blick auf sein Ziel, nicht aber als Selbstzweck.[155]

---

cionem ecclesie, cum pro huiusmodi per eos, qui ecclesie presunt usque ad mundi consummacionem, continue sit laborandum, nec tamen concilium permanere debet continuo. Oportet igitur recipere reformacionem eiusmodi cum limitacione aliqua.

150 Ebd. 608. Joannes de Segovia hebt hervor, daß die Kompetenz hinsichtlich der Festlegung der Geschäftsordnung auch dem Konzil zukommt – nicht allein dem Papst.

151 Vgl. ebd. 608 f. – Vgl. ebd. 604: Es kann Umstände geben, die dazu zwingen können, daß ein Konzil länger als 10 Jahre tagt. *tales (sc. cause) inquam non certe mediocres, sed maxime tangentes fundamenta prima christiane religionis, quemadmodum aliqui arbitrantur et satis videtur racioni consonum in primitiva ecclesia Ierosolimis generale concilium, quamdiu in terra Iudee permanserunt apostoli.*

152 Cf. ebd. 609 unter Verweis auf das, was *in famosa epistola synodali que incipit Cogitanti* ausgedrückt ist.

153 Ebd. 609 f., wo diese These – die ja auch bei Roselli referiert wurde – vierfach argumentativ gestützt wird: *in naturalibus*, *in artificialibus*, *in civilibus*, *in moralibus*.

154 Cf. ebd. 610. Es werden vier Typen von *termini* angeführt. *gloriosus terminus est, quando synodus sancta Christi exemplo dicere Deo potest: ‚Opus consummavi, quod dedisti michi.‘*

155 Vgl. FROMHERZ, *Johannes von Segovia* 131: *Die Frage nach dem Verhältnis zwischen Papst und Konzil lässt sich nur auf dem Hintergrund eines bestimmten Kirchenbildes erörtern. Segovia selbst hat jede Äusserung zu dieser Frage mit einer Bemerkung über das Wesen der Kirche begründet.* So ist auch für das Konzil der Dienst am *bonum universalis ecclesie* der Maßstab. Insofern eine Institution in der Kirche ihren Dienstcharakter vergißt, ist sie in hohem Maße fragwürdig. Das gilt auch für das Konzil.

Der Diskussion über die Konzilsauflösung wurde an dieser Stelle mehr Raum eingeräumt, da sich in diesem Zusammenhang das Selbstverständnis des Basler Konzils in seiner Konfrontation mit dem Papst entwickelte, wie Black wohl zu Recht hervorhebt.[156] So verwundert es auch nicht, daß Roselli im Anschluß an diese Frage sich mit dem Problem von Superiorität von Papst und Synode auseinandersetzt.

[156] Vgl. BLACK, *Council* 49: *1431-4 were the decisive years for the development of the Basle conciliarism. The assertion of the council's right to resist dissolution by the pope was accompanied by an assertion of the outright, unlimited sovereignty of the council.*

16. Das Problem des Verhältnisses von Papst und Konzil

Den Schluß des Konzilientraktats des Antonius de Roselli bildet seine Behandlung der Frage, *que sententia potius attendenda sit. An pape solius. An totius concilii vel maioris partis concilii pape sententie adversantis.*[1]

Im Schema des Manuskripts der Marciana entspricht das der Frage 17 – d.h. der vorletzten –, die aber tatsächlich die letzte ist.[2] Daß gerade diese Frage im Umfeld des Basler Konzils große Beachtung fand und ihre Beantwortung entsprechend als *nützlich* (*utilis*) betrachtet wurde, ist selbstverständlich.[3] Wir finden die Frage nicht nur in der Textfassung von Venedig und in den Manuskripten von Trient, München I und München II[4] beantwortet, sondern auch – jeweils in einer textlich variierenden Gestalt – in dem Wiener *Monarchia*-Manuskript[5] und in *Allegationes* des Roselli für Kardinal Giordano Orsini.[6]

In Cvp f. 269v wurde nachträglich über den Text in großen Buchstaben geschrieben: *Nota bene*. Diese Aufforderung erscheint einsichtig, da es hier – wie der Text auch selbst hervorhebt – um eine *questio* geht, welche das *fundamentum ecclesie militantis* betrifft.[7] Wie sehr das zutrifft, machen gerade die heftigen Auseinandersetzungen des 15. Jahrhunderts deutlich.

In der Wiener *Monarchia*-Fassung leitet Roselli diesen Teil mit einer Entschuldigung ein:

> *quia hec questio concernit fundamentum ecclesie militantis erit opus ut multa ex dictis supra in hoc opere repilogem. sed habeat me lector excusatum ... repeto plurima que supra dixi quod facio ut hanc questionem elucidem quia multi*

---

1 Marc. f. 43r.

2 Vgl. Marc. f. 1v. So auch etwa MII f. 259r. - Cvp f. 232r entspricht das der Frage 10.

3 Marc. f. 43r: *Nunc utilem questionem attingo* - Cvp f. 269v: *Nunc utilem ultimam questionem attingo.*

4 Vgl. Marc. ff. 43r - 55r; T ff. 102v - 111r; MI ff. 59r - 69r; MII ff. 301r - 313v.

5 Vgl. Cvp ff. 269v - 283r.

6 Antonius de Roselli, *Allegationes (Orsini)* – Laurenziana, Plut. XVI, Cod. XIII, ff. 228r - 240r. Vgl. auch Meuthen, Gutachten 466 mit Bezug auf Universitätsbibliothek Salamanca, Handschrift 2504, ff. 234v - 253r (Gutachten für Heinrich Schlick im Freisinger Bistumsstreit aus dem Jahre 1444): Das nach einem einleitenden Satz im ersten, sehr ausführlichen Teil des Gutachtens (ff. 234v - 251v) Ausgeführte *ist wörtlich identisch mit den Kapiteln 26 und 27 des dritten Teils der Monarchia, wird aber ohne solche Kennzeichnung und beim Übergang von Kapitel 26 zu 27 ohne jederlei äußeren Einschnitt dargeboten.* Ebd. 472: *Roselli hat 1444 ... gar nicht mehr versucht, dasselbe noch einmal mit nicht genau denselben Worten zu sagen; er hat einfach ein Stück aus einem älteren Traktat herausgeschnitten.* Cf. das Referat der Roselli'schen Thesen bei Joannes des Segovia, *Historia* liber XIX, caput XXVIII (MCG III) 1339 – 1341.

7 Vgl. Marc. f. 43r. Entsprechend Cvp f. 269v.

nescirent ad hanc questionem supra narrata deducere. ideo non curo si supradicta in hac questione bis repetam.[8]

Der Fassung der Laurenziana ist die Widmung an den Kardinal Orsini vorangestellt, der Roselli anscheinend entsprechend angefragt hatte.[9] Roselli leitet seine Arbeit in diesen *Allegationes* ein mit dem Hinweis: *Que ... indagatio est subtilis propter varias glossarum sententias et doctorum opiniones. Sed elucidare conabor rationibus, demum auctoritates allegantes ad confirmationem illarum.*[10]

In der Besprechung des Textes wird wiederum der Konzilstraktat der Marciana als Ausgangspunkt genommen. Die anderen Manuskriptfassungen werden gegebenenfalls herangezogen, um Unklarheiten zu beseitigen.

Roselli referiert zunächst wieder unterschiedliche Positionen. Er beginnt mit der Auffassung jener, die dem Konzilsspruch den Vorrang vor dem Spruch des Papstes einräumen.[11] Vieles von dem, was folgt, läßt sich unschwer als Wiederholung des in der *Monarchia* bereits Ausgeführten erkennen. Damit erweist sich der einleitende Hinweis des Wiener Textes als wohlbegründet.

Ein erster Beleg für die Superiorität des Konzils leitet sich von der Überzeugung ab, daß Christus die Kirche nicht allein in Petrus, sondern in allen Aposteln konstituiert habe. Insofern gesagt werde, der Herr habe die Kirche auf Petrus gegründet, so sei mit der Person des Petrus die *tota ecclesia* gemeint, *ut in ipso uno significative et figurative una significaretur ecclesia.*[12] In den Aposteln zusammen betrachtet aber sei sie *substantialiter, principaliter et effective.*[13] Der Beleg aus den Homilien des Augustinus zum Johannesevangelium basiert auf dem Text des *Decretum Gratiani* C. 24, q. 1, c. 6 (*Quodcumque*). Er weist auf, daß die *potestas clavium principaliter* in der Kirche als solcher ist.[14] Die Grundthese lautet: *in concilio est tota ecclesia et non in solo papa.*[15]

---

[8] Cvp f. 269v.

[9] Vgl. ANTONIUS DE ROSELLI, *Allegationes (Orsini)* - Laur. Plut. XVI, Cod. XIII, f. 228r: *Interrogavit ... me, fidelissimum servitorem tuum, gloriosa dominatio tua, cuius sententia potius actendenda sit.* Vgl. auch ECKERMANN, *Studien* 33 Anm. 2.

[10] ANTONIUS DE ROSELLI, *Allegationes (Orsini)* – Laur. Plut. XVI, Cod. XIII, f. 228r.

[11] Vgl. Marc. f. 43r: *Videtur argumentando dicendum non decidendo primo quod maior sit sententia totius concilii quam solius pape.* G III, XXVI, 432 (Zeile 17) liest statt *decidendo* hier *dicendo.*

[12] So Marc. f. 43r. Cvp f. 269v fehlt das Zitat. Vgl. C. 24, q. 1, c. 18 (*Loquitur*): Friedberg I 971 f.

[13] Marc. f. 43r.

[14] Vgl. Friedberg I 968: *Quodcumque ligaveris super terram, erit ligatum et in celo. Si Petro hoc tantum dictum est, non hoc facit ecclesia. Si autem et in ecclesia fit, ... Petrus, quando claves accepit, ecclesiam sanctam significavit.*

[15] Marc. f. 43r. Vgl. dagegen die Meinung – u.a. – des Pedro de Luna, wie sie bei GIRGENSOHN, Schisma 219 referiert wird: *papa enim est in ecclesia, et ecclesia est in papa.*

Diese Aussage soll dann unter verschiedenen Gesichtspunkten als richtig erwiesen werden. Zunächst wird ein Vergleich angestellt zwischen dem Verhältnis Papst/andere Prälaten und Bischof/Kapitel. Auf das *caput-membra*-Schema angewandt werden die jeweils erstgenannten dem *caput* zugeordnet, die letztgenannten den *membra*. Wie nun im physischen Körper – *naturaliter loquendo* – die Handlungen des Hauptes nicht umgesetzt werden können, sofern die übrigen Glieder nicht mitwirken oder sogar entgegenwirken, so kann auch der Papst als Haupt des *corpus misticum ecclesie*[16] nicht agieren, soweit sich dem die übrigen Glieder widersetzen.[17] *Concilium ... ut unum corpus misticum quod representat ecclesiam comprehendit papam caput et membra.*[18] Bedenkt man aber, daß das Ganze oder der größere Teil des Ganzen immer mehr Autorität hat als die Teile bzw. daß das Ziel (*finis*) nach Aristoteles stets höher steht als das, was zum Ziel hinführt,[19] kann kein Zweifel bestehen, daß *maius est concilium totum vel maior pars concilii que representat totum quam papa vel aliqua alia ipsius concilii pars minor.*[20]

Ein weiterer wichtiger Beleg für die Superiorität des Konzils wird in Mt 18, 20 gesehen: *wo zwei oder drei in meinem Namen versammelt sind, da bin ich mitten unter ihnen.* Von dieser Bibelstelle wird abgeleitet, daß immer dann, wenn ein Konzil rechtmäßig im Namen des Vaters versammelt ist, Christus als das eigentliche Haupt inmitten der Versammlung ist. Logischerweise müßte eher gelten, was diese Versammlung mit ihrem Haupt Christus vollzieht, als das, was der Papst allein macht, *cum quo plerumque et multociens christus non est ut quando ipse peccat.*[21] Diese Anschau-

---

16 Vgl. Marc. f. 43v (xxviiii. di. c. ita dominus). Korrekt etwa die Belegstelle bei Cvp f. 270r und MII f. 301r (xix. di. ...). Vgl. D. 19, c. 7: Friedberg I 62. Cf. auch C. 24, q. 1, c. 15 (*Rogamus*): Friedberg I 970.

17 Cf. Marc. ff. 43r - v.

18 Marc. f. 43v. Der Text ebd. *Concilium enim ut unum ... quos ligavit aut ligare quos absolverit* fehlt Cvp f. 270r. Entsprechend auch Laurenziana, Plut. XVI, Cod. XIII, f. 228r.

19 Cf. die Belege aus dem römischen Recht D. 50, 1, 19 (*Quod maior*): MK I 894: *Quod maior pars curiae effecit, pro eo habetur, ac si omnes egerint.* D. 2, 14, 8 (*Maiorem*): MK I 58. - ARISTOTELES, *Nikomachische Ethik* I, 1 (Becker 1094 ^{a} 14 - 16).

20 Marc. f. 43v. Fehlt Cvp f. 270r. Vgl. UNIVERSITAS STUDII CRACOVIENSIS, *Tractatus* 502: *Omne totum est maius sua parte. Ego (sic!) sequitur quod Ecclesia ... maior est et excellentior ipso papa. Maius autem non est intelligendum mole quantitatis corporeae, sed magnitudine virtutis, excellentiae et dignitatis sive potestatis.*

21 Marc. f. 43v unter Verweis auf D. 21, c. 7 (*Nunc autem*): Friedberg I 71 f. in Verbindung mit D. 1 de poen., c. 35 Grp: Friedberg I 1167: *Item, ut Christus ait: ‚Omnis, qui odit malum, in luce agit.‘ Qui autem in luce agit, operatur, sicut Augustinus ait, cum Deo. Qui autem in Christo operatur, eius filius probatur. Cuius enim opera quisquis facit, eius filius esse perhibetur. ... Dominus ait ... ‚Vos ex patre diabolo estis, quia opera patris vestri vultis facere.‘*

ung wird noch untermauert durch D. 15, c. 2 (*Sicut sancti*), wo Papst Gregor der Große mit Blick auf die Konzilien sich an das gebunden erklärt, was *universali consensu constituta* ist.[22]

Roselli deutet an, daß er die These nun *primo ex gestis apostolorum, secundo ex potestate ipsis a christo attributa* belegen will.[23] Leider wird er seinem Vorsatz einer geordneten, nicht abschweifenden Argumentation auch dieses Mal nicht wirklich gerecht.

In Bezug auf die *gesta apostolorum* hebt Roselli hervor, daß die Apostel zwar den Petrus als *summus pontifex* hatten. In den Konzilien hätten sie dennoch die Beschlüsse mit diesem zusammen gefaßt, *et sicut per ipsos omnes determinatum fuit sancitum erat.*[24] Er verweist auf die Wahl des Matthias (Apg 1, 15 ff.), die des Stephanus (Apg 6, 1 ff.) und – vor allem – auf das Apostelkonzil in Jerusalem (Apg 15, 1 ff.). Dort hielt Petrus als *unus ex congregatione* seine Rede, der Beschluß aber erging nicht *in personam petri sed in personam totius congregationis.*

Diese Sicht, daß die gesamte, vom Hl. Geist erfüllte Versammlung die Entscheidung fällte, scheint auch aus dem Apostelschreiben an die Christen in Antiochia, Syrien und Zilizien hervorzugehen, in dem es heißt: *visum est spiritui sancto et nobis* (Apg 15, 28).[25] Auch im Wirken des Paulus wird deutlich, daß dieser die missionierten Gemeinden auf die Beschlüsse der *Apostel und Ältesten*, d.h. der gesamten Versammlung, verpflichtete (Apg 16, 1 ff.).[26] Mit dem Hinweis auf ein *concilium africanum* überschreitet die Argumentation die im engeren Sinn apostolische Zeit. Diese Synode beschloß, daß in jeder für die Kirche gefahrvollen Situation ein Konzil einzuberufen sei. Für Roselli ist es entscheidend, eines festzustellen: Das genannte Konzil überließ die Antwort auf derartige Krisensituationen nicht dem Papst allein, sondern betrachtete das Generalkonzil als Handlungsträger.[27]

---

[22] Vgl. Friedberg I 35 f.

[23] Cvp f. 270r. Marc. f. 43v hat: ... *ostenditur etiam in gestis ipsorum apostolorum secundo ex potestate eis a christo attributa.* Firenze, Biblioteca Laurenziana, Plut. XVI, Cod. XIII, f. 228r gleicht wieder Cvp.

[24] Cvp f. 270r. Marc. f. 43v liest: ... *fuit obtinuit.* So auch MI f. 59v; MII f. 301v. T f. 103r bietet als sinnige Alternative: ... *fuit obtinuit roboris firmitatem.* G III, XXVI, 432 (Zeile 64) wie Marc. Ebenso *Monarchia* ed. 1487, f. 66v. Ebenso *Monarchia* ed. 1549, f. 31v.

[25] Vgl. Marc. ff. 43v - 44r. Ebd. f. 44r: ... *dicitur quod Paulus apostolus per siriam et pamphiliam precepit custodiri precepta apostolorum et seniorum.* Cvp f. 270r liest korrekt - cf. Apg 15, 40 f. – statt *pamphiliam* hier *ciliciam.*

[26] Vgl. Marc. f. 44r. Ebd.: *Idem fuit ad tollendas observantias antiquae legis. Nam petrus cum universitate deliberavit ut habetur actuum. xxi. c.* Entsprechend Cvp f. 270v. Der Verweis ist höchstens zu verstehen durch den Rückbezug auf das Apostelkonzil Apg 21, 25. Der Name des Petrus wird aber im Kontext nicht erwähnt.

[27] Cf. Marc. f. 44r: *Nota quod non dimisit ista pericula decidenda summo pontifici solo, sed voluit concilium generale adhibere.* Dort auch wieder der Hinweis auf c. 62 des Konzils

An dieser Stelle folgt, wohl angeregt durch die Rede von den Gefahren für die Kirche, so auch Häresie und Schisma, eine Diskussion zur Frage der Irrtumslosigkeit von Papst bzw. Generalkonzil, die etwas später dargestellt werden soll. Im Anschluß daran weist Roselli, wie er ankündigte, *ex potestatibus attributis a christo apostolis* den Vorrang des Konzils auf. Zugrunde liegt folgende Auffassung: *christus non dedit potestatem soli petro, quamvis ipsi per prius et principaliter potestatem dederit, sed omnibus apostolis dedit.*[28]

Der Gedanke, daß Christus selbst nach der Auferstehung allen Aposteln die gleiche Vollmacht erteilte, wenn auch nicht wie dem Petrus *per prius et principaliter*, wird weiter ausgeführt.[29] Wichtig ist, daß bei dieser Konzeption die Apostel ihre *potestas* nicht über Petrus erhalten, sondern unmittelbar (*immediate*) vom Herrn.[30] Die *potestas* des Petrus aber wird vor dem Hintergrund seines Verständnisses als *dispensator*, *administrator* bzw. *minister* interpretiert. Ausgehend von Lk 22, 26 – *der Führende soll werden wie der Dienende* – und dem wiederholt in der Diskussion des Traktats auftauchenden 2 Kor 13, 10 – *zum Aufbauen, nicht zum Niederreißen* – kann behauptet werden:

> *potestas ista non est propter papam, sed propter ecclesiam, ut per hanc potestatem militans ecclesia ab ipso dirigatur. et sic potestas ista sit in ecclesia non tanquam in subiecto, sed ut in obiecto et in finem, quia finis pape est directio ecclesie et ipsa ecclesia est finis pape ... unde ecclesia universalis, in qua est ista potestas obiectiva*

---

von Chalkedon. Cvp f. 270v: *... habetur in libro Conciliorum in fine concilii calcedonensis, ibi: In hoc enim et aliis fidem tangentibus hoc statutum est ut ad concilium recurratur.* Vgl. Marc. f. 4r – mit demselben Zitat -: *... hoc videtur determinatum in libro conciliorum in fine concilii macedonensis ibi.* Cvp f. 203r liest *calcedonensis.* Vgl. weiter Marc. f. 7v – nach Anführen der Stellen aus Apg -: *Et concilium affricanum statuit ut in omni ecclesie periculo convocaretur concilium ut habetur in capitulis dicti concilii c. lxii.* Entsprechend Cvp f. 209v und – wiederholt – Cvp ff. 232r - v. Cf. CONCILIUM AFRICANUM, *Breviarium Hipponense*, ed., 34 (Zeilen 20 - 25): *Ut propter causas ecclesiasticas, quae ad pernicium plebium saepe veterescunt, singulis quibusque annis concilium convocetur, ad quod omnes provinciae quae prima sedes habent de conciliis suis ternos legatos mittant, ut minus invidiosi minusque hospitibus sumptuosi conventus plena possit auctoritas esse.*

[28] Marc. f. 45r.

[29] Vgl. Marc. f. 45r, wo Roselli verweist auf C. 24, q. 1, c. 18 (*Loquitur*): Friedberg I 971 f: *Super unum (sc. Petrum) edificat ecclesiam, et quamvis Apostolis omnibus post resurrectionem suam parem potestatem tribuat ... tamen ut unitatem manifestaret, unitatis eiusdem originem ab uno incipientem sua auctoritate disposuit. Hoc erant utique ceteri Apostoli, quod Petrus fuit, pari consortio prediti et honoris et potestatis.* Weiter D. 21, c. 2 (*In novo*): Friedberg I 69 f. – Der folgende Text - Marc. ff. 45r - v *-que potestas videtur esse ... qui est ad eius finem* fehlt Cvp f. 271v. Dasselbe ist für Laurenziana, Plut. XVI, Cod. XIII, f. 229r zu sagen.

[30] Vgl. Marc. f. 45r mit Verweis auf D. 21, c. 1 Gra: Friedberg I 67: *... maiorum et minorum sacerdotum discretio in novo testamento ab ipso Christo sumpsit exordium ... Petrum ... quasi in summum sacerdotem elegit, dum ei pre omnibus et pro omnibus claves regni celorum tribuit.*

et finalis, debet posse papam dirigere, quando ipsam destruere conaretur ... et sic videtur, quod maior est potestas ecclesie, que est finis, quam ipsius pape, qui est ad eius finem.[31]

Die folgenden Ausführungen sind eine Wiederholung dessen, was Roselli bereits früher – in seiner *Monarchia* – ausgeführt hatte.[32] Eine eigenartige Deutung von dem aus D. 93, c. 23 (*Diaconi*) geschöpften, schon zuvor angeführten Bibeltext Lk 22, 25 f. steht am Anfang. Nach göttlichem Willen sollen sich alle Einzelnen für gering halten. Dann aber hat augenscheinlich Jesus niemandem das *princeps*-Sein zugesprochen, *quia non debet principatum habens se minorem aliis existimare.*[33]

Die Gleichheit der Apostel wird auch unter Anführen einschlägiger Stellen mit Blick auf Petrus und Paulus behauptet.[34] Doch die Argumentation überschreitet auch diese Grenze: Gal 2, 9 mit seinem Sprechen von den „Säulen", nämlich Jakobus, Kephas und Johannes, wird zitiert. Zum einen ist es eine Tatsache, daß dort nicht nur von einer „Säule" die Rede ist, sondern von dreien. Die Schriftstelle muß jedoch aufgrund der in ihr gegebenen Reihenfolge als Beleg dafür herhalten, daß Jakobus ein Vorrang vor Petrus zukommt.[35] Diese Behauptung, welche die Rolle des Jakobus unterstreicht, um die des Petrus zu schmälern, wird durch verschiedene Aussagen untermauert. Grundlage ist das kirchliche Recht, römisches Recht sowie Hl. Schrift. Einerseits scheint sich eine Priorität des Jakobus daraus abzuleiten, daß er in der Kirche von Jerusalem Christus als dem *ecclesie militantis primus summus sacerdos* nachfolgte. *Qui ... in eadem ecclesia successor fuit jhesu christi immediatus debuit potius dici summus sacerdos et aliorum princeps sicut christus fuit.*[36] Zum anderen verweist

---

31 Vgl. T f. 104r. Marc. f. 45v liest statt *directio* hier *directo*. Das Widerstandsrecht wird begründet durch D. 1, 6, 2 (*Si dominus in servos*): MK I 36. – Vgl. UNIVERSITAS STUDII CRACOVIENSIS, *Tractatus* 504 f.: *Id ... finis dicitur alterius ad cuius bene esse alterum ordinatur, Ecclesia autem non ordinatur ad bene esse Papae, sed e converso Papa omnes suas actiones ordinat ad bene esse Ecclesiae: Hinc enim actiones Papae sunt bene ordinatae, quando ex ipsis provenit bonum Ecclesiae, male vero quando ab hoc fine deficiunt, sive eidem contrariantur.* SKINNER, *Foundations* 116 f. Hingewiesen sei noch auf BAVAUD, Thème 46 f. zur Schlüsselgewalt bei Augustinus und dessen Interpretation durch die Konziliaristen.

32 Der Marc. ff. 45v - 46r entsprechende Text findet sich schon einmal G II, II, 303 f. Der Marc. f. 46r zu findende Text wiederholt einen Teil von G II, IV, 309.

33 Marc. f. 45v.

34 Cf. Marc. f. 45v mit Verweis auf C. 2, q. 7, c. 37 (*Beati*): Friedberg I 494. Weiter VI°. 1, 6, 17 (*Fundamenta*): Friedberg II 957. – An dieser Stelle wäre auch – mit Blick auf Gal 2, 9 - anzuführen: *si petrus fuisset princeps non dedisset dexteram societatis quia sibi non debuissent esse socii sed subditi.*

35 Vgl. Marc. f. 45v. Dazu wird X. 1, 33, 15 (*Statuimus*): Friedberg II 202 angeführt.

36 Vgl. Cvp ff. 271v - 272r. Das Zitat ebd. f. 272r. Zuvor bei Marc. f. 45v der verstümmelte Text – Cvp in Klammern -: *Et merito videtur pretulisse jacobum petro quia jacobus succes-*

Roselli auf Apg 15, 13, wo der Herrenbruder unter Bezugnahme auf die vorhergehenden Reden des Paulus und des Petrus den Beschluß auf dem Apostelkonzil vorträgt, was – nach römischem Recht – nicht zulässig wäre, falls Petrus als *princeps* anwesend gewesen wäre.[37]

Wenn Petrus dem Paulus und Barnabas die *dextera societatis* gaben (Gal 2, 9), scheint das seinen Widerschein zu finden in der Tatsache, daß der Papst die Bischöfe *fratres*, nicht *subditi* nennt. Seine Autorität mit Blick auf die Bischöfe ist die eines Bruders unter Brüdern.[38] Daher ist es verständlich, daß *distinctio* 21 von Petrus nicht als dem *princeps*, sondern als dem *quasi princeps* spricht, *quia dictio ‚quasi' improprietatem significat.*[39] Nur so kann man auch erklären, daß Apg 8, 14 die Apostel in Jerusalem Petrus und Johannes nach Samarien schicken, nachdem das Wort dort angenommen wurde. Diese Sendung impliziert eine Befehlsgewalt oder doch zumindest eine quasi-Befehlsgewalt, die nicht denkbar wäre, falls Petrus wahrer *princeps* wäre.[40] Mit diesen Anmerkungen schließt der Teil, welcher vom *usus* und der *consuetudo* der Apostel her nachweisen will, daß die *potestas ecclesie* nicht allein in Petrus festzumachen ist.[41]

---

sit in ecclesia yerosolomitana christo ut (de consec. di. ii. c. jacobus. lxvi. di. §. porro. sed christus fuit ecclesie militantis primus summus sacerdos de consec. di. ii. c. sacerdos.) de summa tri. c. i. §. una vero. et ecclesiam yerosolomitanam suo sanctissimo martirio et sanguine rubricavit. Cvp f. 271v fehlt *martirio et*. Laurenziana, Plut. XVI, Cod. XIII, f. 229v deckt sich wieder mit Cvp. *Monarchia* ed. 1549, f. 32v folgt Marc.

37 Vgl. Marc. f. 45v unter Verweis auf C. 1, 14, 8 (*Humanum*): MK II 68, wo allerdings die Beweiskraft anzufragen ist. Im Vordergrund steht die Bedeutung von Rat und Konsens bei der kaiserlichen Gesetzgebung: ... *tunc demum in sacro nostri numinis consistorio recitari, ut universorum consensus nostrae serenitatis auctoritate firmetur. ... bene cognoscimus, quod cum vestro consilio fuerit ordinatum, id ad beatitudinem nostri imperii et ad nostram gloriam redundare.* Zu der Stelle der Hl. Schrift auch ZABARELLA, *Tractatus* 702: *apparet quod licet Petrus fuerit princeps Apostolorum, tamen plenitudo potestatis non fuit in eo solo, immo ut patet in loco memorato (sc. in actis Apostolorum c. 15), Petrus in concilio tanquam unus in congregatione corregnavit ... nec responsio fuit data sub persona Petri, sed congregationis.* Beachte das *corregnare*.

38 Vgl. Marc. f. 45v unter Berufung auf X. 5, 20, 6 (*Quam gravi*): Friedberg II 820 und Mt 23, 8: ... *nur einer ist euer Meister, ihr alle aber seid Brüder.*

39 Marc. f. 45v gibt an *xxi. di. c. fi.* Korrekt wäre die Lesart MII f. 303v, wo es heißt: *xxi. di. § fi.* Vgl. auch *Monarchia* ed. 1549, f. 32v: *xxi. distin. §. horum.* Dem entspricht D. 21, c. 1 Gra (§. 3.): Friedberg I 67, wo gesagt wird, daß Christus Petrus *quasi in summum sacerdotem elegit.* Von *quasi princeps* ist nirgendwo die Rede.

40 Vgl. Marc. f. 45v. Dazu Cvp f. 272r: ... *si petrus fuisset princeps alii apostoli ipsi non imperassent. Sed quod apostoli petro imperaverunt vel quasi imperaverunt patet in libro actuum apostolorum ubi legitur viii. capitulo* ... etc. Verwiesen wird – eigenartigerweise – auf X. 1, 15, 1 (*Quum venisset*): Friedberg II 133 (§ Quia vero) und auf X. 1, 33, 16 (*Quum inferior*): Friedberg II 202: *Quum inferior superiorem solvere nequeat vel ligare* ... – Der dann folgende Hinweis auf die Kardinäle ist an diesem Platz für die Argumentation wieder eher störend.

41 Vgl. Marc. ff. 46r - v.

Die konkreten *potestates a christo apostolis attribute* verifizieren das, was bis dahin prinzipiell über das Verhältnis des Petrus zu den übrigen Aposteln gesagt wurde.[42] So wurde vom Herrn die *potestas predicandi* allen Aposteln in gleicher Weise – sowohl vor wie nach der Auferstehung – verliehen. Auch die *potestas baptizandi* wurde nicht nur dem Petrus, sondern allen zuteil.[43] Weiter werden u.a. als Beispiele Eucharistie, die Vollmacht im *forum poenitentiale* und die *potestas pontificalis* angeführt. Die Aussage von D. 21, c. 2 (*In novo*), Papst Anaklet zugeschrieben, daß alle Apostel *in pari consortio* mit Petrus seien, läßt den Schluß zu: *non poterant esse in pari consortio nisi omnes fuissent episcopi quia maior est potestas episcopalis quam simplex sacerdotalis.*[44]

So stützt dieser zweite Argumentationsstrang die Ausgangsthese, daß die *potestas ecclesie* damals nicht nur in Petrus, sondern in allen Aposteln zu finden war. Demnach ist sie heute nicht nur im Papst, sondern in allen Bischöfen – als Apostelnachfolgern – zu finden.[45] Das *principaliter et per prius*, das Roselli dem Papst mit Blick auf die *potestas* durchaus zugesteht, kann dementsprechend nicht bedeuten, daß er sie ohne die Bischöfe – allein für sich – beanspruchen kann. Für eine solche Auffassung läßt sich der Tadel Papst Gregor des Großen an dem alexandrinischen Patriarchen als Argument gut verwerten. Der Patriarch hatte den Papst als *universalis ecclesie Papa* tituliert, worauf Gregor – wie im Dekret angeführt – ihm entgegnete: *Tunc ego honoratus sum, cum singulis quibusque honor debitus non negatur. Si enim universalem me Papam vestra sancitas dicit, negat se hoc esse, quod me fatetur universum. Sed absit hoc, recedant verba, que unitatem inflant, karitatem vulnerant.*

Roselli kommentiert das Zitat: *si papa esset universalis, alii episcopi essent pro nichilo.*[46] Die Bischöfe aber werden im Recht mit großer Hochachtung und Ehrerweisung tituliert, sogar als *coepiscopi pape* ausgewiesen

---

42 Vgl. Marc. f. 46r.

43 Beide Beispiele neben anderen ebd. – Für die Taufvollmacht vor und nach der Passion wird verwiesen auf ARCHIDIACONUS, *Rosarium* zu D. 4 de cons., c. 13 (Proprie), v. *in i. gl. in fi.*, ed., f. 402v, wo auch die Judasproblematik diskutiert wird.

44 Marc. f. 46r. D. 21, c. 2 (*In novo*): Friedberg I 69. Bzgl. des *ordo differentiae* D. 89, c. 7 (*Ad hoc*): ebd. 313. Angeführt wird noch D. 93, c. 5 (*A subdiacono*): ebd. 321.

45 Vgl. Marc. f. 46v mit Verweis auf D. 21, c. 2 (*In novo*): Friedberg I 69 f. und D. 68, c. 6 (*Quorum vices*): ebd. 255 f.

46 Vgl. Marc. f. 46v, wo – allerdings anführend, daß der Patriarch Gregor *universalis ecclesie episcopus* genannt habe – D. 99, c. 5 (*Ecce*): Friedberg I 351 geltend gemacht wird. Vgl. auch *Glosse* zur Stelle, v. *subtrahitur*, ed., 480. Vgl. weiter D. 99, c. 3 Grp (*Universalis autem*): Friedberg I 351.- Laurenziana, Plut. XVI, Cod. XIII, f. 230v fehlt der Text *igitur Gregorius ... videtur posse sine aliis episcopis.*

und als *columne ecclesie*.[47] So impliziert die Aussage, daß der Stuhl Petri einen Vorrang hat, keinen Ausschließlichkeitsanspruch. Das würde dem Willen des Herrn, die *salus universitatis* allen Aposteln anzuvertrauen, widersprechen. Das *principaliter* von D. 19, c. 7 (*Ita Dominus*) mit Blick auf Petrus will nicht die übrigen Apostel ausschließen,

> *sed dicit principaliter ut ... in omnibus universalis potestas consisteret et per omnes exerceretur, ita quod esset in omnibus sed principaliter in petro, non tamen per petrum solum, ut ei erranti standum sit ...*[48]

Die Vollmacht des Papstes ist nicht derart beschaffen, daß sie im strengen Sinn absolut wäre. Er kann zwar alles – wie Gott –, aber nur, insofern dies nicht Irrtum und Sünde (*error vel peccatum*) einschließt.[49] Dies ist gerade mit Gott als Maß und Bezugspunkt seiner *potestas* allzu verständlich. Roselli beruft sich auf Petrus Lombardus, den *magister sententiarum*. Demnach kann der allmächtige Gott das nicht machen, *ex quo eius dignitas lederetur vel eius derogaretur excellentie ... quia hoc non est posse, sed non posse.*[50]

---

47 Vgl. Marc. f. 46v mit dem Hinweis auf Clem. 5, 8, 1 (*Si quis suadente*): Friedberg II 1188. Vgl. auch C. 33, q. 5, c. 19 (*Mulier*): Friedberg I 1256 zum Bischof als *vicarius Domini*. Ferner wird ARCHIDIACONUS, *Rosarium* zu D. 12, c. 1 (*Non decet*), ed., f. 15r angeführt, der angeblich Gregor zitiert. Tatsächlich führt Guido de Baysio eine Mahnung Bernhards von Clairvaux an Papst Eugen III. an. Der ARCHIDIACONUS a.a.O.: *... et quod papa non sit dominus aliorum Episcoporum, est optimum arg. vii. q. i. mutationes. in prin. ubi dicit aut dominatione*. Cf. C. 7, q. 1, c. 34: Friedberg I 579. Das Zitat Bernhards in BERNHARD VON CLAIRVAUX, *De consideratione* liber IV, VII, 23, ed., 465 f.: *Consideres ante omnia sanctam Romanam ecclesiam, cui Deo auctore praees, ecclesiarum matrem esse, non dominam; te vero non dominum episcoporum, sed unum ex ipsis, porro fratrem diligentium Deum et participem timentium eum.* – Der Text in Marc. *Et ideo dixit ... prime sedis* fehlt Cvp f. 273v.

48 MII f. 304v. Vgl. dazu – statt *sed principaliter* hier *et p.* – Marc. f. 46v. – Vgl. Cvp f. 273v und Laurenziana, Plut. XVI, Cod. XIII, f. 230v, die wieder voneinander abhängen.

49 Vgl. die Ausführungen bei ZABARELLA, *Tractatus* 703: Bestimmte Rechtstexte *male considerata sunt per multos assentatores, qui voluerunt placere Pontificibus per multa retro tempora, et usque ad hodierna suaserunt eis quod omnia possent, et sic quod facerent quicquid liberet etiam illicita, et sic plus quam Deus.*

50 Marc. f. 46v. Vgl. dazu PETRUS LOMBARDUS, *Liber* I, dist. 42, cap. 2, ed., 295: *... sunt alia quaedam, quae Deus nullatenus facere potest, ut peccata: non enim potest mentiri, non potest peccare. Solvit. Sed non ideo omnipotentiae Dei in aliquo detrahitur vel derogatur, si peccare non posse dicitur, quia non esset hoc potentiae, sed infirmitatis: si enim hoc posset, omnipotens non esset. Non igitur impotentiae, sed potentiae imputandum est, quod ita non potest.* – Marc. f. 46v: *... potest ... papa omnia sicut deus et sic sine errore vel peccato* unter Verweis auf D. 2 de poen., c. 5 (*Karitas*): Friedberg I 1191: *Karitas est ... recta voluntas ... inquinamenti omnis extranea ...* Als Argument ist diese Stelle wohl – was die *potestas* des Papstes im besonderen angeht – wenig stichhaltig. – Für das Verständnis der absoluten göttlichen Gewalt im 15. Jahrhundert cf. den instruktiven Artikel KENNEDY, Fifteenth Century, passim. Ebd. 125: *... it was thought that God never acts in virtue of His power alone, but always in concert with his wisdom and goodness. Earlier Writers (sc. before 1300)*

Wenn aber Gott das nicht macht, dann geht es auch nicht an, daß der Papst so handelt, sofern dieser die Stelle Gottes auf Erden einnimmt.[51] Dieser Argumentation hatte sich Roselli bereits kurz zuvor – im Kontext der Diskussion von *Frequens* – bedient.[52] Es scheint möglich, daß er dabei auf das Werk von Zabarella zurückgegriffen hat.[53] Seine Bereitschaft, bewährte Argumentationsblöcke auch wiederholt zu verwenden, zeigt sich erneut. Der Eindruck wird noch verstärkt durch das sich gleich anschließende, sattsam vertraute Leitmotiv aus 2 Kor 13, 10: *in hedificationem, non in destructionem.*[54] Insofern die *potestas* in der Kirche so verstanden wird, verwundert es nicht, daß Paulus dem Petrus entgegentreten kann, wenn dieser *contra fidem* sündigt.[55] Und auch der scharfe Verweis des Herrn für Petrus, weil dieser nicht im Sinn hat *was Gott will, sondern was die Menschen wollen* (Mt 16, 23), legt nahe, die Vollmacht des Petrus und seiner Nachfolger als begrenzt und der Kritik zugänglich zu betrachten. *sicut petrus male agens ... redargutus est, ita et successores pape videntur posse redargui, quando que dei sunt non intelligunt.*[56]

Dem Papst ist nicht alles erlaubt. Diese Grundthese führt Roselli weiter aus, wobei er auch hier wieder bekannte Ketten von Beispielen referiert. So kommt dem Konzil die Aufgabe zu, gegebenenfalls den Papst zu kor-

had considered that it was a contradiction for God to act against His wisdom and goodness. To say that God could do by His absolute power do whatever is not a contradiction, and to include in this power the ability to act independently of divine wisdom and goodness, was to ascribe to God abilities not only novel but sometimes abhorrent. Vgl. zum Thema auch BALDUS, *Consilia* (Nr. 326) f. 74r: *Dicitur autem proprie potestas legitime posse. non enim possumus, quod cum iniuria possamus nam hoc posse potentia non est: sed deficientia quedam. Et ideo Deus omnia potest, tamen peccare non potest.*

51 Vgl. Marc. f. 46v unter Verweis auf X. 1, 7, 1 - 3. Cvp f. 273v fügt noch an *et per totum illum ti.* Hilfreich nur X. 1, 7, 2 (*Inter corporalia*): Friedberg II 97: *auctoritate Romani Pontificis, quem constat esse vicarium Iesu Christi* und – besser – X. 1, 7, 3 (*Quanto*): ebd. 99: *Non enim homo, sed Deus separat, quos Romanus Pontifex, qui non puri hominis, sed veri Dei vicem gerit in terris, ... divina ... auctoritate dissolvit.* Weiter X. 1, 7, 4 (*Licet*): ebd. 100. Vgl. *Glosse* zu X. 1, 7, 2, v. *divina*, ed., 243: *Et sic quid fit auctoritate Papae dicitur fieri auctoritate Dei, et est verum si iusta causa hoc faciat ...* etc. Der Titulus handelt von der *translatio episcopi.*

52 Vgl. Marc. f. 42v, ebenso Cvp f. 268r.

53 Vgl. ZABARELLA, *Tractatus* 701. Dort auch die korrekte Angabe bzgl. Petrus Lombardus: *lib. 1 sententiarum, dist. 42* statt *li. i. c. xiii.* Bei der Texttradition wurde wohl statt *xlii* hier *xiii* gelesen.

54 Cvp f. 273v. So auch MII f. 304v. Marc. f. 46v ohne *non in destructionem.*

55 Cf. Marc. f. 46v, wo auf C. 2, q. 7, c. 33 (*Paulus*): Friedberg I 493 verwiesen wird: *Paulus Petrum reprehendit, quod non auderet, nisi se non inparem sciret.* Vgl. Gal 2, 11 ff.

56 So T f. 105r; MI f. 62r; MII f. 304v. Marc. f. 46v liest: ... *sunt non intelligit papa.* Cvp f. 273v fehlt der Text *et ideo christus increpavit ... quam a concilio.* Ebenso bei Laurenziana, Plut. XVI, Cod. XIII, f. 230v.

rigieren, wie bereits der Herr den Petrus in die Schranken wies.[57] Diese Meinung scheinen jene *canones* zu untermauern, welche – wenn oft auch nur bei sehr großzügiger Interpretation – betonen, der Papst könne nicht allein die zum Wohl der Gesamtkirche vom Konzil getroffenen Entscheidungen außer Kraft setzen. *Orbis maior est urbe.*[58] Roselli führt an dieser Stelle wieder als Gewährsmänner Innozenz IV. und Antonius de Butrio an.[59] Innozenz IV. führt im Zusammenhang des Verbots durch den Papst für Priester, bei Strafe der Ungültigkeit zu taufen, aus: *si papa talia faceret sine causa magna, et aliis nota, non debet sustineri tanquam faciens contra generalem statum ecclesie ...*[60]

Der Text spricht so von der – passiven – Verweigerung der Unterstützung durch die anderen (*non debet sustineri*), nicht von einer – aktiven – Hinderung des Papstes (*ipsi non est permittendum*). Die zweite Form, die bereits eine Deutung einschließt, macht erst die Zuspitzung der Problematik möglich. Wir finden sie bei dem *magister* des Roselli in seinem Kommentar zu X. 1, 4, 4 (*Quanto*) angelegt.[61] Diese Deutung erlaubt, das Konzil als Regelinstanz des Papstes ins Spiel zu bringen: *hoc quod ei non sit permittendum, non potest intelligi, nisi a concilio.*[62]

Dem Papst ist in besonderer Weise das Heil und Wohl der Universalkirche anvertraut. Tritt er ihr aber in einer Weise gegenüber, welche eben diese *salus universalis ecclesie* gefährdet, ist diese von der Gehorsams-

---

[57] Nach dem Beispiel Jesus – Petrus, cf. Marc. f. 47r: ... *ista redargutio non videtur profecto melius posse fieri quam a concilio.* Der Text fehlt Cvp f. 273v.

[58] Vgl. Marc. f. 47r mit Verweis auf C. 24, q. 1, c. 10 (*Memor sum*): Friedberg I 969: (Papst Sixtus) *Intelligo ... michi aliter non licere, quam ut omnes conatus meos ei causae, in qua universalis ecclesiae salus infestatur, inpendam.* Weiter C. 25, q. 1, c. 6 (*Sunt quidam*): Friedberg I 1008. *Glosse* zu C. 9, q. 3, c. 13 (*Nemo*), v. *neque ab omni clero*, ed., 877: *Arg. quod Concilium non potest Papam iudicare ... arg. contra: quia orbis maior est urbe. 93. dist. legimus.* Cf. D. 93, c. 24 (*Legimus*): Friedberg I 328. Vgl. *Glosse* zu D. 15, c. 2 (*Sicut sancti*), v. *praesumit*, ed., 55.

[59] Vgl. Marc. f. 47r. Ebenso Marc. f. 42r.

[60] So Innozenz, *Commentaria* zu X. 1, 4, 4 (*Quanto*), v. *subeat*, ed., 41.

[61] Vgl. Antonius de Butrio, *Commentaria* zu X. 1, 4, 4, ed., f. 71r: ... *puto, quod sacramentalia (sic!) non impediret quo ad characterem, sed bene quo ad executionem, etiam si apponeret decretum ... Dicit tamen Inno. quod non esset hoc tolerandum, nisi ex causa faceret: quia hoc esset contra generalem statum ecclesiae. No. bene quod contra generalem statum ecclesiae, non potest statuere Papa. Dicam infra aliquid. Sed si vellet hoc facere per viam simplicis prohibitionis, dicit, quod hoc non posset, quin ex ordinaria potestate conferret illa, quae sunt sacramentalia, secundum Inno. Hoc autem ubi dixi posse Papam, fundatur super plenitudinem potestatis, in qua dicit Inn. quod omnia potest, praeterquam specifice prohibita ei, vel quae faceret contra fidem, vel contra generalem statum ecclesiae: quod dicit ipse posset, sed non est in hoc permittendum.*

[62] So Marc. f. 47r.

pflicht befreit.[63] Das *bonum* bzw. der *status universalis ecclesiae* scheinen erneut auf als innere Grenzen der Möglichkeit der Ausübung päpstlicher Vollmacht. Die These wird verdeutlicht am schon bekannten Beispiel der Unzulässigkeit der Absetzung aller Bischöfe,[64] der Unzulässigkeit, das Privileg des *canon Si quis suadente* aufzuheben,[65] selbst einen Nachfolger zu ernennen[66] u.ä. Die Glosse zum *Dictum Gratiani post* C. 1, q. 7, c. 5 scheint Roselli einen eigenen Hinweis wert zu sein. Dort heißt es generell bezüglich der Dispenserteilung: *Scias ergo, quod ubicumque decoloratur status Ecclesiae, non potest dispensari.*[67] Später – so Roselli in seinen Ausführungen – bekräftigte Guido de Baysio diese Auffassung in seinem Kommentar zu C. 25, q. 1, c. 6 (*Sunt quidam*).[68]

---

[63] Vgl. Marc. f. 47r und Marc. f. 42r. Jeweils der Verweis auf INNOZENZ, *Commentaria* zu X. 5, 39, 44 (*Inquisitionis*), v. *mortale*, ed., 662: ... *sed quid si papa iniustum praecipiat qui superiorem non habet cum quo agi possit? potest dici quod si de spiritualibus vel ecclesiasticis personis aliquid praecipit, et iniustum, illud servandum est ... nisi mandatum haeresim contineret; quia tunc esset peccatum, vel nisi ex praecepto iusto vehementer praesumeretur statum ecclesiae turbari, vel etiam forte alia mala ventura esse; quia tunc peccatur obediendo, cum debeat futura mala praecavere, non iuvare.*

[64] Vgl. – auch zum Folgenden – Marc. f. 47r. Cf. *Glosse* zu C. 9, q. 3, c. 21 (*Per principalem*), v. *ad nos*, ed., 879. In Marc. fehlt der Hinweis, daß sich die Aussage direkt auf die Glosse bezieht.

[65] Cf. ANTONIUS DE BUTRIO, *Commentaria* zu X. 5, 39, 8 (*Nulli*), ed., f. 117r: *Quaero an Papa canonem, si quis suadente, tollere possit. Dic, secundum Abb. quod non, sine concilio generali, et privilegium concessum, ut percutiens clericum non sit excommunicatus, dare non potest. Host. tamen videtur sentire contrarium, qui dixit quod nunquam vidit hoc privilegium emanasse, nec crederet hoc emanare, si videret, quamquam emanare posset: quia qui potest canonem in totum tollere, multo fortius et in parte, sed id est prima facie suspectum.* Vgl. auch PETRUS DE ANCHARANO, *Commentaria* zur Stelle, ed., 204. – Vgl. auch HELMHOLZ, Si quis suadente 431: *Since ‚Si quis suadente' was meant to protect the clerical order as a whole, private compromise could not be permitted.* Ebd. 425: *The canon ... formed one part of the great movement of contemporary church reform. It was aimed at separating the clerical order from the secular world, by creating a special immunity from violence in the clergy. And it raised up the power of the papacy as the best guarantee of that immunity.* – Vgl. C. 17, q. 4, c. 29: Friedberg I 822.

[66] Vgl. die Ausführungen in Rosellis *Monarchia* ed. 1487, ff. 26v - 27r unter Angabe verschiedener Gründe. U.a. wird angeführt die *Glosse* zu C. 8, q. 1, c. 7 Grp (*His omnibus*), v. *beatus*, ed., 851: *Sed nunquid adhuc Papa posset facere sibi successorem? Non: quia hoc esset immutare statutum (sic!) Ecclesiae, ut 25. q. i. quae ad perpetuam. et quia statutum facit in id tempus, in quo non est futurus iudex. ff. de iur. om. iud. eum, qui.* Ebd. f. 27r: ... *ipsa electio futuri pontificis est impossibile quod incipiat vires sumere vivente papa: quia esse non debent duo pontifices summi. Sed tantum debet sumere vires vel initium post mortem pape: et ideo a papa vivente fieri non potest. quod secus est in constitutione de eligendo: que statim sumit vires: licet eius constitutionis exercitium sit de futuro.*

[67] So *Glosse* zu C. 1, q. 7, c. 5 Grp (*Nisi rigor*), v. *ut plerisque*, ed., 599 mit Bezugnahme auf C. 1, q. 7, c. 23 (*Etsi illa*): Friedberg I 436: ... *illa magnopere precavenda sunt, que recipi sine manifesta decoloratione non possunt.*

[68] Vgl. ARCHIDIACONUS, *Rosarium* zu C. 25, q. 1, c. 6 (*Sunt quidam*), v. *statum*, ed., f. 326v: *adde. dic quod ubicumque decoloratur universalis status ecclesiae papa non dispensat. infra.*

Die Aussage, daß der Papst das Fundament des Glaubens nicht gefährden darf und daß mit Blick auf dieses Fundament des Glaubens das Urteil des Konzils höheren Rang hat als jenes des *vicarius Christi*,[69] wird noch zuweilen verschärft. Roselli lenkt den Blick auf Thesen, wie sie – nach Roselli – von manchen vertreten wurden.[70] Diese interpretierten den Begriff der *plenitudo potestatis* hinsichtlich des Papstes in dem Sinn, daß mit dem Wort „Papst“ nicht die Person des Papstes als solche zu verstehen sei, sondern die *ecclesia romana, que representatur in papa tanquam in capite et in cardinalibus tanquam in membris sicut universalis ecclesia representatur in papa tanquam in capite et in aliis christifidelibus tanquam in membris.*[71] Dann aber erscheint es erforderlich, daß der Papst die *ardua* nicht ohne die Kardinäle, die *pars corporis pape* sind, entscheidet. Denn es gilt: *sicut caput sine aliis membris non bene operatur sic nec papa sine cardinalium consilio.*[72] Marc. f. 47r liest man statt *cardinalium consilio* ein *concilio prelatorum*, was den Blick freigibt auf die Konzilsproblematik. In der Tat findet sich in dieser – gegenüber Cvp erweiterten Fassung – ein Hinweis auf die Kompetenz des Generalkonzils gegenüber dem Papst *in causa fidei*, der Cvp f. 274v fehlt. Mit Blick auf die Argumentation ist dieser Einschub al-

---

i. q. vii. et si illa. dicit tamen Jo. De. quod quandoque dispensat contra statum universalis ecclesiae particulariter ut in predi. c. lator. et si non contra apostolum quod dic. supra. dixi in verbo lector. xxi. di. §. hec autem. ibi videas.

69 Cf. Cvp f. 274r: ... *summe papa curare debet ... ut salus ecclesie salva sit ... hec est etiam ratio quare non potest tollere evangelia et quatuor prima concilia nec contra ibi disposita dispensare quatenus tangunt fidem et bonum universalis ecclesie ... quia in istis consistit fidei fundamentum et maior est illorum sententia conciliorum quam pape*. Vgl. Marc. f. 47r. - Verwiesen wird auf D. 2 de poen., c. 25 (*Firmum*): Friedberg I 1198: *Firmum fundamentum Dei stat* ..., wo 2Tim 2, 19 zitiert wird. *De facto* hat die angeführte Stelle freilich nichts mit der besprochenen Thematik zu tun. Es handelt sich eher um eine rein begriffliche Assoziation (*Fundamentum*). Wenig später – Cvp f. 274v – bzgl. des Konzils: *apud quod est fidei fundamentum.*

70 Vgl. Marc. f. 47r und folgende zur Auseinandersetzung mit *aliqui.*

71 So Cvp f. 274v. Marc. f. 47r liest: ... *romana ecclesia que representatur in papa tanquam capite et in aliis tanquam in membris*. Die Parallelisierung des Verhältnisses, wie es in Cvp präsentiert wird, scheint von der Argumentation her schlüssiger, zumal in Marc. kurz danach auch die *cardinales* und *alii prelati qui de romana ecclesia sunt* Erwähnung finden.

72 So Cvp f. 274v. Marc. f. 47r liest statt *cardinalium consilio* an dieser Stelle *concilio prelatorum*. Unmittelbar vorher finden sich freilich dort Belege für die Kardinäle als *pars corporis pape*. Statt *laudunensis in clemen. Una. de celebra. mis.* müßte es wohl heißen *in clemen. ultima. de celebr. missa*. Vgl. ZABARELLA, *Commentaria* zu Clem. 3, 14, 2 (*Dignum*), ed., f. 133r. – Vgl. auch – wohl Quelle für Roselli – ZABARELLA, *Tractatus* 701. Dort finden sich auch die Mehrzahl der Belege, die bei Johannes Monachus fehlen. – Marc. f. 47r schreibt irrtümlich statt *de offi. le. c. penul. in gloss. fi.* hier *de offi. dele.* etc. Vgl. *Glosse* zu X. 1, 30, 9 (*Excommunicatis*), v. *commissam*, ed., 446: *Proprie dicuntur missi de latere domini Papae Cardinales tantum ... quia ipsi pars corporis domini Papae dicuntur*. Cvp f. 274v liest *lega.*, ebenso MII f. 305r. *Monarchia* ed. 1549, f. 33r folgt Marc., ebenso G III, XXVI, 436 (Zeile 55) und *Monarchia* ed. 1487, f. 68v.

lerdings eher störend.[73] Roselli führt nämlich nun den Kommentar des Johannes Monachus zu VI°. 5, 2, 4 (*Super eo*) an. In diesem Kommentar verweist Johannes auf die Geschichte, um zu belegen, daß der Papst die *ardua negotia* und Dinge, welche *ardua* unmittelbar betreffen, nur *de fratrum consilio*, d.h. mit dem Kardinalskollegium, entscheiden kann.[74] Zabarella hat diesen Gedanken *in quodam suo tractatu scismatis* aufgenommen.[75] Er berief sich dabei auf Laurentius und den Archidiaconus.[76]

---

[73] Cf. Marc. f. 47r und Cvp f. 274v. Cvp fehlt der Text *Ad hoc quod dixit ... et xl. di. si papa.* Ausgehend von Mt 19, 28 stellt Roselli neben das Endgericht, wo Jesus mit den zwölf Aposteln die Stämme Israels richten wird, das Urteil, welches in der *ecclesia militans* Papst und Bischöfe fällen, um dann abzuschließen: *... et ideo quia iurisdictionem habuit ecclesia papam iudicat in causa fidei.*

[74] Vgl. Marc. f. 47v. Dazu JOHANNES MONACHUS, *Commentaria* zu VI°. 5, 2, 4, v. *de fratrum consilio*, ed., f. 319r: *Quaero an haec sint verba voluntatis, congruentiae, decentiae, vel necessitatis, scio quod Coelestinus Papa V. multas abbatias, episcopatus, et superiores dignitates, contulit sine fratrum consilio ... Et scio quod dictae collationes fuerunt cassatae, praesertim, quia coetus Cardinalium erat in hac possessione, quod ardua negocia erant de eorum consilio tractanda, et terminanda. et multis iuribus dicitur de fratrum nostrorum consilio, et licet Princeps sit solutus legibus, tamen secundum leges ipsum vivere decet ... et omnem indecentiam in Principe (qui est omnium director) dico impossibilem saltem moris, de quo no. infra de reg. iur. nemo. et Benedictus XI. statuta quae dedit Marchianis Bonifacii Papae absque consilio fratrum, quia ardua tangebant, fuerunt suspensa (sic!).* U.s.w. Roselli referiert fast wörtlich, stützt sich aber wahrscheinlich eher auf ZABARELLA, *Tractatus* 701 f., da sich dort auch der bei Jean Le Moyne nicht zu findende Hinweis auf Petrus Lombardus – mit der korrekten Stellenangabe – findet. Ebd. auch der Verweis auf X. 2, 13, 19 (*Pisanis*).

[75] So Marc. f. 47v, wo vom *Cardinalis Florentinus* die Rede ist. Cvp f. 275r liest *eximius doctor dominus franciscus de zabarellis*. Vgl. ZABARELLA, *Tractatus* 702: *Ex his infertur ... quod id quod papam dicitur omnia posse, intelligitur quando facit consilio habito cum fratribus. unde ut dicunt Laur. et Arch. 25. q. 1. c. sunt quidam. Papa sine Cardinalibus non potest concedere legem generalem de universali statu Ecclesiae. quod est notandum. et facit c. quae ad perpetuam. et quod ibi notatur in gloss. prima.* MERZBACHER, Ekklesiologische Konzeption 286 sieht in Zabarella einen Vertreter für den *kardinalizischen Kirchenbegriff*. Vgl. auch a.a.O. 287. – Cvp f. 275r fehlt der Text *et hoc videtur de mente ... xi. di. c. catholica.* Vgl. aber ARCHIDIACONUS, *Rosarium* zu D. 11, c. 8 (*Catholica*), v. *constitutionibus*, ed., f. 14v: *sub. de consensu Episcopi factis: nam nullum statutum potest facere Ecclesia, sive Cathedralis, sive alia, sine consensu Episcopi ... Nisi sint aliqua minima. ar. ad hoc, quia Episcopus est caput Cathedralis Ecclesiae, et etiam aliarum ...., et sine capite nihil faciendum est secundum Inno.* Ein fragwürdiger Beleg für die These, *quod in concernentibus bonum universalis ecclesie papa non statuit sine cardinalibus.* Der Hinweis auf *Catholica* bei ARCHIDIACONUS, *Rosarium* zu *Sunt quidam*, cf. folgende Anm.

[76] Vgl. die vorige Anmerkung. Cf. ARCHIDIACONUS, *Rosarium* zu C. 25, q. 1, c. 6 (*Sunt quidam*), v. *affirmamus*, ed., f. 326r: *dicit Lau. quod generalem legem universali statu ecclesie condere non potest Papa sine cardinalibus: sed particularem sub. sic. ar. xi. d. catholicam.* Ebd. zu C. 25, q. 1, c. 3 (*Que ad perpetuam*), v. *in e. (sc. i.) gl. ibi in fin. adde*, ed., f. 326r: *idem tamen habet la. cuius fuit ista gl. que tamen dicit quod solus papa non posset statuere aliud. ar. supra. proxi. q. i. memor sum. xi. di. ecclesiasticarum. In aliis autem dicit papam solum posse etiam contra apostolum. xxxiiii. di. lector. et contra evangelium ut in decimis et in voto extra. de vo. per totum. h. tamen dicit papam in sacramentis non posse dispensare sed la. contra. peccat tamen si contra facit sine causa secundum lau. de hoc satis no. xv. q. vi.*

Daß der Papst bei versammeltem Konzil (*concilio collecto*) die *ardua* nur mit dem Konzil – hier anscheinend nicht verstanden als Rat des Kardinalskollegiums – entscheiden kann, ist eine Konsequenz aus dem Gesagten. Roselli stützt diese Ansicht in erster Linie auf Apg 20, 17 ff., wo Paulus vor seiner Abfahrt von Milet die Ältesten der Kirche von Ephesus zu sich rufen läßt, um ihnen die Sorge für die ihnen anvertraute Herde eindringlich ans Herz zu legen. Der Wert dieses Belegs läßt sich wohl nur vor dem Hintergrund der seinerzeit üblichen Benutzung und Deutung der Hl. Schrift würdigen. D. 96, c. 1 (*Bene quidem*), D. 63, c. 2 (*Adrianus*) und X. 4, 1, 1 (*De Francia*) werden angeführt, um die entscheidende Bedeutung des Konzils, *etiam Papa ibidem existente*, zu unterstreichen.[77] Wichtiger als diese zuweilen dubiosen Hinweise mag die Gesamtbewertung sein, welche Roselli anfügt: *Et sic isti doctores restringunt multum potestatem pape volentes quod plenitudo potestatis sit in papa quando est sine concilio, ut ardua faciat demum cum concilio cardinalium. Et si est in concilio quando facit accidente voluntate concilii.*[78]

In der Folge läßt Roselli ein deutliches Unbehagen zutage treten. Nach der von ihm referierten Interpretation der *doctores*, die die Vollmacht des Papstes eng umschreiben wollen, unterscheiden diese zwei Situationen: die Situation, in der kein Konzil stattfindet, und die Situation bei versammeltem Konzil. Sind in der Kirche schwerwiegende Fragen zu entscheiden, muß der Nachfolger Petri in jedem Fall auf ein *consilium* rekurrieren. Im ersten Fall ist es der Rat der Kardinäle, im letztgenannten Fall ist es die *voluntas concilii*, die als Möglichkeitsbedingung des Handelns des Papstes deklariert wird.

Für Roselli ist mit dieser Sichtweise eine Superiorität des Urteils des Konzils hinsichtlich des päpstlichen Urteils impliziert.[79] Er referiert Za-

---

auctoritate. Die Traditionskette verläuft also: Lau. (?) – Archidiaconus – Zabarella – Roselli. – Cf. auch - bei ZABARELLA, *Tractatus* 702 angegeben – *Glosse* zu C. 25, q. 1, c. 3 (*Quae ad perpetuam*), v. *nulla commutatione*, ed., 1438: *Ex hoc patet, quod Papa non potest contra generale Ecclesiae statum dispensare, nec contra articulos fidei. nam etsi omnes assentiant ei, non valet statutum: sed omnes haeretici essent, ut 15. dist. sicut. et sic potest intelligi infra ead. cap. sunt quidam. et c. seq.* Ein entsprechender Hinweis fehlt bei Roselli, was sinnvoll erscheint, da hier betont wird, daß selbst bei Universalkonsens der Papst nicht *contra generale Ecclesiae statum* dispensieren kann.

[77] Vgl. Marc. f. 47v. – Cf. D. 63, c. 2: Friedberg I 235: *Hec sancta et universalis sinodus diffinivit et statuit atque iure promulgavit ...* etc.; *Glosse* zur Stelle, v. *laicorum*, ed., 314 verweist auf D. 96, c. 1: Friedberg I 335 – 338, was aber nicht zum hier behandelten Argument gehört; X. 4, 1, 1: Friedberg II 661: ... *diffinivit super hoc sancta synodus.* Entsprechende Hinweise fehlen bei Zabarella in seinem *Tractatus.*

[78] Marc. f. 47v. Cvp f. 275r liest statt *accidente* hier *accedente*. Ebenso T f. 105v und die anderen Handschriften.

[79] Vgl. Marc. f. 47v hat einen Text mit Auslassungen, die am Rand nachgetragen sind. Cvp f. 275r: *Unde infertur ad propositam questionem quod maior sit sententia concilii adversantis*

barella, der das *legibus solutus* auch mit Blick auf den Papst auf das von diesem erlassene positive Recht beschränkt wissen wollte, nicht aber auf die *leges concilii, quae spiritu sancto suggerente promulgantur.*[80] Diese Theorie aber erhielt eine gewisse faktische Approbation *in depositione pontificum que hactenus a conciliis facte sunt.*[81]

An dieser Stelle scheint es angebracht, in einer knappen Zusammenschau die Argumente dieser ersten Gruppe bezüglich des *papa errans*, wie sie von Roselli präsentiert werden, darzustellen. Zum einen wäre es gefährlich, die *causa fidei* dem Urteil eines Mannes anzuvertrauen, wie Guido de Baysio sagt.[82] Roselli sieht die Notwendigkeit, bei den Glauben tangierenden Problemen das Konzil einzuschalten, vor allem aber in dieser Erfahrung: *ego allego aliam causam quia papa solus homo est et peccare potest ... sed concilium id est ecclesia et collectio fidelium ... errare non potest.*[83] Der Gedanke, daß die *potestas* vom Herrn dem Petrus *principali-*

---

pape quam sententia pape. Vgl. MII f. 305v. Daß dies besonders gilt, wenn der Papst irrt, wie Roselli nachschiebt, scheint zu selbstverständlich, als daß es verdiente, eigens gesagt zu werden. Der Text im Anschluß – Marc. ff. 47v - 48r – *Et ideo videtur papa ... fine istius questionis* fehlt Cvp f. 275r. Dort liest man: *Unde plenitudo potestatis debet esse in papa secundum istos dummodo non errante, nam eo errante concilium debet corrigere apud quod est potestatis plenitudo tamquam in fundamento et si dicatur ...* etc. – Der Bezug auf ZABARELLA, *Tractatus* 703 ist evident (*tanquam in fundamento*).

80 So ZABARELLA, *Tractatus* 704 unter Bezugnahme auf D. 50, c. 29 (*Si quis diaconus*): Friedberg I 190: ... *secundum titulos antiquorum Patrum sancto Spiritu suggerente conscriptos.* – Vgl. Marc. f. 48r. Zabarella verweist noch auf Apg 15, 28; weiter auf C. 25, q. 1, c. 6 (*Sunt quidam*) und seinen Kommentar zu X. 1, 31, 15 (*Inter cetera*).

81 Marc. f. 48r. Der entsprechende Textpassus – *Et quod Concilium sit maius ... et Gregorius xii. istis nostris diebus* – fehlt Cvp f. 275v, ebenso Laurenziana, Plut. XVI, Cod. XIII, f. 232r. – Roselli verweist, ausgehend von der seinerzeitigen Geschichtsbetrachtung, u.a. auf die Beispiele von Benedikt X. – cf. *Glosse* zu D. 23, c. 1 (*In nomine Domini*), v. *adeo*, ed., 104 f. – , Johannes XII., Johannes (XXIII.), Benedikt (XIII.), und Gregor XII. Vgl. ZIMMERMANN, *Papstabsetzungen* passim. Ebd. 264: *Den Bekämpfern des Papalismus und den Anhängern des Konzilsgedankens bot sich das Geschick Johannes XII.' freilich im 15. Jahrhundert immer wieder als willkommener Beweis ihrer Thesen an.* Ebd. 273 - 295 zur *Absetzung der Päpste auf dem Konstanzer Konzil.* Dazu BRANDMÜLLER, Konstanz 531: *Gegen H. Zimmermann ist festzuhalten, daß eine ‚Papstabsetzung' zu Konstanz nicht erfolgt ist – es gab keinen zweifelsfrei legitimen Papst, der hätte abgesetzt werden können –, wenngleich das Konzil beanspruchte, Johann wie später Benedikt abgesetzt zu haben.*

82 Vgl. das bei ARCHIDIACONUS, *Rosarium* zu D. 19, c. 9 (*Anastasius*), v. *in glo. videtur ergo. in fi.*, ed., f. 23r Referierte.

83 Marc. f. 44r. Roselli verweist auf D. 19, c. 9 (*Anastasius*); C. 24, q. 1, c. 1 (*Achacius*); D. 21, c. 7 (*Nunc autem*). In Cvp f. 270v fehlt der Hinweis auf das Wort: *Omnis homo mendax.* (Ps 116, 11) – Zur Aussage „Der Vicarius Christi bleibt ein Mensch und kann deshalb sündigen" cf. BUISSON, *Potestas* 90 – vgl. ebd. Anm. 37 das Zitat HOSTIENSIS, *Summa* zu *De filiis presbyterorum. §. Quis possit dispensare, in fine: ... non omitto quod quamvis papa sine causa dispensare possit de plenitudine potestatis. pro eo quod non habet superiorem in hoc mundo. nec est qui corrigat vel emendet. attamen cum homo sit peccare potest. et a dominorum domino. et pontificum omnium pontifice si sine penitentia decesserit punietur. ideo*

ter und nicht exklusiv übertragen wurde, wird ergänzt durch den Hinweis, daß man diesem, soweit er irrt, nicht folgen muß. Er ist bereits bei Zabarella zu finden.[84] Vor dem Hintergrund der ausgesprochenen Möglichkeit eines irrenden Papstes überrascht die Interpretation von Lk 22, 32 nicht weiter. Das Jesuswort an Petrus – *ich ... habe für dich gebetet, daß dein Glaube nicht erlischt* – dient als Beleg für die Zusage des Herrn an die Kirche, daß ihr Glaube Bestand hat, nicht als Garantie mit Blick auf den persönlichen Glauben des Petrus, der, wie die Hl. Schrift bezeugt, verschiedentlich irrte.[85] Wenngleich als Zeuge für diese Anschauung, welche den Blick auf die *ecclesia* lenkt, D. 21, c. 1 (*Cleros*) angegeben wird, muß man feststellen, daß in dem entsprechenden *Dictum Gratiani ante* exakt das Gegenteil ausgesagt wird. Doch gerade darin erweist sich wieder, wie sehr Roselli in einer Argumentationstradition steht, welche die *auctoritates* zuweilen blind verwendet.[86]

Was hinsichtlich des Neuen Testaments, in etwas fragwürdiger Weise, entfaltet wurde, wird dann noch einmal vor dem Hintergrund der Glosse zu C. 24, q. 1, c. 6 (*Quodcunque*) unter anderer Perspektive erläutert. An dieser einschlägigen Stelle spricht Johannes Teutonicus davon, daß er nicht der Überzeugung ist, daß das Urteil der Gesamtkirche dem der *ecclesia Romana* vorzuziehen sei, *nisi erraret Romana Ecclesia, quod non credo posse fieri: quia Deus non permitteret.*[87]

noverit sibi terribilius iudicium, quam aliis inferioribus imminere. Vgl. die textlich schlechtere Fassung HOSTIENSIS, *Summa* zur Stelle, ed., f. 229 f. BUISSON, a.a.O.: Diese *Antwort durchzieht die Kanonistik des ganzen Mittelalters und ist von kaum zu überschätzender Bedeutung*.

84 Vgl. Marc. f. 46v, dessen Text sich deutlich an ZABARELLA, *Tractatus* 703 orientiert. Marc. f. 46v: ... *apparet, quod id quod dicitur, quod papa habet plenitudinem potestatis, debet intelligi non solus, sed tanquam apud universitatem, ita quod ista potestas est in ipsa universitate tanquam in fundamento, et in papa tanquam in principali ministro, per quem haec potestas explicatur: ita tamen, quod praecedat clavis (sic!) discretionis. ut eleganter dicit Inno. de iureiur. c. quinto (sic!).* Zabarella ist allerdings in seinem Gedankengang wesentlich überzeugender.

85 Vgl. Marc. f. 44r. Cvp f. 279v fehlt der erläuternde Teil *dum Christus dixit .... deficeret fides sua*, was aber die Argumentation nicht stört.

86 Cf. D. 21, c. 1 Gra: Friedberg I 67: ... *atque pro eius (sc. Petri) fide se specialiter rogasse, testatus est, et ut ceteros confirmaret subiunxit dicens: ‚Ego pro te rogavi ...'* Roselli mag hier wieder ZABARELLA, *Tractatus* 693 folgen, der sich wiederum auf die Glosse stützt. Ebd.: *Oravit enim redemptor noster pro Ecclesia, ne fides eius deficiat. 21. dist. c. 1. Et ipse redemptor voluntate labiorum suorum non fraudabitur, ut dicit glossa notabilis in capitulo a recta.* Vgl. *Glosse* zu C. 24, q. 1, c. 9 (*A recta*), v. *novitatibus*, ed., 1387: *Quaero, de qua Ecclesia intelligas, quod hic dicitur, quod non possit errare? si de ipso Papa, qui Ecclesia dicitur ... sed certum est, quod Papa errare potest ... Resp. ipsa congregatio fidelium hic dicitur Ecclesia ... et talis Ecclesia non potest non esse. ... nam ipse Dominus orat pro Ecclesia ... et voluntate labiorum suorum non fraudabitur.*

87 Vgl. Marc. f. 44r unter Verweis auf *Glosse* zu C. 24, q. 1, c. 6 (*Quodcunque*), v. *reconciliat*, ed., 1386.

Die Irrtumslosigkeit der *ecclesia Romana* darf nun allerdings nicht mit dem Postulat einer Irrtumslosigkeit des Papstes verwechselt werden. Sie gilt – wie mit Nachdruck dargelegt wird –, insofern der Papst zusammen mit den Kardinälen und den übrigen Oberhirten der Kirchenprovinz eine Entscheidung fällt.[88] Die Frage nach dem Unterschied von Papst und *sedes apostolica*, die an dieser Stelle angeschnitten wird, erlangt noch größere Bedeutung im Zusammenhang der systematischen Klärung, in welchen Fällen welches Urteil vorzuziehen ist.[89]

Die Gewißheit, mit der – durch die Feder Rosellis – dem Konzil Irrtumslosigkeit zugesprochen wird, leitet sich zum einen aus der präsumierten Geistpräsenz auf dem Konzil[90] und dessen Verständnis als *repraesentatio* der Gesamtkirche ab.[91] Darüber hinaus gründet sie sich nicht allein auf eine weitreichende Deutung von 1 Kor 2, 5, sondern auch auf die Autorität von Johannes Andreä und Hostiensis,[92]

> *et hoc credo verum licet alii dicant quod etiam concilium errare potest. Nam apostoli omnes erraverunt et sola fides remansit in beata virgine, sed non credo bene dictum, quia quando apostoli erraverunt non erant conciliariter collecti. Unde non erravit concilium nec ecclesia collecta universaliter.*[93]

---

[88] Vgl. Marc. ff. 44r - v. Der entsprechende Textteil – *que dicit quod ecclesia romana ... circa finem istius questionis* – fehlt wiederum Cvp f. 270v. Ebenso Laurenziana, Plut. XVI, Cod. XIII, f. 229r. – Roselli zitiert den Kommentar Cyrills von Jerusalem zu Mt 16, 18 – möglicherweise nach THOMAS VON AQUIN, *Catena aurea* (I) 295 f.

[89] Cf. vor allem Marc. ff. 54r - 55r.

[90] Cf. Marc. f. 44v: *Stemus igitur cum sententia doc. quod concilium errare non possit cum enim conveniant in nomine spiritus sancti absurdum esset dicere quod erraret.* – Für die Argumente „pro Unfehlbarkeit" des Konzils cf. die gute und knappe Zusammenfassung bei SIEBEN, *Traktate* 200 – 203.

[91] Cf. Marc. f. 45r: *Quis ... sani capitis diceret sententiam amplectendam solius pape qui potest errori subesse et postponendam sententiam ecclesie que nullo potest errori esse subnixa?*

[92] Cf. Marc. f. 44v. Dazu JO. AN., *Commentaria* zu X. 5, 39, 28 (*A nobis*), ed., f. 137. Vgl. HOSTIENSIS, *Commentaria* zur Stelle, v. *Ecclesiae*, ed., f. 111A, den Johannes Andreä anführt: *s. militantis. intelligas tu, specialis, vel etiam Romana. generalis enim simul congregata nunquam errare potest. 24. q. 1. a recta fide. sed pro speciali fide praesumitur, qousque de errore probetur ... et potissime pro Romana ... debet autem ecclesia inquantum potest divinum iudicium imitari ... si tamen de errore possit fides fieri, non negatur etiam apostolicae sedis sententiam in melius posse commutari.* HOSTIENSIS verweist auf seine *Commentaria* zu X. 3, 45, 1 (*Audivimus*), v. *Romanae ecclesiae*, ed., f. 173: ... *licet quandoque fallat, et fallatur (sc. papa). quod dic, ut le. et no. infra.*

[93] So Marc. f. 44v. Die Bezugnahme auf Wilhelm von Ockham ist anzunehmen. Vgl. CONGAR, Incidence 286 f.: ... *ce n'était pas précisément comme partisans de la théorie conciliaire que les auteurs cités (sc. Guillaume d'Occam ...) invoquaient le principe selon lequel l'Église pouvait subsister dans l'âme d'un sul fidèle. On s'en douterait à priori, puisque la théorie conciliaire affirme logiquement la supériorité de la communauté sur un seul individu quelqu'il soit. C'est pourquoi un partisan de la supériorité du concile aussi franc qu'Aeneas Sylvio Piccolomini ... combat expressément l'opinion de ceux selon lesquels ‚tempore dominicae passionis solam Virginem in fide perstitisse' ... Selon Piccolomini, chaque membre*

Recht ausführlich diskutiert der Aretiner im Anschluß an dieses scheinbar persönliche Bekenntnis C. 36, q. 2, c. 11 (*Placuit*).[94] Dieses *capitulum* wird einem Konzil in Aachen zugeschrieben. Es steht, wie bereits Gratian in seinem *dictum post* hervorgehoben hat, in Gegensatz zur Autorität des Hieronymus.[95] In der *Responsio* des Torquemada wird der entsprechende Konzilstext ausdrücklich als Beleg für die Fehlbarkeit der Konzilien angeführt.[96] Roselli betont nun, daß diese Konzilsentscheidung später derogiert wurde, was möglich war, da es sich lediglich um eine Satzung des Zivilrechts handelte.[97] Auch gibt er zu bedenken, daß oftmals Konzilien und auch der Papst allein Bestimmungen treffen, welche früher ergangenen Konzilsbeschlüssen widersprechen.[98] Daß aber *secundum va-*

---

de l'Église est pécheur et faillible, mais l'Église totale est assurée de toujours compter un certain nombre de vrais fidèles; elle est donc elle-même sainte. C'est pourquoi le concile générale, qui est l'assemblée représentative de l'Église totale, peut juger le pape, qui est un membre individuel. D'autres partisans déclarés de la théorie conciliaire parlent dans le même sens. Vgl. auch TIERNEY, Only the Truth 90 Anm. 6

[94] Vgl. Marc. ff. 44v - 45r. Die ganze Diskussion um dieses *capitulum* fehlt Laurenziana, Plut. XVI, Cod. XIII, f. 229r (*Non obstat quod habetur ... non tamen dicitur per hoc errare concilium.*)

[95] Cf. Marc. f. 44v. C. 36, q. 2, c. 11: Friedberg I 1292. Ebd. C. 36, q. 2, c. 11 Grp: *Hec auctoritas non preiudicat auctoritati Ieronimi, maxime cum illa testimonio divinae legis nitatur.* Vgl. dazu C. 36, q. 2, c. 8 (*Tria*): Friedberg I 1291.

[96] Vgl. TORQUEMADA, *Responsio* 84 mit Blick auf irrende Konzilien: *Item concilium Aquisgrani celebratum, cujus definitioni circa sacramentum matrimonii non adquiescitur; videlicet quod raptor non possit matrimonialiter cum rapta copulari, de quo in can. placuit ... sed potius testatur auctoritati Hieronymi contrarium definientis.* Cf. auch die Ausführungen TIERNEY, Only the Truth 79 f. zur Diskussion des *canon* bei den Dekretisten. Ebd. 79: ... *the case of a conflict between the authority of an individual church father and that of a pope or a council had a special significance ... because it raised the precise point later discussed by Turrecremata – whether the view of a single individual could sometimes be accepted in preference to that of the established legislative organs of the church.*

[97] Vgl. X. 5, 17, 7: Friedberg II 810. (Innocentius III. Episcopo Saronensi). Cvp f. 271r: ... *et idem quod statutum erat in concilio erat statutum de iure civili ut rapta non posset raptori nubere et hiis iuribus est derogatum per secundas contrarias dispositiones.* Marc. f. 44v hat einen etwas anderen Text und verweist auf C. 9, 13, 1: MK II 378.

[98] Vgl. auch ANTONIO ROSELLI, *Consilium* – Firenze, Biblioteca Laurenziana, Plut. XVI, Cod. XIII, f. 208r: (Eugen IV.): ... *cuius (sc. sancte basiliensis synodi) honesta iusta ac sancta statuta sive decreta nostra auctoritate sive consensu aut nomine nostro ibidem presidencium accedentibus confecta iusta per nos canonice eis tradita custodire ac inconcusse conservare decrevimus et intendimus nisi nature varietas et eius inopinabiles machinationes aliud pro bono universalis ecclesie in futurum suggererent statuendum ac etiam omnia nedum in ipso basiliense concilio sed et que in sacris generalibus aliis synodis actenus ad perpetuam ordinata sunt generaliter utilitatem nulla commutatione variare disponimus. Et ideo incommutabiliter sancta quatuor prima concilia suscepimus que et beatissimi cuncti predecessores nostri benignissime susceperunt cum in ipsis fidei nostre consistat solidum fundamentum ... quamvis si qua alia in sacris ipsis aliis conciliis prodita fuerunt que temporum varietate contraria dispositione indigerent non deberet reprehensibile iudicari si a nobis aut nobis successoribus illa remanere contingeret et alia disponerentur statuta contraria.* Cf. BANDINIUS, *Catalogus* I 226 (unter CXIII).

rietatem temporum zuweilen Entscheidungen gefällt werden, die in Spannung zum Vergangenen stehen, ist nicht zu verwerfen, da ein solches Verhalten sich auf Gottes Handeln selbst berufen kann.[99] Eine Unterscheidung, sowohl hilfreich wie notwendig, zwischen Konzilsdekreten, die *causa fidei* betreffen, und anderen, die als rein disziplinarisch zu gelten haben bzw. nur positives Recht darstellen, wird in diesem Kontext vermißt.[100]

Für den Konfliktfall *doctores ecclesie – concilium/papa* gibt Roselli eine Entscheidungshilfe: Die *doctores* sind dann vorzuziehen, wenn sie sich auf die Hl. Schrift des Alten oder Neuen Bundes berufen können. Wie in der gesamten Darstellung stützt der *doctor utriusque* sich auch bei dieser Aussage auf die Glosse zum Dekret.[101] Sein abschließender Satz – *non tamen dicitur per hoc errare concilium* – erscheint an dieser Stelle weniger als Resultat logischen Denkens, sondern eher als Postulat, an dem trotz mancher Schwierigkeiten festgehalten werden soll.[102] Wenn der Papst dagegen irrt, und die Möglichkeit wird in diesem Zusammenhang nicht angezweifelt, kann er durch das Konzil zurechtgewiesen werden. Ein entsprechendes Vorgehen wird durch den Rückverweis auf C. 2, q. 7, c. 33 (*Paulus*), d.h. auf Gal 2, 11, legitimiert.[103]

In einem Textabschnitt, der Cvp f. 271r – wie auch Laurenziana Plut. XVI, Cod. XIII, f. 229r – fehlt, macht der Verfasser der *Monarchia* einen weiteren, letzten Versuch, die These von der Irrtumslosigkeit der Konzilien zu retten, indem er sie mit dem Aspekt der Rezeption verknüpft. *potest dici quod concilia generalia non subsunt errori quando eorum gesta per*

[99] Vgl. X. 4, 14, 8 (*Non debet*): Friedberg II 703. – In einem dritten Schritt versucht er eine Harmonisierung der Autoritäten von dem Aachener Konzil und Hieronymus. Cf. Marc. f. 44v: *vel tex. in dicto c. placuit loquitur quando rapta que consentiebat in raptorem erat alteri nupta per verba de presenti. et sic concordat cum beato Jeronimo et non contradicit.* Vgl. *Glosse* zu C. 36, q. 2, c. 11, v. *placuit ut hi*, ed., 1884.

[100] Vgl. Tierney, Only the Truth 82 hinsichtlich der Dekretisten: *They did not always distinguish as clearly as one might expect between disciplinary and doctrinal decrees ... or even between the authority of local and general councils.*

[101] Vgl. *Glosse* zu C. 36, q. 2, c. 11 Grp, v. *auctoritati*, ed., 1884: *Huic (sc. capitulo) praeiudicat auctoritas Hieron., ... sed hoc ideo, quia corroboratur auctoritate veter. Testament. et etiam auctoritate Meldensis Concilii.* – Vgl. auch Glosse zu D. 20, c. 1 (*De libellis*), v. *illorum*, ed., 89: *... licet Concilium apud Aquisgranum factum, constituerit ... tamen Hiero. contrarium statuit, et ei statur ... Sed hoc est quia iuvatur auctoritate Meldensis Concilii ...* – Zum Ganzen cf. Tierney, Only the Truth 79 f. Ebd. 80: *It was not the personal authority of Jerome that was important ... but the intrinsic truth of the doctrine he stated and its reception by the church.*

[102] Vgl. Marc. f. 45r. Bzgl. der Frage der Präferenz verweist Roselli auf D. 20, c. 1 (*De libellis*): Friedberg I 65 f.

[103] Vgl. Marc. f. 47v.

ecclesiam universalem vel saltem per romanam ecclesiam aliquando sunt recepta.[104] Die Rezeption aber läßt sich am einfachsten verifizieren durch den *usus hominum.*[105] Sie ist freilich nicht nur ein Thema bei Roselli, sondern findet auch bei anderen Autoren die ihr gebührende Beachtung.[106] Möglicherweise ist die hier referierte Vorstellung nicht allzu weit von der eines Cusanus in *De concordantia catholica* (1434) entfernt. Für diesen bleibt das *Konzil ... zurückgebunden an die ecclesia universalis, an deren Zustimmung. Letztentscheidend für die Autorität des Konzils ist nicht die Erfüllung formaljuridischer Kriterien, ist nicht die kirchenrechtliche Qualität, sondern das Vorhandensein oder Fehlen des Konsenses der ecclesia universalis.*[107]

---

[104] Vgl. Marc. ff. 44v - 45r. Das Zitat ebd. f. 44v. Es folgen Beispiele von durch die Universal- bzw. römische Kirche nicht rezipierten Konzilien: ... *et tunc concilium potest errare sed non est proprie statutum quod ab universali ecclesia et presertim a romana non est receptum.* Roselli verweist z.B. auf das *concilium aquilegense (lege: aquileiense) quod recusavit suscipere fidem in constantinopolitano canonice traditam ut dicit vincentius in ystoria li. xxvi. c. xxi.* Vgl. VINCENTIUS BELLOVACENSIS, *Speculum historiale* XXIII, cap. 134, ed., 946. TORQUEMADA, *Responsio* 83 f., der seine Quelle – das *Speculum historiale lib. 24 capit. 134* – angibt.

[105] Vgl. Marc. ff. 44v - 45r. Ebd. der Verweis auf D. 4, c. 3 Grp: Friedberg I 6: *Leges instituuntur, cum promulgantur, firmantur, cum moribus utentium ... Unde illud Thelesphori Papae (quo decrevit, ut clerici generaliter a quinquagesima a carnibus et deliciis ieiunent) quia moribus utentium approbatum non est, aliter agentes transgressionis reos non arguit.* Marc. liest *usibus hominum conprobata.* Dies Kriterium hilft auch, bei sich widersprechenden Aussagen verschiedener Konzilien eine rechte Entscheidung zu fällen: *Potior est auctoritas que usibus hominum est comprobata.* Cf. D. 50, c. 28 (*Domino sancto*): Friedberg I 190: ... *ut quotiescumque in gestis conciliorum discors sentencia invenitur, illius concilii magis teneatur sentencia, cuius antiquior et potior extat auctoritas.* Vgl. TIERNEY, Only the Truth 80 - 82 zum *conflict between two general councils.* – Für die Neuwertung des *Dictum Leges* durch Cusanus verweist MEUTHEN, Gutachten 468 Anm. 23 auf K. GANZER, Päpstliche Gesetzgebungsgewalt und kirchlicher Konsens: *Von Konstanz nach Trient* (Festschrift August Franzen), München – Paderborn – Wien 1972, 171 – 188.

[106] Instruktiv der Artikel bei TIERNEY, Only the Truth passim. Vgl. ebd. 89: *When a Huguccio or a Turrecremata wrote that the views of a single individual were to be preferred to those of any other ecclesiastical authority if the individual was supported by divine law, their underlying attitude was not one of scepticism toward the visible institutions of church government. Rather they were expressing a serene assurance that in actual fact, in the ongoing life of the church, the truth always would come to be accepted by the church as a whole ... and would eventually be proclaimed through the church's institutions. Their doctrine of reception was rooted in faith, not in doubt.* Ebd. 88: *Reception by the church was the decisive criterion in deciding problems of conflicting authorities.* – Vgl. TORQUEMADA, *Responsio* 85: *Plane illa generalia concilia credenda sunt in his quae ad fidem attinent non errare, quae universalis ecclesiae consensu, apostolicae scilicet sedis, ... et patrum ecclesiae unanimitate conclusa sunt.*

[107] So SIEBEN, *Traktate* 108. Ebd. 107: Cusanus kommt *zu der überraschenden Feststellung einer größeren oder geringeren Unfehlbarkeit, die er anderswo in die Formel kleidet: ‚de quanto maior concordantia, de tanto infallibilius iudicium'. ... das Konzil (sc. ist) in dem Maße unfehlbar, als es tatsächlich auch den realen Konsens der Kirche ‚vertritt'. ... Einge-*

Allerdings muß zugegeben werde, daß der Aretiner sich hinsichtlich der Klarheit seiner Gedankenführung nicht mit dem späteren Kardinal und Eugenianer messen kann. Insbesondere bleibt oftmals unklar, ob er eine bestimmte Idee nur referiert oder ob er sie sich doch zu eigen gemacht hat.[108]

Ist die ausgesprochen scharfe Kritik an Johannes Monachus und Zabarella, die beide – so Roselli – irrten, eine Hilfe, seine Position enger zu umreißen?[109] Der Verfasser der *Monarchia* betont zunächst, daß der Papst – *nisi deprehendatur a fide devius* – nicht vom Konzil gerichtet werden kann. Der Terminus *prima sedes* in C. 9, q. 3, c. 13 (*Nemo*) ist nach ihm nicht als Synonym für Papst und Kardinäle zu verstehen, sondern – wie C. 9, q. 3, c. 14 (*Aliorum*) nahelegt – als alternative Bezeichnung für den Papst. Gott hat sich vorbehalten, über ihn das Urteil zu fällen.[110] Roselli verweist auch ausdrücklich auf D. 40, c. 6 (*Si papa*). Der schon wiederholt angeführte Text dient an dieser Stelle nicht der prokonziliaren Argumentation. Es ist wohl eher beabsichtigt, die Nichtjudizierbarkeit des Nachfolgers Petri, die *causa fidei* im Sinn der Häresie ausgenommen, von neutraler Seite her zu belegen. Dieser Text nämlich ist für Roselli wie für manche seiner Zeitgenossen – es wurde schon angesprochen – *sumptus ex gestis bonifacii martiris, ita quod non potest dici suspectus tanquam a pontificibus editus.*[111]

---

schlossen ist in diesem Ansatz eine Konsequenz, die ... später nach seinem Übergang zu Eugen IV. von Wichtigkeit sein wird. Wenn gilt ‚quanto maior concordantia ...', dann auch umgekehrt: ‚quanto minor concordantia tanto fallibilius iudicium.' – Vgl. Marc. f. 45r: Wenn der *usus universalis ecclesie* das Urteil des Papstes approbiert, ist dieses dem des Konzils vorzuziehen. *Et est ratio quia in illo concilio quod sic statuisset non fuit representata universalis ecclesia quia representatum cessat ubi veritas et expressio se habet ad contrarium. l. cum ex filio. ff. de vulgari et pupillari.* Cf. D. 28, 6, 39: MK I 430.

[108] Vgl. in diesem Sinne SIEBEN, *Traktate* 170 f.

[109] Cf. Marc. f. 48r: ... *parcat mihi reverentia Johannis monachi ... Ipse erravit. Et plus etiam errat dominus card. Flo.* Cvp f. 275v: ... *Ipse vehementer erravit. Et plus errat idem dominus Franciscus.*

[110] Cf. Marc. f. 48r. C. 9, q. 3, c. 13 (*Nemo*): Friedberg I 610: *Nemo iudicabit primam sedem ... Neque enim ab augusto, neque ab omni clero, neque ab regibus, neque a populo iudex iudicabitur.* Dazu C. 9, q. 3, c. 14 (*Aliorum*): ebd.: *Aliorum hominum causas Deus voluit terminare per homines, sedis istius presulem suo sine questione reservavit arbitrio.*

[111] Marc. f. 48r. Im Kontext der *mutacio loci* – cf. ANTONIUS DE ROSELLI, *Allegationes* – Laurenziana, Plut. XVI, Cod. XIII, f. 303r – wendet sich Roselli ebenfalls gegen jene, die wagen zu behaupten, *quod hec Iura sunt a pontificibus confecta quasi in edicionibus horum Iurium nimium sunt sibi favorabiles quia hoc saperet heresim. et esset dicere quod universalis ecclesia erraret quod est impossibilis.* Er verweist auf *Nemo* und *Aliorum*, die nicht durch spätere Konzilien bekämpft wurden, vielmehr die entsprechende These gebilligt (*comprobare*) haben. Beim Versuch, unverdächtige Quellen zu eruieren, verweist Roselli auch auf D. 17, c. 6 Grp: Friedberg I 52 f. Marc. f. 48r: ... *ibi est tex. concilii in quo concilium determinavit quod cause pape iudicio concilii non subessent.*

Eine Aussage wie die von Johannes Monachus oder Zabarella, daß die Handlungen des Papstes, soweit ohne Kardinäle vorgenommen, nichtig sind, mehr noch, daß der Papst, wenn er schlecht handelt, vom Konzil gerichtet werden kann, ist von diesen Texten her als Irrtum ausgewiesen, *quia in omnibus preterquam in articulis fidei videtur maior sententia pape quam concilii.*[112]

Die Stellung des Papstes hinsichtlich der Generalsynode wird von Roselli zu der Stellung des *princeps* hinsichtlich des *totus populus* in Parallele gesetzt. Er gibt zu bedenken, daß das ganze Volk nicht gegen den Willen des Fürsten, d.h. ohne dessen Konsens, ein von ihm erlassenes Gesetz aufheben kann. Der Ansatz wird noch weiter geführt: Nach der Auffassung der *legiste* kann heute das ganze Volk ohne den *princeps* keine *lex generalis* erlassen.[113]

X. 1, 6, 4 (*Significasti*) erklärt, bei den Bestimmungen (*statuta*) der Konzilien sei stets die Autorität des *Romanus Pontifex* ausgeklammert. Der Text wird – mit der Erweiterung *tanquam superioris* – als Beleg für die

---

[112] Marc. f. 48r. Vgl. auch Marc. f. 49r: ... *constat quod maior est sententia et potentia principis et pape quam concilii vel totius alterius populi.*

[113] Vgl. Marc. f. 49r: ... *vult glo. iiii. di. in §. leges. quod sine consensu pape vel principis totus populus non posset tollere legem principis et sic concilium quod est in toto populo fideli non potest tollere legem principis. immo dicunt legiste in l. non ambigitur. ff. de legibus. quod totus populus non potest hodie sine principe facere legem generalem.* Vgl. *Glosse* zu D. 4, c. 3 Grp, v. *abrogata*, ed., 11: ... *qualiter potest populus abrogare canonem, cum non possit condere canonem: maxime ex quo tota potestas translata est in principe ... Sed dic quod non potest abrogare nisi per expressum consensum Papae: ut extra de praeb. cum iamdudum.* – Cf. aber auch PAULUS DE CASTRO, *Commentaria* zu D. 1, 3, 8 (lies: 9) (*Non ambigitur*), ed., ff. 10r - v: ... *dic quod quaestio potest intelligi duobus modis. Primo hodie i. post l. regiam ... et ad hoc bene tendunt primae rationes gl. quia post illam legem populus, vel senatus non potuit legem facere, sed solus princeps, in quem omnis potestas fuit translata. sed nihilominus dic contrarium per hanc legem ... nam ista lex facta post legem regiam ... et nihilominus ista lex dicit non esse dubium quod senatus poterat legem condere. Ex quo patet, quod illa fuit magis concessio, quam translatio ... per quam non abdicatur substantia, ut in concedente, sed transfertur usus ... et ideo dico, quod populus Rom. ante adventum Christi poterat revocare legem regiam, et ea revocata privare Imperatorem ... Secundo potest intelligi post adventum Christi, et tunc dico, quod Imperium Romanum fuit a populo Romano translatum in ecclesiam, et non remansit nisi nomen, et dicitur Imperium Christi vel ecclesiae, et solus Papa potest ipsum privare.* Vgl. auch die Diskussion bei BARTHOLOMAEUS A SALICETO, *Commentaria* zu C. 1, 14, 12 (*Si imperialis*), ed., f. 38v: *Jac. Bur. videtur velle quod posset (sc. populus Romanus legem generalem condere) potestatem principi concessam revocando: quod asserit posse: quia per viam l. s. regiae transtulit ... igitur per contrariam l. revocare possit ... Concludit quod imperium ad se populus Romanus revocare posset. Haec opi. fore olim tolerari poterat. sed hodie non toleratur cum electio Imperatoris spectet ad principes de Alamania, et ius privandi eum spectet ad Papam ... et sic cum populus de imperio, et potestate imperatoris non habeat se impedire videtur quod nec legem generalem possit condere, et etiam vacante imperio: quia tunc donec electio sit facta succedit ecclesia seu Papa.*

Superiorität des Papstes, nicht nur der *Romana sedes*, in die Diskussion eingebracht.[114] Die Auffassung, der Papst stehe über den Konzilien, wird weiter bestärkt durch die Tatsache, daß dieser zuweilen die Beschlüsse des Konzils – wie auch seine eigenen – zurücknimmt.[115] Daß diese *ardua materia* zum Gegenstand haben, ist kein Hindernis, welches die Ausübung der *plenitudo potestatis* unterbinden würde.[116] Auch in den Bereichen, wo es um das *bonum universalis ecclesie* geht, erweist sich der Papst als dem Konzil und seiner Autorität überlegen. Dies läßt sich nach Roselli aus der *additio Bartholomei ad glossam* herauslesen. Wie so oft hängt auch in diesem Fall alles davon ab, ob man statt *statutum ecclesie* ein *statum ecclesie* liest, was dann freilich eher mit *bonum universalis ecclesiae* umschrieben werden kann.[117] Das Erfordernis, die *maiores cause* dem Stuhl Petri vorzulegen, hebt den Eindruck einer Dominanz des Papstes nochmals hervor.[118] Als Kronzeuge einer Konzeption, welche dem Papst eine große

---

114 Vgl. Marc. f. 48r. Dazu X. 1, 6, 4: Friedberg II 50: *Aiunt in conciliis statutum non inveniri, quasi Romanae ecclesiae legem concilia ulla praefixerint, quum omnia concilia per Romanae ecclesiae auctoritatem et facta sint, et robur acceperint, et in eorum statutis Romani Pontificis patenter excipiatur auctoritas.* Cvp f. 275v fehlt der folgende Hinweis auf C. 3, q. 6, c. 9 (*Dudum*): Friedberg I 521 und D. 11, c. 11 (*Quis nesciat*): ebd. 26: *Quis nesciat ... id quod a principe apostolorum Petro Romanae ecclesiae traditum est, ac nunc usque custoditur, ab omnibus debere servari?* Marc. f. 48r liefert wie T f. 106r und die anderen Mss einen beachtenswert veränderten Text: *Quis nescit sancita a petro ab omnibus debere observari.*

115 Vgl. Marc. f. 48v mit Verweis auf VI°. 1, 6, 3 (*Ubi periculum*): Friedberg II 946 - 949 (betr. die Papstwahl, die eine *materia ardua* darstellt); cf. *Glosse* zur Stelle, v. *concilio*, ed., 76. Eine entsprechende Argumentation bereits Marc. ff. 2r - v, wo auch viele der anderen Belege bereits auftauchen.

116 Roselli führt - Marc. f. 48v – neben dem Beispiel der Papstwahl auch jenes der Absetzung des Kaisers an, die der Papst auch ohne Versammlung eines Konzils vorzunehmen vermag. Vgl. Jo. An., *Commentaria* zu VI°. 2, 14, 2 (*Ad apostolice*), v. *de concilio*, ed., f. 78v: *de honestate dictum ut supra in i. glo. per hoc enim evitatur omnis suspicio mali, et clauduntur ora contrahentium, qui sunt persequendi.* Vgl. *Glosse* zur Stelle, v. *ad apostolicae*, ed., 376: *... not. 1. quod in superscriptione dicitur, sacro praesente concilio ... quod dicit de concilio potius est ad honestatem, quam ad necessitatem, et sine sententia, vel licentia concilii sententia Papae sufficeret contra Imperatorem ... ibi non dicitur, quod in concilio facta fuerit depositio: ipse enim habet plenitudinem potestatis.* Vgl. aber Dominicus de S. Geminiano, *Lectura in sextum* zur Stelle, ed., f. 147r: *In ea. gl. (sc. i.) ibi, presente. ista gl. non sine ministerio dixit presente concilio, non dixit approbante ... et hoc forsan fecit ex causa, ne aliquis crederet sine approbatione concilii depositionem imperatoris per papam fieri non posse. et ideo ... dicit deliberatione prehabita. Sed ut dicit Archi. de offi. or. quamvis. iustum est ut quod aliquis impetrat, ipse servet. ix. di. iustum. requirat ergo concilium precipue in arduis et maxime fratrum.*

117 Cf. Marc. f. 48v. Vgl. *Glosse* zu C. 25, q. 1, c. 6 (*Sunt quidam*), v. *apostoli*, ed., 1439 f.: *... quandoque dispensat Papa contra generale statutum Ecclesie, sicut fecit in Lateranen. Concilio generali Innocentius, ut extr. de consan. et affi. non debet. licet contra articulos fidei non dispenset ...* etc.

118 Vgl. Marc. f. 48v. Der entsprechende Text fehlt Cvp f. 276v. Roselli verweist auf X. 3, 42, 3 (*Maiores*): Friedberg II 644 und auf C. 24, q. 1, c. 14 (*Hec est fides*): Friedberg I 970. -

Machtfülle zugesteht, wird Guillaume de Montlaudun mit seinem Kommentar zu den Clementinen angeführt. Dessen Beitrag spielte bereits früher im Zusammenhang der Diskussion der *mutacio loci* eine Rolle.[119] Die Frage nach der Erlaubtheit einer *mutacio loci* scheint geradezu ein Muster für die Applikation der Theorie gewesen zu sein.[120] Auch der Aquinate, der in seiner *Summa* die *auctoritas* des Stellvertreters Christi für Versammlung des Konzils und Bekräftigung (*confirmatio*) seiner Beschlüsse postulierte, wird von Roselli als Theologe angeführt.[121] Wer autorisiert, ist fraglos größer als jener, der autorisiert wird.[122]

Die aus all dem resultierende These, daß das Urteil des Papstes den Vorrang vor dem des Konzils hat, soll nun – durch einen ausgiebigen Rückgriff auf frühere Ausführungen – als wahr aufgewiesen werden.[123] „Politisch“ wird dies durch einen Rekurs auf den *philosophus*, Aristoteles, insinuiert.[124] Das hierachische Argument von D. 21, c. 3 Grp (*In his om-*

Marc. f. 39v verweist er statt dessen auf D. 17, c. 5 (*Multis*): Friedberg I 52; C. 24, q. 1, c. 12 (*Quotiens*): ebd. 970; C. 16, q. 1, c. 52 (*Frater noster*): ebd. 777.

119 Cf. Marc. f. 48v unter Anführung von GUILELMUS DE MONTE LAUDUNO, *Apparatus* zu Clem. 3, 2, 4 (*Si Romanus*), ed., ff. 90v - 91r. – Vgl. Marc. f. 39v.

120 Marc. ff. 48v - 49r wiederholt Marc. f. 40r mit dem Hinweis auf den Kommentar der *doctores* zu X. 3, 8, 4 (*Proposuit*) und X. 3, 35, 6 (*Quum ad monasterium*). Roselli schließt ebd. f. 49r: ... *patet quod papa est super omnia iura possitiva (sic!) etiam a conciliis vel ab aliis pontificibus edita.*

121 Vgl. Marc. f. 48v. Dazu THOMAS VON AQUIN, *Summa* II^{a} II^{ae}, q. 1, articulus 10, ed., 24. Vgl. HORST, *Autorität* 96: Es *ist die Fernwirkung der kapitalen Primatstexte des Aquinaten, die zur Zeit des Basler Konzils eine Beachtung wie nie zuvor fanden, sehr hoch zu veranschlagen.* Man kann – ebd. 111 – von einer *Thomasrenaissance des 15. Jahrhunderts* sprechen.

122 Vgl. Marc. f. 48v. Vgl. Cvp f. 276r – wo Thomas von Aquin nicht angeführt wird -: ... *auctoritas et sententia pape debet intervenire in conciliis ergo pape sententia et ipse papa ipsis maior est quia maior est qui auctoritatem interponit quam cui interponitur.*

123 Cf. Marc. f. 49r: ... *constat quod maior est sententia et potentia principis et pape quam concilii vel totius alterius populi. quod hec sententia sit vera, potest ostendi iure politico et naturali. politico iure insinuatur sic* ... etc. Die Argumentation vom *ius naturale* her ist nicht eigens abgesetzt. Es scheint, daß Roselli auch hier wieder seinem Arbeitsplan nicht treu geblieben ist. – In dem verbleibenden Teil von dem Text, der G III, XXVI entspricht, cf. Marc. ff. 49r - 52v, ist ein großer Teil reine Wiederholung von Texten aus G II, wie zu sehen sein wird.

124 Vgl. Marc. f. 49r: ... *quando plura ordinantur ad unum necesse est unum regulare et regere. Alios vere regulari et regi, ut vult phillosophus in pollíticis (sic!).* Es ist anzunehmen, daß Dante mit seiner *Monarchia* einen Einfluß bei der Argumentation hatte. Cf. DANTE, *Monarchia* I, 5, 3, ed., 74: *Asserit enim ibi venerabilis eius autoritas quod, quando aliqua plura ordinantur ad unum, oportet unum regulare seu regere, alios vere regulari seu regi.* Vgl. IMBACH – FLÜELER, *Dante* 27: *Die Notwendigkeit einer Weltmonarchie wird von Dante aristotelisch begründet. Dies setzt die Kenntnis der praktischen Philosophie des Aristoteles voraus. Tatsächlich wird Aristoteles im ersten Buch am häufigsten zitiert. Die Vorliebe Dantes gilt der ‚Metaphysik‘, der ‚Nikomachischen Ethik‘ und der ‚Politik‘. Diese drei Bücher bilden zusammen mit ‚De anima‘ die Hauptpfeiler von Dantes Argumentati-*

nibus) – *In maioribus ... est regendi et iubendi potestas, in minoribus obsequendi necessitas* –[125] konzentriert Roselli auf die Bedeutung des Einen (*unus*), der, abgesehen von Gott, niemandem untersteht. Dieser Eine aber ist bezüglich der Kirche – nach göttlichem Willen – Petrus.[126] Das Handeln Gottes, der ja auch schon am Anfang nur einen Menschen schuf,[127] verdeutlicht, was in der Weisheit eines Lucanus,[128] eines Cicero,[129] eines Aristoteles[130] aufscheint: *ubi esset pluralitas, ibi plurimum esset discordia.*[131] Vom Naturrecht (*ius naturale*) her sucht der Verfasser der *Monarchia* seine Grundposition noch weiter deutlich zu machen. Er beginnt mit

---

on. Ebd. 270 verweist für die zitierte Stelle auf Aristoteles, Politik I, 5 (1254 ^{a} 16 - 21; 28). – Vgl. auch DE MATTEIS, Aristotele 373: Der Aristotelismus war zur Zeit des Dante bezüglich der Kultur *un elemento essenziale, tanto che non sempre le stesse citazioni testuali da opere di A. sono sufficienti a provare la lettura delle opere da cui sono tratte.* Das gilt gewiß auch für Roselli. Ebd. 373 f. bei Dante zitierte Aristotelesstellen.

125 So Friedberg I 70.

126 Vgl. Marc. f. 49r: ... *christus constiturus ecclesiam elegit petrum in primum prelatum.* Roselli verweist auf C. 24, q. 1, c. 18 (*Loquitur*): Friedberg I 971 f.; D. 22, c. 1 (*Omnes sive*): ebd. 73; D. 22, c. 2 (*Sacrosancta*): ebd. 73 f. – Vgl. auch ANONYMUS, *Scriptum* – Firenze, Laurenziana, Plut. XVI, Cod. XIII, f. 291v.

127 Cf. Marc. f. 49r: ... *ratio quare (sc. deus) hominem unum a principio tantum creavit, ut designaret in uno melius consistere dominium et unitatem esse magis probabilem quam pluralitatem.* Der angegebene Beleg – C. 33, q. 5, c. 13 (*Hec imago*): Friedberg I 1254 – stützt nicht diese (!) These. Eher ist zu berücksichtigen C. 32, q. 1, c. 12 (*Nuptie*): ebd. 1118 f. Roselli allerdings verfremdet den Text, der eigentlich von der Unterlassung des göttlichen Segens am zweiten Tag spricht – und so selbst bereits eine eigenartige Deutung der Genesis referiert. – Cf. Marc. f. 49r: ... *deus secundum diem dimisit et in eo nichil fecit, designans duplicem numerum malum, qui nos ab unione dividit.* Grundlage mag sein *Glosse* zur Stelle, v. *unde*, ed., 1598.

128 Vgl. Marc. f. 49r; ebenso – da eine Wiederholung – schon G II, V, 311 (Zeile 8 - 10), wo das Zitat ganz angeführt wird: *Nulla fides regni sociis, omnisque potestas inpatiens consortis erit.* Cf. M. ANNAEUS LUCANUS, *Belli civilis libri decem* I, 92 f., ed., 5.

129 Vgl. Marc. f. 49r, wo Roselli verweist auf MARCUS TULLIUS CICERO, *De officiis* I, 8, ed., 42: *Maxime autem adducuntur plerique, ut eos iustitiae capiat oblivio, cum in imperiorum, honorum gloriae cupiditatem inciderunt. Quod enim est apud Ennium ‚nulla sancta societas nec fides regni est', id latius patet. Nam quidquid eiusmodi est, in quo non possint plures excellere. in eo fit plerumque tanta contentio, ut difficillimum sit servare sanctam societatem.* Vgl. auch RONCONI, Cicerone 991: *Vale per C. (sc. Cicerone) quello che si può dire in genere della cultura classica di D. (sc. Dante): il suo modo di leggere i testi non è quello di chi fa di questa lettura un fine, ma penetrare il senso di quelli inquadrandoli nel loro tempo, ma è naturalmente quello, tutto medievale, di chi vuole trasferire i testi nel proprio tempo, e farne un mezzo per esprimere esigenze proprie e della propria cultura.* Entsprechendes gilt für Roselli, der über Dante Cicero rezipiert.

130 Vgl. Marc. f. 49r unter Verweis auf Aristoteles, Metaphysik XII: *Entia nolunt male disponi, pluralitas principatuum mala, unus ergo princeps.* Vgl. DANTE, *Monarchia* I, X, 6, ed., 84 (cf. ARISTOTELES, *Metaphysik* XII, 10, 1076 ^{a} 3 - 5). HAMESSE, *Les auctoritates* 138.

131 Marc. f. 49r unter Verweis auf D. 2 de poen., c. 33 (*Quando Adam*): Friedberg I 1200: *Quando Adam solus erat, non est prevaricatus, quia mens eius adherebat Deo.* Wohl verwendet mit Bezug auf *Glosse* zu C. 24, q. 1, c. 18 (*Loquitur*), v. *super unum*, ed., 1390: *Quia ubi pluralitas, ibi discordia, de poenit. dist. 2. quando Adam.*

einer Betrachtung des Menschen, den er, wieder dem *philosophus* folgend, als *microcosmus* – Roselli übersetzt: *minor mundus* – versteht.[132] In einem ersten Angang untersucht er den Menschen mit Blick auf seine *pars corporea et corruptibilis*. Unter diesem Blickwinkel kommt dem Herzen eine hervorragende Rolle als Lebensprinzip für die übrigen Glieder zu. Es ist nämlich in vorzüglicher Weise (*principaliter*) zu verstehen als *sedes anime, que anima totum corpus vivificat ... et resoluta illa anima elementa illa in illo individuo resolvuntur.*[133]

Zentral für diese naturphilosophische Konzeption ist bei Roselli eine Deutung verschiedener Rechtstexte vor dem Hintergrund aristotelischen Denkens.[134] Was hinsichtlich der *pars corporea et corruptibilis* des Menschen erläutert wurde, wird nun angesichts der *pars perpetua et incorruptibilis* in einem zweiten Angang vertieft. Auch hier wendet Roselli eine ähnliche Methode an. Er unterscheidet beim Menschen fünf *potentie sensitive exteriores*,[135] bzw. fünf *sensus communes interiores*.[136] Für ein wohlgeordnetes Leben des Menschen ist es erforderlich, daß die *virtus intellectiva* dominiert und den *appetitus sensitivus* regulierend bestimmt. Nur so findet er den ersehnten Frieden und das Einssein mit sich selbst.[137] Roselli greift ein Grundmotiv der *Monarchia* auf, wenn er an dieser Stelle wiederholt:

---

[132] Vgl. Marc. f. 49r. Cf. ARISTOTELES, *Physik* VIII (!), 2, 252 ^{b} 26 - 27. Vgl. HAMESSE, *Les auctoritates* 156.

[133] Vgl. Marc. ff. 49r – v. Das Zitat nach Cvp f. 277v. Vgl. Marc. f. 49v. – Ansatzpunkt für das *corpus – membra* – Bild ist X. 5, 7, 12 (*Quum ex iniuncto*): Friedberg II 786. Vertieft wird der Gedanke durch den Verweis auf C. 23, q. 7, c. 4 (*Quemadmodum*): Friedberg I 952, C. 24, q. 1, c. 18 (*Loquitur*): ebd. 972 und D. 41, 3, 30 (*Rerum mixtura*): MK I 705.

[134] Vgl. Marc. f. 49v, wo Roselli auf ein Buch des Aristoteles *De differentia spiritus et anime* verweist, sowie auf ARISTOTELES, *De anima* I, 5, 411 ^{b} 5 - 9. Vgl. HAMESSE, *Les auctoritates* 176. – Aus dem Dekret D. 1 de poen., c. 34 Grp (*Item: Si ante, quam*): Friedberg I 1166 und D. 1 de poen., c. 35 (*Resuscitatus*) und Grp (*Cum enim Deus*): ebd. Vgl. auch *Glosse* zu C. 24, q. 1, c. 18, v. *praesidemus*, ed., 1391: *Et ita in toto sunt partes eius ... in toto et pars continetur.* Aus dem römischen Recht D. 41, 3, 30: MK II 705: ... *tria autem sunt genera corporum, unum, quod continetur uno spiritu ... ut homo. Glosse* zur Stelle, v. *spiritu uno*, ed., 539: ... *et ait Seneca: Omne quod undique suis partibus circunscribitur, vivere uno spiritu dicitur.*

[135] Roselli verweist – Marc. f. 49v – zunächst auf das Proöm X.: Friedberg II 1 - 4. Tatsächlich ist der Anknüpfungspunkt *Glosse* zum Proöm X., Rubrik, v. *Gregorius*, ed., 1: ... *et sic terminat tractatum suum, ipsum dividens in quinque partes, ad similitudinem quinque sensuum corporis.* Dazu JO. AN., *Commentaria* zu *In prologum Gregorii*, v. *et ibi (prima gl.), sensuum*, ed., 4: *qui sunt hi, visus, auditus, gustus, odoratus, et tactus.* Marc. f. 49v fehlt *gustus*; cf. aber Cvp f. 277v.

[136] Cf. Marc. f. 49v, wo Roselli auf *philosophus in secundo de anima* verweist. Vgl. ARISTOTELES, *De anima* II, 6, 418 ^{a} 11 - 20. HAMESSE, *Les auctoritates* 179.

[137] Vgl. Marc. f. 49v. Roselli bietet ein buntes Sammelsurium von Argumenten. Er verweist auf die Hl. Schrift (Röm 7, 23 – entlehnt aus C. 32, q. 5, c. 11; Gal 5, 17 – nicht *ad Gallatas primo* ...). Weiter auf das kanonische Recht. Daß sich die Argumentation auf einen als häretisch verurteilten Satz – Clem. 5, 3, 3 (*Ad nostrum*): Friedberg II 1183 – stützt, durch Assoziation, beweist, wie sehr die Rechtssammlungen oft einfach als Arsenal für die Dis-

Si igitur sic est in uno individuo homine, ut melius se habeat, quando omnia sua reguntur per unum, ita debet esse in toto universali mundo similitudinarie .... Melius igitur totus christianus populus se habet, cum omnes partes respondent ad unum principium, quod alios regulet et gubernet et quod non ipse ab aliis gubernetur atque regatur.[138]

Das Prinzip, welches dem Denken des Roselli zugrundeliegt – *melius per unum* –, ist als Prinzip eben nicht auf die kleineren Einheiten beschränkt, sondern bewährt sich erst recht mit Blick auf das Gesamte. Dieses Prinzip garantiert *pax et unitas* im Kleinen wie im Großen.[139]

Auch das *ius divinum* wird bemüht. Da die Menschen nach dem Bild Gottes erschaffen worden sind, hat ihnen die Art und Weise, wie die obere Welt gelenkt wird, als Modell zu dienen für die Art und Weise, wie die *inferiora* zu ordnen sind. So muß auch die Kirche auf dem Wege (*ecclesia militans*) der triumphierenden Kirche (*ecclesia triumphans*) ähnlich sein. Ein wichtiger Bibeltext ist in diesem Zusammenhang Apk 21, 2. Von diesem ausgehend, kommt Roselli zu seinem Schluß, daß diese gleich jener *per unum* zu regieren sei.[140] Krämer weist darauf hin, daß es sich bei dieser *stringenten Proportionalitätsanalogie* um einen *angewandten, populären Neuplatonismus* handelt.[141] Summarisch betrachtet entgeht es dem aufmerksamen Leser nicht, wie stark – immer wieder neu – die Ausführungen des *monarcha iuris* von Dante inspiriert sind, ohne daß dieser namentlich erwähnt würde.[142] Roselli verbindet dann, um das Petrus-The-

---

kussion benutzt wurden, ohne Rücksichtnahme auf den Kontext. Weiter verweist er auf das römische Recht, z.B. N. 5 = A. 1, 5, 2, 2 (§ Si vero): MK III 31. Schließlich auf Aristoteles und Prosper (tatsächlich: Iulianus Pomerius, De vita contemplativa).

138 Marc. ff. 49v - 50r, wieder unter maßgeblicher Bezugnahme auf Aristoteles. Vgl. G II, V und VI, 311 f. Vgl. auch DANTE, *Monarchia* I, V, 3, ed., 74 und 76, was Quelle der Inspiration für Roselli gewesen sein mag.

139 Vgl. Marc. f. 50r mit Bezug auf die *universitates*, die gemäß Aristoteles besser durch einen geleitet werden: ... *idem iuris sit in toto quod in parte ... cum pars et ordo partium non debeat esse melior suo toto. Nam pars et ordo partium sunt ad suum totum tanquam ad finem.*

140 Cf. Marc. f. 50r. Vgl. auch – bzgl. des Bezugs auf die Apokalypse – etwa TORQUEMADA, *Responsio* 86. – Roselli verweist auch wieder auf Aristoteles, Augustinus (über C. 33, q. 5, c. 13) und BOETHIUS, *De consolatione philosophiae* II, met. VIII, 28 - 30, ed., 36: *O felix hominum genus, si vestros animos amor quo coelum regitur regat!* Gerade dieses Zitat findet sich aber auch bei DANTE, *Monarchia* I, IX, 3, ed., 82. Vgl. auch TATEO, Boezio 656: *... nella Monarchia, con due citazioni boeziane ... l'autore (sc. Dante) ricorre a versi di B. (sc. Boezio) per sostenere retoricamente il suo pensiero circa l'autorità dell'Impero.*

141 Vgl. KRÄMER, *Konsens* 57 Anm. 103, der auf das Vorkommen dieses Gedankens bei Johannes Scotus Eriugena, Humbert a Silva Candida, Franciscus de Maironis und den „Papalisten" hinweist.

142 Vgl. Marc. f. 50r mit DANTE, *Monarchia* I, VIII, 3, ed., 80: *Sed genus humanum maxime Deo assimilatur quando maxime est unum: vera enim ratio unius in solo illo est; propter quod scriptum est: ‚Audi, Israel, Dominus Deus tuus unus est.'* – Zu den anschließenden

ma einzuführen, ein Bibelzitat (Eph 4, 4) mit einem Text aus dem Dekret (C. 3, q. 4, c. 12). Beide werden aber in eigenwilliger Weise überschritten: *Nos sumus omnes unum corpus, unus spiritus, una spes vocationis et unus est dominus, una fides et unum baptisma et unus deus et unus dei in terris vicarius et una ecclesia et unum corpus misticum.*[143]

Pseudo-Dionysius Areopagita mit seiner evidenten Abhängigkeit vom späteren Neuplatonismus stützt diese Gesamtkonstruktion, indem er in seinen Werken Petrus als *verticalis* tituliert und damit seine Spitzenstellung in einer hierarchisch vorgestellten Weltordnung postuliert.[144] In einer Textpassage, die Cvp f. 279v fehlt – eine Beobachtung, die für den gesamten letzten Teil des Traktats des öfteren zu machen ist –,[145] greift Roselli das zuvor angeführte *caput/cor – membra* – Bild auf, um ein leicht modifiziertes monarchisches Modell zu präsentieren. Dieses Modell läßt zugleich seine persönliche Auffassung, zumindest in diesem zweiten Stadium des Werks, besser erkennen. Nimmt man die Metapher des Körpers als Basis, besteht für Roselli kein Zweifel, daß die übrigen Glieder der Kirche Leben, Bewegung und – zusammen betrachtet – Einheit (*unificatio*) über die Mittlerschaft des mit dem Haupt bzw. Herzen gleichgesetzten Papstes empfangen. Dieser klassische Gedanke wird aber kurz hintereinander zweimal relativiert. Roselli macht deutlich, daß das Haupt nicht gut (*non bene*) ohne die übrigen Glieder bzw. vollkommener (*perfectius*)

Ausführungen unter Bezugnahme auf Pythagoras cf. STABILE, Pitagora 540: *Alla teoria delle opposizioni fondamentali D. (sc. Dante) fa ancora riferimento in Mn (sc. Monarchia) I XV 2 ,in omni genere rerum illud est optimum quod est maxime unum. Unde fit quod unum esse videtur radix eius quod est esse bonum, et multa esse eius quod est esse malum; qua re Pictagoras in correlationibus suis ex parte boni ponebat unum, ex parte vero mali plurale, ut patet in primo eorum quae De simpliciter ente. Hinc videri potest quod peccare nihil est aliud quam progredi ab uno spreto ad multa.' ... L'uno-plurale di P. diviene l'uno-molteplice dei neoplatonici, interpretato alla luce del pensiero cristiano: il permanere nell'Uno-Dio è bene, l'allontanarsi da lui è male. Qui il male è visto dunque come caduta nel molteplice, molteplice come materia e come male*. Vgl. DANTE, *Monarchia* I, XV, 2, ed., 108. Roselli verweist auf D. 2 de poen., c. 5 (*Karitas*): Friedberg I 1191: *Ex ea enim parte quis peccat, ex qua minus diligit Deum ...* etc.

143 Vgl. Marc. f. 50v. Dazu Eph 4, 4: *Ein Leib und ein Geist, ... eine gemeinsame Hoffnung ...; ein Herr, ein Glaube, eine Taufe, ein Gott und Vater aller ...* C. 3, q. 4, c. 12 (*Hengiltrudam*): Friedberg I 514: *... ab ipso corpore Christi (quod est ecclesia) ...* etc.

144 Zur Person des Dionysius vgl. O'DALY, Dionysius Areopagita 772. Vgl. Marc. f. 50v mit Bezug auf DIONYSIUS AREOPAGITA, *De ecclesiastica hierarchia* V, §5, ed., 512: *princeps apostolorum*. DERS., *De divinis nominibus* III, §2, ed., 681: *Petrus, suprema ista atque antiquissima summitas theologorum*. Im Griechischen jeweils *koryphaios*, cf. VAN DEN DAELE, *Indices* zum Wort. – Cf. u.a. auch TORQUEMADA, *Responsio* 86 f.

145 Vgl. Marc. f. 50v; T f. 107v u.a.; dazu Cvp f. 279v. Der Einschub unterbricht die – ohnehin nicht sehr ausgeprägte – organische Struktur des Textes noch mehr.

mit diesen zusammen wirkt.[146] Auch dies ist natürlich kein neuer Gedanke,[147] aber einer, der in einer Zeit sich zuspitzender Konfrontation leicht aus den Augen verloren wird. Es ist eine Rückbesinnung auf die wechselseitige Verwiesenheit derer, die irrigerweise glauben, im Gegeneinander ihre Identität zu finden. Zumindest für eine Beurteilung des „späten" Roselli mag es erforderlich sein, diese von ihm angedeuteten Grenzen mit zu bedenken. Dies darf gerade dann nicht vergessen werden, wenn er – wie in der Folge wieder – das *princeps*-Sein des Petrus und seines Nachfolgers in den Vordergrund rückt.

Roselli beginnt mit einer eigenwilligen Interpretation von Apg 11, 5.[148] Er akzentuiert so die Vorrangstellung des Andreasbruders bezüglich der anderen Apostel und der ganzen *ecclesia militans*. Dies wird dann ohne größere Überleitung auch *hodie* für den Papst als Stellvertreter Christi beansprucht.[149] Gegen die These, daß die gesamte *potestas suprema* in exklusiver Weise (*tantum*) dem die Universalkirche repräsentierenden Generalkonzil und nicht dem Petrusnachfolger zugesagt worden sei, macht Roselli eine einleuchtende Kritik geltend: Wenn nämlich die *potestas* derart ausschließlich dem ohnehin üblicherweise nur selten gefeierten Generalkonzil zugeschrieben würde, wäre nach dessen Auflösung – Roselli geht nicht auf das Problem eines Dauerkonzils ein – das *totius fidei et ecclesie fundamentum* in Frage gestellt. Auch wäre unklar, wer die täglich

---

[146] Cf. Marc. f. 50v: ... *quemadmodum omnia membra recipiunt influxum a capite sensus et motus sive secundum alios a corde et non econtra, sic tota ecclesia recipit unificationem a papa qui est caput sive cor ecclesie, quamvis caput non possit bene operari sine aliis suis membris ... Sed non est tamen, quod non possit caput sine pedibus aut manibus aut oculis operari, sed perfectius cum ipsis operatur.*

[147] Vgl. 1Kor 12, 12 - 27 und die entsprechenden Bibelkommentare. Cf. auch ROBERTI, Corpus Mysticum 82: *La concezione paolina ha ... introdotto e reso comune il concetto e il sentimento di una ‚unità personale ex plurimis' – concetto alieno al diritto romano – e ha così reso possibile la formazione dell'istituto della persona giuridica ‚corporazione' per la quale ai romani mancava appunto il sostrato concettuale.* Ebd. 75: *Se infatti cristianesimo significa fraternità e solidarietà, corpo mistico significa qualche cosa di più: cioè la maggior unione che mente umana possa immaginare. Unità che per la sua vita stessa non esclude, ma ammette il principio gerarchico; non, come bene afferma Cipriano, dominazione, ma necessaria direzione.* – Cf. auch TORQUEMADA, *Responsio* 87: *Hunc etiam ordinem (sc. hierarchicum) in ecclesia illustris Paulus, ejusdem Dionysii magister et praeceptor, insinuare videtur, ubi tam ad Romanos quam ad Corinthios de ecclesia sub figura corporis naturalis loquitur.*

[148] Vgl. Marc. f. 50v mit dem falschen Verweis auf Apg 28 (Cvp f. 279v: Apg 18). Korrekt Apg 11, 5 - 10. Marc. a.a.O.: ... *quod linteum nemo ambiget universum mundum cum cunctis hominibus diversorum rituum designare et occidere et manducare nil aliud est quam perversos mores in ipsis precidere et eos in sua persona toti ecclesie incorporare.* Auch der Beleg dafür – *xxiiii. q. ii. §. Inter hec* – ist falsch.

[149] Cf. Marc. ff. 50v - 51r. Für den Verweis auf Chrysostomus und Cyrillus vgl. THOMAS VON AQUIN, *Catena aurea* (II) zu Lk 22, 32, ed., 341.

anfallenden *ardua* entscheiden könnte, *cum ad totam ecclesiam aditus esset quoddammodo impossibilis ... et ecclesie collectio per concilium non est facilis.*[150] Um dieser – nicht nur theoretischen – Schwierigkeit zu begegnen, plädiert Roselli in seinem Traktat dafür, die Gewalt mit Blick auf die *cause maiores* in Petrus und dem Apostolischen Stuhl zu orten. Damit würde auch dem Glauben des Petrus und dem der *beatissima sedes* der ihnen gebührende Respekt gezollt.[151] Roselli beruft sich an dieser Stelle auf C. 24, q. 1, c. 18 (*Loquitur*)[152] und auf ein bei Thomas von Aquin in seiner Schrift *Contra errores graecorum* angeführtes Zitat des Maximus Monachus.[153] Aus diesen Texten, die nur bei einem bestimmten Vorverständnis belegen, wofür sie angeführt werden, schließt der Aretiner, *quod plenitudo potestatis principaliter resideat in papa et quando non sit in generali prelatorum congregatione.*[154]

Was aber ist zu den Argumenten zu sagen, die eben dies bestreiten? Roselli macht sich daran, sie der Reihe nach zu entkräften. Ein erstes Problem stellt die Auffassung dar, daß die Apostel die *ecclesie fundamenta* gewesen seien. Es handelt sich also um die Tradition, welche die Felsen-Funktion des Petrus relativiert und die Felsen-Funktion nicht auf einen Einzelnen limitiert, sondern einem Kollegium bzw. mehreren gleichzeitig zugesteht. Einer derartigen Konzeption gegenüber hebt der Autor der *Monarchia*, wie in seinem Hauptwerk bereits an anderer Stelle geschehen,[155] den Unterschied zwischen dem *primum unicum fundamentum*, das mit Christus gleichzusetzen ist, und den *plura fundamenta* hervor.[156] D. 21, c. 3 (*Quamvis*), D. 22, cc. 1 (*Omnes*) und 2 (*Sacrosancta*)

---

150 Marc. f. 51r. Der entsprechende Textabschnitt *Cum modificatione ... sententia pape quam concilii* fehlt wieder Cvp f. 280r.

151 Vgl. Marc. f. 51r: *... potius dicendum est, quod potestas maiorum causarum sit in petro et apostolica sede tanquam in capite, ita quod in his habeatur respectus ad fidem petri et illius beatissime sedis tanquam ad solem.*

152 Cf. Friedberg I 971 f., wo es allerdings primär um die vom Herrn gewollte Einheit der Kirche geht, die dieser durch die Wahl des Petrus anzeigte.

153 Vgl. Marc. f. 51r. Dort heißt es allerdings: *in epistula ad orientales sanctus Maximinus.* Cf. THOMAS VON AQUIN, *Contra errores Graecorum* II, 36, 10 - 14, ed., A 103: *Omnes fines orbis qui Dominum sincere reciperunt et ubique terrarum catholici veram fidem confitentes in ecclesiam Romanorum tamquam in solem respiciunt, et ex ipsa lumen catholicae et apostolicae fidei recipiunt.* Im Traktat heißt es *ecclesiam Romanam.*

154 Marc. f. 51r.

155 Vgl. Marc. ff. 51r - v und G II, I, 301 f. Marc. f. 51v – in einem Textstück, das Cvp f. 280r fehlt – sagt Roselli eigens: *ut dico in opere monarchie.*

156 Vgl. Marc. f. 51r unter Verweis auf Clem. 1, 1, 1 (*Fidei catholicae*): Friedberg II 1133 und C. 1, q. 1, c. 26 (*Cum Paulus*): Friedberg I 369. Dort die Bezugnahme auf 1Kor 3, 11. Weiter vgl. X. 3, 43, 3 (*Veniens*): Friedberg II 648 f.; VI°. 1, 6, 17 (*Fundamenta*): ebd. 957; VI°. 3, 15, 1 (*Quod votum*): ebd. 1053 geht es nicht um das Thema. MII f. 309v gibt darüber hinaus noch an VI°. 5, 4, 1. Cvp f. 280r liest statt VI°. 3, 15, 1 *c. i. de novaci. li. vi.*

werden angeführt, um zu beweisen, daß dem Petrus nach Christus das Fundament-Sein zugesprochen wurde. Tatsächlich geht es in den angeführten *capitula* allerdings primär um den von Petrus her (Mt 16, 18) verstandenen Primat der *Romana ecclesia*.[157] Die Apostel hingegen waren – nach Roselli – durch Petrus *secundaria fundamenta*.[158] Ist deshalb davon die Rede, daß die Apostel den Petrus zum *princeps* bestellt bzw. daß die Synoden der *ecclesia Romana* ihre Vollmacht verliehen hätten, muß dies jeweils richtig verstanden werden. Mit anderen Worten: Es ist so zu verstehen, daß es sich jeweils um eine sekundäre Aktion handelte. Der Ursprung der *potestas* liegt *principaliter*, wenn man den Ursprung bedenkt, beim Herrn.[159] Dies wird – nicht in der Wiener *Monarchia*-Fassung – durch einige Ausführungen verdeutlicht. Ein erster Ansatzpunkt ist die aus dem römischen Recht abgeleitete Regel des *Nemo dat quod non habet*.[160] Die dem Papst zukommende Aufgabe, das Menschengeschlecht dazu zu führen, das ewige Leben zu suchen, ist nur durch jemanden zu erfüllen, der die dazu notwendige *potestas* von Gott selbst hat. So ist ja auch die Binde- und Lösegewalt im beichtlichen Gewissensbereich an eine Vollmacht gebunden, die nicht von Menschen, sondern vom Herrn stammt, der allein diesbezüglich ein Urteil sprechen kann.[161] Ein zweiter

[157] Vgl. Marc. f. 51r. Dazu D. 22, c. 1: Friedberg I 73: *Omnes sive patriarchae ... sive metropoleon primatus ... instituit Romana ecclesia. Illam vero solus ipse fundavit, et super petram fidei mox nascentis erexit, qui beato eternae vitae clavigero terreni simul et celestis imperii iura commisit.* Cvp f. 280r – mit besserem Text als Marc. -: ... *ubi dicitur quod omnes dignitates ecclesiastice potestatem a romana ecclesia suscipiunt, ipsa autem est fundamentum supra petram fidei.* Man beachte die eigenwillige Paraphrase. Vgl. auch D. 22, c. 2: Friedberg I 73 f. und D. 21, c. 3: ebd. 70: ... *sancta Romana ecclesia catholica et apostolica nullis sinodicis constitutis ceteris ecclesiis prelata est, sed evangelica voce Domini et salvatoris nostri primatum obtinuit: ‚Tu es ... Petrus ...‘*

[158] Vgl. Marc. f. 51r: ... *hoc christi fundamentum relictum fuit petro ... Apostoli vero per petrum fuerunt secundaria fundamenta.* Cvp f. 280r und MII 309v lesen statt *per* hier *post*. Als Beispiel wird – nicht in Cvp – auf die Glosse zu *xi. di. quamvis* verwiesen. Es müßte heißen: *Glosse* zu D. 11, c. 11 (*Quis nesciat*), v. *Petrus Apostolus*, ed., 40: ... *Petrus Paulo dedit licentiam praedicandi auctoritate Domini.*

[159] Cf. Marc. f. 51r mit Verweis auf ARCHIDIACONUS, *Rosarium* zu D. 22, c. 2 (*Sacrosancta*), v. *Apostolis*, ed., f. 26v und *Glosse* zu D. 17, c. 6 Grp (*Hinc etiam*), v. *iussione Domini*, ed., 71: *Habet ergo Romana Ecclesia auctoritatem a Conciliis ... Contrarium huic signatur 21. dist. quamvis. et 22. dist. omnes. ubi dicitur, quod Romana Ecclesia habet primatum a Domino, et non a Conciliis. Sed dic, principaliter habuit a Domino, secundario a Conciliis.* Vgl. auch *Glosse* zu C. 3, q. 6, c. 9 (*Dudum*), v. *voluerunt*, ed., 739: *Sic ergo Concilia dederunt primatum Romanae Ecclesiae: quod verum est secundario: sed ipse Christus principaliter.* Roselli meint, die Rede von der Übertragung der Gewalt sei vielleicht auch eher *declarative non collative*.

[160] Vgl. Marc. f. 51r mit Verweis auf D. 12, 6, 15 (*Indebiti*): MK I 202. Der angegebene Text ist allerdings für das angegebene Rechtssprichwort wenig relevant, scheint es.

[161] Vgl. Marc. ff. 51r – v. Angemerkt sei an dieser Stelle, wie Roselli bei seinen Beispielen die geistliche Vollmacht des Papstes in den Vordergrund rückt, seiner grundsätzlichen Anschauung entsprechend.

Zugang, das *principaliter* recht zu deuten, ist die Definition des Papstes als *vicarius iesu christi et legatus dei.* Roselli gibt nämlich u.a. zu bedenken: *quis non potest esse legatus nisi illius qui eum constituit. ergo potestas pape est a christo immediate et ipse christus est fundamentum a quo ista potestas processit.*[162]

Werden die Bischöfe *vicarii* genannt, dann sind sie es doch nicht in derselben Weise, sondern lediglich *per medium petri et sub petro*, also uneigentlich.[163] Ist nun Christus das *principale fundamentum* der Kirche, Petrus aber – bzw. dann der Papst – sein Vertreter, so ist der Papst in der Gegenwart das *unicum fundamentum* der Kirche. Dieser Gedanke legt sich für Roselli auch von einem anderen Gesichtspunkt her nahe. Es wäre unsinnig, Mt 16, 18 so zu interpretieren, daß die Kirche über der *tota ipsa universalis ecclesia* errichtet, sie also Fundament ihrer selbst sei. Der Fels im Matthäusevangelium ist für Roselli fraglos in erster Linie der Herr, dann aber nach ihm Petrus und nach Petrus die zeitlich aufeinanderfolgenden anderen Päpste. Die Bischöfe hingegen sind gewissermaßen sekundäre, abgeleitete Fundamente. Sie wurden notwendig, weil es dem *vicarius Christi* unmöglich war, die ganze Kirche alleine zu leiten.[164] Aus der Tatsache, daß der Kirche selbst Zukunft und Beständigkeit verheißen ist, folgert weiter, daß Petrus, der die *potestas* für die Kirche (*pro ecclesia*) erhielt, diese nicht persönlich erhielt, sondern insofern er das Petrusamt der Kirche innehatte. Hätte er sie nämlich *ad personam* empfangen, wäre sie mit seinem biologischen Tod ausgelöscht worden. Das ist aber angesichts der Perpetuitätszusage an die Kirche nicht zu vertreten. *Ipse ... petrus potestatem solus suscepit ecclesie nomine quia ecclesia est in papa et papa est in ecclesia.*[165]

Ein zweites Argument, welches ins Feld gebracht wurde, um die Begrenzung der päpstlichen Gewalt zu legitimieren, war jenes, welches ihn im Verhältnis zum Konzil mit dem Verhältnis Bischof – Kapitel verglich.[166] Diesbezüglich merkt Roselli an, daß bei dem letztgenannten Be-

---

162 Marc. f. 51v. Der entsprechende Text fehlt Cvp f. 280r.

163 Vgl. Marc. f. 51v. Bezüglich des Bischofs als *vicarius Domini* müßte der Beleg heißen: C. 33, q. 5, c. 19 (*Mulier*): Friedberg I 1255 f.

164 Vgl. Marc. f. 51v. Cf. u.a. – mit Bezugnahme auf C. 24, q. 1, c. 18 (*Loquitur*) -: *hoc volunt omnes sancti doctores ut in petro sit vere (sc. potestas) et per ipsum derivetur in alios episcopos.* Verwiesen wird auf D. 19, c. 7 (*Ita Dominus*). – Vgl. auch G II, III, 307 f.

165 So Marc. f. 51v, wo auf *vi. q. i. scire* verwiesen wird. Lies das Cyprianzitat: C. 7, q. 1, c. 7 (*Scire*): Friedberg I 568: *Scire debes episcopum in ecclesia esse, et ecclesiam in episcopo*. Vgl. *Glosse* zur Stelle, v. *in Ecclesia*, ed., 819 zu den verschiedenen Bedeutungen von *ecclesia.*

166 Vgl. Marc. ff. 43r – v. Dort gegen HOSTIENSIS, *Commentaria* zu X. 3, 8, 15 (*Postulastis*), v. *et in hoc casu*, ed., f. 42. Dazu JO. AN., *Commentaria* zu VI°. 2, 15, 11 (*A collatione*), v. *communiter*, ed., ff. 89v - 90r.

ziehungsgefüge zu unterscheiden ist zwischen Angelegenheiten, bei denen der Bischof auf den Konsens der Mehrheit des Kapitels angewiesen ist, und denen, bei denen er nicht Rat oder Konsens nötig hat. Der Papst aber ist nicht gebunden an *consilium* oder *consensus* von irgend jemandem.[167] Jede Theorie von Partizipation an der Gewalt findet ihre Grenze an dem klassischerweise vorgegebenen, theologischen Rahmen, in dem sich die rechtliche Diskussion bewegt.[168] Roselli ist wohl von seiner Gesamtschau her niemand, der die – im Regelfall – als sinnvoll und strukturerhaltend erfahrenen Schranken kühn überschreitet.

Dies bewahrheitet sich ein weiteres Mal, wenn er, bezugnehmend auf das Verhältnis von Petrus und den übrigen Aposteln, zwar die Ebenbürtigkeit in der Weihegewalt anerkennt, aber das unterschiedliche Maß an Jurisdiktionsgewalt hervorhebt. Auch an dieser Stelle zitiert er quasi wieder einen Textpassus aus der *Monarchia*.[169] Der Verweis auf eine bei Ambrosius zu findende allegorische Auslegung des Jesuswortes an Petrus (Mt 17, 27), die ihrerseits um eine Glosseninterpretation erweitert wird, ist in diesem Kontext ein eindrucksvolles Exempel zielgerichteter Bibelauslegung.[170] Spricht die Schrift davon, daß Petrus stets zusammen mit den übrigen Aposteln handelte, so geschah dieses gemeinsame Handeln nicht aus Notwendigkeit, sondern vielmehr *ex humilitate*. Petrus hätte auch alleine vorgehen können. Entsprechend präsentiert sich für Roselli das Verhältnis des Papstes zu den Kardinälen. Ihm erscheint es insgesamt gesehen wenig überzeugend, anzu-

---

[167] Vgl. Marc. f. 51v.

[168] Vgl. die Ausführungen von McKay, *Counsel and Consent* zu Innozenz IV. Ebd. 41: *It has been usual to consider Innocent IV as an advocate of an extreme form of papalism in particular and authoritarianism in general. A careful study of his ‚Commentaria' ... proves that, at least in regard to the government of a diocese, he avoids taking an exaggerated position: all important initiative in the life of the diocese are indeed reserved to the bishop; he is after all its head and his office is one of leadership. However, neither should the other aspect of leadership be forgotten: the episcopal office has sense only in as far as it exists for the good of the diocese. ... his writings are by necessity based on the accepted tradition of the Church, as handed down in canon law ... canon law is not mere legal technique but the concrete application of the teachings of theology.*

[169] Vgl. Marc. ff. 51v - 52r. Der Text entspricht G II, II, 305. Cf. *Glosse* zu D. 21, c. 2 (*In novo*), v. *pari*, ed., 95: *Argu. quod omnis Episcopus sit par Apostolo quantum ad ordinem, et ratione consecrationis ... Petrus tamen maior fuit aliis in administratione, ut 2. q. 7. puto.* Ferner D. 80, c. 2 (*In illis*): Friedberg I 280: *... nec inter ipsos apostolos par fuit institucio, sed unus prefuit omnibus.* Vgl. *Glosse* zur Stelle, v. *par*, ed., 382. Zum Vergleich mit Mose und Aaron cf. D. 22, c. 2 (*Sacrosancta*): Friedberg I 74. Tatsächlich bezieht sich Roselli auf *Glosse* zur Stelle, v. *Moyses*, ed., 101.

[170] Cf. Marc. f. 52r. Dazu C. 24, q. 1, c. 8 (*Est aliud*): Friedberg I 969. *Glosse* zur Stelle, v. *hamum*, ed., 1387: *Per hamum intellige iurisdictionem, qua Petrus praefuit aliis: quia hamo, i. ferro, resecantur putridae carnes. 82. di. plurimos, in fi. et ideo solus Petrus piscatur hoc genere piscandi. ipse enim habet potestatem ligandi, atque solvendi prae aliis.* Dazu Mt 17, 27: *... wirf die Angel aus; den ersten Fisch, den du heraufholst, nimm.*

nehmen, Gott erteile eine Vollmacht persönlich, damit diese dann mit einem *concilium* ausgeübt werden muß.[171] Der These, daß Christus allen Aposteln *potestates* verliehen hätte, begegnet Roselli, indem er dies zunächst prinzipiell bejaht. Dann allerdings präzisiert er dahingehend, daß der Herr – für die Zeit *post passionem* – die Vollmachten *ita concessit ut sub petro illas exercerent.*[172] Der Verfasser der *Monarchia* belegt dies, indem er u.a. darauf aufmerksam macht, daß die Apostel dem Bruder des Andreas den Vorrang bei der Predigt zustanden.[173] Man wird Bedenken anmelden dürfen, ob ein solcher – eher schwacher – Beweis große Resonanz finden konnte. Auch die – in Cvp f. 281r fehlende – Entkräftung des von der Apostelpraxis abgeleiteteten prokonziliaren Arguments, daß alles auf den Synoden *sub nomine universitatis et non solius petri* geschah, überzeugt kaum. Roselli weist an dieser Stelle nur darauf hin, daß Petrus stets als *principalis* bzw. als *os discipulorum et vertex colloquii* anwesend war.[174] Alles hängt nämlich davon ab, wie man das *princeps*-Sein des Petrus interpretiert. Ist es eine Vorrangstellung, welche die real-kreative Einbeziehung anderer Vollmacht in die Entscheidung bzw. Handlung ausschließt, oder ist es ein Primat, der als Sprachrohr gemeinsam gefundener Wahrheit betrachtet wird?

Aufschlußreicher ist ein anderes, wohl in die frühe *Monarchia*-Fassung interpoliertes Stück.[175] In diesem behandelt Roselli das von den Verfech-

---

[171] Vgl. Marc. f. 52r. Für das *ex humilitate* führt Roselli *actuum tercio* an. Tatsächlich müßte es heißen Apg 6, 3-5 (Wahl des Stephanus). Ein Lesefehler des Schreibers mit Blick auf das wenig später angeführte erste, durch Petrus gewirkte Wunder (Apg 3, 1 ff.)? – Dann, cf. Cvp f. 280v (bei Marc. Text am Rand nachgetragen): *sic etiam papa plurimum facit cum consilio cardinalium ... que tamen posset solus facere ex potestate sibi tradita quia non mandavit deus sibi potestatem ut cum concilio illam exerceret.* Typisch wieder der vergleichende (*similiter*) Hinweis auf den Kaiser, der dann folgt.

[172] Marc. f. 52r mit Verweis auf D. 19, c. 7 (*Ita Dominus*): Friedberg I 62. Marc. ff. 52r – v erläutert Roselli die Aussage unter Bezugnahme auf den *philosophus*, Petrus mit einem *medium* vergleichend, mittels dessen die übrigen Jünger die *potestas* zugeleitet bekamen. Der korrespondierende Text fehlt Cvp f. 281r.

[173] Vgl. Marc. f. 52v. Der Text ist lückenhaft und wurde nachträglich ergänzt. Vgl. T f. 109r: *... post passionem fuerunt sub petro. Et ideo in predicando apostoli petro deferebant. Unde in pentecosten primum sermonem fecit petrus ...* etc. G III, XXVI, 442 (Zeile 49) liest statt *et ideo ... petro ipsi.* – Roselli stützt sich noch auf D. 21, c. 2 (*In novo*): Friedberg I 70, wo ja andererseits interessanterweise auch von dem *pari consortio* die Rede ist. – Vgl. für den Text schon G II, VII, 315.

[174] Cf. Marc. f. 52v. Für Petrus als *os discipulorum et vertex colloquii* verweist Roselli auf Chrysostomus. Vgl. dazu die Hinweise bei Izbicki, *Juan* 73 Anm. 146 hinsichtlich eines ähnlichen, wohl typisch gewordenen Verweises bei Juan Torquemada.

[175] Liest man den Text des Traktats ohne den Einschub, wird die Gedankenfolge nicht unterbrochen, ja, erscheint sogar flüssiger. Der Einschub in sich allerdings erweist sich gerade hier (Marc. f. 52r / Cvp f. 280v) als aufschlußreich. Cvp fehlt der Text *Et dum dicitur ... xxiiii. q. i. cerdoniani*, entsprechend G III, XXVI, 442 (Zeilen 8 - 25). Wie Cvp Laurenziana, Plut. XVI, Cod. XIII, f. 237r.

tern des konziliaristischen Standpunkts ins Feld geführte Thema des Verhältnisses vom Teil zum Ganzen. Der Papst wird dabei der *pars*, das Konzil dem *totum* zugeordnet. Roselli hat keine Schwierigkeiten, die These zu akzeptieren, daß das Ganze größer ist als der Teil. Er nimmt freilich eine entscheidende Präzisierung vor: Unter dem Ganzen ist – sozusagen *per definitionem* – der Papst als *caput totius* mitzuverstehen. Vertritt dieser nun eine dem Konzil entgegenstehende Auffassung, gibt es keinen *concursus totalis*. Es ist es nicht mehr das Ganze, das entscheidet bzw. handelt, sondern es stehen sich zwei Positionen gegenüber. Da allerdings der Papst seine *potestas* in keiner Weise dem Konzil und auch nicht der Gesamtkirche verdankt, vielmehr einzig Gott – eine zentrale These Rosellis hinsichtlich der geistlichen Gewalt des Nachfolgers Petri –, folgt

> *quod eius potestas non dependet a virtute totius sed aliunde. ... patet quia christus est caput ecclesie et tamen ipse solus non est minor tota ecclesia quia potestas sua et pape non subest ab ecclesia, sed voluntas totius concilii bene dependet ab auctoritate pape ... quia qua cessante concilium nichil potest.*[176]

Entsprechend bejaht der Aretiner ohne Bedenken, daß Christus der ganzen Kirche die *potestas* verliehen hat. Was er aber mit Blick auf Petrus und die übrigen Apostel betont hat, wiederholt er: Diese Aussage impliziert jeweils das *sub petro*. Entsprechend ist das damit gegebene Prinzip immer in Anwendung zu bringen, wenn ein katholischer Papst da ist bzw. wenn keine Sedisvakanz vorliegt. Auf diese Art und Weise rettet Roselli die Vorrangstellung des *Vicarius Christi*, ohne für den von der Zeit des Großen Schismas her sattsam bekannten Notfall die Kirche wehrlos zu lassen. Wird der Papst nämlich – und das gilt es doch als Ausnahme zu sehen – zum Häretiker, verliert er *ipso iure* die *dignitas* und die *potestas* verbleibt in der *ecclesia universalis*, die dann kraft dieser Vollmacht vorsorgen kann. Der *Papst*, der nicht *finis* ist, sondern *ad finem* ist, wird in diesem Fall von der Kirche verurteilt und abgesetzt, *et hoc modo est ista potestas in ecclesia principaliter et obiective.*[177]

Entschränkt man allerdings diese Aussage und schreibt der Gesamtkirche, realistischerweise ist dabei wohl an das Konzil gedacht, eine fortdau-

---

176 Vgl. Marc. f. 52r; der bessere Text T f. 108v; MI f. 66r; MII f. 310v. Zu dem dort angegebenen Text *di. xvii. per totum* vgl. – bzgl. Huguccio – STICKLER, Ekklesiologie 341: *Den Texten gegenüber, die sagen, dass sein Primat (sc. Petri) nicht auf die Apostel zurückgehe, antwortet Huguccio: nicht ‚ab initio' und ‚principaliter', da er ja von Christus selbst gewollt sei, ‚verum est': wohl aber ‚postea et secundario' (sc. Summa zu D. 22, c. 2, v. non ab apostolis). Ähnliches sagt er auch von den Konzilien: ‚Ecclesia Romana habuit primatum a Domino et non a conciliis; sed dico quod a Domino principaliter et per auctoritatem habuit, a conciliis vero secundario et per voluntariam concessionem se illi submittendo.' (sc. Summa zu D. 17, c. 6 Grp)*

177 So Marc. f. 52r.

ernde aktuelle und je zu aktualisierende *potestas* zu, führt dies letztlich zu dem unmöglichen Schluß, eine *potestas* zwei Instanzen *in solidum* zuzuschreiben. Dies aber ist, wie Roselli durch die angeführte Belegstelle andeutet, als häretisch anzusehen. Denn damit würden in der Kirche zwei Prinzipien postuliert, zwei gleichursprüngliche Quellen von *potestas*.[178] Daß der Papst seine Gewalt vom Konzil hat, war ja bereits ausgeschlossen worden. Zwei oberste Gewalten sind aber bereits logisch unmöglich. Die Aussage, daß das Konzil die oberste Gewalt hat, trifft entsprechend in zwei Fällen zu: Erstens, wenn – im Normalfall – der Papst mit dem Konzil vereint ist; zweitens, wenn – im Ausnahmefall – der Papst nicht mehr wirklich Papst ist bzw. eine Situation eintritt, in der um des Zieles der Gesamtkirche willen der Papst, der *ad finem* ist, der Kirche, repräsentiert im Konzil, untersteht. Das trifft zu, wenn der Papst diesem Ziel der Kirche entgegenarbeitet und den *status universalis ecclesie* gefährdet. In anderem Zusammenhang nutzte Roselli diesen Ansatz bereits, um *Haec sancta* des Konstanzer Konzils zu interpretieren. Dessen Aussage, daß die Kirche *in Spiritu sancto legitime congregata, generale concilium faciens, et ecclesiam militantem repraesentans, potestatem a Christo immediate habet*,[179] deutet er entsprechend folgendermaßen: Die angeführte Erklärung der Synode trifft zu für den Ausnahmefall, daß es keinen Papst gibt und eine unmittelbare Gefahr für die Kirche gegeben ist. In Rosellis Verständnis ist diese Situation gegeben, falls der „Papst“ häretisch ist, er einer Gefahr für die Kirche oder dem Niedergang (*periclitatio*) derselben nicht begegnen will oder falls er es ablehnt, weiter *caput* der Kirche zu sein, wobei der Universalkirche gleichzeitig ein *periculum* droht. In diesen Fällen ist das Haupt der Kirche bzw. des Konzils unmittelbar Christus. Das Konzil kann sich für seine Gewalt auf diesen berufen. Alle *potestas pontificalis* ist dann im Konzil. Ist hingegen eine derartige (Ausnahme-) Situation nicht gegeben, d.h. ist der Papst nicht häretisch und auch bereit, den Gefahren für die Kirche entgegenzuarbeiten, so ist der Papst *vere caput concilii*. Konstanz leugnet nämlich, nach Roselli, nicht, daß die *potestas* im Papst ist.[180]

Nam si poneres omnem potestatem in concilio et poneres etiam in papa segregato a concilio, poneres duo principia quod esset hereticum. xxiiii. q. i. cerdoniani.

---

[178] Cf. Marc. f. 52r mit Verweis auf *xxiiii. q. i. cerdoniani*. Tatsächlich C. 24, q. 3, c. 39 (*Quidam autem*): Friedberg I 1002 (unter §. 19): *Cerdoniani a Cerdone quodam nominati, qui duo contraria principia asseruit.* Die *Cerdoniani* werden in der Liste verschiedener häretischer Gruppierungen aufgezählt.

[179] Concilium Constantiense, *Decretum Haec sancta* (Sessio V, 6.4.1415), COD[3] 409.

[180] Vgl. Marc. ff. 12r - v. Der entsprechende Text fehlt Cvp f. 218v. Die Bezugnahme Marc. f. 12v auf *Frequens* (*quia non dicit illa decretalis frequens quod potestas non sit in papa*) ein Fehler?

Item si poneres esse in concilio ita quod non in papa, disrumpes unitatem ecclesie que principaliter consistit in papa capite ecclesie. Papa igitur catholico existente et periculis et periclitationi ecclesie occurrente, ipse erit caput ecclesie et concilii et omnis est in eo potestas concilii. Sed eo heretico vel periculis et periclitationi ecclesie non occurrente, caput est tunc ... christus.[181]

Was aber gilt es zu tun, wenn der Papst in Sünde lebt oder wenn er das befiehlt, was schlecht ist? Muß ihm gehorcht werden? Wie soll und kann seine *potestas* in die Schranken gewiesen werden? Ist es nicht doch ratsam – diese Frage steht ja stets im Hintergrund –, den Vorrang des konziliaren Urteils vor dem des Papstes aufrechtzuerhalten? Roselli gibt sich daran, auf das komplexe Problem eine Antwort zu finden. Zunächst widmet er sich der Beantwortung der Frage, wie weit die *potestas* des *vicarius Christi* im allgemeinen (*in genere*) reicht.[182] Die All-Macht des Papstes ist limitiert durch die Begriffe des *possibile* und des *honestum*, die, gleichsam als Eckpfosten, das Gebiet des ihm zustehenden und für ihn zulässigen Handelns abstecken. Roselli sieht eine enge Beziehung zwischen dem Möglichen (*possibile*) und dem Notwendigen (*necessarium*). Das Notwendige wiederum erkennt er in dem göttlichen Recht und dem Naturrecht (*ius divinum et naturale*). Von dieser Prämisse ausgehend kommt Roselli zum Ergebnis, daß der Nachfolger des Petrus nicht in einer Weise handeln kann, welche die vom natürlichen oder göttlichen Recht her als solche zu bestimmende Sünde nährt, respektive, daß er alles kann, *was nicht nach Sünde schmeckt* (*que non sapiunt peccatum*). Er bekräftigt so die früher vorgetragene, sich auf Petrus Lombardus stützende These. Ihr zufolge ist dem Papst das nicht möglich, wodurch seine *dignitas* oder *excellentia* in Frage gestellt wird. Daß der Papst *cum causa* gegen göttliches oder Naturrecht agieren kann, ist konsequenterweise als Ausnahme zu betrachten.[183]

181 Marc. f. 12v.

182 Vgl. Marc. f. 52v: ... *sunt plurima videnda. Primum quid potest papa ipso solo papa considerato sine iudicio romane ecclesie. et hoc quid possit in genere quid quid possit in specie in opere monarchie dixi.* Für die Textgenese der *Monarchia* aufschlußreich ein Vergleich mit Cvp f. 281r: ... *sunt plurima videnda. primum in genere quid potest papa quia in specie et in alio meo opere dicam.* Hervorhebung vom Verfasser. Tatsächlich fehlt ja im Cvp 5129 der Teil, der bei Goldast *Pars IV* korrespondiert. Cf. aber G IV, I, 446 (Zeilen 29 f.): *Diximus supra in genere in proxima quaestione praecedenti, quid possit papa per potestatem pontificalem. Nunc ad speciem descendamus circa quod et ubi potestatem habet ...* etc.

183 Vgl. zum Gesagten Marc. ff. 52v - 53r. Ebd. f. 52v: ... *dico quod papa potest quicquid vult possibile et honestum. Nam impossibilia papa non potest et impossibile est cuius contrarium est necessarium. Est autem necessarium ius divinum et naturale et ideo si papa precipit vel statuit quod deo non placet vel nutrit peccatum hoc papa non potest quia potest omnia que non sapiunt peccatum ... non potest papa contra l. divinam vel nature sine causa nam non potest facere quod leges nature non habeant locum in actibus suis.* Roselli führt mehrere

Nachdem Roselli versucht hat, auf diese Art die Grenzen der päpstlichen Vollgewalt zu umschreiben, nähert er sich dem Kern des Problems. Er stellt die Frage, ob der Papst, wenn er doch schlecht handelt, vom Konzil oder irgendeinem anderen gerichtet werden kann.[184] Roselli wendet sich an dieser Stelle ausdrücklich gegen Zabarella. Er hebt hervor, daß das Konzil in diesem Fall keine Kompetenz besitzt, den Spruch über den Papst zu fällen. Das Konzil ist nicht der Superior des Papstes, falls derselbe durch sein Handeln dem Anspruch, gut zu agieren, nicht gerecht wird.[185] Um seine Auffassung klar zu machen, was das *male agere* des Papstes angeht, schreibt Roselli den – so Eckermann – *furchtbaren Satz*:[186] *si papa manibus propriis infinita homicidia commisisset, a nullo posset iudicari. Idem si commisisset milies symoniam. fallit nisi error esset in causa fidei et in articulis fidei.*[187] Freilich ist auch dieses Mal die Ausnahme das, was Roselli mehr beschäftigt. In seinen diesbezüglichen Ausführungen greift er wieder gern und ausgiebig auf das zurück, was er schon früher in der *Monarchia* entwickelt hat.[188] Im Mittelpunkt der Aufmerksamkeit steht zunächst der Begriff der *fides*, wie er in dem berühmt-berüchtigten Text *Si papa* (D. 40, c. 6) verwandt wird, um auszudrücken, daß es Situationen gibt, in denen der Papst dem Urteil eines anderen untersteht: *a nemine est iudicandus, nisi deprehendatur a fide devius.*[189]

In der *causa fidei* nämlich steht das Urteil des Konzils über dem des Papstes allein. Das *Abgehen vom Glauben* (*deviare a fide*) bringt, wie in-

Beispiele an, u.a. – ebd. f. 52v -: ... *si sine causa lex vel papa denegaret, quod filio non prestarentur alimenta, non valeret, sed cum causa sic, ut si esset hostis civitatis, qui posset mandari a parente etiam occidi, dedum alimenta denegari.* Verwiesen wird auf D. 11, 7, 35 (*Minime*): MK I 189. Cf. auch die Beispiele Ehebruch und Homizid.

[184] Vgl. Marc. f. 53r: ... *restat videre an si constat quod male facit de hoc possit iudicari a concilio vel ab aliquo alio.* Zu dieser Problematik auch MOYNIHAN, *Papal Immunity*.

[185] Vgl. Marc. f. 53r mit Hinweis auf *omnia iura supra deducta*. Cf. Marc. f. 2r, wo sich schon der Beleg *Glosse* zu D. 79, c. 9 (*Si quis pecunia*), v. *non Apostolicus*, ed., 380 findet: ... *quid si dum uxor tua creditur mortua, eligeris in Papam, et consecraris, et uxor tua te repetit, an ei reddendus es, vel si tu neges eam tuam uxorem esse, apud quem cognoscetur, cum Papa iudicari non possit, nisi de haeresi? Resp. si revocetur in dubium, non est cogendus stare iudicio alicuius, immo excipere potest, Dominus est, qui me iudicat. 9. q. 3. aliorum. Si autem certum est, tenetur ei reddere debitum, nisi mulier induci potest ad continentiam observandam, vel abrenuntiabit Papatui, et satisfaciet uxori, etc.*

[186] ECKERMANN, *Studien* 144.

[187] So T f. 109r; MI f. 67r; MII f. 311v. Marc. f. 53r hat *errorem* statt *error*; *et in articulis fidei* fehlt. – Cvp f. 281v schreibt: ... *si papa infinitos populos propriis manibus occidisset*, vielleicht inspiriert durch D. 40, c. 6 (*Si papa*): Friedberg I 146 mit seinem Hinweis auf *innumerabiles populos*.

[188] Cf. Marc. ff. 53r - v. Ebd. f. 53r der Hinweis auf *in opere monarchie in questione an pro peccato scandalicante ecclesiam papa iudicetur*. Cvp f. 281v hat interessanterweise auch den Verweis auf *in meo opere monarchie*. Vgl. G II, XIV - XV, 344 - 349.

[189] Friedberg I 146.

direkt aus Hab 2, 4 geschlossen wird, den Tod mit sich.[190] Ist der Papst nun das Haupt der Kirche, kann er, sobald er als geistig-geistlich tot anzusehen ist, nicht mehr dem entsprechen, was ihm zukommt: Er kann nicht mehr den anderen Gliedern der Kirche Leben zuführen. Ja, es muß sogar gesagt werden, daß er in diesem Zustand eine akute Gefahr für die gesamte Kirche darstellt, wie Roselli unter Bezugnahme auf das *Decretum* deutlich macht. Der Verlust der päpstlichen *dignitas* scheint unter diesen Umständen not-wendig[191] und geschieht *ipso iure*.[192]

---

190 Cf. Marc. f. 53r zitiert Hab 2, 4 (*der Gerechte bleibt wegen seiner Treue am Leben*) frei: ... *deviando a fide mortuus est iuxta sententiam abacuch quia iustus ex fide vivit.* Roselli verweist noch auf Hebr 11, 6: *Ohne Glauben aber ist es unmöglich, (Gott) zu gefallen.* Unmittelbar davon beeinflußt scheint – der auch Quellen angebende – TORQUEMADA, *Summa* IV, XVIII, ed., f. 388r (lies: 392r): ... *praelatus ecclesiae ipso facto quod factur (sic!) est haereticus non potest influere amplius in corpus ecclesiae nec sensum fidei nec motum operationis sanctae, patet cum careat fide quae principium est spiritualis influxus, cum iustus ex fide vivat. ad Rom. 1. et ipsa sit (ut ait Aug. in de fide ad Petrum) bonorum omnium fundamentum: ergo praelatus eo ipso quod factus est haereticus desinit esse rector et caput corporis ecclesiae. patet consequentia: quia caput dicitur, ut dicit Isido. quod inde alia membra capiant sensum et motum. Ista ratio est magistri Aug. de anchona in li. suo de ecclesiastica potestate q. i. ar. i. qui ita ait: Capitis est influere vitam omnibus membris. principium autem vitae spiritualis est ipsa fides, quia sine fide est impossibile placare Deo. Unde apostolus ad Heb. 11. fidem dicit esse substantiam i. fundamentum rerum sperandarum. si ergo papa deprehenditur devius a fide caret vita spirituali, et per consequens aliis influere non potest. unde sicut mortuus non est homo, sic papa in haeresi deprehensus non est papa propter quod ipso facto est depositus. haec ille.* – Vgl. dazu aber AUGUSTINUS TRIUMPHUS, *Summa* quaestio 1, articulus 1, ed., 2: ... *sicut est in corpore naturali, ita debet esse in corpore mystico: sed ita est in corpore naturali, quod omnia membra recipiunt influentiam ab uno, scilicet a corde. ergo ita erit in corpore mystico, quod omnia recipient influentiam a Summo Pontifice, et sic solum sua potestas est immediate a Deo, et nulla alia.*

191 Vgl. Marc. f. 53r. Cf. C. 6, q. 1, c. 11 Grp (*Verum hac*): Friedberg I 556: *Capite languescente facilius reliqua corporis membra inficiuntur, sicut scriptum est: Omne caput languidum, et omne cor merens; a planta usque ad verticem non est in eo sanitas.* Cf. Cvp f. 282r: ... *si mortuus est papa caput ecclesie non potest spiritus vitales in ceteris membris infundere quia principium vite plurimum est in capite et capite languente* ... etc. Vgl. auch MOORE, Heresy 9: *I think it is fair to maintain ... that the comparison of heresy and disease provided not simply a casual or conveniant metaphor, but a comprehensive and systematic model. The references which I have cited appear not as a random collection of images, but as fragments of an intellectual construction which was complete and consistent in itself, as a description of heresy and how it worked, and which conformed also to current beliefs about disease, and particularly about leprosy.* Ebd. 1 f. zur *pestis.* – Marc. f. 53r (nicht Cvp) der Verweis auf die *Monarchia*: *in questione an papa propter heresim papatum perdat.* Cf. G II, XIV, 344 - 346. Ebd. 345: ... *haeretici leprosis assimulantur variis maculis peccatorum pollutis ... statim, quod erant leprosi declarati, extra castra mittebantur, et sic haereticus declaratus statim est extra ecclesiam.*

192 Roselli verweist Marc. f. 53r auf *Jo. an. in c. ut commisi. de hereticis. in vi.* Vgl. G II, XIV, 345 (Zeilen 23 - 25): ... *ubi vult quod praelati etiam qui habuerunt canonicum ingressum propter haeresim, sint ipso iure privati.* Cf. ebd. 344 (Zeilen 47 - 49): ... *haereticus papa minor est quolibet catholico ... et ipso iuris (sic!) papatum et talem dignitatem perdit, quia ut Diabolus condemnandus est.* Hingewiesen wird auf D. 2 de poen., c. 45 (*Principium*):

Wichtig ist, daß der Autor der *Monarchia* darauf hinweist, daß im Text von D. 40, c. 6 (*Si papa*) nicht von *heresis* die Rede ist, sondern – allgemeiner – von *a fide deviare*. Unabhängig davon ist sein Hinweis, daß in diesen Fällen das Konzil Richter des Papstes ist, nicht im Text selbst begründet. Mit dieser Anmerkung referiert er die *opinio communis* der Zeit.[193] In der Interpretation, die Roselli bis dahin durchgeführt hat, gibt es Ansätze, die er nun weiterverfolgt. Die aufscheinenden Möglichkeiten erhalten Profil in seiner Diskussion der Glosse zu *Si papa*. In einem ersten Schritt konstatiert er, sozusagen als unbeteiligter Referent: *plus dixit glo. xl. di. c. si papa. quod idem est in omni delicto scandalicantem ecclesiam ut papa possit pro ipso a concilio iudicari quando monitus stat incorrigibilis et in sua obstinatione persistat.*[194]

Einer extensiven Deutung dieser Glosse stellt Roselli sich freilich entgegen. Er folgt zwar einerseits dem schon vertrauten Ansatz, der die *contumacia* mit der *heresis* auf eine Stufe stellt,[195] schränkt aber andererseits, wohl um Mißbrauch zu verhüten, deutlich ein: *hanc glosam (sic!) ego intellexi veram quando non solum tale delictum committit, sed etiam illud verbis et factis non esse delictum defendit.*[196] Mit einem solchen Konzept ist er nicht weit von dem eines Augustinus Triumphus entfernt. Darauf ist ausdrücklich hinzuweisen.[197] Als Begründung dieser Auffassung lenkt

---

Friedberg I 1209: *Qui et idcirco peccans sine venia est dampnatus, quia magnus sine comparatione fuerat creatus.* Vgl. *Glosse* zur Stelle, v. *venia*, ed., 1750.

193 Cf. Marc. f. 53r. Dazu Cvp f. 281v: ... *ego dico in omni dampnata heresi per concilia ut si in illa incidat (sc. papa) possit a concilio iudicari quia textus in c. Si papa xl. di. non dicit quod pro heresi deponatur sed quod deponitur quando deviat a fide, quando quod ecclesia dampnavit pro heresi ipse approbat ut fidei consonum.* – Vgl. G II, XV, 348 f. Ebd.: ... *quando est magis alienus a fide, quam cum ea quae sunt fidei pertinaciter non adimplet.*

194 Marc. f. 53r. Vgl. *Glosse* zu D. 40, c. 6, v. *a fide devius*, ed., 195: *Certe credo, quod si notorium est crimen eius, quandocumque, et inde scandalizatur Ecclesia, et incorrigibilis sit: quod inde possit accusari. Nam contumacia dicitur heresis ... et contumax dicitur infidelis ... Hic tamen specialiter fit mentio de haeresi, ideo quia etsi occulta esset haeresis, de illa posset accusari: sed de alio occulto crimine non posset.*

195 Cf. Marc. f. 53r mit dem Zitat aus *Glosse* zu D. 40, c. 6, v. *a fide devius*, ed., 195: ... *contumacia dicitur heresis. lxxxi. di. si qui presbiteri.* Cf. D. 81, c. 15 (*Si qui sunt presbiteri*): Friedberg I 284 f. Vgl. G II, XV, 348: ... *ubi est tex. quod peccatum ariolandi est nolle obedire, et scelus idolatriae est nolle acquiescere.*

196 Marc. f. 53r. Vgl. Cvp f. 282r: ... *intelligo veram ... verbis vel factis ...* – Hingewiesen sei auf G II, XV, 348, wo sich die entsprechenden Ausführungen auch – erweitert – finden. Ebd. referiert Roselli: *non ... debet caput turbari: quia sic tota subverteretur ecclesia saepius contemnendo caput, et multi crimina in papa confingerent ut caput ecclesiae, et per consequens ecclesiam conturbarent, et possent tales accusationes esse causa diversorum schismatum.*

197 Cf. Wilks, *Problem* 499 f.: ... *he (sc. the pope) does not lose his office simply because he personally falls into a state of mortal sin. This only comes about when his personal actions tend to influence others ... Immediately the pope acts contrary to his function, ... the man and his office fall apart. The pope who becomes a heretic is no longer a true pope, but a ty-*

Roselli den Blick auf den Text von *Si papa* zurück. Da dort gesagt wird, der Papst könne selbst dann nicht von einem Sterblichen zur Rechenschaft gezogen werden, wenn er *unzählige Völker* ins Verderben stürzt, reicht augenscheinlich ein *delictum notorium et scandalosum*, welches der genannte Sachverhalt doch zweifelsfrei darstellt, nicht aus, den Papst vor Gericht zu stellen. Anders stellt sich jedoch die Lage dar, wenn der *vicarius Christi* durch Wort oder Tat zum Ausdruck bringt, daß ein Verbrechen, das gegen göttliches oder Naturrecht – nicht gegen positives Recht – verstößt, kein Verbrechen sei. Denn eine solche – nicht allein auf die verbale Kommunikation reduzierbare – Behauptung ist evident häretisch.[198] Wiederholt der Papst je neu die alte Sünde, die der Kirche zum *scandalon* gereicht, und läßt er davon trotz Mahnung nicht ab, so lehrt er quasi durch sein Tun, daß Sünde nicht Sünde ist. Nicht das einmalige *peccatum*, nicht einmal das ärgerniserregende, nicht das ihm – wie jedem Menschen – widerfahrende Scheitern an dem Gebot des Herrn macht ihn justiziabel. Nein, allein das verstockte Verharren in der Sünde, durch das er die anderen, besonders die Schlichten und Einfachen, dem Glauben entfremdet, macht ihn in gewisser Weise zum Häretiker, der abgesetzt werden kann.[199] Eine solche Schlußfolgerung ist möglich, wenn man, wie

---

rant, and usurps his position if he continues to occupy it. Ebd. 500 (zitiert Augustinus Triumphus, Summa V. 4 ad 3): ... *papam esse incorrigibilem potest intelligi dupliciter. Primo per ipsius criminis vel peccati continuationem, puta quod monitus non propter hoc desistat a peccato fornicationis vel alio accusationis digno. Secundo per ipsius criminis pertinacem ‚defensionem' ut quod ‚defendat' et dicat tale crimen habens circumvolutam malitiam non esse peccatum, ita quod crimina prohibita iure divino ‚laudaret' et ‚defenderet tamquam licita'. Prima igitur incorrectio et contumacia non facit papam desinere esse papam. Sed secunda puto quod sic, quia talis incorrectio et contumacia aequipollent haeresim.*

198 Cf. Marc. ff. 53r - v. Roselli verweist auf D. 30, c. 16 (*Hec scripsimus*) und c. 17 (*Si quis presbiter*): Friedberg I 110. Die Texte sind in sich wenig überzeugend. – Vgl. noch D. 38, c. 16 (*Nullus*): Friedberg I 144: *Qui enim rebelliter vivit, et discere atque bona agere recusat, magis diaboli quam Christi membrum esse ostenditur, et potius infidelis quam fidelis monstratur.* – Für die These *asseverationes fiunt factis et operibus sicut verbis* verweist Roselli auf X. 2, 28, 52 (*Dilecti*): Friedberg II 432. *Glosse* zur Stelle, v. *facto provocare*, ed., 1059 die übrigen Belege: D. 21, 1, 48 (*Si tamen*): MK I 312; C. 22, q. 5, c. 20 (*Cavete*): Friedberg I 888.

199 Vgl. Marc. f. 53v: *Si igitur sit peccatum momentaneum vel scandalosum vel habens causam successivam papa non potest accusari nisi quando habet successivam causam vel reiterabilem et papa monitus ut se corrigat persistat in successu peccati vel post monitionem sepius reiteret scandalicando ecclesiam tunc ut videatur asserere ipsum peccatum non fore peccatum ... certo isto casu cum forte faciat populos a fide deicere credo eum tanquam hereticum posse deponi quia par est de fide exorbitare vel alios exemplo vel verbo a fide deicere.* Vgl. Cvp ff. 282r - v: *Et ideo si peccatum sit momentaneum et scandalosum papa non accusabitur sed si habet causam successivam ... etc.* MI f. 67v; MII f. 312r folgen Marc.; T f. 109v liest korrekt: *et scandalosum non habens causam successivam.*

Roselli, die schon bekannte Gleichung aufstellt: *par est de fide exorbitare vel alios exemplo vel verbo a fide deicere.*[200]

In seiner *Monarchia* gibt der *doctor utriusque* ein konkretes Beispiel der Anwendung von D. 40, c. 6. Es soll hier angeführt werden, weil es recht deutlich vor Augen führt, wie Roselli selbst seine Thesen versteht. Die im Anschluß zitierte Textpassage hebt darüber hinaus ins Licht, wie stark etwa der Gesichtspunkt des *scandalicans ecclesiam* interpretationsbedürftig und interpretationsgefährdet ist. Roselli diskutiert die *potestas* des Papstes bezüglich der *temporalia.* In Übereinstimmung zu seiner Grundanschauung betont er in diesem Zusammenhang, daß, falls ein Papst anstreben würde, bei sich selbst die *universa administratio temporalium* zu konzentrieren, dies einem Handeln gegen den Willen Gottes und das Gemeinwohl der Kirche gleichkäme.[201]

> *Profecto factum tale pro haeresi iudicarem, cum par sit a fide exorbitare, et alios exemplo vel verbo a fide deiicere ... Si enim subversor ecclesiae et status sancti clericalis et boni communis eius, debet censeri ... plus quam scismaticus, multo magis esset in eo qui habet primo rationem capitis et pastoris ... Et quia hoc esset tantum Ecclesiam confundere, et eius bonum publicum et tyrannidem exercere, non dubito quod si quispiam etiam summus pontifex in hoc facto persisteret pertinaciter, quod ei non esset oboediendum tanquam papae, immo esset tanquam haereticus et tanquam lupus rapax a fidelibus totaliter evitandus ... Per hoc, quod scribitur 40. di. si papa.*[202]

Es bedarf keiner weiteren Erklärung, daß ein solches Verständnis nicht nur Zustimmung fand. Es konnte vielmehr zuweilen als anstößig und verwerflich angesehen werden.

---

[200] Marc. f. 53v. Roselli gibt an C. 2, q. 7, c. 28 (*Paulus*): Friedberg I 491: *Paulus dicit: ‚Seniorem ne increpaveris.' Sed hec eius regula in eo est observanda, cum culpa senioris suo exemplo non trahit ad interitum corda iuniorum. Ubi autem senior iuvenibus exemplum ad interitum prebet, ibi districta increpatione feriendus est.* Cf. *Glosse* zur Stelle, v. *observanda*, ed., 695 und *Glosse* dazu: ... *generaliter quicunque publice peccat, exemplum peccandi cuilibet tribuit: et in totam Ecclesiam delinquit. 16. q. 2. sed illud secundum L et H.* Lies C. 26, q. 2, c. 9 (*Et si illud*): Friedberg I 1023: ... *per unum membrum macula in omne corpus diffunditur.*

[201] Cf. G I, XXXVIII, 273 (Zeilen 3 - 12). Ebd. (Zeile 41): ... *administratio temporalium universalis est contra naturam ecclesie.*

[202] G I, XXXVIII, 273 (Zeilen 12 -21). Der entsprechende Text gehört zu den im expurgierten Exemplar von 1517 durchgestrichenen, besonders anstößigen Passagen. Cf. *Monarchia* ed. 1517, f. 9r. – Ein anderes Beispiel, gewissermaßen durch die Faktizität der Geschichte legitimiert, gibt Roselli G II, XV, 348 (Zeilen 49 - 54): ... *tempore sacrilegi schismatis papa, qui iuraverat et voverat renunciare papatui propter sanctam unionem inducere, quia monitus implere iuramenta non curavit, sed sprevit, et diu in sua obstinatione stetit, a consilio Constantiensi et prius in Pisano consilio, pro haeretico est damnatus. et ratio, quia monitionibus factis sibi de ipso adimplendo ipse in peccato persistente de haeresi suspectus erat, tanquam non crederet id esse peccatum quod erat: ideo merito extitit depositus et damnatus.*

Si papa hatte sich wegen seiner im Laufe der Zeit entdeckten – oder vermeintlich entdeckten – Vielschichtigkeit zu einer Waffe in der kirchenpolitischen Diskussion entwickeln können. Roselli argumentiert zwar primär von dem Text D. 40, c. 6 her, tatsächlich aber wird sein Denken wesentlich von der Glosse zu diesem Text mitbestimmt. Im Bewußtsein der damaligen Zeit hatte *Si papa* über den Weg der Glosse, quasi in Zusammenschau mit dieser, eine überragende Bedeutung erlangt. Die Krise des Großen Schismas hatte dabei eine Schlüsselfunktion. Man kam wohl gar nicht umhin, bei der Deutung des *capitulum* im Für und Wider vor dem Horizont der Glosse zu argumentieren. Wenngleich Roselli deren Anwendungsbereich umgrenzt, will er sie doch letztlich für die Kirche „retten", als wahr erweisen. So kommt er in der *Monarchia*, im Rahmen der Diskussion der *potestas* des Papstes, zu dem Endergebnis, daß der Papst nicht nur für Häresie im strengen Sinn, sondern – unter der genannnten Bedingung der *pertinacia* – für das *notorium crimen universalem ecclesiam scandalizans* angeklagt und abgesetzt werden kann. Den Häresieverdacht bei einem solchen fortdauernden, sündhaft-ärgerniserregenden Verhalten leitet Roselli interessanterweise davon ab, daß der *vicarius Christi* durch eben diesen *modus agendi* den Anschein erweckt, er glaube nicht an Gott als den Rächer der Vergehen (*criminum ultor*) bzw. er glaube nicht an ein anderes, d.h. ewiges, Leben. Auf diese Art und Weise verstößt der Papst gegen die Glaubensartikel, wenn auch gewissermaßen über den Umweg seines Handelns.[203] Roselli behält so zwar formal das *a fide deviare* als Mittelpunkt seiner Argumentation bei. Er bietet aber die Möglichkeit, *Si papa* über einen recht eng umschriebenen Bereich der Häresie hinaus anzuwenden.[204]

---

[203] Vgl. G II, XV, 348 (Zeilen 54 - 61): ... *concludo, quod pro nullo crimine papa accusatur sive deponitur, nisi pro haeresi sumpta stricto modo ... vel pro notorio crimine universalem ecclesiam scandalizante, in quo papa monitus perseveret vel ipsum reiterando continuet: quia tunc de haeresi est suspectus, videlicet quod non credat Deum esse criminum ultorem, sive aliam vitam (sic!), et sic est suspectus in articulis fidei: et hoc modo potest verificari illa glo. et ideo monitus si se non corrigit, est haereticus arbitrandus. nam cum tale delictum conturbet universalem ecclesiam, et bonum eius, et papa monitus se non removet, tunc videtur bonum universalis ecclesiae perturbare. Et ipse verbis aut factis hoc asserens est haereticus ... Et poterit per concilium iudicari.*

[204] Vgl. auch die Ausführungen G II, XVII, 352 zum Verhältnis Schisma – Häresie: ... *scisma est dispositio, quia disponit hominem ad haeresim, et postquam est inveterata transit in habitum, id est, in haeresim: quia scindendo se est suspectus de haresi, non dico haereticus, sed cum suae divisionis excusationes profert, tunc dicit haeresim, et idem persistendo. et hoc ultimum est notandum, quod diu persistendo quis in delicto de haeresi suspecto ille talis postea vere haereticus dici potest. et hoc est notandum pro his quae dixi de Papa peccante et scandalizante ecclesiam, et monito pertinaciter persistente, ut sit haereticus.*

Dies ist für ihn der Ausgangspunkt, zu fragen, ob im Falle ungerechter oder unbilliger Befehle des Papstes diesem gegenüber die Gehorsamspflicht weiterbesteht, *et an ab aliis ut a concilio talia facta possint corrigi. et an sit maior sententia concilii quam pape.*[205]

Das Problem der *obedientia* stellt sich nicht, falls die ungerechte Anordnung gegen das göttliche oder das Naturrecht verstößt. Dann darf weder der Einzelne noch mehrere, an die der Befehl ergeht, diesem Befehl Folge leisten. Das gilt auch dann, wenn dem Papst selbst diese Anordnung gerecht erscheint.[206] Um einen weiteren Gedanken zu begründen, verweist Roselli auf die *doctores*. Auch im Falle einer gerechten Anordnung des Vorgesetzten, Papst eingeschlossen, hat der Befehlsempfänger diese Anordnung nicht auszuführen, sofern sein – wenngleich irrendes – Gewissen den Befehl als ungerecht wahrnimmt.[207] Der Verfasser der *Monarchia* unterstreicht so nachdrücklich die Bedeutung des Gewissens. Bis in die Textgestalt hinein verdankt er an dieser Stelle wieder viel seinem Lehrer Antonius de Butrio. Er setzt freilich durch die Anwendung der eher klassischen, in sich nicht revolutionären Gedanken auf die Gehorsamspflicht gegenüber dem *vicarius Christi* einen eigenen Akzent.[208]

---

[205] So Marc. f. 53v.

[206] Vgl. Marc. f. 53v mit Verweis auf X. 2, 13, 13 (*Literas*): Friedberg II 287: ... *omne, quod non est ex fide, peccatum est, et quicquid fit contra conscientiam aedificat ad gehennam, frustra in tali casu adiudicaretur restitutio spoliato, quum illa contra Deum non debeat in hoc iudici obedire, sed potius excommunicationem humiliter sustinere.*

[207] Vgl. Marc. f. 53v. Ebd.: ... *et licet posset puniri a papa debet punitionem tollerare pacienter.* Dazu vgl. *Glosse* zu X. 1, 11, 5 (*Ad aures*), v. *oboedientiam*, ed., 287 f.; HOSTIENSIS, *Commentaria* zur Stelle, v. *debitam praepositis oboedientiam*, ed., f. 99A; beides aufnehmend etwa ANTONIUS DE BUTRIO, *Commentaria* zu X. 1, 11, 5 (*Ad aures*), ed., f. 173r. Ebd. u.a.: *Quandoque aliquid praecipit (sc. praelatus) extraiudicialiter superior: et tunc aut est praecisus, ut quia schismaticus, haereticus, vel rebellis: et non debet subditus oboedire ... Aut non est praecisus, et praecipit aliqua, quae non spectant ad eius officium: et adhuc non est parendum ... Quandoque aliquid praecipit de his, quae spectant ad eius officium: et tunc aut aperte praecipit illicitum, vel quod est malum: et parendum non est, licet iustum videatur praelato. de resti. spo. literas. Et hoc casu, quod posset contradicere, etiam absque appellatione, et sufficeret contradicere. 84. distinctio. gesta. quia tale gravamen extraiudiciale non transit in rem iudicatam ... Quandoque praelatus praecipit evidenter iustum: et parendum est, nisi subditus haberet conscientiam, quod esset iniustum, et illam non posset deponere, quia tunc potius quantuncunque erroneam conscientiam debet sequi. de simo. per tuas. Et liceat praelatus posset eum punire, subditus toleret patienter, ex quo non potest conscientiam deponere. de resti. spo. literas. de sent. excom. inquisitioni. Quandoque praecipitur aliquod dubium: et adhuc in dubio parendum est.* Cf. Auch HOSTIENSIS, *Commentaria* zu X. 5, 3, 35 (*Per tuas*), v. *non evadet*, ed., f. 24: *quia nec ad superiores ordines debet ascendere contra conscientiam, nec etiam contra eandem in susceptis ministrare, et sic semper stabit et vivat.*

[208] Vgl. die vorhergehende Anmerkung. Cf. aber ECKERMANN, *Studien* 155 f. zum *subjektivistischen Vorbehalt*. Ebd. 155: *Roselli betont unbilligen Forderungen des absoluten Herrschers auf geistlichem Gebiet gegenüber die Bedeutung des Gewissens des einzelnen*

Nachdem Roselli auf diese Art und Weise vom Primat der *conscientia* her die mehr passive Möglichkeit der Verweigerung der *obedientia* angesichts ungerechter Befehle des Papstes skizziert hat, wendet er sich der Frage zu, ob die *facta pape* korrigiert oder verbessert werden können. Für Roselli ist die grundsätzliche Frage, ob die Handlungen, wenn sie schon schlecht sind, eine Störung des *status universalis ecclesie*, eine *decoloratio* desselben mit sich bringen, bzw. ob sie *contra fidem* verstoßen oder nicht.

Trifft dies nicht zu, kann das Konzil diese *facta pape* nicht korrigieren. Der Befehlsempfänger muß zwar auch in diesem Fall nicht gehorchen, doch das Konzil kann keine Vorsorge treffen, daß ihn das Urteil des Papstes nicht trifft. In diesem Fall steht das Urteil des Papstes über dem des Konzils.[209] Anders verhält es sich im entgegengesetzten Fall. Dann sind die Weisungen des Papstes zwar nicht ungültig, aber die *ecclesia universalis* ist nicht verpflichtet, ihnen Folge zu leisten, sie zu ertragen (*precepta non debet pati*). Das Urteil des Konzils, welches die Universalkirche repräsentiert, zieht Roselli dann dem des Papstes vor.[210] Mit dieser Aussage beschließt Roselli in der Wiener *Monarchia*-Fassung – wie auch in den an Kardinal Orsini gerichteten *Allegationes* – seine Argumentation.[211]

Der Text des Konzilientraktats, wie er in der Marciana u.s.w. vorliegt, ist dagegen beachtlich erweitert. Dies trifft auch auf die späteren *Monar-*

Menschen in einer Weise, wie wir etwas Ähnliches in keinem der zeitgenössischen kirchenpolitischen Traktate wiederfinden.

209 Cf. Marc. f. 54r. U.a.: ... *si talia facta quamvis iniusta non turbant statum universalis ecclesie nec ipsum decolorant nec sunt contra fidei articulos vel contra illa que ab ecclesia universali ut heretica desisa (T f. 110r: decisa) sint, tunc quamvis sunt malefacta et papa non possit nec debeat ipsa facere, tunc concilium non potest tales errores corrigere. licet enim ille cui precipitur non debeat parere ... tamen concilium non relevat eum a iudicio pape ... et in his est maior sententia pape quamvis mala quam concilii.* Cf. Cvp f. 283r.

210 Cf. Marc. f. 54r: *Si vero talia facta turbant etiam bonum universalis ecclesie vel ledunt vel decolorant statum ecclesie universalis vel sunt contra fidem vel a fide deviant, tunc ecclesia universalis i. concilium cui videntur fieri huiusmodi precepta non debet papa (MII f. 312v: ipsa) pati. ita dicit Innoc. in dicto c. quanto. de consuetu. qui dicit quod ecclesia universalis vel concilium non debet ista pati, non dicit quod non valeant. et isto casu prefero sententiam concilii sententie pape.* Cf. Cvp f. 283r: *Si vero talia precepta sive facta sunt non solum iniusta et peccata nutriunt, sed et bonum universalis ecclesie perturbant vel ledunt vel decolorant statum ecclesie universalis, tunc ecclesia universalis cui videntur huiusmodi precepta (sic!) non debet ista pati ... isto casu prefero sententiam concilii representantis universalem ecclesiam sententie pape.*

211 Cf. Cvp f. 283r – nach dem Verweis auf C. 25, q. 1, c. 6 (*Sunt quidam*): Friedberg I 1008 und C. 25, q. 2, c. 4 (*Si ea*): Friedberg I 1013: *Si ea destruerem (sc. Gregorius I.), que antecessores nostri statuerunt, non constructor, sed eversor esse iuste conprobarer, testante veritatis voce, que ait: ‚Omne regnum in se ipsum divisum' desolabitur et omnis scientia et lex adversum se divisa destrueretur* – schließt Roselli: *Sic intelligo istam questionem male per doctores explicatam.* Ebenso ANTONIUS DE ROSELLI, *Allegationes (Orsini)* – Laurenziana, Plut. XVI, Cod. XIII, f. 240r.

chia-Fassungen und die sich darauf stützenden Druckfassungen zu.[212] In dem Zusatz geht Roselli näher auf die Bedeutung der *ecclesia Romana*[213] und der *sedes apostolica* ein. Er beginnt seine Erörterungen mit einem persönlichen Bekenntnis. Seiner Meinung nach ist auch in Situationen, bei denen zweifelhaft ist, ob eine Anweisung oder Lehre des Papstes dem Glauben widerspricht oder nicht bzw. ob eine seinerseits erfolgte Beurteilung eines Faktum als Sünde zutreffend ist oder nicht, dem Urteil des Konzils, das eine entgegengesetzte Meinung vertritt, der Vorrang einzuräumen. Diese These gilt, solange der Papst alleine oder mit nur wenigen Gefolgsleuten seine Auffassung vertritt.

---

[212] Cf. Marc. ff. 54r - 55r; T ff. 110r - 111r; MI ff. 68r - 69r; MII ff. 312v - 313v; Vgl. auch Padova, Biblioteca Capitolare, B 11, f. 126v (für den dem Konzilstraktat entsprechenden Schlußsatz: ... *predictis aliter determinaret.*); Vat. lat. 13019, f. 70v; Trento, Biblioteca Comunale, Wien Archiv 611, f. 129v. Für die Druckfassungen *Monarchia* ed. 1487, ff. 71v - 72r; *Monarchia* ed. 1549, ff. 35r - v; G III, XXVII, 444 - 446.

[213] Zur Interpretation von *ecclesia romana* bei den Dekretisten cf. Tierney, *Foundations* 36 - 46. Vgl. auch Fernández – Ríos, Primado 91 - 97. Ebd. 96 f.: *Concluyendo, para Huguccio ‚Romana Ecclesia‘ encierra tres significados: Iglesia Universal (universitas fidelium), Iglesia local de Roma (caput omnium), Papa juntamente con el Colegio Cardenalicio (Papa et cardinales). ... Supuesto que el sujeto propio y directo de la indefectibilidad es la comunidad de los fieles ... lógicamente afirma Huguccio que la Iglesia Romana sin mancha ni arruga de herejía (o crimen notorio) no es otra que la Iglesia Universal.* – Cf. ferner Krämer, *Konsens* 331 f. Ebd. – auszugsweise als Anhang – Johannes de Ragusa, *Tractatus* 378 f. (Cod. bibl. univ. Basiliensis A I 29, f. 307v): *Nota distinctionem de Romana ecclesia. Pro quo sciendum, quod Romana ecclesia dupliciter accipitur: uno modo materialiter, alio modo formaliter: et materialiter quidem tribus modis: Uno modo pro ipsa ecclesia materiali sancti Petri ex lignis et lapidibus constructa ... Alio modo pro ipso summo romano pontifice cum suis cardinalibus et ceteris eidem assistentibus. Et hoc tripliciter, quia aliquando ecclesia romana accipitur ‚pro ipso papa‘, prout ipse est tantum modo episcopus cum suae romanae dioecesis clericis et fidelibus; aliquando pro ipso et omnibus sub sua metropoli et sede archiepiscopali constitutis ...; aliquando pro omnibus metropolitanis ecclesiis sibi tamquam patriarchae et capiti in sede patriarchali praesidenti unitis ... Tertio modo pro ipsis statutis, ordinationibus, decretis et decretalibus, quae et quas ipse Romanus pontifex cum cardinalibus sive sua dioecesi aut provincia aut etiam patriarchatu statuit et ordinavit extra concilium generale pro declaratione fidei vel universali regimine ecclesiae vel etiam particularium ecclesiarum quarumcumque. Formaliter etiam Romana ecclesia tripliciter accipitur: Uno modo pro ipsa multitudine omnium fidelium diffusa per orbem subiecta romano pontifici, et sic ecclesia catholica a roma<na> denominatur et convertibiliter se habet cum ipsa. alio modo pro ipsa congregatione fidelium, prout in concilio generali congregatur, quod catholicam et universalem ecclesiam repraesentat et per consequens romanam. Tertio modo pro ipsis statutis ... quae fiunt ‚universali consensu‘ in concilio generali, sive etiam, quae per summum pontificem sive consuetudinem introducta sunt, confirmantur. Quando ergo dicitur ecclesia Romana errare non potest in his, quae fidei sunt et necessitatis ad salutem, intelligitur de ecclesia Romana formaliter acceptis omnis tribus modis, ... non autem de ecclesia romana materialiter secundo et tertio modo accepta, quia summus pontifex inquantum est episcopus vel archiepiscopus cum toto suo clero potest errare et esse haereticus, et saepe sua statuta possunt errorem continere et manifestam iniquitatem ... Secus autem de patriarchatu romano, quia numquam in totum errasse reperitur ...* Eine gute Zusammenfassung der Bandbreite der Interpretationen zur Zeit von Basel mit der persönlichen Stellungnahme des Autors.

> *Sed si concilium provinciale romanum et ecclesia romana et sedes apostolica aliquid in predictis pro vero deliberasset, tunc credo quod esset maior sententia pape et ecclesie romane quam alterius generalis concilii sententiam sedis apostolice non habentis.*[214]

Das Urteil der *sedes apostolica* ist für ihn infallibel. Sie wie die römische Kirche können nicht irren. In diesem Zusammenhang deutet er eigenartigerweise das dem Petrus zugesagte Herrenwort Lk 22, 32 (*Ich aber habe für dich gebetet, daß dein Glaube nicht erlischt*) weder auf Petrus, noch auf die Universalkirche, sondern auf die Kirche, die dem Petrus besonders anbefohlen ist (*ecclesia sibi specialiter commissa*), d.h. die *ecclesia Romana*. Durch das *indubitabile iudicium* dieser Kirche sollen – nach Rosellis Auffassung – alle *cause maiores* entschieden werden können.[215] Besonderen Wert mißt Roselli in seiner Argumentation der Glosse zu C. 24, q. 1, c. 6 (*Quodcunque*) bei, in der Johannes Teutonicus sein Bekenntnis ablegt, Gott werde nicht zulassen, daß die *ecclesia Romana* irrt.[216] Diese Glosse kann sich nach Rosellis Auffassung auf das – dem Hieronymus zugeschriebene – Zitat in *Haec est fides* berufen.[217] Auch C. 24, q. 1, c. 9 (*A recta*) läßt an der herausragenden Bedeutung dieser Kirche, die dieser Auffassung zufolge niemals geirrt hat, keinen Zweifel aufkommen.[218] Anders als zuvor deutet er jetzt, das Ziel seiner kanonistischen Blütenlese

---

214 Cf. Marc. f. 54r. Textlich besser MII f. 312v.

215 Cf. Marc. f. 54r. Roselli verweist wieder auf D. 21, c. 1 Gra (*Decretis*): Friedberg I 67 für das Bibelzitat. Vom genannten Text her sich läßt sich noch nichts für die *ecclesia Romana* ableiten. – Für die *cause maiores* wird verwiesen auf C. 24, q. 1, c. 12 (*Quotiens*): Friedberg I 970. Vgl. *Glosse* zur Stelle, v. *fidei*, ed., 1387 f.: ... *aliud est quaestionem de fide motam terminare (quod nulli praeterquam Romanae Sedi permittitur, sicut hic dicitur) aliud est ipsam sine diffinitione ventilare.* Zur Haltung der Dekretisten cf. TIERNEY, *Foundations* 29: *The Pope was also a judge of first instance, having sole cognizance of certain specified cases, the socalled ‚causae maiores', among which were mentioned most prominently cases involving the deposition of bishops, and cases involving the decision of disputed articles of faith.* Vgl. auch Marc. f. 48v mit Verweis auf X. 3, 42, 3 (*Maiores*): Friedberg II 644: *Maiores ecclesiae causas, praesertim articulos fidei contingentes, ad Petri sedem referendas intelliget qui eum quaerenti Domino, quem discipuli dicerent ipsum esse, respondisse notabit: ‚Tu es Christus ...' et pro eo Dominum exorasse, ne deficiat fides eius.*

216 Cf. *Glosse* zu C. 24, q. 1, c. 6, v. *reconciliat*, ed., 1386: *Arg. quod sententia totius Ecclesiae praeferenda est Romanae, si in aliquo sibi contradicunt. arg. 93. dist. legimus. Sed contrarium credo. arg. infra ead. haec est. nisi erraret Romana Ecclesia, quod non credo posse fieri: quia Deus non permitteret. argu. infra ead. c. a recta et c. pudenda.* Marc. f. 54r bezeichnet diesen Text als *notabilis*.

217 Cf. C. 24, q. 1, c. 14: Friedberg I 970: *Sancta Romana ecclesia, que semper inmaculata permansit, Domino providente et B. apostolo Petro opem ferente in futuro manebit, sine ulla hereticorum insultatione atque firma et inmobilis omni tempore persistet.* Vgl. die Hinweise zum Text im Apparat bei Friedberg.

218 Cf. Friedberg I 969: ... *hec sancta et apostolica mater ecclesiarum omnium Christi ecclesia, que ... nunquam errasse probatur, nec hereticis novitatibus succubuit, sed ... illibata fide-*

nicht aus den Augen verlierend, die *prima sedes* von C. 9, q. 3, c. 13 (*Nemo*) als die *sedes apostolica*, die nicht mit dem Papst allein zu gleichzusetzen ist.[219] Das Urteil dieser *sedes* steht erhaben über dem eines Konzils. Ein solches Urteil ist indiskutabel.[220] Um die Unterscheidung von Papst und *sedes* zu rechtfertigen, verweist er auf eine Dekretale Bonifaz' VIII., *Si gratiose*, in der dieser zwischen dem sterblichen Papst und der *sedes apostolica*, die nicht stirbt, wohl unterscheidet.[221]

Roselli knüpft in diesem Kontext an Argumentationen an, die sich bei dem früher scharf kritisierten Zabarella finden.[222] Auch verweist er nun, in der Ergänzung, auf ein Cyrillus zugeschriebenes Zitat, welches vorher mit Blick auf die Priorität des Konzils Verwendung fand:

---

tenus manet. Vgl. aber *Glosse* zur Stelle, v. *novitatibus*, ed., 1387, die unter dieser Kirche, die niemals geirrt hat, die *ipsa congregatio fidelium* versteht. – Roselli verweist u.a. noch auf C. 24, q. 1, c. 11 (*In sede*): Friedberg I 969: *In sede apostolica extra maculam semper est catholica servata religio.*

219 Cf. Marc. f. 54v. Dazu Friedberg I 610: *Nemo iudicabit primam sedem ...* Roselli a.a.O.: *Hic non loquitur de papa, quia aliud est sedes apostolica et aliud papa.* Vgl. aber Marc. f. 48r: ... *et licet ibi tex. dicat de prima sede, tamen non debet intelligi de papa cum cardinalibus ut dominus cardi. de Zabarellis male intellexit, sed de solo papa, ut eius cause non iudicentur a concilio.* Auch ANTONIO ROSELLI, *Commentarii super Decretum*, Biblioteca Colombina, 5.7.8., f. 181r (zu C. 9, q. 3, c. 13): ... *et licet textus dicat de prima sede non intelligitur tamen de papa cum cardinalibus ut dominus Cardinalis de Zabarellis male sensit, nam intelligitur et de solo papa ut probat textus statim in c. proxymo cum dicat ‚sed sedis istius presidem suo reservavit arbitrio‘.* Vgl. auch ebd., f. 182r (zu C. 9, q. 3, c. 15): *Item nota quod istud verbum ‚a nobis‘ denotat personam pape loquentis et non sedis apostolice et sic hic est casus quod facta solius pape iudicantur a solo deo et ideo male intelligunt illi qui volunt quod ista iura loquantur de sede apostolica de quo dixi supra in c. nemo et c. aliorum.*

220 Vgl. Marc. f. 54v unter Hinweis auf C. 9, q. 3, c. 10 (*Patet*): Friedberg I 609. Weiter C. 9, q. 3, c. 11 (*Fuit*): ebd.; C. 9, q. 3, c. 12 (*Antiquis*): ebd. 610; C. 9, q. 3, c. 16 (*Ipsi sunt*): ebd. 611; C. 9, q. 3, c. 17 (*Cuncta*): ebd. – Vgl. auch C. 17, q. 4, c. 30 (*Nemini*): Friedberg I 823: *Nemini est de sedis apostolicae iudicio iudicare, aut illius sentenciam retractare permissum, videlicet propter Romanae ecclesiae primatum, Christi munere in beato Petro apostolo divinitus collocatum.*

221 Cf. Marc. f. 54v mit Verweis auf VI°. 1, 3, 5 (*Si gratiose*): Friedberg II 939. Vgl. *Glosse* zur Stelle, v. *apostolicae sedis*, ed., 25 und ebd., v. *non moritur*, ed., 25 f.: *Sic 12. q. 2. liberti. 2. non enim potest esse nulla 24. q. 1. pudenda. §. fi. quin Dominus pro ea oravit. de baptis. maiores. in prin.* Vgl. auch die verschiedenen Textfassungen Marc. f. 44r: ... *aliud est sedes apostolica et aliud papa ... Nam papa consideratur pro solo ipso Pontifice residente. sed sedes apo. capitur vel pro tota ecclesia universali vel saltim pro tota romana ecclesia.* Cvp f. 270r: ... *sedes apostolica capitur pro tota ecclesia universali.*

222 Vgl. ZABARELLA, *Tractatus* 700 f.: *Aliud autem papa, aliud sedes Apostolica. de rescriptis. c. si gratiose. lib. 6. Nam sedes errare non potest ... quod dicitur sedem Apostolicam errare non posse, videtur intelligendum accipiendo sedem pro tota Ecclesia, id est, congregatione fidelium ... in eo, quod dixi, aliud papa, aliud sedem Apostolicam, videtur intelligenda sedes Apostolica, pro ecclesia Romana, quae non censetur esse solus papa, sed ipse papa cum Cardinalibus, qui sunt partes corporis papae.*

Secundum ... hanc Domini promissionem, Ecclesia Apostolica Petri ab omni seductione haereticaque circumventione manet immaculata, super omnes praepositos et episcopos, et per omnes primates Ecclesiarum et populorum in suis Pontificibus, in fide plenissima et auctoritate Petri. Et cum aliae Ecclesiae, quorundam errore sint verecundatae, stabilita inquassabiliter ipsa sola regnat, silentium imponens, et omnium obturans ora haereticorum.[223]

Dieser Textpassus ist Roselli hier Beleg dafür, daß die *sedes apostolica*, in eins gesetzt mit der *ecclesia Romana*, niemals dem Irrtum verfällt. Seine Aussage, daß diese These zutrifft, insofern die *Romana ecclesia* vereint ist *mit den Kardinälen und den anderen der römischen Provinz* (*unita cum cardinalibus et aliis romane provincie*), läßt ganz deutlich werden, daß er sie nicht für den Papst allein gelten lassen will. Im Papst wird vielmehr jemand gesehen, in dem eine Repräsentation dieser *ecclesia Romana* erkannt werden kann. Diese Repräsentation ist allerdings eben kein Ausdruck von Identität. Anders als der Papst sündigt die *sedes apostolica* nicht, soweit sie mit den Kardinälen und den anderen Prälaten der Kirchenprovinz agiert.[224] Diese wiederholte Präzisierung durch das *unita cum* macht evident, daß auch bei Roselli an dieser Stelle eigentlich unter *Romana ecclesia* respektive *sedes apostolica* der Papst verstanden wird. Die damit zutage tretende Spannung zu dem Text, wo er von der Differenz *sedes apostolica – papa* ausgegangen ist, ist nur schwer zu erklären. Fest steht, daß Roselli es zuweilen an der wünschenswerten Klarheit – willentlich oder unwillentlich – fehlen läßt. Seine Aussageabsicht allerdings, insofern man das Gesamt seiner Ausführungen in den Blick nimmt, geht dahin, die Inerranz der *sedes apostolica* zuzusprechen, verstanden als den Papst einschließende und zugleich übersteigende Einheit.[225] Mit Blick auf diese *sedes* geht Roselli auf das in der prokonziliaren Argumentation immer wieder auftauchende *Dictum* des Hieronymus ein, daß der Erdkreis größer ist als die Stadt Rom (*orbis maior est urbe*).[226] Ausgehend von dem

[223] Cf. Marc. ff. 44r - v (auch dort ein Cvp f. 270v fehlender Einschub); Marc. f. 54v. Quelle ist wohl THOMAS VON AQUIN, *Catena aurea* (I) 295 f., der auch der Wiedergabe des Zitats zugrundegelegt wurde.

[224] Vgl. Marc. f. 44r zur Deutung der *Glosse* zu C. 24, q. 1, c. 6, v. *reconciliat*, ed., 1386: ... *que dicit quod ecclesia romana errare non potest ne (MII f. 302r: ut) intelligatur de romana ecclesia unita cum cardinalibus et aliis provincie romane, non prout est in solo papa representata, quia constat, quod papa peccat quottidie ... et quod non peccet sedes apostolica sicut dixi unita cum cardinalibus et aliis provincialibus prelatis vult beatus cirrillus (sic!)* ... etc.

[225] Cf. Marc. f. 44v: ... *hoc modo debet intelligi quod ad sedem apostolicam maiores cause ut fidei deferruntur ... non ut solus papa determinet. sed cum tota apostolica sede. i. cum concilio Cardinalium et prelatorum sibi assistentium. Vel potius cum concilio provinciali romane ecclesie vel cum concilio ecclesie universalis. et his casibus ecclesia dicitur non errare.*

[226] Vgl. Marc. f. 54v. Dazu D. 93, c. 24 (*Legimus*): Friedberg I 328: ... *orbis maior est urbe.* Vgl. *Glosse* zur Stelle, v. *maior est*, ed., 451: ... *est hic arg. quod statuta Concilii praeiudi-*

Textzusammenhang sieht er darin nur einen Hinweis auf die Bedeutung des Gewohnheitsrechts einer Provinz oder der Welt, dem immer der Vorrang vor dem römischen Gewohnheitsrecht einzuräumen ist.[227]

Nun wird jedoch dieser Text zuweilen in dem Sinn interpretiert, daß das Urteil der Gesamtkirche höher anzusetzen ist als das Urteil des Papstes allein, soweit es um den Glauben geht, der das Wohl der *ecclesia universalis* betrifft. Die Lösung Rosellis ergibt sich aus seinem oben skizzierten Vorverständnis. Die in einer solchen These behauptete Superiorität ist vertretbar, falls man den Text entweder dahingehend versteht, daß er von dem Papst alleine und nicht von der *sedes apostolica* spricht oder wenn man spricht *de sententia ecclesie universalis in qua etiam sit papa et clerus romanus, ut ista sit in fide maior sententia pape vel solius romane sedis.*[228]

Roselli erläutert von diesem Ausgangspunkt her seine Aussage am Anfang des Traktats. Dabei hatte er auf die Superiorität des Generalkonzils hinsichtlich des unter Vorsitz des Papstes stattfindenden Provinzialkonzils Bezug genommen. Eine solche Aussage ist zutreffend, falls man bei der *synodus generalis* den *papa cum ecclesia romana tanquam caput* mitdenkt.[229] Tatsächlich hatte Roselli bereits die Problematik der Gewichtung von Konzilsentscheidungen angeschnitten. Dies geschah in Zusammenhang mit der Frage nach den Konzilsteilnehmern, bei der er auf die verschiedenen Konzilstypen rekurrierte.[230] Anders als in Cvp f. 232v, wo die entsprechenden Passagen noch fehlen, wird in Marc. f. 20v die Bedeutung der *sedes apostolica* nachhaltig betont. Roselli stellt neben das Gene-

---

cent statuto Papae, si contradicant, ut dixi 9. q. 3. nemo. Cf. *Glosse* zu C. 9, q. 3, c. 13 (*Nemo*), v. *neque ab omni clero*, ed., 877. Die einschlägige Argumentation etwa bei ZABARELLA, *Tractatus* 703.

[227] Cf. Marc. f. 54v: ... *loquitur de consuetudine, quod consuetudo orbis preferenda est speciali consuetudini urbis et romane curie ... consuetudo orbis et aliarum provinciarum intuenda i. servanda est, quia orbis in hoc maior est urbe. immo nedum orbis sed et unius provincie attenditur consuetudo et non romana ... quia primo attendenda est consuetudo proprie provincie ... et postremo romana.* Roselli verweist auf D. 12, c. 11 (*Illa*): Friedberg I 29 f. und X. 4, 4, 5 (*Tuas dudum*): Friedberg II 681 f. Letzteres ist aus JO. AN., *Commentaria* zu X. 3, 39, 22 (*Super eo*), ed., ff. 211 f. ableitbar. – Vgl. auch TORQUEMADA, *Responsio* 66: ... *non de auctoritate potestatis sive iurisdictionis orbis respectu eccl. Romanae, aut sedis apostolicae loquitur, sed de auctoritate consuetudinis.*

[228] Marc. f. 54v.

[229] Vgl. Marc. f. 54v: ... *hoc modo debet intelligi quod dixi supra in principio huius tractatus quod maior est sententia Synodus generalis, subaudi in quo sit papa cum ecclesia romana tanquam caput, quam auctoritas sola concilii provincialis pape.*

[230] Vgl. Marc. f. 20v: *Michi vero videtur sic dicendum. quod conciliorum plures sunt species ... ut dicam infra in penultima questione. per tex. xxiiii. q. i. c. hec est fides.* Der entsprechende Text Cvp f. 232v: Dort wieder mit Auslassung der Passagen, welche die Bedeutung der *sedes apostolica* herausstellen und ohne Verweis auf die *penultima questio*. Vgl. auch Marc. f. 6v und Cvp f. 207v (dort ohne *de quo dicam infra in penultima questione*).

ralkonzil, dessen Beschlüsse die Bestätigung der *sedes* haben und welches dann höchste Autorität für sich beanspruchen kann, das römische Provinzialkonzil, welches der Papst als Patriarch der Stadt Rom (*patriarcha urbis Rome*) abhält und das im Vergleich zum vorgenannten nur geringere Autorität für sich geltend machen kann. Das dort Beschlossene hat die Geltung einer *lex generalis* ausschließlich, falls dem nicht Beschlüsse früherer *universalia concilia* mit Approbation der *sedes* entgegenstehen. Im Konfliktfall aber von Generalkonzil und *sedes* bzw. römischem Provinzialkonzil kommt dem letzteren der Vorrang zu.[231] Und dies gilt, wie Roselli nun am Schluß seines Traktats unterstreicht, auch für den Fall, daß es sich um die *fides* bzw. das *bonum universalis ecclesie* handelt. Die von ihm angegebene Begründung der Priorität der *sedes* für diesen Kasus faßt in glänzender Weise seine Gesamtsicht zusammen. Im Streit der beiden Parteien muß das Generalkonzil ohne *sedes* zurückstehen,

> *quia ... non esset sententia generalis ecclesie et universalis, cui standum sit tanquam non erranti, postquam ab ipsa discrepat caput. i. sancta sedes apostolica, nec est modo illud totum integrale, quod sit maius qualibet sua parte, papa et sancta romana ecclesia deviante, quia caput est, et ideo potius sententia sedis apostolice foret intuenda.*[232]

Unabhängig davon, ob man diese Aussage als gezielte Spitze gegen ein Konzil wie das (späte) Konzil zu Basel versteht oder nicht, scheint klar, daß für Roselli – vom Prinzip her – ein Generalkonzil, das sich ohne Haupt verstehen will, ein Unding ist. Ein allgemeines Konzil kann nicht auf einen integralen Teil verzichten, als der – in der Sicht des Roselli – die *sedes* zu deuten ist.

Er betont selbst mit großem Nachdruck, daß er mit Absicht von der *sedes*, nicht vom Papst spricht. Werden nämlich Dinge behandelt, in denen dieser selbst dem Urteil der Gesamtkirche untersteht, kann selbstver-

---

231 Vgl. Marc. f. 20v mit Verweis auf C. 1, 14, 12 (*Si imperialis*): MK II 68: *Si imperialis maiestas causam cognitionaliter examinaverit et partibus cominus constitutis sententiam dixerit, omnes omnino iudices, qui sub nostro imperio sunt, sciant hoc esse legem non solum illi causae, pro qua producta est, sed omnibus aliis.* Vgl. auch *Glosse* zum Codex zur Stelle, v. *si imperialis*, ed., 232. Vgl. auch ANTONIO ROSELLI, *Commentarii super Decretum*, Biblioteca Colombina, 5.7.8., f. 182v (zu C. 9, q. 3. c. 17): *Nota quod textus dicit ‚sancta romana' et non dicit ‚sedes apostolica' in principio. sed in versiculo ‚sed nec illa preterimus' loquitur de sede apostolica ... videtur innuere quod aliud sit ecclesia romana et forte capitur hic ecclesia romana pro solo papa vel pro papa cum cardinalibus, sedes autem apostolica sit sedes ipsa romana et tota provincialis romana sinodus et hic nota quod apostolica sedes revocat facta concilii et quos concilium inique dampnasset sedes apostolica revocat. etiam videtur quod sit maior sententia sedis apostolice quam concilii generalis de quo latissime dixi in materia conciliorum in Libro Monarchie in ult. qu. circa finem.*

232 Marc. f. 54v.

ständlich seinem Urteil nicht der Vorrang vor dem des allgemeinen Konzils zugebilligt werden.[233]

Als Beleg für seine Gesamtsicht, welche der römischen Kirche den zentralen Platz zuweist, führt Roselli C. 3, q. 6, c. 9 (*Dudum*) an, wie aus dem von ihm vorgetragenen Zitat ersichtlich ist. Diesem Text zufolge sind es die Apostel und ihre Nachfolger, die wollten, daß die *sancta Romana ecclesia* den Primat über alle anderen Kirchen haben sollte. Sie sollte das Haupt (*caput*) der übrigen Kirchen sein, zu ihr sollten *quasi ad matrem atque apicem omnes maiores ecclesiae causae et iudicia episcoporum recurrant, et iuxta eius sententiam terminum sumant*.[234]

Die These wird weiter gestützt mit einer freieren und deshalb zweckdienlicheren Wiedergabe eines im Dekret zu findenden Spruches des Kir-

---

[233] Vgl. Marc. f. 54v: *Dico sedis apostolice non pape, quia illam sententiam solius pape in casibus, in quibus potest iudicari, subicio iudicio ecclesie universalis.*

[234] Cf. Marc. f. 54v, wo fälschlich angegeben wird: *iii. q. ix. duo dum dixit*. So auch T f. 110v; MI f. 68v; MII f. 313v. Der Lesefehler ist erklärlich: *iii. q. vi. dudum dixit*. Der Text C. 3, q. 6, c. 9 (*Dudum*): Friedberg I 521. Vgl. *Glosse* zur Stelle, v. *voluerunt*, ed., 739: *Sic ergo Concilia dederunt primatum Romanae Ecclesiae: quod verum est secundario: sed ipse Christus principaliter*. Die Vielschichtigkeit des Kirchenbegriffs klingt in Rosellis Kommentar zu *Dudum* an. Cf. ANTONIO ROSELLI, *Expositio super Gratiani Decreto*, ad C. 3, q. 6, c. 9 (*Dudum*), Padova, Biblioteca Capitolare, B 10: ... *nota quod ecclesia romana dicitur mater et magistra de fo. compe. c. fi. ... et est caput et cardo ... et curatrix et tutrix ... Et ... dicitur sancta et aliquando sacrosancta ... ecclesia aliquando dicitur sanctorum collectio ... et hec est sine macula et sine ruga. Ecclesia dicitur etiam collectio fidelium ... et in hac aliquando capiuntur qui uniti sunt in fide et caritate et tunc ecclesia solum complectitur bonos ... et hec dicitur xristi sponsa sine ruga et macula et ortus conclusus fons signatus et puteus aque vine et paradisus cum fructu pomorum et hec domus claves recepit scilicet potestatem ligandi atque solvendi in personam ... beati petri et successorum eius ... Et de hac dicitur domine dilexi decorem domus tue et locum habitacionis tue ... Alio modo aliqui dicuntur intra ecclesiam per communitatem (?) sacramentorum sive eorum participationem et tunc intra ecclesiam sunt etiam mali homines qui significantur per iudam et boni qui significantur per petrum ... et tunc non dicitur sine macula et sine ruga ecclesia sic considerata. ... Et ecclesia capitur quandoque pro metropolitana i. tota provincia ut in c. i. de auctoritate et us. pallii. Et hoc modo ecclesia capitur tantum pro Romana ecclesia xxiiii. q. i. hec est fides et xc. di. qui cathedram et in hac sic generaliter considerata non est macula neque ruga in suis decisionibus et iudiciis ... Ecclesia etiam quandoque ponitur pro episcopo vii. q. i. c. scire. Et ideo quandoque ecclesia romana ponitur pro solo papa ut vii. q. i. c. scire. Et ecclesia romana quandoque ponitur pro eius patrimonio quod est de iurisdictione ecclesie romane principaliter et dicitur esse ecclesia romana ubi est papa ... Et aliquando capitur ecclesia pro solo ambitu murorum ... et dicitur ecclesia corpus xristi ... Et dicitur quandoque mater quia per baptismum nos regenerat et episcopos loco apostolorum generat ... Et est ecclesia alia militans alia triumphans. ... Et est ecclesia corpus misticum cuius caput est spiritus in quo corpore sunt boni et mali et infideles ... et in triumphanti sunt solum boni in quibus non est macula ... nec ruga. post universalem resurrectionem militans ecclesia fiet in totum triumphans et primo etiam fit triumphans in membris suis decedentibus ita quod sponsa sit uxor apocalipsis xxi. ... nam sicut sponsa carnalis fit uxor cum est ducta in domum ita militans ecclesia vel fidelis anima ducta in celum censetur uxor.*

chenlehrers Augustinus. Kommt es zum Konflikt zwischen *ecclesia Romana* und anderen Kirchen, entsteht ein Schisma. Ein Schisma aber ist unvereinbar mit dem Wesen der Kirche. Da nun der Kirche ihre Fortdauer zugesagt ist, muß jene als „die Kirche" identifiziert werden, zu deren Gunsten das Urteil des Apostolischen Stuhles geltend gemacht werden kann. Spricht Augustinus von der Kirche, die, *in apostolicae sedis per successiones episcoporum radice constitutam*, nicht durch die Bosheit der Menschen ausgelöscht werden kann, bezieht Roselli den Relativsatz auf die *apostolice sedis sententia*.[235] Die von ihm vertretene Sicht sieht Roselli allerdings ebenfalls legitimiert durch Ambrosius und Thomas von Aquin.[236]

Was bedeutet dies für die Praxis? Geht es darum, das Urteil über einen Bischof zu sprechen, ist die zuständige Stelle nicht die Provinzialsynode, sondern der Papst.[237] Daß Roselli dabei wieder eher an die *sedes* denkt, macht sein nächstes, durch *idem* eingeleitetes, Beispiel deutlich, in dem er beim Streit zwischen Erzbischöfen die Entscheidung der *sedes* zuschreibt.[238] Die Beilegung eines Zwistes zwischen Exempten und Nichtexempten fällt ebenso in die Kompetenz der *sedes* wie die eines Streites zwischen Konzilsteilnehmern. Interessant ist die Lösung eines anderen Problems. Wie ist zu urteilen, wenn eine Kirche bzw. eine Gruppe von Bischöfen eine Meinung vertritt, welche einerseits im Gegensatz steht zu der der aktuellen *sedes*, d.h. zu *papa cum romana ecclesia specialiter sibi commissa*, sich jedoch andererseits berufen kann auf eine einmal von der *ecclesia universalis* oder von der *sedes* vertretene Auffassung? Roselli schreibt: *tunc proferretur ecclesia universalis a qua noviter ecclesia romana discreparet.* Er bekennt jedoch sofort: *Tamen*

---

[235] Vgl. Marc. f. 55r: *Nam quando dissentiunt alie ecclesie cum ecclesia romana negari non potest, quin sit scisma et ecclesia nullo modo recte potest dici ecclesia, in qua est scisma. Sed cum ecclesia nulla esse non possit, illa erit, in qua Apostolice sedis sententia sit, que hominum malicia extingui non potest.* C. 24, q. 1, c. 33 (*Pudenda*): Friedberg I 979: *Quod si nullo modo recte dici potest ecclesia, in qua scisma est, restat, ut, quoniam ecclesia nulla esse non potest, ea sit, quam in apostolicae sedis per successiones episcoporum radice constitutam nullorum hominum malicia ... ullo modo valeat extinguere.*

[236] Cf. Marc. f. 55r mit Verweis die schon früher, cf. Marc. f. 48v, angegebene Stelle bei THOMAS VON AQUIN, *Summa* 2ª 2ªᵉ, q. 1, articulus 10, ed., 24 und auf D. 22, c. 1 (*Omnes*): Friedberg I 73: ... *et ipse S. Ambrosius se in omnibus sequi magistram sanctam Romanam profitetur ecclesiam.*

[237] Vgl. Marc. f. 55r. Der Verweis bezieht sich wohl auf C. 3, q. 6, c. 7 (*Quamvis*): Friedberg I 520. Cf. auch C. 3, q. 6, c. 5 (*Accusatus*): ebd. 520. Vgl. *Glosse* zur Stelle, v. *non tamen diffinire*, ed., 738.

[238] Vgl. Marc. f. 55r: *dissentio inter archiepiscopos*; T f. 110v: *d. i. a. vel suos suffraganeos*; MI f. 68v: *d. i. a. et suos suffraganeos; MII f. 313v: d. i. a. vel suos suffraganeos*. G III, XXVII, 445 (Zeile 58) folgt Marc.

non credo fore possibile, quod ipsamet romana ecclesia discreparet a iam statutis per se ipsam.[239]

Das Urteil des Papstes allein ist lediglich in drei Fällen dem des Generalkonzils untergeordnet: in der *causa fidei*, in der *causa scismatis* und dann, wenn es sich um das *bonum universalis ecclesiae* handelt. Roselli beruft sich bei dieser Entscheidung auf die in seinen Tagen (*postremo*) erfolgte Klärung durch das Konstanzer Konzil. Im Hintergrund steht, allem Anschein nach, das Dekret *Haec sancta*.[240] Der Vorrang des Konzils bei der *causa fidei* wie bei der *causa scismatis* wird nicht in Frage gestellt. Im Gefolge des Großen Schismas waren diese beiden Punkte, unter Bezugnahme auf kanonistische Tradition, weiter geklärt worden und wohl unstrittig.

Der Verfasser der *Monarchia* war ja bereits verschiedentlich in seinem Werk auf die Tatsache zu sprechen gekommen, daß der Papst dem positiven Recht nur *de honestate*, nicht *de necessitate* untersteht.[241] Zugleich hatte er aber immer unterstrichen, daß hinsichtlich des *ius divinum* auch der *vicarius Christi* ein *subditus* ist, der sein Leben an diesem Recht auszurichten hat und dessen Leben nach diesem Recht gerichtet wird. Zum Dienst für die Kirche bestellt, ist er gehalten so zu handeln, daß er dem Glauben entspricht und – auch durch den Dienst an der Einheit – das Wohl der Kirche fördert. Ansonsten handelt er gegen das göttliche Recht und darf nicht ausschließen können, dafür zur Rechenschaft gezogen zu werden.[242]

---

239 Vgl. Marc. f. 55r. Das Zitat ebenda.

240 Vgl. Marc. f. 55r: *Solius ... pape iudicium submittitur iudicio concilii universalis in his casibus: in causa fidei, scismatis et ubi agitur de bono universalis ecclesie. Et ita postremo statuit diebus meis generale constanciense concilium.* Vgl. ANTONIO ROSELLI, *Commentarii super Decretum*, Biblioteca Colombina, 5.7.8., f. 181v (zu C. 9, q. 3, c. 13) – Vgl. auch die Ausführungen Rosellis Marc. ff. 2v - 3v; auch – im Zusammenhang der Frage nach der *potestas* des Konzils - Marc. ff. 29r - v: *... in causis in quibus concilium est supra papam, ut in causa contentionis papatus ... et in causa heresis ... et in causa ubi tractatur de fide vel bono universalis ecclesie ... qua non determinata scandalicaretur universalis ecclesia.* Cf. CONCILIUM CONSTANTIENSE, *Decretum Haec sancta* (Sessio V, 6.4.1415), COD^3 409: *... declarat, quod ipsa (sc. synodus) ... potestatem a Christo immediate habet, cui quilibet ... obedire tenetur in his que pertinent ad fidem et exstirpationem dicti scismatis, ac generalem reformationem dictae ecclesiae Dei ...* etc.

241 Cf. Marc. f. 55r, wo das *de honestate* unter Bezug auf C. 1, 14, 4 (*Digna vox*): MK II 68 begründet wird. Dafür, daß der Papst hinsichtlich des positiven Rechts vom Konzil nicht unter Druck gesetzt werden kann, verweist Roselli auf D. 1, 3, 31 (*Princeps legibus*): MK I 34 und auf C. 25, q. 1, c. 16 Grp (*Si ergo*): Friedberg I 1011: *Sacrosancta Romana ecclesia ius et auctoritatem sacris canonibus inpertit, sed non eis alligatur ... summae sedis Pontifices canonibus a se sive ab aliis sua auctoritate conditis reverentiam exhibent, et eis se humiliando ipsos custodiunt, ut aliis observandos exhibeant.*

242 Vgl. Marc. f. 55r: *... in causis fidei et scismatis ideo submittitur papa (sc. iudicio concilii), quia ista sunt de iure divino, cui papa etiam tenetur obedire, ut teneat cum ecclesia ea, que sunt fidei et quod non foveat scisma et quod non ledat universalem ecclesiam.*

Umstritten war dagegen, speziell im Kontext der späten Basler Vollmachtsansprüche, die Frage der Superiorität des Konzils hinsichtlich der Dinge, welche das *bonum universalis ecclesiae* betreffen. Alles hing davon ab, was man unter dieses Konzept zu subsumieren bereit war. Als *terminus technicus*, der – *per se* – nicht definiert war, war die Deutung des *bonum* der Ort, an dem, vielleicht in eminenter Weise, die Position eines Autors zutage treten mußte. Gerade Roselli zeigt sich hier wieder als jemand, der nicht willens ist, das Konzil als neuen Papst zu akzeptieren. Das wird in einigen nachgetragenen Textpassagen deutlich, die in Cvp noch fehlen. So merkt er zu der oben erwähnten Bestimmung des Konzils von Konstanz an, die allgemeine Auskunft präzisierend: *Sed debet intelligi sane de concernentibus bonum universalis ecclesie principaliter non secundario.*[243]

Diese Unterscheidung ist von herausragender Bedeutung. Roselli führt im Anschluß ein praktisches Beispiel an: Es geht um die Bestimmung dessen, dem ein *beneficium* übertragen werden soll. Ist es nicht wahrscheinlich, daß er dabei an den Freisinger Bistumsstreit (1444) gedacht hat, in dessen Verlauf er ein Gutachten für Heinrich Schlick, den königlichen Kandidaten, erstellte?[244] Dort führte er, nach *einer grundsätzlichen Vorklärung des Prioritätsverhältnisses von konziliarer und päpstlicher Gewalt*, die *de facto* nur eine Kopie des bei Goldast III, XXVI f. zu findenden Textes ist,[245] aus:

---

[243] Marc. f. 55r unter Verweis auf D. 50, 1, 2 (*Quotiens*): MK I 892 f. Vgl. auch ANTONIO ROSELLI, *Commentarii super Decretum*, Biblioteca Colombina, 5.7.8., f. 181v (zu C. 9, q. 3, c. 13 unter Bezug auf *orbis maior est urbe*): ... *sed istud potest intelligi in causis fidei vel ubi agitur de bono universalis ecclesie principaliter vel ubi factum pape discoloraret status universalis ecclesie vel ubi peccatum pape scandalizaret universalem statum ecclesie et papa monitus monicione evangelica a tali peccato non desisteret tunc ... posset a concilio iudicari ut latissime omnia ista complexus sum in d. q. que sit maior an sentencia pape vel concilii.* Die Unterscheidung von *principaliter* und *secundario*, freilich in anderem Kontext, in *Glosse* zum Digestum novum zur Stelle, v. *nihil*, ed., 1961. Vgl. noch BARTOLUS, *Commentaria* zu D. 50, 1, 3 (lies: 2), ed., f. 231v: *Ultimo nota, quod ille, qui promittit Rempublicam salvam fore, non tenetur de damno privatae personae ... ad utilitatem publicam pertinet utilitas privatorum secundario, non principaliter. Et hoc facit in arg. quod si Priores habent arbitrium super publica utilitate communis, quod ipsi non possunt statuere, nisi de his, quae pertinent ad publicam utilitatem principaliter, quod no.* DERS., *Commentaria* zu D. 50, 9, 4 (*Ambitiosa*), ed., f. 240r in differenzierender Weise zum Verständnis von *principaliter*. Ebd.: *Ad unum ... adverte: quia vigore dicti arbitrii non possunt statuere, vel ordinare, seu legem facere super aliquo gravi et ponderoso, et arduo negotio, praetextu modicae pecuniae, quae daretur communi ... Esset enim decretum ambitiosum. Ambitiosus enim dicitur cupidum. Inde ambitio, i. cupiditas proprii honoris ... et ideo talia decreta dicuntur ambitiosa, i. facta ex cupiditate potius quam zelo iustitiae.* Weiter DERS., *Commentaria* zu C. De novo Codice componendo (*Haec, quae necessario*), ed., f. 2v.

[244] Vgl. MEUTHEN, Gutachten passim. Cf. Marc. f. 55r: *Finitus est hic solennissimus tractatus conciliorum M°cccc°xliiii. decembris editus.*

[245] Vgl. MEUTHEN, Gutachten 465 f. Das Zitat ebd. 465.

Hys sic illucidatis constat ... clara responsio quod papa potuit et potest ecclesiam frisigense reservare quia concilium non est modo supra papam in tali causa primo quia concilium non habet approbacionem in hoc pape nec romane sedis. Nam concilium provinciale romanum nec sedes apostolica talem legem quod non possint ecclesie cathedrales reservari per papam non acceptavit nec acceptat. Igitur est potior sententia pape quam generalis concilii sedis rome nec pape approbacionem habentis. Item quia quod ecclesia frisingensis conferatur magis domino hamrico Slick quam domino Johanni grunengvalder (sic!) vel e contra non est de concernentibus bonum universalis ecclesie principaliter sed secundario iuxta notata in l. ii. nisi ff. ad municipi. et in l. ii. ff. solu. ma.[246]

Die entsprechende Problematik hatte Roselli bereits früher zur Sprache gebracht. Es ging um die Diskussion der Frage, welche Angelegenheiten auf dem Konzil behandelt werden können. Auch dort war von Roselli ins Licht gehoben worden, daß das Generalkonzil, soweit es einen Papst gibt, nicht gegen dessen Willen Personenfragen behandeln, Benefizien übertragen, Ehedispensen erteilen oder überhaupt etwas entscheiden kann, was in die Kompetenz des *princeps* fällt. *Papa existente* hat das Konzil – die klassischen Fälle ausgenommen – nur die *potestas*, die ihm der Papst zubilligt.[247] Findet ein allgemeines Konzil ohne den Papst oder ohne dessen Autorisierung statt, was ja nach Rosellis Meinung durchaus möglich ist, unterscheidet der Autor der *Monarchia*: Falls es sich um *ardua negotia* handelt, deren Erledigung dringend ist, kann die *ecclesia universalis*, die durch das Konzil repräsentiert wird, Vorsorge treffen.[248] Bei den *ardua* hingegen, die nicht dringend entschieden werden müssen, ist eine Einmischung seitens des Konzils unzulässig. Roselli argumentiert dabei vom Konstanzer Konzil her. Dieses Konzil nämlich, das oft von den Baslern als Legitimation des eigenen Vorgehens vorgeschoben wurde,

---

[246] ANTONIUS DE ROSELLI, *Allegationes (Schlick)* – Clm 6573, f. 201v. Der letzte Beleg entspricht D. 24, 3, 2 (*Soluto matrimonio*): MK I 356.

[247] Cf. Marc. f. 28v. U.a.: ... *in hoc casu (sc. papa existente) non posset concilium particularium personarum causas agitare papa nolente nec beneficia conferre sive in matrimoniis dispensare aut alia facere tantum principi competentia si papa non consentiret ... Habet ... potestatem tantam concilium quantam erit ipsi a papa demandata ... nisi in concernentibus principaliter fidem aut bonum ecclesie universalis.* – Vgl. auch JOANNES DE SEGOVIA, *Historia* liber XIX, caput XXVIII (MCG III) 1340 mit Blick auf die Argumentation Rosellis im Freisinger Bischofsstreit: *Sua vero ultima resolucio ... illa est, quippe allegatis juristarum more glosis dictisque doctorum in jure canonico vel civili copiosius quam auctoritatibus scripture sacre affirmat, quod solius pape iudicium submittitur judicio concilii universalis in causa fidei, scismatis, et ubi agitur de bono universalis ecclesie; sed quod hoc intelligitur de concernentibus bonum universalis ecclesie principaliter, et non secundario, sed et in causis fidei, scismatis, quia ista sunt de jure divino.*

[248] Vgl. Marc. f. 28v. Roselli argumentiert hier von der Kompetenz der Kardinäle her. Wenn diese ggf. *imminente periculo* handeln können, dann erst recht das Konzil.

collationes beneficiorum et similia reservavit futuro pontifici qui post sedatum scisma ellectus fuit Sanctissimus Martinus papa quintus de illustri domo de Columna ... Non debet ergo concilium imponere manus ad tantum pape reservata nisi quando imminet periculum. Sed debet reservare futuro pontifici.[249]

Auf diese Art und Weise greift der *monarcha iuris* am Ende seines Konzilientraktats erneut auf, was er bereits zuvor angedeutet hatte. Er erweist sich keineswegs als Revolutionär. Er kann nicht als Verteidiger des späten Basler Konzils ins Feld geführt werden. Ebenso wäre es unangemessen, ihn als „Papalisten" zu etikettieren. Es mag bezeichnend sein, wie er seine Arbeit, die mit der Beantwortung dieser heiklen Frage abschließt, beendet. Roselli unterwirft sich der Entscheidung der *sancta mater ecclesia*, nicht aber jener des *vicarius Christi* oder – in blinder Weise – der Entscheidung des real-existierenden Konzils. Macht dies vielleicht deutlich, daß er bei letztgenannten keine Objektivität – und keine Wahrheit – zu erhoffen wagt?[250]

Die *ecclesia universalis* ist sein Kriterium, wie er an anderer Stelle recht deutlich macht. Zwar leugnet er nicht die Repräsentation der Gesamtkirche durch das Generalkonzil, aber er scheint gegen eine konziliare Repräsentationsideologie immun zu sein. Er rechnet damit, daß eine Situation eintreten kann, in der ein Konzil nicht die Gesamtkirche repräsentiert. Von daher erlangt das Kriterium des *usus universalis ecclesie* eine beachtenswerte Relevanz. Stehen sich nämlich Auffassung von Papst und Konzil gegenüber, muß man darauf achten, welchem Urteil eine größere Rezeption zuteil wird. Richtet die Gesamtkirche ihr Leben eher nach der Weisung des Papstes als nach der des Konzils, ergibt sich daraus, *quod tunc sententia pape amplectenda foret, sed non est sola sententia pape sed quia usus universalis ecclesie approbavit.*[251] Das Konzil aber erweist sich dadurch, daß sein Urteil nicht die gebotene Annahme durch die Gesamtkirche fand, als Konzil, das seinem Anspruch auf Repräsentation der Ge-

---

[249] Marc. f. 28v. Vgl. auch Panormitanus in seiner Abhandlung *Episcopus quidam*, zitiert bei ECKERMANN, *Studien* 128 f.: ... *dicerem quod si nulla urgebat necessitas providendi de dignitatibus ante creationem Romani pontificis non debet concilium de talibus se intromittere, nam de jure et antiqua provisione ecclesie potestas providendi de episcopatibus pertinet ad papam ... Non debet ... concilium sine papa infringere antiquas ordinationes nec jura nec praeeminentias pape violare.*

[250] Vgl. Marc. f. 55r: *Ita intelligo istam profundissimam materiam cum protestatione quod me refero ad determinationem sancte matris ecclesie, si in aliquibus predictis aliter determinaret.* Daß er sein Werk *De iureiurando* der *determinationi s. matris ecclesie et Sanctissimi Domini Nicolai Pape, si in aliquo contra se per me dicta sentiret* unterwirft – Vat. lat. 5304, f. 123v –, mag mit seinem diskutierten Verhältnis zu Eugen IV. zusammenhängen oder mit dem Thema, das behandelt wird.

[251] Vgl. zum Gesagten Marc. f. 45r. Der Text fehlt Cvp f. 271r.

samtkirche nicht gerecht wurde.[252] All diese Ausführungen, die nicht zum Grundbestand der *Monarchia* gehören, zeigen, daß Roselli, als er sie einarbeitete, weit von einem (späten) Basler Konziliarismus entfernt war. Die Zugeständnisse an das Konzil wurzeln nicht in einem Bewußtsein, welches im Konzil eine Art demokratisches Kontrollorgan gegen den Papst sieht. Vielmehr sind sie von der geschichtlichen Erfahrung des Großen Schismas her zu erklären. Das Schisma konnte allein – zum Wohl der Kirche – mit Hilfe des Konzils, verstanden als Repräsentation der *ecclesia universalis*, beseitigt werden. Daß Situationen gegeben sein können, in denen der Papst, um der Gesamtkirche willen, einen Richter haben muß, scheint Roselli nicht zu bezweifeln. Ebensowenig ist er freilich bereit, in der einen Kirche zwei *principia* mit gleicher *potestas* zu akzeptieren. Einheit und Frieden sind Früchte einer – gottgewollten – monarchischen Regierung. Diese, theoretisch oder faktisch, durch ständige Eingriffe in Frage zu stellen, ist frevelhaft. Allein wo der *status universalis ecclesiae* auf dem Spiel steht, ist es gerechtfertigt, dem Konzil den Vorrang vor dem Papst einzuräumen.[253]

In der *Monarchia* gibt uns Roselli ein überzeugendes Beispiel dafür, daß er sehr sorgfältig nach Lösungen sucht, wenn es um die *potestas papae* und deren Grenzen geht. Im Rahmen der Erörterungen zur Papstwahl findet sich ein Abschnitt, in dem die zentralen Aspekte seiner Konzeption deutlich aufscheinen. Er soll daher kurz vorgestellt werden.

Nachdem Roselli die Möglichkeit verworfen hat, daß der Papst seinen Nachfolger auf dem Stuhl Petri bestimmen könnte, fragt er zunächst, ob der Stellvertreter Christi denn die Vollmacht, den Papst zu wählen, einem anderen als den Kardinälen übertragen könnte. Gegen die einschränkende Klausel eines Laurentius (Hispanus) – *accedente consensu fratrum* – betont Roselli, daß dem Papst dies auch ohne den Konsens der Kardinäle *de sua absoluta potestate* möglich sei. Freilich dürfe dies nicht aus Arglist (*fraus*) geschehen.[254] Wenngleich die Kardinäle die Vollmacht zur Papst-

[252] Vgl. Marc. f. 45r: ... *est ratio quia in illo concilio, quod sic statuisset, non fuit representata universalis ecclesia, quia representatu (T f. 103v: representatum) cessat, ubi veritas et expressio se habet ad contrarium.* Roselli verweist auf D. 28, 6, 39 (*Cum ex filio*): MK I 430, wird sich aber auf einen Kommentar zu diesem Text beziehen.

[253] Vgl. auch CONGAR, Status Ecclesiae 27 f. Ebd.: *Dans les siècles classiques de savoir canonique et théologique du moyen âge, on était loin de cela (sc. concevoir le pape et le concile comme l'un en face de l'autre, et donc en disjonction, sinon en opposition). Si l'on admettait que la foi ou le ‚generalis status ecclesiae' intéressant toute l',ecclesia', relevaient aussi du concile et que, en ces matières le concile était plus grand que le pape et pouvait le juger s'il y contrevenait.*

[254] Vgl. G II, VIII, 322 (53 – 60) [27r]: ... *ex istis infertur, quod Papa possit concedere potestatem alteri quam cardinalibus eligendi pontificem. quod credo verum indubitanter acce-*

wahl von Papst und Konzil erhalten hätten, kann doch der Papst *illud statutum tollere de plenitudine potestatis, cum sit Papa super omnia concilia.*[255] Tritt jedoch die Situation ein, daß ein allgemeines Konzil hinsichtlich dieses Vorhabens gegen den Papst auftritt, so wäre es dem Papst nicht zu erlauben. Die Begründung überrascht nicht.

> *Credo ... quod si auferret Papa solus potestatem cardinalibus, cum hoc esset innovare totum statu(m) universalis ecclesiae quod pendet in electione Papae: quod si concilio generali aliud videretur, hoc non esset Papae permittendum, iuxta no. per Inno. de consti. c. quanto et de sen. ex. c. inquisitioni.*[256]

Roselli geht in seinen Überlegungen noch weiter. Der zeitgeschichtliche Hintergrund kann nicht übersehen werden.[257] Er fragt: Kann das allgemeine Konzil den Kardinälen die Vollmacht zur Papstwahl entziehen und selbst den Papst wählen bzw. einem anderen diese *potestas* übertragen?[258] Zunächst referiert Roselli die Argumente, die eine positive Antwort nahelegen.[259] Er selbst unterstreicht jedoch, daß ein Generalkonzil gegen den Willen der Kardinäle diesen das Recht auf die Papstwahl nicht entziehen könnte. Das *ius eligendi pontificem* steht den Kardinälen nämlich zu *tam de consuetudine diu obtenta, quam de dispositione summi pontificis, et approbatione sacri concilii.*[260] Wenn die Kardinäle von Papst und Konzil das Recht erhalten hätten, könnte das Konzil ohne Papst ihnen dieses Recht keinesfalls entreißen. Erläuternd führt Roselli an, daß das Konzil unter dem Papst stehe, *quia ab eo suscipit auctoritatem et potestatem ... ergo non tollit legem Papae eius superioris.*[261] Wohl könnte das Konzil mit Zustimmung der Kardinäle die Papstwahl durchführen.[262]

---

dente consensu fratrum, ut no. Lau. in d. c. Adrianus. 63. di. Sed idem etiam credo consensu fratrum non accedente de sua absoluta potestate, de cle. non resi. c. ex gestis. cum ibi no. dummodo evitetur fraus, quod non faceret constitutionem alteri tribuendo hanc facultatem, qui eligeret secundum velle suum: quia si sibi directe non liceret successorem eligere, nec per indirectum in fraudem legis, l. hoc modo, de condi. et demon. Sed ubi non esset fraus cum legem conderet, credo quod de absoluta potestate posset privare cardinales, et aliis idoneis hanc potestatem tribuere.

255 Vgl. G II, VIII, 322 (60 - 62) [27r].

256 G II, VIII, 323 (11 - 14) [27r].

257 Vgl. etwa die Ausführungen bei BRANDMÜLLER, *Konzil von Konstanz II* 322 – 335 mit Blick auf die Einigung zum Wahlverfahren in Konstanz.

258 Vgl. G II, VIII, 323 (14 - 18) [27r]: ... *hoc dubium est: an concilium generale posset tollere hanc potestatem eligendi cardinalibus: et ipsum concilium posset eligere Papam, vel alteri hanc potestatem tribuere (loquor sive in causa cum concilium deponit Papam propter haeresim, 40. di. si Papa, sive cum aliter pontificis summi contingit electio).*

259 Vgl. G II, VIII, 323 (18 - 29) [27r].

260 Cf. G II, VIII, 323 (29 - 33) [27r]; das Zitat Zeilen 32 – 33.

261 Cf. G II, VIII, 323 (39 - 44) [27r]; das Zitat Zeilen 41 und 43 f.

262 Vgl. G II, VIII, 323 (44 - 47) [27r].

Die Lösung, die Roselli vorgestellt hat, wird allerdings nochmals relativiert. Was soll geschehen, wenn bei der Wahl des Nachfolgers Petri durch die Kardinäle eine *turbatio status universalis ecclesiae* die Folge wäre? Roselli verweist auf die Möglichkeit, daß die Kardinäle weiterhin einem „Papst“ anhängen, der häretisch geworden ist, oder nach wie vor die Partei eines Papstes ergreifen, der rechtsgültig abgedankt hat.[263] In solch einem Fall könnte den Kardinälen ihr Wahlrecht entzogen werden.

> *Quando ... ex electione cardinalium posset contingere turbatio boni universalis ecclesiae, ut quia fuisset schisma, et duo fuissent tenentes cathedram Petri, et quilibet habuisset suum collegium cardinalium, et in oboedientia quilibet partem magnam Christianorum, sicut fuit meo tempore, tunc quia posset surgere turbatio ecclesiae, si unum collegium eligeret, et non aliud, vel si ambo similis eligeret, quia posset dubitari, an electio teneret propter inmixtionem inhabilium cum habilibus, tunc posset concilium tollere potestatem cardinalibus, et concilium eligere.*

Die folgende Begründung ist der Dreh- und Angelpunkt der gesamten Argumentation: *quia in concernentibus bonum universalis ecclesiae est maior sententia concilii quam papae.*[264]

Der Traktat des Antonio Roselli schließt mit der Frage nach dem Verhältnis von Papst und Konzil und findet darin zugleich in gewisser Weise einen Zielpunkt. Für ein besseres Verständnis scheint es hilfreich, zur selben Problematik einige andere Autoren im zeitlichen Umfeld zu Wort kommen zu lassen.

---

[263] Vgl. G II, VIII, 323 (49 - 53) [27r].
[264] So G II, VIII, 323 f. (57 - 1) [27r].

IV. Kapitel

Position anderer Autoren zum Verhältnis von Papst und Konzil

1. Petrus de Monte

Die Haltung des Petrus de Monte wurde bereits von Eckermann, in Zusammenschau mit der Haltung des Roselli, diskutiert. Für ihn gleicht die Behandlung der Frage nach Verhältnis von Papst und Generalkonzil der Konfrontation mit einem *mare magnum, et procellosum, cuius fluctibus navis Petri saepenumero quassata est.*[1]

Petrus präsentiert insgesamt sechs Thesen, die er zu verteidigen sucht. Die erste *conclusio* hebt hervor, daß im Fall der *duo de papatu contendentes* das Generalkonzil über die Ansprüche der Prätendenten zu befinden und zu urteilen hat. Für den Kanonisten kann in dieser Situation des Schisma, in der eine Quasi-Vakanz vorliegt, das Konzil als Repräsentant der Kirche die Absetzung des Papstes vornehmen.[2] D. 40, c. 6 (*Si papa*) mit seiner Beschränkung auf den Fall des häretischen Papstes kann seines Erachtens nicht gegen eine derartige Praxis in die Diskussion eingebracht werden, da das entsprechende *capitulum* sich auf die Situation bezieht,

---

[1] Petrus de Monte, *Tractatus* 116. Vgl. die verschiedentliche Bezugnahme auf Petrus de Monte bei Eckermann, *Studien* 111 - 157 (Aufbau der Kirche und Stellung des Papstes). Vgl. auch die Hinweise bei Sieben, *Traktate* 37 f. mit den entsprechenden Anmerkungen. Ebd. 37 wird der Traktat *zwischen 1430 und 1440* angesetzt. Petrus de Monte, *Tractatus* 116 betont bezüglich der Frage: *non inveniam per aliquem maiorum nostrorum in his terminis specialiter tactam, aut eximatam.* Eine kurze Biographie jüngst bei Quaglioni, *Pietro del Monte* 12 - 20.

[2] Cf. Petrus de Monte, *Tractatus* 116 f. – Ebd. 117 referiert er die *modi tollendi schisma*, dabei dem *Cardinalis Florentinus*, Zabarella, folgend. Petrus de Monte, *Tractatus* – Vat. lat. 4134, f. 42v findet sich: *Octavus modus est quod obedientes istis pontificibus subtrahant se ab illorum obediencia et conveniant Cardinales et unanimi consensu verum pastorem eligant. Hos modos ponit Cardi. Floren. in prealle. c. licet. de quibus videndum ibi plenius per eum.* Im Druck bei Rocaberti folgt der entsprechende Text auf Seite 118 (unter *Septimus modus*) nach einem – nicht als Zusatz kenntlich gemachten und in der Handschrift nicht zu findenden – Einschub ebd. 117 f. (*Circa istam tertiam conclusionem ... De materia Concilii supra Papam, gloss. proxime, fol. 20 late,*).

daß es einen *pastor undubitatus* gibt.[3] Würde man bestreiten – so de Monte –, daß in dieser für die Kirche bedrohlichen Lage dem Konzil die *cognitio causae* zukommt, wäre es schwierig, der Gefährdung der *ecclesia* wirksam entgegenzutreten.[4] Bei dem durch das Konzil zu fällenden Urteil handelt es sich freilich in seiner Sicht eher um eine *sententia declarativa*, was die Absetzung angeht, als um eine *sententia inductiva*. Es ist nichts Neues, wenn Petrus den Papst, der das Schisma fördert bzw. nicht alles in seinen Kräften stehende tut, es zu beheben, dem Häretiker gleichstellt und von daher diesen Schluß zieht.[5]

Die zweite These referiert die – klassische – Kompetenz des Konzils für den Fall des häretischen bzw. häresieverdächtigen Papstes. De Monte konkretisiert zunächst die Frage hinsichtlich des *papa vivens*, im Anschluß hinsichtlich des *papa mortuus*.

> *posset dubitari, quae sit ratio, quod in causa haeresis Concilium potest contra Papam procedere, dico, rationem esse, quia eo ipso praecisus est ab Ecclesia, et desinit esse caput Ecclesiae, quia qui non credit, iam iudicatus est.*[6]

In seiner dritten *propositio* betont der Zeitgenosse Rosellis mit Nachdruck, daß der Papst für kein anderes *crimen* durch ein Konzil abgesetzt werden kann. Um dies zu belegen, führt er – sich selbst bescheidend – eine Reihe von 16 Argumenten an. Diese machen die Superiorität des Papstes hinsichtlich des Konzils, die *causa haeresis* ausgenommen, deutlich. Vieles von dem, was hier präsentiert wird, ist bereits von Roselli her vertraut.[7] Beachtenswert scheint die bei de Monte zu beobachtende Eng-

---

3 Vgl. PETRUS DE MONTE, *Tractatus* 116 f.: *... duobus de papatu contendentibus ... Concilium generale de tali controversia cognoscere, et iudicare debet ... Et si dicatur quod contra Papam non potest procedi ad depositionem, nisi in causa haeresis, ut habetur 40. distin. si Papa, respondeo quod illud cap. debet intelligi, quando est unus pastor ... secus quando sint duo ... quia tunc ratione huius dubitationis, Concilium potest, et debet se intromittere.*

4 Vgl. ebd. 117: *... si non diceremus, Concilium posse de tali causa cognoscere, satis posset periclitari Ecclesia, quia non videtur, ad quem alium de iure possit aut debeat talis cognitio pertinere.* Für das Prinzip – „Im Zweifelsfall ist erlaubt, was *regulariter* nicht zugelassen ist!" – verweist de Monte auf *Glosse* zu C. 13, q. 2, c. 19 (*Non estimemus*), v. *quia non discernimus*, ed., 1038; *Glosse* zu X. 1, 3, 20 (*Super litteris*), v. *facta fuerit fides*, ed., 60; *Glosse* zu X. 3, 28, 12 (*Sacris*), v. *excommunicatorum*, ed., 1351.

5 Cf. PETRUS DE MONTE, *Tractatus* 119 f. Ebd. 120: *... fateor ..., quod contra verum Apostolicum, nutrientem et foventem schisma inveteratum, et impedientem unionem Ecclesiae, posset concilium procedere, sed tunc procederet contra eum modo, quo dixi, contra Pontificem haereticum procedi posse. Nam fovens schisma ...* etc. Weil *extra unionem Ecclesiae*, deshalb *contra, et extra Ecclesiam.* – In diesem Sinn gilt, was SIEBEN, *Traktate* 38 Anm. 183 sagt: *Petrus ... erkennt nur einen einzigen Grund für Papstabsetzungen an, nämlich Häresie.*

6 Cf. PETRUS DE MONTE, *Tractatus* 118 f. Ebd. 119 das angeführte Zitat. Das Urteil im Fall des häretischen Papstes ist rein deklaratorisch.

7 Cf. ebd. 120 - 122. Nicht zu verifizieren die in der Ausgabe von Rom (1698) angeführten interessanten Hinweise auf *Glosse* zu C. 9, q. 3, c.17 bzw. 18 (*Cuncta*), *quae vult, quod si*

führung der *Romana sedes* auf den Papst, die seiner Gesamtschau ein im Vergleich mit Roselli anderes Gepräge verleiht.[8] So bezieht Petrus C. 9, q. 3, c. 16 (*Ipsi sunt*), wo davon die Rede ist, daß der Adressat der *appellationes totius ecclesiae* die *sedes* ist, auf den Papst. Er stellt nicht in Frage, daß unter dem Konzil die *tota Ecclesia repraesentative* zu verstehen ist. Dann aber läßt sich für Petrus de Monte aus dem *capitulum* der Stellvertreter Christi als Berufungsinstanz, also als Superior, des Konzils deduzieren.[9] Der Papst ist das von Gott gewollte *unum totius Ecclesiae caput.* Dieser Gedanke, der ja auch bei Roselli eine bedeutende Stellung einnimmt, wird von de Monte konsequent durchgehalten.[10] Entsprechend ist seine Aussage kaum verwunderlich, daß nicht die Konzilien dem Nachfolger Petri Autorität verleihen, vielmehr die Autorisierung der Synoden durch den Papst erfolgt. Demnach können die Konzilien auch nicht Gesetze erlassen, die für die *ecclesia Romana* verbindlich wären. Die Inferiorität der Konzilien mit Blick auf den Papst bekundet sich in der für Petrus de Monte evidenten Kompetenz des *summus pontifex*, auf Konzilien erlassene Dekrete und Konstitutionen zu interpretieren.[11] Petrus be-

---

Concilium cum Cardinalibus esset pro una parte, solus Papa pro alia, praevaleret quod solus Papa disponeret. (PETRUS DE MONTE, *Tractatus* 120); *Glosse* zu D. 50, c. 28 (*Domino sancto*), v. *conciliorum* (PETRUS DE MONTE, *Tractatus* 121).

8 Cf. PETRUS DE MONTE, *Tractatus* 120 – unter Bezugnahme auf die *Glosse* zu C. 24, q. 1, c. 6 (*Quidcumque*), v. *reconciliat*, ed., 1386 -: ... *clarum est ..., quod per sententiam Romanae Sedis, debemus intelligere sententiam Papae, qui sedet in cathedra Petri. Ipsa enim sedes non loquitur, nisi per Papam, qui est in ea, ut de se patet.* – Vgl. auch – ebd. – unter *Quinto.*

9 Cf. PETRUS DE MONTE, *Tractatus* 120. Für die angeführte Stelle *Ipsi sunt*: Friedberg I 611. Dort ist nicht von *papa*, sondern von *sedes* die Rede! Bzgl. der *appellatio ... ab inferiori ad superiorem* vgl. auch die Argumente unter *secundo, tertio.* Zum unmöglichen *recursus ad superiorem* cf. *Octavo*, – PETRUS DE MONTE, *Tractatus* 121 –, unter Bezugnahme auf X. 1, 6, 6 (*Licet*): Friedberg II 51, wo aber ebenfalls von *Romana ecclesia* die Rede ist.

10 Cf. PETRUS DE MONTE, *Tractatus* 121 unter *Nono* mit der Parallelsetzung *Pontifex inferior – sua Ecclesia inferior / Summus Pontifex – Ecclesia universalis*; vgl. auch – ebd. – *Decimo* mit Bezugnahme auf Aristoteles; *Duodecimo* – ebd.; *Decimoquinto* – ebd. – mit Bezugnahme auf die Metaphysik des Aristoteles und Thomas von Aquin, sowie auf die klassisch-monarchische Stelle C. 7, q. 1, c. 41 (*In apibus*): Friedberg I 582; *Decimosexto* – ebd. 121 f. – mit Verweis auf Petrus und die *Glosse* zu C. 24, q. 1, c. 4 Grp (*Sin autem*), v. *Petro* und v. *prae omnibus*, ed., 1384. Vgl. auch unter *Decimoquinto* den Hinweis auf *Glosse* zu Clem. 5, 3, 3 (*Ad nostrum*), v. *ecclesiae*, ed., 274: ... *cum ... in Ecclesia triumphante sit unus princeps supremus ... scilicet Deus: necessario sequitur toti militanti unum supremum Principem praesidere scilicet Papam ... oportet in rebus humanis, quod superiores moveant inferiores per suam voluntatem ex vi auctoritatis divinitus ordinatae: ut satis probat Thom. 2. 2. q. 104 art. 1. Istorum autem moventium unus est supremus*; ebd. auch der Verweis auf *Glosse* zu X. 3, 37, 3 (*Ex parte*), v. *nolumus*, ed., 1466.

11 Vgl. PETRUS DE MONTE, *Tractatus* 121 unter *Sexto, Septimo, Undecimo* – mit Verweis auf eine *Glosse* zu D. 50, c. 28, v. *conciliorum* und auf die nur zum Teil berücksichtigte *Glosse* zu D. 17, c. 4 (*Nec licuit*), v. *particularem*, ed., 69: ... *videtur hic, quod ad solum Papam*

schränkt sich nicht darauf, auf die Vorrangstellung des Papstes hinzuweisen, die letztlich von seinem *caput*-Sein herrührt. Für den Kanonisten zeigt sich die Nichtjudizierbarkeit des Papstes – beziehungsweise die Unmöglichkeit eines Konzils, den Papst abzusetzen –, auch in einer korrekten Auslegung des schon bekannten Textes von C. 9, q. 3, c. 13 (*Nemo*). Nach der Auffassung des Petrus bezieht sich dieser Text nicht allein auf die Nichtjudizierbarkeit durch einen Einzelnen, sondern schließt die Nichtjudizierbarkeit durch das *totus populus christianus* ein.[12]

Der Hinweis auf *exempla* aus der Hl. Schrift runden das Bild ab, in dem Petrus de Monte den Papst als Quasi-Unantastbaren porträtiert. David hat Saul, dem *rex iniquissisimus*, nichts angetan, obgleich er dazu die Möglichkeit besaß. Er wird jenen als nachahmenswertes Beispiel vor Augen gehalten, die den Papst, den *Christus Domini*, für jedes *crimen notorium* absetzen wollen.[13] Und das Exempel des Paulus, der dem Petrus ins Angesicht widerstand, dient de Monte gerade nicht, wie in seinen Tagen vielfach üblich, als Beleg konziliaristischer Thesen. Auf die Frage, warum das Apostelkonzil nicht den Petrus wegen seiner judaisierenden Tendenzen absetzte, antwortet er – nicht ohne polemischen Unterton:

> *nulla alia urgens ratio potest assignari, nisi, quod illi, qui a Spiritu Sancto, non virtualiter, sed effectualiter ducebantur, sciebant se non posse, quod a Christo institutum fuerat, quovis modo immutare. Ex hoc ... dico, quod ubicumque Papa tale crimen committit, propter quod ipse non sit alienus ab Ecclesia, nec extra Ecclesiam constituitur, sicut est omne aliud crimen praeter haeresim; non potest etiam a toto mundo deponi.*[14]

---

spectat interpretari statuta universalis concilii ... Arg. contra, quod ab omnibus episcopis, vel a saniori parte eorum, qui interfuerunt, potest fieri interpretatio -; *Decimotertio* unter Bezugnahme auf D. 21, c. 3 (*Quamvis*): Friedberg I 70.

[12] Cf. PETRUS DE MONTE, *Tractatus* 122 verweist auf die einschlägigen, für die Nichtjudizierbarkeit des Papstes angeführten Stellen C. 9, q. 3, c. 13 (*Nemo*) und c. 14 (*Aliorum*). Hinsichtlich des ersten Textes unterstreicht er – gegen einen namentlich nicht genannten Kardinal –, daß der Text dort *non singulariter solum, sed etiam collective prohibet Papam iudicari.*

[13] PETRUS DE MONTE, *Tractatus* 122. Vgl. 1Sam 24, 1 ff. – Vgl. auch PETRUS DE MONTE, *Tractatus* 123, wo wiederum David zum Modellfall gemacht wird – bezugnehmend auf C. 2, q. 7, c. 41 Grp (*Item cum Balaam*): Friedberg I 497: *Item cum David adulterium et homicidium commisisset, missus est a Deo Nathan propheta, ut eum redargueret. Ecce, quod prelati sunt arguendi et reprehendendi a subditis. ... Nathan ..., cum regem redarguit, ... monuit eum, ut per penitentiam peccata sua expiaret, non tulit in eum sententiam.*

[14] PETRUS DE MONTE, *Tractatus* 122 mit Bezugnahme auf C. 2, q. 7, c. 39 Grp (*Sic et illud*): Friedberg I 495 f.: *Item Paulus Petrum reprehendit, qui princeps apostolorum erat. ... Petrus cogebat gentes iudaizare, et a veritate evangelii recedere, cum Iudeis gregem faciens, et a cibis gentilium latenter se subtrahens. Par autem est in se a fide exorbitare, et alios exemplo vel verbo a fide deicere.* Vgl. dazu Gal 2, 11 ff. und Apg 15, 1 ff.

De Monte unterstreicht ebenfalls, daß das Konzil den Papst deswegen nicht absetzen kann, weil seine *potestas* von Gott verliehen ist und sich entsprechend jedem solchen Zugriff entzieht. Dieser Aspekt wird von ihm in einem Textpassus vertieft, der in der Druckfassung bei Rocaberti ausgelassen ist.[15]

Anders als Roselli, der dem Gewissensspruch in seiner Erörterung breiten Raum widmet, wird bei seinem Zeitgenossen die Tugend der *humilitas* in den Vordergrund gestellt,[16] die allerdings auch vom Papst eingefordert wird. Zwar können die „Schafe" – Bild für das Konzil – nicht den „Hirten" – Bild für den Papst – anklagen oder gar absetzen. Es ziemt sich aber eben deshalb für den Papst, sich von den gegen ihn erhobenen Anschuldigungen zu entlasten und sich – *ex humilitate* – dem Urteil des Konzils zu unterstellen. Dazu gezwungen werden kann er allerdings nicht.[17] Wohl begeht der *vicarius Christi*, insofern er den *status ecclesiae* gefährdet, d.h. auch, falls er gegen den *status ecclesiae universalis* dispensiert, eine schwere Sünde. Dies aber impliziert noch keine Vollmacht, ihn zu verurteilen, soweit das Handeln nicht die *fides* betrifft.[18] Den Untergebenen kommt

---

15 Cf. Petrus de Monte, *Tractatus* 123 (nach §. *Item cum David*) und Ders., *Tractatus* – Vat. lat. 4134, ff. 49r - v: *Item pro hoc, quod concilium non possit papam deponere, adduco hanc racionem, que est nova et fortis iudicio meo. Clarum est, quod papa non habet auctoritatem et potestatem a concilio, sed a deo, vel, si primum nolumus, dicite quod papa habet auctoritatem a concilio, dicendum est, quod illam habet iussu et auctoritate dei. ut est tex. qui videtur in hoc singularis XVIIa di § hinc eciam. si sic est, ergo non debet esse in potestate concilii seu ecclesia hanc auctoritatem ab eo tollere. sicut in simili dicimus, quod papa habet duplicem gladium, spiritualem et temporalem, spiritualem in habitu et in exercitio, temporalem vero in solo habitu, exercitium autem est collatum in imperatorem iussu dei secundum quod no. de iudi. novit. v. hec est communis opinio canonistarum. Ex hoc sequitur, quod papa non potest tollere exercitium iurisdictionis temporalis ab imperatore, quod exercitium in eum contulit iussu dei ut no. per doc. in preall. c. novit. Simile est in delegato. nam si Episcopus mandante superiore causam delegat alicui, non est in potestate sua, quandocunque volunt (?; lies: vult) talem delegacionem revocare. quod tamen esset, si auctoritate superioris non delegasset, ut ff. de Iudi. l. iudicium. solvitur, que hoc modo singulariter limitatur, per doc. in preall. c. novit. Ex his clare infertur, quod concilium non potest suspendere papam ab administracione papatus in casu, quo sic faciat vel non faciat, ut patet. ex superioribus infertur eciam, quod concilium generale per decreta sua non potest subicere sibi papam et multo minus sedem apostolicam, quia hoc esset aufferre sibi illam superioritatem, quam deus petro et eius successoribus necnon ecclesie Romane concessit, secundum quod plene supra deductum est.* – Cf. D. 5, 1, 58 (*Iudicium*): MK I 106.

16 Vgl. Petrus de Monte, *Tractatus* 123: *Erubescant ..., qui propter crimen aut errorem Romani Pontificis, ipsum, aut eius sanctissimam Sedem (sic!) volunt deponere, ferantque humiliter, quod ab eo praecipitur, licet grave videatur.* Petrus verweist auf *Glosse* zu Clem. 1, 11, 1 (*Cum de quibusdam*), v. *humilitatis*, ed., 217 f.

17 Vgl. Petrus de Monte, *Tractatus* 123. Der Kanonist verweist auf C. 2, q. 7, c. 41 (*Nos si incompetenter*). Für die *humilitas* des Petrus, die keine *inferioritas* bedeutet, cf. Petrus de Monte, a.a.O. 124.

18 Vgl. Petrus de Monte, a.a.O. 125 mit der aufschlußreichen Interpretation der *Glosse* zu X. 3, 8, 4 (*Proposuit*), v. *dispensare*, ed., 1199: ... *contra universalem ecclesiae statum dis-*

es rechtmäßig zu, wider einen Papst, der gegen den *status ecclesiae* handelt, Widerstand zu leisten. Mehr kommt ihnen nicht zu.[19] Die These, daß der Papst – abgesehen vom Fall der Häresie – die *depositio* zu fürchten hat, wurzelt nach Petrus de Monte ausschließlich in der *maledicta glossa* zu D. 40, c. 6 (*Si papa*), die wiederum *per se* nichts über Absetzung sagt. So bekennt der für die päpstliche Seite schreibende Kanonist: *non video hunc errorem aliunde processisse, quam a ratione ambitionis, et cupiditatis regnandi.*[20]

Die vierte *conclusio* des Kanonisten betrifft die Möglichkeit des Papstes, ein rechtmäßig einberufenes Konzil *de plenitudine potestatis* aufzulösen. Auf diese Ausführungen wurde bereits weiter oben eingegangen.[21]

Die fünfte These betont, daß die *causae fidei* durch den Papst und seine *sedes* – als höchste Instanz – zu erledigen sind. Damit entzieht der Kanonist selbst den Bereich, der scheinbar klar und ohne weiteres Hinterfragen primär den allgemeinen Synoden zugewiesen wurde, dem Zugriff konziliarer Argumentation. Anders als Roselli unterscheidet Petrus de Monte nicht den Papst und die *sedes*. Von seiner Aussageabsicht her ist das verständlich. Er führt Belege an, ohne sich die Mühe zu machen, noch eigens Grenzen zu ziehen.[22]

Mit Roselli allerdings hebt auch Petrus de Monte – in der sechsten *conclusio* – hervor, daß *vacante sede* das Generalkonzil nicht seine Hand nach dem ausstrecken darf, was dem *vicarius Christi* reserviert ist.[23] Ausgenommen werden ausdrücklich Fälle von *magna necessitas*, in denen die Wahl des neuen Papstes ohne großen Schaden nicht abgewartet werden kann. In diesem Fall fungiert das Konzil als *administrator necessarius*.[24]

---

pensare non potest ... Nec potest dispensare quod monachus habeat proprium ... Nec contra quatuor Evangelia ... Nec contra praeceptum Apostoli ..., quod intelligo in iis, quae spectant ad articulos fidei ... Dazu Petrus: ... *intelligendo, quod illa verba ... ‚quod intelligo ...' Referantur ad omnia praecedentia.*

19 Vgl. PETRUS DE MONTE, *Tractatus* 123 - 125, wo drei *modi resistendi* angeführt werden. 1) Nach dem Beispiel des Paulus: ins Angesicht widerstehen; 2) mit Gebeten etc. Gott anflehen, daß er den Papst auf den rechten Weg zurückführt, *vel eum de hac vita subtraheret* (!) ...; 3) die Versammlung eines Generalkonzils, damit dieses den Papst mahnt, umzukehren bzw. eventuell den weltlichen Arm um Hilfe gegen einen solchen Papst anruft. – Als Aufruf zum Widerstand, nicht aber als Ermächtigung zur *depositio*, wird der Kommentar von Innozenz IV. bzw. Johannes Andreä zu X. 5, 39, 44 (*Inquisitionis*) verstanden. Vgl. PETRUS DE MONTE, *Tractatus* 122.

20 PETRUS DE MONTE, *Tractatus* 125.

21 Cf. ebd. 125 - 127.

22 Cf. ebd. 127 f.

23 Betreffend die *sexta conclusio* cf. a.a.O. 128 - 130.

24 Vgl. PETRUS DE MONTE, *Tractatus* 129. Im Normalfall ist die gesamte Gewalt in der Kirche *quo ad habitum*, aber in Petrus *quo ad actum et exercitium*.

Wie bei Roselli ist bei Petrus de Monte das Movens seiner Argumentation das Bestreben, die monarchische Struktur der Kirche als gottgewollte und notwendige Ordnung zu verteidigen.

vivente uno vero Pontifice, ex quo cessat omnis ratio necessitatis, Concilium generale non potest ponere manum ad ea, quae sunt Papae reservata ... quia esset ponere duo principia in Ecclesia, quod est haereticum.[25] Zwei können nicht auf die gleiche Weise dasselbe *in solidum* besitzen. Wenn nun der Papst die *quasi-possessio* der Ausübung der Schlüsselgewalt in der Gesamtkirche für sich beanspruchen kann, ist es unmöglich, daß das Konzil dies zur gleichen Zeit für sich behaupten kann.[26] Insgesamt betrachtet finden sich zwar vielfach Parallelen zwischen Petrus de Monte und Roselli. Roselli aber zeichnet sich letztlich doch durch eine größere Sensibilität gegenüber dem konziliaren Anliegen aus, wenngleich er – wie sein Kollege – das Konzil als alternativen Papst ablehnt.

---

[25] So Petrus de Monte, *Tractatus* 129. Gegen die *duo principia* wird angeführt C. 24, q. 1, c. 18 (*Loquitur*): Friedberg I 971 f. und D. 22, c. 1 (*Omnes*): ebd. 73. – Petrus de Monte, *Tractatus* 129 f. gibt verschiedene Beispiele, um – ebd. 130 – zu schließen: ... *breviter, non potest facere reservata Papae, et si faciat, nullius sunt momenti, tamquam facta a non habente potestatem.* Cf. C. 1, q. 7, c. 24 (*Daibertum*): Friedberg I 437: ... *qui nichil habuit nichil dare potuit.* – *Glosse* zur Stelle, v. *dare*, ed., 609: ... *arg. quod pro non dato habetur, quod datur ab eo, qui de iure dare non potest, ut extr. de iure pat. quod autem. in fin.* Cf. X. 3, 38, 5 (*Quod autem*): Friedberg II 611.

[26] Cf. Petrus de Monte, *Tractatus* 129. Ebd. Verweis auf D. 13, 6, 5 (*Si ut certo*): MK I 212 f.: *Si duobus vehiculum commodatum sit vel locatum simul, Celsus filius scripsit ... quaeri posse, utrum unusquisque eorum in solidum an pro parte teneatur. et ait duorum quidem in solidum dominium vel possessionem esse non posse: nec quemquam partis corporis dominum esse, sed totius corporis pro indiviso pro parte dominium habere.*

2. Johannes de Miliis

In seinem *Responsum ad quinque dubia* bezüglich des Dekretes *Frequens* kommt Johannes de Miliis, wie bereits oben im Zusammenhang mit der Verlegung des Basler Konzils angedeutet, auch auf das Verhältnis von Papst und Konzil in allgemeiner Form zu sprechen. *Regulariter* gilt zwar, daß der Papst über dem Konzil steht. Das bestreitet der Autor nicht. Doch diese Regel kennt drei Ausnahmen.[1] Johannes referiert sie. Dies geschieht jeweils in der Anwendung auf den konkreten Fall der *mutacio loci* durch Eugen IV.

Die These von der Superiorität des *vicarius Christi* hat keine Geltung, wenn es um Häresie geht. Für den Verfasser des *Responsum* besteht keine Frage, daß zu den Zielen, die das Basler Konzil verfolgt, die Beseitigung der *heresis bohemorum* gehört. Wo es jedoch in dieser Weise um den Glauben geht, kommt dem Konzil der Vorrang zu. Die Belege, D. 40, c. 6 (*Si papa*) mit Glosse u.s.w., sind wohlbekannt. Interessant ist allerdings, daß Johannes gegen eine Auffassung, welche *extirpacio heresis* und *reformacio ecclesie* voneinander scheidet, die Verflochtenheit beider Aspekte deutlich macht: *reformatio ecclesie est de pertinentibus ad dictam heresim extirpandam quia videntes heretici clericum catholicum reformatum et ad bonos mores reductum citius se reducent ad fidem. Diferre ergo reformationem ecclesie est differre (sic!) heresis extirpationem.*[2]

Der zweite Bereich, in dem man eine Superiorität des Konzils postulieren muß, betrifft die Situationen, in denen der Papst durch sein Tun oder durch seine Weisung den *status ecclesie* in gravierender Weise gefährdet. Johannes zweifelt nicht, daß Eugen IV. durch die Auflösung des Konzils, das sich für die *reformatio ecclesie in capite et in membris* und die Schaffung der *pax* zwischen den Königen, Fürsten und allen Christgläubigen einsetzt, nicht nur dem *status ecclesie*, sondern – mehr noch – dem *status totius orbis* schadet. Dies aber ist ihm *de iure* nicht zuzugestehn. Handelt er gleichwohl dementsprechend, ist ihm der Gehorsam zu entziehen.[3] De Miliis beruft sich auf Guido de Baysios Kommentar zu C. 25, q. 1, c. 6

---

[1] Cf. JOHANNES DE MILIIS, *Responsum* – Cvp 5129, f. 67r.

[2] Ebd. -Vgl. CONCILIUM VATICANUM II, *Constitutio pastoralis* 19: Es können an der Entstehung des Atheismus *die Gläubigen einen erheblichen Anteil haben, insofern man sagen muß, daß sie durch Vernachlässigung der Glaubenserziehung, durch mißverständliche Darstellung der Lehre oder auch durch die Mängel ihres religiösen, sittlichen und gesellschaftlichen Lebens das wahre Antlitz Gottes und der Religion eher verhüllen als offenbaren.* Vgl. Enchiridion Vaticanum I, 804 (unter Nr. 1375).

(*Sunt quidam*), der bei vielen Autoren in der Diskussion angeführt wird. Von diesem Ausgangspunkt her wird klar, daß durch das Agieren gegen eine Reform, die der *discoloratio status ecclesie* ein Ende machen soll, indirekt die *discoloratio* weiter gefördert wird. Wie bei der ersten Ausnahme ist hier ebenfalls das Konzept der Reform Interpretationsschlüssel.[4]

Der dritte *casus*, in dem man dem Papst nicht folgen muß, liegt vor, wenn als Ergebnis seines Tuns große Übel zu befürchten sind (*magna mala ventura*). Die *dissolucio concilii* jedoch läßt genau dieses, insbesondere mit Blick auf den Frieden, befürchten. Zusammenfassend sagt Johannes de Miliis: *hiis tribus casibus concilium est supra papam, quia in casibus, in quibus papa non potest iure prohibente disponere, prevalet sententia concilii sententie pape et concilium est iudex competens ad reformandum male gesta per papam.*[5]

Er erkennt zwar einerseits an, daß in dem von ihm angegebenen Kommentar des Johannes Andreä und des Archidiaconus zu VI°. 5, 2, 5 (*In fidei favorem*) die *causa fidei*, d.h. die erste Fallgruppe, im Mittelpunkt steht. De Miliis betont aber andererseits, daß durch Innozenz IV. und – in seinem Gefolge – Johannes Andreä die drei Fälle auf eine Stufe gestellt werden. Neben Sinibaldus Fliscus, dem man nach seiner Ansicht als Papst und Rechtsexperten Glauben schenken muß, wird die Glosse zu *Si papa* als unangefochtene Autorität herangezogen.[6] Insoweit aus der *mutacio loci* bzw. aus der *dissolucio concilii* zu befürchten ist, daß die Ausrottung der Häresie verschoben oder unterbunden, der *status ecclesie* gefährdet wird, große Übel drohen, ist einer entsprechenden Weisung des Papstes der Ge-

3 Cf. JOHANNES DE MILIIS, *Responsum* – Cvp 5129, ff. 67r - v. Ebd. f. 67v mit Verweis auf Innozenz IV. und Hostiensis, sowie auf den – diesen folgenden – Johannes Andreä. Cf. JO. AN., *Commentaria* zu X. 5, 39, 44 (*Inquisitioni*), v. *mortale*, ed., f. 145.

4 Vgl. JOHANNES DE MILIIS, *Responsum* – Cvp 5129, f. 67v: ... *plus dicit archidy. quod ubicunque discoloratur status ecclesie papa non potest id facere ... sed status per malos mores est discoloratus. ergo non potest papa impedire reformationem morum per quam discoloratio removetur. quia impediendo reformationem foveret discolorationem sicut impediendo extirpationem heresis foveret heresim.*

5 Ebd. unter Verweis auf Johannes Andreä.

6 Cf. JOHANNES DE MILIIS, *Responsum* – Cvp 5129, ff. 67v - 68r: ... *licet ipsi (sc. archidiaconus et joannes andreae) loquantur ibi (sc. in c. in fidei favorem de hereticis in vi.) in primo casu, scilicet quando agitur de heresi, tamen idem est in aliis duobus casibus, scilicet quando agitur de turbatione status ecclesie et quando agitur de alia re, ex qua presumitur multa et magna mala ventura, cum hos tres parificent Inno. et Jo. an. in dicto c. inquisitioni. cui Inno., cum fuerit papa et in iure peritus ac plures decretales edidit, valde credendum est. Glosse etiam in dicto c. si papa, que magne auctoritatis est et quam nullus reprobat, predicta confirmat, licet in casu quo ex facto pape turbatur vel scandalizatur status ecclesie duo alia requirat, de quibus nil dixit Innocentius, videlicet quod illud factum sit notorium et quod papa sit incorrigibilis.*

horsam zu verweigern. In dieser Situation ist das Konzil über dem Papst. Daß freilich auch Johannes de Miliis keineswegs ein radikaler Konziliarist ist, macht sein Kommentar zu *Frequens* deutlich. Er wendet sich gegen Deutung des Konstanzer Dekrets, welche die Position des Papstes prinzipiell in Frage stellt. Der *vicarius Christi* ist nach Ansicht des Johannes de Miliis durchaus nicht an alle Beschlüsse jedweden Konzils gebunden. Daraus würde sich nämlich die Konsequenz ergeben,

> *quod concilium posset pape omnem auferre potestatem statuendo expresse, quod papa non posset aliqua beneficia reservare nec in eis conferendis ordinarium prevenire etc. quod ridiculum esset dicere. Illa ergo dumtaxat statuta concilii ligant papam, ex quorum revocatione sequeretur heresis vel presumeretur ecclesiam aliter scandalizari aut eius statum mutari vel magna mala ventura.*[7]

[7] Ebd. f. 68r. Vgl. auch die Ausführungen des Johannes de Miliis zur Frage, ob das versammelte Konzil den Papst mahnen kann, eine solche Konzilsauflösung zu widerrufen. Ebd. (*ad quintum dubium*): ... *si ex dissolucione ... presumitur heresim foveri ... potuit concilium monere papam ... quia hiis casibus concilium est supra papam. Ubi autem aliquod predictorum non presumeretur, monitio non teneret, quia tunc papa est supra concilium, et ultra casus predictos, licet papa iniuste aliquid ageret, tamen a nemine iudicatur et ita debet intelligi c. si papa. xl. di. et §. hinc etiam. versu ad hoc. xvii. di. et ii. q. vii. §. Item cum balaam. i. fi. Hec scripsimus salva semper correctione cuiuslibet melius sentientis profitentes nos tenere, quod tenet sancta et unica virgo mater ecclesia.*

3. Thomas de Birago

Der Traktat dieses Autors, der – wie Roselli – als Konsistorialadvokat seine Dienste leistete, verdient ebenfalls Aufmerksamkeit. Auch er befaßt sich mit der Autorität und Gewalt des Generalkonzils.[1] Insgesamt behandelt die kleine Schrift vier Fragen.[2] Wie Thomas selbst betont, übergeht er manches, *brevitatis causa*. Er verbindet damit die Hoffnung, daß so die Adressaten der Schrift eher zum Lesen angeregt werden und das Gelesene leichter verstehen. Er unterwirft seine Ausführungen der Korrektur durch Eugen IV., die Kirche und jedem, der die Sache besser versteht.[3]

Auch dieser Autor referiert bei der Beantwortung der Frage, ob das Konzil – gleich dem Papst – Konstitutionen machen kann etc., in einem ersten Schritt die Argumente, die dafür sprechen, daß die Synode all das vermag, was dem *vicarius Christi* zukommt. In einem zweiten Schritt stellt er die Gegenargumente vor, um dann seine Lösung zu präsentieren.[4]

Bei den Argumenten, die für die konziliaristische Position in die Diskussion eingebracht werden, macht auch Thomas de Birago auf D. 17, c. 6 Grp (*Hinc etiam*) aufmerksam. Das Verb *tradidit* wird, gemäß der konzilsfreundlichen Sicht, dort verwendet, um deutlich zu machen, daß die Übergabe der Gewalt von den Konzilien an den Papst nicht einschließt, daß keine Gewalt mehr beim Konzil verbleibt. Dadurch unterscheidet dieser Wortgebrauch sich – nach gängigem Verständnis – vom Gebrauch des Wortes *transtulit*, wie er im Kontext der Rede von der

---

1 SIEBEN, *Traktate* 38 mit Anm. 184 erwähnt ihn kurz, unter Hinweis auf Eckermann. – Cf. THOMAS DE BIRAGO, *Tractatus* – Cvp 5129, f. 72r: *Carissimi fratres et socii, requisistis a me, ut de auctoritate et potestate concilii universalis, quid sentirem, vobis scriberem ea de re. Ego, Thomas de birago, Sacri concistorii advocatus, volens amicie vere satisfacere, huic rei operam dare censui.* – Die Arbeit des Thomas fand eine Entgegnung durch Jean Mauroux, Patriarch von Antiochien. Vgl. MÜLLER, Verfassungsprinzipien 424 Anm. 28. Zur Person des Jean Mauroux cf. MÜLLER, *Franzosen* II 543 - 572. Ebd. 564 zum Traktat des Patriarchen: *Hier wird nicht mit dem Florett, sondern mit der Brechstange gekämpft: Mauroux geht es ... nur noch um Konfrontation, für Streben nach Ausgleich und Versöhnung ist hier kein Platz. Allerdings bleibt zu fragen, ob nicht gerade dieser simple Kurs ... den beachtlichen Erfolg des Traktats erklärt. Er bot Konziliarismus für den Alltag.* Leider läßt sich ähnlicher „Erfolg" auch heute noch mit ähnlichen Mitteln erzielen.

2 Cf. ebd. f. 72r: *Primo ... quid sit concilium generale ...; 2° an in eo requiratur pape auctoritas; 3° an possit constitutiones facere, causas audire et alia facere, que potest papa; 4° an eius potestas sit maior seu superior aut par aut minor potestate pape. Et ex hiis perfecte intelligetur, quid potest papa et quid potest concilium.*

3 Cf. ebd. f. 78v.

4 Cf. ebd. f. 72v affirmativ; ff. 72v - 73r negativ; ff. 73v - 74r Meinung des Thomas.

translatio Imperii üblich ist.[5] Unter den Punkten, die Thomas für die „papalistische" Sicht anführt, ragt als Vernunftsargument eines heraus. Es ist das bereits bekannte Motiv von der Unmöglichkeit zweier *capita*, zweier oberster Gewalten in der Kirche.[6] Für seine *solutio* differenziert der Konsistorialadvokat zwischen der Situation *papa existente* und *papa deficiente*. Im ersten Fall liegt die Leitungsvollmacht beim Papst. Im zweiten Fall dagegen ist sie in der Universalkirche und bei denen zu finden, welche die Universalkirche repräsentieren, d.h. bei den Bischöfen als Nachfolger der Apostel.[7] Diese Logik wird begründet mit Blick auf die *universitates*.[8]

Gegen die konziliare Position merkt er kritisch an, daß die Notwendigkeit des Gehorsams gegenüber den Vätern *in unum congregati* notwendigerweise auch den Papst als Haupt der Versammlung einschließt. Ihm kommt *principaliter* und *pre omnibus* die *potestas* zu.[9] Hat er sie von Gott bekommen, ist die Rede davon, daß sie ihm – wenngleich nicht *principaliter* – von den Konzilien zugemessen wird, in sich wenig sinnvoll: *id,*

---

[5] Cf. ebd. f. 72v: ... *tex. xvii. di. concilia, ubi tex. loquens de potestate pape dicit, quod auctoritas conciliorum tradidit potestatem pape in ecclesiis ... si igitur concilium tradidit potestatem pape, sequitur, quod concilium talem potestatem habuit, quia nemo dat, quod non habet. Et attendendum est, quod tex. non dicit, quod transtulit, sicut dicitur de populo Romano, qui transtulit omnem potestatem in Imperatorem ... per quod verbum transtulit solet dici, quod nulla potestas remansit apud populum Romanum ... In casu enim nostro utitur tex. solum hoc verbo tradidit, et non transtulit.* Vgl. D. 17, c. 6 Grp (*Hinc etiam*): Friedberg I 52 und *Glosse* zur Stelle, v. *iussione Domini*, ed., 71.

[6] Cf. Thomas de Birago, *Tractatus* – Cvp 5129, f. 73r: ... *si diceretur, concilium habere potestatem supremam absque pape auctoritate, oportet dicere, quod aut interim papa non haberet potestatem et interim non esset capud ecclesie, quod esset absonum ... Aut quod essent duo capita in ecclesia et consequenter posset dici, quod possent esse duo pape, quod quidem esset monstrum et esse non debet. quia unum corpus et una universitas non potest habere duo capita.* Wenn man behaupten würde, das Konzil habe gleiche oder größere Gewalt als der Papst, *sequeretur, quod esset non unitas, sed pluralitas et divisio, quod est contra fundamentum fidei nostre et eius articulos* ... Ebd. auch – vorher – das Argument, daß in *universitates habentes capud* Beschlüsse nur mit dem Haupt vorzunehmen sind.

[7] Cf. ebd. f. 73v: ... *unde eo existente ipse habet regere sicut Christus, eo deficiente regant apostoli et sic universalis ecclesia et eam representantes.*

[8] Vgl. ebd. unter Bezugnahme auf Hostiensis und Innozenz IV. Cf. Jo. An., *Commentaria* zu X. 1, 2, 6 (*Cum omnes*), v. *canonici*, ed., f. 13a. – Für Thomas de Birago hat Bartolus Recht, wenn er bezüglich der Kardinäle sagt, daß *quo ad habitum iurisdictionis ... de iure vacante sede competat eis administracio nomine tamen universalis ecclesie cum sunt eius Cardines, primates et eam regentes.*

[9] Cf. Thomas de Birago, *Tractatus* – Cvp 5129, f. 74r: *Non obstat c. omnibus. xxiiii. q. i., quod vult parendum esse eis, que sancti patres statuerunt in unum congregati, quia loquitur, ut expresse dicit, quando sunt unanimes, sed unanimes non sunt, quando non est papa, qui eorum est caput.* Vgl. aber den Text C. 24, q. 1, c. 20 (*Omnibus*): Friedberg I 973.

quod ipse habuit, amplius sibi dari non poterat ab alio, quod cum meum est, amplius non potest effici meum.[10]

Im letzten Teil vertieft Thomas de Birago das Problem, indem er sich bemüht, die Relation der Gewalten präziser zu bestimmen. Nach dem Referieren des Für und Wider – mit bekannten Argumenten –[11] gelangt der Zeitgenosse Rosellis zu seiner Konklusion. Ausgehend von der These, daß die päpstliche Gewalt unmittelbar von Gott stammt, kann Thomas behaupten: *sicut ..., si Christus veniret, non possit universalis ecclesia aliquid statuere, quod Christus tollere non posset. Ita dicendum est in eius vicario, qui per eum datus est et loco eius vices tenet.*[12] Wenn D. 20, c. 1 (*De libellis*) insinuiert wird, daß die Beschlüsse eines Konzils gleichen Rang wie die des Papstes haben, ist das nur so zu verstehen, daß diese die Zustimmung des Nachfolgers Petri gefunden haben bzw. nicht gegen geltendes Recht verstießen. Nur so können sie auch als gültig betrachtet werden. Oder man kann das Problem lösen, indem man klar macht: *aliud est dicere, quod constitutiones parem vim habeant, videlicet quo ad observantiam, et aliud est dicere, quod papa et concilium parem potestatem habeant.*[13]

Für Thomas de Birago besteht kein Zweifel, daß der Papst einzig und allein wegen Häresie abgesetzt werden kann. Er begründet dies von dem *caput – membra* – Schema her. Damit von einem *corpus* gesprochen werden kann, ist es erforderlich, daß das Haupt den Gliedern entspricht (*debet esse conforme*). Entsprechend muß das Haupt einer *fides*, einer Glaubensrichtung, die *fides* haben, hinsichtlich derer es als *caput* verstanden wird.

> *unde capud saracenorum non potest esse nisi sit saracenus, et similiter iudeorum. Et ita capud christianorum nisi sit christianus ... Cum igitur papa dicatur capud christianorum ratione huius fidei oportet, quod sit conformis in fide, quia capud non potest difforme esse a membris suis, ut dicatur unum corpus ... Et per hoc, cum papa est hereticus, ipse seipsum separat ab ecclesia ... et sic non potest dici*

---

[10] Ebd. f. 74r: *Dic ergo secundum Archid. ... quod illa verba debent recipi quo ad declaracionem, hoc est, quod concilia declaraverunt etc. Vel potest dici, secundum me, quod verbum potestatem sumatur pro auctoritate. hoc est, quod propter concilia potestas pape habuit magnam auctoritatem. vel potest intelligi quo ad potentiam facti, quia propter auctoritatem conciliorum potentia pape crevit.*

[11] Cf. ebd. ff. 74r - 75r.

[12] Ebd. f. 75v. Ebd.: *... lex humana statuta a deo tollere non potest, quia minor ... Sed hec potestas, quam papa habet, fuit eo tradita a deo ... Et hoc argumento specialiter utitur tex. in casu nostro xxii. di. c. omnes.* Vgl. D. 22, c. 1 (*Omnes*): Friedberg I 73.

[13] Cf. THOMAS DE BIRAGO, *Tractatus* – Cvp 5129, ff. 75v - 76r. Das Zitat ebd. f. 76r. Thomas macht in diesem Zusammenhang darauf aufmerksam, daß *statuta* und *leges* zwar jeweils einzuhalten sind, *non tamen sunt omnino equales.*

> *papa. Unde impropria est locutio, quod eo casu concilium sit maius papa, quia non est papa.*[14]

Von diesem Verständnis her erklärt sich auch die Glosse zu D. 15, c. 2 (*Sicut sancti*). Wo es nämlich um den Glauben geht, und das Konzil bzw. die Gesamtkirche etwas entscheidet, der Papst aber eine andere Auffassung vertritt, gilt es, dem Urteil des Konzils zu folgen, *quia, cum papa sit caput huius universitatis ratione fidei, oportet, quod in fide se eis conformet.*[15] Handelt es sich jedoch nicht um Glaubensfragen, gilt es, dem Papst zu folgen. Für das Verstehen der Tragweite einer solchen Konzeption ist ein weiterer Gedanke hilfreich: Da die Gewalt des Papstes von Gott herrührt, könnte auch die Gesamtkirche mit dem Papst keinen Gültigkeit beanspruchenden Beschluß fassen, daß dem Papst etwas, was nicht die *articuli fidei* tangiert, unmöglich wäre.[16]

Was ergibt sich daraus für die These, daß der *vicarius Christi* nicht gegen den *status universalis ecclesie* disponieren kann? Die Bestimmung des *status universalis ecclesie* durch Thomas verwundert nach dem schon Gesagten nicht: *dico, quod status universalis ecclesie pendet super fide et etiam super sacramentis ecclesie et preceptis divinis. Nam in hiis consiscit (sic!) salus nostra et universaliter hoc tangit omnes.*[17]

Ausgehend von diesem Ansatz ist klar, daß der Papst hinsichtlich der priesterlichen Enthaltsamkeit dispensieren kann. Dies betrifft nicht alle. Ihm gilt es auch zu folgen, wenn es um die *correctio morum seu criminum* geht, soweit dabei nicht der *generalis status ecclesie* zur Diskussion steht.

---

14 So ebd. f. 76r. Ebd. auch der Vergleich mit Blick auf Guelfen und Ghibellinen: *sic videmus in parcialitatibus (?) terrarum, ubi non potest esse capud partis guelfe gubelinus et econtra. et sic de aliis factionibus, et hoc, quando est capud ratione illius fidei seu voluntatis, non autem si esset alio respectu, puta ... rector ratione iusticie reddende.*

15 So ebd. f. 76v. Vgl. *Glosse* zu D. 15, c. 2 (*Sicut sancti*), v. *praesumit*, ed., 55: *Videtur ergo, quod Papa non possit destruere statuta concilii ... unde requirit Papa consensum Con. Arg. contra 17. distin. §. hinc etiam. et ext. de elec. significasti. ubi dicitur, Concilium non potest Papae legem imponere. et 35. q. 9. veniam. Sed intellige, quod hic dicitur, circa articulos fidei. 25. q. 1. sunt quidam.*

16 Cf. Thomas de Birago, *Tractatus* – Cvp 5129, f. 76v: *... per hoc etiam apparet, quod quo ad alia staretur sententie pape. et vult glo. in dicto c. sicut et glo. xix. di. Anastasius et glo. xxiiii. q. i. quodcumque et glo. in c. proposuit de concess. preben. Per predicta etiam apparet, quod si universalis ecclesia etiam simul cum papa vellent statuere, quod papa aliquid, quod non esset de articulis fidei, facere non posset, non valeret, quia hec potestas sit ei a deo data, non potest lex humana ei tollere.*

17 Cf. ebd. So abgeleitet von C. 24, q. 1, c. 10 (*Memor*): Friedberg I 969; C. 25, q. 1, c. 6 (*Sunt quidam*): Friedberg I 1008; *Glosse* zu X. 3, 8, 4 (*Proposuit*), v. *dispensare*, ed., 1199: *... quod intelligo in iis, quae spectant ad articulos fidei.* De Birago verweist dann u.a. noch auf Johannes Andreä, Hostiensis, Innozenz IV. und Johannes von Lignano, um zu zeigen, daß, wenn auch der Papst schwer sündigt, soweit es sich nicht um die *fides* handelt und er zum Häretiker wird, die Gesamtkirche nichts anderes tun kann als beten.

In der Konsequenz kann der Papst Dispens erteilen, wenn diese nicht zur gleichen Zeit als *iniustum* und *contra legem divinam*, und damit den *status ecclesie* tangierend, einzustufen ist.[18]

Eigens nimmt Thomas de Birago Stellung zur Glosse von C. 9, q. 3, c. 21 (*Per principalem*) mit der bereits bekannten Auffassung, daß der Papst nicht alle Bischöfe absetzen kann, weil dadurch die Gesamtkirche in Mitleidenschaft gezogen würde.

> *quia, cum omnes anime christianorum sunt in manibus episcoporum, hoc quemlibet tangit. Et cum episcopi, qui loco apostolorum successerunt, universalem ecclesiam representant ... turbaretur fides christiana. maxime, quia in depositione omnium episcoporum non posset esse iusta causa, sed presumeretur magis fidei defectus in papa, quando hic (sic!) faceret ad destruendam fidem, ex qua turbaretur tota christianitas, et sic merito potest dici, hoc fidem tangere et concernentem universalem statum ecclesie.*[19]

Die zentrale Stellung der *fides* und ihre Bedeutung als Schranke für die Ausübung päpstlicher Macht wird noch bei einer anderen Frage deutlich. Es geht um das Problem, ob die Autorität eines als häretisch erachteten Papstes erforderlich ist, um ein Konzil einzuberufen, das sich mit dessen Absetzung befassen soll. Thomas de Birago unterscheidet, ob der Papst als notorischer Häretiker anzusehen ist, weil er einer schon verurteilten Häresie verfallen ist und sie öffentlich predigt, oder ob dies nicht der Fall ist, insoweit er etwa nicht öffentlich seine Lehre verkündet oder insoweit hinsichtlich der von ihm vertretenen Meinung noch keine Entscheidung (*determinacio*) vorgenommen wurde. Im ersten Fall ist die *auctoritas* des Papstes nicht erforderlich, im zweiten schon. Auch ist sie geboten, wenn es auf dem abzuhaltenden Konzil um eine andere Häresie als die des Papstes oder überhaupt um einen noch nicht definierten Glaubensartikel geht.[20] Bei der Frage, ob zur *determinacio* die Autorität des Papstes erforderlich ist, gibt Thomas de Birago zu bedenken: Wurde noch keine *determinacio* vorgenommen, gilt es, dem Konzil zu folgen, auch wenn der Papst widerspricht oder nicht seinen Konsens ausdrückt. Handelt es sich um einen neu aufkommenden Zweifel bezüglich eines noch nicht festgelegten Glaubensartikels, so kann der Papst allein ohne Konzil eine *declaracio* vornehmen, und es müßte seiner Ent-

---

[18] Cf. ebd. ff. 76v - 77r. Ebd. f. 77r betreffs des Gehorsams: ... *quod dicitur, quod mandato pape iniusto non est parendum, procedit, quando hoc esset clarum, quod hoc esset peccatum mortale contra legem divinam, secus si esset dubium, quia in dubio parendum est pape.*

[19] So ebd. f. 77r. – Cf. *Glosse* zu C. 9, q. 3, c. 21 (*Per principalem*), v. *ad nos*, ed., 879.

[20] Thomas de Birago, *Tractatus* – Cvp 5129, ff. 77r – v spricht knapp über die Notwendigkeit der päpstlichen Autorität für Einberufung und Fortsetzung des Konzils, über die Konzilsauflösung bzw. -verlegung, über die Fortsetzung des Konzils bei Sedisvakanz. Ebd. ff. 77v - 78r über das Problem des *papa hereticus* und die nötige päpstliche Autorisierung des Konzils, soweit es sich um noch nicht definierte Glaubensartikel handelt.

scheidung Folge geleistet werden.[21] Resümierend und zugleich sein grundsätzliches Verständnis vom Verhältnis Papst – Konzil ins Licht hebend schließt Thomas de Birago seinen Traktat mit dem Hinweis: *unum pretermittendum non est, quod ubi dubitatur de viribus universalis concilii recurrendum est ad papam et eius determinacioni est standum.*[22]

Insgesamt gesehen kann man bei ihm, Konsistorialadvokat wie Roselli, ein Bemühen feststellen, gegen eine Ausweitung der *potestas* des Konzils anzugehen.[23] Der Papst erscheint im Zweifelsfall als Richter über konziliare Kompetenz. Er hat seine Vollmacht als *caput universitatis* unmittelbar von Gott, und nur dann, wenn er die *conformitas* hinsichtlich des gemeinsamen Glaubens verliert, Häretiker wird, kann er abgesetzt werden.[24]

---

[21] Cf. ebd. f. 77v - 78v: ... *questio, quid si papa dicatur hereticus et sic agatur de eius privacione, an tunc sit necessaria eius auctoritas in congregando. ... Puto sic dicendum, quod si notorium eum esse hereticum ... tunc in congregacione concilii non est eius auctoritas necessaria, secus si non est notorius ... quero, quid si non agatur de heresi pape, sed aliter de alia heresi seu articulis fidei, an tunc sit necessaria auctoritas pape. puto sic dicendum. Aut agitur de heresi iam alias in alio concilio dampnata. Et tunc est clarum, quia prohibitum est de hoc fieri concilium et amplius tractari, sed debet tantum attendi ad execucionem, que quidem execucio non potest dici questio fidei nec de articulis fidei ... Aut agitur de articulo fidei nondum determinato. Et tunc si queritur, an requiratur auctoritas pape ad congregandum concilium, et puto quod sic ... Pro hoc facit, quia quando ortum aliquod novum dubium de aliquo articulo fidei nondum determinato potest papa solus absque concilio id declarare et ei standum est. xxiiii. q. i. quociens. et in c. cum christus. de hereticis. et no. Archi. xv. di. canones. Aut queritur quo ad determinacionem, an in ea sit necessaria pape auctoritas et tunc posset forte sic dici. Aut papa contradicit statuendi contrarium, et statur determinacioni concilii. ... Et pro hoc per alleg. glo. in c. sicut sancti. xv. di. et in c. Anastasius. xix. di. Aut non intervenit contradictio nec etiam consensus, et tunc idem videtur dicendum, quia eius non est consensus necessarius cuius contradictio non attenditur ut in l. qui potest. ff. de re. iuris. Et no. glo. in l. i. C. qui adm. ad bo. pos. possunt. in contrarium facit preallegatum c. placuit. et ad glo. posset responderi, quod debent intelligi, quando determinacio habuisset vel auctoritatem pape, ut ex post non possit papa solus contrarium statuere.* – Für die reine *declaratio* seitens des Papstes ohne Konzil wird verwiesen – vgl. oben – auf C. 24, q. 1, c. 12 (*Quociens*): Friedberg I 970 und X. 5, 7, 5 (*Quum Christus*): Friedberg II 779, sowie auf den Kommentar des Guido de Baysio zu D. 15, c. 1 (*Canones*).

[22] So Thomas de Birago, *Tractatus* – Cvp 5129, f. 78v.

[23] Vgl. ebd. den aufschlußreichen Hinweis: ... *quidquid dicetur, quod papa non possit, non sequitur tamen, quod concilium possit de per se, quia ymmo non potest absque pape auctoritate.*

[24] Vgl. ebd. f. 76r: ... *quero de ratione, quare propter heresim papa potest privari, et non ex alio crimine. illa quidem non est ratio, que habetur, quod hereticus est deponendus in c. ad abolendam. de hereticis. xxiiii. q. i. qui contra. Nam hec ratio est communis quo ad omnes alios et quo ad alia crimina ex quibus quis deponitur. et tamen hoc est speciale in papa, quod ex sola heresi deponitur.* Cf. *Glosse* zu X. 5, 7, 9 (*Ad abolendam*), v. *honore*, ed., 1861: *Quia hoc ipso contra ecclesiam esse videntur, unde dignitate debent privari, 24. q. 1. qui contra ...* Vgl. C. 24, q. 1, c. 32: Friedberg I 978: *Qui contra pacem ecclesiae sunt, si dignitatem aut cingulum militiae habent, nudentur eis.* – Das Urteil bei Eckermann, *Studien* 165 Anm. 1 kann vor diesem Hintergrund nur bedingt geteilt werden. Ebd.: Die Questionen *werden im Sinne Rosellis und der übrigen Schriftsteller der Restaurationsgruppe beantwortet, und bringen keine neuen Gedanken. Am meisten nähert er sich in seiner Auffassung dem Antonio Roselli.*

4. Johannes archidyaconus ecclesie Tyrasensis

Unter diesem Namen findet sich in Cvp 5129, ff. 306r – 321v ein weiterer Traktat zum Thema. Der Autor, der sich bescheiden als *inter decretorum doctores minimus* bezeichnet, unterwirft gleich zu Beginn alle seine Ausführungen der Entscheidung des Papstes *et sacrosancte Romane ecclesie eius sponse*.[1] Schon von daher erwartet man keine Abhandlung, die das Anliegen des Konziliarismus verteidigt. Diese Vermutung bestätigt sich bald. Johannes wendet sich mit seiner Schrift gegen die *adversarii*, die Gegner Eugens IV. in Basel. Zunächst hebt er hervor, daß die Situation nicht dieselbe ist wie zur Zeit von Konstanz, als es keinen unbestrittenen Papst gab.[2] Für ihn zielen die vorgeblichen Dekrete des Konzils zu Basel dahin, die Vorrangstellung der *sedes* und ihre oberste, von Gott verliehene Gewalt zu beschränken. *sic directe et principaliter talia concernunt dignitatem papalem et non personam solam ipsius domini nostri.*[3]

Daß die Gegner die aktuelle Praxis bezüglich der Annaten, der Reservationen der Kathedralkirchen, der Benefizien etc. als *scandalosum* für die Kirche erachten, befremdet ihn, da Eugen darin in keiner Weise als Neuerer anzusehen ist.[4] Da die Feinde *pro nunc* besonders das *scandalum* seitens des Nachfolgers Petri zum Ziel ihrer Angriffe erkoren haben, wen-

---

1 Cf. JOHANNES ARCHIDIACONUS, *Tractatus* – Cvp 5129, f. 306r. – WÜRDTWEIN, *Subsidia diplomatica* datiert den Traktat auf 1434, präzisiert allerdings auch nicht bezüglich des Autors (*Joannis Archidiaconi Tirasensis Tractatus pro Eugenio Papa IV. adversus concilium Basiliense.*)

2 Cf. JOHANNES ARCHIDIACONUS, *Tractatus* – Cvp 5129, ff. 307r – v. Ebd. f. 307v: ... *quia dubitabatur probabiliter, quis eorum (sc. Benedictus, Gregorius, Johannes) esset verus papa et iuraverunt renunciare pro dando unionem ecclesie et hoc facere recusabant, propterea dicebatur, quod concilium generale et seculares principes poterant procedere contra tales ... hoc dico, ut statim excludam quidquid conarentur aliqui de facto allegare seu in argumentum et consequentiam trahere contra dominum nostrum papam de illis processibus in Constantiensi Concilio contra predictos factum pro danda unione contra scisma, quod tanto tempore viguerat, quia omnes rationes, que militabant contra illos tres cessant in casu presenti. Nam per dei gratiam habemus unionem indubitatam in persona dicti domini ... et cessante causa debent cessare effectus.*

3 So ebd. f. 307v. Für Johannes liegt eine regelrechte Verfolgungssituation vor. Die Schafe haben sich in Wölfe verwandelt. Diese *persecutio non potest dici personalis, sed est persecutio realis, quia persequuntur christum persequendo vicarium ipsius ut vicarium, quia de eius potestate disponere et iudicare conantur. ad quid facit c. accusatio in fi. ii. q. vii.* Cf. C. 2, q. 7, c. 15 (*Accusatio*): Friedberg I 486.

4 Cf. JOHANNES ARCHIDIACONUS, *Tractatus* – Cvp 5129, f. 307v: ... *numquam universalis ecclesia de hoc fuit hactenus scandalizata nec super hoc contradictio aliqua subsecuta, et sic non potest dici dominus Eugenius papa novus inventor alicuius gravaminis, quia secutus est vestigia predecessorum suorum predictorum (sc. Johannes XII., Bonifacius VIII.).*

det sich der Autor des Traktats dieser Materie zuerst zu. Seines Erachtens besteht der einzige Grund, der von den Widersachern als Ursache eines *scandalum* für die Universalkirche angegeben wird, in der Weigerung des Papstes, die Dekrete des Konzils zu autorisieren und ihren Forderungen zu entsprechen. Die Handlungsweise Eugens hinsichtlich der Benefizien beruht auf seinem guten Recht. Wenn man sich darüber ereifert, ist es ein *scandalum phariseorum et pusillorum a domino nostro ihesu christo improbatum.*[5] Wegen eines solchen vorgeblichen *scandalum* jedoch ist es nicht zulässig, Gutes zu unterlassen,[6] oder nicht Angezweifeltes in Frage zu stellen.[7]

Wie aber soll die Glosse zu D. 40, c. 6 (*Si papa*) interpretiert werden, die doch eine andere Sicht nahezulegen scheint?[8] Nach Johannes wird die dort vertretene These, daß der Papst wegen seiner die Kirche skandalisierender Verbrechen angeklagt und durch das Konzil verurteilt werden kann, bereits durch den Text von *Si papa* selbst widerlegt. Alle Fehlhaltungen, die dort aufgezählt werden, sind zweifelsohne geeignet, der Kirche zum *scandalum* zu gereichen. Doch einzig im Fall der Häresie, des *a fide devius*, wird eingeräumt, daß der Papst zur Rechenschaft gezogen

---

[5] Cf. ebd. f. 310v. U.a.: ... *certum est in via iuris, quod nolle acquiescere eorum peticionibus aut eis auctoritatem prestare, non cadit proprie, ymmo nec aliquo modo cadit in gravamen aut in nomen alicuius gravius criminis aut quod grave peccatum accusatione et dampnatione dignissimum prout beatus Augustinus diffinivit crimen in c. i. lxxxi. di. nec est hoc aliquod de criminibus gravibus, que enumerantur in §. criminis appellatio. xxv. di. et que alias inducunt depositionem iuxta notata per glo. ibidem et plenius xv. q. viii. in summa. Item ... dominus noster papa utendo reservacionibus ecclesiarum et beneficiorum utitur iure suo et ex hoc nemini facit iniuriam. c. cum ecclesia vulterana. de elec. ergo nullus isto capite rationabiliter potest scandalizari cum sit improbatum a iure aliquem scandalizari ex eo, quod quis faciat illud quod facere potest et tale est scandalum phariseorum et pusillorum.* Zu *crimen* cf. D. 81, c. 1 (*Apostolus*): Friedberg I 281; D. 25, c. 3 Grp (*Nunc autem*): Friedberg I 92 - 94; *Glosse* zur Stelle, v. *alias ea demum*, ed., 124.

[6] Cf. JOHANNES ARCHIDIACONUS, *Tractatus* – Cvp 5129, f. 310v: *Nec hoc pretensum scandalum est de numero illorum, propter quod, ne eveniat, sunt bona aliqua omittenda.* Verwiesen wird auf *Glosse* zu X. 1, 11, 2 (*Sane*), v. *multitudo*: ... *propter scandalum aliquid omittitur impunitum, cum alias non esset omittendum. quod fieri potest si veritas non offenditur, quae triplex est, scilicet iustitiae ... veritas doctrinae, sive disciplinae ... veritas bonae vitae ... haec nunquam dimittenda est propter scandalum.*

[7] Cf. JOHANNES ARCHIDIACONUS, *Tractatus* – Cvp 5129, f. 310v: ... *super talibus scandalis, que iuxta verbum christi sunt scandala cecorum et ducum ipsorum, non oportet formari questionem aliquam, quia formaretur super casu non dubitato, cum tamen debeat quid formari super casu dubitabili.* Verwiesen wird auf C. 6, 20, 19 (*Illam*): MK II 250 und X. 4, 6, 6 (*Rursus*): Friedberg II 686

[8] Cf. JOHANNES ARCHIDIACONUS, *Tractatus* – Cvp 5129, f. 310v: *Quid si pretendatur, quod papa suis propriis actibus ecclesiam scandalisat. numquid inde contra papam potest agi et per generale concilium iudicari. Et hoc dubium videtur fuisse motum per glossatorem in c. si papa.* Ebd ff. 310v - 311r einige der klassischen Belegstellen.

werden kann.[9] Die Glosse mit ihrer Rede vom *scandalum* kann nur für den Fall Geltung beanspruchen,

> *in quo papa scandalizaret ecclesiam defendendo suum peccatum pertinaciter et incorrigibiliter, asserendo aliquid contra fidem catholicam, sicut si diceret, quod adulterium vel simile crimen de iure divino dampnatum non esset peccatum. quia tunc talis incorrigibilitas equipollet heresi ...*[10]

Nach Meinung des Johannes haben der Glossator, Johannes Teutonicus, und Bartholomäus Brixiensis dem Text durch ihre Deutung Gewalt angetan. Dies wiegt um so schwerer, da es sich um eine *materia periculosa* handelt.[11]

Zur *causa Symmachi* referiert er die Deutungen der Glosse und Huguccios. Er macht auf deren Bemühen aufmerksam, durch Ergänzungen die Widersprüchlichkeiten zu beseitigen. Johannes hält dieses Vorgehen für nicht notwendig.[12] Seines Erachtens lassen sich D. 17, c. 6 Grp (*Hinc etiam*) und C. 2, q. 7, c. 41 Grp (*Item cum Balaam*) auch ohne solche Hilfsmittel verstehen. Aus den Texten nämlich ist nicht zu ersehen, daß der Papst der Häresie angeklagt war. Wäre dies der Fall gewesen, hätten die Teilnehmer des Konzils dies aus der Anklageschrift oder sonstwie gewußt. Dann aber es hätte es keinen Sinn gemacht, zu sagen, wie es in *Hinc etiam* durch die Bischöfe geschieht,

---

9 Cf. ebd. f. 311r: In *Si papa* – so Johannes Archidiaconus – *seriose exprimuntur multi pravi actus, qui possent per papam committi et sunt omnes scandalosi, et tamen ibi tex. asserit, quod papa inde non potest redargui. ergo multo minus potest inde accusari, nisi in crimine heresis. quod autem pravi actus expressi in dicto c. sint scandalosi, constat. Nam primo exprimitur ibi ipsius pape et fraterne salutis negligentia. 2° inutilitas et remissio in operibus. 3° taciturnitas a bono ... 4° quod innumerabiles populos catervatim ad ista omnia mala secum trahit ... tex. ... excipit solum unum casum, si papa inveniatur a fide devius, hoc est hereticus. ergo in ceteris omnibus supra enumeratis et aliis scandalosis, si que committerentur per papam, remanet regula precedens confirmata, quod a nemine possit redargui aut accusari.* – Zur Bekräftigung verweist der Autor noch auf die *regula negative posita* in C. 9, q. 3, c. 13 (*Nemo*) und auf die *regula affirmative posita* in C. 9, q. 3, c. 14 (*Aliorum*). – Vgl. CAPITANI, Episcopato 362: *È un equivoco leggere il passo in questione come se il ‚nisi forte deprehendatur a fide devius' fosse un correttivo di ‚a nemine iudicandus': è solo un'eccezione a ‚cuius culpas istic redarguere presumit mortalium nullus'.* Ebd. Anm. 95: *L'eresia – a differenza dalle altre colpe – consente di ‚redarguere' il papa: ma tutto si esaurisce qui.*

10 Cf. JOHANNES ARCHIDIACONUS, *Tractatus* – Cvp 5129, f. 311v. In diesem Fall müßte die *forma procedendi* Anwendung finden, die bei vorgeblicher Häresie des Papstes angewandt wird.

11 Cf. ebd. f. 311v: *... mirum est, quod Johannes, glosator decreti, et Bartholomeus brixiensis, viri tante scientie et profunditatis, pro ista parte ... glosaverunt talia in preall. c. si papa ... et per opiniones suas nullo alio iure fundatas voluerunt facere violentiam textui dicti c. si papa.* Er verweist noch auf C. 26, q. 3 und 4, c. 3 (*Quodam loco*): Friedberg I 1026: *Rem dixi occultissimam audaciori assertione quam debui.*

12 Cf. JOHANNES ARCHIDIACONUS, *Tractatus* – Cvp 5129, ff. 311v - 312r. Ebd. f. 312r: *... salva reverentia tantorum doctorum. forte non erat necessarium circa solutionem huiusmodi contrariorum facere suppletiones.*

quod episcopus Romanus non debebat minorum subiacere iudicio, scilicet concilii super hoc congregati, quia in casu heresis falsum dixissent, cum eo casu concilium posset de crimine heresis pape cognoscere ... Ex quo sequitur, quod alia erant crimina de quibus in tex. illo.[13]

Aus dem Text des Dekrets ist ebenso nicht abzulesen, daß der Papst durch das Konzil von irgendwelchen *crimina* losgesprochen worden wäre oder daß das Konzil nach Art einer *iurisdictionalis cognitio* über das Vorliegen oder Nichtvorliegen dem Papst vorgeworfener *crimina* befunden hätte. Dann nämlich hätten die Richter, insofern sie kompetent gewesen wären, gleich nach Entdecken der Verleumdung seitens der Gegner und Kenntnisnahme des Nichtvorliegens von Beweisen den Papst vernünftigerweise und rechtmäßig losgesprochen. Sie hätten die *causa* nicht letztlich dem göttlichen Urteil reserviert. Eine solche *reservatio* stände vielmehr im Widerspruch zur vorher ihrerseits erfolgten *absolutio*. Denn es gilt: *facta absolutio non debebat per deum reiterari cognitio.*[14] Das Konzil, das sich mit dem Fall des Symmachus befaßte, sprach diesen nicht los, sondern überließ die *causa*, insoweit es nicht um Häresie ging, dem einzig zuständigen Richter: Gott.[15]

Johannes geht auch auf andere Texte ein, um das Problem der *crimina* zu erörtern. Dann wendet er sich den Fragen von Häresie und Schisma zu. Er beginnt mit drei Konklusionen:

prima est, quod papa, dum est papa, divine legi subicitur, per quam ipse et ceteri fideles deo summo capiti in unitate fidei copulantur. ... 2° conclusio est, quod papa, dum est papa, non subicitur ecclesie militanti, sed cum ea ut caput cum membris unum mixtum corpus efficitur. ... Tertia conclusio est, quod heresis et scisma

---

13 Cf. ebd. f. 312r. Vgl. D. 17, c. 6 Grp (*Hinc etiam*): Friedberg I 52 f.

14 Cf. JOHANNES ARCHIDIACONUS, *Tractatus* – Cvp 5129, f. 312r. Für das angeführte Zitat wird verwiesen auf X. 5, 1, 6 (*De his*): Friedberg II 734: *De his criminibus, de quibus absolutus est accusatus, non potest accusatio replicari.*

15 Cf. JOHANNES ARCHIDIACONUS, *Tractatus* – Cvp 5129, f. 312r: *Et si dicatur per aliquos, quod ymmo concilium absolvit symachum, quia dixerunt: Symachus papa ab huiusmodi oppositionibus immunis sit et liber. Verum forte dicerent, si concilium aliud non addidisset, sed statim concilium subiunxerit seu interseruit: sit immunis et liber quantum ad hominem respicit, idest quantum ad iudicium humanum seu in isto seculo. et sequitur: ultra cuius causam totam dei iudicio reservamus. quasi dixerit concilium: non constat nobis ex tenore libelli accusatorii aut alias, quod symachus impetatur de heresi, quia illo casu possemus de hoc cognoscere, sed impetitur de aliis criminibus, quo casu non debet minorum subiacere iudicio ... et quia de talibus criminibus non possimus cognoscere nec nos intromittere nec ipse papa potest inde redargui nec accusari ... dicamus necessarie, quod sit liber et immunis de istis oppositionibus quo ad istud seculum, idest quo ad cognitionem nostram aut alterius in isto mundo, ... quia eciam si essent probata non posset per nos in isto seculo condempnari, cum omnia talia sint divino reservata. Et quia de hiis non possumus nos intromittere, ideo dicamus nos non fore quo ad hoc iudices competentes, remittendo symachum ad suum iudicem, idest divinum iudicium et ita fecerunt.*

utrumque divisionem denotant, sed diversimode: quia heresis dividit ab unitate fidei, cui directe opponitur ... scisma vero dividit ab unitate ecclesie militantis, cui eciam directe opponitur.[16]

Präzisierend stellt er klar: Um den Papst als Häretiker bezeichnen zu können, reicht es nicht aus, daß dieser einer häretischen Meinung verfällt. Er muß darüberhinaus hartnäckig und unverbesserlich, gegen die Lehre der Gesamtkirche, daran festhalten. Nur in diesem Fall trennt er sich *de facto* von der Einheit jenes Glaubens, durch dessen Band er mit den übrigen Gläubigen Gott, dem *supremum caput*, verbunden ist. So und nur so ist er wahrhaft geschieden von Gott und der Kirche, ist er wahrhaft Häretiker und kann vom Konzil gerichtet werden.[17]

Der Verfasser des Traktats erläutert in der Folge die für diesen Fall anzuwendende Vorgehensweise,[18] um sich danach der Erörterung des Schisma-Problems zu widmen. Er fragt zunächst, ob der Papst, Papst bleibend, Schismatiker werden kann (*utrum papa remanens papa in scisma possit incidere*). Von der Beantwortung dieser Frage hängt es dann ab, ob aufgrund des Schisma-Vorwurfs gegen den Papst vorgegegangen werden kann. Johannes stellt seinem Leser einen – nach seinem Ermessen – überzeugenden Syllogismus vor: *Nullus in quo et apud quem est vera ecclesia incidit in scisma ... sed in omni et apud omnem papam est vera ecclesia ... ergo nullus papa incidit in scisma.*[19] Der Papst als Papst kann also nie

---

16 Ebd. ff. 313r - v.

17 Cf. ebd. f. 313v: ... *advertendum, quod non omnis, qui labitur in heresim, est hereticus seu censendus hereticus. Ponamus enim quod papa existens papa teneat aliquam opinionem hereticam. certe talis in hoc casu contradicit fidei et prime veritati, que est deus, cui ipsemet papa subicitur sicut ceteri fideles ... nec potest contra hanc veritatem aliquid immutare ... et per hoc nullum dubium est, quod papa incidere potest in heresim, scilicet in errorem ipsi veritatem contrariam et seperantem a veritate fidei, que docet omnes de necessitate salutis debere aliter scilicet catholice credere et confiteri. Si tamen crederet papa se veritatem credere quam docet universalis ecclesia, quamvis erret ... non tamen est hereticus nec ab universitate fidei divisus, quia fides sua non est illud, in quo erret, sed illud, quod tenet universalis ecclesia ... sed si pertinaciter et incorrigibiliter contradicit doctrine universalis seu catholice ecclesie, tunc de facto se dividit ab unitate fidei et sic disrupto vinculo fidei, quo deo supremo capiti cum ceteris catholicis iungebatur, a deo et ab ecclesia est precisus, et tunc non solum incidit in heresim, sed verus hereticus est censendus.*

18 Cf. ebd. ff. 313v - 315r. Ebd. f. 314v bezieht sich Johannes Archidiaconus auf Augustinus von Ancona, Petrus de Palude und Alvanus Hispanus. Ebd. f. 315r: *Si ... per concilium seu verius congregationem requisitus (sc. papa) dictam heresim seu errorem revocare noluerit, quia tunc de facto est incorrigibilis et notorie de hoc constat ecclesie per suam pertinaciam ipsum fore hereticum obstinatum et incorrigibilem, taliter quod nulla potest tergiversatione celari ... tunc ipso iure est privatus et desinit esse papa ... unde tunc est ab eo seu eius obedientia recedendum et ipse iam non papa, sed ut privatus hereticus puniendus est ... nam eo casu est minor quolibet catholico.*

19 Cf. Ebd. ff. 315r - v. Das Zitat ebd. f. 315v.

Schismatiker sein.[20] Ergänzend gilt es aber zu sagen, daß der Papst, der Häretiker – im oben geschilderten Sinn – ist, *eo ipso* auch Schismatiker wird. Aber er wird es eben zu einem Zeitpunkt, zu dem er bereits nicht mehr Papst ist.[21] Da nun der Papst als Papst nicht Schismatiker werden kann, ist es evident, daß auf einem Konzil diesbezüglich nicht gegen ihn vorgegangen werden kann.[22]

Der *minimus decretorum doctor* bleibt jedoch an dieser Stelle nicht stehen. Vielmehr versucht er, nachzuweisen, daß auch im Fall von Häresie der Papst – *dum est papa* – im strengen Sinn nicht dem *iudicium* des Konzils untersteht. Er weist darauf hin, daß eine entsprechende Meinung bei *valentissimi doctores* – den Glossatoren, Innozenz IV., Hostiensis, Archidiaconus – zwar aufscheint, daß sie aber nur gestützt wird durch das berühmte *capitulum Si papa*.

> *et mirum mihi videtur de ista allegatione, quia ... tex. c. si papa non dicit illud, ad quod ipsi conantur inducere. nam ille tex. non loquitur de accusatione seu de aliqua iudiciale inquisitione contra papam fienda, sed solum de simplici redargutione seu reprehensione.*[23]

---

[20] Cf. ebd. f. 315v: ... *ponamus ... quod papa seperaret se a communione quorundam fidelium, certe ex hoc non est scismaticus, nec incidit in scisma, quia scisma dividit ab obedientia capitis ecclesie militantis. ... Cum ... illud caput ecclesie militantis sit ipse papa, videtur impossibile, quod ipsemet papa seperaret se a seipso. ... Si papa dum est papa in scisma incideret, papa dum est papa se a seipso divideret. sed consequens est falsum et impossibile, igitur et antecedens. sed falsitas consequentis patet, quia impossibile est aliquid unum a seipso dividi. unde cum papa sit unus, quia non possunt esse plures pape ... non potest a seipso dividi et contradictionem includeret, quia si est divisus, non est unus, et si est unus, non est divisus, quia unitas divisionem non capit ... nec divisio retinet unitatem.*

[21] Cf. ebd. f. 315v.

[22] Cf. ebd. f. 316r. Die einzigen Texte, die angeführt werden könnten für die These, daß der Papst als Papst Schismatiker werden kann, scheinen Johannes Archidiaconus die *Glossen* zu C. 24, q. 1, c. 1 (*Achatius*), v. *qui vero*, ed., 1382: ... *cum schisma non possit esse sine heresi, nisi forte in summo Pontifice, ut si duo crearentur, et uterque crederet Ecclesiam apud se esse ...* und – *glossa II* – zu C. 24, q. 1, c. 31 (*Didicimus*). Diese aber stehen seiner Auffassung nicht entgegen: *Nam ille glose non fuerunt Johannis, sed laurentii, quem recitat Johannes. et lau. non dixit illud assertive, sed optimative, utendo philosophico temperamento dicendo: nisi forte etc. quasi dicat: hoc non assero, sed movendo sub dubio forte relinquo. ... Ideo oportet verba glose ibi exponere, cum dicit: nisi forte in summo pontifice, quia regula generalis est, quod omnis scismaticus perseverans incidit in heresim. fallit in summo pontifice, scilicet in uno vero, qui non potest esse scismaticus nec hereticus, dum est papa, et alio putativo, qui eciam in scismate perseverans, alio non addito, non efficitur hereticus. unde patet, quod in predictis terminis de summo pontifice fallit regula, quia in eo scisma locum non habet et hoc videtur intellexisse lau. secundum terminos quos subiunxit.*

[23] Cf. ebd. ff. 316r - 316v. Das Zitat ebd. f. 316v. Ebd. f. 316r: *Sumendo ... stricte et proprie hunc terminum iudicare dicendum est, quod nullus nec concilium generale nec alius in hac vita potest papam casu aliquo, dum est papa, eciam de heresi, iudicare.* Johannes verweist dann auf C. 9, q. 3, c. 13 - 17 (*Nemo*; *Aliorum*; *Facta*; *Ipsi sunt*; *Cuncta*) und – als *tex. notabilis* – D. 21, c. 7 (*Nunc autem*): Friedberg I 71 f. JOHANNES, *Tractatus* – Cvp 5129, f.

In D. 40, c. 6 geht es um die Regel, daß mit Blick auf den Papst eine *redargutio* nicht zulässig ist. Diese Regel kennt nur eine Ausnahme: das *a fide devius*. Diese Ausnahme aber versteht sich augenscheinlich wieder hinsichtlich der *reprehensio* bzw. *redargutio*, nicht hinsichtlich der in anderen *capitula* postulierten Nichtjudizierbarkeit des Nachfolgers Petri.[24] Als Beleg wider eine entgegengesetzte Auffassung führt Johannes das römische Recht an.[25] So bemüht er sich, die verschiedenen Texte in Einklang zu bringen.[26]

Zum Schluß jedoch gesteht er ein, damit auf das zuvor Ausgeführte zurückgreifend:

> *fateor, quod si papa incidit in heresim iam dampnatam et pertinax et incorrigibilis existens desierit esse papa iuxta ea, que supra in materia heresis latissime sunt deducta, tunc, postquam desierit esse papa, poterit per concilium de heresi et ut hereticus iudicari, quia tunc iudicaretur ut homo privatus, et non iudicaretur papa nec sedes prima.*[27]

An dieser Stelle wendet er sich der für ihn aktuellen Frage zu, ob das kraft apostolischer Autorität versammelte Konzil die von ihm bekämpften Dekrete erlassen konnte. Seines Erachtens kommt im eigentlichen Sinn allein dem Papst die Präsidentschaft auf dem Konzil zu, soweit man diesen Be-

---

316v: ... *argumentum a contrario sensu non habet locum, quando contrarium reperitur in iure, iuxta not. per glo. in c. i. de eta. et qual. li. vi. sed contrarium reperitur expresse in iure in causa heresis in preall. c. nunc autem. xxi. di. in qua casu nec fuit condempnatus marcellus nec absolutus, et sic non obstat contrarium.* – Cf. *Glosse* zu VI°. 1, 10, 1 (*Permittimus*), ed., v. *permittimus*, 216.

24 Cf. JOHANNES ARCHIDIACONUS, *Tractatus* – Cvp 5129, f. 316v. Dort u.a. auch der Verweis auf *Glosse* zu D. 96, c. 15 (*Quamvis*), v. *non tamen contra religionem*, ed., 473: *Nam in eo casu posset a quocunque redargui. 40. dist. si Papa. vel etiam si schisma faceret. 23. q. 5. de Liguribus.* Johannes Archidiaconus folgert: ... *dixit papam super heresi posse redargui, tamen non dixit, quod posset inde iudicari. Stemus ergo regule negative contarium asserenti, videlicet: nemo iudicabit primam sedem etc. et stemus casui expresso in tali materia in allegato c. michi autem. xxi. di.* Zum letzten Beleg cf. (?) C. 22, q. 2, c. 12 (*Michi autem*): Friedberg I 871: *Michi autem non absurde videtur omne quidem mendacium esse peccatum, sed multum interesse, quo animo et de quibus rebus quisque mentiatur. Non enim ita peccat, qui consulendi, quomodo ille, qui nocendi voluntate mentitur.* Vgl. auch JOHANNES ARCHIDIACONUS, a.a.O., f. 311v zu *Nemo*: ... *precepta negativa sunt magis obligatoria, quia obligant semper et ad semper.*

25 Cf. JOHANNES ARCHIDIACONUS, *Tractatus* – Cvp 5129, ff. 316v - 317r unter Bezugnahme auf C. 10, 36, 1 (*Descriptionis*): MK II 418: *Nulla enim in huiuscemodi causis confusionis intercedit occasio, si ad primordium tituli posterior quoque formetur eventus.* Johannes dazu – ebd. f. 317r -: ... *et debet exponi iuxta materiam precedentis. iudicandus, idest reprehendus* ... Vgl. D. 40, c. 6: Friedberg I 146: *Huius culpas istic* redarguere *presumit mortalium nullus, quia cunctos ipse iudicaturus a nemine est* iudicandus, *nisi deprehendatur a fide devius.* (Hervorhebungen vom Verfasser).

26 Cf. JOHANNES ARCHIDIACONUS, *Tractatus* – Cvp 5129, f. 316v der Verweis auf VI°. 1, 6, 29 (*Quum expediat*): Friedberg II 963: *Quum expediat concordare iura iuribus, et eorum correctiones, si sustineri valeant, evitari* ... etc.

27 So JOHANNES ARCHIDIACONUS, *Tractatus* – Cvp 5129, f. 317r.

griff im weiten Sinn – die Ordnung der *agenda*, die Festlegung der *dubia*, die Entscheidung der *causae* einschließend – versteht. Die vom Papst mit einem *generale mandatum* gesandten Präsidenten haben ohne ein entsprechendes *mandatum speciale* für die Behandlung und Entscheidung solch schwerwiegender Dinge wie dieser Dekrete keinerlei Kompetenz.[28] In diesem Zusammenhang kommt Johannes ausführlich auf die gegen eine derartige Konzeption von einigen Theologen vorgetragene Interpretation von Apg 15 (Apostelkonzil in Jerusalem) zu sprechen.[29] Gegen die in konziliaren Kreisen gängige Auffassung, daß nicht Petrus, sondern Jacobus dort die Entscheidung fällte, scheint es dem Kanonisten,

> *quod Petrus non commisit Jacobo decisionem dubii, quod iam ipsemet deciderat, sed voluit seu permisit, quod Jacobus tamquam peritus legis determinationem, quam ipse Petrus iam fecerat, rationibus et allegationibus confirmaret et esse fidei consonum declararet, sicut forte hodie papa mandaret fieri per aliquem magnum litteratum in aliquo negocio arduo occurrenti in concilio generali.*[30]

Dies ist nach dem Verständnis des Johannes um so beachtlicher, als es auf dem zu Jerusalem diskutierten Fall um das *proprium factum pape scilicet beati Petri* handelte, welches den Glauben und die Praxis der Universalkirche unmittelbar betraf.[31] Ganz im Sinne dieses Deutungshorizontes ver-

[28] Cf. ebd. f. 317r die Frage: ... *quero in viam iuris qui debeat presidere in concilio generali sumendo tunc terminum presidem largo modo, non solum in sede, voce vel honore, sed in agendorum ordinatione, dubiorum determinatione et causarum decisione.* Ebd. f. 318r: ... *si dominus noster papa dederit specialem potestatem presidentibus pro eo in concilio, quod ipsi una cum dicto concilio talia decreta conderent, sicut condita esse dicuntur, tunc multi prima facie dicerent, quod valerent, et dicerentur condita ab ipsomet domino nostro, quia is facit cuius nomine fit ... Si vero dominus noster papa non dederit presidentibus pro eo talem specificam potestatem, sed in genere ad presidendum pro eo in concilio, non consentientibus presidentibus vel eciam consentientibus condiderunt dicta decreta, dico quod hoc facere minime potuerunt. Nam in generali mandato presidendi pro eo in concilio non veniebant talia et tam ardua, que requirebant speciale mandatum.*

[29] Cf. ebd. f. 317v: ... *contra ea, que dicta sunt de presidentia pape in concilio generali, arguunt aliqui theologi, et pro eorum opinione fundanda faciliter inherent alicui textui sacre scripture et iura canonica ut plurimum parvipendunt, et arguunt de quodam textu Actuum xv. c.*

[30] Ebd. f. 317v. Bezugspunkte für den Autor des Traktats sind Nicolaus de Lyra, Petrus de Palude und Augustinus de Ancona. Ebd.:.. *videtur, quod inherendo verbis ipsius littere Actuum xv. c. absque suppletione illorum, que in textu non habentur, posset clarius hoc exponi et ad propositum applicari, dicendo sic, quod beatus Petrus, cum esset papa et in concilio presideret non detulit beato Jacobo, ut predicti doctores opinantur. Nam ipse Petrus primus locutus fuit et determinavit questionem ... et huic determinationi beati Petri omnes, qui erant in concilio, sicut tenebantur, paruerunt. Unde sequitur ...,tacuit omnis multitudo ...‘* Johannes liefert hier eine Interpretation, die im Aufbau streng dem vorgegebenen Text folgt.

[31] Cf. ebd. ff. 317v - 318r: ... *est bene notandum, quod in casu predicto agebatur de proprio facto pape scilicet beati petri, quod fidem et ecclesie generalem observacionem concernebat, et tamen ipsemet Petrus illuc determinavit vel, secundum alium intellectum, quod per se de*

steht Johannes das in den späteren Rechtstexten auftauchende *sacro approbante concilio* oder ähnliche Ausdrücke als Zeichen einer gewissen Feierlichkeit. Er erkennt darin aber nicht ein Indiz dafür, daß der Papst wichtige Entscheidungen *de necessitate* mit dem Konzil fällen müßte.[32]

Daß Basel seine Dekrete nicht erlassen konnte, ergibt sich für den Verfasser des Traktats aus drei Gründen. *ratione personarum statuentium* ist derartiges Vorgehen nicht zulässig, da die Basler mit Blick auf den Papst *minores* sind. *ratione persone contra quam* sind sie nicht befugt, da es zum Wesen einer Konstitution gehört, daß sie die Untergebenen bindet. Der Papst aber ist – abgesehen vom Fall der Häresie – kein *subditus*, vielmehr in seiner besonderen Stellung *legibus solutus*. *ratione materie super qua* sind die Dekrete ungültig,

> *quia cum de iure divino et humano papa habeat plenissimam et liberam dispositionem omnium dignitatum et beneficiorum ecclesiasticorum ... et talia declarata restringant liberam potestatem et dispositionem Romani pontificis et quodammodo obligant eum ad certum quid agendum et non agendum, hoc esset in ista materia talem liberam potestatem pape auferre .. et hoc esset ipsum papam propriis diffinitionibus idest statutis ipsius concilii subiugare.*[33]

Auch ein anderes Argument läßt Johannes nicht gelten. Aus der Gleichsetzung des Konzils von Basel mit dem Senat der Kirche wurde eine Ge-

---

terminare poterat, per alium vice sua determinadum commisit. Interessant die Deutung des auf Jacobus bezogenen *respondit*, ebd. f. 317v: *... non respondit ... decidendo dubium, sed approbando sententiam Petri et reassumens seu recitans eam tanquam rite et recte latam, auctoritatibus et rationibus contraria argumenta dissolvens, iudicio suo ... corroboravit. Constat enim, quod in sacra scriptura frequenter sumatur hoc verbum respondit pro dixit vel asseruit ... Item in iure exponitur responsio, idest dictum vel testimonium.* Zum *iudicare* des Jacobus – ebd. f. 318r -: *... ibi iudicare non sumitur pro diffinire vel determinare ex auctoritate vel potestate, sed ex naturali iudicio et ratione presumere, intelligere vel affirmare, et in hunc sensum in iure frequenter exponitur.*

32 Cf. ebd. f. 318v: *Nec est necessarium, quod in constitutionibus per papam in concilio condendis dicatur ‚sacro approbante vel consentiente concilio', cum papa solus per seipsum possit constitutiones et canones seu leges ecclesiasticas generales condere, ut c. sunt quidam. xxv. q. i. et si in aliquibus canonibus reperitur ‚sacro approbante concilio' vel ‚presente concilio' vel ‚de fratrum nostrorum consilio' ... dicendum est, quod omnia talia magis sunt posita ad solemnitatem vel ex honestate quam ex aliqua necessitate, cum ipse papa per se et irrequisito concilio generali seu cetu cardinalium talia facere possit, quia a solo deo habet plenitudinem potestatis et non a conciliis nec aliqua alia persona.*

33 Cf. ebd. ff. 318v - 319r. Das Zitat ebd. f. 319r. Johannes verweist für seine These auf VI°. 1, 6, 3 (*Ubi periculum*): Friedberg II 948 und D. 21, c. 4 (*Inferior*): Friedberg I 70. – Das *Orbis maior est urbe* versteht Johannes wie auch D. 19, c. 9 (*Anastasius*) *circa articulos fidei seu ubi de fide agatur*. Ebd. – f. 319r -: *... considero, quod licet in corpore iuris canonici reperiantur infinita iura disponentia circa subditos pape per clericos et laicos facta in conciliis generalibus, in nullo tamen talium decretorum seu canonum reperitur expressum, quod papa casu aliquo teneatur facere certum quid, aut quod non posset facere certum quid, vel astringatur ad aliquid faciendum vel non faciendum.*

setzgebungskompetenz des Konzils gegenüber dem Papst eingefordert.[34] Der als Beleg angeführte Text von C. 16, q. 1, c. 7 (*Ecclesia*) darf nicht, wie es manchmal geschieht, auf jedwedes Kapitel einer Kirche – und dann *a fortiori* auf das Generalkonzil – appliziert werden, sondern ist mit Blick auf das Kardinalskollegium zu verstehen. Doch auch diesem steht trotz seiner herausragenden Position nicht zu, *constitutiones generales* zu verabschieden. Dies fällt allein in die Kompetenz des Papstes.[35] Hinzu kommt, daß die Argumentation von der *lex regia* her, die nach dem Verständnis einiger Zivilisten eine *revocatio* des *imperium* durch das Volk nicht ausschloß, hinsichtlich des Papstes nicht in Anwendung zu bringen ist. Dieser nämlich hat seine *potestas originaliter et plenarie a summo deo et non a clero nec a senatu ecclesiastico*.[36]

In einem weiteren Schritt rekurriert der Verfasser des Traktats, um an der exklusiven Kompetenz des Papstes bezüglich der *constitutiones* keinen Zweifel zu lassen, auf philosophische Argumente, wie er sie bei Johannes von Lignano findet: In diesem Teil seiner Argumentation, wo er vom *principatus* und von dem *immotus omnes alios movens* spricht, stellt man eine Nähe zu manchen Ausführungen Rosellis fest. Seinem Ärger über die Basler, die in gewisser Weise den *ordo naturalis* stören, verleiht er nachdrücklich Ausdruck.[37]

---

[34] Cf. ebd. f. 319v: ... *quod concilium Basiliense per se consideratum potuerit et possit constitutionem facere, arguitur sic. Certum est de iure, quod senatus potest legem condere. l. non ambigitur. ff. de legi. l. j^ca^. C. de senatusconsul. sed illi de concilio basiliense sunt senatus ecclesie seu comparantur senatui seu sicut senatus ecclesie probatur per c. ecclesia. xvi. q. i. ubi hoc videtur expressum eciam in qualibet ecclesia, quod habeat senatum, ergo fortius tota universalis ecclesia congregata representat senatum.* Cf. C. 16, q. 1, c. 7 (*Ecclesia*): Friedberg I 762 f. Für das römische Recht C. 1, 16, 1 (*Quamvis*): MK II 69 und D. 1, 3, 9 (*Non ambigitur*): MK I 34.

[35] Cf. JOHANNES ARCHIDIACONUS, *Tractatus* – Cvp 5129, f. 319v: ... *est advertendum ..., quod nomen senatus ecclesie non intelligitur quodlibet capitulum cuiuslibet ecclesie sicut aliqui voluerunt intelligere ... et ille intellectus non placuit vin. post Jo. in c. innotuit. de elec. sed dicebat ipse unicus quod notata in dicto c. ecclesia de potestate senatus ecclesie intelligebatur de senatu excellentissimo, et communiter intelligunt doc. de collegio cardinalium ecclesie Romane, que representat senatum Rome iuxta c. constantinus. palea est xcvi. di. et de tali senatu dicunt doc. quod possunt restituere in integrum ... non tamen sequitur, quod propterea possent facere constitutiones aliquas generales, quia hoc competit soli pape.* Cf. D. 96, c. 4 (*Constantinus*): Friedberg I 343 f. (unter §. 3).

[36] Vgl. JOHANNES ARCHIDIACONUS, *Tractatus* – Cvp 5129, f. 319v. Ebd.: ... *ratio dubitandi, quare hodie senatus et populus Romanus possent, si vellent, revocare legem regiam et reassumere in se imperium, fuit ista, quia lex illa et potestas imperatoris processit ab eis et ideo opinantur aliqui, quod posset per eos revocari, quia omnis res per quascunque causas nascitur etc. ... Sed ista ratio cessat in potestate pape.*

[37] Cf. ebd. f. 320r: ... *ad probandum, quod unicus debet esse principatus seu princeps in universo et non duo, et quod ille principatus est in papa, qui habet in spiritualibus et temporalibus solus plenissimam potestatem, ad hoc probandum inducit multa argumenta filosofica ...*

Bevor Johannes sich einer Frage zuwendet, die ihn mehr bewegt, befaßt er sich zunächst in knapper Form mit der Entkräftung einiger gegnerischer Argumente, die sich auf bestimmte Texte des Dekrets stützen.[38] Dann jedoch erörtert er das zentrale Problem: Soll der Papst, angesichts dessen, was *contra eum et verius contra dignitatem et apicem summi pontificatus* unternommen wird, auf einige der gegnerischen Forderungen positiv reagieren? Dies billigt er allein unter der Bedingung, daß die Basler demütig, *in plena et integra ... obedientia*, den Papst bitten, *ut aliqua rationabilia eis concederet et statueret*. Würde in diesem Fall der Papst, mit Blick auf die gegenwärtige Situation, etwas davon gewähren, würde er gewiß gelobt. Er wäre dann ein weiteres Beipiel für ein fruchtbares Miteinander von Papst und Konzil, wie der Kanonist es sich, auf die Geschichte schauend, als ideal vorstellt.[39] Mit diesem Ideal freilich hat die Gegenwart des Johannes wenig gemeinsam. Es ist nicht nur so, daß die Basler *irrationalia et inaudita* erbeten. Tatsächlich drohen sie dem Papst, *procedendo contra eum in aliis quam de heresi et constituendo se iudices et accusatores ipsius attribuendo sibi ipsis iurisdictionem, quam non habent*. Sie bekämpfen die Vorrangstellung (*preeminentie*) der *sedes*, die sie sich selbst zuschreiben. Unter mancherlei klug ausgedachten Vorwänden entziehen sie dem Haupt den Gehorsam. Sie setzen, soweit es an ihnen liegt, dem Papst übel zu. All diese fortdauernden Bemühungen, die darauf zielen, daß der Papst ihren Aktivitäten seinen Segen erteilt, sie und ihre Meinungen billigt, verdienen es nicht, daß der Papst darauf eingeht.[40] Der Nachfolger Petri hat die Pflicht, dafür Sorge zu tragen, daß die Rechte und Prärogati-

---

per rationes evidentes probat, quod constitutiones canonice et alie dependent ab uno immobili, scilicet a papa, a quo in ecclesia militante omnes patriarche, archiepiscopi et alii inferiores moventur. et ipse papa sit immotus seu a nullo movetur. ex quo infert, quod constitutionibus papalibus omnes ligabuntur, tanquam moti non moventes, et per hoc patet, quod non ligabitur papa ab aliquo, nisi in foro triumphanti ecclesie ... Quomodo ergo illi de basilea conantur ordinem naturalem pervertere et papam summum invictum omnes alios moventem suis constitucionibus et iudiciis movere conantur ... etc.

38 Cf. ebd. f. 320r. Dort werden u.a. diskutiert: C. 16, q. 7, c. 43 (*Congregatio*): Friedberg I 812; C. 25, q. 1, c. 7; C. 16, q. 1, c. 64 (*Predicator*): Friedberg I 782 f. (dagegen: ... *intelliguntur de illicitis exactionibus secundum hug. et archidy. ... ymmo hodie papa et lateranense concilium permittit prelatis pro necessitatibus suis a subditis caritativum subsidium postulare c. cum apostolus. de censi. ... fortius ergo papa potest ex causa imponere subsidia prelatis et universo clero cum sit dominus omnium*); C. 1, q. 1, c. 100 (*Nullus episcopus*): Friedberg I 398; C. 1, q. 3, c. 15 (*Si quis prebendas*): Friedberg I 418.

39 Cf. JOHANNES ARCHIDIACONUS, *Tractatus* – Cvp 5129, f. 320v. Vgl. C. 35, q. 9, c. 5 (*Veniam*): Friedberg I 1284 f. Ebd. 1285: *Cui manum porrigitis vobiscum porrigo, cui porrigi mecum porrigite.*

40 Cf. JOHANNES ARCHIDIACONUS, *Tractatus* – Cvp 5129, f. 320v. Eugen IV. werden als nachahmenswerte Beispiele für Männer, welche die Rechte der Kirche verteidigt haben, Ambrosius und Thomas von Canterbury vor Augen gestellt.

ven der *sedes* nicht der *sedes* entrissen und gewissermaßen auf die Rebellen von Basel – oder wen auch immer – übertragen werden. Würde der Papst zugestehen, was von den Baslern gefordert wird, könnte er gleichwohl völlig frei davon so vorgehen, wie es ihm richtig erscheint. Die Umstände lassen eine solchen *modus procedendi* legitim erscheinen.[41] Für Johannes steht es außer Frage, daß ein vom Papst sich selbst auferlegtes Gesetz, welches es ihm verwehrt, gegen konziliaren Dekrete vorzugehen, welche die *dignitas papalis*, die *libertas* und die *suprema potestas* des Apostolischen Stuhls verletzen, ungültig ist. Ein Eid zur Einhaltung eines solchen Gesetzes wäre *ipso facto* als mutwillig (*temerarium*) und unverbindlich (*minime observandum*) anzusehen.[42] Es ist zu beachten, wie bei Johannes hier im letzten nicht die Verteidigung des Papstes als solchem im Mittelpunkt steht, sondern die Abwehr der gegen die *sedes* gerichteten Angriffe. Der konkrete Papst, die geschichtliche Person, hat die Aufgabe, nicht primär sich selbst zu schützen, sondern die von ihm repräsentierte *dignitas papalis* und die *Romana ecclesia*, welcher er vorsteht. An dieser Aufgabe wird er gemessen – vor allem von denen, die, mit Blick auf Basel, zuweilen als „Papalisten" klassifiziert werden. Bei genauerem Hinschauen zeigen sie sich in vielen Bereichen eher als Verteidiger der vom Papst repräsentierten Interessen.

Gegen Ende des Traktats fragt Johannes noch weiter nach. Kann sich der *vicarius Christi* denn nicht aus freien Stücken dem Urteil irgendeines anderen unterstellen kann und sich – entsprechend – zur Einhaltung des

---

[41] Cf. ebd.: ... *si prelatis inferioribus et aliis clericis non licet res ecclesiarum alienare, immo nec pape hoc licet ... quantomagis dominus noster papa debet advertere, ne iura et prerogative sedis apostolice per concessionem seu permissionem suam in istos rebelles aut quoscunque alios transferantur et sedi apostolice detrahantur. immo credo, quod si dominus noster papa talia concederet, sicut petita esse dicuntur, et iuramento proprio de non contraveniendo ea firmaret, nihilominus quandocunque sibi placeret posset illa revocare et contra ea venire pro libito voluntatis propter rationes superius expressatas.*

[42] Cf. ebd. ff. 320v - 321r: ... *quia dominus noster papa imponendo sibi legem talem de non contraveniendo lederet dignitatem papalem, per quam legem libertas et suprema potestas sedis apostolice propria lederetur et restringeretur, quod esset absurdum, quia si de imperatore et aliis inferioribus dicitur, quod non possunt a se imperium abdicare ... fortius hoc dicendum est in papa, qui habet summum et plus quam supremum imperium, quod a se non posset illud modo seu pacto aliquo abdicare, dum est papa ... facit ad hoc ... c. dudum, ubi dicitur, quod quantamcumque potestatem papa alicui commiserit, maior penes eum remansit. ergo talis obligatio esset invalida nec iuramento aliquo validaretur, cum tale iuramentum, si fas esset dicere, esset temerarium et minime observandum.* Zur *abdicatio imperii* wird – u.a. – verwiesen auf *Glosse* zu X. 1,29, 27 (*Super quaestionum*), v. *transfert*, ed., 405. – Mahnend wird angegeben C. 22, q. 4, c. 5 (*In malis*): Friedberg I 876: *Inpia est promissio, que scelere adimpletur.* Daran anschließend: ... *vergeret ... in interitum salutis eterne, inquantum iuri et honori Romae ecclesie in aliquo detraheretur.*

vom Konzil Geforderten bereitfinden?[43] Ungeachtet gegenteiliger Stimmen hält er nachdrücklich daran fest, *quod papa, si vult, bene potest renunciare papatui ... et potest constituere procuratorem ad renunciandum, sed quod papa, dum est papa, subiciatur ... iudicio alicuius, hoc est impossibile de iure. excepta casu heresis non posset se subicere iudicio alicuius.*[44] Er beruft sich dabei auf den Kommentar des Vincentius (Hispanus?), der behauptete, die für die These der Gegner wichtige Stelle D. 2, 1, 14 (*Est receptum*) könne nicht auf den Papst angewandt werden. Derselben Auffassung war – nach Johannes – sein Namensvetter Johannes de Lignano.[45] Zudem gibt der Autor des Traktats zu bedenken, daß der genannte Text aus dem römischen Recht, insofern er allgemein (*generaliter*) spricht, derogiert ist durch das Gesetz D. 1, 3, 31 (*Princeps legibus solutus*), das besonders (*specialiter*) die Stellung des *princeps* berücksichtigt. Hinzu kommt, daß bei der Gesetzgebung – gemäß C. 8, 42, 18 (*Inquisitio*) und X. 2, 24, 32 (*Peticio*) – der Sprechende immer ausgenommen ist.[46] Wenn-

43 Cf. JOHANNES ARCHIDIACONUS, *Tractatus* – Cvp 5129, f. 321r: ... *obstat opinio aliquorum dicentium, quod papa potest se subicere iudicio aliorum, ad quod allegatur l. est receptum. ff. de iur. om. iud. et c. nos si incompetenter. ii. q. vii. et quod per consequens posset pacisci de observandis hiis, que per concilium ab eo petuntur. et quod posset ea iuramento firmare, quia si talia pacta, que essent quid principale, tenerent, iuramentum eis accessorium teneret iuxta c. i. xxii. q. i. et not. latissime per Bar. in l. si quis pro eo. ff. de fideiuss. Confirmatur hoc, quia secundum opinionem aliquorum papa potest dare potestatem alicui, ut deponat ipsum. ita notavit lau. in c. in synodo. lxiii. di. et Jo. glosator post verba lau. addidit, quod immo in omnibus papa se potest alicui subicere.* – Cf. *Glosse* zu D. 63, c. 23 (*In synodo*), v. *apostolicam*, ed. 323. Weiter *Glosse* zu C. 2, q. 7, c. 41 (*Nos si incompetenter*), v. *aliena*, ed. 702: *Hic Papa se subicit aliorum iudicio: quod facere potest ... non tamen possunt eum deponere ... secundum Hu. possunt: quia et seipsum potest deponere.*

44 So JOHANNES ARCHIDIACONUS, *Tractatus* – Cvp 5129, f. 321r.

45 Cf. ebd. f. 321r: ... *hanc opinionem tenet vinc. in ecclesia sancta maria. de consti. dicens, quod non credit, quod l. est receptum ... habeat locum in papa. dicit eciam, quod verbum iudicio, positum in c. nos si incompetenter, deberet exponi iudicio i. discretioni. Et hanc opinionem tenet firmiter Jo. de lyniano in dicto c. ecclesia, dicens, quod papa non potest se subicere iudicio alicuius nec iudicari ab aliquo, cum sit dominus mundi ix. q. iii. c. cuncta per mundum. et dicit, quod verbum iudicio in c. nos si incompetenter deberet exponi, ut statim dictum est. Item archidy. in eo. c. dicit, quod vinc. in c. volentes. de offi. lega. notavit, quod legatus de latere non potest se subicere alicui infra dominum papam, nisi in iudicio anime, quod est exceptum ... ergo fortius hoc habet locum in papa, qui est supra legatos de latere et supra omnes christianos, quod non possit se subicere iudicio alicuius, nisi ut proxime dictum est.*

46 Cf. ebd.: *Item dicta l. est receptum. generaliter loquens, licet habeat locum in aliis maioribus, non tamen posset habere locum in imperatorem et multominus in papa, quia in condendo legibus persona loquens intelligitur excepta. l. inquisitio. C. de solu. c. peticio. de iureiur. et quia tali generalitate legis est receptum derogat alia l. loquens specialiter in principe, quod non ligatur legibus l. princeps. ff. de legi. ix. q. iii. per totum.* Zu den angegebenen Stellen cf. *Glosse* zu X. 2, 24, 31 (*Peticio*), v. *specialibus*, ed., 929: *Et nota, quod licet quis teneatur alicui per sacramentum: tamen contra se non tenetur: vel contra ecclesiam suam, vel etiam contra communitatem suam ... et in generali sermone persona loquens intelligitur*

gleich Kaiser und Papst die Erledigung der *causae fiscales* u.ä. nicht unbedingt selbst vornehmen müssen, sondern sie anderen überlassen können,[47] gilt: *semper ... in tali casu remanet penes committentem maior auctoritas et maior potestas iuxta allegatum c. dudum. de preben. li. vi. ... nec talem superioritatem possent a se abdicare imperator et multominus papa.*[48]

Vor dem Hintergrund der Gesamtschau verwundert es nicht, daß Roselli in seiner *Monarchia* die entgegengesetzte Auffassung vertritt. Er hält daran fest, daß der Papst sich dem Urteil eines anderen unterstellen kann, damit dieser ihn gegebenenfalls absetzt. Entscheidend ist, daß das für Roselli auch zutrifft, wenn es nicht um Häresie geht.[49]

---

excepta. Glosse zum Codex C. 8, 43 (sic!), 18 (*Inquisitio*), v. *inquisitio*, ed., 2446. Es handelt sich wieder um einen Fall, wo die angegebenen Stellen nur über die Glosse als Belege zu verifizieren sind.

[47] Cf. JOHANNES ARCHIDIACONUS, *Tractatus* – Cvp 5129, f. 321r unter Bezugnahme auf D. 28, 4, 3 (*Proxime*): MK I 417 f.; D. 28, 5, 42 (*Et hoc Tiberius*): MK I 422; INNOZENZ, *Commentaria* zu X. 5, 40, 23 (*Ex parte*).

[48] JOHANNES ARCHIDIACONUS, *Tractatus* – Cvp 5129, f. 321r. – Cf. VI°. 3, 4, 14 (*Dudum*): Friedberg II 1025 f. Ebd. 1025: *Nos igitur, attendentes, quod, etsi memorato episcopo praedictam concessimus potestatem, penes nos tamen nihilominus remansit maior, licet eadem potestas etiam in praedictis, propter quod nostra, qui eandem praeoccupavimus potestatem, potior debet esse conditio ...* etc..

[49] Cf. G II, XIII, 343 f. Dem entspricht *Monarchia* ed. 1487, ff. 34r – v. Ebd. f. 34v: *Concludo igitur quod papa potest se submittere alieno iudicio etiam ut deponi possit et idem in quolibet alio superiorem non recognoscentem. d. l. est receptum.* Der entsprechende Text fehlt in der Wiener *Monarchia*-Fassung, cf. Cvp f. 185v.

5. Raphael de Pornaxio[1] und Julianus Tallada

In der Bibliotheca Casanatense zu Rom findet sich in der Handschrift 2397, ff. 2r – 37v, ein von Raphael de Pornaxio verfaßter *Liber de potestate concilii*, geschrieben auf Anfrage des Kardinals Casanova.[2] Dieser hatte ihm das *dubium* vorgelegt,

> *nunquam Concilium a Papa convocatum et ab eodem confirmatum habeat potestatem a Pape potestate distincta: circa quam questionem libentius vellem audire quam loqui: presertim cum certus sim in quamcumque partem declinavero me contradictores plurimos habiturum. Video enim nunc propter controversiam Ecclesiam quasi divisam et ad scisma properantem quibusdam negativam aliis vero affirmativam partem sustinentibus.*[3]

---

1 Im folgenden soll knapp die Position dieses Autors dargestellt werden, wie sie sich in der Handschrift der Bibliotheca Casanatense 2397, ff. 2r - 37v findet. Die dort vertretene Auffassung berührt sich mit jener des (ersten) Traktats Vat. lat. 4129, ff. 39r - 58v (Incipit: Quamvis ut ait beatus hieronymus). Vat. lat. 4129, ff. 58v - 62r die *secunda pars tractatus*; ebd. ff. 62v - 74r die *tertia pars tractatus*. Vat. lat. 4129, ff. 74v - 85v (*Quaestio utrum papa lapsus in haeresim ex facto desinat esse papa*) ist wohl wie der zweite und dritte Teil des Traktats in Eigenstand hinsichtlich der von Raphael entfalteten Gedanken abgefaßt worden. MODIGLIANI, *De potestate* 462 führt die Traktate der Vaticana unter *anonimo* an. Tatsächlich wurde der erstgenannte, dreigeteilte Tractatus noch 1871 – neu herausgegeben aus kirchenpolitischen Gründen im Kampf gegen das Infallibilitätsdogma – Juan Torquemada zugeschrieben. Dagegen verfocht CREYTENS, Raphael de Pornaxio passim die Autorenschaft von genanntem Raphael de Pornaxio OP. Vgl. auch DERS., Raphael de Pornassio OP 172. Ihm folgen BINDER, *Wesen und Eigenschaften* 25; früher HORST, Papst 368. ROBLES, El catalán passim tritt für Juan de Casanova als Verfasser ein. Dieser wird von HORST, *Autorität* 11 zu Recht kritisiert. PERARNAU, Raphael 482 (deutsches Summarium des in katalanischer Sprache abgefaßten Artikels): *Die drei Traktate (sc. darunter die oben genannten) erweisen sich durch ihre auffallende Übereinstimmung mit der theologischen Entwicklung Juans de Casanova als eine Einheit; es liegt deshalb nahe, sie alle drei der Autorschaft dieses Kardinals von Barcelona zuzuweisen, nicht zuletzt auch durch das Zeugnis des Lorenzo von Arezzo. Ein möglicher Anteil Julians Tallada (sic!) hingegen muß offenbleiben.* Dazu – kritisch – HORST, *Autorität* 11 - 17. In jüngster Zeit hat HORST, *Autorität* passim sich mit der nicht unproblematischen Textgeschichte in umfassender Weise befaßt. Nach ihm, ebd. 20 f., ist der *Liber*, der hier zunächst knapp präsentiert wird, *zu Beginn des Jahres 1434* von Raphael geschrieben worden. Fraglos stammen alle hier angeführten Traktate nicht von Torquemada. Cf. u.a. HORST, Papst 378: *Torquemada teilt Raphaels rigorose Ansicht nicht, er erweist sich gerade darin als bedeutender Theologe, daß er selbst in den Wirren seiner Zeit das Maß nicht verliert.* Vgl. auch IZBICKI, *Protector* 94: *Turrecremata was able to formulate a coherent and balanced, if complex, theory of papal power.*

2 Cf. RAPHAEL DE PORNAXIO, *Liber* – Casanatense 2397, f. 2r, wo es allerdings heißt: *Incipit liber de potestate concilii Magistri Raphaelis de pornasio ordinis predicatorum ad Dominum D. Jo. de Cappanova cardinalem tituli s. sixti.*

3 Ebd. f. 2r. Auch Raphael will *modo scolastico* vorgehen, d.h. Gründe für beide Auffassungen vortragen, um dann zu zeigen *per conclusiones quomodo decidetur*. Für den Text vgl. auch (TORQUEMADA), *De potestate*, ed. Friedrich, 4. – Vgl. HORST, *Autorität* 54 f. für die Gliederung des *wohldurchdachten Traktats*.

Eine bedeutende Rolle kommt bei Raphael wiederum dem Einheitsgedanken zu. Unter Bezugnahme auf die Ethik des Aristoteles postuliert er, daß, da die Kirche ein Körper sei, eine *potestas regitiva respectu totius ecclesie* gewährleistet sein müsse, um die *unitas* zu erhalten. Diese Gewalt komme dem Papst zu. Eine Leugnung dieser Wahrheit ist für den Dominikaner als schismatisch zu bewerten.[4] Zwar ist die *potestas* des Bischofs, des Erzbischofs u.s.w. von der des Papstes verschieden – sie verhält sich zu dieser wie das Teil zum Ganzen –,

> *tamen non est alia potestas ecclesie universalis, quam concilium representat, alia potestas pape: quinimmo nullam habet potestatem ecclesia, nisi quam apostolica influentia suscepit: unde si omnes episcopi mundi in unum convenirent, abiecta a se auctoritate pape, iam non esset Ecclesia, nisi equivoce, nec episcopi essent episcopi, nisi equivoce ...*[5]

Der Papst ist gewissermaßen die Quelle aller Gewalt in der Kirche. Er selbst empfängt die dem Petrus in den Anfängen übertragene Gewalt nicht kraft der Wahl oder seitens der die Wahl vornehmenden Kirche, sondern direkt von Christus.[6] Wenn hingegen behauptet wird, das Konzil habe seine *potestas immediate a Christo*, hat dies kein Fundament in den Schriften des Neuen Bundes.[7] Für Raphael kommt es entsprechend dem Konzil nicht zu, den Papst zu richten, nicht einmal in der *causa fidei*. Der Verfasser des *Liber de potestate* gesteht zwar ein, daß diese These *a plerisque negetur et a paucissimis hodie teneatur*, gibt sich aber gleichwohl daran, sie zu beweisen.[8] Schon die *ratio* legt nahe, eine derartige Kompetenz des Konzils abzulehnen. Da ein Richtspruch nur durch eine *potestas superior* ergehen kann, die Gewalt von Papst und Konzil aber letztlich eine ist, kann das Konzil nicht als Richter des Papstes agieren. Dazu kommt, daß die *potestas pape* eine *potestas vicaria* ist mit Blick auf Christus als *principalis instituens*. Der Herr wiederum hat nach Überzeugung des Ra-

---

4 Cf. RAPHAEL DE PORNAXIO, *Liber* – Casanatense 2397, f. 4r: *cum tota ecclesia sit unum corpus, oportet, quod, si ista unitas debeat conservari, quod sit aliqua potestas regitiva respectu totius ecclesie: et hec est potestas Pape. Et ideo illi, qui hanc potestatem negant, scismatici dicuntur, quasi divisores ecclesiastice unitatis, ut docet S. Thomas. Sicut igitur licet alia sit potestas oculi, auris, pedis, vel manus a potestate anime, quia videlicet differunt sicut pars et totum potestativum, tamen non est alia potestas corporis animati a potestate anime, sed una est duorum potestas, corporis videlicet ut recipientis, anime vero ut dantis.*

5 Ebd. ff. 4r - v, unter Bezugnahme auf ARISTOTELES, *De anima*.

6 Cf. ebd. f. 5v. Vgl. für den Text auch (TORQUEMADA), *De potestate*, ed. Friedrich, 10. Ebd. auch die Bezugnahme auf Herveus.

7 Vgl. RAPHAEL DE PORNAXIO, *Liber* - Casanatense 2397, ff. 5v - 6r. Weiter ausgeführt, aber gleich im Gedankengang bei (TORQUEMADA), a.a.O. 10 f.

8 Vgl. RAPHAEL DE PORNAXIO, *Liber* – Casanatense 2397, ff. 6r - v. Vgl. (TORQUEMADA), a.a.O. 12. – Zu den *paucissimi* vgl. die Bemerkungen von HORST, *Autorität* 63.

phael keinem anderen eine Jurisdiktion hinsichtlich der päpstlichen Gewalt verliehen. Im gegebenen Fall des *defectus pape* bleibt den Untergebenen dementsprechend einzig der *recursus ad principalem*, nachdem sie sich zunächst bemüht haben, den Papst *filiali caritate* zum Einlenken zu bewegen.[9] Die *exempla* der Geschichte, d.h. etwa des Marcellinus und des Symmachus, von den Gegnern als Argumente für das *concilium iudex papae* angeführt, beweisen für den Dominikaner genau das Gegenteil.[10]

Für die *auctoritates* des Rechts gilt dasselbe. Interessant ist dabei die Auseinandersetzung mit D. 40, c. 6 (*Si papa*).[11] Raphael gibt zu bedenken, *quod Gratianus non inducit istud capitulum ad propositum presentis difficultatis, sed solum ad hoc ostendendum, quod nulla dignitas iuvat hominem, quin possit propter peccata propria a domino condemnari ...*[12] Das *minor minimo catholico* mit Blick auf den Papst bezieht sich in der eigenwilligen Interpretation des Dominikaners auf den Verdienst (*ad meritum*) und auf die Wertschätzung durch Gott, nicht jedoch auf die Jurisdiktion, die der *vicarius Christi* – so Raphael – auch durch Häresie nicht verliert.[13] Weiter macht er darauf aufmerksam, daß möglicherweise jener Bonifacius Africanus, dem *Si papa* zugeschrieben wurde, den Terminus *papa* in dem seinerzeit gängigen Verständnis, nämlich als Bezeichnung für jedweden Bischof, in Anwendung brachte. Gratian habe diesen Sinn übernommen. Nur so ist es für den Autor des *Liber* erklärlich, daß der *magister* den Text dort nicht in die Diskussion bringt, wo die entsprechende Materie mit Blick auf Papst bzw. *prima sedes* erörtert wird.[14] Neben diesem ethymologischen Argument lenkt der Dominikaner noch das Augenmerk auf die vielen anderen Stellen im *Corpus iuris*, in denen die entgegengesetzte Auffassung vertreten wird. *in huiusmodi ... dubiis preponenda est multorum sententia unius sententie, nisi esset tante auctoritatis, quod potens sit omnium aliorum opiniones refellere. Quod non est in proposito de Bonifacio ... neque ratione doctrine neque ratione dignitatis.*[15]

---

[9] Vgl. Raphael de Pornaxio, *Liber* – Casanatense 2397, ff. 6v - 7r. Dazu (Torquemada), a.a.O. 12.

[10] Vgl. Raphael de Pornaxio, *Liber* – Casanatense 2397, ff. 8r - 8v. Dazu (Torquemada), a.a.O. 14 - 16.

[11] Vgl. Horst, *Zwischen Konziliarismus* 46: *Der Umstand, daß sich Raphael so ausführlich mit dem Kanon (sc. Si papa) befaßt, verrät, daß er diesen Text für den neuralgischen Punkt seiner Argumentation hält, zumal ihm bewußt ist, wie sehr er seinen Zeitgenossen als Außenseiter gelten mußte.*

[12] So Raphael de Pornaxio, *Liber* – Casanatense 2397, f. 10r. Vgl. (Torquemada), a.a.O. 19.

[13] Vgl. Raphael de Pornaxio, a.a.O. ff. 10r - v.

[14] Cf. Raphael de Pornaxio, a.a.O. f. 10v.

[15] Ebd. ff. 10v - 11r. Vgl. dazu (Torquemada), a.a.O. 18.

Auch die berühmte Glosse zu *Si papa* wird bei Raphael als Argument nicht akzeptiert: Zum einen weist er sie zurück, weil der Glossator die von ihm vertretene These, daß der Papst in anderen Fällen als dem der Häresie angeklagt werden kann, durch ein *credo* einleitet, *ex quo patet, quod glosator non intendit, quod suum dictum sit necessarium, sed opinabile vel credibile.* Zum anderen kann er vorbringen, daß dieser Glosse mehrere andere widersprechen. Sind diese Glossen nun alle von einem Glossator, impliziert dies, daß er sich selbst widerspricht. Dann gilt es der Auffassung zu folgen, die er des öfteren wiederholt, da dies ein Zeichen dafür ist, daß er dieser Auffassung – und das ist nach Meinung des Dominikaners die von ihm vertretene – eher anhängt. Stammen sie dagegen von verschiedenen Glossatoren, soll man der Mehrheitsmeinung den Vorrang geben.[16] Ferner gibt der Autor des Traktats zu bedenken, daß der Glossator überhaupt in diesem Feld wenig überzeugt, was Raphael an der Glosse zu C. 9, q. 3, c. 13 (*Nemo*) festmacht, wo das schon bekannte *dictum* des *orbis maior est urbe* auftaucht. Wie andere Kanonisten hebt auch er hervor, daß dies nicht die Gerichtsimmunität des Papstes mit Blick auf ein Konzil in Frage stellt, da es um das Problem der *consuetudo* geht.[17]

Was aber ist zu einer freiwilligen *submissio* des Papstes unter einen anderen, etwa unter das Konzil, zu sagen? Ausgehend von dem bereits angedeuteten Konzept des Herrn als des *principalis constituens* lehnt der Dominikaner ein solches Vorgehen ohne ausdrückliche Billigung durch den *principalis* ab. Für Raphael ist daher *ipso facto* ein entsprechendes Zugeständnis Eugen IV. an das Konzil zu Basel nichtig.[18]

---

[16] Cf. RAPHAEL DE PORNAXIO, a.a.O. ff. 11v - 12r. Vgl. (TORQUEMADA), a.a.O. 20 f. *Glosse* zu D. 40, c. 6, v. *a fide devius*, ed., 195.

[17] Vgl. RAPHAEL DE PORNAXIO, a.a.O. ff. 12r - v. Ebd. f. 12r: *... est advertendum, quod dictus glosator ... videtur esse perplexus in hac materia.* Vgl. (TORQUEMADA), a.a.O. 21 f. Dazu *Glosse* zu C. 9, q. 3, c. 13, v. *neque ab omni clero*, ed., 877.

[18] Cf. RAPHAEL DE PORNAXIO, a.a.O. ff. 20r - v: *... submittere ... se alteri vicarius non potest sine preiudicio principalis, nisi constaret hoc ipsum acceptum ipsi principali: non enim sibi potestatem talem dedit, ut illam alteri daret vel submitteret, quod verisimiliter vult sibi ipsi hoc reservare: et hoc pro tanto dixerim: quia illi de presenti concilio, ut prefertur, dicunt Dominum Eugenium pro tanto obligatum esse legibus per eos factis et fiendis, quia ipse per cedulam se submisit ipsi concilio: promittens rata habere in ipso facta atque fienda: que quidem submissio ipso iure nulla reputari debet.* Raphael macht zudem darauf aufmerksam, daß dieses Zugeständnis des Papstes eher *dispensative* als *approbative* zu verstehen sei, motiviert durch das Bestreben des Papstes, den Skandal eines Schismas zu vermeiden. Auch sei Eugen *violentia quadam ductus* dazu gebracht worden und habe später – frei – widerrufen und die entsprechenden Zugeständnisse als nichtig erklärt. – Vgl. (TORQUEMADA), a.a.O. 42 - 44 zum Thema ohne derartig direkten Bezug auf Basel. – HORST, *Autorität* 68 f. sieht den referierten Text – begründeterweise – als Reaktion auf die Bulle *Dudum sacrum* von Eugen IV.

Allgemein gilt: Auch die *retractatio vel correctio* eines päpstlichen Urteils oder Dekrets kann nicht durch das Konzil erfolgen, sondern allein durch den Papst selbst bzw. durch dessen Nachfolger, da ein solches Tun die Superiorität dessen voraussetzt, der die Berichtigung vornimmt.[19]

Für den Dominikaner ist es ein Anliegen, nachzuweisen, daß eine Gleichsetzung der nichtirrenden Kirche mit dem *generale concilium* unzulässig ist. Er versucht dies zum einen, indem er den Blick der Leser auf verschiedene Konzilien lenkt, welche im Laufe der Geschichte geirrt haben. Er bringt aber auch eine theologische Begründung vor. Dabei bezieht er sich auf Nicolaus von Lyra, welcher das Wort Mt 16, 18 dahingehend deutet, daß die Kirche, von der dort gesprochen wird *consistit in fidelibus habentibus fidem formatam, qui soli deo noti sunt.*[20]

Nach Raphael ist zu betonen: *minus hesitandum est de periculo ecclesie propter errorem pape quam propter errorem conciliorum, qua totiens probantur errasse.* Dies ist vor allem deshalb festzuhalten, da der Herr selbst – nach Lk 22, 32 – für Petrus, d.h. für den Papst bzw. die *romana sedes*, nicht für das Konzil, gebetet hat, daß der Glaube nicht erlischt.[21] Entscheidend ist, daß das Fels-Wort wie das Wort Christi bezüglich der *claves* nicht einer kirchlichen Vielzahl, sondern einer *singularis persona*, nämlich Petrus, zugesprochen wurde. Diese Person des Petrus wiederum dauert – *quasi quadam continuatione* – in den Päpsten fort, lebt gewissermaßen weiter.[22] Bezüglich D. 22, c. 1 (*Omnes*)[23] deduziert Raphael, daß die *ecclesia romana*, von welcher in dem Text die Rede ist, *accipitur spe-*

---

[19] Cf. Raphael de Pornaxio, a.a.O. f. 21r: ... *si pape sententia vel decretum egeat retractatione vel correctione, hoc non debeat fieri per concilium, sed per eundem vel eius successorem, si ipse non fecerit. Nullus enim habet potestatem corrigere factum vel dictum alterius, nisi sit eo superior.* Vgl. (Torquemada), a.a.O. 44 f. zum Thema.

[20] Cf. Raphael de Pornaxio, a.a.O. ff. 21v - 22v. Das Zitat ebd. f. 22v. Entsprechend (Torquemada), a.a.O. 46 f. Das Zitat ist dort – wie auch sonst überhaupt der Traktat – umfassender.

[21] Cf. Raphael de Pornaxio, a.a.O. f. 22v. Ebd. auch das angeführte Zitat.

[22] Cf. Raphael de Pornaxio, a.a.O. ff. 24v - 25r: *Constat ... quod idem est, cui dicitur ‚Tu es Petrus et super hanc petram edificabo ecclesiam meam' et cui dicitur ‚Tibi dabo claves ...' Is autem, super quem fundanda promittitur ecclesiam est persona particularis et non ecclesia universalis, qui tunc idem edificaretur super se ipsum et idem esset fundamentum et fundatum: quod non capit ratio. Igitur et ille, cui conferuntur claves est persona particularis: persona recipit illas cum potestate tamen universali, nec propter hoc excluduntur successores Petri, quia accipiuntur ut unum cum Petro, eo quod sunt unius potestatis, in quibus quasi quadam continuatione perdurat persona Petri.* – Interessant ist – ebd. f. 25r – das Argument vom *usus Ecclesie*, von der bildenden Kunst her, die stets Petrus allein als *claviger* darstellt. Vgl. auch ebd. f. 28v: Die *successores Petri in sede Romana, qui Pape vocantur*, empfangen die *claves* nicht durch eine neue Übertragung, sondern *eo ipso, quod legittime electi sunt, suscipiunt a domino in persona Petri.*

[23] Cf. Friedberg I 73.

cialiter pro sede Petri vel pro principe eius. Entsprechend ist sie nicht als Synonym für die *ecclesia universalis* zu interpretieren. Diese *sedes* ist göttlicher Einsetzung. Wer sich gegen sie wendet, ist als Häretiker zu betrachten. Mahnend hält der Dominikaner das jenen vor, *qui in presenti Basiliense concilio dogmatizant oppositum premisse veritatis.*[24]

Für ihn ist der Papst die Quelle, aus der sich alle Gewalt in der Kirche ableitet, auch die *potestas concilii.* Er ist in Wahrheit der *princeps.* Wie die Vielzahl der Sterne ihr Licht über die Sonne erhalten, so die Kirche über den Papst.[25] Mit Blick auf das Konzil kann man folglich nur die These aufstellen: *seclusa potestate pape nulla est potestas concilii, sed est corpus quoddam tenebrosum et mortuum, non minus quam corpus animatum est seclusa anima.*[26]

Bezüglich des Problems des häretischen oder sittenlosen Papstes will Raphael die Zukunft weniger dem Konzil als vielmehr dem Herrn der Kirche selbst anvertrauen. Dieser wird – seines Erachtens – wie in der Vergangenheit, so auch in der kommenden Zeit mit ihren Wirren und Unsicherheiten für seine Braut sorgen.[27] Es ist entscheidend, im Blick zu behalten, daß das *regimen ecclesie* nicht rein menschlich (*mere humanum*) ist. Wäre dies der Fall, müßte man sich wirklich beunruhigen, daß nicht durch einen Mann die ganze Kirche zugrunde geht. Da es sich aber letztlich um ein *regimen divinum* handelt, die Kirche sich auf göttliche Hilfe und Vorsehung verlassen kann, ruft Raphael zu Vertrauen und Zuversicht auf.[28]

Man gewinnt so den Eindruck, daß für den Verfasser des Traktats die Not, wie sie im Umfeld des Großen Schismas empfunden wurde, schon weitgehend in den Hintergrund getreten ist. Für ihn droht die Gefahr weniger von seiten eines – theoretisch postulierten – häretischen

---

[24] Vgl. Raphael de Pornaxio, a.a.O. ff. 27r -v. Das erste Zitat ebd. f. 27r, das zweite f. 27v. – Cf. dazu (Torquemada), a.a.O. 52 f.

[25] Cf. Raphael de Pornaxio, a.a.O. ff. 28v - 29v. Entsprechend die Erläuterung zu D. 21, c. 2 (*In novo*): Friedberg I 69 f.: *Ceteri ... apostoli cum eodem pari consortio honorem et potestatem acceperunt, ipsumque principem eorum esse voluerunt.* Cf. Raphael de Pornaxio, a.a.O. ff. 29v - 30r: ... *dicendum quantum ad verbum ‚voluerunt', quod verbum ‚volo' quandoque importet causalitatem ... aliquando autem importat sola complacentia et approbatione ... Et ita apostoli voluerunt Petrum esse principalem, non quod ipsi fuerunt causa principatus huius, sed scientes ipsum sibi prefectum a christo ad hoc fuerunt contenti et placitum et gratum habuerunt.* Vgl. für den Text (Torquemada), a.a.O. 57 f.

[26] So Raphael de Pornaxio, a.a.O. ff. 36v - 37r. Ebd. f. 36v: ... *concilii generalis nulla potestas aut si est aliqua est una et non distincta a pape potestate.*

[27] Vgl. Raphael de Pornaxio, a.a.O. ff. 32v - 33r. Ebd. f. 33r zu Mt 16, 18: *dixit ‚Et porte inferi non prevalebunt adversus eam' et non dixit ‚non agitabunt' vel ‚non pugnabunt', sed ‚non prevalebunt' usque videlicet ad totalem eversionem.* Hervorhebung vom Verfasser.

[28] Vgl. Raphael de Pornaxio, a.a.O. ff. 32r - v.

Papstes als vielmehr von seiten eines Konzils, wie er es konkret in Basel erlebt.[29]

Diese Erfahrung verleitet ihn dazu, zu postulieren, daß der Papst selbst im Fall der Häresie nicht die Jurisdiktionsgewalt verliert.

> *Et si dicatur, quod hoc est contra rationem, quia rivus abscisus a fonte non recepit influxum a fonte, dicendum, quod peccatum heresis, etsi opponatur directe influxum fidei et gratie, non tamen influxum iurisdictionis, quia sunt influxus distincti et separati. Et ideo potest esse unus sine altero.*[30]

Falls man den *Liber* des Raphael de Pornaxio mit dem zeitweise Torquemada zugeschriebenen ersten Teil des Traktats in Vat. lat. 4129, ff. 39r – 58v, vergleicht, stellt man ohne Probleme eine enge Beziehung fest. Dies betrifft sowohl die behandelten Fragen, als auch die Inhalte und die Argumentationsweise.[31]

Nun soll, verbunden mit dem Hinweis, daß der entsprechende Text wohl schwerlich auf Raphael zurückgeht, doch kurz auf die Handschrift Bezug genommen werden, die in Vat. lat. 4129, ff. 74v – 85v auf den dreigeteilten Traktat folgt und mit *In quodam tractatu* beginnt.[32] Der Redaktor, Julianus Tallada,[33] befaßt sich in dieser Abhandlung ausführlich mit dem Fall des häretischen Papstes und fragt, ob dieser *ipso facto*, aufgrund der Häresie, des Papsttums verlustig geht.[34] Mit der Auffassung, daß der

---

[29] Das bedeutet nicht, daß Raphael prinzipiell die Bedeutung oder Sinnhaftigkeit eines Konzils in Frage stellt. Ihm kommt – cf. RAPHAEL DE PORNAXIO, a.a.O. ff. 33r - v - die positive Rolle des *consulere*, des *adorare*, des *approbare* zu. Vgl. dazu (TORQUEMADA), a.a.O. 63, wo noch darüber hinaus die *ratio commemorationis* für die der Vernunft gemäße Einberufung des Konzils durch den Papst angegeben wird. Es gibt allerdings keine *necessitas* der Einberufung für den Papst.

[30] So RAPHAEL DE PORNAXIO, a.a.O. f. 31r.

[31] Vat lat. 4129, ff. 39r - 58v ist abgedruckt bei (TORQUEMADA), *Tractatus*, ed. Friedrich, 1 - 68. Die *Secunda pars tractatus* im Manuskript ff. 58v - 62r, in der gedruckten Fassung 69 - 81; die *Tertia pars tractatus* in Vat. lat. 4129, ff. 62v - 74r, bei der von Friedrich besorgten Ausgabe a.a.O. 81 - 119.

[32] Vgl. CREYTENS, Raphael de Pornaxio 119: *La thèse que l'auteur développe dans son second traité ‚In quodam tractatu' (sc. z.B. Vat. lat. 4129, ff. 74v - 85v) est celle – ci: même en cas d'hérésie, le pape ne peut pas être jugé ou déposé par le concile. Ces doctrines qu'il avait exposées brièvement dans la deuxième conclusion de son traité sur le pouvoir du pape et du concile générale, il va les développer avec une logique implacable dans son second traité.*

[33] Cf. HORST, *Autorität* 15: *Unbestritten dürfte ... sein: Tallada ist der Autor jener ‚magna additio', die uns in einer Reihe von Handschriften überliefert ist. Sie beginnt so: ‚In quodam tractatu' ... Der Text läßt die heftigen Kontroversen – auch innerhalb des papal orientierten Lagers – erahnen, die sich an der im Tractatus vertretenen Position, daß der Papst keinem Gericht unterstehe, offenbar sofort nach der Publikation entzündet haben.* Zu der Beziehung der beiden Dominikaner Johannes Casanova und Julianus Tallada vgl. ebd. 23 - 30.

[34] Vgl. HORST, *Autorität* 42 f.: *Die Additio repräsentiert ... eine weitere Etappe in den Diskussionen um die Grundlagen einer rigoros konzipierten Ekklesiologie.* Ebd. 105 zur Beziehung Tallada – Pornaxio: *Die fast vollständige Übereinstimmung zwischen den beiden*

Papst auch im Fall der Häresie nicht dem Konzil untersteht, war er in weiten Kreisen auf Widerstand gestoßen. So hält er es für angemessen, seine Position klarer zu präsentieren.[35] Dies geschieht, indem er vier *conclusiones* vorstellt und sie dann diskutiert.

Prima conclusio ... papam in occultam heresim lapsum seu a fide occulte deviantem non deponit aut suspendit quo ad homines eo facto ab administratione seu iurisdictione papatus ius divinum sive lex divina hominibus communiter tradita seu revelata.[36] Dagegen spricht – neben vielem anderen –, daß sonst eine fortdauernde allgemeine Unsicherheit die Christenheit hinsichtlich des wahren Nachfolgers Christi und seines Tuns befallen würde.[37]

Secunda conclusio ... papam manifestum hereticum effectum, non deicit eo facto lex divina nec suspendit aut privat quoad homines iurisdictione quacunque vel saltem hoc non apparet ex ipsa lege divina novi aut veteris testamenti.[38] Tallada gesteht wohl ein, daß sich nach göttlichem Recht Häresie und von Gott her verliehene Herrschaft *quoad meritum sive*

Theologen in Sachen der Jurisdiktion schloß tiefe Differenzen in bezug auf das Magisterium nicht aus.

[35] Cf. JULIANUS TALLADA, *Tractatus* – Vat. lat. 4129, f. 74v: *In quodam tractatu ... posui pro conclusione: concilium generale non habet iudicare papam de quocunque defectu etiam de heresi notatum: Quod quidem dictum quantum ad heresim a quibus non solum falsum penitus, sed fere inopinabilem, ut percipi, visum est: utpote contra multorum et magnorum, qui de hac materia scripserunt, communem opinionem existens dicentium concorditer concilium generale in casu heresis habere super papam iudiciariam potestatem. Aliquibus non visum est ambiguum dicentibus verum esse et certum quod papa lapsus in heresim non habet iudicari quasi de novo per concilium generale quia iam iudicatus est realiter et depositus secundum veritatem: Nam eo facto quo incidit in heresim privatus est omni potestate et iurisdictione papali et ita non oportet quod ab omnibus deponatur, verumtamen eius depositio habet per generale concilium universe ecclesie notificari et exteriori effectui mancipari, et sic quodammodo verum esse, dicunt, quod papa in predicto casu heresis habet iudicari a concilio generali et quodammodo non esse verum.* Mit der ersten Auffassung will sich Tallada nicht eigens befassen. Unter anderem verweist er auf bereits angeführte Belege und begründet es mit Ex 23, 2: *Du sollst dich nicht der Mehrheit anschließen, wenn sie im Unrecht ist, und sollst in einem Rechtsverfahren nicht so aussagen, daß du dich der Mehrheit fügst und das Recht beugst.*

[36] Cf. JULIANUS TALLADA, a.a.O. f. 75v. Ebd. f. 75r stellt der Autor klar, daß er von Häresie im engen Sinn spricht: *heresis importat dissensum intellectus ab his, que sunt fidei, cum electione voluntatis respuentis sequi circa credenda, quod doctrina ecclesiastica tradit.*

[37] Cf. ebd. f. 76v: *... si occulta heresis esset eo facto de iure divino privata iurisdictionis papalis sequeretur, quod oporteret totam christianitatem continue esse in magno dubio et perplexitate, quia, cum solus deus sit cognitor occultorum et iudex, nec posset consequenter nobis constare, quis sit catholicus vel hereticus in occulto, nobis non constaret unquam, an ille qui dicitur papa sit veraciter papa seu habeat iurisdictionem papalem. Quinimmo semper oporteret dubitare de quolibet eorum, que facit ad potestatem clavium pertinentem, cum ignoremus de illo, an in occulto habeat veram fidem.*

[38] Cf. ebd. f. 78r.

quoad rationem debiti widerstreiten. Entsprechend verdient der *princeps seu rector fidelium*, der Häretiker geworden ist, daß er abgesetzt wird *per iudicium ecclesie*. Ähnlich ziemt es sich, daß ein *princeps*, der der *amentia* verfällt, zwar nicht automatisch bereits abgesetzt ist, wohl aber abzusetzen ist, daß er suspendiert wird oder daß ihm durch den Superioren ein Koadjutor gegeben wird, *quod tamen cessat in papa quantum ad depositionem, cuius potestas, cum sit potestas vicaria christi et ab eo solo dependens, nullius nisi eius iudicio subest et ab illo solo habet regulari quantum ad necessitatem coactivam.*[39] Derart tauchen die bereits zureichend bekannten Motive der propäpstlichen Argumentation immer wieder auf.

Tertia conclusio, quod crimen heresis, etiam manifestum, ex propria sive specifica natura ipsius heresis non inducit quoad homines effectum depositionis, privationis, aut suspensionis in papa eo facto.[40] Der katholische und heiligmäßige Papst – eine Anspielung auf *fides et mores* – besitzt die Jurisdiktionsgewalt *secundum meritum et secundum actum*, der häretische oder in Todsünde lebende Papst nicht *secundum meritum*, wohl aber *secundum actum*. Bis Gott selbst aber die *precisio* tatsächlich vornimmt – sei es, indem er den Papst sterben läßt, sei es, daß er mittels einer durch Wunder abgesicherten Offenbarung kundmacht, daß der Papst von ihm seiner Gewalt beraubt ist – hat der Papst als Papst zu gelten und alle Gläubigen sind gehalten, ihm zu gehorchen, soweit dies nicht dem göttlichen Gesetz widerspricht.[41]

Quarta conclusio, quod nullus canon nullaque censura ecclesiastica aut humana papam lapsum in heresim deponit, suspendit, aut privat iurisdictione papali.[42] Der Rigorismus, mit dem der Dominikaner an der These der Nichtabsetzbarkeit des Papstes festhält, manifestiert sich besonders deutlich in dem gegen Ende des *Opusculum* gegebenen Beispiel. Was soll geschehen,

> *si papa abnegaret fidem interam, saracenorum faciendo se circumcidi et transeundo totaliter ad sectam machometh: nunquam remaneret illi in hoc casu papalis auctoritas, qua posset fideles excommunicare et absolvere, beneficia ecclesiastica conferre, indulgentias concedere et sic de aliis pertinentibus ad potestatem papalem. hoc enim dicere nimis durum videretur.*[43]

---

[39] Cf. ebd. f. 81r.

[40] Vgl. ebd. f. 81r.

[41] Cf. ebd. f. 82v.

[42] Cf. ebd. f. 82v.

[43] Ebd. f. 84v.

Neben dem Hinweis auf die göttliche Vorsehung[44] sucht er seine Zuflucht bei der Idee einer in diesem Fall möglicherweise gegebenen stillschweigenden Abdankung des Papstes.[45]

> *Hoc autem, videlicet, quod papa in premisso casu se ipsum deponeret per cessionem interpretativam, videtur tutius dicere, quam dicere, quod possit ab aliis deponi. Sic enim dicendo non detrahitur potestati papali, quam Christus inmediate stabilivit et nullius mortalis iudicio voluit esse subiectam. Que detractio valde a catholicis cavenda est.*[46]

Daß der Autor dieses Schriftstücks sein Werk der *correctio* und *determinatio* des Papstes Eugen IV. und der *ecclesia Romana* unterstellt, verwundert nicht.[47] Es atmet den Geist einer Generation, die bereits von einer sorgfältig argumentierenden Verteidigung angesichts „konziliaristischer" Übergriffe selbst zum Angriff übergegangen ist, ausgehend von Maximen, die allein von einer das Maß verlierenden Zuspitzung der Positionen her verständlich sind.[48]

---

[44] Cf. HORST, *Autorität* 49: Die Vertreter des „papalen" Lagers waren *letzten Endes genötigt ..., die traditionellen Garantien, die das alte Notstandsrecht angenommen hatte, in Gott als den letzten Fixpunkt zu verlegen. Oder anders: Auch sie kamen nicht ohne eine ‚Rückversicherung' aus, die jetzt allerdings nicht mehr in ‚irdischen Möglichkeiten' gefunden werden konnte. Der letzte Halt, der die Beständigkeit der Kirchenverfassung bewahrte, mußte nun in einer universalen göttlichen Fürsorge gesucht werden.*

[45] Cf. JULIANUS TALLADA, *Tractatus* – Vat. lat. 4129, f. 85r. Ebd. u.a.: ... *dicerem ... quod ... papa non esset aliquo iure divino aut humano necessarie depositus: nec etiam ab hominibus deponi posset propter apostasiam predictam, posset tamen satis verisimiliter reputari depositus a se ipso, si predictum scandalum faceret, et presertim si, a catholicorum ecclesia localiter se absentans (?), requisitus redire et a ritu infidelium resipiscere nolet, curamque ecclesie penitus abnueret: sicut enim, ut videtur, desinere esse papa per suam voluntariam cessionem: etiam si verbo aut scripto illam non exprimeret et non per hominum iudicialem depositionem seu eiectionem, et tunc ecclesia posset alium eligere.*

[46] So ebd. f. 85v.

[47] Vgl. ebd.

[48] Vgl. HORST, *Autorität* 50: *Die extrem formulierten Beispiele sind bezeichnend für die stärker werdende Neigung rigoroser Theoretiker – für die Gegenposition läßt sich Ähnliches konstatieren –, an unrealistischen Situationen zu illustrieren, worauf es ihnen ankommt und bis zu welchem Punkt sie zu gehen bereit sind.* Vgl. auch HORST, *Zwischen Konziliarismus* 52 f.

6. Antonius de Carmario[1] (Antonio da Cannara)

In der Bibliotheca Casanatense zu Rom findet sich im Manuskript 2397, ff. 67r – 166v ein Traktat *De potestate pape supra concilium generale contra errores basilienses* des Antonius de Carmario, gewidmet dem Bischof von Recanati und Macerata, Nicolaus.[2] Prügl datiert das Werk des *legum doctor* auf das Jahr 1443 und sieht es als Auftragswerk im Zusammenhang mit der Obödienzerklärung von Recanati an Papst Eugen IV.[3] Selbstbewußt behauptet Antonius, mit seinem kleinen Werk in 14 *conclusiones* die Gewalt des Papstes über das Generalkonzil beweisen zu wollen. Dabei möchte er auch auf vorgebrachte Gegenargumente eingehen.[4] Schon zu Beginn macht er auch durch seine Unterwerfung unter Papst und *ecclesia Romana* deutlich, auf wessen Seite er steht.[5] Seine Thesen belegt er aus der Hl. Schrift, aus den Dekretalen, aus den Beschlüssen der allgemeinen Konzilien, aus den Aussagen der Heiligen, insbesondere der Kirchenlehrer – er nennt namentlich Gregor den Großen, Augustinus, Ambrosius

---

1 Vgl. HORST, *Autorität* 109, der hinweist auf eine zum damaligen Zeitpunkt noch nicht veröffentlichte Arbeit von T. PRÜGL, *Antonio de Cannara ‚De potestate papae supra concilium generale contra errores Basiliensium'*. Ein bisher unberücksichtigter Traktat in der Kontroverse zwischen Papst Eugen IV. und dem Konzil von Basel, München 1987. Vgl. auch HORST, *Autorität* 107 Anm. 306 zu einer geplanten Arbeit Prügls über *strikt papal orientierte Kreise*. Dazu jetzt PRÜGL, *Ekklesiologie* mit Konzentration auf Heinrich Kalteisen. Vgl. auch HORST, *Zwischen Konziliarismus* 48: *Antonio da Cannara ... bietet in seinem nach 1440 geschriebenen ‚Tractatus' ... einen höchst interessanten Text, der einen folgenschweren Kurswechsel anzeigt, obwohl das Werk nur wenig bekannt wurde.* Zum Autor cf. ABBONDANZA, Antonio da Cannara 542 f. Ebd. 543: *Inedita è rimasta l'opera sua forse più importante, il ‚Tractatus' ..., scritto dopo il 1440 in polemica con Nicolò de' Tudeschi e dedicato al vescovo di Macerata e di Recanati Niccolò Asti.* Abbondanza verweist nicht auf die Handschrift der Casanatense, verweist aber auf verschiedene Varianten des Autorennamens.

2 Cf. KRISTELLER, *Iter* II 103. Casanatense 2397, ff. 175r - 191v findet sich ein Teil der Behandlung der 14., d.h. der letzten *conclusio* des Autors, die aber abbricht – f. 191v - mit *Petro tamen principante in quo universalis potestas ecclesie residebat ut*. Der fehlende Text dann wieder f. 153r - 166v. Beide Fassungen werden im folgenden hinzugezogen. – Die Widmung des *minimus inter legum doctores* ebd. f. 67r.

3 Vgl. PRÜGL, *Antonio* 7 - 9.

4 Vgl. ANTONIUS DE CARMARIO, *Tractatus* – Casanatense 2397, f. 67r. Dort u.a.: *presens opusculum aggredior in quo de potestate pape supra concilium generale tractaturus hunc ordinem retinebo. Quia formabo XIIII. conclusiones quarum quelibet probabit efficacissime potestatem pape supra concilium generale. quanto forcius omnes simul iuncte. Secundo dictis XIIII. conclusionibus expeditis XX contraria contra ipsarum determinationem formabo et solvam ea.*

5 Cf. ebd. ff. 67v - 68r: *... quod si quid in hoc opusculo dixero quod summo Pontifici et Sancte ecclesie Romane adversetur illud haberi volo pro non dicto, illud tenens quod summus Pontifex et Sancta Romana tenet ecclesia.*

und Hieronymus –, aus den *auctoritates* und *rationes* der heiligen Doktoren der Theologie, schließlich besonders unter Bezugnahme auf den Aquinaten, *cuius sancti auctoritates habui ex quodam compendio extracto ex operibus ipsius sancti per excellentissimum sacre theologie doctorem dominum Joannem de turrecremata.*[6]

Wiederholt beginnen die *conclusiones* des Antonius de Carmario mit dem pointierten *papa solus.*[7] Wichtig scheint, daß er diese Thesen, die auch die Bedeutung der römischen Kirche hervorheben, zusammenfaßt und jeweils durch eine gegen das Konzil gerichtete Erweiterung präzisiert und entsprechend verschärft.[8] Ihm ist es ein Anliegen, hinsichtlich der herausragenden Stellung des Papstes nicht den kleinsten Zweifel zuzulassen. Prügl schreibt:

> *Die Auseinandersetzung zwischen Papst und Konzil wird auf den einzigen Gesichtspunkt des Vorranges und der Gewaltenfülle eingeschränkt, woraus die eindeutige, nicht relativierbare Superiorität des Papstes, seine hierarchische Spitzenstellung hervorgeht. Eine Theorie des Konzils, eine Abgrenzung seiner Aufgaben oder eine Würdigung seiner ekklesiologischen Stellung und Bedeutung wollte, ja konnte Antonio da Cannara gar nicht schreiben.*[9]

Die *fides* und andere Grenzen der *potestas* des Nachfolgers Petri werden eher theoretisch anerkannt.[10] Wie bei anderen Autoren ist in den Augen

---

[6] Ebd. f. 67v: ... *quelibet dictarum conclusionum probabo ordinate per sex modos.* Es folgt die Aufzählung. Vgl. PRÜGL, *Antonio* 15: *Mit seinen ausführlichen Thomas-Zitaten reihte sich Antonio da Cannara in die von Torquemade initiierte und propagierte Renaissance thomistischen Gedankenguts im 15. Jahrhundert ein.* Ebd. 137 – 139 zum *Florilegium* des Juan de Torquemada.

[7] Cf. ANTONIUS DE CARMARIO, *Tractatus* – Casanatense 2397, f. 68r u.a.: *Papa solus habet immediate potestatem a christo ... Papa solus est caput totius ecclesie seu omnium fidelium ... Papa solus est pastor universorum et christifidelium ... Papa solus universalis ecclesie obtinet principatum ... Papa solus non puri hominis sed Dei vicem gerit in terris ...* etc. PRÜGL, *Antonio* 14 dazu: *In dieser Eindringlichkeit erinnern die Konklusionen Antonios da Cannara an den Dictatus Papae Gregors VII.*

[8] Cf. ANTONIUS DE CARMARIO, *Tractatus* – Casanatense 2397, ff. 182v - 183r: *Ex predictis igitur omnibus conclusionibus et deductis in eis patet quod solus papa supremam habet potestatem a deo supra omnes et non concilium. Et solus papa et non concilium est caput totius ecclesie. Sola Romana ecclesia et non concilium est mater et magistra universorum christifidelium. Solus papa et non concilium est pastor omnium ... Solus papa et non concilium universalis ecclesie obtinet principatum. Soli pape et non concilio universe creature de necessitate salutis sicut christo subesse debent. Sola sedes apostolica non concilium est locus quem dominus sibi elegit. Solus papa et non concilium dei vicem gerit in terris. Solus papa succedit petro in potestate petro a christo universaliter concessa non concilium. Solus papa et non concilium omnes iudicat et a nemine iudicatur. Ad solum papam non ad concilium maiores cause presertim fidei referuntur. A solo papa non a concilio omnis potestas ecclesiastica derivatur. Solus papa non concilium assumptus est a deo in plenitudinem potestatis.*

[9] PRÜGL, *Antonio* 22.

[10] Vgl. etwa ANTONIUS DE CARMARIO, *Tractatus* – Casanatense 2397, f. 130v: ... *dummodo contra fidem non veniat in omnibus et per omnia potest dicere et facere quicquid placet.*

des Antonius jede Vollmacht in der Kirche über Petrus bzw. dessen Nachfolger vermittelt.[11] Aber trotz allem kommt natürlich auch Antonius de Carmario nicht daran vorbei, D. 40, c. 6 zu diskutieren. Er unterstreicht zunächst, daß man den Terminus des *hereticus* auf zweierlei Art und Weise verstehen kann: *temptative et corrigibilis: hoc modo papa potest esse hereticus. 2° modo pertinax et incorrigibilis, et hoc modo papa hereticus esse non potest.*[12] D. 19, c. 9 (*Anastasius*) läßt der *legum doctor* als Argument nicht gelten. Zum einen weist er darauf hin, daß nach Meinung von vielen *excellentes viri* dieses *capitulum* apokryph sei: nicht jeder kann darin ein Indiz wachsender Sensibilität für das Problem von Fälschung und Original erkennen.[13] Zum anderen beweist seines Erachtens der Text nicht, wofür er angeführt wird, *quia ex communicatione seu conversatione facta cum hereticis quis non fit hereticus ... nisi communicet errori.*[14] Für Antonius de Carmario sind es entsprechend die Kleriker, welche geirrt haben,

---

Vgl. auch ebd. ff. 131r - v: ... *quedam sunt tamen in quibus papa dispensare non potest ... sed concludo quod cum papa non possit in fide deficere ... vel omnia potest vel si quodam non possit illa nemo potest et si illa faciat nemo eum iudicare potest neque super eo legem statuere et sic de ipso casu non est lex neque esse potest et minus potest de eo disputari cum illum Deus suo arbitrio reservavit.* PRÜGL, *Antonio* 22 f.: *Steht ... der Papst in allen Belangen ‚über' der Kirche, so steht er auch ‚über' dem Konzil, das die Kirche repräsentiert. ... Der Papst wird zum transzendenten Grund kirchlicher Autorität und hat somit von der Kirche keine Maßregelung zu fürchten.* – Vgl. auch ANTONIUS DE CARMARIO, *Tractatus* – Casanatense 2397, f. 123r: *Considera quod intentio presentis operis non est disputare que sunt pape prohibita ... intentio nostra est ostendere potestatem pape ... supra concilium.* De Carmario verweist – a.a.O. f. 131r – auf BALDUS, *Commentaria* zu C. 1, 19, 7 (*Rescripta*), ed., ff. 85r-v: *De Papa aliquid dicam, qui est maior Imperatore. Primo enim vocatur et est supremus sacerdos ... Secundo quia omnes dignitates, et omnem potestatem quam habuerunt omnes Patriarchae Papa solus habet ... Tertio, quia solus tenet locum Principis Apostolorum ... Quarto, quia maior est authoritas Papae, quam sanctorum ... Decimo, quia ubi Papa, ibi universalis synodus. xix. dist. Anastasius. xvii. dist. c. licuit. ... Item a nemine corrigatur, etiam si dicatur haereticus.*

11 Cf. ANTONIUS DE CARMARIO, *Tractatus* – Casanatense 2397, f. 121r: ... *nunquam fuit potestas ecclesiastica sine petro et nunquam Petrus in ecclesia sine prelatione.* Ebd. – bzgl. der *potestas iurisdictionis* – f. 121v: ... *dum dicitur quod episcopus personam christi habet et vicarius Dei est ... et quod episcopi sunt christi legati ... intelligitur mediante petro.*

12 So ebd. f. 96v, wo Antonius auch die *quinque dubia* vorlegt, die er untersuchen will.

13 So unterstreicht PRÜGL, *Antonio* 45: *Die Geschichte, vor allem wenn sie die Kirche vor schier unüberwindliche Schwierigkeiten stellt, wird ignoriert und verharmlost. Jeder zweifelhafte Papst, den das Mittelalter über die ihr zugänglichen Geschichtsquellen vermittelt bekam, wird entweder exkulpiert oder in das Reich der Fabeln verbannt, indem man die Quelle für apokryph erklärt. Man mag solche Freiheit gegenüber der historischen Überlieferung auch als Resultat humanistischer Aufgeschlossenheit sehen, dennoch verdankt sich diese Art von Quellenkritik nicht dem neugierigen Interesse an Altertümern, sondern hat der apologetischen Absicht zu dienen, eine bereits dogmatisch getroffene Entscheidung historisch selektiv abzusichern. Das vordergründige historische Interesse verdeckt dabei die ausdrückliche Aufkündigung der traditionellen Kontinuität.*

14 Cf. ANTONIUS DE CARMARIO, *Tractatus* – Casanatense 2397, ff. 113r - v. Vgl. ebd. f. 113v: ... *opinio gratiani non est vera ergo nec ea ratione est vera reprobatio anastasii.* Ebd.: ... *non*

als sie die *communio* mit Anastasius aufgrund von dessen *communicatio cum fotino* aufgaben. Die Verdachtsmomente waren zu unbedeutend (*suspicio levis*), um einen solchen Schritt rechtfertigen zu können. Sie hätten gewußt, daß Christus gesagt habe: *ich habe für dich gebetet, Petrus* etc. *et alia que probant papam in fide non posse deficere.*[15]

Auch die Aussage des *capitulum*, Anastasius sei schließlich von Gott selbst bestraft worden (*nutu divino percussus*), kann nach Meinung des Antonius nicht als Beleg dafür gelten, dieser Papst sei Häretiker gewesen.[16] Dieser Text nämlich beziehe sich nicht auf eine dem Papst zuzuschreibende Häresie, sondern auf die Behauptung, der genannte Papst habe im Geheimen den Acacius zurückrufen wollen.[17]

> *textus dicit ‚revocare voluit', non autem dicit ‚revocavit', quia si revocasset alios traxisset in heresim. Unde Dei providentia percussus est. Aliud enim est revocare, aliud attemptare revocationem ... attemptavit sic actum heresim concludentem, non autem complevit, et sic non fuit perfecte hereticus, sed temptativus qualis papa esse potest ...*[18]

Entsprechend, nämlich als *hereticus temptativus*, klassifiziert der Verfasser des Traktats – ausgehend von D. 21, c. 7 (*Nunc autem*) – den Marcellinus.[19] Besonders ausführlich befaßt er sich mit dem Fall des Papstes Liberius. Dabei geht er auf unterschiedliche Traditionsstränge ein.[20] Mit

---

obstat glo. i. ... que videtur velle quod anastasius inciderit iam damnatam et sic communicasset errori quia est contra tex. dicentem quod communicavit fotino non errori. Ebd. f. 114r: Wenn der Nachfolger als Papst Acacius verurteilte, hätte er auch Anastasius verurteilen müssen, *quia papa successor dampnare potest et debet papam hereticum.*

15 Ebd. f. 114v. Vgl. D. 19, c. 9 (*Anastasius*): Friedberg I 64: *Anastasius ... fuit temporibus Teoderici regis. Eodem tempore multi clerici se a communione ipsius abegerunt, eo quod communicasset sine concilio ... Fotino, qui communicaverat Acacio.* Dagegen verweist Antonius auf C. 8, q. 4, c. 1 (*Nonne*): Friedberg I 599 f.

16 Vgl. Antonius de Carmario, *Tractatus* – Casanatense 2397, f. 115r. Ebd. betont er, daß gerade dieser Hinweis auf das göttliche Strafgericht es als wahrscheinlich erscheinen läßt, daß der Text apokryph ist,... *quia Dei iudicia incomprehensibilia sunt et investigabiles (lege: ininvestigabiles) vie eius.*

17 Cf. ebd. f. 115r: *... tex. non dicit quod acacius fuerit percussus nutu divino quia communicavit fotino, et constet (sic!) manifeste quod non communicavit errori, sed quia occulte voluit revocare acacium. quasi hoc secundum gravius fuerit delictum ... videtur quod ideo percussus fuisset nutu divino quia voluisset revocare acatium et eius errorem.* Cf. D. 19, c. 9 (*Anastasius*): Friedberg I 64.

18 Antonius de Carmario, *Tractatus* – Casanatense 2397, f. 115v.

19 Vgl. ebd. f. 116r. Vgl. ebd.: *Oravit enim Christus ne deficeret fides petri, non ut non temptaretur.*

20 Vgl. ebd. ff. 116r - 117v. Antonius befaßt sich mit den einschlägigen Aussagen des Hieronymus zu Liberius, mit der Legende des hl. Eusebius, mit der Fassung bei Martin von Troppau. Zu letzterem Autor, cf. ebd. ff. 117r - v: *Quod si ita fuisse firmemus constat Liberium post cessionem a papatu quod facere potuit .... et ordinationem felicis eius consilio*

Nachdruck hebt Antonius einerseits hervor, daß der Papst wohl irren oder sündigen könne – das sei nach Lk 22, 32 nicht ausgeschlossen –, daß er aber nicht im Glauben scheitern werde (*in fide deficere*).[21] War durch Raphael de Pornassio OP die These *von der strikten Immunität des Papstes* aufgestellt worden, die Julianus Tallada OP aufnahm, so geht Antonius gewissermaßen darüber hinaus. Er sieht *im Papst ein Gnadenprivileg wirken, das diesen für die gesamte Dauer seiner Regierung bewahrt, zum hartnäckigen Häretiker zu werden.*[22] Für Antonius ist die Hl. Schrift, insbesondere mit den klassischen Texten Mt 16, 18, Jo 21, 15-17 und Lk 22, 32, in denen der Petrusdienst von Christus her seine rechte Wertung erhält, der Orientierungspunkt.[23] Diese *pauca verba* gründen den Glauben, daß der Papst aufgrund göttlicher Verheißung und Vorsehung kein Häretiker werden kann. Mit dieser biblisch motivierten Bestimmung können *questiones innumerabiles et inexterminabiles*, für die es scheinbar keine Antwort gibt, doch noch zu den Akten gelegt werden.[24] So wagt Antonius die Behauptung aufzustellen, daß *nil perniciosium excogitari posse in populo christiano quam asserere summum pontificem in fide deficere posse, cum statim sic pertinaciter asserentes a fide deficiant.*[25]

---

a clero romano canonica factam ... et sic eo tempore quo papa seu successor petri non erat arriane perfidie consensisse. unde nil ex eo infertur contra predicta quia christus oravit pro petro et successoribus, non pro hiis qui successores non sunt, sed esse renuntiatione canonica defierunt. et secundum hunc sensum posset procedere quod in ecclesiastico officio legitur ipsum liberium arriane perfidie consensisse, videlicet post cessionem papatus et ordinationem canonicam de felice catholico factam.

21 Cf. ebd. ff. 117v - 118r unter Bezugnahme auf Hostiensis und Johannes Andreä. Vgl. ebd. f. 118r: *... non oravit christus ne papa erraret seu non peccaret, sed ne in fide deficieret. unde licet hereticus esse non possit ... potest tamen esse peccator et propter peccata alia a Deo ad penam inferni dampnari.*

22 Vgl. PRÜGL, *Antonio* 32 f. Ebd. 45 bewertet Prügl dies als Neuerung: Es *wird das Postulat, daß sich Gott für jeden Nachfolger des hl. Petrus ohne Ausnahme ‚persönlich' verbürgt, die letztverbindliche und nicht mehr hinterfragbare Stütze der Kirche. Die Auskunft, daß ‚Gott es nicht erlauben werde', zeugt dabei eher vom frommem Wunsch als von einer bereitwilligen Konfrontation mit der historischen Realität.*

23 Vgl. SCHÜSSLER, *Primat* 161: *Die Durchsicht des Schrifttums der Konzilszeit dürfte in der Tat bestätigen, daß keine notwendige Affinität zwischen dem Gedanken der Konzilssuperiorität und dem Schriftprinzip bestand. ... Zur Zeit des Konzils von Basel finden wir gelegentlich gerade bei Papalisten eine Auffassung von der Schriftautorität, die dem normativen Vorrang der Schrift gerechter wird als die Äußerungen maßgeblicher Vertreter des Konziliarismus.*

24 Cf. ANTONIUS DE CARMARIO, *Tractatus* – Casanatense 2397, f. 118r. U.a.: Durch diese Worte der Schrift *cessant questiones innumerabiles et exterminabiles per sacram scripturam ... alia ratione indeterminabiles que librorum voluminibus completi non possent, exempli gratia si papa fiat hereticus an accusari possit et coram quo. et si cardinales fiant heretici vel moriantur papa mortuo ad quem devolvatur electio. si papa fiat furiosus et alia huiusmodi que omnia cessant.*

25 So ebd. f. 118v. Vgl. auch – vorher – ebd. ff. 118r - v: *... tot pupillorum qui a fide defecerunt nulla alia ratione nisi quia romanum pontificem ... catholicum negaverunt ex quo in*

Wenn sich die herausragende Stellung des Papstes u.a darin zeigt, daß die *causae maiores* und *omnia difficilia dubia* durch ihn zu entscheiden sind, wozu auch und gerade jene gehören, die den Glauben betreffen, so gilt: *ergo ... in omnibus presertim in hiis que ad fidem pertinent ipse habet regulare concilium.*[26] Mit Blick auf die Unfehlbarkeit (*indeviabilitas*) merkt Antonius de Carmario an: *concessa indeviabilitate concilii non sequeretur propter ea quod haberet potestatem supra papam sicut beatissima virgo que fuit indeviabilis non fuit maior apostolis quibus date sunt claves.*[27]

Da der Papst kein „wahrer" Häretiker sein kann, führt der Autor aus, daß er in dem anderen, einzig möglichen Fall wohl verurteilt werden kann – allerdings nur von sich selbst oder einem, dem er dies zugewiesen hätte.[28] Seine Auffassung scheint ihm auch durch Baldus bestätigt.[29] Ein Konzil, das vom Papst nicht zur *inquisitio* einberufen worden wäre, könnte zwar diese dennoch vornehmen, keinesfalls aber eine *damnatio*.

non enim habet concilium aliquam potestatem nisi quantum illi a summo pontifice concedatur ... et aliud est inquirere de delictis, aliud punire.[30] Die Möglichkeit, sich dem Urteil des Konzils oder eines anderen Richters zu unterstellen, hat der Papst einzig im Bereich der Häresie im oben angeführten Sinn.[31]

Was aber ist zu dem Konstanzer Dekret *Haec sancta synodus* zu sagen?[32] Die These des Antonius ist: *congregatio illa Constantiense non faciebat concilium generale neque ecclesiam catholicam representabat.*[33]

---

servitutem infidelium devenerunt. Antonius verweist zur Begründung seiner im Text zitierten These auf C. 7, q. 1, c. 9 (*Denique*): Friedberg I 569 f.

26 Antonius de Carmario, *Tractatus* – Casanatense 2397, f. 118v.

27 Ebd. f. 188v.

28 Vgl. ebd. f. 101r.

29 Vgl. ebd. f. 103r: ... *hanc etiam opi. quod papa hereticus a nemine dampnari possit etiam si dicatur hereticus tenet d. bal. de perusio.* Vgl. Baldus, *Commentaria* zu C. 1, 19, 7 (*Rescripta*), f. 85r: ... *a nemine corrigitur, etiam si dicatur hereticus. xxii. dist. qua traditione.* Dazu aber D. 22, c. 5 (*Qua traditione*): Friedberg I 75 f.

30 So Antonius de Carmario, *Tractatus* – Casanatense 2397, f. 103v. Für die letzte Aussage verweist er auf VI°. 1, 4, 3 (*Non est*): Friedberg II 944 und den Kommentar der *moderni doctores* dazu.

31 Cf. Antonius de Carmario, a.a.O. f. 103v: ... *potest ... se submittere papa determinacioni concilii vel etiam alterius ... in causa videlicet heresis et ad finem se deponendi, in aliis autem se submittere non posset.* – Vgl. auch ebd. f. 115v zu D. 17, c. 6 Grp (*Hinc etiam*): Friedberg I 52 f.: ... *id factum est ipsius Symmachi auctoritate quod potuit videlicet se remittere inquisitioni concilii in causa heresis.*

32 Cf. die Ausführungen des Antonius de Carmario, *Tractatus* – Casanatense 2397, ff. 160v - 166v. Ebd. f. 160v beruft sich Antonius auf die Fassung des Konstanzer Dekrets vom 30.3.1415. Cf. COD³ 408 f. (*Decreta concilii ... uti per cardinalem Zabarellam in praelegendo sunt decurtata*). Zur Deutung bei Antonius jetzt auch Prügl, *Antonio* 28 f.

33 Cf. Antonius de Carmario, *Tractatus* – Casanatense 2397, f. 161r.

Er analysiert das Dekret und kritisiert es deutlich. Verschiedene Punkte werden von ihm angeführt. Und auch er gibt zu bedenken, daß die Billigung des Beschlusses *presupponeret duas supremas potestates in ecclesia, videlicet generaliter in alio quam in concilio, et in tribus casibus in decreto expressis in concilio, quod foret hereticum.*[34]

Auch macht der *minimus doctor* deutlich, daß im Fall, wenn der Papst – beispielsweise – etwas gegen den *generalis universalis status* unternimmt, diesem zwar nicht zu gehorchen ist, daß dies aber nicht einschließt, daß er dann seiner *pontificalis dignitas* zu entkleiden wäre. Vielmehr müßte dann – ein schon bekannter Gedanke – für ihn gebetet werden.[35] Die Tatsache, daß Konstanz von Basel nicht nur bestätigt, sondern noch weiter entfaltet (*declarare et extendere*) wurde, ändert nichts an der Verwerfung der „konziliaren" Beschlüsse durch Antonius de Carmario. Er hebt hervor, daß zu der Zeit, als Basel seine „Wahrheit" über die Gewalt des allgemeinen Konzils verkündete, es kein Konzil, sondern ein *conciliabulum* war. Entsprechend sei alles, was dort beschlossen wurde, null und nichtig. Auch seien dessen entsprechende Dekrete *contra Ius divinum immutabile quo uni et non universitati seu pluribus suprema est a christo concessa potestas ... nec foret ecclesia instituta ad exemplar celestium miliciarum que unum dominum principem habent.*[36]

Gegen Ende seiner Ausführungen verweist Antonius noch auf den Widerspruch zu dem seines Erachtens wahrhaft ökumenischen, d.h. allgemeinen, Konzil von Florenz, welches unter dem Vorsitz des Papstes gefeiert wurde.[37] So hat er ein konkretes Beispiel für seine letzte, freilich zentrale, *conclusio*:

---

34 Ebd. f. 162v unter Bezugnahme auf C. 24, q. 3, c. 39 (*Quidam autem*): Friedberg I 1002: *§19. Cerdoniani* und auf den Glaubensartikel *Credo in unam sanctam*.

35 Cf. Antonius de Carmario, *Tractatus* – Casanatense 2397, ff. 165r - v.

36 Vgl. ebd. ff. 165v - 166r. Das Zitat ebd. f. 166r. – Antonius bezieht sich auf die *Tres veritates* des Basler Konzils vom 16. Mai 1439, wie sich aus seiner Zitation ergibt. Der Kanonist sieht ebenfalls in der These, *quod papa de omni peccato posset corrigi per concilium concilii superioritate concessa*, in der Konsequenz einen größeren Irrtum als den der Hussiten. Prügl, *Antonio* 31: *Das feste monarchische Papsttum als das Prinzip der unitas ist die einzige wirksame Macht gegen die chaotischen Tendenzen der pluralitas, die Antonio da Cannara im Konzil verkörpert sieht.*

37 Vgl. Antonius de Carmario, *Tractatus* – Casanatense 2397, f. 166v: *ultimo decreta predicta ideo non subsistunt quia contradicunt decreto ycumenici i. generalis concilii Florentini in quo occidentali et orientali ecclesiis convenientibus consentientibus profitentibus et approbantibus presidente sanctissimo d. nostro d. Eugenio papa IV. divina et apostolica auctoritate diffinitum est ...* – Vgl. Helmrath, *Basler Konzil* 382: *Die Unionsbulle ‚Laetentur coeli' vom 6. Juli 1439 enthielt die Antwort auf die Basler ‚Tres veritates'.* Fink, Eugen IV. 582 – wie sonst auch sehr baselfreundlich – gegen Florenz: *Von einer Repräsentation der Gesamtkirche oder der europäischen Staaten kann ... keine Rede sein, und das in einer Zeit, in der Basel von vielen Seiten erneut Anerkennung fand.*

> *Concilium generale non habet immediate potestatem a christo sed a papa et quod pape quilibet etiam concilium generale tamquam superiori obedire tenetur.*[38]

Im Gegensatz zur *potestas* des Konzils wird die *suprema potestas* des Papstes allein von Gott her abgeleitet.[39] Hinsichtlich des von den „Konziliaristen" oft in die Diskussion eingebrachten *Dic ecclesie* (Mt 18, 17) hebt Antonius u.a. hervor, daß Christus damit keine *potestas contraria* zur Gewalt des Papstes übertragen habe.[40] Interessant ist auch der Hinweis auf die Geschichte. Der Kanonist unterstreicht, daß die Generalkonzilien erst mit Konstantin begonnen hätten, nicht bereits zur Zeit der Apostel. Daraus aber ergäbe sich eine fatale Konsequenz: *si verbum dic ecclesie de concilio intelligeretur sequeretur quod per annos quadringentos non potuisset fratris delinquentis peccatum denuntiari et christi preceptum observari quod foret absurdum.*[41] Zudem wäre eine Umsetzung dieser Weisung, *ecclesia* als Gesamt aller Gläubigen oder *concilium* deutend, unmöglich.[42] Des weiteren gilt es – mit Thomas von Aquin – zu unterscheiden zwischen einer *correctio* als *actus caritatis*, die jedem zukommt, der Liebe hat, und einer *correctio* als *actus iusticie*. Letztere geschieht *non solum per simplicem monitionem sed etiam per penam et hec ad solos prelatos pertinet.*[43] Einem Konzil kommt dabei keine Bedeutung zu, erst recht nicht, wenn der, gegen den sich die *correctio* richtet, ein Prälat ist.

Wie aber ist Mt 18, 20 (*Wo zwei oder drei ...*) zu interpretieren? Der Verfasser des Traktats legt dar, daß nicht der Vielzahl, sondern der Einheit

---

[38] So ANTONIUS DE CARMARIO, *Tractatus* – Casanatense 2397, f. 68r. Vgl. auch ebd. f. 86r: ... *potestas concilii que est potestas creata inferior sit a potestate pape et omnis eius potestas in potestate pape residet et consistit.* – Wie bei Antonio de Roselli wird auch bei diesem Kanonisten das zentrale Problem bzw. die zentrale These für den Schluß aufgehoben.

[39] Cf. ebd. f. 183r: ... *cum hec suprema Romani pontificis potestas sit a deo solo, non ab apostolis, non a concilio neque aliqua terrena potestate, constat esse Ius divinum quod est immutabile. Circa quod Ius divinum papa non potest deficere divina promissione atque providentia. In aliis autem habet liberam potestatem vel si erret et peccet a solo deo potest privari.* Während die Basler von Mt 18, 15-18 die *plenitudo potestatis concilii* ableiten, betont de Carmario – ebd. f. 184v -: *Plenitudo ... ecclesiastice potestatis est fundata dicente domino ad petrum ‚Tu es petrus etc.' et ‚Pasce oves meas etc.'*

[40] Cf. ebd. f. 184v.

[41] Ebd. f. 185r. Das Manuskript liest – irrtümlich ? – *quadragintos.*

[42] Cf. ebd. ff. 185r - v: ... *non potest intelligi de universis fidelibus per mundum dispersis neque de concilio ipsos fideles per mundum constitutos collective representanti quia utrumque est impossibile et impossibilium nulla est obligatio.* Ebd. f. 185v macht Antonius noch auf das Problem aufmerksam, daß – in seiner Sicht – die Einberufung des Konzils allein vom Willen des Papstes abhängt. Ferner gibt er zu bedenken: ... *raro concilia celebrantur et sic illa expectare est impossibile.*

[43] Cf. ebd. ff. 185v - 186r. Das Zitat ebd. f. 186r. Ebd.: *Si quidem subditus sit denuntiator, verbum ‚dic ecclesie' exponitur i. prelato fratris delinquentis non autem omnibus fidelibus seu concilio generali.* Hervorhebung vom Verfasser.

der Betenden die Zusage Christi gilt.[44] Die *unitas ecclesie* ist dabei allerdings nicht zu reduzieren auf die Verbindung der Glieder der Kirche untereinander. Dies wäre durchaus noch von den Baslern für sich reklamiert worden. Notwendig ist vielmehr darüber hinaus die Ausrichtung aller Glieder der Kirche auf das eine Haupt, den Papst.[45] Eine solche These erregt kaum Verwunderung. Sie ist aber hilfreich im Bemühen, gegen die Selbstgenügsamkeit der „Konziliaristen“ zu argumentieren. Die Definition von *unitas* darf nicht durch subjektive Kriterien, unter Absehen vom göttlichen Stiftungsplan, innerlich ausgehöhlt werden. Die Emphase, mit der Antonius de Carmario seine Abhandlung beschließt, wirkt für den heutigen Leser befremdlich. Sie spiegelt aber, durch ihre Vermischung von „Schlachtruf“ und Elementen der Gebetssprache, die Atmosphäre, in welcher die Konfrontation mit dem „späten“ Basel sich vollzog: *Vivat igitur in toto orbe terrarum potestas suprema petro et suis successoribus a christo concessa super omnes superque concilium generale quemcumque ex hoc nunc et usque in secula.*[46]

---

[44] Cf. ebd. ff. 188v - 189r. Ebd. f. 188v mit Bezugnahme auf Basel.

[45] Cf. ebd. f. 189r: ... *unitas ecclesie in duobus attenditur, scilicet in connexione membrorum ecclesie ... et ... in ordinatione omnium membrorum ecclesie ad unum caput videlicet summum pontificem.*

[46] Ebd. f. 166v. Vgl. PRÜGL, *Antonio* 6: *Obwohl der Traktat ein Auftragswerk war ..., identifizierte sich sein Verfasser aus persönlicher Reverenz und Betroffenheit durchaus mit seinem Gegenstand. So erklärt sich der Enthusiasmus, der aus dem Werke spricht.*

7. Galgano Borghese

Anna Modigliani machte in einem Aufsatz 1977 auf den Traktat des Galgano Borghese *De potestate summi pontificis*, geschrieben in der Zeit zwischen 1458 und 1464, aufmerksam.[1] Die Entstehung dieser Schrift fällt also in die Zeit nach Basel, unter das Pontifikat Pius' II. Gleichwohl ist der Autor kein reiner Vertreter einer ideologisch determinierten Klasse, die sich für die Restauration päpstlicher Ansprüche vorbehaltlos einsetzt. Borghese erweist sich in seiner Diskussion der Konzilsproblematik vielmehr als jemand, der mit der Bandbreite der Argumente nicht nur vertraut ist, sondern auch fähig ist, diese darzustellen.[2]

Bevor er mit seiner Erörterung beginnt, hebt er hervor, daß er nicht die Absicht hat, das, was die *ecclesia Romana* festgesetzt hat, auch nur um ein Jota zu übergehen. Mehr noch: An dieser Stelle unterstreicht er nachdrücklich, daß er alles, was er in seinem kleinen Werk schreibt, deren Urteil unterwirft. In einem ersten Schritt präsentiert er in 11 Punkten die Argumente für die These, *quod concilium habeat ampliorem potestatem quam papa.*[3]

Die angeführten Texte sind die klassischen, wohlbekannten.[4] Danach stellt der Autor den Gedankengang derer vor, die einer Superiorität des Konzils das Wort reden.[5] Seines Erachtens liegt ein zentrales Problem für die Klärung der Frage des Verhältnisses von Papst und Konzil in der Tatsache begründet, daß die Glossen zu den verschiedenen Rechtstexten derart variieren.[6] Der Kanonist stellt dann die Regel auf, *quod papa sit super-*

---

1 Cf. MODIGLIANI, De potestate passim. Bezüglich der Datierung vgl. ebd. 451 f. Ebd. 473 - 483 der *Elenco dei capitoli e dei paragrafi* von *De potestate summi pontificis* gemäß Vat. lat. 4129, ff. 1r - 35v.

2 Vgl. aber der korrekte Hinweis bei MODIGLIANI, De potestate 461: *Il testo del trattato è molto scorretto.* Dies erschwert verständlicherweise die Lektüre des Traktats.

3 GALGANO BORGHESE, *Tractatus* – Vat. lat. 4129, ff. 7v - 8r. Das einleitende Zitat ebd. f. 7v. – Borghese kommt bis *duodecimo*, tatsächlich aber fehlt *septimo*. Die Gegenargumente, ebd. f. 8r, gehen bis *undecimo*.

4 Cf. ebd. f. 7v. Die folgenden Verweise sind korrigiert: D. 15, c. 3 (*Sancta Romana*); D. 19, c. 9 (*Anastasius*); D. 93, c. 24 (*Legimus*); C. 24, q. 1, c. 4 Grp (*Si autem*); *Glosse* zu D. 40, c. 6 (*Si papa*); *Glosse* zu D. 79, c. 9 (*Si quis pecunia*); D. 17, c. 6 (*Concilia*); X. 1, 6, 6 (*Licet*); Jo 17, 13; X. 3, 29, 1 (*Sancitum*); C. 35, q. 9, c. 6 (*Sententiam*); C. 24, q. 1, c. 9 (*A recta*); C. 24, q. 1, c. 6 (*Quodcumque*); C. 24, q.1, c. 33 (*Pudenda*).

5 Cf. GALGANO BORGHESE, *Tractatus* – Vat. lat. 4129, f. 8r.

6 Cf. ebd. f. 8r – den Block der Argumente *pro papa* abschließend -: *ex quibus omnibus dico quod iste passus est multum difficilis. unde glo. in variis locis variaverunt.* Ebd. ff. 8r - v werden die verschiedenen Glossen angeführt. Die Konklusion ebd. f. 8v: *et sic vario modo loquuntur glo.*

ior concilio et maiorem obtineat potestatem cum alii episcopi sint vocati in partem sollicitudinis et non in plenitudinem potestatis.[7]

Wie so oft ist aber nicht die *regula* entscheidend, sondern die Ausnahmen bzw. die *fallencie regule*. Von diesen gibt es – nach Borghese – fünf.[8] Die erste Ausnahme betrifft die *articuli fidei*. Der Autor verweist zwar sowohl auf die üblichen Glossen zu D. 15, c. 2 (*Sicut sancti*) und D. 19, c. 9 (*Anastasius*) wie auch auf das Argument der Inerranz des Konzils im Gegensatz zum irrenden Papst, modifiziert jedoch diese These mit Blick auf die von den *moderniores* zu X. 1, 6, 4 (*Significasti*) vorgelegten Interpretationen. Derzufolge gilt es zu beachten – soweit es sich um neu aufgetauchte *dubia* handelt –, welche der vorgebrachten Meinungen sich auf *forciores auctoritates*, insbesondere der Hl. Schrift, berufen kann. Die Behauptung, die Kirche könne nicht irren, hat nur Geltung unter Bezugnahme auf die *ecclesia universalis fidelium*. Das Konzil repräsentiert zwar die *ecclesia fidelium*, ist allerdings nicht damit identisch. Es kann demzufolge ebenfalls – wie der Papst – dem Irrtum verfallen.[9]

Bei einer Interpretation von Jo 17, 13 -... *der Geist der Wahrheit wird ... euch in die ganze Wahrheit führen* – und Jo 20, 22 f. – *Empfangt den Heiligen Geist!* – legt Galgano Borghese den Schwerpunkt darauf, daß der Herr dies allen in gleicher Weise gesagt hat. Er hat es nicht dem einen mehr und dem anderen weniger gesagt. Der Autor schließt: *videtur quod ille sit preferendus qui fuit melius edoctus a spiritu sancto auctoritate sacrarum litterarum, ex quibus intelligitur potestatem pape et concilii circa dubium novum fidei esse pares et ille preferendus qui melius sentit.*[10]

Geht es darum, daß der Papst hinsichtlich einer Materie, die bereits durch die Gesamtkirche geregelt ist, eine Glaubensfrage angehen will, ist er darauf angewiesen, ein Konzil abzuhalten. Würde er nämlich als Einzelner davon abweichen, könnte er als Häretiker betrachtet werden. Anders verhält es sich, wenn er *in causa et materia fidei* nichts Neues vorlegen will. Dies kann er auch, ohne ein Konzil abzuhalten.

Die zweite Ausnahme von der Regel, daß der Papst dem Konzil übergeordnet ist, betrifft den häretischen Papst. In diesem Fall kann der „Papst" durch das Konzil abgesetzt werden. Borghese betont, daß alle

---

7 Cf. ebd. f. 8v.

8 Cf. ebd. ff. 8v - 9r.

9 Vgl. ebd. f. 8v. U.a.: ... *quod dicitur quod ecclesia errare non potest ... illud est verum de ecclesia universali fidelium quia ibi perfecta fides ... ubi nullus error. Concilium autem non est ecclesia fidelium. Sed representat ecclesia fidelium et ideo errare potest ...* Borghese verweist auf C. 36, q. 2, cc. 8 (*Tria*) und 11 (*Placuit*).

10 Cf. ebd. f. 8v mit Bezug – hinsichtlich der Belege aus der Hl. Schrift – auf C. 24, q. 1, c. 4 Grp (*Si autem*).

übereinstimmen, daß in diesem Fall der Stellvertreter Christi *minor quolibet catholico* ist.[11] Insoweit der Papst, sobald er der Häresie verfällt, seine *dignitas* verliert, wird er – als Papst – letztlich doch dem Urteil des Konzils entzogen.[12]

Als *tercia fallencia* wird der Fall in die Diskussion gebracht, daß der Papst durch sein unverbesserliches, übles Handeln (*incorrigibilis criminosus*) der Kirche zum *scandalum* wird. Galgano Borghese vertritt die Meinung, daß auch in diesem Fall der Nachfolger Petri dem Konzil untersteht. Er beruft sich in erster Linie auf die berühmte Glosse zu *Si papa*. Er gesteht zwar ein, daß die dort gemachten Aussagen vom Recht her nicht ausreichend abgesichert sind, ja, im Gegensatz zu C. 9, q. 3, cc. 13 (*Nemo*) und 14 (*Aliorum*) stehen. Nichtsdestotrotz vertritt er die These:

> *dicta glo. equa est racionabilis quia cum papa sit taliter incorrigibilis et per peccatum recessit a deo ... propter perseverantiam et incorrigibilitatem adheserit dyabolo nimico christi ... videtur ex hoc tacite deum revocasse vicarium et liberalitatem sibi concessam in personam petri ... unde adam qui propter peccatum a se deiecit nobilitatem dei fuit privatus nobilitate loci ... et non sunt sanctorum filii qui tenent loca sanctorum, sed qui exercent opera sanctorum.*[13]

---

[11] Cf. ebd. U.a. wird verwiesen auf die *Glosse* zu D. 40, c. 6 (*Si papa*): *... et isto casu est minor quolibet catholico. etiam parvus est maior quolibet heretico licet magno ... et in hoc omnes concordant.* Cf. auch ebd. f. 6r zur Ausnahme von der Nichtjudizierbarkeit des Papstes: *... propter crimen heresis potest a concilio dampnari ac deponi ... Et papa hereticus non est papa quia heresis privat dignitatem ... Quinymmo ea racione glo. multum notabilis in c. sicut xcvi. di. dixit quod ex causa heresis potest papa a quocumque dampnari. hec autem intelligenda sunt in heresi propria non autem impropria puta in symonia etiam prohibita iure divino quia in eo non poterit dampnari nisi a se ipso ... Sed quid in scismate. glo. videtur velle quod sit idem quod in heresi.* Cf. *Glosse* zu D. 96, c. 15 (*Sicut*), v. *non tamen ad religionem*, ed., 473: *Nam in eo casu posset a quocunque redargui. 40. dist. si Papa. vel etiam si schisma faceret 23. q. 5. de Liguribus.* Die Glosse spricht nicht von *dampnari*, sondern von *redargui*.

[12] Vgl. MODIGLIANI, De potestate 456: *... prevenendo ... una condanna ‚de iure' con una deposizione ‚de facto'. Dove va inteso che il significato di tale argomentazione sta apunto nel rinconfermare l'infallibilità del papa proprio per mezzo di quell'atto con cui l'eresia, privandolo della sua dignità, lo sottrae – in quanto papa e non in quanto uomo – al giudizio del concilio.*

[13] Cf. GALGANO BORGHESE, *Tractatus* – Vat. lat. 4129, ff. 8v - 9r. Das Zitat ebd. f. 9r - u.a. – mit Bezug auf D. 40, c. 11 (*Adam*): Friedberg I 147 und D. 40, c. 2 (*Non est facile*): Friedberg I 145. Vgl. auch *Tractatus*, f. 6r zur Injustizierbarkeit: *Fallit 2° nisi papa esset incorrigibilis et delicta sua essent notoria et talia ex quibus vehementer ecclesia scandalizaretur. quia tunc pro huiusmodi delictis non a se ipso. sed a concilio poterit dampnari et deponi ... et licet hoc videatur durum et multum detrahens potestati pontificis tamen recte considerans iustum est. Nam propter peccatum presertim maiorem addita incorrigibilitate quilibet perdit graciam dei et a deo descendit et adheret dyabolo ... Sed cum papa ex eo habeat supremam potestatem quia est vicarius christi in terris ... ista vicaria videtur quodammodo tacite a deo revocari.*

Die vierte Ausnahme betrifft den Papst, der – gegen die Konzilien – Bestimmungen trifft, welche eine *decoloratio status universalis ecclesie* zur Folge haben.[14] Dieses Problem behandelt der Verfasser des Traktats ausführlicher an anderer Stelle. Er geht darauf im Zusammenhang mit der Frage nach der *potestas* des Papstes bezüglich kirchlicher Rechtssatzungen ein.[15] Dort betont er: *concluditur regula generalis quod circa ecclesiasticas personas, constituciones et canonica iura habet plenissimam potestatem tollendi, limittandi (sic!) et distinguendi, prout sibi placuerit et circa ista sufficiat pro racione voluntas ... hec autem regula fallit multipliciter.*[16]

Wie so oft zeigt sich auch hier wieder, daß für eine Beurteilung eines Autors nicht nur die von ihm präsentierte *regula* zu beachten ist, sondern auch – und noch mehr – die vorgestellten Ausnahmen. Ansonsten verfällt man leicht der Versuchung, plakative Gesamturteile abzugeben, die der Komplexität einer Realität nicht gerecht werden, der wir uns nur von außen nähern können. Von den drei in diesem Kontext von Borghese referierten *fallencie* betrifft die erste – unumstrittene – wieder die *fides*.[17] Die zweite Grenze für neue Rechtssetzung seitens des Papstes, jedoch eher *de honestate*, ist die *generalis ecclesie observacio diu multum custodita*.[18] Die dritte Ausnahme betrifft für den Papst unzulässige, das Volk

---

[14] Cf. ebd. f. 9r unter Verweis auf die *Glosse* zu C. 9, q. 3, c. 21 (*Per principalem*), v. *ad nos*, ed., 879. Zum dort angesprochenen Problem der Absetzung aller Bischöfe durch den Papst vgl. auch *Tractatus* – Vat. lat. 4129, f. 21r: *... non (sc. potest papa) ... omnes episcopatus delere vel etiam maiorem partem eadem racione ut no. glo. in c. per principalem ... quia ex hoc deformaretur ecclesiasticus status. facit etiam quia episcopi fuerunt ordinati in personam apostolorum ... ergo per papam tolle non potest (sic!) ... Ex quibus concluditur quod circa hec (sc. Errichtung von Bischofssitzen, Zusammenlegung ...) habet plenissimam potestatem nisi aliquod ageret per quod deformaretur ecclesia vel esset contra ius divinum.* Vgl. auch die *Glosse* zu C. 8, q. 1, c. 7 Grp (*His omnibus auctoritatibus*), v. *beatus*, 851.

[15] Darauf weist er selbst – ebd. f. 9r – hin. Die Diskussion bezüglich der Vollmacht des Papstes hinsichtlich der *iura* beginnt f. 25r. *Tractatus* – Vat. lat. 4129, ff. 28v- 29r fragt nach der Vollmacht *circa disposita per canones et iura*.

[16] Cf. ebd. f. 29r.

[17] Cf. ebd.: *... primo (sc. regula fallit) in hiis que tradita et constituta sunt generaliter circa articulos fidei quia illa non potest aliquo modo per suas constituciones (sc. papa) immutare. Sed pocius si immutaret esset dicendus ereticus ... in tantum quod etiam consentirent a fide devianti omnes essent heretici.* Borghese verweist auf die *glossa notabilis* zu C. 25, q. 1, c. 3 (*Que ad perpetuam*), v. *nulla commutatione*, ed., 1438: *Ex hoc patet, quod Papa non potest contra generale Ecclesiae statutum dispensare, nec contra articulos fidei. nam etsi omnes assentiant ei, non valet statutum: sed omnes haeretici essent ... sed contra statutum Ecclesiae, quod non est ita generale, sicut de continentia sacerdotum, et bene potest dispensare.* In der Glosse geht es primär um die Dispensvollmachten.

[18] Cf. GALGANO BORGHESE, *Tractatus* – Vat. lat. 4129, f. 29r: *Secundo fallit ubi ex sua constitucione tolleretur generalis ecclesie observacio diu multum custodita. Nam scriptum est: non transgrediaris terminos quos posuerunt patres tui .... specu. distinguit quod aut ea que mutat sine causa que concernunt statum universalis ecclesie pro sua dumtaxat voluntate et tunc*

skandalisierende Konstitutionen. Galgano Borghese beschränkt allerdings diese Aussage dahingehend, daß sie sich auf die Fälle bezieht, in denen der Papst kraft der *potestas honesta et ordinaria* agiert, nicht mittels der *potestas absoluta.*[19]

Die fünfte *fallencia* mit Blick auf die Regel, daß der Papst über dem Konzil steht, ist eben in der Situation gegeben, daß der *vicarius Christi faceret aliquod statutum quod esset scandalosum quia tunc concilium posset sibi resistere.*[20]

In einem letzten Schritt widerlegt er die Argumente, die einer Superiorität des Konzils das Wort reden, dabei allerdings mehrmals darauf verweisend, daß diese Gegenthesen durch die gerade referierten *fallencie*, namentlich durch die Ausnahmen I und II, bereits in positiver Weise berücksichtigt sind.[21] So begegnet der Leser auch in Galgano Borghese einem Autor, der – bei aller Parteinahme für die päpstliche Position – dennoch die Notwendigkeit anerkennt, für die Ausübung dieser papalen *potestas* Grenzen zu ziehen. Diese resultieren letztlich aus dem göttlichen Heilsplan, der konkret werden will in der Sorge für das Volk, für den *status universalis ecclesie*. Bezeichnend ist die Aussage des Kanonisten:

> *licet petro et successoribus tradiderit amplissimam potestatem per illa verba quodcunque etc. ... et fecerit eius vicarium ... tamen videtur dici posse quod sibi reservavit quandam divinam potestatem supranaturalem quam in papam non transtulit. quod probatur quia constat aliquid esse quod spiritu agitur quod non*

---

peccat. Si vero non concernunt statum universalis ecclesie tum licet diu observata sunt, tamen etiam sine causa absque peccato mutare potest ... posset etiam dici quod cum papa sit redditurus racione villitacionis (?) sue coram deo ... debet considerare prodesse populo dei, ad regimen, non ad discrimen, ut populo consulat, non ut noceat ... Sic (sic!) ergo tollit que diu observata sunt sine aliqua causa quodammodo nocere dicitur et nocere populo immutendo (?) sine causa novitates ... peccat non recte gubernando ... Ex quibus concluditur fallenciam esse veram effectualiter quantum ad honestatem.

19 Cf. ebd. f. 9r. In diesem Zusammenhang führt Borghese Zabarella an, den *Cardinalis Florentinus*, mit seinem Kommentar zu X. 5, 39, 23 (*Perpendimus*). – Vgl. auch die Diskussion zur Wahl des Nachfolgers. Ebd. f. 6v: ... *pulchra dubitacio esset numquid possit facere legem per quam liceret pontificibus eligere successorem et videtur dicendum quod sic per plenitudinem potestatis ad regimen ecclesie ... tamen dicendum est quod hoc facere non debet neque de honestate potest et faciens non esset forte tollerandus. probo quia si commutat ea que salubriter statuta sunt sine magna causa graviter peccat licet possit ... Secundo quia ex hoc perturbaretur status ecclesie ... quoniam etiam forte dolosum esset ergo facere non potest ... Ex quibus concludendum est non ex defectu potestatis, honestatis causa et ob evitandum scandalum et ecclesie motum et turbacionem talis constitu. obediencia (sic!) est.*

20 Vgl. ebd. f. 9r mit Bezugnahme auf INNOZENZ' IV. *Kommentar* zu X. 5, 39, 44 (*Inquisitioni*) und X. 1, 4, 4 (*Quanto*).

21 Cf. ebd.: *primo non obstat ... quia loquitur circa articulos fidei et continetur in prima falacia (sic!); non obicitur quintum que expeditum est in 2a fallencia; non obstat nonum quia illud est expeditum in prima fallencia.*

est sub lege ... si ergo non est sub lege non sub legislacione ... Ex quo patet evidenter esse aliquam potestatem dei non translatam in papam ... et hec sunt illa que ordinate sunt a deo divinitus ex supranaturali virtute ... et que licet quo ad ministerium translate sunt in papam et ministros tamen quo ad virtutem supranaturaliter operantem ipsi deo sunt reservata cum ipse eam infundat de celis ubi opus est.[22]

Gott ist der Maßstab. Ihm allein kommt die Allmacht zu, die jede an Menschen verliehene Vollmacht übersteigt. Die göttliche Vorsehung ist es, die sich, um des *opus* willen, manches reserviert. Dagegen kann auch der Papst als *vicarius* seine besondere Stellung nicht geltend machen.

22 So ebd. f. 27v. Ebd. wird als Beispiel angeführt, daß auch der Papst das *matrimonium ratum et consummatum* nicht auflösen kann: ... *quia hec coniunctio ordinatur et exequitur a deo ... Quia eciam et ulterius ex tali coniunctione inducit et fingit supernaturaliter quod duo sunt unus ... Et ideo papa istam coniunctionem et unitatem a deo ordinatam et institutam dissolvere non potest etiam ex quacunque causa. Et ideo subiungit: ‚quod deus coniunxit homo non separat' ... Ex quibus verbis evangelicis multum videtur probari predicta theoria ... que a deo divinitus coniuncta vel aliter executa sunt divina potestate non posse per papam disiungi vel infringi etiam ex quacunque causa.*

Summarium

Mit der näheren Untersuchung eines der Werke des Antonio Roselli wurde der Versuch gemacht, zum Denken seiner Zeit einen Zugang zu gewinnen. Sein Traktat über die Konzilien erscheint nicht unvermittelt im Tagesgeschehen der Auseinandersetzung um Basel, sondern stützt sich auf eine lange Tradition rechtlicher Argumentation.[1]

Hinsichtlich der Biographie des Kanonisten kann bislang in vielen Fällen keine sichere Auskunft gegeben werden. Eine solche Aufgabe wartet noch auf ihre Bewältigung. Sie setzt eine vertiefte, kritische Auseinandersetzung mit tradiertem Material voraus und ein weitergehendes Quellenstudium, das hier in diesem Rahmen nicht zu leisten war.

Fraglos war Roselli ein Rechtslehrer mit Reputation. Sein weites Arbeitsfeld, als Berater, Mann der Kurie und Lehrer, legt diese Annahme nahe. Giovanni Michele Savonarola, Großvater des Girolamo Savonarola, hat Roselli ein Werk dediziert. Wir können darin ein Zeichen der Wertschätzung durch den bekannten, tiefreligiösen Paduaner Arzt erkennen.[2]

Ohne Zweifel ragt unter den Schriften des Aretiners die *Monarchia* heraus: ein komplexes, vielschichtiges Werk, das mehrfach gedruckt wurde. Es erfuhr allerdings aufgrund der darin zum Ausdruck kommenden Haltung zur *potestas papae in temporalibus* später auch Ablehnung, wurde sogar auf den Index gesetzt.[3] Damit ähnelt sein Schicksal dem des gleichnamigen Werkes von Dante, dem Roselli des öfteren, ohne aller-

---

1 Vgl. BÄUMER, Nachwirkungen 11 f. betreffend seine Untersuchung über die Nachwirkungen des konziliaren Gedankens im 16. Jahrhundert: Es *war ein Zurückgehen auf die Ansichten der mittelalterlichen Kanonistik über Papst und Konzil und der konziliaren Theologen des 14. und 15. Jahrhunderts erforderlich.* Dieses Zurückgehen ist auch heute noch ein vielfach zu realisierendes Desiderat.

2 Cf. JOANNES MICHAEL SAVONAROLA, *Tractatus de aqua ardenti*, Bamberg, Staatliche Bibliothek, Class. 91, ff. 257r – 269v. Ebd. f. 257r: *Ad iuris utriusque iubar ac insignem militem dominum Antonium de Rofellis (sic!) tractatus magistri Micaelis Sauonarolla de aqua ardenti incipit feliciter.* Vgl. POSCH, Savonarola, Girolamo 200: *S. zeigte von Jugend auf ... tiefe Religiosität, in letzterer durch seinen Großvater, den Arzt Michael S., bes. beeinflußt.* Entsprechend WEINHARDT, Savonarola 60: *Die erste Bildung empfing Girolamo vermutlich aus der Hand des Großvaters, der vom Humanismus nicht stark beeinflußt war und der mit religiöser Innigkeit auf der Seite des observanten Mönchtums stand.* Vgl. auch M. Rippa Bonati, „Savonarola, Giovanni Michele“, *LMA* 7, 1413 f. für weitere Literatur.

3 Vgl. CHENEVAL, *Rezeption* 328 – 342: *Die Verurteilung und Bekämpfung der Monarchia Rosellis: Henricus Institoris.*

dings den Namen zu erwähnen, folgt.[4] Das Wiedererstarken des monarchischen Gedankens, welches Karla Eckermann in der ersten Hälfte des 20. Jahrhunderts untersuchte, findet in dieser umfangreichen Schrift beredten Ausdruck. Freilich: Die unausgesprochene Absicht, in möglichst umfassender Weise zu ganz verschiedenen Problemen Stellung zu nehmen, macht aus dem Buch ein Kompendium, dessen Gedankengang man zuweilen nur mit Mühe folgt.[5] Es ist zu vermuten, daß dieses Werk auch als Spiegel der Gelehrsamkeit seines Autors konzipiert war. Die verwickelte Textgeschichte zeigt, daß es ein gewachsenes Werk ist, dessen verschiedene Grundbausteine durchaus eigenen Charakter aufweisen.[6]

In den späten handschriftlichen Fassungen der *Monarchia* wie auch in den Druckfassungen befindet sich an zentraler Stelle der Teil, der die Konzilien zum Thema hat. Dieser zirkulierte auch als eigenständiger Traktat. 1444 wurde er als solcher von Roselli dem damaligen Dogen von Venedig, Francesco Foscari, dediziert.[7] Gegenüber der frühen *Monarchia*-

---

4 Daß allerdings seine Nähe zu Dante durchaus nicht geheim war, legt ein Hinweis bei FRANCISCUS CONTARENUS, *Oratio* – Pal. lat. 598, f. 125r nahe, der von einem Werk spricht, das Roselli *ad imitationem Dantis poete* verfaßt hat. Ebd. auch ein Lob auf die *Monarchia*. – In jüngster Zeit die gründliche Arbeit von CHENEVAL, *Die Rezeption der Monarchia Dantes bis zur Editio Princeps im Jahre 1559*. Metamorphosen eines philosophischen Werkes. Ebd. 287 – 327: *Die kurialistische Versöhnung mit der ‚Monarchia': Antonio Roselli.* Ebd. 326 – zusammenfassend: *Die hier angeführten Textvergleiche haben klar belegen können, daß Roselli Dantes monarchistische Argumente zur Legitimation der päpstlichen Monarchie innerhalb der Kirche verwendet.* Ebd. 327: Roselli *unternimmt ... eine geschickte Übertragung der Argumentation zugunsten der Universalmonarchie auf die Strukturen der Kirche und konstruiert eine Theorie der Alleinherrschaft des Papstes über die Kirche. Diesen, wie mir scheint wichtigsten Punkt der Dante-Rezeption Rosellis haben weder Nardi noch Eckermann herausgearbeitet.* Cheneval spricht von *einer Ekklesiologisierung der säkularen politischen Philosophie des Alighieri.* Ebd. 319: *Dante wird unter der Feder Rosellis zum Antikonziliaristen und Antidemokraten.*

5 KALLEN, *Aeneas Silvius Piccolomini* 35 ein Vergleich mit der *Methode des Piccolomini* in der *Epistola de ortu*. Von diesem gilt: *Grundsätzlich kehrt er sich ab von der Scholastik mit ihrem ‚dialectice' disserere. Nicht in begrifflichem Für und Wider wird der Beweis geführt; keine These wird durch eine ‚oppositio' entkräftet, um zur gewünschten ‚solutio' zu gelangen. So arbeiteten noch die Postglossatoren, so baut sich die Monarchia des Antonio de Roselli auf ... nirgends findet sich, wie noch bei Antonio de Roselli bis zur Ermüdung, ein genaues Angeben der Quellen.*

6 CHENEVAL, *Rezeption* 295 kommt bei seiner Arbeit – bezüglich der Textgeschichte der *Monarchia* – zu ähnlichen Ergebnissen, wie sie hier vertreten werden. Ebd.: Es scheint, *daß Roselli aus einer in der Handschrift P (sc. Paris) überlieferten ersten Redaktion den Konzilstraktat exzerpiert hat und diesen in einem späteren Arbeitsgang wieder ganz der ersten Redaktion beigefügt und mit den Teilen IV und V komplettiert hat.* Für die erste Fassung der *Monarchia* – cf. ebd. 296 – verweist er für den *terminus post quem frühestens in die letzten Monate des Jahres 1433*, hinsichtlich der Endredaktion plädiert er für die Zeit zwischen 1440 und 1444.

7 Venedig war kein Parteigänger Basels. Cf. HELMRATH, *Basler Konzil* 258 f.: *Nach zahllosen Aufschüben folgten am 23. Dezember 1435 die Zitation des Dogen und schließlich Exkommunikation und Interdikt über die Stadt nach einem Mehrheitsbeschluß des Konzils.*

Fassung, wie sie sich in Wien findet, weist der Text vor allem dort Erweiterungen auf, wo es um die im Umfeld des Basler Konzils hochbedeutsame Frage der Beziehung von Papst und Konzil geht.

In der Fassung des Traktats, wie er in der Bibliotheca Marciana zu Venedig vorliegt, finden wir zwar einen durchgängig schön geschriebenen, allerdings oft inhaltlich fehlerhaften Text. Deshalb wurden andere Handschriften des *Tractatus* neben der frühen Wiener *Monarchia*-Fassung zum Vergleich herangezogen.

In dem Vorwort, gewissermaßen Eigengut des Textes der *Serenissima*, wird der *dux religiosissimus* aufgefordert, für das Zusammentreten eines dritten Konzils einzutreten.[8] Bedingt ist dieser Schritt durch die von Basel verfolgte Politik, die 1439 mit der Absetzung Eugens IV. und der Erhebung eines Gegenpapstes zum neuen Schisma geführt hatte. Das Große Schisma aber war für Roselli nicht tote Erinnerung, sondern Lebenserfahrung, die sein Denken prägte. Dasselbe läßt sich für das Konzil von Konstanz sagen, welches dem Drama der Kirche mit mehreren Häuptern ein Ende machte. Für den Kanonisten ist das von ihm verabscheute Agieren der späten Basler Konziliaristen – in pejorativem Sinn verstanden als jene, welche die gottgewollte monarchische Ordnung nicht respektieren – kein Argument gegen die Konzilien als solche. Diese bleiben vielmehr wirkliches Heilmittel der Kirche, soweit sie in rechter Weise begangen werden.[9] In diesem Sinn darf es nicht verwundern, falls wir bei ihm „konziliaristische" Züge antreffen. Die Synoden sind jedoch bei Roselli nicht Zweck in sich, sondern stehen im Dienst der Kirche. Ihre Würde leitet

---

8 Vgl. BÄUMER, Eugen IV. passim. Ebd. 128: *Hinter der Vorstellung vom ‚Dritten Konzil' stand für Eugen IV. und seine Berater das Bild vom Konstanzer Konzil, wo die Verhandlungen so verlaufen seien, wie die Masse es gewollt habe. So wird in dem Kampf um das ‚Dritte Konzil' die ablehnende Haltung Eugens IV. zum Konziliarismus wiederum deutlich.* Ebd. 98: Es *standen sich Anfang April (sc. 1441) in Mainz zwei Ansichten gegenüber. Die Vertreter der Kurfürsten und des englischen Königs wünschten die Anerkennung Eugens IV., jedoch unter Wahrung der Autorität der Konzilien. Die Vertreter Friedrichs III. und Karls VII. traten dagegen für die Berufung eines ‚Dritten Konzils' ein, das den Streit zwischen Papst und Konzil entscheiden sollte.* Roselli agiert mit seinem Vorschlag also wohl nicht in erster Linie als Anwalt päpstlicher Interessen? BLACK, Heimericus 86 schreibt: *That the project of a new Council failed, and was replaced by the diplomatically contrived Concordats between the Papacy and the secular powers, was one of the ecclesiastical disasters of the fifteenth century.* FRANK, Obödienzansprache 338.

9 Vgl. IZBICKI, *Protector* 100 zu Juan Torquemada: ... *unlike some younger papalists, Turrecremata thought a council useful to the church – if it acted like Constance or Florence, not like Basel.* Vgl. auch HORST, Grenzen 375: *In mancher Hinsicht ist seine Position gar nicht so scharf von der der gemäßigten Konziliaristen zu unterscheiden, die ja oft gar nichts anderes wollten, als der Kirche ein Mittel für Zwangslagen an die Hand zu geben, weil gerade die zeitgenössische Geschichte offenbarte, daß der Primat allein ihnen nicht gewachsen war.*

sich letzlich von dieser segensreichen Aufgabe ab.[10] Konstanz ist entsprechend für den Autor der *Monarchia* ein „gutes Konzil", eine *sancta synodus*. Es diente der Einheit, der Wiederherstellung einer monarchischen Ordnung. So erscheint es insbesondere im Kontext der Beseitigung des Schismas.[11]

Roselli schickt seiner Arbeit eine Gliederung voraus, an die er sich jedoch nicht streng hält. Manche Themata, welche durchaus zum Kanon der zu behandelnden Fragen gehören, kommen gar nicht in den Blick. Augenscheinlich ist der Traktat, für sich betrachtet, nicht so konzipiert, daß er alle Diskussionspunkte umfaßt.[12] Daß die Lektüre zuweilen ermüdet, ist nicht nur eine Folge der vielen Wiederholungen. Es ist auch eine Konsequenz der Tatsache, daß eine bei anderen Schriftstellern der Zeit zu findende Klarheit im Aufbau und in der Argumentation – in diesem Teil der *Monarchia* – zuweilen schmerzlich vermißt wird.[13] Dieser Eindruck mag von diversen Faktoren herrühren. Zum einen spricht Roselli wiederholt über die den Konzilien im weltlichen Bereich analogen Versammlungen. Die Parallelität der Stellung von Kaiser und Papst – jeweils die

---

[10] J. Hefele, der auf dem I. Vatikanischen Konzil bei der Diskussion um die Unfehlbarkeit zu den Bischöfen der Minorität gehörte, schrieb bereits 1836 – HEFELE, Ansichten 373 f. – zur *Concordantia* des Cusanus: *Es liegt nicht im Plane, eine Kritik der darin niedergelegten Ansichten zu liefern. Wir bemerken blos, daß das Werk in einer Zeit verfaßt worden, wo das Conzil für seine Existenz mit dem Papste zu kämpfen hatte, und daß die Frage: Steht der Papst ‚über' oder ‚unter' einem allgemeinen Conzil eine Lebensfrage jener Zeit war. Mit den meisten großen Männern jener Zeit theilte auch Nikolaus den durch die Zeit hervorgerufenen und nothwendig gemachten Grundsatz von der Unterordnung des Papstes unter ein allgemeines Conzil.* (sic!)

[11] Das Thema von Konstanz klingt öfters an. Cf. z.B. G I, LXIII, 288 (Zeilen 44 - 57) [14v], wo von der Absetzung Johannes' XXIII. und Benedikts XIII. durch das *sanctum Constantiensis Concilium* gesprochen wird. Vgl. auch G V, XXX, 555 (Zeilen 47 - 52) [111r]. U.a.: *ita removit ... pisanum concilium Gregorium duodecimum, et sanctum Constantiense concilium Benedictum assertum pontificem duodecimum: et ipsum Gregorium iterum removissent, nisi in sancta ipsa synodo iuri si quod praetendebat in Apostolatu renunciasset, ut renunciavit.* Weiter G V, XXX, 556 (Zeilen 4 - 17) [111r] zur Beendigung des Schismas und der Bedeutung des Konzils und des Kaisers (lies: Sigismund) dabei.

[12] Vgl. etwa DOMINICUS DE SANCTO GEMINIANO, *Tractatus* – Vat. lat. 4039, ff. 244v - 245r zu den Fragen (cf. f. 243v): *Quinto. Que preambula sint in ingressu concilii. Sexto. Quibus ornamentis prelati intrantes concilium debeant esse induti. Septimo. Qualiter ordinari debeant in sessionibus ...* Ferner PETRUS DE MONTE, *Tractatus* 112 - 114 zu diesen Fragen. – Roselli kommt wiederholt in der Monarchia – auch außerhalb des Traktats – auf die Konzilien zu sprechen. Interessant seine Ausführungen G II, VIII, 323 f. zum *dubium ... an concilium generale posset tollere hanc potestatem eligendi cardinalibus: et ipsum concilium posset eligere Papam, vel alteri hanc potestatem tribuere.* Im Hintergrund steht die Diskussion um das Konzil von Konstanz und die Wahl Martins V. Roselli bejaht die Frage, soweit es ansonsten zu einer *turbatio boni universalis ecclesiae* kommen würde.

[13] Hingewiesen sei lediglich auf Juan Torquemada, Raphael de Pornaxio und Antonio de Carmario.

Höchstgestellten in ihrem Bereich – und das Problem von deren Beziehung zueinander ist ein Leitmotiv der *Monarchia* und kommt entsprechend auch im Traktat über die Konzilien prägnant zum Ausdruck.[14] Zum anderen, und das scheint entscheidend, ist die Haltung Rosellis selbst durch ein häufiges Schwanken gekennzeichnet.[15] Einerseits fühlt er sich als Konsistorialadvokat und – mehr noch – von seiner Weltanschauung her dem monarchischen Prinzip verpflichtet. Er beruft sich dabei auf Aristoteles,[16] Pseudo-Dionysius Areopagita, Thomas von Aquin, die Hl. Schrift, Texte des römischen und kanonischen Rechts.[17] Andererseits hindert ihn die Geschichte, seine Erfahrung und die kanonistische Tradition daran, dieses Grundpostulat ohne Wenn und Aber durchzuhalten.[18] Für ihn ist der Papst nicht derart emporgehoben über die allgemeine Ordnung, daß man ihn als absoluten Herrscher in neuzeitlichem Sinn verstehen dürfte.[19] Von einer triumphalistischen Sicht des Stellvertreters Christi

---

[14] Es sei angemerkt, daß sich auch in der Rest-*Monarchia* durchaus Ausführungen zu den Konzilien finden, für die es angemessen gewesen wäre, diese – bei der ohnehin gegebenen Weitschweifigkeit des Traktats – in denselben zu integrieren.

[15] SCHÜSSLER, *Primat* 211 bemerkt zu Recht: Es entsteht der *Eindruck eines unsicheren Lavierens zwischen Absolutismus und ‚Volkssouveränität'*. Vgl. auch schon JEDIN, *Geschichte* 19 - auch mit Bezug auf Roselli -: *Man ersieht aus diesen Beispielen, daß die Ansichten noch vielfach schwankten, viele Fragen noch nicht genügend durchgearbeitet waren.*

[16] Zu *Aristoteles bei Konstanzer und Basler Konziliaristen* cf. SIEBEN, *Vom Apostelkonzil* 196 - 222. Vgl. den Artikel von WALTHER, Verbis Aristotelis. Ebd. 126: *Bartolus, Baldus und Johannes von Legnano wirkten trotz ihrer herausragenden universitären Orte ... nicht durch ihren Aristotelismus traditionsbildend für die Legistik. ... Es blieben die Versuche weniger einzelner unter den gelehrten Juristen des 14. Jahrhunderts, sich mit der politischen Theorie des Aristotelismus vertraut zu machen, denen Universitätsjuristen wie Lucas de Penna, Paulus de Castro und Antonio Roselli im 15. Jahrhundert folgten.*

[17] Vgl. HELMRATH, *Basler Konzil* 419 zum Verhältnis von Bibel und Kanonistik: *Selbstverständlich wiesen viele Dekretalen des Corpus Iuris Canonici Bibelstellen auf. Entscheidend ist, daß die Kanonistik auf diesen Kanon von Zitaten fixiert blieb und dann mit ihnen als Dekretalen argumentierte. Bestimmte Fragen wurden schematisch mit bestimmten topisch festliegenden Bibelzitaten bestritten. ... Der direkte Zugriff auf die Bibel ... eröffnete ganz neue, frag-würdige Argumentationen. Das eigentlich Innovative der Theologisierung besteht so gesehen darin, daß sie das festgefahrene kanonistische Begründungsgefüge aufsprengte ...* Freilich wandten sich dann auch die Kanonisten unmittelbar der Hl. Schrift zu. Cf. zu Roselli SCHÜSSLER, *Primat* 213: *Rosellis ‚monarchische' Synthese läßt nicht nur Raum für konziliaristische Korrektive, sondern auch für ein Sola – Scriptura – Motiv, das freilich eher angedeutet als expliziert wird.*

[18] Interessant die Ausführungen von GOETZ, Geschichte als Argument passim (bezüglich der Streitschriften des Investiturstreites). Ebd. 68: *Die Argumentation war vergangenheitsbetont, aber gegenwartsbezogen.* Ebd. 69: *Das Problem jener Zeit war nicht eine Vergangenheitsbewältigung, sondern vielmehr die Bewältigung der in eine Krise geratenen Gegenwart. ... Das Merkmal des Umgangs mit der Vergangenheit, will man es schlagwortartig auf eine Formel bringen, war die ‚Gegenwart der Geschichte'. Mutatis mutandis* läßt sich wohl Ähnliches noch für die Zeit von Basel sagen.

[19] Vgl. TIERNEY, *Origins of Papal Infallibility* 31 zu den Dekretisten des 13. Jahrhunderts: *For them the pope was a supreme ruler within the framework of divine revelation esta-*

ist er weit entfernt. Immer wieder einmal weist er hin auf die Tatsache, daß der Papst „täglich irrt".[20]

Am Beginn seines kleinen Werks steht eine Definition des Generalkonzils, die dann in der Folge erläutert und entfaltet wird. Die Gründe für die Einberufung einer allgemeinen Synode können vielfältig sein. Roselli allerdings beschäftigt sich in erster Linie mit jener Einberufung, welche mit der *causa papatus* in Zusammenhang steht. Das ist für ihn einer der Fälle, welche die ganze Kirche betreffen. Entsprechend ist das *concilium generale* der adäquate Richter. Wie auch sonst im Traktat präsentiert Roselli verschiedene Auffassungen, um dann die eigene Position darzustellen. Er stützt sich gerade in diesem Kontext oft in spürbarer Weise auf die Ausführungen von Kanonisten der vorhergehenden Generation. Viele seiner Gedanken finden sich bereits bei Matthäus de Mattesillani, der den Schisma-Traktat des Antonius de Butrio zu Ende führte.

Auch bei der Frage nach dem Subjekt der *convocatio concilii* spiegelt sich sehr deutlich die Erfahrung des Großen Schismas. Dies ergibt sich ohne Zweifel auch daraus, daß Roselli in seiner Argumentation des öfteren auf die Beiträge eines Antonius de Butrio, den er als *dominus meus* bezeichnet,[21] eines Petrus de Ancharano[22] und des schon erwähnten Matthäus zurückgreift. Mit Blick auf die Notwendigkeit, in einer Notsituation der bedrängten Kirche Abhilfe zu schaffen, unterstreicht Roselli, daß letztlich jeder kompetent ist, ein Konzil einzuberufen, wenn die dafür primär zuständigen Organe der Kirchenverfassung, Papst, Kardinalskol-

---

blished by scripture not an absolute monarch set above it. But, within that framework, they wanted the pope as free as possible. Roselli scheint nicht weit von dieser Position entfernt zu sein. Vgl. BURNS, *Lordship* 106: *'absoluta potestas' is to be taken as referring to an element which was regarded as an essential attribute of any viable political system, not as something which was defining characteristic of 'absolute' rulers.* Der moderne Leser wird immer gut daran tun, sorgfältig zu unterscheiden, hinsichtlich welcher Bereiche von der Gewalt des Papstes die Rede ist. Vgl. TIERNEY, *Origins of Papal Infallibility* 27 zu Tankred. Von daher sind auch Aufsätze wie der von ESTRADA, Configuración stets kritisch-abwägend zu lesen. Cf. ebd. 174: *El papado se convierte (sc. siglo XIV) así en el motor de la Iglesia, que deviene una gran diócesis gobernada por el papa, que es sobrano sobre toda ley ... El papado se convierte así en una monarquia absoluta cuya estructuración servirá de modelo para los modernos Estados en los siglos XIV y XV.*

20 STICKLER, Papal Infallibility 440 hebt in der Auseinandersetzung mit TIERNEY, *Origins of Papal Infallibility* die Notwendigkeit der Differenzierung hervor: *Inerrancy can be in the person and in the institution because it is opposed to any error; infallibility, in the context of the theological concept, is only in the definitive truths and principles and therefore it pertains to the office; indefectibility concerns the existence of the institution, as to its orthodoxy, that is, as an institution such as its founder wished it to be.*

21 Der Respekt, den Roselli seinem Meister zollt, hindert ihn nicht, ihn auch zu kritisieren. Vgl. G IV, XXV, 492 (Zeilen 41 - 53) [88r]; G IV, XXXIX, 520 (Zeilen 5 f.) [97v].

22 Von Roselli als *doctor eximius* bezeichnet, cf. G IV, XIV, 467 (Zeile 39) [79v].

legium etc., ihrer Pflicht nicht genügen.[23] Ein derartiges Konzil wäre für Roselli nicht *acephalum*, sondern sein Haupt wäre Christus selbst. Der Kanonist beruft sich für seine These auf das Konzil von Konstanz. Auch das zur Zeit des Pisanum heftig diskutierte Problem der Erlaubtheit bzw. Strafwürdigkeit des *recessus* von einem Papst findet bei dem *monarcha iuris* Beachtung. Wie nicht anders zu erwarten, begegnen wir bei seiner Diskussion schon früher, in der Krise des Schismas, entwickelten Konzepten.[24] Das Widerstandsrecht als Recht der *subditi*, die Möglichkeit der Verteidigung der *ecclesia militans* gegen einen Papst, der sich als *destructor* erweist, sind Anliegen, die nicht übersehen werden können und wiederholt von Roselli ins Licht gehoben werden.[25]

---

[23] Vgl. BÄUMER, *Nachwirkungen* 29: *In der Frage der Konzilseinberufung gab es zwischen Konziliaristen und Papalisten (sc. im frühen 16. Jahrhundert) bedeutsame Übereinstimmungen. Beide vertraten die Möglichkeit, daß das Konzil – das* regulariter *vom Papst zu berufen ist – in bestimmten Fällen ohne Papst versammelt werden kann.* Vgl. auch ebd. 60: *... eine starke Abhängigkeit der Theologen und Kanonisten des 16. Jahrhunderts von den Aussagen der Autoren zur Zeit des Abendländischen Schismas ... Ihre Argumente wurden im 16. Jahrhundert immer wieder angeführt.* In der Tat war damals die Lösung gesucht und gefunden worden, der spätere Generationen nichts Wesentliches hinzufügen konnten.

[24] Vgl. DOMINICUS DE SANCTO GEMINIANO, *Commentaria* zu D. 19, c. 9 (*Anastasius*), ed., f. 39r: *No. gl. quod etiam ab oboedientia Romani Pontificis licitum est discedere, antequam sententiam contra ipsum proferatur, quando constat, quod Papa inciderit in haeresim, quod notate, quia facit ad dubium, an Cardinales et alii Praelati licite discesserunt ab oboedientia Papae Urbani Sexti, et Gregorii 12.*

[25] Vgl. SCHNEIDER, ius resistendi 393: *Als Antwort auf die gegen den Reichsgedanken gerichtete Idee der ‚Fürstensouveränität' entwickelte sich ... im späten Mittelalter ... eine besonders radikale Doktrin des aktiven Widerstandes: die weitgehend säkularisierte ‚Lehre vom Tyrannenmord' (tyrannicidium). Ihre Hauptvertreter, Bartolus ... und Salutati ... rechtfertigten im Wege kasuistischer Distinktionen die unmittelbare Tötung oder Deportation eines Tyrannen als legale Form seiner Beseitigung.* Es bleibt zu fragen, inwieweit Bartolus den ihn im allgemeinen hoch schätzenden Roselli beeinflußt hat. Cf. G I, LXIV, 291 (Zeile 2) [15v]: *vir magnae doctrinae Bar.*; G II, X, 334 (Zeile 25) [31r]: *summae scientiae vir Bar. in suo tractatu ‚de tyranno'.* – Vgl. auch DELFOS, Alte Rechtsformen 74: *Es war ... ein unerträglicher, ja ein unvollziehbarer Gedanke, daß der Rechtsbrecher Hüter des Rechts bleiben könne.* Ebd. der Hinweis auf den Weistum – Satz: *Der Kaiser soll Kaiser sin, diewile er Recht tut.* (sic!) Vgl. die Ausführungen des Roselli G I, LXIX, 294 (Zeilen 60 - 64) [17r]: *... si rex agit contra salutem regni universalem, quod sibi non licet ..., tunc credendum est quod subditi possunt illum expellere, circa nota. 40. di. si Papa. 33. di. in nomine Domini. et vult beatus Thomas ..., sequens tullium ac dicens: quod ‚iuste et meritorie quis potest interfici turbans et destruens reipublicae bonum.' et ideo consilium deponit Papam haereticum.* Die bei Roselli anzutreffende strikte Parallelisierung ist je neu beeindruckend. Vgl. auch – noch deutlicher in Beziehung zum Tyrannenmord – G II, XXVII, 377 (Zeilen 30 - 36) [46v]. U.a.: *... cum iudicis id est concilii copia haberi non poterit: tunc poterit tanquam Antechristus a Cardinalibus et clericis anathematizari, et a quocunque Christifideli a possessione papatus expelli, et si opus est occidi. et sic intelligo 79. di. si quis pecuniam. et 23. dist. in nomine Domini. in fi. ut talis insurrectio facti expellendo vel etiam occidendo eum possit demum fieri, quando iam a concilio declaratus est vel haereticus, vel cum iudicis copia deficit.* Das Thema des *occidere* ist so in den Belegstellen nicht zu verifizieren. – Vgl. noch

All diese Ausführungen stehen noch ganz im Zeichen überstandener Auseinandersetzungen der Vergangenheit. Das Resultat dieser leidvollen Klärungsprozesse wird von Roselli als Zeitzeugen und Schüler des großen Antonius de Butrio der neuen Zeit tradiert.[26]

Die Gegenwart Rosellis ist in herausragender Weise bestimmt von der Provokation Basels. Hinsichtlich der Teilnehmer betont Roselli, daß *per se* nur die höheren Prälaten, Bischöfe u.ä., Stimmrecht auf dem Konzil haben. Die Möglichkeit einer Ausweitung des Stimmrechts wird von ihm allerdings nicht nur – wie sonst gängig – dem Papst, sondern auch dem Konzil zugeschrieben. Es ist allerdings zu fragen, ob er dabei den Papst mit einschließt. Bei der Form der Konzilseinberufung widmet er – verständlicherweise – sein Hauptaugenmerk nicht dem klassischen Modus der Einberufung durch den Nachfolger Petri, sondern jenem, bei dem die Einberufung ohne Auftrag bzw. sogar gegen den Willen des Stellvertreters Christi geschieht. Es überrascht nicht, daß er eine solche Einberufung für die Krisensituation, die etwa im Fall eines häresieverdächtigen Papstes oder zweier Papstprätendenten vorliegt, rechtfertigt. Die Teilnahmepflicht gilt in besonderer Weise für die Bischöfe, die nach Roselli wesentlich zum Konzil gehören. Es liegt nicht in seiner Absicht, die Bedeutung der Kardinäle zu akzentuieren oder die klassische Form des Bischofskonzils prinzipiell zugunsten einer „Demokratisierung" in Frage zu stellen. Das Institut der Prokuratur, welches in Basel eine beachtliche Bedeutung erlangte, erfährt von Roselli besondere Aufmerksamkeit. Grundsätzlich billigt er die Möglichkeit einer Teilnahme durch einen Prokurator, falls nicht jemand eigens wegen seiner *industria* o.ä. speziell geladen wurde. Dann nämlich muß er persönlich erscheinen. Ist ein Prokurator zugelassen oder gar von Papst oder Konzil gefordert, kann es auch, in gewissen Fällen selbst im Bereich der *spiritualia*, ein Laie sein, sofern dies vom Konzil akzeptiert wird. Konzil wird in diesem Zusammenhang durchaus auch als „Konzil ohne Papst" verstanden.

Vor dem zeitgeschichtlichen Hintergrund war die Frage der Mindestteilnehmerzahl brisant geworden. Roselli vertritt hier eine minimalistische Konzeption – auch für die Synode, die ohne den Nachfolger Petri stattfindet.

---

das drastische Beispiel JOANNES PATRIARCHA ANTIOCHENUS, *Opusculum* 519: ... *si papa efficeretur furiosus et habens ensem, in manu, exiens palatium quos sibi obviam reperiret occideret; utique liceret subditis inferioribus eum capere et ligare: et si hoc liceret pro salvatione corporis, multo magis licere debet concilio generali ecclesiam repraesentanti pro salute animarum.*

[26] Vgl. Marc. f. 1r der Hinweis Rosellis: *que de sanctissimis synodis sancti patres variis in locis hactenus senserunt hoc in libello conlegi.* Er sieht sich also durchaus auch als Kompilator, der ein nützliches Manuale für die Praxis herausgibt.

Hinsichtlich der auf dem Konzil zu behandelnden Gegenstände unterscheidet er drei Typen: das *concilium ecclesiasticum*, das *concilium mixtum* und das *concilium saeculare*. Auf einem Konzil, an dem Kaiser und Papst, als oberste Herren im je eigenen Bereich, teilnehmen, können, da ihnen zusammen eine universale, alles umfassende Jurisdiktion zukommt, alle *causae* behandelt und entschieden werden. Ansonsten postuliert Roselli wieder für die anderen Fälle eine Zweiheit oberster Gewalt und entsprechend eine zweifache, unterschiedene Kompetenz.[27] Wie das „weltliche Konzil" keine Jurisdiktion über den Kaiser, als sein *caput*, hat, so hat auch das kirchliche Generalkonzil – *regulariter* – keine Kompetenz über sein Haupt, den Papst, um mit Blick auf seine Person ein Urteil zu fällen.

Im Normalfall kommt dem Konzil – *integraliter consideratum*, d.h. mit dem Papst – die *potestas ordinaria* zu. Hinsichtlich der Nichtigkeit eines Urteils kann bei Kaiser, Papst und Konzil, jeweils in dem Bereich, für den sie die oberste Gewalt innehaben, keine höhere Instanz angegangen werden. Allerdings können sie selbst erneut in derselben Sache angegangen werden. Im allgemeinen kann nicht das Konzil – als Konzil ohne Papst – als Berufungsinstanz gegenüber dem Papst fungieren. Gerade das aber impliziert, daß dieses ein Urteil über die Nichtigkeit eines päpstlichen Spruchs fällen kann in dem Bereich, wo es diesem übergeordnet ist. In diesem ist eine Berufung bzw. – besser – eine *supplicatio* vom Papst an ein Konzil zulässig, da unter den gegebenen Umständen das Konzil die *potestas papae* gewissermaßen in sich trägt. Mit Blick auf einen Rekurs vom Kaiser an den Papst vertritt Roselli eine seiner pro-imperialen Tendenz folgende, restriktive Haltung. Er unterscheidet sich in diesem Punkt selbst von seinem hochgeachteten Lehrer Antonius de Butrio. Das weltliche Konzil, als Konzil ohne Kaiser, kann gegen diesen nur dann angerufen und tätig werden, falls dieser seiner herausragenden Bedeutung nicht gerecht wird und in unzweideutiger Weise das Gemeinwesen gefährdet. Wie beim Papst, seinem „Zwilling" im geistlichen Bereich, ist dieser Sektor

[27] Dieser Gedanke entspricht ganz dem Denkmodell, wie es der Monarchia zugrunde liegt. Cf. etwa G I, XLIII, 273 (lies: 275) (Zeilen 52 - 56) [10r]: ... *dum subditur, quod papa auctorizatur cum aliis, fateor quia in ipsis spiritualia et ecclesiastica negotia sunt tractanda, in quibus pontifex ipse monarcha est, non Imperator Augustus. Si autem concilium pro temporalibus tractandis principaliter celebraretur, tunc audacter dicerem, potestatem concilio non pontificem sed Caesarem praestare debere, qui in rebus seculi omnibus est monarcha.* In der Wiener Handschrift fehlen (nach der Goldast – Fassung) I, XXX – LXII. Die Grundaussage des Vorrangs des Kaisers bzgl. der *temporalia* aber bereits, wenngleich nur im Ansatz, in dieser frühen Monarchia – Fassung. Vgl. Cvp f. 115r: ... *non dico quod pro ipsis persona pape iudicio principis subiaceat, sed est pro ipsis temporalibus pontifex minor atque inferior.*

eher eng zu verstehen, um nicht die als Basis geforderte monarchische Ordnung zu zerstören.[28]

Das Wohl der *res publica* ist die Grenze, an der jede – sonst durchweg anerkannte – Superiorität und Immunität des *princeps* in Frage zu stellen ist. So erklärt sich, daß bei Roselli selbst dem Kaiser, wenn er ein Konzil trotz wiederholter Mahnung stört und real in seiner Existenz bedroht, vom Papst das Imperium entzogen werden kann. Es ist ein implizites Postulat Rosellis, daß das Konzil im Dienst des Gemeinwohls steht. Vor dem Hintergrund solchen Denkens kann ein Generalkonzil als *universitas* eigener Art – anders als das Provinzialkonzil – nicht als befangen zurückgewiesen werden. Diese Behauptung hält der Kanonist auch für gültig mit Blick auf das Konzil ohne Papst, soweit dieses sich mit dem Bereich befaßt, in dem es dem Nachfolger Petri übergeordnet ist.

Ausführlich befaßt sich Roselli mit dem Problem der Dauer des Konzils und – in diesem Kontext – mit dem Reizthema der Konzilsauflösung. Die Praxis Eugen IV. war für Basel in gewisser Weise zu dem Punkt geworden, an dem sich sein Selbstbewußtsein und seine Selbständigkeit, letztlich sein Konfrontationskurs gegen den Papst, in besonderer Weise herauskristallisierte.[29] Insoweit sich das Konzil, bezugnehmend auf Konstanz, mit Glaube und Reform befaßt, das *bonum universale ecclesiae* auf dem Spiel steht, kann der Papst das Konzil nicht vor Erledigung der *causa principalis* auflösen.

Soweit die Nichteinhaltung von *Frequens* die notwendige Reform behindert, führt sie zu einer *discoloratio ecclesiae*, die auch und gerade dem Papst nicht erlaubt ist, da er seinen Petrusdienst *in aedificationem, non in destructionem ecclesiae* wahrzunehmen hat. Eine Dispens bezüglich dieses *statutum* schließt der *monarcha iuris* zwar nicht prinzipiell aus, wohl aber, wenn sie *in fraudem* vorgenommen wird. Sieht die Synode ohne Papst dadurch den *status* der Kirche gefährdet, darf sie eine solche Praxis nicht dulden.

[28] Vgl. G I, LXIII, 289 (Zeilen 27 - 30) [15r]: ... *non potest (sc. Imperator) de ipso (sc. Papa) ab eo (sc. imperium) privari aut deponi, nisi in talibus peccatis, vel aliquo persisteret obstinatus, adeo quod haeresis periculum vel suspitionem incurrat, aut totum scandalisaret imperium, quia tunc ratione haeresis posset privari, vel declarari privandus, sicut et de pontifice dixi. 40 di. si Papa.* D. 40, c. 6 gilt für Papst und Kaiser!

[29] Vgl. Vagedes, *Konzil* XXV: *Wenn das Thema des Konzils, sein Verhältnis zum Papst näher zu bestimmen, auch in der Luft gelegen hatte, so muß den Papst doch der Vorwurf treffen, durch seine unüberlegte Konzilsauflösung diese Frage gewissermaßen als neuen Programmpunkt der Versammlung zugespielt zu haben; im Namen der gerechten Notwehr der Kirche gegen einen tyrannischen Vorsteher versuchte sie, viel mehr zu erreichen, nämlich Unabhängigkeit und Kirchenhoheit.*

Freilich gilt es zu betonen, daß Roselli in einem an Eugen gerichteten *Consilium*, das wohl früher verfaßt wurde, einen wesentlich stärker „papalistischen" Standpunkt vertritt.[30] Daß eine kritische Haltung hinsichtlich der ersten Konzilsauflösung an der Kurie durchaus vorkam, zeigt die Stellungnahme des Johannes de Miliis, wie Roselli Konsistorialadvokat.[31]

Summarisch betrachtet präsentiert sich die Diskussion um die Zulässigkeit bzw. Nichtzulässigkeit der *dissolutio concilii* als der Kasus *par excellence*, mit Blick auf den die Frage der Zuordnung päpstlicher und konziliarer Gewalt erörtert werden kann. Die Behandlung des letztgenannten Problems schließt den Traktat des Antonio Roselli ab. Es ist die *quaestio disputata* schlechthin.

Roselli referiert in einem ersten Schritt die Thesen der konzilsfreundlichen Partei, die in jenen Basler Jahren immer wieder vorgebracht wurden. Er kritisiert mit Nachdruck Johannes Monachus und Kardinal Zabarella, der diesem folgt. Roselli legt dar, daß der Papst in der Regel nicht auf das *concilium* angewiesen ist.[32] Er knüpft dabei – teils wörtlich – an die Ausführungen im ersten Part der *Monarchia* an: Der Gedanke, Papst und (Rest-) Kirche mit dem *caput – membra* – Schema in Beziehung zu setzen, unterstützt einerseits das Postulat der erst durch das eine Haupt gesicherten Ordnung, ermöglicht Roselli aber andererseits darüber hinaus, den Horizont offen zu halten für eine wünschenswerte Zusammenarbeit der Konstitutiva des *corpus mysticum*, das die Kirche darstellt. Grundsätzlich ist es ihm ein Anliegen, hervorzuheben, daß die Rede von zwei

---

30 Vgl. auch mit derselben Tendenz ANONYMUS, *Allegationes* – Laurenziana, Plut. XVI, Cod. XIII, ff. 216r - 223v..

31 Interessant ist die Verteidigung der zweiten Konzilsauflösung durch Eugen IV. von Seiten des CATALDINUS DE BONCAMPAGNIS, *Tractatus* II 12 (wohl Herbst 1437 verfaßt): *Plus dico quod peccavisset Papa, et graviter oberrasset nisi illud Concilium dissolvisset, cum in omnem malignitatem erumperet, et puro corde machinatur malum, et iurgia seminat, intendens homines separare a fide. Proverb. 6. cum per eius monitaria literarum, Ecclesia perturbatur, vel mala alia sequi possent. ... Porro, quam primum mihi intonuit dissolutionem per apostolicum illius Basileen. Concilii factam fore, sum laetatus.* Hier spiegelt sich die Ernüchterung eines durchaus dem Konzil freundlich gesinnten Mannes angesichts von Basel. Cf. DERS., *Tractatus* I 457 (im Umfeld des Pisanum, gerichtet an Johannes XXIII.): *Nonne scire debebat tua pertinacia bestialis, quod quoties de fide agitur, tenetur papa requirere consilium episcoporum 19. dist. Anastasius, et tunc Synodus major est quam ipse 15. dist. sicut. Quid impudens aliud dicere ipse queat, nisi Juvenalis verbum, sic volo, sic jubeo, stat pro ratione voluntas.* Vgl. SIEBEN, *Traktate* 42 mit Anm. 214.

32 Bei der Argumentation Zabarellas geht es primär um die Beziehung des Papstes zum Kardinalskollegium und dessen *consilium*. Vgl. ULLMANN, *Origins* 204 - 210. Es gilt zu beachten, daß für *consilium* zuweilen in den Handschriften *concilium* geschrieben wurde. Für *consilium* cf. MICHAUD – QUANTIN, *Universitas* 147: *Il n'est pas exagéré de dire que le Moyen Âge a connu une véritable mystique du ‚consilium', celui – ci représente la valeur d'un idéal basé sur des données religieuses.*

„obersten Gewalten“ in einem Bereich, Papst und Konzil, häretisch ist.[33] Sein Einheitsprinzip macht diese These erforderlich und verständlich, die Erfahrung erwies sie als stichhaltig.[34]

Eigens Beachtung findet der Text *Si papa* aus dem Dekret Gratians, D. 40, c. 6, und die entsprechende Glosse.[35] Die Haltung der Autoren zu diesen Texten scheint hilfreich, ihre Position präziser zu bestimmen. Dabei mag es durchaus zutreffen, daß die *Glossen gerade wegen ihrer begrifflichen Unschärfe so beliebt* waren.[36] Man muß im Auge behalten, daß die Superiorität des Konzils, ja letztendlich jedes Katholiken, bezüglich eines *papa haereticus* bereits zur kanonistischen Tradition gehörte.[37] Als pro-

---

[33] Cf. TIERNEY, Divided Sovereignty 253: *The phrase, ‚The church is one body and so it shall have only one head or it will be a monster‘ goes back (at least) to the canonist Alanus, writing c. 1202.*

[34] Vgl. OURLIAC, Schisma 123: *Die Unfähigkeit der Konzilien hatte verdeutlicht, daß die Kirche keine Dyarchie mit gleichmäßig auf zwei Gewalten aufgeteilter Herrschaft sein konnte, und ihre Exzesse hatten schließlich zu einer Ausweitung der plenitudo potestatis des Papstes geführt.* Cf. (EUGEN IV.), *Deus novit* 86 f.: *... omniaque attentare non formidant, quae tantum sunt nobis et sedi Apostolicae reservata, perinde ac si universae carnis viam essemus ingressi, vel si omnis pontificalis summae dignitatis potestas esset nobis adhuc viventibus et in Petri sede legitime constitutis apud ipsos devoluta: quod asseverare est haereticum et profanum, cum potestas apud nos et ipsos, et sic duos, in solidum esse non possit.*

[35] Cf. G II, XXIII, 366 (Zeile 19) [42v] bezeichnet er die Glosse als *verissima*. Diese Wertung bezieht sich auf die Aussage, daß der Papst kein Statut erlassen kann, kraft dessen es unmöglich wird, ihn der Häresie anzuklagen. – Vgl. auch die Ausführungen WÜNSCH, *Konziliarismus* 308 f.: *Im Verlauf der kanonistischen Kasuistik über die Absetzbarkeit des Papstes kam es im Gefolge der Diskussion um D. 40 c. 6 und der dort zugelassenen Papstverurteilung bei Glaubensabfall zu einer folgenreichen Ausweitung des Häresiebegriffs. Der erweiterte Häresiebegriff umfaßte schließlich auch Simonie, Verbrechen oder Geistesgestörtheit des Papstes, ferner die Begünstigung eines Schismas und Amtsverletzungen zum Schaden des ‚generalis status ecclesiae‘. Dieses letztgenante Kriterium für eine Limitierung der päpstlichen Vollgewalt wurde zwar nie exakt definiert, entfaltete aber trotzdem einige Wirksamkeit. Sollte es in der vorgesehenen Weise zur Geltung kommen, müßte es in etwa die Bedeutung einer Konstitution in der Kirche ausdrücken, die es schriftlich fixiert nicht gab. ... Der ‚generalis status ecclesiae‘ ... konnte seit 1378 als ernsthaft bedroht angesehen werden. Diese Situation verschaffte auch den längst vor dem Ausbruch des Schismas angestellten Überlegungen aus kanonistischer Zeit und aus der Staatslehre des 14. Jahrhunderts eine schlagende Aktualität. Das Definitionsproblem von Häresie und die enthaltenen Auslegungsspielräume waren es denn auch, die für den Konziliarismus fruchtbar wurden.*

[36] So VAGEDES, *Konzil* 235. Ebd.: *Fundgrube für alle, die auf der Suche waren nach stützenden und zugleich Freiraum lassenden ‚auctoritates‘.*

[37] Vgl. MERZBACHER, Wandlungen 319 f.: *In der theoretischen Kirchenlehre und in der Kanonistik des späteren Mittelalters wurde ... allgemein – selbst bei den extremsten Papalisten wie Aegidius Romanus und Augustinus Triumphus – die Auffassung vertreten, daß die kompetente Instanz für die Verurteilung eines häretischen Papstes das Konzil sei.* Vgl. auch BUBENHEIMER, Rezension 461: *Keine klare Trennungslinie zwischen Papalisten und Konziliaristen: ... daß der häretische Papst ... abgesetzt werden kann bzw. ipso facto abgesetzt ist.*

blematisch erwies sich dagegen die Bestimmung dessen, was unter *haeresis* zu subsumieren war.[38] Man konnte den Begriff in klassischem Sinn eng verstehen. Auf dieser Basis argumentiert durchaus auch Juan Torquemada.[39] Es war allerdings auch möglich, die Grenzen weit zu fassen, wenngleich dabei oft vorsichtig vorgegangen wurde. Das *a fide deviare* von D. 40, c. 6 beispielsweise interpretiert Roselli am Ende durchaus in weitem Sinne, d.h. als Ausdruck, der nicht nur den Tatbestand der *haeresis proprie sumpta* einschließt.[40] Ob und wie ein solcher Ansatz dann praktisch gebraucht oder mißbraucht wurde, war Ermessenssache. Roselli etwa appliziert ihn auf die *potestas papae in temporalibus.* Er verschafft damit einer seiner Hauptthesen erneut Nachdruck.[41] Zwar kann der Nachfolger Petri nicht für jedes *delictum notorium et scandalosum* abgeurteilt werden, so Roselli, wohl aber, wenn er durch Wort und Tat zum Ausdruck bringt, daß er den *crimen*-Charakter eines gegen göttliches und Naturrecht verstoßenden Handelns verleugnet.[42] Wesentliche Voraussetzung ei-

---

[38] Vgl. ULLMANN, *Individual* 37 zur Häresie als *high treason*, die eine Gefahr für die Gesellschaft selbst darstellt. LEFF, *Heresy* I 1 f.: ... *heresy was far from an automatic process in which error was inseparable from excommunication and burning. In the first place ... error was of various degrees, and far from being uniformly heretical ... In the second place, heresy was not just a matter of doctrine but also one of discipline – pertinacious error. The heretic was one who persisted in his mistake, refusing correction after his fault had been shown to him. It was for obduracy that he was finally punished after all efforts to make him abjure had failed. Consequently the test of heresy was a moral and practical one – willingness to submit.*

[39] Cf. MIRUS, Deposition 241: *It is possible that Juan de Torquemada, who accepted the idea of organic papal headship as divinely revealed, saw papal heresy as a direct threat to the life of the Church, as did all those who held the traditional view. If this were the case, the exception to papal deposition might have been viewed as the only way to prevent the hierarchical principle from destroying the Church.*

[40] Vgl. G II, XV, 348 f. (Zeilen 31 - 1) [36r]. Ebd. u.a. – mit Bezug auf das Große Schisma -: ... *si perseverat in crimine, poterit ut haereticus iudicari. ... Et ideo tempore sacrilegi schismatis papa, qui iuraverat et voverat renunciare papatui ... quia monitus implere iuramenta non curavit ... a consilio Constantiensi et prius in Pisano consilio, pro haeretico est damnatus. et ratio, quia ... de haeresi suspectus erat, tanquam non crederet id esse peccatum quod erat: ideo merito extitit depositus et damnatus ... c. si papa, non dicit, quod pro sola haeresi papa solum iudicari possit: sed dicit, cum deprehenditur a fide devius. sed quando est magis alienus a fide, quam cum ea, quae sunt fidei pertinaciter non adimplet* ... Vgl. auch G II, XVI, 350 (Zeilen 13 - 19) [36v], wo Roselli eine Meinung referiert, der er letztendlich selbst nahe steht. U.a.: ... *certe dicitur a fide deviare, qui ecclesiam nititur scindere.*

[41] Cf. G I, XXXVIII, 273 (Zeilen 3 - 26) [9r].

[42] Cf. Marc. ff. 53r – v. Die Verquickung von Glaube, Moral und Recht hat fatale Konsequenzen. Durch die *continuatio et defensio scandali* drückt der Papst aus, daß Sünde nicht Sünde ist. Auf diese Weise entfremdet er die Völker dem Glauben. Deshalb kann er – *quia par est de fide exorbitare vel alios exemplo vel verbo a fide deicere* – als Häretiker abgesetzt werden. Ein so „irrender" Nachfolger Petri schadet durch sein Verhalten der ganzen Welt. Vgl. bzgl. der Simonie G II, XV, 347 (Zeilen 22 - 51) [35v - 36r]. Ebd. u. a.: *credo tamen, quod si papa diceret aut praedicaret, vel assereret pertinaciter Simoniam non esse pec-*

ner Verurteilung ist die *pertinacia*, das hartnäckige Festhalten am Verhalten trotz Ermahnungen und dessen Verteidigung.[43] Solche Gedanken sind keineswegs neu. Bereits der von manchen als „Papalist" eingestufte Augustinus Triumphus legt sie vor.[44] Im Umfeld der Machtbestrebungen von Basel jedoch entfalten sie ihre eigene Dynamik. Sie konnten sich zu einem „Kampfmittel" gegen den Stellvertreter Christi entwickeln.[45] In der Folge provozieren sie allerdings sich immer mehr verschärfende Gegenthesen. Diese finden zwar nicht sofort Beifall, erweisen sich aber letztlich doch als geschichtsrelevant.[46]

---

catum, quod tali modo dici posset haereticus. Cf. auch G II, XVII, 352 (Zeilen 33 - 37) [37v] hinsichtlich des Schismas. – Zu *scandalum* vgl. ALBERICUS DE ROSATE, *Dictionarium* (ad verbum *scandalum*): *Contingit ... aliquando quod aliquis obex ponitur alicui in via temporali, cui impingens disponitur ad ruinam. Et iste obex dicitur scandalum. Et similiter in processu viae spiritualis contingit aliquem disponi ad spiritualem ruinam per dictum vel factum alterius: inquantum scilicet aliquis in sua monitione vel inductione, aut exemplo alterum trahit ad peccandum. Et hoc proprie dicitur scandalum. Nihil autem secundum propriam rationem disponit ad ruinam spiritualem, nisi quod habet aliquem defectum rectitudinis: quia illud quod est perfectae rectitudinis, magis munit hominem contra casum, quam ad ruinam incidat. Et ideo convenienter dicitur, quod scandalum est dictum, vel factum minus rectum, prebens occasionem ruinae. et haec diffinitio sumitur ex glo. magna.* Cf. auch CATALDINUS DE BONCAMPAGNIS, *Tractatus* I 472. Ebd. 477 das praktische Beispiel: ... *sic etiam fuit epis. Conc. convocatum ad deponendum Ioannem XII. et non propter haeresim, sed propter incorrigibilitatem: quia venator et lubricus erat.*

43 Interessant ist allerdings, zu fragen, wer die *monitiones* vorzunehmen hat. Marc. f. 53v weist dem *princeps* eine entscheidende Rolle zu. Die dafür angeführte Stelle C. 25, q. 1, c. 10 (*Satagendum*): Friedberg I 1009 mag begründen, *quod potest interrogari a principe de fide*, nicht aber die entscheidende Fortsetzung bei Roselli: *vel si vult sic vivere*. Vgl. auch G II, XVI, 351 (Zeilen 19 - 21) [37r] – mit Bezug auf das Große Schisma: ... *duo probabiliter de papatu contendentes scismatici non sunt dicendi, si ad ea se referunt, quae sancta determinabit ecclesia.* Die Frage war: Wer ist die *ecclesia*, welche eine Entscheidung vornehmen kann? Diese Frage mündete letztlich in der Hervorhebung der Bedeutung des Konzils.

44 Cf. WILKS, *Problem* 498 - 500. Ebd. 522: *The pope is only pope while he behaves like one – one slip, and the whole edifice of sovereignty comes crashing to the ground.*

45 Vgl. VAGEDES, *Konzil* 359 f.: *Es ist nicht zu übersehen, daß aus dem ‚error papae' ein kirchenpolitisches Kampfmittel erwuchs; hier wurde der Papst in die ‚Dauerrolle' des ‚Sünders' gesteckt, um eine Umstrukturierung der Kirchenspitze zu begründen: Seine Vollmacht wurde der Kirche, sein Versagen ihm selbst zugerechnet.*

46 Vgl. IZBICKI, *Protector* 88 f. für den durchaus um Konkordanz bemühten Torquemada: ... *Turrecremata reacted strongly against any too close identification of moral failings with heresy, arguing (with Hussites as well as conciliarists in mind) that subjective standards for judging prelatial acts could reduce the Church to chaos.* Anders als Roselli – cf. G II, XIX, 354 (Zeilen 26 - 30) [36r] –, der sonst durchaus inhaltlich Torquemada inspiriert haben könnte, etwa in der Frage der *potestas in temporalibus*, cf. BLACK, *Monarchy* 77, lehnt der Spanier die Meinung ab, ein rechtmäßiger Papst könnte für die Sache der Einheit geopfert werden. Cf. IZBICKI, *Protector* 93. – Zu Arévalo cf. TRAME, *Arévalo* 40: *Any attempt by his (sc. the pope's) inferiors to judge him can lead only to schism, the worst of all crimes and less tolerable than a notoriously sinful pope.* Durch die *defensio criminis* verliert der Papst allerdings von Gott her sein Amt. Das Konzil deklariert nur die Absetzung. Cf. ebd. 41. – Für Raphael de Pornaxio als Vertreter der *These von der bedingungslosen Gerichtsimmu*

Im Konzilientraktat unterstreicht Roselli emphatisch die Bedeutung der *ecclesia Romana.* Damit setzt er gegenüber der frühen Wiener *Monarchia*-Fassung einen besonderen Akzent.[47] Es ist zu beachten, daß er in diesem Zusammenhang die Kirche von Rom oder die *sedes apostolica* nicht mit dem Papst identifiziert.[48] Vielmehr betont er hier, daß der Bibeltext Lk 22, 32 sich auf die *ecclesia* bezieht, die dem Petrus besonders anvertraut ist, nicht auf Petrus oder dessen Nachfolger selbst, für sich betrachtet. Der Papst kann irren. Doch für Roselli steht fest, *quod sedis apostolice iudicium est infallibile.*[49] Er erscheint so an dieser Stelle weniger als Verteidiger päpstlicher Interessen im strengen Sinn, eher als Repräsentant einer

nität des Papstes cf. HORST, *Autorität* 107 f. – Für das Weiterleben *konziliarer* bzw. *konziliaristischer* Strömungen an der Kurie sei hingewiesen – neben BÄUMER, *Nachwirkungen* – auf LANDI, L'„eresia" conciliarista. Ebd. 121: *Negli scritti di rappresentanti anche prestigiosi della teologia papalista, il rinvenimento di elementi di derivazione conciliarista si spiega non solo con l'esigenza razionale (che non tutti si sentivano di eludere mediante il ricorso ad argomenti provvidenzialistici) di trovare una via d'uscita alle situazioni di impasse che i papi potrebbero determinare nella chiesa, ma anche e sopratutto con il breve lasso di tempo intercorso dall'epoca del trionfo conciliare: era impossibile non tener conto di quel troppo recente episodio.*

[47] Die *Allegationes* für Kardinal Orsini, Laurenziana, Plut. XVI, Cod. XIII, ff. 228r - 240r, korrespondieren hinsichtlich der Konzilsfrage weitgehend dem Text der *Monarchia* von Wien. Ebd. f. 240r schließt: ... *per iura supra allegata. xxv. q. i. sunt quidam. et iii. q. ii. c° si ea. Sic intelligo istam questionem male per doc. explicatam.* So auch Cvp f. 283r. Der Text, der G III, XXVII, 444 - 446 (Zeilen 46 - 12) [71v - 72r] entspricht, fehlt in beiden Fassungen.

[48] Vgl. Marc. f. 48r - zu C. 9, q. 3, c. 13 (*Nemo*) -: ... *et licet ibi tex. dicat de prima sede, tamen non debet intelligi de papa cum cardinalibus ut dominus cardi. de Zabarellis male intellexit, sed de solo papa, ut eius cause non iudicentur a concilio.* Dazu jedoch Marc. f. 54v: ... *et hic non loquitur de papa quia aliud est sedes apostolica et aliud papa.* – Vgl. auch als späten Textzeugen ANTONIO ROSELLI, *Commentarii in Decretum*, ad C. 9, q. 3, c. 13 (*Nemo*), Sevilla, Bibl. Colombina 5.7.8, f. 181r: *Nota ... quod papa non potest iudicari a toto clero et a concilio generali etiam si in illo interveniret imperator vel alius populus laicorum per tex. ... qui dicit nec ab augusto .. et sic quicunque intervenirent in concilio generali non potest papa iudicari et licet tex. dicat de prima sede non intelligitur tamen de papa cum cardinalibus ut dominus Cardinalis de zabarellis male sensit nam intelligitur etiam de solo papa ut probat tex. ... in c. proximo cum dicit sedis istius presidem suo reservavit arbitrio ...* Es folgt der Verweis auf D. 17, c. 6 Grp. (*Hinc etiam*) ... *ubi casus simaci pape concilium dei iudicio reservavit. unde ibi est tex. i quo concilium determinavit quod cause pape non iudicentur a concilio ut dicit tex. hic cum dicit Iudex quod verbum intelligitur de papa per antonomasiam. ad idem tex. xl^a^ di. si papa ubi est tex. sumptus ex gestis bonefacii (sic!) martiris ubi tex. dicit quod si papa sit iniquus ita quod secum innumerosum populum ducat ad ... gehennam et inferos tamen a nullo potest iudicari nisi deprehendatur a fide devius. male ergo dixerunt iohannes monachi et prefatus cardinalis de zabarellis quod facta ardua pape ab eo gesta sine cardinalibus sint nulla et quod a concilio possint iudicari quia in omnibus preter quam in articulis fidei et in casibus no. supra in c. patet videtur maior sentencia pape quam concilii de ellecc. (Sic!) c. significasti ubi est tex. quod in omni statuto concilii debet intelligi excepta auctoritas pape tanquam superioris romani pontificis non dicit romane sedis.*

[49] Marc. f. 54v.

Hochachtung der *ecclesia Romana*.[50] Der Unterscheidung von *sedes* und *sedens* kommt in diesem Teil des Konzilientraktats entsprechend eine beachtliche Bedeutung zu. In der kanonistischen Tradition verankert, wird sie bei Roselli zu einem Korrektiv „konziliaristischer" Ambitionen. Im möglichen Konfliktfall zwischen Generalkonzil und *sedes romana* bzw. römischem Provinzialkonzil schreibt Roselli letzterem die Priorität zu.[51] Es bleibt anzumerken, daß dabei die *sedes* wiederum zurückgebunden ist an die bestehende Tradition der Kirche.[52]

Ein Blick auf seinen Dekretkommentar aus den späten Lebensjahren zeigt, daß Roselli sich gleichwohl gegen jene stellt, die – wie Zabarella – von der *sedes apostolica* sprechen und auf diesem Weg die besondere Stellung des Papstes, für sich betrachtet, in Frage stellen.[53]

---

[50] Vgl. den Hinweis bei KRÄMER, *Konsens* 332, daß *alle Basler Theologen die Ansicht vertraten, daß mit der Leitungsgewalt dem römischen Patriarchat als ganzem auch das Unfehlbarkeitsprivileg verliehen* ist. – Cf. im Umfeld des Großen Schismas PŘEROVSKÝ, Pietro Bohier 643: Bohier unterscheidet *tra l'immacolatezza indefettibile della fede della chiesa di Roma e tra il papa che personalmente potrebbe anche deviare*. Ebd. 633 f.: *Ammette le mancanze notorie dei pontefici meno degni ..., ma scolpa la chiesa di Roma dell'accusa di eresia, dimostrando anche la sua santità ... Questo compito di salvaguardare la fede è assicurato alla chiesa di Roma anche per l'avvenire, grazie alla sua qualità di chiesa apostolica, universale, custode del privilegio di Pietro*. Ein Beleg für die Hochachtung der *ecclesia Romana* durch Roselli auch G IV, XL, 524 (54 – 55) [99v]: *Item solus (sc. papa) revocat facta praedecessoris... Non potest tamen ipse etiam cum concilio revocare privilegia ecclesiae Romanae: ut no. in c. felicis. de poen. lib. 6.*

[51] Cf. ANTONIO ROSELLI, *Commentarii in Decretum*, ad C. 9, q. 3, c. 17 (*Cuncta per mundum*), Sevilla, Bibl. Colombina 5.7.8, f. 182v, wo Roselli sich mit den nebeneinanderstehenden Begriffen *sancta romana ecclesia* und *sedes apostolica* befaßt. Er mutmaßt: *forte capitur hic ecclesia romana pro solo papa vel pro papa et cardinalibus, sedes autem apostolica sit sedes ipsa romana et tota provincialis romana sinodus et hic nota quod apostolica sedes revocat facta concilii et quos concilium inique dampnasset sedes apostolica revocat et videtur quod sit maior sentencia sedis apostolice quam concilii generalis de quo latissime dixi in materia conciliorum in L° monarchie in ult. q. circa fi.*

[52] Cf. Marc. f. 55r: *... si est in ecclesia dissidium et in unam sententiam confluat sedes apostolica. i. papa cum romana ecclesia specialiter sibi commissa et in alia sententia sit alia ecclesia vel alii episcopi iudicium sedis apostolice attendatur nisi alia ecclesia universalis habuisset aliquando vel haberet iudicium apostolice sedis quia tunc proferretur ecclesia universalis a qua noviter ecclesia romana discreparet.*

[53] Cf. ANTONIO ROSELLI, *Commentarii in Decretum*, ad C. 9, q. 3, c. 15 (*Facta*), Sevilla, Bibl. Colombina 5.7.8, f. 182r: *nota quod istud verbum a nobis denotat personam pape loquentis et non sedis apostolice et sic hic est casus quod facta solius pape iudicantur a solo deo et ideo male intelligunt illi qui volunt quod ista iura loquantur de sede apostolica de quo dixi supra in c. nemo et c. aliorum. Nota quod illi sunt deteriores homines qui corrumpunt vitam et mores bonorum quam illi qui pedia et substancias aliorum dirripiunt ... et ideo qui murmerant quod facta pape iudicentur a solo deo isti sunt deteriores ... et est racio quia qui corrumpunt ... vitam et mores bonorum corrumpunt animam qui vero pedia et bona aliena dirripiunt corrumpunt corporalia sed anima est preciosior corpore ... ergo magis peccant ledentes animam quam corpora.*

Bezüglich der *causa fidei*, der *causa schismatis* und hinsichtlich des *bonum universalis ecclesiae* ist der Papst allerdings dem allgemeinen Konzil unterstellt.[54] Der Konsistorialadvokat Roselli greift zur Begründung seiner Aussage auf das Konzil von Konstanz zurück, das für ihn zweifelsohne entscheidende Autorität besitzt. Er unterläßt es jedoch nicht, hervorzuheben, daß dessen Beschlüsse – gedacht ist wohl primär an *Haec sancta* – in richtiger Weise (*sane*) zu verstehen sind. Diese einschränkende Floskel dient Roselli dazu, sich von anderen Interpretationen zu distanzieren.[55] Dazu gehört wohl auch manche Interpretation, wie sie in Basel vorgetragen wurde.[56] Roselli akzeptiert nicht eine Superiorität des Konzils für alles, was irgendwie, aber nicht unmittelbar, das Wohl der Gesamtkirche tangiert. Mit dieser bei ihm vom römischen Recht abgeleiteten, wichtigen Unterscheidung dessen, was *principaliter*, und dessen, was *secundario* das *bonum universalis ecclesiae* angeht, begrenzt er die Anwendung der Dekrete.[57] Einerseits anerkennt er die Bedeutung des

---

[54] Für die *causa fidei* cf. auch G IV, XXXIII, 501 (Zeilen 34 - 37) [91r]: *Illud tamen, quod dixi, quod solus papa decidit causas fidei, intellige quando non est collectum concilium generale, vel papa non est suspectus de illa haeresi. nam si esset collectum concilium generale vel provinciale Romanum, tunc papa debet facere de consilio concilii, quod praefertur in hoc sententiae papae.* Zum *status universalis ecclesiae* ein Beispiel G II, VIII, 323 (Zeilen 11 - 14) [27r]: *Credo ..., quod si auferret Papa solus potestatem cardinalibus, cum hoc esset innovare totum statum universalis ecclesiae quod pendet in electione Papae: quod si concilio generali aliud videretur, hoc non esset Papae permittendum.* Knapp zusammenfassend auch G IV, VI, 454 (Zeilen 34 - 45) [75r].

[55] Vgl. Eugen IV., *Libellus Apologeticus* 148 zum Wirken der Basler Väter: *Innovarunt praeterea duo decreta quondam Constantiensis concilii, illa extra terminos suos et ad alios casus, quam fuerat constituentium intentio, extendendo in magnum periculum monarchiae ecclesiasticae, et praeiudicium sanctae Apostolicae sedis* etc.

[56] Helmrath, *Basler Konzil* 463: *... das Konstanzer Dekret erweist sich als Schlüsseldokument für das Verständnis des Basiliense.* – Interessant die Deutung der Konstanzer Dekrete bei Anonymus (Johannes Casanova zugeschrieben), *Quaestio* – Roma, Bibl. Angelica Ms. 118, ff. 25 - 26: *Facta autem predicti Concilii maxime predicta in dubium revocari non debent. et predicti duo (sc. Johannes XXIII. et Benedictus XIII.) non fuerunt depositi propter heresim sed propter scisma unius ipsorum, alter propter corruptos mores ut fertur. ... iuxta illud dictum Jeronimi. Distingue tempora et concordabis scripturas. dicta enim decreta pertinent ad ius positivum quod bene suscepit mutacionem. Et ideo dicendum quod quando fuit statutum quod papa non posset deponi nisi propter heresim utique non potuerit propter aliud crimen deponi stante dicto statuto. Alio tamen tempore fuit statutum oppositum s. quod papa alia eciam crimina scandalizantia ecclesiam posset deponi ut superius visum est. Et tunc iuxta formam huius statuti potuit deponi. Et ita fuit ille Johannes de quo in Chronica Martiniana ... legittime depositus propter fornicacionem. quod eciam statutum fuit innovatum in Concilio Constan. unde nunc nedum propter heresim sed eciam propter pravos mores et scandalosos papa potest iudicari a generali Concilio ac deponi. Iste enim tres casus nunc currunt de pari et sunt parificati in dicto Concilio per universalem ecclesiam in unum congregatum.* Vgl. zur Verfasserschaft Horst, *Autorität* 12 mit Anm. 46.

[57] Vgl. Marc. f. 55r. – Vgl. auch Marc. f. 3v: *Idem est dicendum cum de papatu inter duos litigium vertitur ut iudex sit concilium quia tractatur de bono principaliter universalis ecclesie.*

status ecclesiae als Grenze päpstlicher Macht;[58] andererseits wahrt er die umfassende *plenitudo potestatis* des Nachfolgers Petri für all das, was mit dem positiven Recht in Zusammenhang steht. Sicherlich erschien ihm eine gewisse Skepsis mit Blick auf die *leges Concilii* angezeigt.[59] Eine Kom-

---

i. de eius capite quia non potest esse de papatu contentio sine perturbatione status universalis ecclesie. Cvp f. 202r fehlt das *principaliter*. – Vgl. ferner ANTONIUS ROSELLI, *Epistula* (*super facto presidentie*) – Firenze, Laurenziana, Plut. XVI, Cod. XIII, f. 128v: Die *auctoritas* des Papstes ist auch notwendig, falls eine *necessitas* für die Abhaltung des Konzils besteht, *dummodo vestra sanctitas velit ipsam celebrare.* Wichtig danach: *Quamvis fateor quod si necessitate imminente propter fidei dubium vel ecclesie universalis reformande necessitatem Concilium esse celebrandum et papa renueret ipsum convocare vel ipsi auctoritatem interponere quod posset tunc Concilium sine ulla pontificis auctoritate subsistere ac sola christi vel spiritus sancti cuius nomine esset Concilium convocatum vires habere et hoc eciam casu illa que istis de causis in tali Concilio sancirentur sive decernerentur invitus eciam papa custodire teneretur. Et si obstinatus renueret posset condigne a Concilio penitencie subici et est hiis casibus pontifex Concilio inferior ipsique suppositus. Et sic loquitur et intelligi debent que in Concilio Constanciense hattenus sunt decreta.* Etwas später zum Vorgehen der Basler, die die *forma processus* u.a. dem Papst Zustehendes bestimmen wollen: ... *hec disponere ad vestram ... pertinet sanctitatem cum principaliter fidem catholicam vel universalis ecclesie reformacionem non concernat, licet hec ipsa forsan respiciant secundario, ad que secundario respiciencia fidem vel universalis ecclesie reformacionem verba Constitucionis Constanciensis vel iura communia soli Concilio sine pontifice auctoritatem tribuencia minime se extendunt. Sed solum vestre sanctitati auctoritatem et facultatem concedunt adeo ut si vestre beatitudinis alia sententia sit et Concilii altera sit adversa vestre eciam solius sanctitatis sit pocius attendenda.* Der Vorwurf an die Gegner - ebd. f. 128r - die Konstanz *ut ipsis libet et non prout iura disponunt nimis late interpretantur.* Für die Verfasserschaft Rosellis mit Blick auf *Deus novit* als *bulla revocata* Eugens IV. spricht wohl auch die Argumentation mit dem Aspekt des *principaliter*. Cf. (EUGEN IV.), *Deus novit* 84 f. und ebd. 88: ... *super omnia Concilia habet potestatem Papa, nisi forte quae statuenda forent catholicam Fidem respicerent, vel, si non fierent, statum universalis Ecclesiae principaliter perturbarent, quia tunc Concilii sententia esset potius attendenda.*

58 Vgl. FERNÁNDEZ – RÍOS, Primado (pars quarta) 64 (unter Bezugnahme auf die Dekretisten): ... *para estos canonistas no se trata de un concepto vago del que echan mano en sus discusiones sobre sobre la potestad eclesiástica, utilizándolo como mero recurso dialéctico, sino que representa una realidad muy viva y seria, identificada con las reglas eclesiásticas de vida inherentes a la Iglesia total misma.* Vgl. aber HACKETT, State 290 dessen Resümee. WÜNSCH, *Konziliarismus* 316 verweist auf den *sehr dehnbaren Begriff des ‚generalis status ecclesiae' – worunter ein ‚Grundbestand' an Dogma, Moral, Sakrament und Hierarchie verstanden werden kann.* Vgl. auch BRANDMÜLLER, *Konzil von Konstanz I* 256 (mit Bezug auf *Haec sancta*).

59 Die Situation hatte sich gegenüber der zur Zeit Zabarellas maßgeblich geändert. Zabarella betonte, wie Roselli, daß der Papst nicht an das *ius positivum* gebunden ist. Die *leges Concilii* jedoch, die auf Antrieb des Hl. Geistes promulgiert wurden, wurden von Zabarella mit Gesetzen Gottes gleichgesetzt. Cf. ZABARELLA, *Tractatus* 703 f.: *papa occupavit omnia iura inferiorum Ecclesiarum. Ita quod inferiores praelati sunt pro nihilo. Et nisi Deus succurrat statui Ecclesiae universalis, Ecclesia periclitatur. sed favente Deo, speratur de reformatione, si ut dicitur constitutum congregabitur in Ecclesia concilium. In qua congregatione non oportebit solum schismati presenti, sed etiam futuris consulere, et ita determinare potestatem papae, ut non subvertantur inferiores potestates. Et ut papa deinceps posset non quod libet, sed quod licebit. .. si dicatur quo hoc est imponere leges principi, qui est solutus legibus.*

petenz des Konzils für die Verleihung von Benefizien beispielsweise lehnt er ab.[60]

In verschiedenen Schriftstücken erweist sich Roselli als treuer Gefolgsmann der eugenianischen Gruppe. Zu verschiedenen Fragen, die damals heftig umstritten waren, besitzen wir noch seine Stellungnahmen, die zum Teil als Entwürfe unter dem Namen des Papstes vorliegen.

In einem Brief an Papst Eugen IV., der wohl noch in die frühe Zeit des Basler Konzils gehört, erweist er sich als eindringlicher Mahner. Er beklagt, daß die Feinde Eugens alles erlangen, was sie erstreben, *quamvis sint statui vestro perniciosissima et adeo sive ab omni veritate aut divina vel humana iusticia penitus aliena*. Einen wesentlichen Grund dafür sieht Roselli in der Unfähigkeit derer, die eigentlich die *iustissima causa* des Papstes vertreten sollten.[61] Sein Bekenntnis zu Konstanz hindert ihn

---

dic quod est solutus legibus suis, non Dei, quales sunt leges Concilii, quae spiritu sancto suggerente promulgantur. Die *determinatio* der päpstlichen Gewalt, wie sie das Basler Konzil in den späteren Jahren praktizierte, konnte von Roselli nicht akzeptiert werden. BILDERBACK, Representation 152: *It is quite clear that in 1437 and after, the Council pursued a self-destructive policy.*

60 Vgl. die Auseinandersetzung mit den Vorwürfen Basels bei ANTONIUS ROSELLI, *Consilium* – Firenze, Laurenziana, Plut. XVI, Cod. XIII, ff. 209v – 210r. Abschließend f. 210r: *credimus quod ... si quisquam aliter abusive decretum ipsum concilii interpretari vellet quod esset inducere quod per sedem apostolicam inferiorum minus rite facta reterisere (?) non possunt, ac legem imponere summo pontifici, a qua ipsi ex causa legitima recedere non liceret, quod esset iniquissimum et absurdum, nec sancte synodi credimus existere intencionis. in aliis vero ut iuris racio dictat intendimus ipsum decretum observare, sive eciam facere observari.* Zu beachten ist, daß auch hier wiederum auf eine *causa legitima* Bezug genommen wird. Vgl. dazu die Erörterung der Dispens vom positiven Recht G IV, XIV, 466 [79r]: *Mihi .... videtur sic dicendum, quod sunt nonnulla iura positiva in simplici voluntate condentis ... quod papa conferat plus duas praebendas quam unam, et magis Titio quam Sempronio, paribus stantibus conditionibus et meritis, ista sunt voluntatis et in his quae sunt voluntatis vel in divinis secretis ratio reddi non potest ... In istis ergo procedit dictum Inno. ... quod sufficiat pro ratione voluntas. ... Alia est iuris dispositio fundata in ratione naturali vel iuris gentium et communi bono: et contra istam iuris dispositionem sine causa papa dispensare non potest, cum causa autem dispensare potest, et hoc dicit tex. in c. de multa in fi. de praeben. qui dicit quod quando ratio postulaverit cum sublimibus et personis litteratis poterit papa dispensare. ... et potest esse ratio triplex, quare fieri potest dispensatio, quando necessitas urget vel utilitas suadet, vel evidens praerogativa meritorum ... Et ad contraria respondet beatus Thomas ... dicens quod licet dispensatio respiciat utilitatem privati dispensans cum aliqua ex rationibus praedictis moveri debet pro communi bono. unde sublimis vel litteratus, cum quo dispensabit, proderit in universo. nam persona litterata vel sublimis magis potest prodesse ecclesiae universali quam persona vilis et humilis, sive ignorans. unde propter aliquam ex praedictis causis dispensans non dicitur facere contra bonum publicum, nec praeferre privatam utilitatem publicae, sed est relaxare generalem legem propter bonum publicum concurrens in speciali casu vel persona. ... et cum indigeremus tali gubernatione, qui legem universalem interdum ex causa relaxaret, et inter subditos aeque dispensaret: ideo Christus dimisit pontificem, cui dedit potestatem legis condendae et talia dispensandi.*

61 Vgl. ANTONIUS ROSELLI, *Epistula (super facto presidentie)* – Firenze, Biblioteca Laurenziana, Plut. XVI, Cod. XIII, f. 128r. Entsprechend fordert er den Papst auf, den *periculis pre-*

nicht, die Absicht der Basler zu verwerfen, daß *singula sub nomine et bulla Concilii expediantur quoniam Juria omnia constituunt atque clamant quod que in Concilio agitantur sub nomine et bulla beatitudinis vestre debeant expediri sacro Concilio approbante vel annuente.*[62] Roselli befürchtet Gefahren für die Kirche, falls Eugen IV. die *emuli* in Basel gewähren läßt. Falls der Papst keinen Einhalt gebietet, *sic contra vestram sanctitatem intendentes plurima temptabunt et ad finem perducent que impossibile erit postmodum nobis reparare et que hijs scriptis non aperio ne vias male agendi aperiam prava operari cupientibus.*[63]

In einem Schreiben an den Kaiser geht er ebenfalls auf die Haltung der Gegner ein. Zu Beginn hebt er – und dies ist bezeichnend – die Leistung

sentibus et futuris ecclesie entgegenzuarbeiten. Eugen IV. soll das Konzil anders beschicken. *Quare ... in ipsa synodo prelatos et viros habere velitis maxime auctoritatis et alios omni facultate doctissimos qui principibus christianis et cunctis insinuent quantum exorbitancia sint que per ipsos emulos vestros requiruntur ac studeant quod cuncta ad Juris regulas reducantur et illa omnia perfeccionem suscipiant propter que sanctum est Concilium institutum non vero secundum perniciosissimas voluntates plurimorum dei cause agitentur. Quod si secus fiet deum attestor et vestram piissimam sanctitatem ac Reverendissimos padres Cardinales vestre beatitudini assistentes quod pericula ac scandala suscitabuntur et forte sacrilegia scismata ...* Ebd. ff. 129r – 129v.

62 Ebd. f. 128v. Er kritisiert auch – ebd. ff. 128v – 129r –, daß die päpstlichen Präsidenten erst dann zugelassen werden sollten, wenn sie ein *certum iuramentum* geleistet hätten, *cum ipsis non possint legem talem imponere et Iuri eciam non conveniat extorquere talia Juramenta.* Ebd. f. 128v: *... perperam senciunt cum formam processus Concilii soli ipsi sine presidentibus vestris introducere cupiunt sive cum in congregacionum in ipsa Synodo fiendarum modo aut in Jurisdiccione coactiva vel in aliis vestre beatitudini aut vestris presidentibus legem constituunt quoniam hec disponere ad vestram per prius solam pertinet sanctitatem cum principaliter fidem Catholicam vel universalis ecclesie reformationem non concernant ...* Abgesehen von der *forma processus*, welche Basel bestimmen will, meint Roselli – ebd. f. 128r: *eciam in plurimis aliis circa actus procedendi in Concilio vias et proprias normas tradiderunt eorum deputacionibus fere omnem auctoritatem tribuentes et a presidentibus auferentes, adeo ut in ipsa synodo parum vel nichil presidentes debeant reputari cum eciam leges tradiderunt et ipsis presidentibus imposuerunt.* In ihrer Argumentation gegen die päpstlichen Präsidenten und deren Vollmacht verweisen die *emuli* – cf. ebd. – auf ihre Dekrete, *in quibus omnem Jurisdiccionem coactivam universali tantum Concilio reservant presidentibus beatitudinis vestre et per consequens vestre sanctitati illam ibidem auferentes.*

63 Ebd. f. 129r. Beachtenswert ist gewiß, daß Roselli sich beklagt: *non parum ammirari possum cur qui pro vestra in Synodo sunt sanctitate seipsis adversarijs viriliter non opponunt ... tamen arbitratus sum pocius quod Juris ignorancia pretermittant vel quia trepidant vana pericula que non sunt utique formidanda pocius quam non velint cum hec in eis fuerim in preteritu iam expertus. Quoniam ipsos adeo iam formidulosos esse conspexi ut ad inimicorum vestre sanctitatis minas suaderent beatitudini vestre ut pure et simpliciter et absque ulla alia cautela illi Basiliensi convencioni ut semper Concilio adherere deberetis. Quam rem ego quamvis pusillus coram vestra sanctitate et maiestate cesarea iustis racionibus alia nobis non prestita cautela propulsare ausus sum.* Danach folgt der Hinweis auf das beschämende Verhalten der *legati* des Papstes bei der Verlesung von *Deus novit*, der *epistola a me confecta*, wie Roselli sagt.

des Herrschers im Zusammenhang mit der Beseitigung des *pestiferum schisma* hervor. Das ist immer wieder der Hintergrund, vor dem Roselli Stellung bezieht.[64] Er unterstreicht, daß Eugen IV. von Anfang an das Konzil abhalten wollte und davor auch nicht zurückscheute,

> *quoniam nullus magis sanctam synodum perfici affectavit ut in dei ecclesia reformentur mores improbi non solum in membris inferioribus sed etiam si opus esset in capite quam ipsius eugenii beatitudo devotissima et ideo in suo ad apostolatus apicem assumptionis primordio mandavit basilee concilium celebrari.*[65]

Eugen IV. habe, *veris existentibus causis commutationis*, das Konzil verlegen können. Selbst wenn er dies jedoch nicht habe tun können, so müßten doch die päpstlichen Präsidenten vom Konzil zugelassen werden. *ante ... ipsum vel eius presidentes ab interventu concilii amovere non debent quam ipse sit a pontificatu depositus sive hereticus declaratus.*[66]

Roselli rechnet damit, daß manches an seiner Auffassung, die er dem Kaiser gegenüber ausführlicher in einem anderen Schriftstück präsentiert, von den Gegnern als *a fide catholica aliena* gebrandmarkt wird. Jede Schlußfolgerung sei jedoch *sacris canonibus et sanctorum patrum auctoritatibus comprobata*. Die Ablehnung der Gegner sei im letzten eine Zurückweisung der Gesamtkirche.[67] *Quare ... cesar iusticie cultor ac potissimus conservator velit vestra religiosissima celsitudo ortari ipsos basilee convenientes ut eugenii presidentes apostolicos pro canonico concilio cele-*

---

[64] Vgl. ANTONIUS ROSELLI, *Epistola (missa imperatori)* – Milano, Ambrosiana C 145 inf., f. 230r. Vgl. HELMRATH, *Basler Konzil* 287 f.: *Durch Einberufung und Leitung des Konstanzer Konzils hatte er (sc. Sigmund) nicht nur einen persönlichen Prestigeerfolg errungen, sondern auch den Ruhm des kaiserlichen Amtes als ‚advocatus ecclesie' beträchtlich gesteigert. ... Daß er eine Wiederholung dieses Erfolgs auf dem Basler Konzil anstrebte, wird allgemein angenommen. Weniger klare Auskünfte erhält man auf die Frage, warum er ihn diesmal nicht erlangte, sondern nach ca. siebenmonatigem Aufenthalt in Basel ... tief verstimmt und beinahe fluchtartig das Konzil verließ. Offensichtlich ... war Sigmund nicht nur enttäuscht, daß die Basler ihre Prinzipienpolitik gegen die Kurie auch nach der vermeintlichen Eingung von Dezember 1433 weiterführten. Die Auseinandersetzungen in der Präsidentenfrage zeigten es mehr als deutlich.* – Zu der Debatte in der Präsidentenfrage und ihrer Bedeutung vgl. auch die knappe Darstellung und Würdigung bei BLACK, Diplomacy 78 – 80.

[65] Vgl. ANTONIUS ROSELLI, *Epistola (missa imperatori)* – Milano, Ambrosiana C 145 inf., f. 230v.

[66] Vgl. ebd. ff. 231r – 231v. Das Zitat f. 231v. – Roselli verweist auf ausführlichere Darlegungen in einem Brief, *cuius copia vestre xristianissime maiestati mitto* (f. 231r). Auch wenn der Papst das Konzil nicht habe auflösen können, dürften dennoch die Präsidenten nicht zurückgewiesen werden. Selbst wenn der Papst der Häresie verfallen wäre, *que res a sanctitate eugenii est penitus aliena*, oder wenn er *apostatus non apostolicus* genannt würde, müßten er bzw. die Legaten dennoch, solange er sich in der *quasi possessione papatus* befindet, zum Konzil zugelassen werden. (f. 231r)

[67] Vgl. ebd. f. 231v.

brando admittere debeant ut illa bona perficiant propter qua sanctum est concilium constitutum.[68] Sollten sich die Gegner allerdings widerspenstig zeigen, wird der Kaiser als *ecclesie ... advocatus, potissimus protector* aufgerufen, Papst Eugen IV. *cum aliis xristianis ortodosis principibus favores temporales* zukommen zu lassen, *ut deus maiestatem vestram felicitare dignaretur.*[69]

In einem *consilium*, das Roselli für Eugen IV. verfaßte, geht er konkret auf die Vorwürfe ein, die gegen den Papst erhoben wurden. Der Papst bekennt sich zur Verbindlichkeit der Konzilsbeschlüsse, *nisi nature varietas et eius inopinabiles machinationes aliud pro publico bono universalis ecclesie in futurum suggererent statuendum.*[70] Ausdrücklich wird – auch unter Hinweis auf Naturrecht und göttliches Recht – die These vertreten, daß *decimae sive similia munera, qualia sunt annates*, vom Papst bzw. vom der *sedes apostolica* erhoben werden können.[71] Roselli läßt Eugen IV. begründend anführen: *quia ... nos ecclesie universali presidemus et sedes apostolica, cui annuente deo prefecti sumus, locus est quem constituit dominus, et in qua christus dei filius vicariatum constituit.*[72] Bei aller Kritik der Mißbräuche erscheint es *iustum ac necessarium et equum*, so Roselli für Eugen IV., *quod decimarum loco aliqua a nobis exigantur pro ecclesia et statu sedis apostolice sustentando.*[73] Ausdrücklich wird zudem verwiesen auf das, was *in pluribus aliis sinodis ..., presertim in Wienense ac Constantiense conciliis* erwogen wurde. In aller Deutlichkeit wird kritisiert, daß

[68] Vgl. ebd. f. 231v.

[69] Vgl. ebd. ff. 231v – 232r.

[70] So ANTONIUS ROSELLI, *Consilium* – Firenze, Laurenziana, Plut. XVI, Cod. XIII, f. 208r. Er fährt fort: *ac etiam omnia nedum in ipso basiliense concilio sed et que in sacris generalibus aliis synodis actenus ad perpetuam ordinata sunt generaliter utilitatem nulla commutatione variare disponimus. Et ideo incommutabiliter sancta quatuor prima concilia suscepimus que et beatissimi cuncti predeccesores nostri benignissime susceperunt cum in ipsis fidei nostre consistat solidum fundamentum ..., quamvis si qua alia in sacris ipsis aliis conciliis prodita ... forent, que temporum varietate contraria disposicione indigerent non deberet reprehensibile iudicari, si a nobis aut nostris successoribus illa remanere contingeret, et alia disponerentur statuta contraria.*

[71] Vgl. BÄUMER, Annaten 662: Annaten sind *Abgaben für vom Papst verliehene, nichtkonsistoriale Benefizien; sie entwickelten sich aus der Gewohnheit, bei der Ordination Geschenke zu machen. Später wurden daraus pflichtmäßige, nach dem Jahresertrag des Benefiziums berechnete Abgaben an den Papst.* Vgl. auch STUMP, *Reforms* 60.

[72] So ANTONIUS ROSELLI, *Consilium* – Firenze, Laurenziana, Plut. XVI, Cod. XIII, f. 208v. Der *locus quem elegit dominus* (unter Bezugnahme auf Dtn 14, 22f.; cf. auch Dtn 12, 5-7) wird mit der *sedes apostolica* identifiziert. Roselli betont die Notlage der *sedes apostolica*, die *pene omnibus bonis temporalibus destituta, ac tirannis et armigeris oppressa ad extremam et infimam inopiam est collapsa*. Ebd. f. 209r.: *Si igitur nos universali eccelsie ministramus, non incongruum est, apostolo teste, si aliqua ex ea carnalia metamus, quia et si alii potestates eius participes facti sunt, cur non magis et nos?*

[73] Cf. ebd. f. 209r.

von Basel aus die traditionellen Einkünfte der *sedes apostolica* beschnitten werden; es werde aber nicht auf anderem Wege *statui nostro ac venerabilium fratrum nostrorum sancte romane ecclesie cardinalium, qui pars corporis nostri sunt*, vorgesorgt.[74]

Ausführlich geht Roselli auch auf den Vorwurf der *oratores* von Basel ein, *quod propter transgressionem ac non observanciam decreti de eleccionibus a sancta sinodo editi gravissima scandala in dei ecclesia sunt exhorta, quodque ex hoc perniciosissimum scisma sequi poterit in futurum, periculosius illo noviter iam extincto.*[75] Direkt bestritten wird die Auffassung, er, Eugen IV., habe das Dekret eines Konzils verletzt. Er könne sich nicht vorstellen, das Konzil vertrete die Ansicht,

> *quod si electus quisquam nostram pro confirmatione adeat sanctam sedem, qui supremus existimus omnium ordinarius, illam non possumus prout iuris dispositio dictat et exquirunt merita personarum approbare vel improbare, quia hoc esset velle in terris ligare contra omnia iura divina pariter et humana manus vicarij yesu christi et indebite contra sibi a christo concessa ipsius angustare potestatem.*[76]

In dem für Eugen IV. konzipierten Text geht Roselli auch auf das Problem der doppelten Rechtsprechung, in Basel und *in curia*, ein.[77]

In der Bibliotheca Laurentiana zu Florenz findet sich ferner eine Stellungnahme des Antonio Roselli zur Gewährung eines vollkommenen Ablasses im Zusammenhang mit der Griechenfrage. Er hat diese *responsio concepta ... ad petitas indulgentias pro facto grecorum* für Eugen IV. verfaßt.[78]

> *Nach kanonischem Recht stand ... die Macht, Ablaß zu gewähren, nur der obersten Schlüsselgewalt zu. Offensichtlich beanspruchte das Konzil seinerseits nun auch die oberste Binde- und Lösegewalt. Die Ablaßproblematik bildet damit eines der Felder des großen innerkirchlichen Verfassungskonflikts, den man in der Forschung zu pauschal als ‚Superioritätsfrage' zu bezeichnen pflegt.*[79]

---

[74] Cf. ebd. f. 209v. Vgl. Stump, *Reforms* 72: *In their annates decree of June, 1435, they (sc. the Basel fathers) went ahead and abolished these taxes (sc. annates and services), postponing consideration of replacement revenues; by failing to deal with replacement revenues, the council virtually assured Pope Eugenius IV's refusal to approve the annate decree.* Vgl. Christianson, *Cesarini* 138. Auch in der „Generalabrechnung" – dem *Libellus Apologeticus* – findet die Annatenfrage Beachtung. Cf. etwa Eugen IV., *Libellus Apologeticus* 148 f.

[75] Antonius Roselli, *Consilium* – Firenze, Laurenziana, Plut. XVI, Cod. XIII, f. 209v.

[76] Ebd. f. 209v.

[77] Cf. ebd. ff. 210r- 210v.

[78] Cf. Antonio Roselli, *Responsio ... ad petitas indulgentias pro facto Grecorum*, Firenze, Biblioteca Laurenziana, Plut. XVI, Cod. XIII, ff. 204r – 207r.

[79] So Helmrath, *Basler Konzil* 376. Auch Stieber, *Pope* 34. Vgl. ferner für den geschichtlichen Kontext Ladner, Ablass-Traktat 98 – 101. Cf. auch – im Rückblick – Eugen IV., *Libellus Apologeticus* 150: *Postmodum ne aliquid deesset, unde materia querelae daretur et scandali, praesumpserunt absque auctoritate uti licentia Apostolicae sedis plenarias indul-*

Nachdem Eugen IV. zunächst seine Absicht bekräftigt hat, für die Einheit mit den Griechen alles in seiner Macht Stehende zu wirken, offenbart er doch auch Zweifel an den vom Konzil eingeschlagenen Wegen.[80] Konkret geht er dann allerdings auf die Bitte ein, *ut nostra sedis appostolice auctoritate hec ipse indulgentie cum concilio fidelibus populis nunptiarentur ac aliarum indulgentiarum similium hac durante prosecutione grecorum vim et potestatem subspendere deberemus* (sic!).[81]

Bevor er Stellung bezieht, hebt er seine Bereitschaft hervor, nach dem Beispiel Christi für die Rückführung der Griechen selbst den Tod nicht zu scheuen, falls es erforderlich wäre. Er würde nicht nur zeitliche Güter und Reichtümer zur Verfügung stellen. Allerdings hat er dafür Sorge zu tragen, *ne claves ecclesie contempnantur et penitentialis satisfactio enervetur ac frangatur vigor canonice discipline*, was *per indiscretas sive inanes aut superfluas indulgentias* häufig geschieht. Fünf Aspekte will Eugen IV. – nach dem Entwurf Rosellis – in erster Linie deutlich machen: *auctoritas primum conferentis, deinde recipientium ydoneitas, pietas in fide, utilitas in opere, ac ultimo tandem in tempore congruitas*.[82] Mit Blick auf den er-

---

gentias dare, in qua re, cum multi graves et notabiles praelati etiam viri in divino et humano jure doctissimi, plerique timorati conscientiosi, et scandalum ex hoc in Ecclesia provenire dubitantes, se opposuissent per duos annos cum dimidio, et inter majores concilii post multas publicas disputationes habitas in loco deputationis pacis aliquando fuisset obtentum, hoc minime per concilium fieri convenire, sed exercitium clavium et dandi plenarias indulgentias esse penes supremum Ecclesiae principem Romanum Pontificem, nihilominus postmodum a multitudine vocum inferiorum, qui pro causis potius privatis, quam pro republica sunt in concilio, obtentum est indulgentias illas plenarias per orbem universum publicari debere in grave praejudicium, ne dicamus contemptum Apostolicae sedis, cujus est maxime proprium illas dare, et in laqueum et periculum fidelium animarum, laicis quamplurimum detestantibus et admirantibus hoc per multitudinem praesumi, quod in signum supremae potestatis est soli summo Pontifici reservatum.

80 Cf. Antonio Roselli, *Responsio ... ad petitas indulgentias pro facto Grecorum*, Firenze, Biblioteca Laurenziana, Plut. XVI, Cod. XIII, ff. 204r – 204v. Ebd. f. 204v: ... *quamvis per nostros legatos aput bisanctum cum prefatis gregis tractata ad unionis ac reconciliationis vias faciliora ac etiam artiora nobis ac venerabilibus fratribus nostris sancte romane ecclesie cardinalibus ac multis prudentibus viderentur, quam ea que in sancta sinodo extiterant praticata atque conclusa, Nos tamen in sancta dei ecclesia, que quidem unica est et esse debet et unum ... deum predicat atque colit ac unam fidem firmiter et simpliciter confitetur, uniformitatem ac unitatem et pacem, quantum conmode possumus conservare cupientes, ut una cum sacro concilio unum essemus, ut sumus in xristo, hec sancte sinodi judicio duximus relinquenda adeo ut quicquid decreverit cum argolicis paciscendo, sive conveniendo, id intendimus inviolabiliter observare, etam quamvis nobis relatum extiterit ... ab hiis qui partes arcolicas peragrarunt, ac eorum ritos et mores rimati sunt, quod via per concilium oppinata, et cum grecis conventa pene impossibilis est censenda* (sic!).

81 Ebd. f. 205r.

82 Ebd. f. 205r. Ebd.: *Quod etsi xristi exemplo cuius inmeriti ... vicem gerimus qui de celo descendens propter redimere gregem suum deperditum mortem subit temporalem, Nos non solum caducas et mortales substantias atque divitias impendere intendamus, pro errantibus*

sten Gesichtspunkt sollen die Väter die *Romane sedis reverentia* bewahren und sich Petrus vor Augen stellen, dem der Hirtendienst vom Herrn anvertraut wurde

> *et cui ecclesie thesaurus est traditus dispensandus, ac cuique quamvis omnibus discipulis parem ligandi et solvendi potestatem dominus daret, petro tamen pro omnibus et pre omnibus claves regni celorum indulsit, a quibus (sic!) hec universalis indulgentiarum concessio debet utique proficisci, et sic a nobis qui claves illas petri hodie retinemus quamvis inmeriti.*[83]

Im Zuge der knappen Darstellung zu den übrigen Punkten verweist Eugen IV. – bzw. Roselli – noch darauf, daß die verkündeten Ablässe häufig nicht zum erwünschten Erfolg geführt hätten.[84] Eine Aussetzung der übrigen Ablässe zugunsten eines Ablasses für die Union mit den Griechen wird abgelehnt.[85] Eine Entscheidung darüber, ob er den Ablaß aus-

---

ovibus orientalibus ad ovile dominicum reducendis, set ultro si opus esset sponte morti temporali nos obbicere offeramus, tamen hac in re .... quinque credimus ante omnia esse principaliter intuenda, auctoritas primum conferentis etc.

[83] Ebd. ff. 205r – 205v.

[84] Cf. ebd. ff. 205v – 206r. Als Beispiele verweist Roselli auf Ablässe, die mit Blick auf das Königreich Zypern und die Insel Rhodos verkündet wurden. Er erwähnt ausdrücklich die *ministrorum malitia*, die das Erreichen der erwünschten Ziele verwehrte, und fürchtet Ähnliches bei den gewünschten Ablässen in der Griechenfrage. Ebd. f. 206r: *Quare in nunptiandis indulgentiis istis temporibus opportunitas est captanda, ut tunc fidelibus proponantur cum certitudo verisimilis haberi poterit, quod res ista felicem exitum consequatur. Ideo illorum oratorum responsionem expectandam arbitramur, qui bisantum et ad partes argolicas sunt profecti, ut videatur, si grecorum Imperator, ac ... Constantinopolitanus patriarca ceterique orientales prelati pro maiori parte volunt persistere in promissis, et quem actum locum deputant ad predicta, ut cum viderimus verisimiliter rem exitum felicissimum habituram, tunc ... illas indulgentias feliciter indicamus.* Ansonsten würde mit der Verkündung der Ablässe ein verderbliches Beispiel gegeben, *si demum quod absit effectus deficerent, propter quas extiterunt promulgate, aut substantias ipsas ad alios usus etiam pios converti contingeret, sive etiam destinari.* Beachtenswert ist der folgende Hinweis – ebd. ff. 206r – 206v: *Fraternitates tamen vestras unum volumus non latere, quod hec indulgentiarum concessio multis prudentibus ad finem orientalis ecclesie reducende inanis ac nimium laicis onerosa xristicolis esse videtur. primum, quoniam plerunque per sanctam sedem appostolicam similes indulgentie promulgate fuerunt, ac fructum modicum sive nullum in xristi ecclesia contulerunt. Secundo quoniam non videtur ipsis congruum vel honestum quod pro tanto bono in dei ecclesia ... inducendo a laicis mendicata suffragia postulentur, cum ad satisfaciendum hiis inpensis clericorum ecclesia sufficiens esse videatur, absque eo quod laici taliter in propriis substantiis aggraventur. Et quamvis sic sancta mater ecclesia hactenus pro acquisitione terre sancte disposuerit hec tunc utique introduxit, quoniam ... in illis non minus laicorum quam clericorum commoda tractabantur, cum acquisita laicorum erant iurisdictiones et temporalia bona, nunc vero, etsi totius ecclesie bonum agitur comodum tamen est principaliter clericorum, quos hac in re nichil impendere, sed solum laicos onerare videtur inhonestum.*

[85] Cf. ebd. f. 206v. Die Begründung: *quoniam nostris fidelibus xristicolis auferre subsidia non debemus, cum quibus adversus perfidos infideles cotidie se tutantur, pro hac reductione orientalis ecclesie, que an futura sit, licet deo annuente sperare debeamus adhuc tamen spem nullam nobis certitudinis intimatur, unde inane videtur ad presens certum relinquere pro*

schreibt, behält sich der Papst vor; er schließt allerdings eine positive Entscheidung unter der Vorgabe, daß das gewünschte Ziel erreicht wird, nicht aus. Eugen IV. warnt jedoch das Konzil vor zu großer Eile. Am Schluß der *responsio* bezeugt der Papst den Konzilsvätern gegenüber seinen Willen, *omnia vobiscum peragere possibilia per que ad ecclesiam oves deperditi, vage sive errantes reducantur, et mores improbi reformentur, ac pax tandem, et tranquillitas in dei ecclesia, ad illius laudem qui omnia ex nichilo fecit ac celum terramque construxit.*[86]

Der Rückgriff auf Konstanz ist augenscheinlich. Zugleich kann man sich die Frage stellen, ob die Zurückhaltung, die im Text ihren Ausdruck findet, nicht auch auf Konstanz mit seinen Reformbestrebungen zurückweist.[87] Das Schreiben zeigt erneut Roselli als Mann, für den der Auftrag von Konstanz verbindlich ist. Grenzüberschreitende Alleingänge eines Konzils jedoch weist er von Anfang an zurück.[88]

Liest man seinen Kommentar zum Dekret, der sich heute in Sevilla befindet und der von Roselli dem Dogen Cristoforo Moro (1462 – 1471) gewidmet wurde, ist ersichtlich, daß Roselli an seiner Grundanschauung wohl bis an sein Lebensende festgehalten hat.[89]

---

incerto, ac valde existeret inconveniens, quod ruinose ecclesie et alia loca pia que plerunque ex hiis debent refici indulgentiis presertim in rengno (sic!) francie, ubi propter guerras diutinas sunt plurima ruinosa, existerent in sospenso nec dignam reparationem reciperent, quoniam esset ara unum reparare aliud vero spoliare, quod minime decens est.

86 Cf. ebd. ff. 206v – 207r. Das Zitat f. 207r.

87 Vgl. STUMP, *Reforms* 67 – 72 zum Thema *indulgences*. Ebd. 69: *The reformers (sc. of Constance) did ... not attack the concept of indulgences; they merely sought to remove particularly abusive forms of indulgence, especially the plenary and ‚ad instar' indulgences. Favier found that these were used by the Roman popes during the Schism with special frequency as a fund-raising effort in times of financial crisis.* In Verbindung mit ebd. 71: *Even the Germans and English did not want to abolish indulgences, but rather to protect against their misuse and overuse. They wanted to protect them from being cheapened by overissue, like inflationary currency. The council, in fact, granted its own indulgences, though on a much more modest scale than the plenary indulgence granted by the Council of Basel in 1435.* Ebd. Anm. 31: *Only some of the Basel fathers had reservations about the authority of the council to grant plenary indulgence, whereas the ‚concilia' from Constance mentioned below never mention any thought of plenary indulgence.*

88 Das mußte ihn zum Kritiker des Konzils – zumindest in der späteren Phase – machen. Vgl. dazu HELMRATH, *Basler Konzil* 37: *Das Basiliense trat ... als erstes Konzil der Geschichte mit dem theologisch begründeten Machtanspruch auf, in Konkurrenz zu Papst und Kurie in Rom nicht nur in Glaubensfragen zu urteilen (also in übertragenem Sinne die höchste Legislative auszuüben), sondern auch in Exekutive und Jurisdiktion die universale Leitung der Kirche an sich zu ziehen.* Auch BLACK, *Monarchy* 21 f. Ebd.: *It is now the church-in-council which has ‚total power'.* – Vgl. noch BLACK, Council 56.

89 Cf. ANTONIO ROSELLI, *Commentarii in Decretum*, ad C. 9, q. 3, c. 10 (*Patet*), Sevilla, Bibl. Colombina 5.7.8, f. 180v. Ausführlich geht Roselli auf die *Glosse* zu C. 9, q. 3, c. 10 (*Patet*), v. *patet*, ein. *Venio ad glo. prima gl. dicit quod in isto c. et sequentibus agitur de excellencia pape. Sed certe ista quattuor capitula et in quinto non loquitur de solo papa sed loquuntur*

Orientiert man sich an der bei Bubenheimer vorgeschlagenen Einteilung der Positionen, muß man feststellen, daß Roselli nicht der konziliaristischen Strömung zuzurechnen ist, welche versucht, *die Superiorität des Konzils über den Papst mit der Vorstellung einer demokratischen, von der congregatio fidelium her aufgebauten Kirchenverfassung in Verbindung* zu bringen.[90] Seine dezidiert vom monarchischen Weltbild her argumentierende Haltung impliziert eher ein deszensives Vollmachtsmodell.[91]

---

de sede apostolica que errare non potest xxxiiii^a q. i. hec est fides. sed papa homo est et peccat et peccare potest xxia di. nunc autem et xxiiii^a q. i. acacius et aliud est sedes apostolica et aliud papa ut de rescriptis. si gratiose li. vi et quod ibi notatur. Weiter: *potest ... sentencia solius pape per concilium generale retractari quando eius sentencia turbaret bonum universalis ecclesie et hoc modo debet intelligi quod not. Innoc. in c. quanto de consuet. et in c. inquisitionis de sentencia excommunicat. ubi dixit quod quando papa perturbat bona universalis ecclesie ei non est permittendum ...* (Text in Microfilm nicht leserlich) *... et idem quando discoloratur status ipsius ecclesie glo. est singularis i. q. vii § nisi rigor* (sc. C. 1, q. 7, c. 5 Grp [Nisi rigor]) *per tex. in c. et si illa eadem ca. et q. quam opi. tenuit arch. xxv^a q. i. sunt quidam. et etiam in causa fidei et sismatis quia tunc est maior sententia concilii quam pape ut est glo. xv. di. sicut in fi. Idem credo etiam in omni heresi dampnata per concilia ut si papa in illam incadat possit a concilio iudicari ut xl. di. si papa. ubi tex. dicit quod non solum pro heresi deponatur sed quando deviat a fide sed quando ipse approbaret illud quod ecclesia universalis dampnavit pro heresi deviaret a fide ut ego lacius ista prosequor in opere monarchie in q. an pro peccato scandalizante ecclesiam possit iudicari papa. In aliis autem omnibus est maior sentencia solius pape quam tocius alterius cleri vel concilii ut not. glo. iii^a di. in istis et facta alia etiam solius pape non possunt a concilio generali vel aliquo reprehendi quoniam ut dicit glo. lxx. di si quis pecuniam quod ipse papa potest dicere dominus est qui me iudicat. et ideo erravit dominus cardinalis de zabarellis qui dixit quod facta pape iudicantur a concilio ... advertendum tamen est quod si pape sentencia haberet comprobacionem sedis apostolice tunc esset maior sentencia pape et concilii provincia (sic!) romani quando concilium generale non haberet comprobacionem sedis apostolice ut est tex. xxiiii. q. i. hec est fides et hoc videtur sentire beatus thomas ...* Vgl. auch ANTONIO ROSELLI, *Commentarii in Decretum*, ad C. 9, q. 3, c. 13 (*Nemo*), Sevilla, Bibl. Colombina 5.7.8, f. 181v: *stat ergo conclusio quod facta pape non possunt ab aliquo iudicari nisi in casibus quos supra retuli proximo c° ut latissime scripsi in monarchia dum tracto materiam conciliorum in ultima q. que incipit nunc utilem q. attingo que sentencia etc.* Weiter: *... in causis fidei vel ubi agitur de bono universalis ecclesie principaliter vel ubi factum pape discoloraret statum universalis ecclesie vel ubi peccatum pape scandalizaret universalem statum ecclesie et papa monitus monicione evangelica a tali peccato non desisteret tunc sub istis posset a concilio iudicari ut latissime omnia ista complexus sum in d. q. que sit maior an sentencia pape vel concilii de qua supra dixi in c. patet.* Ferner ANTONIO ROSELLI, *Commentarii in Decretum*, ad C. 9, q. 3, c. 17 (*Cuncta per mundum*), Sevilla, Bibl. Colombina 5.7.8, f. 182v: *forte capitur hic ecclesia romana pro solo papa vel pro papa et cardinalibus, sedes autem apostolica sit sedes ipsa romana et tota provincialis romana sinodus, et hic nota quod apostolica sedes revocat facta concilii et quos concilium inique dampnasset sedes apostolica revocat, etiam videtur quod sit maior sentencia sedis apostolice quam concilii generalis de quo latissime dixi in materia conciliorum in L° monarchie in ult. q. circa fi.*

90 So BUBENHEIMER, Rezension 458. Ebd. die Einteilung in fünf Gruppen.

91 Vgl. VAGEDES, *Konzil* 46 mit Anm. 372. Dazu ebd. Band II (Anmerkungen) 95. Vgl. auch VAGEDES, *Konzil* II (Anmerkungen) 92 f. Anm. 348 zur Derivationstheorie, wie sie sich bei Roselli findet.

Das allerdings schließt – konkret – nicht aus, daß er als „konziliarer" Autor zu verstehen ist.

> *Wenn die Systematik der ekklesiologischen Darstellungen auch bei konziliaren Autoren häufig mit der Darlegung der päpstlichen plenitudo potestatis beginnt, so konnten alle weiteren Gesichtspunkte, die diese potestas beschränken, zwar formal als ‚Ausnahmen' aufgefaßt werden. Doch ist die Frage, ob hierin mehr gesehen werden kann als der Ausdruck dessen, daß man die monarchische Kirchenverfassung im Prinzip nicht in Frage stellt.*[92]

Es war wohl zur damaligen Zeit – wie auch heute – schwer, die unterschiedlichen Stränge kirchlicher Tradition zu einer fruchtbaren Synthese zusammenzuführen.[93] Eine einseitige Auflösung dieser Spannung wollte und konnte Roselli, anders als manche seiner Nachfolger, nicht akzeptieren oder auch realisieren. Die mangelnde Klarheit seiner Aussagen ist gewiß auch darauf zurückzuführen.[94] Eine ausgereifte Ekklesiologie finden wir, zumindest mit Blick auf den Konzilientraktat, nicht vor.[95] Die – nach Tierney gewollte – Mehrdeutigkeit des Dekrets *Haec sancta* von Kon-

---

92 So BUBENHEIMER, Rezension 459. Es muß aber doch wohl festgehalten werden, daß für den Alltag der Kirche die Fragen des positiven Rechts größere Bedeutung besaßen als die Bereiche von *fides, schisma, reformatio in capite et in membris*. Von daher bleibt diskutabel, ob für die „konziliaren" Autoren die *Superiorität des Konzils die Regel* ist. Dies hängt wohl von der Perspektive ab – und von der engen oder weiten Interpretation des dritten Sektors.

93 Vgl. das bekannte Urteil des großen Historikers JEDIN, Giovanni Gozzadini 70: *Es gab und es gibt keine Brücke zwischen dem Konziliarismus und der Primatialtheorie.* Für eine Erklärung – mit Blick auf einen Kanonisten – hilfreich vielleicht TIERNEY, *Origins of Papal Infallibility* 49: *The texts of the Decretum reflected two traditions of Catholic ecclesiology, both far more ancient than the Decretum itself. One emphasized the unique authority of the head, the other the unfailing corporate life of the Christian community. The decretists did not achieve a harmonious synthesis of the two traditions on the practical level of church government – perhaps the Catholic church has never succeeded in doing so.*

94 BURNS, *Lordship* 114 bezeichnet Roselli – im Vergleich mit Pietro de Monte – als *somewhat more equivocal.* Vgl. auch ebd. 102 zur *Monarchia*, die er *evidently ambiguous in its import* bezeichnet. Vgl. auch noch ebd. 126.

95 Vgl. das Urteil bei SCHÜSSLER, *Primat* 212 f. – BÄUMER, *Nachwirkungen* 87 Anm. 22 meint: *Die Aussagen Rosellis über die Absetzungsmöglichkeit des Papstes sind ... nicht, wie K. Eckermann meint (sc. cf. ECKERMANN, Studien 144) Konzessionen an die Konziliaristen, sondern Rückführung auf die Häresieklausel, die keineswegs von konziliaristischen Gedanken geprägt ist.* Dies ist korrekt, insoweit die Häresieklausel eng gefaßt wird, ansonsten sind Zweifel an dieser These anzumelden. THOMSON, Papalism 458: ... *the ultimate interest of the Monarchia lies in the fact that it represents a stage in the development of papalist theory, when some compromise was still possible with conciliar ideas.* BURNS, Monarchia 350 f. nimmt zu dieser Position Stellung. Er hält es für nachprüfenswert – ebd. 351 –, ob in der Monarchia *a coherent ecclesiology that is neither papalist nor conciliarist and is yet something more than an uneasy and unstable amalgam of the elements so labelled* zu finden ist. Mit Blick auf den Konzilientraktat wäre eine solch positive Bewertung kaum zu rechtfertigen.

stanz spiegelt sich in eigener Weise bei Roselli wieder.[96] Das Problem, daß auch wahre, vernünftige und deshalb sinnvolle Einsichten sich leicht in ihr Gegenteil verkehren, falls sie den ungeläuterten Ambitionen konkreter Menschen ausgesetzt sind, konnte wohl auch von ihm nicht auf Dauer, und das heißt: im Zuge der Verschärfung der Kontroverse, ignoriert werden.

Die These der Inerranz des Konzils, ein *Hauptstück* der Diskussion jener Jahre,[97] wird bei Roselli nicht konsequent verfochten, sondern durch den Rezeptionsgedanken, insbesondere auch mit Blick auf die *ecclesia Romana*, präzisiert. Die entsprechende Passage fehlt auffälligerweise in dem *Monarchia*-Manuskript von Wien. Soweit dieses eine frühere Fassung der Konzilsthematik präsentiert, mag vermutet werden, daß Roselli angesichts der Zeitumstände und der Erfahrungen mit Basel seine Darstellung überarbeitete.[98] So kann er auch sagen: Wird eine Entscheidung des Papstes als Einzelperson eher durch die Universalkirche rezipiert als die des Konzils, ist erstgenannte anzunehmen – nicht, weil sie päpstlich ist, sondern weil und insofern sie durch den *usus universalis ecclesiae* approbiert wurde. Ein Konzil, das nicht rezipiert wird, kann seines Erachtens nur schwerlich behaupten, die Gesamtkirche zu repräsentieren.[99] Der Macht einfordernde Anspruch von Basel, das Konzil repräsentiere die Kirche, wird folglich bei Roselli in der Textfassung des Konzilientraktats und in den späteren *Monarchia*-Fassungen in Frage gestellt. Allerdings fällt auf, daß das Konzept von Repräsentation ohnehin bei Roselli nicht in stringenter und umfassender Weise zum Thema gemacht wird. Es finden sich Spannungen, die zu keiner Synthese gebracht werden.[100] Dem-

---

96 Vgl. TIERNEY, Divided Sovereignty 242: *My own view is that the words were ambiguous and that they were known to be ambiguous when the decree was enacted.* Vgl. auch ebd. 243. Vgl. auch die Bewertung – jüngstens – bei BRANDMÜLLER, *Konzil von Konstanz I* 259. BRANDMÜLLER, *Konzil von Konstanz II* 432 zum Konzil von Konstanz: ... *sein säkularer Erfolg, die Wiederherstellung der kirchlichen Einheit, war nur durch jenen entschlossenen Pragmatismus möglich gewesen, mit dem man sich nicht scheute, die Hypothek des Konziliarismusproblems aufzunehmen, die die Theologie bis heute nicht restlos getilgt hat.*

97 Vgl. die Überschrift des instruktiven Kapitels V bei SIEBEN, *Traktate* 149. Vgl. auch zur Bedeutung der Lehre von der Inerranz des Konzils, *Eckstein im Basler Selbstverständnis*, HELMRATH, *Basler Konzil* 421.

98 Vgl. Marc. f. 44v. Dort u.a.: ... *non est proprie statutum quod ab universali ecclesia et presertim a romana non est receptum.* Dazu Cvp f. 271r, wo der entsprechende Abschnitt ganz fehlt.

99 Vgl. Marc. f. 45r.

100 Cf. Marc. f. 3r: *Cum igitur a fide deviat alieno iudicio subest. Sed nullius iudicio commodius subest quam illius qui errare non potest videlicet concilii et ipsorum quorum interest principaliter videlicet omnium fidelium qui nihil aliud sunt quam concilium.* Cf. Marc. f. 11v: ... *cum ecclesia vacet potestas ipsa remanet in ecclesia universali et ipsa coadunata*

nach kann Roselli, zumindest hinsichtlich des in seiner Gesamtheit betrachteten Textes, weder einfach als Vertreter des Gedankens einer *Identitätsrepräsentation* (Kirche = Konzil) noch als Zeuge einer reinen *monarchischen* oder *absorptiven Repräsentationstheorie* vereinnahmt werden.[101] Das *caput – membra* – Schema, welches einerseits die Rolle des Hauptes als Lebensprinzip impliziert und hervorhebt, kann zur gleichen Zeit, insofern die beiden Größen in Beziehung gesetzt werden, eine kritische Infragestellung des *caput* durch die *membra* einschließen, sobald die Glieder eine Stimme bekommen. In Krisensituationen der Kirche wird dieser zweite Gesichtspunkt relevant.[102] Eine gleichzeitige Berücksichtigung der beiden Aspekte, deren Bedeutung Roselli als Kind seiner Zeit kaum abstreitet,[103] versucht er in den späteren Textfassungen bei der Interpretation der Dekrete von Konstanz. Anders als in der *Monarchia*-Fassung von Wien, wo der entsprechende Passus noch fehlt, betont er im Konzilientraktat, daß im Normalfall, wenn der Papst nicht häretisch ist bzw. der Kirche dient, indem er der sie bedrohenden Gefahr entgegentritt, dieser als Haupt des Konzils anzusehen ist.[104] Dann gilt sogar: *Omnis est in eo*

---

potest interponere sibi auctoritatem. Cf. Marc. f. 44r: *concilium i. ecclesia et collectio fidelium ... errare non potest.* Ebd. f. 44v: ... *stemus igitur cum sententia doc. quod concilium errare non possit cum enim conveniant in nomine spiritus sancti absurdum esset dicere quod erraret.* Diese Stellen, die sich bereits in Cvp finden, sprechen für eine weitgehende Gleichsetzung von Konzil und Kirche. Marc. ff. 44v - 45r, ein Text, der in der Wiener *Monarchia*-Fassung fehlt, korrigiert diese Vorstellung. Ebd. f. 45r: ... *in illo concilio quod sic statuisset (sc. daß es nicht durch den ‚usus universalis ecclesie' approbiert wurde) non fuit representata universalis ecclesia.*

101 Vgl. BLACK, Politische Grundgedanken 316. Cf. auch ebd. 319.

102 Vgl. ULLMANN, *Principi* 386 Anm. 2: *In precedenza, l'allegoria del ‚capo e delle membra' rafforzava potentemente l'argomentazione papale circa la funzione direttiva del capo (che era il papa), ma ora questa medesima allegoria serviva da sostegno al conciliarismo quando esso dichiarava che, poiché il capo apparteneva al corpo, il papa doveva essere incorporato in esso. Indubbiamente le allegorie medievali erano armi pericolose, perché a doppio taglio.* Vgl. auch DERS., Bartoli sententia 731 f. zur *ascending theory* bei Bartolus und seinen Konsequenzen. Vgl. noch BURNS, *Lordship* 107 mit Blick auf Roselli. HOFMANN, *Repräsentation* 277 f. spricht im Kontext von einer *metaphysischen Verschiebung von großer Tragweite.*- Zur „sprechenden Kirche" DOCTOR PARISIENSIS, *Tractatus* 454: *Debent ... Christiani resistendo suae destructioni, audire Ecclesiam videlicet Concilium generale legitime congregatam, quia Ecclesia dispersa non loquitur.*

103 WOHLMUTH, Le concile de Constance 251 merkt zu Recht an: *Bien au-delà du champ interne à l'Église, on voit jusqu'à nos jours dans toutes les constitutions l'extrême précarité de l'équilibre entre le principe monarchique et le principe corporatif, ou, pour le dire en des termes moins liés au langage du poivoir, entre la responsabilité d'un seul pour le tout et son inclusion dans la responsabilité de tous pour ce même tout.*

104 Vgl. dazu auch MEUTHEN, Stellungnahme 152 f. Ebd. 175 das Zitat Cesarinis aus seiner Stellungnahme Anfang November 1436 (nach Bibl. Apostolica Vaticana, Vat. lat. 3908): ... *non est reformatio, si vellemus prohibere papam bene et utiliter uti potestate sibi data a Christo ... Verba et mens concilii Constantiensis locum habent, quando papa deformiter et*

potestas concilii. Einzig im entgegengesetzten Fall, wenn es keinen Papst gibt, weil er etwa Häretiker geworden ist oder dieser nicht angesichts des *periculum ecclesiae* Maßnahmen ergreift, hat das Konzil – wie Konstanz ausführte – unmittelbar die Gewalt von Christus. In diesem Fall ist Christus selbst das *caput ecclesiae.* Nur dann gilt: *Omnis potestas pontificalis est ... in concilio.*[105] Gegen eine gegebenenfalls notwendige und mögliche Absetzung des Papstes durch das Konzil kann dann nicht mit dem, auch von Roselli vertretenen, göttlichen Ursprung der *potestas papalis* argumentiert werden. Die *depositio* erfolgt nämlich – richtig verstanden – nicht durch das Konzil, sondern durch Gott selbst.[106]

Insgesamt betrachtet gewinnt der Leser des Traktats den Eindruck, daß Roselli, wie Kardinal Cesarini und andere Zeitgenossen, nicht willens war, den Papst als Oberhaupt der Christenheit in vorschneller Weise und prinzipiell durch eine sich selbst als quasi-omnipotent aufspielende, nicht zu kritisierende Synode ersetzen zu lassen.[107] Die entschiedene Ablehnung

---

scandalose vivit et reformatione indiget. Sed ubi rationabiliter et utiliter et ad profectum populi christiani vult agere, nec a concilio nec a quoquam prohiberi potest, quia impedire construentem seu edificantem est destruere, non edificare. Potestas ecclesie, que est in papa et in conciliis, est a Christo ad edificationem, et una debet iuvare aliam.

105 Vgl. Marc. ff. 12r - v. Dazu Cvp f. 218v. Vgl. auch CATALDINUS DE BONCAMPAGNIS, *Tractatus* II 24. – Hingewiesen sei auch auf Marc. f. 54v – der entsprechende Text fehlt wieder Cvp –, wo ebenfalls betont wird, daß für die Geltung eines Urteils als *sententia generalis ecclesie et universalis* das Haupt, *sancta sedes apostolica*, eben dieses auch vertreten muß. – Vgl. noch WILKS, *Problem* 505 (in seiner Arbeit über den „Papalisten" Augustinus Triumphus): *Under normal conditions the members of the community rest subject to the pope in accordance with canon law and their own best ordering ... their independent use of the plenitude of power remains indirect and merely potential. Nevertheless, in certain circumstances, when the good of the society is at stake ... the potential power of the community can ... be put to active use through the medium of a general council.*

106 Cf. G II, XIX, 354 (Zeilen 41 - 44): *Non obstat si dicitur, potestas Papae est de iure divino et a Deo: ergo non potest ab homine tolli ... quia respondeo, quod quando concilium privat Papam, potestas non aufertur Papae ab homine sed a Deo, cum dispositio concilii fiat a Deo et spiritu sancto, qui ibi praeesse censetur.* Vgl. dazu ZABARELLA, *Tractatus* 708: *quando Concilium privat papam, potestas non dicitur sibi aufferri ab homine, sed a Deo: Cum dispositio Concilii sit divina.*

107 BLACK, Universities and the Council 522 schreibt: *While the conciliarists adopted a radical-constitutionalist stance against the papacy, they also adopted a loftily authoritarian attitude towards the rest of the Church.* Vgl. auch MEUTHEN, Basler Konzil als Forschungsproblem 17; ferner MEUTHEN, Basler Konzil 305 zum Basler Konsens. OURLIAC, *Storia XIV/1* 332: *La contrarietà delle opinioni è già in se stessa uno scandalo; l'unanimità deve essere cercata, se non anche imposta.* SIEBEN, *Vom Apostelkonzil* 230 zur Bedeutung des *recipere* bei den Baslern: *... hier ist mit Rezeption nichts anderes als gehorsame Unterwerfung gemeint ... Konzilsrezeption ist alles andere als eine Forderung oder ein Thema der Basler Konziliaristen selbst.*- Als Beispiel sei verwiesen auf UNIVERSITAS STUDII CRACOVIENSIS, *Tractatus* 515. Ebd. der Hinweis auf *Unam sanctam* Bonifaz' VIII., um zu begründen, daß man Felix V. gehorchen muß. Vgl. auch DOCTOR PARISIENSIS, *Tractatus* 451: *... secundum*

einer Kirche mit zwei Häuptern finden wir bei Roselli wie im *Libellus apologeticus* vom Juni 1436.[108] Die Reduktion des Papstes, des Stellvertreters Jesu Christi, auf eine Art Symbol war für ihn nicht akzeptabel.[109] Entsprechend konnte das praktische Vorgehen von Basel das Konzil selbst in Mißkredit bringen – auch bei denen, die es ansonsten würdigten und schätzten.[110]

Daß der Gebrauch theologischer Konzepte, noch dazu populärer, durchaus Deckmantel für Ideologie und machtstrategische Umtriebe sein kann, ist so keine Erkenntnis der Gegenwart.[111] Roselli hat die Bedeutung des Konzils nie geleugnet. Wie sollte er dies auch nach Konstanz? Die

---

veritatem fidei infallibiliter credi oportet Concilio generali universalem Ecclesiam repraesentanti, quis est verus summus Pontifex et quis non, et per consequens secundum veritatem fidei Populus Christianus illum debet recipere pro summo Pontifice, qui a Concilio generali sibi datur. Dazu cf. die Bewertung durch ULLMANN, *Principi* 387: *... il laico doveva continuare a rimanere in quel ruolo ricettivo che la dottrina tradizionale gli aveva assegnato.*

108 Vgl. HELMRATH, *Basler Konzil* 101 mit Anm. 94. STIEBER, *Pope* 27 f. EUGEN IV., *Libellus apologeticus* 150 zum Vorgehen der Basler: *hoc non est aliud, quam duo exercitia suprema duo tribunalia, et duo capita in Ecclesia militanti ponere velut monstrum, et sic apertissimum schisma fovere.* Vgl. auch ebd. 151: *duo capita sub diversis tantum nominibus in Dei Ecclesia (quod omnium perniciosissimum est) constituere, fidem ipsam nostram laedentes, et articulum illum unam sanctam catholicam et apostolicam Ecclesiam.* – Der *Libellus* ist wohl für Eugen IV. verfaßt worden, kaum unmittelbar von ihm. Auf die Nähe mancher dort vertretener Positionen zu Rosellis Auffassung wurde schon hingewiesen.

109 Vgl. EUGEN IV., *Libellus apologeticus* 150: *Quomodo ... ii patres, qui sunt Basilee congregati existimant posse supremum Ecclesiae principem legibus ipsorum insuetis et sacris canonibus adversantibus ligare, immo ipsum omni potestate denudare, ita ut pro solo nomine et veluti signum quoddam in apostolico throno sedere velle videantur?* Zu beachten das *veluti signum*. Vgl. dazu – als Kontrapunkt – das bei HOFMANN, *Repräsentation* 376 angeführte Zitat des Angelus de Ubaldis (1328 – ca. 1407): *In principe ... repraesentantur omnes gradus, cum ab ipso velut a mari omnes fontes omnium iurisdictionum descendant.* Daß die Sicht des Papstes als *signum* Konsequenzen haben sollte, zeigte sich auch im Umgang der Basler mit (Gegenpapst) Felix V. Dazu STIEBER, Amédée VIII 340: *... les pères du concile se montrèrent intransigeants dans la volonté d'imposer à Felix V leur conception de la dignité papale envisagée comme une ‚monarchie mixte' constitutionelle.*

110 Vgl. EUGEN IV., *Libellus apologeticus* 153: *Qui amplius futuris conciliis credet, cum experti fuerint cuncti, hoc tam magna professum, paucissima complevisse, vilibusque quibusdam se immiscuisse, plura contra auctoritatem sanctorum decrevisse, ita ut sit major expectatio de eorum, quae decretarunt abolitione, quam observatione, et paucissima, quae fecerunt, per orbem recepta sint? Quis unquam Romanorum Pontificum ex iis, quae isti contra Apostolicam Sedem attentaverunt, cautior factus audebit deinceps generale concilium convocare? ... Quod si sacra generalia concilia ea intentione, eo ordine, et ab his patribus celebrarentur, quae priscis illis temporibus celebrari consueverunt, res Ecclesiae, immo totius populi Christiani alio essent loco, quam modo sint.*

111 Vgl. VAUCHEZ, Konzeptionen 289, der, nachdem er auf den *Spiritualitätsverlust in der damaligen Kirche* – in der Zeit von Basel – zu sprechen kam, anmerkt: *Zwar wird von ihr weiterhin als vom mystischen Leib Christi gesprochen, aber der Ausdruck verkommt zur Banalität, während die Machtprobleme innerhalb der Institution mehr und mehr die Aufmerksamkeit der verschiedenen Autoren beanspruchen.* OURLIAC, *Storia* XIV/2 669

Änderung der Zeitumstände jedoch und die Erfahrung, daß ein Heilmittel auch zum Kampfmittel umfunktioniert werden kann, führte ihn zu einer vielschichtigen Sicht. So kann er von manchen als „Konziliarist", von anderen als „Papalist" gesehen werden.[112] Roselli ist mit großer Wahrscheinlichkeit kein genialer Kanonist, aber er ist gerade auch in seinem Schwanken ein Schlüssel zum Verständnis seiner Ära.[113]

Es wird immer notwendig sein, nach dem zu fragen, was der Herr will, d.h. was der Auferbauung der Kirche dient. So wird auch stets neu eine Besinnung auf die gottgewollten Grenzen jeder menschlicher Machtausübung geboten sein.[114] Im Horizont des Glaubens bleibt Gott der, dem auch der Papst Rechenschaft schuldet.[115]

---

spricht vom Basler Konziliarismus als *strumento di guerra contro Eugenio IV*. Aufschlußreich auch die Hinweise bei WOHLMUTH, *Verständigung* 264 - 269. Ebd. 268 f.: *die kommunikativ verheerende Tendenz, die dem dualistischen Schema innewohnt .... Immer markiert das ‚verkehrt', daß das jeweilige Ich auf der ‚richtigen', hellen, wahren Seite beheimatet ist.*

112 Vgl. auch MEUTHEN, Stellungnahme 164 (mit Blick auf Cesarini): *Hielt er es 1433 für nötig, die Konzilsrechte soweit wie möglich auszudehnen, schien es ihm nunmehr 1436 erforderlich, den Papst vor dem konziliaren Übergriff energisch in Schutz zu nehmen und sich gegen die Expansion der Konzilshoheit zu stellen, wo sie ihm, wie bei dem geplanten Dekret (sc. Ergänzungen zum Papstwahldekret), in gefährliche Konsequenzen für die Kirche zu münden drohte.* HELMRATH, *Basler Konzil* 20 spricht von einem *Prozeß ..., in dem sich die Institution ‚Konzil' auf dem Wege von Pisa nach Basel vom Notstandsorgan zur faktischen Dauerinstanz als ‚Parlament' und Behörde konstituierte.* Genau dies war für Roselli, wie für Cesarini, inakzeptabel.

113 SCHWAIGER, Suprema potestas 654: *Gewichtiger als die Position extremer Papalisten und extremer Konziliaristen erscheint die breite mittlere Schicht der Theologen und Kanonisten, die Haltung auch der meisten Bischöfe. Eine unbefangene historische Betrachtung wird hier eine überwältigende Mehrheit für die theologische Auffassung von der höheren Gewalt des Allgemeinen Konzils feststellen müssen.* BLACK, *Council* 3 spricht von der Notwendigkeit, *to do justice to the coexistence of different strands within the same thinker or ideology*. Beachtenswert der Hinweis bei MCCREADY, Papalists 273: ... *principal conclusion: that the major papal theorists and at least some of the antipapalists had much in common. At least it can serve to remind us of the limitations of our classificatory schemes. Our categorization of thinkers as either papalist or antipapalist should not be allowed to obscure the fact that to a large extent they shared the same world-view.* PRÜGL, *Ekklesiologie* 251: *Oftmals tritt bei Autoren aus der zweiten Reihe die exemplarische Bedeutung von Ideen besser zutage als bei den großen Denkern. Bei jenen bewundern wir zwar die Originalität des Gedankens, bei diesen dagegen erfahren wir mehr über die historischen Wirkkräfte.*

114 In diesem Kontext stellt sich bei Roselli auch die Frage nach der Rolle des Gewissens, nach der Pflicht zum Gehorsam gegenüber dem Oberen und der Notwendigkeit zum Widerstand.

115 Gerade der Leser heute sollte diesen Aspekt nicht vergessen. Die Kirche ist für den Glaubenden von ihrem Wesen her nie ein geschlossenes und damit totalitäres System. Die Rede vom göttlichen Richter ist für den Glaubenden keine vertröstende Banalität, sondern tröstende Gewißheit, die auch zum eigenen Handeln ermächtigen kann. – Vgl. G IV, VI, 454 [75r]: *in hoc articulo, quis cognoscat? de hoc est attendendum primo ...de dispositione*

Roselli hat seine Arbeit auch als Dienst an der Kirche verstanden. Ihre Einheit war für ihn ein hohes Gut, das seinen Einsatz forderte. Inwieweit die von ihm vorgestellten Wege bzw. Grundkonzeptionen diesem Ziel letztlich genügten, soll und kann nicht abschließend beurteilt werden. In seiner Zeit steht er als Kanonist und Berater neben vielen anderen. Macht er nicht deutlich, wie wichtig kluge Ratgeber sind und wie wenig ein *princeps* – aber nicht nur er – darauf verzichten kann?[116] Ein System, das um seiner selbst willen zum Prinzip erhoben wird, ist ungeeignet, wahrhaftige, d.h. wirklichkeitsgerechte, Lösungen zu finden.[117] Leicht paßt es sich auf die Dauer dem an, der es entwirft. So verwandelt es sich von einem Instrument zum Dienst, welches sein Maß an der Not des anderen und dem Willen des Herrn nimmt, in ein Herrschaftsinstrument, das nur noch Maß an dem nimmt, der es in seinen Händen hält.

---

papae: tunc debet adverti, an quaeratur in cognitio in foro poenitentiali, vel in foro contentioso. si in foro poenitentiali, et constat quod papa disponebat erat vel est evidenter iniustum, ut quod quis possit adulterari sine peccato .... vel si sine causa vel cum causa minus iusta permittat homicidium vel furtum vel dispenset in gradibus lege divina prohibitis in matrimonio: tunc illi, cum quibus dispensatur, non debent illam observare, et possunt suae conscientiae iudices esse: quia faciens contra legem divinam peccat mortaliter. et si iuberet papa me peccare, ipsi non debeo parere ... ita ipsi sine causa minus legitima dispensanti parere non debeo: et esset potius tolleranda tunc excommunicatio et omnis temporalis iactura quam papae parere. ... potius ... Deo caelesti parendum est ... dico quod propriam debent sectare conscientiam: debent etiam si sit erronea, nisi eam deponant ... Caveat ... sibi papa his casibus: quia sine causa permitteret contra ius divinum, ita quod peccatum fiat: quanto magis praeest tanto maius durius iudicabitur. Anschließend, bei der Diskussion der *cognitio in foro contentioso*, bei der wiederum das Konzil Beachtung findet: *Caveat ... sibi papa ... quia tanto gravius peccat, quanto magis praeest.* Vgl. auch G IV, XL, 530 (59 – 61) [101v]: *Item solius (sic!) legibus solutus est ... licet de honestate leges servare debeat ... quod est verum de legibus positivis: sed legi divinae et naturae est suppositus, velit nolit.*

116 MAY, *Ego* 537 f. (zum Kardinalskollegium): *Ein (sc. solcher Kreis) ... ist einem Souverän, der grundsätzlich über menschlichem Recht steht, unerläßlich. In diesem Sinne kann man sogar vom göttlichen Recht der pflichtmäßigen Beratung des Papstes sprechen.* HELMRATH, Eugen IV. 81: (Bei Eugen IV.) *Züge von Härte und Starrheit zeigen sich v.a. im ebenso eisernen wie skrupellosen Beharren auf der plenitudo potestatis des Papstamts, die er mit allen Mitteln verteidigte. In seiner Politik wechselten krasse Mißgriffe mit spektakulären Erfolgen. Wie maßgebend hier Ratgeber und Helfer waren, bedarf noch der Klärung.* Dazu vgl. AEGIDIUS BELLAMERA, *Commentaria* zu D. 21, c. 7 (*Nunc autem*), ed., f. 35v: *Licet enim papa fingatur omnia iura scire ... tamen re vera ipsum saepe fallit iurium oblivio ... Et maxime quia homines altioris ingenii et maioris literaturae quandoque in tales errores facilius incidunt, quam homines grossioris intellectus. Et est ratio duplex. Prima est, quia plus de se praesumunt. secunda quia errores suos defendere per authoritates et rationes plus sciunt et possunt et ex hoc facilius efficiuntur pertinaces. Grossiores vero homines de se modicum praesumentes determinationi ecclesiae et sanctorum et communioribus opinionibus de facili acquiescunt.*

117 In diesem Sinn kann BRANDMÜLLER, Konzil 346 schreiben: *Institutionalisierung von Reform ist ... eine reine Illusion, die nur dadurch möglich ist, daß die Schwäche der menschlichen Natur übersehen wird.* Vgl. auch BRANDMÜLLER, *Konzil von Konstanz II* 353. –

Konziliare Aussagen, nicht nur die von Konstanz, sind *meistens ... der Anfang einer neuen geistigen Bewegung pro et contra, bis schließlich das Stadium einer Assimilation erreicht ist.*[118] Mühe bleibt dem nicht erspart, der verstehen will. Roselli hat dies versucht, und sein Traktat ist Zeugnis für die Schwierigkeiten auf einem solchen Weg. Von einer rundum harmonischen Lösung ist seine Schrift weit entfernt. Aber deshalb sollte er noch nicht als Kanonist einer Epoche, die nicht die unsere ist, beiseite geschoben werden. Er kann vielmehr bescheidene Anfrage an uns sein, ob und wie wir heute Spannungen ertragen, bewältigen und in einem neuen Verstehen aufheben.

PRÜGL, *Ekklesiologie* 1: *Das Zauberwort vom Konzil ruft selbst heute noch Erwartungen hervor, daß die mannigfaltigen Enttäuschungen über eine sündige, weil menschliche Kirche durch eine Betonung der Synodalverfassung schlagartig behoben werden könnten.* – Vgl. noch ANONYMUS (Johannes Berardi da Tagliacozzo), *Scriptum* – Firenze, Laurenziana, Plut. XVI, Cod. XIII, f. 296r: *Germanie tamen reformacio plus antiquorum Canonum observacione in qua modesta coactio necessaria esse videtur quam novarum constitucionum edictione indiget.*

118 So GRILLMEIER, Konzil und Rezeption 347. Vgl. auch ebd. 348 zum „Verstehen".

Register

I. Benutzte Handschriften

II. Bibelstellen

III. *Stellen aus dem Corpus Iuris Canonici und den Glossen zum Corpus*

(Es werden nur die Stellen angegeben, die entweder im Text angeführt oder in den Fußnoten – zumindest teilweise – zitiert oder paraphrasiert werden.)

IV. Stellen aus dem Corpus Iuris Civilis und den Glossen zum Corpus

(Es werden nur die Stellen angegeben, die entweder im Text angeführt oder in den Fußnoten – zumindest teilweise – zitiert oder paraphrasiert werden.)

V. Personennamen

VI. Verweise auf Konzilien und „ecclesia romana"